キリスト教古典叢書

アシジの聖フランシスコ伝記資料集

Fontes Franciscani

フランシスコ会日本管区［訳・監修］

教文館

チマブーエ『聖フランシスコ像』(『玉座の聖母子と4人の天使と聖フランシスコ』部分)：アシジ、聖フランシスコ大聖堂下堂　フレスコ　1280年頃

ジョット『聖フランシスコの聖痕拝受』部分：ピサ、聖フランシスコ聖堂（ルーヴル所蔵）テンペラ・板　1295-1300 年頃

ボナヴェントゥラ・ベルリンギエリ『鳥への説教』(『聖フランシスコとその生涯』部分)：ペーシャ、聖フランシスコ聖堂　テンペラ・板　1235 年

ジョット『聖フランシスコの死』部分：フィレンツェ、サンタ・クローチェ聖堂バルディ家礼拝堂　フレスコ　1320 年頃

凡例

底本

チェラノのトマスによる『聖フランシスコの生涯（第一伝記）』と『魂の憧れの記録（第二伝記）』

Analecta Franciscana, Tomus X, Laegendae S. Francisci, Edita a patribus Collegii S. Bonaventurae (Quaracchi-Firenze, 1926-1941), 1-260.

『会の発祥もしくは創設（無名のペルージア伝）』

Ed. Lorenzo di Fonzo, Miscellanea Francescana 72 (1972), 435-465.

『三人の伴侶による伝記』

Ed. Th. Desbonnets, Archivium Franciscanum Historicum 67 (1974), 38-144.

聖ボナヴェントゥラによる『聖フランシスコの大伝記』と『聖フランシスコの小伝記』

Analecta Franciscana, Tomus X, Laegendae S. Francisci, Edita a patribus Collegii S. Bonaventurae (Quaracchi-Firenze, 1926-1941), 555-626, 853-678.

Opera Omnia, Tomus VIII (Quaracchi-Firenze, 1898), 504-549, 565-579.

『完全の鏡』

Ed. Daniele Solvi (Firenze, 2006).

『聖フランシスコの小さき花』

Benvenuto Boughetti (Quaracchi, 1926) = Fonti Francescane (Assisi, 1977), 1441-1624.

兄弟エリヤの『聖なるフランシスコの帰天についての回状』
Analecta Franciscana, Tomus X, 523-528.
グレゴリオ九世の『アシジのフランシスコの列聖に関する勅書』
Annales Minorum II, n. 76, ed. L. Wadding (Roma, 1732), q. 225-227.

本訳初出および訳者について

本書の翻訳は、フランシスコ会日本管区の監修により、同会会員を中心に訳出された以下の既刊ならびに未刊行の訳稿を土台とし、小高が大幅に改訂したものである。

ただし、既刊の邦訳が別の底本を用いており相違が見られた場合は、前記の底本に従って新たに訳出した。

・『聖フランシスコの第一伝記』石井健吾訳（あかし書房、一九八九年）。
・『会の発祥もしくは創設（無名のペルージア伝）』伊能哲大＋三邊マリ子訳（未刊）。
・『三人の伴侶による伝記』三邊マリ子訳（未刊）。
・『アシジの聖フランシスコの第二伝記』小平正寿＋フランソワ・ゲング訳（あかし書房、一九九二年）。
・『アシジの聖フランシスコ大伝記』宮沢邦子訳（あかし書房、一九八一年）。
・『聖フランシスコの小伝記』小高毅訳（未刊）。
・『完全の鏡』石井健吾訳（あかし書房、二〇〇五年）。
・『小さき花』石井健吾訳（聖母の騎士社、一九九四年）。

ここに、翻訳にあたっての諸兄諸姉のご労苦に敬意を表する次第である。訳者一覧は次の通り。

石井健吾（いしい・けんご）　フランシスコ会士・司祭
伊能哲大（いよく・あきひろ）　フランシスコ会士・司祭
小高　毅（おだか・たけし）　フランシスコ会士・司祭
小平正寿（こだいら・まさとし）　フランシスコ会士・司祭
マリ・フランソワ・ゲング（Marie François Geng）　フランシスコ会士・司祭、二〇〇五年没
三邊マリ子（さんべ・まりこ）　フランシスコ会史研究者（イタリア在住）
宮沢邦子（みやざわ・くにこ）　英米文学研究者・翻訳家

聖書の引用について

本文中の聖書の引用はラテン語ヴルガタ訳に基づいており、ヘブライ語マソラ本文やギリシア語校訂本を底本とした現代の邦訳とはだいぶ異なっている。また意図的に引用したというよりも、書き進めているうちに聞き慣れた聖書の言葉が筆先に上ったというような場合も多々ある。したがって、敢えて現今の邦訳を引用せずに、ラテン語の引用のままに邦訳している。

注における引用箇所の章と節の番号もヴルガタ訳に従っている。当然詩編を含めて、現今の邦訳とは番号にずれがあることに注意してほしい。参考のため、詩編の編番号の異同を以下に記す。

ラテン語ヴルガタ訳		ヘブライ語聖書（＝新共同訳）
1〜8	＝	1〜8
9	＝	9〜10
10〜112	＝	11〜113
113	＝	114〜115
114〜115	＝	116
116〜145	＝	117〜146
146〜147	＝	147
148〜150	＝	148〜150

聖務日課について

聖務日課は現在、「時課の典礼」(日本では「教会の祈り」)と称せられるが、一定の時間に祈るよう聖職者と修道者とに義務づけられていたもので、中世では次の八つが定められていた。「朝課」(真夜中、少なくとも日の出前に唱える)、「一時課」(夜明け前の暗いうちに唱える)、「賛課」(日の出後)、「三時課」(午前六時頃)、「六時課」(正午)、「九時課」(午後三時頃)、「晩課」(日没の頃)、「終課」(就寝前)。

訳語について

「生涯」Vitaと「伝記」Legendaという表題が用いられ、Legendaは「レジェンダ」と音訳され、「伝説」の意味で使われることもある。しかし、本来の意味は「読まれるべきもの」を意味し、典礼の場で、あるいは共同体の集まりの場(食事の席も含めて)朗読されるべきものを指している。この構造が最もよく現れているのがボナヴェントゥラの『小伝記』である。

Ordoとreligioはしばしば同義語として用いられている。原語での表記を明らかにするために、本訳では敢えて、ordoを「会」、religioを「修道生活」「修道〔会〕」と訳し分けた。

Locusは兄弟たちの住居を示している。本訳では可能な箇所では「所」とし、場合によって「居所」「住まい」という訳語を当てた。

Monasteriumは現今の「修道院」との表記との混乱を避けるため「隠棲修道院」とした。

会の中での役職を表すものとして「総会長(総長)」「管区長」「院長」という訳語が現在使われているが、フランシスコの精神にそぐわない。そのため、原語を活かして「〔兄弟・会〕全体の奉仕者」「〔管区の〕奉仕者」、そして一番厄介な「院長」をさすguardianusは「世話役〔の兄弟〕」とした。

Dominusが君主や高位聖職者への呼びかけに用いられる場合、王やスルタンならば「陛下」、教皇ならば「聖下」、枢機卿ならば「猊下」、司教ならば「閣下」などの訳し分けが考えられるが、定訳がないため、本訳ではすべて「陛下」とした。

Tunicaはこれまで「下着」と訳されることが多かったが、ワンピース状の衣服で、下着ではなく、femoraliaの上にこれを着け、雨や寒さをしのぐためにマントを上に羽織った。このためそのまま「トゥニカ」と表記した。

Femoraliaはステテコのような下着であるので「股引《ももひき》」とした。

Lepraはこれまで「癩病」や「重い皮膚病」「ハンセン病」とも訳されたが、本訳では「レプラ」とした。現代の観点からすればふさわしくない表現が見られるが、中世ヨーロッパのこの病気に対する恐怖心を吐露したものとして敢えてそのまま翻訳した。

なお、訳文中の〔　〕内は、原文にはないが、文意を明らかにするための訳者による補足である。また、原文中、代名詞で表現されていたり、主語が明示されていない箇所でも、その人物を明らかにするため〔　〕内で補足した。また、（　）内は、訳者による語注である。

本資料集の刊行を引き受けてくださった教文館社長の渡部満氏と、編集・校正ならびに索引作成に尽力してくださった出版部の髙橋真人氏に心より感謝するものである。

小高　毅

聖書書名略号

(旧約)
創世記＝創、出エジプト記＝出、レビ記＝レビ、民数記＝民、申命記＝申、ヨシュア記＝ヨシュ、士師記＝士、ルツ記＝ルツ、サムエル記上＝サム上、サムエル記下＝サム下、列王記上＝王上、列王記下＝王下、歴代誌上＝代上、歴代誌下＝代下、エズラ記＝エズ、ネヘミヤ記＝ネヘ、エステル記＝エス、ヨブ記＝ヨブ、詩編＝詩、箴言＝箴、コヘレトの言葉＝コヘ、雅歌＝雅、イザヤ書＝イザ、エレミヤ書＝エレ、哀歌＝哀、エゼキエル書＝エゼ、ダニエル書＝ダニ、ホセア書＝ホセ、ヨエル書＝ヨエ、アモス書＝アモ、オバデヤ書＝オバ、ヨナ書＝ヨナ、ミカ書＝ミカ、ナホム書＝ナホ、ハバクク書＝ハバ、ゼファニヤ書＝ゼファ、ハガイ書＝ハガ、ゼカリヤ書＝ゼカ、マラキ書＝マラ

(旧約続編)
トビト記＝トビ、ユディト記＝ユディ、マカバイ記一＝Ⅰマカ、マカバイ記二＝Ⅱマカ、知恵の書＝知、シラ書〔集会の書〕＝シラ、バルク書＝バル

(新約)
マタイによる福音書＝マタ、マルコによる福音書＝マコ、ルカによる福音書＝ルカ、ヨハネによる福音書＝ヨハ、使徒言行録＝使、ローマの信徒への手紙＝ロマ、コリントの信徒への手紙一＝Ⅰコリ、コリントの信徒への手紙二＝Ⅱコリ、ガラテヤの信徒への手紙＝ガラ、エフェソの信徒への手紙＝エフェ、フィリピの信徒への手紙＝フィリ、コロサイの信徒への手紙＝コロ、テサロニケの信徒への手紙一＝Ⅰテサ、テサロニケの信徒への手紙二＝Ⅱテサ、テモテへの手紙一＝Ⅰテモ、テモテへの手紙二＝Ⅱテモ、テトスへの手紙＝テト、フィレモンへの手紙＝フィレ、ヘブライ人への手紙＝ヘブ、ヤコブの手紙＝ヤコ、ペトロの手紙一＝Ⅰペト、ペトロの手紙二＝Ⅱペト、ヨハネの手紙一＝Ⅰヨハ、ヨハネの手紙二＝Ⅱヨハ、ヨハネの手紙三＝Ⅲヨハ、ユダの手紙＝ユダ、ヨハネの黙示録＝黙

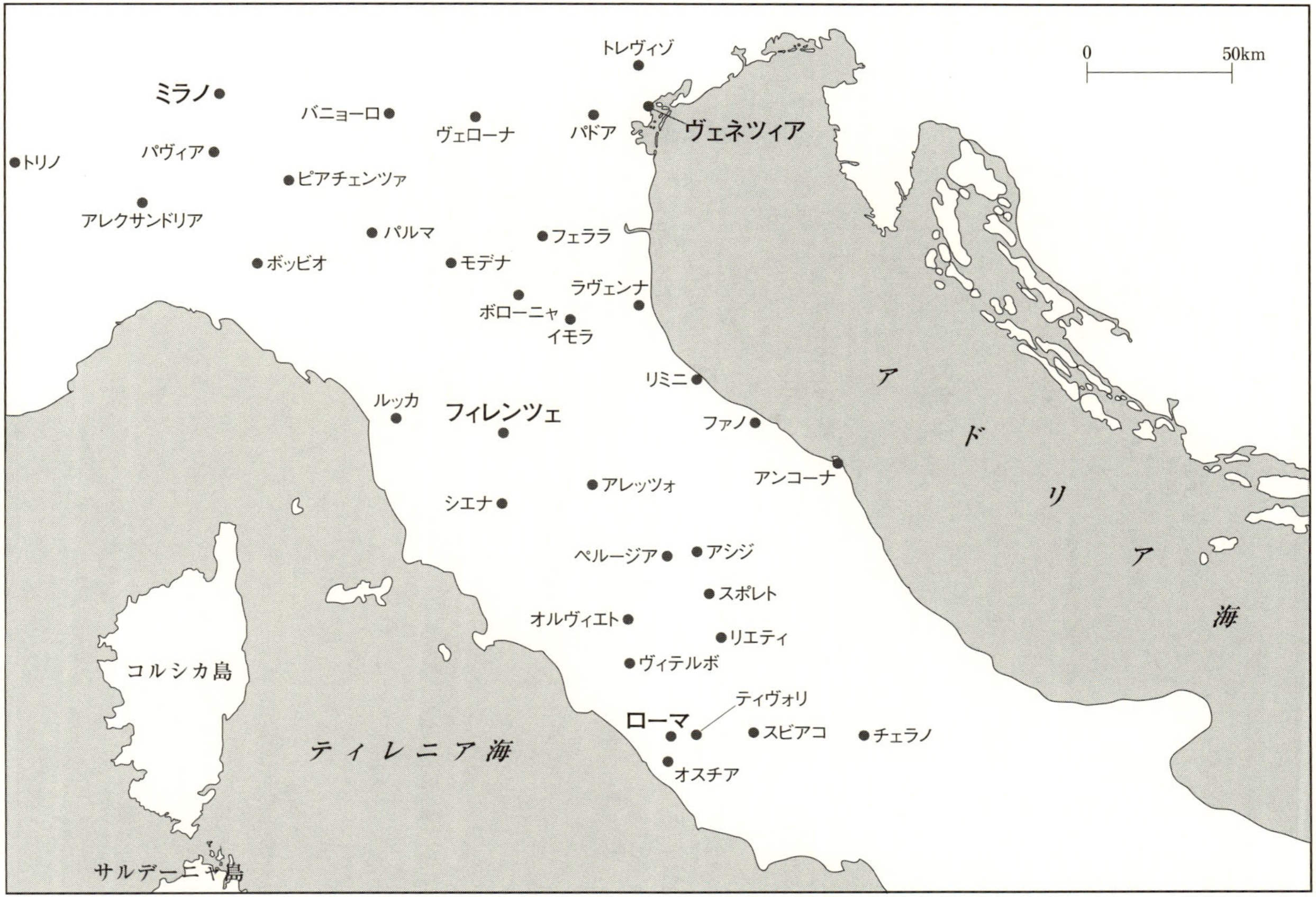
ミラノ
トリノ
パヴィア
アレクサンドリア
バニョーロ
ピアチェンツァ
ヴェローナ
パドア
トレヴィゾ
ヴェネツィア
パルマ
ボッビオ
モデナ
フェララ
ボローニャ
イモラ
ラヴェンナ
リミニ
ルッカ
フィレンツェ
ファノ
アンコーナ
シエナ
アレッツォ
ペルージア
アシジ
スポレト
オルヴィエト
リエティ
ヴィテルボ
ティヴォリ
ローマ
スビアコ
チェラノ
オスチア
コルシカ島
サルデーニャ島
ティレニア海
アドリア海
0
50km

アドリア海
ファノ
ラ・ヴェルナ
アンコーナ
キウジ
モンテ・カザーレ
サン・セポルクロ
オシモ
アレッツォ
チッタ・ディ・カステロ
レカナティ
フォラーノ
グッビオ
サン・セヴェリノ
コルトナ
フェルモ
カメリノ
モリャーノ
モンテ・
ルビアノ
トラジメノ湖
ペルージア
トラヴェ・
ボナンティ
アシジ
サン・ステファノ
ソフィアノ
サルテアノ
フォリーニョ
アスコリ
モンテファルコ
トレヴィ
ボヴァラ
トディ
スポレト
オルヴィエト
モンテネロ
バニョレジオ
ボルセナ湖
アルヴィアノ
テルニ
ポッジォ・ブストーネ
ナルニ
オルテ
グレッチオ
リエティ
トスカネッラ
ヴィテルボ
フォンテ・
コロンボ
兄弟たちの住居・隠遁所
0
25km
ヴィコ湖

目次

目　次

装幀　桂川　潤

チェラノのトマス

『聖フランシスコの生涯（第一伝記）』

Vita Sancti Francisci

序文

主のみ名によって。アーメン。
〔ここに〕祝されたフランシスコの生涯の序文は始まる

一　いとも祝された、わたしたちの師父であるフランシスコの行いとその生涯を、たえず敬虔な献身の念と真理を道案内ならびに教師として、謹んで順序正しく語ろうと思います。フランシスコが**行い、また教えたこと**のすべてを[1]記憶に収めることは到底できませんので、誉れに輝く教皇グレゴリオ陛下[2]のご命令のもとに、フランシスコ自身の口からわたしが聞いたこと、あるいは信頼に値する確かな証人たちから聞いたことを、言葉の拙さを顧みず、できるかぎり明らかにしようと思います。それにあたっては、常に謎めいた表現は避け、仰々しい言葉を嫌った師父の弟子にふさわしいものでありたいと願っております。

二　そのため、この祝された人物に関してわたしが集めることのできたすべてを三つに分け、更に、これをそれぞれの項目に分けることで、それらの行いの年代表記上の食い違いや、その順序に混乱が生じることのないように努めました。いたずらにその真実性が疑われることのないように努めました。第一巻は、まず年代の順序に従って、おもに師父の祝福された生涯の清浄さと、その聖なる行い、そして有益な教えに充てられています。それらの間に、わたしたちの主であり神である方が、**肉のうちにあって生きている**[3]師父を通して行われた多くの奇跡の中から、その幾つかが語られております。第二巻では、聖者の生涯の最後の年の初めから、その祝福された死までの行跡が述べられています。第三巻には、いとも誉れ高い聖者である師父が、天においてキリストと共に支配しながら、地上においてなお行った多くの奇跡が収められていますが、それでもまだ多くのものは知られておりません。また、ローマ教会の枢機卿一同と共に師父を聖人方の目録に加えられたときに、幸いなるグレゴリオ教皇が師父に帰した敬意、尊敬、栄誉、そして賛美がこの巻に記されています。

常に、ご自分の**聖なる人々のうちにあって**[4]驚嘆すべき方、愛に満ちた方としてご自身を示される全能の神に感謝。

序文は終わる

（1）使一・一参照。（2）一二二七年三月十九日教皇に登位したグレゴリオ九世。（3）フィリ一・二三、Ⅰペト四・一参照。
（4）詩六七・三六。

第一巻

全能の神、父と子と聖霊の賛美と栄光のために、アーメン。

〔ここに〕いとも祝されたわたしたちの師父フランシスコの生涯は始まる

第一章

どのようにして世俗の衣と精神をまとって生活していたか

一　スポレトの谷の端にあるアシジという町に、**一人の男がいました**[1]。その名をフランシスコといいました。この人は幼い頃から両親によって、世間的虚栄のなかでわがまま勝手に育てられ、しかも自らのよからぬ生活や習慣にどっぷりつかる中で、ますます虚栄に走り、わがままを募らせていきました。

この非常に忌まわしい習慣は、キリスト教徒とはいうもののの名前だけの人々の間で所かまわずはびこっており、しかもこの危険極まりない教えは、まるで公の決定でもあるかのように根を張り、定着していましたので、人々は自分たちの子供がおむつをつけているころから、叱ることもなく、全く勝手気ままに育つに任せていました。そのため、言葉を口にしたり片言を言ったりする前の、生まれて間もない子供たちまでが、仕草や音声でいやらしい恥ずべきことを教えこまれていたのでした。ですから乳離《ちばな》れするとすぐに、みだらでいやらしいことを平気で口にしたり、行ったりさせられていました。子供たちの中に、幼さからくる恐れによって自分に正直に振る舞おうとする者は一人もいませんでした。というのも、そうしなければ厳しい罰が待っていたからです。ですから、この当時の詩人の一人が、「われわれは、両親の悪い習慣の中に育てられたので、幼い頃からあらゆる悪がわれわれを駆り立てている[2]」と歌ったのも無理からぬことです。

この証言は真実でした。というのも、実際、子供たちに対する両親の望みが嫌悪すべきものであればあるほど、子供たちは惨めなものとなっていったからです。

ところが、少し成長すればしたで、いつも彼らは自らの衝動に駆られて、ますます悪い行いへと身を持ち崩していきます。それは、**悪い根から悪い木が生え**[3]、一度悪くなったものは、もう正しい状態には戻すことができないからです。

では、彼らが青春の門をくぐろうとする時、どんなことが起きると思われますか。実に彼らは、ありとあらゆる放埒の波に振り回され、自分の好きなことを自由にできるのをよいことに、ひたすら汚らわしい行いに身を任せるのです。こうして彼らは、自らの心の赴くままに身を持ち崩していきます。自らの意志によって**罪の奴隷**[4]となり、その肢体は残らず**不義のための武器**[5]となり、その生活や習慣において、キリスト教は影も形も消えてなくなり、ただキリスト教徒という名前を保持するだけになってしまうのです。これらの惨めな人々は、実際に行ったことよりもずっと悪いことを行ったように装い、**無垢であるといって軽蔑されないように振る舞うのです**[6]。

二　これが、今日、わたしたちが聖者と敬うこの人物——実際に聖なる人ではありましたが——の初めのころの惨めなありさまでした。幼いころから、およそ二十五歳ころまで、哀れにも自らの時間をいたずらに浪費していたのです。確かに彼は、虚栄にかけては、**同じ年頃の者の中でも群を抜き**、**悪行を唆《そそのか》す者**、**競って愚行の行う者**[7]とでもいうべき存在だったのです。みんなから褒めそやされ、見栄を張った派手な生活において、誰にもひけを取るつもりはありませんでした。このことは、他の遊びとか目立つ振る舞い、くだらない冗談やはやり歌、肌触りのよい人目を引く衣装の面でも同じでした。それは彼が極めつきの金持ちで、けちることなく、金をばら撒き、財産を貯めこむ締まり屋というよりも浪費家で、商人としては才能がありましたが、とにかく見栄っ張りの散財家だったのです。他方、自分が損をしてまでも、他人の世話をよく焼き、礼儀正しく、親切で優しい人でもありました。このようなこと、また他の多くのことから、悪に加担する輩や、罪を唆す輩が大勢彼の周りに集まり、彼のほうもまたこのような悪い輩に取り囲まれて、いい調子でバビロンの大通りを練り歩くありさまでした[8]。このような事態は、**主が天上からご覧になりつつも**[9]、ご自分の**名の故に**、**怒りを彼から遠ざけ**、彼が完全に**滅び失せることのないよう**、その口に主を賛美するための**轡《くつわ》をはめられる**まで続いたのでした[10]。ですから、**主のみ手が彼の上に置かれる**[11]と、その**いと高き方の右の手**によって**変化**が起きました[12]。それは、彼を通して罪人が、赦しの恵みへの信頼を取り戻し、すべての人が、神へ立ち戻る模範となるためでした。

（1）ヨブ一・一。（2）セネカの道徳的書簡第六〇からの引用。（3）ロマ一一・一六、マタ七・一七。（4）ロマ六・二〇。（5）ロマ六・一三。（6）アウグスティヌス『告白録』二・三・七参照。（7）ガラ一・一四、Ⅱマカ四・一一―一二。（8）アウグスティヌス『告白録』二・三・八参照。（9）詩三二・一三。（10）イザ四八・九。（11）エゼ一・三。（12）詩七六・一一。

第二章

どのようにして神は肉体の病と夜の幻を通して、フランシスコの心を訪れになったか

三　まさしく、この人はなおも青春の熱気によって罪の内に燃え上がっており、移ろいやすい歳月は青春の欲求を満たそうといたずらに彼を突き動かしていました。こうして自分自身を制御するすべも知らぬまま、**太古の蛇**[1]の毒にて駆り立てられていたこの人の上に、突然、神の復讐というよりは神の塗油とでもいうべきものが訪れたのでした。神はその魂には苦悩を、その肉体には苦痛を与えて、その誤った心を元に戻そうとなさいました。「**見よ、わたしはお前の道を茨で遮り、その道を壁で遮る**[2]」と預言者の言葉にあるとおりでした。

人間の頑なさは、罰せられることでもなければ直るものではないと言われるように、この人もまた長く病床に就くことで、それまでとは別のことを**心の中で思い巡らし**始めたのです[3]。病気のほうもどうやら快方に向かい、杖を頼りに家の周りを歩き始めると、健康の回復も早まるように見えました。ある日のこと、彼は外に出て、あたりの景色を興味深く眺めていました。ところが、野原の美しさも、心を和ませるぶどう畑も、他のいろいろな景観も、一向に彼の心を楽しませてはくれませんでした。それで彼は、突然自分の身に起こった変化に驚く一方で、このようなものらを愛する人たちのことを、愚か極まりないと考えるようになったのでした。

四　この日から、彼は自分を価値のないものと見なし、また以前に感動を覚えたり、好きだったものまでも軽蔑するようになりました。とはいえ、まだ**虚栄の絆**[4]から解き放されたわけでも、苛酷な奴隷の**軛《くびき》をその首から取り外していた**[5]わけでもなかったので、本物というのにはほど遠いものでした。習性となったものを捨てるのは極めて難しく、一度魂に注ぎこまれたものは、容易にその力を弱めることはないからです。しかも魂は、たとえ長く離れていても最初の習慣に戻り、悪徳は反復によって第二の本性となって

いくものなのです。

それ故、フランシスコはなおも神のみ手から逃げようともがき、しばらくの間、御父の戒めを忘れて、自分に幸運の女神がほほえみかけるのをよいことに、**この世のことに思いを巡らし**(6)、**神の計画**(7)も知らぬまま、なおもこの世の誉れと虚栄を追いかけるありさまでした。その頃、アシジの町の一人の貴族が豪勢な武具を整え、**空しい栄華**(8)の風に煽《あお》られ、富と栄誉を手に入れようと、アプーリアでの戦いに出陣しようとしていました。このことを耳にしたフランシスコは軽率でかなり向こう見ずだったので、早速その人の所に行って、同行を願いました。フランシスコは、身分の高貴さではこの人に及びませんでしたが度量の点ではすぐれ、富の点では劣っているものの、その使い方では断然すぐれていました。

五　ところがある夜のことです、彼がこれらのことをどう実現しようかと考え、この旅路のために心を高ぶらせていると、**正義の杖**(9)で彼を懲らしめた方が、**夜の幻を通して**(10)、甘美な恵みのうちに彼を訪れたのでした。フランシスコが栄誉を渇望していたので、栄光の頂へと彼を誘い、高めようとされたのです。フランシスコの目には、自分の家が馬の鞍《くら》や盾や槍のほか、いろいろな武具で満ち溢れているように見えました。彼は非常に驚く一方で、いったいこれはどうしたことかと、心ひそかに怪しんでいました。商品の反物の代わりに、普段目にしたこともないもので自分の家が溢れていたからです。この突然の出来事にすっかり動転しているところに、これらの武具はすべて、彼とその戦士たちのものになるだろう、という答えが聞こえてきました。翌朝、目が覚めて気持ちよく起き上がった時、この幻はすばらしい成功の前兆のように思われ、アプーリアへの出征に幸先よいものと確信しました。しかし実際のところ、**何を言ってよいのか分からず**(11)、天から自分に与えられた賜物について全く理解していなかったのです。しかしながら、このような幻について自分の解釈が正しくないことぐらい、当然気がつかなければならないはずのことでした。彼にとって、この幻が戦いに関する事柄を暗示するものであったとしても、彼の魂がこのような物にいつもの嬉しさを感じなかったからです。しかし、彼は自分の考えを実行に移し、渇望していた戦への旅を実現させようと自らを奮い立たせたのでした。

確かに、武具について言及されたとき、**強力で十分な武具で武装して**(12)敵と戦おうとする戦士に多くの武器が与えられることを思い描くのは理にかなったことでもありました。

第二のダビデのように、**万軍の主なる神の名において**[13]、**イスラエルをその敵の古くからの恥辱から解放する**[14]ことになるからです。

（1）黙二〇・一二。（2）ホセ二・六。（3）ルカ一二・一七。（4）イザ五・一八。（5）創二七・四〇。（6）Ⅰコリ七・三四。（7）知九・一三。（8）創五・二六。（9）イザ一〇・二四。（10）ヨブ四・一三、三三・一五。（11）マコ九・五。（12）ルカ一一・二一。（13）サム上一七・四五。（14）サム上一七・二六。

第三章

肉体ではなく精神において変えられたフランシスコが、どのように自分の見いだした宝と花嫁について比喩を用いて語ったか

六　肉体ではなく精神において変えられたフランシスコはアプーリアへの出征を断念し、その意思が神の意思へと向かうよう努めていました。こうしてしばらくの間、世俗の喧騒と商売から遠ざかり、内なる人〔つまり魂〕の内にイエス・キリストが隠れ住んでくださるように努めたのでした。賢い商人のように、**発見した真珠**を嘲笑する輩の目から隠し、**持ち物をみな売り払い**、ひそかにそれを買い取ろうと苦心しておりました[1]。

さて、そのころアシジの町に、ほかの誰よりも彼にお気に入りの一人の人物がおりました。年齢が同じということから、また互いの愛情から生まれた固い交わりが、思い切ってその秘密を彼に打ち明けさせたのでした。高価なすばらしい宝を見いだしたと告白しては、その人を話し合うのに適した、人里離れた場所にしばしば連れて行くようになりました。その人は大変喜び、また聞かされたことにひどく感動して、誘われるといつも喜んで彼について行きました。町の近くに一つの洞穴があって、二人はしばしばそこに出かけ、この宝について話し合いました。その聖なる決意によって既に聖なるものとされていた神の人〔フランシスコ〕は、その友人が外で待っている間、この洞穴の中に入って、新しい特別な霊で満たされて、**隠れたところにおられる御父**[2]に祈りをささげていました。自分の内に起こっていることを誰にも知られたくなかったのです。善いことをもっと善いことをつかって賢明に隠し、その聖なる決意についてはただひたすら神に助言を求めていました。永遠で真理である神が、彼の歩みを導き、**神の意思を行う**[3]ことを教えてくださるよう一心に祈り続けておりました。魂の内での非常に大きな苦悩に耐えつつも、その心に生じ

たことを行動によって実行するまで、安らぐことはできませんでした。さまざまな思いが次々と浮かんできて、その執拗なことが彼をひどく混乱させていました。彼の内には神の火が燃え盛っており、精神に生じた熱を外部に隠すことはできませんでした。既に過去の悪行も現在の悪行も何の喜びももたらすことがないまでに、自分が重大な罪を犯して、神の**威光ある眼差し**[4]に逆らったことを悔いていました。とはいえ、この先、このようなことから自分を守り通すことができるという確信もまだ十分にありませんでした。それ故、外にいた友人の所に戻って来ると、入って行った人と出て来た人とは別人であるかのように心労でやつれて見えました。

七　ところがある日のこと、主の憐れみを一心に願っていると、行わなければならないことが主から彼に示されました。その喜びを自分の内に包みこんでおくことができないほどの**喜びに満たされ**[5]、思わずほかの人々の耳に聞こえるような声を上げてしまいました。自分を満たした愛のあまりの大きさに黙っていることができなかったのですが、それでも彼は注意深く、謎めいたかたちで話したのでした。前にも述べたように、隠された宝について特別な友人に語ったのと同じように、ほかの人々にも比喩を用いて話すように心がけていました。アプーリアに行くのは望んでいないと言っていましたが、自分は故郷で気高く偉大なことを行うだろうと約束していました。人々は、彼が妻を迎えるつもりなのだと考え、「フランシスコよ、結婚をするつもりかい」と彼に聞きました。すると、彼は答えて人々に言いました。「わたしは、あなたたちが今まで見た花嫁とは比べものにならない、立派で美しい女性を妻にするつもりです。その方は美しさでほかの誰よりもまさり、また賢さでもほかのすべての人にまさるでしょう」。事実、彼が受け入れた真の**修道生活**こそ神の**汚れない**花嫁であり[6]、隠された宝とは彼が熱望していた**天の国**[7]であり、更に福音的召命は、**信仰と真理において**[8]**福音のための奉仕者**[9]であろうと志した彼によって実現されるはずだったのでした。

（1）マタ一三・四六。（2）マタ六・六。（3）詩一四二・一〇。
（4）イザ三・八。（5）詩一二五・二。（6）ヤコ一・二七。
（7）マタ一三・四四。（8）Ⅰテモ二・七。（9）エフェ三・七。

第四章

どのようにしてすべて売り払い、その代金を蔑視したか

八　こうして、いと高き方に祝された僕《しもべ》〔フランシスコ〕は聖霊によって整えられ力づけられると、**定められた時**(1)が到来したと見て、自分の魂の祝された躍動に従って、世俗のものを踏みにじり、最高の善へと向かったのでした。もはや、一刻の猶予も許されませんでした。というのも、死に至る病が体の至る所に発生しており、体全体に広がっていたので、医者の手当てが少しでも遅れようものなら、息の根を止め、命を奪いかねなかったからです。

そこで彼は立ち上がり、聖なる十字架の印で身を整え、用意した馬にまたがり、売り物として深紅の反物を持ってフォリーニョと呼ばれる町に急ぎました。その町で、いつものように、持って行った物を残さず売り払った、この幸運な商人は乗っていた馬にまで買い手がつき、その代金をすべて受け取りました。そして荷物が空になると、引き返す道すがら、信仰の精神に従って、その代金をどう処理したらよいものかと考え続けていました。ほどなく彼は、不思議な方法で神の作品へと変えられ、一時でも金銭を身につけているのが重荷と感じるようになり、その儲《もう》けた金銭がまるで泥のように思われ、その処分に焦り始めました。やがて、アシジの町に戻る途中、道端に聖堂を見いだしました。その聖堂は、その昔、聖ダミアノをたたえて建立されたものでしたが、すっかり老朽してまさに倒れようとしていました。

九　**キリストの**新参の**兵士**(2)〔フランシスコ〕は、この聖堂の前に立つと、その窮乏のありさまに心を打たれ、畏れと敬いの念をもって中に入りました。すると、そこに一人の貧しい司祭が居合わせましたので、深い信仰をもって、その聖なる手に口づけをし、持っていた金銭を彼に差し出し、自分の決意を順を追って話しました。

しかし、その司祭は、この若者のとても信じられない突然の回心に驚き呆れ、自分のいま耳にした言葉を受け入れようとはしませんでした。自分が笑いものにされていると思って、差し出された金銭を受け取ろうとしなかったのです。というのも、〔フランシスコ〕がつい先頃まで、**親戚や知人の間で**(3)無軌道な生活を送り、その**ばかげた振る舞いはほかの人々の間でも群を抜いたものだった**(4)のを見ていたからです。しかし、フランシスコが忍耐強く説き続け、そ

の言葉が真実であることを信じてもらおうと努め、また主のためそこに一緒に滞在するのを許してくれるように一心に頼み込みました。ついに司祭は滞在することは受け入れましたが、若者の両親を恐れて金銭は受け取りませんでした。すると、真に金銭を軽んじる者〔となったフランシスコ〕は開いていた窓から金銭を放り込みました、金銭を塵芥のように見なしたからです。まさしく、**黄金よりも優れた知恵を身につけ**、**銀よりも高価な賢慮を手に入れようと**欲していたのです。[5]

（1）ヨブ一二・五。（2）Ⅱテモ二・三。（3）ルカ二・四四。
（4）箴一四・二九。（5）箴一六・一六。

第五章

どのようにして父親は彼を追い詰め縛り上げたか

一〇　**いと高き神の僕《しもべ》**[1]が、先に述べた所〔つまり聖ダミアノ聖堂〕に滞在している間、彼の父親は、自分の息子の身に何が起きたかを知ろうと、まるで仕事熱心な探偵のように、あちらこちらと歩き回っていました。そして彼が、先に述べた場所で、先に述べたような生活をしているのを知ると、**心の痛みに打ちのめされ**、[2]事の次第に**ひどく取り乱して**、[3]**友人や近所の人々に呼び集めて**、[4]急いで神の僕の滞在している場所に駆けつけたのでした。

しかし、キリストの新参の闘技士は、自分を追い詰める人々の脅しの声を耳にし、彼らがやって来るのに気づくと、〔彼らの〕**怒りを煽《あお》るまいと**[5]願いつつ、このような危険を考えてあらかじめ用意していた秘密の洞穴に身を潜めました。この洞穴はその家の中にあって、たった一人の人しか知りませんでした。一か月間、そこに潜み続け、何か必要に迫られた時以外、そこから決して外に出ようとはしませんでした。食物が差し入れられると、その洞穴の中で食べていましたし、その他の世話もすべてひそかに続けられていました。彼は、**主が迫害する人々の手から自分の魂を救い出し**、[6]溢れる慈悲によってその敬虔な願いをかなえてくださるよう、滝のように涙を流しながら祈り続けていました。**断食と嘆きのうちに**[7]救い主の慈しみをひたすら願い、自分の力を当てにせず、すべての**慮りを主に委ねていました**。[8]**洞穴と暗闇の中にありながら**も、[9]これまで経験したこともなく、言葉では言い尽くせない喜びに満たされ、それ故に炎のように燃え上がっておりましたので、洞穴を捨てて、自分を追い詰める人たちの罵りに身をさらすことにしました。

二　それ故、直ちにしっかりと立ち上がり、主のための**信仰の盾**[10]を取り、強い信頼という武具で身を固め、潑剌《はつらつ》と足早に町に向かって歩み出しました。神の愛の火に燃やされていた彼は、それまでの自分の怠惰と臆病とを責めていました。

彼を知っている人はみな、それまでのことと今の様子を見比べて、罵詈雑言《ばりぞうごん》を浴びせ始めました。正気を失った、常軌を逸したと悪口を浴びせながら、彼らは**通りのごみや石を彼に投げつけた**のでした[11]。彼らは、かつての彼とは全く変わっており、肉体の苦行でひどく憔悴しているのを見て、彼が行ったすべては飢餓と乱心のなせる業であると見なしたのでした。

しかし、**忍耐の人は高慢な人に勝る**[12]と言われるように、神の僕［フランシスコ］はこのようなことは意に介さず、どんな侮辱にもひるまず、心を動かすこともなく、これらすべてを神への感謝に変えてしまいました。

徳を追い求める人を悪人が迫害するのは、無駄としか言いようがありません。なぜなら、このような人は打たれれば打たれるほど、ますます強く勝利を確信するものだからです。ある人も言うように、「侮辱は高貴な魂をより強いものとする[13]」のです。

三　フランシスコについてのこのような噂や悪評が、長い間、町の通りや広場で行き交わされ、嘲笑のどよめきがあちこちで沸き起こり、大勢の人の耳に入るようになると、ついには彼の父親の耳にまで伝わりました。彼は自分の息子の名前を聞き、町の人たちの騒ぎの種が自分の息子であるのを知ると直ちに、息子を救い出そうというよりは、打ちのめしてやろうと飛び出しました。平静を失った彼は、まるで狼が羊に襲いかかるように走り寄ると、怒りのこもった恐ろしい目で息子をにらみつけ、いきなり殴りかかり、恥も外聞もなく彼を家に引きずって行きました。こうして、情け容赦もなく数日の間、暗い場所に閉じこめ、まず言葉で、次いで暴力をもって息子の意志を自分の意志に従わせようとし、ついには鎖で縛り上げたのでした。

ところが、フランシスコのほうはますます燃え立ち、その聖なる決意を果たそうという思いを強めていきました。言葉によって非難されようと、鎖で縛られようとも、忍耐を失うことはなかったのです。

まさしく、苦難のうちにあっても喜ぶように命じられた者は、たとえ鞭打たれ、鎖で縛られても、正しい意向やその決心を変えたり、キリストの群れから引き離されるようなことはありえないのです。また、災いを苦痛と感じさせないよう、いつもわたしたちの受ける苦しみをより価値あるものに変えてくださる神の御子こそ、苦悩からの避難所であると信じる者は、**大水が襲ってきても**[14]動揺することはないのです。

(1) 使一六・一七。(2) 創六・六。(3) 詩六・四。(4) ルカ一五・六。(5) ロマ一二・一九。(6) 詩一四一・七。(7) ヨエ二・一二。(8) 詩五四・二三。(9) ダニ二・二二。(10) エフェ六・一六。(11) 詩一七・四三、ヨハ八・五九。(12) コヘ七・九。(13) セネカ『道徳書簡』四巻一〇書簡二。(14) 詩三二・六。

第六章

どのようにして母親がフランシスコを解放し、どのようにしてフランシスコはアシジの司教の前で裸になったか

一三　ところで、その頃たまたま父親が家業の都合で、しばらく家を離れることになり、神の人〔フランシスコ〕は家の牢屋に鎖でつながれたままでした。彼と共に、ひとり家に残っていた母親は、日頃から夫の仕打ちを快く思っていなかったので、息子に優しい言葉で語りかけました。息子の決意を変えることはできないと見てとると、**内腑《ないふ》から湧き出す**母としての**思いに駆られて**[1]その鎖を解き、彼を自由に行かせました。〔フランシスコ〕は全能の神に感謝しながら、急いで元いた場所に戻って行きました。この誘惑による試練を乗り越えてからは、一層自由になったと感じるとともに、多くの戦いを経たおかげで一層喜びに満ちているのが見てとれるようになっていました。振りかかった侮辱によって信頼の念はますます深まり、自由にどこにでも出向き、広々とした心で進んで行きました。

こうしているうちに父親が帰って来て、息子がいなくなったのを知ると、罪に罪を重ね、妻をひどく罵倒したのでした。それから、罵詈雑言《ばりぞうごん》を吐きながら、息子を連れ戻すことができないなら、この地方から追い出そうと決め、例の場所に走って行きました。しかし、「**主への畏れは力の保証**[2]」とあるとおり、恵みの子〔フランシスコ〕は、肉親の父親が自分のところに来たことを耳にすると、鎖も鞭も何の役に立たないと何らはばかることなく叫びつつ、快活に、その前に進み出ました。そればかりか、キリストの名のために、喜んであらゆる不正を耐え忍ぶと宣言したの

でした。

一四 さて、歩き始めた道から息子を連れ戻すことができないと知ると、父親は何としてでも金銭を取り返そうとしました。神の人〔フランシスコ〕は、貧しい人たちに食べさせたり、その場所の建物を修理するために使いたいと願っていました。しかし、彼は金銭に愛着せず、その中に何か善いものがあるなどという考えにも惑わされず、また何に対しても執着を持たなかったので、それを失うことで心を掻き乱すことはありませんでした。地上のものを全く軽んじ、天上の富を熱心に望んでいた彼が、〔例の聖堂の〕窓の塵の上に放り投げた金銭が発見されると、それまで荒れ狂っていた父親の怒りも少しは治まり、この発見のおかげで貪欲の渇きもいくらか癒されたのでした。次に父親は、町の司教(3)の手によって、息子にすべての権利を放棄させ、また持っている物をすべて返させようと、司教の前に彼を引いて行きました。フランシスコはこれを拒まなかったばかりか、大きな喜びのうちに、要求されたことを果たすため進んでついて行ったのでした。

一五 司教の前に連れて行かれた〔フランシスコ〕は、臆するところもなくためらいの色も見せず、人の言葉も待たなければ、自分のほうからも一言も発せず、直ちにその衣服を脱ぎにかかると、これを父親の手に渡しました。しかも股引まで脱ぎ捨て、皆の前で真っ裸になったのでした。司教は彼の心意気に感動し、その熱意と剛毅さに打たれ、思わず立ち上がると、その両腕でひしと彼を抱きしめ、着ていたマントで彼の体を覆ったのでした。司教はこれが神の計らいによるものであり、いま目にした神の人〔フランシスコ〕の振る舞いには秘義が込められていると悟りました。それ故、直ちに**保護者となり**(4)、彼を抱きしめ力づけ、慈愛の懐の中に抱きしめたのです。

今や彼は、裸で裸〔の敵〕と戦い(5)、**この世のもの**(6)をすべて脱ぎ捨てて、ただ主の義だけを思い巡らしているのです。今や彼は、自分の命について慮るのをやめ、自分の命を軽んずるように努めています。それは、険しい道にあって貧しい者である自分に平和が訪れ、目下のところは、ただ肉の壁だけが神の直観から彼を引き離しているようにするためです。

（1）王上三・二六。（2）箴一四・二六。（3）グイド二世。（4）詩二九・一一。（5）グレゴリウス一世『福音書講話』三二・二。（6）Ⅰコリ七・三三。

第七章

どのようにして盗賊に捕まったフランシスコは雪の中に放り出され、どのようにしてレプラ患者に奉仕したか

一六　かつては深紅の衣服をまとっていた〔フランシスコ〕は、今は粗末な衣で旅を続けていましたが、フランス語で主をたたえる賛歌を歌いながら、とある森に差しかかると、突然、盗賊どもが襲いかかってきました。彼らが声を荒げて、「お前は何者だ」と尋ねると、神の人〔フランシスコ〕は、はっきりとした声で確信をこめて答えました。「わたしは**偉大な王**(1)の先触れだ。何の用か」。強盗どもは彼を取り囲むと、「神の先触れだと。愚か者め。そこに寝てるがいい」と言いながら、雪でいっぱいになった穴へ彼を放り込みました。ところが、〔フランシスコ〕は転げ回って雪を払い除け、盗賊どもが立ち去ると穴から飛び出して、喜びのあまり森中に響きわたる大声で万物の創造主を賛美し始めました。

　ついに隠修士たちの住む僧院に辿り着くと、粗末な下着一枚で、召し使いのようにして台所で働きながら、質素なスープで空腹を満たしたいと願って、数日間、そこに滞在しました。ところが、全く同情してもらえず、古着さえもらえなかったので、怒りに駆られてではなく、必要に迫られてそこを去ることにし、グッビオの町に移動しました。そこで以前からの友人から粗末なトゥニカをもらいました。しばらくして、神の人〔フランシスコ〕の名声が至る所に拡がり、**その名が**人々の間に**知れ渡る**(2)と、前述の隠棲修道院の院長は、神の人〔フランシスコ〕に対して行ったことを思い起こし、悟ると、彼のもとを訪れ、救い主への尊敬のために、自分と隠修士たちのことを赦してくれるよう願ったのでした。

一七　次いで、深く謙遜を愛した聖なる人〔フランシスコ〕は、レプラを患っている人々の所に赴き、彼らと一緒に暮らしながら、神の故に心を込めて熱心に彼らを看護し、腐敗した患部を洗い清め、傷口から膿《うみ》を拭い取っていました。『遺言』の中で次のように述べているとおりです。「わたしが罪に溺れていた頃、レプラを患った人々を見ることは、とても耐え難いことに思われました。しかし、主がわたしを彼らの中に導いてくださいました。それで彼らを慈しむことができました」。レプラを患っている人々を見ることが、非常に耐え難いことであったということは、彼が

虚栄に包まれた日々を送っていた頃、二マイルも先にある彼らの住居を目にしただけで、両手で鼻を覆ってしまうほどだったと語っていたほどのことでした。

　しかし、**いと高き方の恵みと力によって**(3)、聖なる益あることを思い巡らし始めたとき、まだ世俗の衣服をまとっていた頃でしたが、ある日、たまたま一人のレプラを患っている人に出会うと、自分自身に打ち勝って、その人に近づき**口づけした**(4)のでした。それからというもの、ますます自分自身を軽んじ、贖い主の恵みによって自分に対して完全に勝利を収めるようになったのでした。

　まだ世俗にいて、この世の習慣に従って暮らしている時から、ほかの貧しい人たちの助け手でありました。何も持たない人たちに援助の手を差し伸べ、苦しんでいる人たちに同情を示していました。ある日のこと、いつもなら非常に親切な彼が、施しを願った貧しい人を叱りつけてしまいました。直ちに**後悔した**(5)彼は、この上なく偉大な王の名によって願われたものを拒むことは、この上ない悪であり恥ずべきことであると自分に言い聞かせたのでした。そのときから、神の愛によって願う人には、できるかぎり、どんなものでも拒むようなことはしないと決心しました。そして、これを自分を全くささげ尽くすまで、非常に熱心に実行しました。こうして、「**求める者には与えなさい。あなたから借りようとする者に、背を向けてはならない**(6)」という福音の勧告を教える者である前に、まず実践する者となったのでした。

（1）詩四七・三、マタ二七・四。（2）代上二六・八、ルカ四・三七。（3）ルカ一・三五。（4）マコ一四・四五。（5）マタ二七・三。（6）マタ五・四二。

第八章

どのようにして聖ダミアノ聖堂を建立したか、またそこに住んでいた貴い女性たちの生活について

〔八〕さて、祝されたフランシスコが、肉の〔心に支配された〕父親の手から解放された後、最初にすぐに取りかかった仕事は、神の家を建てることでした。新しいものを建てるのではなく、古いものを修復し、昔のものを建て直そうとしたのです。土台を壊したのではなく、その上に建てるのです。自分でも気がつかぬうちに、常にキリストに優先権を帰してのことです。「**なぜなら、既に据えられている土台、すなわち、キリスト・イエスという土台のほか**

に、**別の土台を誰も据えることはできないからです**[1]」。

〔フランシスコ〕は、はるか昔に聖ダミアノ聖堂が建てられていた前述の場所に戻って来ると、いと高き方の恵みの助けを得て、熱心に、短期間のうちにそれを修復しました。ここは、祝福された聖なる地で、誉れに満ちた修道生活、貧しい貴い女性たち、聖なる処女《おとめ》たちのいとも優れた〔修道〕会が、祝されたフランシスコの回心から六年を経て、同じ祝された人〔フランシスコ〕によって、幸いな始まりを迎えた地です。

　その土台こそは、その上に据えられる数多くの石の中でも最も高貴で、強固な石であった、アシジの町に生まれた、貴い女性クララその人でした。兄弟たちの会が始まった後、この貴い女性は聖なる人〔フランシスコ〕の勧めによって神に立ち返り、大勢の人に良い影響を与え、無数の人の模範となっていました。彼女は良い家柄の出でしたが、恵みによって更に高貴で、肉体的に清い処女《おとめ》でしたが、心根においてはこの上なく貞潔で、年齢は若かったのに、精神は成熟しており、不屈の意志をもち、神への愛の憧れで燃え上がり、賢明さを備え、謙遜に秀で、クララの名の示すように、生き方ではより輝き、性格ではこの上なく輝く存在でした。

一九　彼女に関しては、この上なく高価な真珠によってつくられ、高貴な建物のように築かれていたので、その**称賛は人からのものではなく、神からのものでした**[2]。限りある理性ではそれを想像するのさえ難しく、まして貧しい言葉では説明もおぼつかないほどだからです。

　この貴い女性たちの間で、とりわけ立派な花をつけた徳は、相互の尽きることない愛でした。それは、彼女たちの意志を一つに結び合わせ、四十人あるいは五十人が一か所に暮らしているのに、**同じ一つのことを望み、同じ一つのことを望まない**というように、相異なる彼女らのうちに一つの精神を作りあげていました[3]。

　第二に、謙遜という宝石が彼女ら一人ひとりの内に光り輝き、天から授かった賜物と恵みをしっかりと保ち、他の徳にも良い効果を与えるのです。

　第三に、処女性と貞潔の百合が、彼女たちに地上の物事を忘れさせ、ただ天上のことをのみ観想させるほど、すばらしい香りを振りまいていました。しかも、この百合が振りまく芳香によって、その聖なる愛情の完全さが、彼女たちからかつての生活のあらゆる習慣を廃するほど、彼女らの永遠の花婿に対する大きな愛を育んでいました。

　第四に、彼女らは、この上ない貧しさの刻印によって、自分たちの食物と衣服を全く、あるいは最低限必要なものさえ望まないほどになっていました。

二〇　第五に、彼女らは禁欲と沈黙の優れた恵みを受けており、肉の衝動を制御し、その舌を抑えるのに何の努力も必要としないほどでした。その結果、彼女たちのある者は、話すことさえおぼつかなくなり、いざ話さなければならないときでさえ、必要に応じて、どのように言葉を組み立てたらよいのか思い出せないほどでした。

第六に、これらのすべてとともに、彼女たちは忍耐という徳ですばらしく装われていたので、さまざまな苦難からくる逆境も、心をいらつかせる不正も何ら彼女らの心を挫いたり、心変わりさせたりすることはできませんでした。

そして最後、第七に、彼女たちは観想の頂に達していたので、自分たちが行うべきことと、避けるべきことのすべてを学んでおり、喜びをもって**神へと心を奪われる**(4)すべを知っており、昼も夜も神への賛美と祈りのうちに暮らしていました。

永遠の神よ、あなたの聖なる恵みによって、この聖なる始まりがより一層聖なる終わりを迎えるようお導きください。目下のところは、神に身をささげた処女《おとめ》たち、キリストのいとも敬虔なはしためたちに関する状態についてはこれで満足としましょう。なぜなら、彼女たちが、当時オスチアの司教であった教皇グレゴリオ陛下から授かった、感嘆すべき生活とその誉れある制度は、それ自身を扱う著作とそれを記述するための時間が必要とされるからです。

（1）Ⅰコリ三・一一。（2）ロマ二・二九。（3）サルスティウス、Bellum Catilinarium, XX, 4.（4）Ⅱコリ五・一三。

第九章

どのようにして衣服を替え、ポルチウンクラの聖マリア聖堂を修復し、また福音を聞いて、すべてを捨てて、兄弟たちが着ることになる衣服を考案し作ったか

二一　それからしばらくして、神の聖者〔フランシスコ〕は、衣服を替えて、前述の聖堂の修復を終えると、アシジの町の近くにある別の場所に移動し、そこで壊れて、ほとんど倒れそうになっている聖堂の再建に取りかかりましたが、すべてを完成させるまで、着手した善いことを投げ出すことはありませんでした。

そこからまた別の場所に移りましたが、そこはポルチウンクラと呼ばれ、はるか昔に建てられた神の母、祝された

処女《おとめ》マリアの聖堂がありました。しかし、当時は見捨てられ誰からも顧みられることはありませんでした。神の聖者〔フランシスコ〕は、その荒廃ぶりを目にすると、敬虔な愛に心を掻き立てられました。すべての善の母に対する敬虔な思いに燃えていたからです。そこでそこにずっと滞在することを決意しました。この聖堂を修復し終えたのは、彼の回心から三年目のことでした。このとき、彼は隠遁者の衣服を身につけ、腰に革帯を締め、手には杖を持ち、足には靴をはいていました。

三　ところが、ある日、その聖堂で、主が宣教のため弟子たちを派遣する福音の箇所が朗読されたときのことです。そこに居合わせた神の聖者〔フランシスコ〕は、その福音の言葉に何か悟るところがありました。そこで荘厳なミサが終わると、福音を説明してくれるように司祭に謙遜に頼みました。司祭が順を追ってすべてを説明すると、フランシスコは、キリストの弟子たるものは**金も銀も金銭を所持せず、旅路において財布も袋もパンも杖も身につけず**、履**き物も二枚のトゥニカ**も持ってはならないこと、[1]しかも**神の国と悔い改め**を宣べ伝えるべきこと[2]を知ると、即座に、**神の霊において喜び躍って**[3]言いました。「これこそわたしが望んでいること、これこそわたしが探し求めていること、これこそわたしが心から行いたいと欲していること」。それで聖なる師父は**喜びに満ち溢れ**[4]、救いの告知を成し就げようと急ぎ、聞いたことを忠実に実行し始めるまでは、邪魔が入って、それが少しでも遅れることに我慢がならないという様子でした。直ちに**足から靴を脱ぎ捨て**[5]、手に持っていた杖を捨て、一枚のトゥニカで満足し、革帯を貧相な紐に変えました。また、このときから、彼は悪魔の醸《かも》し出すあらゆる幻想を撃退するため、十字架に似た形のトゥニカを自分のために考案し、しかも、あらゆる**悪徳と**罪とともに**肉体を十字架につける**[6]ため、そのトゥニカを非常に肌触りの悪いものにしました。彼が用意したものは、この世が決してほしいと思わない非常に貧しく粗末なものでした。その上、聞いたほかの事柄も、非常に熱心にまた敬虔な態度で実行しようとしていました。まさしく、彼は聞く耳を持たない福音の聞き手ではなく、聞いたことをすべてしっかり記憶に留め、それを文字通り実行しようと熱心に努めていたのです。

（1）マタ一〇・九―一〇。（2）ルカ九・二、マコ六・一二。（3）ルカ一・四七。（4）IIコリ七・四。（5）出三・五。（6）ガラ五・二四。

第一〇章

福音の宣教と平和の告知、そして最初の六人の兄弟の回心について

二三　それからというもの、霊は大いに燃え立ち、精神は喜びに満ちて、〔フランシスコは〕すべての人に悔い改めを宣べ伝え始めました。単純な言葉でしたが壮麗な心をもって聞く人々を教え導いていました。その言葉は**燃える火のよう**で[1]、心の奥底にまで浸透し、みなの思いを感動で満たしました。それまでとは全く別人のように見受けられ、つまり天に目を注いで、地上に眺めるのを拒絶していました。彼が幼い頃、最初に読むことを学び、大いなる誉れのうちに初めに埋葬されたその場所で、最初の説教を始めたのも不思議な巡り合わせでした。こうして、幸運な始まりは、更に幸運な終わりによって全うされたのでした。学んだのと同じ場所で教え、始めたのと同じ場所で終わりを迎えたのでした。

説教する時はいつも、集まった人たちに神の言葉を述べる前に、「**主が、あなた方に平和を与えくださいますように**[2]」と言って、まず平和を祈っていました。男性にも女性にも、出向いて行く人にも出かけて来る人にも、いつも真心から平和を伝えていました。それ故、**平和を憎む**[3]だけでなく、救いをも嫌う人々の多くが、**主の助けによって**[4]心から平和を抱きしめて、その人たち自身が**平和の子**[5]となり、永遠の救いを求めて競う者となったのでした。

二四　その人たちの中から、アシジ出身の単純で敬虔な精神をもった一人の男性が最初に、神の人〔フランシスコ〕にひたむきに従いました。この人の後、兄弟ベルナルドが、この**平和の使節**[6]を迎え入れ、**神の国を得よう**[7]と神の聖者〔フランシスコ〕のもとに熱心に駆け寄りました。彼は何度も、この祝された師父を家に迎え、その生活と習慣を身近に体験し、その聖性の芳しい香りで元気づけられ、畏怖の念を抱くとともに、霊の救いを産み出すに至ったのでした。〔ベルナルド〕は、〔フランシスコ〕が一晩中祈っており、ごくわずかな睡眠しか取らず、神と、栄えある処女《おとめ》、神の母とをたたえるのを目撃し、驚いて言いました。「**本当に、この人は**神からの人だ[8]」。そこで彼は、急いで自分の持ち物をすべて売り払い、その代価を身内にではなく、貧しい人たちに施し、より完全な道を目指そうとして、「**もし完全になりたいならば、帰って、あなたの持っている物をすべて売り、貧しい人に施しなさい。そうすれば、**

天に宝を蓄えることになる。それから、わたしに従いなさい[9]」という聖なる福音の勧告を実行したのでした。これを行った後、生活と衣服を同じくして聖なるフランシスコと行動を共にし、兄弟たちの数が増えた後も、その敬愛する師父への従順によって、他のさまざまな地方へと送られるまで〔フランシスコ〕といつも一緒にいました。〔ベルナルド〕の神への回心は、その持ち物を売って、これを貧しい人々に施す模範になりました。聖なるフランシスコは、これほどの人の到来と回心を**大変喜んでいました**[10]。というのも、主が彼に必要な仲間と**誠実な友人**[11]をくださることで、自分のことを心配してくださっていると分かったからです。

二五　ところが、間もなくアシジの町の別の人が、彼に従うことになりました。この人はその生き方の上で極めて評判が良く、既に聖なる生き方をし始めていましたが、わずかの間に更に一層聖なるものに仕上げたのでした。

それからほどなく、兄弟エジディオが彼に従うことになります。この人は単純で**真っ正直で、神を畏れる**人でした[12]。彼は非常に長生きをしましたが、聖にして、**実直で、敬虔な生活を送り**[13]、完全な従順、手仕事、隠遁生活、聖なる観想の模範をわたしどもに残してくれました。

この人たちに続いて、もう一人が仲間に加わり、更に兄弟フィリポが〔加わって〕七という数に達しました。主がこの〔フィリポの〕**唇を浄めの炭火で触れられた**ので[14]、彼は蜜の滴る甘味〔な言葉〕をもって主について語ることができました。**学んだことはなかった**のですが[15]聖書を理解し、それを解き明かし、ユダヤの指導者たちが、**無知で無学**と軽蔑していた人々に倣う者となったのでした[16]。

(1) シラ二三・二二。(2) Ⅱテサ三・一六。(3) 詩一一九・七。(4) マコ一六・二〇。(5) ルカ一〇・六。(6) ルカ一四・三三。(7) マタ一三・四四―四六。(8) ルカ二三・四七。(9) マタ一九・二一。(10) マタ二・一〇。(11) シラ六・一四。(12) ヨブ二・三。(13) テモ二・一二。(14) イザ六・六―七。(15) ヨハ七・一五。(16) 使四・一三。

第一一章

聖フランシスコの預言の霊と訓戒の言葉について

二六　さて、祝された師父フランシスコは、日ごとに**聖霊の慰めと恵みに満たされて**[1]、入念な心遣いと配慮をもって、また新しい教育法によって、新しい子供たちを養成し、確かな足取りで聖なる貧しさと祝された単純さの道を誤りなく歩むよう教えていました。

ある日のこと、主のご好意から自分に与えられた慈しみに感動し、自分と兄弟たちの生活の在り方について、主が示してくださることを願いつつ、これまでしばしば行ってきたように、祈りの場所に赴きました。そこで、**畏れおののきながら**[2]、**全地をあまねく支配される方**[3]のもとに長い時間留まり祈り続け、**魂の苦悩のうちに**[4]、悪行のうちに過ごした歳月を思い起こしながら、「**神よ、罪人であるわたしを憐れんでください**[5]」という言葉を、ひたすら繰り返していました。すると、やがて名状し難い喜びと大きな甘美な思いが心の奥底にまで徐々に広がり始めたのでした。そして忘我の状態に入り始めると、感情は鎮まり、罪への恐れのためその心の中に巣くっていた闇が追い払われ、自分の罪がことごとく赦されたという確信が注ぎこまれ、恵みへと生き返るという保証が示されたのでした。こうして自分自身のはるか彼方へと引き上げられ、光の中に完全に飲みこまれ、魂の内奥は拡大され、これから起こることをはっきりと知ったのでした。光とともに甘美な思いが引いていくと、**霊において新しくされ**[6]、**別人に変えられた**[7]のように見えました。

二七　そして戻って来ると、喜びに溢れて、兄弟たちに次のように話しました。「愛する者らよ、**強くありなさい**[8]、**主において喜びなさい**[9]。人数が少ないのを見て、悲しんではなりません。わたしが、そしてあなたたちが単純なものであることで、あなたたちは落胆してはなりません。神はわたしたちを途方もない数に増やし、地の果てにまで溢れさせてくださることがまさに、主からわたしに示されたのです。あなたたちの益となるように、わたしが見たことを話すべきであると思う一方で、そうするよう愛がわたしを強いるのでなければ、黙っているほうがよいようにも思われます。わたしは、聖なる生き方を示す衣服と、祝された修道生活の規則のもとにわたしたちと共に生きようと願う、**非常に大勢の人たち**がわたしたちのもとに来るの**を見た**のです[10]。ほら、わたしの耳には、聖なる従順の命令に従って、出かけて行ったり帰って来たりする人たちのとどろきがいまだに聞こえています。わたしはまた、ほとんどすべての国からこの地方へと集まってくる大勢の人たちが、道を埋め尽くしているのを見ました。フランスの人たちが来ます。スペインの人たちが駆けつけます。ゲルマンやイングランドの人たちが走ってきます。他のさまざまな言葉を話す人たちの大群が馳せ参じるのをわたしは見たのです」。

これを聞いた兄弟たちは、大きな喜びに満たされました。

主である神がご自分の聖者〔フランシスコ〕に与えてくださった恵みのためであり、また彼らがその隣人たちの益となることを切に渇き求め、**自分たちと一緒に救われる**ため[11]にその数が日々増えるのを望んでいたからでした。

二六　また聖者〔フランシスコ〕は、彼らにこのように話しました。「兄弟たちよ、わたしたちは、主である神にいただいたすべての賜物を忠実に、また敬虔に感謝するため、また現在と将来の兄弟たちがどう生きるべきかを知るため、これから生じる展開について、その真実を知る必要があります。今のところ、この生活を始めたばかりのわたしたちには、食べるに**大変甘く美味しい果物**[12]が与えられています。しかし、やがて甘くも美味しくもないものが与えられるようになるでしょう。そして最後には、**苦味に満ちたもの**[13]が与えられるでしょう。わたしたちはそれを食べることはできないでしょう。外見は美しく香りもよいのですが、苦味がひどく、誰一人として口にすることはできないからです。先に述べたとおり、確かに、主は、わたしたちを**大きな民**[13]**へと**増やしてくださいます。しかし、最後には次のようなことが起こるでしょう。ある人が網を海や湖に投げ入れ、非常にたくさんの魚を捕らえて[14]、それらを自分の小舟に引き上げます。ところが、あまり多過ぎるので全部を持って帰るのを面倒に思い、その中から大きなものを**選んで**、これを**容器に入れ**、ほかのものを**外に捨てて**しまうといったようなことです[15]」。

神の聖者〔フランシスコ〕が予告したこれらのすべてことが、いかに真実を反映しており、また明らかなものとして提示されたかは、真理の霊において考察する人には明らかなことです。このように**預言の霊が**聖フランシスコのうちに**留まっていた**のでした[16]。

（1）使九・三一。（2）トビ一三・六。（3）ゼカ四・一四。（4）イザ三八・一五。（5）ルカ一八・一三。（6）詩五〇・一二。（7）サム上一〇・六。（8）エフェ六・一〇。（9）フィリ三・一。（10）黙七・九。（11）使二・四七。（12）創二・九。（13）哀一・二〇。（13）創一二・二。（14）ルカ五・六。（15）マタ一三・四七―四八。（16）イザ一一・二。

第一二章

どのようにして兄弟を二人ずつあまねく世界に派遣し、しばらくして再び結集したか

二九　同じ頃、もう一人の善良な人がこの修道生活に加わり、八という数にまで至りました。そこで祝されたフラン

シスコは彼ら全員を自分のもとに呼び集めると、**神の国について**[1]、世を軽んずべきことについて、自分の意思を拒否すること、そして肉体を抑制することについていろいろと話すと、彼らを二人ずつ四組に分けました。そして、次のように言いました。「愛する者らよ、**二人ずつ組になって**[2]、世界のさまざまな地方を通って、人々に**平和**[3]**と罪の赦しのための悔い改めを宣べ伝え**[4]ながら進んで行きなさい。**艱難にあっては耐え忍び**[5]、安心していなさい。主がご自分の計画と約束を成し遂げてくださるからです。質問する人には謙遜に答え、**迫害する人々を祝福しなさい**[6]。あなたたちを傷つけ、悪口を言う人々には感謝しなさい。それらのおかげで、わたしたちに**永遠の国が用意される**ことになるからです[7]」。

大いなる**歓喜のうちに**[8]聖なる従順の掟を受け入れると、彼らは聖なるフランシスコの前に、うやうやしく地にひれ伏したのでした。すると、〔フランシスコ〕は彼らを抱きしめ、一人ひとりに優しく愛情をこめて言いました。「**あなたの思いを主に委ねなさい。主があなたを支えてくださいます**[9]」。これは、兄弟たちを従順に委ねる時、彼がいつも口にした言葉でした。

三〇　やがて兄弟ベルナルドが兄弟エジディオと共に〔コンポステラの〕聖ヤコブ〔の聖地〕（ガリシアのサンチャゴ・デ・コンポステラ）へと旅立つと、聖なるフランシスコは一人の仲間と共に世界の別の地方を選び、残りの四人は二人ずつ組んで、それぞれ別々の地方へと出かけて行きました。

ところが、たいして時も経たぬうちに、聖なるフランシスコは彼らみなに会いたいという思いに駆られ、**イスラエルの散らされた者らをお集めになる**[10]主に祈ると、慈しみのうちに短い間に彼らが集まるという恵みが与えられました。こうして、たいした時も経たぬうちに、彼の望みどおり、誰かが呼び集めたわけでもないのに、みなが同時に集まり、**神に感謝をささげる**[11]ということが起こったのでした。**一つに集まると**[12]、彼らは自分たちの愛情豊かな牧者に会えたことを大きな喜びをもって祝い、同じ一つの願望によって自分たちが集まったことを驚き合いました。そして、**慈しみ深い主**[13]が自分たちに行ってくださった善いことを語り合い、そして何かしら怠慢であったこと、恩知らずのところがあれば、矯正と厳罰とを謙遜に聖なる師父に求め、慎み深く受け入れました。

まさしく、〔フランシスコ〕のもとに来ると、このようにするのが彼らの常であり、ほんの小さな考えや、心の些細な動きも隠そうとはしませんでした。また**命じられたこ**

とをすべて成し遂げたときでも、自分は**無益な僕**《しもべ》であると見なしていました。[14] まさしく、最初に祝されたフランシスコのもとに集まった弟子たちはみな、清浄な霊に満ちていましたので、有益なこと、**聖なること、正しいこと**[15]を行うすべを知っていましたが、それらについて喜ぶことはひどく空しいことと弁《わきま》えていたのです。それで、祝された師父も、限りない愛をもって子らを抱きしめ、自分の決意を彼らに明かし、主が自分に啓示してくださったことを彼らに示し始めたのでした。

三　ところがほどなく、別の四人の善良で才能のある人々が彼らに**加わり**[16]、神の聖者〔フランシスコ〕に従うようになりました。このころから、人々の間に偉大な評判が起こり、この神の人〔フランシスコ〕の名声は遠くにまで広がり始めたのでした。事実、信仰の深い人、富裕な人、貧しい人、高貴な人、身分の低い人、卑しめられている人、才能のある人、賢い人、素朴な人、聖職者、無学な人、またキリストを信じる民のなかの一般の信徒らの中の誰かが、**神の霊に導かれて**[17]、この聖なる修道生活の会服を身につけるのを願って集まって来るとき、聖フランシスコとその兄弟たちに、**大きな喜びに喜び躍った**[18]のでした。このようなことは、世俗の人々にとっても全く大きな驚き、謙遜の模範であり、自分の生活の在り方を改めさせ、罪の悔い改めへと向かわせるものでした。生まれの卑しさも、貧困からの弱さも何ら妨げとはなりません。世間からはじき出された人々、そして**単純な人々**と共にいることを喜びとされる神[19]が築き上げようと望まれた人々を、神の業のうちに**築き上げられる**のだからです。[20]

(1) 使一・三。(2) ルカ一〇・一。(3) 使一〇・三六。(4) マタ一・四。(5) ロマ一二・一二。(6) ロマ一二・一四。(7) マタ二五・三四。(8) Iマカ五・五四。(9) 詩五四・二三。(10) 出八・三〇。(11) コロ三・一七。(12) Iコリ一一・二〇。(13) 詩一一四・五。(14) ルカ一七・一〇。(15) フィリ四・八―九。(16) 使二・四一。(17) マタ四・一。(18) ルカ一・一四。(19) 箴三・三二。(20) 使二〇・三二。

第一三章

どのようにして兄弟が十一人になると最初に会則を書き、どのようにして教皇インノセント陛下がそれを認可したか。木の幻について

三　祝されたフランシスコは、**日々**、主である神が仲間の数を**増やしてくださる**のを見て[1]、自分自身と、現在なら

びに将来の兄弟たちのため、それを完全〔に実践すること〕をひたすら渇望していた聖なる福音の言葉をおもに用いて、生活様式と規則を、単純に、そしてわずかな言葉で書き記しました。とはいえ、この聖なる生活の実践に必要不可欠な他の事柄も、わずかながら書き添えました。そして、書き記したものが教皇インノセント三世陛下によって認可されることをひたすら願いつつ、前述の兄弟たち全員と共にローマに赴いたのでした。当時、アシジの尊い司教もローマにおられました。この方の名はグイドといい、あらゆる点で聖なるフランシスコとその兄弟全員を誇りに思い、特別の愛情をかけて尊敬していました。彼らのローマ訪問の理由を知らなかった司教は、聖なるフランシスコとその兄弟たちを見かけると、ひどく心配しました。主が既にこの僕たちを通して、彼の司教区ですばらしい働きをお始めになったのに、彼らはそこから去ることを願っているのではないかと恐れたからです。実際、彼は自分の司教区にこのような人たちがいることを大変喜んでおり、彼らの生活や行動を高く評価していたのです。その理由を聞き、その意向を知ると、**主において大変喜び**[2]、一同のため助言や援助を惜しまないことを約束したのでした。聖なるフランシスコはまた、サン・パウロのヨハネというサビーナの司教陛下の所に赴きました。この方はローマの教皇庁の貴族や高官の一人で、しかも地上のことを軽んじ、天上のことを愛する人でもありました。彼はフランシスコを好意と愛情をもって迎え入れ、その意志と決意を大いに称賛したのでした。

三三　ところで、この方は賢明で思慮深い方でしたので、フランシスコにいろいろと尋ねた上で、隠修士か隠遁者の生活に入るよう勧めました。しかし、聖なるフランシスコは、できうる限りの力を尽くして、謙遜にその勧告をお断りしました。勧められたことを軽視したのではなく、別の生活を熱望して、そちらのほうに一層引かれていたからでした。しかし、陛下は彼の熱意に感心しながらも、そのようなあまりにも高邁な望みから外れるのを心配するあまり、もっと平凡な道を勧めたのでした。しかし、この方もまたついに〔フランシスコ〕の志の固さに負け、その訴えを認め、教皇陛下の前で彼の意図を推薦するよう努めてくださったのでした。

その頃、**神の教会**[3]の頭《かしら》は教皇インノセント三世陛下で、栄光に包まれ、学識でも優れ、雄弁の誉れも高く、キリスト教の信仰の原理が要求する正義を貫こうと熱心に務めておられました。この方は、神の人々の願望を知ると、熱慮した上で、彼らの請願に同意すると、次のような好意で会見を締めくくったのでした。多くのことで彼らを励まし、戒め、聖なるフランシスコとその兄弟たちを祝福したうえで、次のように仰せになりました。「兄弟たちよ、主と共に行きなさい。主があなたたちを鼓舞してくださったように、すべての人に**悔い改めを宣べ伝えなさい**[4]。全能の**主が**、人数と恵みにおいてあなたたちを**増やしてくださったなら**[5]、そのとき、**喜んで**わたしの所に戻って来なさい[6]。わたしは更に多くのものをあなたたちに与え、またより大きな信頼をもって、更に多くのものを任せるであろう」。

事実、**どこに赴こうと**、**主は**フランシスコ**と共におられ**[7]、啓示によって彼を喜ばせ、数々の賜物で彼を励ましてくださいました。ところで、ある夜のこと、彼が眠りに落ちると、傍らに**見上げるように高い一本の木**が立っている道を歩いている夢を見ました。それは**美しく**、**強健で**、**葉はよく茂り**、**ずば抜けて高い木でした**[8]。その木に**近づき**[9]、その下に立って、その**美しさ**と高さに**驚嘆している**と[10]、突然、その木の頂に触れ、手でそれをつかむと、地面にまでそれを折り曲げることができるほどに、聖者〔フランシスコ〕の背丈が伸びるということが起きました。これは、この世で最も高位で、最も高貴な木である、インノセント陛下が、フランシスコの請願と意思に優しく身をかがめてくださったとき、実現したことでした。

(1) 使二・四七。(2) フィリ四・一〇。(3) Iコリ一・二。(4) ルカ二四・四七。(5) 申七・一二―一三。(6) ルカ一〇・一七。(7) 創二〇・一六。(8) ダニ四・七―九。(9) ルカ七・一一―一二。(10) ユディ一〇・一四。

第一四章

ローマの町からスポレトの谷に戻ったこと、またその途中での滞在について

三四 聖なるフランシスコは兄弟たちと共に、父であり主である〔教皇〕からのこのようにすばらしい賜物と恩恵に喜び躍りつつ、「**低く小さい者らを高く上げ**、**嘆き悲しむ者らを強め高く上げてくださる**[1]」全能の**神に感謝をささげ**たのでした[2]。直ちに、祝されたペトロの墓を訪れ、そこで祈りを終えると、ローマの町を後にし、仲間〔の兄弟〕たちと共にスポレトの谷に向かって旅立ちました。**彼らは旅の道すがら**、この上なく慈しみ深い神がいかに多くのすばらしい賜物を与えてくださったか、また、全世界のキリスト者の主であり父であるキリストの代理者〔教皇〕から、

どれほど親切にもてなされたか、また、〔教皇〕の訓戒と命令をどのようにして果たすことができるか、また授けられた会則をどのようにしたら誠実に保守し、少しも違《たが》えることなく遵守することができるか、どのようにしてあらゆる点で聖にして敬虔な思いをもって、いと高き方の前を歩むべきか、そして最後に、どのようにしたら自分たちの生活と行動が聖なる徳を増し加えることで隣人に良い模範となるかなどを**語り合っていました**[3]。

さて、キリストの新しい弟子たちが、謙遜の学び舎でこのように心ゆくまで論じあっているうちに、**だいぶ時間も経っており**、陽は既にかなり傾いていました。彼らが辿り着いたのは**荒れ果てた所で**[4]、旅の疲れもあり、おまけに空腹でしたが、人里離れた場所でもあって、元気をつけるものなど何一つ見いだすことはできませんでした。しかしたちまちのうちに、神の恵みが働いて、**一人の男が腕にパンを抱えて走り寄り**、それを彼らに**与える**[5]と、立ち去って行きました。誰もその人のことを知らなかったので、**心底驚**[6]き、神の慈しみへの信頼をますます深め、敬虔な心で互い励まし合ったのでした。

その食物を食べ終え、大いに力を回復すると、オルテの町に近い、ある場所に辿り着き、そこにおよそ十五日間滞在しました。彼らのある者らは町に入って行って、必要な食物を手に入れ、一軒一軒施しを願って得たわずかな物を、ほかの兄弟たちの所に持って帰り、**感謝をささげ**[7]、**喜びのうちに**[8]みなで食べたのでした。それが残った場合は、ほかの誰かに与えることもできなかったので、後で食べるために、以前に死体が収められていた墓にそれを保存しました。そこは荒れ果て、誰からも見捨てられ、全くと言っていいほど人が近づくことのない場所でした。

三五　空しい、あるいは肉的な楽しみをもたらすものを何一つ目にせず、所持してもいないことが、彼らにとって大きな喜びでした。それ故、ここで彼らは聖なる貧しさとの交わりを持ち始め、**世に属するもの**[9]を欠いていることで、かえって大きな慰めを得て、この先どこに行っても、この場所でのように、この交わりを常に保とうと決心したのでした。また、地上の物事に対する**あらゆる思い煩い**[10]を捨てたことで、神からの慰めだけが彼らを喜ばせるものとなっていたので、いかなる艱難によっても動揺させられることなく、いかなる誘惑にも屈服することなく、〔この交わりの〕**抱擁**[11]を解くまいと決心し、確認したのでした。

しかしながら、快適さは魂の真の力を全く無力にしかねないのですが、この地の快適さは彼らに愛着心を生じさせることはありませんでした。長くそこに滞在し続けることは、たとえ外見的にではあれ、何らかの所有権を主張するかのようなおそれがでてきたので、その地を後にして、恵みに満ちた師父〔フランシスコ〕に従って、スポレトの谷に入っていったのです。正義を真に信奉していた彼らは、人々の間で生活するべきなのか、それとも人里離れた地に赴くべきか、論じ合っていました。しかし、聖なるフランシスコは自分の努力に頼らず、あらゆることよりも聖なる**祈りを優先させ**ていたので、[12]**自分独りのために生きる**のでなく、**すべての人のために死なれた方**〔キリスト〕[13]のために生きることを選びました。悪魔が懸命に奪い去ろうとしていた魂らを、神のために奪い返すのが自分の使命であると知っていたのです。

（1）ヨブ五・一一。（2）使二七・三五。（3）ルカ二四・一七。
（4）マタ一四・一五。（5）マコ一四・一三、マタ二六・二六。
（6）詩三四・二五。（7）使二四・三。（8）イザ三〇・二九。
（9）Ⅰコリ七・三三。（10）Ⅰペト五・七。（11）コヘ三・五。
（12）詩八七・一四。（13）Ⅱコリ五・一五。

第一五章

祝されたフランシスコの名声、大勢の人の神への回心について、またどのようにして小さき兄弟たちの会と呼ばれ、祝されたフランシスコはこの修道生活に入った人々をどのように養成したか

三六　そこで、キリストの最も勇敢な騎士フランシスコは、**人間の知恵による説得の力ではなく**、霊の教えと**力によって**、[1]神の国を**告げ知らせ**、**平和を宣べ伝え**、[2]救いと**罪の赦しのため**[3]の悔い改めを説きつつ、**町や村をくまなく巡っていました**[4]。

彼は、**お世辞を言ったり**へつらったりせず、[5]自分に託された使徒的権威によって、あらゆることにおいて**大胆に行動していました**[6]。ほかの人たちの過ちを甘く見ることはできず、はっきりと指摘し、罪を犯した人たちの生き方を擁護することなく、それを鋭い叱責で痛悔へと導きました。言葉をもってほかの人たちを説得するよりも前に、行動によって自分が確信を持てるようにしていたからです。非難されることを恐れず、堂々と真理を語っていたので、非常に博識な人々も、名誉や地位の高い人々も、その発言に感

嘆し、その前に出ただけで畏敬の念に打たれるほどでした。男性たちが走り寄り、女性たちが走り寄り、聖職者が駆け寄り、修道士たちも駆け寄り、神の聖者〔フランシスコ〕を一目見よう、その言葉を聞こうとしていました。その〔聖者〕は全く別の代《よ》の人のように思われたのでした。あらゆる年齢と性別の人が、主がご自分の僕を通して、この世で新たに行われる不思議な業を見ようと集まって来たのでした。確かに、その当時、聖なるフランシスコがいるということで、あるいはその評判を通して、新しい光が天上からこの地上に送られ、どこに向かっているのか誰も分からないまでに、全地をくまなく覆っていた闇を追い払ってくれるように思われたのでした。このように、神を忘れ、その掟をないがしろにする途方もなく深い眠りがほとんどすべての人に覆いかぶさっていたので、古く根深い罪を追い払うことがほとんどできないほどでした。

三七　〔フランシスコは〕**夜の闇に**きらめく**星**のように[7]、また暗黒の上に**広がる暁**のように[8]光り輝いていました。こうしてわずかの間に、その地域全体の様相は変えられ、至る所でかつての醜悪な状況は影を潜め、喜ばしい景観が姿を現しました。かつての不毛は拭い去られ、見捨てられた畑に新しい芽が勢いよく伸び出しました。野生の**ぶどうの木**までが、主の薫り高い**芽**を吹き出し始め[9]、甘い香りの花を咲かせ、やがて**誉れと敬意という実**を結んだのでした[10]。至る所に**感謝と賛美の歌声**が響きわたり[11]、大勢の人が世の思い煩いを捨て、いとも祝された師父フランシスコの生活と教えによって自己認識を取り戻し、創造主を愛し尊敬するよう鼓舞されたのでした。身分の高い人も低い人も、聖職者も信徒も、大勢の人々が神の息吹に打たれて、聖なるフランシスコの規律と指導のもとに絶えず戦い続けようと決心して、彼のもとに来るようになりました。神の聖者〔フランシスコ〕は、天からの恵みでみなぎる川のように、霊の賜物の流れでこの人たちをみな潤し、彼らの心という畑を諸々の徳によって美しく装ったのでした。また**卓越した職人**[12]でもありました。実に、その告知が広まることで、その〔生活〕様式、会則、そして教えに則して、キリストの教会は男女双方において刷新され、救われることになった人々から成る三種の軍隊が勝利を収めていました。まさしく、すべての人に生きる規範を提示し、あらゆる階級の人に救いの道をしっかりと示していたのでした。

三八　しかし何よりも、わたしどもの関心を引くのは、彼が愛と誓約によって受け取り、保守した会についてです。これは、いったい何なのでしょうか。彼自身がまず「小さき兄弟たちの会」を創設し、そのおりにこの名称をつけたのでした。まさに、会則の中で次のように記しています。「彼らは小さき兄弟でなければならない」。この言葉が語られた、まさしくその時、同じように言っています。「この兄弟共同体が『小さき兄弟たちの会』と呼ばれることをわたしは望んでいます」。

すべての人に服従するという点で、彼らは真に小さい者らであり、いつも軽視される地位と、不当とも思われかねない役務を果たすよう努めていました。それによって、真の謙遜という固い土台に立つにふさわしい者となり、摂理に恵まれ、あらゆる徳から成る霊的な建物が彼らのうちに建てられたのでした。

この堅固な**土台の上に**[13]愛という高貴な建物が建てられており、そこでは世界のあらゆる地方から結集した**生ける石**[14]が、**聖霊の住居**[15]へと組み立てられていました。おお、キリストの新しい弟子たちは、何と大きな愛の炎で燃え上がっていたことか。彼らのうちには、どれほど大きな仲間に寄せる敬虔な愛が息づいていたことか。どこかある所で、場合によっては、よくあることでしたが道端で、出会ったときには、その場に霊的な愛のほとばしりが吹き出し、あらゆる愛にまさる真の愛情の種が蒔き散らされたのでした。これ以上何か言う必要があろうか。敬虔な抱擁、心からの愛情、聖なる口づけ、心地よい会話、慎みのある笑い、快活な振る舞い、**澄んだ眼差し**[16]、純粋な精神、**心を和ませる言葉**[17]、**柔和な応答**[18]、同じ意向、迅速な服従、疲れを知らぬ手の働き。

三九　また、彼らは地上のあらゆるものを軽んじ、個人的に自分自身に対し愛を向けることはなかったので、愛のすべてを共同体に注ぎ尽くし、兄弟の困窮を一緒に耐えるまでに、自分自身を代償として与えようと努めていました。一緒にいることを心から願い、また楽しみにしていました。ですから、交わりから去るのは双方にとって耐えがたく、別離はつらく、出発は悲壮なことでした。

しかし、いとも従順な騎士たちは、何ものをも聖なる従順より敢えて優先することなく、従順を命じる言葉が発せられる前に、命令を遂行する準備ができていました。また命令をあれこれ検討することなく、あらゆる反論を退けて、命じられたことなら何であれ速やかに果たしたのでした。

いとも聖なる貧しさを追い求めていた、この人々は何も持っていなかったので、何ものにも愛着することはありませんでした。それ故、何かを失うという恐れもありませんでした。彼らはたった一枚のトゥニカで満足しており、ときには、裏と表から継ぎを当てていました。そこには少しも飾り立てたところはなく、全く見栄えのしない質素極まりない物でしたから、そのこと自体で、完全に**世に対して十字架につけている**[19]ように見受けられました。また、紐を腰に巻き、粗末な股引をはいていました。これがすべてであって、これ以上何も持つまいという敬虔な決意を固めていました。それ故、どこにいても心は澄み渡っており、いかなる恐れにも襲われることなく、いかなる思い煩いにも心を乱されることなく、何の心配もなく明日を待ち望んでいました。旅の途中何度もひどく危険な目に遭っていましたが、その夜泊まる所すら心配することはありませんでした。しばしばひどい寒さの中で必要な宿が見つからない場合でも、竈《かまど》で暖を取ることも、惨めなありさまで洞穴や岩のくぼみに身を潜めて夜を過ごすこともありました。

昼間は、働く方法を知っている兄弟は手仕事をしたり、レプラを患っている人たちの住んでいる所あるいは他の適当な場所に留まり、謙遜にまた敬虔にみなに奉仕していました。人の躓きとなるような場所では、いかなる仕事に就くことも望まず、常に聖なる、正しく、有益でふさわしい仕事をしながら、彼らを謙遜と忍耐の模範として集まって来る人たちみなと共に生活していました。

四　忍耐の徳を習得していましたので、この世の称賛によって称揚され、彼らの聖性が世に知られたり、褒めそやされる所よりは、肉体に対する迫害を耐え忍ぶ所に留まることを望むほどでした。実際、何度となく辱められ、侮辱され、衣服をはぎ取られ、殴られ、縄で縛られ、投獄されても、誰にも保護を求めず、すべてを雄々しく耐え忍び、その口からは、**賛美と感謝の言葉**のほかは何も発せられませんでした[20]。

彼らは、神への賛美と祈りを決してやめることなく、やめるにしてもごくわずかでした。その一方で自分たちが行ったことを思い起こして絶えず検討し、善いことをしたときには神に感謝をささげ、怠ったり不注意であったときには、それを嘆いて涙を流していました。いつも献身の業において、心を燃え立たせる霊の訪れを感じられないときには、自分は神から見捨てられたのではあるまいかと思っていました。祈りに専念しようとするときには、眠気に襲われないよう、いろいろ工夫を凝らしていました。たとえば、ある兄弟たちは祈りが睡魔の侵入によって乱されないよう、縄で体を釣り下ろしていました。またある兄弟たちは鉄製の苦行具を身につけたり、あるいは木で造った檻の中に自分を閉じ込めていました。

よくあることでしたが、飲食の度を過ごして節制に失敗したり、旅の疲れから必要な限度を少しでも越えたときには、いく日も断食することで自分を厳しく懲らしめていました。更に、しばしばひどく冷たい氷の中で裸になること、茨の刺《とげ》に身を投げ出すことで全身血まみれになることを厭《いと》わないまでに、厳しい苦行によって肉の衝動を抑えようと努めていました。

四 彼らの地上の事物に対する蔑視は、生活に必要なものさえもほとんど受け取るのを許さないほど徹底していました。また長い間、肉体を休ませることを退けていたので、どんな困難をも恐れることがありませんでした。このような状態にあって、彼らは**すべての人と平和を**保ち、温和に接する**よう努め**(21)、常に**慎み深く、平穏に振る舞い**(22)、細心の注意を払って、決して躓きとならないよう努めていました。彼らは必要なときでさえあまり口を開かず、その口からは冗談や無駄なことは一切出ることなく、そのため彼らの生活や行動には、慎みを欠いたり、ふさわしくない行為は全くといってよいほど見当たりませんでした。彼らの言動は完全に統制されており、その振る舞いはすべて節度あるものでした。また彼らの五感は、自分たちの目的とするもののほかは、何も見たり聞いたりするのを許さないほど、抑制の効いたものでした。その目は地面に向けられていましたが、精神は天に向けられていました。

彼らの間には、ほんのわずかな妬みも、悪意も、恨みも、無駄話も、疑いも、冷たさも見当たりませんでした。逆に、すばらしい一致や絶え間ない静けさ、**感謝と賛美の声**(23)がありました。以上のことこそ、**言葉でも口先でもなく、行いと真実によって**(24)新しい子供たちを教育した、敬虔な師父の教えに由来するものでした。

(1) Iコリ二・四。(2) マタ九・三五、使一〇・三六。(3) 使九・二八。(4) マタ九・三五。(5) Iテサ二・五。(6) 使マコ一・四。(7) シラ五〇・六―七、箴七・九。(8) ヨエ二・二。
(9) ゼカ八・一二。(10) シラ二四・二三。(11) イザ五一・三。
(12) 出三八・二三。(13) エフェ二・二〇。(14) Iペト二・五。
(15) エフェ二・二二。(16) マタ六・二二。(17) 箴一五・四。
(18) 箴一五・一。(19) ガラ六・一四。(20) イザ五一・三。
(21) ヘブ一二・一四。(22) ヤコ三・一七。(23) イザ五一・三。
(24) Iヨハ三・一八。

第一六章

リヴォ・トルトでの滞在と、貧しさの遵守について

四二　祝されたフランシスコは、アシジの町の近くにあるリヴォ・トルトと呼ばれる所で、ほかの兄弟たちと落ち合うことにしました。そこには見捨てられた家畜小屋がありました。大きくて豪勢な家に住むのを賤しいことと見なしていた、熱意溢れる彼らは、そのひさしの下に住み、雨の激しい飛沫《しぶき》から身を守ることにしていました。それは、聖者〔フランシスコ〕が言ったように、「宮殿よりも家畜小屋からのほうがずっと速く天に昇ることができる」からです。〔フランシスコ〕の子供たちである兄弟はみな、祝された師父と共にその場所で、**苦労に苦労を重ね**(1)、あらゆるものが欠乏しているなかで生活していました。一つのパンにもありつけない日が何度もありましたが、蕪《かぶ》だけで満足し、窮乏のなか、アシジのあたりをあちこち托鉢して回っていました。その小屋はひどく狭いため、ほとんど腰を下ろすことも、横になることもできないほどでした。しかし、「そのために、いかなる不平もいかなる不満も聞こえてくることなく、むしろ平静な心と喜びに溢れる精神をもって忍耐し続けていました」(2)。

聖なるフランシスコは、毎日、というよりも絶え間なく、熱心に自分自身と兄弟たちを吟味していましたが、過ちに陥るような傾向が自分たちのうちに残っていることに耐えられず、自分たちの心から怠惰を徹底的に取り除こうとしていました。彼は規律に厳しく、一時も休まず、自分を見張り**警戒していました**(3)。たとえば、肉の誘惑が彼に襲いかかったときには、冬だというのに氷で覆われた小川に飛びこみ、情欲がすっかり消え去るまで、その中に身を沈めていました。それで、ほかの兄弟たちも一層真剣に、このような厳しい苦行の模範に従ったのでした。

四三　ただ悪徳に打ち勝ち、肉の衝動を抑えるだけではなく、それを通して死が魂に入ってくる、外的感覚そのものの抑制を兄弟たちに教えていたのです。その頃、皇帝オットーが地上の帝国の戴冠式に出向くため、騒々しい華美な行列を連ねて、その場所を通って行きました。いとも聖なる師父とほかの兄弟たちは、皇帝の行列が通る道の傍らにあった家畜小屋にいましたが、見物しようと外に出ることもせず、誰にもそれを許さず、ただ一人の兄弟に、その栄華はわずかな間しか続かないと、皇帝に冷静に告げさせる

ために、外に出ることを許したのでした。実に、栄えある聖者〔フランシスコ〕は、自らの中にひきこもり、その**広々とした心**のうちを歩み[4]、自分自身の中に**神にふさわしい住居**[5]を用意していたのでした。それ故、外の叫び声も耳に入らなかったばかりか、どんな音も、彼が手がけていた桁外れの役務に分け入ったり、それを中断させることはできなかったのです。彼の内には使徒的権威がみなぎっていたのです。それ故、王や君主たちにへつらうことを徹底して拒否したのです。

四四　常に聖なる単純を追求しており、場所の狭さが彼の心の広さを邪魔することを許しませんでした。それ故、各々が祈ったり休息したいと思うとき、自分の居場所を知り、また場所の狭さが心の平静を乱すことのないようにと、住居の梁《はり》に兄弟たちの名前を書きこみました。

彼らがそこに滞在していると、ある日のこと、一人の男が驢馬《ろば》を引いて、神の人〔フランシスコ〕が仲間〔の兄弟〕たちと共に住んでいた小屋にやって来ました。追い返されないために、驢馬が中に入るよう駆り立てて言いました。「さあ、中に入れ、ここでわしらは楽ができるぞ」。聖なるフランシスコは、これを聞くと、その男の意図が分かったので、それを深刻に受け止めました。なぜなら、自分たちがここに住み続けて、場所を拡大して、**家に家を連ねていこうとしている**と[6]、この男は思っていたからでした。直ちに聖フランシスコはそこを出て、その農夫の言葉の故に、その家畜小屋を捨てて、そこからあまり遠くない、ポルチウンクラという別の場所に移動したのでした。前に述べたように、そこには彼自身がかつて修復した聖マリアの聖堂がありました。彼は、主において**すべてのものを**豊かに**所有することができるように**、**自分のものは何一つ**持つことを望まなかったのです[7]。

（1）Ⅱコリ一一・二七。（2）多数の殉教者の祝日の晩課の賛歌 *Sanctorum Meritis* からの引用。（3）イザ二一・三。（4）詩一一八・四五。（5）エフェ四・二二。（6）イザ五・八。（7）Ⅱコリ六・一〇。

第一七章

どのようにして祝されたフランシスコは兄弟たちに祈ることを教えたか、そして兄弟たちの従順と清浄さについて

四五　その頃、兄弟たちは**どのようにして祈ったらよいのか教えてくれるよう**〔フランシスコ〕に願いました[1]。**単純**

な精神をもって(2)歩んでおり、教会の聖務日課も知らなかったからでした。〔フランシスコ〕は彼らに言いました。「祈るときには、パーテル・ノステル（主の祈り）と、『キリストよ、全世界にあるすべての聖堂において、あなたを礼拝し賛美します。あなたは聖なる十字架によって世を贖ってくださったからです』と祈りなさい」。兄弟たちは、敬虔な師の弟子として、非常に熱心にこれを遵守するよう心がけていました。彼らは、祝された師父フランシスコが、兄弟としての忠告、あるいは父としての命令として彼らに語ってくれたことだけでなく、更に〔フランシスコ〕が考えていたことや思い巡らしていたことをも、何らかの目印を通して知ることができたなら、それらをも実際に実行するよう心がけていたのでした。事実、祝された師父は、真の従順とは、発せられる言葉ではなく思いのうちにあり、命じられることにではなく、願いのうちにあると、彼らに語っており、次のように言ったのでした。「もし、声に出されたことを聞くだけでなく、その意思を理解して、兄弟が目上の兄弟に従うとすれば、直ちに自分を全面的に従順に委ねるはずですし、何らかの徴によって、彼が欲していると理解したことを実行するはずです」。

それ故、聖堂が建っているところならどこでも、それが近い所でなかったとしても、遠くからでも見分けることができる限り、その場にその方向に向かって身をかがめ、地面にひれ伏して、内においても外においても身をかがめ、全能の方を礼拝して、聖なる師父が彼らに教えたとおり、「キリストよ、すべての聖堂において、あなたを礼拝します」と唱えていました。もっと驚くことは、彼らが十字架や十字の印を目にしたときには、それが地面の上であれ、壁であれ、あるいは樹木の間であれ、道端の垣根の間であれ、同じようにしていたことです。

四六　このように、聖なる単純さが彼らを満たしており、汚れのない生き方が彼らを教え導き、心の清浄さが彼らをとらえていましたので、二心《ふたごころ》などということは全く考えられないことでした。彼らのうちには一**つの信仰**が宿っていたように、**一つの精神**(3)、一つの意思、一つの愛が宿っており、彼らの魂は常に一致し、彼らの生活には調和があり、徳を積み重ね、精神は調和を保ち、行動には敬虔さが溢れていました。

実に、あまりにも不敬虔の故にみなの顰蹙《ひんしゅく》をかい、悪名高い教区司祭のもとで、兄弟たちはしばしば自分の罪を告白しており、多くの人から彼の不品行が知らされても、彼らはそれを信じようとはせず、いつものように自分たちの罪を告白するのをやめようとしなかったばかりか、〔司祭として〕尊敬を払うのをやめようとはしませんでした。

ある日のこと、その〔司祭〕か別の〔司祭〕かが、兄弟の一人に向かって、「兄弟よ、偽善者でないように気をつけよ」と言ったことがありました。すると、その兄弟は、それが司祭の言葉だということで、自分は偽善者だと信じこんでしまったのでした。これ故、彼はひどい悲しみに襲われ、夜となく昼となく嘆いていました。兄弟たちが彼に、なぜそんなにひどく悲しむのか、なぜ異常なまでに、そんなに嘆くのかと尋ねました。すると彼は答えて言いました。「ある司祭が、このようことをわたしに仰せになったので、もうほかのことなど考えられないほど悲しくなってしまったのです」。兄弟たちは彼を慰め、そのようなことは信じないようにと忠告しました。ところが、彼は彼らにこう答えたのでした。「兄弟たちよ、何ということを言うのです。この言葉を仰せになったのは司祭さまなのですよ。嘘をつくことが司祭さまにできるでしょうか。司祭さまは、嘘などつくはずがありません。ですからわたしたちは、あの方の仰せになったことは真実であると信じなければなりません」。その兄弟は、その後も長い間、この単純さを保ち続けましたが、いとも祝された師父〔フランシスコ〕が、彼に司祭の言葉を説明し、その真意を賢明に弁護したことで、やっと納得したのでした。〔フランシスコ〕の燃えるような語りかけを前にして、あらゆる暗雲は吹き払われ平穏が戻らないほどに精神を掻き乱された兄弟は、ただの一人もいませんでした。

（1）ルカ一一・一。（2）箴二〇・七。（3）エフェ四・三—五。

第一八章

火の戦車、祝されたフランシスコがその場に居合わせない人たちのことを知っていたことについて

四七　その頃、兄弟たちは**神のみ前を単純に**、そして**信頼に足る者として**人々の前を**歩んでいた**ので、喜びのうちに神の啓示という恵みを受けていました[1]。彼らは地上のことに関する心配も、煩わしい事柄に関する気遣いにも少しも捕らわれることがなかったので、聖霊の炎に燃やされるままに、定められた時間だけではなく、どんなときにも霊の醸《かも》し出すメロディーで、嘆願のこもった声でパーテル・ノステル（主の祈り）を唱えていました。

ある夜のこと、いとも祝された師父フランシスコは、肉体においては、彼らのいるところにはいませんでした。ところが、真夜中のことです。ある兄弟たちは眠りに就き、ある兄弟たちは敬虔な沈黙のうちに祈っていました。すると、住居の戸口を通って一台のまばゆく輝く**火の戦車**が入って来て、二度、三度と家の中を**あちらへこちらへ**と走り回りました[2]。その上には、非常に大きな球体が座していましたが、それは太陽のようであり、夜を明るく照らしていました。目を覚ましていた者らは呆然とし、眠っていた者らはびっくりして目を覚ましました。肉体以上に心が光に照らされるのを感じたからです。彼らは一**つに集まる**と、**これは何ごとだろうと議論し始めました**[3]。ところが、このような大きな光の力と恵みによって、彼らの思いが互いに明らかにされたのでした。そしてついに、それが聖なる師父の魂がこれほどの輝きを放って存在していること、またその優れた純潔の恵みと子供らに対する大きな愛情の故に、彼が主からこれほど祝福に満ちた賜物を受けるのにふさわしいものとされたことを理解し、悟ったのでした。

四八　こうして、しばしばこのような明らかな徴を通して、自分たちの**心の秘密**[4]をいとも聖なる師父の前に隠しておくことができないことが明らかにされるとともに、実際に体験したのでした。

ああ、どれほどしばしば、〔フランシスコ〕は、全く人の教えによらず、ただ聖霊の啓示によって、その場にいない兄弟たちの言動を知り、その心の秘密を見抜き、その思いを探知していたことでしょう。ああ、どれだけ多くのことを夢の中で警告し、それによってなすべきことを命じ、なすべきではないことを禁じたことでしょう。ああ、今はその言動は表面上善く見える者らの、どれほど多くの将来の悪業を予告したことでしょう。多くの人々が悪の道から足を洗うのを予見して、将来彼らに救いの恵みが注がれることを予告しました。更に、誰かが純潔と単純の精神によって秀でるに値する者とされようものなら、その様子を見たことで、〔フランシスコ〕は、ほかの人々が全く知らない特別の方法で、格別の慰めを受けていたのでした。

確かな証人からわたし自身が聞いた多くの中から一つを選んでお話しすることにしましょう。あるとき、フィレンツェの兄弟ヨハネが、聖なるフランシスコによってプロヴァンスの兄弟たちの奉仕者に任命され、その管区で兄弟たちの集会を開催したときのことです。主なる神はいつもの父としての愛をもって、この〔兄弟の〕ために**雄弁の門を開いてくださり**[5]、そのおかげで兄弟たちはみな好意をもった注意深い聞き手となっていました。彼らの中に、評判が良く、生活の点でも優れたモナルドという司祭の兄弟がおりました。その徳は謙遜の上に据えられ、絶えざる祈りに助けられ、忍耐という盾によって守られていました。

この集会には兄弟アントニオも出席していました。主は彼の**心をお開きになりました**。それは**聖書を悟らせるため**[6]であり、**蜜よりも蜂の巣の滴りにもまさる**[7]イエスの**甘美な言葉**[8]をすべての人々に告げ知らせるためでした。そのとき、彼は兄弟たちに「**ナザレのイエス、ユダヤ人の王**」[9]という言葉について、熱心に敬虔に説教していました。例の兄弟モナルドは、兄弟たちが**一つに集まっていた**[10]家の戸口のあたりに、十字架にかけられたように手を広げて、兄弟たちに祝福を与えながら、空中に浮かんでいる祝されたフランシスコの姿を肉眼で見たのでした。**彼らはみな聖霊の慰めに満たされた**ように思われ、[11]また受けた救いの喜びから、いとも栄えある師父の示幻と出現について聞いたことは十分に信じるに値するものと思われたのでした。

四九　〔フランシスコ〕が、ほかの人々の心の秘密を知っていたことは、大勢の人がしばしば体験したことでしたが、たくさんの例の中から、疑いようもない一つの例を選んで話すことにしましょう。

高貴な家に生まれ、その振る舞いはそれにもまして高貴で、神を愛し、自らを蔑視したリッチェリオという兄弟がいました。敬虔の念と熱意に駆り立てられて、彼は、聖なる師父フランシスコに与えられた恩恵をことごとく獲得し所持したいと願っていましたが、何らかの隠された理由で、聖なるフランシスコが自分を嫌い、そのことで自分はその愛情に浴さないものになるのではないかと、**ひどく恐れていました**。[12]あまりの**畏怖**から、[13]その兄弟は、聖なるフランシスコが親密な愛をもって接する人は神の恩恵を得るに値するが、逆に、好意と喜びを示さない人は、いと高き裁き主の怒りを被ると判断したのだと考えたのでした。この兄弟は、心のうちでこれを思い巡らし、**沈黙のうちに、このことを**しばしば自分に語りかけながら[14]も、そのひそかな思いを決して誰にも打ち明けようとはしませんでした。

五〇　ある日のこと、祝された師父が自分の修房で祈っていると、そこにいつもの思いに掻き乱された例の兄弟がその場にやって来ました。神の聖者〔フランシスコ〕は、彼が来たのを知ると同時に彼が心の中で思い巡らしていることを悟りました。そこで直ちに彼を招き寄せて、彼に次のように言いました。「我が子よ、いかなる誘惑にも心を乱してはなりません。いかなる思いにも心をいら立たせてはなりません。あなたは、わたしにとって非常に大切な人なのですから。わたしにとって特別に大切な人々の中でも、とりわけあなたは、わたしの愛と親密な交わりを受けるのに値することを知ってください。そうしたいときには、安心してわたしのところに来なさい。そして気楽に話しなさい」。この兄弟は非常に感激し、それで聖なる師父への温情が深まれば深まるほど、神の憐れみへの信頼がますます深まるほどに、師父をますます崇敬するようになったのでした。

聖なる師父よ、この地上でもうあなたのような人物をほかに見いだすことできないと諦めている人たちが、あなたがいなくなったら、どれほど悲しむことでしょう。どうかお願いいたします、罪の恐ろしい汚れに包まれている人たちをあなたの執り成しによって助けてください。あなたは、既にあらゆる正義の精神に満たされ、将来を予見し、また現在のことを知っておられ、高慢をことごとく取り除くため、常に聖なる単純の理想を見つめておられるのです。

ところで、話を本筋に戻し、再び物語を順に語っていくことにしましょう。

（1）創一七・一、箴一〇・九。（2）王下二一・一一、一四。（3）Ｉコリ一一・二〇、ルカ二二・二三。（4）Ｉコリ一四・二五。（5）コロ四・三。（6）ルカ二四・四五。（7）詩一八・一一。（8）詩四四・二。（9）ヨハ一九・一九。（10）ヨシュ九・二。（11）使九・三一。（12）ユディ八・八。（13）ルカ二・二五。（14）創二四・四五。

第一九章

兄弟たちに対する警護、自己蔑視と真の謙遜について

五一 いとも祝されたフランシスコは、肉体的に自分の兄弟たちの所に戻って来ました。とはいっても、前に述べたように、霊においては彼らから離れていたわけではありませんでした。用心深く細心の注意を払って、すべての兄弟たちの言動を吟味し、好意からくる好奇心をもって絶えず目下の者たちに接していました。何かしら正しくないことがなされたと気づいたときには、罰を与えずに放置することはありませんでした。実に、まず第一に霊的な過誤を識別し、次に肉体面で過誤を判別し、最後に、罪に道を開くことになる機会を根絶やしにしたのでした。

〔フランシスコ〕は努力の限りを尽くし、細心の注意を

払って、聖なる姫君である貧しさを保守し、それがなくても最低限の必要に何とか応えることができるのであれば、有り余るようなことにならないために、小さな器一つをも家の中に置いておくことを許しませんでした。実に、欲求を満足させていながら、快楽に引きずられずにいるなど不可能なことであると、事あるごとに〔フランシスコは〕言っていました。調理された食物を口にするのはほとんどないというほどに、ごくごくまれなことでしたが、ごくまれなときでさえ、灰を混ぜたり、冷たい水でその風味を消すことにしていました。神の福音を宣べ伝えるためにこの世を歩き回るとき、驚嘆の念をもって彼を崇敬する偉大な王侯君主からしばしば食事に招かれましたが、聖なる福音を遵守するために、[1] ほんの少しの肉を口には入れますが、他人に悟られないように、そっとその手を口にもってゆき、食べ終わったような顔をして、ひざの上でその残りを始末することがよくありました。喉の渇きを癒すために、水さえ十分に飲むのを自分に許さなかったというのに、ぶどう酒を飲んだかどうか語る必要があるでしょうか。

五二　〔フランシスコは〕どこであれ客として迎えられると、敷き藁《わら》や布で寝床を覆うのを許さず、裸の大地がトゥニカをまとっただけの彼の裸の肢体を受け止めていました。ときとして、眠りによって虚弱な体を休ませようとするときでも、ほとんどの場合は横になることなく座ったまま、木片や石を枕にして眠っていました。

何か食べたいという気持ちが起こった場合でも、それをすぐ口にすることは滅多にありませんでした。あるときのこと、病気だったので、雛鳥の肉を口にすることがありました。しばらくして体が快復すると、直ちにアシジの町に出かけて行きました。町の門の所に来ると、同行していた兄弟に向かって、自分の首を縄で縛り、強盗のように町中を引き回し、役人のような声色で、次のように叫ぶように命じました。「さあ、見るがいい、この大食漢を。こいつはあなたたちに隠れて食べた小鳥の肉で、こんなに太っているのだ」。すると大勢の人が、この異様な光景を一目見ようと駆け寄り、一斉にため息をつき、泣きながら言い合いました。「惨めなのはわたしたちだ。わたしたちの生涯は血にまみれており、放蕩と泥酔で心と体を養っているのだ」。こうして、人々は**強く心を打たれ**、[2] このような優れた模範を目にして、より善い生き方をするよう駆り立てられたのでした。

五三　自分を完全に軽蔑し、ほかの人々を永久の栄誉へと招くために、このようなことを非常にしばしば行っていました。自分を**壊れた器**のようにあつかい、(3)恐怖や肉体上の心配に全く煩わされることなく、自己への愛によって何かしら地上の物事への欲求を駆り立てられることのないように、自らを侮辱することで、厳しく自分を戒めていたのでした。真に自分を蔑視したこの方は、その言葉と模範によって、自分を蔑視するようほかの人々を教え導いたのでした。その結果はどうなったでしょう。**すべての人からほめたたえられ**、(4)称賛の徴をもって尊ばれましたが、この方自身は自分一人が最も卑しい者であると見なし、自分一人を最も激しく蔑視していました。それ故、しばしば自分がみんなからほめられると、常に非常に大きな苦痛によって傷つき、人々の喝采から離れて、その埋め合わせに、ほかの誰かから叱責されるように図ったのでした。一人の兄弟を自分のもとに呼び寄せて、言いました。「従順の名によって、あなたに命じます。わたしを徹底的に侮辱しなさい。ほかの人たちの嘘に逆らって、真実を語りなさい」。すると、この兄弟は意に反して、〔フランシスコ〕は無骨な田舎者で、しがない労務者で、役立たずな男だと言いました。これを聞くと、〔フランシスコ〕はにっこり笑い、盛んに拍手をして、答えました。「**主があなたを祝福してくださいますように**。(5)あなたは真実極まりないことを語ったのだから。ピエトロ・ベルナルドーネの倅《せがれ》よ、このようなことを聞くことこそお前にふさわしいのだ」。こう言いながら、自分の卑しい出自を思い起こしていたのでした。

五四 〔フランシスコは〕自分が全く卑しい者であることを明らかにし、真の告白の模範をほかの人たちに示すために、何らかの過ちに陥ったときには、これを説教の中で、すべての人に告白することを恥じることはありませんでした。実際に、誰かについて悪い思いを抱いたり、辛辣な言葉を口にした場合には、直ちに全く謙遜な態度で、何かしら悪いことを考えたり口にした当人に罪を告白し、その人に赦しを請うたのでした。全く無垢であったことの証人であった彼の良心は、**あらゆる面での配慮をもって**(6)自分のことを監視しており、精神に受けた痛手がすっかり癒されるまで、彼を憩わせませんでした。あらゆるたぐいの高貴なことにおいて進歩することを欲していましたが、人の目に留まることは望みませんでした。虚栄に陥ることのないよう、どんな形であれ称賛されることのないようにしていたのです。

あなたを失った、わたしたちは何と不幸なことでしょう。かけがえのない師父よ。あなたこそ、あらゆる善行と謙遜の模範なのです。あなたを有していたときに、あなたを知ろうと努めなかったので、**公正な裁きをもって**、(7)わたしたちは〔あなたを〕失ってしまったのです。

(1) ルカ一〇・八。(2) 使二一・三七。(3) 詩三〇・一三。(4) ルカ四・一五。(5) 詩一二七・五。(6) Ⅱコリ八・七。(7) 申一六・一八。

第二〇章

殉教を望んで、まずスペイン、次いでシリアを旅したことについて、またどのようにして神は、彼を通して食物を増やし、水夫たちを危機からお救いになったか

五五 神の愛に燃えていた、いとも祝された師父フランシスコは、常に**勇気を要することに手を染め**よう(1)と志し、開かれた心で神の**掟の道**を歩み(2)、至高の完全さに達したいと欲していました。

回心から六年が過ぎたとき、聖なる殉教への憧れに激しく燃え立たされて、サラセン人や異教徒にキリスト教の信仰と悔い改めを宣べ伝えるため、シリア地方に船で渡ることを願いました。その地方に向かおうとして、船に乗り込んだのですが、逆風にあおられて、ほかの乗船者ともどもスラヴォニア地方に着いてしまったことを知りました。

自分の願望が挫折したことを知ると、しばらくしてアンコーナに行こうとする船員たちに一緒に連れて行ってくれるよう願いました。というのも、その年は、他のどの船もシリアに渡航することができなかったからです。しかし、きっぱりと断られました。費用を払えなかったからです。ところが、神の聖者〔フランシスコ〕は、神が善い方であることを固く信じていたので、同行の兄弟と共にひそかにその船に乗り込んだのでした。神の摂理によって、皆が知らないうちに、必要な食糧を持ってこの船に乗り込んだ人物がいました。この人が船員のうちの**神を畏れる人**(3)を呼んで言いました。「これをみな**受け取ってください**(4)。そして必要な時がきたら、この船の中に隠れている、あの貧しい人たちに、確かにこれを渡してください」。

そうこうしているうちに、大きな嵐が発生して、幾日もの間、**船を漕ぎ倦《あぐ》む**ことになり(4)、食糧もすっかり食べ尽くしてしまい、ただ貧しいフランシスコの食糧だけが残っていました。ところが、神の恵みと力によって、その食糧が大変な量に増え、なお数日の間航海を続け、アンコーナに到着するまで、すべての人の必要に応じることができたのでした。神の僕《しもべ》フランシスコによって、この海上での危機を免れたことを船員たちも認めて、ご自分の僕たちを通し

て、常にご自分が驚嘆すべき方、愛情深い方であることをお示しになる全能の神に感謝をささげたのでした。

五六　いと高き神の僕[5]フランシスコは、海を後にして地上を巡り歩きつつ、み言葉の**鋤《すき》によって大地を耕し**、命の**種を蒔きつつ**、祝福の**実を結ばせ**ていました[6]。実際、大勢の善良で優れた人々、聖職者や信徒たちがいと高き方の恵みと意志によって、直ちに、**この世を逃れ**[7]、勇敢に悪魔を打ち負かし、その生き方と意図に従って敬虔な思いをもって〔フランシスコ〕に従ったのでした。

しかしながら、福音の枝にはすばらしい果実がたわわに実ったのですが、殉教に対する決意と願望は、〔フランシスコ〕のうちにますます燃え盛り、少しも冷めることがありませんでした。そこで、間もなく、ミラマモリノ[8]とその一派にキリストの福音を宣べ伝えようと、モロッコに向けて旅立ちました。この旅の途中で、ときとして道連れの仲間を置き去りにするほどに、〔殉教への〕願望に駆り立てられており、霊において酔いしれているかのように、目的を遂げようと急いていました。ところが、ただその慈しみの深さから、わたしとほかの大勢の人をみ心に留めてくだった善なる神は、彼がスペインに辿り着いたところで、**面と向かって**、彼に**逆らって立ち**[9]、それ以上進ませないため、病気をもって縛りつけ、手がけた旅から彼を呼び戻されたのでした。

五七　〔フランシスコが〕ポルチウンクラの聖マリア聖堂に戻って間もなく、教養ある人々、また高貴な家柄の人たちが嬉々として彼のもとにやって来ました。フランシスコ自身が非常に気高い心をもち思慮に富んでいましたので、この人たちの名誉と品位を重んじ、その一人ひとりにそれぞれふさわしいことを割り当てました。実際、識別の力はことのほか優れていたので、すべての点で、それぞれの品位を賢明に考慮していたのでした。

ところで、彼には自分の精神の祝された衝動に熱烈に従わないかぎり、満足できないところがありました。そこで、彼の回心から十三年目に、シリア地方に向けて旅立ちました。当時、その地ではキリスト教徒と異教徒との間で、毎日毎日、激しく残虐な戦いが繰り広げられていました。一人の仲間〔の兄弟〕を連れて、〔フランシスコ〕は何ら動じることなくサラセン人のスルタンの前に参上したのでした。しかし、彼がいかに堂々とした態度でスルタンの前に立ち、またどのような勇敢な精神をもって彼に語りかけ、またどのような雄弁と信頼をもって、キリスト教の法を知らない人たちに答えたかを、いったい誰が十分に語ることができるでしょうか。ところで、スルタンのもとに辿り着く前に、兵士たちに捕らえられ、侮辱され暴力を振るわれましたが、全く恐れることなく、拷問の恐喝におびえることなく、死刑で脅かそうとしてもたじろぐことはありませんでした。こうして、大勢の者から敵意と憎悪をもって扱われましたが、スルタンからは、この上なく丁重にもてなされました。スルタンは最上の敬意を払い、多くの贈り物を差し出し、〔フランシスコ〕の心がこの世の富に惑わされるか試しました。しかし、〔フランシスコが〕すべての物を決然と**汚物のように軽んじる**(10)のを見て、大きな驚きに圧倒され、ほかの誰とも全く違った人物であると認めたのでした。〔スルタンはフランシスコ〕の言葉に深く感動し、**喜んでそれに耳を傾けました**(11)。しかし、これらすべてのことにおいて、〔フランシスコの殉教への〕願望をかなえようとはなさらず、特別の恵みを彼への特典として用意しておられたのです。

(1) 箴三一・一九。(2) 詩一一八・三二。(3) ヨブ一・一。(4) トビ一一・四。(4) マコ六・四八。(5) ダニ三・九三。(6) 申二一・三。(7) Ⅱペト一・四。(8) Amir al-Mu'minin をラテン語化したもの。「信徒の頭」の意味。(9) ガラ二・一一。(10) フィリ三・八。(11) マコ六・二〇。

第二一章

小鳥たちへの説教、そして被造物の恭順について

五八 さて、既に述べたように、多くの人々が、兄弟たちの**群れに加えられていたころ**(1)、いとも祝された師父フランシスコは、スポレトの谷を通って旅をしていました。彼がベヴァーニャに近いある場所に着くと、そこには鳩やミヤマ鳥、そして俗にモナクレと呼ばれる鳥など、さまざまな種類の鳥が群れをなして集まっていました。いとも祝された神の僕《しもべ》フランシスコは、理性を持たない、より低い被造物に対し特別な愛情と優しい心を持っていたので、これを見ると、同行〔の兄弟〕たちを道に残したまま、急いで小鳥たちのほうに駆けて行きました。ごくそばにまで近づきましたが、小鳥たちは彼を心待ちしているように見えたので、いつもの調子で彼らに挨拶しました。ところが、普段そうするように、小鳥たちは驚いて飛び立つ様子を見せないので、彼はすっかり嬉しくなり、神の言葉に耳を傾けるように、謙遜に頼みました。

多くのことを〔小鳥たち〕に語りましたが、次のような

言葉を言い添えました。「わたしの兄弟である鳥の皆さん、あなたたちは、あなたたちの創造主を賛美し、常に感謝しなければなりません。その方は、あなたたちの着物として羽毛を、飛ぶために翼を、そして必要なものをすべて与えてくださいました。神は、その被造物の中でもあなたたちを気高いものとして造られました。清い大気のうちにあなたたちの住処を用意してくださり、**種蒔きも刈り入れもせずに**(2)、何の心配もなく暮らせるように、あなたたちを守り司っておられます」。〔フランシスコ〕自身、そして彼と共にいた兄弟たちが語ったように、小鳥たちはこの言葉を聴くと、驚くべきことに、それぞれの本性に従って、喜びを表して、その首を長く伸ばしたり、翼を広げたり、口を開けたり、〔フランシスコ〕を見つめるなどし始めたのでした。その間、〔フランシスコ〕は、〔小鳥たち〕**の間を通り抜け、**そのトゥニカで〔小鳥たち〕の頭や体に触れながら、**行ったり来たり**していました(3)。最後に彼らを祝福し、十字架の印をし、ほかの所へ飛んで行く許しを与えたのでした。祝された師父は、すべての被造物がそれぞれ真心からの信仰告白をもって礼拝する**神に感謝をささげ**つつ、その仲間〔の兄弟〕たちと**喜びのうちに旅を続けた**のでした(4)。〔フランシスコ〕はこのように単純なものとなっていましたが、それは恵みによるもので、天性のものではありませんでした。彼は、小鳥たちがこれほどの恭順を示して神の言葉に耳を傾けたのを見てからというもの、これまで彼らに説教をしなかったことを、自分の怠慢と認め、自分を責めるようになりました。そして、それからというもの、あらゆる鳥やあらゆる動物、あらゆる地を這うもの、そして感覚を持たない被造物にまでも、彼らの創造主を賛美し愛するよう熱心に教え諭すようになりました。日ごとに、救い主の**名を唱えつつ**(5)、〔すべての被造物〕の恭順を、自分の体験を通して知るようになっていたからです。

五九　ある日のこと、彼が神の言葉を宣べ伝えるために、アルヴィアノという村にやって来て、皆が見ることのできる**高い所に上って**(6)、静かにするよう求めました。皆が沈黙し、敬虔にたたずんでいましたが、燕《つばめ》の群れが高い声でしきりに囀《さえず》りながら、そのあたりに巣を作っていました。祝されたフランシスコは、この小鳥たちの囀りで、人々が話をよく聞きとれないのを見て、小鳥たちに向かって語りかけました。「わたしの姉妹である燕の皆さん、今は、わたしの話す**時です**(7)。あなたたちは今まで十分にしゃべったのですから。どうか**主の言葉に耳を傾け**(8)、**主の言葉を告げ終わる**まで静かに口をつぐんでいてください」(9)。すると、そこに居合わせた人たちが驚き唖然としたことに、この小さな鳥たちは直ちに静かになり、説教が終わるまで、その場から動こうともしませんでした。**この徴を目の当たりにした**[10]人々は、大きな驚嘆に満たされて言い合っていました。「**この人は本当に**聖なる方で、[11]いと高き方の友人だ」。

それで人々は、**神をたたえ賛美しつつ**、[12]せめて**その衣に触ろう**と、[13]大きな尊敬の念をもって〔フランシスコ〕に駆け寄ったのでした。理性のない被造物でさえもが、自分たちに対する〔フランシスコ〕の敬虔な思いを認め、愛の深さを悟ったことは、確かに不思議なことです。

六〇 彼がグレッチオの村の近くに滞在していた時のこと、一人の兄弟が罠で捕らえた小さな兎を生きたまま連れて来ました。いとも祝された人〔フランシスコ〕は、それを見るとかわいそうに思って言いました。「兄弟なる小兎よ、わたしの所においで。どうしてこんな目に遭ったんだい」。連れて来た兄弟がこの兎を放すと、それは直ちに聖者のもとに逃げこんで、追い立てられたのでもないのに、安全な所とばかりに、その懐でおとなしくしていました。聖なる師父は、母親のような愛情をもってなでていましたが、しばらくの間〔小兎〕がそこで安らぐと、茂みに帰るよう放してやりました。ところが、〔兎〕は地面に置かれるたびに、また聖者の懐に戻って来るので、ついに、近くの林に連れて行って放すように兄弟たちに願ったのでした。同じようなことは、彼がペルージアの湖の島にいたとき、なかなか人には馴れないといわれる野兎にも起こりました。

六一 〔フランシスコ〕は、魚に対しても同じような敬愛の念を抱いていたので、機会があれば、捕らえられた魚に、二度と捕まることのないよう用心しなさいと言いながら、生きたまま水の中に帰していました。ある時、リエティの湖の船着き場の近くで小舟に乗っていると、漁師の一人が、その地方ではティンカと呼ばれる大きな魚を捕まえて、それを彼にうやうやしく差し出しました。彼は喜んで丁重にこれをもらい受けると、この魚に「親しい兄弟」という名で呼びかけ、やがてそれを小舟から水の中に放してやり、敬虔の念を込めて主の名を賛美し始めたのでした。そして、しばらく祈りを続けていましたが、その間この魚は小舟の傍らを離れず、水の中で戯れていて、祈りを終えた神の聖者〔フランシスコ〕が許しを与えるまで、戻された所から去ろうとしませんでした。このように、いとも栄えある師父フランシスコは従順の道を歩み、神に服する軛《くびき》をしっかりと身につけていたので、被造物が彼に従うというこの上ない誉れを、神のみ前で受けたのでした。

サン・ウルバノの隠遁所で重い病気で苦しんでいたとき、彼のために水がぶどう酒に変わるということもありました。彼がこれを口にすると、たちまち元気になったので、みなが神の奇跡であると信じたのでしたが、まさしくそのとおりでした。

　このように被造物が従い、ほんのわずかな仕草一つで、いろいろな要素が別の用途のためそれを変えられるのは、まさに、〔フランシスコ〕が聖者であったからにほかなりません。

（1）使二・四一。（2）ルカ一二・二四。（3）ルカ四・三〇。（4）ルカ八・三九、二七・三五。（5）使二二・一六。（6）ユディ一三・一六。（7）トビ一二・二〇。（8）イザ一・一〇。（9）代下三六・二一。（10）マタ一二・三八。（11）ルカ二三・四七。（12）ルカ二四・五三。（13）マタ一四・三六。

第二二章

アスコリでの説教について、そして、どのようにして、彼がその場にいなかったのに、彼が手で触れた物によって病人が癒されたか

六二　このころのこと、つまり、先に述べたように、尊い師父フランシスコが小鳥たちに説教したころ、**町々や村々を巡り**[1]、至る所に祝福の種を蒔きつつアスコリの町に辿り着きました。そこで彼はいつものように、熱心に神の言葉を語っていると、**いと高き方の右の手によって**[2]、ほとんどすべての人が大きな恵みと敬虔の念に満たされて、彼の声を聞き、その姿を一目見ようと先を争い、**足を踏み合うありさま**でした[3]。このとき、聖職者と信徒の三十人が、〔フランシスコ〕自身の手から聖なる会服を受けたのでした。

　この人の衣にでも触れることのできた人は幸せと言われたほど[4]、神の聖者に対する大勢の男女の信仰は篤く、尊敬の念も強いものでした。〔フランシスコ〕がどこかの町に入ると、聖職者は喜び、鐘が打ち鳴らされ、男性たちは喜び躍り、女性たちは互いに喜び合い、子供たちは拍手喝采し、ときとして、木の枝をかざして、詩編を歌いながら〔フランシスコ〕を出迎えました。邪悪な異端は狼狽し、教会の信仰は称揚され、信ずる者らが歓呼するのに対して、異端者たちは身を隠したのでした。聖性のさまざまな徴《しるし》が〔フランシスコ〕の身に現れていましたので、彼にあえて言葉で逆らおうとする者は誰もおらず、**群れをなす人々**[5]はただじっと見つめるだけでした。すべてにおいて、またすべてにまさって、聖なるローマ教会の信仰が守られ、尊重

され、模範とされることを〔フランシスコは〕考えていました。ただこの信仰のうちにのみ、救われるはずの人々の救いがあるからです。彼は司祭を尊敬し、また教会のあらゆる品級に深い愛情を抱いていました。

六三　人々は祝福してもらうためにパンを彼の所に持って来ましたが、それを長い間保存していました。これを食べると、いろいろな病気が癒されました。また信心のあまり、しばしば彼のトゥニカを切り取り、ときとして裸同然になることもありました。それにもまして驚くべきことは、聖なる師父がその手で触れた物によって、大勢の人に健康が回復したことです。

アレッツオ地方の小さな村に一人の女性が住んでいました。彼女は妊娠しており、出産のときが来て、幾日もひどい陣痛に見舞われ、信じられないような苦痛に襲われ、半死半生の状態にありました。**彼女の隣人や親戚の人たちは、**祝されたフランシスコがある隠遁所に行く途中、その村を通るということを**聞きました**[6]。そこで、**彼らは**〔フランシスコ〕を**待ち受けていた**[7]のですが、彼は**別の道を通って**[8]その隠遁所に向かったのでした。しかも、病気に罹り弱っていたので、馬の背に乗って旅をしていました。目的の場所に着くと、ペトロという名の兄弟に、真心からの愛をもって馬を貸してくれた持ち主のもとに馬を返すよう頼みました。兄弟ペトロはその馬を引いて、例の苦しんでいる女性のいる村を通りかかりました。その土地の人たちは彼を見ると、祝されたフランシスコに違いないと思って駆け寄りましたが、フランシスコではないと分かって、**非常に心を痛めました**[9]。人々は、祝されたフランシスコが手で触れた物を何か見いだすことができないか、**互いに議論し始めた**のでした[10]。しばらくの間探した後、人々は、〔フランシスコ〕が馬に乗っている間、握っていた手綱に気がつきました。そこで、フランシスコが座っていた馬の口から轡《くつわ》を外し、聖なる師父が握っていた手綱を取ってその女性の体の上に置きました。するとたちまち危険が去り、彼女は喜びのうちに健やかに子供を出産したのでした。

六四　チッタ・デラ・ピエヴェにグァルフレドゥチオという人が住んでいました。彼は**信心深く、その家族ともども神を畏れ敬う**人でした[11]。彼は、祝されたフランシスコが腰にしていた帯を所持していました。ところが、この土地の大勢の男たちと少なからぬ女たちがさまざまな病気や高熱に罹って苦しむという事態が生じました。そこでこの人は、病気の人の家を回って、その帯を浸すか、あるいはその切れ端を水に溶かすかした水を病人に飲ませると、みな**キリ**

ストの名において(12)健康を取り戻したのでした。

このようなことは、祝されたフランシスコがその場に居合わせなかったときに生じたことですが、そのほかにも、どんなに長々と語ろうとも語り尽くせないほどのたくさんの出来事が起きたのでした。そこで、わたしたちの主なる神ご自身が〔フランシスコ〕が居合わせることを通して行われた多くのことから、ほんのわずかなものを、この作品のうちに収めることにします。

（1）マタ九・三五。（2）詩七六・一一。（3）ルカ一二・一。（4）マタ九・二一。（5）民二七・二二。（6）ルカ一・五八。（7）使二八・六。（8）マタ二・一二。（9）マタ一八・三一。（10）ルカ二二・二三。（11）使一〇・二。（12）Ｉペト四・一四。

第二三章

どのようにしてトスカネッラで足の不自由な人を、ナルニで中風の人を癒したか

六五　あるときのこと、神の聖者フランシスコは、神の国を宣べ伝えるため、遠くのさまざまな地方を巡り歩いていましたが、トスカネッラと呼ばれる町に辿り着きました。その町で、いつものように命の種を蒔いていると、その町の一人の騎士が彼を賓客として家に迎えてくれました。その人には足が不自由で体の弱い一人息子がいました。その息子はまだ幼い少年といってもよい年頃でしたが、とうに乳離《ちばな》れをしていなければならないのに、まだ揺りかごの世話になっていました。この子供の父親は、先に述べたような、神の人〔フランシスコ〕の優れた聖性を目にして、謙遜に**その足もとにひざまずき**(1)、息子を癒してくれるように願いました。〔フランシスコは〕自分にはそのような力もなければ、その恵みにふさわしくなく、役立たずであると見なしていたので、そのようなことを行うのを長らく拒んでいました。しかし、あまりの熱心さに負け、祈りをささげ、その子供の上に手を置き、祝福して**起き上がらせました**(2)。すると、見守っていた人々が喜び合うなかで、その子供は**わたしたちの主イエス・キリストのみ名によって**(3)たちまち癒されて立ち上がり、家の中を歩き回り始めたのでした。

六六　またあるときのこと、神の人フランシスコはナルニという町にやって来て、そこに数日間滞在していました。ペトロという名の人が中風のため床に就いていました。彼は五か月もの間、体が全く利かなくなり、起き上がることはもちろん、動くことさえできませんでした。こうして足

や手はむろん、頭を動かすことさえできなくなり、ただ舌を動かし、目を開くことが辛うじてできる状態でした。この人は、聖なるフランシスコがナルニに来たと聞くと、〔フランシスコ〕を一目見、傍らに立ってくれるだけで、罹っている病気から癒されるはずであると固く信じて、神の恵みのもとに、いと高き神の僕〔フランシスコ〕を自分の所に遣わしてくれるよう、その町の司教に使いの者を送りました。そこで、そのとおりになされました。祝されたフランシスコがその人のもとに行き、頭から足の先まで、その人の上に十字架の印をすると、病気はたちどころに全快し、元の健康な状態に回復したのでした。

（1）ルツ三・七―八。（2）使三・七。（3）使四・一九。

第二四章

どのようにして盲目の女性の視力を回復させ、グッビオで体の不自由な女性を癒したか

六七　先に述べた町〔すなわちナルニ〕に視力を失った女性がいました。祝されたフランシスコによって、その人の目の上に十字架の印がなされると、直ちに視力が回復するという恵みに浴したのでした。

また、グッビオには、両手が萎えた女性がいて、そのため何もすることができませんでした。彼女は、聖なるフランシスコがその町に来ているのを知ると、直ちに彼のもとに走っていき、惨めさと悲しみに溢れた面持ちで、萎えた両手を差し出し、触れてくれるよう熱心に懇願しました。〔フランシスコ〕は慈しみの思いに駆られて、その手に触れ、癒しました。その女性は喜んですぐさま家に帰り、その手でチーズ・ケーキを作り、これを聖者に差し出しました。〔フランシスコ〕は愛のため、その一片をもらうと、残りは家族と一緒に食べるようにと言ったのでした。

第二五章

どのようにして病気か悪霊にとり憑かれた兄弟を救い出したか、またどのようにしてサン・ジェミニの村で、悪霊にとり憑かれた女性を救い出したか

六八　兄弟の一人が、見るも恐ろしいひどい病気で日夜苦しんでいました。どういう名でそれを呼んだらいいのかわたしには分かりません。ある人たちに言わせると、邪悪な

悪魔に憑かれているとのことでした。その兄弟は、しばしば地面に引き倒され、恐ろしい表情を顔に浮かべ、**口から泡を吹き出し**[1]、手足が引きつけを起こすかと思うとぐったりし、体を折り曲げたり、くねらせたりするかと思うと硬直するという状態でした。また、体が伸びて硬直すると、頭と足を水平にしたまま、人の背丈ほどの高さで空中に浮き上がり、その後再び地面に落ちてくることもありました。聖なる師父フランシスコは、その恐ろしい症状を哀れに思い、彼のもとに行って祈りをささげ、十字架の印をし、祝福しました。すると直ちに癒されて、それからというもの、この病気の拷問に悩まされることはついぞありませんでした。

六九　ある日のこと、いとも祝された師父フランシスコは、ナルニの司教区を旅している途中、サン・ジェミニという村に辿り着き、神の国の福音を宣べ伝えていると、三人の兄弟と共に、その地方で評判の良い、**神を畏れ敬うある人から**手厚いもてなしを受けました[2]。ところで、その人の妻は悪魔にとり憑かれており、その土地に住む者はみなそれを知っていました。彼女の夫は、祝されたフランシスコの功徳によって救い出されると確信していましたので、彼女のために懇願しました。しかし、〔フランシスコは〕その単純さから自分の聖性が現れることで、世間から称賛され崇められるよりは、むしろ軽蔑されることを望んでいたので、それを頑として受けつけませんでした。ところが、これには神ご自身がかかわっていたのです。そこで、大勢の人に懇願され、ついに折れて、その願いを聞き入れることにしました。同行していた三人の兄弟を呼び寄せ、一人ずつ家の隅に配置して、言いました。「兄弟たちよ、神の栄光と賛美のため、神がこの女性を**悪魔の軛《くびき》から救い出してくださるよう**[3]、主に祈りましょう。わたしたちは分かれてそれぞれこの家の四隅に立って、この邪悪な霊が逃げ出したり、どこかの隅に隠れて、わたしたちを欺くことができないようにしよう」。そして祈りが終わると、祝されたフランシスコは、ひどく苦しめられ、恐ろしい呻《うめ》き声を上げている女性の傍らに行って、〔聖〕霊の力において言いました。「**主イエス・キリストのみ名において**、従順の名によって、**お前に命じる**。悪魔よ、この女から**出て**、二度と再び**悩まして**はならない」[4]。すると、この言葉が終わるか終わらないうちに、悪魔が大きな音を立て、ものすごい勢いで**外に出て行きました**[5]。女性が突然癒されたこと、そして悪魔が直ちに服従したことに、聖なる師父は自分が欺かれているのではないかと思ったほどでした。神の摂理がこれを実現されたのですから、どこにも虚しく誇ることがありえないように、恥ずかしげに、その場から逃げ出したのでした。

別のときのことです。祝されたフランシスコは、その同じ場所を通りかかりました。兄弟エリヤが一緒でした。〔フランシスコ〕が来たと聞きつけた例の女性は、**直ちに立ち上がる**[6]と、彼を追いかけ、通りを駆け抜けて、自分に声をかけてくれるよう大声で叫びました。ところが、〔フランシスコ〕は、以前に神の力によって悪魔を追い出したことのある女性だと知っていましたので、彼女と言葉を交わそうとはしませんでした。しかし、彼女は、自分を**死の手から救ってくれた**[7]、神とその僕《しもべ》聖なるフランシスコに感謝をしながら、**その足跡に口づけをした**のでした[8]。ついに、兄弟エリヤが聖者に必死に頼んで、先に述べた、その女性の病気と治癒とについて大勢の人の証言を得た後、彼女と言葉を交わすことになったのでした。

(1) マコ九・一九。(2) 使一〇・二。(3) 創二七・四〇。(4) 使一六・一八、四・一〇、Iテサ二・一八。(5) 創三九・一二。(6) 使九・三四。(7) ホセ一三・一四。(8) エス一三・一三。

第二六章

どのようにしてチッタ・ディ・カステロでも悪魔を追い出したか

七〇　チッタ・ディ・カステロという所にも、悪魔にとり憑かれた女性がいました。いとも祝された師父フランシスコがその町にいたときのことです。彼が滞在していた家にその女性が連れて来られました。その女性は**外に立って**[1]、汚れた霊がいつも行うように、歯ぎしりし、恐ろしい顔つきで、悲壮な声でわめき始めました。すると、男女を問わず、その町の大勢の人が集まって来て、悪霊が長い間その女性を苦しめ、痛めつけ、その大声で自分たちも悩まされていることを訴え、彼女のために聖なるフランシスコに懇願したのでした。そこで聖なる師父は、それが本当に悪魔の仕業か、あるいはその女性の悪巧みかを試すため、同行していた兄弟を彼女の所に遣わしました。聖なるフランシスコではないのを見ると、彼女はこの兄弟を嘲笑し始めました。聖なる師父は家の中にいて、祈っていましたが、祈りが終わると外に出て行きました。その女性は、〔フランシスコ〕の力に耐え切れずに、震え出し、地面の上を転がり始めました。聖なるフランシスコは、自分の所に来るように呼びかけて言いました。「**汚れた霊よ**、従順の徳において、お前に命じる。**この女性から出て行け**[2]」。すると、悪魔は何の害も加えず彼女から離れ、大いに腹を立てながら去って行きました。

すべてにおいて、すべてを行われる[3]全能の神に感謝いたしましょう。わたしたちが話したかったことは、奇跡――それは聖性を作り出すというよりは、それを現すものにしか過ぎません――ではなく、〔フランシスコ〕の生活のすばらしさと、その言動の誠実さそのものを描写することでしたので、その数の多さからも奇跡のほうはこのぐらいにして、**永遠の救い**[4]の働きに戻ることにしましょう。

（1）ヨハ二〇・一一。（2）マコ五・八。（3）Ⅰコリ一二・一一。（4）ヘブ五・九。

第二七章

フランシスコの精神の清浄さと毅然たる態度、教皇ホノリオ陛下の前での説教について、そしてどのようにオスチアの司教ウゴリノ陛下に自分とその兄弟たちを委ねたか

七一　神の人フランシスコは、**自分のことを求める**よりも、[1]ほかの人たちの救いに必要と思われることをまず求めるよう学んでいました。他の何にもまして彼が望んでいたのは、〔この世を〕**去ってキリストと共にある**ことでした。[2]それ故、彼の最大の関心は、自分の精神の静穏が、〔この世の〕何らかの塵に触れることで、一時も掻き乱されることないよう、この世に存在するあらゆるものから全く自由に生きることにありました。彼は外部からの騒がしさに無感覚となり、また全力をあげて外部の感覚を集中させ、魂の動きを抑えて、ひたすら神に専心していました。[3]**岩の裂け目**に巣を作り、**崖の洞穴**に住まいを構えていました。

神への幸福に満ちた篤い思いをもって天上の住まいを訪ねて回り、**自分を**完全に**空しくし**[4]、救い主の傷のうちに一時でも長く留まるようにしていました。それ故、自分の精神をひたすら神に向けることができるように、しばしば寂

しい場所を選んでいました。とはいえ、怠惰に陥ることなく、適切なときであると見なせば、その隣人にためらわず手を貸したり、喜んでその人たちの救いにつながることに献身していました。

実に、［フランシスコ］にとって最も安全な港は祈りでした。それは瞬間的なものではなく、空虚なものでも不遜なものでもなく、長い時間をかけての、敬神の念に満ちた、謙虚で穏和なものでした。夜に始めたときには、明け方になってやっと終わりました。歩いていても、座っていても、食べていても、飲んでいても、祈りに専念していました。夜には、見捨てられた聖堂や荒れ果てた場所に祈るために独りで出かけ、そこで神の恵みに守られて、精神の数々の恐れや苦悩に打ち勝ったのでした。

七三　このような場所で、悪魔が誘惑によって内的に襲ってくるばかりか、物を壊したり動かしたりして外的にも襲ってくるので、それと力ずくで戦わなければなりませんでした。しかし、神のいとも力強い騎士［フランシスコ］は、主はどこでもすべてのことがおできになると知っていたので、恐怖に屈することなく、心の中で言っていました。「悪意の固まりめ、お前の武器である悪をもってしても、われわれが公然と人々の前にいるときよりも、今ここで、わたしを脅かすことなどもはやできないのだ」。

実に、その態度は全く毅然としていたので、**主に属するもの**(5)以外には何をも気に留めることはありませんでした。しばしば、数千にも及ぶ人々を前にして神の言葉を説教していましたが、その場合でも親しい仲間に話すように平静でした。大群集を前にしても、まるで一人の人に話すように、また一人のときにも大勢に話すように熱意を込めて説教していました。その精神の清浄さから、説教をするにあたって平静を保っていましたので、あらかじめ考えることがなくても、誰も耳にしたことなく、驚くようなことを語っていました。説教の前にあらかじめ瞑想をしたときでも、人々が集まると、瞑想したことを思い出せなくなり、何を話したらよいか分からないこともありました。そのようなときでも、何ら恥じることなく、多くのことをあらかじめ考えていたこと、それを何一つ思い出すことができないことを、人々に告白しました。すると、突然、聞く人の心を驚かせ、揺り動かすようなすばらしい雄弁を発揮することもよくありました。ところが、語るべきことが何も頭に浮かばないときには、祝福を与えるだけでしたが、ただそれだけでも人々は最高のことを聞いて帰っていったのでした。

七三　あるときのこと、修道〔会〕の用事で〔フランシスコ〕はローマの町に赴きました。そのとき、彼は教皇ホノリオ陛下と大勢の尊い枢機卿方の前で話をしたいと切実に願っていました。それを知ったオスチアの栄えある司教ウゴリノ陛下は、神の聖者〔フランシスコ〕に対して並々ならぬ尊敬の念を抱いていましたので、聖者〔フランシスコ〕の熱意に感動するとともに、その純粋な清浄さに気づき、危惧と喜びとに満たされていました。敬虔にご自分を敬う者たちを、必要なときに見捨てることの決してない、全能なる方の慈しみに信頼して、〔この司教はフランシスコを〕教皇陛下と尊敬すべき枢機卿方の前に導いたのでした。〔フランシスコ〕は、このようなおもだった人々の前に立ち、許しと祝福を受けると、臆することなく語り始めました。喜びを抑えることができないほどに、霊の炎にかられて語ったのでした。口から言葉が発せられる度ごとに、踊っているかのように足を動かしていたのですが、それはおどけたものではなく、神の愛の火によって燃えていたので、嘲笑を誘うよりも、感動の涙をもよおさせたのでした。そこにいた人々の多くは**強く心を打たれ**[6]、神の恵みと、彼の確固とした決意に**驚嘆したのでした**[7]。他方、尊い陛下オスチアの司教は、危惧の念を抱き、この祝された人の単純さが軽蔑されることのないように、力を尽くして主に祈っていました。なぜなら、〔フランシスコ〕の家族の父として立てられていたので、聖者の誉れも不名誉も、すべて〔この司教〕に跳ね返ったからでした。

七四　一方、聖なるフランシスコは、息子が父親に対するように、一人息子が母親に対するように、この方の慈しみの懐に何の心配もなく、憩うておりました。実に、〔司教〕は牧者の役割を担い、その務めを果たしたのでしたが、牧者の称号は聖者〔フランシスコ〕に譲る格好でした。祝された師父は必要なものを見越していたのですが、この幸いなる主君である方が、予見されたことが実現するように力を尽くしてくださったのでした。

ああ、その初めにあたって、何と多くの人が、この植えられたばかりの新しい〔修道〕会を踏みつぶそうと企んだことか。ああ、何と多くの人が、主の手がいとも慈しみ深くこの世界に新たに植えつけられた、この**選ばれたぶどう畑**[8]を踏みにじろうとしたことか。いかに多くの人が、その実をつけたばかりの、多くの新鮮な果実を盗み、むさぼろうとしたことか。しかし、そのような者たちはみな、尊い父であり主君である方の**剣によって倒され**[9]、**無に帰したのでした**[10]。まさしく、この方は雄弁の河、教会の城壁、真理の擁護者、謙遜な者らを愛する人でした。それ故、神の聖者〔フランシスコ〕が、このような尊い主君である方に自分を委ねた日こそ、祝された記念すべき日でした。

ところで、ちょうどその頃、この主君である方は、トスカナ地方で、これまで何度も経験を積んできたように、使徒座の使節の任務を果たしておられました。まだあまり多くの兄弟を持っていなかった祝されたフランシスコは、フランスに出かけようとして、この司教が滞在しているフィレンツェに着きました。当時、両者はまだ特に親密な関係ではありませんでしたが、〔フランシスコの〕祝された生活の評判が、相互の親しい愛によって二人を結びつけることになったのでした。

七五　ところで、祝されたフランシスコは、ある町、あるいはある地方に出かけるときには、その地の司教たちや司祭たちのもとに赴くのを習わしとしていましたが、この評判の高い高位聖職者が滞在しているのを耳にすると、大きな尊敬の念をもって、この方の前に伺候《しこう》したのでした。主君である司教は、聖なる修道生活を営んでいるすべての人々、特に祝された貧しさと聖なる単純という気高い徴を帯びている人々にいつも示す、謙虚で敬虔な思いをもって〔フランシスコを〕迎えたのでした。この方は、貧しい人々が**必要としているものを支援し**[11]、彼らの抱える問題に特別な形で関わるよう配慮していたこともあって、〔フランシスコ〕の来訪の目的を熱心に問いかけ、寛大な心で彼の意図を理解したのでした。そして、〔フランシスコ〕が他の誰にもまして、地上のあらゆるものを軽んじ、イエスが**地上に遣わした火**[12]に燃えているのに気づいたときから、この〔司教の〕魂は、〔フランシスコ〕の魂と結ばれ、尊敬の念から彼に祈ってくれるよう願い、すべてにおいて喜んで保護することを申し出られたのでした。それから、始めた旅を中止して、主なる神が彼に委ねられた人たちの世話と監督に専心するよう〔フランシスコ〕に勧めました。聖なるフランシスコは、尊敬すべき主君〔である司教〕がそのように丁重に迎え、温情を示し、更に力強い言葉をかけてくれたことに**大きな喜びをもって**喜び[13]、この方の**足もとにひざまずき**[14]、敬虔な思いで、自分自身と兄弟たちとをこの方に委ね託したのでした。

(1) Ⅰコリ一三・五。(2) フィリ一・二三。(3) 雅二・一四。
(4) フィリ二・七。(5) Ⅰコリ七・三一。(6) 使二・三七。
(7) 使四・一三。(8) エレ二・二一。(9) イザ二二・二。
(10) 使五・三。(11) Ⅱコリ八・一四。(12) ルカ一二・四九。
(13) マタ二・一〇。(14) 使一〇・二五。

第二八章

貧しい人々に対して燃えていた愛の霊と共苦共感の念について、また、彼の羊と小さな仔羊に行ったことについて

七六　**貧しい人々の父**[1]、貧しいフランシスコは、すべてにおいて貧しい人々に自分を適合させ、自分よりもっと貧しい人を見ると深く傷ついていましたが、それは虚栄心からではなく、ひとえに共苦共感の念からでした。また、ひどく粗末な荒い布地のトゥニカで満足していましたが、それすらも貧しい人に分け与えてしまいたいと思うことがたびたびありました。

しかし、とても豊かなこの貧しい人〔フランシスコ〕は、深い慈愛の念に駆られて、何としてでも貧しい人々を助けたいと願い、冬の寒い時期、この代《よ》で富んでいる人々にマントか毛皮を貸してくれるよう頼みました。いとも祝された師父からこのように頼まれた人たちは、誠意をもって、乞われた以上のこと行ったとき、彼らに言いました。「あなたたちが再びこれを取り戻そうなどと思わないかぎり、これを受け取るわけにはいきません」。そして、貧しい人々の中で最初に〔フランシスコ〕に出会った人が、喜び躍り歓喜して受け取った物をまとったのでした。

誰か貧しい人が軽蔑されるのを見たり、ある被造物に対する誰かからの悪口を聞いたりするのは、〔フランシスコ〕にとって最も耐えがたいことでした。あるときのこと、一人の兄弟が施しを乞うた貧しい人を言葉汚く罵って、「お前は金があるくせに、貧乏人のふりをしているのだろう」と言ったことがありました。これを聞いた貧しい人々の父、聖なるフランシスコは非常に悲しみ、その言葉を発した兄弟を厳しく咎め、その貧しい人の前で裸になり、その足に口づけし、赦しを願うよう命じました。事実、常日頃、兄弟たちに向かって言っていました。「貧しい人に悪口を言う者は、その人がその尊い徴を身に帯びているキリストを侮辱したのです。〔キリスト〕は**この世においてわたしたちのため自ら貧しい者となられた**のです[2]」。それ故、薪とか何か重い物を背負っている貧しい人々に出会うと、自分自身弱っていたにもかかわらず、この人たちを助けようと自分の肩を差し出すのでした。

七七　愛の霊に駆り立てられていた〔フランシスコは〕、困窮に耐えている人々のみならず、物の言えない野生の動物、地を這うもの、翼のあるもの、感覚のある被造物と感

覚のない被造物に対しても敬愛の念を抱いていました。しかし、あらゆる種類の動物の中でも、特別の愛情と湧き溢れる思いをもって愛していたのは小さな仔羊でした。というのも、聖書の中で、わたしたちの主イエス・キリストの謙遜がしばしば小羊にたとえられ、全くふさわしいことですが小羊になぞらえられているからでした[3]。このように、神の御子の比喩的似姿が見いだされるすべてのものに、より深い愛を抱くとともに、大きな喜びをもって見つめていました。

さて、あるとき、マルケ・アンコーナ地方を旅しながら、その町で**神の言葉を宣べ伝えていました**[4]。そして、オシモに向かうにあたって、その管区の兄弟全員の**奉仕者として立てた**[5]、パウロ殿を同行しました。旅を続けていると、野原で雌山羊と雄山羊の群れを牧している一人の牧者に出会いました。その雌山羊と雄山羊の大きな群の中に一匹の仔羊がいて、謙遜に歩き回って静かに草を食べていました。祝されたフランシスコはそれを見て、足を止めると、**内的な痛みにその心は襲われ**[6]、大きな呻《うめ》き声をもらすと、同行の兄弟に向かって言いました。「あなたには、雌山羊と雄山羊の間をあんなにおとなしく歩き回る仔羊が目に入りませんか。あなたに言っておきます。あれこそは、ファリサイ派の人々や祭司長たちの間を、**柔和に、謙遜に歩まれた**[7]、わたしたちの主イエス・キリストなのです。ですから、我が子よ、〔キリスト〕への愛の故に、あなたにお願いします。わたしと共に苦しんでください。代価を払って、雌山羊と雄山羊の**間から**あの仔羊を**連れ出しましょう**[8]」。

六　兄弟パウロは〔フランシスコ〕の悲しみに感嘆し、彼自身も共に悲しみだしたのでした。ところが、彼らは身につけている粗末なトゥニカのほかは何も持っていなかったので、その代価の支払いについてあれこれ考え巡らしていていると、突然、そこに一人の旅の途中の商人がやって来て、欲しいと思っていた金銭を用立ててくれました。彼らは神に感謝すると、その仔羊をもらい受け、オシモへ辿り着き、その町の司教館に導かれ、大きな敬意をもって司教に迎えられました。司教陛下は、神の人〔フランシスコ〕が連れて来た小羊とそれに対して注がれる彼の思いに驚いたのでした。しかし、キリストの僕《しもべ》〔フランシスコ〕が、福音の中の小羊について語られた長い譬え話を述べたてると、司教は神の人の純粋さに**強く心を打たれ**[9]、神に感謝したのでした。

その翌日、町を出て、この小羊をどうしたものかと考えていましたが、同行の兄弟の忠告を入れて、サン・セヴェリノにある「キリストのはしため女子隠棲修道院」に、その世話を委ねることにしました。この尊敬すべきキリストのはしためたちは、**神から**与えられた大きな**賜物**として、(10)喜んで小羊を受け取りました。彼女らは長い間大切に保護し、その毛でトゥニカを織りあげると、ある総集会の折、ポルチウンクラの聖マリア聖堂にいる祝された師父フランシスコのもとに届けました。神の聖者は大きな敬意と精神の喜びのうちに、それを受け取ると、それを抱きしめ、口づけして並居るすべての人に喜び分かち合うよう願ったのでした。

七九　また別のとき、快活に彼に同行する同じ兄弟と共に、同じマルケを旅していると、二匹の仔羊を縄で縛って肩から吊るし、市場に持って行って売ろうとする男に出会いました。祝されたフランシスコは、その鳴き声を耳にすると、**内腑《ないふ》が張り裂ける思いに襲われ**、(11)そばに近づくと、それに触って、まるで泣いている子供をあやす母親のような共苦共感の思いを示しました。そして、その男に言いました。「どうして、わたしの兄弟小羊たちをこのように縄で縛り上げ、吊るすようなことをするのですか」。すると、その男は答えて言いました。「こいつらを市場に売りに行くところなんだ。何せ金が必要なんでね」。聖者は言いました。「その後、彼らはどうなるのですか」。その男は答えました。「買った連中は、こいつらを殺して、食ってしまうだろうよ」。聖者は答えました。「駄目です、そんなことがあってはなりません。わたしが着ているこのマントを、代金として取ってください。そして、その小羊たちをわたしにください」。その男は素早く小羊を渡して、マントを受け取りました。というのも、そのマントは非常に高価なものだったからです。ちょうどその日、聖者は一人の信仰篤い人から、寒さから身を守るようにと、このマントを借り受けたばかりだったのです。聖者はこの小羊たちを引き取ってはみたものの、どうしたらよいか分からず、しきりに考えていましたが、同行の兄弟の助言に従って、その世話をしてくれるよう例の男に引き渡し、どんなことがあっても売ったりしないで、悪いことはいっさい行わず、大切に育て、熱心に世話し育ててくれるよう命じたのでした。

（1）ヨブ二九・一六。（2）Ⅱコリ八・九。（3）イザ一六・一、五三・七、使八・三二、ヨハ一・二九、三六など。（4）使一五・三六。（5）使二六・一六。（6）創六・六。（7）マタ一一・二九。（8）詩一三五・一一。（9）使二・三七。（10）Ⅱマカ一五・一六。（11）王上三・二六。

第二九章

創造主の故にあらゆる被造物に対して抱いていた愛について、また内外から見たその人柄について

八〇　栄えある師父フランシスコが**肉のうちにあって生きていた**(1)間に行ったり、教えたりしたことをすべて数え上げ、一つに集めると膨大なものとなり、それは不可能なことでしょう。実際のところ、**神に属するすべてのもの**(2)に対して抱いていた、至高の愛情を表現できる人がいるでしょうか。被造物のうちに創造主の知恵、そしてその能力と善性を観想しつつ、享受した甘美さを十分に語り尽くすことができる人がいるでしょうか。太陽を仰ぎ見たとき、月を眺めたとき、諸々の星と大空に目を凝らしたとき、その考察から驚嘆に満ちた敬意と名状しがたい喜びにしばしば満たされていました。ああ、何と単純なる敬虔さ、ああ、何と敬虔なる単純さ。

〔フランシスコ〕は小さな虫けらにまで大きな愛を燃やしていました。それは「**わたしは虫けらであって、人ではない**(3)」という救い主についての言葉を読んでいたからです。それ故、道行く人たちの足で踏みつぶされないように、虫たちを道端からつまみ上げると、安全な場所に移してやりました。

ほかの小さな小さな被造物について何か言う必要がありましょうか。冬の間、寒さで凍え死なないように、蜜蜂に蜜や最高のぶどう酒を与えていたのです。常日頃、神の栄光のため、蜜蜂たちの働きの成果とその天性のすばらしさを人々に触れまわってほめたたえていました。それは、蜜蜂や他の被造物への称賛で、しばしば一日が暮れるほどでした。実に、かつて燃え盛る竈《かまど》の中に投げこまれた三人の若者が、宇宙の創造主に賛美と栄光をささげるよう、あらゆる要素に呼びかけたように(4)、この**人もまた神の霊に満たされて**(5)、あらゆる要素と諸々の被造物において、万物の創造主と主宰者に**栄光を帰し、賛美し、称賛して**(6)やみませんでした。

八一　〔フランシスコ〕が花々の美しい姿かたちを眺め、そのかぐわしい香りをかいだとき、その美しさがどれほどすばらしい喜びを、その精神にもたらしたかを想像できますか。一瞬にして、春の日々に光輝き、**エッサイの根から生え出る**(7)、あの花へと、そして無数の人々を死から立ち上がらせた、あの香りへと思考の目を転じていたのでした。

群がって咲いている花々に出会うと、まるでそれらには理性が働いているかのように、直ちに説教を始め、主を賛美するよう呼びかけたのでした。このように、純真で無垢な心から、畑とぶどう畑、岩や林、野原にある美しいものすべて、また泉から湧き出る水、庭を彩る緑、大地と火、大気と風などに神の愛を思い起こさせ、喜んで仕えるよう勧めたのでした。

ついには、あらゆる被造物を兄弟姉妹という名で呼んだのは、**神の子らの栄光の自由**(8)へと既に移り去ってしまった人のように、いとも優れた、他の人々の体験したことのない方法で、その鋭い心をもって被造物の秘密を見抜いていたからに相違ありません。

ああ、善きイエスよ、あの方はいま天上にあって、天使たちと共にあなたを感嘆すべき方として賛美していますが、かつて地上にあったときには、あなたを愛すべき方としてすべての被造物に説き続けていたのです。

八二 **聖なる主よ、あなたの名を**口にするとき(9)、「フランシスコ」は人間の理解を超える感動に突き動かされ、歓喜に全身が浸され、この上なく清らかな喜びに満たされた様子は、まさしく新しい人か、別の代《よ》の人のように見えました。

それ故、路上、屋内、床の上とどこであっても、神にかかわること、あるいは人間にかかわることが何かしら書かれたものを見いだすと、主のみ名やそれに類することが書かれていると思い、最高の敬意を払って、それを拾い上げると、聖なる場所あるいはそれにふさわしい場所に安置していました。

ある日のこと、兄弟の一人から、なぜ主のみ名が書かれてもいない異教徒の書き物までも、そのように注意深く集めるのか尋ねられると、答えて言いました。「我が子よ、そこには文字が書かれているからです。それらの文字によって、**主であり神である方**(10)のいとも栄えあるみ名が記されるからです。どこにあろうと善いものは、異教徒とか他の人々とかに属するのではなく、あらゆる善いものはその方のものである、神にのみ属するものなのです」。

これに劣らず驚くべきことは、挨拶や戒めの言葉を手紙に書き記させるとき、たとえ余計なことや間違いの箇所があっても、その一行はおろか一句でも消すことを許さなかったことです。

八三 その無垢な生き方、言葉の純朴さ、心の清さ、神への愛、兄弟への愛、熱烈な従順、心からの服従、**天使のようなありさま**(11)において、おお、何と美しく、何と輝かしく、

栄光に輝いて見えた[12]ことでしょう。その振る舞いは魅力的で、性質は穏和で、話す言葉は優しく、その奨励は理にかない、**託されたことには忠実で**[13]、忠告は思慮に富み、仕事には熱心で、**あらゆる点で優雅でした**[14]。精神は澄み切っており、魂は優しく、**霊はいつも目覚めており**[15]、観想によって高くあげられ、祈りによって不屈で、あらゆることに熱心でした。その決心は固く、徳によって不動であり、恵みによって忍耐強く、すべてにおいて変わることがありませんでした。赦すには**素早く、怒るに遅く**[16]、天性的に自由で、記憶は確かで、議論においては精妙で、決断は慎重で、あらゆることに単純でした。自分に厳しく、ほかの人々に対しては敬意を払い、すべての点で思慮深い人でした。

〔フランシスコ〕は非常に雄弁な人で、顔つきも明るく、見るからに優しそうな感じでした。といっても、臆病でもなければ、高慢にもおよそ縁のない人でした。背の高さは中くらいか小さいほうで、頭の大きさは普通で円く、顔はやや長めで引き締まっており、額は平らで小さく、目は普通の大きさでしたが黒く澄んでおり、髪の色は黒く、眉は直線で、鼻は均整がとれて、細めで鼻筋が通り、耳は立っているが小さめで、こめかみは平らでした。話し方は穏やかながら熱がこもって鋭く、声は力強いが柔らかく、しかも澄んでよく通りました。歯並びはよくそろって白く、唇は小ぶりで薄く、髭《ひげ》は黒く薄くまばらでした。首は細く、肩はなで気味で、腕は短く、手は小さめで、指は長めで、爪はふくれ、脛《すね》は細く、足は小さめで、肌はきめが細かく、肉づきは貧弱でした。着る物は粗末で、睡眠は非常に短く、手は気前よく長く伸ばされていました。

非常に謙遜だったので、すべての人に対して優しさのかぎりを示し、あらゆる人の習わしに自分を上手に適応させていました。聖なる人たちの間では、より一層聖なる者、罪人たちの間では、あたかも彼らのうちの一人のように振る舞っていました。

ですから、罪人を愛した方、いとも聖なる師父よ、どうか罪人たちを助けてください。また、あなたのご覧になるとおり、罪の汚れの中に横たわる罪人たちを、あなたのいとも誉れ高い執り成しによって、どうか慈しみ深く起き上がらせてください。心からお願いいたします。

(1) フィリ二・二一。(2) マタ二二・二一。(3) 詩二一・七。(4) ダニ三・一七、二三、五一、五二―九〇。(5) 創四一・三八。(6) ダニ三・五一。(7) イザ一一・一。(8) ロマ八・二一。(9) 詩八・二、イザ六・三。(10) 申五・一一。(11) サム下六・二二。(12) 士一三・六。(13) 箴一一・一三。(14) エス二・一五。

（15）Ⅱテモ一・七。（16）ヤコ一・一九。

第三〇章

主の降誕の日に作った飼い葉桶について

八四　〔フランシスコ〕の最大の意図、究極の願望、至高の目的は、すべてにおいて、すべてを通して聖なる福音を遵守することと、細心の注意を払って、あらゆる熱意を込めて、精神の憧れのすべてを尽くし、燃え立つ心の限りを尽くして、わたしたちの主イエス・キリストの教えに完全に従い、その足跡を模倣することでした。絶え間ない黙想によって、キリストの言葉を思い起こし、この上なく鋭敏な考察によって、その行動を回想していました。特に、受肉の謙遜と受難の愛は、彼の記憶のほとんどを占めており、ほかのことは考えることができないほどでした。

では、栄光に輝く帰天の三年前（一二二三年）、わたしたちの主イエス・キリストの降誕の日に、グレッチオと呼ばれる小さな村で行ったことを思い起こし、敬意を込めて記念することにしましょう。**その地に一人の人がおりました**(1)。ヨハネという名で、**評判も良く**(2)、その生活ぶりは評判を上回っていました。祝されたフランシスコはこの人を特別の愛情をもって愛していました。その人が、その地方で気高く、多くの人から尊敬されていたのですが、肉による気高さを踏みにじり、精神の気高さを追い求めていたからでした。祝されたフランシスコは、よくそうしていたように、主の降誕の十五日ほど前、その人を呼び寄せて言いました。「もし、やがて来るわたしたちの主の祝日をグレッチオで一緒に祝いたいのなら、急いで行って、わたしが言うとおりに、**しっかりと用意してほしい**のです(3)。わたしは、**ベツレヘムでお生まれになった**(4)幼子を思い起こすとともに、このいたいけない幼子の居心地の悪さ、どのように**飼い葉桶に寝かされ**(5)、どのように牛と驢馬《ろば》がいる干し草の上に横たえられていたかを、この肉眼をもってでき得る限り見極めてみたいのです」。善良で誠実なその人はこれを聞くと、**急いで走って行き**(6)、言われた場所に、聖者の言ったとおりのものをすべて用意しました。

八五　さて、**喜びの日**(7)は近づき、歓喜の**時がやって来ました**(8)。兄弟たちが多くの地方から呼び集められました。その地の男性たちと女性たちは、喜びの心をもって、できる限りの力を尽くして、きらめく星によってすべての日、すべての年を照らしてきた、この夜を明るく照らすため、蠟燭《ろうそく》と松明《たいまつ》を用意しました。ついに、神の聖者〔フランシスコ〕が来て、すべてが準備されているのを**見て喜びました**[9]。飼い葉桶が用意され、干し草が運び込まれ、牛と驢馬が連れて来られていました。そこでは単純さが尊ばれ、貧しさが高められ、謙遜が推奨され、グレッチオはまるで新しいベツレヘムのようになっていました。**夜は昼のように明るく輝き**[10]、人々にとっても動物にとっても心地よいものとなっていました。多くの人々がやって来て、この新しい神秘に新鮮な喜びをもって酔いしれていました。林は葉音を響かせ、岩々は喜びをもってそれに答えていました。兄弟たちは歌い、主にふさわしい賛美をささげ、夜通し、その喜びはこだましていました。神の聖者は何度も吐息をつきつつ、敬虔の念に打ち砕かれ、不思議な喜びに覆われて、飼い葉桶の前に立っていました。飼い葉桶の上で、荘厳ミサがささげられ、司祭は新たな慰めを享受したのでした。

八六　神の聖者〔フランシスコ〕はレビ人（すなわち神の奉仕者、助祭）だったので、レビ人の装束をつけて、よく響く声で聖なる福音を歌い上げました。その力強い声、**甘美な声**[11]、澄んだ声、よく響く声で、すべての人を至福の境地へと誘いました。次いで、周りに立っている人たちに説教をし、貧しい王の誕生とベツレヘムの小さな町について、蜜の滴る言葉で語りました。しばしば、キリストを「イエス」という名で呼ぼうとするとき、あまりにも大きな愛に燃えあがり、「ベツレヘムのいとけない幼子」と呼び、ベツレヘムという言葉を口にするときにも、羊の鳴き声のようにそれを口にし、その口は、音声よりも甘美な感情に溢れていました。「ベツレヘムのいとけない幼子」とか「イエス」という名を口にするときには、その唇は、幸いなる口蓋で味わい、この言葉の甘美さを飲み込むかのように、舌なめずりをしていました。そこに更に、全能なる方から賜物が加えられ、ある徳の高い人が不思議な幻を目にしたのでした。その人は飼い葉桶に横たえられた生気のない一人のいとけない幼子を見ました。見つめていた幼子に神の聖者が近づき、深い眠りから、その幼子を起こすのを見たのでした。しかし、この幻も、幼子イエスが多くの人の心において**忘却の淵に沈められていた**[12]ことを考えるなら、決して不似合いなものとは言えません。実に、イエスは、ご自分の僕、聖なるフランシスコを通して蘇られ、愛する方の思い出が刻みこまれたのでした。こうして、この夜の荘厳な祝祭は終わり、それぞれ喜びのうちに家路についたのでした。

八七　飼い葉桶に敷かれた干し草は保存されていましたが、それは、それを用いて**家畜**や動物を**救う**ことで、**主がその**

聖なる慈しみの業を増やそうとされたからでした。[13] 実際に、そのあたりでいろいろな病気に罹っていた多くの動物が、この干し草を食べて、その病気から回復するということが起きたのでした。また、難産で長く苦しんでいた女性たちの上にこの干し草が置かれると、楽に出産することができました。また、この地方でさまざまな難病を抱えていた大勢の男女が希望どおりにその健康を取り戻したのでした。

ついに、この飼い葉桶が置かれた場所は、主の神殿として聖別され、いとも祝された師父フランシスコの誉れのために、飼い葉桶の上に祭壇が築かれ、聖堂が献堂されました。それは、動物たちがかつて干し草を糧として食べた所で、将来人々が魂と肉体の健康のために、至高の名状し難い愛によって、**ご自身をわたしたちに与えてくださった**[14]、わたしたちの主イエス・キリスト、**傷もしみもない小羊**[15]の肉を拝食することができるためでした。〔主キリスト〕は御父と聖霊と共に生き、支配しておられ、代々にわたって永遠に栄光の中におられる神。アーメン。アレルヤ、アレルヤ。

これをもって、祝されたフランシスコの生涯とその言行に関する第一の書は終わる

（1）ヨブ一・一。（2）フィリ四・八。（3）箴二四・二七。
（4）マタ二・一－二。（5）ルカ二・七。（6）ヨハ二〇・四。
（7）トビ一三・一〇。（8）雅二・一二。（9）ヨハ八・五六。
（10）詩一三八・一二。（11）雅二・一四。（12）詩三〇・一三。
（13）詩三五・七－八。（14）テト二・一四。（15）Ｉペト・一九。

第二巻

ここに、いとも祝されたわたしたちの師父フランシスコの最後の二年間と、その幸いなる死についての第二の書は始まる

第一章

（この書の内容について、また聖フランシスコの死の時と、その業績について）

八八 救い主の恵みのおかげで、所期の目的に達することのできた先の論述では、その回心の年から十八年間にわたる、いとも祝されたわたしたちの師父フランシスコの生涯と言行を語り、書き記しました。この書では、その最後の二年間の残りの事績、それも正確に知りうる限りの事績を簡潔に書き添えたいと思っています。目下のところ、より一層重要なことだけを記そうと思っていますが、それは、更に多くのことを語りたいと望む人が、いつでも何かを加筆できるよう余地を残しておくためです。

さて、わたしたちの主の受肉から一二二六年、十五年紀〔という年代暦法〕の十四年目の十月四日、主の日に、いとも祝されたわたしたちの師父フランシスコは、自分が生まれたアシジの町の、自らが最初に小さき兄弟たちの会を樹立したポルチウンクラの聖マリア〔聖堂〕の傍らで、使徒たちの生涯と**足跡を辿りつつ**[1]、キリストを完全に抱きしめ続けた二十年後に、始めたことを完全になし終え、肉体の牢獄から脱け出て、天上の霊たちの住まいへと、いとも幸いにも飛び立ちました。その聖化された聖なる肉体は、頌歌と賛美の歌のうちに〔アシジの〕町に安置され丁重に封じられました。そこは多くの奇跡によって、全能なる方の栄光のために照り輝くものとなりました。アーメン。

八九 この人は、青春の花盛りの頃から、**神の道について**[2]、そして神ご自身について知識を教えられたのはごくわずかなもので、皆無に等しいものでした。そこで、かなりの間、生来の純朴さと煮えたぎる数々の悪習のもとに留まっていましたが、**いと高き方の右手が移されたことによって**[3]、**罪から義なるものとされ**[4]、**いと高き方の**恵みと**力によって**[5]、当時の傑出したあらゆる人にまさって、**神の英知に満たされていました**[6]。

実に、福音の教えが、部分的のみならず全体的にも、至る所で実践されず衰退していたときに、全世界の至る所であまねく、使徒たちの模範に従って、**真理を証しするため、この人は神から遣わされた**のでした[7]。こうして、この人の教えが、**この世のすべての知恵は愚かなものにすぎないこと**をいとも明らかに示し[8]、ごく短い間に、**キリストの導きのもと**[9]、**宣教の愚かさによって、神の**真の**知恵**へと[10]方向転換させてしまったのでした。**この終わりの時にあたって**[11]、新しい福音宣教者が、楽園から流れ出る川の一つのように[12]、信仰溢れる水路を通して、全世界に福音の潮流を注ぎ込み[13]、神の御子の道と真理の教えを行動をもって宣べ伝えたのでした。こうして、この人のうちに、この人を通して、思いもかけない喜びと聖なる新しさが全世界に生じ、古い修道生活の芽が、年老いて古びてしまった人たちを、一瞬のうちに刷新したのでした。**新しい霊が**選ばれた者たちの**心に与えられ**、彼らの**真ん中に**救いの油が**注がれました**[14]。それは、**空に輝くもの**[15]の一つのように、**キリストの僕**《しもべ》[16]、そして聖者が、新しい祭儀と新しい印をもって、上から光を放ったときのことでした。この人を通して、古い昔の奇跡が新たになされ、昔ながらの方法を用いつつも新しい秩序によって、この世という砂漠に**実り豊かなぶどうの木**が植えられました。その木は、聖なる諸々の徳の**香りに包まれ**、**甘美な花**を咲かせ、聖なる修道生活の**若枝を至る所に伸ばしたのでした**[17]。

3　この人は、**わたしたちと同じように苦しみを担うものでしたが**[18]、〔皆に〕共通して命じられたことを遵守することでは満足せず、激しく燃え盛る愛にかられて、完成を窮める道に身を投じ、完全な聖性の高みに到達し、すべての**完成の到達点を見た**のでした[19]。それ故、あらゆる身分、性別、年齢の人が、この人のうちに救いの教えの確かな証拠を得て、聖なる行いの優れた模範を得たのでした。もし、**勇壮なことに手を**差し伸べようと決意した人[20]、**より卓越した道でのよりすばらしい霊の賜物を追い求め**たい人がいれば[21]、この人の生活を鏡に映して眺め、あらゆる完全性を学んだらよろしいのです。険しい道を歩むのが恐ろしくて、山の頂に達することが恐ろしくて、より低く平坦な道を歩もうとする人がいれば、そのような段階でも、この人のもとに自分に似合った標識を見いだすことでしょう。そして最後に、**徴と奇跡を求める人**がいれば[22]、この人の聖性を尋ね求めるとよいのです。そうすれば、求めるものを手に入れるでしょう。

実に、この人の栄えある生活は、この人の前の聖人たちの完全性を一層輝かしい光をもって照らし出しています。イエス・キリストの受難がそれを証明し、その十字架がそれをいとも鮮明に示しています。この崇むべき師父は、神の御子と共に十字架につけられたかのように、受難と十字架の印がその肉体の五か所に刻み込まれました。これこそ**偉大な神秘であり**[23]、愛の卓越した偉大さを表すものです。しかし、そこには秘密の計画が隠され、畏れ敬うべき秘義が隠されているのです。それは神だけが知っておられることですが、ある人にだけ聖者自身からその一部が示されたと、わたしたちは信じています。あらゆるものらの賛美、根源、最高の栄誉、光の報いを与えてくださる方からの、この人に対する称賛に多くを費やすことは適当とは思われませんので、**聖にして**、真実にして**栄光に輝く神をほめたたえつつ**[24]、話を本筋に戻すことにしましょう。

（1）Iペト二・二一。（2）バル三・一三。（3）詩七六・一一。（4）ロマ六・七。（5）ルカ一・三五。（6）申三四・九。（7）ヨハ一・六—七。（8）Iコリ一・二〇。（9）ダニ九・二五。（10）Iコリ一・二一。（11）Iペト一・五。（12）創二・一〇。（13）イザ四四・三。（14）エゼ一一・一九、三六・二六。（15）創一・一四、一六。（16）ガラ一・一〇。（17）エゼ二四・二三、詩五一・一〇。（18）ヤコ五・一七。（19）詩一一八・九六。（20）箴三一・一九。（21）Iコリ一一・三一。（22）Iコリ一・二三。（23）エフェ五・三二。（24）ルカ二四・五三、イザ五八・一三。

第二章

祝されたフランシスコの至高の願いについて、どのようにして聖書を開くことで自分に対する主のみ旨を悟ったか

九一　あるときのこと、祝された尊い師父フランシスコは、敬虔の念から彼を見ようとして、また話を聞こうとして毎日押しかけて来る世俗的な大勢の人を後に残して、静かな、人里離れた隠れた所を求め、そこで神に専心することを欲し、人々との交わりによって付着した**塵を払い落としたい**と願っていました[1]。恵みに値するように自らのために時間を配分し、必要と思われるときには、隣人の益となるようその一部を割き、残りの時間を観想の祝された孤独のうちに費やすのが、この方の常でした。それ故、ほかの人たちよりも自分の聖なる生活ぶりをよく知っていて、**人々が殺到し、そこから生じる混乱から**自分を守ってくれて[2]、どんな場合にも自分のために静寂を確保し守ってくれる、ごく

わずかな仲間〔の兄弟〕を同行していました。

さて、そのような所にしばらくの間留まっていると、その絶え間ない祈りと度重なる観想によって、名状し難いほどの深い神との交わりに達したのでした。そのとき、自分について、また自分の中で何が起ころうとしているのか、また、**永遠の王**[3]にもっと受け入れていただけるのか知りたいと思ったのでした。また、自分が主なる神のみ旨の思いとお望みに従って、どのようにして、どのような方法で、またどのように願うなら、主なる神により完全に結びつくことができるかを、大変熱心に探求し、敬虔な思いを込めて知ることを熱望したのでした。これこそが、この方の至高の哲学（知恵への愛）でした。これこそが、生きている限り、この方のうちに常に燃え盛っていた至高の願望であり、そのためにこそ、どのようにしたら**真理の道**[4]を歩み続けることができるのか、より大いなる計画を達成することができるのか、単純な人々に、賢明な人々に、そして完全な人々に、不完全な人々に尋ね求めたのでした。

九二　まさしく、この方は完全な者たちの中で最も完全な者であったので、〔自分が〕完全な者であることを否定し、不完全な極まりない者と見なしていました。**真っ直ぐな心で**、清浄なる**単純さのうち**、真の清浄さをもって**探し求める者らにとって**、どれほど**イスラエルの神は**甘美で、**好ましく、善い方であられるかを味わい、また目にしていたの**です[5]。

それが与えられるのは非常にまれなことでしたが、上から自分に注がれていると感じていた甘美さと優しさが、自分を全面的に放棄するよう促し、すばらしい喜びに満たされていたので、自分自身を抜け出して、何としてでも、既に少し足を踏み入れていた所に全面的に移りたいと願っていました。この人は**神の霊を有している**ので[6]、**天におられる御父のみ旨が**自分のうちに憐れみにより**成就されるために**[7]、**選択することが許される**のであれば[8]、精神のあらゆる困難を耐え、肉体のどんな苦難にも耐え忍ぶ覚悟ができていました。そこである日のこと、滞在していた隠遁所の中に築かれた聖なる祭壇の前に近づき、聖なる福音が記された写本を受け取ると、尊敬の念を込めて、それを祭壇の上に置きました。

次いで、心はもとより肉体をもささげて神への祈りに専念し、**恵み深い神**[9]、**憐れみ深い父、あらゆる慰めの神**[10]が、ご自身のみ旨を示してくださるように謙遜な祈りによって願い、そして単純な心で、敬神の念をもって、かつて着手したことを完全に成就させることができるために、自分に最もふさわしいことを行うことが示されるように、その書物を開く前にへりくだって祈りました。聖性への憧れに駆られて、敬虔な信仰心から同じようなことを行ったことを読み知っていた、聖なる人々と完成の域に達した人々の霊に導かれていたからでした。

九三 それから、**謙遜の霊と痛悔の精神をもって**、[11] **祈りを終えて立ち上がり**、[12] 聖なる十字架の印で身を固めると、祭壇から書物を取り上げ、恐れと**畏怖の念をもって開きました。それを開くと**、[13] 最初に彼の目に飛びこんできたのは、わたしたちの主イエス・キリストの受難の箇所で、主の受けられた苦難のみを告示していたのでした。これが偶然に生じたという疑念を避けるため、二度、三度と書物を開きましたが、その度にやはり同じ章句、あるいは類似した記述に出会ったのでした。そこで、**神の霊に満たされていたこの人**[14]は、**多くの艱難を通して**、多くの苦難を通して、また多くの戦いを通して自分は**神の国に入れねばならない**と悟ったのでした。[15]

ところが、いとも果敢な戦士は、**迫り来る戦い**[16]に心を騒がせることなく、この代《よ》の戦場における**主の戦闘を戦うこと**[17]にも意気消沈することはありませんでした。また、自分に屈することなく、長い間、人間の力を超えた力をもって苦闘してきていたので、敵に屈することを恐れることもありませんでした。実に、非常に燃え上がっていましたので、たとえこれまでの世代に同じような志を抱いた仲間がいたとしても、その願望において、この人にまさる者を見いだすことはできませんでした。完全性について話すより、それを実行するほうがずっと易しいことを知っていたので、善いことを行わず、それを誇示する言葉によらず、聖なる行為によって、効果的な熱意と働きを提示したのでした。それ故、常に揺らぐことなく、楽しげであり、**心の中で喜びの歌を**自分と神とに対して**歌い続けていました**。[18] このためにこそ、より小さいことにもこのように喜んでいたので、より大きな啓示にふさわしいと認められ、**ごく小さいことに忠実な者として**、[19] **多くのものの上に立てられた**のでした。[20]

（1）ルカ一〇・一一。（2）詩九〇・六、三〇・二一。（3）詩二八・一〇。（4）詩一一八・三〇。（5）詩三三・九、七二・一、知一・一。（6）Ⅰコリ七・四〇。（7）マタ六・一四。（8）ヨシュ二四・一五。（9）ヨエ二・一三。（10）Ⅱコリ一・三。
（11）ダニ三・三九。（12）ルカ二二・四五。（13）黙五・七—八。
（14）創四一・三八。（15）使一四・二一。（16）コヘ八・八。
（17）サム上二五・二八。（18）エフェ五・一九。（19）ルカ一九・一七。（20）マタ二五・二一。

第三章

十字架につけられたセラフィム（熾天使）の姿を帯びた人の幻について

九四　その魂を天に戻す二年前、それが位置した場所にちなんで、ラ・ヴェルナ（「寒地」の意味）と呼ばれる隠遁所に滞在していたとき、〔フランシスコ〕は**神の幻のうちに**(1)、一人の人を見ました。〔その人は〕**セラフィム**（熾《し》天使）のようであり、**六つの翼**を持って、彼の上に立っていました。**その両手は広げられ、その足は閉じられて**、十字架につけられていました。**二つの翼は頭の上に掲げられ、別の二つは飛ぶために広げられ、残りの二つは全身を覆っていました**(2)。いと高き方の祝された僕《しもべ》〔フランシスコ〕は、これを見ると非常に大きな驚きに満たされましたが、この幻が何を意味するものなのか分かりませんでした。セラフィムに見つめられるその眼差しと、その優しく慈しみに溢れる姿に、最高の喜びに包まれ、烈しい歓喜に満たされました。その美しさは全く計り難いものでしたが、〔セラフィム〕は十字架につけられており、その苦難は苛酷なものであることが、フランシスコを恐れおののかせました。〔フランシスコ〕は立ち上がりましたが、彼の心は次々に生ずる悲しみと喜び、歓喜と悲嘆とが交錯していました。この幻が何を意味するものか切に考え、その意味を推し量ろうとして、その**霊は不安におののいていました**(3)。

こうして、〔幻〕からはっきりと理解できるものは何一つ引き出せませんでしたが、その幻の新しさが彼の心をすっかり占領してしまいました。ほんの少し前に、彼の上に現れた十字架につけられた人に見られた、まさに同じ釘の印が、彼の手と足に現れ始めたのでした。

九五　その手と足は真ん中を釘で貫かれたようになっていて、釘の頭の部分が手のひらと足の甲の所に出現し、その先端は反対の側に突き出ていました。両手に出現した印は内側では円く、外側で細長くなっており、曲げられ打ち返された釘の先端のような小さな肉片が出現し、残りの肉より盛り上がっていました。同じように釘の印が両足の甲の所に印され、残りの肉よりも盛り上がっていました。その右の脇腹には槍で刺されたような傷痕が刻みこまれ、そこからしばしば血が流れ出て、彼のトゥニカと股引は、そこから出る聖なる血でたびたびぐっしょりと濡れていました。

残念なことに、十字架につけられた主の十字架につけられた僕《しもべ》〔フランシスコ〕の生存中、その脇腹の傷口を目にするという栄誉に浴した人はほんのわずかでした。幸運なことにエリヤは、聖者の生存中、この傷口を目にすることができました。ルフィーノもまた彼に劣らず幸運でした。両手でその傷口に触れることさえしました。この兄弟ルフィーノはただ一度、いとも聖なる人〔フランシスコ〕の胸を手でさすろうとしたとき、よくあるように、その手がフランシスコの右の脇腹のほうにすべってしまい、尊い傷痕に触れてしまったのでした。触れられたことで、神の聖者は激しい痛みを感じ、その手を払いのけると、**主が〔ルフィーノ〕を憐れんでくださるように**と、[4]叫びました。

〔フランシスコ〕は細心の注意を払って、これらの傷を外部の人たちに隠しただけでなく、身近な人たちにも懸命に隠していたので、いつも彼の傍らにいた兄弟たちも、尊敬の念を込めてつき従った人たちでさえ、長い間これらの傷を知りませんでした。

いと高き方の僕であり友でもあった〔フランシスコ〕は、自分が**極めて高価な宝石**[5]にも似た、これほどすばらしい真珠で飾られ、**すべての人にまさる光栄や名誉をもって**[6]不思議な仕方で装われたのを見ても、その心は高ぶることなく、虚しい栄誉を求めて、**誰かに取り入ろうとするようなことはありませんでした**。[7]むしろ、自分に与えられた恵みが、人々の喝采によって奪い去られることのないように、できるかぎりそれを隠そうと苦心していました。

九六 〔フランシスコ〕は、自分に与えられた、この特別の秘密を完全に隠し、漏らすとしてもごくごくまれなことでした。特別に親しい関係ではよくあることですが、ある人への特別な愛情を伝えるために〔秘密〕を打ち明けるということが起きるのを恐れたからであり、自分に与えられた恵みが、それによって傷つくことのないよう案じたからでした。それ故、「**わたしはあなたに対して過ちを犯すことのないように、あなたの仰せを心に秘めておきます**[8]」という、預言の言葉を心に保ち、しばしば口にしていました。

世俗の人たちが自分のもとに来た時はいつも、その人たちと談話するのを望まず、先にあげた預言の言葉を唱えつつ、訪ねて来た人たち去らせるように、自分と一緒に滞在している兄弟たちならびに子供たちに合図をしたものでした。すべてのことをすべての人に告げ知らせることは非常に悪いことであることを体験していましたし、その人の秘密が、その顔つきから見てとれるものよりも、もっと完全で数多くのものでないなら、その人が霊的人物であるとは言えないこと、**表面的なことから**人々によってさまざまに**判断されう**ることを知っていたからです。[9]実際、上辺では賛同しながら、内心では反対して、また本人の前では称賛しながら、後ろに回っては嘲笑する人たち、また自分自身に対する判決を手に入れ[10]、正しい人たちを疑いの目で見る人たちと出会ったことがあったからです。

邪悪は常に清浄を汚そうとし、虚偽は多くの人に好まれるので、少数の人の真実は信じられなくなってしまったのです[11]。

(1) エゼ一・一、八・一。(2) イザ六・二。(3) 詩一四二・四。
(4) 創一九・一六。(5) 代下九・九。(6) シラ三・一九。
(7) ガラ一・一〇。(8) 詩一一八・一一。(9) IIコリ一〇・七。
(10) Iコリ一一・二九。(11) IIテサ二・一一。

第四章

祝されたフランシスコの熱意と、彼の目の病気について

九七 ちょうどこの頃から、〔師父〕の体は、さまざまな、それも以前から患っていた重い病気によってひどく蝕まれ始めました。既にかなり以前から[1]自分の体を完全に打ちのめし、奴隷のように服従させていた[2]ので、しばしば病気に苦しめられていました。今や終わりを迎えようとする、この十八年間、肉体のうちに宿っている[3]はやる霊[4]、献身的な霊、燃える霊[5]が、神の言葉の種子[6]をあらゆる所に蒔こうとして、遠くのさまざまな地方を巡り歩くことで、その肉体はほとんど、あるいは全くと言っていいほど休みを取ることはありませんでした。全地をキリストの福音で満たすために、しばしば一日のうちに四つ、五つの村や町を巡り歩いて[7]、あらゆる人に神の国を宣べ伝えていました[8]が、体全体を舌のようにして、言葉よりも模範で聞く人々を教え導いていました。

〔師父〕において肉は霊と完全に調和しており、霊が聖性のすべてを得ようと努めるとき、肉はいささかも抗うことなく、先行しようと努めていました。次のように記されているとおりでした。「わたしの魂はあなたを渇き求め、わたしの肉は千々に〔乱れています[9]〕」。不撓不屈の服従は、それを自発的なものとし、日々の実践によって、このようなすばらしい境地に達したのでした。しばしば習慣は天性に取って代わるものだからです。

九八 自然の法則と人間の状況に応じて、日に日に外なる人は滅び去り、内なる人は新たにされ[10]、天の宝が隠されている貴い器は至る所にひびが入り[11]、やがてすべての力が失われます。実に、「完成したとき、人は始めるのであり、

終わろうとするとき、働き始めるのである」[12]。**弱った肉のうちにあって、霊はより敏捷になる**のです[13]。〔フランシスコは〕魂の救いを大切にし、身近な人々の利益を渇き求めていたので、自分で歩くことができなくなると、驢馬《ろば》に乗って各地を巡っていました。

兄弟たちは、病気で全く衰弱した体を、医者の助けを借りて回復させるよう執拗に勧告し、しばしば諫《いさ》めておりました。しかし、ひたすら天を慕うその高貴な魂によって、**〔この世を〕去って、キリストと共にいること**を望んでいた[14]〔フランシスコ〕は、そうすることをきっぱりと拒絶したのでした。実に、**その体にキリストの焼き印を帯びていても**[15]、まだその**肉において**、**キリストの苦しみの欠けているところを満たす**までには至っていなかったので[16]、重い目の病を患わせることで、**神はご自分の慈しみを**彼のうちに**増し加えられた**のでした[17]。日に日に病状は悪化し、手当てをしないことから病気が重くなる一方なので、〔フランシスコは〕自分の代理に兄弟エリヤを自分の母親の役に選び、他の兄弟たちの父親の役に立てたのでした。この兄弟エリヤが、「**いと高き方が大地から薬を作られ**、**賢明な人は薬を軽んじない**[18]」と記されているように、〔薬〕をお造りになった**神の御子の名において**[19]、それを毛嫌いせず受け入れるよう訴えたのでした。聖なる師父は、謹んでこれを受け入れ、謙遜にその忠告に従ったのでした。

(1) ロマ一五・二三。(2) Ⅰコリ九・二七。(3) ロマ八・一一。(4) マタ二六・四一。(5) 使一八・二五。(6) ルカ八・一一。(7) マコ六・六、ルカ一三・二二。(8) ルカ八・一。(9) 詩六二・二。(10) Ⅱコリ四・一六。(11) マタ一三・四四、Ⅱコリ四・七。(12) シラ一八・六。(13) マタ二六・四一。(14) フィリ一・二三。(15) ガラ六・一七。(16) コロ一・二四。(17) 詩三五・八。(18) シラ三八・四。(19) Ⅰヨハ五・一三。

第五章

どのようにしてリエティの町でオスチアの司教ウゴリノ陛下に迎えられ、またどのようにして聖者がこの司教が将来、全世界の司教になることを予告したか

ところで、多くの人がそれぞれ自分の薬を持って彼のところに来て、助けようとしましたが、治療法は見いだせなかったので、この種の病気の治療が非常に巧みな人が住んでいるといわれたリエティの町にやって来ました。その頃、この町にはローマ教皇庁全体が移ってきており、〔フランシスコ〕が到着しますと、温かく、また尊敬の念をもって

歓迎されましたが、とりわけ、その徳と聖性によって評判の高いオスチアの司教ウゴリノ陛下から手厚いもてなしを受けました。

この方は祝された貧しさをことのほか好んでおられ、また聖なる単純に絶大な敬意を払っておられたこともあって、祝された師父フランシスコは、教皇ホノリオ陛下の同意と賛同を得て、この司教を兄弟たちの修道生活と会全体の父として、また主君として選んだのでした。

この陛下は兄弟たちの生き方に自分を適応させ、聖性への憧れから単純な人々と共に単純な者、謙遜な人々と共に謙遜な者、貧しい人々と共に貧しい者となっておられました。また、兄弟たちの中では兄弟の一人のように、より小さな者たちの中ではより小さな者となって、ご自分の生活と行動においてでき得る限り、ほかの兄弟たちの一員であるかのように振る舞うよう努めておられました。この聖なる修道生活が、あらゆる所に根を下ろすよう配慮されたこと、そしてこの方のすばらしい生活に関する噂は、この会を遠隔の地にまで広めるのに大いに貢献したのでした。

主はこの方に**博識な舌をお与えになった**[1]ので、それをもって真理に逆らう者たちを狼狽させ、**キリストの十字架に敵対する者たち**[2]を論破し、**誤りに陥った者たちを**正しい道に**連れ戻し**[3]、不和の中にある人たちに平和をもたらし、心を一つにする人たちを**愛の絆をもって**[4]より固く結び合わせていました。神の教会において**燃えて輝く灯火**[5]であり、**必要な時のために**[6]用意された**選ばれた矢**[7]でした。

ああ、この方は、何度となく、その立派な衣服を脱いで、粗末な衣をまとい、裸足になって兄弟たちの一人のように歩み、また**平和のために役立つことを願った**ことでしょう[8]。これこそは、必要であれば何度でも、**隣人同士の間で**[9]、また神と人との間に立って常に配慮していたことでした。それ故、ほどなくして、神はこの方をご自分の聖なる**教会全体の牧者にお選びになり**[10]、**諸々の民の部族の中でその頭を高くあげられた**[11]のでした。

一〇〇　このことは**神からの霊感**[12]によるものであり、キリスト・イエスのみ旨によって行われたものであることが知られるように、祝された師父フランシスコはかなり前から言葉をもって予言し、行いをもってあらかじめ示したのでした。兄弟たちの修道生活と会が、神の恵みの働きによって、既に大きく広がり、**神の園の杉**[13]のように、その功績の頂を聖人たちの「住まいである」天にまで高められ、**選ばれたぶどう**[14]のように、全地の至る所にその聖なる枝を張りめぐらされたとき、聖なるフランシスコは、当時のローマ教会の頭であった教皇ホノリオ陛下のもとに赴き、オスチアの司教ウゴリノ陛下を自分と兄弟たちの父ならびに主君として任命してくださるよう謙虚な願いをもって請うたのでした。教皇陛下は、この聖者の願いを承諾し、寛大にそれを聞き入れ、兄弟たちの会に対するご自分の権限を喜んで〔ウゴリノ司教〕にお譲りになったのでした。〔この司教〕は畏敬の念をもって謹んでこれを引き受けられると、主の**家族の上に立てられた忠実で賢い僕**《しもべ》のように[15]、必要に応じ、あらゆる手段を尽くして、自分に任せられた人たちに永遠の命の糧を分け与えようと努めました。それ故、聖なる師父も、万事において〔この司教〕に服従し、驚くべき尊敬の念をもってこの方を敬ったのでした。

〔フランシスコ〕は、自分を**満たしていた**[16]神の霊**に導かれていました**[17]ので、後にすべての人の目の前に生じるであろうことをかなり前から眺めていました。それで、自分の修道家族の火急の要件というか、どちらかというと〔この司教〕に対して燃え盛るキリストの愛に迫られて手紙を書こうとするときには、その中で、ほかの人たちが通常の挨拶の言葉として用いる、オスチアあるいはヴェレットリの司教という称号を使うのを決して許さず、「いとも尊敬すべき父、ウゴリノ陛下、全世界の司教」という称号を使わせていました。

〔フランシスコ〕はしばしば、耳慣れない祝福で〔この司教〕に挨拶していました。服従の誓約によっては息子でしたが、聖霊が教え導くときには、**永遠の丘の望みが到来するまで父祖たちの祝福**をもってこの方を**強めるように**[18]、父のような口調で鼓舞していました。

一〇一　この〔司教〕陛下は、聖者に対する非常に大きな愛に燃えておられたので、この祝された人が話したり、行ったことなら何でもこの方を嬉しがらせ、その姿をかいま見ただけでも、深い感動に浸っておられました。〔司教〕ご自身、聖なるフランシスコと会われ、彼と言葉を交わすことで、心の暗雲がきれいに吹き払われて静穏が戻り、憂鬱は吹き飛び、喜びが天上から自分の上に注がれるのを感じられるほどだったので、ひどい苦しみとか悩みに陥ることなど、ついぞなかったと告白しておられました。

この方は、**主人に対する僕**《しもべ》のように祝されたフランシスコに**仕えられ**[19]、また彼に会うたびに、まるでキリストの使徒に対するように敬意を払い、内的にも外的にも頭を垂れ、その聖別された口で彼の手に口づけをされていました。

祝された師父が**聖者であり義人であり**[20]、神の教会にとって是が非でも必要かつ有益な存在であることを認めておられたので、どうにかして〔フランシスコ〕の目を元どおりに回復できないものかと、真剣に考え悩んでおられました。〔フランシスコ〕の故に兄弟たちの団体全体に深い同情を寄せておられ、**父の故に、その子らを憐れんでくださった**のでした。[21] それ故、聖なる師父にもっと自分のことに気をつけるように、また病気に必要なことを軽んずることのないように、これをなおざりにすることは、功徳というよりは罪であると見なさねばならないと勧告されました。聖なるフランシスコは、大いに尊敬すべき主君であり敬愛する父に言われたことを謙遜に遵守し、それからは、一層注意深く行動し、治療に必要なことを避けないようになりました。しかし、その症状は非常に悪化していたので、治療には卓越した技能と困難極まりない治療法が要求されました。それで、頭部の数か所に焼き鏝《ごて》が当てられ、血管が切開され、湿布を当てられ、目には薬が垂らされましたが、少しも改善せず、**悪化する一方**のように見えました。[22]

(1) イザ五〇・四。(2) フィリ三・一八。(3) 申二二・一。(4) ホセ一一・四。(5) ヨハ五・三五。(6) 詩三一・六。(7) イザ四九・二。(8) ルカ一四・三三。(9) エレ七・五。(10) シラ四五・四、使五・一一。(11) 詩一〇九・七、黙一三・七。(12) Ⅱテモ三・一六。(13) エゼ三一・八。(14) エレ二・二一。(15) マタ二四・四五。(16) 使一三・九。(17) マタ四・一。(18) 創四九・二六。(19) ルカ一二・三七。(20) 使三・一四。(21) 詩一〇二・一三。(22) マコ五・二六。

第六章

聖なるフランシスコに奉仕した兄弟たちの生活ぶりについて、また〔フランシスコ〕自身はどのように生きようと決意していたか

一〇二　ほとんど二年の間、〔フランシスコ〕は、**万事において神に感謝しながら**、[1] これらのことを忍耐と謙遜を尽くして耐え忍びました。しかし、それまで以上に自由に自分の意志を神に向けることができるように、また度重なる**脱魂の状態の中で**、[2] 天の祝された住居をそぞろ歩き、その仕事場に入り、**豊かな恵みに包まれて、天の者たちの間にあって**[3] いとも柔和でいとも静穏なる万物の主のみ前に存在することができるように、心から愛した数人の兄弟に自分の世話を託したのでした。その〔兄弟たち〕は**徳が高く**、[4] 神に献身した人たちで、聖なる者たちの心にかない、人々からも好まれた人たちで、祝された師父は**家を支える四本の柱**のように、この人たちに**寄り添っていました**。[5] 霊的な

人たちとってはまたとない親しい友であった、この人たちの慎み深さを尊重して、ここではその名前を明かさないことにします。

　慎み深さは、あらゆる年代の人々の飾りで、無垢の証し、貞潔な精神の徴、**懲らしめの杖**[6]、良心の特別な栄光、名誉の守り手、あらゆる気高さの徴なのです。この徳がこの兄弟たちを飾り、人々に愛され慕われる者としました。この恵みは、この人たち**みなに共通でした**[7]が、固有の徳がその一人ひとりを飾っていました。第一の人は思慮分別に秀でており、次の人はずば抜けて忍耐強く、他の人は単純さで優れ、最後の人は強い肉体と優しい性格を備えていました。この人たちは、徹底した注意と熱意と意志を働かして、自分たちの祝された師父の心を平静に保つとともに、その体の病の看護をし、聖者への奉仕に全身全霊を傾け、どんな苦労や困難もいといませんでした。

一〇三　しかし、この栄光に輝く師父は、神のみ前で既に恵みにおいて完成され、この世の人々の間ではその聖なる業によって光り輝いていたにもかかわらず、常により一層完全な業に着手しようと考えており、**神の陣営**[8]における老練な戦士のように、敵に戦いを挑み、新たな戦闘に身を投じようと考えていました。**キリストを指揮官として**[9]偉大な業績を挙げようと企てており、衰弱しきった手足と死にかけた肉体にもかかわらず、新しい戦いにおいて敵に勝利することを希望していました。実に、真の徳というものは時間による終わりを知りません。報いへの期待は永遠だからです。

　それ故、**非常に大きな願望に駆り立てられて**[10]、最初の頃の謙遜に戻ろうとし、計り知れない愛に根ざした**希望をもって喜び**[11]、肉体は既に極限にあったにもかかわらず、もう一度以前の酷使へ駆り立てようと考えていました。あらゆる思い煩いからくる妨げを完全に自分から取り除き、あらゆる慮りから生じる騒音を完全に抑制していました。自分の病のために、かつての厳格さを柔らげる必要があるときには、こう言っていました。「兄弟たちよ、主なる神に奉仕することを始めよう。これまでのところほとんど、いや全く何もしてこなかったのだから」。**自分が既に捕らえたとは考えておらず**[12]、**聖なる新たな**決意をもって疲れも見せず耐え忍び、常に新たに始めることを望んでいました[13]。

　再びレプラを患った人々への奉仕に戻り、かつてそうであったように、人々から軽蔑されることを望んでいました。人々との交わりから逃れて、人里離れた所に引き籠ることを希望していました。あらゆる気遣いから自由になり、またほかの人たちに対する配慮を捨てて、ただ肉体という壁だけが自分と神の間を分かつようになるためでした。

一〇四　彼はまた、多くの人が権威ある役職を追い求めているのを見て、その人たちの無思慮を厭《いと》い、自分の模範によって、そのような疫病から彼らを引き離そうと努めていました。彼は、ほかの人たちの世話をするのは、神のみ前に善いことでありふさわしいことであると常日頃話していましたが、**自分のことは**何一つ**求めず**(14)、すべてにおいて常に神のみ旨に沿うよう心がける人だけが、霊魂の配慮をするべきであると言っていました。つまり、このような人たちは自分の救いさえ顧みず、服従する人たちからの称賛を期待せず、ただその人たちの成長だけを考え、人々の前での名誉を求めず、ただ神のみ前に栄誉を求め、高い身分を追い求めず、むしろこれを恐れ、その地位に就くときには自慢せず、むしろへりくだり、そこから降ろされても気にも留めず、それを喜ぶものなのです。

しかし、これほどまでに悪がはびこり、不正がその勢いが増しているこの時代に、支配することは危険であり、支配されるほうが有益であると言っていました。ある人々が**初めのころの行い**(15)を捨て、新しく発見したもののために、最初の単純さを忘れてしまっているのを悲しんでいました。それ故、かつては一層高いものを一心に目指していた人が、志を低くして卑しいものに走り、虚しい放縦の野で愚かしいくだらぬものを求めてさ迷い歩くのを嘆いていました。それ故、このようなことから子らを解放してくださるよう、神に憐れみを請い願い、**与えられた恵み**(16)の中に彼らが庇護されるよう心から祈っていました。

(1) Ⅰテサ五・一八。(2) Ⅱコリ五・一三。(3) エフェ一・三、二〇。(4) Ⅰマカ五・五〇。(5) 士一六・二九。(6) 箴二二・一五。(7) 使二・四四。(8) 創三一・二。(9) ダニ九・二五。(10) 民一一・四、マタ二・一〇。(11) ロマ一二・一二。(12) フィリ三・一三。(13) ロマ六・四、七・六。(14) フィリ二・二一。(15) 黙二・五。(16) ロマ一二・三。

第七章

どのようにしてシエナからアシジにやって来たのか、またポルチウンクラの聖マリア聖堂と兄弟たちへの祝福について

一〇五　死去する日の六か月前、［フランシスコは］目の治療のためシエナにいましたが、体の残りの部分もことごとく病状は悪化し始め、その胃は長い間の疾患で痛めつけら

れ、肝臓もひどく冒され、多量の血を吐くなど、死期の近いことを思わせる症状が現れていました。これを知ると、兄弟エリヤは、遠方から彼のもとに大急ぎで駆けつけました。到着してみると、聖なる師父はエリヤにつき添われて、その地を去り、コルトナ近郊のレ・チェレに移動できるまでに回復していました。そこに到着し、しばらく滞在していましたが、その間に腹部が膨れ出し、更に足全体が腫れあがり、胃の病状もますます悪化し、ほとんど食物をとれないような状態でした。そこで［フランシスコ］は、アシジに運んでくれるよう兄弟エリヤに頼みました。この善い息子は、恵み深い師父の指示を聞き入れ、用意がすべて整うと、その念願の場所に連れて行きました。祝された師父の到着に、**町は喜びに溢れ**[1]、人々はみな**口々に神をほめたたえました**[2]。この大群集は神の聖者が自分たちの近くで死ぬことを期待していたのでした。この盛大な歓迎の理由もそこにあったのでした。

一〇六　まだ**肉体のうちにあったとき**[3]、最初に超越した事柄についての知識が授けられ、救いの塗油が注がれた当の場所で、聖なる魂がその肉体から離れ、天の国に移されることになったのは、ひとえに神の御計らいでした。**地上の**あらゆる**居住地の中に**[4]天の国が建てられていることを知っており、あらゆる所で**神から選ばれた人々に**[5]神の恵みが分け与えられていることを信じていましたが、ポルチウンクラの聖マリア聖堂という場所が、豊饒な恵みによって満たされ、しばしば天上の霊たちが訪れたことを体験していました。それ故、しばしば兄弟たちにこう言っておりました。「子供たちよ、気をつけなさい。決してこの土地を見捨ててはなりません。もし、一方から追い出されるようなことがあっても、別の所からまた入って来なさい。ここは本当に**聖なる場所**であり[6]、**神の住まわれる所**です[7]。**わたしたちがまだ人数の少なかった頃**[8]、この場所で、いと高き方はわたしたちの数を増やしてくださいました。この場所で、神はご自分の知恵の光によって、ご自分の貧しき者たちの**心を照らしてくださいました**[9]。この場所こそ、神がご自分の愛の火で、わたしたちの心を燃やしてくださった所です。この場所で敬虔な心で祈る者は、願い求めたことを手に入れるでしょう。侮辱する者は厳しく罰せられるでしょう。それ故、子供たちよ、神が住まわれるこの土地をあらゆる敬意[10]を払うに値するものと見なし、**あなたたちの心を尽くして、喜びと賛美の声をあげて**[11]、この場所で神を賛美しなさい」。

一〇七　そうしている間にも、病状は悪化し、体力はすっかり衰え、力も全く尽き果てて、体を動かすことさえできなくなりました。兄弟の一人に、この長患いを耐えるのと、刑吏による苛酷な殉教を耐えるのと、どちらを選ぶか尋ねられると、次のように答えました。「我が子よ、わたしの主なる神が、わたしのうちで、またわたしに対してなさることは、今まで常に何にもまして愛らしく、甘美で、快いものでしたし、今でもそうです。わたしは常に万事において、神のみ旨に一致することだけを望んでいますし、すべてにおいてそれに従うつもりです。この病気をわずか三日間でも耐えることは、わたしにとってどんな殉教よりも難しいように思えます。わたしがこう言うのは、報いのためというよりも、ただひとえにそれがもたらす苦しみと痛みのためです」。

おお、殉教者よ、すべての人にとって苛酷極まりなく熾烈極まりないと思われることを心の底から喜び、微笑を浮かべながら耐え忍んだ殉教者よ。実に、痛みと苦しみを感じない所は体のどこにも残っておらず、体温も徐々に低下し、日一日と終わりの時が近づいていました。**肉は全く衰えてしまい、皮膚が骨に張りつくほど**なのに[12]、どうして死んだような肉体のうちに霊が生きていることができるのか医者たちは驚愕し、兄弟たちは驚きを隠し切れませんでした。

一〇八　二年前に神の啓示によって知らされた、最期の時が間近に迫っているのを悟ると、〔フランシスコ〕は会っておきたい兄弟たちを自分のもとに呼び寄せ、かつて年老いた族長ヤコブがその息子たちにしたように、**上から与えられるままに**[13]、その一人ひとりを祝福しました[14]。それはまさに、神が**お定めになった山に登って**、イスラエルの子らに祝福を与えたもう一人のモーセのようでした[15]。兄弟エリヤが〔フランシスコ〕の左側に座り、ほかの兄弟たちがそれを囲むように立っていると、フランシスコは腕を十字に組んで、**右の手をエリヤの頭の上に置きました**[16]が、肉眼はその視力を失っていたので、「わたしの右手は、誰の上に置かれているのか」と尋ねると、彼らは「兄弟エリヤの上です」と答えました。すると彼は、「そう願っていたのです」と言って、次のように話しました。「我が子よ[17]、**すべてのものの上におられ、すべてのものを通して**お働きになる神が、あなたを祝福してくださいます。いと高き方が、あなたの手によって、わたしの兄弟と子供たちを増やしてくださったように、わたしもまたあなたの上に、あなたのうちにみなを祝福します。天と地において、万物の王であられる神があなたを祝福してくださいますように。わたしはできるかぎり、いいえそれ以上にあなたを祝福します。わたしのできないことは、すべてをおできになる方が、あなたになさってくださるでしょう。どうか、**主が**あなたの働きとその労苦を**覚えておられ**(18)、**正しい人々にお報いになる時**(19)、あなたにもその分け前が与えられますように。どうかあなたが願う祝福がすべてかなえられ、また、あなたがふさわしく望むものが、すべて満たされますように」。

「さようなら、すべてのわたしの子らよ。**神への畏れのうちに**生き(20)、いつも神のうちに留まりなさい。なぜなら、大きな**試練**があなた方を襲い、**艱難**が迫っているからです(21)。やり始めたことを**果たし続ける**人(22)は幸せです。やがて来る躓きが、少なからぬ人々をあなたたちから引き離すでしょう。わたしは、急いで主のもとに行こうとしています。**わたしの霊において**敬虔の念をもって**お仕えしている**(23)、わたしの神のもとに行くと確信しています」。

このとき、［フランシスコ］はアシジの司教の館に滞在していたので、できるだけ早くポルチウンクラの聖マリア聖堂のある場所に、自分を連れて行ってくれるよう兄弟たちに願いました。実に、前に述べたように、初めに真理の道を完全に知るに至った場所で、その魂を神に返すことを望んでいたのです。

(1) エス八・一五。(2) ダニ三・五一。(3) フィリ一・二四。(4) エゼ三四・一三。(5) ロマ八・三三。(6) エゼ四二・一三。(7) 代上二九・一。(8) 代上一六・一九。(9) エフェ一・一八。(10) エレ二九・一三。(11) 詩四一・五。(12) ヨブ一九・二〇。(13) ヨハ一九・一一。(14) 創四九・一―二七。(15) 申三二・四九。(16) 創四八・一四。(17) エフェ四・六。(18) ダニ一四・三七。(19) ヘブ二・二。(20) シラ九・二二。(21) シラ二七・六、詩二一・一二。(22) マタ一〇・二二。(23) ロマ一・九。

第八章

幸せな死を迎えた時、話したこと行ったこと

一〇九　神のみ旨によって彼に知らされていたとおり、回心の時から既に二十年の歳月が経過していました。実に、祝された師父自身と兄弟エリヤがフォリーニョに滞在していたときのことでした。ある夜、二人が眠っていると、かなりの高齢の白い衣を着た尊い姿の司祭が兄弟エリヤの前に立って言いました。「起きなさい、兄弟よ。兄弟フランシスコに次のように言いなさい。彼が世を捨ててキリストにつき従ってから、既に十八年が過ぎた。これから後、二年の間この世に留まるであろう。そして、**主が**ご自分のも

とに**お呼びになる**(1)とき、彼は**すべての肉なるものが歩むべき道**(2)に入るであろう」。こうして、定められた時に至って、はるか以前に予言された**主の言葉が成就されたの**でした(3)。

恋い慕っていた場所で、数日をゆったりと過ごしていましたが、自らの死の時が近づいたのを知ると、二人の兄弟、彼にとって特別な〔二人の〕子らを呼び寄せ、迫り来る死というよりは、近づいてきた命に対し、主への賛美(4)を声高らかに歌うよう命じました。そして、彼自身は、でき得る限りの力をふりしぼって、「**声を限りに、わたしは主を呼び求めた。声を限りに、主に願い求めた**」とダビデの詩編(5)を歌い始めたのでした。

ところで、そこに居合わせた〔兄弟たち〕の中に、聖者が非常に大きな愛をもって慈しんでいた一人の兄弟がいました。彼はこれらの次第を見て、聖者の死期が近づいていることを知ると、兄弟たち全員のことが心配になって、次のように言いました。「ああ、慈しみ深い師父よ、〔あなたの〕子供たちはいま**父を失い**(6)、その目から**まことの光**(7)が奪われようとしています。あなたが残していかれるみなし児たちを思い起こしてください。〔わたしたちの〕すべての罪過を赦し、ここにいる者も、いない者も含めてみなを、あなたの聖なる祝福で喜ばせてください」。聖者は彼に言いました。「ご覧なさい、息子よ、わたしは神から呼ばれています。わたしは、今ここにいる者も、いない者も含めて、わたしの兄弟たちのすべての侮辱と罪過を赦します。わたしの力の及ぶ限りを赦します。あなたはこのことをみなに伝え、わたしに代わってみなを祝福してください」。

二〇　それから、〔フランシスコ〕は福音書の写本を持って来るように命じると、「**過越《すぎこし》の祭りの六日前のことであった。イエスはこの世から父のもとへ移るご自分の時が来たのを悟り**(8)」という言葉で始まる、ヨハネによる福音の箇所を読んでくれるよう頼みました。実は、これを頼まれるよりも前に、奉仕者〔の任にあった兄弟〕も、この福音〔の箇所〕を読むつもりでいました。この福音〔の箇所〕が読まれるはずの写本には聖書全体が収められていたのですが、写本を最初に開いたときに目に入ったのがこの箇所だったからでした。それから〔フランシスコ〕は、間もなく**土と灰**(9)になろうとしている自分〔の体〕を粗布で覆い、灰を振りかけるよう命じました。

そこには**大勢**の兄弟が**集まっていました**(10)。彼らにとって〔フランシスコは〕父であり**指導者でもありました**(11)。彼らがみな畏敬の念をもって〔フランシスコ〕を囲んで立ち、祝された**最期**と幸いな**完成**(12)を待っていると、そのいとも聖なる魂は肉体から解き放たれて、光の深い淵の中に飲み込まれ、その肉体は、主のうちに**眠りに就きました**[13]。〔フランシスコ〕の弟子たち、兄弟たちの一人でその名前はよく知られている兄弟が――彼は肉において生きている間に、その名が知れ渡り誉めそやされることを望まないので、その名はあえて伏せておきます――いとも聖なる師父の魂が、**多くの水の上を**[14]、**天へと真っ直ぐ昇って行く**[15]のを目にしました。それは**星のよう**[16]でしたが、大きさは月ほどで、しかも**太陽のような輝きを放ち**[17]、**白い小さな雲**[18]に乗っていました。

二一　それ故、〔フランシスコ〕について、声を大にして次のように言わせていただきたいのです。おお、この聖者の栄光は何とすばらしいことか。その弟子は、この〔聖者の〕魂が**天に昇って行く**のを見たのです[19]。**月のように美しく、太陽のように輝いて**[20]、**白い雲に乗って昇り行く**[21]姿は、いとも栄えある栄光に**輝いていました**[22]。おお、真にこの世を照らす**灯火**[23]、**キリストの教会**[24]の中で太陽よりも光り輝いています。ご覧ください、あなたは今やご自分の光の輝きを捨てて、光り輝く祖国へと去り、哀れなわたしたちに代わって、**天使と聖者たちの集い**[25]へと〔その座を〕替えられました。おお、広く世に知られた栄えある祝福に満ちた方よ、たとえもはや、あなたの子供たちの持つ同じ肉を捨てたとはいえ、どうかこの子供たちへの配慮を放棄しないでください。あなたは知っておられます、よく知っておられます。〔この子供たち〕をどれほど危険な所に残していかれたかを。あなたがおられたからこそ、彼らは数知れない苦難と度重なる窮乏から、幸いなことにどんな時にも慈しみ深く助けられていたのです。おお、まことに慈しみ深く、いとも聖なる師父よ、あなたはいつも、あなたの罪深い子らに憐れみを示そうとされ、また彼らを赦そうと優しく待っておられました。それ故、尊い師父よ、**わたしたちはあなたを賛美いたします**[26]。常におられ、**すべてのものの上におられ、祝される**いと高き方が**あなたを祝福された**[27]のです。アーメン。

(1) 創三・九。(2) ヨシュ二三・一四。(3) 代下二三・二一。(4)『太陽の賛歌』。(5) 詩一四一。(6) 哀五・三。(7) Iヨハ二・八。(8) ヨハ一三・一。(9) シラ一〇・九、一七・二七。(10) 申三一・一一。(11) 使一四・一一。(12) シラ三三・二四。(13) 使七・六〇。(14) 詩二八・三。(15) ヨシュ八・二〇。(16) シラ五〇・六。(17) Iコリ一五・四一。(18) 黙一四・一四。(19) 使二・三四。(20) 雅六・九。(21) 使一四・一四。(22) 雅三・六。(23) マタ五・一五。(24) ロマ一六・一六。(25) ヘブ一二・二二。(26) トビ八・一七。(27) ロマ九・五。

第九章

兄弟たちの悲しみと、彼らが十字架の印を身に帯びたフランシスコを見たときの喜び、またセラフィムの翼について

一二　それ故、**大勢の民々が集まってきて**、[1] **神を賛美して言いました**。[2]**「わたしたちの神である主よ、ほめたたえられ賛美されますように**。[3] あなたは卑しいわたしたちにこれほどすばらしい宝をお委ねになりました。名状し難い三位一体の神よ、あなたに賛美と栄光がありますように」。

　アシジの町の人たちがみな群れをなして押し寄せてきて、[4] **威光に輝く主**[5]がご自分の聖なる僕《しもべ》の上に輝かしく示された**神の偉大な業**[6]を見ようと、**その地方の人たちがみな**駆け[7]つけてきたのでした。その誰もが、こみ上げる**心の喜び**[8]に喜びの歌を歌い、**望みが満たされたこと**で、[9] 皆がみな、救い主の全能の力を賛美していました。しかし、〔フランシスコの〕子らは、偉大な父を失ったことを悼み悲しみ、涙とため息で心の悲しみを表していました。

　ところが、これまで経験したこともない喜びが、悲嘆を鎮め、全く新たな奇跡が、彼らの精神を驚愕へと変えたのでした。その時、**喪の嘆きは歌に**[10]変わり、悲嘆は歓喜へと変わったのでした。目の前に提示されたことは、これまで聞いたことも、聖書の中で読んだこともなく、これほどまでに明らかな証拠によって確証されなければ、彼らにとって納得できることではなかったのでした。実に、**世の罪を洗い清めた**[11]**汚れのない小羊**[12]の十字架と受難の形が〔フランシスコ〕の上に現れたのでした。それも、まるで十字架から降ろされたばかりのように、その手足は釘で貫かれ、その右の**脇腹は槍で**傷つけられたようでした。[13]

　それまで黒ずんでいた肉体は、今や白く輝き、その美しさによって約束された祝された復活という報いを目にしていたのでした。**その顔は天使の顔**のようであり、[14] 死んでいるというより、まるで生きているように見えました。その体の残りの部分もまた、汚れのない幼児のような柔らかさと、しなやかさを保っていました。筋や腱も、死人のように収縮することなく、その皮膚はこわばらず、肢体は硬直を起こさず、自由に曲げ伸ばすことができました。

一三　**見つめるすべての人々**[15]の前で、その肉体はまばゆい美をもって輝き、ますます輝きを増していきました。更に不思議なことには、その手と足の真ん中には釘の傷痕ではなく、その肉によって形作られ、鉄の黒い色を留めた釘

そのものが、また血によって真っ赤に染まった右の脇腹がはっきりと見てとれました。このような殉教の印は、見る人々の精神に恐れを掻き立てることなく、白い舗道にはめこまれた黒い小石を見たときのように、美と恵みを増し加えたのでした。

〔フランシスコの〕兄弟たち、子供たちは競って駆けより、涙を流しながら、自分たちのもとを去っていった敬愛する師父の手と足に口づけし、その同じ場所から**血と水とを注ぎ出して**[16]、**世を**御父と**和解させた**[17]方の傷痕をはっきりと思い起こさせる右の脇腹にも口づけをしていました。

聖なるフランシスコがその**体に帯びていたイエス・キリストの**聖なる**焼き印**[18]に口づけできた人はもとより、それを目の当たりにするのを許された人たちの誰もが、最高の賜物が自分にもたらされたと信じたのでした。

これを目にして、喜びを掻き立てられるよりも、泣く人がいるでしょうか。たとえ泣いたとしても、それは悲しみからではなく、むしろ喜びのためではないでしょうか。その心が鉄であったとしても、悲嘆へと駆り立てられるのではないでしょうか。その**心が石**であったとしても[19]、悔恨の念に引き裂かれず、神への愛に燃え立たされ、善い意志へと強められないような人がいるでしょうか。この聖者が、地上で特別な賜物によって栄誉を与えられたように、**天上で**も名状し難い光栄によって**称賛される**[20]はずであるという真実を悟ることができないほど愚かで無分別の人がいるでしょうか。

二四　おお、並ぶものなき賜物、たぐいまれなる愛の印よ。それはそのいとも優れた威厳の故に、ただ王にのみふさわしい栄光の武具として、戦士の身を飾るべきものでした。おお、**永遠に記念される**[21]にふさわしい奇跡、絶えざる感嘆と崇敬をもって記念される秘跡よ。これこそは**汚れない小羊の血**[22]が、五つの傷口から溢れんばかりに流れ出て、**世の罪を洗い流した**[23]秘義を、信仰の目に映し出すものでした。おお、死者に命を与える、生ける十字架の崇高な美しさよ。それは、死んだ肉体を生かし、弱い霊を強めるほどに、その重さは心地よく感じられ、痛みも甘美に思われるものです。あなたがこれほどまでに栄光の限りを尽くしてほめたたえた方は、**多く**の愛をもってあなたを**愛してくださいました**[24]。**栄光と賛美**[25]は、**ただ独り英知に満ちた神**[26]に。神は、弱った人々の精神を新しい啓示をもって慰め、目に見える**不思議な業**[27]によって、その心を目に見えないものへの愛のうちに強めるために、**印を新たにされ**、**不思議な業を繰り返されました**[28]。おお、驚嘆すべき、愛すべき神の計らいよ。この新たな奇跡に対し疑いが生じないため、しばらく後に、地に住む者に不思議な形で生ずることを、初めに、慈しみのうちに、**天から来られた**方[29]においてお示しになったのでした。そして実際に、**憐れみ深い**まことの**御父**は[30]、**心を尽くして**ご自分を**愛そう**と努める人[31]は、いと高きところ、すなわち、ご自分により近い、天上の霊たちの位階に据えられるほどの大きな報いに値することを示そうと望まれたのです。

もし、わたしたちがセラフィム（熾《し》天使）のようになるなら、つまり、セラフが二つの翼を頭上に広げているように、わたしたちも聖なるフランシスコの模範に倣って、すべての行動において清い意向を持ち、それらを神に向けて、すべてにおいてただ神のみ心を喜ばせようと倦《う》むことなく努めるなら、間違いなくわたしたちもそこに達することができるでしょう。ただし、二つの翼は、頭を覆うように一緒に合わされてなければなりません。**光の御父**[32]は、清い意向を欠いた正しい行為も、逆に正しい行為を欠いた清い意向もお認めにならないからです。〔神〕ご自身が仰せになっておられます。「**もし、あなたの目が澄んでいれば、全身が明るい。しかし、そうでなければ全身が闇となるであろう**[33]」。見るべきものを見ない目は澄んでいません。真理の認識を欠いているからです。見てはならないものを見るのであれば、清い意向を欠いているからです。前者の場合、澄んでおらず盲目なのであり、後者の場合は、悪であると明快な理性は判断するでしょう。これら〔六つ〕の翼の羽毛は、憐れみ深く救ってくださる御父の愛であり、厳しく裁かれる**主への畏れ**[34]なのです。〔この二つは〕悪い衝動を抑え、清浄な情動を整えて、選ばれた者たちの魂を地上のものらから引き上げるはずのものなのです。

飛ぶための二つの翼[35]は、隣人に対する二重の愛に役立つはずのもの、すなわち、神のみ言葉によって魂を新たにし、物質的援助によって肉体を支えることを示しています。この〔二つの〕**翼が重なり合う**[36]ことはめったにありません。一人の人がこの両方を成し遂げることはほとんど不可能だからです。この翼の羽毛は、隣人に対して助言したり援助したりするため求められるさまざまな役割を示しています。

最後に、功徳という**二つの翼によって**裸の**体が覆われ**ねばなりません[37]。これは通常、罪を犯して裸にされる度ごとに痛悔と告白によって無垢の状態が取り戻されるときに実現します。この二つの翼の羽毛は、罪への嫌悪と正義への渇望から生じる、多くのさまざまな感情を示しています。

一五　いとも祝された師父フランシスコはこれらのすべ

てを完璧に成し遂げました。〔師父は〕セラフィムの像と形を得て、十字架の上に留まりつつも、諸々の霊たちの至高の段階にまで飛んでいくに値するものとされたのでした。実に、〔師父は〕自分において、また自分についての主のみ旨を果たすためであれば、いかなる苦しみも痛みも厭《いと》うことなく、十字架の上に留まり続けたのでした。

〔師父〕と一緒に住んでいた兄弟たちはよく知っていたのですが、毎日、しかも絶えることなく、その口からはイエスについて語られていましたし、その談話は何と甘美で心地よく、その対話も何と好意的で愛情に溢れていたことでしょう。その**口は心から溢れ出ることを語り**(38)、光り輝く愛の泉が溢れて、その臓腑《ぞうふ》にたまったものをすべて外に噴出させていたのでした。もちろん、〔師父〕にとってイエスと共にあるのはさまざまなことでした。その心にイエスを、その口にイエスを、その耳にイエスを、その目にイエスを、その手にイエスを、そしてその体の残りの部分にもイエスを常に帯びておられたのでした。

ですから、食卓に着いている時でも、イエスに耳を傾け、〔イエスの〕名を口にし、イエスのことを考えていたので、肉体のための糧はおろそかになり、〔他の〕聖者について記されているように(39)、「見ていても見ておらず、聞いていても聞いていなかった」のでした。実に、道を歩きながらも、イエスのことを瞑想したり歌ったりして、旅をしていることさえ忘れて、イエスを賛美するようすべてのものらを招くことがたびたびありました。驚嘆すべき愛によって、常に**キリスト・イエスを、それも十字架につけられた〔キリスト・イエス〕**(40)**をその心のうちに抱きしめ留めていました**(41)。それ故にこそ、他のものらにまさって、いとも栄えあるかたちで、〔キリストの十字架の〕印をもって刻印されたのでした。この方こそ、**脱我のうちに**(42)、言葉で言い表せず、把握し難い栄光の中に、御父の右に座っておられるのを眺望した方、御父と共にいと高き、**いと高き方の御子**(43)、聖霊との一致のうちに生き、支配し、勝利を収め、統治し、永遠に栄光ある神、あらゆる代々の代々に至るまで、アーメン。

(1) 使二一・三〇、ミカ五・七。(2) ルカ二・一三。(3) ダニ三・五七、詩四〇・一四。(4) マタ八・三四。(5) イザ二・一〇。(6) 使二・一一。(7) マタ三・五。(8) 哀五・一五。(9) フィリ四・一九。(10) エス一三・一七。(11) 黙一・五。(12) Ⅰペト一・一九。(13) ヨハ一九・三四。(14) 使六・一五。(15) 出三三・一〇。(16) ヨハ一九・三四。(17) Ⅱコリ五・一九。(18) ガラ六・一七。(19) エゼ一一・一九。(20) イザ三三・五。

（21）詩一一一・七。（22）Ⅰペト一・一九。（23）黙一・五。
（24）ルカ七・四七。（25）黙五・一三。（26）ロマ一六・二七。
（27）詩一三八・一四。（28）シラ三六・六。（29）ヨハ三・一三、
三四。（30）Ⅱコリ一・三。（31）マタ二二・三七。（32）ヤコ一・
一七。（33）マタ六・二二―二三。（34）シラ一・一一。（35）イ
ザ六・二。（36）エゼ一・一一。（37）エゼ一・一一。（38）マタ
一二・三四。（39）クレルヴォーのベルナルドゥスのこと。（40）
Ⅰコリ二・二。（41）ルカ二・一九。（42）Ⅱコリ五・一三。
（43）ルカ一・三二。

第一〇章

聖ダミアノ聖堂における貴い女性たちの悲嘆について、またどのようにして称賛と誉れのうちに葬られたか

二六　この盛大な祝祭に参加することを喜ぶ、近隣の町々からの**大勢の人々**[1]と共に集まってきた〔フランシスコの〕兄弟たち、そして子らは、聖なる師父が亡くなった場所で、神への賛美の歌を歌いながら一夜を過ごしましたが、その楽しげな歓喜と灯火の輝きの故に、まるで天使たちが夜を徹して警護をしているように見えました。

さて**夜が明ける**[2]と、アシジの町からすべての聖職者と共に**大勢の人が集まって来て**、[3]〔フランシスコの〕亡くなった場所から、その聖なる遺体を運び出し、頌歌や賛歌を歌い、**ラッパを吹き鳴らしながら**[4]丁重に〔遺体〕を町へと運び入れました。人々はそれぞれオリーブや他の木々の**枝を手に取り**、[5]厳かに聖なる葬儀の列に加わり、多くの灯火をかざし、高らかな声で賛美の歌を歌い続けました。

〔フランシスコの〕子らが師父を担い、**すべてのものらの牧者**[6]のもとへと急ぐ牧者に羊の群れは従い、〔フランシスコ〕が最初に聖なる処女《おとめ》たち、貧しい貴い女性たちの修道生活の会をそこに樹立した場所に辿り着きました。人々は〔フランシスコ〕が主のために勝ち取った、いわば彼の娘たちである、彼女らが住んでいる、聖ダミアノ聖堂に〔フランシスコの遺体〕を下ろしました。**定められた時に**、[7]そこからキリストのはしためたちが主の御体を秘跡のうちに拝領するのが常である、小さな窓が開かれました。その中に天上の諸徳の宝が秘められ、かつては多くの者らを担うのが常であったが、今はわずかな人々に担われている〔フランシスコ〕が横たわっている棺が開かれました。するとそこに、その諸々の事績の聖なることで真に輝かしく、この聖なる〔修道〕会に最初に植えられたことからも、その娘たちの最初の母となっていた貴い女性クララが、もは

や彼女たちと言葉を交わすことも、再び彼女らのもとに戻って来ることもなく、ただひたすら別の場所に急ぐ自分たちの父に会うため、娘たち一同を引き連れてやって来ました。

二七　彼女らは呻《うめ》き声をあげ、心は大きな悲嘆に押しつぶされて、[8]〔師父〕を見つめて、声を抑えて叫び始めたのでした。「父よ、父よ、わたしたちはどうすればよいのでしょう。なぜ、惨めなわたしたちを見捨てられるのですか。このように見捨てられたわたしたちを、いったい誰に託されるのですか。なぜ、あなたの行かれる所へ、あなたに先立って喜びのうちにわたしたちを送り出してくださらず、このような悲しみのうちに残されるのですか。いつも訪れてくださったようには、これからは決してなさらないおつもりで、わたしたちをこのような牢獄に閉じこめ、今また何をお命じになるのですか。わたしたちの慰めはことごとく、あなたと共に過ぎ去り、この代《よ》に対して葬られたわたしたちには何の慰めも残されていません。諸々の物ばかりでなく、諸々の功徳においてまで、これほど乏しい状態にあるわたしたちを誰が慰めてくれるでしょう。おお、**貧しい者らの父**よ。[9]貧しさを愛する方よ。試練のうちに〔あるわたしたちに〕誰が駆けつけてくれるのでしょう。数限りない試練を体験された方よ、諸々の試練を注意深く吟味される方よ。艱難のうちに打ちひしがれている〔わたしたち〕を誰が慰めてくれるのでしょう。**わたしたちに襲いかかった大きな艱難において助けてくれた方よ**。[10]おお、何と辛い別れ、何と敵意に満ちた不在よ。おお、何と恐ろしい死よ、お前は、父親を奪い去ることで、幾千の息子たちと娘たちを殺害するのです。この方を通して、わたしたちの努力――もしもそれがあるものならば――も花開いたというのに、呼び返すことのできない遠くに連れ去ろうと急いている」。

しかし、この処女《おとめ》たちの貞淑さが、嘆き悲しみに打ち勝ちました。まさしく、**〔師父〕のために声高らかに嘆き悲しむ**[11]ことはあまりにもふさわしくないことでした。〔師父〕の帰天にあたって、天使たちの群れがこぞって駆けつけ、〔天の〕**市民である聖人たちと神の家の者たち**[12]が喜んでいたからです。このように、悲しみと喜びが交錯するなか、彼女たちはこの上なく貴重な宝石とまばゆい真珠に飾られて、いとも妙なる輝きを放つその両手に口づけをしました。〔師父の遺体〕が運び去られると、このような打撃に二度と再び耐えることはない**扉が閉められました**。[13]

おお、彼女たちの哀れを催す嘆きと敬虔な思いに満ちた叫びに、〔そこに居合わせた人たち〕みなが、どれほど胸を打たれたことでしょう。特に、悲嘆にくれる〔フランシスコの〕子らの嘆きはどれほど大きかったことでしょう。彼ら一人ひとりの悲しみはみなに共通の悲しみであり、**平和の天使たちまでもが激しく慟哭《どうこく》しているのに**[14]、慟哭せずにいられる者が誰かいるでしょうか。

二三　ついに、みなが町に着くと、大きな**歓呼と歓喜のうちに**[15]、以後更に聖なる場となる聖なる場所に、いとも聖なる**体を安置しました**[16]。その場所で、いと高き神の栄光のため、これまで聖なる説教をもって驚くほどまでに世に光をもたらしたように、今は数多くの新たな奇跡によって**世を照らしている**[17]のです。神に感謝。アーメン。

いとも聖なる、祝福された師父〔フランシスコ〕よ、とても十分とは言えないまでも、あなたにとって当然であり、またふさわしくもある賛美をもってあなたの跡を辿りつつ、あなたの事績を語り記述してまいりました。どうか、哀れなわたしに、将来においてもあなたの跡につき従うことができるように、今現在、慈しみによって、ふさわしくあなたの跡に従うことができるようにしてください。おお、慈しみ深い方よ、貧しい〔あなたの〕子らを思い起こしてください。子らにとって唯一の、そして特別の慰安であったあなたの亡き後、もはやいかなる慰めも残っていません。すべての〔あなたの子ら〕にとって、すべてにまさる第一の場を占めていたあなたは天使たちの合唱隊に加わり、使徒たちと共に**栄光の座に**[18]着いておられますが、〔あなたの子らは〕**泥沼に**[19]身を横たえ、暗い牢獄に閉じ込められ、悲しみのうちにあなたに叫んでいるのです。「父よ、いと高き御父の御子、イエス・キリストのみ前に進み出て、その聖なる傷痕を、〔あなたの〕脇腹、両手、両足、十字の印を掲げてください。慈しみ深い〔御子〕ご自身がご自分の傷痕を御父にお示しになることで、〔御父〕ご自身が哀れなわたしたちに対して常に慈愛に満ちた方[20]であられますように」。アーメン。**フィアット、フィアット**[21]（「そうなりますように」の意味）。

これをもって第二の書は終わる

(1) エゼ二七・三三。(2) ヨハ二一・四。(3) 使二・六。(4) ヨシュ六・二〇。(5) ヨハ一二・一三、マタ二一・八。(6) エゼ三七・二四。(7) サム下二四・一五。(8) 詩三七・九。(9) ヨブ二九・一六。(10) 詩四五・二。(11) ゼカ一一・一〇。(12) エフェ二・一九。(13) マタ二五・一〇。(14) イザ三三・七。(15) バル三・三五、四・二三、詩四四・一六。(16) マタ二七・五九。(17) ヨハ一・九。(18) ダニ三・五三、五四。(19) 詩三九・三。(20) ヨブ三三・二六。(21) 詩七一・一九。

第三巻

ここに、祝されたわたしたちの師父フランシスコの列聖とその奇跡についての第三の書は始まる

一一九　いとも誉れ高き師父フランシスコは、その回心から二十年目に、幸いな始まりに一層幸いな終わりを結びつけて、いとも幸いなことに、その**霊を**天に**委ねた**のでした[1]。〔天〕において、**栄光と誉れの冠を受け**[2]、**燃え盛る石の真ん中に**[3]席を与えられ、神の玉座のそば近くに身を置いて、地上に残してきた人々に関わる事柄に、より効果的に対処するよう努めておられます。御父に等しい方として、いと高きところにおいて、威厳に満ちた方の右に座して、**神の栄光の輝き**、**神の実体の具現**でもあられ、**諸々の罪の浄めを行われる**[4]方の姿を映す聖なる傷痕を印された人物に対して、何事かが拒まれることがありえましょうか。**その受難にあずかることで**、**キリスト・イエスの死の様を身に帯びた**[5]者として、両手と両足、そして脇腹の聖なる傷痕を示す〔師父〕にとって、何か聞き入れられないことがあるでしょうか。

今や、新しい喜びによって保護されたこの世のすべてを喜びに包み、真の救いの幸福をあらゆる人に提供しているのです。数々の奇跡というまばゆい光によって世を照らし、真の星のきらめきによって世界全体を輝かせているのです。かつて世は、〔師父の〕存在が自分から奪い取られたことで悲しみ、その死にあたって暗闇の淵に飲みこまれるのを体験しました。しかし今や、新しい光が昇ったことで、真昼のように、一層輝かしい光線を放つ光に照らされて、闇がことごとく消え失せるのを目の当たりにしているのです。**神は賛美されますように**[6]。日ごとに、そして至る所で、新しい歓喜のうちに、〔師父〕からの聖なる諸徳の束がいとも豊かに集められるとき、悲嘆はやんだのでした。〔師父〕の守護によって助けられた人々が**東からも西からもやって来ました**[7]、**南からも北からもやって来ました**[8]。こうして、それらのことは**真理の証し**[9]によって証明されたのでした。実に、**肉において生きていた**[10]間、天上のことに恋い焦がれていた〔師父〕は、普遍的な善をより豊かに、より一層の喜びをもって所有するために、この世においては、何一つ自分のものとして所持することはありませんでした。

こうして、一部分のうちに留まろうと欲しなかった者が、すべてのうちにある者となり、時間を永遠に置き換えたのでした。至る所で、すべての人を助け、至る所で、すべての人の傍らにおり、真に一致を愛した〔師父〕は、一つのことに関わることで分割されることはありませんでした。

三〇　〔師父〕がまだ**罪人の間で暮らしていた**(11)とき、あまねく全世界を巡り歩き説教しておりましたが、今やいと高きところで天使たちと共に支配し、また、至高の王の使者さながらに、思いよりも素早く飛び、あらゆる人々に誉れに輝く賜物を提供してくれています。それ故、人々はこぞって〔師父〕を誇りとし、敬い、栄光を帰し、賛美しているのです。実に、すべての人が共通の善にあずかっているのです。至る所で主が〔師父〕を通して行うことをよしとされた奇跡の数々を数え上げることのできる人がいるでしょうか。そのすばらしさを語り尽くせる人がいるでしょうか。

ただフランスだけを例にとってみても、聖なるフランシスコが病気のときに用いた枕に接吻し崇め尊ぶために、王や王妃や高貴な身分の人々がこぞって駆け寄ったほどに、多くの奇跡を行っています。またこの地で、地上で知恵ある人々、博学な人々が——このような人々を**あらゆる地にまさって**(12)パリが数多く輩出しているのですが——この無学で、真心から単純さと誠実さの友であったフランシスコを謙遜に、最大の敬意を払って敬い、感嘆し、尊んでいるのです。

フランシスコは、すべての人にまさって、自由闊達《フランク》で高貴な心を持っていました。惜しみなく寛大な人であることを知っていた人々は、〔フランシスコ〕があらゆることにおいて、いかに自由で寛大であったか、あらゆることにおいて、いかに恐れ知らずで大胆であったか、またどれほどすばらしい徳と熱く燃える心をもって、この世のものをことごとく踏みにじっていたか知っていました。

実に、この世の他の場所でのことについては何を語ったらよいのでしょう。〔師父〕の衣服の切れ端で病状が良くなり、病気が退散し、またその名前を口にしただけで、多くの男女がそれぞれの災難から解放されているのです。

三一　〔師父〕の墓前では新しい奇跡が矢継ぎ早に起こり、執り成しを願う人たちの数は増え続けたので、その場で肉体と魂への栄えある恵みが施されたのでした。目の見えない人々には視力が戻され、耳の聞こえない人々には聴力が取り戻され、足の不自由な人々には歩く力が回復させられ、口が利けない人がしゃべり、痛風の人が飛び跳ね、**レプラ**

を患った人が清められ[13]、水腫の人が癒され、種々さまざまな病気による重荷に苦しんでいる人々が願い続けていた健康を取り戻したのでした。それはまさしく、〔師父〕が生きていた時に、死んだ魂を蘇らせたように、死した〔師父の〕肉体が生きている〔人々の〕肉体を癒していると言えましょう。

さて、すべての人の至高の祭司、キリスト教徒の指導者、この世界の主君、教会の牧者、**主の油注がれた者**[14]、キリストの代理者であるローマ教皇がこれらのことを耳にし知るに至りました。〔教皇〕は喜び、躍り上がり、大いに喜び、歓喜の声を挙げられました。ご自分の治世において、神の教会が新しい秘義ではあるが古い不思議な出来事によって新たにされるのをご覧になったからです。それは、自分の聖なる胎内に宿し、その懐に抱きしめ、言葉をもって育み、救いの糧で養ってきた自分の子において起きたことだからでした。教会の他の守護者たち、羊の群れの牧者たち、信仰の擁護者たち、**花婿の友人たち**[15]、キリストの側近たち、世の要となる人々、尊敬すべき枢機卿方も耳にしました。この方々も教会に祝福の言葉を呈し、教皇と共に喜び、名状し難い至高の知恵、把握し難い至高の恵み、計り難い至高の善をもって、強いものを**ご自分のもとに引き寄せる**[16]ために、**この世の愚かで卑しいものをお選びになった**[17]救い主に栄光を帰したのでした。世界中がこれを聞いて喝采し、カトリックの信仰を持つ王国はことごとく喜びに喜び、聖なる**慰めに**[18]満たされていたのでした。

〔三〕 ところが、事態が急変し、やがて新たな危険がこの世界を襲ってきました。たちまちのうちに快適な平和は掻き乱され、嫉妬の松明《たいまつ》に火が点じられ、教会までもがその内部の争いによって引き裂かれてしまったのです。反逆的で狂暴なローマの人々が、例によって近隣の人々に対して乱暴な行動に出て、無分別な者らは**聖所にまで手を伸ばしたのでした**[19]。優れた教皇グレゴリオは、出来《しゅったい》した災害を根絶し、残忍な行為を抑圧し、激昂を鎮めようと努め、キリストの教会を堅固な塔のように強化なさいました。多くの危険が襲いかかり、あまたの破壊行為が繰り返され、世界の他の所でも神に逆らって**罪人たちが首をもたげました**[20]。何ができたでしょうか。これまでの多くの経験に照らして、〔教皇〕は将来のことを推測し、現状を熟考し、暴動から世界を解放し、守るために、反逆の輩に〔ローマの〕町を委ねたのでした。そして、リエティの町にやって来られましたが、ここで尊敬をもってふさわしく迎えられました。次いで、スポレトに赴かれましたが、ここでも大きな敬意をもって町中の人々から尊ばれました。ここに数日滞在して、教会の問題を処理した後、尊敬すべき枢機卿団を従えて、この世に対して死んで葬られたキリストのはしためたちを親しく訪れたのでした。彼女らの聖なる生活、**極度の貧しさ**[21]、称賛に値する慣習は、〔教皇〕とほかの人々を涙を誘うほど感動させ、世を軽んじるよう駆り立て、貞潔な生活への憧れを燃え立たせたのでした。おお、あらゆる恵みを養い育む、愛すべき謙遜よ。この地上全域の支配者であり、使徒たちの頭の後継者である〔教皇〕が、いとも貧しい女性たちを訪れ、軽んじられ、取るに足らぬ、囲いに閉じ込められた彼女たちのもとに来られたのです。**公正な判断から**すれば[22]、この謙遜はたぐいまれなる模範ではありましたが、これまでの多くの代々《よよ》をさかのぼっても経験されたことのないことでした。

一三　そこからアシジへと急ぎに急ぎました。そこには光栄に満ちた委託物が〔教皇〕を待っており、それは〔教皇〕に襲いかかったすべての苦難と艱難とを駆逐するはずのものでした。その到着にその地方全体は喜び、その町は**歓喜に満たされ**[23]、人々の群れは大きな喜びをもって祝い、輝かしいその日を新たな灯火をもってより輝かしいものとしました。〔教皇〕を一**目見ようと**[24]すべての人が走り出てきて、夜を徹した荘厳な祝いが繰り広げられました。貧しい兄弟たちの敬虔な一群も〔教皇〕を迎えに出てきて、それぞれが**主の油注がれた方**[25]をたたえる歌を歌いました。キリストの代理者はその場所にお着きになると、まず聖なるフランシスコの墓の前に行き、畏敬と崇敬の念をもって敬意を表されました。深い呻《うめ》きをもって嘆き、胸を打ち、涙を流し、篤い信頼の心をもって頭をお垂れになられました。

その間に、聖なる〔フランシスコ〕の列聖に関する荘厳な会議が開催され、この問題に関する枢機卿の厳かな会議が何度も招集されました。神の聖者によって、それぞれの災難から解放された多くの人が、あらゆる所から集まって来ており、あちらでもこちらでも非常に多くの奇跡に沸き立っていました。それらはみな承認され、真実であると保証され、聴取され、受納されました。

そうこうするうちにも、火急の事態が発生し、新たな事態へと発展したため、祝された教皇はペルージアに出向くことになられました。この非常に重要な仕事のために、一**層豊かな**特別な**恵み**[26]をもって再びアシジに戻って来られるためでした。ペルージアで再び招集がかけられ、教皇陛下の居間でこの問題に関する尊い枢機卿方の聖なる会議が開かれました。みなが賛同し、みなが同じことを語りました。

数々の奇跡〔の報告〕を読み上げ、多大な敬意が表明され、最高の称賛をもって祝された師父の生涯と行跡が称揚されました。

一二四　〔教皇と枢機卿方〕は、このように述べられました。「いとも聖なる〔フランシスコ〕のいとも聖なる生涯には、奇跡による証明など無用である。**わたしたちが自分の目で見、この手で触れたのであって、**[27] 教師である真理をもって、わたしたちが証明したことである」。みながみな踊り上がって喜び涙を流していましたが、その**涙には多くの祝福**が満ちていました。[28] 直ちに、全世界が幸いなる喜びに包まれる祝された日を決定しました。

　あらゆる時代を通して尊ばれる、荘厳な日が到来しました。それは地上のみならず、天上の住居にまで崇高な喜びの踊りが沸き立った日でした。司教たちが召集され、大修道院長たちが到着し、非常に遠隔の地からも教会の高位の人々が参列していました。王も臨席していましたし、大勢の諸侯や貴族など高貴な人たちも参列していました。全世界をあまねく支配する方に随行し、その方と共に幸いな行列をなしてアシジの町に入りました。この盛大な儀式のために用意された場所に着かれると、栄えある枢機卿、司教、大修道院長たちの一団はこぞって祝された教皇の周りを囲みました。そこにはまた、司祭や聖職者から成るすばらしい集団もおり、幸せそうな聖なる修道者の集団も、聖なるヴェールをつけ、慎ましやかな衣服をまとった群れに加えて、大勢の人々の群れ、**男女を問わぬ無数の群衆**[29]がつめかけていました。あらゆる年齢の人々が、熱い思いを胸に、各地から集まって来ていたのでした。**小さな者も大きな者も、奴隷も、主人から解放されてそこにいました。**[30]

一二五　至高の祭司、キリストの教会の花婿〔である教皇〕は、このような**さまざまな**すばらしい子らに**装われて、**[31] **聖性の印を施された栄光の冠を頭に戴いて**[32]立っておられました。教皇の盛装で飾られ、金糸で織り上げられ宝石をちりばめられた**聖なる衣服**[33]を身にまとって立っておられました。**主の油注がれた方**[34]は、**栄光と威光に輝き、**[35] 熟練工の技である華やかに輝く宝石によって飾り立てられていたので、すべての人の目を引きつけていました。枢機卿と司教たちが〔教皇〕を取り巻いていましたが、この方々もまばゆい光を放つ首飾りをつけ、雪のような純白の衣服で装い、天上の美しさを思わせる姿を呈しており、栄光を浴びた者の喜びを表明していました。会衆はみな、**喜びの声、楽しみの声**[36]、新たな声、あらゆる甘味を帯びた声、**賛美の声**[37]、永遠の祝福の声を待ち受けていました。

まず第一に、教皇グレゴリオが**民全体に**[38]説教をし、蜜の滴るような情愛を込め、よく響く声で神への賛美を語られました。次に、いとも気品に満ちた言葉で聖なる師父フランシスコを称賛し、その生き方を思い起こしつつ、その清浄さを告げたのですが、それは涙を抑えながらのものでした。その説教は、「**彼は雲間の暁の明星のように、その日々は満月のように、輝く太陽のように、神の神殿において輝いていた**[39]」という一節で始められました。

真実で、みなが受け入れるに足る[40]説教が終わると、オクタヴィアノという教皇陛下の副助祭の一人が全員を前にして、大声で聖者の奇跡の数々を読み上げました。次に、鋭敏な知性で知られ敬神と品行で秀でたライネリオという助祭枢機卿陛下が、聖なる言葉をもって涙ながらに、それらに説明を加えたのでした。教会の牧者（教皇）は大いに喜び、心の奥底から湧き出る深い吐息をもらし、こみ上げるすすり泣きをこらえることなく、流れる涙に浸っておられました。教会の他の高位聖職者たちも溢れ出る涙を抑えることができず、その聖なる衣服も濡れるほどでした。また、民衆もみな涙に暮れていましたが、高まる期待にじりじりしていました。

一二六　そのとき、祝された教皇は手を**天に差し伸べ**[41]、高らかな声で叫んで、仰せになりました。「全能の神、父と子と聖霊、また栄えある処女《おとめ》マリア、そして祝された使徒ペトロとパウロの賛美と栄光のため、また栄光に満ちた貴いローマ教会のために、われわれの兄弟たちと他の高位聖職者たちの助言を受けて、天上においては主が栄光をお与えになり、地上においては［われわれが］崇敬している、いとも祝された師父フランシスコを聖人たちの目録に加えること、ならびにその帰天の日を祝日として祝うことをここにわれわれは宣言するものである」。

この声明に対して、尊敬すべき枢機卿たちが教皇陛下と共に「テ・デウム・ラウダムス（神であるあなたをわたしたちは賛美します）」と声高らかに歌い始めました。**神を賛美する大勢の群衆**[42]の叫び声が湧き起こり、そのとどろき渡る声に大地は震え、大気は歓声に満たされ、地面は涙で濡れていました。**新しい歌が次々と歌われ**[43]、**神の僕《しもべ》**たちは霊の旋律に**喜びの声を挙げていました**[44]。そこでは蜜の滴るような甘味な楽器の音が響き、霊的な賛歌がよく調和した声で歌われました。そこには**いとも芳しい香り**[45]が漂い、心地よい旋律がすべての人の感情を掻き立て高めていました。この日は輝かしく、ひときわ照り映える輝きに満ちていました。そこではオリーブの枝は緑に燃え、他の樹々の枝も鮮やかに映えていました。そこでは祭り一色に彩られ、華やかな装いがみなを飾り立て、集まったすべての人の心を平和の祝福が喜びに満ちたものとしていました。

やがて、幸いな教皇グレゴリオは**高い玉座**[46]から降りて階段を下って、**祈願と犠牲をささげるため聖所に入って行かれる**[47]と、神にささげられ聖なるものとされた体が納められた墓所に幸いな唇で口づけされました。祈りをささげ、また祈りをささげ、聖なる秘義を執り行いました。**地のあらゆるところで偉大な業を行われる**[48]**全能の神を賛美し、礼拝し、ほめたたえる**[49]兄弟たちの輪が〔教皇〕を取り囲んでいました。**人々はこぞって神への賛美をもってそれに答え**[50]、いと高き三位一体の神の誉れのうちに、聖なるフランシスコに感謝の献げ物をささげたのでした。アーメン。

以上のことは、教皇グレゴリオ九世陛下の教皇即位の二年目の八月十六日〔すなわち一二二八年七月十六日〕にアシジで行われたことです。

(1) ルカ二三・四五。(2) 詩八・六。(3) エゼ二八・一四。(4) ヘブ一・三。(5) フィリ三・一〇。(6) 詩六五・二〇。(7) マタ八・一一。(8) 創一三・三、エゼ四八・三一。(9) ヨハ五・三三。(10) フィリ一・二一、Ⅰペト四・二。(11) 知四・一〇。(12) エレ一・一八。(13) マタ一一・五。(14) サム上二四・一一。(15) ヨハ三・二九。(16) ヨハ一二・三二。(17) Ⅰコリ一・二七—二八。(18) Ⅱコリ七・四。(19) Ⅰマカ一四・三二 (20) 詩一二八・四。(21) Ⅱコリ八・一二。(22) 申一六・一八。(23) 詩一二五・二。(24) 王下四・二六。(25) サム上二四・一一。(26) ロマ五・二〇。(27) Ⅰヨハ一・一。(28) ヘブ一二・一七。(29) 代下四・一八。(30) ヨブ三・一九。(31) 詩四四・一〇。(32) イザ六二・三、黙一四・一四、シラ四五・一四。(33) 出四〇・一三。(34) サム上二四・一一。(35) イザ四・二、詩四四・一〇。(36) エレ二五・一〇。(37) 詩二五・七。(38) ヘブ九・一九。(39) シラ五〇・六—七。(40) Ⅰテモ一・一五。(41) Ⅱマカ三・二〇。(42) イザ一七・一二、ルカ二・一三。(43) 詩三二・三。(44) ヨブ三八・七。(45) 出二九・一八。(46) イザ六・一。(47) 民二九・三九、詩七二・一七。(48) シラ五〇・二四。(49) ルカ二四・五二—五三。(50) マタ二七・二五、ルカ一八・四三。

聖なるフランシスコの奇跡

キリストの名によって、ここに、わたしたちのいとも聖なる師父フランシスコの奇跡の記述は始まる

一三七 **わたしたちの主イエス・キリストの恵み**(1)をへりくだって叫び求めつつ、いま生きている人々の信仰心を増し高めるとともに、後の世代の人々の信仰を強めるため、先に述べた、教皇グレゴリオ陛下の前で読み上げられ、人々に告げられた奇跡の数々を、キリストの導きのもとに、簡潔に、しかも正確に記そうと思います。

一 体に障害が起きた人々の治癒について

いとも祝された師父フランシスコの神によみされた聖なる体が、地上のものというよりも天上のものというべき香料を塗られて、この上なく貴重な宝物のように安置された日のことでした。一人の少女が連れて来られました。彼女はこの一年余り、首が異常に捩《ね》じれて、頭が肩に癒着し、斜めから上を見上げることしかできませんでした。ところが、聖者の貴い体の安置されている棺の下に、わずかな間、頭を差し入れると、直ちに、いとも聖なる方の功徳によって、首がしっかりと持ち上がり、頭は元の位置に戻ったのでした。この少女は直ちに自分の身に起きた突然の変化に仰天して、泣きながら逃げ出したのでした。その頭が癒着していた肩の部分には、長い疾患のため穴のようなものが残ったのでした。

一三八 ナルニ伯の領地に、大きな障害のため頸骨《けいこつ》が後ろに曲がって、二本の杖の助けなしには全く歩けない少年がいました。彼は物乞いをしながら、この障害のため長い歳月大変苦しんでいました。更に自分の父親も母親も全く知らずにいました。わたしたちのいとも祝された師父フランシスコの功徳によって、この重症から解放され、杖の助けなしにどこへでも自由に行けるようになり、主と〔主〕の聖者を賛美しほめたたえていました。

一三九 フォリーニョの町のニコラオという人は左の脚に障害が起き、ひどい痛みに苦しんでおり、以前の健全な状態を取り戻すために、医者に莫大な金銭を支払い、もはや、支払うことができない借金を背負いこんでいました。しかし、〔医者たち〕の援助ももはや全くその役に立たず、ひどい痛みに悩まされて、その叫びで夜中、近所の人が眠れないほどでした。そこで、神と聖なるフランシスコに自ら

をささげて、聖者の墓に運んでもらいました。一晩中、聖者の墓の前で祈っていると、その脚が真っ直ぐに伸び、杖の助けなしに大喜びで家へ帰って行きました。

一三〇 また、膝が胸に付着し、その踵《かかと》は尻に付着するという障害を負った一人の少年が祝されたフランシスコの墓所に連れて来られました。彼の父親は粗布の下着で自分の肉体を痛めつけ、母親も我が子のために厳しい苦行をしていました。この少年も突然、完全に癒され、健康と喜びのうちに神と聖なるフランシスコに感謝しながら通りを走り回ることができたのでした。

一三一 ファノの町に障害を抱えた人がいました。その足の脛は吹き出物で覆われ、しかも腰に付着していました。またひどい悪臭を放っていたため、病院の関係者もその人を受け入れて、病院に入院させるのを拒むほどでした。この人も、いとも祝された師父フランシスコに慈しみを祈り求めると、その功徳によって間もなく癒され、喜んだのでした。

一三二 グッビオのある少女は、両手に障害を抱え、一年ほど前から全身が全く機能しなくなっていました。健康の回復の恵みを得るため、彼女の乳母は、蠟《ろう》でできた像と一緒にこの少女を、いとも祝された師父フランシスコの墓所に連れて来ました。八日間そこに留まっていると、最後の日、全身がそれぞれの機能を回復し、以前のような堅固な力が戻ったのを感じたのでした。

一三三 モンテネロのもう一人の少年は、聖なるフランシスコの体の安置されている聖堂の前に、数日の間横たわっていました。彼の腰から下は全く力が入らず、全身の機能が失せていたので、歩くことも座ることもできませんでした。ところがある日のこと、聖堂に入って行き、いとも祝された師父フランシスコの墓所に触れると、健康を回復し、何の障害もなしに出て来たのでした。その少年自身が言うには、光栄に輝く聖者の墓所の前に横になっていると、兄弟たちの衣服をまとった一人の若者が墓の上に立っていました。両手に幾つかの梨を持ち、彼に声をかけると、梨の一つを彼の方に差し出し、起き上がるように励ましました。彼がその手から梨を受け取ると、答えました。「見てください。障害があって、起き上がることはできないのです」。差し出された梨を食べ終わると、その若者が差し出したもう一つの梨に手を伸ばそうとしました。すると、若者は再び起き上がるよう励ましたのですが、少年は病気のため体が重く感じられ、起き上がれないと感じていました。しかし、手を梨に伸ばすと、例の若者はその梨を差し出しながら、その手を握りました。そして、彼を外へ連れ出すと、彼の目から姿が消えて見えなくなりました。少年は健康を回復し障害は全くなくなったのが分かり、大声で叫びながら、みなに自分を見せながら、自分の身に起こったことを話し始めたのでした。

一三四　コッコラーノという村のある女性が担架に乗せられて、栄光に輝く師父の墓所に連れて来られました。彼女は、舌のほかは体のどの部分もその機能を失っていました。ところが、いとも聖なる方の墓の前に**少しの間留まっていると**(2)、完全に癒されて起き上がったのでした。

　グッビオの町のある人は、障害を抱えた息子を箱に背負って聖なる師父の墓所に連れて来ると、その子は健康を回復し全く障害のない状態で帰って行きました。この子は、足の脛が尻に付着して、全身が萎縮しているほどの恐ろしい障害を抱えていたのでした。

一三五　ナルニの町のバルトロメオは、極貧のうちにあり、すべてに事欠くありさまでした。ある時、胡桃《くるみ》の木の下で眠っていました。目を覚ますと、全く歩けないほどの障害を負っていることに気づきました。その後、病状は益々悪化し、脛も足も細くなり、湾曲し萎縮し、ナイフで切りつけても痛みを感じず、火で焼いても何の反応も起こしませんでした。ある夜のこと、貧しい人たちをこよなく愛した人、すべてに事欠く人々の父である、いとも聖なるフランシスコが、夢の中で幻をもってその人に現れて、ある温泉に行くよう命じました。大きな慈しみをもって憐れみ、その病から解放してあげようとしてのことでした。ところが、この人は目を覚ましてからも、**どうしてよいか分からなかった**ので(3)、その町の司教に幻の一部始終を話しました。司教は急いでその温泉に行くよう勧め、十字架の印をして彼を祝福しました。そこで彼は杖の助けを借りて、できるだけ急いで、その場所に体を引きずるようにして出かけました。悲嘆にくれ疲れきって旅を続けていると、「主の平和のうちに行きなさい。わたしは、あなたが願いをかけた者である」と**語りかける声が聞こえてきました**(4)。さて、温泉の近くにまで来たのですが、既に夜になっていたので、道を間違えてしまいました。すると、正しい道を歩いていないと語りかける声を再び聞いたのでした。こうして「その声」がその人を温泉へと導きました。その場所に着いて、温泉に入ると、一つの手が足の上に、もう一つ手が脛の上に置かれ、非常に静かに伸ばされるのを感じました。すると突然、癒されたその人は、温泉から飛び出ると、自分にこのような恵みと力を与えてくださった創造主の全能の力と、その僕《しもべ》である祝されたフランシスコを賛美しほめたたえたのでした。実に、この人は、六年もの間、体に障害を抱え、物乞いをしており、しかもかなりの高齢でもありました。

二　視力を回復した目の見えない人たちについて

一三六　シビラという名の女性は長い間失明のため苦しんでいましたが、目の見えないことを悲しみつつ、神の人の墓所に連れて行かれました。かつての視力を取り戻すと、喜び躍りながら家に帰って行きました。

　スペッロのある盲人は、聖なる体の納められた墓の前で、長い年月失っていた視力を取り戻しました。

　カメリノのある女性は右の目の視力を全く失っていましたが、祝されたフランシスコが触れた布切れを、両親が視力を失った目の上に置いて祈願をささげると視力が戻ったので、主なる神と聖なるフランシスコに感謝をささげました。

　同じことがグッビオのある女性にも起こりました。彼女は、祈願をささげて以前の視力が戻ったことを喜んだのでした。

　アシジのある男性も、五年間も両方の目が視力を失っていました。この人は祝されたフランシスコが生きていたとき大変親しい関係にあったので、いつもその友情を思い出しては祝された人〔フランシスコ〕に祈っていました。その墓に触れた途端、癒されたのでした。

　ナルニのアルベルティノという人は、ほぼ一年間、完全に視力を失っており、その瞼《まぶた》は頬にまで垂れ下がっていました。祝されたフランシスコに祈願をささげるとすぐに視力が戻ったので、〔フランシスコ〕の栄光に輝く墓所を訪れる準備をすると、出かけて行きました。

三　悪霊に憑かれた人たちについて

一三七　フォリーニョの町にペトロという名の人がいました。あるときのこと、誓願を果たすためか、あるいは犯した罪に対して課された悔い改めのために、祝された大天使ミカエルの聖所を訪れるために旅立ち、ある泉に辿り着きました。旅の疲れもあり喉も渇いていたので、その泉の水を口にしました。するとそのとき、悪霊どもを飲みこんだような気がしました。こうして三年の間、〔悪霊ども〕にとり憑かれ、見るも恐ろしく、口にするのもはばかられる邪悪なことを行い続けました。しかし、いとも聖なる師父の墓所に来ると、悪霊どもは荒れ狂い、その人を非常に残虐に責め苛《さいな》みましたが、その人が〔師父〕の墓に触れると、誰の目にも明らかな奇跡が起こり、見事に解放されたのでした。

一三　ナルニの町のある女性はひどい狂乱に駆られ、正気を逸し、恐ろしいことを行ったり、淫らなことを吐きちらしていました。ところが、祝されたフランシスコが幻のうちに現れ、「自分自身に対して十字架の印をしなさい」と言いました。彼女が「できません」と答えると、聖者自身が彼女に十字架の印をしました。すると、荒れ狂う激情と悪霊の醸《かも》し出す幻覚はことごとく追い払われました。

実に、悪霊どものさまざまな拷問に苦しめられ、眩惑に踊らされていた大勢の男女が、聖にして誉れ高い師父の優れた功徳によって、〔悪霊ども〕の権力から助け出されたのでした。

しかし、このような人々は欺瞞《ぎまん》に陥ることが多いので、これらについては簡略に記すに留め、重要な事例に移ることにしましょう。

四　死の病から回復した人々、腫れ物、水腫、痛風、中風、その他さまざまな病気の人々について

一三九　トディの町のマテオという名の少年は、八日間も死んだように床《とこ》に寝ていました。その口は固く結ばれ、両目の視力は失せ、その顔も両手両足の肌も鍋底のように黒ずみ、誰もがもはや命は助からないと諦められていました。ところが、母親の祈願によって、少年は不思議なことに瞬く間に回復しました。少年が内臓をみな吐き出してしまったかと思われるほど、口から大量の血を吐き出したのでした。直ちに、母親はひざまずくと、懸命に聖なるフランシスコの名を唱えました。祈りから立ち上がると、少年は目を開き光が見え始め、母親の乳房を吸い始めました。しばらくすると、皮膚の黒さが薄れ出し、肉が元どおりになり、元気な様子を見せ始め、力も戻ってきました。快方に向かい始めたとき、母親は少年に、「我が子よ、誰がお前を救ってくれたのかね」と尋ねました。すると、「チック、チック」という舌足らずの返事が返ってきました。もう一度、「お前は、どなたの僕《しもべ》なのかね」と尋ねました。やはり、「チック、チック」という答えが返ってきました。この少年はまだ幼かったので、よくしゃべることができず、祝されたフランシスコの名をこのように舌足らずに表現したのでした。(5)

一四〇　ある若者は、非常に高い所に登っていたとき、そこから落ちて、話すことも体のどの部分も動かすこともで

きなくなってしまいました。三日の間食べも飲みもせず、(6)何の感覚もなく、死んだものと思われていました。ところが、母親はどんな医者の助けも求めず、祝されたフランシスコに〔息子〕の回復を祈り求めました。祈願が終わるやいなや、生きており、しかも何の傷も負っていない息子を取り戻し、救い主の全能の力を賛美し始めたのでした。

マンチノという名の別の少年は病気に罹り瀕死の状態にあり、誰もが回復の見込みは全くないと思っていましたが、〔少年〕が祝されたフランシスコの名を呼ぶと、直ちに健康を取り戻したのでした。

また、ガルテリオという名のアレッツオの少年は、高熱に悩まされ続け、二種類の腫れ物に悩まされており、どんな医者からも見放されていました。しかし、両親が祝されたフランシスコに祈りをささげると、願い求めていた健康を取り戻したのでした。

更に瀕死の状態にあった別の人は、蠟で像を作ってもらったのですが、それが完成する前に、あらゆる苦痛から一瞬のうちに解放されたのでした。

〔四〕　ある女性は、数年もの間病床にあって、寝返りはもとより身動き一つできませんでしたが、神と祝されたフランシスコに自らを委ね祈り求めると、完全にその病気から解放され、生活に必要な勤めを果たせるようになりました。

ナルニの町のある女性は、八年もの間、片手が麻痺して、何一つできない状態でした。ところが、いとも祝された師父フランシスコが幻のうちに現れて、(7)その手を彼女に差し伸ばして、他方の手と同じように使えるようにしてくれたのでした。

同じ町のある若者は、十年もの間ひどく重い病気に罹って苦しんでおり、その体はどんな医者も手をつけられないほど膨れ上がっていました。母親が祈りをささげると、祝されたフランシスコの功徳によって、直ちにすばらしい健康を回復したのでした。

ファノの町に水腫を患って苦しんでいる人がいましたが、その体全体は恐ろしく膨れ上がっていました。ところが、祝されたフランシスコのおかげで、その病気から完全に解放されるという恵みを受けたのでした。

トディのある住人はひどい痛風に苦しみ、座ることも寝ることもできない状態でした。その苦痛のひどさは、何をしても無駄だと思わせるほど心をなえさせていました。それでも、何人もの医者を呼び、温浴を繰り返し、たくさんの薬を飲みましたが、そのような方法では何の効果もみられませんでした。　ところが、ある日のこと一人の司祭の前で、聖なるフランシスコがかつての健康な状態を取り戻させてくれるように祈りをささげました。そのように聖者に祈り終わると、間もなく以前の健康を取り戻したことに気がつきました。

一四二　グッビオの町のある女性は、中風のため〔病床に〕伏していましたが、祝されたフランシスコの名を三度口にすると、その病気は癒され、健康を取り戻したのでした。

ボンタドーソという名の男性は、両足とすべての指に激しい痛みを覚え、歩くことも、どちらかの方向に体を曲げることはもとより、食べることも眠ることもできずにいましたが、ある日一人の女性が訪ねて来て、もしその病気から今すぐ解放されたいなら、心から祝されたフランシスコに願うよう勧め励ましました。ところが、ひどい苦痛の中で、この男は答えました。「奴が聖人だなんて、信じるものか」。しかし、その女性が執拗に祈りをささげるように勧めるので、その男はつい次のように祈りました。「もし、三日の間に、この病気から解放してくれたなら、フランシスコが聖人であると信じるし、フランシスコに自分をささげることにしよう」。すると直ちに、神の聖者の功徳によって、この男は癒され、**全能の神に栄光を帰しつつ**(8)、歩き、食べ、眠ったのでした。

一四三　ある男性は、鉄の矢で頭に重傷を負ったのでしたが、その矢は眼孔を貫いて頭部に留まり、医者たちの治療も何ら役に立ちませんでした。そこで彼は、その執り成しによって救われることができるという望みのもとに、神の聖者フランシスコに敬虔な心で、自らを委ねて、ひれ伏して祈りました。そして、ほんのしばらくの間、横になって休んでいると、後頭部からその矢を引き抜くように、**夢の中で聖なるフランシスコに言われました**(9)。そこで、翌日、**夢の中で見た**(10)とおりにすると、大した困難もなく癒されたのでした。

一四四　スペッロという村のイムペラトーレという名の人は、内臓がすべて下腹部から外へ流出するようなひどい脱腸を患い二年間も苦しんでいました。長い間、これを内に戻すことも、別の所に移すこともできないまま、臓器を内に押しこんでおくため、脱腸帯を使用しなければなりませんでした。次から次へとさまざまな医者のもとを訪れ、治療を願いましたが、彼らの求める代金は、毎日の生活費や食事代にも事欠く彼にとり、到底支払うことのできない高額のものでした。それで、医者からの助けは全く諦めていました。そこで最後に、助けを神に求めることにし、道でも、家でも、自分がいる所ならどこでも、祝されたフランシスコの功徳にひたすらより頼むことにし始めました。こうしてしばらくするうちに、神の恵みと祝されたフランシスコの功徳によって、完全に健康を取り戻したのでした。

一四五　わたしたちの〔修道〕会において従順のもとにある、マルケ・アンコーナのある兄弟は、腸骨もしくは肋骨に非常に重症の潰瘍を抱えて苦しんでいました。病状の深刻さから医者たちのあらゆる治療にも希望を持てる状態ではありませんでした。そこで彼は、わたしたちのいとも祝された師父の功徳によって癒しの恵みを得ることができると信じて、聖者の体が安置されている場所を訪れる許可を、自分が従順を誓った奉仕の任〔にある兄弟〕に願い出ました。それが雪や雨の降る時期であったこと、また旅の疲れから病状が更に悪化するのを恐れて、奉仕の任〔にある兄弟〕は彼が出かけるのを禁じました。その兄弟は、許可が得られなかったことで、しばらくの間、気落ちし混乱状態にありましたが、ある夜のこと、聖なる師父フランシスコが彼の傍らに立って、次のように語ったのでした。「我が子よ、このことでこれ以上落胆してはならない。着せかけられている毛皮を脱ぎ、膏薬とその上に巻かれている包帯を取り去って、あなたの会則を守りなさい。そうすれば、癒されるであろう」。翌朝起きて、命じられたことをすべて実行すると、直ちに癒されたので、神に感謝をささげたのでした。

五　レプラから癒された人々について

一四六　マルケ・アンコーナ地方のサン・セヴェリノにある若者がおりました。名前はアクトといい、全身がレプラに冒され、誰もがレプラと見なすものであるというのが医者たちの診断でした。体のあらゆる部分に潰瘍ができ腫れ上がり、その膨張のため血管までが腫れ、見るも無残という状態でした。彼は歩くことができず、悲惨な病状でずっと床に横たわったままでしたので、両親にとっては悲しみと嘆きが増すばかりでした。父親は、毎日、悲しみに打ちのめされていたのですが、かといって何をしたらよいか分かりませんでした。とうとう祝されたフランシスコに息子のことをすべてお任せしようという思いが心に浮かび、息子に言いました。「我が子よ、至る所で、奇跡のために有名になっている聖なるフランシスコさまにお前をささげて、この病気から癒してもらおうではないか」。すると息子は、「お父さん、僕もそうしたいのです」と答えました。直ちに、父親は一枚の紙を持って来させると、息子の背丈と胴回りを測ると言いました。「我が子よ、起き上がりなさい。聖なるフランシスコさまにお前自身をおささげしなさい。もし癒していただけたなら、生きている間、毎年お前の背丈ほどの蠟燭《ろうそく》をお持ちしなさい」。父親の命ずるままに、起き上がり両手を合わせて、祝されたフランシスコに心から憐れみを願い始めました。次に紙の大きさを測った上で、祈りを終えるやいなや、レプラは癒されました。少年は立ち上がると、**神と祝されたフランシスコに光栄を帰しつつ**(11)、喜びのうちに歩き始めました。

ファノの町のボヌスホモという名の若者は、あらゆる医者から中風とレプラを患っていると診断されていましたが、両親によって祝されたフランシスコに敬虔な心でささげられると、レプラから清められ、中風も癒され、完全に健康を取り戻したのでした。

六　癒された口がきけなかった人々、耳が聞こえなかった人々について

一四七　ピエヴェの村にとても貧しく物乞いをしていた少年がおりました。**生まれつき**(12)全く口が利けず、耳が聞こえませんでした。その舌は極めて短く断ち切られたようでした。たびたび診察を受けましたが、多くの場合、根元から切断されたように見受けられるという診断でした。ある夕べのこと、少年は、その村のマルコと呼ばれる人の家に行って、口の利けない人がよくやるように、手振りで泊めてほしいと願いました。彼は自分の頭を横に傾けて、その手をあごに当て、その夜、その人の所に泊めてほしいと願ったのです。その人は快く少年**を家に迎え入れ**(13)、一緒に住まわせることにしました。というのも、この少年が家の仕事をよくすると知っていたからでした。少年は赤ん坊の頃から口が利けず耳が聞こえなかったのに、**頭が良かった**(14)ので、手振りで指図されることはみな分かりました。ある晩のこと、その人は妻と一緒に夕食の席に着き、少年が前に立っているところで、妻に向かって言いました。「祝されたフランシスコさまが、この子を話すことができ、耳が聞こえるようにしてくださったなら、最高の奇跡だと思うのだが」。

一四八　そして、言い添えました。「もし、祝されたフランシスコさまが、この少年に対する愛の故に、この奇跡を行ってくださるなら、この子に最大の愛を注ぐとともに、生きているかぎり全面的に面倒を見ると、神である主に誓います」。驚いたことに、誓い終わるやいなや、少年は口が利けるようになり、言いました。「聖なるフランシスコ、

ばんざい」。そして、上を仰ぎながら、続けて言いました。「ちょうどこの上に、聖なるフランシスコさまが立っているのが見えます。あの方は、わたしに話す力をくださるために来られたのです」。そして、少年は続け言いました。「ところで、皆さんに何と言ったらよいのでしょう」。その人は言いました。**「神を賛美しなさい**[15]、お前はこれからたくさんの**人々を救うことになろう**[16]」。そして、その人は大きな喜びに躍り上がって立ち上がると、起こったことを人々の前で言い広めたのでした。少年がそれまで話せなかったことを知っている人々はみな駆けつけて来て、**感嘆し、驚きあきれて**[17]、神と祝されたフランシスコを敬虔な思いをもってほめたたえました。やがて、少年の舌は伸びてきて、話すのに不便を感じなくなり、まるでこれまでずっと話していたかのように、きちんとした言葉を話すようになりました。

一四九　ビッラという名の別の少年も話すことも歩くこともできませんでした。この〔少年〕のために母親は、篤い信仰のこもった願をかけ、蠟《ろう》で像を作り、それを祝された師父フランシスコが休んでいる場所に、大きな敬意をこめて携えて行きました。彼女が家に戻ると、歩き、話をしている息子を見いだしたのでした。

ペルージア司教区のある男性は完全に話す能力を失っていました。その口はいつも大きく開いたままで、ひどく苦しげにぜいぜいと喘《あえ》いでいました。喉が膨れ上がっていたからです。彼がいとも聖なる体が休んでいる場所に辿り着いて、階段を下って、墓所へ触れようとしたとき、大量の血を吐き、完全に癒されて、話し始め、普通に口を開け閉めし始めたのでした。

一五〇　ある女性は喉に大きな痛みを抱え苦しんでいました。高熱のため舌が上顎《うわあご》につき、渇ききっていました。話すことも食べることも飲み下すこともできませんでした。塗り薬やいろいろな薬品が使われましたが、そのどれもが彼女の痛みに何の効き目ももたらしませんでした。ついに彼女は、話すことができなかったので、心の中で、聖なるフランシスコに自らをささげました。すると突然、肉のはじける音がして、喉から丸い小さな石が飛び出してきました。それを手に取ると、傍らにいた人たち皆に見せましたが、そうするうちに完全に健康を取り戻していました。

グレッチオの村のある若者は、聴力も記憶も失い、話すこともできず、何かを理解することも感じることもできませんでした。両親は聖なるフランシスコに対して大きな信頼の心を持っていたので、敬虔の念をこめて、この若者を

〔聖フランシスコ〕にささげました。願をかけ終わるやいなや、いとも聖にしていとも栄えある師父フランシスコのおかげで、この若者はそれまで欠けていたすべての感覚に豊かに浴することになりました。

　わたしたちの主イエス・キリストの賛美と栄光と誉れのために。そのみ国と支配が強固で不動でありますように、すべての代々の代々に至るまで。アーメン。

終わり

〔結び〕

〔五一〕　いとも祝されたわたしたちの師父フランシスコの奇跡について、ごくわずかなものを語るに留め、多くのことは、新たなる祝福という恵みを熱心に求めて〔師父〕の**足跡を辿ろう**[18]と願う人々に残しておきました。言葉と模範、生活と教えによって、全世界をいとも栄えある形で新たにした〔わたしたちの師父〕が、**主のみ名を愛する人々の**[19]精神を、天上の霊的賜物という新たな豊かな雨をもって潤してくださることを願ってのことです。

貧しく十字架にかけられた方〔である主キリスト〕の愛の故に、また祝された師父フランシスコがその身に帯びた〔キリスト〕の聖なる傷痕によって、これを読み、また目にし、耳で聞くすべての人が、神のみ前で、罪人であるわたしを思い起こしてくださることを祈っています。アーメン。

　賛美と栄光[20]とあらゆる称賛の言葉が、**ただ独り知恵に満ちた方である神**[21]にありますように。この方はご自分の栄光のために、**すべてにおいてすべてのことを**、大いなる知恵をもって、常に**行っておられます**[22]。アーメン。アーメン。アーメン。

（1）Ⅱコリ八・九。（2）マタ二五・五。（3）ルカ九・三三。（4）使九・四。（5）「チェッコ」はフランシスコ（フランチェスコ）の愛称。（6）使九・九。（7）使一八・九。（8）ロマ四・二〇。（9）創三一・二四（10）創三一・一〇。（11）ロマ四・二〇。（12）ヨハ九・一。（13）ユディ六・一九。（14）王上一一・二八。（15）詩六九・三一。（16）詩三五・七。（17）使三・一〇。（18）Ⅰペト二・二一。（19）詩一一八・一三二。（20）黙五・一三。（21）ロマ一六・二七。（22）Ⅰコリ一二・六。

『会の発祥もしくは創設（無名のペルージア伝）』

De inceptione vel fundamento Ordinis

会の発祥もしくは創設、ならびに、祝されたフランシスコの伴侶であり修道生活の初めからいた小さき兄弟たちの行状について

〔序　文〕

二[1]　主の僕《しもべ》たちは、神へ到達することを可能にする聖なる人々の道と教えとに無知であってはならないのですから、彼らの行状を見、その言葉を聞き、彼らの弟子でもあったわたしは、神の誉れのため、また読者と聴衆の教育のために、いとも祝されたわたしたちの師父フランシスコと、修道生活の始まるときにやって来た何人かの兄弟たちの行状の幾つかを、わたしの精神が神に教えられたまま語り、まとめてみました。

（1）一は原本で欠番。

第一章

どのように祝されたフランシスコは神に仕え始めたか

三　主の受肉から一二〇七年経った四月の十六日（現行暦で一二〇八年四月十六日）のこと、ご自身の御独り子の尊い血で贖われたご自分の民が、ご自分の戒めを忘れ、ご厚意の恩に背いているのをご覧になった神は、罪人の**死ではなく、立ち返って生きることを願い**[1]、死に値するこの〔民〕を長い間哀れに思っておられたのですが、いとも慈しみに満ちた憐れみに動かされ、**収穫のために働き手たちを送ろう**[2]と決意なさいました。

〔神〕は一人の男に光を当てられました。アシジの町におり、名をフランシスコといい、商いを生業《なりわい》とする、いともはかない世俗の富を扱う人でした。

四　ある日のこと、いつも服地を売っている店内で、仕事で頭がいっぱいになっていると、一人の貧しい人が現れ、主のために施しをしてくれるように願いました。富への思いと商売に夢中になっていたフランシスコは、施しを断って追い出してしまいました。貧しい人が去ったとたん、神

の恵みによって目を開かれ、とんでもない無骨者であるかのように自分を責め始め、言いました。「もし、あの貧しい人が、どこかの伯爵や有力な領主の名において願い求めたなら、お前は乞われたものを与えていただろう。王の王であり万物の主である方の名においては、なお一層そうしなければならなかったのではないか」。

　このことのため、以後、偉大な主の名によって願い求められたものを、誰にも拒絶しまいと心に決めたのでした。先の貧しい人を呼び戻すと、惜しみなく施しを与えました。

　おお、何とあらゆる恵みに満たされ、豊穣で光に満ちた心よ。おお、何と堅固にして聖なる計画よ。思いも寄らない、驚くべき、比類なき未来の光がそこから輝きだすのです。何ら驚くことはありません。イザヤが聖なる霊に鼓吹された声で高らかに叫んだのも。「**飢える人にあなたの魂をあけ渡し、傷ついた魂を力づけるとき、あなたの光は闇の中に輝き上り、あなたの闇は真昼のようになるであろう**[3]」。「**飢える人にあなたのパンを分かち与えたとき、あなたの光は朝のように溢《い》れ出で、あなたの正義があなたの顔の前を進むであろう**[4]」。

五　しばらくして、この祝された人に、ある驚くべきことが起こりました。これを沈黙に付しておくのはふさわしくないと、わたしは思います。ある夜、自分の寝床で眠りに就いていると、何者かが現れ、彼の名を呼んで、名状し難い、目を見張るほどに魅惑的な宮殿へ連れていったのです。そこは武具でいっぱいで、十字架で飾られた光り輝く盾が壁一面にかかっていました。

　これほど輝かしい武具、これほど魅惑的な宮殿は誰のものか尋ねると、そこに連れてきた人物から答えを得ました。「これらはすべて、宮殿も含めて、あなたとあなたの騎士たちのものです」。

　目が覚めると、まだ神の霊を十分に味わったことのない人がするように、自分がその宮殿に住んで華々しく統治するようになるに違いないと世俗的に考え始めました。このことについて考えに考えたあげく、騎士になって軍隊を支配する力を授かろうと決心しました。こうして、できうるかぎり高価な服地で身支度を整えてジェンティーレ伯の軍につき、そのもとで騎士に叙任されるために、アプーリアへ発とうとしたのです。

　こうしていつも以上に陽気になった彼に、皆は驚かされました。この新しい陽気さの理由を尋ねる人々に答えました。「僕《ぼく》は偉大な君主になると分かったんだ」。

六　盾持ちを雇うと、馬に乗ってアプーリアに向かいました。

旅路を気遣いつつも、スポレトに着いたときは、夜になっており、そこに泊まることにしました。うつらうつらしていると、どこへ行こうとしているのかと問いかける声が聞こえました。順序立てて自分の計画のすべてを明かすと、その声は再び〔問いかけました〕。「どちらがお前のためによく取り計らってくれるのか。主君か、それとも僕《しもべ》か」。彼は答えました。「主君です」。「ではなぜ、お前は僕のために主君を捨て、家来のために君主を捨てるのか」。フランシスコは言いました。「**主よ、わたしに何をお望みですか**[5]」。〔その声は〕言いました。「**お前の故郷に戻れ**[6]。そして**主がお示しになること**[7]を行え」。

たちまちのうちに神の恵みに満たされ、別の人間に変えられたのを感じたのでした。

七　朝になると、命じられたとおり、自分の〔家〕へと引き返しました。

道を進み、フォリーニョに着くと、乗っていた馬とアプーリアに行くために身を飾っていた衣服を売り払い、もっと粗末な衣服をまといました。

こうして支度を整えると、売り払って得た金銭を持ってフォリーニョからアシジに戻る途中、聖ダミアノの誉れのために建てられた聖堂のそばを通りかかりました。そこに住むペトロという名の貧しい司祭に出会うと、保管してもらおうと金銭を彼に渡しました。その司祭は金銭を保管するのを断りました。言われたように金銭を置いておく場所がなかったからです。それを聞くと、神の人フランシスコはその聖堂の窓へ放り投げると、〔金銭〕を全く顧みませんでした。

神の霊に導かれて、その聖堂が貧しく今にも崩れ落ちそうなことに気づくと、その金銭をそれを建て直すための助けとし、自分もそこに住んで、自ら進んでその貧窮を軽減し解消しようと決心しました。しばらくすると、神があらかじめ計らっておられたとおり、その仕事をやり遂げたのでした。

八　これを聞いた父親は、肉親としては〔息子〕を愛してはいましたが、金銭に貪欲で、腹を立て始め、フランシスコを責め立てて、罵詈《ばり》雑言《ぞうごん》を浴びせかけて、金銭を返すよう要求しました。

〔フランシスコは〕アシジの司教の前で、金銭だけでなく身にまとっていた衣服まで、心軽やかに、ためらうことなく父親に返しました。自分を包み抱きしめてくれた司教のマントの下で、〔フランシスコは〕全くの裸でした。

この世のものを空しいものと見なすようになった〔フランシスコ〕は、粗末でみすぼらしい衣服をまとい、そこに滞在するために例の聖堂に戻りました。主は、この貧しく軽んじられた者を豊かになさいました。ご自分の聖なる霊で満たし、その口に命の言葉を置かれたのです。人々に裁きと憐れみ、罰と栄光を宣べ伝え、告げ知らせるため、また人々が忘却に引き渡してしまった神の掟を再び記憶のもとに呼び戻すためでした。主は、〔フランシスコ〕を通して、全世界の至る所から一つにお集めになった**大勢の民々の上に立つ君主**(8)として〔フランシスコ〕をお立てになったのです。

主は〔フランシスコ〕を**真っ直ぐで狭い道**(9)へと導きました。**金も銀も金銭も**他の何ものをも**所持しようとせず**に(10)、謙遜と貧しさと心の単純さのうちに主に従いました。

九 裸足で歩き、みすぼらしい衣服をまとい、腰紐もまた粗末なものを締めていました。

父親は〔息子〕に会うたびに激しい苦しみでいっぱいになり、罵りました。しかし、祝された人は、名をアルベルトという貧しい年寄りと同行して、この人に祝福を乞うたのでした。

ほかの多くの人も〔フランシスコ〕を嘲笑《あざわら》い、無礼極まりない言葉を投げかけていました。ほとんどすべての人が気がふれたと見なしていました。しかし、〔フランシスコ〕は全く気に留めず、何の反応も示さず、神が自分にお示しになったことを行いをもって成し遂げようと、そのことにのみに懸命に努めていました。**人間の知恵の説得力ある言葉によってではなく、〔聖なる〕霊の明示と力によって**(11)歩んでいたのです。

(1) エゼ三三・一一。(2) マタ九・三八。(3) イザ五八・一〇。
(4) イザ五八・七―八。(5) 使九・六。(6) 創三二・九。
(7) 使二二・一〇。(8) 創一七・四。(9) 知一〇・一〇。
(10) マタ一〇・九。(11) Iコリ二・四。

第二章

祝されたフランシスコに従った最初の二人の兄弟について

一〇 これらのことを目にし、耳にしたこの町の二人の人が、神の恵みの訪れによって鼓吹され、謙遜にフランシスコのもとへやって来ました。その一人が兄弟ベルナルドで、もう一人は兄弟ペトロでした。〔二人〕は単純に言いました。「わたしたちは、今後、あなたと共に生き、あなたが行うことを行いたいと思います。ですから、わたしたちの財産で何を行うべきか教えてください」。〔二人〕が訪れてきたこととその願いに歓喜し、心からの喜びをこめて答えました。「行って、主に助言してくださるよう願いましょう」。

　彼らは町の聖堂の一つに行くと、中に入ってひざまずき、謙遜に次のように祈りました。「主なる神、栄光の御父よ、お願いいたします。わたしたちが何をなすべきか、あなたの憐れみによって、わたしたちにお示しください」。祈り終わると、そこに居合わせたその聖堂の司祭に言いました。「陛下、わたしたちの主イエス・キリストの福音を、わたしたちにお示しください」。

　二　司祭が〔福音〕書を開くと、というのは、彼らはそのときはまだよく読むことができなかったからですが、彼らは直ちに次のように書かれた箇所を見いだしました。「**もし完全になりたいのなら、行って、持っているものをすべて売り、貧しい人に与えなさい。そうすれば天に宝を蓄えることになる**」[1]。もう一度福音書を開くと、次の言葉を見つけました。「**わたしの後に従いたい者は**」[2]云々。更に開いて、次の言葉を見いだしました。「**旅には、何も携えてはならない**」[3]云々。これを聞くと、彼らは大きな喜びに満たされて言いました。「これこそわたしたちが望んでいたこと。これこそわたしたちが探し求めていたこと」。フランシスコは言いました。「これをわたしたちの会則としよう」。そして二人に言いました。「行って、聞いたとおりに主の助言を実行しなさい」。

　こうして、兄弟ベルナルドはそこを後にして、金持ちであったので、持っているものをすべて売って多くの金銭を得ました。一方、兄弟ペトロは、この世のものにおいては貧しかったのですが、今や霊的に豊かになったのでした。そこで、彼もまた主の助言を実行しました。そして〔二人〕は、町の貧しい人々を集め、自分のものを売って得た金銭を与え尽くしたのでした。

　三　〔二人〕がこれを行っているとき、祝されたフランシスコも居合わせたのですが、そこにシルヴェストロという司祭がやって来ました。祝されたフランシスコは、仲間の兄弟たちを得る前、聖ダミアノ聖堂に住んでいたとき、その修復のための石をこの司祭から買ったことがありました。

　この司祭は、彼らが金銭を大盤振る舞いしているのを見て貪欲の炎に飲み込まれ、自分もその金銭をいくらかもらえないかと思い、不平を言い始めました。「フランシスコ、あなたは、わたしから買った石の代金を十分払わなかったではないか」。祝されたフランシスコは、この不当な不平を聞くと、自分の中からすっかり貪欲を追い出していたので、兄弟ベルナルドに近づき、金銭の入った彼のマントに手を入れ、手いっぱいに摑み出した銀貨を司祭に与えました。もう一度マントに手を入れ、銀貨を取り出し、更に司祭に与えて言いました。「これで十分お支払いしたでしょうか」。司祭は答えました。「十分だ」。こうして、司祭は喜んで家に帰っていきました。

三　数日後、この司祭は、主に鼓吹され、祝されたフランシスコが行ったことを考え始めました。「何とわたしは惨めなことか。年老いているのに、この世の物への欲求にとりつかれ、それを手に入れようとしている。ところが、あの若者は、神の愛のために、この世の物を顧みず嫌悪しているではないか」。

次の夜、彼は夢の中で極めて巨大な十字架を見ました。その頂は天に達し、根元は祝されたフランシスコの口の中にありました。十字架の横木は、世界の一方の端からもう一方の端まで伸びていました。

目を覚ますと、この司祭は、祝されたフランシスコが真に神の友であり、彼が始めた修道生活があまねく世界の至る所に広がると確信しました。こうして司祭は、以後、神への畏れによって、自分の家で悔い改めを行い始めたのです。少し経って後、彼は兄弟たちの会に入って正しく生き、誉れのうちにその生涯を全うしたのでした。

（1）マタ一九・二一。（2）マタ一六・二四。（3）ルカ九・三。

第三章

最初に滞在した場所と親族による迫害について

四　さて、兄弟ベルナルドと兄弟ペトロは、先に述べたように財産を売り、その代金を貧しい人々に与えると、神の人、祝されたフランシスコがまとっていたような衣服を身に着け、その仲間になりました。

滞在する宿舎を持っていなかった彼らは、歩き続けているうちに、見捨てられたも同然の、貧しくみすぼらしい聖堂を見つけました。それはポルチウンクラの聖マリアと呼ばれていました。彼らはそこに掘っ建て小屋を建て、一緒に住みました。

八日経った頃、彼らのもとにまた、同じ町のエジディオという人がやって来ました。非常に敬虔で信仰心の篤い人で、主はこの人に多くの恵みをお与えになっていました。彼は、深い敬意と尊敬をもってひざまずくと、仲間に加えてくれるように祝されたフランシスコに願いました。この言葉を聞き、その姿を見て、祝されたフランシスコは喜びに包まれ、心から快く彼を受け入れました。こうして、四人は、測りしれない喜びとこの上なく大きな霊的喜悦に満たされたのでした。

一五　しばらくして、祝されたフランシスコは、兄弟エジディオを選び自分の同伴者として、アンコーナのマルケまで赴きました。ほかの二人は残っていました。道中、二人は主において大いに喜び、神の人フランシスコはガリアの言葉で歌い、主をたたえ、賛美して、そのよく通る声で歓喜を表していました。

大きな喜びが彼らのうちに満ち溢れ、あたかも最高の宝を手に入れたかのようでした。彼らは本当に喜ぶことができたのです。人々を悲しませるものでしかない多くのものを捨て去り、汚物のように見なしていたからです。彼らは、この世の楽しみを享受する人々が世俗的な楽しみのうちに苦い思いを味わっており、多くの惨めさと悲しみがそこからもたらされることを思い巡らしていました。

祝されたフランシスコは、同行の兄弟エジディオに言いました。「わたしたちの修道生活は**人をすなどる漁師のようなものになるでしょう。漁師は網を水に投げ、多くの魚を捕ります。**そして、非常に多くの魚を見て、大きなものを選んで**籠に入れ**、小さいものは水に戻します」[1]。エジディオは、聖者がその口から発した預言に非常に驚きました。兄弟が少数であることを知っていたからです。

このとき、神の人はまだ人々への説教をしていませんでした。しかし、二人で**町や村を**通り過ぎるにあたって[2]、天と地の創造主を畏れ愛するように、また自分の罪の悔い改めを行うように、大勢の男女を励ましていました。兄弟エジディオは、それに応えて言いました。「この人の話はすばらしいものです。この人を信じてください」。

一六　彼らの言うことを聞いた人々は互いに言いました。「こいつらは誰だ。どういう言葉をしゃべっているのだ」。愚か者か酔っぱらいに見えると、ある人々は言っていました。ほかの人々は言っていました。「あの口から出てくる言葉は愚か者のそれじゃないぞ」。彼らの一人はそれに応えて言いました。「最高の完全性のために主にしがみついているか、さもなければ常軌を逸してしまったんだ。奴らの肉体のありさまは見られたものじゃないよ。裸足で歩き、お粗末極まりない衣服を着て、ほんの少ししか食べていない」。当時はまだ誰も彼らに従おうとはしませんでした。若い娘たちは、遠くに彼らを見ると、愚かさが感染するのではないかと恐れて逃げ出しました。とはいえ、決して彼らに従おうとはしなかったものの、人々は、主のためにはっきりと刻み付けられたのが見える彼らの聖なる生き方に、驚かずにはいられなかったのでした。

　この地方を回った後、先に述べたポルチウンクラの聖マリアの地に戻りました。

一七　数日経って、彼らのもとに、更に三人のアシジの人がやって来ました。兄弟サバティーノ、兄弟ヨハネ、兄弟小モリコです。〔三人は〕祝されたフランシスコに謙遜に、仲間に受け入れてほしいと頼みました。〔フランシスコは〕、心から快く彼らを受け入れました。

　ところが、彼らが施しを乞うて町を巡っても、ほとんどの人は何も与えようとはしませんでした。逆に、こう言いました。「お前たちは自分のものを棄てておいて、他人のものを食べようとしている」。彼らは極度の欠乏を耐え忍んでいました。彼らの両親も血縁の者たちも彼らを迫害したのです。町のほかの人々もまた、子供も大人も、男も女も、彼らを非常識な愚かな者たちと見下し、嘲笑《あざわら》っていました。この町の司教だけが例外でした。この方のもとに祝されたフランシスコはしばしば助言を願いに行っていました。

　彼らの両親と血縁の者たちが彼らを迫害し、ほかの人々が嘲笑したのは、当時、自分のものをすべて棄て、施しを乞うて家から家へとめぐる人などいなかったからでした。

　ある日、祝されたフランシスコが訪ねてきたとき、司教は言いました。「この代《よ》にあって何一つ所有せず、持ちもしないとは、あなたたちの生活はあまりにも困難で苛酷なものに、わたしには思えるのだが」。それに対して、神の聖者は答えました。「陛下、もし何かしら所有物を手にしたなら、それを守るための武器が必要になるでしょう。財産のために多くの問題や言い争いが起こりますし、そのために、神と隣人への愛が妨げられるのが常なのです。ですから、わたしたちはこの過ぎ行く代《よ》にあって何かを持ちたいとは思わないのです」。

　この答えは司教を喜ばせたのでした。

（1）マタ一三・四七—四九。（2）マタ九・三五、ルカ八・一。

第四章

どのように兄弟たちを諭し、世に送り出したか

一八　聖なるフランシスコは、既に聖霊の恵みで満たされていたので、兄弟たちにこれから起こることをあらかじめ告げていました。しばしば祈りに行っていたポルチウンクラの聖マリア聖堂の近くにあった森の中で、当時の六人の兄弟を自分のもとに呼び寄せて言いました。「最愛なる兄弟たち、わたしたちの召命をよく考えましょう。神はわたしたちを、ただわたしたち自身のためではなく、多くの人の役に立つため、またその救いのために憐れみ深く召し出してくださいました。それ故、世を巡って回り、言葉と模範をもって男性にも女性にも罪の悔い改めを行い、長いこと忘却に引き渡していた主の掟を思い出すように励まし、教えましょう」。

更に次のように言いました。「**恐れてはなりません、小さな群れよ**[1]。主に信頼しましょう。『わたしたちは無教養で無学なのに、どうやって説教しようか』などと言い合わず、主が弟子たちに語られた言葉を思い起こしましょう。『**語るのはあなた方ではなく、あなた方の中で語るのはあなた方の父の霊である**』[2]。実に、主ご自身があなたたちに、掟の道と実行を男性にも女性にも励まし宣べ伝えるよう、霊と知恵を与えてくださるでしょう。信仰深く、柔和で、謙遜で、もの惜しみしない人々と出会うでしょう。その人たちは、あなたたちとあなたたちの言葉を、喜びと愛をもって受け入れるでしょう。不信仰で、傲慢で、冒瀆的な別の人々にも出会うでしょう。その人たちは、あなたたちとあなたたちの言葉に反抗し、非難するでしょう。それ故、忍耐と謙遜をもって、これらのすべてに耐えると決心してください」。

この言葉を聞いて、兄弟たちは恐怖におののきました。しかし、彼らが恐れているのを見て、祝されたフランシスコは言いました。「**驚くことはありません**[3]。あまり時間の経たないうちに、多くの知恵ある人、思慮深い人、高貴な人たちがわたしたちのもとにやって来て、共に生きることになります。この人たちが多くの民族、多くの国民、そして王たちや君主たちに説教をし、多くの人が主に立ち返ることになるでしょう。主は全世界にご自分の家族を増え広がらせるのです」。

これらの言葉をすべて言い尽くすと、彼らを祝福し、彼

らは出て行きました。

(1)ルカ一二・一二。(2)マタ一〇・二〇。(3)マコ一六・六。

第五章

世を巡っているときに、兄弟たちが耐え忍んだ迫害について

一九　このいとも献身的な主の僕《しもべ》たちは、道を歩いていていて聖堂に行き当たると、それが使用されている聖堂であっても、見捨てられたものであっても、場合によっては街道沿いに立てられた十字架であっても、その前で敬虔に膝をかがめて祈りました。「キリストよ、わたしたちはあなたを礼拝いたします。また、全世界に存在するあなたのすべての聖堂において、あなたを賛美いたします。あなたは聖なる十字架によって世を贖ってくださったからです」。そこに神の場を見いだしたと、彼らは信じ、感じとっていたのでした。

彼らを見た人々は誰しも驚いて言いました。「こんな格好をした修道者は見たことがない」。事実、彼らは、服装においても生活においても、ほかの誰にも似ておらず、〔未開の〕森〔に潜む〕人のように見えたのです。どこかの町や村や家に入ると、平和を告げ知らせていました。道や広場で男であれ女であれ人々に出会うと、天と地の創造主を畏れ愛するように、また忘却に引き渡してしまっていた〔主〕の掟を思い起こし、以後、行いをもってこれを実行するように力強く勧めていました。

快く喜びをもって耳を傾ける人々もいれば、逆に嘲笑する人々もいました。多くの人にさまざまなことを尋ねられ、それ程多くのさまざまな質問に答えるのは全く大変なことでした。しばしば新しい事柄は新しい問いを引き起こすものだからです。実際、ある人々は「あなたたちはどこの人だ」と尋ねましたし、また別の人々は「あなたたちはどの会に属しているのか」と言いました。しかし、彼らは単純に答えていました。「わたしたちは悔い改めを行う者です。アシジの町で生まれました」。これまで、兄弟たちの修道生活は会と名乗ってはいなかったのです。

二〇　彼らの姿を見、その話を聞いた人の多くは、彼らを詐欺師か間の抜けた人と判断していました。そのうちのある人は言いました。「家《うち》には迎え入れたくない。何か盗まれるかも知れないから」。このために、彼らは多くの場所でさまざまな侮辱を受けていたのです。それ故、しばしば

聖堂や民家の玄関先で夜露をしのいでいたのでした。

同じ頃、二人の兄弟がフィレンツェにいました。泊まるところを求めて町中をさ迷っていましたが、全く見つけることができませんでした。ついに、ある家までやって来ました。家の前には玄関があり、玄関先には竈《かまど》がありました。彼らは互いに言いました。「ここに泊まれたらいいなあ」。それで、その家の主婦に、家の中に泊めてくれないか聞いてみました。言下に断られたので、では、竈の傍らでその夜を過ごすことを許してほしいと頼みました。

〔主婦〕は許してくれました。ところが、主人が帰ってきて玄関先の竈の傍らに兄弟たちがいるのに気づくと、〔妻〕に言いました。「何であの極悪人どもを泊めたんだ」。主婦は答えました。「家の中に泊めようとは思わなかったけど、外の玄関先で寝ることは許したの。あそこなら薪くらいしか盗めないでしょうから」。こうした疑いのためにこそ、大層寒い時期だったにもかかわらず、兄弟たちに何も掛けるものも貸そうとしなかったのです。

その夜、兄弟たちは朝課のために起きると、一番近い聖堂に向かいました。
二　朝になり、ミサにあずかるために聖堂へ行った主婦は、そこで敬虔に謙遜に祈りに専念している〔二人の兄弟〕を見つけました。そして、心のうちでつぶやきました。「もし、あの人たちが家《うち》の主人が言うように悪人だったら、あんなに敬虔に祈りに打ち込まないはずだわ」。
この婦人が考えこんでいると、グイドという名の男がこの聖堂の中を巡り歩き、貧しい人を見つけては施しを配っていました。その人は兄弟たちのところに来ると、ほかの人たちにしたように、それぞれに銀貨を一枚渡そうとしましたが、彼らは受け取るのを断りました。その人は言いました。「なぜほかの貧しい人たちのように銀貨を受け取らないのか。あなたたちも貧しく困っているように見えるのに」。二人のうちの一人、兄弟ベルナルドが答えました。「もちろん、わたしたちが貧しいのは確かです。しかし、わたしたちの貧しさはほかの貧しい人たちの貧しさのように苦しいものではないのです。神の恵みのため、その忠告を実行するために貧しい者となったのですから」。
三　その人は驚いて、この代《よ》で所持するものがあったかと尋ねました。何かしらのものを持っていたが、神の愛のために貧しい人々に配ってしまったと答えました。
ところで、例の婦人は、兄弟たちが銀貨を断ったのを思い巡らし、彼らに近づいて言いました。「キリスト者たち、もしわたしのもてなしを受ける気があれば、喜んであなた方を家《うち》の中にお迎えします」。兄弟たちは謙遜に答えました。「主があなたに報いてくださいますように」。先の人は、彼らが宿を見つけられなかったことに気づき、彼らを抱えるようにして自分の家に連れていって言いました。「ご覧ください、主があなたたちのために用意された宿です。あなたたちの好きなだけ滞在してください」。慈しみを注ぎ、貧しい人々の叫びを聞き入れてくださったことで、二人は神に感謝をささげました。〔二人は〕その人のもとに数日滞在しました。こうして二人の言葉を聞き、その良い模範を見たことから、その人は、その後、貧しい人々に対してますます物惜しみをしなくなりました。

三　この人にはこのように親切にしてもらいましたが、その当時はまだ、兄弟たちは他の人たちからは軽んじられるのが常でした。身分の低い人も高い人も、多くの人が主人が僕《しもべ》に対してするように扱い、ものを言ったのです。非常に粗末で、貧しくみすぼらしい衣服を身に着けていましたが、多くの人が面白がってそれを奪おうとさえしたのでした。たった一着のトゥニカしか身に着けていなかったの[1]で、そのために裸になることがあっても、常に福音的〔生活〕様式を遵守して、奪った人々からそれを取り返そうとしませんでした。とはいえ、その人々が哀れに思って〔奪った衣を〕返そうとするときには、喜んで受け取っていました。

兄弟たちの頭に泥を投げつける人たちもいれば、兄弟の一人に賽子《さいころ》を握らせ、遊ぶよう誘惑する人たちもいました。ある兄弟は頭巾を引っぱって背中にかつがれ、飽きるまで引きずり回されました。こうしたことや、そのほか多くのことをされましたが、長くなりすぎるのでお話しするのはやめます。要するに、人々は〔兄弟たち〕を徹底的に見下していたので、遠慮会釈もなく極悪人のように打ちのめしたのでした。その上、飢えと渇きと寒さと裸といった点でも、多くの困難と窮乏を耐え忍んでいました。

しかし、祝されたフランシスコに忠告されたとおりに、しっかりと辛抱づよく、これらのすべてを耐えていました。悲しみに打ちひしがれることなく、狼狽することもなく、大きな富に囲まれた人々のように、艱難のうちにあって歓喜し、迫害する人々のために熱心に神に祈っていたのでした。

四　艱難のうちにあって喜び、主のために辛抱強く耐え忍び、いとも敬虔に祈りに専念し、ほかの貧しく困窮している人々がするように金銭を受け取ることも、また所持することもせず、そこに主の弟子であることを見て取れる、彼らの互いに交わすその大きな愛を見て、[2]多くの人が、神の慈しみ深いみ心によって、後悔の念に駆られたのでした。〔兄弟たちの〕ところに来ると、自分たちが行った侮辱について赦しを請いました。彼らを心から赦すと、快活に言いました。「主があなた方をお赦しくださいますように」。こうして、それからは、〔兄弟たち〕の話にすすんで耳を傾けるようになったのでした。

仲間に加えてほしいと頼む人たちもおり、その人たちの中から多くの人を受け入れました。当時は兄弟が少なかったので、これと思う人を受け入れる権限を、一人ひとりが祝されたフランシスコから受けていたのです。予定していた時期になると、二人はポルチウンクラの聖マリアに戻りました。

（1）ルカ六・二九―三〇。（2）ヨハ一五・三五。

第六章

兄弟たちの生き方と、互いに抱いていた愛について

二五　再び顔を合わせると、嬉しさと霊的な喜びで満たされたので、耐え忍んだ敵意や極貧など何一つ思い起こすことはありませんでした。

〔兄弟たちは〕魂の敵であるあらゆる怠惰を自分から根こそぎ追い出すために、毎日、祈りと自らの手で働くことに専念していました。夜も同様に、「**あなたを賛美するために、わたしは真夜中に〔床から〕起き上がります**[1]」という預言者の言葉にしたがって、真夜中に起きるよう心がけ、篤い敬虔の念をこめて、たびたび涙を流しながら祈っていました。

深い愛をもって互いに愛し合い、また母親が我が子に奉仕し養育するように、一人ひとりが別の〔兄弟〕に奉仕し養育していました。彼らの内には愛の炎が燃え盛っていたので、わたしたちの主イエス・キリストの名のためのみならず、別の〔兄弟〕のためなら喜んで自分の体をも容易に引き渡すであろうと思われました。

二六　ある日のこと、二人の兄弟が道を歩いていると、彼らに石を投げつけ続ける一人の愚かな人に出会いました。二人の兄弟のうちの一人は、自分の兄弟が石を投げつけられるのを見て走りより、投げつけられる石の前に立ちふさがりました。互いに対して燃え盛る愛の故に、自分の兄弟よりも自分自身が痛めつけられることを望んだのです。

〔兄弟たち〕は、このようなことやこれに似たことをしばしば行っていたのでした。

〔兄弟たち〕は愛と謙遜に根を下ろし、そこに土台を据えており、一人ひとりが別の〔兄弟〕を自分の主人であるかのように敬っていました。職務や〔受けた〕恵みにおいて他に秀でている者は、ほかの〔兄弟たち〕よりもずっと謙遜で取るに足らない者のように見受けられました。

すべての〔兄弟〕が全身をあげて従順に打ち込んでいました。命令のために口が開かれるときには、既に足は歩み出すため、手もまた直ちに動かすために準備されていました。命じられることは何であれ、主のみ旨に沿ったものであると考えていました。それ故、〔兄弟たち〕にとってそれは甘美なものであり、すべてが容易く実行されるものでした。

肉の欲求を完全に絶ち、裁かれることのないように、自分自身を注意深く裁いていました。

二七　一人〔の兄弟〕が、他の〔兄弟〕を不快にさせるかもしれない言葉を口にしてしまった場合には、大変な良心の呵責を覚えるあまり、その過ちを告白し、地面に身を投げ出し、気の進まぬその兄弟に足で自分の口を踏んでもらうまで安らぎを得られませんでした。相手の〔兄弟〕がどうしても踏もうとしないなら、その言葉を口にした〔兄弟〕が目上であればそうするように自ら命じ、そうでなければそうするよう目上に命じてもらっていました。それは〔兄弟たち〕の中から悪を追い出し、〔兄弟たち〕のうちに常に完全な愛を保つためでした。こうして、諸々の悪徳に対して個々の徳をもって対抗しようと苦闘していたのでした。

持ち物は何であれ、それが本であってもトゥニカであっても、使徒たちの初代教会で行われていたように共同で使用し何一つとして自分のものであると言うことはありませんでした(2)。

〔兄弟たち〕は極度の貧しさに取り囲まれていたのですが、常に物惜しみせず、神の愛のために施しを乞うすべての人と、自分たちに与えられた施しを分かち合っていました。

二八　道を歩いていて、施しを乞う貧しい人に出会ったとき、〔兄弟たち〕のある者らは差し出すものが何もなければ、自分の服を割いていくらかの布切れを貧しい人々に差し出していました。彼らのうちのある者はトゥニカから頭巾を切り取って〔施しを〕乞う貧しい人に与え、ある者は片方の袖を切り取って与え、他の者たちも自分のトゥニカのどこか一部を与えていました。それは次の福音〔の言葉〕を遵守するためでした。「**あなたに求めるすべての人に分け与えなさい**[3]」。

ある日のこと、一人の貧しい人が、〔兄弟たち〕が滞在していたポルチウンクラの聖マリア聖堂にやって来て、兄弟たちに施しを願いました。そこにはマントがありましたが、それは彼らの一人がまだ世俗にいた頃に持っていたものでした。祝されたフランシスコは、そのマントがかつて彼のものであった、その兄弟にその〔マント〕を〔施しを〕求めるその貧しい人に与えるように言いました。その〔兄弟〕は、喜んで即座に与えました。〔施しを〕与えるにあたって抱いた畏敬と献身の念の故に、その兄弟にはその施し物が天に上げられるのが見え、たちまちのうちに自分が新しい霊に満たされたと感じたのでした。

二九　この世において富んでいる人々が〔兄弟たち〕のもとに訪ねてくると、〔兄弟たち〕は喜んで親切に迎え入れ、悪から彼らを呼び戻し、悔い改めを行うよう勧めました。

当時、兄弟たちは、生まれた地に自分を派遣されないよう不安げに懇願していました。自分の血縁の人たちとの関係や交友を避け、「**わたしは兄弟たちからのけ者にされ、母の息子たちからはよそ者にされました**[4]」という預言者の言葉を遵守しようとしたのでした。

貧しさのうちにあって大いに喜んでいました。永遠の〔富〕のほかは、いかなる富も求めなかったからです。金も銀も全く所持せず、この世のあらゆる富を軽蔑しましたが、とりわけ金銭を足で踏みにじっていました。

三〇　ある日、兄弟たちがポルチウンクラの聖マリアにいたときのこと、何人かの人が来て聖堂に入り、〔兄弟たち〕の知らないうちに、祭壇に銀貨を置いていきました。ある兄弟が聖堂に入り、見つけた銀貨をとると、聖堂の一つの窓の〔縁〕に置きました。その後、別の兄弟が、先の兄弟が置いた金銭をそこに見つけ、聖なるフランシスコに報告しました。

これを聞いて、祝されたフランシスコは、兄弟たちの誰がそこに金銭を置いたのか、入念に調べさせました。問題の兄弟が見つかると、自分のもとに来るように命じ、その〔兄弟〕に言いました。「どうしてこんなことをしたのですか。兄弟たちが金銭を使用しないだけではなく触ってもほしくないと、わたしが願っていることを、あなたは知らなかったのですか」。これを聞くと、その兄弟は頭を垂れ、ひざまずいて自分の過ちを告白し、自分に悔い改めの業を命じてくれるよう願いました。そこで〔フランシスコ〕は、その金銭を口に咥《くわ》えて聖堂の外に運び出し、見つけた驢馬《ろば》の糞の上に金銭を、運んできたその口で置くように命じました。兄弟は誠実にそれを果たしました。こうして〔フランシスコ〕は、兄弟たちに、どこで金銭を見いだしてもこれを軽んじ、無に等しいと見なすよう教えたのでした。

こうして、〔兄弟たちは〕絶えず喜びに満ちていました。心を掻き乱しうるものを何も持たなかったからです。実に、この世から離れれば離れるほど、より一層神に結ばれたのでした。〔兄弟たち〕は、**狭い道**(5)に踏み入り、道を険しくし、その険しさを保ち続けました。岩を砕き、茨を踏み分け、こうして、彼らの跡に続くわたしたちに平らな道を残してくれたのです。

（1）詩一一八・六二。（2）使四・三二。（3）ルカ六・三〇。
（4）詩六八・九。（5）マタ七・一四。

第七章

どのようにローマに行き、どのように教皇陛下が会則と説教を認可したか

三二　救い主の恵みによって兄弟たちの数と功績が増したのを見て、祝されたフランシスコは〔兄弟たちに〕言いました。「兄弟たち、主はわたしたちを大きな会にしようとお望みのようです。それ故、わたしたちの母なるローマ教会へ行って、主がわたしたちを通して行っておられることを至高の祭司（教皇）にお知らせし、陛下の意向と命令にしたがって、わたしたちが始めたことを行うことにしよう」。この言葉に兄弟たちは賛同したので、〔フランシスコ〕は十二人の兄弟を連れ、彼らはローマへ向かいました。

旅の途中で、〔フランシスコ〕は〔兄弟たち〕に言いました。「わたしたちの一人を指導者とし、わたしたちにとってイエス・キリストの代理のようなものと見なしましょう。その〔兄弟〕が行こうと思うところへはどこにでもわたしたちも行き、休みたいと思うときに休むのです」。フランシスコに受け入れられた最初の人であった兄弟ベルナルドを彼らは選びました。この人が言うとおりに、〔兄弟たち〕は実行したのでした。

喜びに包まれ旅を続け、主の言葉を語り合っていました。彼らのうちの誰一人として、主の賛美と栄光にかかわること、自分たちの魂の益になること以外は敢えて口にしようとせず、そうでないときは、祈りに没頭していました。そして主は、彼らの必要に応じて宿と食べ物を彼らに整えてくださいました。

三二　ローマに到着すると、ちょうどそのときローマに滞在していたアシジの司教に出会いました。〔司教〕は〔兄弟たち〕を見ると、非常に喜んで迎えてくれました。

司教はサン・パウロのヨハネ陛下と言い、立派な、信仰心篤く、主の僕《しもべ》たちを大変愛していた枢機卿と親密にしていました。この方に、アシジの司教は、祝されたフランシスコとその兄弟たちの計画と生活をすっかり話していたのです。話を聞いて、〔枢機卿〕はフランシスコと兄弟たちの何人かに会ってみたいと強く望んでいました。〔兄弟たち〕が〔ローマの〕町にいると聞いて、使いを送って呼び寄せたのでした。彼らに会うと、敬虔な思いと愛をもって迎え入れたのでした。

三三　〔兄弟たち〕が〔枢機卿〕のもとに滞在したのはほんの数日のことでしたが、彼らについて聞いていたことが、その行いのうちに輝いているのを見て、〔枢機卿〕は彼らを心から愛するようになりました。そして、祝されたフランシスコに言いました。「わたしのために祈ってください。これからは、わたしをあなたたち兄弟の一人と見なして欲しいのです。ですからわたしに言ってください。何のために〔ここに〕来たのですか」。そこで、祝されたフランシスコは、自分の計画をすっかり打ち明け、使徒〔座にある教皇〕陛下とお話しし、〔教皇陛下〕の意向と命令に則して、自分が行ってきたことを続けたいのですと〔打ち明けたのでした〕。〔枢機卿は〕答えました。「教皇陛下の宮廷で、わたしがあなたたちの後見人になりましょう」。

こうして、〔枢機卿〕は教皇庁に赴き、教皇インノセント三世陛下に言いました。「わたしはこの上なく完全なる者に出会いました。この者は、聖なる福音の様式にしたがって生き、福音的完全を遵守しようとしています。主はこの者を通して全世界にあまねく広がる、ご自分の全教会を刷新しようとされているとわたしには思われます」。これを聞いて、教皇陛下は驚いて言いました。「その者をわたしのもとに連れてきなさい」。

三四　次の日、〔枢機卿〕は〔フランシスコ〕を教皇のもとに連れていきました。祝されたフランシスコは、先に枢機卿に話したように、教皇陛下に自分の計画をすっかり打ち明けました。

教皇陛下はお答えになりました。「会を創設しようと望みながら、この世において何一つ所有しようとしないとは、あなたたちの生活は厳しく苛酷に過ぎる。必要なものをどこから手に入れようというのか」。祝されたフランシスコは答えました。「陛下、わたしの主イエス・キリストに寄り頼んでいます。この方は、天において命と栄光をお与えくださるとわたしたちに約束してくださったのですから、この地上で体に必要なものを必要とするときにわたしたちから奪うこともなさらないでしょう」。教皇はお答えになりました。「あなたの言うとおりだ、我が子よ。しかし、人間の本性は弱く、決して同じ状態に留まるものではない。行って、あなたたちの魂にとってより善くより有益なことをあなたに示してくださるよう、心を尽くして主に祈りなさい。そして、戻って来て、わたしに告げなさい。そのうえで、あなたの計画を認可しよう」。

三五　祈りに行き、名状し難いその慈愛によって、そのことを示してくださるように、清い心で主に祈りました。祈りに専念し、その心が完全に主に結ばれると、その心のうちに主のみ言葉が訪れ、比喩を通して〔フランシスコ〕に語りました。「偉大なる王の国に一人の女性がいました。彼女は非常に貧しかったのでしたが、美しく、その美しさは王の目を惹きつけ、彼女によって〔王は〕多くの息子を儲《もう》けました。ある日、この女性は考え込み始め、つぶやきました。『どうしましょう。こんなに多くの息子が生まれたけれど、わたしはこんなに貧しく何も持っていない。この子たちはどうやって生きていけばいいのだろう』。心の中でこのように考え、あまりに多くの思い悩みのために悲しみがその顔を曇らせたとき、王が姿を現して言いました。『どうしたのか。何か考え込み、なぜか悲しい思いをしているように見えるが』。彼女は〔王〕に自分の心中の思いをすっかり打ち明けました。王は答えて言いました。『あなたが非常に貧しいことも、生まれた息子たちや、これから生まれてくる多くの息子たちのことでも、恐れることはない。わたしの家には多くの雇い人がいるが、彼らはパンにたっぷり恵まれているというのに、息子たちが飢え死にすることなどわたしは望まない。むしろ、ほかの者よりも豊かであってほしいと願っている』」。

神の人フランシスコは、この非常に貧しい女性を通して自分が示されていると、直ちに理解しました。こうして神の人は、これからはいとも聖なる貧しさを遵守するという自分の計画を堅固なものとしたのでした。

三六　立ち上がると同時に、使徒〔座にある教皇〕のもとへ行き、主が自分に啓示してくださったことを報告しました。

これを聞いて、教皇陛下は、これほど単純な人に主がご自分のみ旨を啓示されたことに、非常に驚かされました。

そして、それは〔この人〕が人間の知恵においてではなく、〔聖〕**霊の示す証明と力のうちに**歩んでいるからであると(1)理解されたのでした。

次いで、祝されたフランシスコは身をかがめ、教皇陛下に、謙遜に、敬虔な思いを込めて、従順と尊敬を約束しました。ほかの兄弟たちはまだ従順を約束していなかったので、教皇陛下の指示に従って、祝されたフランシスコに同じように従順と尊敬を約束しました。

教皇陛下は、フランシスコと、今いる兄弟たち、また将来やって来るであろう兄弟たちに会則を認可されました。そして、聖霊の恵みが導くままに、どこにおいても説教する権限を〔フランシスコ〕に与え、また〔フランシスコ〕から説教の職務を認可された他の兄弟たちも説教できると認められたのでした。

こうして、祝されたフランシスコは町や村をめぐって主の霊が啓示するままに人々に説教し始めたのでした。その口に尊い、蜜のような、いとも甘美な言葉を主は置かれたので、その話に聞き飽きるということはありえませんでした。

先に述べた枢機卿は、兄弟に対して抱いていた敬虔な思いの故に、十二人の兄弟全員に剃髪を施すことにしました。

その後、祝されたフランシスコは、年に二度、聖霊降臨祭と九月の聖ミカエルの祝日（九月二十九日）に集会を開催することを決めました。

（1）Ⅰコリ二・四。

第八章

集会の方法をどのように決定したか、また、集会で扱われた事柄について

三七　聖霊降臨祭には、すべての兄弟がポルチウンクラの聖マリア聖堂の傍らでの集会に集まりました。その集会で、どのようにしたらよりよく会則を遵守することができるか論じ合われました。また、それぞれの管区で人々に説教する兄弟を決め、それぞれの管区に配属する兄弟を決めました。

聖なるフランシスコは、まず第一に主に相談した上で、思いつくままに兄弟たちを訓戒し、矯正し、命令していました。しかし、言葉をもって〔兄弟たち〕に言ったことのすべてを、まず第一に行動によって愛情と配慮をもって〔兄弟たち〕に提示していました。

聖なる教会の高位聖職者と司祭たちを尊敬していました。老齢の人々をも敬い、高貴な人々や裕福な人々にも敬意を表していました。また貧しい人々を心から愛し、そのような人々と苦しみを共有していました。つまり、自分があらゆる人に従属する者であることを明らかにしていたのです。

すべての兄弟よりも高いものとされていたにもかかわらず、共に住む兄弟たちの中からの一人を自分の世話役また主人とし、その〔兄弟〕に謙遜に献身的に服従していました。それは自分から高慢の機会をことごとく追い出すためでした。この聖者は、人々の間で地に着くまで頭を低くしたので、主は天において諸聖人やご自分が選ばれた者たちのうちでも〔この聖者〕を高く挙げられたのでした。

聖なる福音と約束した会則を細心の注意を払って遵守するように、特に教会の聖務と規定を尊重するように、細心の注意と敬虔の念をこめてミサにあずかり、わたしたちの主イエス・キリストの御体を仰ぎ見るように、この敬うべき至高の秘跡を執行する司祭に対して尊敬の念を抱き、どこで出会っても、〔司祭たち〕に頭を下げ、その手に口づけするようにと兄弟たちに教え諭していました。もし馬に乗っている〔司祭たち〕に出会ったなら、敬意を表してその手に口づけするだけでなく、〔司祭たちの有する〕権能への尊敬のために、〔司祭たち〕を乗せている馬の蹄《ひづめ》にも口づけしなければなりません。

三八　会則にも取り入れられているように、たとえそれが贅沢に飲み食いし華美に装っている者であっても、誰一人裁くことなく軽蔑することのないよう、教え諭していました。「なぜなら、わたしたちの主はその人たちの主であり、わたしたちを呼び出してくださった方はその人たちを呼び出すことができ、わたしたちを義としようと望まれた方はその人たちを義とすることがおできになるからです」。

また、〔フランシスコ〕は言っていました。「そのような人たちをわたしの兄弟、また主人として尊敬したいと望んでいます。〔実際に〕わたしの兄弟なのです。わたしたちは皆、唯一の創造主によって存在しているからです。〔実際に〕わたしの主人なのです。体に必要なものをわたしたちに与えてくれており、わたしたちが悔い改めを行うのを助けてくれているからです」。また、〔兄弟たち〕にこうも言っていました。「人々の間でのあなたたちの暮らしぶりは、あなたたちを見、〔あなたたちのことを〕聞く人の誰しもが、天におられるわたしたちの父をほめたたえ賛美するようになるようなものでありますように」。

事実、〔フランシスコ〕にとって最大の望みは、それによって主が賛美されるような業を、自分も兄弟たちも常に行うことだったのです。〔兄弟たち〕に言っていました。「口で平和を告げるように、あなたたちの心の内にもっと大きな平和を抱いていますように。誰一人としてあなたたちのために怒りや躓きを覚えることのないためです。むしろ、すべての人があなたたちの平和と温和さのために平和と寛容を呼び覚まされますように。わたしたちは、傷ついた人々を癒し、打ち砕かれた人々を支え、道に迷った人々を呼び戻すために呼び出されたのだからです。わたしたちには多くの人が悪魔の手足に見えますが、その人たちはキリストの弟子になるでしょう」。

三九　他方で、肉体に対してあまりにも苛酷すぎることを行っている〔兄弟たち〕を叱責していました。当時、兄弟たちは、自分のうちのあらゆる肉の衝動を抑えるために、断食、徹夜の祈り、肉体的苦行にあまりにも熱中しすぎていたからです。あまりにも厳しい苦行を自分に課していたので、誰もが自分を憎んでいるかのように見えました。このことを聞き、実際に目にして、祝されたフランシスコは、先に述べたように彼らを叱責して、過度に行うことのないように命じていました。救い主の恵みと知恵に満たされていたので、〔フランシスコの〕与えた訓戒は献身的で、その叱責は理に適っており、その命令は甘美なものでした。

集会に集った兄弟たちの中には、世俗的な物事について敢えて話を交わそうとする者は一人としていませんでした。むしろ聖なる師父たちの生涯について、あるいは兄弟の誰かの完全さについて、あるいはどのようにしたらもっとよくわたしたちの主の恵みに達することができるかといったことを話し合っていました。

集会に集った兄弟の誰かが肉や世俗の誘惑やその他の艱難を抱えていても、燃えるように甘美に語る祝されたフランシスコの言葉を耳にし、その姿を目にすると、その〔兄弟たち〕から誘惑は消え失せてしまいました。実に、裁判官のようにではなく、子らに対する父親のように、病人に対する医者のように、苦しみを共有しながら語る〔フランシスコ〕の内には、「**誰かが弱っているなら、わたしも弱らないでいられるでしょうか。誰かが躓かされようとしているなら、わたしも身を焼かれる思いをしないでいられるでしょうか**(1)」という使徒〔パウロ〕の言葉が体現していたのでした。

（1）Ⅱコリ一一・二九。

第九章

いつ全世界の管区へと兄弟たちは派遣されたか

四〇　さて、集会が終わると、集ったすべての兄弟を祝福して、自分の欲するままに、それぞれの管区に兄弟たちをそれぞれ割り当てました。〔兄弟たち〕のうち、神の霊と説教するための弁舌を持つ者には誰にでも、聖職者であれ非聖職者であれ、説教の許可と従順を与えました。〔兄弟たち〕は〔フランシスコ〕の祝福を、主イエス・キリストのうちにあって、大きな喜悦と喜びをもって受けました。他国の者、旅人のように、聖務日課を唱えるための本を別にすると、旅にあたって何一つ所持せず、世を巡っていきました。

どこであろうと司祭に会うと、その司祭が貧しくても豊かでも、祝されたフランシスコに教えられたとおり、身をかがめて彼らに敬意を表していました。

宿を求める時間になると、ほかの世俗の人の所よりも、好んで〔司祭たち〕の所に泊まることにしていました。

四一　〔司祭たち〕のもとで宿を取ることができないときには、その土地で誰が霊的で神を畏れる人であるか尋ね、その人のもとで誠実に宿を提供してもらうことができました。ほどなくして、〔兄弟たち〕が訪れることになる町や村ごとに、主はそのような神を畏れる人を鼓吹して、泊まる所を準備させてくださいました。やがて、〔兄弟たち〕は、さまざまな町や村に自分たちの居所を構えるようになりました。

主は〔兄弟たち〕に、多くの聴衆の、それも老いた人よりも若い人の心を貫く鋭い言葉を放つことができるように、時宜に応じて言葉と霊を与えてくださいました。父親と母親と自分のすべてのものを放棄した者たちが、聖なる修道生活の衣服をまとって、〔兄弟たち〕の跡に従いました。そして、まさにこのとき、この修道生活において福音の中で主が仰せになった、「**わたしは地上に平和でなく剣を投げ込むために来た。実に、わたしは、人々をその父から、娘をその母から引き離すために来た**[1]」という言葉が成就したのでした。そのような人々を受け入れた兄弟たちは、彼らを〔フランシスコ〕から会服を着せてもらうように、祝されたフランシスコのもとに連れていきました。

同様に、多くの処女《おとめ》たちや夫のいない女性たちが〔兄弟たち〕の説教を聞いて、心に痛悔の念を抱いて、彼らのもとにやって来て言いました。「わたしたちはどうしたらいいでしょう。あなたたちと一緒にいることはできません。どのようにしたらわたしたちの魂を救うことができるか、わたしたちに教えてください」。このために、〔兄弟たちは〕それが可能なそれぞれの町に、悔い改めを実践するための隠棲修道院を設立しました。兄弟たちの一人を彼女たちの巡察者ならびに矯正者にも定めたのでした。

　同様に、妻を持つ男たちも言いました。「わたしたちには妻があります。彼女たちは離れて暮らすことには耐えられません。ですから、救いにふさわしく生きていくことができる道を教えてください」。そこで〔兄弟たちは〕、このような人々から成る、悔い改める者たちの会と呼ばれる会を創設し、至高の祭司（教皇）に認可してもらったのでした。

（1）マタ一〇・三四―三五。

第一〇章

兄弟たちに好意を持った枢機卿たちが、いつ助言し援助し始めたか

四二　尊敬すべき父としてサン・パウロの枢機卿ヨハネ陛下は、しばしば祝されたフランシスコに助言と保護を与えてくださり、祝されたフランシスコとその兄弟たちすべての功績と行状をほかのすべての枢機卿方に推奨していました。それを聞いた枢機卿方は深く心を動かされて、兄弟たちを愛するようになり、それぞれ兄弟の誰かを自分の館に置くことを望んでいました。それは、〔兄弟たち〕から何らかの奉仕を受けるためではなく、兄弟たちに対して抱いていた敬意と愛情のためでした。

　ある日、祝されたフランシスコが教皇庁にやって来ると、枢機卿たちはそれぞれ、兄弟たちのことで彼に請い求めました。〔フランシスコ〕は〔枢機卿〕たちの望みどおり、快く兄弟たちを送りました。

　聖なる貧しい者たちを愛した、このヨハネ陛下は亡くなり、平和のうちに憩いに就かれました。

四三　その後、主は枢機卿たちの一人で、ウゴリノという

名のオスチアの司教を鼓吹されました。この方は祝されたフランシスコと兄弟たちを、単に友人としてばかりでなく、むしろ父親として心から愛していました。この方の評判を聞いて、祝されたフランシスコがこの方のもとを訪れました。〔フランシスコ〕を見るやいなや、枢機卿は喜んで迎え入れて、言いました。「あなたたちの望むように助言と援助と保護を与えるために、わたしはあなたたちにわたしのすべてをささげよう。わたしの願いは〔ただ一つ〕。あなたたちの祈りのなかでわたしを思い起こしてくれることです」。

祝されたフランシスコは、助言と援助と保護を与えるようこの方の心を鼓吹してくださったことを、いと高き方に感謝して、この方に言いました。「喜んで、わたしとわたしのすべての兄弟の父君として主君として貴方《あなた》さまをお迎えしたいと思います。また、すべての兄弟が貴方さまのために主に懇願することを義務とするよう望みます」。次いで、聖霊降臨祭の兄弟たちの集会に臨席してくださるよう願いました。この方は承諾し、毎年臨席してくださいました。

臨席されると、集会に集った兄弟たちはみな列を作って出迎えました。〔枢機卿〕は兄弟たちが出迎えに出ると、兄弟たちに対して抱いていた敬愛の故に、馬から下りて、彼らと聖堂まで自らの足で歩いていきました。その後、〔兄弟たち〕に説教をし、ミサを司式しました。フランシスコは福音を朗誦したのでした。

第一一章

どのように教会は彼らを迫害の手から守ったか

四四　修道生活の開始から十一年が過ぎ、兄弟の数が大勢になると、奉仕の任〔にあたる兄弟たち〕が選ばれ、カトリック信仰が定着した、あまねく世界のほとんどすべての区域に、ある程度の数の兄弟と共に彼らは派遣されました。幾つかの区域では受け入れられはしたものの、そこに小さな住まいを構えることさえも許されませんでした。幾つかの区域からは追い出されました。当時、兄弟たちの有していた会則は教皇から認可されたものであって裁可はされておらず、そのため兄弟たちはキリスト教の信者ではないのではないかと懸念されていたからです。このために〔兄弟たち〕は聖職者からも聖職者ではない信徒からも多くの艱難にさらされ、強盗に衣服を剥ぎ取られ、憔悴し落胆しきって祝されたフランシスコのもとに戻ってきました。ハンガリーでもドイツでも、また他のアルプス以北の区域でも、〔兄弟たちは〕このような艱難にさらされたのでした。

兄弟たちはこのことを、先に述べたオスチアの枢機卿陛下にお知らせしました。〔枢機卿〕は、祝されたフランシスコをご自分のもとに呼び寄せると、既にインノセント陛下は亡くなられていたので、教皇ホノリオ陛下のもとに連れていき、〔フランシスコ〕に別の会則を起草し認可され、〔ホノリオ〕教皇の印章という保護をもって確固としたものとされるよう取り計らってくださいました。

この会則によって、遠方の地域に滞在する兄弟たちの労苦を軽減するために、集会〔から次の集会まで〕の期間が延ばされました。

四五　また、祝されたフランシスコは、その会則にも記されているとおり、枢機卿方の中から、この修道生活の統治者かつ保護者、ならびに矯正者となる方を一人、教皇陛下に要請しました。〔教皇は〕先に述べたオスチアの陛下を〔兄弟たち〕に賜ったのでした。

この後、教皇陛下の命を受けたオスチアの陛下は、兄弟たちの保護のために手を差しのべ、兄弟たちが艱難にさらされていた〔区域の〕多くの高位聖職者に、教会から承認された善い、宗教心篤い者たちとして、彼らに反対せず、むしろその区域で説教し居を定める許可と手助けを与えるようにとの手紙を送ってくださいました。また、この同じことのために、他の枢機卿たちの多くにも同様に手紙を送ってくださいました。

こうして別の集会で、兄弟たちを会に受け入れる許可が祝されたフランシスコから奉仕の任にある兄弟たちに譲渡され、兄弟たちは、裁可された会則と、先に述べた枢機卿の手紙を携帯してそれぞれの管区に再び派遣されました。それ故、至高の祭司（教皇）に裁可された会則を見た高位聖職者たちは、他の枢機卿方と共にオスチアの陛下が兄弟たちについて良い証言を提示したことを受けて、〔兄弟たち〕にそれぞれの区域に〔小さな住まいを〕建て、居住し、説教することを許可したのでした。

こうしたことがあって、兄弟たちはそれぞれの地に住み、説教することになり、〔兄弟たち〕の謙遜な生活ぶり、誠実な振る舞い、いとも甘美な言葉を見聞きした多くの人が兄弟たちのもとへやって来て、聖なる修道生活の会服を身にまとうようになりました。

オスチアの陛下が兄弟たちに対して抱いている信頼と愛とを見てとった祝されたフランシスコは、心の底からこの方を愛しました。そして、手紙を書くときには、「キリストにおいて尊敬すべき父君にして全世界の司教さまへ」と呼びかけておりました。

その後少し経って、このオスチアの陛下は、祝されたフランシスコの預言の言葉どおり使徒座へと選出され、教皇グレゴリオ九世と名乗られました。

第一二章

祝されたフランシスコの帰天、奇跡と列聖について

四六　祝されたフランシスコが福音的完全をしっかりと抱きしめてから二十年経ったとき、憐れみ深い神はそのさまざまな**労苦から解き放たれて憩わせよう**[1]とお望みになられました。**たびたびの徹夜、祈りと断食、嘆願、説教、旅、細やかな心遣い、隣人への共苦共感に**労苦の限りを尽くしたからです[2]。実に、自分の創造主である神に心のすべてを差し出し、**心を尽くして、魂を尽くして、**内腑《ないふ》〔の思い〕を尽くして**〔神〕を愛した**のでした[3]。まさしく、神を心の内に担い、口で賛美し、行いをもってその栄光をたたえていました。誰かが神の名を口にすると言いました。「**天も地も、このみ名に身をかがめねばなりません**[4]」。

〔フランシスコ〕に対して抱いておられる愛を明らかに示そうと望まれた主は、その手足と脇腹に最愛の御子の傷痕を刻まれました。神の僕《しもべ》フランシスコも、〔主〕の家、**その栄光の住まう場所**[5]に行くことを渇望していたので、主は〔フランシスコ〕をご自分のもとと呼び寄せられ、こうして〔フランシスコ〕は栄光のうちに主のもとへと移っていったのでした。

その後、多くの徴と奇跡が人々のうちに現れました。このために、主がご自分の僕《しもべ》において明らかに示されたことを頑なに信じようとしなかった多くの人の心はやわらかく変えられて、言いました。「愚かなわたしたちは、**あの方の生き方を狂気の沙汰と見なし、あの方の最期は不名誉なものと見なしていました。ご覧なさい。どのようにして、あの方が神の子らの中に数えられ、聖なる者たちの中に入る運を引き当てたかを**[6]」。

四七　尊敬すべき主君にして父君なる教皇グレゴリオ陛下は、その存命中から愛しておられた聖者を、死後もまた崇敬されました。枢機卿たちと共に聖者の遺体が葬られた場所に来られると、〔フランシスコ〕を聖人たちの名簿にお加えになられたのでした。

このことのために、多くの偉大な人々や高貴な人々がすべてを棄てて、妻と息子と娘と全家族と共に、主へと立ち返りました。妻と娘たちは隠棲修道院に引き籠り、夫と息子たちは小さき兄弟たちの会服を身にまとったのでした。

　こうしてかつて兄弟たちに予言した言葉が成就したのです。「遠くない将来、**知恵ある人々**、思慮深い人々、**高貴な人々**が数多く、(7) わたしたちのもとに来て、共に住むことになるでしょう」。

（1）黙一四・一三。（2）Ⅱコリ六・五、一一・二六—二八。（3）マタ二二・三七。（4）フィリ二・一〇。（5）詩二五・八。（6）知五・四—五。（7）Ⅰコリ一・二六。

結びの言葉

四八　いとも愛する兄弟の皆さま、わたしたちの親愛なる師父たちと兄弟たちについて書き記しましたことを、熱心に黙想し、正しく理解し、行いによって成し遂げるよう努めてください。この方々と共にわたしたちも天の栄光にあずかることができますように。この栄光へと、わたしたちの主イエス・キリストがわたしたちを導いてくださいますように。

『三人の伴侶による伝記』

Legenda trium sociorum

〔注　記〕

これは、祝されたフランシスコの三人の伴侶によって、俗世における〔フランシスコ〕の生き方と行状、その驚嘆すべき完全な回心、および〔フランシスコ〕自身と最初の兄弟たちによる会の発端と創設が完璧なものであったことを記したものである。

〔手　紙〕

一　キリストのうちにあって敬うべき師父であり、神の恵みによって〔会〕全体の奉仕者〔総長〕である兄弟クレシェンティオへ、取るに足らぬ者らではありますが、かつていとも祝された師父フランシスコの伴侶であった兄弟レオ、兄弟ルフィーノ、兄弟アンジェロは、心からの恭順と献身を込めた敬意を主においてささげます。

つい最近開催された総集会と貴殿の命令によって、兄弟たちは、いとも祝された師父フランシスコの、知りうる限り見いだしうる限りの徴と奇跡を、尊父である貴殿のもとに報告するようにとのことですので、取るに足らぬ者らではありますが、長らく〔フランシスコ〕と生活を共にしてきたわたしどもは、自分たちが見たこと、あるいは他の聖なる兄弟たち、特に貧しい高貴な婦人たちの視察者である兄弟フィリポ、アルチェの兄弟イルミナート、マリニャーノの兄弟マッセオ、尊敬すべき師父である兄弟エジディオの伴侶で、聖なる兄弟エジディオご本人から、そして思い出すも聖なる、祝されたフランシスコの最初の伴侶兄弟ベルナルドから、多くのことを聞き集めていた兄弟ヨハネを通して知りえた〔フランシスコ〕の多くの行状のうちからごくわずかなものを、真理の導きによって、聖性極まりない貴殿へお知らせするべきであると考えた次第です。

聖性を示すものであって作り出すものではない奇跡だけを語ることで満足せず、〔フランシスコ〕の聖なる生活ぶりの徴と**敬虔な愛情をもって望んだことを**、至高の神といとも聖なる師父への**賛美と栄光のために**[1]、またその足跡に倣いたいと望んでいる人たちの教化のために提示したいと思っております。とはいえ、わたしどもはそれらを「伝記（朗読されるべきもの）」という形で書くことはいたしません。〔フランシスコ〕の生涯と、主が〔フランシスコ〕を通して行われた奇跡については、既に幾つかの「伝記」が編まれているからです。ですから、わたしどもは首尾一貫した物語の形を取らず、また先に述べた「伝記」に誠実で美しい語り口で収録された多くのことを省いて、いわばすばらしく美しい野原から、わたしどもの判断で最も美しいと思われる花々を選り集めようと思います。

貴殿の判断で適当と思われましたなら、わたしどもが書き記しましたこれらの中から幾つかを「伝記」に挿入されてもかまいません。実際のところ、先に指摘しました「伝記」を編まれた尊敬すべき方々がこれらのことを知られたなら、決して見過ごすことなく、その一部なりともその雄弁で飾り、後世の記憶に残るようになさったと信じております。

聖なる尊父として貴殿が、主イエス・キリストにおいて常に完全でありますように。主において、貴殿の忠実な息子であるわたしどもは、貴殿の聖性に謙遜に、また敬意をこめてお委ねする次第です。

グレッチオの地に於いて、主の年の一二四六年の八月十一日。

(1) エフェ一・六、九。

第一章

誕生と、その虚栄と軽薄と放蕩について。どのようにしてそこから貧しい人々に対する寛大さと愛に至ったか

二　フランシスコは、スポレトの渓谷の端に位置するアシジの町で生を受け、初めに母親によってヨハネと名づけられましたが、誕生時に留守をしていた父がフランスから帰ってきたとき、フランシスコと後から名づけられました。成人した後、鋭敏な才能の持ち主になっており、父親の仕事、つまり商売に従事しましたが、父親とは全く似ておらず、ずっと陽気で気前が良く、遊興や歌唱に熱中し、似たような者らと群れをなして、昼となく夜となくアシジの町を練り歩き、非常に贅沢に浪費して、**所持すること儲《もう》けることのできたすべてを**(1)豪勢な食事やその他のことに費やしてしまっていました。

このため、あまりにも自分や他の人々のために浪費の限りを尽くしているから、自分たちの息子ではなく、どこかの偉大な君主の子息のように見えると言って、しばしば両親に叱責されていました。とはいえ、両親は裕福であり、

息子を溺愛していましたので、息子を当惑させまいとして、こうしたことにも耐えていました。母親は、息子の浪費癖について知人に何か言われると、こう答えていました。
「わたしの息子を何だと思うのですか。恵みによって、あの子は神の子にまでなるでしょう」。

とはいうものの、〔フランシスコ〕自身は、これらの事柄において気前が良いというか浪費家であったばかりでなく、着る物に関しても全く度を超えていて、その身分にはふさわしくないような高価極まりない布地を仕立てていました。また、物好きから、非常に高価な布と最も粗末な布を縫い合わせて一つの服を作らせるような愚かなことも、時おりしていたのでした。

三　とはいえ、立ち居振る舞いや言葉遣いにおいては、本性的ともいえる礼儀正しさが備わっており、その心の意図するところにしたがって、誰に対しても無礼な言葉や不品行な言葉を口にすることなく、逆に、冗談好きで気儘な若者であったにもかかわらず、不品行なことを言ってくる者たちには決して返事をしないと決めていました。こうしたことからその評判はほぼ区域全体に広まるほどであり、彼を知る多くの人から、何か偉大な人物になるだろうと言われていました。

この生来の諸々の徳を階段として、次のように自らに向き直って言うまでの恵みへと駆り立てられたのでした。「お前は、移ろいやすく空しい喝采しか得るところのない人々に対して物惜しみなく礼儀正しく振る舞っているのだから、極みなく物惜しみされずに報いてくださる神の故に、貧しい人々に対して礼儀正しく物惜しみなくあってこそ正しいのではないか」。こうして、このときから、貧しい人々を好意的な目で見、溢れんばかりに施しをするようになりました。〔フランシスコ〕は商人ではありましたが、世俗の富の虚栄にまみれた分配人でもあったのでした。

ある日、布地を売る店内で商売のことにすっかり気を奪われていたとき、貧しい人が〔フランシスコ〕のところへやって来て、神への愛を口にして、施しを乞いました。富への欲求と商売への関心に妨げられて、その人への施しを拒絶したのですが、神の恵みによって自らを省み、自分の取ったひどい無礼な態度を非難して言いました。「あの貧しい人が有力な伯爵か男爵の名を口にして、お前に何かを乞い求めたなら、お前は間違いなく乞われたものを与えただろう。それなら、王の王、万物の主(2)のためには、それ以上に大きなことをしなければならなかったはずだ」。

このことのために、それ以後、これほど偉大な主のために乞われたものは拒絶しまいと心に決めたのでした。

（1）トビ一・三。（2）黙一七・一四。

第二章

どのようにしてペルージアで捕虜となったか。また、騎士になろうと望んでいたときに見た二つの幻について

四 あるとき、ペルージアとアシジの間で戦争が勃発し、フランシスコは多くのアシジの人々と共に捕らえられ、ペルージアの捕虜となりましたが、その振る舞いには気品があったので、騎士たちと共に捕虜として収監されました。

ある日のこと、一緒に捕らえられた人たちは悲しんでいるのに、生来快活で陽気なフランシスコは悲しむ様子がなく、どこか喜ばしげでした。それ故、牢に閉じ込められているのに喜んでいるとは、気がふれたのかと仲間の一人が非難しました。それに対して、フランシスコは潑剌《はつらつ》とした声で答えました。「僕《ぼく》を何だと思っているのだい。やがて全世界から僕は崇敬されるだろうよ」。一緒に繋がれていた騎士たちの誰かが仲間の虜囚の一人を侮辱して、ほかの全員が彼を無視したときも、ただフランシスコだけは彼との交わりを断ち切らず、ほかの人たちにも同様にするよう勧めたのでした。

一年が過ぎ、前述の二つの町の間に平和が回復されると、フランシスコは仲間の捕囚と共にアシジへ戻ったのでした。

五 数年の後、アシジの町の一人の貴族が、金銭と栄誉をもっと手に入れるためにアプーリアへ赴こうとして、戦争に長けた兵士たちを集めました。それを聞くと、フランシスコはその人と共に同地に行き、ジェンティーレという名の伯爵によって騎士として叙任されたいという思いに駆られ、富においてはこの同郷の〔貴族〕よりも貧しかったが、浪費することにかけてずっと長けていたので、できる限り高価な衣服を誂《あつら》えたのでした。

ある夜、これを成し遂げるための思いにすっかり浸りきって、旅立ちを思い焦がれ燃え上がっていたとき、主の訪れを受けることになりました。〔主〕は、栄誉欲に満ちた〔フランシスコ〕を、幻によって栄光の頂点へと誘い引き上げられたのでした。実に、その夜、眠っていたとき、何者かが現れ、彼を名指しして[1]、さまざまな武具で溢れ、光り輝く盾やその他のさまざまな武器を華麗に飾る装備品が壁にかかっている、麗しい花嫁の優雅な宮殿へと導いた

のでした。大きな喜びに包まれ、これは何だろうと言葉もなく自らに問いつつ驚嘆した〔フランシスコ〕は、これほど輝かしい武具、これほど優雅な宮殿は誰のものかと尋ねました。すると、このすべてのものは宮殿もろとも、〔フランシスコ〕と〔フランシスコ〕の騎士たちのものである、との答えを得たのでした。

　朝になり、精神は喜びに溢れて目を覚ますと起き上がり、まだ神の霊を十分に味わっていなかったので、あの〔宮殿〕に華々しく君臨するようになるに違いないと世俗的に解釈し、この幻を多大な成功の予兆と考えて、先に述べた伯爵によって騎士に取り立ててもらおうとアプーリアへと旅立つ決意したのでした。常にも増した喜びように驚いて、何をそんなに喜んでいるのかと尋ねる多くの人に答えました。「僕《ぼく》は偉大な君主になると分かったんだ」。

六　とはいうものの、先に述べた幻のすぐ前の日、その幻の並々ならぬ動機となったに違いないと思われる、極めて礼儀正しく高貴であることの証明するようなことが起きていたのでした。その日、趣向を凝らした高価な新調したばかりの衣服をすべて、貧しい一人の騎士に与えてしまったのでした。

　こうして、アプーリアを目指して旅立ち、スポレトまで来たとき、具合が悪くなったと感じ始めました。それでも旅を続けようと急いていたのですが、眠りに身をまかせたとき、夢うつつに、何者かが自分に、どこへ行こうとしているのかと尋ねるのを聞いたのです。フランシスコが計画をすっかり打ち明けると、その者は言い添えました。「あなたに一層善いことをすることができるのは誰か。主君か、僕《しもべ》か」。「主君です」と答えると、再び言いました。「では、なぜ僕のために主を捨て、臣下のために君主を捨てるのか」。そこで、フランシスコは言いました。「**主よ、わたしに何をお望みですか**[2]」。〔その者は〕言いました。「**故郷に戻れ**[3]。そうすれば、**何を行うことになるかあなたに語られるであろう**[4]。あなたが見た幻は、別の意味で理解されなければならない」。

　目を覚ますと、この幻について非常に注意深く考え始めたのですが、初めの幻では、この世での成功を望んでいたので大きな喜びで、ほとんど完全に舞い上がってしまったように、この夜の幻では、すっかり自分の内で考え込んでしまい、その力強さに驚嘆し、あまりにも熱心に考え込んだので、その夜はもはや一睡もできませんでした。

　朝になると、急いでアシジへ引き返しました。喜びに満ち溢れ、自分にこれらのことを示してくださった主のみ旨と、自分の救いについて〔主〕から助言が与えられることを期待していました。今や精神的に変えられた〔フランシスコ〕は、アプーリア行きを撤回して、自分を神のみ旨に合わせることをひたすら願っていました。

(1) 創四・一七。(2) 使九・六。(3) 創三二・九。(4) 使九・七。

第三章

どのようにして主が初めて驚嘆すべき甘美さをもってその心を訪れ、その力によって自分とすべての虚栄を軽んずること、祈りと施しと貧しさへの愛を通して進歩し始めたか

七 アシジに戻って後、あまり日も経たないある夕刻のこと、仲間たちに主君として選ばれ、自分の裁量で経費を賄うことになりました。そこで、かつて何度も行ったように、贅を凝らした食事を準備させました。

食事を終えて家を出て、仲間たちが〔フランシスコ〕の前を歌いながら町を練り歩くうち、主君のように笏《しゃく》を手に持ちながら、歌うことなく、深く瞑想しながら皆の少し後ろを歩いていました。すると、突然、主の訪れを受け、話すことも動くこともできず、その甘美さ以外に何も感じることも聞くこともできないほどの甘美さに、その心は満たされたのでした。この〔甘美さ〕は〔フランシスコ〕を肉の感覚から引き離してしまったので、後に彼自身語ったように、そのとき全身を細々に切り刻まれたとしても、その場から動くことができなかったほどでした。

仲間たちが後ろを顧みて、あまりにも自分たちから離れてしまっていることに気づくと、驚いて彼のもとに引き返し、〔フランシスコ〕が今やほとんど別の人間に変えられ[1]ていることに気がつきました。そして、尋ねて言いました。「僕《ぼく》たちの後についてこないで、いったい何を考えてたんだい。ひょっとして、嫁さんをもらうことでも考えてたのかい」。溌剌《はつらつ》とした声で答えました。「君たちの言ったとおりだよ。君たちが今まで見たこともないほど気高く裕福で美しい花嫁をもらおうと考えていたんだ」。**彼らは**〔フランシスコ〕**を嘲笑《あざわら》いました**[2]。しかし、〔フランシスコ〕自身がこう言ったのは、自分によるのではなく神に鼓吹されてのことでした。まさしく、その花嫁とは、貧しさの故に他の何ものよりも気高く裕福で美しい、〔フランシスコ〕が迎え入れることになる真の修道生活だったのです。

八　こうして、この時から、〔フランシスコ〕は自分を軽んじ、以前は好んでいた事柄を軽視し始めたのですが、まだ完全にではありませんでした。この世の虚栄からすっかり解き放たれてはいなかったからです。しかし、ほどなくして世俗の喧噪から身を退き、内なる人のうちにイエス・キリストを留め置くように努め、**すべてを売り払って真珠を買いたい**と願い(3)、嘲笑う人々の目から身を隠して、しばしば、ほとんど毎日、ひそかに祈りに行っていました。かつてある程度味わったことがあり、今や頻繁に訪れるようになっていた甘美さが、このように〔フランシスコ〕を急き立て、広場からも他の公共の場所からも祈りへ〔フランシスコ〕を駆り立てていたのでした。

　既に以前から貧しい人々の恩人となっていたのですが、このときからは、**神のために自分に施しを乞ういかなる貧しい人をも決して拒まず**、いつもよりも気前よく溢れんばかりに施しをすると堅く心に決めたのでした(4)。こうして、家の外ではいつも誰かしら貧しい人が彼に施しを乞うたので、〔施しが〕できるように、銀貨を用意していました。銀貨がなければ、帽子や帯を与えて、貧しい人を空手で帰すことはありませんでした。そのようなものも何一つ持っていなければ、どこか人目につかない場所に行って下着を脱いで、神のためにこれを受け取って欲しいと、ひそかに貧しい人に渡したのでした。また、聖堂の装飾に必要なものを買っては、一層目立たぬように貧しい司祭たちに送り届けていました。

九　父親が不在で、家に居るときは、母親と二人きりで家で食事を摂るときであっても、家族全員のために用意したかのように食卓をパンでいっぱいにしていました。なぜそんなに多くのパンを食卓に置くのかと母親に尋ねられると、**貧しい人に与える施しのため**(5)、神のために**施しを乞うすべての貧しい人**に分け与えるために備えて(6)そうしているのだと答えたのでした。母親は〔フランシスコ〕をほかの子供たち以上に愛していたので、そのようなことがあっても忍耐強く受け入れて、行うことを見守り、それらのことで心中大いに感嘆していたのでした。

　かつては、〔仲間〕から呼ばれれば彼らの後について行きたいという思いに心が揺れ動くのが常であり、彼らとのつき合いに惹かれるあまり行儀悪く、しばしばほとんど食べていないのに食卓から立って飛び出ていき、両親を困惑させていたのでしたが、今や、施しを分け与える貧しい人々の姿を見たり声を聞いたりすることに、心をすっかり奪われているありさまでした。

一〇　こうして神の恵みによって変わった〔フランシスコ〕は、まだ世俗の衣服をまとってはいましたが、どこかの町へ行き、誰にも知られていない者として、自分の服を脱いで、貧しい人とその着物を交換してまとい、神への愛のために施しを乞うてみたいと熱烈に願っていたのでした。

この頃、巡礼のためにローマに赴くことになりました。聖ペトロ聖堂に入って、人々の献金がごくわずかなものであることを思い巡らして、自らのうちで言いました。「使徒たちの筆頭の立場の方は輝かしく崇敬されるはずなのに、その遺体が憩うておられる聖堂にいながら、なぜこの人たちはこんな少ししか献金しないのだろうか」。それで、熱く燃え立って、手を財布の中に入れ、銀貨をいっぱいに摑み出すと、祭壇の枠越しにそれを投げ入れました。非常に大きな音を立てたので、その場にいた人々はみな、それほど華々しい献金に非常に驚いたのでした。

聖堂の玄関の前に出ると、大勢の貧しい人が施しを乞うために居合わせていたので、一人の貧しくみすぼらしい人のぼろぼろの服をひそかに借り、自分の着ていたものを渡すと、それを身に着けたのでした。そして、他の貧しい人々と一緒に聖堂の階段に立ってガリアの言葉で施しを乞うたのでした。正確に話すことはできませんでしたが、好んでガリアの言葉で語っていたからです。

その後、先に述べたぼろぼろの服を脱いで自分の服をまとうと、アシジへの帰途につき、**自分の道を整えてくださるよう**(7)主に祈り始めたのでした。自分の秘密を誰にも打ち明けず、また、彼の道を整え始めてくださった主ただおひとりに、そして時折、アシジの司教〔に求めた〕ほかは、誰にもどんな助言も求めませんでした。その当時、その中に生き、そして死にたいと願い、この世のすべてにまさって渇望していた真の貧しさは誰のもとにもなかったからでした。

（1）サム上一〇・六。（2）マタ九・二四。（3）マタ一三・四六。（4）使五・四。（5）ルカ一二・三三。（6）ルカ六・三〇。（7）創二四・四〇。

第四章

どのようにしてレプラを患っている人々〔との出会い〕によって自己に打ち勝ち、かつては苦く思えていたものらを甘美に感じ始めたか

一一　ところが、ある日、熱心に主に祈っていると、答えが与えられました。「フランシスコ、わたしの意思を知り

たいと思うなら、肉的に愛し所持したいと欲したすべてのものを軽蔑し憎まなければならない。これを行い始めた後、かつては魅力的で甘美に思えていたものが耐え難く苦いものに感じられ、そしてかつては怖れていたものに大きな甘美さ、測りしれない魅力を汲み取ることになるであろう」。

このことに喜び、主において強められた「フランシスコ」は、アシジの郊外で馬に乗っていたとき、レプラを患っている人に出会いました。これまで「レプラを患っている人々」に対して多大な恐怖を感じていたので、自己心に打ち勝って馬から下りて、銀貨を施してその手に口づけをしました。そして、その人から平和の口づけを受けると、再び馬に乗って先に進みました。それ以来、ますます自分自身を軽蔑し始め、ついには神の恵みによって完全に自分に打ち勝つまでに至ったのでした。

数日後、多額の金銭を所持してレプラを患っている人々の施療院に自ら赴き、その人々を一つに集めると、その手に口づけをしながら、それぞれに欲するだけの施しを与えたのでした。そこから去るとき、まさしく、かつては苦く思えていたこと、つまりレプラを患っている人々を見たり触れたりすることが、甘美なものへと変わったのでした。実に、「フランシスコ自身」が言ったように、レプラを患っている人々を目にすることは彼にとって苦いことであり、目にしたくなかったばかりか、その人たちの住んでいる所にさえ近づきたくなかったのであり、たまたまその人たちの家の近くを通ったり、その人たちを見かけたりすることがあると、もともと備わった品格の故に、施しをしなければならないと慈悲心によって駆り立てられてはいたものの、常に顔を背けて両手で鼻を覆っていたのでした。しかし、神の恵みによって、レプラを患っている人々に奉仕する者となり友となったのでした。こうして、『遺言』で証言しているように、その人たちのもとに留まり、謙遜に奉仕していたのです。

三　ところが、レプラを患っている人々を訪問した後、善きものへと変えられた「フランシスコ」は、非常に愛していた同伴者を連れて遠く人里離れた所に行き、高価な偉大な宝物を見つけたと話していました。この人は大いに喜び躍り、呼ばれるたびに喜んで「フランシスコ」に同行していました。フランシスコはたびたび、この人をアシジの近くのある洞窟に連れていき、宝物を得ようとはやる同伴者を外に残して、ひとり洞窟に入り、新しい比類ない霊に満たされて、**隠れたところにおられる御父に祈り**(1)、中で何をしているか、ただ神おひとりのほかの誰にも知られたくないと願いつつ、天の宝物を得るためには何をすべきか熱心に〔神〕に問い続けていたのでした。

　これに気づいた人類の敵〔である悪魔〕は、恐怖と戦慄に巻き込んで、〔フランシスコが〕始めた善い〔企画〕から彼を引き離そうとやっきになったのです。実に、アシジにひどく体の歪んだ女性がいましたが、悪魔は神の人〔フランシスコ〕に現れると、その〔女性〕を思い起こさせ、心に抱いた計画から身を退かないなら、その女性の歪んだ姿を〔フランシスコ〕にも負わせると脅したのでした。しかし、いとも勇敢な**キリストの兵士**[2]は、悪魔の脅しをものともせず、神が自分の道を整えてくださるよう、洞窟の中で敬虔に祈り続けたのでした。

　精神における極度の苦難と苦悶に耐え続け、精神が企てた業を成し遂げるまでは安らぐこともできず、次から次へと執拗に生ずるさまざまな思いに〔フランシスコ〕は翻弄されていました。実に、心の奥底で神の火によって燃え上がり、精神の輝きを外に出さないように隠すことができずにいました。また、あまりにも大きな罪を犯していたことを痛悔し、今や過去や現在の悪行に心を惹かれることもなかったのですが、まだ将来に対する確固とした保証も得ていなかったのでした。それ故、洞窟から外に出てきたときには、同伴者の目に**別の人間に変わった**[3]ように映ったのでした。

(1) マタ六・六。(2) Ⅱテモ二・三。(3) サム上一〇・六。

第五章

十字架につけられた方の最初の語りかけについて、またどのようにして、そのときから死に至るまで心にキリストの受難を担っていたか

一三　ある日のこと、熱心に主の憐れみを切に求めていると、近いうちに何を行うべきかが語られるであろうと、主は〔フランシスコ〕にお示しになりました。このときから、**喜びに満たされて**[1]、嬉しさに自分を抑えることができず、このような秘密のいくらかを思わず人々の耳に打ち明けずにはいられないほどでした。とはいえ、注意深く謎めかして語り、アプーリアへは行こうとは思わないが、故郷で気高く桁外れのことをするつもりだと言っていました。

　さて、〔フランシスコ〕の仲間たちは、彼が全く変わってしまったのを見て、外面上はまだたまに仲間に加わることもあったものの、精神的には既に自分たちから遠い存在

になっていた彼に、からかうようにまた尋ねました。「お嫁さんでも貰うつもりかい、フランシスコ」。すると既に先の所で述べたように、どこか謎めかして答えたのでした。

　数日が過ぎ、聖ダミアノ聖堂の傍らを歩いていると、祈るためにそこに入るようにと、霊において語りかけられました。中に入って、十字架にかけられた方の像の前で熱心に祈り始めると、その〔像〕が敬愛に満ちた優しさで語りかけて仰せになりました。「フランシスコ、わたしの家が壊れているのが見えないのか。行って、わたしのためにこれを建て直しなさい」。震えおののいて言いました。「喜んでいたします、主よ」。実に、〔フランシスコ〕は、この聖堂について言われたものと理解しました。実際、その〔聖堂〕はひどい老朽化のために今にも崩壊しそうだったのでした。この語りかけに大きな喜びに満たされ、光に照らされた〔フランシスコ〕は、自分に語りかけたのは十字架につけられたキリストであると、魂のうちに真に感じたのでした。

　聖堂を出ると、その傍らに住んでいた司祭に出会ったので、手を財布に入れると、ある程度の金額の金銭を差し出して言いました。「お願いします、我が主よ、油をお買いになって、あの十字架につけられたお方の前で絶えることなく灯火が灯っているようにしてください。そのためにこの金銭を使い果たされたなら、また必要な金額を差し上げます」。

一四　この時から、主の受難を思い描くことで、その心は大いに**傷つき**涙にまみれていたので、[2]生きている間絶えずその心に**イエスの傷痕を担っていました**[3]。それは後に、驚くべきことに、その同じ傷痕が〔フランシスコ〕の体に、不思議な形で新たにされ、はっきり現れたことで、いとも明らかにされたのでした。

　こうして、肉体に苦行を課して自らを苛《さいな》み、健康であろうが病気であろうが自分の肉体に対して非常に苛酷に接して、ほとんど、いや全く自分を容赦しようとしませんでした。このために、死の日が近づいたとき、自分が兄弟である体に対して多くの罪を犯したと告白したのでした。

　あるときのこと、大きな声で泣きまた嘆きながら、[4]ひとりポルチウンクラの聖マリア聖堂の近くを歩いていました。これを聞いて、ある霊的な人が、彼が何かの病気か苦しみに見舞われているのだと思い、憐れみに動かされて、なぜ泣いているのか尋ねました。すると、〔フランシスコ〕は言いました。「わたしの主のご受難を泣いているのです。そのためなら、大きな声で泣きながら世界中を巡り回っても、わたしはすこしも恥ずかしくないでしょう」。すると、その人も〔フランシスコ〕と一緒になって同じように大きな声で泣き始めたのでした。

またしばしば、非常に激しく泣いたために、祈り終わって立ち上がると、その目がすっかり充血しているのが見られました。主のご受難を思い描いて、涙によって自らを苛んだだけでなく、飲食を絶って自らを苛んでいたのでした。

一五　ときとして、世俗の人々との食事の席に着いて、体に喜ばしい食べ物が何かしら出されると、断食のために残したと気づかれないよう、何かしら言い訳をしつつ、ほんのごく一部を口にしたのでした。兄弟たちと一緒に食べるときも、食べていた食べ物の上にしばしば灰を振りかけ、自分が断食していることを隠すために、「兄弟なる灰は浄らかです」と兄弟たちに言っていました。

またあるときのこと、食事の席に着くと、ある兄弟が〔フランシスコ〕に、祝された処女《おとめ》〔聖マリア〕は食事の時に、御子に与える食べものを何も持っておられなかったほど貧しかったと語りました。これを聞くと、神の人〔フランシスコ〕は深い痛みに悲嘆にくれ、食卓を離れ、地べたに置いたパンを食べたのでした。

たびたび、食事の席に着くと、ほとんど何も食べず飲みもせずに、食べるのをやめて、天上の事柄の瞑想に心を奪われていました。そのようなときは、ほかの言葉で邪魔されたくなかったので、心の奥から深いため息を吐き、このようなため息を聞きつけたらいつも、神をたたえ、自分のために信仰を込めて祈ってくれるようにと、兄弟たちに語っていました。

〔フランシスコ〕の涙と禁欲について、これらのことをつけ加えて語ったのは、十字架につけられた方の像を見、その言葉を聞いた後、死に至るまで、〔フランシスコ〕は常にキリストのご受難に一致していたことを示すためでした。

(1) 詩一二五・二。(2) 雅四・九。(3) ガラ六・一七。(4) エゼ二七・三〇。

第六章

どのようにして、まず父親と親族からの迫害を逃れたか、また聖ダミアノの司祭のもとに身を寄せていたとき、その〔聖堂の〕窓枠に金銭を放り投げたか

一六　先に述べた十字架につけられた方の幻と語りかけに

喜んだ〔フランシスコ〕は、十字架の印で身を固めると立ち上がり、さまざまな色の布地を持って馬に乗り、フォリーニョと呼ばれる町へ着くと、馬と運んできたすべてのものを売り払い、直ちに聖ダミアノ聖堂へと引き返しました。

そこで貧しく質素な司祭を見つけると、信頼と献身の思いを大いに込めてその手に口づけし、持ってきた金銭を差し出して、自分の計画を順序立てて語りました。驚き呆然とし、〔フランシスコ〕の突然の回心に当惑した司祭は、これを信じようとせず、からかわれているのだと思い、その金銭を自分のもとに置いておくことを望みませんでした。しかし、〔フランシスコ〕は頑固に言い募って、自分の言うことを信じてもらおうとし、一緒に住まわせてくれるよう熱心に司祭に頼んだのでした。

ついに司祭は〔フランシスコ〕が滞在することを受け入れましたが、その両親を恐れて金銭は受け取りませんでした。そこで、真に金銭を軽蔑する者〔となっていたフランシスコ〕は、窓枠の上に〔金銭〕を放り投げて、埃のように軽んじたのでした。

こうして、その場所に滞在していると、父親は、息子に何が起こったのか知ろうと勤勉な斥候のように**探し回りました**。[1] そして、〔息子〕が先に述べた場所にいて、そのような状態に変わり、そのような状態で暮らしていると聞くと、**心のうちに深い痛手を受け**、[2] また突然の諸々の出来事に混乱をきたし、**友だちや近所の人々を呼び集めると**、[3] 大急ぎで〔息子〕のもとに走ったのでした。

〔フランシスコ〕は**キリストの新参の兵士**であったので、[4]〔自分を〕追い立てる人々の威嚇を聞き、彼らの到来を察知すると、父親の**怒りに抗することはせず**、[5] このために用意しておいた隠れた洞窟へ逃げこみ、そこに丸一か月隠れていました。父親の家でこの洞窟を知っていたのはただ一人しかおらず、時々運んでくれた食物をそこで隠れて食べ、涙の雨に浸りつつ、主が怖ろしい迫害から解放し、自分の敬虔な願いが慈しみに満ちたご厚意によって成就するようにと、絶え間なく祈っていました。

一七　このように**禁欲と涙のうちに**、[6] 熱心に絶え間なく主に懇願し、自分の力や勤勉さには信を置かず、希望を**完全に主に委ねていました**。[7]〔フランシスコ〕は闇の内に留まっていたにもかかわらず、〔主は〕名状し難い喜びによって彼を満たし、驚くべき明るさをもって彼を照らしてくださったのでした。

当然のこと、完全に燃え立って、洞穴を後にすると、喜びにはやる心をもって休むことなくアシジへと向かったのでした。キリストへの信頼という武具をまとい、神の炎に燃え立ち、怠惰と空しい恐れに囚われた自分を叱責して、迫害の手と攻撃に堂々と自分をさらしたのでした。

〔このようなフランシスコ〕を見て、前から彼を知っていた人々は蔑みの目で非難し、正気ではない、気がふれたと叫んで、広場の**泥や石を投げつけました**(8)。実に、かつての振る舞いからはすっかり様変わりし、肉体に課した苦行によって衰弱しているのに気づいた人々は、〔フランシスコ〕が行っていたことはすべて衰弱と乱心によるものと見なしたのでした。しかし、**キリストの兵士**(9)は、耳が聞こえないかのようにこれらのすべてをやりすごし、いかなる侮辱にもくじけたり動じたりせず、神に感謝をささげていました。

この噂は**町の広場や街頭を駆け巡り**(10)、ついに父親のもとにまで届きました。息子が町の人々からされたことを聞くと、〔父親は息子を〕探すために直ちに立ち上がりましたが、それは救い出すためではなく、むしろ打ちのめすためでした。自制心も全くきかず、山羊に襲いかかる狼のように駆けつけ、怖ろしく陰険な目、獣のような形相で〔息子〕を見ると、情け容赦もなく拳を叩き込み始めました。そして家へ引きずっていき、暗い牢獄に閉じ込めて、言葉と鞭をもって、彼の心を世俗の虚栄へと引き戻そうとしたのでした。

一八　しかし、言葉に動じることなく鎖にも鞭にも挫けることなく、辛抱強くすべてに耐え、聖なる計画を実行するためにより善く準備されより堅固なものとされていきました。

父親が火急の用件で家を留守にしたときのこと、ただ一人〔フランシスコ〕と一緒に〔家に〕残っていた母親は、夫のやり方を承服しかねていたので、機嫌を取るような言葉で息子に話しかけました。しかし、聖なる計画から息子を引き戻すことはできず、むしろ〔息子〕の故に**腸《はらわた》をかきむしられるような思いに駆られ**(11)、枷《かせ》を壊して自由にし、逃がしてやったのでした。〔フランシスコ〕は、全能の神に感謝をささげながら、元いた所へと戻り、悪霊どもの誘惑によって試練にさらされ、誘惑の教訓によって鍛えられたかのように、より大きな自由を享受し、数々の侮辱からより安寧な気持ちを取り戻して、より自由な者、より心の広い者として前進していったのでした。

しばらくして帰ってきた父親は、息子がいないことで、罪に罪を重ねて、妻に罵倒の言葉を浴びせたのでした。

一九　次いで、父親は自治体の庁舎に駆け込むと、町の執政官たちの前で息子への不平を訴え、家から持ち出された金銭を返却させるよう取り計らってほしいと懇願しました。執政官たちは、彼がひどく逆上しているのを見ると、自分たちの前に出頭するよう、伝令を通じて〔フランシスコ〕を召喚しました。〔フランシスコ〕は伝令に答えて、神の恵みによって今や自分は自由の身となり、もはや執政官たちの管轄の下にはなく、自分は唯一のいと高き神の僕《しもべ》であると言いました。執政官たちは力ずくで臨もうとはせず、「神への奉仕の道へと進んだ以上、われわれの権限の外に出てしまった」と父親に言いました。

　そこで、執政官の前では何の結果も得られないと見てとった父親は、町の司教の前で同じ不平を訴えました。思慮分別に富み聡明な人であった司教は、父親の不平に応えるために、出頭するよう、正規の手続きに則って〔フランシスコ〕を召喚しました。使者に答えて〔フランシスコは〕言いました。「司教陛下のもとへ参ります。〔わたしどもの〕魂の父であり主でもあるお方ですから」。

　こうして司教のもとへ行くと、大きな喜びをもって〔司教〕に迎えられました。司教は彼に言いました。「あなたのお父さんは、あなたに当惑し、途方に暮れておられる。そこで、もしあなたが神にお仕えしたいなら、持っている金銭をお父さんに返しなさい。恐らく、不正な手段で手に入れたものでしょう。教会での働きのために、あなたがそれを用いることを、神はお望みにはなりません。お父さんの罪の故ではあるが、〔金銭〕を取り戻したなら、〔お父さん〕の激昂も和らぐでしょう。それ故、我が子よ、主に信頼して、雄々しく振る舞いなさい。**恐れてはなりません**[12]。主ご自身があなたの助け手となり、教会のための仕事に必要なものはあなたに豊かに提供してくださるからです」。

二〇　こうして、神の人〔フランシスコ〕は立ち上がると、司教の言葉に喜び勇気づけられて、〔司教〕の前に金銭を持ち出して言いました。「陛下、〔父の〕ものであります、この金銭を喜んで父に返したいと思います。それどころか衣服も〔返します〕」。そして司教の部屋に入ると、着ていたものをすべて脱ぎ、その上に金銭を載せると、司教と父親、そして他の居合わせた人々の前を、裸で外へ出て言いました。「皆さま、**聞いて、理解してください**[13]。これまで、わたしはピエトロ・ベルナルドーネをわたしの父と呼んでいました。しかし、神に仕えると決心しましたので、〔父〕を困惑させた金銭と〔父〕の物でわたしが所持していた衣服をみな返し、これからはこう言いたいと思います。父ピエトロ・ベルナルドーネではなく、『**天におられるわたしたちの父よ**[14]』と」。このとき、神の人〔フランシスコ〕は、色鮮やかな衣服の下に、肌に直接粗布の〔苦行衣〕をまとっていたことが知られたのでした。

こうして父親は立ち上がり、非常に大きな痛みと怒りに激昂しながら銀貨とすべての衣類を受け取ったのでした。それを家に持ち帰ったのですが、この見せ物に居合わせた人々は、息子に何一つ衣服を残してやらなかった〔父親〕に対して憤慨していました。一方、フランシスコに対しては、敬虔な思いに動かされ、号泣し始めたのでした。

司教は、神の人〔フランシスコ〕の気概に注意深く心を向け、その情熱と毅然とした態度に大いに感嘆して、抱きよせると自分のマントで彼を包んだのでした。その行いが神の導きによるものであることをはっきりと理解し、自分が見たことのうちに小さからぬ秘義が含まれていることに気づいたのでした。こうして、このときから、〔司教〕は〔フランシスコ〕の**後援者となり**[15]、励まし元気づけ、導き、深い愛情で彼を包み込んだのでした。

(1) Iペト五・八。(2) 創六・六。(3) ルカ一五・六。(4) Ⅱテモ二・三。(5) ロマ一二・一九。(6) ヨエ二・一二。(7) 詩五四・二三、三六・五。(8) 詩一七・四三、ヨハ八・五九。(9) Ⅱテモ二・三。(10) 雅三・二。(11) 王上三・二六。(12) 申三一・六。(13) イザ六・九。(14) マタ六・九。(15) 詩三〇・一一。

第七章

聖ダミアノ聖堂修復のための多大な労苦と困難について、またどのようにして施しを求めてまわりながら自分を克服し始めたか

一　こうして、神の僕《しもべ》フランシスコは、**この世に属するすべてのことを**[1]脱ぎ捨て、神の義に専念し、自分の命を全く顧みず、できうるあらゆる方法で神への奉仕に身を投じたのでした。喜びと熱い思いをもって聖ダミアノ聖堂に戻ると、隠修士のような衣服をまとい、自分自身が司教に力づけられた同じ言葉で、その聖堂の司祭を力づけました。次いで、立ち上がり町に入ると、**広場や街頭をめぐって**[2]、霊に酔ったかのように主を賛美し始めました。こうした主への賛美が終わると、先に述べた〔聖ダミアノ〕聖堂の修復のために石を手に入れるために〔話題を〕切り替えて、言いました。「わたしに石を一つくださる方は報いを一つ

得るでしょう。二つくださる方は二つの報いを得るでしょう。三つ〔くださる〕方はそれ相当の報いを得るでしょう」。

こうして、ほかにも単純な言葉をもって、霊の炎に浮かされて多くのことを語っていました。無学で単純な者、神に選ばれた者として、**人間の知恵が教える言葉によらず**(3)、すべてにおいて単純に振る舞っていたからです。多くの人は、正気を失ったと思って彼を嘲笑《あざわら》っていましたが、ほかの人々は、あれほどの放縦と世俗の虚栄から、これほど神の愛に酔いしれた者へとこれほど早く変わったのを見て、敬虔な思いに動かされ、涙を流していました。〔フランシスコ〕自身は、嘲笑を気にもせず、霊の炎に浮かされて神に感謝をささげていました。

先に述べた仕事のために〔フランシスコ〕がどれほどの労苦を重ねたかについて語るのは長く難しいことになるでしょう。実に、父親の家で全く甘やかされていた〔フランシスコ〕が、神への奉仕のためにさまざまな困難を抱えつつ、自分の肩に担いで石を運んでいたのです。

二二　先に述べた〔聖ダミアノの〕司祭は、自分の力以上に熱心に神への恭順に献身している〔フランシスコ〕の労苦を考慮して、貧しく質素な身ではありましたが、〔フランシスコ〕が世俗にあったときは甘やかされて育ったことを知っていましたので、〔フランシスコ〕のために少々特別な食事を用意しました。確かに、神の人〔フランシスコ〕自身が後に告白したように、しばしば糖蜜や砂糖菓子を供され、苦手な食べ物が出されることはありませんでした。

ある日、司祭が自分のためにしていることに気づくと、自分に対して言いました。「お前は、どこへ行っても、ここまで親切にしてくれる、このような司祭に出会うとでも思っているのか。これはお前が選ぶことを欲した貧しい人々の生活ではない。貧しい人が皿を手に一軒一軒回って、必要に迫られて、〔皿〕の中に食べ物を集めるように、お前も自分の意志で、貧しい者としてお生まれになり、この世において極めて貧しい者として生き、処刑台の上で貧しく裸であられ、他人の墓所に葬られた方への愛のために生きなければならないはずだ」。

そこで、ある日、立ち上がって皿を手にして、町へ入って戸ごとに施しを乞うて巡りました。さまざまな食べ物が小さな皿に載せられたので、彼がたいへん甘やかされて暮らしていたことを知る多くの人は、これほどに自分を蔑視するまでに劇的に変化したのを見て大変驚いていました。さて、このさまざまな物が一緒に載せられた食べ物をいざ食べようとしたとき、まず第一に震えおののきました。これまでの常として、そのようなものを食べるのはもとより、見たいとも思わなかったからです。しかしついに、自分に打ち勝ち、食べ始めました。すると、糖蜜を食べたときにも決して感じたことがないほどに、それは彼にとって美味しく感じられたのでした。

こうして〔フランシスコ〕の心は主のうちにあって喜び躍り、その肉体は虚弱で疲労困憊していたにもかかわらず、どれほど残忍で屈辱的なことでも、主のために喜んで耐えられるほどに強められたのでした。それに加えて、自分にとって辛苦が甘味へと変えられ、幾重にも自分が強められたことで、神に感謝をささげたのでした。それ故、これからは自分のために食事を用意したり用意させたりしないよう、司祭に言ったのでした。

亖　一方、〔フランシスコ〕の父親は、〔息子〕がこれほどまでに惨めな境遇に堕ちたのを見て、ひとかたならぬ苦しみを嚙みしめていました。実のところ、〔息子〕をとても愛していたので、〔息子〕の肉体が極度の苦行と寒冷のために死体と紛《まご》うばかりになっているのを見て、〔息子〕のために屈辱と苦痛を感じており、見かける先々で〔息子〕を罵っていました。

しかし神の人〔フランシスコ〕は、父親の罵倒に気づくと、貧しく惨めで軽蔑されていたある人を自分の父親と定めると、その人に言いました。「わたしと一緒に来てください。わたしに与えられた施しをあなたに差し上げます。ですから、わたしの父がわたしを罵ったなら、わたしはあなたに、**『わたしを祝福してください、父よ』**(4)と言います。あなたはわたしに〔十字架の〕印をして、〔父〕に代わってわたしを祝福してください」。こうして、この貧しい人に祝福してもらうと、神の人〔フランシスコ〕は父親に言ったのでした。「あなたの罵りに逆らって、わたしを祝福する父を、神はわたしに与えることがおできになることが分かりませんか」。

やがて、〔フランシスコ〕を嘲笑していた多くの人も、どんなに嘲笑《あざわら》われても辛抱強くすべてを耐えているのを見て、大きな驚きに呆然とさせられたのでした。ところで、ある冬の朝、〔フランシスコ〕が貧しく質素な衣服に身を包み、祈りに没頭していると、肉親の兄弟が傍らを通りかかり、同じ町のある人に皮肉交じりに言いました。「フランシスコに言ってごらん。お前さんの汗をせいぜい一銭ばかり売ってくれないかい、と」。これを聞くと、神の人〔フランシスコ〕は救いの喜びに満たされ、霊に燃え立ってガリアの言葉で答えて、「この汗をわたしの主にもっと高い値段でお売りいたしましょう」と言いました。

二四　さて、聖堂〔修復〕の仕事に懸命に励む一方、聖堂に絶えず灯火をともしておきたいと望み、油を施してもらうために町を巡って回りました。ある家の近くに行き、そこに集まった人々が遊びに興じているのを見ると、彼らに施しを乞うのが恥ずかしくなり、後戻りしてしまいました。しかし、我に返り、罪を犯した自分を叱咤すると、遊興が行われていた場所に走り、そこにいたすべての人の前で、彼らの手前、施しを乞うことを恥じてしまったと自らの咎を告白したのでした。そして、霊に燃えてその家に近づくと、ガリアの言葉で、先に述べた聖堂の灯火のために、神の愛のために油を乞い求めたのでした。

他の人たちと一緒に〔聖堂修復〕の仕事に打ち込みながら、霊の喜びのうちに大きな声で聖堂の近くに住む人々や通りかかる人々に呼びかけ、ガリアの言葉で言いました。「来て、聖ダミアノ聖堂の仕事のために、わたしに手を貸してください。この〔聖堂〕は、気高い婦人たちの隠棲修道院となるでしょう。その女性たちの評判と生活により、**天におられるわたしたちの父は**、全教会において**崇め尊ばれるでしょう**[5]」。

ご覧ください。このようにして、預言の霊に満たされて、将来現実となることを予言したのでした。事実、そこは例の聖なる場所であり、祝されたフランシスコの回心からおよそ六年経った頃、聖なる処女《おとめ》である貧しく気高い婦人たちの輝かしい修道生活、いとも卓越した〔修道〕会が、この地に祝されたフランシスコその人によって幸いにも創設されたのでした。彼女たちの感嘆すべき生活と輝かしい制度は、当時はオスチアの司教であった、その思い出も聖なる教皇グレゴリオ九世陛下によって、使徒座の権威のもとに、完全に裁可されたのでした。

（1）Ｉコリ七・三三。（2）雅三・一。（3）Ｉコリ一一・一三。
（4）創二七・三四。（5）マタ五・一六。

第八章

どのようにして、福音のうちにキリストの勧告を聞き理解するや、直ちに衣服を替え、内面的にも外面的にも完全な新しい衣服をまとったか

二五　祝されたフランシスコは、聖ダミアノ聖堂の仕事に取り組んでいた頃は、隠修士の衣服を身に帯び、手に杖を

持ち、足に靴を履き、腰に革帯を締めて歩いていました。

ところが、ある日、ミサがささげられるなかで、キリストが宣教に派遣するにあたって弟子たちに語られた言葉、すなわち、**金貨も銀貨も、財布も袋も、パンも杖も道中持ってはならず、履き物も二枚のトゥニカも持ってはならない**(1)と仰せになるのを聞きました。その後、司祭によってこれをはっきりと理解すると、言葉には表せない喜びに満たされて言いました。「これこそ、わたしが力を尽くして実行したいと願っていることです」。

こうして、聞いたことをすべて記憶に焼きつけ、これを喜んで実行しようと努め、二枚あった〔衣服〕は迷いなく手放し、この時からは、**杖も履き物も財布も袋も**用いませんでした(2)。大層粗末でごわごわしたトゥニカを誂《あつら》え、革紐を捨て、帯に替えて縄を締めました。どのようにしたらこれを実際の行いで果たすことができるかと、心のすべての思いを新しい恵みの言葉に傾倒して、神に突き動かされて、福音的な完全さを告げ知らせる者となり、単純な言葉で人々に**悔い改めを説き**始めたのでした(3)。その言葉は中身のない軽薄なものではなく、**聖霊の力に満ちた**ものであり(4)、心の奥底まで貫き、聞く人々を激しく驚嘆させたのでした。

二六　後に〔フランシスコ〕自身が証言しているように、主の啓示によって、「**主があなたに平和を与えくださいますように**(5)」という挨拶を学んでいたのです。それ故、その説教のすべてにおいて、説教を始めるにあたって人々に平和を告げて挨拶していたのでした。

ところで驚くべきことに、この挨拶の言葉を告げるには、奇跡と認めざるをえないことがありました。その回心の前に、先駆者がいたのです。その人物は、「**平和と善、平和と善**(6)」というようにして挨拶しながら、しばしばアシジを歩き回っていたのでした。これについて確信すべきは、キリストをあらかじめ告げ知らせた〔洗礼者〕ヨハネがキリストが宣教し始めると姿を消したように、このいわばもう一人のヨハネも、平和を告げるにあたって、祝されたフランシスコに先立ち、しかし〔フランシスコ〕が到来すると、以前のようには現れなくなったのでした。

こうして直ちに、神の人フランシスコは、預言者たちの霊に満たされて、預言の言葉に従って、先に述べた先触れの後、直ちに**平和を告げ知らせ、救いを説いた**のでした(7)。その救いへと導く忠告によって、キリストに敵対し、救いから遠のいていた多くの人が真の平和との交わりを取り戻したのでした。

二七　祝されたフランシスコの単純なる教えの真実のみな

らず、その生活は多くの人に知られるところとなり、その回心から二年後、ある人々がその模範によって悔い改めへと鼓舞され、すべてを投げ出して、その衣服と生き方に合流し始めました。そのような人々の最初の人物が、その思い出も聖なる兄弟ベルナルドでした。

この〔兄弟〕は、神への奉仕における祝されたフランシスコの徹底ぶりと情熱、つまりどのようにして壊れた幾つもの聖堂を多大な労苦を払って修復し、辛苦に満ちた生活を送っているかを思い巡らし、また世俗にあった頃の彼は享楽的に暮らしていたことを知っていたので、自分も持っているすべてのものを貧しい人々に差し出して、生活においても衣服においても固く〔フランシスコ〕に倣おうと決心しました。

それ故、ある日、ひそかに神の人〔フランシスコ〕のもとを訪れ、自分の計画を打ち明け、ある晩に自分のもとに来てくれるように話をつけたのでした。祝されたフランシスコは神に感謝しつつ、それまで一人の仲間もいなかったので大いに喜びました。このベルナルド殿は非常に教養のある人であったのでなおさらのことでした。

二八　それ故、祝されたフランシスコは、約束の晩、大いに心を躍らせながら、この人の家へ行き、夜通しこの人と一緒に過ごしました。さまざまな話をする中、ベルナルド殿は〔フランシスコ〕に言いました。「もしある人が、多寡はともあれ、長年、自分の主君から賜ったものを所持していましたが、もはやそれらを持っていたくなくなったなら、それについてどう行うことが、その人にとって最善なのでしょうか」。祝されたフランシスコは、それを与えてくれた**主君にお返しする**べきでしょう(8)と答えました。すると、ベルナルド殿は言いました。「では、兄弟よ、あなたがより良いと思われるとおり、わたしの世俗の富のすべてを、これをわたしに賜った、わたしの主の愛によって与え尽くそうと思います」。聖者は言いました。「朝早く聖堂へ行き、福音書を開いて、主がどのように弟子たちにお教えになったか見てみましょう」。

それで、朝起きると、同じく兄弟になりたいと望んでいたペトロというもう一人の人物と共に、アシジの町の広場の傍らにある聖ニコラオ聖堂へと出かけていきました。祈るために中に入ると、単純な人たちであり、世俗を棄てることに関する福音の言葉を見いだすすべを知らなかったので、最初に本を開いたときにみ旨をお示しくださるようにと、敬虔に主に願い求めました。

二九　祈りを終えると、祝されたフランシスコは閉じた本を手に取り、祭壇の前にひざまずいて〔本〕を開きました。最初に開くと、次のような主の勧告が目に飛び込んできました。「**もし完全になりたいのなら、行って、あなたが持っているものをすべて売り、貧しい人々に施しなさい。そうすれば、天に宝を蓄えることになる**[9]」。

これを確認すると、祝されたフランシスコは大いに喜び、神に感謝をささげました。しかし、真に三位の神を礼拝する者であったので、三重の証しによって確証されることを願いました。二回、そして三回と本を開きました。二回目に開いたとき、目に飛び込んできたのは次の言葉でした。「**旅には、何も携えてはならない**[10]。云々」。三回目はこうでした。「**わたしの後に従いたい者は、自分を捨て、**云々[11]」。

それ故、祝されたフランシスコは、本を開くたびに、それまで抱き続けていた計画と願望について三度にわたって示し明らかにしてくださったことを神に感謝し、先に述べた人々、すなわちベルナルドとペトロに言いました。「兄弟たち、これこそわたしたちの、そしてわたしたちの仲間に加わろうと願うであろうすべての人々の生活であり規律〔会則〕です。ですから、行きなさい、そして聞いたとおりに実行しなさい」。

こうして、非常に裕福であったベルナルド殿はそこを去ると、**持っていたすべてを売って**[12]、多くの金銭を集めると、町の貧しい人々にことごとく分け与えたのでした。ペトロもまた、自分にできるやり方で神の勧告を実行しました。すべてを放棄すると、聖者が少し前、隠修士の衣服を捨てた後にまとった衣服を二人ともそろって身にまとい、この時から、〔フランシスコ〕と共に主に示された聖なる福音の様式に従って生きたのでした。それ故、祝されたフランシスコはその遺言の中で、「主ご自身が、聖なる福音の様式に従って生きなければならないと、わたしに啓示してくださいました」と述べたのです。

(1) マタ一〇・九―一〇、ルカ九・三、一〇・四。(2) マタ一〇・九―一〇。(3) マコ六・一二、ルカ二四・四七。(4) ルカ四・一、使六・五。(5) 民六・二六、Ⅱテサ三・一六。(6) イザ五二・七。(7) イザ五二・七。(8) 詩一一五・一八。(9) マタ一九・二一、ルカ一八・二二。(10) ルカ九・三。(11) マタ一六・二四、ルカ九・二三。(12) ルカ一八・二二。

第九章

兄弟シルヴェストロの召し出しの次第、そして会に入る前に見た幻について

三〇　〔以上で〕述べたように、ベルナルド殿が自分の財産を貧しい人々に施していたとき、祝されたフランシスコもその場にいて、主の力強い業を眺め、心の内で主を崇め賛美していました。すると、祝されたフランシスコがかつて、聖ダミアノ聖堂の修復のために石を買ったことがあるシルヴェストロという司祭がやって来て、神の人〔フランシスコ〕の勧めで金銭をことごとく施しているのを見ると、欲望の火に燃えて言いました。「フランシスコ、あなたは、わたしから買った石の代金を十分支払ってなかったね」。貪欲に目をくれぬものとなっていた〔フランシスコ〕は、この不当な不平を聞くと、ベルナルド殿のところへ行くと、金銭の入っていた彼のマントに手を入れ、霊の燃え盛る炎を込めて、銀貨でいっぱいになった手を引き抜いて、不満を言う司祭に与えました。そして、もう一度金銭をいっぱい握ると、司祭に言いました。「これで十分な代金をお受けいただけたでしょうか、司祭殿」。〔司祭は〕答えました。「十分にいただいたよ、兄弟」。そして、このようにして得た金銭を持って、喜んで家に帰っていきました。

三一　ところが数日の後、この司祭は主に鼓吹されて、祝されたフランシスコが行っていたことを思い巡らし始め、心の中で言いました。「何とわたしは惨めな人間ではないか。老人になっているのにこの世の物を欲しがり、求めているとは。あの若者は、神の愛のために、〔この世の物を〕さげすみ嫌悪しているではないか」。

次の夜、**その頂は天にまで達し**[1]、その根元はフランシスコの口にしっかりと据えられ、その横木は、世界の一方の端からもう一方の端まで伸ばされた巨大な十字架を夢の中で見たのでした。

目を覚ました司祭は、フランシスコは真にキリストの友であり僕《しもべ》であり、彼が始めた修道生活は瞬く間に世界中に広がるだろうと知り、確信したのでした。こうして、〔この司祭は〕神を畏れ、自分の家で悔い改めを行い始めました。しかしついに、しばらくの後、今や発足したばかりの会に入り、そこで最高の生き方をし、貴い最期を迎えたのでした。

三二　先に述べたように、祝されたフランシスコは二人の兄弟という仲間を得たのですが、彼らと共に留まる宿舎を

持っていなかったので、ポルチウンクラの聖マリアと呼ばれていた、見捨てられた貧しく質素な聖堂に彼らと共に移りました。そこに小さな家屋を作り、ある期間、一緒に暮らしていました。

幾日かの後、エジディオという名のアシジの人が彼らのもとへやって来て、深い尊敬と敬虔な思いを込めて**ひざまずき**[2]、その仲間に自分を受け入れてくれるように、神の人〔フランシスコ〕に懇願しました。神の人は、この人が非常に信仰心篤く敬虔であり、後に実際に明らかになるよう、神の恵みを豊かに浴することができることを見て、喜んでこの人を受け入れました。さて、この四人は、測りしれない喜びと聖霊の喜悦をもって結ばれ、より大きな完全さを求めて、次のように別れたのでした。

三　祝されたフランシスコは兄弟エジディオを一緒に連れてアンコーナのマルケへ行き、他の二人は別の地域を目指しました。マルケへ向かいながら、二人は**主において大いに喜び躍っていた**[3]のですが、聖なる人〔フランシスコ〕は、よく澄んだ大きな声で主への賛美をガリアの言葉で歌いながら、いと高き方の善を賛美しほめたたえていました。二人にとってそのたいそうな喜びは、貧しい姫君の福音という畑で大きな宝物を発見したかのようでした。この姫君への愛の故に、彼らはこの世のものをことごとく喜んで心から汚物のように蔑んでいたのでした。

さて、聖者は兄弟エジディオに言いました。「わたしたちの修道生活は**漁師のようなものです。**〔漁師〕**は網を水に投げ、**〔網〕**いっぱいの大量の魚を捕って、小さいものは水に戻し、大きなものを選んで籠に入れます**[4]」。このようにして、〔フランシスコ〕は会が広がるはずであることを預言したのでした。

とはいえ、神の人〔フランシスコ〕はまだ完全な意味で人々への説教をしてはいませんでしたが、町や村を巡り歩くときは、神を愛し畏れ、罪の悔い改めを行うように、皆を鼓舞していました。一方、兄弟エジディオは、〔フランシスコ〕は最高のことを彼らに勧めているのだから、彼を信じるようにと聴衆を促したのでした。

四　〔二人の話〕を聞いた人々は、「この〔男〕たちは何者だ。彼らが話している言葉は何のことだろうか」と言っていました。当時、神への愛と畏れはほとんどどこでも消滅しており、悔い改めの道は全く知られておらず、そうでなければ愚かなことと見なされていました。事実、**肉の誘惑**、この世の**欲望**、**生活の奢り**[5]が蔓延していたので、全世界がこの三悪に支配されているかのようでした。

それ故、この福音的な人々についての意見はまちまちでした。ある人々は愚か者か酔っぱらいだと言っていましたが、別の人々は、あのような言葉が愚か〔な者の口〕から出るはずはないと言い張っていました。聴衆の一人はこう言いました。「最高の完全さのために主に固執しているか、さもなければ正気を失っているかだよ。ほんの少ししか食べず、裸足で歩き、ぼろぼろの衣服を着て、自分らの人生に何の希望もおいてないように見えるから」。

こうした中から、〔兄弟たち〕の聖なる生活様式を見て畏れを抱き始める人もあったとはいえ、まだ誰も彼らに従おうとはせず、若い娘たちは、遠くに彼らを見ると、愚かさや狂気の沙汰が感染するのではないかと恐れて逃げ出していました。〔兄弟たち〕は、その区域を回った後、先に述べた聖マリアの地に戻ってきました。

三五　数日後、別の三人のアシジの人々、すなわちサバティーノ、モリコ、カペラのヨハネが彼らのもとにやって来て、兄弟として自分たちを受け入れてくれるように、祝されたフランシスコに願い出ました。〔フランシスコ〕は謙遜に快く彼らを受け入れました。

〔兄弟たち〕は町を巡って施しを乞い求めたのですが、ほとんど誰も与えようとはせず、自分のものを放棄しておきながら他人のものを食べるのかと言って、彼らを非難したので、〔兄弟たち〕は大変な窮乏を耐え忍んでいました。〔兄弟たち〕の両親も血縁者もまた彼らを迫害し、町のほかの人々も彼らを非常識な愚か者と嘲笑《あざわら》っていました。この頃、自分のものを捨てて戸ごとに施しを乞い求める人はいなかったからです。

ところが、アシジの町の司教は、神の人〔フランシスコ〕が助言を求めてしばしば訪ねると、快く彼を迎え入れて言いました。「この世において何一つ所有しないとは、わたしにはあなたたちの生活は困難で苛酷なものに思える」。聖者は言いました。「陛下、もしわたしどもが何かしら所有物を持つとすれば、自分の物を守るための武器がわたしどもに必要になるでしょう。まさしく、こうして問題や訴訟が起こりますし、そこから神と隣人への愛がさまざまに妨げられるのが常です。それ故、わたしたちは世俗にあってこの世のものを何も持ちたくないのです」。神の人〔フランシスコ〕の答えは、大いに司教の心にかなったものでした。〔フランシスコ〕は、あらゆる移ろいやすいもの、とりわけ金銭を蔑んだのでした。そこで、そのすべての会則の中で、最善を尽くして貧しさを推奨し、すべての兄弟に細心の注意を払って金銭を避けるよう言い続けたのでした。
事実、最後に兄弟たちに残したものを起草する前に、幾つか会則を起草し、それらを試行してみました。それ故、それらの一つにおいて、金銭を嫌悪することについて、こう述べています。「すべてを捨てたわたしたちは、これほど取るに足らぬ物のために天の国を失うことのないよう、警戒しなければなりません。どこかで金銭を見つけても、足で踏みつける塵以上に気にかけてはなりません」。

（1）創二八・一二。（2）マコ一〇・一七。（3）フィリ四・一〇。
（4）マタ一三・四七―四八。（5）Ⅰヨハ二・一六。

第一〇章

どのようにして、世を巡る六人の伴侶に将来起こることをことごとく予告し、それらを耐え忍ぶように励ましたか

三六　聖なるフランシスコは、今や**聖霊の喜びに満たされていた**[1]ので、この六人の兄弟を自分のもとに呼び寄せると、将来起こることを予告して、言いました。「いとも親愛なる兄弟たち、わたしたちの召し出しについてよく考えましょう。憐れみ深くも神はわたしたちを召し出してくださいましたが、それはわたしたちの〔救い〕というよりも多くの人の救いのためであり、世を巡って、自分の罪の悔い改めを行い、神の掟を記憶に留めるように、言葉よりも模範をもって、すべての人を奨励するためです。自分たちは**小さく**愚かな者たちだと思って、**恐れてはなりません**[2]。安心して単純に悔い改めを告げ知らせなさい。**世に勝った主**[3]に信頼しましょう。ご自分に立ち返って、ご自分の掟を遵守するようにとすべての人を鼓舞するために、〔主は〕**ご自分の霊によって**、わたしたちを通して、**わたしたちの中で語ってくださいます**[4]。

信仰篤く、柔和で、善良な人々に出会うでしょう。そのような人たちは喜んであなたたちとあなたたちの言葉を受け入れるでしょう。もっと多くの不信仰で、**傲慢で、冒瀆の言葉を口にする人々**[5]にも出会うでしょう。そのような人たちは、あなたたちとあなたたちの言うことを非難して反抗するでしょう。それ故、忍耐と謙遜をもってすべてのことに耐えると心に決めてください」。

これを聞くと、兄弟たちは恐れ始めました。彼らに聖者は言いました。「恐れてはなりません。遠くない将来、わたしたちのもとに**多くの知恵ある人々や身分の高い人々**[6]がやって来て、わたしたちと一緒に君主や諸侯や多くの人々

に説教するでしょう。多くの人が主に立ち返って、〔主は〕ご自分の家族を世界にあまねく増やし広げてくださるでしょう」。

三七 〔兄弟たち〕にこう語って祝福すると、神の人たち〔である兄弟たち〕は敬虔な思いを抱いて〔フランシスコ〕の忠告を従って旅立ちました。〔兄弟たち〕は、聖堂や十字架を見つけると、身をかがめて祈り、敬虔な思いを込めて言いました。「キリストよ、あなたを賛美します。世界にあまねく広がるあなたのすべての聖堂のために、あなたを賛美いたします。あなたは聖なる十字架によって世を贖ってくださったからです」。事実、十字架か聖堂を見いだした所はどこであれ、常に神の場を見いだしたと信じていたのでした。

〔兄弟たち〕を見た人は誰しも非常に驚いていました。衣服においても生活においても全く誰にも似ておらず、森の人々〔すなわち未開の人々〕のように見えたからです。どこへ行っても、つまり**町であれ村であれ**集落であれ家であれ、天と地の創造主を畏れ愛し、その掟を守るように皆を力づけつつ、**平和を告げ知らせていました**(7)。

ある人々は快く耳を傾け、ある人々は逆に嘲笑していましたが、多くの人は質問攻めにして彼らを憔悴させていました。ある人々は「どこから来たのか」と問いただし、またある人々は、彼らの会はどの〔会〕かと問いただしたのでした。このような多くの質問に答えるのは大変な労苦でしたが、〔兄弟たち〕は単純に、自分たちはアシジ出身の悔い改めを行う者たちですと表明していました。実際のところ、彼らの会はまだ修道〔会〕とは呼ばれていませんでした。

三八 多くの人は〔兄弟たち〕を詐欺師か奇人のたぐいと判断し、泥棒に自分の物をこっそり奪われないようにと、彼らを家に迎え入れようとしませんでした。そのために、多くの場所で、さまざまな侮辱を受けたあと、聖堂や民家の玄関先で雨露をしのいだのでした。

同じ頃のこと、〔兄弟たち〕のうちの二人はフィレンツェにおり、町中を巡って施しを求めていましたが、宿を見つけることができませんでした。その家には玄関先があり、その玄関先には竈《かまど》を備えた、ある家に来たとき、「ここで泊まれるかもしれない」と互いに言いました。そこで、その家の主婦に家の中に迎え入れてほしいと頼みましたが、それを断られたので、せめて竈の傍らでその夜を休むことを許してほしいと、謙遜に言いました。

それは〔主婦〕によって許してもらったのですが、夫が帰ってきて玄関先の彼らを見つけると、妻を呼んで言いました。「何であのごろつき共をうちの玄関先に泊めたのだ」。家に泊めるつもりはなかったが、あそこなら薪しか盗めないから、外の玄関先で寝ることは許したのだ、と答えました。その晩はとても寒かったにもかかわらず、主人は彼らに何も掛ける物を与えようとしませんでした。〔兄弟たち〕をごろつきで泥棒だと思っていたからです。

その夜、〔二人の兄弟〕は朝課の時間まで、ただ神への熱気によってのみ暖を取り、貧しさの姫君の覆いに包まれて、竈の傍らで浅い眠りをとって休みました。そして、早朝の聖務日課にあずかるために近くの聖堂に出かけて行きました。

三九　朝になると、その婦人は同じ聖堂へ行き、そこであの兄弟たちが敬虔に祈りに没頭しているのを見て、心の中でつぶやきました。「もしも、家《うち》の主人が言うようにごろつきの泥棒だったなら、あんなに敬虔に祈りに没頭するはずはないわ」。彼女がこう考えていると、ちょうどその時、グイドという名の人がその聖堂の中で、貧しい人々に施しを配っていました。

その人は兄弟たちのところに来ると、ほかの人たちに与えたように、二人のそれぞれに金銭を与えようとしましたが、二人は金銭を断り、受け取ろうとしませんでした。その人は二人に言いました。「あなたたちは貧しいだろうに、なぜほかの人たちのように銀貨を受け取ろうとしないのか」。兄弟ベルナルドが答えました。「わたしたちが貧しいことは確かです。しかし、わたしたちにとって貧しさは、ほかの貧しい人たちのように苦しいものではありません。〔神〕の勧告を実行するために、神の恵みによって、わたしたちは自ら進んで貧しくなったのです」。その人はこれを聞いて驚き、以前は何かを所持していたのかと尋ね、多くのものを所持していたが、神の愛によって、すべてを貧しい人々に与えてしまった、という答えを彼らから得たのでした。このとき、このように答えたのは、フランシスコに続く第二番目の人で、今日《こんにち》、いとも聖なる師父であるとわたしたちは信じている、あの兄弟ベルナルドでした。この方は、まず第一に平和と悔い改めの使者としての職務を受け入れて、神の聖者〔フランシスコ〕の後を走り抜き、福音的完全さの勧告に従って、**所持していたすべての物を売って貧しい人々に施して**[8]、最期まで、いとも聖なる貧しさのうちに留まり続けたのでした。

先に述べた婦人は、兄弟たちが銀貨を欲しがらなかったことを考え、〔二人〕に近づいて、もし自分の家を宿とすることを望むなら、喜んで迎え入れると言いました。「**主が**あなたの善意に**報いてくださいますように**[9]」と兄弟たちは謙遜に答えました。さて、先に述べた人〔すなわちグイド〕は、兄弟たちが宿を見つけることができなかったと聞き、〔二人〕を自分の家に連れていって言いました。「ご覧ください、主によってあなた方のために用意された宿です。あなた方のお気に召すまま滞在してください」。〔二人〕は神に感謝をささげ、言葉によるよりも模範をもって、その人を主への畏敬へと教え導きつつ、その人のもとに数日滞在しました。その結果、その後、その人は多くの物を貧しい人々に施したのでした。

四〇　この人にはこのように親切にしてもらいましたが、ほかの人たちには全く取るに足りない者たちと見なされていました。身分の低い人たちも高い人たちも、多くの人が彼らを非難し、侮辱し、ときとしては彼らがまとっていたぼろぼろの衣服を剝ぎ取ったりしました。福音の様式に従ってただ一枚のトゥニカしか所持していませんでしたので、神の僕《しもべ》〔である兄弟〕は裸のままでいたのですが、奪われたものを返してくれるよう請求することはありませんでした。ただし、人々が同情して奪ったものを返そうとしてくれるときには、喜んでそれを受け取ったのでした。ある人々は〔兄弟たち〕に泥を投げつけ、ある人々は彼らの手に賽子《さいころ》を握らせて遊ぶよう誘惑し、またある人々は彼らの頭巾を背後から摑んで自分の背中に吊り上げ担いだりしました。

人々は、遠慮会釈なく自分たちのしたいように痛めつけてもいいと思うほどに取るに足らぬ者たちと見なして、このようなことや同様のことを〔二人〕に行っていました。その上更に、**飢えと渇きと寒さと裸**といった[10]、測りしれない艱難と窮乏を耐え忍んでいました。祝されたフランシスコに勧告されたとおりに、これらのすべてを終始一貫して辛抱づよく耐え、嘆かず、動揺せず、自分たちに悪を行う人々を呪うこともありませんでした。完全に福音的な人として、大きな報酬を得たかのように、主のうちにあって大きな喜びに躍り上がり、このような**試練や困難に見舞われたときにも、それをすべて喜びと見なし**[11]、福音の言葉に従って、**自分たちを迫害する人々のために**心からの思いを込めて熱心に**祈っていました**[12]。

(1)使六・五、八。(2)ルカ一二・三三。(3)ヨハ一六・三三。(4)マタ一〇・二〇。(5)Ⅱテモ三・一二。(6)Ⅰコリ一・二六。(7)ルカ八・一、一〇・五。(8)ルカ一八・一三。(9)サム下二・六。(10)Ⅱコリ一一・二七。(11)ヤコ一・二。(12)マ夕五・四四。

第一一章

別の四人の兄弟の受け入れ、初期の兄弟たちが互いに抱いた燃え上がる愛、労働と祈りへの熱意、完全な従順について

四一　兄弟たちが艱難にあって喜び躍り、心を込め敬虔に祈りに没頭し、金銭を受け取らず所持もせず、**互いに大きな愛を抱き合い、それによって**〔彼らが〕**真に主の弟子であることが分かる**[1]のを見て、多くの人が心を打たれ、自分たちが行った仕打ちについて許しを請いに彼らのもとにやって来ました。〔兄弟たち〕は、「主があなた方をお許しくださいますように」と言って心から許し、彼らに救いについて有益な助言を与えていました。

さて、ある人々が、〔兄弟たち〕の共同体に受け入れてほしいと、兄弟たちに願いました。兄弟の数が少なかったこともあり、六人の〔兄弟たち〕はみな、会に受け入れる権限を祝されたフランシスコから得ていたので、そのうちの何人かを自分たちの仲間に受け入れました。このようにして彼らを受け入れた後、予定していた時期になると、みながポルチウンクラの聖マリアに戻りました。互いに再び顔を合わせると、彼らは愉悦と歓喜に満たされ、悪意ある人々から受けた仕打ちなど何一つ覚えていないかのようでした。

〔兄弟たち〕は、魂の敵である怠惰をことごとく自分から徹底的に追い払うために、毎日、祈りと**手仕事**[2]に専念していました。勤勉に真夜中に起き出し、激しい涙と嘆息とをもって敬虔に祈っていました。心からの愛をもって互いに愛し合い、互いに奉仕し合い、母が愛する一人息子を養育するように養育し合っていました。彼らの内には激しく愛の炎が燃えていたので、キリストへの愛のためのみならず、自分の兄弟の一人の魂か体の救いのためには、自分の体を死に引き渡すことなど容易なことに思われました。

四二　ある日、兄弟たちのうちの二人が一緒に歩いていると、ある愚かな人に出会いましたが、その人は彼らに石を投げ始めました。一人の〔兄弟〕は、もう一人の〔兄弟〕に石が投げられるのを見ると、直ちに石の礫《つぶて》の前に立ちふさがりました。彼らのうちに燃えていた相互の愛の故に、自分の兄弟よりも自分自身が打たれることを望んだのでした。このように、**互いに相手のために命を捨てる**[3]覚悟ができていたのです。

〔兄弟たち〕は謙遜と**愛に土台を据え、そこに根を下ろしており**[4]、互いに相手〔の兄弟〕を父親か主人であるかのように敬うほどであり、職務上の役務や何らかの恵みにおいて秀でている人々は、ほかの人々よりもより謙遜でより取るに足らない者のように見受けられました。すべての〔兄弟〕が従順のために自分のすべてを差し出し、命ずる人の意図を果たすためにいつも備えていました。命令が正しいか否か判断することはありませんでした。命じられることは何であれ、主のみ旨によるものであると考えていたからです。それ故、命令を実行するのは、彼らにとっては容易く甘美なことでした。**肉の欲求を遠ざけ**[5]、細心の注意を払って自分自身を裁き、互いに相手〔の兄弟〕を決して傷つけることのないようにしていました。

四三　もし〔ある兄弟〕が別の〔兄弟〕を混乱に陥れかねない言葉を口にしてしまったような場合には、良心の呵責のあまり、自分の過ちを表明して、混乱させてしまった兄弟の足を自分の口に載せてもらうよう、謙遜に大地に身を投げ出すまでは、安らぎを得られませんでした。混乱に陥れられた兄弟が相手の〔兄弟の〕口を踏みたがらないときには、混乱させたのが目上の〔兄弟〕であれば、自ら相手の〔兄弟〕に自分の口に足を載せるように命令し、従う立場の〔兄弟〕であれば、そうするように目上〔の兄弟〕に命じてもらっていました。このように、イエス・キリストの恵みに導かれ助けられて、できうる限り、一つ一つの悪徳に一つ一つの美徳をもって対抗するよう努力していましたので、あらゆる遺恨と悪意は彼らのもとから追い出され、彼らの間には完全な愛が常に保たれていました。

更にその上、使徒たちから伝えられ、守られてきた様式に従って[6]、何一つとして自分のものであると主張することなく、本であれ他の貰い物であれ共同のものとして用いていました。〔兄弟たち〕のうちには、彼らの間に真の貧しさが存在していましたが、神のために自分たちに施してもらったすべての物に関して何も物惜しみせず寛大で、〔神〕への愛のために喜んで、乞い求めるすべての人、特に貧しい人々に、自分たちに与えられた施しを与えていました。

四四　〔兄弟たちは〕旅路の途中で貧しい人々に出会い、神の愛のために何かを乞い求められたとき、差し出すものを何も持っていなければ、粗末ではあったが自分の衣服の一部分を与えていました。実に、あるときは衣服から切り離した頭巾を与え、あるときは袖を、あるときは衣服から解いた他の部分を与えていました。「**求める者には誰にでも与えなさい**[7]」という福音の言葉を実行するためでした。

ある日のこと、貧しい人が、彼らがときどき滞在していたポルチウンクラの聖マリア聖堂にやって来て、施しを乞い求めました。そこに、ある兄弟が世俗にいたころに持っていたマントがありました。祝されたフランシスコが、それをその貧しい人に与えるように、その兄弟に言うと、彼は喜んで快く与えました。その瞬間、その貧しい人にマントを与えることで〔その兄弟〕の内に芽生えた謙譲と敬虔の念のために、施した物が天に昇っていくのが彼には見え、自分が新しい喜びに満たされるのを感じたのでした。

四五　この世の財に富んでいる人々が〔兄弟たち〕のもとに来ると、心から寛大に迎え入れ、悪から退き、悔い改めへと進むよう励ましました。彼らはまた、生まれた土地に自分を派遣しないよう強く願っていました。血縁の者との家族的な交友や交際を避け、「**わたしは兄弟たちにとってのけ者となり、母の息子たちにとってよそ者となった**(8)」という預言者の言葉を守ろうとしてのことでした。

〔兄弟たちは〕貧しさのうちにあって大いに喜んでいました。富を求めることなく、この世を愛する人々が切望するはかないものをことごとく軽蔑していたからです。特に、金銭を塵のように足で踏みにじり、聖者に教えられたように、これを驢馬《ろば》の糞と同等の価値や重みしかないものと見なしていました。

自分たちの内にも自分たちの間にも、悲しくさせられるようなものは何も持っていなかったので、常に主において喜んでいました。実に、この世から切り離されれば切り離されるほど、一層神に結ばれたのでした。十字架の道と義の小径を進み、悔い改めと福音の遵守という狭い道から障害物を取り除いて、後に続く人々のために平らで安全な道を用意したのでした。

(1) ヨハ一三・三五。(2) Iコリ四・一二。(3) Iヨハ三・一六。(4) エフェ三・一七。(5) Iペト二・一一。(6) 使二・四四、四・三二。(7) ルカ六・三〇。(8) 詩六九・九。

第一二章

自分たちの計画を告げて、起草した会則を認可してもらうために、どのようにして祝されたフランシスコが十一人の仲間の兄弟と共に教皇庁に行ったか

四六　祝されたフランシスコは、主が数においても功績においても兄弟たちを増やしてくださったのを見て、もはや十二人は完全に意見を同じくする者らであったので、その

十一人に、彼らの十二番目の指導者かつ父親として言いました。「兄弟たち、主はわたしどもの集まりを慈しみ深くも大きなものになさるおつもりのようです。それ故、わたしどもの母である聖なるローマ教会へ行って、主がわたしどもを通して行い始められたことを至高の祭司（教皇）にお知らせし、このお方のご意向とご指示に従って、わたしどもが始めたことを遂行しましょう」。

　師父の言葉にほかの兄弟たちは賛同して、〔師父〕と共に教皇庁へと旅立ったとき、フランシスコは〔兄弟たち〕に言いました。「わたしたちの一人をわたしたちの指導者とし、いわばイエス・キリストの代理者としていただき、彼が行こうと思うところへはどこにでも行き、彼が休みたいと思うときに休みましょう」。〔兄弟たち〕は、祝されたフランシスコに続く、最初の兄弟ベルナルドを選び、師父の言ったように、彼に従ったのでした。

　こうして喜びのうちに歩み進み、主のみ言葉を語っていました。神の賛美と栄光にかかわること、魂の益になることよりほかのことは一切口にせず、しばしば祈りに専念していました。主は必要なものが彼らに提供されるようになされ、常に彼らに宿を用意してくださいました。

四七　〔兄弟たちは〕ローマに着くと、そこでアシジの司教に出会い、非常に大きな喜びをもって迎え入れられました。〔司教は〕、祝されたフランシスコとすべての兄弟たちを特別に敬愛しておられたからです。とはいえ、彼らが来た動機を知らなかったので、主が彼らを通して不思議な業を行い始められた、彼らの郷里を捨て去ろうと考えているのではないかと心配し始めました。実に、司教は自分の司教区にこのような者たちがいることを非常に喜んでおり、彼らの生活や行状を高く評価していたのです。そこで、彼らの動機を聞きその計画を理解すると、非常に喜び、そのための助言と援助を約束してくださいました。

　この司教はサビーナの司教であり枢機卿である方を知っておられました。その方はサン・パウロのヨハネ陛下といい、真に主の恵みに満ちた方で、主の僕《しもべ》たちを大変愛しておられました。この方に、前述の〔アシジの〕司教は祝されたフランシスコとその兄弟たちの生活をすっかり語っており、それ故、〔枢機卿〕ご自身も神の人〔フランシスコ〕と兄弟たちの誰かに会いたいと熱望しておられたのでした。

　彼らが首都〔ローマ〕にいると聞くと、使者を送り、大きな敬意と愛をもって彼らを迎えられたのでした。

四八　〔枢機卿〕のもとで過ごしたほんの数日の間に、〔兄弟たち〕は聖なる話と模範によって枢機卿を啓発したので、

〔枢機卿は〕、彼らについて聞いていたことがその行いのうちに輝いているのを見て、謙遜に敬虔に彼らの祈りに自らを託して、特別の厚意をもって、これからは自分を兄弟の一人と見なしてほしいと願われました。その上で、祝されたフランシスコになぜ〔ローマに〕来たのか尋ね、その計画と意図をすっかり聞くと、教皇庁での彼らの後見人となると申し出られました。

　それ故、先に述べた枢機卿は教皇庁に赴き、教皇インノセント三世陛下に申し上げました。「わたしはいとも完全なる者に出会いました。この者は、聖なる福音の様式に従って生き、あらゆることにおいて福音的完全を遵守しようとしています。この者を通して、主は全世界の聖なる教会の信仰を刷新しようとされていると、わたしには思われます」。これを聞いて教皇陛下は非常に驚き、祝されたフランシスコを自分のもとに連れてくるよう、この枢機卿にお命じになられました。

四九　それ故、次の日、神の人〔フランシスコ〕は先に述べた枢機卿に導かれて、至高の祭司〔教皇〕の前に参上すると、自分の聖なる計画を教皇にすっかり申し上げたのでした。この祭司〔教皇〕ご自身は特に識別の才に秀でておられたので、慣例に則して聖者の望みに同意し、多くのことについて彼と彼の兄弟を激励して、仰せになりました。「主と共に行きなさい、兄弟たちよ。〔主〕ご自身があなたたちを鼓吹しようと望まれるままに、すべての人に悔い改めを宣べ伝えなさい。そして、全能の神があなたたちを数において恵みにおいて増やしてくださったなら、われわれにそれを告げなさい。更なるものを認め、より重要なことをあなたたちに託そう」。

　聖者がご自分の前から退出する前に、教皇陛下は、許可したこと、また認めようとしていることが主のみ旨に則したことか否か知ろうと思い、彼と仲間の〔兄弟〕たちに申されました。「われわれの愛する息子たちよ、われわれには、あなたたちの生活はあまりにも厳しく苛酷なものに思える。あなたたちは燃え上がっているので、あなたたちに関しては疑う必要はないと信じているが、あなたたちに続く者たちにとっては、この道はあまりにも苛酷すぎると思われないか、われわれは考慮しなければならない」。彼らの信仰が首尾一貫しており、希望はキリストのうちに固く碇《いかり》を下ろしており、その情熱から身を引く気などないことを見てとり、〔教皇〕は祝されたフランシスコに仰せになりました。「我が子よ、行って、あなたたちの求めるものが〔神〕のみ旨に由来するものかどうか神に祈りなさい。

主のみ旨が分かったなら、われわれはあなたの望みを承認することにしよう」。

五〇 こうして、教皇陛下に勧められたとおり聖者が神に祈っていると、霊のうちに主が彼に話しかけ、譬え話を通して仰せになりました。「貧しく慎ましやかで美しい女性が荒れ野にいた。ある偉大な王がその美しさに驚嘆し、彼女を妻に迎えたいと欲した。美しい息子たちが産まれると思ったからである」。

「結婚の契約と契りを交わして、多くの息子が産まれ、成人となった。母親は息子たちに次のように語って言った。『息子たち、恥じることはありません。あなたたちは王の息子たちなのですから。ですから、王の宮廷に行きなさい。御自らあなたたちに必要なものを整えてくださるでしょう』。こうして、彼らが王のもとへ行くと、王は彼らの美しさに驚嘆し、また自分に似たところが彼らにはあるのを見て、『お前たちは誰の子供か』と言った」。

「荒れ野に住む貧しく慎ましやかな女の息子であると答えると、王は非常に喜んで彼らを抱きしめて、言った。『**恐れることはない**[1]。お前たちはわたしの息子たちなのだから。異国の者らがわたしの食卓で養われるとすれば、わたしの嫡子であるお前たちはそれ以上でなければならない』。こうして、王は先に述べた女性に、彼女によって儲《もう》けた息子たちを養育したいので、みな、宮廷に送るよう命じた」。

このように、幻を通して、このようなことが祈っているフランシスコに示されましたが、この貧しく慎ましやかな女性を通して自分が示されているのだと聖者は理解しました。

五一 祈りを終えると、至高の祭司〔教皇〕の前に再び参上すると、主が自分に示してくださった譬えを順序立てて説明しました。そして、言いました。「陛下、この貧しく慎ましやかな女性はわたしです。その憐れみによって、主は彼女を愛し、美しく装い、彼女によってご自分の嫡子が生まれることをお望みになりました。王の王は、わたしから産まれるすべての息子たちを養ってくださると、わたしに仰せになりました。もし異国の者らを養われるとすれば、嫡子たちはもっとよく養われるはずだからです。ですから、もし神が、養うべき息子らへの愛の故に、罪人たちにさえ世の富をお与えになるのなら、その功績の故にそれに値する福音〔を生きる〕者たちには、より豊かに分け与えてくださいます」。

これを聞いて、教皇陛下は非常に驚かれました。特に、祝されたフランシスコが来る前、幻のうちに次のような光景を見ておられたからでした。ラテラノの聖ヨハネ聖堂が崩壊に瀕しており、それを、信仰篤く、**貧相で、軽んじられるような男**(2)が、その背を差し入れて支えていました。驚きと恐怖に捉えられて目を覚ますと、分別ある思慮深い方でしたから、この幻が自分に何を言おうとしているのか考え続けておられました。ところが、わずか数日後、先に述べたように、祝されたフランシスコがご自分のもとを訪れ、自分の計画を打ち明け、聖なる福音の言葉を用いて、単純な言葉で書き上げた会則を認可してほしいと願い出たのでした。彼は〔福音〕の完全さを全面的に渇望していたのでした。教皇陛下は、〔フランシスコ〕が神への奉仕に燃え上がっているのを見て取り、ご自分がご覧になった幻と神の人が示した先の譬えとを比べ合わせて、心の中でつぶやき始められました。「真にこの者こそあの信仰篤く聖なる男であろう。この者によって神の教会は支え保たれるであろう」。

こうして、〔教皇〕は彼を抱きしめ、彼が書きあげた会則を認可されました。また、彼とその兄弟たちにどこでも悔い改めを宣べ伝える許可を与えてくださいました。ただし、説教しようと思う者は祝されたフランシスコから許可を得なければなりません。後に枢機卿評議会において〔教皇は〕これを認可されたのでした。

五二　それ故、これらの許可を得ると、祝されたフランシスコは**神に感謝をささげ**(3)、ひざまずいて謙遜に敬虔の念を込めて教皇陛下に従順と尊敬を誓いました。他の兄弟たちは、教皇陛下の指示に従って、祝されたフランシスコに同様に従順と尊敬を誓ったのでした。このようにして至高の祭司〔教皇〕から祝福を受けると、祝されたフランシスコと他の十一人の兄弟は使徒たちの聖所を訪ね、十二人全員が聖職者であることを望む、先に述べた枢機卿の図らいのとおり、祝されたフランシスコと他の十一人の兄弟は剃髪を受けたのでした。

五三　首都〔ローマ〕を後にすると、神の人〔フランシスコ〕は兄弟たちと共に世界へと出立しました。自分の望みがこのように易々と実現されたことに大いに驚き、将来彼に起こることをあらかじめ聖なる啓示によって示してくださった救い主への希望と信頼を日々成長させていきました。実に、これらのことが起こる前のある夜のこと、ぐっすり眠るうちに、〔フランシスコは〕**非常に高く、美しく、力強く、葉の生い茂った一本の木**(4)が傍らに生えている道を通って歩んでいくのを見たのでした。その〔木〕に近づき、その下に立つと、その高さと**美しさは驚くばかりでした**(5)。突然、聖者自身、木の頂に届き、その〔頂〕をいとも容易く地面にまで傾けられるほどに、その背が高く伸びたのでした。これは、この世においてより崇高でより美しくより強い木であるインノセント陛下が、いとも慈しみ深く〔フランシスコ〕の懇願と意図に耳を傾け聞き入れてくださったとき、現実となったのでした。

(1)ルカ一二・三二、マタ一四・二七。(2)イザ一六・一四、五三・三。(3)使二七・三五。(4)ダニ四・八。(5)ユディ一〇・一四。

第一三章

彼の説教の力と最初に滞在した場所について。またそこで兄弟たちがどのように暮らし、どのようにしてそこから撤退したか

五四　このときから、祝されたフランシスコは**町や村を巡り**(1)、あらゆる場所で、**人間の知恵による説得力ある言葉によってではなく聖霊の教えと力によって**(2)、信頼を込めて神の国を告げ知らせつつ、より力強くより完全に説教し始めました。実に、使徒の権威によって強められた真理を語る説教者であり、媚びへつらうことは一切せず、追従の言葉を一切用いませんでした。言葉によって他の人々に勧めることを、まず行いによって自分自身確信するようにしていましたので、確かな自信をもって真実を語ることができたからです。博識な人も学識ある人も、多くの人がそれまで誰も教えることのなかった〔フランシスコ〕の説教の力と真理に驚嘆し、別の代《よ》の人間であるかのように〔フランシスコ〕を見ようと、その話を聞こうと駆け寄ってきました。人々の多くが、身分の高い人も卑しい人も、聖職者も一般信徒も、神の霊感に駆り立てられ、祝されたフランシスコの足跡を追って、世俗の思い煩いや華美を捨て、彼の規律に服して生活し始めたのでした。

五五　当時、幸いなる師父は息子たちと共に、皆から見捨てられた納屋があった、アシジに近いリヴォ・トルトと呼ばれる所で暮らしていました。その場所はとても狭く、やっと座ったり寝たりできるというありさまでした。そこではしばしばパンにも事欠き、苦労してあちこちで物乞いしてきた蕪《かぶ》だけを食べていました。神の人〔フランシスコ〕はその納屋の梁《はり》に兄弟たちの名前を書き、誰にせよ休んだり祈ったりしたい人が自分の場所を分かるようにしました。その場所の小ささと狭さの故に、不慣れな騒音に心

の静寂が乱されることのないようにするためでした。

ところが、ある日のこと、兄弟たちがこの場所にいると、一人の農夫が驢馬《ろば》と一緒にこの納屋に泊まろうと思って、驢馬を連れてやって来ました。そして、兄弟たちに追い返されまいとして、驢馬を連れて中に入り、驢馬に言いました。「入れ、入れ。ここで好きにやろうじゃないか」。聖なる師父は、農夫の言葉を聞き、その意図を理解すると、心を掻き乱されました。特に、〔農夫〕が驢馬と一緒になって大きな騒音を立てて、沈黙と祈りに専念していたすべての兄弟たちを悩ませたからでした。そこで、神の人〔フランシスコ〕は兄弟たちに言いました。「兄弟たちよ、驢馬のために宿を用意し、人々の訪問を受けるために、神はわたしたちを召し出されたのではありません。わたしたちは、時として、人々に救いの道を説き、救いのための助言を提供し、何よりもまず第一に祈りと感謝に専念しなければなりません」。

そこで、先に述べた納屋を後にして、そこをレプラを患っている貧しい人々に使ってもらうようにして、ポルチウンクラの聖マリアに移り、その聖堂を得る前に時々滞在していた近くの小屋で暮らしました。

五六 後に、祝されたフランシスコは、アシジ近郊のスバシオ山の聖ベネディクト会大修道院長からこの場所を、神のみ旨と鼓吹のおかげで謙遜に手に入れました。聖者自身は、この代《よ》のあらゆる場所と聖堂にまさって、栄えある処女《おとめ》〔マリア〕に愛された場所として、特別に愛情を込めて会全体の奉仕者とすべての兄弟にこの場所を託したのでした。

この場所への敬意と愛着に関しては、当時まだ世俗にあった一人の兄弟が見た幻が大いに寄与しています。祝されたフランシスコは、共に過ごしていた時には、特別な愛情をもって彼を愛し、ことさらの親しみを示していました。それ故、この人は、実際に後に修道生活を通して奉仕したように、神に奉仕したいと欲していると、世間の人はみな目が見えなくなっており、ポルチウンクラの聖マリアの周りにひざまずき、両手を組み合わせ、顔は天を仰ぎ見つつ、涙を流しつつ大きな声で、憐れみ深くすべての人を照らしてくださるように主に祈り続けているのを、幻のうちに見たのでした。人々がそのように祈り続けていると、大きな輝きが天から放たれ、人々の上に降り、救いの光によってすべての人を照らすのが見えました。

この人は目を覚ますと、神に奉仕することを固く決意し、しばしの後、何の価値もない世俗とその虚栄をすっかり捨てて修道生活に入り、そこで謙遜に敬虔な思いで、最後まで神に奉仕し続けたのでした。

(1) マタ九・三五。(2) Iコリ二・四。

第一四章

ポルチウンクラの聖マリアの地で年に二回開催された集会について

五七　先に述べたように、〔ベネディクト会の〕大修道院長から〔ポルチウンクラの〕聖マリアの土地を提供された後、祝されたフランシスコは、この地で年に二回、つまり聖霊降臨祭と、聖ミカエルに献げられた日(九月二十九日)に集会を開催することを規定しました。聖霊降臨祭には、すべての兄弟が聖マリア〔聖堂〕に集まり、どのようにして会則をよりよく遵守するか検討し、またさまざまな管区で人々に説教する兄弟たちを決定し、ほかの兄弟たちをそれぞれの管区に配置していました。聖なるフランシスコは、主の勧告に適うと思われるとおりに、訓戒、矯正、命令を兄弟たちに与えていました。言葉をもって語ったことはすべて、愛情を込め細心の注意を払って行いによって〔兄弟たち〕に提示していました。聖なる教会の高位聖職者と司祭たちに敬意を払い、年老いた人々や身分の高い人々や裕福な人々をも敬い、貧しい人々を深く愛して自分の腸《はらわた》をかきむしられるほどに彼らと苦しみを共にし、自分がすべての人に服する者であることを実証していました。すべての兄弟よりも崇高な人であったにもかかわらず、一緒に住む兄弟の一人を自分の世話役かつ主人とし、自分からあらゆる高慢の機会を追い払うために、その〔兄弟〕に謙遜に敬虔な思いをもって服従していました。人々の間で地面に着くまで自らの頭を低くし辱めていたので、今や神のみ前にあって、神の聖なる人々と選ばれた人々の間で称揚される恵みに浴しているのです(1)。

聖なる福音と約束した会則を固く遵守するように、特に聖務日課と教会のさまざまな規定を尊重し敬意を払い、敬虔な思いでミサにあずかり、最高の敬虔の念をもって主の御体(聖体)を礼拝するようにと、細心の注意を払って兄弟たちに訓戒していました。尊敬すべき至高の秘跡(聖体)を執行する司祭たちは、特別に兄弟たちから尊敬されており、どこで出会おうとも、〔司祭たち〕の前で頭を深く垂れ、その手に口づけするほどでしたし、もしも馬に乗っている〔司祭たち〕に出会ったなら、〔司祭たち〕の権能に対する敬意の故に、彼らの手にだけでなく、乗っている馬の蹄《ひづめ》にも口づけすることを、〔フランシスコ〕は願っていました。

五八　また、〔兄弟たちは〕どんな人をも裁かず、贅沢に暮らし、奇をてらって過剰に身を装う人々を軽蔑することのないようにと、兄弟たちに勧告していました。わたしたちの神はそのような人々の神でもあり、主はその人々をご自分のもとに**召し出し、召し出した人々を義とする**ことがおできになるからです(2)。兄弟たちはこのような人々を自分の兄弟ならびに主人のように敬ってほしい、なぜなら唯一の創造主によって造られた者らとして兄弟であり、体に必要なものを提供して、悔い改めを行うために善良な人々を助けるのであるから主人であるとも言っていました。そしてこう言い添えました。「人々の間での兄弟の生き方は、彼らを目にし耳にする人が誰しも、**天の御父の栄光をたたえ**(3)、敬虔に賛美するようになるものでなければなりません」。

実に、〔フランシスコ〕の最大の憧れは、それによって主が賛美されるような行いを自分も兄弟たちも豊かに行うことでした。そして、〔兄弟たち〕に言っていました。「口で平和を告げるように、あなたたちの心にはそれ以上に大きな平和があるようにしてください。誰一人としてあなたたちの故に怒りや躓きを覚えることがないように。むしろすべての人があなたたちの柔和さの故に、平和と寛容と一致へと向かいますように。わたしたちは、傷ついた人々を癒し、**打ち砕かれた人々を立て直し**(4)、迷った人を呼び戻すために召し出されたのですから。わたしたちにとって多くの人が悪魔の手足であるように思われますが、いつかはキリストの弟子になるでしょう」。

五九　その上、慈しみ深い師父は、兄弟たちがあまりにも自分自身に厳しいこと、つまり**徹夜して**〔祈り〕、**断食し**(5)、肉体の苦行に熱中することを非難していました。実に、肉の誘惑をことごとく自分から追い出そうとして、あまりにもひどく自分を責め苛《さいな》むので、自分を憎んでいるように見える〔兄弟たち〕もいたのでした。やさしく諌《いさ》め、理をもって諭し、彼らの傷口を健やかな戒めという包帯でくるんで、神の人〔フランシスコ〕はこうしたことを禁じたのでした。

集会にやって来た兄弟たちの中には、不遜にも世俗的な事柄についてしゃべり散らそうとする者は一人もおらず、聖なる師父たちの生き方について語り合い、どうすればより良くより完全に主イエス・キリストの恵みを見いだすことができるか語り合っていました。集会にやって来た兄弟たちの誰かが誘惑や艱難を抱えていても、甘美に、そして燃えるように語る祝されたフランシスコの言葉を耳にし、その悔い改めの姿を目にすると、不思議なことに、その誘惑から解放され、艱難は軽くなったのでした。共苦共感する者として、裁判官のようにではなく、憐れみ深い父親のように息子たちに、善い医者のように病んだ者らに語りかけ、病んだ者らと共に病に苦しみ、苦しむ者らと共に苦しむことができたのです。とはいえ、過ちを犯した〔兄弟たち〕はみな当然の叱責を受け、強情な〔兄弟たち〕や反抗的な〔兄弟たち〕を当然の譴責《けんせき》をもって懲らしめられたのです。

　集会が終わると、すべての兄弟に祝福を与え、それぞれの〔兄弟〕をそれぞれの管区に割り振りました。〔兄弟たち〕のなかから、神の霊と説教に適した雄弁の才能を持つ者には、それが聖職者であれ聖職者でない兄弟であれ、説教する許可を与えました。〔兄弟たち〕は大きな霊の喜びをもって、〔フランシスコ〕の祝福を携えて、**旅人のように、異国の人のように、**[6]〔聖務日課の〕時課〔の祈り〕を唱えるための本以外の何一つ道中持つことなく世界中へと出かけて行きました。どこであろうと司祭に出会えば、それが豊かな〔司祭〕であろうと貧しい〔司祭〕であろうと、良い〔司祭〕であろうと悪い〔司祭〕であろうと、謙遜に頭を垂れて敬意を表しました。宿を求める時間になると、世俗の信徒よりも司祭のもとに宿を借りることを好んでいました。

六〇　司祭たちのもとに宿を借りることができないときには、できるだけ霊的な人々、神を畏れる人々を探し求め、その人々のもとでより品行方正に一夜を過ごすようにしていました。それも、兄弟たちが訪ねようと思う町や村はどこであれ、彼らに宿を用意するように神を畏れる人々に主が働きかけてくださるまでのことでした。そうこうするうちに、さまざまな町や村に、〔兄弟たち〕のための居所が構築されたのでした。

　主は、適切な時に応じて、若者たちや年老いた人々の心を貫く鋭い言葉を発するために、〔兄弟たち〕に言葉と霊を与えてくださいましたので、人々は**父親と母親**、そして持っている物をすべて**後に残して、**[7]〔兄弟たち〕の修道生活の会服をまとって、彼らに従いました。まさしく、諸々の罪の汚物の内に両親を残して、若者たちが修道生活へとやって来たとき、分離をもたらす**剣が地上に投ぜられたの**でした。[8]彼らが〔フランシスコ〕から修道生活の会服を謙遜に敬虔な思いで受け取るように、〔兄弟たちは〕会に受け入れた人々を祝されたフランシスコのもとに連れていきました。

このようにして〔修道〕会へと発心したのは男性だけでなく、多くの処女《おとめ》ややもめたちが彼らの説教に心を打たれ、彼らの助言に従って、どこの町でも村でも、悔い改めを行うために整えられた隠棲修道院に自ら籠ったのでした。彼女たちのために、兄弟の一人が巡察者と矯正者として立てられました。同様に、婚姻の規定によって離別できない、妻のある男性や夫のある女性たちも、兄弟たちの救いへと導く助言によって、より厳しい悔い改めの生活を自宅で行っていました。こうして、これに先立つ三つの聖堂の修復がその前例となったように、聖なる三位一体の神の完全な崇敬者である祝されたフランシスコを通して、神の教会はこの三つの会（男子の「小さき兄弟会」と、クララと姉妹たちの会、結婚した男女のための「悔い改めの会」）によって刷新されるでしょう。これらの会は、それぞれ、そのときに応じて至高の祭司（教皇）によって認可されたのでした。

（1）ルカ一四・一一。（2）ロマ八・三〇。（3）マタ五・一六。（4）エゼ三四・四。（5）Ⅱコリ一一・二七。（6）Ⅰペト二・二一。（7）マタ一九・二九。（8）マタ一〇・三四。

第一五章

最初の保護者ヨハネ陛下の死と、オスチアのウゴリノ陛下が会の父および保護者の任を受諾されたことについて

六一　先に述べた尊敬すべき父君である枢機卿サン・パウロのヨハネ陛下は、しばしば祝されたフランシスコに助言と保護を与えてくださっており、この聖者と兄弟たちの生活と行状を他のすべての枢機卿方に推挙してくださっていました。神の人〔フランシスコ〕と兄弟たちを愛するように〔枢機卿方〕の思いが動かされた結果、それぞれのお方は、兄弟の誰かをご自分の官邸に置きたいと望まれたのでした。それは、〔兄弟たち〕から何らかの奉仕を受けるためではなく、兄弟たちの聖性と、兄弟たちがこのお方たちに対して抱いていた熱い忠誠心のためでした。

サン・パウロのヨハネ陛下が亡くなられた後、当時オスチアの司教であったウゴリノという名の枢機卿の一人に、祝されたフランシスコとその兄弟たちを深く愛し、保護し、慈しむように、主は働きかけられました。まさしく、この方は彼らに対して激しく燃える愛を抱き、すべての〔兄

弟〕の父親であるかのように接してくださいました。むしろ、肉親の父親の愛が肉親の息子へと本性的に注がれる以上に、この方の愛は霊的に、主において愛し慈しむべき神の人〔フランシスコ〕とその兄弟たちへと燃え立ったのでした。他の枢機卿方のなかでもひときわ評判高い方でしたから、神の人〔フランシスコ〕はこの方の輝かしい評判を聞くと、兄弟たちと共にこの方のもとを訪れました。この方は喜んで彼らを迎え入れて仰せになりました。「わたし自身をあなたたちにささげ、あなたたちの益となるように援助と助言と保護とを提供するつもりである。神のために、あなたたちの祈りのなかで、わたしのことを思い起こしてもらいたい」。

そのとき、祝されたフランシスコは神に感謝をささげて、この枢機卿陛下に言いました。「陛下、心からの喜びをもって、わたしどもの修道生活の父上ならびに保護者として、〔陛下〕をお迎えしたいと願っております。また、すべての兄弟が常に祈りのうちに〔陛下〕のことを思い起こすようわたしは願っております」。その後、祝されたフランシスコは、聖霊降臨祭の兄弟たちの集会に臨席していただきたいと願い出ました。〔枢機卿〕はその場で快く承諾し、このときから、毎年、彼らの集会に臨席してくださいました。

〔枢機卿〕が集会に来られたときには、集会に集ったすべての兄弟が列をなして出迎えに行きました。兄弟たちがやって来ると、〔枢機卿〕は馬から下り、〔兄弟たち〕と一緒に聖マリア聖堂まで歩いていかれました。その後、彼らに説教をし、ミサを司式なさいましたが、その〔ミサ〕では神の人フランシスコが福音を朗誦しました。

第一六章

最初の奉仕者たちの選出について、またどのようにして世界中に派遣されたか

六二　修道生活が始まってから十一年が過ぎ、兄弟たちの数も功績も大きなものとなると、奉仕者たちが選ばれ、適当な数の兄弟たちと共に、カトリック信仰が培われ守られているほとんどすべての地域に派遣されました。ある区域では受け入れられはしましたが、小さな住居すら構築することは許されませんでした。〔カトリック〕信者ではないのではないかと疑われて追い出される地域もありました。というのも、先のインノセント三世陛下は〔兄弟たち〕の会と会則を認可はしましたが、書面によって裁可はされな

かったので、このため、兄弟たちは聖職者たちからも信徒からも多くの艱難を浴びせられることになりました。こうして、さまざまな区域から余儀なく追い出され、焦燥し、意気消沈し、更には強盗に衣服を剝ぎ取られ、満身創痍となり、艱難辛苦の末に、祝されたフランシスコのもとに戻ってきたのでした。ドイツやハンガリー、そのほか多くの地域といった、アルプス以北のほとんどすべての地域で、こうした苦難にさらされたのでした。

先に述べた枢機卿陛下にこうしたことが知らされると、祝されたフランシスコをご自分のもとに呼び寄せ、インノセント陛下は既に亡くなられていたので、教皇ホノリオ陛下のもとに連れていかれました。そして、祝されたフランシスコがキリストに教え導かれて起草した別の会則を、このホノリオ陛下によって、勅書を付して荘厳に裁可されるように取り計らわれました。この会則によって、遠方の地に滞在する兄弟たちの労苦を軽減するために、集会〔から次の集会まで〕の期間は引き延ばされることになりました。

六三　祝されたフランシスコは、この教皇ホノリオ陛下にローマ教会の枢機卿の一人を、すなわち前述のオスチアの陛下を、兄弟たちが諸々のことについて頼ることのできる会の父（教皇）のようにして戴くことを願い出ました。実に、一人の枢機卿を願い求めて会をローマ教会に託すよう導くことになる一つの幻を祝されたフランシスコは見ていたのでした。彼が見たのは、家鳩のような爪先を備えた、羽根で覆われた脚を持つ、小さな黒い雌鶏でした。この雌鶏には雛が多すぎて**自分の翼の下に雛たちを集める**(1)ことができず、外に取り残された雛たちが雌鶏の周りを歩いていました。

夢から覚め、この幻について思い巡らし始めると、聖霊によって直ちに、その雌鶏は自分を示していると理解したのでした。「あの雌鶏はわたしだ。背丈は低く、本性は黒い。わたしは鳩のように単純でなければならず、諸々の徳の羽根という愛情をもって天へと飛び立たなければならない。主はその憐れみによって、わたしにたくさんの息子たちをこれまで与えてくださり、これからも与えてくださるが、彼らを守ることはわたしの力ではできないだろう。だから聖なる教会に彼らを託し、**その翼の陰で守り**(2)統治していただかなければならない」。

六四　先に述べた幻から数年経って、〔フランシスコは〕ローマに赴き、オスチアの陛下を訪ねました。〔陛下〕は、翌朝、自分と共に教皇庁に行くようにお命じになりました。教皇陛下と枢機卿方の前で〔フランシスコ〕に説教をさせて、その修道生活を彼らご一同に敬意と愛情をもって推薦したいと思っておられたからでした。祝されたフランシスコは、自分は単純で愚かな者であると申し上げて辞退しましたが、〔陛下〕と共に教皇庁に行かなければなりませんでした。

祝されたフランシスコが教皇陛下と枢機卿方の前に参上すると、この方々は非常に喜んで彼に目を注がれました。〔フランシスコ〕は立ち上がると、ひたすら聖霊の塗油によってあらかじめ示されていたかのように、この方々に説教をしました。そして、説教が終わると、自分の修道〔会〕を教皇陛下とすべての枢機卿方に委託したのでした。〔フランシスコ〕の説教に教皇陛下も枢機卿陛下たちも深い感銘を受け、ご一同の**心は**〔この〕修道生活への愛へと**駆り立てられた**のでした(3)。

六五 その後、祝されたフランシスコは至高の祭司〔教皇〕に申し上げました。「陛下、わたくしは皆さまが細心の注意と絶えざる労苦をもって神の教会を見守っておられねばならないことにご同情申し上げます。また、わたしども小さき兄弟たちのために、大変なご配慮とご心痛をおかけいたしましたこと、まことに恥ずかしく思っております。実に、多くの身分の高い方々や裕福な方々、大勢の修道者の方々が、皆さまへのお目通りがかなわずにいるにもかかわらず、ほかの修道者の方々よりも貧しく取るに足りぬわたくしどもが、皆さまにお目通りするばかりでなく、皆さまの扉の前に立ってキリスト者の徳の幕屋の戸を叩こうとするなど、まことに畏れ多く恥じ入るべきことでございます。それ故にこそ、皆さまの聖性において、謙遜に敬虔な思いを込めて、お願い申し上げます。必要とするときには、兄弟たちがお頼り申し上げることができますように、こちらのオスチアの陛下を教皇様の名代としてわたしどもにお与えくださいませ。皆さまのいと高き威厳が常に確かでありますように」。

この請願は教皇陛下のお気に召し、先に述べたオスチアの陛下を祝されたフランシスコに賜り、その修道生活の最高の権威をもつ保護者と立てられたのでした。

六六 この方は、教皇陛下の委任を受けると、善良な保護者として兄弟たちを擁護するために手を差し伸べてくださいました。この者たちは使徒座の権威によって認可された善良で聖なる修道者たちであるので、これからは、彼らに敵愾心《てきがいしん》を持つことなく、むしろそれぞれの〔教会〕管区において説教し、居を構えられるよう、助言と援助を与えられるようにと、兄弟たちを迫害した大勢の高位聖職者に書状を書き送ってくださいました。同様に、他の多くの枢機卿方にも、同じ趣旨の書状を書き送ってくださいました。

それ故、次の集会において、兄弟たちを会に受け入れる許可が祝されたフランシスコから〔管区の〕奉仕者たちに与えられ、使徒座の勅書を付して認可された会則とともに、枢機卿方への書状を携えて、先に述べた諸区域へと〔兄弟たち〕を派遣したのでした。これらの書類のすべてに目を通した、先に述べた高位聖職者たちは、兄弟たちが示した証しを認めたこともあって、それぞれの〔教会〕管区において居を構え、居住し、説教することを快く認めたのでした。こうして、これら〔教会〕管区に兄弟たちが滞在し、説教するようになると、多くの人が彼らの謙遜で聖なる生き方を見て、いとも心地よい〔兄弟たち〕の言葉を聞いて、神への愛と悔い改めの実践へと思いを動かされ燃え立たされ、〔兄弟たち〕のもとにやって来て、燃える思いと謙遜な心をもって、聖なる修道生活の会服を受けたのでした。

六七　先に述べたオスチアの陛下が兄弟たちに対して抱いておられた信頼と愛を知ると、祝されたフランシスコは、この方を心の奥底から湧き溢れる思いを込めて愛していたのでした。神からあらかじめ与えられた啓示によって、この方が将来至高の祭司（教皇）になることを知っていたので、この方に差し上げた手紙の中では常に、全世界の父君と呼んで、このことをあらかじめお知らせしていたのでした。実に、次のように書き送っていました。「キリストにおいて尊敬すべき、全世界の父君へ、云々」。
しばらくして教皇ホノリオ三世陛下が亡くなられると、このオスチアの陛下が至高の祭司（教皇）に選ばれ、グレゴリオ九世と名のられました。この方は、死に至るまで、他の修道者たちと同様に兄弟たちの、とりわけキリストの貧しい者たちの、優れた支援者であり守護者であられました。ですから、何の差し障りもなく、この方は聖人たちの列に加えられると信じられているのです。

（1）マタ二三・三七。（2）詩一六・八。（3）王上三・二六。

第一七章

祝されたフランシスコのいとも聖なる死について、またどのようにして、その二年前にわたしたちの主イエス・キリストの傷痕を受けたか

六八　キリスト[1]に完全につき従い、使徒たちの生活と**足跡を辿って**から、二十年が経った後、使徒的な人フランシス

コは、主の受肉から一二二六年目の、十月四日、主日に、至福のうちにキリストのもとへと移り、多くの労苦の後の永遠の安息に達し、主のみ前にふさわしく参上したのでした。

弟子の一人で聖性の評判高い〔兄弟〕は、〔フランシスコ〕の魂が、月ほどの大きさで太陽ほどの輝きをもった星のように、**大水の上を**[2]、**白い雲に運ばれて**[3]、**真っ直ぐに天へ昇っていく**[4]のを見ました。

〔フランシスコ〕は、**主のぶどう畑**[5]で多大な労苦のうちに働き、祈り、**断食**、**徹夜**、説教、そして救いをもたらす**旅**[6]、隣人への気遣いと共苦共感、自己放棄に、回心の初めからキリストのもとに移るまで、細心の注意を払い、熱中していました。キリストを**心を尽くして愛し**[7]、絶えず〔キリスト〕を心のうちに思い起こし、口で賛美し、実り豊かな行動をもって栄光を帰していました。実に、熱く燃える思いで、心の限りを尽くして神を愛していましたので、神の名が口にされるのを聞くと、内面的にはすっかり溶けて流れ出し、外面的には、天も地も主のみ名に対してひれ伏さなければならない、という言葉を口にしていました。

六九　〔フランシスコ〕が心に抱いていた、キリストへの愛の情熱とその受難に対する尽きざる追憶とを、主ご自身が全世界に示すことを望まれ、比類ない特例である奇跡的な特典をもって、まだ生存中であった〔フランシスコ〕をその肉体において驚嘆すべきかたちで装われました。

セラフィム（熾《し》天使）の燃え立つ憧れの熱火によって神へと、そして限りのない愛によって十字架につけられることを望まれた方へと高く上げられていたとき、甘美な共苦共感によって〔フランシスコ〕は変容させられたのでした。聖なる十字架の称賛の祝日（九月十四日）に近い、ある朝、ラ・ヴェルナという山の山腹で祈っていたときのことでした。それは、死の二年前のことです。**六枚の翼を持ち**[8]、十字架につけられた、いとも美しい人の姿を担ったセラフィムが彼に現れたのでした。その〔人の〕両手と両足は十字架の形に伸ばされており、はっきりと主イエスのお姿を示していました。二枚の翼で頭を覆い、二枚で残りの体の部分を足まで覆い、二枚は飛ぶために広げられていました。

この幻が消えたとき、〔フランシスコ〕の魂の内には驚嘆すべき愛の炎が残り、その肉体には、更に驚嘆すべきことに、**主イエス・キリストの傷痕**[9]の刻印が現れたのでした。神の人〔フランシスコ〕は主の秘義を公にすることを望まず、死に至るまで、できる限り、これを隠していましたが、これを完全に隠し通すことはできず、少なくとも親しい伴侶〔の兄弟〕たちには明らかになっていました。

七〇　しかし、その至福の帰天の後、その場にいた兄弟のすべてと大勢の世俗の人々が、〔フランシスコ〕の体がキリストの傷痕によって装われているのを見ました。実に、その両手と両足に認められたのは、釘の貫いた痕口ではなく、釘そのものが肉によって形成されて、その肉の内に盛り上がり、鉄の黒い色までも示していたのでした。そして右の脇腹は槍に貫かれたかのようであり、明瞭きわまりない真っ赤な傷痕にえぐられていました。しかも、生存中は、しばしば聖なる血潮が流れ出ていました。

これらの傷痕の動かし難い事実は、〔フランシスコ〕の生存中にも死に際しても、はっきりと見ることで、またしっかり触れることで完全に明らかにされたばかりでなく、その死後も、世界のさまざまな場所で起こった多くの奇跡を通して、主はこの真実をより明らかに示されたのでした。それらの奇跡によって、神の人〔フランシスコ〕をよく思っておらず、その傷痕を疑っていた多くの人々の心は、確信へと変えられたのでした。こうして、かつては〔フランシスコ〕を誹謗していた人々は、善なる神の働きと真実そのものに押し切られて、〔フランシスコ〕を賛美し、いとも誠実に〔フランシスコ〕を宣べ伝える者となったのでした。

（1）Iペト二・二一。（2）詩二八・三。（3）黙一四・一四。（4）ヨシュ八・二〇。（5）イザ五・七。（6）IIコリ一一・二六、二七。（7）マタ二二・三七。（8）イザ六・二。（9）ガラ六・一七。

第一八章

列聖について

七一　こうして、今や世界のさまざまな場所において、数多くの奇跡の新しい光によって輝き渡り、その功徳によって主の偉大な比類ない恩恵に浴した人々が至る所からその聖なる遺体のもとへ馳せ参じたので、枢機卿方ならびに他の大勢の高位聖職者方の助言のもとに、先に述べた教皇グレゴリオ陛下は、主が〔フランシスコ〕を通して行われた数多くの奇跡を読み上げ、承認したうえで、〔フランシスコ〕を聖人たちの名簿に加え、その死の日に荘厳に、その祝日を祝うようにお命じになられたのでした。

以上のことは、アシジの町で、多くの高位聖職者と、更に多くの君主や貴族たち、この荘厳な式典のために教皇陛下御自ら召集された、世界のさまざまな場所から集まった数え切れない人々の臨席のもとに、主の年の一二二八年、教皇陛下即位の二年目に、行われました。

七二　この至高の祭司（教皇）ご自身は、その生前この上なく愛したこの聖者を、列聖して驚くばかりにその栄誉を表彰したばかりでなく、〔フランシスコ〕の栄誉のために建立された聖堂の土台としての最初の礎石を教皇陛下御自らが据え、聖なる供え物と最高級の装飾によって〔その聖堂〕を豪華なものとされました。列聖の二年後、いとも聖なるその遺体は、最初に葬られた場所からこの聖堂へと丁重に移送されたのでした。

〔教皇陛下は〕この聖堂に、主がつけられた十字架の木片を埋め込み、高価な宝石で飾った黄金の十字架、そして、祭壇での奉仕にかかわる多くの装飾品、容器、更に高価で荘重な祭服を加えて寄贈されました。

また、この聖堂をあらゆる下位の司法権の外に置き、使徒的権威によって、小さき兄弟会全体の頭《かしら》ならびに母として制定されました。このことは、枢機卿たちが連署した勅書を付して公にされた特許状によってはっきり示されています。

七三　主が、肉体において死んでも霊においては栄光のうちに生きている〔フランシスコ〕を通して、非常に多くの人を回心させ、癒されることがなかったなら、物質的なものをもって神の聖者をほめたたえてもたいしたことはなかったでしょう。男女を問わず大勢のさまざまな人が、彼の死後、その功徳によって主に立ち返っただけでなく、多くの高い地位にある人や高貴な家柄の人が息子と共に〔フランシスコ〕の会の会服を着用し、またその妻や娘たちは貧しく気高い女性たちの隠棲修道院に自ら籠ったのでした。

同じように、多くの見識ある人や教養のある人、聖職録を有する聖職者たちだけでなく世俗の人々までもが、肉の誘惑を退け、**不信仰と世俗的な欲望**[1]とを完全に捨てて、この小さき〔兄弟〕たちの会に入り、神からの恵みの程度に応じて、すべてにおいてキリストと〔キリスト〕の僕《しもべ》であるいとも祝されたフランシスコの貧しさと足跡とに自らを合致させていったのでした。

それ故、**彼が生きている間に殺したよりも、死をもって殺したもののほうがはるかに多かった**[2]と、サムソンについて書かれたことを、〔フランシスコ〕に当てはめて言ったからといって不当なことにはならないでしょう。もちろん、〔フランシスコ〕は常に栄光の命を生きているのですが。この栄光に、いとも聖なるわたしたちの師父フランシスコの功徳によって、〔主が〕わたしたちを導いてくださいますように。〔主は〕**代々に生き支配しておられます**。[3] アーメン。

（1）テト二・一二。（2）士一六・三〇。（3）黙一〇・六、一一・一五。

チェラノのトマス

『魂の憧れの記録（第二伝記）』

Memoriale in desiderio animae

序文

わたしたちの主イエス・キリストのみ名によって、アーメン。

小さき兄弟会全体の奉仕の任にあるお方へ

ここに序文は始まる

一　先日の総集会〔に参加された〕聖なる方々と、いとも敬愛すべき父上である貴兄の皆さま方は、神の御助けに促されて、今いる人々の慰めとして、またこれから来る人々のための記録として、わたしたちの栄えある師父フランシスコの行状と言葉を書き記すことを、わたしどもの非才を顧みず、わたしどもに課すことを決定なさいました。確かに、わたしどもは、〔師父〕と絶えず生活を共にし、親密な交わりを持つという長い経験によって、ほかの〔兄弟方〕以上に、それらの点について存じております。それ故、それを無視することは決して許されない、その聖なる命令に謙遜な心をもって速やかに従いたいと思いますが、わたしどもの能力の不足を思い、また、わたしどもに委ねられた務めの重大さを考えますと、ほかの〔兄弟方〕に不快感を与えるような結果を招くのではないかと、心底恐れております。と申しますのは、このうえなく**甘美で味覚にかなうもの**が[1]、わたしどもの仕事ぶりの拙劣さによって味気のない物となり、その結果として、わたしどもの努力が従順よりもむしろ傲慢に帰せられるのではあるまいかと恐れているからでございます。

祝された父上、これほど多大な労苦の成果でありますこの作品が、好意のこもった貴兄の検閲を受けるのみで終わり、一般の聴衆の耳に入るにはふさわしくないものでありましたなら、訂正の指示を心からの喜びをもって受け入れますし、ご賛同いただければ大きな喜びとなるでしょう。とはいえ、このように多種多様な言葉と行状とを前にして、これを耳にする**すべての人が**それぞれのことについて**同意する**形で提供するような[2]、すべてを均衡のとれたかたちで厳密に検閲できる人が果たしているものでしょうか。とはいえ、わたしどもはひたすら、みなのため、そして一人ひとりの益となることを目指しましたので、これをお読みくださる方々が好意的に解釈し、書き記した者らの単純さに耐え、あるいは補正してくださることで、ここで話題となっている方〔師父フランシスコ〕への敬愛が傷つくことなく保たれますよう強くお願いする次第です。粗野な人々の記憶のように、長い歳月によって、鈍くなったわたしどもの記憶には、〔師父〕の繊細な言葉の深い意味と驚嘆すべき所作が伝えようとしたことを把握することができません。よく訓練された回転の速い精神が、それを前にして、かろうじて把握しうるものだからです。したがって、たびたび繰り返し、権威をもって命じられたのですから、わたしどもの未熟さ故のすべての過ちに対する寛恕をお願いする次第です。

二　この粗末な作品には、まず第一に、以前に別の伝記が作成されたときに、まだ著者の耳に入っていなかったので載せられなかった、聖なるフランシスコの回心に関する幾つかの驚嘆すべき出来事が収められています。次に、わたしどもは、天的な生き方についてのあらゆる訓練と至高の完全性に対する熱意において、その聖なる愛情によって、常に神に対して有しており、また模範をもって人々に対して有していた、いとも聖なる師父自身にとっての、またその〔子〕らにとっての、**善い意志、喜ばれるもの、完全なもの**とは何であったのか、[3]細心の注意と熱意を込めて描写したいと願っています。そして、ふさわしいと思ったところに、幾つかの奇跡を挿入しました。わたしどもは、理解に時間のかかる人々にも、そして、できるものなら、学問に熱心な人々にも満足してもらえるように願いつつ、起きた事柄を単純に、入念に、しかも節度をもって記述したいと思っております。

それ故、いとも慈しみ深い父上よ、お願いいたします。わたしどもの少なからぬ努力によってまとめ上げられた作品である粗末な贈り物を、無視されることなく祝福してくださいますように。このなかにある誤りを正し、不必要なものを削除されることで、見識ある父上の判断によってふさわしいと認められたものが、「クレシェンティオ」という父上のお名前の意味に従って、至る所で成長し《クレシェント》、**キリストにおいて幾倍にもなりますように**、[4]アーメン。

ここに序文は終わる

(1) 知一六・二〇。(2) Ⅱマカ一四・二〇。(3) ロマ一二・二。
(4) 創一・二二、二八、使一二・二四、エフェ二・二〇―二一。

第一巻

いとも聖なるわたしたちの師父フランシスコの行状と言葉に関する『魂の憧れの記録』がここに始まる

〔フランシスコ〕の回心について

第一章

どのようにして初めはヨハネ、後にフランシスコと呼ばれるようになったか。母親が彼について預言したこと、〔フランシスコ〕自身が将来の自分について予言したこと、また、獄舎での忍耐について

三　いと高き方の僕《しもべ》であり友でもあったフランシスコは、神の摂理によって、その名前を授けられたのでした。それは、聞き慣れない独特のこの名前によって、彼の役務の評判が、速やかに世界にあまねく知られるためでした。**水と聖霊によって再生し**[1]、**怒りの子**[2]から恵みの子にされたときには、母親によってヨハネと名づけられたのでした。

あらゆる良い風習の友であったこの婦人は、その美徳の見える徴である、その振る舞いにおいて、あの聖なる**エリサベト**を思わせるところがありました。特に、**息子の命名**と預言の霊によって、彼女との類似性を示したのでした[3]。フランシスコの惜しみない寛大さと優雅な物腰とを称賛する隣人たちに対して、彼女は、あたかも神から神託を受けたかのように、こう言ったのでした。「**わたしの子がどんな者になると思いますか**[4]。数々の功績のおかげで、**神の子**となるのを[5]、ご覧になるでしょう」。

事実、これは多くの人の見解でもありました。成長するにつれて、その上品な物腰によって、フランシスコは多くの人に愛されていました。ほかの人に不愉快と思われるようなことは一切、いつも避けていましたし、青年になると、その優雅な物腰によって、人々は彼がその両親と呼ばれていた人たちと違う血統から生まれたようだと言っていたほどでした。ヨハネという名は、彼が受けた使命に適しているとはいえ、フランシスコ〔という名前は〕、神に完全に立ち返った後、瞬く間に至る所へと伝えられた彼の名声の広まりにふさわしいといえるでしょう。

それ故、フランシスコは、洗礼者ヨハネの祝日を、あらゆる聖人の祝日よりも荘厳に祝うべきだと考えていましたが、この名前の崇高さが神秘的な力を帯びて彼の上に刻みこまれていたからです。**女から生まれた者のうちに**〔洗礼者ヨハネ〕**より偉大な者は現れなかった**ように[6]、修道生活の創立者のうちに〔フランシスコ〕よりも完全な者は現れませんでした。このことは声を大にして伝えるに値する指摘です。

四　ヨハネは母親のひそやかな**胎内にあったとき**預言しましたが[7]、フランシスコは、この代《よ》の獄舎にあって、まだ自分に関する神の計画を知らなかったときに、将来を予言しました。あるとき、ペルージアの人々とアシジの人々との間に起きた戦争によって壊滅的な敗北を喫して、フランシスコはほかの多くの者らと共に捕らえられ、ほかの者らと一緒に鎖に縛られ、汚濁にまみれた獄舎を耐え忍んでいました。一緒に捕虜になった者たちは、悲しみに沈み、捕虜になったという自分たちの運命について悲嘆にくれていましたが、フランシスコは**主において喜び躍り**[8]、その鎖にも頓着せず笑い飛ばしていました。嘆いていた仲間たちは、鎖に繋がれていることを楽しんでいる〔フランシスコ〕を咎め、気がふれて常軌を逸したと見なしました。フランシスコは、預言して、次のように答えました。「何が僕《ぼく》を喜び躍らせていると思うんだい。僕の考えているのは別の所にあるんだ。いつか、この代《よ》全体によって、僕は聖人として崇められるんだよ」。今やそのとおりです。彼が語ったことはすべて実現されたのです。

一緒に捕虜になった人々の中に、全く耐えがたい高慢な騎士がいて、皆は彼を無視することに決めていましたが、フランシスコの忍耐は揺るぎませんでした。耐えがたい〔この騎士〕を耐え忍び、彼と和解するよう皆を呼び戻したのでした。**あらゆる恵み**を納めることのできる、**選ばれた諸々の徳の器**[9]として、既に、至る所で霊の賜物を発散させていたのでした。

（1）ヨハ三・五。（2）エフェ二・三。（3）ルカ一・五八―六三。（4）ルカ一・六六。（5）マタ五・九、ルカ二〇・三六。（6）マタ一一・一一。（7）ルカ一・四一。（8）詩三四・九。（9）シラ二四・二五、使九・一五。

第二章

衣服を与えた貧しい騎士について、また世俗にいたときに見た、自分の召命に関する幻について

五 短い期間の後、鎖を解かれた〔フランシスコ〕は、困窮のうちにある人々に対して、ますます親切に振る舞うようになりました。今や彼は、神の愛のため施しを求める、いかなる**貧しい人に対して**も決して**顔を背ける**[1]ことはするまいと決心していました。

ある日のこと、フランシスコは、ほとんど裸に等しい貧しい騎士に出会い、敬虔な思いに動かされて、キリストの愛のために、身にまとっていた念入りに仕立てられた自分の衣服を彼に惜しみなく与えたのでした。〔フランシスコ〕のこの振る舞いは、あのいとも聖なるマルチノ（四世紀の修道者、ツールの司教）に劣っていたでしょうか。意図も行為も同一であり、違ったのはその方法だけでした。〔フランシスコ〕は他のものよりも先に衣服を〔与えたのに対して〕、〔聖マルチノ〕は、まず初めにすべてのものを与えた後、最後に衣服を与えたのでした。両者は共に**貧しい者**、**小さな者**として[2]、この代《よ》で生き、富んだ者として天に入ったのでした。〔聖マルチノ〕は騎士でしたが貧しい者であり、その衣服を切断して貧しい人にまとわせましたが、〔フランシスコ〕は、騎士ではなく富める者でしたが、衣服のすべてを貧しい騎士にまとわせたのでした。両者は共にキリストが命じられたことを実行し、幻のうちに〔キリスト〕が訪れてくださるという栄誉に浴したのでした。〔聖マルチノ〕は、その完全性の故に称賛され、〔フランシスコ〕は、欠けていたことのために、いとも慈しみ深く招かれたのでした。

六 その後間もなく、幻のうちに、壮麗な宮殿が示されました。その中には、さまざまな武具と非常に美しい花嫁が見てとれました。その夢の中で、フランシスコは、その**名前をもって**呼ばれ[3]、それらのすべて〔を手にすると〕の約束によって魅了されました。そこで、騎士の身分を得るためにアプーリアに赴こうと企て、必要なものを贅沢に準備すると、騎士という名誉ある地位に近づくために急いだのでした。はるかに輝かしいことが、**神の知恵の宝庫**[4]には隠されていたのですが、肉的な霊が、先の幻の肉的な解釈を彼に示唆したのでした。

ある夜、〔フランシスコが〕眠っていると、再び幻を通して語り掛けられ、どこに行くつもりかと不安げに尋ねら

れたのでした。自分の計画を語り、騎士になるためにアプーリアへ旅立とうとしていると答えました。その〔声〕は**不安げに問いただしました**。[5]「どちらのほうがお前の役に立つのか。主君か僕《しもべ》か」。フランシスコは言いました。「主君です」。「では、なぜ主君に代えて僕《しもべ》を探し求めるか」。そこでフランシスコは〔答えました〕。「**主よ、何をすることをわたしにお望みですか**[6]」。すると主は彼に仰せになりました。「**お前の生まれた土地に戻れ**[7]。お前の〔見た〕幻は、わたしによって霊的に実現されるからである」。

一瞬のためらいもなしに、道を引き返しました。これは今や従順の**典型となった**[8]ことです。自分の意志を捨てて、サウロからパウロへと変えられるのです。〔パウロ〕は〔地に〕投げ倒されて、冷酷な鞭は甘美な言葉を産み出したのでした。フランシスコは、肉的な武器を霊的な武器に持ち替え、騎士の名誉に代えて、神から叙任を得たのでした。

その常ならぬ喜びに驚く多くの人々に、自分はやがて偉大なる王侯になるだろうと答えたのでした。

（1）トビ四・七、シラ四・五。（2）イザ一六・一四。（3）創四・一七。（4）コロ二・二―三。（5）ルカ七・四。（6）使九・六。（7）創三二・九。（8）Iペト五・三。

第三章

どのようにして若者たちの群れが〔フランシスコ〕を、自分たちを楽しませる頭領としたか、また彼の変化について

七 〔フランシスコ〕は**完全な人**[1]へと変えられ始め、以前とは全く別人になり始めました。家に戻ると、**バビロンの子ら**[2]が付きまとい、別のほうに向かっている〔フランシスコ〕を、彼の意に反して、別のほうへと誘ったのでした。かつて〔フランシスコを〕自分たちの軽薄な遊びの旗頭と見なしていたアシジの町の若者たちの群れは、いつも放蕩と道化が付き物の仲間内の宴会に招いたのでした。〔フランシスコは〕彼らによって頭として選ばれましたが、それは、彼らが〔フランシスコ〕の気前のよさをしばしば経験していたので、一切の経費を彼が支払うだろうと確信していたからでした。彼らは**腹を満たす**ため[3]に身を屈し、満腹できるなら屈辱にも耐えたのでした。〔フランシスコは〕、提供された名誉を拒絶しませんでしたが、けちん坊と思われないためであり、聖なる瞑想のうちにあっても優雅な振る舞いを忘れなかったためでした。彼は豪勢な食卓を用意

させ、美味な料理を取りそろえました。〔若者たちは〕それらの**嘔吐物によって**(4)、酔いどれて歌いながら、**町の街路**(5)を汚して回ったのでした。フランシスコは〔宴会の〕主人公として**手に杖**を持って(6)後について行ったのですが、やがて彼らから次第に身を遠ざけたのでした。もはや、その精神には、それらの騒音は全く聞こえなくなっており、心のなかで**主に歌っていた**(7)のでした。

　後に〔フランシスコ〕自身が語ったことですが、そのとき、神の甘美さに満たされて、話すことができなかっただけでなく、その場から身を動かすことすらできなくなっていたのでした。そのとき、霊的な力に貫かれて、見えざるものに心を奪われ、その力によって、地上のすべてのものは、いかなる価値も有せず完全に空しいものだと認識したのでした。

　まことに、何と感嘆すべきキリストの寛大さでしょう。ごくごくわずかなことしか行わなかった者らに対して**最大なものを与えてくださり**(8)、**多くの水が押し寄せる洪水のうちにあっても**(9)、**ご自分のものら**(10)を守り、上に引き上げてくださいます。実に、**キリストはパンと魚で群衆を養い**(11)、ご自分の**食事の**席から**罪人たち**を退けられませんでした(12)。**彼らが王とするために探し求めたときには逃れて、祈るために山にお登りになりました**(13)。これらのことこそは、フランシスコが会得しようとしていた**神の神秘**(14)であり、知らないうちに**完全な知識**(15)へと導かれていたのでした。

(1) エフェ四・一三。(2) エゼ二三・一七。(3) ルカ一五・一六。(4) イザ二八・八、箴二六・一一。(5) 創一〇・一一。(6) 創三八・一八、出一二・一一。(7) 代下二三・三〇。(8) Ⅱペト一・四。(9) 詩三一・六。(10) ヨハ一七・一〇—一二。(11) マタ一四・一二—一三、マコ六・三五—四四、ルカ九・一二—一七、ヨハ六・五—一三。(12) マタ九・一〇—一三、ルカ五・二九—三二。(13) マタ一四・二三、ヨハ六・一五。(14) コロ二・二。(15) ヨブ三二・二。

第四章

どのようにして貧しい服装をして、聖ペトロ聖堂の前で貧しい人々と食事をしたのか、また、そこでささげた献げ物について

八　既に〔フランシスコ〕は貧しい人々を特別に愛する者となっていたので、その聖なる発端から将来は完全になるであろうことを発散させていました。たびたび自分の衣服を脱いで貧しい人々に着せ、まだ行為の点ではできませ

んでしたが、**心を尽くして**[1]〔貧しい人々〕に似た者となるように努めていました。

そんなあるとき、ローマに巡礼を行った〔フランシスコ〕は、貧しさへの愛から、優美な衣服を脱ぎ、ある貧しい人の着物をまとって、貧しい人々が群がる場所であった聖ペトロ聖堂の前庭で、嬉々として貧しい人々の間に座って、彼らの一人であるかのように見なして、夢中になって彼らと共に食事をしました。彼を知っている人々が恥ずかしがって阻止しなければ、何度でも同じことをしたでしょう。

さて使徒たちの第一人者である聖ペトロの祭壇に近づいたとき、参拝者たちの献げ物がわずかであるのにひどく驚きました。そして財布から一握りの金をつかみ取り、これを祭壇のほうに投げ込みました。神が栄誉ある者として他の者らの上に立てた人物は、すべての人から特に尊敬されなければならないと考えてのことでした。

また、〔フランシスコ〕は、たびたび、非常に貧しい司祭たちに祭服を贈り、最も階級の低い者に至るまで、あらゆる〔聖職者〕に**ふさわしい尊敬**を示していました。[2]使徒としての使命を受ける前に、既に完全なカトリック的信仰によって申し分ない〔カトリック者〕として、神に仕える聖職者とその聖なる職位に対して、初めから深い尊敬を抱いていたのでした。

(1) マタ二二・三七、ルカ一〇・二七。(2) ロマ一三・七。

第五章

どのようにして悪魔は、祈っている〔フランシスコ〕に女性を示したか、神が与えた答えについて。また、レプラを患っている人々に何を行ったか

九 このようにして〔フランシスコ〕は、世俗の衣服をまとってはいましたが、その下には敬虔な信仰心を抱いていました。人の集まる場所を避け寂しい場所を求め、しばしば聖霊の訪れによって教え導かれていました。**得も言われぬ**[1]甘美さによって引き離され、招き寄せられていましたが、それは初めから溢れんばかりに注がれ、生きている間中、彼から離れることはありませんでした。

ところが、祈りにふさわしい、ひそかな場所に通うようになると、悪魔は邪悪な策略をもってそこから強引に去らせようとしたのでした。アシジに住んでいて、見る人みなに恐怖心を抱かせる、恐ろしいまでに背中の曲がった女性

の姿を〔フランシスコ〕の心に送り込みました。始めたことを後悔しなければ、同じようになると脅かしたのです。しかし、〔フランシスコ〕は、**主に力づけられ**(2)、救いと恵みの答えを得たことで喜んだのでした。神は、**霊によって**(3)彼に語られました。「フランシスコよ、お前は既に肉的で空しい快楽を霊的なものへ取って替え、**甘美なものに代えて苦いものを選んだ**(4)。わたしを知りたいなら、自分自身を軽蔑せよ。そうすれば逆転して、わたしが言うことはお前にとって美味なものとなるであろう」。直ちに、神の命じられたことに従うように駆りたてられ、実際にそれを体験するように導かれたのでした。

ところで、フランシスコは、生まれつき、この世のあらゆる不幸で奇異なものらの中でも、レプラを患っている人々に恐れを抱いていたのですが、ある日、アシジの近郊で馬を走らせていたとき、レプラを患っている人に出会ったのでした。その人を見て、少なからぬ恐怖と嫌悪を感じたのですが、誓った約束を破り、神の命令の違反者となることのないように、その人に接吻するために、馬から下りて、走り寄りました。**何かをもらえると思って、手を差し伸ばした**(5)レプラを患った人は、接吻とともに**お金を受け取りました**(6)。そして直ちに〔フランシスコは〕馬に乗り、あちらこちらへと辺りを見回しましたが、平野は四方に広がり、視界を遮るものは何一つなかったのですが、レプラを患った人の姿は見えませんでした。

驚きと喜びに満たされた(7)〔フランシスコ〕は、数日後、再び同じようなことをしてみました。レプラを患っている人々が住んでいる所を訪れて、病人の一人ひとりにお金を施し、その**手と口に接吻した**のです(8)。このようにして、**甘美なものに代えて苦いものを選んだ**(9)〔フランシスコ〕は、雄々しくも、これからのために控えていることへの準備をしたのでした。

（1）詩五〇・一四。（2）エフェ六・一〇。（3）マタ二二・四三。（4）箴二七・七。（5）エス八・四、使三・五。（6）創二三・二二。（7）Ⅱコリ七・四。（8）シラ二九・五。（9）箴二七・七。

第六章

語りかけた十字架像と、それに対して示した尊敬について

10 ほどなく肉体においても変化することになりますが、心では全く変化した〔フランシスコ〕は、ある日のこと、人々から見捨てられ崩壊した聖ダミアノ聖堂の傍らを通り

かかりました。**霊に導かれて**(1)、祈るために〔その聖堂〕に入り、へりくだり、敬虔な思いで十字架につけられた方の前にひれ伏しました。それまで経験したことのない衝撃を受け、自分が入ったときとは別人になっているのに気づきました。そして、そのように感じているとたちまち、**いまだかつて聞いたことのない**(2)ことが起きたのでした。十字架につけられたキリストの肖像が、描かれた唇を動かして、語りかけたのでした。「フランシスコ」と**名前を呼んで**(3)仰せになりました。「行って、わたしの家を修復しなさい。あなたが見ているように、それは全く崩壊してしまっている」。この言葉に、フランシスコは震えおののき、大きな驚きに圧倒され、気を失ったかのようになってしまいました。〔この命令に〕従うために身構え、命じられたことに全力を集中させたのでした。とはいえ、自分に起きた名状し難い変化は感じていましたが、それを自分で表現することはできませんでしたから、わたしどもも黙っているほうがよいでしょう。このとき以来、〔フランシスコの〕聖なる魂には十字架につけられた方への共苦共感が刻みこまれたのでした。まだその肉体には〔現れては〕いなかったものの、その心のうちに、既に貴ぶべき受難の痕跡が深く刻み込まれていたものと考えるのは決して不敬にはあたらないでしょう。

二　何と驚嘆すべき、前代未聞の出来事でしょう。これを聞いて、驚かずにいられる人がいるでしょうか。これに類したことを知っている人がいるでしょうか。故郷に戻ったフランシスコが既に十守架につけられた者の姿をしているのを疑った人がいるでしょうか。外面的にはまだ完全にこの世を捨て去っていませんでしたが、かつて聞いたこともない新しい奇跡をもってキリストご自身が、十字架の木から語りかけられたのです。ですから、この時から、〔フランシスコ〕の魂は、**愛する者が語りかけたときのように、とろけてしまっていた**のでした(4)。やがてほどなく、その心の愛は、肉体の傷痕によって明らかになったのです。

それ故、これ以来、涙を抑えることができなくなり、あたかも常にその光景を目の前に見ているかのように、大きな声でキリストの受難を嘆き悲しんだのでした。道という道を嘆き声で満たし、キリストの傷を思い起こすと、どんな慰めも得られませんでした。親しい友人の一人に出会ったとき、悲しみの原因を彼に打ち明けましたが、それを聞くやいなや、その友人も泣き崩れたのでした。

〔キリスト〕の聖なる肖像を大切に取り扱うことを忘れることなく、その命令を少しでもおろそかにすることはありませんでした。聖なる肖像に対する崇敬の灯明が一時も途絶えることがないように、直ちにランプと油を買うための金銭を司祭に渡しました。次いで、残されたことを果たすために休むことなく駆け回り、倦《う》むことなく聖堂の修復に献身したのでした。実に、神の言葉が告げたのは、**キリストがご自分の血をもって手に入れられた教会**[5]についてでしたが、〔キリストは、フランシスコ〕が一挙に頂上に至ることを望まれず、徐々に**肉から霊へ**[6]と移されたのでした。

（1）マタ四・一。（2）ヨハ九・三一。（3）イザ四〇・二六。
（4）雅五・六。（5）使二〇・二八。（6）ロマ八・九。

第七章

肉親の父親と兄弟から受けた迫害について

三　しかし、いまや**敬神の業**[1]に励む〔フランシスコ〕を肉親の父親は迫害し、キリストの奉仕者を**狂気の沙汰**[2]と決めつけ、あたりかまわず、呪いの言葉を浴びせかけました。そこで、神の僕《しもべ》〔フランシスコ〕は、父親の代わりに、極めて単純で身分の低いある男性に助けを求め、その人を父親の代わりにして、父親が呪いの言葉を浴びせる度ごとに、逆に自分を祝福してくれるように願いました。こうして、「**彼らは呪いますが、あなたはわたしを祝福してくださいます**[3]」という預言者の言葉を実行に移し、その言葉によって意味されたことを行為によって明らかにしたのでした。**神の人**[4]〔フランシスコ〕は、上述の聖堂の工事のために用いようと思っていた金銭を父親に返還しましたが、それは、極めて敬虔な人物である〔アシジの〕町の司教が、不正な手段で得たものを神聖な目的のために用いるのはよくない、と忠告したことによることでした。さて、それを**聞いて集まった大勢の人に**[5]向かって、〔フランシスコ〕は言いました。「**これから後、わたしは**『父ピエトロ・ベルナルドーネ』とではなく、自由な心で『**天におられるわたしたちの父よ**』**と言うことができます**[6]。ここにあるお金だけでなく、着ているものもすべてわたしは返します。わたしは裸で主の前に進み出ます」。

おお、何と高貴な心でしょう。〔フランシスコ〕にとってもうキリストだけで十分だったのです。このとき、神の人が、その衣服の下に苦行用の粗布の下着をつけているのが分かりました。徳を見せびらかすよりも、徳を実践することを喜びとしていたのでした。

〔フランシスコ〕の肉親の兄弟も、その父親に倣って、毒を含んだ言葉で彼を侮辱しました。ある冬の朝のこと、心ないこの人物は、粗末なみすぼらしい衣服をまとって、寒さに震えながら祈りに専念しているフランシスコを見て、一人の仲間に向かってこう言ったのでした。「フランシスコに言ってみろよ、汗を一銭分売るつもりがあるかどうか」。この言葉を聞くと、神の人は非常に喜び、ほほえみながら答えました。「それは、わたしの主にもっと良い値段で買っていただきますよ」。

これ以上の真実があるでしょうか。今の世において**百倍**と言わず千倍以上までも**受けた**ばかりでなく、来たるべき世において、自分自身のためにも、また、多くの人のためにも**永遠の命**を獲得したのでした(7)。

(1) Iテモ二・一〇。(2) 知五・四。(3) 詩一〇八・二八。(4) 王上一三・一。(5) 使一〇・二七。(6) ヨハ一三・一九、マタ六・九。(7) マタ一九・二九。

第八章

羞恥心に打ち勝ったこと、貧しい処女《おとめ》たちに関する預言について

一　それ故、〔フランシスコは〕以前の快楽を求める習慣を全く逆の方向へと変え、気ままに振る舞っていた肉体を本来の善へと引き戻すことに努めていました。ある日、神の人は、その時修復していた聖ダミアノ聖堂にともすランプの油を施してもらうためにアシジの町に出かけて行きました。そして、自分が入ろうと思っていた家の前に大勢の人が集まり戯れているのを見て、恥ずかしさに顔を赤らめ、踵《きびす》を返したのでした。しかし、その高貴な精神を天に向け、自分の臆病な気持ちを咎め、自らを**裁きの場に引き出した**のでした(1)。直ちにその家に取って返し、朗らかな声で、羞恥心の理由をすべての人の前で打ち明けると、霊に**酔ったかのように**(2)、ガリアの言葉で油を乞い求め、それを得ました。非常に熱心にすべての人の心を聖堂の工事へと駆り立て、やがてそこはキリストの聖なる処女《おとめ》たちの隠棲修道院になるであろうと、**聞いている人々みなに**(3)、ガリアの言葉で声高らかに預言したのでした。実に、〔フランシスコは〕聖霊の**炎**(4)に満たされるといつも、燃えるような言**葉を口にし**(5)、ガリアの言葉で語っていました。それは、その地方の人々によって、自分が特別に崇敬され、特別な敬意を込めて敬慕されることになると予知していたかのようでした。

（1）ヤコ三・一。（2）エレ二三・九。（3）創二三・一〇。（4）イザ四・四。（5）詩四四・一。

第九章

戸ごとに食物を乞い求めたことについて

一四　万物が共有する主に仕え始めたころから、常に皆と共同で行うことを愛し、万事において孤立することは避けていました。そのようなことはあらゆる悪徳の汚れにまみれているからです。

さて、キリストから命令を受けた聖堂の作業に汗を流すことで、かつての全く華奢《きやしゃ》な〔体つき〕から、無骨な、労働に耐えうる〔体つき〕になっていました。その聖堂を任されていた司祭は、〔フランシスコが〕休みなく働き続けて疲れきっているのに気づき、同情に駆られ、貧しかったのでご馳走とまでは言えませんでしたが、何かしら特別な食べ物を、毎日、彼に提供し始めました。〔フランシスコは〕司祭の心遣いを嬉しく思い、そのいたわりに感謝しつつも、次のように自らに言い聞かせたのでした。「どこに行ってもこのように、お前をもてなしてくれる司祭に巡り会えるとは限らないぞ。これは、貧しさを公言している人間の生活ではない。このような生活に慣れてしまうことはお前のためにならない。徐々に軽蔑したものへと戻っていき、再び安逸な生き方に流されてしまうぞ。怠け者め、さあ、すぐに立ち上がれ。戸ごとに残飯を乞い求めるがよい」。

こうして、〔フランシスコは〕アシジの町を戸ごとに干からびた残飯を乞い求めて巡り歩き、種々雑多な残り物で一杯になった器を見つめたとき、まず**恐怖の念に襲われました**[1]が、**神を思って**[2]自分に打ち勝ち、霊の喜びをもって、これを食べたのでした。愛はすべてを和らげ、苦いものを極めて甘美なものとするのです。

（1）ヨブ七・四。（2）詩七六・四。

第一〇章

兄弟ベルナルドがその財産を放棄したことについて

一五　アシジの町のベルナルドという人物は、後に「完全の子」となったのですが、神の人〔フランシスコ〕を模範として、世俗を完全に見捨てるつもりでいましたので、謙遜に〔フランシスコ〕に助言を求めました。そこで、〔フランシスコ〕に尋ねて、言いました。「師父よ、もしある人が長い間、主君の財産を所持していて、もうそれ以上持ち続けたくなくなったなら、その人にとって何をするのが一番よいのでしょうか」。主君から受けたのだから、それらのすべてのものをその主君に返さなければならない、と〔フランシスコは〕答えました。するとベルナルドは言いました。「わたしが持っているものはすべて、**神からわたしに与えられたもの**[1]であると知っています。あなたの助言を聞いて、これを〔神〕にお返しする覚悟ができました」。すると聖者は言いました。「もしあなたの言葉を行動で証明したいなら、夜明けに、一緒に聖堂に行きましょう。そして福音書を手にとって、キリストに助言を求めましょう」。そこで**夜が明けると**[2]、聖堂に入り、熱心に祈った後、その最初に出会う助言に従おうと決心して福音書を開きました。本を開きますと、キリストはそこにご自分の助言を表してくださいました。「**もし完全になりたいのなら、行って、あなたの持ち物をすべて売って、貧しい人々に施しなさい**[3]」。そして再び繰り返しました。すると「**旅には何も携えてはならない**[4]」という言葉に出会いました。更に三度目を試みると、「**わたしの後に従いたい者は、自分を捨てなさい**[5]」という言葉を見いだしたのでした。そこでベルナルドは、何のためらいもなく、これらのことをすべて果たし、この助言の**一点にも**[6]背くことはありませんでした。

そのときから短期間のうちに、多くの人が、煩雑極まりないこの世の思い煩いから解放されて、フランシスコを指導者として、無限の善を目指して、**祖国への道を辿り始め**たのでした[7]。それぞれがどのようにして**天上の褒賞への招き**[8]を得たのか語るとあまりにも長いものになってしまうでしょう。

（1）ロマ一五・一五。（2）マタ二七・一。（3）マタ一九・二一。（4）ルカ九・三。（5）ルカ九・二三、マタ一六・二四。（6）マタ五・一八。（7）創三五・二五。（8）フィリ三・一四。

第一一章

教皇陛下の前で語った譬え話について

一六　〔フランシスコ〕が自分の〔兄弟〕と共に、自分たちの生活の規則を認めてもらうために、教皇インノセント三世の前に参上したとき、その生き方として提示されたものは彼らの力をはるかに超えていると教皇には思われたので、先に述べたように思慮分別に富んだ人物として、次のように〔フランシスコ〕に仰せられました。「我が子よ、キリストに祈りなさい。あなたを通してわたしどもにみ旨を示してくださいますように。み旨が分かれば、あなたの敬虔な望みを、われわれは安心して承認することができるであろう」。聖者は、至高の牧者の命令に応え、信頼をもってキリストのもとへと走り寄りました。そして、熱心に祈り、また、敬神の念を込めて神に懇願するよう仲間〔の兄弟〕たちを励ましました。これ以上何か述べる必要があるでしょうか。祈ることで答えを得て、〔フランシスコ〕はその子らに**救いの言葉**[1]を伝えました。キリストとの親密な語らいは、次の**譬えによって**[2]示されたのでした。

〔キリスト〕は仰せになりました。「フランシスコよ、このように教皇に言うがよい。一人のひどく貧しいけれども美しい女性が、ある荒れ野に住んでいました。ある王様が、その絶世の美に惹かれて、彼女と契りを交わし、彼女によって極めて立派な息子たちを儲《もう》けました。やがて成長し、気品に満ち教育を施された息子たちに、母親は語りました。『愛する子供たちよ。自分たちが貧しいからといって、決して恥じてはなりません。なぜなら、お前たちはみな、あの偉大な王様の息子だからです。だから嬉々として宮廷に行き、お前たちが必要とするものを何でも王様に願いなさい』。この言葉を聞いて子供たちは驚き、喜んだのでした。そして、王の血筋を受けていることに心は高ぶり、やがてその世継ぎとなることを知って、あらゆる乏しさを**富と見なした**のでした。[3]そして彼らは堂々と王の前に進み出て、恐れることなく王の顔を見つめました。彼らの顔は王の顔に生き写しだったからです。王は彼らのうちに自分の面影を認めると、驚き、彼らは誰の子であるかと尋ねました。そこで彼らが自分たちは例の荒れ野に住むひどく貧しい女性の子であると答えると、王は彼らを抱き寄せて言いました。『お前たちはわたしの**息子たちであり相続人である**[4]。**恐れることはない**[5]。縁もゆかりもない者でさえわたしの食卓に着くのなら、わたしがお前たちを養育するのは当然のことだ。法律によって遺産のすべてはお前たちのものなのだから』。それから王は、宮廷で養育するため、自分の血筋を受けた子供たちをみな寄こすように、その女性に命じたのでした」。聖者はこの譬え話によって喜びに満たされ、直ちにこの聖なる神託を、教皇に報告したのでした。

一七 この女性はフランシスコのことでした。それは、その振る舞いが女性的であったということではなく、多くの子供たちに恵まれたからです。荒れ野はこの世のことです。

当時、徳の教えによって耕されておらず実を結ぶこともありませんでした。数多くの立派な息子たちとは、あらゆる**徳で飾られた**[6]多くの兄弟たちのことです。そして王は神の御子です。〔兄弟たち〕はその聖なる貧しさによって〔神の御子〕に似たものとして、同じ姿形を映し出しており、**王の食卓で養われ**[7]、低く卑しめられることを〔選んだが故に受ける〕あらゆる恥辱と軽蔑を耐え忍んでいます。キリストに倣って施しによって生きることに満足しており、この世で辱めを受けることによって幸いな者となるであろうと確信しているのです。

教皇陛下は自分に**提示された譬え話**[8]に驚嘆し、疑いもなくキリストが〔この〕**人のうちで語られた**[9]とお認めになりました。そして、**わずか数日前**に見た幻を思い出し[10]、**聖霊に導かれて**[11]、その〔幻〕がこの人物において成就するであろうと確信したのでした。ラテラノ大聖堂が崩壊しかかっており、**小柄で貧相な**[12]一人の修道士がその背中を押し当てて、倒れないように支えているのを、**夢の中で見た**[13]のでした。〔教皇〕は仰せになりました。「確かに、この人物こそ、その行いと教えによってキリストの教会を支える人物である」。それ故、〔教皇〕陛下はいとも容易に〔フランシスコ〕の請願に応じようとされたのでした。そして、敬神の念に満たされて、特別な愛をもって**キリストの僕**《しもべ》[14]〔フランシスコ〕を常に愛し続けられたのでした。このようなわけで〔教皇〕は、要請されたことを速やかに聞き入れられたばかりでなく、それ以上のことを聞き入れてくださると真心を込めて約束してくださったのでした。

そこで〔フランシスコ〕は、自分に与えられた権威をもって、**町々や村々をくまなく巡り回って**[15]、熱心に説教し、徳の種を蒔き始めたのでした。

（1）使一三・二六。（2）マタ一三・三。（3）トビ五・二五。（4）ロマ八・一七。（5）マタ一四・二七、一七・七。（6）IIマカ三・二六。（7）ダニ一・八。（8）マタ一三・二四。（9）使二三・九。（10）使二三・一三。（11）ルカ一二・一二。（12）イザ一六・一四、五三・三。（13）創二八・一二。（14）ロマ一・一。（15）マタ九・三五。

ポルチウンクラの聖マリア

第一二章

この土地に寄せた聖者の愛について、そこでの兄弟たちの生き方について、そしてこの土地に対する祝された処女《おとめ》〔マリア〕の愛について

一八　神の僕《しもべ》フランシスコは、体つきは小柄で、精神において謙虚で、より小さな者であると表明し、この代《よ》に生きるものとして自分と自分の〔兄弟〕たちのために、**この世から**「小さな部分《ポルチウンクラ》」**を選び出しました**(1)。この世から何かしら受け取らずには、この世でキリストに仕えることはできなかったからです。ほかならぬ神の予知によって、はるか昔からポルチウンクラと呼ばれた場所がありました。この世から何一つ受けることを望まない人々の分け前となるよう選び取られたものだったからです。この場所には、たぐいまれなる謙遜によって御子に次ぐ方であり、すべての聖人の筆頭である方という誉れに浴した処女《おとめ》である御母に献げられた聖堂が建てられていました。この聖堂において小さき〔兄弟〕会は発足し、ここでその数は増し、まさしく堅固な**土台の上に**(2)、その気高い建物が立ち上げられたのでした。聖なる〔フランシスコ〕はすべてにまさってこの場所を愛し、特別の敬意をもって、この場所を大切にするように兄弟たちに命じたのでした。謙遜といと高き貧しさにおける修道生活の鏡として保管されるように常に望んでいました。そのため、その所有権はほかの人々の手に残しておき、自分と自分の〔兄弟たち〕のためには、使用権だけを留保したのでした。

一九　この場所では、沈黙と労働と同様に、他の修道生活における日常的な勤行においても、万事において最も厳格な規律が守られていました。この場所には、特別に指名された兄弟たち以外は誰一人として立ち入ることができませんでした。さまざまな所から集まった兄弟たちはみな、真にただ神にのみ専念し、すべてにおいて完全な者であることを、聖者は望んでいました。そのために、あらゆる意味で世俗的な人はみな、この場所に立ち入ることを固く禁じられていました。その数は限定されていた、この場所で生活する兄弟たちが、世俗の動向に**耳を楽しませ**(3)、天上のことを観想するのを中断して、噂を吹聴する人々によって卑俗な事柄へと引き寄せられるのを望まなかったのです。この場所では、**無益な言葉**(4)を口にすることも、ほかの人から聞いた話を伝えることも許されていませんでした。もし誰

かによってそれが破られたときには、**もはや再び繰り返すことのないように**[5]、罰によって教えられ、**その後は**[6]警戒したのでした。この場所で生活していた兄弟たちは、**昼も夜も絶え間なく**[7]神を賛美することに専念しており、すばらしい香りをただよわせ、天使のような生活を送っていました。

これは実にふさわしいことでした。というのは、古くからそこに住んでいた人々の言い伝えによれば、この場所は「天使たちの聖マリア」という**別の名前で**[8]呼ばれていたからです。祝された処女《おとめ》は、この世でご自分の誉れのために建てられた聖堂の中でも、この聖堂を特別な**愛をもって愛しておられる**[9]ということが、神から自分に啓示されたと幸いな師父は語っていました。それ故、聖者は、**他のどこにもまして**[10]、この〔聖堂〕を愛していたのでした。

（1）ヨハ一五・一九。（2）エフェ二・二〇―二一。（3）Ⅱテモ四・三。（4）マタ一二・三六。（5）一サム二七・四。（6）コヘ四・一三。（7）使一二・五、Ⅰテサ二・一三、五・一七。（8）創四七・七。（9）Ⅰペト一・二二。（10）Ⅱコリ一二・一三、創三七・四。

第一三章

ある幻について

三〇　ある敬神の念篤い兄弟が、その回心の前に、ここで述べるにふさわしい、この聖堂についての幻を見ています。幻の中で見たのは、この聖堂を囲んで、顔を天に向け、**地にひざまずいている**[1]、**目が見えないことで打ちのめされ**[2]嘆き悲しんでいる無数の人々でした。彼らは皆、**両手を天に向けて差し伸べ**[3]、涙を流しながら、憐れみと光を乞い求めて、**神に向かって声高く叫んでいました**[4]。すると、見よ、巨大な輝きが天から下ってきて、彼ら皆の上に広がって、各々に彼らが願っていた光と救いを与えたのでした。

（1）代下六・一三。（2）創一九・一一。（3）Ⅱマカ一四・三四。（4）詩五四・一七。

聖なるフランシスコとその兄弟たちの生き方について

第一四章

規律の厳格さについて

二　**キリストの勇敢な兵士**[1]フランシスコは、その肉体に対して容赦することは全くありませんでした。**あたかも自分とは別のものであるかのように**[2]、行動においても言葉においても、あらゆる面で、屈辱にさらしていました。この方が耐え忍んだ苦しみを数え上げることのできる人がいたとすれば、それは、使徒が描写した聖者たちの艱難の数[3]を凌駕したことでしょう。

同様に、この学び舎の最初の生徒たちもまた、皆が皆、あらゆるたぐいの不快で苦痛をもたらす状況に自らをさらし、霊の慰め以外の何か別のものに慰めを求めるような者がいようものなら、その人を極悪人と見なしたほどでした。実に、彼らは鉄の帯を締め、鉄製の胸当てを着けた上に衣をまとい、**たびたび眠らずに過ごし**[4]、絶えず断食することで痩せこけており、敬虔な牧者〔フランシスコ〕の絶え間ない忠告によって、このような厳しい苦行を加減しなかったなら、しばしば倒れていたに違いありませんでした。

（1）Ⅱテモ二・三。（2）ヘブ一一・九。（3）Ⅱコリ一一・二三―二九、ヘブ一一・三三―三八。（4）Ⅱコリ一一・二七。

第一五章

聖フランシスコの分別について

三　ある夜のこと、他の者らが寝ていたとき、羊の群れの一匹が叫びだしました。「死んでしまう。兄弟たちよ。お腹がすいて死にそうだ」。たぐいまれなる牧者〔フランシスコ〕は素早く起き上がると、衰弱した仔羊のために必要な救助策を施すために急ぎました。食卓の用意をするよう命じました。それはいつもながらの粗末な食べ物でした。しばしばそうであったようにぶどう酒はなく、代わりに水が置かれていました。〔フランシスコ〕自身が最初に食べ始め、それから例の兄弟が恥じ入らないよう、この愛の務めにあずかるように他の兄弟たちをも招いたのでした。

主への畏敬の念をもって食事を終える[1]と、愛の務めに欠けるものが何もないように、師父は子らに分別の徳についての長い譬え話を語って聞かせました。常に分別という**塩で味つけられた犠牲《いけにえ》を主に献げる**[2]ように命じ、**神への奉仕においては**[3]、それぞれ自分の体力を考慮すべきことを懇々と諭したのでした。

無分別によって肉体に必要なものまで与えないことは、食欲の命ずるままに過度の食べ物を摂るのと同様に罪であると〔師父〕は強調しました。そして次のように言い添えました。「いとも愛する者らよ、あなたたちに知ってほしいのだが、食事を摂ることでわたしが行ったのは、〔わたし自身の〕欲求によるものではなく、例外としてのことです。なぜなら、兄弟愛がそれを命じたからです。あなたたちの模範となってほしいのは食事ではなく、愛です。食べ物は食欲を満たしますが、愛は霊に役立つからです」。

（1）使二・四六、九・三一。（2）レビ二一・一三。（3）ヨハ一六・二。

第一六章

将来の予見について、どのようにして修道生活をローマ教会に託したか、そして、ある幻について

二三　聖なる師父は、日々の善行と徳とによって進歩し続けていましたが、生まれ出たひこばえは、その数も恵みも増し、至る所に繁茂しており、**地の果てまで若枝を伸ばして**[1]、驚くほど豊かな実を結んでいるのを見て、どのようにしたら、この**新しい苗木**[2]を保護し、**一致の絆**[3]で結び合わせ、成長させることができるのか不安になり、しばしば思い巡らし始めました。

当時、多くの人々が**狼のように**[4]**小さい群れ**[5]に対して吠え立て、**邪悪な日々を重ねてきた人々**[6]が、ただ新しいということだけで、害を与える機会を狙っているのを見ていたのでした。のみならず、自分の子らの間でさえも、聖なる平和と一致に反するようなことが起こりうることを予見し、選ばれた人々の間でしばしば起こるように、**自分の肉の思いによって思い上がり**[7]反乱を起こし、口論を心待ちにし、躓きをもたらすであろう者が出てくることを恐れていたのでした。

二四　**神の人**[8]〔フランシスコ〕がこのようなこと、あるいはそれに似たことをしばしば思い巡らしていたときのことです。ある夜、眠りに就いていると、次のような**幻を見た**のでした[9]。一羽の**雌鶏**[10]が見えました。それは小さくて黒く、家鳩に似ており、脚の爪先まで羽毛に覆われていました。その〔雌鶏〕には無数の雛がいて、雛たちは雌鶏を取り囲んで押し合っていましたが、その翼の下に全部を集めるこ

とはできませんでした。神の人は**眠りから覚める**[11]と、心に思い浮かべて考え巡らしていましたが、自らその幻を次のように解釈するに至りました。「この雛鶏はわたしだ。体格は小柄だし、本性は黒い。純潔な生活によって鳩のような単純さを保たなければならない。この単純さは、この世において極めてまれにしか見いだされないが、それだけ容易に天に向かって飛翔するのだ。雛は、数と恵みにおいて増加した兄弟たちだ。**人々の企みと舌の争い**[12]から彼らを守るには、フランシスコの力では不十分なのだ」。

「それ故、わたしはローマに行き、聖なるローマ教会に〔兄弟たち〕を委ねよう。悪意のある者らは〔ローマ教会〕の権能の杖をもって打ち砕かれ、**神の子ら**[13]は永遠の救いが**増加するために**、至る所で完全な**自由**を満喫することになるでしょう[14]。こうして、子らは、母〔なる教会〕のやさしい恩恵を改めて確認し、特別な敬意をもって、〔母なる教会〕の尊いみ跡に常に従って行くでしょう。この〔母なる教会〕の保護のもとで、どのような**悪**も会の内部で**生ずることなく**[15]、**ベリアルの子**[16]が罰せられずに**主のぶどう園**[17]の中に立ち入ることもないでしょう。聖なる〔教会〕そのものが、わたしたちの貧しさの栄光を妬ましく思い、傲慢の靄《もや》が謙遜の称賛をかき消すことのないようにしてくれるでしょう。〔母なる教会〕がわたしたちの中にある**愛と平和の絆**を無傷のままに**保護し**[18]、非常に厳しい検閲をもって不和を起こす者たちを打倒してくれるでしょう。〔教会〕の眼差しの下でこそ、福音の清浄さを遵守するという聖なる〔生活〕は絶えず花を咲かせるでしょうし、その**生活の芳しい香り**[19]が**一時でも**[20]消え失せることを〔教会は〕許さないでしょう」。

以上が〔本兄弟会をローマ教会〕に託するにあたって、神の聖者が心に抱いていた意図のすべてです。将来、このような委託が必要になることを神の人〔フランシスコ〕が予知していたことを示す貴重な証拠でもあります。

（1）エゼ一七・六―七、詩一八・五。（2）詩一四三・一二。（3）エフェ四・三。（4）マタ七・一五、使二〇・二九。（5）ルカ一二・三二。（6）ダニ一三・五二。（7）コロ二・一八。（8）王上一三・一。（9）ダニ一〇・七。（10）マタ二三・三七、ルカ一三・三四。（11）マタ一・二四。（12）詩三〇・二一。（13）マタ五・九。（14）コロ二・一九、ガラ四・三一、二・四。（15）王上五・四。（16）申一三・一三、サム上二・一二、二五・一七。（17）イザ五・一―七。（18）コロ三・一四、エフェ四・三。（19）Ⅱコリ二・一五。（20）シラ三三・九、Ⅱコリ七・八。

第一七章

どのようにして、教皇の名代としてオスチアの〔司教〕陛下を願ったか

二五　こうして神の人〔フランシスコ〕はローマに赴き、教皇ホノリオ陛下とすべての枢機卿方から大きな敬意をもって迎え入れられました。噂として流布されていたことは、その生き方において輝きを放ち、言葉によって響き渡り、何をもってしても、〔師父に対する〕敬意を妨げる余地はありませんでした。〔師父〕は、**霊が鼓吹すること**[1]を、**満ち満ちた**〔心から〕**溢れ出るままに**[2]、教皇と枢機卿方の前で、率直に、しかも燃える思いをもって説教しました。〔師父〕の言葉によって、**山々**〔すなわち枢機卿たち〕**は動かされ**[3]、内腑《ないふ》の**奥底から**[4]深い嘆きの吐息がもれ、涙によって**内なる人**[5]が洗われたのでした。

説教が終わると、教皇陛下とわずかではありますが親しい言葉を交わしてから、次のようにその願いを申し上げたのでした。「〔教皇〕陛下、陛下もご存じのように、〔陛下のように〕威光に満ちたお方に謁見する機会を与えられるのは、貧しく卑しい者たちにとりましては容易なことではございません。陛下は全世界を掌中に収めておられ、非常に重要な数々の職務を抱えておられるので、ごく些細なことに関わる余裕はないと存じます。それ故、陛下、陛下の聖性にかけてお願いいたします。どうぞ、ここにおられるオスチアの〔司教〕陛下を教皇の名代としてわたくしどもにお与えください。それによって、陛下の卓越した御威光は常に保たれ、兄弟たちは**必要な時に**[6]〔オスチアの司教陛下〕のもとに駆け込み、保護と指導の恵みをいただくことができると存じます」。

このいとも聖なる懇願は教皇の**目にかない**[7]、直ちに、神の人〔フランシスコ〕が願ったとおりに、その当時オスチアの司教であったウゴリノ陛下を修道生活の上に立てられたのでした。この聖なる枢機卿は、ご自分に託された羊の群れを受け入れ、その幸いな死を迎える日まで、注意深い養育者、牧者となられ、かつまた〔師父の〕弟子でもあられました。

聖なるローマ教会が、より小さき者らの会に対して絶えず示し続けてこられた特別な愛と配慮は、この特別な服従に由来するのです。

ここに第一の部分は終わる

（1）ヨブ一三・一三。（2）詩四四・二、一四三・一三。（3）詩一七・八、イザ五四・一〇。（4）詩一二九・一。（5）ロマ七・二二、エフェ三・一六。（6）シラ八・一二。（7）王下一〇・三〇。

第二巻

第二巻の序文

二六　父祖たちの偉大な事績を子供たちの記憶のために記録に残すことは、〔父祖たち〕の栄誉の、また〔子供たち〕への愛の徴となるものです。肉体をもって存在していた父祖たちに接したことのない〔子供たち〕は、少なくとも、〔父祖たち〕の業績によって善へと鼓舞され、父祖たちは時の経過によって隔てられているとはいえ、記憶として残る証言を子供たちに提示することで、〔子供たち〕はより善い方向へと駆り立てられるものです。ここから引き出される第一の、そして決して小さなものではない帰結は、自分の小ささの認識です。〔父祖たち〕の功績の豊かさを見るにつけ、わたしどもの功績の貧弱さを思い知らされるのです。

さて、祝されたフランシスコは主の聖性の最も聖なる**鏡**であり、〔主〕の完全さの**像**であった[1]と、わたしは考えています。実に、言葉と行いはもとより、〔師父〕のすべてが神の芳しい香りを放っていると言えましょう。細心の注意を払って、また謙虚な心で考察する人であれば、たちまちのうちに救いをもたらす規律を身につけ、〔師父〕の至高の哲学（知恵への愛）を受け入れるに至ることでしょう。

それ故、粗末な文体で、駆け足のように、〔フランシスコ〕について幾つかのことを報告した後ではありますが、多くの事柄の中からわずかなことを付け加えるのも余計なことにはならないと思います。それらによって聖者は称揚され、わたしどもの眠りに浸っていた愛情は目覚めさせられるからです。

（1）知七・二六。

第一章

祝されたフランシスコが有していた預言の霊について

二七　祝された師父は、この世の物事を超えたところにまで高く挙げられていましたので、不思議な力をもって地上のあらゆることを屈服させ、その知性の目は、あの至高の光を見据えていましたので、神の啓示によって、行うべきことを知っていただけではなく、**預言の霊**[1]によって多くのことを予言し、**人々の心に隠されていること**を見抜き[2]、自分がいない所で起きたことを知っており、これから起こることを前もって語ったのでした。いま述べていることは、実例によって証明されるはずです。

（1）黙一九・一〇。（2）Ｉコリ一四・二五。

第二章

聖者と見なされていた人が偽者であると知っていたこと

六　一人の兄弟がいました。外面から見る限り、聖性に秀でており、その生活ぶりもすばらしいものでしたが、全く風変わりな人でした。四六時中**祈りに専念し**[1]、厳格に沈黙を守るために、告白するときでさえ、言葉ではなく、身振りで行うのを常とするほどでした。また、聖書の言葉によって大きな炎と燃え上がり、〔聖書の言葉〕を聞くだけで得も言われぬ甘美さを味わっていたようでした。これ以上何を〔述べたらよいのでしょう〕。皆から三倍も聖なる人と考えられていたのです。

祝された師父は、たまたまその場所に来て、その聖なる兄弟を見、彼についての話を聞くことになりました。**皆が**彼をほめそやし**称賛すると**[2]、師父は答えました。「兄弟たちよ、**よしなさい**[3]。わたしの前で彼の中で働いている悪魔の仕業をほめないでください。**本当のところを知りなさい**[4]。これは悪魔の誘惑であり、狡猾な欺瞞《ぎまん》です。わたしにとって、それは確かなことです。何よりもそれを確かなものとする証拠は、彼が告白したくないということです」。

これは兄弟たちにとって**受け入れ難いことでした**[5]。特に聖者〔フランシスコ〕の代理〔の任にあった兄弟〕にとってそうでした。彼らは尋ねました。「どうして、それが真実なのでしょう。これほど多くの完全さの徴をもって、欺瞞を押し隠すことがどうしてできましょう」。すると師父は答えました。「週に一度か二度、告白するように勧めてごらんなさい。もしそのとおりしなければ、わたしの言ったことが**真実だと分かるでしょう**[6]」。

そこで代理〔の任にある兄弟〕は、その兄弟を**別に呼び寄せる**と[7]、まず親しく話しかけたうえで、告白するように言い添えました。彼は拒みました。**唇に指を当て**[8]、首を横に振って、告白する意志は全くないことを示したのでした。偽者の聖者のもたらした躓きに恐れおののき、兄弟たちは口を閉ざしたのでした。数日の後、彼は、自ら修道生活から出て、世俗に戻り、**自分が吐いた物に戻って行った**のでした[9]。そして悪行を重ね、ついには悔い改め〔の機会〕も命をも奪われたのでした。

　風変わりな行動は常に避けなければなりません。それは、美しい落とし穴にほかなりません。そのように風変わりな行動をした多くの人の体験を通して知られていることでもあります。**天にまでに昇って、淵にまで下ったのです**[10]。敬虔な告白の力に注目しなければなりません。それは人を聖化するばかりではなく、聖性を示すものでもあるからです。

（1）Iコリ七・五。（2）ルカ四・一五。（3）マタ一五・一四。（4）マタ二二・一六。（5）創二一・一一。（6）ヨハ五・三一。（7）ルカ九・一〇。（8）ヨブ二一・五、二九・九。（9）箴二六・一一。（10）詩一〇六・二六。

第三章

別の似た例、風変わりな行動に対して

二九　同じようなことが、スポレトのトマスという名の別の兄弟にも起こりました。この〔兄弟〕に関しては、誰もが良い印象を持っており、聖性に関しては強い確信を持っていました。彼は邪な人であるという、聖なる師父の判断は、やがて離脱によって証明されたのでした。彼は、長く〔修道会〕に留まっていませんでした。偽装された徳は長く持ちこたえられないものだからです。彼は修道〔会〕を出ました。そして、〔会〕の外で死んだとき、彼は自分が何をしたのか分かったのでした。

第四章

どのようにしてダミエッタにおいてキリスト教軍の敗北を予言したか

三〇　キリスト教軍がダミエッタを包囲していた時、**神の聖者**[1]〔フランシスコ〕は、仲間〔の兄弟〕たちと共にそこにいました。殉教の熱意に燃えて海を渡って来ていたのでした。**ある日**、わたしどもの軍勢の**戦闘の準備が整った**と[2]聞くと、聖者は深く嘆き悲しみました。そして同行の〔兄弟の〕一人に言いました。「**主がわたしにお示しになった**[3]のだが、もし、その日に攻撃するなら、キリスト教軍に成功をもたらすことはありません。しかし、これを**告げると**、

わたしは愚か者だと思われるでしょう。[4] 逆に、黙っているなら、わたしの良心が承知しません。そこで、あなたはどう思いますか」。するとその同行の〔兄弟〕は、**答えて言いました**。[5]「師父よ、人々に**どう判断されるかは**、あなたにとって**たいしたことではないでしょう**。[6] 愚か者と思われるのは、これが初めてではないからです。良心の重荷を下ろしてください。**恐れなければならないのは神であって、人間ではありません**[7]」。

そこで聖者は立ち上がると、救いをもたらす警告を発しつつ、急いでキリスト教徒たちのほうに駆けていき、戦を止め、不幸な結果を告げたのでした。しかし、真実は**茶番**[8]と見なされ、彼らは**心を頑なにして**、[9] 退却しようとしませんでした。出陣し、対峙し、会戦となりましたが、敵に反撃されたのでした。この戦闘の間、気が気でなく、聖者は**偵察のため同行**〔の兄弟〕を〔高台に〕**登らせました**。[10] 第一回目と第二回目には変わった様子は認められませんでしたが、三度、見に行くように〔聖者は〕命じました。すると、見よ、キリスト教軍全体が**身を翻して逃走しており**、[11] 戦いは凱旋ではなく、恥辱のうちに終わったのでした。大虐殺がなされ、わたしどもの陣営は、殺戮されあるいは捕虜にされたことによって、およそ六千人にも及ぶ兵を失ったのでした。これらの人々に対する共苦共感は聖者を痛めつけ、彼らを襲ったことに対する悔いは並々ならぬものでした。特に、スペイン兵がごくわずかしか生存しなかったことを嘆き悲しみました。戦闘においての彼らの勇猛果敢さを見ていたからです。

地上の君主たちはこのことを**認識し**、[12] **神に逆らって戦うこと**、すなわち、**神の意志に逆らうことが容易ならざることであると知ったらよい**のです。[13] 我意を押し通すことは惨めな結末を迎えるのが常なのです。それは自分の力に頼り、天からの助けを求めないからです。実に、勝利は上から来ると期待するべきであるとすれば、戦闘は神の霊にその成り行きを任せなければならないのです。

（1）王下四・九。（2）箴二一・三一。（3）王下八・一〇。（4）ヨブ一六・七、Ⅱコリ四・二。（5）ルカ三・一六。（6）Ⅰコリ四・三。（7）ルカ一二・四―五、使五・二九。（8）トビ三・四。（9）ヨハ一二・四〇。（10）民二二・二〇―二一。（11）エレ四九・二四。（12）代上二八・二一、詩一八・五。（13）シラ四六・八。

第五章

心に隠していたことを見抜かれた兄弟について

三一　聖者〔フランシスコ〕が、同行〔の兄弟〕としたアシジの兄弟レオナルドを伴い、海を渡って戻ってきた時のことです。**旅に疲れ**[1]、衰弱していたので、しばらくの間、驢《ろ》馬《ば》に乗らざるを得ませんでした。後に従った伴侶〔レオナルド〕も非常に疲れていたので、**人間的な**〔弱き〕に負けて[2]、**心の中でつぶやき始めました**[3]。「この人の両親とわたしの両親はとても対等に付き合える身分ではなかった。それなのに、この人は〔驢馬に〕乗り、わたしはその驢馬を引いて歩いている」。**このように考えていると**[4]、直ちに聖者は驢馬から降りて、言いました。「いけない、兄弟よ、本当にいけないことだ。わたしが驢馬に乗り、君が歩いて行くのは。世俗にいたとき、君はわたしよりも身分も高く、力もあったのだから」。そこでこの兄弟は**唖然として**[5]、**顔を真っ赤にして**[6]、心中の思いを聖者に見抜かれたことを知ったのでした。**足もとにひれ伏す**と[7]、**涙で**〔足を〕**濡らし**[8]、赤裸々に思いを打ち明けて、赦しを願ったのでした。

（１）ヨハ四・六。（２）ロマ六・一九。（３）ルカ七・三九。（４）マタ一・二〇。（５）エス七・六。（６）民一二・一四。（７）エス八・三。（８）ルカ七・三八、四四。

第六章

自分の上に悪魔がいるのを見抜かれた兄弟について、一致から離れる者らに対して

三二　さて、人々の間で評判が良く、神のみ前で大きな寵愛を得ていた、もう一人の兄弟がいました。あらゆる**妬み**の父〔である悪魔〕[1]は、彼の諸々の徳を妬んで、既に**天にまで届いている**[2]この**木を切り倒し**[3]、彼の手から栄冠を奪い取ろうと考えました。どのようにしたら、この兄弟の前にうまく障害物を置くことができるかと、この兄弟を**探り回り**[4]、追い掛け回し、彼に関するものを吟味し、嗅《か》ぎ回っていました。そしてついに、より完全な徳という装いのもとに〔兄弟たちから〕隔離された〔生活〕への憧れを吹き込んだのでした。独りでいるところを襲って、より速やかに彼を倒すためでした。**独りのときに倒れた者には、助け起こしてくれる者がないのです**[5]。これ以上〔話す必要があるでしょうか〕。実に、この兄弟は、兄弟たちとの修道生活

から離れ、**よそ者、そして旅人**[6]のようにこの世を放浪して回りました。その会服のトゥニカから短いトゥニカを作り、トゥニカに縫いつけられていない頭巾をかぶって、あらゆることにおいて自分を軽蔑しつつ、地方を歩き回りました。**このように歩き回っているうちに**、やがて神から来る慰めは取り去られ、誘惑の嵐に翻弄されるという**事態になりました**[7]。**洪水は彼の魂にまで侵入し**[8]、内なる人も外なる人も完全に孤立したものになって、**あたかも罠に急ぐ鳥**[9]のように成り果てたのでした。既に絶壁の淵に立ち、深淵に呑み込まれようとしていたとき、父である〔神〕の摂理の慈しみに満ちた**目は**、この哀れな人が**善に向かうよう注がれた**のでした[10]。**衝撃を受け、正気を取り戻して**[11]、**我に返って**[12]、こう言いました。「おお、哀れな者よ、修道生活に戻ろう。そこにこそ**お前の救い**[13]があるのだ」。一瞬の躊躇もなしに、直ちに立ち上がると、その母の胸へ急いで戻ったのでした。

三　シエナの兄弟たちの所に辿り着いたとき、そこには聖なるフランシスコがいました。驚いたことに、聖者は彼を**見るやいなや**[14]、すぐ**彼から逃げ去り**[15]、急いで自分の修房に飛び込んで、そこに閉じこもってしまったのでした。動揺した兄弟たちが、逃げ去った理由を尋ねました。すると聖者は彼らに次のように答えました。「どうして〔わたしが〕逃げ出したことでそんなにびっくりするのですか。その理由が分からないのですか。わたしは、迷っている者を、祈りの助けによって解放するために、急いで行ったのです。ところが、我が子のうちに、わたしを不快にさせるものを見たのです。それは確かです。しかし、ご覧なさい。今は、わたしのキリストの恵みによって、すべての欺瞞《ぎまん》は消え去りました」。

その兄弟はひざまずいて、恥ずかしがりつつも自分の過ちを表明しました。聖者は彼に言いました。「兄弟よ、どうか、主があなたをお赦しくださいますように。しかし、今後は、聖性を口実に、修道生活と兄弟たちとから離れることがないように気をつけなさい」。この日から、この兄弟は会と**共同体の友**[16]となり、特に会則をより熱心に遵守している〔兄弟たち〕を好むようになったのでした。

おお、**正しい者らの集いと集会において**、**主の業は何と偉大なことでしょう**[17]。そこにおいて**動揺した者らは**[18]平和を取り戻し、**押し潰された者らは立ち上げられ**[19]、生ぬるくなった者らは鼓舞されます。そこにおいて**鉄が鉄を研ぎ**[20]、**兄弟に助けられた兄弟は堅固な町**のように固められるのです[21]。また、世俗の**人混みのためにイエスを見ることができない**[22]としても、天上の天使たちのような集団は少しも妨げることはありません。ですから逃げ出してはなりません。そして**死に至るまで忠実でありなさい**。そうすれば**命の冠を得るでしょう**。(23)

類似したもう一つの例

三四　少し後のこと、これとたいして違わないことが別の〔兄弟〕に起こりました。兄弟たちのうちの一人は、聖者の代理〔の任にある兄弟〕に従おうとせずに、自分の指導者として別の兄弟に従っていました。しかし、そこに居合わせた聖者からの使者を通して警告を受けた〔この兄弟〕は、直ちに代理〔の任にある兄弟〕の足もとにひれ伏して、かつての指導者を捨てて、聖者が彼の上長として立てた〔兄弟〕に服従したのでした。しかし、そのとき、聖者は深いため息をついて、使者として派遣した仲間〔の兄弟〕に言いました。「兄弟よ、わたしは、不従順なあの兄弟の背中に、悪魔が乗って、その首を絞めつけているのを見ました。あの兄弟は、あのようなものに乗られて操られ、従順の手綱を拒み、自分の衝動の操縦に従っていたのです。そこで、わたしがこの兄弟のために**主に願うと**、(24)たちまち悪魔は狼狽して離れていったのです」。

この人〔フランシスコ〕はこのような洞察に長けていました。肉体の目は弱かったが、霊的なことには鋭敏そのものでした。**神の威光**(25)を担うことを欲しない者が、恥辱という重荷を負うことになるからといって驚くことがありましょうか。わたしは申し上げます、中間はないのです。それによってむしろあなた自身が担われるようになる**軽い荷**(26)を担うか、不正が**首に掛けられた碾《ひ》き臼**、(27)**鉛の重し**(28)のように〔あなたの〕上に居座るかのいずれかなのです。

(1) 知二・二四。(2) 創二八・一二。(3) ダニ四・一一。(4) Ⅰペト五・八。(5) コヘ四・一〇。(6) ヘブ一一・一三。(7) ルカ八・四二。(8) 詩六八・一二。(9) 箴七・二三。(10) シラ一一・一三。(11) イザ二八・一九。(12) 使一二・一一。(13) 詩三五・三。(14) フィリ二・一三。(15) マコ一四・五二。(16) 箴一八・二四。(17) 詩一一〇・一—二。(18) 知三・五。(19) 詩一四四・一四。(20) 箴二七・一七。(21) 箴一八・一九。(22) ルカ一九・三。(23) 黙三・一一、ヤコ一・一二。(24) Ⅱコリ一二・八。(25) イザ三・八。(26) マタ一一・三〇。(27) マタ一八・六。(28) ゼカ五・七八。

第七章

どのようにしてグレッチオの人々が狼たちの襲撃と雹の被害から救われたか

三五　聖者〔フランシスコ〕は、グレッチオの兄弟たちの所に好んで滞在していました。そこは貧しさの点で豊かな所であると見抜いていたからであり、突き出た絶壁の上に建てられ、隔絶した修房において、全くのびのびと天上のことに専念できたからです。かつて幼児〔イエス〕と共に幼児となって、**ベツレヘムの幼児**(1)の誕生を記念した所でもあります。

さて、その地の人々が多くの災害に苦しめられるという事態が生じました。獰猛な狼の群れが家畜だけではなく人間までも食い殺し、また、毎年のように暴風雨が雹《ひょう》を降らせ畑やぶどう畑を荒らし尽くしたのでした。ある日のこと、祝されたフランシスコは、〔村人たち〕に説教しているとき、次のように言いました。「**全能の神の**(2)誉れと賛美のために、あなた方に**告げる真実**に耳を傾けてください(3)。あなた方の一人ひとりが**罪を告白し**(4)、**悔い改めにふさわしい実を結ぶ**(5)ならば、このような災いはすべて離れ去り、**主は**あなた方を**顧みて**(6)、この世で役立つものを増してくださると、わたしは保証します」。そして、言いました。「**しかし、次のことにも耳を傾けてください**(7)。もう一度、**あなた方に告げます**(8)。この恩を忘れて、**自分の吐いた物に戻る**(9)なら、災難はまた降りかかり、罰は二倍になり、より厳しい**怒りがあな**た方の上に**及ぶでしょう**(10)」。

三六　このようにして、聖なる師父の功徳と祈りによって、そのときから、災いはやみ、危険は過ぎ去り、狼も雹も**危害をもたらすことはありませんでした**(11)。そして更に驚いたことには、雹が近隣の〔村の〕耕地に降ったとしても、〔グレッチオの村〕外れに近づくと、そこで降りやむか、別の方角に向かったのでした。

安らぎを得ると(12)、〔畑は〕**豊かな実を結び**(13)、**この世の富で満ち溢れたのでした**(14)。しかし、繁栄に付きまとうことが起こりました。**彼らの顔は脂ぎり**(15)、この世のものがもたらす**脂肪というか糞尿によって失明してしまった**のです(16)。ついには、もっと悪い状態に戻り、**彼らを救ってくださった神を忘れてしまった**のでした(17)。しかし、罰せられずにはいませんでした。神の正義による懲らしめは、初犯よりも再犯により厳しいものだからです。神の**怒りは**彼らに対して**燃え上がり**(18)、一度は去った災いが戻って来て、なおその上に、人間の振りかざす剣が加わって、更に、天から恐ろしい病気が下って、多くの人を飲み尽くしたのでした。こうしてついに、村全体が、報復の火によって**灰燼《かいじん》に帰したの**でした[19]。

受けた恵みに背を向ける者らが滅びに至るのは、当然のことなのです。

(1) サム上一六・一八。(2) 知七・二五。(3) 詩二九・一〇。(4) Ⅰヨハ一・九。(5) ルカ三・八。(6) 出一四・二四、詩一二・四。(7) エレ二八・七。(8) 使一七・三。(9) 箴二六・一一。(10) ヨシュ二二・一八。(11) ダニ三・五〇。(12) 知一一・四。(13) 詩一〇六・三八。(14) トビ一二・三。(15) ヨブ一五・二七。(16) ヨブ二一・二四、トビ二・一一。(17) 詩一〇五・二一。(18) シラ三六・八。(19) 黙八・七。

第八章

どのようにしてペルージアの人々に説教したとき、彼らの間に起こる内乱を予言したか、一致の奨励について

三七 数日経ったある日のこと、祝された師父が、前に述べた修房から降りて来て、居合わせた兄弟たちに、悲しげな調子で次のように言いました。「ペルージアの人々は周りの人たちに対して多くの悪業を行い、彼らの**不名誉となるまでに**[1]、その**心は高ぶっている**[2]。実際、**神の報復**[3]は近い。〔神〕の手は既に**剣の柄《つか》に**かけられている[4]」。

その後、数日が過ぎると、〔師父〕は燃えるような思いを抱いて立ち上がると、ペルージアの町へ赴きました。明らかに修房の中で何か幻を見たに違いないと、兄弟たちは見て取ることができました。ペルージアに到着すると、**集まって来た人々**[5]に説教し始めました。しかし、いつものように騎士たちが馬に乗って疾走し、戦闘のときのように武器を手に遊び戯れて、**神のみ言葉**[6]の邪魔をしていたので、聖者は彼らに**向かって嘆息しつつ**[7]言いました。「おお、哀れな者らの何と哀れで愚かなことか。あなた方は**神の裁き**[8]を考えようともせず恐れもせずにいます。**貧しく惨めなわ**たしを通して、主が**あなた方に告げられる**[9]ことに、耳を傾けてください。主は、**あなた方を取り囲む**[10]すべての人の上に、**あなた方を高く挙げてくださいました**[11]。それは、あなた方が彼らに対してもっと寛大で、神に対してもっと感謝に満ちたものとなるためです。ところが、あなた方は、神の恵みを忘れ果て、隣人に対しては、武器を持った手で攻めかかり、殺戮し、略奪しているのです。あなた方に言い

ます。**罰せられずにはすみません**[12]。より一層厳しく罰するために、神は内乱によってあなた方が倒壊するようにされました。一人ひとり互いに分裂して立ち上がるでしょう。尊敬されることを通して学ばなければならなかったことを、不面目を通して学ぶことになるでしょう」。

幾日も経たぬうちに[13]、彼らの間に衝突が生じ、人々は隣人に対して武器をもって襲いかかり、平民は騎士たちに狼藉をなし、貴族は庶民に対して刀を振りかざしたのでした。結局のところ、恐ろしく残虐な戦闘に至ったので、かつては彼らによって抑圧されていた近隣の人々さえも哀れを催したほどでした。

何とふさわしい裁きであることでしょう。唯一の至高なる方から離れてしまったのですから、彼らのうちに一致が留まり続けなかったのも、当然なことでした。国家にとって、神に対する敬虔な愛と、誠実にして**偽りのない信仰**[14]以上に、堅固な絆はありえないのです。

(1) エレ八・一一。(2) エゼ二八・二―六。(3) エレ四六・一〇。(4) エレ一五・一二。(5) 申三二・一二。(6) ルカ一一・二八。(7) ルカ九・五五、マコ七・三四。(8) ロマ二・三。(9) イザ六六・二、ヨハ一六・一三。(10) エゼ五・七、一一・一二。(11) 詩三六・三四。(12) マタ二三・三八、ヨブ二四・一二。(13) ルカ一五・一三。(14) Iテモ一・五。

第九章

夫が悪から善へと〔回心する〕ことを予言された婦人について

三八　そのころ、神の人〔フランシスコ〕はコルトナのチェレを通り過ぎようとしていました。ヴォルシアノという村のある高貴な婦人が、それを聞きつけて、彼のもとに急いで赴きました。あまりにも華奢で繊細であったので、長い旅路に疲れ果てながらも、聖者のもとに辿り着きました。息も絶え絶えに疲労し切っている様子を見て、いとも聖なる師父は哀れに思い、彼女に声をかけました。「奥様、わたしに何をお望みですか」。彼女は答えました。「**師父よ、このわたしを祝福してくださいませ**[1]」。すると聖者は、「結婚しておられますか、それともまだ結婚しておられないのですか」と尋ねました。彼女は答えて言いました。「師父よ、**夫がおります**[2]。その夫は非常に残酷で、わたしがイエス・キリストにお仕えするのに反対しているのです。主がわたしにお勧めくださる**良い決心**[3]を、夫が邪魔するため実行できないことが、わたしにとって何よりもつらいことでございます。そこでお願いでございます。聖者さま、神の憐れみによって、夫の**心が謙虚になりますよう**[4]、どうぞお祈りくださいませ」。師父は、この婦人のうちに〔男のような〕勇敢さと、少女〔のような装いの〕もとに成熟した精神を見て驚嘆し、敬虔な思いに駆られて言いました。「お行きなさい、**祝福された娘**よ[5]。あなたの夫君は、近いうちにあなたの慰めとなるでしょう」。そして、次のように言い添えました。「あなたの夫君に、神とわたしからの言葉として『今は**救いの時**[6]であるが、やがて正義の時が来る』とお告げなさい」。

こうして、婦人は祝福を受けてから、帰宅し、夫の前に出て、言われた言葉を彼に伝えました。直ちに**聖霊**が彼の**上に降り**[7]、彼は、古い〔人〕から新しい〔人〕になり、**非常に穏やかに**[8]、次のように答えるようになったのです。「我が妻よ、一緒に**主にお仕えしよう**[9]。我が家で**わたしたちの魂を救おう**ではないか[10]」。妻は答えました。「わたしが思いますには、魂のうちに節制を**土台**として据えるべきでしょう。そうすれば他の諸々の徳も**その上に据えられるでしょう**[11]」。すると夫は答えました。「あなたがいいと思うとおりに、わたしもそれがいいと思っている」。こうして二人は、長い歳月、独身者としての生活を送り、同じ日に、一方は**朝の焼き尽くす献げ物**として、他方は**夕べの供え物**として[12]、至福のうちに、世を去ったのでした。

主人を命へとなだめ導いた婦人は、何と幸せなことでしょう。「**信仰を持っていない夫は、信仰をもっている妻を通して救われる**[13]」という使徒の言葉は彼女のうちで成就したのです。しかしながら、このような女性は、俗に言うとおり、今日では指で数えられるほどしかいないでしょう。

（1）創二七・三八。（2）ヨハ四・一七。（3）Ⅱコリ五・八。（4）ダニ五・二二。（5）ユディ一二・一三。（6）Ⅱコリ六・二。（7）使一〇・四四。（8）エフェ四・二。（9）ヨシュ二二・二七。（10）創一九・一九。（11）エフェ二・二〇。（12）王下一六・一五。（13）Ⅰコリ七・一四。

第一〇章

どのようにして霊を通して、他の兄弟に躓きを与えた兄弟のことを知り、その兄弟が修道生活から去ることを予言したか

三九　あるときのこと、二人の兄弟がテッラ・ディ・ラヴォロからやって来ましたが、そのうちの年長の兄弟は、若い兄弟に多くの躓きを与えていました。仲間というより

も暴君であったと言えるでしょう。しかし、若いほうは、神のために見事な沈黙のうちに、すべてを耐え忍んでいました。アシジに到着すると、若い〔兄弟〕は、聖なるフランシスコのもとを訪れました。彼は聖者と親しくしていたからです。あれこれ話しているうちに、聖者は尋ねました。「あなたの同行〔の兄弟〕は、道中、あなたにどのように振る舞いましたか」。彼は答えました。「親愛なる師父よ、もちろん、大変良かったですよ」。すると聖者は言いました。「気をつけなさい、兄弟よ、謙遜のためとはいえ、嘘をついてはいけません。わたしは、彼があなたに対してどのように振る舞ったかよく知っています。しばらく待ちなさい。そのうち分かるでしょう」。この兄弟は、あれほど離れていたのに事の次第を〔フランシスコが〕霊によって知っていたことに非常に驚いたのでした。**その後、幾日も経たぬうちに**(1)、**自分の兄弟に躓きとなることをした**者は(2)、修道生活を軽蔑して、外へ飛び出たのでした。

善良な同行〔の兄弟〕と共に旅をしながら心を共にしないことは、間違いなく**善意の欠如**(3)と片意地の悪さの明らかな徴なのです。

(1) ルカ一五・一三。(2) ロマ一四・一三、マタ五・二二。(3) シラ一九・二二。

第一一章

修道生活を希望したが、神の霊に導かれていないことを見抜かれた若者について

四〇 同じころ、ルッカ出身の一人の高貴な少年が修道生活に加わろうと希望して、アシジにやって来ました。聖なるフランシスコの前に出ると、**ひざまずいて**(1)、受け入れてくれるよう**涙ながらに懇願しました**(2)。しかし神の人は、**彼を一瞥する**(3)やいなや、**霊を通して**(4)、この〔少年〕が**霊に導かれて**いないことを(5)知ったのでした。そして彼に言いました。「哀れな、肉的な者よ、**どうして聖霊とわたしを騙すこと**ができると思ったのか(6)。あなたの涙は肉的なものだ。**あなたの心は神のもとにはない**(7)。行きなさい。あなたには霊的なことを全く分からないのだから」。このように言い終わったとき、〔少年の〕両親(8)が息子を**探し出し、取り押さえて**家に連れ戻そうとして、**戸口に立っている**(9)と告げられました。〔少年は〕**外に出ると**〔両親〕**のもとに行き**(10)、自ら進んで帰っていきました。兄弟たちは驚嘆し、**ご自分の聖者の中に**〔おられる〕**主を賛美した**(11)のでした。

（1）代下六・一三。（2）ヘブ五・七。（3）使三・四。（4）使二四・四。（5）ロマ八・一四。（6）使五・三―四。（7）使八・二一。（8）ルカ一一・五四。（9）ヨハ一八・一六。（10）ヨハ一八・二九。（11）詩一五〇・一。

第一二章

癒されると同時に、その罪のために一層悪いことが起こると予言された、ある聖職者について

四一　聖なる師父がリエティの司教の館に病で伏せっていたときのことです。ゲデオンという名の、世俗的な、品行の悪いある司教座参事会員が、病に倒れ、体中激しい痛みに襲われて、寝台に横たわっていました。この人は自分を聖なるフランシスコの前に運ばせると、〔聖者の手〕で十字架の印をしてくれるようにと、涙ながらに懇願しました。聖者は言いました。「これまで、あなたは、**神の裁き**(1)を恐れず、**肉の欲望**(2)に従って生きてきたではありませんか。どうして、あなたに十字架の印をすることができましょう」。しかし、〔十字架の印を〕して、言いました。「**キリストの名によって**(3)、わたしはあなたに〔十字架の〕印をします。しかし、救われた後に、**吐いた物に戻る**(4)なら、もっと悪いことがあなたの身に起きると、知っていてください」。そして言い添えました。「いつも忘恩の罪の故に、**前よりももっと悪いこと**がもたらされるのです(5)」。

〔師父〕がその人の上に十字架の印をすると、廃人同様に横たわっていた人はたちまちのうちに健康になって起き上がり、声高らかに神を賛美しながら、「わたしは救われた」と叫んだのでした。そのとき、多くの人が耳にしたのですが、彼の腰の骨は、あたかも枯れた枝を手で折ったときのように、ぽきぽきと音を立てたのでした。ところが、しばらくすると、その人は**神を忘れ**(6)、再びその身を不品行にまかせてしまいました。そして、ある晩、同僚の参事会員の家で食事をし、その夜は、その家に泊まりました。すると突然、家の屋根が皆の上に崩れ落ちたのでした。ほかの人々は死を免れましたが、ただこの哀れな人だけは下敷きになって命を奪われたのでした。

聖者が言っていたとおり、前よりももっと悪いことが降りかかったことは、驚くべきことではありません。受けた赦しに対して感謝するのが当然であり、悪行を繰り返すことは二倍の不興を買うことになるものなのです。

(1) シラ一七・二四。(2) ガラ五・一六。(3) 使四・一〇。(4) 箴二六・一一。(5) マタ一二・四五、ルカ一一・二六。(6) 士三・七。

第一三章

誘惑にさらされたある兄弟について

四一　聖者が**同じ所に留まられていた**[1]ときのこと、マルシカの管理区《クストディア》のある霊的な兄弟が、激しい誘惑に悩まされて、**心のうちに言いました**[2]。「おお、もし聖なるフランシスコのものを何かしら、たとえば爪の切れ端でも持っていれば、確実に、この誘惑の嵐はことごとく鎮まり、主の恵みによって、平穏が戻って来ると、わたしは思うのだが」。そこで、この兄弟は許可を得ると、〔師父のおられた〕所に行き、聖なる師父の伴侶の一人に〔訪ねてきた〕理由を話しました。その兄弟は彼に答えて言いました。「爪の切れ端をあなたにあげることはわたしにはできないと思います。なぜなら、時々、わたしたちは爪を切ってあげますが、それを捨てるように命じ、取っておくことは許されないからです」。

ちょうどそのとき、その兄弟は呼ばれて、聖者が探しているので、聖者のもとに行くように命じられたのでした。聖者は言いました。「我が子よ、鋏《はさみ》を探してきてください。そして、わたしの**爪を切って**ください[3]」。その兄弟は、ちょうどそのために持っていた鋏を出し、伸びすぎていた爪を切って、切り屑を、それを望んでいた兄弟に渡したのでした。その兄弟は、これを恭しく受け取って、更に敬意をもって保存しました。そして、直ちにあらゆる〔誘惑の〕攻撃から解放されたのでした。

(1) ヨハ一一・六。(2) 詩一三・一。(3) 申二一・一二。

第一四章

聖者が欲しいと思っていた布地を、持って来た人について

四二　同じ所でのこと、古くなって痛んだトゥニカをまとっていた貧しい人々の父[1]〔フランシスコ〕は、あるとき、自分の世話役として立てた仲間の〔兄弟の〕一人に言いました。「兄弟よ、もしできれば、わたしのためにトゥニカのための布地を見つけて欲しいのですが」。これを聞いた兄弟は、これほど謙遜に頼まれ、これほど必要としている

布地をどのようにして手に入れられるか思いをめぐらしていました。ところが、翌日の朝早くのことです、布地のために村に行こうと思い、戸口に出ました。すると見よ、一人の人が戸口に座って、話したがっていました。その人はその兄弟に言いました。「神の愛のために、六着分のトゥニカの布地を、どうか受け取ってください。一枚はあなたのものにして、残りはわたしの魂〔の救い〕のためにご自由に配ってください」。

　その兄弟は大いに喜び、兄弟フランシスコのもとに戻ると、天から届いた供え物について報告しました。すると師父は言いました。「このトゥニカはもらっておきなさい。その人はわたしの必要を満たすために遣わされたのだからです。**わたしたちのために配慮してくださる**[2]唯一の方と思われる方に感謝しましょう」。

（1）ヨブ二九・一六。（2）サム上九・五、詩三九・一八。

第一五章

どのようにして、兄弟たちが何も持っていなかったときに、〔師父が〕自分の医者を昼食に招くと、直ちに主が有り余るほどのものをくださったか、また、ご自分の者らに対する神の摂理について

四四　リエティに近い隠遁所に籠っていた祝された人〔フランシスコ〕を、目の治療のために、毎日、一人の医者が訪れていました。ある日、聖者は自分の〔兄弟〕たちに言いました。「お医者さまを招待してください。そして最高のご馳走をしてあげてください」。世話役〔の兄弟〕は答えて言いました。「師父よ、**お恥ずかしいのですが**[1]申し上げます。ただ今、わたしどもは乏しいので、ご招待すれば、わたしどもは恥ずかしい思いをすることになります」。聖者は答えて言いました。「**わたしにもう一度言わせたいのですか**[2]」。**傍らに立っていた医者は言いました**[3]。「愛する兄弟たちよ、あなた方の乏しさにあずかれることは、わたしにとって最上の喜びです」。

　兄弟たちは駆け回り、貯蔵所のありとあらゆる物を食卓に並べました。すなわち、**わずかなパン**[4]と多くはないぶど

う酒、そして、食卓を賑やかにするために、台所から豆が運ばれて来ました。そうこうするうちに、**主の食卓**[4]が僕《しもべ》らの食卓を哀れに思ったのでした。戸口をたたく音がしました。急いで走り寄りました。すると見よ、一人の婦人が、上等のパンと魚、海老入りのパイと蜂蜜、そしてぶどうがぎっしりと詰まった籠を差し出したのでした。これを見て貧しい者らの食卓は喜びに沸きました。粗末なものは翌日のためにとって置かれ、その日は美味なものが食されたのでした。医者は、感嘆の声を漏らして言いました。「兄弟たちよ、あなた方も、世俗のわたしたちも、この方の聖性がどれほどのものか、全く分かっていないのです」。こうして一同は満たされましたが、それは、料理によるよりも、奇跡によって満たされたのでした。

　このように御父の**目は**、ご自分〔のもの〕らを**蔑む**ことなく、[5]必要としている以上に、より大きな摂理をもって物乞いする者たちを養ってくださいます。貧しい者は暴君よりも贅沢な食卓で養われることになります。神は、寛大な人以上に物惜しみされないからです。

(1) ルカ一四・九。(2) マタ二〇・三二、ヨハ九・二七。
(3) マコ一四・七〇。(4) 代下一八・二六。(4) マラ一・七。
(5) 箴三〇・一七。

どのようにして兄弟リッチェリオが誘惑から解放されたか

四a　振る舞いのみならず出自も高貴なリッチェリオという名の兄弟は、祝されたフランシスコの功徳を高く評価し、もし誰かが聖者の好意を得ているなら、それは神の恵みに値しており、もしそうでなければ、神の怒りに値している徴だと信じ込んでいました。そこで聖者の好意を強く望むようになりましたが、まだ聖者の好意を得るには程遠いのは、自分の中に隠された悪徳を聖者は見抜いているのではないかと**非常に恐れていました**[1]。このような恐れが日ごとにこの兄弟の上に重くのしかかっていましたが、彼はその思いを誰にも打ち明けようとしませんでした。ある日のこと、彼はいつものように悩む心を抱えながら、祝されたフランシスコが祈っている修房のほうにやって来ました。すると神の人は、この兄弟が来たこと、そしてその思いを知って、やさしく彼を呼び寄せると言いました。「我が子よ、これからどんな恐れにも、どんな誘惑にも、悩まされることがないように。あなたはわたしにとって、とても大切な人です。わたしが特別に愛している人たちのなかでも、あなたを特別な愛をもって愛しています。だから安心して、来たいときにわたしのところに来て、帰りたくなったらいつでも遠慮なく帰りなさい」。この兄弟は、聖なる師父のこの言葉に少なからず驚き、大いに喜んだのでした。そしてそれ以後は、聖者の好意を確信して、かつて望んでいたように、**救い主の恵み**[2]のうちに成長していったのでした。

（1）ユディ八・八。（2）テト二・一一。

第一六章

霊によって、その望みを知り、修房から出て祝福を与えた二人の兄弟について

四五　聖なるフランシスコは、一日中、独りで修房で過ごすことを習慣とし、極度の空腹に強いられない限り、兄弟たちのもとに戻ることはありませんでした。しかも決まった食事の時間に〔修房〕から出てくるわけでもありませんでした。なぜなら、観想への極度の飢えがしばしばを〔師父〕を圧倒したからです。

あるときのこと、神に対して**ふさわしい生き方をしていた**[1]二人の兄弟が遠方から、グレッチオの〔兄弟たちの〕所へ訪ねて来たことがありました。二人が訪れて来た理由のすべては、聖者に会い、長い間望んでいた〔聖者〕の祝福を受けることでした。ところが、彼らが到着したとき、〔師父〕はみなのもとから離れ修房に籠っていたので**会うことができず**[2]、二人は非常に悲しんだのでした。〔師父がいつ〕出てくるのか分からないため、長く滞在しなければならないと言われ、それは自分たちの至らなさのせいであると思い込んで、淋しく帰路につきました。

ところが、祝されたフランシスコの伴侶たちが同行し、うちひしがれている二人を慰めつつ、**石を投げて届くほどの所**[3]まで来たとき、突然、彼らの後ろから聖者が呼びかけ、伴侶の一人に言いました。「ここを訪ねて来たわたしの兄弟たちに、わたしのほうに顔を向けるように言ってください」。そのように言われた二人の兄弟が〔師父〕のほうに顔を向けると、〔師父〕は十字架の印をして、愛情を込めて二人を祝福したのでした。こうして二人は、その望みを果たしたばかりではなく、奇跡にも浴したことで非常に喜び、**主を賛美し、ほめたたえつつ**[4]帰って行ったのでした。

（1）Ｉペト二・一二。（2）ルカ二・四五。（3）ルカ二二・四一。
（4）ルカ二四・五三。

第一七章

どのようにして祈りによって岩から水が流れ出て、喉の乾いた農夫に飲ませたか

四六　あるときのこと、祝されたフランシスコは、そこで心行くまで観想に専念するために、ある隠遁所に行くことを望んでいましたが、非常に衰弱していたので、乗るための驢馬《ろば》を一人の貧しい人から借りました。暑い夏日が続いていたので、神の人〔フランシスコ〕の後について**山を登っていた**[1]農夫は、険しく長い山**道のため疲れ果て**[2]、目的地に着かないうちに、喉がからからに渇き、疲労困憊してしまいました。聖者の後ろから切実な声で叫び、**自分を憐れんでくれるよう**[3]切願し、何か飲んで元気を回復しなければ、死んでしまうと訴えたのでした。打ちひしがれた人々と苦しみを共にするのが常であった**神の聖者**[4]は、直ちに驢馬から飛び降りると、路上にひざまずき、両手を天に差し伸べ、聞き入れられたと感じられるまで**祈りをやめませんでした**[5]。農夫に言いました。「急いで行きなさい。あそこに**水**が涌いています。たった今、キリストが御憐れみによって、あなたに飲ませるために**岩から涌きださせてくださったのです**」[6]。これほど容易に、ご自分の僕《しもべ》たちの〔願い〕に耳を傾けられるとは、何と驚くべき神の寛大さでしょう。その農夫は、祈る人の力によって**岩から出る水を飲み**[7]、**固い岩から**[8]飲み物を汲んだのです。**水の流れ**[9]は、それまでそこにありませんでしたし、その後入念に探索しても見いだすことはできませんでした。

聖霊に満たされた[10]〔この方〕が、すべての義人の行った不思議な業を、自らにおいて再現したからといって、どうして驚くことがありましょう。なぜなら、特別な恵みの賜物によってキリストに結ばれている人が、ほかの聖人たちと**同じような業を行った**[11]としても不思議なことではないからです。

(1) ヨシュ二・一六。(2) ヨハ四・六。(3) 申一三・一七。(4) ルカ四・三四。(5) コロ一・九。(6) イザ四八・二一。(7) 詩七七・一六。(8) 申三二・一三。(9) 詩一・三。(10) ルカ四・一。(11) マコ七・一三。

第一八章

〔師父〕に飼育された小鳥について、どのようにしてその一羽が貪欲の故に死んだか

四七　ある日のこと、祝されたフランシスコは兄弟たちと共に食卓に着いていました。そこへ雄雌二羽の小鳥が来て、孵《かえ》ったばかりの雛を養うために夢中になって、毎日、聖者の**食卓からパン屑**(1)を好き勝手に、拾い集めていました。聖者はこのような小鳥たちを見て喜び、魅了され、好んで穀粒を与えるのが常でした。ある日、父鳥と母鳥は、あたかも養育の恩に感謝するかのように、子供たちを兄弟たちのもとへ連れて来て、雛たちを兄弟たちに託すと、その後、その場所に姿を現すことはありませんでした。雛たちは兄弟たちに馴れ、彼らの手の中でじっとしており、来客のようにではなく、家族の一員のように家の中を飛び回っていました。また、世間の人たちに見られるのを避け、兄弟たちの養子であるかのように振る舞っていました。

　これを見た聖者は驚き、兄弟たちと喜びを分かち合おうとして言いました。「わたしたちの兄弟駒鳥が何をしたか、見てご覧なさい。まるで、理性を備えているかのようです。こう言ったのですよ。『兄弟たち、ご覧なさい。わたしたちの子供たちをあなた方に差し上げます。あなた方のパン屑で育ったものたちです。どうぞ、お望みのようになさってください。わたしたちは別の住処に移ります』」。

　こうして、〔雛たち〕は完全に兄弟たちに馴れ、一緒に食べ物を摂っていました。しかし貪欲が一致を掻き乱しました。一羽の大きな雛の傲慢が小さな雛たちを攻撃したのです。好き勝手に食べて満腹した大きな雛は他の雛たちを食べ物から追い払ったのです。師父は言いました。「ご覧なさい。この貪欲なものが何をしているかを。自分は満腹なのに、空腹な兄弟たちを妬んでいるのです。悪い死に方をするでしょう」。聖者の言葉が終わるやいなや罰が下されました。その兄弟たちを攪乱したこの一羽は、水を飲もうとして水入れに止まったのですが、不意に水に落ちて溺れ死んでしまったのです。聖者によって呪われたこの鳥に、あえて触れようとするものは、猫の中にもほかの獣の中にもいませんでした。

　鳥においてさえ貪欲はこのように罰せられるのであれば、人間の場合、どれほど恐るべき悪でありましょう。また、このように速やかに懲罰を呼び下すことのできる聖人たちの判定は恐ろしいものです。

(1) マタ一五・二七、マコ七・二八。

第一九章

兄弟ベルナルドについて予言したことがすべて成就したこと

四八　別のあるときのこと、本会の二番目の兄弟であった兄弟ベルナルドについて、〔師父は〕預言して次のように語りました。「あなた方に言っておく、**ほかの邪悪な霊ども**[1]の中でも最も狡猾な悪魔どもが兄弟ベルナルドに対して攻撃を仕掛けるでしょう。しかし、**天から星を引き落とそうとする**[2]〔悪魔ども〕の絶え間ない攻撃にもかかわらず、物事は異なった結末を迎えるでしょう。苦しめられ、掻き乱され、憔悴させられるが、ついには、それらのすべてに打ち勝つでしょう」。そして言い添えました。「死が近づくころには、あらゆる誘惑は遠ざけられ、得も言われぬ静穏と平和を味わい、**走るべき道のりを走り尽くして**[3]、至福のうちにキリストのもとに旅立つでしょう」。

実際、そのとおりになりました。その死は、奇跡によって輝き、**詳細に至るまで**[4]、**神の人の予言した**[5]とおりになったのでした。そこで、その死に際して、兄弟たちは言いました。「生前、この兄弟は本当のことを**知られていなかったのだ**[6]」。しかし、このベルナルドへの賛美を語るのは別の人々に委ねることにしましょう。

(1) マタ一二・四五。(2) 默六・一三、九・一。(3) 使二〇・二四、Ⅱテモ四・七。(4) イザ五四・七。(5) 王上一三・三一―三二。(6) 創四二・八。

第二〇章

誘惑に悩み、聖者の手で書かれた物を所持したかった兄弟について

四九　聖者がラ・ヴェルナ山の修房に籠っていたとき、伴侶の一人が、聖なるフランシスコの手で短く注が施され、書き写された主の言葉によって力づけられるようなものを所持していたいと切実に望んでいました。〔この兄弟は〕肉ではなく霊において激しい誘惑に翻弄されていたので、それによって誘惑から逃れられると、少なくとももっと容易く耐えることができると信じていたのでした。このような願いにとりつかれていたにもかかわらず、いとも聖なる師父に打ち明けることを恐れていました。しかし、人が言わなかったことを、**霊が啓示してくださいました**[1]。ある日、

祝されたフランシスコは〔この兄弟〕を呼んで言いました。「わたしに**紙とインク**(2)を持ってきてください。**心のうちに瞑想した**(3)主の言葉と賛美を書き留めたいのです」。願ったものが早速届くと、〔その兄弟が〕欲していた『神への賛歌』と〔主の〕言葉、そして終わりにこの兄弟への祝福を自らの手で書き記して言いました。「この書き付けを**受け取りなさい**(4)、死ぬときまで大切に保存しておきなさい」。直ちに誘惑はことごとく消え去りました。文書は保存され、後にそれによって奇跡も行われたのでした。

(1) Iコリ一二・一〇。(2) IIヨハ一二。(3) 詩七六・七。(4) 創二八・二。

第二一章

その願いに応じてトゥニカを与えられた、同じ兄弟について

五〇　この同じ兄弟において、聖なる師父のもう一つの驚くべきことが明らかにされました。それは、〔師父〕がアシジの司教の館で、病に伏していたときのことでした。先に述べた兄弟は、**自らのうちで思い巡らして言いました**(1)。「師父には死が迫っている。亡くなられた後、わたしの師父のトゥニカを所持することができたなら、どれほど**わたしの魂は慰められることだろう**(2)」。**心の願い**(3)が口を通して請い求められたかのように、間もなく、祝されたフランシスコは〔この兄弟〕を呼んで言いました。「このトゥニカをあなたに譲ります。これを受け取りなさい。これからはあなたのものです。ただ、生きている間は、わたしに着させてください。死んだら、あなたのものです」。師父のこのような〔洞察力の〕深さに驚嘆しつつも大いに慰められた、この兄弟はトゥニカを受けたのでした。後に、このトゥニカは聖なる敬虔の念をもってフランスに運ばれていきました。

(1) 知二・一、マタ一六・七、ルカ一二・一七。(2) 詩七六・三。(3) 詩二〇・三。

第二二章

夜にもかかわらず、〔師父〕の言いつけに従って雑草の間から摘み取られたパセリについて

五一　最後の病に伏していたときのことでした。闇深いあ

る夜、〔師父は〕パセリが食べたくなり、謙遜に請い願いました。調理係が呼ばれ、〔パセリを〕採って来るように言われると、この時間では庭で何も摘み集めることはできないと答えて、言いました。「毎日、パセリを摘み、摘み尽くしてしまいました。ですから、明るい昼間でさえ、ほとんど見つけることはできないでしょう。まして今はもう真っ暗です。ほかの野草の間からパセリを選んで摘み取ることはできません」。聖者は彼に言いました。「兄弟よ、心配することはありません。最初に手に触れた野草を摘んで持ってきてください」。この兄弟は庭に出て行き、何一つ見えませんでしたが、最初に手に触れた雑草を抜き取ると家に持ち帰りました。兄弟たちが〔一摑みの〕野生の草を見て、入念に調べてみると、その中によく茂った柔らかいパセリを見いだしました。聖者はそのパセリを少し食べると、とても元気になりました。師父は兄弟たちに言いました。「**いとも親愛なる兄弟たち**(1)よ、言われたら、すぐ命じられていたことを果たしなさい。繰り返して言われるまで待たせてはなりません。できないことを口実にしてはなりません。なぜなら、たとえわたしが命じたことが〔あなた方の〕力を越えることであったとしても、従順はその力を補ってくれるからです」。これほどまでに〔聖〕霊は、**預言の**霊(2)の恩恵を〔師父に〕託したのでした。

（1）フィリ四・一。（2）黙一九・一〇。

第二三章

自分の死後に起こると予言した飢饉について

五三　聖なる人々は、時として、聖霊に促されて自分自身に関する不思議なことを語るよう強いられることがあります。それは、**み言葉を啓示するよう**(1)神の栄光が駆り立てるときとか、隣人を**啓発する**(2)ために愛への呼びかけが要請するときのことです。次のこともその一つです。ある日のこと、祝された師父は、とても**愛していた**(3)一人の兄弟に**次の言葉を伝えました**(4)。それは、荘厳〔なる神の〕謁見の間で親しく〔師父〕に伝えられたものでした。「今日《こんにち》、**地上には**(5)一人の神の僕《しもべ》がおり、この人が生きている限り、この人の故に、人々の上に**飢饉が襲いかかる**(6)のを主はお許しにならないでしょう」。〔この言葉には〕虚栄の影はみじんもありませんでした。それは、聖なる、慎ましやかな言葉によってわたしたちを啓発するために、自分の〔利益〕を求めない聖なる愛[7]によって、**その口から発せられた**[8]聖なる語らいでした。また、ご自分の僕《しもべ》に対するキリストの驚嘆すべき愛の恩恵を無益な沈黙によって隠しておいてはなりませんでした。まさしく、キリストの僕〔フランシスコ〕が生きていた間、どれほど静穏で平安な日々が続き、あらゆる善い物で満ち溢れていたかを、**わたしたちは**みな**見て知っている**のです[9]。実に、**神のみ言葉の飢饉**[10]はありませんでした。当時は説教者たちの言葉には大きな力が満ちていましたし、すべての聴衆の心もまた、**神**〔のみ心〕**にふさわしいもの**でありました[11]。聖性の模範は、修道生活において輝いており、**白く塗られた**〔墓〕[12]の偽善がまだそれほど多くの聖なる人たちを汚してもいませんでしたし、**自分の姿を偽る人々**[13]の教説がこれほどの好奇心を掻き立てることもまだありませんでした。それ故、永遠のものがすべての人に心底愛されていたときには、〔地上の〕過ぎ行く富が満ち溢れたのも当然のことでした。

五三　ところが、〔師父が〕取り去られると、秩序は完全に逆転し、すべてが変わってしまいました。**戦争と暴動**[14]が至る所に起こり、さまざまな形で多くの死者を出す虐殺が、突然多くの王国に蔓延したのでした。長期で広範囲にわたる飢饉の残忍さと、あらゆることに伴う辛辣さを凌ぐその苛酷さが多くの人を飲み尽くしました。必要に迫られて、あらゆる物が食べ物に変えられました。野獣さえ口にしない物が、人間の歯で食べちぎられるほどでした。胡桃《くるみ》の殻やさまざまな木の樹皮でパンが作られました。また語るも忍びないことですが、ある人の告白によれば、飢饉の猛威のために、父親は我が子の死にさえ何も感じられなくなってしまったのでした。しかし、その愛の故に、神の譴責《けんせき》が懲罰から手を引いたのは、どの**忠実な僕**[15]であったのかを明白にするために、祝された師父フランシスコは、その死後数日しか経たぬうちに、生存中に将来起こる災いを予言した兄弟に、自分がその神の僕であることを明らかに告げたのでした。ある夜、この兄弟が眠っていると、はっきりした声で**呼びかけて言った**のです[16]。「兄弟よ、わたしが生きている間は、**地上に到来**することを主がお許しならなかった**飢饉**[17]が来ようとしています」。この声に目を覚ました兄弟は、後になって、事の次第をすべて語ったのでした。しかも、その三日後の夜、再び聖者は同じ〔兄弟〕に現れ、同じような言葉を繰り返したのでした。

(1) サム上三・七。(2) Ｉコリ一四・三。(3) ヨハ一九・二〇。
(4) Ｉマカ一五・三二。(5) 創一・一一。(6) 創二六・一、ヨシュ二二・一八、エレ一四・五。（7）Ⅰコリ一三・五。（8）詩四四・二。（9）ヨハ三・一一。（10）アモ八・一一。（11）Ⅱテモ二・一五。（12）マタ二三・二七—二八。（13）Ⅱコリ一一・一三—一五。（14）ルカ二一・九。（15）マタ二四・四五。（16）ヨハ一一・二八。（17）詩一〇四・一六。

第二四章

聖者の明察とわたしたちの無知について

五四　わたしたちの時代の預言者〔フランシスコ〕がこのような特別の賜物によって光彩を放っていたことは、誰にとっても驚くにはあたらないことでしょう。この地上の暗闇から解放されており、肉の悦楽に屈することもなかったので、その精神は、いと高きところにまで自由に飛翔し、その清らかさによって光のうちに入っていたのです。こうして**永遠の光の**(1)輝きに照らされた〔フランシスコ〕は、言葉をもって伝えたことは、み言葉から引き出していたのでした。ああ、今のわたしたちは、何とこれと異なっていることでしょう。わたしたちは**闇に包まれ**(2)、知らねばならないことさえ知らないのです。この理由として、わたしたちが肉の友であり、この世の塵埃《じんあい》に巻き込まれていること以外に、何を挙げることができましょうか。**手とともにわたしたちの心を天に挙げる**なら(3)、永遠のもののうちに留まることを選ぶなら、今まで知らないでいたことを、恐らく知るようになるでしょう。それは神とわたしたち自身のことです。泥の中を転げ回っている者は、当然、泥しか目に映りません。天に目を据える者が天上のものを見ないでいることはありえないことなのです。

（1）知七・二六。（2）ヨブ三七・一九。（3）哀三・四一。

第二五章

貧しさについて

貧しさへの賛美

五五　この祝された師父は、**涙の谷にいる**(1)間、**人々の子ら**(2)が一般的に富と見なすものを富ではないとして軽蔑し、より気高い頂上を憧れ望み、**心の限りを尽くして**(3)貧しさを渇き求めたのでした。今では地上の至る所で忌避されているこの貧しさは、神の御子にとっては特に親愛なものであったことに気づくと、**永遠の愛をもって**(4)花嫁として迎えようと尽力したのでした。それ故、その容姿を愛する者となった〔フランシスコ〕は、**妻とより固く結ばれ、二人が一つの霊となる**ために(5)、**父母を離れた**だけではなく(6)、一切のものをも放棄したのでした。こうして、貞潔なる抱擁をもって〔貧しさ〕を抱きしめ、**片時も**(7)その夫でないことには耐えられませんでした。この〔貧しさ〕こそ完全への道、この〔貧しさ〕こそ永遠の富の保証、担保であると、自分の子らに語っていました。〔フランシスコ〕が貧しさに熱中したほどに、黄金に夢中になった者は一人もいませんし、〔フランシスコ〕がこの福音の**真珠**(8)を細心の注意を払って保管したほどに、財宝を保管した者は一人もいないでしょう。特に彼の目を傷つけたのは、家の中であれ外においてであれ、貧しさに反する兄弟たちを目にした時でした。まさしく、その修道生活の発端から死に至るまで、〔フランシスコ〕は一着のトゥニカと縄帯と股引のほかは、何も富として所持していませんでした。その貧しい衣服は、どこにその富が蓄えられているか明らかにしていました。これによってこそ〔フランシスコは〕喜びに溢れ、心安らかに、足取りも軽やかに、朽ちる富を**百倍のもの**に変えた(9)ことを喜んでいたのでした。

（1）詩八三・六―七。（2）詩三〇・二〇。（3）シラ四七・一〇。（4）エレ三一・三。（5）創二・二四、マタ一九・五、エフェ二・一八。（6）創二・二四、マコ一〇・七。（7）ガラ二・五。（8）マタ一三・四五―四六。（9）マタ一九・二九。

第二六章

家の貧しさについて

五六　〔フランシスコは〕その〔兄弟たち〕に、石ではなく木を用いて貧しい住まいを作り、質素な外観の小さな家を建てるように教えていました。そして、貧しさについて話すときには、しばしば兄弟たちに福音書の次の言葉を口にしました。「**狐には穴があり、空の鳥には巣がある。しかし、人の子には枕する所もない**(1)」。

（1）マタ八・二〇、ルカ九・五八。

第二七章

ポルチウンクラで破壊し始めた家について

五七　ポルチウンクラの聖マリアで集会が開催されることになり、その**時が近づいていた**[1]ときのことです。アシジの人々は、そこに家がないことを考え、集会のため、急いで家を建てました。そのとき神の人〔フランシスコ〕はそこにおらず、何も知りませんでした。ところが、戻ってきた師父はその家を見ると、大いに心を痛め、激しく嘆き悲しみました。間もなく、建物を壊すために、素早く立ち上がると、**屋根に上り**[2]、瓦と一緒に屋根板を**力強い手で**[3]破壊したのでした。そして、兄弟たちも上ってきて、貧しさに反するこの怪物を跡形もなく排除するように命じたのでした。この場所で何かしら尊大なことが行われるのを目にするなら、瞬く間に会全体に広がり、模範として皆に受け入れられることになると、〔師父は〕語っていたのです。それ故、そこに居合わせた兵士たちが、それが兄弟たちのものではなく〔アシジの〕自治体のものであると言って、〔師父〕の燃える思いを鎮めなかったなら、土台までその家を破壊してしまったに違いないでしょう。

（1）Ⅰテモ四・六。（2）ルカ五・一九。（3）エゼ二〇・三四。

第二八章

病人まで追い出した、ボローニャの家について

五八　あるときのこと、ヴェローナから帰る途中、ボローニャを通って行きたいと思った〔フランシスコ〕は、そこに新しく兄弟たちの家が建てられたと聞きました。「兄弟たちの家」という言葉を耳にするやいなや進路を変えて、ボローニャには近づかないで、別の所を通って行きました。そして、その家から急いで出るように兄弟たちに命じました。それ故、家を捨て、病気の〔兄弟〕たちさえも留まることができず、ほかの〔兄弟〕たちと一緒に追い立てられることになりました。当時オスチアの司教であり、ロンバルディアの〔教皇〕使節でもあったウゴリノ陛下が、上述の家は自分のものであると公に宣言し表明するまでは、そこに戻る許可は与えられませんでした。この**証言を提示し書き記した**のは[1]、当時あの家から追い立てられた病気〔の兄弟〕でした。

（１）ヨハ一二・二四、一九・三五。

第二九章

自分の名前のつけられたことで、そこに入ることを欲しなかった修房について

五九　〔師父〕は、その所有権を所持している、確かな保護者が明らかにならない限り、どんな小さな場所であっても、兄弟たちがその場所に住むことを欲しませんでした。他人の屋根の下に身を寄せて、平和に旅を続け、祖国を渇き求めるという、**旅人としての慣例**[1]を守ることを常に兄弟たちに求めていました。さて、サルテアノの隠遁所でのことでした。ある兄弟から、どこから来たのかと尋ねられた兄弟が、「兄弟フランシスコの修房から」と答えました。これを聞いて聖者は答えました。「あなたはこの修房に、フランシスコの名前をつけてわたしの物にしましたが、この修房の住人としてほかの人を捜しなさい。わたしは、もうそこには留まりません。主は荒れ野に留まられ、**四十日間**、祈りと**断食をなさった**[2]ときに、修房もどんな家も作ろうとなさらず、山の岩陰に留まり続けられました。たとえ、家を用いずには生きることはできないとしても、何一つ〔わたしたちの〕所有物を持たずに、〔会則に〕書き記された様式に則して、〔主〕に付き従うことはできるのです」。

（１）出一二・四九。（２）マタ四・一―二、マコ一・一二―一三、ルカ四・二。

第三〇章

備品の貧しさについて

六〇　この人は、家を〔所有するという〕高慢を嫌悪しただけではなく、家の中の家具が数多く、華美であることをもひどく嫌っていました。食卓の上にも器についても、世俗のことを思い出させるものは、何一つとして好みませんでした。すべての物が旅人の身であること、すべての物が追放の身にあること[1]を歌いかけるようにするためでした。

（１）詩一一九・五四。

第三一章

グレッチオで復活祭に準備された食卓での模範、どのようにしてキリストの模範に倣って旅人のように振る舞ったか

六二　ある復活祭のこと、グレッチオの隠遁所の兄弟たちは、いつもより念入りに食卓を白い布とガラスの器を用いて準備しました。修房から下りてきた師父は、食卓に近づき、それが高く盛り上げられ、無駄に飾られているのに気づきました。しかし、ほほえみかける食卓に、ほほえみ返しませんでした。忍び足で一歩一歩後ろに退いて、そのときそこに居合わせた一人の貧しい人の帽子を自分の頭にかぶせ、手に杖をもって**外に出ました**[1]。そして兄弟たちが食事を始めるまで、**戸口の外で待ちました**[2]。彼らは、〔食事の〕合図があっても〔フランシスコ〕が来ないときには、待たないのが習慣でした。彼らが食事を始めたとき、この真に**貧しい人は**、戸口で**叫びました**[3]。「主なる神への愛のために、この貧しい病気の旅の者に**どうか施しを**[4]」。兄弟たちは答えました。「お客人、あなたが呼び求めた方への愛のために、中に入ってください」。素早く中に入ると、食事をしている〔兄弟たち〕に自分の姿を現したのでした。この旅人が小市民〔に成り果てた兄弟たち〕にもたらした驚愕がどれほどであったか想像することができるでしょうか。乞い求める者に一皿の食物が与えられると、彼は離れた所にただ一人腰を下ろし、灰の上に皿を置いて言いました。「今、より小さな兄弟のようにわたしは座っています」。そして、兄弟たちに向かって言い添えたのでした。「わたしたちは、他の修道者たちよりも、一層神の御子の貧しさの模範に駆り立てられなければなりません。準備の整った飾られた食卓を見て、それは、戸口から戸口へと渡り歩く貧しい者らの〔食卓〕ではないと分かったのです」。

　この一連の出来事は、〔フランシスコ〕があの別の旅人に似ていたことを明らかにしています。その〔旅人〕とは、同じ〔復活の〕日に、**一人でエルサレムの道を歩んでいた**方です[5]。**その方が語っておられたとき**、弟子たちの**心は燃え上がらせられた**のです[6]。

（1）詩四〇・七。（2）ヨハ一八・一六。（3）詩三三・七。
（4）マタ六・二。（5）ルカ二四・一八。（6）ルカ二四・三二。

第三二章

書物への好奇心に対して

六二　〔フランシスコは〕、高価なことではなく主への証しを、美ではなく建徳に役立つことを書物の中に探し求めるように教えていました。しかも、ごくわずかな〔本〕を、それもどうしても必要とする兄弟たちに役立つ〔本〕を所持するよう願っていました。さて、ある〔管区の〕奉仕者が見事な作りで、しかも大変高価な数冊の本を保有する許可を願ったときのことです。〔師父〕から次のような言葉を聞いたのでした。「あなたの本のために、わたしは守ることを約束した福音書を失いたくありません。**あなたの欲するままにしなさい**(1)。でも、わたしの許可が落とし穴にならないように」。

（1）サム下二四・一二。

寝床の貧しさについて

第三三章

オスチアの陛下の模範、同陛下への賛辞

六三　夜具や寝床に関する貧しさの例は溢れんばかりにあります。藁《わら》の上に、半ば破れかけた襤褸《ぼろ》布が掛けられていようものなら、新婚の寝台と見なされたほどでした。

さて、ポルチウンクラの聖マリアで集会が開催されたときのこと、オスチアの陛下が大勢の騎士や聖職者を率いて兄弟たちを訪ねてまいりました。陛下は、兄弟たちが**地面に横たわり**(1)、その寝床が野獣のねぐらのようなありさまを見て、涙を禁じえず、みなを前にして言いました。「見るがよい、ここで兄弟たちは寝ているのだ」。そして、言い添えました。「有り余るほどのものを無駄に使っているわれわれは何と哀れなことか。一体どうなるのであろう」。そこに居合わせた人々は皆、感動して涙を流し、大いに啓発されて帰途についたのでした。

このオスチアの〔司教〕こそ、後に教会の**最高の門**《オスチウム》となり(2)、その祝された魂を聖なる供え物《ホスチア》として、天に返すまで、敵対する勢力《ホステス》に常に立ち向かったのでした。おお、そ

の胸には敬虔が、その心には愛が〔溢れていたのです〕。高位に上げられたとき、それだけの価値がないと嘆いたのですが、逆に、その徳はその座にまさって高かったのでした。

（1）ユディ一四・一五。（2）Ｉコリ一六・九。

第三四章

ある夜、羽毛の枕のために起きたこと

六四　寝床について語ったので、もう一つの出来事をここで述べておくことも有益でしょう。この聖者は**キリストに立ち返って**からは、[1] **この世のこと**[2]は**忘却に付し**[3]、布団の上に横たわろうとも、頭に羽毛の枕をあてがおうともしませんでした。この厳しい決意を病気も、外出先でのもてなしも揺るがすことはありませんでした。ところが、グレッチオの隠遁所でのことです。目の病にいつもよりも苦しんでいた〔師父〕は、意に反してではありましたが、小さな枕を用いざるを得ない事態になりました。最初の夜、夜も明けぬうちに、聖者は仲間〔の兄弟〕の一人を呼んで、彼に言いました。「兄弟よ、一晩中、眠ることも、祈るために身を起こし続けることもできませんでした。頭は震え、膝ががくがくして、全身至る所で震えが止まらず、まるで、毒麦のパンを食べたかのようでした」。そして言いました。「わたしが思うには、頭にあてがっているこの枕の中に悪魔が潜んでいるのです。これを持って行ってください。これ以上、頭の近くに悪魔にいてほしくありませんから」。

悲しげにつぶやく師父に同情した兄弟は自分のほうに投げてよこされた枕を持ち去るために受け取りました。そして、そこから出て行くと、突然口が利けなくなり、大きな恐怖に襲われ身動きができなくなり、その場から足を動かすことも腕を伸ばすこともできなくなったのでした。しばらくして、このことを知った聖者に呼ばれると、この兄弟は体が自由になり、師父の所に戻って**自分に起こったこと**[4]を話しました。聖者は彼に言いました。「昨夜、終課を唱えているとき、悪魔がこの修房にやってくるのが、はっきりと分かりました」。そして続けました。「わたしたちの敵は非常に狡猾で巧妙なのです。あ奴は、魂の中で内側から害することができないと、少なくとも物質的なことで肉体に不平を言う機会を与えるものなのです」。

以上のことを、身を横たえる所ではどこでも快適な思いをしたくて、体の触れる所は**至る所に小さな布団**[5]を準備さ

せる人々に、聞かせたいものです。悪魔は物が溢れているところに好んで出没し、贅沢で華美な寝台の傍らにいることを喜びとします。特に、必要に迫られず、誓願が禁ずるところではそうなのです。**太古の蛇**(6)は裸の人間からは逃げて行きます。貧しさと同居することを嫌い、貧しさの気高さを恐れるからです。もし兄弟が、羽毛の下に悪魔が潜んでいることに気づけば、頭を藁《わら》にあてがうことで満足するでしょう。

(1) 使一一・二一。(2) Ｉコリ七・三三―三四。(3) 哀二・六。(4) ヘブ五・八。(5) エゼ一三・一八。(6) 黙一二・九。

第三五章

金銭に対する模範について

金銭に触れた兄弟に対する厳しい訓戒

六五　真に神の友〔であったフランシスコ〕は、この世のものをことごとく軽蔑していましたが、すべてにまさって金銭を忌み嫌っていました。それ故、回心の初めから、特別に金銭を軽んじて、悪魔そのもののように金銭を避けるべきである、と常に自分の後に従う人々を戒めていました。

糞尿も金銭も等しく愛するに値しない、というのが〔師父の〕口から発せられた訓戒の言葉でした。

さて、ある日のこと、一人の世俗の人が、祈るためにポルチウンクラの聖マリア聖堂に入り、供え物として十字架のもとにいくらかの金銭を置いていきました。その人が立ち去ると、一人の兄弟が何も考えもせず、それを手で摑むと、窓の縁に放り上げました。この兄弟が行ったことが聖者の耳に入りました。見つかったと分かると、この兄弟は急いで行って赦しを願い、罰を受けようとして地にひれ伏しました。聖者は彼を咎め、金銭に触れたかどで厳しく叱責しました。その口で窓の縁から金銭を咥《くわ》えあげ、柵の外の驢馬《ろば》の糞の上に、その口で置くことを彼に命じました。その兄弟は喜んでその命令を果たしましたが、これを聞いて皆の心は恐れに満たされたのでした。このとき以来、〔兄弟たちは〕皆、このように糞に等しいとされたものを何にもまして軽蔑するようになり、更に新しい模範によって、日々、金銭に対する軽蔑の念は鼓舞されていったのでした。

第三六章

たまたま金銭を拾いあげた兄弟への罰

八六　あるときのこと、一緒に旅をしていた二人の兄弟がレプラ患者の施療院の近くを通りかかりました。路上に一枚の銀貨を見つけた彼らは足を止め、その糞をどうするべきか議論になりました。そのうちの一人は、〔同行〕の兄弟の小心を笑い、レプラ患者に奉仕している人々に提供するために、その銀貨を拾い上げようとしました。彼が偽りの敬虔さに欺かれているのに気づいた同行の〔兄弟〕はそれを制止して、銀貨に出くわしたときには、塵芥のように足で踏みにじるべきであるはっきりと規定している会則の言葉を無謀な〔兄弟〕に指摘しました。この兄弟は、常々**強情であった**[1]ので、忠告に対して心を閉ざしてしまいました。会則を無視し、身をかがめて貨幣を拾い上げました。しかし、神の審判を免れませんでした。たちまちのうちに口が利けなくなり、**歯をぎしぎしいわせ**[2]、話すことができなくなりました。このようにして、罰が下ることで愚か者はその愚かさを明らかにされ、このようにして、師父の規定に従うべきことを天罰が高慢な者に教えるのです。ついに、悪臭を放つものを投げ捨てて、悔い改めの水で**汚れた唇**[3]が洗い清められると、賛美することができるよう口が利けるようになったのでした。古いことわざがあります。「**愚か者を諫《いさ》めよ。そうすれば、あなたの友となる**」[4]。

（1）出三二・九、三三・二。（2）詩三四・一六。（3）イザ六・五。（4）箴二八・二三、シラ二〇・一七。

第三七章

必要という口実のもとに、金銭を保持しようとした兄弟に対する譴責

八七　あるときのこと、聖者〔フランシスコ〕の代理の任にあった兄弟ペトロ・カタニオは、ポルチウンクラの聖マリアに、さまざまな地方から大勢の兄弟が集まって来ているのに、彼らの必要を満たすだけの十分な施しがないのを見て、聖なるフランシスコに言いました。「兄弟よ、**わたしにはどうしたらよいのか分かりません**[1]。あらゆる所から群れをなして兄弟たちがやって来ますが、彼らに十分に配るだけのものがありません。お願いいたします。よろしければ、**必要なときに**[2]配るものを確保することができるよう

に、新たな入会者の財産の一部を取っておいてはいかがでしょうか」。聖者は答えました。「わたしの親愛なる兄弟よ、そのような思いやりは捨てなさい。誰かのためといって、不敬な念をもって会則に対処してはなりません」。「では、どうしたらよいのでしょうか」と言うと、〔フランシスコ〕は答えました。「ほかに必要を満たす方法がなければ、聖母の祭壇を〔覆っている布〕を剝がし、さまざまな装飾品を取りはずしなさい。わたしを信じなさい。ご自分の祭壇が飾られていながら、御子が軽んじられるよりも、御子の福音が守られるために、ご自分の祭壇が裸になるほうが、〔聖母にとって〕ずっと喜ばしいことでしょう。わたしたちにお貸しくださったものを御母にお返しするために、主は誰かを遣わしてくださいます」。

（1）ヨハ一五・一五。（2）詩一四四・一五。

第三八章

蛇に変わった金銭について

六八　あるときのこと、神の人〔フランシスコ〕は一人の同行〔の兄弟〕と共にアプーリアを通ってバリに近づくと、商人たちが「フンダ」と呼んでいる、銀貨で膨れ上がった大きな袋を路上に見つけました。袋を地面から拾い上げて、金銭を施すように、同行の兄弟に聖人は忠告され、熱心に勧められました。困窮のうちにある人々への思いやりが称揚され、施しにおける慈しみが推奨されました。聖者はそうすることをきっぱりと拒絶して、それは悪魔の策略であると断言して、言いました。「我が子よ、他人の物を取ってはいけません。他人の物を与えることは罪として罰せられ、功績として誇れるものとなることもありません」。

彼らはその場を去り、足早に**予定どおり旅を続けました**。(1) しかし、偽りの思いやりに欺かれた兄弟は落ち着くことができず、逸脱行為を示唆し続けていました。聖者は、先程の場所に戻ることを承諾しましたが、それは、その兄弟の**望みを満たす**ためではなく、(2) 愚か者に神の**神秘を示す**ためでした。(3) 道端にあった**井戸の縁に座っていた**(4) 一人の若者を呼び寄せました。それは二**人また**三**人の証言によって**(5) 三位一体の秘義が明らかになるためでした。三人が「フンダ」の所に戻ってみると、それは銀貨でいっぱいなように見えました。聖者は彼らの誰にもそれに近づくことを禁じました。それは、祈りの力によって悪魔の欺瞞《ぎまん》が暴かれるためでした。そこで、**石を投げて届くほどの所に退いて**、[6] 聖なる祈りに身を委ねました。さて、祈りを終えると、その兄弟に袋を取りあげるように命じました。その袋の中身は、〔フランシスコ〕の祈りによって、金銭から蛇に変わっていたのでした。その兄弟は震え出し、狼狽しました。彼の心にどのようなことが浮かんだのか、わたしには分かりませんが、何か異常なものを予感したのでしょう。とはいえ、聖なる従順に背くことへの恐れが、猜疑心を押し切って、両手で袋を取り上げました。すると見よ、袋の中からかなり大きな蛇が出てきて、その兄弟に悪魔の欺瞞を暴露したのでした。そこで、聖者は彼に言いました。「兄弟よ、神の僕《しもべ》たちにとって金銭は悪魔、ならびに毒蛇以外の何ものでもないのです」。

(1) 士一九・一四。(2) 民一五・八。(3) ダニ二・二九。
(4) ヨハ四・六。(5) マタ一八・一六。(6) ルカ二二・四一。

第三九章

衣服の貧しさについて

柔らかく豪華な衣服を着けていた〔兄弟たち〕を、どのように言葉と模範によって叱責したか

六九　**いと高き所からの力を身に帯びていた**[1]この人は、外側から体を覆うことよりも、神の愛の火によって内から温められていました。会において、衣服を三枚重ね着したり、必要でもないのに柔らかい衣服を用いる者たちを忌み嫌っていました。理性よりも快楽に根差した必要性は**霊が消えてしまった**[2]徴であると主張していました。そして、言いました。「霊が生ぬるくなり、恵みから徐々に冷めてくるにしたがって、必然的に肉と血は**自分のものを求める**ようになります[3]。魂が喜びを見いだせずにいるとき、どうして肉が自分のものに向かわずにいられましょう。そうなると、本能的な欲求が必要性を口実として身を隠し、**肉の思い**[4]が良心を成すことになります」。そして、こう言い添えました。「わたしの兄弟が本当に何かを必要としており、欠乏がその〔兄弟〕を苦しめているとしても、急いで〔欠乏〕

を満たし、〔苦痛〕を遠ざけようとするなら、**どんな報いを受けるというのでしょう。**[5] 功徳を積む機会が与えられたのに、それが自分の気に入らないことをはっきりと表明することになるでしょう」。このような、あるいはこれに似たような言葉をもって、欠乏を体験したくない〔兄弟〕たちの心に痛みを覚えさせたのでした。欠乏を辛抱強く耐え忍ばないことは、エジプトに戻ろうとすること[6]以外の何ものでもないのです。

こうして、いかなる状況においても、兄弟たちが二枚以上のトゥニカを持つことを望みませんでした。ただ継ぎ布を当てて繕うことは許されていました。〔師父〕は雅やかな衣服に恐れを覚えるように命じ、それに反することをした者たちを皆の前で非常に厳しく咎め立てていました。そして、そのような者たちを自分の模範によって狼狽させようとして、自分のトゥニカの上に粗末な荒布を縫い付けていたほどでした。また死に際しても、質素な粗布のトゥニカを死の装束としてくれるように願ったのでした。

とはいえ、病気あるいは他の必要に迫られた兄弟たちには、肌の上に柔らかなトゥニカを着けることを許しましたが、その場合でも、その衣服は外から見てごわごわした安価なものでなければなりませんでした。〔師父〕は言っていました。「厳しさが緩められ、生ぬるさが支配するときがきて、貧しい父の子らが、その色をただ変えるだけで、ビロードの衣服を身にまとうことを恥じないほどになるでしょう」。

師父よ、**異邦の子ら**であるわたしども**があなたを裏切っているの**ではなく、[7] むしろ、**わたしどもの不義が**わたしたち自身を**裏切っている**のです。[8] このことはますます明らかになってきており、日ごとに増大しているのです。

（1）ルカ二二・四九。（2）Ｉテサ五・一九。（3）フィリ二・二一。（4）コロ二・一八。（5）創二九・一五。（6）民一四・二―四。（7）詩一七・四六。（8）詩二六・一二。

第四〇章

貧しさから逸脱した者は困窮によって矯正されることになると告げたこと

七〇　聖者は繰り返し繰り返し次のように言っていました。「兄弟たちが貧しさから遠ざかれば遠ざかるほど、この世は彼らから遠ざかっていくでしょう。そして、**求めても見いだせないでしょう。**[1] 逆に、貧しさというわたしの姫君を抱きしめるなら、この世は必ず〔兄弟たち〕を養ってくれるでしょう。彼らは**救いのため**[2]にこの世に与えられたからです」。また、このようにも言っていました。「この世と兄弟たちの間には一つの取り引きがあります。〔兄弟たち〕がこの世に対して良い模範でなければならず、この世は〔兄弟たち〕にその必要なものを供給しなければなりません。〔兄弟たち〕が、信頼を裏切って、善き模範であることをやめたなら、この世もまた正当な判断のもとに、手を引くに違いありません」。

貧しさに気を配っていた神の人〔フランシスコ〕は、〔兄弟の数が〕増大することを恐れていました。実際はそうでないとしても、外見的に富んでいるかのように見られるからです。それ故、言っていました。「おお、**できることなら**[3]、ごくごくまれにしか小さき兄弟をこの世は見ることなく、少なさに驚くことになればよいのだが」。

解消しえない強い絆によって貧しさの姫君と結ばれていた〔フランシスコ〕は、彼女の持参品を、現在のものとしてではなく、将来〔受ける〕ものとして期待していたのです[4]。

「**貧しい者らの忍耐は終わりまで滅びることはない**[5]」とか「**貧しい者らは見て喜べ**[6]」といった貧しさを賛美する詩編を、燃えるような思いと大きな喜びをもって歌っていました。

(1) 黙九・六、マタ七・八、ルカ一一・一〇、ヨハ七・三四。
(2) フィリ一・一九。(3) マコ一四・三五、ガラ四・一五。
(4) マタ一九・二九。(5) 詩九・一九。(6) 詩六八・三三。

第四一章

施しを乞うことについて

施しを乞うことの奨励

七一 聖なる師父は、献げ物よりも戸ごとに立って乞い求めた施しを用いるほうをひときわ好んでいました。足をたじろがせない物乞いのときの羞恥心は聖なるものであると断言し、物乞いを恥じることは救いの敵であると言っていました。繊細さの故に顔を赤らめることは称賛しましたが、恥ずかしさに取り乱すことに対してはそうではありませんでした。自分の〔兄弟たち〕を施しを乞いに送り出すときには、しばしば次の**言葉を用いて**[1]励ましていました。「行きなさい。この**終わりの時に**[2]、小さき兄弟たちがこの世に**託された**[3]のは、**選ばれた人々**[4]が、彼らに対してしたことによって、『**わたしの最も小さな兄弟たちの一人にしたことは、わたしにしたのである**』(5)と言って〔世の〕審判者が推奨されたことを成就するためなのです」。それ故、これほどまでにはっきりとその名称を用いておられる**偉大な預言者**(6)によってこの修道生活は特権を与えられていると〔師父〕は言っていました。そのためにこそ、兄弟たちが町の中ばかりでなく、隠遁所にも住むことを望んでいたのです。それは、どこにいようと、すべての人に功徳を積む機会が与えられ、そして咎めを受けなければならない人々からは**言い逃れの覆い**(7)が剝ぎ取られるためでした。

（1）シラ二〇・八。（2）Ｉヨハ二・一八。（3）サム上一・二八。（4）マタ二二・一四。（5）マタ二五・四〇、四五。（6）ルカ七・一六。（7）ヨハ一五・二二、IIコリ三・一三—一六。

第四二章

施しを乞うにあたっての聖者の模範

七二　たとえ一度であれ、自分の聖なる花嫁を傷つけまいとして、**いと高き神の僕**《しもべ》(1)は、次のように行うのが常でした。すなわち、高い身分の人々に招かれ、豪華な食卓でもてなされることが予測される場合には、まず、隣近所の家々から**パン切れ**(2)を貰い受け、このようにして**乏しさに満たされた**(3)うえで、食卓へと向かったのでした。時として、なぜそのようにするのか尋ねられると、わずかな時間だけ許し与えられた封土と引き換えに、永続的な遺産を手離す気にはなれない、と答えるのでした。そして言いました。「貧しさこそが**天の国を継ぐ者**(4)、君主を立てるのであって、あなたたちの偽りの富ではないのです」。

（1）使一六・一七。（2）マタ一五・三六—三七。（3）IIコリ八・九。（4）ヤコ二・五、ロマ八・一七、マタ一三・二四。

第四三章

オスチアの陛下の宮廷で行った模範と司教に対する答えについて

七三　思い出すだけでも敬意を禁じ得ないグレゴリオ教皇が、もっと低い役務に就いておられたころのこと、この方を聖なるフランシスコが訪問したことがありました。食事の時間が迫っていましたので、施しを乞いに出かけ、戻って来ると、司教の用意した食卓の上に黒パンの欠片を並べました。これを見ると、とりわけ初めて招いた客人の手前、司教はいささか恥ずかしく思われました。ところが、師父は、同席の騎士や補助司祭たちに、施しとして受けてきたものを、喜色満面に配り始めました。一同は驚きつつも敬虔な思いでそれらを受け、ある人々はそれを食べ、ある人々は畏敬の念からそれを大切に取っておきました。食事が終わると、司教は立ち上がって、神の人を奥の部屋に連れて行き、両腕で抱きしめて言いました。「我が兄弟よ、わたしの家はあなたとあなたの兄弟たちのものでもあるのに、どうして施しを乞いに出てわたしに恥ずかしい思いをさせたのですか」。聖者は答えて言いました。「むしろわたしはもっと偉大なる主に敬意を表すことで、閣下に誉れを帰したのではありませんか。なぜなら、**主がお気に入りなのは**[1]貧しさであり、それもとりわけ自ら進んで行う物乞いだからです。ですから、『**豊かであられたのに、わたしたちのために貧しくなられた**[2]』**主に従う**[3]という、王のような威厳と気高い心意気を抱いているのです」。そして更に言い添えました。「わずかな施しで整えられる貧しい食卓のほうが、**数も数えられないほどに**[4]皿が並ぶ立派な食卓よりも、わたしにはずっと喜ばしいのです」。これを聞いて大いに啓発された司教は聖者に言いました。「我が子よ、**あなたの目に善いと思われることを行いなさい。主があなたと共におられるのだから**[5]」。

(1) 詩六七・一七。(2) Ⅱコリ八・九。(3) マタ一九・二一、ルカ一八・二二。(4) 詩三九・一三。(5) サム上三・一八、ヨシュ一・九。

第四四章

施しを乞うことを言葉と行いをもって奨励したこと

七四 初めのころ、〔フランシスコ〕は、自分自身を訓練するため、また兄弟たちの羞恥心を思いやって、しばしば自分一人で施しを乞いに出かけていました。ところが、〔兄弟たちの〕多くが自分の召し出しに十分な熱意を示していないことに気がつくと、ある日、言いました。「**いとも親愛な兄弟たちよ**[1]、**神の御子**[2]はわたしたちよりも高貴な方であられたのに、わたしたちのために、この世においてご自身を**貧しい者となさいました**[3]。このお方への愛のために、わたしたちは貧しさという**道を選んだ**のです[4]。施しを乞いに行くことを恥じてはなりません。天で**受け継ぐもの**[5]**の手付け**に赤面することは、**み国を受け継ぐ者**[6]にふさわしいことではありません。**あなた方に言います**[7]。**多くの高貴な人々や知恵のある人々**[8]が、わたしたちの会に加わり、施しを乞い求めることを名誉とするでしょう。したがって、その人たちの**初穂**[9]であるあなた方は、**喜びに喜びなさい**[10]。その聖なる人々に行うべきことを伝えるために、行わなければならないことを放棄してはなりません」。

（1）フィリ四・一。（2）マタ四・三、六。（3）Ⅱコリ八・九。（4）詩一一八・三〇。（5）エフェ一・一四。（6）ヤコ二・五。（7）マタ五・二二。（8）Ⅰコリ一・二六。（9）Ⅰコリ一六・一五。（10）詩三二・一一、マタ五・一二。

第四五章

物乞いをしたくない兄弟たちに対する非難

七五　祝されたフランシスコは、真の小さき兄弟は施しを乞いに行かずに長い期間過ごすべきではないと、しばしば言っていました。こうも言いました。「わたしの子は、高貴な者であればあるほど嬉々として出かけていくはずです。なぜなら、そうすることで多くの功徳を積むことになるからです」。

さてある所に、決して施しを乞いに出かけず、食卓ではたくさん食べる兄弟がいました。聖者は、その兄弟が**腹の友**[1]であり、労働には**関与**せず、その成果には**あずかる**のを見て[2]、あるとき、彼にこう言いました。「自分の道を行きなさい、兄弟蠅《はえ》よ。なぜなら、あなたは自分の兄弟たちの汗を食べようとして、**神の業**[3]においては怠惰なのだから。あなたは、兄弟雄蜂のようだ。蜜蜂の働きを助けずに、真っ先に蜜を味わおうとしている」。この**肉の人**[4]は、自分の大食らいが露見したことを知ると、決して放棄したわけではなかった世間に戻って行きました。修道〔会〕を去ったのです。こうして、施しを乞わなかった者は兄弟でもなかったのです。食卓で多く食べる者はそれだけ多くの悪魔になるのです。

（1）ロマ一六・一八。（2）ヘブ五・一三。（3）Ⅰコリ一五・五八。（4）Ⅰコリ三・三。

第四六章

施しを運んできた兄弟にどのようにして駆け寄り、その肩に接吻したか

七六　あるとき、ポルチウンクラで、一人の兄弟が施された物をもってアシジから戻って来ましたが、〔兄弟たちの〕

所に近づくと、突然歌い始め、大声で**主を賛美し**始めました(1)。それを聞くと、聖者は不意に踊り上がり、外に駆け出し、その兄弟の肩に接吻して、その袋を自分の肩にのせて言いました。「わたしの兄弟は祝されますように。〔この兄弟は〕素早く出かけて行き、謙遜に乞い求めて、**喜びに包まれて戻ってきた**のです(2)」。

(1) 詩一三四・一。(2) ルカ一〇・一七。

第四七章

どのようにして、世俗の騎士たちに施しを乞いに行かせたか

七七 全身病苦に蝕まれ、最期に近づいていた祝されたフランシスコがノチェラの地に〔伏していたとき〕、アシジの人々は神の人の遺体を所有する**光栄を他の者に与え**まいとして(1)、迎えのために荘重に指名した使節たちを派遣しました。騎士たちが丁重に馬に乗せて〔師父〕を連れ戻す途中、サトリアノという寒村に到着しました。空腹でもあり、〔食事の〕時間でもあったので、食物を求めて村に入って行きましたが、**何一つ売り物を見つけることができませんでした**(2)。騎士たちは祝されたフランシスコのもとに戻って来て言いました。「あなたの〔持っている〕施しからわたしどもに分けてもらわなければなりません。食べる物をここで何も手に入れることはできないからです」。聖者は答えて言いました。「**神に寄り頼む**(3)よりもあなた方の蠅《はえ》に頼ったから、何も見いだせなかったのです」。金銭を蠅と呼んだのでした。そして、言いました。「もう一度行きなさい。あなた方が回った家々を巡って、金銭に代えて神の愛に訴えて、謙遜に施しを乞い求めなさい。恥じてはなりません。なぜなら、罪〔が犯された〕後は、すべてのものは施しとして与えられたのだからです。あの偉大な施し主は、ふさわしい者にもふさわしくない者にも寛大な慈しみをもって分け与えてくださるからです」。騎士たちは羞恥心を捨てて、速やかに施しを乞い、金銭によるよりもより多くのものを神の愛によって手に入れたのでした。誰もが競って、喜びをもって与えたからです。貧しさが豊かに花開いているところでは、飢餓がのさばることはできないのです。

(1) イザ四二・八、四八・一一。(2) マタ二一・一九。(3) マタ二七・四三。

第四八章

アレクサンドリアで、鶏の肉の一片が魚に変わったことについて

七六　施された物を分け与えるにあたっては、肉体の維持よりもむしろ、魂の利益を心にかけて、**受けるときにも与えるときにも**[1]、自分がほかの人々の**模範となる**ようにしていました[2]。

神のみ言葉を宣べ伝えるために[3]ロンバルディアのアレクサンドリアに赴いたときのこと、**神を畏れ**[4]、敬虔で評判の良いある人から**客として手厚いもてなしを受けました**[5]。聖なる福音を遵守するために、**出されたものはすべて食べるように**[6]依頼された〔師父〕は、招待主の敬虔な思いに打たれて、これを快く了承しました。その人は、急いで走って行き、神の人に食べてもらうために七年目の鶏を入念に調理しました。貧しい者らの族長〔フランシスコ〕は喜びに沸く家族と共に食卓に着くと、突然、戸口に**ベリアルの子**[7]が現れました。恵みにおいて貧しいこの男は、日用の物に貧しいありさまを装っていました。言葉巧みに神の愛を言いたてては、施しを乞い、神のために援助の手を差し伸べてほしいと、涙ながらに訴えました。**あらゆるものにまさる祝されたみ名**[8]、〔師父〕にとっては**蜜よりも甘美な**[9]〔み名〕を認めた聖者は、いとも快く、前に置かれていた鶏肉の一片をパンの上にのせて、乞い求める人に手渡しました。その後はどうなったのでしょうか。この不幸な男は、聖者を侮辱しようとして、与えられた物を取りのけておいたのです。

七七　次の日、聖者はいつものように、集まって来た人々に神のみ言葉を宣べ伝えました。突然、あの非道な男が**大きな声でわめきだして**[10]、あの鶏肉の一片を**人々全員に**[11]懸命に見せようとしたのです。そしてわめきました。「見るがいい。そこで説教しており、お前さんたちが聖者だと崇めているこのフランシスコがどんな人間かを。これが昨晩、食事をしていたときにわたしにくれた肉だ」。人々はみな、この邪悪な男を叱責し、誰もが悪魔に憑かれた者のように咎めだてました。この男が皆に見せたかったのは鶏の肉の一片でしたが、皆の目には魚としか見えなかったのです。この哀れな男自身も、奇跡に唖然として、ほかの人々が言っていることを認めざるを得ませんでした。ついに、この不幸な男は顔を真っ赤にして、**あからさまにされた悪行**[12]を、悔い改めによって洗い清めたのでした。皆の前で、自

分が悪い意向を持っていたことを明らかにして、聖者に許しを願いました。この**反逆の輩が正気に戻る**と、[13]肉は本来の姿に戻ったのでした。

(1) シラ四・三六。(2) ナホ三・六。(3) 使一三・五。(4) ヨブ一・一、二・三。(5) Iテモ五・一〇。(6) ルカ一〇・八。(7) サム上二五・一七。(8) 詩七一・一七、一九、ロマ九・五。(9) 士一四・一八。(10) 創二七・三四。(11) 使四・一〇。(12) ヨシュ七・一五。(13) イザ四六・八。

世俗を捨てる人々について

第四九章

財産を貧しい人々にではなく、身内の者に分け与えたために、聖者が咎めた人の例

八〇　聖者は、会に〔入ろうとして〕来る人々に、この世に対して**離縁状**[1]を渡す前に、まず自分のものを外的に、次いで**自分自身**を内的に**神にささげる**よう[2]教えていました。自分の所有するものを放棄し、何一つとして保持しない人々でなければ会に受け入れられることはありませんでした。それは、聖なる福音の言葉を遵守するためであり、[3]また**財布**[4]を残しておくことが**躓きになる**[5]ことのないためでした。

八一　アンコーナのマルケにおいてのことでした。聖者の説教が終わると、ある人が進み出て、入会を謙遜に願いました。聖者は彼に言いました。「もし**神の貧しい者たち**[6]に加えられたいのであれば、まず、あなたの持ち物をこの世の**貧しい人々に分け与え**なさい[7]」。これを聞くとその人は立ち去りましたが、肉の愛に駆られて、自分の持ち物を親族に分配し、貧しい者たちには何一つ〔分け与え〕ませんでした。戻って来て、自分が行った寛大な行為を聖者に報告すると、師父は失笑して言いました。「あなたの道を行きなさい、兄弟蝿《はえ》よ、まだ**自分の家からも**、**親族からも離れて**いないのだから[8]。自分の持ち物を血縁の者らに与えて、**貧しい人々を欺いた**のです[9]。あなたは聖なる貧しい者らにふさわしくありません。肉によって着手し、倒壊しかけている**土台を**霊的な建物に**据えた**のです[10]」。この**肉の人**[11]は、家族のもとに戻り、貧しい人々に与えようとしなかった**自分の持ち物を取り戻した**のでした[12]。徳への意欲はたちまちのうちに萎えてしまったのでした。

今日では、多くの人が、この世的な動機から祝された生

活を求め、このような惨めな財産処分で欺いています。それ故、何人《なんびと》も自分の親族を**富ませる**[13]ために**神に身をささげてはなりません**[14]。憐れみという**代価をもって**罪を**贖い**[15]、善**い業の実りによって命を獲得する**[16]ためなのです。

　兄弟たちが困窮した場合には、入会する者たちを当てにするよりも、ほかの人々に頼るよう、しばしば〔師父〕は教えていました。それはまず模範を示すためであり、次に卑劣な収益を得ていると少しでも思われることのないためでした。

（1）マタ五・三一。（2）ヘブ九・一四。（3）マタ一九・二一。（4）ヨハ一二・六。（5）詩一〇五・三六。（6）ヤコ二・五。（7）Ⅰコリ一三・三。（8）創一二・一、使七・三。（9）シラ三四・二四―二五。（10）知四・三。（11）Ⅰコリ二・一四。（12）ルカ六・三〇。（13）箴一〇・二二。（14）士一六・一七。（15）出一三・一三。（16）ロマ二・七、フィリ一・二二。

第五〇章

貧しさに関する幻について

八二　ここで聖者に示された幻を報告しておくこともふさわしいことと思います。ある夜のこと、〔師父〕は長い祈りを終えると、徐々に眠気を催し、眠り込んでしまいました。その聖なる魂は**神の聖所**[1]に導かれ、夢の中で、他のさまざまなこととともに、一人の気品のある女性を見ました。その女性の**頭は黄金**、**胸と腕は銀**、**腹は水晶**、そこから下は**鉄であるように見えました**[2]。**背は高く**、**優雅で均整が取れていました**。それにもかかわらず、**卓越した容姿**[3]の女性は汚らしいマントで覆われていました。朝になって目を覚ますと、祝された師父は聖なる人、兄弟パチフィコにその幻を語りましたが、何を意味しているのか明らかにはしませんでした。

　多くの人がそれぞれ自分の好むままに、この幻を解釈したのですが、先に名前を挙げたパチフィコの解釈を受け入れるのが当を得たこととわたしには思われます。それはその〔幻〕について聞いた後すぐに、**聖霊が教え示してくださった**ものです[4]。こう言いました。「この卓越した容姿の女性は、聖なるフランシスコの美しい魂です。黄金の頭は観想と永遠の事柄についての英知を、銀の胸と両腕は心で瞑想され、行いによって実現された主のみ言葉を、水晶はその硬さの故に禁欲を、その透明性の故に貞潔を表しています。鉄は固い堅忍です。汚らしいマントは気高い魂を包んでいる、見栄えのしないみすぼらしい体であると思いなさい」。

しかしながら、**神の霊を受けた**多くの人は(5)、この気品ある女性は師父の花嫁である貧しさであると理解しています。彼らは言います。「黄金は報いとして与えられる栄光、銀はその名声が高らかに宣べ伝えられること、水晶は財布なしに外面的にも内面的にも〔透明な心をもって〕証しされること、鉄は終わりまでの堅忍を示している。そして、気高い女性がまとっていた汚らしいマントは肉の人々から浴びせられる評価を明らかにしている」。

また、多くの人がこの神託を、ダニエルの継続する時代の流れに(6)倣って、会に当てはめています。しかし、これが師父に属するものであることは極めて明白です。高慢に陥ることを避けて、〔この幻〕が解釈されることを決して望まなかったからです。会にかかわるものであったなら、沈黙のうちに黙りとおすことはなかったはずです。

(1) 詩七二・一七。(2) ダニ二・三一―三三。(3) エゼ二三・二三。(4) ヨハ一四・二六。(5) ダニ四・五、Ⅰコリ七・四〇。(6) ダニ二・三六―四五。

貧しい人々に対する聖なるフランシスコの共苦共感について

第五一章

貧しい人々に対して抱いていた共苦共感について、またどのように自分よりも貧しい人々を妬んだか

八三 この人が貧しい人々に対して抱いていた共苦共感を、どんな言葉をもって語ることができるでしょうか。確かに、〔師父〕は生まれつき慈悲深さを有していましたが、上から注がれた慈愛によって倍増されたのでした。こうして、フランシスコの**心は**貧しい人々に対する思いで**とろけてしまっており**(1)、手を差し伸べることができない場合には、愛情を示していました。誰かのうちに何らかの欠乏、何らかの困窮を見いだすと、心を引き戻し、素早く向き直ること

でキリストへと思いを馳せたのでした。このようにしてすべての貧しい人のうちに貧しい姫君〔聖母〕の御子を見いだし、〔聖母〕がその両手に裸の〔御子〕を抱いたように、心のうちに裸の〔御子〕を抱きしめたのでした。**あらゆる妬み**(2)は心から締め出していましたが、貧しさへの妬みの心だけは制することができませんでした。自分よりも貧しい人を見ると、たちまち妬ましくなり、貧しさの競争において、その人に自分は負けるのではないかと恐れていました。

八四　ある日、神の人が説教をするために出かけたときのことでした。道で一人の貧しく惨めな人に出会いました。その人が裸同然であるのに気がつくと、心を痛めて、同行〔の兄弟〕のほうに向き直って言いました。「あの人の困窮には、わたしたちを大いに恥じ入らせるものがあります。わたしたちの貧しさを大いに非難しています」。同行〔の兄弟〕は答えました。「兄弟、それはどういうことですか」。すると、聖者は悲しい声で答えました。「わたしは自分の富として、自分の姫君として貧しさを選んだのに、ご覧なさい、それ以上にあの人のうちで〔貧しさ〕が輝いています。知らないのですか。わたしたちはキリストのために世界中で最も貧しい者となっていると皆から言われていることを。ところが、そうではないことを、あの貧しい人が立証しているのです」。

おお、何とも妬ましい妬みであることか。おお、これこそ子らにとって競うべき競争。これはほかの人々の幸福に失望することなく、太陽の光線にかすむことなく、敬虔な思いに対立するものでもなく、嫉妬に取り乱すこともありません。福音的な貧しさには、何も妬むべきものはないとお思いですか。〔この貧しさは〕キリストその方を所有しており、〔キリスト〕を通して、**すべてにおいてすべてを**(3)〔所有しているのです〕。今日の聖職者よ、どうしてそんなに報酬をこだわるのですか。明日には、あなたの手には諸々の責め苦という報酬を見いだすのに対して、フランシスコこそ富者であったことを知ることになるでしょう。

（1）雅五・六。（2）Iペト二・一。（3）Iコリ一二・六。

第五二章

貧しい人の悪口を言った兄弟をどのように矯正したか

八五　別のある日のこと、説教をしているところに、貧しく惨めで病気の人がやって来ました。その人の二重の災厄、すなわち貧苦と病苦に心を痛めた〔師父〕は、同行の兄弟と貧しさについて語り始めました。苦しんでいる人に共苦共感する〔師父〕が、**千々に心を乱す**と[1]、聖者の同行〔の兄弟〕は彼に言いました。「兄弟よ、この人が貧しいことは確かです。しかし、物を欲しがる気持ちにかけては、この地方全体で一番富んでいるかも知れませんよ」。聖者はその兄弟を譴責《けんせき》し、過ちを認めた同行〔の兄弟〕に次のように言いました。「**さあ、急ぎなさい**[2]。トゥニカを**脱ぎなさい**[3]。貧しい人の足もとにひれ伏し、あなたの過ちを表明しなさい。許しを懇願するだけではなく、あなたのために祈ってくれるよう切に願いなさい」。〔その兄弟は〕それに従い、行って償いを果たして戻ってきました。聖者は彼に言いました。「兄弟よ、貧しい人を目にするときには、主とその貧しき御母〔を映す〕鏡があなたの前に置かれたのです。病人の場合も同様です。〔主が〕**わたしたちのために担われた病**[4]を思い巡らしなさい」。

ああ、フランシスコは常に**没薬の袋を帯びており**[5]、常に**自分のキリストの顔を眺め**[6]、常に**苦しみの人、病を知っている方**[7]と接していたのでした。

（1）詩七二・七。（2）イザ五・一九。（3）バル五・一。（4）マタ八・一七、イザ五三・四。（5）雅一・一三。（6）詩八三・一〇。（7）イザ五三・三。

第五三章

チェラノの近くで老婆に与えられたマントについて

八六　ある冬のチェラノの近くでのことでした。聖なるフランシスコは一枚の布をマントのようにして身にまとっていましたが、それは兄弟たちの友人であるティヴォリのある人物が貸してくれたものでした。さて、マルシの司教の館に滞在していると、一人の老婆が訪ねて来て、施しを乞いました。直ちにその布を首から外し、それが他人のものであったにもかかわらず、その貧しい老婆に与えて言いました。「お行きなさい。そして、あなたのためにトゥニカを作りなさい。あなたにはどうしても必要のようですから」。老婆は笑い、恐れからか喜びのためか分かりませんが、びっくりして、その手から布を受け取りました。取り返されるのを恐れるかのように急いで走り、直ちに布に鋏《はさみ》を入れました。ところが、裁った布地が、トゥニカのためには十分でないのが分かると、前に受けた親切を思い出して、再び聖者のもとに行き、布が足りないと訴えました。聖者は、同じ布切れで背中を繕っていた兄弟のほうに目を向けて言いました。「兄弟よ、この貧しい〔お婆さん〕が言ったことを聞きましたか。神の愛のために寒さを耐え忍びましょう。この貧しい〔お婆さん〕がトゥニカを仕上げることができるように布切れをあげなさい」。〔師父〕が与えたように、同行〔の兄弟〕も与えました。老婆が着ることができるようにと、二人とも裸になったのでした。

第五四章

別のマントを与えた、別の貧しい人について

八七　別のときのこと、シエナから戻ろうとしていたところ、貧しい人に出会いました。聖者は同行の兄弟に言いました。「兄弟よ、貧しく惨めな人に、あの人のものであるマントを返さなければなりません。わたしたちはこれを、わたしたちよりももっと貧しい人に出会うまで、**借り物として持っていた**にすぎないのです[1]」。同行〔の兄弟〕は、敬虔の念篤い師父にとってそれが必要であると考え、自分のことを疎かにして、他人に与えることのないように、頑固に反対しました。聖者は彼に言いました。「わたしは**盗人でありたくない**のです[2]。もっと困っている人に与えなければ、窃盗のかどでわたしたちは訴えられるでしょう」。同行〔の兄弟〕は折れて、〔聖者〕はマントを手渡したのでした。

（1）ルカ六・三四、箴二二・七。（2）ヨハ一二・六。

第五五章

別の貧しい人に対して同様にしたこと

八八　同様なことが、コルトナのレ・チェレという所で起きました。祝されたフランシスコは新しいマントを身に着けていましたが、それは、兄弟たちが〔師父〕のために非常に苦心して手に入れたものでした。そこへ貧しい人がやって来ました。その人は妻の死と**残された貧しく惨めな**[1]家族のことで泣きわめいていました。聖者は彼に言いました。「神の愛のために、このマントをあなたに差し上げます。ただし、十分な代価をもらわない限り、誰にもこれを譲らないという条件でです」。直ちに、兄弟たちがマントを取り戻そうとして駆けつけて来て、この施しを阻止しよ

うとしました。しかし、その貧しい人は、聖なる師父の顔つきに**勇気づけられて**、[2] 両手でしっかりと摑んで、自分の物を固守したのでした。**最終的に**、[3] 兄弟たちはマントを買い戻し、貧しい人は、代価を受け取って、去って行ったのでした。

（1）詩一〇・一四。（2）代下一七・六。（3）Ⅱマカ五・五。

第五六章

どのようにして、主人を憎むことのないように、自分のマントをある人に与えたか

八九　あるときのこと、ペルージアの田園地帯のコッレで、聖なるフランシスコは貧しく惨めな人に出会いましたが、その人はまだ**世俗にいたころ**[1]に知っていた人でした。〔師父は〕彼に言いました。「兄弟よ、調子はどうですか」。その人は腹を立て、自分の持ち物をすべて取り上げた主人の悪口を言い募り始めました。「**全能の主に呪われるがいい**[2]。わたしの主人のおかげで、こんなありさまさ」。祝されたフランシスコは、その人の肉体よりも、そのような恐ろしい憎しみに蝕まれている魂を憐れんで言いました。「兄弟よ、神の愛のためにあなたの主人を許してあげなさい。そうすれば**あなたの魂を救う**ことになります[3]。その上主人は、**あなたから奪ったものを返してくれる**[4]かも知れません。そうにしなければ、あなたは、持ち物を失うだけでなく、**魂も失ってしまうでしょう**[5]」。その人は言いました。「まず、奪ったものを返してくれない限り、許すなんてできませんよ」。祝されたフランシスコは、背中にマントを羽織っていましたが、その人に言いました。「このマントをあなたに差し上げます。お願いします、**神なる主**[6]への愛のために、あなたの主人を許してあげてください」。その人は**心を和らげられ**[7]、善意に励まされ、贈り物を受け取って自ら受けた不正を許したのでした。

（1）テト二・一二。（2）黙一・八、創五・二九。（3）エス四・一三。（4）出二二・一二。（5）ルカ九・二四。（6）イザ四二・五。（7）箴二七・九。

第五七章

どのようにしてトゥニカの裾を貧しい人に与えたか

九〇　かつて、貧しい人から施しを乞われましたが、手も

とに何も持ち合わせていなかったので、自分のトゥニカの裾を裂いて、その貧しい人に与えました。またときとしては、同じような状況で、股引を脱ぎ棄てました。

　貧しい人々に対するこれほどの慈愛に満ちた**温かな思いやりをもって**、[1]貧しい**キリストのみ跡**[2]に従おうとしていたのです。

（1）コロ三・一二。（2）Ｉペト二・二一。

第五八章

どのようにして二人の兄弟の貧しい母親に、会にあった最初の新約聖書を与えさせたか

九一　あるときのこと、二人の兄弟の母親が聖者のもとに来て、信頼しきって**施しを乞いました**[1]。聖なる師父は彼女を気の毒に思い、自分の代理の任にあった兄弟ペトロ・カタニオに言いました。「わたしたちのお母さんに何か**施しをする**[2]ことができますか」。〔師父は〕どの兄弟の母親も、自分の、そして兄弟みんなの母親と言っていました。兄弟ペトロは答えました。「**差し上げることのできる物は何一つ家に残っていません**[3]」。そして、言い添えました。「新約聖書を一冊持っています。聖務日課書がないので、朝課のとき、読書としてそれを読んでいます」。祝されたフランシスコは彼に言いました。「わたしたちのお母さんに新約聖書を差し上げなさい。それを売って、必要な物を整えることができるでしょう。〔新約聖書〕を通して、貧しい人々を助けるよう教え諭されているのですから。朗読以上にこの施しを神はお喜びになると、わたしは信じます」。こうして、書物は婦人に与えられ、会にあった最初の聖書は、この聖なる慈愛の行為を通してなくなってしまったのでした。

（1）使三・二。（2）マタ六・二。（3）ルカ一一・四一。

第五九章

どのようにして目を患っている貧しい婦人にマントを与えたか

九二　聖なるフランシスコが眼病の治療のためにリエティの司教の館に滞在していたときのことでした。聖者と同じ病を患っていた、マキローネの貧しく哀れな婦人が医師のもとにやって来ました。すると聖者は世話役〔の兄弟〕に

親しく語りかけ、次のように進めました。「世話役〔の兄弟〕、わたしたちはほかの人のものを返さなければなりません」。その〔兄弟〕は答えました。「師父よ、そのようなものがわたしたちのもとにあるならば返さなければなりません」。〔師父は〕言いました。「このマントです。これを、あの貧しく哀れな婦人から借り受けたのです。お返ししましょう。財布には支払いに必要なお金がないのですから」。世話役〔の兄弟〕は答えました。「兄弟よ、このマントはわたしの物です。誰から借りたものでもありません。いつでも、お望みのままに使ってください。後で、使いたくなくなったなら、わたしに返してください」。実際のところ、ほんの少し前に、世話役〔の兄弟〕は、聖なるフランシスコの必要に応えるために、そのマントを購入していたのでした。聖者は彼に言いました。「世話役〔の兄弟〕よ、あなたはいつもわたしに親切でした。どうかお願いします、今回も、親切にしてください」。世話役〔の兄弟〕は答えました。「師父よ、**霊があなたに勧められた**[1]ことを、お望みのままになさってください」。そこで〔師父は〕敬虔な一人の世俗の人を呼んで言いました。「このマントと十二個のパンを持って、あの貧しく哀れな婦人のところに**行って、こう言ってください**[2]。『あなたがマントを貸した貧しい人が、お借りしたことであなたに心から感謝しています。今、**あなたの物を受け取ってください**[3]』」。その人は出ていって、聞いたとおりに語りました。すると婦人は、自分が**からかわれている**[4]と思って、**顔を赤くして**[5]言いました。「**わたしを安らかに去らせてください**[6]。あなたのマントです。**何のことを言っているのか、わたしには分かりません**[7]」。その人は強く促して、すべてのものを彼女の手に渡しました。実際に自分が欺かれていないことが分かると、これほどたやすく手に入れたものが奪い去られるのを恐れて、夜中に起き上がると、目の治療のことは忘れて、マントを持って家に帰ったのでした。

(1) ヨハ一四・二六。(2) エゼ三・一。(3) マタ二〇・一四。(4) 創二七・一二。(5) ルカ一四・九。(6) ルカ六・二九。(7) マタ二六・七〇。

第六〇章

どのようにして道で三人の婦人が現れ、新しい挨拶を残して消え去ったか

九三 解釈には疑問が残りますが、事実としては非常に確かな、ある不思議な出来事を簡潔に報告しましょう。キリ

ストの貧者フランシスコが、目の治療のためにリエティからシエナに向かって急いでいるときのことでした。**旅の同行者**[1]として、会のために献身的な医師と一緒にロッカ・カンピリアの近くの野原を横切っていました。すると、聖なるフランシスコの**行く手の**[2]道の傍らに、三人の貧しく哀れな婦人が現れました。その背丈も年格好も容貌も全く似ており、一つの鋳型から作られた完璧な三体であると思われるほどでした。聖なるフランシスコが近づくと、頭を恭しく下げて、耳新しい挨拶の言葉をもって彼をたたえて、こう言いました。「ようこそ、姫君貧しさよ」。たちまち聖者は名状し難い喜びに満たされました。この婦人たちが口にしたものほどに、彼の耳に快く響く挨拶の言葉を人々から受けたことはなかったからでした。まず初めに、彼女たちが本当に貧しく哀れな婦人であると思った〔フランシスコは〕、同行の医師の方へ振り向いて言いました。「お願いします、神のために、この貧しく哀れな婦人たちにお渡しできるように、わたしに何かください」。直ちに、貨幣を取り出すと、馬から飛び降りて、その婦人たちの一人ひとりそれを分け与えました。その後、一行は旅を続け始め、あまり進まぬうちに、兄弟たちと医師が振り返ってみると、見渡す限りの野原のどこにも婦人たちの姿を見いだすことはできませんでした。非常に驚いた一同は、そのように**鳥よりも速く飛び去った**[3]婦人たちが人間ではあり得ないと分かって、この出来事を**主の不思議な業**[4]の一つとして数えたのでした。

（1）創三三・一二。（2）Ｉコリ一六・七。（3）知五・一一。
（4）詩一〇六・八、一五。

聖フランシスコの祈りへの熱心さについて

第六一章

祈りの時と場所、祈りへの熱意について

九四　神の人フランシスコは、**肉体では主から**〔離れた〕**旅人の身**[1]ではありましたが、**霊では天に現に存在する**[2]ように努力し続けており、既に天使たちの一員となっており、彼を**隔てる**のはただ肉という壁だけでした[3]。魂全体がキリストを**切に渇き求め**[4]、心全体だけでなく、肉体全体をも〔キリスト〕に献げ尽くしていました。

フランシスコの祈りの偉大さを示す幾つかのことを、それも**わたしたちの目に見えた**限りのこと[5]、**人間の耳に伝え**

られる限りのことを[6]、後代の人々の模倣すべきものとして報告することにしましょう。

常に進歩していないことから後退していると見なされることのないように、すべての時間を〔精神を集中する〕聖なる無為〔の時〕となして、それに**心の英知**[7]を注ぎ込んでいました。世俗の人々の訪問や、何らかの用件が重なると、終わりまで行かずに途中で切りあげて、内的な事柄へと馳せ戻ったのでした。天の**甘美さ**[8]に養われていたので、この世は無味なものであり、神からの悦楽が人間的な享楽を隅に押し退けてしまったのでした。

霊だけでなく、体のあらゆる部分をも神に結び合わせることができる**隠れた所**[9]を常に探し求めていました。人前で突然、**主の訪れ**[10]に遭遇すると、修房ではないので、マントを小さな修房として用いていました。マントもないときには、**隠れたマンナ**[11]を知られることのないように、袖で顔を隠していました。常に何かしら衝立《ついたて》となるようなものを置いていましたが、それは**花婿との接触**[12]を気づかれないようにするためでした。こうして狭い舟の中で大勢の人々の間に挟まれているときにも、人に見られずに祈ることができたのでした。ついには、以上のようなことが何もできないときには、自分の胸を神殿としていました。自分を忘れて神に投入してしまうと、すすり泣きもため息も漏らさず、荒い息遣いも立てず、身動きさえもしなかったのでした。

九五　以上のことは家の中でのことでした。森や人里離れた所で祈るときには、木々を悲嘆の声で満たし、地に涙を降り注ぎ、手で胸を打ちたたいて、奥深くにある秘密の部屋にいるかのように、しばしば声を上げて、自分の主と語り合っていました。そこでは審判者に答え、そこでは父に懇願し、そこでは友と歓談し、そこでは花婿と戯れていました。実に、**心の精髄**[13]のすべてを幾重にも**焼き尽くす犠牲**《いけにえ》として献げるために、**多様で純一なる方**[14]を**目の前に置いていました**[15]。しばしば**唇**を動かさずに内的に**咀嚼し**[16]、**主に願い求めていたただ一つのこと**[17]に、知性と感情のすべてを集中していましたので、祈っているというよりも、〔師父そのものが〕祈りそのものになっていたのでした。

このようなことに慣れ親しんでいた〔フランシスコ〕がどれほど深い甘美さを味わっていたと思われますか。〔フランシスコ〕**自身が知っている**ことでしょう[18]。わたしはただ驚嘆するだけです。体験した人には知ることが許され、体験のない人々には許されないのです。このように**鋭敏な霊は熱火に燃え上がり**、外観もことごとく、更には**魂**もことごとく**溶解し**[19]、既に天の国という至高の祖国に滞在していたのでした。

祝された師父は、〔聖〕霊のいかなる訪れをも怠惰によって見逃すことのないよう常に心がけていました。〔訪れ〕が提供されたときには、それに従い、**主がお許しになる限りにおいて**、[20] そのようにして提供された甘美さを味わうのでした。それ故、何かの仕事に追われていたり、旅路を急いでいるときであっても、そのような恵みの接近の気配を感じ取ると、突然与えられる、あのいとも甘美な**マンナ**[21]をたびたび味わっていたのでした。旅路にあるときは、歩みを止め、同行の兄弟を先に行かせ、新しい霊感を実り豊かなものにして、**恵みを無駄に受けるようなことはありませんでした**。[22]

(1) Ⅱコリ五・六。(2) Ⅰコリ五・三。(3) エフェ二・一四。(4) 詩六二・二。(5) シラ一七・一一。(6) Ⅰコリ二・九。(7) シラ四五・三一。(8) 詩三〇・二〇。(9) マタ六・四。(10) ルカ一・六八。(11) 黙二・一七。(12) 雅五・四。(13) 詩六五・一五。(14) 知七・二二。(15) 詩一〇〇・三。(16) 雅七・九。(17) 詩二六・四。(1) ヨブ二八・二三。(19) ヨブ四一・二二、知七・二二、雅五・六。(20) Ⅰコリ一六・七。(21) 申八・三、黙二・一七。(22) Ⅱコリ六・一。

第六二章

聖務日課を敬虔に唱えるべきことについて

九六 〔師父は〕聖務日課を敬虔に、それも畏敬の念をこめて唱えていました。目と胃と脾臓と肝臓とに病を抱えていたにもかかわらず、詩編を唱えている間は、決して壁や仕切りに寄りかかろうとはせず、常に頭巾を外して、真っ直ぐに立って唱え、目をうろうろさせたり、音節を飛ばしたりするようなこともありませんでした。
徒歩で世俗を旅しているときには、それぞれの時課を唱えるために歩みを止め、馬に乗っているときには、地面に降りていました。それ故、〔ローマの〕町から戻ってくる、ある日のことでした。その日はずっと雨が降っていましたが、聖務日課を唱えるために馬から降り、ずっと立ち続けていましたので、全身雨で水浸しになってしまいました。実に、時々、こう言っていました。「肉体が、やがては自分と同じように虫の餌となる、食べ物を静かに食するとすれば、なおさらのこと、魂は、自分の糧である神を、平和と静穏のうちにお迎えしなければなりません」。

第六三章

祈るとき、どのようにして心に浮かぶ妄想を追い払っていたか

九七　祈りに専念しているとき、むなしい妄想によって動揺が生じようものなら、重大な過ちを犯したと見なしていました。何かしらそのような事態に至ると、告白を引き延ばすことなく、直ちにそれを償っていました。このように励むことが習慣になっていましたので、このような蠅《はえ》に悩まされることはまれなことでした。

　ある四旬節のことでした。ごくわずかな時間も**空費する**ことのないように[1]、小さな器を作ることに当てました。ところが、ある日、三時課を敬虔に唱えているとき、たまたま目がその器に向かい思いが掻き乱されました。〔師父は〕**内なる人**[2]の熱意が妨げられたと感じました。それ故、〔自分の〕心の声が神の耳にまで届くのを妨げられたことを悲しみ嘆いて、三時課が終わると、居合わせた兄弟たちに言いました。「ああ、これがおしゃべりどものしでかした業だ。わたしのなかで力をふるって、〔わたしの〕心を自分のほうに向けて曲げてしまった。主への犠牲《いけにえ》を妨げたのだから、これを**主への犠牲としよう**[3]」。このように言うと、素早く小さな器を摑み取ると、火の中で溶かしてしまいました[4]。そして言いました。「祈りの時に、わたしたちは**偉大な王**[5]に語りかけているのに、むなしい横道に逸らされるなどとは恥ずかしいことです」。

（1）Ⅰコリ一三・八。（2）ロマ七・二二。（3）詩五三・八。（4）エゼ二二・二〇。（5）詩九四・三。

第六四章

脱魂について

九八　たびたび〔師父は〕観想の甘美さの故に宙に**引き上げられ**ていました[1]。人間の感覚を越えた体験をしたのですが、それについて誰にも明かしませんでした。

　とはいえ、一度知られることになった一つの〔出来事〕を通して、〔師父が〕どれほどしばしば上からの甘美さのなかに飲み込まれていたか、わたしたちには明らかです。あるとき、驢馬《ろば》に乗って運ばれていましたが、ボルゴ・サン・セポルクロを通って行かねばなりませんでした。

ラを患っている人々の家に泊まるつもりでしたが、神の人が通ることが多くの人に知れ渡ってしまいました。あちらこちらから大勢の男女が一目見ようと、そして日頃の敬虔の念から触れようとして走り寄ってきました。どうなったでしょうか。人々は〔師父〕に触りまくり、引き寄せ、そのトゥニカから小片を切り取り、取って置いたのでした。ところが、〔この〕人はこれら一切のことに無感覚なように見受けられ、命のない体のように、起こっていることの何一つとして気づいていなかったのです。〔目的〕地に近づき、ボルゴ・サン・セポルクロからはるかに遠ざかったとき、天上のものを観想する人は、いつボルゴに着くのか、**気遣わしげに尋ねた**[2]のでした。

（1）Ⅱコリ一二・二。（2）申一三・一四。

第六五章

祈りの後、どのように振る舞ったか

九九　個人的な祈りから戻ってきたときには、その祈りのために、ほとんど**別人のように変えられていました**[1]が、他の人々と自分を同じようにしようと最大の努力をしていました。それは、燃えているのが明らかになり、手に入れたものを喝采の風で失うことのないためでした。

しばしば、親しい者たちに次のようなことを語っていました。「神の僕《しもべ》が祈っているときに、何かしら新しい慰めをもって**主が訪れてくださった**[2]なら、祈りから離れる前に、**目を天に上げ**[3]、両手を主に差し伸べて、申し上げなければなりません。『主よ、**罪人**であり、ふさわしい者でもない**わたしに**[4]、この慰めと甘美さとを**天から送ってくださいました**[5]が、あなたにそれをお送り返します。**わたしのために、それをお預かりください**[6]。なぜなら、わたしはあなたの宝物の盗人なのですから』」。そしてまた、「主よ、**この世においては**あなたの善いものをわたしから取り去り、**来たるべき代において**わたしのために取って置いてください[7]」。そして、言いました。「このようにして、祈りから去ると、ほかの人々に対して、何の新しい恵みをも受けなかったかのように、貧しい惨めな罪人として自分を提示しなければなりません」。実に、こう言っていたのです。「小さな報いのために評価し難いものを失い、与えてくださった方が二度と与えてくださらないようなことを簡単に招くことになるのです」。

仲間の〔兄弟〕たちの誰一人として〔師父が〕起きるの

も祈っているのも気づかないほどに、ひそかに隠れるようにして祈るために起きだすのが〔師父〕の習慣でした。ところが、夕方になると、騒音を掻き立てるかのようにして、足音高く床に赴きました。そのため、床に就くのが皆に分かったのでした。

(1) サム上一〇・六。(2) ルカ一・六八。(3) ヨハ六・五、ルカ一八・一三。(4) ルカ一八・一三。(5) Iペト一・一二。(6) 創二七・三六。(7) エフェ一・二一。

第六六章

どのようにして、祈っている〔フランシスコ〕に遭遇した司教がものを言うことができなくなったか

一〇〇　聖なるフランシスコがポルチウンクラの例の場所で祈っていたとき、いつものように彼のもとを親しく尋ねようとしてアシジの司教がやって来ました。その場に着くと〔司教〕は、すぐさま招聘を待たずに遠慮なく聖者の修房に近づくと、小さな扉を叩き乱暴に入ろうとしました。するとどうでしょう、頭を差し入れると、聖者が祈っているのに気づきましたが、突然、**戦慄が走り**[1]、肢体は硬直して、ものを言うこともできなくなりました。たちまちのうちに、**神のみ旨によって**[2]、力ずくで外に引き出され、後ろ向きのまま遠くまで足を引きずられて行きました。わたしが思いますには、それは〔司教が〕このような秘め事を見るにふさわしくなかったのか、あるいは、〔聖者が〕既に得たものに加えて更に他の〔恵みを〕得るにふさわしいものであったためでしょう。呆然とした司教は兄弟たちの所に戻ると、まず初めに過失を口にすると、ものが言えるようになったのでした。

(1) ヨブ二一・六。(2) 使二一・一四、詩五〇・二〇。

第六七章

どのようにして、ある大修道院長が〔師父〕の祈りの力を感知したか

一〇一　あるときのこと、ペルージアの司教区の聖ユスティノ隠棲修道院の大修道院長がたまたま道で聖なるフランシスコに出会いました。直ちに馬から降りると、自分の魂の救いについて少し〔師父〕と言葉を交わしました。そして別れ際に、自分のために祈ってくれるように謙遜に願

いました。聖なるフランシスコは「陛下、喜んでお祈りいたします」と答えました。大修道院長が聖なるフランシスコから少し離れて行くと、聖者は同行の兄弟に言いました。「兄弟よ、しばらく待ってください。約束した負債を返したいと思いますから」。これが〔師父〕のいつもの習慣でした。祈りを依頼されると、**背後に投げておく**ことなく(1)、このようにして速やかに**約束を果たした**のでした(2)。それ故、聖者が神に懇願すると、あの大修道院長は、直ちに、それまで体験したことのない通常ではない熱意と甘美さを**霊において感じ**(3)、**脱魂状態になり**(4)、完全に忘我の境地に入ったかのように見受けられたのでした。しばらくの間このような状態にありましたが、やがて**我に返る**と(5)、それが、聖なるフランシスコの祈りの力であることを認めたのでした。以後、会に対して一層深い愛を燃え立たせ、多くの人に奇跡としてこの出来事を語ったのでした。

　このような小さな贈り物を相互に交わすことは神の僕《しもべ》らにふさわしいことであり、**互いに与え受けるという交わり**(6)は彼らの間では似つかわしいことなのです。時として霊的なものと言われる、この聖なる愛は、祈りの実りとしてかなえられます。愛は地上のものを取るに足らぬものと見なすのです。霊の戦いにおいて支えられること、**キリストの裁きの座の前で**(7)、推薦し推薦されることこそ、聖なる愛に固有のこととわたしは信じています。しかしながら、このようにほかの人を自分の功徳によって高めることのできた〔フランシスコは〕、祈りにおいてどれほどの高みに達していたとあなたは思われますか。

（1）イザ三八・一七。（2）箴二五・一四。（3）ロマ八・五。
（4）使一一・五。（5）ルカ一五・一七。（6）フィリ四・一五。
（7）IIコリ五・一〇。

〔フランシスコ〕の聖書の理解力と言葉の力について

第六八章

知識と記憶はどのようなものであったか

一〇二　この祝された人は、勉学を積んで知識を習得することはありませんでしたが、**上からのものである知恵を神から学び**(1)、永遠の光の輝きに照らされて、聖書を深く理解していました。実に、あらゆる汚れから清められた天賦《てんぷ》の才は**秘められた神秘**(2)に分け入り、学者たちの知識が及ばないところへと愛する者の愛情をもって入っていきました。

聖書を読み浸るときには、その精神にひとたび納められたことが、消えることのないように**心に書き記していました**(3)。記憶が書物の代わりとなっていたのです。一度何かを耳にしたことは無益なものとならず、絶えず敬虔の念をもって思い巡らしていたからです。このように学ぶこと、読むことは、幾千の論文を読みあさるよりも実り豊かなものであると言っていました。真の哲学者（知恵を愛する者）とは、何ものをも永遠の命に優先させることのない人と見なしていました。傲慢な態度ではなく、謙虚に聖書に向かい尋ね求める人は、容易に自己の知識から神の知識に達するものであると断言していました。また、しばしば言葉の上で問題となる疑問点を解きほぐし、**言葉は拙くても**(4)、深い理解と力強さをもって明確に説明したのでした。

（1）コロ三・一—三、ヤコ一・一七。（2）コロ一・二六。
（3）ロマ二・一五、Ⅱコリ三・二。（4）Ⅱコリ一一・六。

第六九章

説教者会（ドミニコ会）の兄弟の願いに応じて説明した預言の言葉について

一〇三　シエナに滞在していたときのこと、**霊的な人**(1)で、聖なる神学の博士である説教者会（ドミニコ会）の一人の兄弟がそこにやって来ました。そこで、祝されたフランシスコを訪問して、その人も、また聖者も長い時間、**主のみ言葉**(2)に関する甘美な会話を楽しんだのでした。その教師はエゼキエルの次の言葉について質問しました。「**もしあなたが不敬な者にその不敬を告げなければ、わたしはその人の魂についての責任をあなたに求める**(3)」。「よき師父よ、死に至る罪の状態にある多くの人をわたしは知っていますが、常に彼らにその不敬を告げているわけではありません。そのような魂についての責任をわたしは求められるのでしょうか」。祝されたフランシスコが、自分は無学な人間なので、聖書の言葉についての質問に答えるよりも、ほかの人から教えてもらわなければならないと言うと、例の教師は謙遜に言い添えました。「兄弟よ、既にこの言葉について知恵ある何人かの人から説明を聞いたが、是非ともあなたの考えを知りたいのです」。祝されたフランシスコは言いました。「この聖書の言葉を普遍的なものとして理解しなければならないとすれば、わたしは、次のように取ります。神の僕《しもべ》は、自らの生き方と聖性によって燃えていなければなりません。そうすれば、その**模範の光と行い**という舌によって[4]、あらゆる不敬な者らを咎めることになります。わたしは言いたいのですが、このように、その人の生き方の輝かしさ、その人の評判の香りは、すべての人に各人の不正を告げることになるでしょう」。こうして、その人は大いに啓発されて帰っていきました。祝されたフランシスコの仲間〔の兄弟〕たちに言いました。「わたしの兄弟たちよ、あの人の神学は清浄さと観想という二つの翼に支えられて、**鷲のように天駆けています**[5]。ところが、わたしたちの学問は**地面の上を這い回っている**のです[6]」。

（1）ホセ九・七。（2）ヨハ三・三四。（3）エゼ三・一八。
（4）ヨハ五・三五、Ⅰテモ四・一二。（5）ヨブ九・二六。
（6）創三・一四。

第七〇章

ある枢機卿に問われて明らかにしたことについて

一〇四 別のときのこと、ローマのある枢機卿の館に滞在していましたが、幾つかの難解な言葉について質問され、その深遠な意味を**明らかにした**[1]ことがありました。まさに〔師父〕は常に聖書の内に生きていたかのよう思われることでしょう。枢機卿陛下は彼に言いました。「わたしは学者としてのあなたに質問しているだけではなく、**神の霊を有している**[2]人としてのあなたに質問しているのです。ですから、喜んであなたの答える解釈を受け入れます。それがただ**神のみから出た**[3]ものであると知っているからです」。

（1）知六・二四。（2）Ⅰコリ七・四〇。（3）ヨハ一五・二六、マタ四・四。

第七一章

朗読を聞くように勧められたとき、知っているとある兄弟に答えたこと

一〇五　病気になり、体中が痛みに苛《さいな》まれていたあるときのこと、仲間の兄弟の一人が言いました。「父よ、あなたは、いつも聖書を避け所としてこられましたし、いつもそこから苦しみを癒す薬を得てこられました。それで今、預言の書からどこか読ませてください。そうすれば、**あなたの霊は主において喜び躍るでしょう**(1)」。聖者は答えました。「聖書の証言を読むことは善いことです、聖書の中にわたしたちの神である主を探し求めることも善いことです。しかし、既にわたしは聖書に駆り立てられているのです。それを瞑想し思い巡らすだけで十分なのです。我が子よ、もはや多くはいりません。**十字架につけられた**貧しい**キリストをわたしは知っているから**です(2)」。

（1）ルカ一・四七。（2）Ｉコリ二・二。

第七二章

兄弟パチフィコが見た、聖者の口から輝き出ていた剣について

一〇六　アンコーナのマルケに、自分を顧みることもなく、神をも無視して、空しいことに浸りきった世俗にまみれた人がいました。その人は詩歌の王という名で呼ばれていましたが、それは放縦な詩の歌い手たちの第一人者であり、世俗的な歌の作者でもあったからでした。一言で言えば、この人は皇帝によって華やかに栄誉の冠を戴くまでに、世俗の栄光の高みに達していたのでした。このようにして、**闇の中を歩み**(1)、**虚栄の紐によって不正を引き寄せていた**(2)とき、神の憐れみ深い慈しみは、**投げ出された者が滅びることのないように、この哀れな人を呼び戻すことをお考えになりました**(3)。神の摂理によって、祝されたフランシスコとこの人とは、禁域に暮らす貧しい女性たちの隠棲修道院で出会うことになったのです。祝された師父は仲間〔の兄弟〕たちと共に、娘たちを訪ねてそこに来たのでした。〔詩人のほう〕は多くの仲間を引き連れて、同族の女性を訪ねて来たのでした。

神の手はその人の**上に置かれ**[4]、その肉眼で、十字架のように交差した二振りの輝く剣を帯びた聖なるフランシスコを見たのでした。一つは聖者の頭から足まで、もう一つは胸の高さで一方の手から他方の手まで至っていました。この人は、祝されたフランシスコを見たことはありませんでしたが、このような奇異な奇跡によって、すぐに〔フランシスコ〕だと分かりました。そして、見たことに驚いて、いつかは善い生き方をしようと決心し始めました。ところが、祝された師父は、まずそこに集まっていた人々みなのために説教してから、**神の言葉の剣**[5]をこの人に向けました。特に世俗の空しさと世を軽んじることについて優しく語りかけた後、神の裁きの恐ろしさを告げて、その人の心を刺し貫いたのでした。直ちに、その人は答えて言いました。「これ以上言葉を並べ立てる必要がありましょうか。行動に移りましょう。人々の間からわたしを引き出し、偉大な皇帝のもとにわたしを連れ戻してください[6]」。翌日、聖者はその人に〔会服〕を着せて、**主の平和**に立ち返ったその人を兄弟パチフィコと名づけました。彼の回心は、その浮薄な交際仲間が多かっただけに、多くの人を啓発することになりました。

祝された師父の共同体は喜び、兄弟パチフィコは、それまで経験したことのない塗油を感じ始めました。たびたび、ほかの人には隠されていたことを見ることがこの人には許されました。それから間もなくして、祝されたフランシスコの**額に**大きな**タウ**（T）**の印**[7]を見たのです。それは、孔雀の羽のようにさまざまな色の円で飾られていて、すばらしいものでした。

（1）ヨハ八・一二。（2）イザ五・一八。（3）サム下一四・一四。（4）詩七九・一八。（5）ヘブ四・一二。（6）イザ二六・一二、詩八四・九。（7）エゼ九・四、六。

第七三章

説教の効果と、それに関するある医者の証言について

一〇七　福音の宣教者フランシスコは、純朴な人々に、具体的で素朴な〔言葉〕で説教していましたが、**言葉よりも力**が必要であると知っていたからでした[1]。とはいえ、霊的な力のある人々の間では、命を与える、深遠な話し方を用いていました。言葉で表現し難いことを簡潔な言葉で表現し、熱烈な身振りを差し挟みながら、すべての聴衆を天上の事柄へと駆り立てていました。細かく細分化して語ると

いう手段を用いず、自分自身が見いだされなかったことは説教に組み込みませんでした。その声に力を与えていたのは[2]、真の力であり知恵であるキリストだったのです[3]。

あるときのこと、学問があり雄弁でもあったある医者が、次のように言いました。「わたしは、ほかの人々の説教なら一言一句そのまま記憶することができるが、聖なるフランシスコが告げることだけはわたしには摑まえることができません。どれかの言葉を記憶したと思っても、思い出そうとすると、それはかつてその唇から流れ出た[4]ものではないとわたしには思われるのです」。

(1) Iコリ四・二〇、Iテサ一・五。(2) 詩六七・三四。
(3) Iコリ二・一—二、四—五。(4) 雅四・一一。

第七四章

どのようにして言葉の力によって、兄弟シルヴェストロを通して悪霊たちをアレッツォから逃走させたか

一〇八　フランシスコの言葉は、彼自身がその場にいるとき力強いものであっただけでなく、他の人々を通して伝えられたときでも、空しく戻ってくることはありませんでした[1]。あるとき、たまたまアレッツォの町に到着しますと、町全体が内戦で動乱の渦中にあり、破滅の危機に瀕していました。それ故、町の外のある村に迎え入れられていた神の人〔フランシスコ〕は、住民同士を互いに滅ぼそうと駆り立てつつ、その地の上で喜び躍っている悪霊どもを見たのでした。そこで単純さで抜きんでていた神の人であった兄弟シルヴェストロを名指しで呼び寄せると、次のように命じました。「町の門の前に行って、速やかに町から立ち退くように、全能の神の名によって悪霊どもに命じなさい」。敬虔な単純さは素早く従順を実行するよう促し、賛美のうちに主のみ顔を仰ぎつつ[2]、門の前で力いっぱい叫びました[3]。「神の名によって、またわたしたちの師父フランシスコの命によって、悪霊どもよ、お前たちは皆、ここから遠く立ち去るがよい」。それからしばらくすると、町には平和が戻り、住民は大いなる平穏さのうちに法を守るようになったのでした。

その後あるとき、祝されたフランシスコは、次の言葉をもって彼らに説教を始めたのでした。「わたしが話をしているあなた方は、かつては悪魔に支配され、悪霊どもに縛られていましたが、一人の貧しい人の祈りによって解放さ

れたことを知っています」。

（1）イザ五五・一一。（2）詩九四・一二。（3）ダニ三・四。

第七五章

兄弟シルヴェストロの回心について、また彼の見た幻について

一〇九　前の箇所で述べたシルヴェストロの回心について、どのように〔聖〕霊が会に入るよう彼を動かしたか〔ここで語ることは〕、前に述べたこととのつながりの上でふさわしいことと思います。シルヴェストロはアシジの町の教区司祭でした。神の人〔フランシスコ〕は、聖堂の修復ための石を、この人から買ったことがありました。その当時、この人は、**神の聖者**[1]に続く、小さき兄弟会の最初の萌芽であった兄弟ベルナルドが、**自分の持ち物を完全に捨て、貧しい人々に与えている**[2]のを見て、貪欲の念に駆り立てられ、神の人〔フランシスコ〕のもとに行き、以前彼が売った石の代金に関して、その代金が十分に支払われていなかったかのように苦情を申し立てたのでした。フランシスコは、司祭の心が貪欲の毒に汚染されているのを見て取って、微笑しました。しかし、何かしら提供することで、その痛ましい熱情を冷やそうと思って、数えもせずに金銭でその手を満たしたのでした。シルヴェストロ司祭は与えられたもののために喜んだのですが、与えてくれた人のあまりの寛大さに驚愕し、家に戻ると、この出来事を繰り返し思い巡らし、自分は年老いているのに、まだこのように**世を愛している**[3]ことを、幸いなる不平をもって呟《つぶや》くとともに、あの若者が、あのように一切を放棄したことに驚嘆したのでした。こうして**善き香り**[4]に満たされた後、キリストはその憐れみの懐を開かれたのでした。

　フランシスコの働きがどれほどの力を持っているのか、どれほど優れたものとしてご自分の前で光り輝いているのか、どれほどまで立派に世界の枠組みを満たしているのかを、幻を通して彼に示されたのでした。実に、**夢の中で、**フランシスコの口から一つの金の十字架が突き出ているのを**見た**のです。**その**十字架の**先端は天にまで届き**[5]、その左右に伸びた横木は両腕のように円をなして世界を抱擁していました。これを見たあの司祭は心を打たれて、害をもたらすためらいを振り捨てて、**世を捨て**[6]、神の人に完全な倣う者となりました。こうして、この人は会の中で完全な生活を送り始め、キリストの恵みによって一層完全に、その

生涯を終えたのでした。

フランシスコが十字架につけられた姿で現れたとしても驚くべきことでしょうか。いつも十字架と共にあったというのに。このように不思議なかたちで十字架が〔フランシスコの〕内に根を下ろしていたのですから、**善い土地から**[7]花々が生じ、葉が生い茂り、見事な実を結んだとしても、それは驚くべきことでしょうか。あの驚嘆すべき十字架が、初めから全面的に自分のものとしようとした、この〔土地〕に他の種類のものは何一つとして生じえなかったのです。さて、ここで本来の話題に戻ることにしましょう。

（1）ルカ四・三四。（2）マタ一九・二一、二九。（3）Iヨハ二・一五。（4）IIコリ一二・一五。（5）創二八・一二。（6）ヨハ一六・二八。（7）マタ一三・八、二三。

第七六章

悪霊の攻撃から解放された兄弟について

二〇　肉の誘惑よりももっと巧妙で、もっと悪質な霊の誘惑によって、長い間苦しめられていた兄弟がいました。そこで、その〔兄弟〕は、聖なるフランシスコのもとに行き、謙虚に、**その足もとに身を投げ出しました**。[1] ところが、あまりの苦しみに涙が溢れ出て、激しい慟哭に妨げられ、何一つ語ることができませんでした。師父はその〔兄弟〕に対する同情に駆られ、また邪悪な攻撃に苦しめられていることを知って言いました。「悪霊どもよ、**神の力によって**[2]、**お前たちに命じる**。[3] これまで企ててきたように、これから後は、わたしの兄弟を苦しめてはならない」。直ちに、**暗闇の霧**[4]は晴れ、兄弟は軽やかに立ち上がり、それまで何事もなかったかのように、もはや誘惑を感じることはありませんでした。

（1）マタ一五・三〇。（2）Iコリ二・五。（3）ヨハ一五・一四。
（4）IIペト二・一七。

第七七章

仔羊を食べてしまった悪い雌豚について

二一　〔フランシスコ〕の言葉の力は野の獣に対しても驚くべきものであったことは他の所で十分明らかにしました。とはいえ、手もとにある一つの例を述べておきたいと思います。ある夜のこと、**いと高き方の僕**《しもべ》[1]〔フランシスコ〕は、グッビオ教区にある聖ヴェレコンド隠棲修道院に泊まっていました。その夜、一頭の羊が子を産みました。ところが、そこにいた獰猛な雌の豚がやって来て、無垢の命を憐れとも思わず、荒々しくこれを噛み裂いて殺してしまいました。**朝、起きた**[2]人々は仔羊が死んでいるのを見て、この悪事を犯したのは例の豚だと分かりました。これを耳にすると、情け深い師父は大きな悲しみを覚え、別の小羊〔すなわちキリスト〕のことを思い起こして、死んだ小さな仔羊を悼んで、**皆を前にして言いました**[3]。「ああ、兄弟仔羊よ、無垢な生き物よ、いつも有益なことを人々に思い起こさせてくれるものよ。あなたを殺したあの憐れみのないものは**呪われるがよい**[4]。人間も獣もその肉を決して**食べることのないように**[5]」。語るも不思議なことに、その悪をなした雌の豚は直ちに病気になり、三日の間罰に苦しんだ後、当然の報いの死を遂げたのでした。隠棲修道院の堀に投げ捨てられ、長い間そこに投げ出されていましたが、板のように干からびてしまったものの、どんなに飢えていようと何ものもこれを口にしようとはしませんでした。

（1）使一六・一七。（2）マタ一六・九。（3）ガラ二一・一四。
（4）ヨブ二四・一八。（5）創三・一七。

第七八章

女性と親しく交わることに対して

女性との親しい交わりを避けることについて、どのように女性と語らったか

一一三　聖なる人々**さえも迷わせる**[1]女性と親しく交わることを、蜜に混ぜられた毒のように徹底的に避けなければならないと命じていました。それによって柔弱な者らはいとも容易に意気を喪失され、強い霊もしばしば**弱められる**[2]ことを恐れていたからです。〔女性たち〕と交際している者がその害毒から逃れることは、**困難な試練に耐え抜いた人々**[3]でもない限り、聖書の言葉を借りて言えば、**火の中を歩いてなおかつ足の裏を焦がさないでいる**[4]ほうがはるかに容易なことなのです。模範をもって語ろうとして、〔師父〕自らが**自分を徳の完璧な模範として示した**[5]のでした。女性をそれほどまでに忌避するのは、用心とか模範のためというよりも、恐怖とか脅威のためであるかのように思われました。女性たちが慎みもなく多くを語り始めると、**顔を伏せ**[6]、謙虚で**簡潔な言葉で**[7]沈黙を求めたのでした。ときには、天に目を挙げ、そこから光を受け、**地上でぶつぶつつぶや**

く人々[8]に対する答えを引き出そうとしているかのようでした。

しかし、聖なる敬虔の念に燃え、その心に知恵を宿している女性たち対しては、感嘆すべき、簡潔な言葉で教え諭したのでした。女性と話をするときには、みなに聞こえるように、大きな声で話すよう心がけていました。あるとき、ある兄弟に言ったことがありました。「いとも親愛な〔兄弟〕よ、本当のことを打ち明けるのだけど、その顔を見て識別できる〔女性〕は二人しかいません。あの人とあの人の顔は分かりますが、そのほか〔の女性の顔〕は分かりません」。

師父よ、すばらしいことです。〔女性たち〕の顔を見ることで、聖とされた者は一人もいないからです。すばらしいことです。何も得ることがないし、むしろたびたび多くの損失となり、時間の浪費ともなるからです。困難な旅路を歩むことを志し、**諸々の恵みに満ち溢れるみ顔**[9]を仰ぎ望もうと志す者らにとって妨げとなるのです。

（1）マタ二四・二四。（2）エゼ二一・七。（3）ヤコ一・一二。
（4）箴六・二八。（5）テモ二・七。（6）ダニ一〇・一五。
（7）ロマ九・二八。（8）イザ二九・四。（9）エス一五・一七。

第七九章

女性を見つめてはならないことに関する譬え話

二三　〔フランシスコは〕次のような**譬え話**をもって純潔ではない目を**突く**のが常でした。[1]「非常に権力のある王が二人の使者を相次いで王妃のもとに派遣しました。第一の〔使者〕は戻って来ると、王妃の言葉を一言一言伝えました。**知恵ある者の目がその頭には**[2]備わっていたので、何ものにも目を注ぐことはなかったからです。別の〔使者〕は戻って来ると、〔王妃の〕言葉を手短に伝えてから、王妃殿下の美しさについて長々と語り続けたのでした。『陛下、まことに美しい女性をわたくしは目にしました。この恩恵に浴する者は何と幸いなことでしょう』。すると〔王は〕言いました。『**不届きな僕《しもべ》め**[3]、お前はわたしの妻の上に淫らな目を注いだのか。それほどしげしげと眺めたものを手に入れたいと思ったは明らかである』。第一の〔使者〕を呼び戻すように命じて、彼に尋ねました。『王妃について、お前はどう思うか』。彼は答えました。『すばらしいお方です。黙って耳を傾け、賢明なお答えをなされたのですから』。〔王は〕言いました。『それだけか、その美しさはどうであった』。彼は言いました。『我が陛下、それをご覧になるのは貴方様です。お言葉をお伝えするのがわたくしの〔務め〕でございます』。王からの判決が下されました。『お前の目は純潔である。より純潔な体をもって、わたしの部屋に留まるがよい。だが、あの男には、わたしの家を出て貰おう。〔我が〕寝床を汚すことのないように』。

　祝された師父は、こうも言っていました。「あまりにも安心していると、敵に対する用心が手薄になります。悪魔は、ある人の髪の毛一本でも手に入れると、たちまちのうちにそれを梁《はり》のようにしてしまいます。長年の間誘惑した人を堕落させることができなくても、最後には自分に屈するまで、あきらめることはないのです。これこそ奴の業であって、昼も夜もひたすら狙い続けているのです」。

（1）詩一一八・一二〇、Ⅰコリ一三・一二。（2）コヘ一二・一四。
（3）マタ一八・三二。

第八〇章

あまり親しく交わることに対する聖者の模範

一二四　あるときこと、聖なるフランシスコはベヴァーニャに出かけたのですが、断食による衰弱のため、村に到着することができませんでした。同行した兄弟は、ある霊的な婦人のもとに使いの者を送って、聖者のためのパンとぶどう酒を謙虚に乞うたのでした。その婦人はこれを聞くと、直ちに必要なものを携えて、処女《おとめ》として自分を神に献げていた娘と共に聖者のもとに急ぎました。元気を回復し、やや体力が戻って来ると、その返礼として、神のみ言葉をもって母娘を力づけたのでした。彼女たちにみ言葉を告げている間、一度もどちらの顔も見ようとしませんでした。それで二人が立ち去ると、同行の兄弟は〔フランシスコ〕に言いました。「兄弟よ、あのように敬虔な心をもってあなたのもとに来た聖なる処女《おとめ》をご覧にならなかったのはどうしてでしょうか」。師父は答えました。「畏れ多くもキリストの花嫁にあえて目を注ぐ人が誰かいるでしょうか。目と顔をもって説教することがあるとしても、あの方のほうがわたしを見ればよいのであって、わたしにはその必要はありません」。

　実に、しばしばこのように語って、ただ告白を例外として、あるいは、習慣となっている、ごく短い勧告を除いて、女性とのあらゆる会話は何の価値もないと断言していました。まさしく、こう言っていたのです。「聖なる悔い改め、あるいはより善い生き方への霊的な勧告を求められたときのほかに、女性と話す必要が小さき兄弟たちにあるのでしょうか」。

耐え忍んだ誘惑について

第八一章

聖者の受けた誘惑について、またどのようにして誘惑に打ち勝ったか

一二五　聖なるフランシスコの功徳が増大するにつれて、**太古の蛇**(1)との不和も増大していきました。〔フランシスコ〕への**霊の賜物が大きく**なればなるほど(2)、〔太古の蛇〕の誘惑はより巧妙になり、激しい抗争が繰り広げられたのでした。**勇敢な戦士**(3)であり、しばしば一時間以上も**譲歩せずに**(4)戦い続けたのですが、〔蛇は〕百戦百勝の〔フランシスコ〕に攻撃し続けたのでした。
　あるときのことでした、聖なる師父にこの上なく激しい霊の誘惑が送られました。それは新しい栄冠を得させるためだったのでしょう。それ故、**大いに苦しみ、苦痛に苛《さいな》まれ、憔悴しきって**(5)、体を懲らしめ、祈り、激しく涙を流し続けていました。数年の間、このように攻撃され続けていましたが、ある日、ポルチウンクラの聖マリア〔聖堂〕で祈っていると、**霊のうちに**(6)声を聞いたのでした。「フランシスコよ、**もしあなたに一粒の芥子種《からしだね》ほどの信仰があるならば、山に向かって『移れ』と言えば、移るであろう**(7)」。聖者は答えました。「主よ、わたしが移したいと願っている山とはどれでしょうか」。すると再び聞こえました。「山とはあなたの受けている誘惑である」。〔フランシスコは〕、涙ながらに言いました。「**主よ、あなたが仰せになったとおりになりますように**(8)」。すると、直ちにすべての誘惑は撃退され、解放されて、心の奥底から完全に安らぎを得たのでした。

(1) 黙一二・九。(2) Iコリ一二・三一。(3) イザ三・二。

（4）ガラ二・五。（5）ヘブ一一・三七、ヨブ七・四。（6）マタ二二・四三。（7）マタ一七・一九。（8）ルカ一・三八。

第八二章

どのように悪魔は呼びかけ放蕩へと誘惑し、どのようにして聖者はそれに打ち勝ったか

一二六　サルテアノの兄弟たちの隠遁所において、**神の子ら**[1]の進歩を常に妬んでいる、あの**悪い者**[2]は、聖者に対して次のようなことを企てたのでした。**聖者が更に聖なるものとされ**[3]、**昨日の**〔利益〕のために**今日の利益**を見逃すことのない[4]のを見て、ある夜のこと、修房で祈りに潜心している〔フランシスコ〕に、三度その名を呼びかけました。「フランシスコ、フランシスコ、フランシスコ」。それに答えて言いました。「**何をお望みですか**[5]」。すると言いました。「**立ち返りさえすれば**[6]、主がお許しにならない罪人はこの世に一人もいない。しかし、あまりにも激しい痛悔によって自分を殺す者は、**神の憐れみを受ける**こと[7]は永遠にない」。直ちに聖者は**啓示によって**[8]敵の**策略**[9]を知り、どのようにして自分を**生ぬるい**〔生き方[10]〕へと呼び戻そうと懸命になっているかを知ったのでした。それでどうなったのでしょうか。敵はあきらめずに、別の攻撃を仕掛けてきました。このような**罠**では隠すことはできない[11]と気づいたので、別の罠、すなわち、肉体の誘惑を準備したのでした。ところが、それも無駄でした。霊の**狡猾さを見抜いた**者が[12]、肉の詭弁に翻弄されることはありえなかったからです。それ故、悪魔は〔フランシスコ〕に放蕩への非常に強烈な誘惑を送り込みました。しかし、祝された師父はそれを感じると、直ちに衣服を脱いで、次のように言いながら、荒縄の紐で自らを鞭打ったのでした。「おい、兄弟驢馬《ろば》よ、こうされて当然なのだ。鞭に服して当然なのだ。トゥニカは修道者のものだ。盗んではならない。**出ていきたいなら、出ていくがよい**[13]」。

一二七　ところが、このような懲戒によっても誘惑が消え去らないのが分かると、全身痣《あざ》と傷だらけになっていたにもかかわらず、修房の戸を開け、**庭に出ると**[14]、深い雪の中に裸のまま身を投じたのでした。そして、両手で雪をすくいとり、七つの柱の**形に積み上げました**[15]。それらを前にして、体に語りかけ始めました。「見るがよい。この大きなものはお前の妻だ。これらの四つのうち二つはお前の息子たち、二つはお前の娘たちだ。残りの二つは男女の召し使

いたちだ。仕えさせるために必要だろうからな」。そして言いました「急いで彼らに着物を着せてやるがよい。冷えて死んでしまうから。だが、これらの者たちにいろいろ気を遣うのが煩わしいのなら、ただ**ひとりの主に熱心に仕えるがよい**[16]」。たちまち悪魔は狼狽して逃げ去り、聖者は**神をほめたたえながら**修房に**戻った**のでした[17]。

そのとき、祈りに専念していた霊的に深い一人の兄弟が、**月の光に照らされて**[18]、その一部始終を見ておりました。ところが、後に、その兄弟がその夜の出来事を見ていたことを聞き及ぶと、聖者は非常に心を痛め、自分が**この代《よ》に生きている**間は[19]、誰にも洩らしてはならないと命じたのでした。

(1) ロマ五・二。(2) Ⅰヨハ五・一八。(3) 黙二二・一一。
(4) ヤコ四・一三。(5) マタ二二・二一。(6) エゼ三三・九。
(7) ダニ三・三九。(8) ガラ一・一二。(9) シラ一・六。
(10) 黙三・一六。(11) 詩一三九・六。(12) マコ一二・一五。
(13) イザ四〇・四、サム上三〇・一三。(14) マコ一四・六八。
(15) ヨブ三八・三八。(16) マタ四・一〇。(17) ルカ二・二〇。
(18) ヨブ三一・三六。(19) テト二・一二。

第八三章

どのようにして兄弟を誘惑から救ったか、誘惑の効用について

二八 ある日のこと、誘惑に悩まされていた一人の兄弟が、聖者とただ二人になったとき、言いました。「慈しみ深い師父よ、**わたしのために祈ってください**[1]。わたしのために祈ることをお引き受けくださるなら、直ちに誘惑から解放されるとわたしは信じております。自分の力を越える〔誘惑に〕苦しめられています。そのことをご存じであると知っています」。聖なるフランシスコは彼に言いました。「我が子よ、**わたしを信じなさい**[2]。それ故にこそ、あなたが神の僕《しもべ》であるとわたしは信じています。誘惑を受ければ受けるほど、あなたはわたしに愛されていることを知ってください」。そして、言い添えました。「まことにあなたに言っておきます。**誘惑と艱難とを通り抜け**ずに[3]、誰も自分を神の僕と見なしてはなりません。打ち勝った誘惑は指輪のようなものであり、それをもって主は**ご自分の僕の魂**[4]と花嫁としての契りを交わされるのです。積年の功徳を自画自賛し、いかなる誘惑も受けたことがないと喜ぶ人が大勢

います。しかし、合戦の前に、恐怖に押し潰されてしまうであろう、そのような人々の霊の弱さを主が考慮されたことを知らなければなりません。完全な徳のないところで、熾烈な戦闘が展開されることはないのです」。

（1）王上一三・六。（2）ヨハ四・二一。（3）ユディ八・二三。
（4）詩八五・四。

どのようにして悪霊どもは攻撃したか

第八四章

どのようにして悪霊どもは〔師父〕を攻撃したか、大邸宅を避けるべきこと

二九　この人はさまざまな誘惑によって**サタンに攻撃されていた**[1]だけでなく、〔サタン〕と摑みあって格闘していました。あるときのこと、サンタ・クローチェの枢機卿レオ陛下から、一緒にしばらくの間、〔ローマの〕町に滞在するよう招待されましたが、〔屋敷から〕離れていた塔を選びました。そこには隠遁所の修房を思わせる九つの円天井造りの小部屋があったからでした。最初の夜、**神に祈りをささげた**[2]後、休もうとすると、悪霊どもがやって来て、**神の聖者**[3]に敵意むき出しの戦いを仕掛けてきました。長い間、非常に苛酷な攻撃を加えた後、**半ば死人同然にして引き揚げて行きました**[4]。〔悪霊ども〕が立ち去った後、息を吹き返すと、別の丸天井の下で眠っていた同行の聖なる兄弟を呼びました。彼が来ると言いました。「兄弟よ、どうかわたしの脇に留まっていてください。一人でいるのが怖いからです。ほんの少し前まで、悪霊どもがわたしを攻撃していたのです」。聖者は身震いし、あたかも高熱に襲われているかのように五体をわなわな震わせていたのでした。

三〇　それ故、一睡もせずにその夜を過ごすと、聖なるフランシスコはその兄弟に言いました。「悪霊どもはわたしたちの主の懲罰を執行する者らであり、〔主〕ご自身が逸脱を罰すべき者らのもとに遣わされるのです。しかし、この世に生きている間に、その僕《しもべ》の身に、罰せられないものを何一つとして残しておかれないのは、絶大な恵みの徴なのです。**神の憐れみによる**[5]償いによって洗い流さなかったような過失を、わたしは思い出しません。いつも、父としての愛情をもってわたしと共にいてくださり、ご自分のみ旨に叶うことと叶わないことを、祈りと黙想のときにわたしに示してくださったのです。ですから、ご自分の懲罰

の執行者たちに、わたしに襲いかかるのをお許しになったのは、わたしが偉い方々の大邸宅に宿泊することが、ほかの人々にとって良い模範にならないからかも知れません。貧しくみすぼらしい所に留まっているわたしの兄弟たちは、わたしが枢機卿方と一緒にいると聞くと、**贅沢に暮らしている**(6)と疑うかもしれません。それ故、兄弟よ、**模範として立てられた**者は、(7)大邸宅を避け、似たような境遇を耐え忍ぶことで、困窮に耐えている人々を力づけなければならないとわたしは思います」。それ故、朝になると二人は枢機卿のもとに行き、一部始終を語った後、別れを告げたのでした。

ここから、官殿に寄寓している兄弟たちは、自分たちが**月足らずで母の胎から取り出された**(8)者らであることを知り認めなければなりません。従順を断罪しているのではありません。野心、無為、享楽こそ非難されてしかるべきものなのです。従順に生きるすべての人に、わたしはフランシスコを提示します。**人には気に入られる**ものであっても、**神のみ旨にはかなわない**(9)ことは遠ざけましょう。

(1) ルカ二二・三一。(2) 代下六・一九。(3) ルカ四・三四。
(4) ルカ一〇・三〇。(5) ロマ一二・一。(6) ルカ七・二五。
(7) ヨブ一七・六。(8) Iコリ一五・八、ルカ一・一五。
(9) コヘ五・三、詩五二・六。

第八五章

関連する範例

三　決して見過ごしにしてはならない出来事が心に浮かびました。ある兄弟は、ある宮殿に寄寓している兄弟たちを見て――どんな虚栄に誘われたのか、わたしには分かりませんが――彼らの一人として宮殿に寄寓する者になることを熱望するようになりました。大邸宅への思いが心から離れないでいたある夜、**夢の中で**、先に述べた兄弟たちが、〔他の〕兄弟たちの場から離れた外にいて、兄弟たちとの交わりからも切り離されているのを**見ました**(1)。そればかりでなく、彼らは豚の汚れた不潔極まりない飼い葉桶から、人の排泄物の混じった豆を食べていたのです。これに気づいた兄弟は非常に驚きました。そして、**朝早く目覚めると**(2)、大邸宅への関心は消え失せていました。

(1) 創三一・四。(2) マコ一・三五。

第八六章

人里離れた所で受けた誘惑、また、ある兄弟が見た幻について

一二二　あるとき、聖者はその兄弟の一人と共に人里離れた所にある、とある聖堂に辿り着きました。独りで**祈りをささげたい**[1]と思い、兄弟に促して言いまた。「兄弟よ、今夜は、一人でここに留まりたい。あなたは施療院へ行って、明日の朝早く、わたしのもとに戻ってきなさい」。一人になると、**長い敬虔な祈りを主にささげ**[2]続けてから、あたりを見回して、眠るために**頭を横たえる場所**[3]を捜しました。すると、突然、**霊が掻き乱され**[4]、**恐れと不快感に襲われ始め**[5]、体中至る所が激しく震え始めたのでした。自分に対する悪魔どもの攻撃をはっきりと感じ、家の屋根の上に悪霊どもの群れが騒々しい音を立てて駆け巡っているのに気づきました。そこで素早く起き上がると**外に出て**[6]、その額に十字架の印をして言いました。「悪霊どもよ、**全能の神**[7]の名によってお前たちに言う。お前たちに許されている限り何でもわたしの体に行うがよい。喜んで、わたしはそれに耐えよう。体にまさる大敵はわたしにはいないのだから。お前たちがわたしに代わってこの〔体〕に対する**復讐を果たすことは**[8]、**敵からわたしを救うことになるのだ**」[9]。すると、〔聖者の〕霊を撃退させようとして集まって来た者どもは、**弱い肉のうちにある敏活な霊**[10]に気づき、**恥辱に狼狽して**[11]、たちまちのうちに消え失せてしまいました。

一二三　**朝になって**[12]同行の兄弟は〔聖者〕のもとに戻ってきて、祭壇の前に聖者がひれ伏しているのを見いだすと、歌隊席の外で待ち、彼自身も十字架の前で熱心に祈ったのでした。すると法悦の状態に入って、**天上の多くの座席**の中に、ほかのものよりも豪華で、**多くの宝石で飾られ**、あらゆる栄光に輝く一つの座席を**見た**のでした[13]。この高貴な玉座に**心の内で**驚嘆し、それは誰のためのものだろうと**沈黙のうちに考えていました**[14]。すると、次のように**語りかける声を聞きました**[15]。「この席は**堕落した者ら**[16]のひとりのものであったが、今は謙遜なフランシスコのために取って置かれている」。ついに**我に返った**[17]兄弟は、祈りから抜け出た祝されたフランシスコを見て、直ちに手を十字架のように伸ばして、その前にひれ伏して、この世に生きる人に対してではなく、既に天上において君臨している方に語りかけているかのようにして言いました。「師父よ、わたしのために神の御子に祈ってください。わたしの**罪に目を留め**

ることがありませんように[18]」。神の人は、祈りの中でその〔兄弟〕に何かが示されたことを悟り、**手を伸ばして彼を立ち上がらせました**[19]。そこから帰るときになって、その兄弟は祝されたフランシスコに尋ねました。「師父よ、ご自分について、ご自身ではどう思っておられるのですか」。ご自答えて言いました。「罪人らの中でも極悪の者だと思っています。もしも神が罪人の誰かにこれほどの憐れみをかけられたなら、その人はわたしより十倍も霊的な人になったことでしょう」。これに対して、直ちに聖霊はその兄弟の心の中に語りかけたのでした。「あなたが見たものが**真実の幻であった**[20]と悟りなさい。謙遜が、最も謙遜な者を、傲慢によって失われた座席に昇らせるからです」。

(1) トビ一二・一二。(2) 詩一四一・三、マタ二三・一四。(3) マタ八・二〇。(4) ヨハ一三・二一。(5) マコ一四・三三。(6) マタ二六・七五。(7) 黙一六・一四。(8) ルカ一八・一三。(9) 民三三・四。(10) マタ二六・四一。(11) 詩七〇・一三。(12) ヨハ二一・四。(13) 黙四・一一一二、エス一五・九。(14) ダニ四・一六。(15) 黙九・四。(16) イザ一四・九一一五。(17) 使一二・一一。(18) 詩三一・二。(19) 使三・七。(20) ダニ八・二六。

第八七章

誘惑から解放された兄弟について

一二四　霊的な人で、修道生活でも古参の兄弟が、**肉の大きな苦難**[1]に悩まされ、絶望の**深みに呑み込まれた**[2]かのように思われました。識別するよりも、鋭敏すぎる良心が何でもないことさえ告白するように強いていたことで、日増しにその苦しみは増していきました。実際のところ、告白しなければならないのは誘惑を受けたことではなく、たとえわずかであれ、誘惑に屈したことなのです。ところが、この兄弟は、何でもないことであっても、一人の司祭にすべてを打ち明けることを恐れ、〔心の〕思いを分類して、それぞれ異なった部分を異なった司祭たちに告げるまでに、恥ずかしさに捉えられていました。ところが、ある日のこと、この人が祝されたフランシスコと散歩しているとき、聖者は彼に言いました。「兄弟よ、あなたに言っておきます。あなたの抱えている苦悩を誰にも告白する必要はありません。**恐れてはなりません**[3]。あなたの周りで起こっていて、あなたが行わずにいることは、あなたを罰へと導くものでなく、栄冠へと導くものなのです。わたしは許します。

苦悩に陥る[4]たびごとに、パーテル・ノステル（主の祈り）を七回唱えなさい」。聖者が〔自分の〕ことを知っていたことに驚き、**喜びに心は晴れやかになり**[5]、しばらく後には、あらゆる苦悩が消え去ったのでした。

（1）Ⅰコリ七・二八。（2）詩六八・一六。（3）創一五・一、マタ一・二〇。（4）詩一〇六・六。（5）箴一五・一三。

第八八章

真の霊的喜びについて

霊的な喜びとその賛歌について、倦怠感の悪について

一二五　この聖者は、敵の数え切れない**陰謀と策略**[1]に対する最も安全な薬は霊的な喜びであると主張していました。こう言っていたのです。「神の僕《しもべ》から**霊の喜び**[2]を奪い取ることができたとき、悪魔は最も喜び躍るものです。何とかして小さな裂け目から良心の中にそれを投げ込み、精神の輝きと命の清浄さとを汚すことができるようにと塵を持ち歩いているのです。しかし、霊的な喜びが心を満たしていると、蛇は死をもたらす**毒を空しく注入する**ことになります[3]。キリストの僕たちが聖なる喜びで満たされているのを見るとき、彼らを傷つけることは、悪霊どもにはできないのです。ところが、精神が悲しみに沈み、荒れすさみ、悲嘆にくれているときには、たやすく**悲しみに呑み込まれる**か[4]、空しい喜びに移ってしまうものなのです」。

それ故、聖者はいつも心に喜びを抱き続け、霊の塗油と**喜びの油**[5]を保持し続けるよう努力していたのでした。最悪の病である倦怠感を至高の配慮を払って避けていましたので、精神のうちに少しでも忍び込むのを感じると、早々と祈りへと急いだのでした。そして、よく言っていました。

「よくあることですが、何らかのために混乱を感じ取ったなら、神の僕は直ちに立ち上がり祈らなければなりません。そして、**救いの喜びが戻る**まで[6]、いと高き御父の前に留まり続けなければなりません。もし**引き延ばしにして**[7]、悲しみのうちに留まるなら、あのバビロンの病は力を得て、涙をもってしか清められない不滅の**錆**《さび》[8]を生じさせることになるでしょう」。

（1）エフェ六・一一、Ⅱコリ一一・三。（2）ガラ五・二二。（3）箴二三・三二。（4）Ⅱコリ二・七。（5）詩四四・八。

(6) 詩五〇・一四。(7) ハバ二・三。(8) エゼ二四・六、一一―一二。

第八九章

天使の竪琴を聴いたことについて

一三六　目の治療のためにリエティに滞在していたころのこと、同行していた兄弟の一人で、世俗にいたとき竪琴奏者であった兄弟を呼んで言いました。「兄弟よ、**この世の子ら**(1)は、**神の秘義**(2)を理解していません。かつては神を賛美するものと見なされていた楽器が、今では人間の欲望が耳を楽しませるものに変えられてしまいました。そこで、兄弟よ、ひそかに竪琴を借りてきて、品位のある詩歌を痛みだらけの兄弟なる体のために演奏してもらえば、いくらか痛みを鎮めてくれると思うのだが」。兄弟は答えました。「師父よ、少なからず気が引けるのですが。この浮薄なものによってわたしは誘惑されたと人々に疑われるのが怖いのです」。聖者は言いました。「ではやめましょう。兄弟よ。悪評を立てさせないために多くのことを断念するのは善いことだからです」。

次の夜のこと、聖者が夜を徹して神について瞑想していると、突然、感嘆すべき和音で、**いとも妙なる旋律**(3)を奏でる竪琴の音が響いてきたのでした。誰の姿は見えませんでしたが、**あちらこちらへと動き回る楽の音**(4)から、竪琴奏者は行ったり来たりしていると察せられました。ついに**霊を神に向けると**(5)、聖なる師父は、別の代《よ》へと移されたと思うほどの、妙なる音の甘美な歌を楽しんだのでした。**朝、起きると**(6)、聖者は先に述べた兄弟を呼んで、その**すべてを逐一**(7)彼に語って、言い添えました。「苦しむ者らを慰めてくださる主が、慰めなしに、わたしを放っておかれたことは一度もありません。ご覧なさい。わたしは人間の竪琴を聴くことができなかったのですが、もっと妙なる竪琴を聴いたのです」。

(1) ルカ一六・八。(2) 知二・二二。(3) シラ四〇・二一。(4) エゼ一〇・一三。(5) ヨブ三四・一四。(6) 創二八・一八。(7) エス一五・九。

第九〇章

霊の喜びに満たされた聖者はガリアの言葉で歌っていたこと

一三七　ときとして次のように振る舞っていました。霊のいとも妙なる旋律が〔聖者〕のうちに湧き上がってくると、ガリアの言葉でそれを外に表したのでした。その**耳がひそかに聞き取った神の囁《ささや》き声が**[1]、ガリアの言葉での歓喜の歌へと噴出したのでした。この目で見たのですが、あるとき、地面から木の枝を拾い上げ、左の腕に載せて、糸を張って曲げた小さな弓を右手に持って、ヴィオラを弾くかのように、それに似つかわしい身振りを交えて、ガリアの言葉で**神について歌っていました**[2]。しばしば、このような踊りはことごとく涙のうちに終わり、この歓喜はキリストの受難への共苦のうちに終わったのでした。そして、この聖者は悲嘆にあけくれ、呻《うめ》き声を洩らし続け、手に持っていたもののことさえを忘れて、天へと引き上げられたのでした。

（1）ヨブ四・一二。（2）詩一二・六。

第九一章

どのようにして悲しい顔の兄弟を叱責したか、どのようにして取るべき態度を教示したか

一二八　あるとき、仲間の一人が気だるげで悲しげな顔をしているのを見て、これを見逃そうとせず、彼に言いました。「神の僕《しもべ》は、**悲しそうで困惑した**[1]顔を人々に見せてはいけません。逆に、いつも楽しげでなければなりません。自分の過ちを**自分の寝室で**検討しなさい[2]。あなたの**神のみ前で**[3]涙を流し、嘆き悲しみなさい。兄弟たちのもとに戻ったときには、苦悩を忘れて、ほかの人たちに合わせなさい」。そして、少し経ってから言い添えました。「人間の救いを嫉妬している者どもは、わたしを大いに恨んでいるらしい。いつもわたしに企んでいることが成功しないと、わたしの仲間を紛糾させようとする」。

　霊的な喜びに満ちている人を非常に愛していたので、ある集会において、全体への訓戒として、次の言葉を書き記させたほどです。「兄弟たちは、偽善者のように悲しげで暗い顔つきを示さず、むしろ、**主において喜び**[4]、快活で、朗らかで、常に感謝しているように見られるように注意しなければなりません」。

（1）イザ四二・四。（2）コヘ一〇・二〇。（3）創六・八。
（4）イザ六一・一〇。

第九二章

不平を言わないように、どのように肉体を取り扱うべきか

一二九　あるときのこと、聖者は言いました。「兄弟なる肉体は、思慮分別をもって配慮しなければなりません。さもないと、肉体から倦怠感という嵐が誘発されることになるでしょう。夜を徹して、敬虔に**祈り続ける**[1]のに〔肉体〕が退屈にならないように、不平を言う口実を取り上げなければなりません。さもないと、言い出すでしょう。『お腹がすいて、力が出ない。お前さんの修行の重荷を担うことはもうできない』。もしも、十分な糧を貪《むさぼ》った後で、このようにぶつぶつ言うのなら、怠けものの馬には拍車、動こうとしない驢馬《ろば》には突き棒が必要であると知っておいたらよいでしょう」。

この教訓だけなのですが、いとも聖なる師父の場合、その行動は言葉と一致しなかったのです。その肉体、それは全く無垢であったのですが、それを鞭と欠乏に服させ、**理由もなしに全身傷だらけにしていた**のです[2]。霊の熱火によって肉体は精錬されていたので、魂が神を渇き求めるように、そのいとも清き**肉も**幾重にも〔神を〕**渇き求めていた**のでした[3]。

(1) トビ三・一一。(2) 箴二三・二九。(3) 詩六二・二。

第九三章

無益な喜びについて

虚栄と偽善に対して

一三〇　真の霊的な喜びを抱きしめており、霊的な進歩に役立つことは熱心に愛し、害を及ぼすことは、それに劣らず警戒し遠ざけなければならないと知っていたので、無益なことは注意深く避けていました。**無益な栄誉**[1]は種子のうちから摘み取るよう努めていました。主の**目を汚すもの**[2]が一瞬たりとも存在することを許せなかったのです。多くの称賛の言葉を浴びせられて、悲しくなり呻《うめ》き声をあげ、たちまちのうちに悲しみに押し流されてしまうことがたびたびあったのでした。

ある冬のこと、その聖なる貧弱な体を覆っていたのは

たった一枚の、粗末な布切れで繕われたトゥニカでした。〔師父〕の世話役〔の兄弟〕は、〔師父〕の伴侶でもあったのですが、一枚の狐の毛皮を手に入れてきて、差し出しながら言いました。「師父よ、師父の脾臓と胃は病んでいるので、主へのあなたの愛にかけてお願いいたします。トゥニカの裏側にこの毛皮を縫いつけさせてください。全部〔を縫い付けるの〕がお気に召さないなら、せめて胃の所にだけでも」。祝されたフランシスコはこう答えたのでした。「もしトゥニカの裏側にこれを縫いつけたいなら、それと同じ大きさのものを表にも縫いつけてください。外側に縫いつけたものが、内側に隠された毛皮を人々に告げ知らせてくれるでしょうから」。これを聞いた兄弟は同意せず、固執しましたが、ほかにどうしようもありませんでした。世話役〔の兄弟〕はついにはあきらめて、フランシスコが裏と表で別々でないことを明らかにするために、継ぎ当てたものの上に外からも継ぎ当てさせたのでした。

おお、行動と言葉は全く同一。内も外も全く同一。従う者として上に立つ者としても全く同一。常に**誇りは主においていた**(3)あなたは、外からの誉れも、ひそかな個人的な誉れも何一つとして愛することはありませんでした。**皮には皮を**(4)とわたしが言うにしても、毛皮をまとっている人々の気分を害させようとしてではありません。**トゥニカとして毛皮**(5)を必要とした無垢を剝奪された人たち〔アダムとエバ〕を知っているからなのです。

（1）ガラ五・二六。（2）サム上二九・七。（3）Ⅰコリ一・三一。
（4）ヨブ二・四。（5）創三・二一。

第九四章

偽善を自ら告白したことについて

〔三〕主の降誕祭の近い、ポッジョ〔・ブストーネ〕の隠遁所でのこと、説教を聞くために大勢の人が集まっていました。次のような前口上で、説教を始めました。「あなた方はわたしを聖人だと信じておられます。だから、敬虔の念をもってここ来られました。しかしながら、わたしはあなた方に告白します。この四十日の間、豚の脂身で調理された料理をわたしは食べたのです」。このように、病気の故に免除されたことを快楽としばしば見なしていたのでした。

第九五章

虚栄として告白したことについて

一三二　同様の熱意をもって、その霊が虚栄に突き動かされるのを感じると、直ちにあからさまに皆の前でそれを告白していたのでした。

あるとき、アシジの町を通って歩いていると、**何かを願おうとする**老女[1]に出会いました。マントのほかに**何も持ち合わせていなかった**[2]ので、すぐさま寛大に差し出しました。しかしながら、いくらか自己満足の動きを感じとると、すぐさま皆の前で、自分が虚栄心を抱いたことを告白したのでした。

(1) マタ二〇・二〇。(2) Ⅱコリ六・一〇。

第九六章

自己礼賛する者に対する言葉

一三三　滅びの原因ともなり得る光栄が明らかになるのを望まず、**主からの諸々の善**[1]を、胸の奥底に隠しておくよう努めていました。しばしば、多くの人から祝福の言葉が浴びせられると、次のような言葉でそれに応じていました。「わたしは息子や娘たちを儲《もう》けることがまだできます。たやすく称賛してはなりません。最期がどうなるか確実ではないのですから、誰もほめたたえられてはなりません。貸し与えてくださった方が、それを取り戻されるときには、体と魂しか残らないでしょう。それは信仰のない人々でさえ持っているものです」。これは、〔自分を〕称賛する人々に向けて〔語られたものです〕。

自分自身に対してはこう〔言っていました〕。「フランシスコよ、いと高き方がこれほどものを強盗に与えられたなら、彼はお前よりももっと感謝するに違いない」。

(1) 詩二六・一三。

第九七章

自慢する人々に対する言葉

一三四　しばしばその兄弟たちに言っていました。「罪人でさえできることをしたことで、不当な喝采をもって自分にへつらってはなりません。断食することも、祈ることも、泣くことも、自分の肉を痛めつけることも罪人にできます。〔罪人に〕できないことはこれです。すなわち、自分の主に**忠実であり続ける**ことです[1]。それ故、次のことだけを誇りとするべきなのです。**神に栄光をお返しする**[2]なら、忠実に奉仕したことで、お与えてくださるものがあったなら、それをお返しするなら〔それを誇りとすべきなのです〕。

人間の大敵は肉なのです。〔肉は〕後悔すべきことについて思い巡らすすべを知らず、恐れなければならないことを予見するすべを知らないのです。熱中するのは今あることを浪費することです。もっと悪いことは、自分のためではなく、魂のために与えられたものを、自分のために利用し、自慢のたねに転用してしまうことです。徳についての称賛を、徹夜や祈りについての外からの喝采をむさぼり求めるのです。魂のために何一つ残さず、涙の代償を探し求めるのです」。

（1）マタ二五・二一。（2）シラ三五・一〇、ヨハ九・二四。

第九八章

聖痕を秘密にしたことについて

尋ねる者らに何と答え、どれほど熱心にそれを隠していたか

一三五　ここで、至高の霊たちでさえ敬う、十字架につけられた方の章印を、どれほど厳重に隠し、どれほど熱心に人目に触れないようにしていたかを沈黙のうちに伏せておくことは妥当なことではないでしょう。キリストを真に愛した者〔フランシスコ〕が愛する方と**全く同じ似姿へと変容された**[1]**初めのころ**は[2]、非常に用心深く宝を秘密にし、人目に触れないようにし始めていたので、**多くの時**[3]を経るまで、親しい者たちでさえ気づかないでいました。しかし、常に隠され続け、親しい者たちの目にも触れずにいることを神の摂理は望まれませんでした。また、それは隠し通すことのできない、人目に触れる手足の部分でもあったのでした。あるとき、仲間の一人がその足の聖痕を見て尋ねました。「善き兄弟よ、それは何ですか」。〔フランシスコは〕答えました。「**あなた自身のことを心配しなさい**[4]」。

一三六　別のとき、この同じ兄弟は、〔フランシスコ〕の

トゥニカの埃を叩き落とそうと思って、それに血が付いているのに気づいて、それを返したとき聖者に言いました。「トゥニカに血がついていますが、誰の血でしょうか」。すると、聖者は自分の目に指を当てて言いました。「一つの目しかないことを知らないなら、これが何か尋ねなさい」。

　両手全体を水に入れて洗うことはまれで、指を水に浸すだけでしたから、周りにいた人たちにも事実は明かされることがありませんでした。足を洗うのはもっとまれでした。まれというよりもひっそりと〔行っていました〕。手に接吻させてほしいと誰かに頼まれると、唇をつけることができるだけの指先を差し出すか、手の代わりに袖を差し伸べることもたびたびありました。

　足が見られないように、羊毛の短い靴下を履いていましたが、その毛で傷がこすれないように傷口の上に皮をあてていたのでした。聖なる師父は、両手両足の聖痕を仲間の兄弟たちに完全に隠すことはできませんでしたが、それらが誰かの目に触れようものなら、ひどく気に病んでいたのでした。それ故、何らかの必要に迫られて、手か足をさらさなければならないときには、兄弟たちでさえも、**思慮分別の霊**[5]に満たされ、**目を背けていました**[6]。

（1）Ⅱコリ三・一八。（2）イザ八・二三。（3）知四・一三。（4）シラ四一・一五、ヤコ一・二五。（5）出二八・三。（6）詩一一八・三七。

第九九章

敬虔の念から出た企てによって盗み見たこと

一三七　神の人がシエナに滞在していたときのこと、ブレッシアから一人の兄弟がたまたまそこに来合わせていました。彼は、聖なる師父の聖痕を見たいという思いに取りつかれており、それが実現するように兄弟パチフィコに執拗に願っていました。〔兄弟パチフィコ〕は言いました。「ここから立ち去るときに、わたしは師父にその手に接吻させてもらうように頼みます。師父が手を差し出したなら、わたしはあなたに**目くばせします**[1]。そのとき見ることができるでしょう」。出発の準備ができると、二人は聖者のもとに行き、**ひざまずくと**[2]、パチフィコは聖なるフランシスコに言いました。「いとも愛する母上、わたしどもを祝福してください。そして、接吻できるように、手を差し伸べてください」。いやいやながら差し伸べられた〔手〕に接吻すると、その兄弟に見るように合図しました。そして、ほかの〔手にも接吻させてくれるよう〕願い、その兄弟に見せたのでした。彼らが立ち去ったのち、聖なる師父は、そこには謀《はかりごと》があったのではないかとの疑念を抱いたのでした。それは、まさにそのとおりでした。敬虔の念から出た好奇心による敬虔にもとることと判断して、直ちに兄弟パチフィコを呼び戻して言いました。「兄弟よ、主があなたをお許しくださるように。時々、あなたはわたしに**大きな苦しみ**[3]を与えているからです」。直ちに、兄弟パチフィコは**ひれ伏して**[4]、謙遜に尋ねて言いました。「いとも愛する母上、どんな苦痛をもたらしたのでしょうか」。ところが、祝されたフランシスコは何も答えませんでした。事件は沈黙のうちに終わったのでした。

（1）箴一〇・一〇。（2）エフェ三・一四。（3）Ⅱコリ二・四。
（4）ユディ九・一。

第一〇〇章
盗み見られた脇腹の傷について

二八 体の中でも覆われることのない場所であった両手両足の傷が、ある人々の目にさらされてしまったとしても、生存中、その脇腹の傷を見る光栄に浴したのはただ一人、それもたった一度の例外を別にして、誰もいないのです。トゥニカの埃を払ってもらうときには、右の腕で脇腹の傷を覆っていました。左手を交差させて脇腹に当てて、その祝された傷を隠すこともたびたびありました。

仲間の兄弟の一人が体をさすってあげようとして、手が滑って傷口に当たってひどい苦痛を与えてしまいました。兄弟たちのうちのもう一人の兄弟は好奇心によって、ほかの兄弟たちに隠されているものを見たいという思いに駆り立てられて、ある日、聖なる師父に言いました。「師父よ、よろしければ、トゥニカの埃をはたきましょうか」。聖者は答えました。「兄弟よ、**主があなたに報いてくださいますように**[1]。そうしなければならないようです」。こうして〔トゥニカ〕を脱いだとき、この兄弟は、**目を凝らして**[2]、脇腹に刻まれた傷を見たのでした。生存中、これを見たのはこの兄弟だけでした。ほかの者たちは誰も、その死後まで〔見たことは〕なかったのでした。

（1）詩一七・二一、二五。（2）哀四・一七。

第一〇一章

諸徳は隠されるべきことについて

一三九　このように、この人はキリストの**香りを放た**(1)ないあらゆる栄光を退けていました。このように、人々の喝采を永遠に**呪うべきもの**(2)と見なしていたのでした。名声の代償は良心の秘められた部分を少なくさせること、徳の欠如よりも徳の誤用のほうがずっと有害であることを知っていたのです。得たものを保持することは、欠いたものを探し求めることに劣らぬ徳である(3)と知っていたのでした。

何と悲しいことでしょう、愛よりも虚栄のほうがわたしどもを駆り立て、キリストの愛よりもこの世の喝采のほうが優勢なのです。わたしどもを突き動かすものを識別せず、**霊を吟味せず**(4)、虚栄が行動へと突き動かしたときにも、愛に駆られたものと思ってしまうのです。更にまた、ごく小さな善しか行わなかったにもかかわらず、その**重荷を担うことができず**(5)、生きているうちにいかなる重荷をも下ろしてしまい、最後の岸辺に辿り着く前に失ってしまうのです。わたしどもは、自分が善いものでないことには耐えられないのです。〔善いものであると〕見られないこと、思われないことに耐えることができないのです。このように、わたしどもは、全く**人々からの称賛によって**生きています(6)。**わたしどもは人間**以外の何ものでもないからです(7)。

（1）フィリ三・一九。（2）Ⅰコリ一六・二二。（3）Ovidius, Ars amandi, II. 213.（4）Ⅰヨハ四・一。（5）ヨブ三一・二三。（6）ロマ二・二九。（7）マタ八・九、詩九・二一。

第一〇二章

謙遜について

態度、判断、行動における聖なるフランシスコの謙遜、自己判断に対して

一四〇　すべての徳を保護するもの、〔すべての徳を〕装うものが謙遜です。これを基礎としない霊的な建物は、順調に築かれているように見えようとも、滅びに向かっているのです。さまざまな賜物で飾られていたこの人〔フランシスコ〕に、これ〔謙遜〕が欠けているはずがなく、豊かな**実りをもたらすように満ち溢れていました**(1)。あらゆるたぐいの聖性の装いと輝きが備わっていましたが、彼自身の判

断によれば、一人の罪人にすぎませんでした。キリストから学んだこと[2]を**基礎として**[3]、この〔謙遜〕の上に自分を築き上げようと努めていました。既に**儲《もう》けとして手に入れていたもの**[4]は忘れ去って、身についたものよりも欠けているものについて思い巡らし、欠けているものだけを**目の前においていました**[5]。〔師父〕のうちに燃え盛っていた欲求はただ一つ、より善い者になることであり、既に有している諸徳には満足せず、新しい諸徳を加えることでした。

態度において謙遜、判断においては更に謙遜、自己評価においては最も謙遜でした。この**神の王子**[6]は、より小さな者らの中でも最も小さな者であるという、最高に輝かしい宝石以外、秀でているとされることを一切認めていませんでした。この徳、この称号、この紋章が〔会〕全体の奉仕者であることの徴でした。その口は高慢というものを全く知らず、振る舞いにおいては誇示、あらゆる行動に高慢は全く見られませんでした。

啓示によって多くの事柄の**意味を学んでいました**[7]が、討論の場では、ほかの人々の意見を優先していました。仲間の兄弟たちの勧告のほうがより安全であると信じて、自分の見方よりもほかの人の見方のほうが優れていると思っていたのでした。自分の意見という**財布**[8]を手離さない人は、主のために**すべてを放棄**してはいない[9]、と語っていました。称賛よりも自分を**非難する言葉を聞く**[10]ことを好んでいました。非難は自分を矯正するのに役立つが、称賛は倒れる機会を与えるものだからです。

（1）詩六四・一二。（2）マタ一一・二九。（3）ヘブ六・一。（4）マタ二五・一六、一七。（5）詩一〇〇・三。（6）創二三・六。（7）シラ一六・二四、知九・一八。（8）ヨハ一二・六。（9）マタ一九・二九。（10）詩三〇・一四。

第一〇三章

テルニの司教とある農夫に対する謙遜について

〔四〕あるときのこと、テルニの人々に説教をしましたが、説教が終わると、その町の司教は、皆の前で言いました。「**この終わりのときに**[1]、神はご自分の教会を、この**貧しく惨めな軽んじられた者**[2]、単純で、無学な者によって照らしてくださいました。**どの国に対してもこのようにはなさらなかった**[3]ことを知っているのですから、このことの故に、わたしたちは常に**主を賛美する**[4]よう努めなければなりません」。これを聞くと聖者は、司教がそのようなはっきりとした言葉をもって自分が軽蔑されてしかるべきことを指摘したことを、驚きの思いをもって受け入れました。聖堂に入ると、司教の**足もとにひれ伏して**[5]言いました。「司教陛下、**まことに**、[6]大きな栄誉をわたしにお与えくださいました。他の一切を取り払って、わたしに固有のものを、陛下だけが、無傷で残してくださったからです。思慮に富んだ方として、**卑しいものから高価なものを選び分け**、[7]**神には賛美を**、わたしには軽蔑を**帰して**くださいました[8]」。

一四二 神の人〔フランシスコ〕は、偉い方々だけではなく、同輩や目下の人々に対しても自分を卑しい者として振る舞い、戒めるよりも戒められ矯正されることを願っていました。ある日のこと、病気で衰弱して歩くこともできなかったので、子驢馬《ろば》に乗って、たまたまそこで働いていた、ある農夫の畑を通り過ぎようとしていました。その農夫は〔師父〕に駆け寄ると、ひょっとしたら兄弟フランシスコかと、気遣わしげに尋ねました。自分が尋ねられた人物であると謙遜に神の人が答えると、農夫は言いました。「多くの人が**あなたに信頼している**[9]のですから、みんなに言われているように、善い人であるよう努めてください。わたしは忠告しておきます。期待されているのとは別の者であることが決してないように」。神の人フランシスコはこれを聞くやいなや、驢馬から地面に降りて、農夫の前に**身をかがめると**、謙遜に**その足に接吻し**、[10]戒めるほどに心にかけてくれたこと感謝したのでした。

このように、多くの人から聖者と見なされるほどに、その評判は高まっていったのですが、**神の前でも人々の前でも**、[11]自分を惨めな者と見なしており、名声や聖性の高さにも高慢になることなく、その功徳の第一の**報いとして**多くの聖なる兄弟たちが**息子として**自分に与えられたことでも[12]高慢になることはありませんでした。

(1) Iヨハ二・一八。(2) イザ五三・三、六六・二。(3) 詩一四六・二〇。(4) 詩一四六・一。(5) マコ五・二二。(6) 詩一一一・八。(7) エレ一五・一九。(8) ルカ一八・四三。(9) ヘブ六・九。(10) ルカ七・三八。(11) ロマ一二・一七。(12) IIコリ六・一三、一八。

第一〇四章

どのようにして集会で長上職から退いたか、その祈りについて

一四三 その回心からわずか数年の後、ある集会の席で、聖なる謙遜の徳を保守するために、修道〔会〕のすべての

兄弟たちの前で長上職を辞任して、言いました。「これから、あなた方にとって、わたしは死んだのです。兄弟ペトロ・カタニオに、わたしも、そしてあなた方全員が従いましょう」。素早く〔兄弟ペトロ〕の前に身をかがめると、従順と尊敬を誓ったのでした。そこで、兄弟たちは、偉大な父から見放されて孤児のようになったと感じ、涙を流し嘆息して、大きな嘆きの声をあげて悲しんだのでした。

　祝されたフランシスコは立ち上がると、両手を合わせて目を天に揚げて、言いました。「主よ、今までわたしにお委ねになった家族をお返しいたします。いとも甘美な主よ、ご存じのとおり、今やわたしは病気で、**世話をする**[1]ことができません。〔この家族を〕奉仕する者たちに委ねます。彼らの怠慢か、〔悪い〕模範か、厳しすぎる矯正によって、兄弟の誰かが滅びることになれば、主よ、**裁きの日に**、あなたのみ前で**弁明しなければならないでしょう**[2]」。

　このとき以来、死に至るまで、服従する者として留まり、ほかの誰よりも謙遜な者として振る舞ったのでした。

（1）ルカ一〇・三五。（2）マタ一二・三六。

第一〇五章

どのようにして同行する兄弟たちを辞退したか

一四四　別のあるときのこと、同行する兄弟に返して言いました。「このような自由な特権のために、わたしは特別な者と見られたくありません。主が鼓吹されるままに、ある所から他の所へ行くとき、兄弟たちの誰かがわたしに同伴してくれればよいのです」。そして、言い添えました。「一匹の小さな雌犬に導かれて旅をしている目の見えない人を見ました」。

　こうして、特別とか傲慢とかと見受けられることは一切切り捨てて、**自分のうちにキリストの力が宿っている**[1]ことだけを、自分の誇りとしたのでした。

（1）Ⅱコリ一二・九。

第一〇六章

長上職を好む兄弟たちに対する言葉、また、小さき兄弟のあるべき姿

一四五　長上職に就くにはふさわしくもないのに、ただ野心の故に、それを渇望している兄弟たちを見て、彼らは小さき兄弟ではなく、自分たちが**召し出された召し出し**[1]を忘れて、**光栄から離れてしまっている**[2]、と言っていました。また、明らかに重荷〔を背負う〕よりも栄誉を求めていたので、職務から解かれたことで悲しんでいる、惨めな〔兄弟たち〕をさまざまな話をもって戒めていました。

あるときのこと、仲間の兄弟の一人に言いました。「これからあなたに描いてみせるような者でなければ、より小さき兄弟であるとはわたしには考えられません」。そして言いました。「兄弟たちの長上として立てられ、わたしは集会に出て、説教し、兄弟たちを訓戒します。すると、ついに、わたしに対してこう言われるでしょう。『無学な、軽蔑にしか値しない者はわれわれにふさわしくない。それ故、あなたが**われわれを統治するのを望まない**[3]。あなたは弁が立たず、**単純で無知なのだから**[4]』。こうして、皆に軽蔑され、侮辱を浴びて、わたしは追い出されるでしょう。あなたに言っておきます。このような言葉を聞いても、同じ**表情**、同じ心の**喜び**[5]、同じ聖性への意欲を持ち続けなければ、わたしは決してより小さき兄弟ではないでしょう」。

そして、言い添えました。「長上職には転落、称賛には墜落、謙遜には魂にとっての益があります。それなのに、利益よりも危険に惹かれるのはどうしたことでしょう。益を得るために時間を有しているというのに」。

(1) エフェ四・一。(2) ガラ五・四。(3) ルカ一九・一四。
(4) 使四・一三。(5) 詩一五・一〇。

第一〇七章

兄弟たちに望んでいた聖職者に対する服従について、そして、その理由

一四六　子らが**すべての人と平和を保ち**[1]、あらゆる人々に対して**幼児**[2]として振る舞うことを望んでいましたが、特に聖職者に対して最大限に謙遜な者であることを言葉をもって教えるとともに、模範によって示したのでした。実に、このように言っていました。「わたしたちは、**諸々の魂の**

救いのために[3]、聖職者を助けるようにと遣わされたのです。それ故、彼らには足りないと思われることを、わたしたちが補うのです。**それぞれに報いが与えられる**のは、権威によるのではなく、**働きによる**のです[4]。兄弟たちよ、知っておいてください。神が最も好まれる魂の実りは、聖職者たちとの不和によるよりも、彼らとの平和によってより豊かに得ることができるのです。彼らが人々の救いを妨げとなっているとしても、**復讐は神のものであり**、〔備えられた〕**時に**、〔**神**〕**ご自身が彼らに報いられます**[5]。それ故、上に立つ人々に**あなた方は従いなさい**[6]。そうすれば、あなた方が原因で、誰かが嫉妬に駆られることもないでしょう。**あなた方が平和の子であるなら**[7]、聖職者も人々をも神の益のために獲得するでしょう。聖職者を躓いたものにして、人々だけを獲得するよりも、そちらのほうをより好ましいことと主は判断なさるでしょう」。そして、言いました。「〔聖職者たち〕の堕落を隠しなさい。さまざまな欠陥を補いなさい。このように行うことで、あなた方はより謙遜な者となりなさい[8]」。

（1）ロマ一二・一八。（2）マタ一八・三。（3）Ｉペト一・九。
（4）Ｉコリ三・八。（5）申三二・三五。（6）Ｉペト二・一三。
（7）ルカ一〇・六。（8）ルカ一七・一〇。

第一〇八章

イモラの司教に払った尊敬について

一四七　あるときのこと、聖なるフランシスコはロマーニャのイモラという町に行き、その地の司教の前に出て、説教をする許可を願いました。司教は言いました。「兄弟よ、わたしが自分の民に説教しているから、それで十分だ」。頭を下げると、聖なるフランシスコは謙遜に**外に出て**[1]、一時間ほどすると**中に入っていきました**[2]。司教は言いました。「兄弟よ、何が望みか。ほかにも求めるものがあるのか」。すると祝されたフランシスコは答えました。「陛下、父親が一つの戸から子を追い出すなら、その子はもう一つの戸から戻ってこなければなりません」。謙遜に敗れた司教は、喜びに顔をほころばせて彼を抱きしめて言いました。「あなたは、そしてあなたのすべての兄弟も、わたしの全面的な許可のもとに、わたしの司教区のどこででも説教するがよい。聖なる謙遜はそれに値するものである」。

（1）マタ二六・七五。（2）マタ二六・五八。

第一〇九章

聖なるドミニコとの間の相互の謙遜と愛について

一四八　世界のあの〔二つの〕輝かしく**光るもの**(1)である聖なるドミニコと聖なるフランシスコが、後に至高の祭司〔教皇〕となったオスチアの陛下と共に〔ローマの〕町に居合わせたことがありました。両者が、主について蜜の流れ出るような甘美な会話を交わしていると、例の司教が〔二人〕に言いました。「初代教会において教会の牧者たちは貧しく、愛に満ちた人々で、欲望に燃え立つことのない人々であった。どうしてわれわれは、**教訓と模範の点で**(2)ほかの人々よりも優れている者たちを、あなたたちの兄弟たちの中から司教や高位聖職者にしないのだろうか」。答えるにあたって、聖者らの**間に議論が生じました**(3)。それは先取りし合ってではなく譲り合ってのことで、互いに答えるよう勧め合ってのことでした。両者が相手を敬っていたので、両者が相手を〔自分より〕優れた者と見なしていたのです。ついに、謙遜はフランシスコに勝利をもたらしました。自分を先に置くことはなかったからです。ドミニコにも勝利をもたらしました。先に答えることで、謙虚に従ったからです。それ故、祝されたドミニコが答えて、司教に言いました。「陛下、わたしの兄弟たちは自分たちが既に善い地位に上げられていることを知ればいいと思います。ほかのたぐいの名誉を追い求めることは、わたしにとって許し難いことです」。このように簡潔に答えると、祝されたフランシスコは司教の前に身をかがめて言いました。「陛下、わたしの兄弟たちは、自分たちが**偉くなった**(4)と思われることのないように、より小さな者たちと呼ばれているのです。この召命が、低い所に身を置き、**キリストの謙遜のみ跡に従うこと**(5)を教えています。これがついには**聖人たちの前で**(6)他の人々よりも高く挙げられることになるのです。**神の教会**(7)において**実を結ぶ**(8)ことをお望みでしたなら、彼らの召命による地位に彼らを置き、そこに留まらせてください。それを望まない者らがいれば、低い所に戻らせてください。ですから、お願い申し上げます。父上。貧しい者らであることよりも高い地位にある者になることのないように、他の人々を見下すことがないように、彼らが高位の聖職に昇ることを決してお許しにならないでください」。これが祝された〔二人の〕答えでした。

一四九　**聖者たちの子らよ**(9)、あなた方は何と答えますか。

恨みと嫉妬[10]があなた方が堕落した者らであること、名誉への野心があなた方がもはや非摘出子であることを明らかにしています。あなた方は**互いに噛み合い、食い合っており**[11]、**戦いと争い**が生ずるのは**欲望から**にほかならないのです[12]。あなた方にとって**戦いは闇の軍勢に対するもの**であり[13]、**激しい戦闘**[14]は悪霊どもの部隊に対するものであるのに、あなた方の間で剣を振り交わしているのです。**知識に満たされた**[15]父親たちが、**贖いの座のほうに顔を向け合って**、親しく**見つめ合っている**[16]というのに、その子らは**嫉妬に溢れ**[17]、お互いに**見ることさえ嫌うのです**[18]。**心が分かたれている**[19]なら、体はどうなるのでしょう。**神の言葉に奉仕する者たち**[20]が**愛の絆**[21]によって堅く結ばれていれば、敬神の教えは全世界に実り豊かに広がるはずなのです。**明らかな徴によって**[22]わたしどものうちの憎しみの酵母があらわにされることで、わたしどもが語ったり教えたりしていることは最大限に疑わしいものとなってしまうのです。わたしには分かっています。ここで問題なのは正直な人々ではなく不正直な人々なのです。〔二人の〕聖者を汚すことのないように、彼らは根こそぎにされるのがふさわしいとわたしは思っています。

最後に、**高望みをしている人々**[23]については何と言ったらよいのでしょうか。父親たちが**み国に到達した**[24]のは、偉大なる道ではなく謙遜の道によったのです。息子たちは野心の輪を歩き回っており、**住まいとなる町への道を探し求めようとしないのです**[25]。何が残っているのでしょう。〔父親たち〕の道に従って歩まないなら、わたしたちは栄光に達することはないということではないでしょうか。**主よ、わたしどもにそのようなことがありませんように**[26]。謙遜な〔二人の〕師の翼の下で、弟子たちが謙遜な者らであるようにしてください。霊において血縁の者であるわたしどもを互いに好意的なものとしてください。そして、**あなたの子らの子らまでご覧になりますように。イスラエルの上に平和を**[27]。

(1) 創一・一六。(2) テト二・七。(3) ルカ二二・二四。
(4) マタ二〇・二六。(5) Iペト二・一二。(6) 知三・一三。
(7) フィリ三・六。(8) ヨハ一五・二、八。(9) トビ四・一二。
(10) Iマカ八・一六。(11) ガラ五・一五。(12) ヤコ四・一。
(13) エフェ六・一二。(14) 知一〇・一二。(15) ロマ一五・一四。
(16) 出二五・二〇。(17) ロマ一・二九。(18) 知二・一五。
(19) ホセ一〇・二。(20) 使六・四。(21) コロ三・一四。(22) IIマカ一四・一五。(23) ロマ一二・一六。(24) ルカ二三・四二。
(25) 詩一〇六・四。(26) ヨシュ二四・一六。(27) 詩一二七・六。

第一一〇章

どのようにして互いに相手を信頼したか

一五〇　先に述べたように、神の〔二人の〕僕《しもべ》が答え終わると、オスチアの陛下は両者の言葉に大いに啓発されて、大いに**神に感謝した**のでした[1]。そして、別れに際して、祝されたドミニコは聖なるフランシスコに、彼が締めていた縄帯を与えてくれるようにと願ったのでした。聖なるフランシスコは、〔ドミニコ〕が愛によって求めたことを、謙遜によって拒み、なかなか応じようとしませんでした。しかし、幸いなる懇願者の敬虔の思いが勝利を得、彼は譲られた〔縄帯〕を、そのトゥニカの下に敬虔な思いをこめて結びつけたのでした。それから、互いに手を取り合い、厚い抱擁を交わしたのでした。聖者は聖者に言いました。「兄弟フランシスコよ、あなたの修道生活とわたしの修道生活は一つになったら良いと思います。そして、教会のなかで同じ様式によってわたしたちは生きていきましょう」。ついに、**互いに別れた**[2]後に、聖ドミニコは傍らにいた大勢の人々に言いました。「**まことに、わたしはあなた方に言います**[3]。ほかの修道者たちは皆、この聖なる人フランシスコに従っていかなければなりません。それほどにこの人の聖性は完全です」。

（1）使二七・三五。（2）使一二・三九。（3）ルカ四・二五。

従順について

第一一一章

真の従順のために、世話役の兄弟を常に有していたこと

一五一　この非常に用心深い商人は、多くの手段を用いて益を得るために、また現在のあらゆる時間を功徳へと**溶かし直す**[1]ために、従順の手綱によって行うことを、ほかの指導者の下に自分自身を服従させることを欲していました。それ故にこそ、〔会〕全体の奉仕職を辞したばかりでなく、従順というより大きな善のために、長上としての特別の敬意を払う、個人的に自分を世話する任にある兄弟を求めたのでした。そこで、かつて聖なる従順を約束した兄弟ペトロ・カタニオに言いました。「神にかけてお願いします。

わたしの仲間〔の兄弟たち〕の中から、誰か一人を、わたしのためのあなたの代理として任命してください。わたしは、あなたに対してするように、その〔兄弟〕に敬虔の念をもって従います。わたしは従順のもたらす実りを知っています。それは、ほかの人の**軛《くびき》に首を差し出す**人にとって(2)、益をもたらさずに一瞬間も過ぎ去ることはないものなのです」。その懇願が受け入れられ、**死に至るまで**(3)、どこにいても従う者として留まり、自分の世話役〔の兄弟〕に対する従順を常に尊敬の念をもって守ったのでした。

あるときのこと、仲間の〔兄弟たち〕に言いました。「神の御慈しみがわたしに与えてくださった数々の〔賜物〕の一つに次の恵みがあります。それは、世話役としてわたしに与えられれば、たとえ一時間前に入会した志願者にでも、最も古くからいて、最も思慮分別に富む〔兄弟〕に対するように、心から従うことができます」。そして、言いました。「従う者は、自分の上に立つ人を人間と考えてはなりません。むしろ、誰の愛のために従っているのかを考えなければなりません。より軽蔑に値する人が上に立てば立つほど、従う人の謙遜は輝き出るのです」。

（1）エレ六・二九。（2）シラ五一・二六。（3）フィリ二・八。

第一一二章

どのように真の従順は描写されたか、三つの従順について

〔五一〕 ほかのときのこと、祝されたフランシスコは、その仲間〔の兄弟〕たちと共に座っていましたが、ため息をついて言いました。「自分の長上に完全に従う修道者が、全世界に一人としていないのではなかろうか」。心を打たれた仲間〔の兄弟〕たちは言いました。「師父よ、完全で至高の従順とはどのようなものか、わたしどもに教えてください」。すると、死体にたとえて真の従順を描写して、次のように答えたのでした。「体を持ち上げてみなさい、調べてみなさい。好きな所に置いてみなさい。動かされるのに抵抗せず、これは、動かされても反対しません。どんな場所であっても不平を言わず、放り出されても抗議の声を挙げないのをあなた方は見るでしょう。教壇や司教座に置かれたとしても目を上に上げることなく、下を向いています。深紅色の衣をまとわされても顔色は倍にも青ざめるだけです。これこそ真に従順な者の姿です。そのような人は、どうして移動させられたのか判断せず、どこに置かれ

ようと気にもしませんし、動かしてくれるようしきりに願うこともありません。職務に就いても通常の謙虚さを保ち、称賛されればされるほど、益々自分はそれに値しないと思うのです」。

　ほかのときのこと、同じ事柄について話し、依頼の後に承認されたことは厳密にいえば許可であると言い、欲していないのに課されたことを聖なる従順と名づけたのでした。両方とも善いことであるが、後者の方がより安全であると言っていました。しかしながら、最高の〔従順〕とは、**血肉**(1)にはかかわりなく、神からの霊感に従った、隣人の益のためであれ、殉教への渇望のためであれ、信仰を持たない人々のもとへ赴くことであると思っていました。これを願うことは、**神に大いに喜ばれる**(2)ことと考えていたのでした。

（1）マタ一六・一七。（2）フィリ四・一八。

第一一三章

軽々しいことについて従順によって命令してはならないこと

一五三　ごくまれに従順によって命令すべきであると考えており、最後まで取って置くべき槍を最初に放ってはならないし、「すぐに刀に手をかけてはならない」とも言っていました。とはいえ、従順によって命じられたことに速やかに従わない人は、**神を畏れず、人を人とも思わない者**なのです(1)。

　これにまさる真実があるでしょうか。無分別に命令する人の手にある権威は、乱心した人の手にある刃のようではないでしょうか。また従順を無視する修道者ほど希望のない者があるでしょうか。

（1）ルカ一八・四。

第一一四章

敬虔な思いからとはいえ従順によらずに訪ねてきた兄弟の頭巾を火に投じたことについて

一五四　あるときのこと、従順によらず独りで訪ねてきた兄弟に、頭巾をとって、それを燃え盛る火の中に投じるように命じました。そのとき、一瞬にして師父の顔つきが変わったのに恐れをなして、誰一人として頭巾を引き出そうとしなかったので、聖者は炎の中から引き出すように命じました。頭巾は少しも損なわれていませんでした。これは聖人の功徳がなしえたことでしょう。しかし、例の兄弟の功徳が介在しなかったわけでもないでしょう。諸徳の唯一の御者《ぎょしゃ》である思慮分別を欠いていたとはいえ、いとも聖なる師父に会いたいという敬虔な思いが〔この兄弟〕を突き動かしたのだからです。

良い模範、あるいは悪い模範を示す者らについて

第一一五章

ある善良な兄弟の模範、初期の兄弟たちの習慣について

一五五　小さき兄弟たちは、**終わりの時に**[1]、罪の**暗闇**[2]に包まれている人々に、**光**の模範を提示するために[3]**主から遣さ**[4]**れた**者たちであると断言していました。世界に散らばっている聖なる兄弟たちの**偉大な業を聞くと**[5]、自分は**いとも甘美な香りに満たされ**[6]、**高価な香油**[7]という徳で塗油されていると言っていました。

あるときのこと、バルバロという名の兄弟が、キプロス島の出身のある高貴な人の前で、別の兄弟に無礼な**言葉を投げつけた**[8]ことがありました。投げつけられた言葉でその兄弟がいくらか傷ついたと分かると、その兄弟は直ちに驢《ろ》馬《ば》の糞を拾いあげると、自分を罰するために、これを口に放り込んで言いました。「わたしの兄弟に怒りの**毒を投げ込んだ**[9]舌は、糞を噛み砕けばよい」。これを見た騎士は非常に驚き、大いに啓発されて去っていきました。そして、そのときから、自分自身もその財産も、惜しみなく兄弟たちのために提供したのでした。

すべての兄弟が間違いなく、このようなことを遵守するのを習慣としていました。彼らのうちの誰かが別の〔兄弟〕を言葉で混乱させるようなことがあれば、直ちに**地にひれ伏して**[10]、たとえ彼が望まなくとも、傷ついた〔兄弟〕の足に祝された接吻の雨を降らせたのでした。

聖者は、自分の子ら自身が聖性の模範を作り出しているのを聞くと、それらのことで喜び躍り、**言葉や行いをもって**[11]、罪人たちをキリストへの愛に導いた、その兄弟たちを**全面的に受け入れるに足る祝福をもって**[12]満たしたのでした。〔フランシスコを〕満たしていた魂たちに対する熱意によって、真の類似によって子らが自分に似たものであることを願っていたのです。

(1) ユダ一八。(2) 箴七・九。(3) マタ五・一五―一六、エフェ五・八。(4) ヨハ一・六。(5) 使二・一一。(6) 出二九・一八、ヨハ一二・三。(7) マタ二六・七。(8) ヨブ一八・二。(9) 箴二三・三二。(10) Ⅱマカ一〇・四。(11) コロ三・一七。(12) Ⅰテモ一・一五。

第一一六章

悪い模範を示す者たちと彼らに対する呪いについて、どれほどそのことで苦しんでいたか

一五六 そういうわけで、聖なる修道生活を**悪い行動**[1]もしくは模範をもって侮辱した者たちには、聖者の非常に厳しい呪いの言葉が向けられました。

ある日のこと、フォンディの司教が、自分の前に参上した二人の兄弟が、より完全に自分を軽んじていることの徴として、非常に長い髭《ひげ》をはやしているのを見て、「そのような新奇なことを行って、修道生活の美しさが見苦しいものとならないように気をつけなさい」と言ったということが〔聖者〕の耳にまで届きました。聖者は直ちに立ち上がると、**両手を天に向けて差し伸べ**[2]、涙を流しながら、次のような言葉で祈ったのでしたが、それは祈りというより呪《じゅ》詛《そ》と言ったらよいでしょう。「主イエス・キリストよ、あなたは十二人の弟子をお選びになりました。その中の一人は転落しましたが、ほかの方々はあなたに忠実に留まり、**一つの霊**[3]に満たされ、聖なる福音を宣べ伝えました。主よ、あなたは、**この終わりの時に**[4]、**昔の慈しみを思い起こされ**[5]、あなたへの信仰を支えるため、また彼らを通してあなたの福音の神秘が成就されるようにと、兄弟たちの修道生活を植え付けてくださいました。それ故、そのためにこそ派遣されたというのに、すべての人に光の模範を提示しないだけでなく、むしろ**闇の業**[6]を示しているとすれば、いったい誰が彼らに代わってあなたのみ前で申し開きできましょう。いとも聖なる主よ、あなたと、あなたの天の集会全体と、あなたの幼児であるわたしから、この会の聖なる兄弟たちによって、かつて建てられ、建てるのをあなたは止めておられないものを、悪い模範をもって紛糾させ、破壊する者どもは呪われますように」。

〔師父〕の祝福によって自分は祝されていると公言できる者、欲するままに〔師父〕との親しい交わりを満喫していたと自慢できる者がどこにいるでしょうか。そういうことがないように願いますが、闇の業を自ら提示することで、ほかの人々を危機に陥れることを悔い改めずにいるのが見

いだされるとすれば、**その者らは不幸です**[7]、永遠の罰がありますように。

一五七 〔師父は〕言っていました。「最良の兄弟たちは、悪い兄弟たちの行為によって狼狽させられていますが、彼ら自身は罪を犯していないのに、不正な者たちの模範によって判断されてしまうのです。それ故、彼らは冷酷な剣でわたしを貫くのです。一日中、その剣をもって、わたしの臓腑《ぞうふ》を抉《えぐ》っているのです」。まさしくこのことの故にこそ、〔師父は〕兄弟たちの交わりから身を引いて、その苦痛を新たにする、何かしら悪いことが耳に入らないようにしたのでした。

また、言っていました。「悪い模範のために、神に愛された修道生活が悪評をこうむり、人前に出るのが恥ずかしくなるときが来ます。だが、そのとき、〔会に〕受け入れてもらおうとして来る人々は、ひとえに聖霊の働きに導かれているのであり、その人々のうちに**肉と血による**いかなる**汚れ**[8]も付着していません。真に、**主に祝福された者たち**[9]なのです。聖なる者らを熱心に働くよう駆り立てた**愛が冷える**[10]であろうから、その人々のうちには功績となるような活動はないかもしれないが、彼らには甚だ大きな誘惑が襲いかかるのであるから、その時代の試練を潜り抜けた人々は、彼らの先人たちよりも善い者になるでしょう。しかしながら不幸なのは、形だけの修道生活を誇り、無為によって麻痺してしまい、選ばれた者らへの試練のためである誘惑に不断に抵抗しない者たちです。**命の冠を受ける者は、試練を耐え抜いた人々**[11]だけであり、その試練は、往々にして邪悪な者らの悪意によって引き起こされるものなのです」。

(1) Ⅱペト二・八。(2) Ⅱマカ一四・三四。(3) エフェ二・一八。(4) Ⅰヨハ二・一八。(5) 詩八八・五〇。(6) ロマ一三・一二。(7) ユダ一一。(8) マタ一六・一七、シラ一一・三三。(9) 詩一一三・一五。(10) マタ二四・一二。(11) ヤコ一・一二。

第一一七章

会の状態について神から与えられた啓示について、会は決して消滅しないこと

一五八 しかしながら、**たびたびの神の訪れによって**[1]大いに慰められていました。それによって、自分の修道生活の基礎が常に揺らぐことがないとの確信を得たのでした。また、去っていく者らの数は間違いなく〔新たに〕選ばれた

者らによって補充されるとの約束をも得たのでした。悪い模範のために心が乱され、心を痛めつつも祈りに専念しようとしたとき、主から次のような叱責を受けたのでした。「か弱き人間よ、なぜ心を煩わしているのか。わたしの修道生活の上に、わたしが牧者としてお前を立てた。だが、第一の保護者はわたしであることをお前は忘れたのか。わたしが、単純な人間であるお前を立てたのは、後についてきたい者たちが、ほかの者らのために模倣すべきこととしてお前のうちでわたしが行っていることに付き従うためである。**わたしが呼び出したのである。わたしが監視し、牧するであろう**(2)。ほかの者らの破滅の修復のためには別の者たちを代理として立てるであろう。たとえ**生まれなかった**(3)としても、わたしが生まれさせる。それ故、お前は心を煩わしてはならない。**自分の救いために働くがよい**(4)。たとえこの修道生活に留まるものが三人になったとしても、わたしの力によって絶えることなく常に存続するであろう」。

このときから、一人の聖者の功徳はおびただしい不完全な者たちの群れを凌駕する、なぜなら一つの灯火の光線によって深い闇は消えうせるものだからであると、よく言っていました。

(1) Iペト五・六。(2) イザ四八・一五、エゼ三四・一三。
(3) マタ二六・二四。(4) フィリ二・一二。

第一一八章

無為と怠惰な者について

いつ神の僕であり、いつそうでなかったかに関して与えられた啓示

一五九 この人は、はかないものを捨て、**主に結ばれ**(1)始めてから、片時も時間を無駄に費やすことをほとんど許しませんでした。実に、**主の宝物庫に**既に多くの功績を**納めた**(2)とはいえ、常に新参者として、常に霊的な訓練に備えていました。**何かしら善いことを行わない**(3)ことは大きな過失を犯すことであり、常に進歩しないということは退歩することであると考えていました。

シエナに近い修房に滞在していたときのことでした。ある夜、眠っていた仲間〔の兄弟〕たちを呼び寄せて言いました。「兄弟たちよ、**わたしは主にお願いしました**(4)。**わたしはいつ**〔主〕**の僕《しもべ》であり**(5)、いつ〔主の〕僕ではないのか、

よろしければわたしにお示しくださいと」。そして、言いました。「わたしは僕である以外のことは、何一つ望まないからです。実に、いとも寛大な主ご自身が、今、畏れ多くもわたしに答えてくださいました。『聖なることを考え、語り、行うとき、そのときこそ、お前は真に**わたしの僕**(6)であると知るがよい』。それ故、兄弟たち、あなた方を呼びました。これらの三つのどれか一つでも実行しなかったなら、あなた方の前で恥ずかしい思いをしたいと願っているからです」。

（1）ゼカ一三・七。（2）ダニ一・二。（3）ロマ九・一一。（4）Ⅱコリ一二・八。（5）詩一一八・一二五。（6）詩八八・二一。

第一一九章

ポルチウンクラにおける無用な言葉に対する償い

一六〇　別のときのこと、ポルチウンクラの聖マリア〔聖堂〕の近くで、神の人〔フランシスコ〕は、祈りの後での無用な言葉によって祈りによって得た益が消え失せることを思い巡らして、無益な言葉の違反に対する治療法として次のことを命じて言いました。「**無用な**、あるいは無益な**言葉を口にした**(1)兄弟は誰であれ、直ちに自分の過失を告白し、この無用な言葉の一つひとつに対してパーテル・ノステル（主の祈り）を一度唱えなければならない。また、次のようにして欲しい。自分から先に犯した過ちを咎めるのであれば、自分の魂のためにパーテル・ノステルを唱える。先に他の〔兄弟〕から過ちを指摘されたのであれば、指摘してくれた〔兄弟〕の魂のために祈りを果たしなさい」。

（1）マタ一二・三五―三六。

第一二〇章

自ら労働していた〔師父〕が怠惰な者らをいかに嫌悪したか

一六一　どんな仕事にも熱心に取り組もうとしない生ぬるい者たちは、たちまちのうちに、**主の口から吐き出される**はずである(1)と言っていました。怠惰な者は誰も〔師父〕の前に居続けることはできませんでした。鋭い批判によって罵られたからです。すべての完全性の模範として〔師父〕自身は労働し、自らの手で働き、時間という最高の賜物が無為に流れるのが許せませんでした。

あるとき、言いました。「わたしの兄弟たちがみな働き、鍛錬することを望みます。それを知らない人々は何らかの技術を身につけなさい」。理由に言及して言いました。「それは人々の重荷にあまりならないためと、怠惰のために心や舌が、許されないものへと流されないようにするためです」。しかしながら、仕事からの利益とか報酬は働いた人の判断ではなく、世話役〔の兄弟〕もしくは〔修道〕家族の判断に委ねたのでした。

（1）黙三・一六。

第一二二章

怠惰で大食な者たちについての苦情

一六二　聖なる師父よ、あなたの〔子ら〕と言われている者たちに対する苦情を、ここで、いと高き所へ昇らせることをお許しください。多くの者らにとって、諸徳の鍛錬は厭《いと》わしいものであり、働くことよりも休むことを望み、フランシスコの子であるよりもルチフェル〔悪魔〕の子であることを示しているのです。わたしたちの内には、戦う人よりも無気力な者のほうが多いようですが、人は**労苦するために生まれ**[1]、自分の**人生は戦い**[2]であると考えなければなりません。行動によって進歩することは好まれず、観想によって〔進歩すること〕もできません。手よりも顎《あご》を動かし、勝手気ままによってみなが混乱の渦中にあり、**門の前で忠告されることを嫌い**[3]、後ろ指を指されることに耐えられません。わたしがもっと驚いているのは、彼らの厚顔無恥です。祝されたフランシスコの言葉によれば、彼らは自分の家にいたなら、**汗を流して**[4]暮らしたはずです。ところが今は、働きもせず、貧しい人々の汗によって食を得て生きているのです。感嘆すべき賢明さ。何もしませんが、常に忙しい者のように見られています。**祝宴**[5]の時間を知っています。空腹が激しくなろうものなら、太陽が眠っているのだと難癖をつけるのです。善き師父よ、このような奇怪な人々があなたの光栄にふさわしいと信じられましょうか。〔あなたの〕トゥニカにも値しないのに。師父よ、あなたは、わたしたちが、後の世で物乞いすることのないように、危険に満ちた、はかない今の時に、功徳となる富を求めるようにと常に教えておられました。しかし、彼らは祖国の喜びを味わっておらず、来世においても追放の憂き目に会うのでしょう。以上述べた病が蔓延しているのは、長上たちが見過ごしにし、できるにもかかわらず、彼らの悪徳をやめさせず、罰を課そうとしないからでしょう。

（1）ヨブ五・七。（2）ヨブ七・一。（3）アモ五・一〇。（4）創三・一九。（5）民一〇・一〇。

神のみ言葉の奉仕者について

第一二二章

説教者はいかにあるべきか

一六三　神のみ言葉の奉仕者[1]が、ほかのいかなる役務にも妨げられることなく、霊的な勉学に励む人物であることを望んでいました。このような兄弟たちこそ、その口から発せられた勅令を人々に伝えるために、ある偉大な王によって選ばれた者たちであると言っていました。また、こうも言っていました。「説教者は、聖なる説教をもって後で注ぎ出すことを、まず初めに祈り隠されたところから汲み取らなければならず、冷たい言葉を外に差し出さないためには、まず〔自分の〕中で暖めなければなりません」。この役務は尊敬されなければならず、これに従事する人々もみなに尊敬されなければならないとも言っていました。「この人々は体にとっての命、この人々は悪霊どもにとって対戦相手、この人々は世の灯火なのです[2]」と言っていました。

とはいえ、聖なる神学の博士たちこそより一層の栄誉に値する人々であると見なしていました。そこで、あるとき、全体に宛てて次のように書き送りました。「すべての神学者、またわたしたちのために神のみ言葉に奉仕する人々に、わたしたちのために霊と命をもたらす人々として、栄誉と敬意とを払わなければなりません」。また、祝されたアントニオに書き送ったとき、その手紙の冒頭に、「わたしの司教、兄弟アントニオへ」と書き記させたのでした。

（1）使六・四、一七・一三。（2）マタ五・一四。

第一二三章

空しい名誉を求める者たちに対して、ある預言の言葉の解釈

一六四　自分のしたことを空しい称賛という小銭のためにしばしば売りわたす説教者たちは嘆かわしい者らであると言っていました。そのような人々の〔高慢という〕腫瘍を

次のような解毒剤をもって治療していました。「なぜ、あなたたちは人々の回心を誇るのですか。わたしの単純な兄弟たちがその祈りによって、その人々を回心させたのです」。また、「**不妊の女が多くの子を産むまで**[1]」という言葉を次のように説明していました。「不妊の女とは、教会において息子たちを産む役務を有していない、わたしの貧しく卑しい兄弟のことです。この〔兄弟〕は裁きのときに多くの子を産むでしょう。今ここで、そのひそかな祈りによって回心させた者たちを、そのとき、審判者は彼の栄光と見なしてくださるからです。**子だくさんな女は衰えます**[2]という言葉は、自分の功徳によるかのように、多くの子らを喜びとしている説教者は、そのとき、その〔子ら〕のうちに、自分のものといえるものは何一つないことを知ることになるからです」。

説教者というよりも修辞家として称賛されることを欲し、感情のこもらない美辞麗句をもって語る人々をあまり好んではいませんでした。説教には全力を投入するが、信仰を養うことには全く関心のない人々は配分の悪い者らである[3]と言っていました。逆に、時に応じて自分のために味わい、自分のために食する説教者を称賛していました。

（1）サム上二・五。（2）同前。（3）使二・四五、四・三五。

被造物の中に創造主を観想することについて

第一二四章

生物と無生物に対する愛について

一六五 追放された異国の地であるかのように、急いでこの世から抜け出ようとしていましたが、この幸いな旅人〔フランシスコ〕は、**この世にある**[1]ものらによって助けられていましたが、それは少なからぬものでした。〔この世は〕**闇の権力者たち**[2]に対しては闘争の戦場として、また神に対してはその善性のいとも**透明な鏡**[3]として用いられたのでした。芸術品によって芸術家は称賛されるものですが、作られたものらのうちに見いだされたものは何であれ〔フランシスコを〕それらを作られた方へと導いたのでした。**主のみ手のみ業のすべてにおいて喜び躍り**[4]、心躍らせる光景を通して、それらに命をもたらす動因ならびに源を見つめていたのです。美しいものらのうちに美そのものを認識し、**すべての善いもの**[5]は、「わたしたちをお作りになった方は最高に善い方です」と叫んでいるのです。〔作られた〕ものらに刻み込まれた**足跡を辿って**、至る所に**愛する方を追い続け**[6]、玉座**に導く**[7]**階段**[8]としてすべてのものを用いていたのでした。

これまで聞いたことのない敬虔な思いをもってすべてのものを抱きしめ、それらのものに主について語り、〔主〕への賛美へと駆り立てていました。

灯火、松明《たいまつ》、そして蠟燭《ろうそく》を大切にし、自分の手で消そうとしませんでした。それらに**永遠の光**[9]の徴を見ていたのです。

敬虔な思いをもって岩の上を歩いていましたが、「**岩**」と言われた方〔キリスト〕[10]を思ってのことです。「**あなたはわたしを岩の上に高めてくださいました**[11]」という句を唱えねばならないときには、一層の尊敬の念を込めて唱えようとし、「あなたはわたしを『岩』の足もとにまで高めてくださいました」と唱えていました。

樹を伐採する兄弟たちに木を根元から切り倒すのを禁じました。再び**芽生える**望みを残しておくためでした[12]。

庭の手入れをする〔兄弟〕には、庭の周辺の部分には手を付けずに残すようにと命じていました。それぞれの季節ごとに、野草の緑と花々の美しさとが、**すべてのものの父**[13]の壮麗さを告げるようにするためでした。良い香りの野草と綺麗な花の咲く野草のための小さな一画を庭に設けるよう指示しました。これらを鑑賞する人々に永遠の甘美さを思い起こさせるためでした。

足で踏みつぶされないように、小さな虫を道から拾いあげ、冬の厳しい寒さのために飢え死にしないように、蜜蜂に蜜と良いぶどう酒を与えるように命じました。

あらゆる種類の動物のうちで柔和なものを特別に愛していましたが、あらゆる生き物を兄弟という名をもって呼んでいました。

すべてを語り尽くすことができる人が誰かいるでしょうか。実に、将来、**すべてにおいてすべてとなる**[14]、あの泉のような善性が、既にこの聖者にはすべてにおいてすべて明らかになっていたのでした。

（1）ヨハ一七・一一、一六。（2）エフェ六・一二。（3）知七・二六。（4）詩九一・五。（5）創一・三一。（6）ヨブ二三・一一、雅五・一七、マタ一二・一八。（7）ヨブ二三・三。（8）創二八・一二―一三。（9）知七・二六。（10）Iコリ一〇・四。（11）詩六〇・三。（12）ヨブ一四・七。（13）エフェ四・六。（14）Iコリ一二・六。

第一二五章

どのように被造物がその愛に報いたか、傷つけなかった火について

一六六　それ故、すべての被造物が聖者の愛にお返しをしようと努め、その思いやりに感謝の念をもって応えようと努めていました。〔自分たちを〕たたえてくれる言葉には微笑みを返し、その呼びかけにうなずき、その命令には従ったのでした。幾つか例を挙げれば十分だと思います。

目を患っていたときのこと、ついに治療を受けなければならなくなり、外科医が呼ばれました。そして医者が来ると、焼灼《しょうしゃく》を行うために持参した鉄の道具を、真っ赤になるまで火の中に置いておくように命じました。祝された師父は、恐怖に震える体を励ましつつ、火に語りかけました。「わたしの兄弟、火よ、ほかの〔被造〕物らがうらやむほどに美しいものよ、いと高き方は力強く美しく有用なものとして**あなたを創造されました**[1]。今このとき、**わたしに好意を示し**[2]、丁重に扱ってください。これまで、主においてあなたを愛してきたからです。**あなたを創造された偉大な主**[3]に祈ります。あなたの熱を和らげ、わたしが焼き鏝《ごて》を心地よく耐えることができますように」。祈り終わると、火の上に十字架の印をして、恐れおののくことはありませんでした。真っ赤に灼熱した鉄の道具が〔医者の〕手で取り出されると、兄弟たちは人間的な〔恐れ〕に負けて逃げ出しましたが、聖者は喜ばしげに快く焼き鏝に自分を委ねたのでした。ぱちぱちと音を立てる焼き鏝が柔らかい肉に深く食い込み、耳もとから眉までゆっくりと焼灼していきました。火がどれほどの苦痛をもたらしたかは、それを一番よく知っている聖者の言葉が証ししています。逃げ出した兄弟たちが戻ってくると、ほほえみながら師父は言いました。「**臆病で小心な者たち**[4]よ、なぜ逃げ出したのですか。**あなたたちに本当のことを言いますが**[5]、火の熱も、肉の痛みも全く感じませんでした」。そして医者に向き直って言いました。「肉がうまく焼けていなければ、もう一度やってください」。このような場合、全く違った反応に慣れていた医者は、これを神の奇跡であるとたたえて言いました。「兄弟たち、わたしはあなた方に言います。**今日、わたしは驚くべきことを見ました**[6]」。

望んだことで、最も残虐なものが**穏和になった**[7]のであるからには、〔師父は〕原初の無垢へと回帰したものとわたしは信じています。

（1）シラ一・八、九。（2）創三三・一〇。（3）詩四七・二、申三二・六。（4）Ⅰテサ五・一四、マタ一四・三二。（5）ルカ四・二五。（6）ルカ五・二六。（7）知一六・一八。

第一二六章

その手の中に留まり続けた小鳥について

一六七　祝されたフランシスコが、リエティの湖を渡ってグレッチオの隠遁所に赴こうとして小舟に乗っていたときのことです。主において喜んでもらおうとして、漁師が一羽の小さな水鳥を〔師父〕に差し上げました。喜んでこれを受け取った祝された師父は、手を開いて、自由に飛んで行くようにと、優しく小鳥に話しかけました。ところが、小鳥は去ろうとせず、まるで巣でもあるかのように、その手の中で寛いでいました。聖者は、目を天に挙げてしばらく祈り続けました。かなり時間が経ってから、どこか別の所から戻って来たかのように**我に返ると**[1]、恐れることなく、以前の自由に戻るようにと小鳥に優しく命じました。すると、祝福とともに許可を得た小鳥は、身振りをもって喜びを示しつつ飛び去っていきました。

（1）使一二・一一。

第一二七章

鷹について

一六八　祝されたフランシスコが、いつものように人々と会うことも話すことも避けて、ある隠遁所に籠っていたときのこと、そこに巣を作っていた鷹が、友情の大きな契約を〔師父〕と交わしたのでした。聖者が神を賛美するために起きるのを常としていた、夜の時間帯になると、鳴き声と物音でこれを知らせたのでした。それは、**神の聖者**[1]にとってとても有り難いことでした。〔聖者〕に対する鷹のこのような心遣いのおかげで、素早く眠気から覚めることができたからでした。ところが、聖者が何らかの病気のためにいつもよりも体調が悪いときには、鷹は思いやりを示して、時間どおりに目覚めるように合図しませんでした。まるで**神に教えられた**[2]かのように、明け方ごろになって、そっと小さな鈴を鳴らすように、その声を立てたのでした。

　誰にもまして創造主を愛した人を、ほかの被造物らが尊敬したからといって何も驚くことはありません。

（1）ルカ四・三四。（2）Ⅱテモ三・一七。

第一二八章

蜂について

一六九　あるときのこと、ある山の奥に小さな修房が設けられて、そこで神の人〔フランシスコ〕は四十日間、非常に厳しい悔い改めの業を行っていました。その期間が満了して、そこを去ると、そこを引き継ぐ者もなく、修房は誰にも顧みられることはありませんでした。聖者がいつもそれで水を飲んでいた、土で作られた器が一つそこに残されていました。あるとき、幾人かの人が聖者への敬意のために、その場所に行ってみると、その器が蜂で溢れているのを見いだしました。その器にはすばらしい技術で、蜜のための小房が作られていました。それはまさしく、その場で神の聖者が飲み味わっていた観想の甘美さを象徴するものでした。

第一二九章

雉について

一七〇　シエナの地の貴族の一人が、病気であった祝されたフランシスコに一羽の雉《きじ》を贈りました。喜んでそれを受け取りましたが、食べる楽しみのためではなく、そのようなものらのうちに、創造主の愛を感じとり喜びに満たされるのが常であったからでした。雉に言いました。「兄弟雉よ、わたしたちの創造主が賛美されますように」。そして、兄弟たちに言いました。「兄弟雉が、わたしたちと共に留まりたいのか、あるいは自分に似つかわしい、いつもの住み慣れた所に戻りたいのか試してみよう」。聖者に頼まれて、一人の兄弟が雉を連れて、遠く離れたぶどう畑に置いてきました。ところが、雉はたちまちのうちに足早に師父の修房に戻ってきました。〔師父は〕もっと遠い所に置いてくるように命じました。〔雉は〕最高の素早さで修房の入り口にまで戻り、入り口にいた兄弟たちのトゥニカを力ずくで潜り抜けて修房に入ってしまったのでした。そこで、聖者は雉を大切に世話してやるように命じ、抱き上げると優しい言葉をかけたのでした。これを見ていた、神の聖者を尊敬していた一人の医者が、兄弟たちに〔その雉〕を譲ってくれるように願い出ました。それは食べるためではなく、聖者に対する尊敬の念から養い育てるためでした。その後どうなったのでしょう。医者は自分の家に雉を連れて帰りました。聖者から引き離された雉は、自分に対して不正がなされたかのように感じ取り、聖者のもとに連れ戻されるまで、何一つ食べようとしなかったのでした。医者はびっくりして、急いで雉を連れて聖者のもとに引き返し、起きたことを逐次語ったのでした。〔雉は〕地面に下ろされるやいなや、自分の父親の顔を見つめ、悲しみをかなぐり捨てて、喜びのうちに餌を食べ始めたのでした。

第一三〇章

蟬について

一七一　ポルチウンクラの神の聖者の小さな修房の脇の無花果《いちじく》の木に住み着いた蟬《せみ》が、いつもどおりの甘い声でたびたび鳴いていました。あるとき、祝された師父は手を差し伸ばして、「わたしの姉妹蟬よ、わたしのところにおいで」と言って、優しく自分のもとへ呼び寄せました。すると蟬は、理性を有しているかのように、直ちに聖者の手の上に乗ったのでした。〔師父は蟬〕に言いました。「歌いなさい、わたしの姉妹蟬よ。あなたの創造主である主を喜びをもって賛美しなさい」。すかさず従って、歌い始めました。そして神の人〔フランシスコ〕が自分の歌をもってそれに加わった後、元の所へ戻るように命じるまで、やめずに歌い続けたのでした。そして、繋がれているかのように、そこに八日間離れずに留まっていました。聖者は修房から出るたびに、手でこれに触れて歌うように命じ、蟬のほうもいつもその命令に従うのが常でした。聖者は仲間の兄弟たちに言いました。「わたしたちの姉妹蟬は、その賛美の歌でわたしたちを十分に楽しませてくれました。わたしたちの肉がそれによって空しく**誇ることのないように**(1)、ここを去る許可を与えましょう」。許可を得るとすぐ蟬は去っていき、二度と現れることはありませんでした。この一部始終を見ていた兄弟たちは大いに驚嘆したのでした。

（1）Ⅰコリ一・二九。

第一三一章

その愛について、人々の魂の救いのために、どのようにして完全性の模範として自分を提示したか

一七二　愛の力によって他の被造物の兄弟となったことを考えれば、**キリストの愛**(1)が〔フランシスコ〕を、創造主の像を刻まれたものらにとって兄弟としたとしても不思議ではありません。〔人々の〕**魂の救い**(2)にまさるものは何一つとしてないと言っており、**神の独り子**(3)が〔人々の〕魂のために十字架に付けられることをよしとされたことをもって、しばしばそれを論証していました。ここにこそ、祈りにおける奮闘、説教のための遍歴、模範を示そうとの並外れた努力は由来したのです。キリストが**愛した**〔人々の〕魂を**愛して**いないなら(5)、自分は**キリストの友**(5)ではないと見なしていたのでした。それはまた、〔神学の〕博士たちを敬う最も重大な理由でもありました。彼らは**キリストの協力者**(6)として、キリストと共に一つの役務を果たしているからです。しかし、何よりも兄弟たちを一つの特別な**信仰による**いわば**家族**(7)、**永遠の遺産**(8)にあずかる者として一つに集められた者として、**臓腑《ぞうふ》の奥底から溢れ出る愛情をもって**(9)抱きしめていたのでした。

一七三　その生き方のあまりの厳格さのために非難されるたびごとに、**鷲が雛たちに飛び立つよう挑発するために**(10)、自分は模範として会に与えられたのだと答えていました。それ故、その無垢な肉は自発的に霊に従っており、過失の故に鞭を課されるようなことは一つも行っていなかったのに、他の〔兄弟〕たちが**厳しい道を守るように**(11)するための模範としてのみ、〔肉〕に繰り返し罰を課していたのでした。

これは正しいことでしょう。長上たちの舌よりも、その**手**〔行為〕**のほうが注意を引きつける**ものだからです(12)。師父よ、あなたは手〔行為〕をもって、やさしく語りかけ、分かりやすく納得させ、より確実に証明してみせました。**人間と天使たちのあらゆる言葉を話しても**、**愛**という模範を提示しないなら、**わたしには**ほとんど、彼らには**何一つ役に立たないでしょう**(13)。実に、叱責すべき者が少しも恐れられていないところで、論理よりも〔自分の〕意志がまかり通るところで、〔権威の〕印章が救いのための十分力を発揮するのでしょうか。〔長上たち〕が声高に命じることは**実行されなければなりません**(14)。水の流れは乾ききった溝

を通って花壇にまで至るのです。時折、茨から薔薇《ばら》が摘み取られるように、大きな者が小さな者に役立つのです。(15)

(1) IIコリ五・一四。(2) Iペト一・九。(3) ヨハ三・一八。(4) Iヨハ四・二一。(5) ヨハ一五・一四—一五。(6) ロマ一六・九。(7) ガラ六・一〇。(8) ヘブ九・一五。(9) エゼ二五・六。(10) 申三二・一一。(11) 詩一六・四。(12) ユディ一三・七。(13) Iコリ一三・一三。(14) マタ二三・三。(15) 創二五・二三、ロマ九・一二。

第一三二章

従う者たちに対する思いやりについて

一七四　フランシスコほどに、従う者たちに対して思いやりを示した人が誰かいるでしょうか。**真のイスラエル人たち**(1)〔兄弟たち〕のために、**天に手を挙げ**(2)、しばしば自分のことを忘れて、まず何よりも兄弟たちの救いを願ったのでした。威厳〔に満ちた方〕の足もとにひれ伏して、子らのために**霊の犠牲**《いけにえ》(3)をささげ、恵みを注いでくださるよう神に強要していたのでした。自分の後ろに率いていた**小さな群れ**(4)に対して恐れに満ちた愛をもって、世の滅亡の後に、天をも失うということにならないようにと心を痛めていました。自分に委ねられた者らが自分と一緒に栄えある者とされるのでなければ、自分の将来は栄えあるものではないと考えており、その霊は彼らのために母親が味わうよりももっと大きな産みの苦しみを味わっていたのでした。

(1) ヨハ一・四七。(2) 出一七・一一—一三。(3) 詩五〇・一九。(4) ルカ一二・三二。

第一三三章

病人に対する共苦共感について

一七五　病人に対する共苦共感には大きなものがあり、彼らの必要に対する思いやりにも大きなものがありました。世俗の人々がその敬虔な思いから強壮薬を届けてくれた時にも、自分のほうがもっと必要であったとしても、ほかの病人たちに与えてしまいました。病んでいるすべての人の苦痛を自分のものとして苦しみ、それを軽減することができないときには、その共苦共感を言葉で表していました。

断食の日には、病人が食物を口にするのをためらうことのないように、〔師父〕も自ら食事を摂り、病気の兄弟のために、町の公共の場を巡って大きな声で肉を乞い求めるのをためらいませんでした。

　とはいえ、病気の〔兄弟たち〕には、すべての点で十分に満たされていないとしても、忍耐をもって欠乏に耐え、躓きにならないようにと戒めていました。それ故、ある会則の中に次の言葉を書き記させたのでした。「すべての病気のわたしの兄弟たちにお願いします。その病気のために苛立《いらだ》ったり、神に対して、あるいは兄弟たちに対して怒ることがないように。心配のあまり多くの薬を求めたり、魂の敵であり、やがては死に赴く肉の安楽をあまりにも望むことがないように。**すべてにおいて感謝し**(1)、神がそうあってほしいと望んでおられるとおりであるように、その人々も望みますように。実に、神は**永遠の命へと予定された者たち**(2)を、鞭と病気の苦痛で教え諭されます。〔神〕ご自身が次のように言っておられるとおりです。『**わたしは愛している者らを矯正し懲らしめる**(3)』」。

一七六　あるときのこと、病気の〔兄弟〕がぶどうを食べたいと願っていることを知ると、その〔兄弟〕をぶどう畑に連れて行き、**ぶどうの木の下に座って**(4)、〔その兄弟に〕食べる勇気を与えるために、まず自分から先に食べ始めたのでした。

（1）Ｉテサ五・一八。（2）使一三・四八。（3）黙三・一九。
（4）Ｉマカ一四・一二。

第一三四章

精神的に弱い人々に示した共苦共感、それとは逆の態度を取った人々について

一七七　特別に、**不安定な子供**(1)のような者たち、誘惑に翻弄されている者たち、**精神的に弱い**(2)者たちに対して、大きな慈しみをもって抱きしめ、忍耐をもって支えていました。危険があると思わない場合は、厳しく訓戒するのは避け、**魂を大切にして**(3)、**鞭の使用を控えていました**(4)。罪に陥らせる機会を遠ざけ、**倒れたら立ち上がる**(5)のは困難な者を陥れるようなものを置かないようにすることこそ、独裁者ではなく父親である長上の本分であると言っていました。

　何と嘆かわしいことか、わたしたちの時代の常軌逸脱ぶりは。倒れた人々を立ち上がらせも支えもしないだけでなく、時折、わたしたちは倒れるように仕向けているのです。そのために**十字架の上で大きな叫び声と涙をささげた**(6)あの偉大な牧者から一匹の小さな羊を引き離すことを何でもないことのように、わたしたちは考えているのです。

逆に、聖なる師父よ、あなたは迷っている者たちが滅びることなく矯正されることを好まれました。とはいえ、我意による病が深く根を下ろした者たちがおり、彼らに必要なのは膏薬ではなく焼き鏝《ごて》であることをわたしたちは知っています。多くの者らにとっては、手で優しく撫でさすられるよりは、**鉄の棒で粉々に打ち砕かれる**(7)ほうが有効なのは明らかです。しかしながら、**油とぶどう酒**(8)、**棒と牧杖**(9)、熱意と憐れみ、焼灼《しょうしゃく》と塗油、牢獄と〔暖かな〕胸元、これらの**すべてに**〔適当な〕**時があるのです**(10)。これらはことごとく**復讐の神**(11)、ならびに**憐れみ深い父**(12)が求めておられるのですが、この方は**犠牲《いけにえ》よりも憐れみを望んでおられます**(13)。

（1）エフェ四・一四。（2）詩七六・四。（3）Ⅰマカ一三・五。（4）箴一三・二四。（5）詩一四四・一四。（6）ヘブ五・七。（7）詩二・九。（8）ルカ一〇・三四。（9）詩二三・四。（10）コヘ三・一。（11）詩九三・一。（12）Ⅱコリ一・三。（13）マタ九・一三。

第一三五章

スペインにおける兄弟たちについて

一七八　このいとも聖なる人〔フランシスコ〕は、自分の子らに関する**芳しい香り**(1)が自分のもとに漂ってくるたびに、驚嘆すべき様子で、**神に心を奪われ**(2)、霊において喜んでいました。

あるときのこと、敬神の念篤いスペインの聖職者が、聖なるフランシスコに会って、言葉を交わすという恵みを体験しました。このスペイン人はスペインにいる兄弟たちについての話の中で次のような報告をして、聖者を喜ばせました。「あなたの兄弟たちはわたしたちの国で貧しくみすぼらしい隠遁所に留まっており、自分たちで定めた生活様式に従って、半数の者は家事に従事し、残りの半数は観想に専念しています。このようにして一週間ごとにある者らは仕事から観想に移り、ある者らは観想の安らぎから労働の実行へと立ち戻っています。ある日のこと、食卓が整い、その場を離れていた者らへの合図がなされ、一人を除いてみなが集まりました。その一人は、観想に専念する者らの一人でした。しばらく待ってから彼を食卓に呼ぶために修房に行ってみると、その〔兄弟〕は主からの豪華な食卓でもてなしを受けているようでした。〔その兄弟〕は**地面に顔を押しつけて**(3)、十字架の形に〔手足を〕伸ばしたまま、息もせず動きもせず、生きているようには見られませんでした。その頭と足もとには二本の燭台がともされており、その真っ赤な輝きで驚くほどに修房を照らしていたのでした。油を注がれた者を煩わさないように、また、**愛された〔花嫁〕を自ら欲する前に起こすことのないように**(4)、〔その兄弟を〕**安らかにそこに置いておいたのでした**(5)。兄弟たちは、**壁の後ろに立ち、格子越しに覗き込み**(6)、修房の隙間から様子をうかがっていました。その後どうなったでしょう。**友人たちが、庭の中に住んでいた〔花嫁の声〕を聞こうとしている**間に(7)、突然、光は消え、その兄弟は我に返ったのでした。直ちに起き上がると、食卓に着き、遅れた過ちを詫びたのでした。これは、わたしどもの地で起きたことです」。スペイン人はこう語りました。

　このような**子らの香り**(8)が報告されると、聖なるフランシスコは喜びを抑えることができませんでした。直ちに賛美するために立ち上がり、兄弟たちの善いことを聞くこと**だけが自分にとっての光栄である**(9)かのように、心の底から叫んだのでした。「主よ、**わたしはあなたに感謝いたします**(10)。貧しい者らを聖化してくださる方、導いてくださる方であるあなたは、わたしの兄弟たちについてこのようなことを聞くことで、わたしを喜ばせてくださいました。豊かな祝福をもってこの兄弟たちを祝福し、良い模範によって自分の誓約を芳しいものとするすべて〔の兄弟たち〕を聖化してくださいますよう、お願いいたします」。

(1) Ⅱコリ一一・一五。(2) Ⅱコリ五・一三。(3) トビ一二・一二。(4) 雅二・七。(5) ルカ二・二九。(6) 雅二・九。(7) 雅八・一三。(8) 創二七・二七。(9) Ⅱコリ一・一二。(10) ルカ一八・一一。

第一三六章

隠遁所での悪い暮らし方に対して、また、すべてが共有されるべきこと

一七九　〔聖者が〕愛していた〔兄弟〕たちの収めた成果を一緒に喜ぶように命じていたことから、聖者の愛をわたしたちは知っているとはいえ、別の幾つかの隠遁所において、これとは違った生き方をしている者たちを叱責せずにいてよいとは思いません。実際に、多くの者らが観想の場を怠慢の場と変えてしまい、進歩を目指す魂のために案出された隠遁所での慣習が快楽の汚水槽と化してしまったのです。この時代の隠修士として生きる大原則は、各自が自分の好きなように生きる、というものです。すべての〔兄弟〕にとってそうであるのではありません。**肉において生きているとはいえ**(1)、最善の規定に従って隠遁所で生活している聖

なる〔兄弟〕たちを知っています。また、〔わたしたちの〕先達である父祖たちがひそやかに花を咲かせていたことも知っています。わたしたちの時代の隠遁者たちが原初の美から衰退することなく、その義への賛美が永遠に留まりますように。

一八〇　聖なるフランシスコは、すべて〔の兄弟〕に何にもまして愛を奨励するにあたって、愛情のこもった家庭的な親しさを示すように勧めて、言っていました。「わたしの兄弟たちがみな同じ一人の母親の子供たちであるように振る舞い、誰か一人がトゥニカか縄帯かほかの何かを乞い求めるなら、〔求められた兄弟〕は快くそれを与えるように、わたしは願っています。本とか他にお気に入りのものがあれば、互いにそれらを共有し、むしろ互いに受け取るように強要するように」。ここにおいても、**自分を通してキリストが成し遂げられたこと以外**は何も口にすることのないように[2]、まず自ら、これらのすべてを実践したのでした。

（1）ガラ二・二〇。（2）ロマ一五・一八。

第一三七章
トゥニカを譲られた二人のガリアの兄弟について

一八一　偉大な聖性の人として知られた二人のガリアの兄弟が、たまたま聖なるフランシスコに出会いました。その出会いはそれまで味わったことのない喜びを二人にもたらしましたが、長い間、聖者との出会いに憧れ望んでいただけに、その喜びはいよいよ大きなものになりました。甘美な思いと心地よい会話を交わした後、敬虔な思いに燃え立って、聖なるフランシスコにトゥニカを譲ってくれるよう願ったのでした。〔フランシスコ〕は直ちにトゥニカを脱ぐと裸のままで、いとも恭しくそれを二人に渡しました。敬虔な交換によって、その一人から受け取った〔自分が着ていたものより〕もっとみすぼらしいトゥニカを身に着けたのでした。このようなものだけでなく、自分自身さえも**使い尽くす**[1]覚悟でしたし、乞い求められたことは何でも、大きな喜びをもって手渡していたのでした。

（1）Ⅱコリ一二・一五。

中傷について

第一三八章

中傷する者たちを、どのように罰することを望んだか

〔八三〕 愛に満ちた精神は**神を憎む者ら**[1]を憎むものですが、聖なるフランシスコにおいてもこのことは顕著でした。他の悪徳に満ちた人々以上に中傷する者たちを恐ろしいものとして嫌い、そのような者らは、その毒で他の人々を殺す、**毒をその舌に**[2]帯びていると言っていました。それ故、噛みつく蚤のように噂を言い広める者たちを避け、彼らが語り始めると、それを耳にすることで汚されることのないように耳を背けていました。これはわたしたち自身が目撃したことです。

あるときのこと、ある兄弟が別の〔兄弟の〕評判を中傷するのを聞くと、自分の代理の任にあった兄弟ペトロ・カタニオに向かって、次のような恐ろしい言葉を発したのでした。「中傷する者たちを阻止しない限り、多くの危機が〔わたしたちの〕修道生活に降りかかるでしょう。臭い息を発する者らの**口をつぐませ**なければ[3]、たちまちのうちに多くの〔兄弟の〕**いとも芳しい香り**[4]は悪臭になってしまうでしょう。立ちなさい、立ちなさい。念入りに吟味しなさい。非難された兄弟が潔白であると証明されたなら、非難した者を厳しく戒めて、ほかの人々にはっきりと分かるようにしなさい。あなた自身が彼を罰することができないなら、彼をフィレンツェの拳闘家の手に渡しなさい」――フィレンツェの兄弟ヨハネは大きな頑丈な体格をしていたので拳闘家と呼んでいました。そして、言いました。「あなたにも、すべての奉仕者たちにもお願いします。この有害な病が広がることがないように、最大の注意を払ってください」。

自分の兄弟の栄えある評判を剝奪した者は、まず奪い取ったものを取り返させない限り、トゥニカを剝ぎ取られねばならず、神に**目を上げる**[5]こともできないと決定したのでした。このようなわけで、当時の兄弟たちは特別にこの悪徳を忌み嫌い、ほかの〔兄弟〕たちを損なうもの、侮辱となるようなことは何であれ念入りに避けるようにと堅い決心を立てていたのでした。これはまことに正しく、すばらしいことです。まさしく、中傷する人は、人々のうちの胆汁、悪の酵母、地上の恥辱以外の何ものでしょう。陰口をきくことは、修道生活にとって躓き、禁域内の毒、一致

を壊すもの以外の何ものでしょう。悲しいことですが、**地の面には**(6)有害な動物が溢れ、善良な人々のうち誰一人として、嫉妬する者らの攻撃を逃れることができないのです。中傷する者らに報償が提供され、潔白さが損なわれることで、虚偽に栄冠が与えられることさえあります。誠実に生きることのできない人は、ほかの人々の誠実さを剝奪することで、食料と衣服とを掠《かす》め取ろうとするのです。

〔八三〕 このことに関して、聖なるフランシスコはしばしば言っていました。「中傷する者の言葉はこのようなものです。『わたしにとって完全な生き方など縁遠いものだ。学問や特別の天賦《てんぷ》の能力も欠けている。だから、神の前にも人の前にも自分の場を見つけることはできない。**何をしたらよいかは分かっている**(7)。**選ばれた連中に汚名を着せてやろう**(8)。そうすれば偉い方々の好意を得るだろう。高位の聖職者にしても所詮人間であることを知っている。時として、わたしと同じ方法を用いているのだ。**杉の木を切り倒してしまえば**、森の中で茨だけが見えるようになるのだ(9)』。

ああ、哀れな者よ、人間の肉を食らうとは。ほかに生きることはできないのだから、兄弟たちのはらわたを貪《むさぼ》るがよい。このような者らは善人であると見られることには熱心ですが、〔善人に〕なろうとはしないのです。悪徳を非難しますが、悪徳を放棄しないのです。その権威をもって保護してほしい人々だけを称賛しますが、称賛した人の耳に届かないと分かると、称賛をやめてしまうのです。**断食でやつれたように顔をして**、称賛を買おうとする(10)のですが、それは危険な称賛です。**すべてのことに判断を下しますが、自分自身は誰からも判断を下されない**(11)**霊的な者らであると見られたいのです**(12)。聖性の評判を〔得ることを〕喜びますが、実際の行為をもってのことではありません。天使のようだと称されることを喜びますが、徳によってのことではありません」。

(1) ロマ一・三〇。(2) ヤコ三・八。(3) エス一三・一七。(4) レビ一・一三、出五・二一。(5) ルカ一八・一三。(6) 出一〇・五。(7) ルカ一六・四。(8) シラ一一・三三。(9) 士九・一五。(10) マタ六・一六—一八。(11) Ｉコリ二・一五。(12) Ｉコリ一四・三七。

会全体への奉仕者と他の奉仕者たちの在り方

第一三九章

仲間の兄弟たちと、どのようにして共にあるべきか

一八四　主への召命の終わりが近づいたころ、常に神に関する事柄を心に留め、会に対して敬虔な思いを抱いていたある兄弟が、〔師父〕に尋ねて、言いました。「師父よ、あなたは〔間もなく、この世を〕去られ、あなたに従ってきた家族は**涙の谷に**[1]取り残されるでしょう。あなたの精神がその人の上に憩い、〔会〕全体への奉仕職の重責を堅実に担うことができると知っておられる〔兄弟が〕会におりましたら、お教えください」。聖なるフランシスコはひとことごとにため息をつきながら答えました。「我が子よ、これほどに多様な人々から成り立った軍勢を率い、これほどに大きな群れを牧することができる牧者は一人も見あたりません。しかし、どのような人物がこの家族の父となるべきか、あなた方のために、いわば箴言の形で描写してみましょう」。

一八五　〔師父は〕こう言われました。「その人は非常に尊敬に値する生き方の人で、思慮分別に富み、評判の良い人でなければなりません。その人は個人的に偏愛することがあってはなりません。一部の人を偏愛することで、全体に躓きが生ずることのないためです。その人は、聖なる祈りに熱心な人、愛する人であって、一定の時間を〔自分の〕魂のため、一定の〔時間〕を〔自分に〕託された群れのために振り当てることができます。早朝には、[2]何よりもまずミサの秘跡を優先し、長い敬虔な時間をとって、自分自身と群れとを神のご保護に委ねなければなりません。祈りの後に、皆に羽根をむしりとられるかのように皆の前に立って、皆〔の問いかけ〕に答え、穏和に皆のために配慮しなければなりません。その人は**一部の人を尊重することで**[3]卑劣な隠れ場を作らず、知恵ある者たちや偉い人たちよりも、小さな者たちや単純な者たちを大切にする人でなければなりません。その人は、たとえ学問の賜物で優れているという評価を得ていようとも、敬虔で単純であるとの印象を与えるように行動し、熱心に修徳に努めなければなりません。その人は、わたしたちの誓約と完全性をとりわけ破壊するものである金銭を忌み嫌い、貧しい修道生活の頭として、他の人々の模倣すべきものとして自分を提示し、どんなものであれ財布の類を用いてはなりません」。

更に言いました。「自分のための衣服と小さな帳面、そして兄弟たちのための文具箱と印鑑だけで、その人にとって十分なはずです。多くの本を収集する者でなく、読書に多くの時間を割いてもなりません。学問を優先することで自分の職務を疎かにしないためです。その人は悩んでいる者らを慰め、**悩みのときの**最後の**逃れ場**[4]でありますように。その人のもとに癒しの薬を見つけられなければ、病んだ人々のうちで絶望という病が猛威を振るうことになるからです。尊大な者たちを温順な者へと和らげるために、自分自身を滅却させ、自分の権限をいくらか控えなければなりません。**キリストのために魂を得るためです**。[5]〔修道〕会から逃げ出した者たちに対しては、そこまで駆り立て得たのは、それほどに激しい誘惑を受けるためであると理解して、**道を見失った羊**[6]に対するように、**憐れみの心を閉ざしてはなりません**[7]」。

一八六「その人がキリストの代理として皆から尊敬されること、その人が必要とするすべてのことに皆が心からを答えるように、わたしは望みます。とはいえ、その人は尊敬されることを好まず、尊ばれることを、侮辱されることよりも楽しみとしない人でなければなりません。病弱もしくは疲労のために、人より多くのものを食べる必要があるならば、人のいない所ではなく、人々の前で食べるべきです。虚弱な体のために配慮しなければならない他の人々に恥ずかしい思いを抱かせないためです。何よりも、この人には隠された心の思いを識別し、隠された鉱脈から真理を掘り起こし、無益なおしゃべりに耳を貸さない力が備わっています。名誉を保持する欲望によって正義の力強い表現を打ち壊すことは決してなく、その人にとってはそのような職務は名誉というよりも重荷と感じるものなのです。とはいえ、過度に寛大であることから怠惰が生ずることなく、寛大に許してしまうことから規律の廃棄が生ずることもありません。このため、その人は皆から愛されますが、**悪を行う者たちから**[8]は少なからず恐れられるのです。

その人自身のように、**あらゆる善行の模範として**自分自身を**示す**[9]、誠意に満ちた仲間の兄弟たちを有することを願っています。それは快楽〔を求めること〕に対して厳格で、困難に直面するときには勇敢で、自分たちの所に来る人みなに対して愛想よく、聖なる喜びを受け入れる〔兄弟たち〕です」。そして言いました。「〔わたしたちの修道〕会全体の奉仕者は、このような人でなければなりません」。

（1）詩八三・七。（2）マタ二〇・一。（3）ロマ一一・一一。

（4）詩三一・七、四六・二。（5）フィリ三・八、マタ一六・二六。（6）ルカ一五・四、六。（7）Iヨハ三・一七。（8）箴一〇・二九。（9）テト二・七。

第一四〇章

管区の奉仕者たちについて

一八七 〔会〕全体への奉仕者においては、個々のことがそれぞれ際立っていなければなりませんが、これらすべてのことを、幸いな師父は管区の奉仕者たちに求めていました。彼らが〔自分より〕小さな者らに対して愛情豊かであり、過ちを犯した者が彼らの愛情に自分たちを委ねるのをためらわぬまでに善意と愛情に満ちていることを望んでいました。命令するにあたっては慎重であり、過失に対しては慈悲深く、侮辱に侮辱で報いるよりも喜んで耐え忍び、悪徳に対しては頑として立ち向かうものであり、悪徳に陥った者らに対しては医師であることを願っていました。つまり、彼らの生き方が他の〔兄弟たち〕にとって修徳の鏡であることを望んでいたのです。また、心遣いと労苦という**重荷を担っている**[1]者として、彼らが尊敬され、愛されることも願っていました。このような形式、このような原則をもって、自分に託された魂を指導する者たちは神のもとで至高の報いを受けるに値すると言っていました。

（1）マタ二〇・二二。

第一四一章

奉仕者たちについて問われた聖者が答えたこと

一八八 あるとき、このようにすべての兄弟を自分の庇護のもとから放り出し、もはや自分とは全く関係がないかのように、他の人たちの手に渡したのはなぜかと、ある兄弟に問いかけられ〔師父〕は答えました。「我が子よ、わたしはできる限り兄弟たちを愛しています。しかし、〔兄弟たち〕がわたしの**足跡を辿ってくれる**なら[1]、当然、わたしはもっと愛するでしょうし、その人たちに対して自分がよそ者であるかのように振る舞うことはしないでしょう。長上たちのうちの何人かは〔兄弟たち〕を別のほうへと率いていき、昔の人々の模範を彼らに提示しており、わたしの訓戒を軽んじているのです。でも彼らが行っていることは、最後に明らかになるでしょう」。

その後少しして、病気がかなり悪化したとき、**霊に怒りを覚えて**[2]、床の上に起き直って言いました。「わたしと兄弟たちとの修道生活をわたしの**手から奪い去った**[3]のは誰だ。総集会に行けたなら、そのときこそ、わたしがどういう意志を抱いているか彼らに示すことができるのだが」。そこで、例の兄弟が言い添えました。「これほどまで長く自由を悪用してきた、あの管区の奉仕者たちを更迭しないのですか」。すると、師父はため息をつきながら恐ろしい言葉を口にしたのでした。「彼らは好きなように生きるがよい。多くの者らが滅びるよりも、わずかな者だけが滅びるほうがましだから」。

これはすべて〔の長上〕に宛てたものではなく、当然の権利でもあるかのように長上職に長年留まり続けた者たちに宛てて言われたものです。修道生活における長上たち全般に、次のことを特別に勧めていました。より善くなるのでなければ習慣を変えてはならない。人の好意を得ようとしてはならない。権利を行使せず、職務を果たしなさい。

（1）Iペト二・二一。（2）詩四七・八。（3）ヨハ一〇・二九。

聖なる単純について

第一四二章

真の単純さとはいかなるものか

一八九　聖なる**単純さ**、〔それは〕恩恵の娘、知恵の姉妹、正義の母。聖者〔フランシスコ〕は自分がそうであるように細心の注意を払い熱心に努めるとともに、他の人々のうちに見られるそれを**愛していました**[1]。とはいえ、すべての単純さが推奨されたわけではなく、自分の神にのみ安んじて、その他のものは軽んずる〔単純さ〕だけでした。それは、**神への畏れを誇りとし**[2]、悪を行うことも、口にすることも知りません。それはまた、自分自身を吟味し、自分の判断で**誰をも断罪しません**[3]。それはより優れたものに払うべき敬意を払いますが、いかなる権威も求めません。それは、**ギリシア風の栄誉に最高の価値を置く**[4]ことなく、学んだり教えたりすることよりも実行することを選びます。それは、神のすべての定めに臨むにあたっては、冗舌な駄弁、装飾的な表現、見せかけ、滅びへと導く好奇心を放棄して、樹皮ではなく精髄を、殻ではなく果肉を探し求め、多くのものよりも〔一つの〕より善い、最高の、確固とした善を探し求めるものなのです。これを、いとも聖なる師父は学問を修めた兄弟たちにも聖職に就いていない兄弟たちにも求めていたのです。それは知恵と対立するものではなく、その真の姉妹であり、貧しい者らにとっては学問よりも身につけやすく、より素早く実行し得るものであると信じていたのです。それ故、〔師父〕が作った『諸徳の賛美』でこのように言うのです。「めでたし、女王である知恵よ、あなたの姉妹である清純で聖なる単純さとともに、主があなたを守ってくださいますように」。

(1) 知一・一。(2) シラ九・一六。(3) ヨハ八・一五。(4) Ⅱマカ四・一五。

第一四三章

単純な兄弟ヨハネについて

一九〇　あるときのこと、聖なるフランシスコが、アシジの近くのある村を通りかかると、畑を耕していたヨハネという極めて単純な人が近づいてきて、言いました。「お願いします。わたしを兄弟にしてください。**長い間**(1)**、神にお仕えしたい**(2)と願っていました」。この人の単純さを見てとった聖者は喜んで、その願いに答えて言いました。「兄弟よ、わたしたちの仲間に加わりたいなら、**持っているもの**があれば、それ**を貧しい人々に与えなさい**(3)。自分のものを何も持たなくなったなら、あなたを受け入れましょう」。直ちに牛たちを〔軛《くびき》から〕解き放すと、そのうちの一頭を聖なるフランシスコに差し出して言いました。「この牛を貧しい人々に与えましょう。父の財産から、これぐらいの**分け前**(4)をもらっても大丈夫だと思います」。聖者はほほえみ、改めてこの人の単純さを確認したのでした。これを聞いた両親とまだ小さかった弟たちが泣きながら駆けつけて来ましたが、彼らが悲しんだのは、〔ヨハネという〕人よりも牛が自分たちから取り上げられることでした。彼らに聖者は言いました。「**安心しなさい**(5)。あなたたちに牛を返します。でも兄弟は連れて行きます」。こうしてこの人を一緒に連れて行き、修道生活のための粗末な衣服を着せ、その単純さの故に特別な兄弟の一人としたのでした。

さて、聖なるフランシスコが瞑想をしようとしてある所に立っているのを見ると、単純なヨハネは、〔聖者〕が行った動作や所作は何であれ、すぐそれを真似して繰り返したのでした。〔聖人が〕唾《つば》を吐けば〔ヨハネ〕も唾を吐き、咳をすれば咳をし、ため息にはため息で応じ、嘆きには嘆きで応えたのでした。聖者が**天に向かって手を差し伸べる**[6]と、〔ヨハネ〕も手を挙げ、熱心に〔聖者〕を見つめて、お手本のように、すべてを自分に写しかえたのでした。聖者はこれに気づき、あるとき、なぜそのようなことをするのか尋ねました。〔ヨハネ〕は答えて言いました。「あなたのなさることはすべてわたしも行うと約束をしました。わたしにとって怖いのは、何かを見落とすことです」。聖者は純真な単純さを**共に喜んだ**[7]のですが、これからはそうしないように物柔らかに禁じたのでした。それから、あまり経たない内にこの単純な人は、その純真さのうちに主のもとに移っていったのでした。聖者は、しばしば、この人の生き方を見習うべきであると提示し、彼を兄弟ヨハネとではなく、こよなき喜びをもって、聖ヨハネと呼んでいたのでした。

注意しなければなりません。敬虔な単純さの特徴は優れた方々の定めに従って生きること、常に聖なる方々の模範と手引きを拠り所とすることにあります。地上にあって敬虔な単純さが自分にかたどったほどの熱意をもって従い、天において支配する**人間的な知恵を与える者が誰かいるでしょうか**[8]。これ以上何を〔言う必要がありましょう〕。生きている間聖者につき従った〔単純さ〕が、聖者を〔永遠の〕命へと先導したのです。

（1）使一四・三。（2）マタ六・二四。（3）マタ一九・二一。（4）ルカ一五・一二。（5）バル四・二七。（6）申三二・四〇。（7）Ⅰコリ一三・六。（8）ヨブ六・八、Ⅰコリ二・四。

第一四四章

どのようにして子らの間に一致を燃え立たせたか、それについて語った譬えについて

［九］ 同じ**霊に引き寄せられ**[1]、同じ**父から生まれた**[2]者らが、唯一の母の懐に平和のうちに抱きしめられるように、息子たちの間に**一致の絆**[3]が保たれていることこそ、〔フランシスコ〕の絶えざる願いであり、常に努力し続けていたことでした。大きな者らが小さな者らと一つに結ばれ、知恵ある者らが単純な者らと兄弟としての愛情で結ばれ、遠くに離れ離れになった者らが愛という膠《にかわ》で結び合わされることを願っていました。

あるとき、小さからぬ教訓を含んだ道徳的な譬えを提示したことがありました。「教会のうちに存在するすべての修道者たちの一つの総集会があればよいのに。なぜなら、そこには学問を修めた者たちも**無学な者たち**[4]も参加してい

れば、知識のある者らも知識のない者らも神に喜ばれることを知っており、知恵ある者らの中の一人と、単純な者らの中の一人に説教が託されます。知恵ある者は、知恵ある者であるから熟慮し、**心のうちで思い巡らします**[5]。『ここは学識の点で完璧な人々がいる所だから、学識をひけらかすわけにはいかない。極めて鋭敏な人々の間で、何か気の利いたことを話して好奇心に訴えて、自分を目立たせたりするべきでもない。簡潔に話すのが一番効果的だろう』。**定められた日**[6]の朝が来て、**聖なる人々の群れが一つに集まり**[7]、説教を聞くのを渇望していました。知恵ある人は**粗布をまとい**[8]、**頭に灰を振りかけた**[9]姿で進み出て、驚いている皆の前で、言葉よりも行動をもって、**言葉少なに語ります**[10]。『わたしたちは大いなることを約束し、一層大いなることが約束されました。それを守り、これを憧れ望みましょう。快楽はつかの間ですが、刑罰は永遠です。苦難はわずかですが、光栄は無限です。**召される人は多いが、選ばれる人は少なく**[11]、すべての人に報いがあります』。**深く心を打たれ涙を流し**[12]ながら聴衆は、知恵ある人を聖なる者として尊敬するでしょう。

　単純な人は心の中で言います。『これはこれは、この知恵ある人は、わたしがしようと思っていたこと、言おうと思っていたことを全部わたしから奪い取ってしまった。でも、**何をすればよいか分かった**[13]。詩編の幾つかの節を知っている。あの人が単純な者のやり方を用いたのだから、わたしは知恵ある者のやり方でやることにしよう』。翌日の会合となります。単純な人は立ち上がって、主題となる詩編を提示します。すると、その人は神の霊に満たされて、神に鼓吹された賜物によって心地よく語り終えます。**皆は驚きあきれて**[14]言うでしょう。『これこそ、**単純な人々を用いて語られた**〔主〕の言葉**だ**[15]』。

一九二　このように提示した道徳的な譬えを、神の人〔フランシスコ〕はこのように説明したのです。「わたしたちの修道生活の集団は極めて大きなものとなっており、司教様方の総集会のように、同じ一つの生活様式のもとに、世界のあらゆる地域から集まっています。中には、無学の人たちが燃える火のような思いをもって天上のことを求めており、人間を通しては〔何も〕学んでいないが、〔聖〕霊**によって霊的なことを理解している**[16]のを見て、単純な人々から自分に益となるものを引き出そうとする知恵ある人々がいます。また、中には、**この世のどこにいても名誉に包まれて**生きることができる[17]著名な人々が、自分たちと同じまでに謙虚な者となっているのを見て、知恵ある人々に属するものを自分の成果としてかり集めている単純な人々がいます」。そして言いました。「ここにこの幸いな家族の美しさが輝いており、その多様な装いが、この家族の父を少なからず喜ばせているのです」。

(1)ヨブ三四・一四。(2)箴二三・二二。(3)エフェ四・三。(4)使四・一三。(5)マタ一六・七。(6)エス一〇・一一。(7)詩一一〇・一。(8)ヨナ三・五。(9)哀二・一〇。(10)ロマ九・二八。(11)マタ二〇・一六。(12)創四三・三〇、詩一〇八・一七。(13)ルカ一六・四。(14)使三・一〇。(15)箴三・三二。(16)使一一・二八、マタ一六・二三。(17)シラ四四・一—二。

第一四五章

どのように頭を刈られることを望んだか

一九三　聖なるフランシスコは頭を刈られるときには、しばしば頭を刈る〔兄弟〕に言っていました。「気をつけてください。わたしのコロナ（聖職者の剃髪——輪の形に頭髪を刈り残していた）を大きくしないでください。頭の形でも、わたしの単純な兄弟たちと共通でありたいのです」。

修道生活において富んだ者たちや知恵ある者たちとだけではなく、貧しい者たちや無学の者たちとも共通するものであることを望んでいたのでした。こう言っていました。「**神は人を分け隔てなさいません**(1)。そして、この会全体の奉仕者である**聖霊は**、貧しい者と単純な者の**上に**等しく**憩われる**のです(2)」。実に、この言葉を会則の中に取り入れたいと願っていましたが、既に会則が〔教皇に〕裁可されていたので、挿入されなかったのでした。

(1)ロマ二・一一。(2)イザ一一・二。

第一四六章

入会する博学の聖職者が、どのようにして所有していた〔学識〕を放棄することを望んだか

一九四　あるときのこと、〔師父〕は言いました。博学の聖職者たちが〔修道〕会にやって来たとき、いわば自分固有の所有物を放棄するように、何らかの形で学問をも放棄しなければ、裸で十字架につけられた方の腕に自らをささげることはできない、と。そして、言いました。「学問は多くの人を教化し難い者とし、そのような人々のうちにある

硬直なものを謙遜という規律に曲げるのを妨げます。それ故、学問を積んだ人は、まず第一に、わたしに次の**祈りをささげて**もらいたいと思います。[1]『兄弟よ、見てください。**わたしは世俗に長らく暮らしていた**[2]ので、**本当のところ**、わたしの**神を知りません**[3]。お願いいたします。わたしに世俗の喧騒から隔絶した場所を譲ってください。そこで、悲しみのうちに、〔これまでの〕**わたしの歳月を思い巡らし**[4]、そこで、わたしの**心が失ってしまったもの**[5]を拾い集めて、精神をより善いもののほうへと改めましょう』」。そして、〔師父は〕言いました。「このようにして始めた人が、その後どうなると、あなたたちは思いますか。間違いなく、あらゆるものに対して強化された者として、鎖を外されたライオンのように進み出て、初めに吸収した祝された樹液がその人のうちで絶えざる進歩によって、その人を成長させます。このような人には安心して**み言葉への奉仕職**[6]を委ねることができます。〔心の中に〕湧き上がるものが〔口から〕に溢れ出るからです」。

実に、敬虔な教えであろうか。これほどに似たところのない所から戻ってきた者にとって何よりも必要なものは、長い時をかけて刻み込まれ植え付けられた世俗的な愛着を、謙遜という規律をもって削り落とし消滅させることではないでしょうか。このような完全性の学び舎に導かれる人は誰であれ、速やかに完全性に達するでしょう。

(1) ヘブ五・七。(2) テト二・一二。(3) ヨハ一・一〇、一七・七、八。(4) イザ三八・一五。(5) 詩一四六・二、ルカ一・五一。(6) 使六・四。

第一四七章

博学の兄弟たちがどのように学び続けることを望んだか、説教に熱中していた兄弟にどのようにして出現したか

一五五 徳がなおざりにされて学識が追求されるようなこと、特に、〔兄弟の〕誰かが**初めに召されたときの召し出し**[1]に留まらないようなことがあると、〔師父は〕悩み苦しんでいました。そして、こう言いました。「学識への好奇心に駆り立てられているわたしの兄弟たちは、**報復の日**[2]に、**両手が空**なのを見いだすでしょう[3]。その人々がむしろ徳において強められることを願っています。**苦難の時**[4]が訪れるときに、**苦境のうちにも**共におられる**主を**[5]有するでしょう」。そして、言いました。「確かに**苦難はやって来ます**[6]。そのときには書物は何の役にも立たず、窓の外か押し入れ

の奥に投げ込まれるでしょう」。

〔師父が〕このように言ったのは、聖書の学習を嫌ったからではなく、勉学に対する過剰な関心から皆を遠ざけるためであり、好奇心によって似非《えせ》学者になるよりも、愛によって善人となることを望んでいたからでした。

実に、学識が滅亡の原因となる時が来ること、それも遠からぬうちに来ること、その一方で霊的な人々によって霊の支えが強められることを、このとき、既に嗅《か》ぎ取っていたのでした。

詩編書を所有したいと願って、その許可を願い出た、ある聖職者でない兄弟に、書物の代わりに灰を与えたのでした。

かつて説教に熱中していた仲間の兄弟の一人に、死後、幻のうちに現れて、それを禁じ、単純の道を歩むよう命じたのでした。**神ご自身が証明してくださる**(7)ことですが、〔この兄弟は〕幻を〔見た〕後、非常な甘美さを味わい、何日もの間、師父の言葉が露のように、その耳に滴り続けているのを感じたのでした。

（1）Ⅰコリ七・二〇、二四。（2）ホセ九・七。（3）シラ三五・六。（4）詩三六・三九。（5）代下一五・四。（6）詩二一・一二、箴一・二七。（7）ロマ一・九。

特別な崇敬について

第一四八章

「神の愛」という言葉を聞くと、いかに感動していたか

一九六　聖なるフランシスコの特別な信心を簡略に言及しておくのも無益なことにも場違いなことにもならないでしょう。この人はすべてにおいて献身的な人でしたが、特に**聖霊の塗油**(1)を享受していた人として、ある特別なものに対して、特別な愛情に突き動かされていたのでした。

普通の会話に用いられるさまざまな言葉の中でも、「神の愛」という言葉を**自らのうちに**何らかの**変化が生ずること**(2)なしに聞くことができませんでした。「神の愛」と聞くやいなや、奮い立たされ、揺り動かされ、火と燃え上がっていましたが、それはまさに、外からの声という撥《ばち》が内なる心という弦を打つかのようでした。

施しを受けたお返しとして、このような〔言葉〕を差し

出すのは気高く奇特なことであり、これを金銭よりも劣っていると見なす者は愚か極まりない者であると言っていました。まだ世俗にまみれていたときに、「神の愛によって」と施しを乞う貧しい人は、誰一人として拒むまいとした決意を、その死のときまで、常に変わることなく守り続けたのでした。

実際、あるとき、「神の愛によって」と施しを乞う貧しい人に〔差し出すものを〕何一つ持ち合わせていなかったので、ひそかに鋏《はさみ》を手に取ると、粗末な短いトゥニカを急いで切り分けようとしました。兄弟たちに引き止められなかったなら、そうしたに違いありませんでしたが、代わりに他の物が貧しい人に与えられることになったのでした。

「わたしたちを大いに愛してくださった方の愛は、大いに愛されなければなりません」と言っていました。

（1）ルカ四・一八。（2）ヨブ一四・一四。

第一四九章

天使たちに対する崇敬、聖ミカエルへの愛から行ったこと

一九七 〔師父は〕わたしたちと共に戦陣にあり、わたしたちと共に**死の影の中を歩んでいる**（1）天使たちを、大きな愛情をもって敬っていました。どこにあっても同行してくれる、このような伴侶たちは尊敬しなければならないし、それのみならず、守護者として祈り求めなければならないと言っていました。〔天使たち〕の眼差しを汚すことのないように注意し、**人々の前で**（2）行おうとしないことを、〔天使たち〕の前で敢えて行うことのないようにと教えていました。合唱隊に加わって**天使たちの前で詩編を歌うこと**（3）であるから、できる者らは皆、祈禱室に集まること、そこで**知恵を尽くして詩編を歌うこと**（4）を望んでいました。

〔人々の〕魂を〔神の〕み前に導くというその職務の故に、祝されたミカエルは特別に尊敬されなければならないと、しばしば言っていました。実際、聖なるミカエルを敬うために、〔聖母〕被昇天の祝日（八月十五日）から、この〔天使の〕祝日（九月二十九日）までの間の四十日間、敬虔な思いをこめて断食していました。まさしく、こう言っていました。「これほど偉大な君主の栄誉のために、誰にせよ何らかの賛美か特別な**贈り物を神にささげ**なければなりません（5）」。

（1）詩二三・四。（2）ロマ一二・一七。（3）詩一三七・一。（4）詩四六・八。（5）マタ五・二三―二四。

第一五〇章

聖母に対する崇敬、会を特別に聖母に託したことについて

一九八 〔師父は〕イエスの御母に対して言葉に表しえない愛を抱いていましたが、それは**威光に輝く主**[1]がわたしたちのために兄弟となってくださったからです。〔聖母〕に特別の賛美をささげ、祈りをささげ、人間の言葉では表現することのできないような愛情をささげていたのでした。しかし、最大の喜びとなるのは、〔師父〕が〔聖母〕を会の弁護者として立て、あとに残すことになる子らを終わりまで、その翼によって抱かれ保護されるように委ねたことでした。

ああ、貧しき者らの弁護者よ。**御父によってあらかじめ定められた時まで**[2]、保護者としての務めをわたしたちのために続けてください。

（1）詩二八・三、イザ二一・一〇。（2）ガラ四・二。

第一五一章

主の御降誕に対する崇敬について、この日すべてのものに保護の手が差し伸べられることをいかに願っていたか

一九九 〔師父は〕幼児イエスの誕生の祝日を、他のさまざまな祝祭日にもまして、名状し難い喜びをもって寿《ことほ》ぎ、この日は、神がいとも小さな幼児となられ、人間の胸に抱かれたのだから、祝日中の祝日であると言っていました。幼児の像や絵画の手足に飢えるような思いを込めて接吻し、幼児に対する共苦共感の思いにその心はとろけ、幼児が口にするような甘く優しい言葉で語りかけていました。この〔イエスという〕名前は〔フランシスコ〕にとってまさしく口の中の**蜂蜜、蜜の房**[1]のようだったのです。

ある年、〔主の誕生の日が〕金曜日（ラテン語で「ヴェヌス〔＝ヴィーナス〕の日」）に当たっていたので、肉を食べることの是非が議論されているとき、兄弟モリコに答えて言いました。「兄弟よ、**御子がわたしたちのためにお生まれになった**[2]この日を、『ヴェヌスの日』と呼んであなたは罪を犯しています。このような日には、壁さえも肉を食べればよいと思います。

それができないなら、肉汁を塗ってやればよいでしょう」。

二〇〇　この祝日には貧しい人々や飢えている人々が富んでいる者たちによって満腹にしてもらい、牛たちも驢馬《ろば》たちも普段以上の穀物と乾草を振る舞われることを望んでいました。こう言いました。「皇帝にお話しすることができるなら、このような荘厳な祝祭日には、可能な人たちはみな道という道に小麦と穀粒を撒き散らすように、一般勅令を発布してくださるよう嘆願するでしょう。鳥たち、特に姉妹なる雲雀《ひばり》たちが満腹するためです」。

この日に、貧しき処女《おとめ》〔マリア〕がどれほどの欠乏に取り巻かれていたかを思って、涙を流していました。ある日、食卓についていると一人の兄弟が祝された処女《おとめ》〔マリア〕の貧しさを思い起こし、御子キリストの窮乏を語り始めました。素早く**食卓から立ち上がる**と、(3)悲しさに啜《すす》り泣き、ため息をつき、涙にまみれて裸の地面に座って、残りのパンを食べたのでした。この〔貧しさという〕徳を、王と女王のなかにあってもこれほどに優れ輝きを放っているので、「王の徳」と呼んでいました。

ある集会で、どの徳がより親しいキリストの友とするか協議していた兄弟たちに、自分の心の秘密を打ち明けるかのように、次のように答えました。「わたしの子らよ、知っておいてください。貧しさこそが**救いの**特別の**道**(4)なのです。この〔道の〕成果は多様で、それを熟知しているのはごくわずかな者だけなのです」。

(1) 箴一六・二四。(2) イザ九・六。(3) サム上二〇・三四。
(4) 使一六・一七。

第一五二章

主の御体に対する崇敬について

二〇一　〔師父は〕主の御体の秘跡に対して、あらゆる骨髄を沸騰させる熱火をもって燃え上がり、その愛に満ちた謙遜と、謙遜な愛に対して極みを知らぬ驚嘆の念を抱いていました。時間があるにもかかわらず、毎日、一度でもミサに出席しないことは、少なからぬ尊敬を欠くことと見なしていました。しばしば聖体拝領をしており、ほかの人々までもが敬虔になるまでに、敬虔な思いをもって〔拝領〕していました。尊敬の念の限りをもって、この尊敬すべき〔秘跡〕に近づき、肉体のあらゆる部分を**犠牲《いけにえ》**としてささげ、**屠《ほふ》られた小羊**(1)を受けると、その心の**祭壇に常に燃えている火をもって**、(2)〔自分の〕霊を屠っていたのでした。

それ故、主の御体の友としてフランスを愛し、聖なることに対する尊敬のために、その地で死ぬことを望んでいたのでした。

あるとき、高価なピクシス（聖体容器）を持たせて兄弟たちを**世界中に派遣すること**[3]を望みました。それは、贖いの代価〔である聖体〕が不適当に安置されているのに気づいたら、最高の場所に置き換えるためでした。

この〔秘跡〕を執行するという神からの権限が託された司祭たちの手に大きな敬意が払われることを望んでいました。しばしば言っていました。「**天から来られた**[4]ある聖人と貧しく卑しい一人の司祭に道で同時に行き会ったなら、わたしは、**まず**司祭に**敬意を表し**[5]、その手に接吻するために走り寄るでしょう。そして言うでしょう。『聖ラウレンチオ様（古代ローマ教会の殉教者・助祭）、お待ちください。この**手は命の言葉に触れており**[6]、何かしら人間を超えたものを持っているのですから』」。

（1）Iペトー・一九。（2）レビ五・一二。（3）ヨハ三・一六。（4）ヨハ三・三一、ガラ一・八。（5）ロマ一二・一〇。（6）Iヨハ一・一。

第一五三章

聖人たちの遺物に対する崇敬について

二〇二　**神に愛された**人[1]〔フランシスコ〕は、神への礼拝にあたっては極めて敬虔に振る舞い、**神に関わるもの**[2]は何であれ、無関心から尊敬されずにあるのを見過ごすことができませんでした。

マッサ州のモンテ・カザーレに滞在していたとき、誰にも顧みられなくなっていた聖堂から、聖なる遺物を最大の敬意をもって兄弟たちの〔住んでいる〕所へ運ぶように兄弟たちに命じました。既に長い間それらの〔聖遺物〕が当然払われるべき尊敬を奪われていることを非常に悲しんだのでした。ところが、火急の用件で〔師父〕は別の所に行かなければならなくなり、師父の命じたことは忘れられ、子らは従順の価値をなおざりにしてしまったのでした。ある日のこと、兄弟たちが〔聖体祭儀〕を行おうとして、いつものように祭壇から覆いを取り除くと、いとも美しく、すばらしい香りを放つ骨をそこに見いだしたのでした。これまで見たことのないものを目にして、〔兄弟たちは〕全く驚愕してしまいました。しばらくして神の聖者が戻って来ると、遺物に関して命じたことを実行したかどうか、こと細かに尋ねました。〔兄弟たちは〕従順をなおざりにした咎を謙遜に告白し、償いとともに許しを得たのでした。

聖者は言いました。「**わたしの主である神はたたえられますように**[3]。あなたたちがするはずであったことを、ご自分で行ってくださったのです」。

フランシスコの崇敬を注意深く思い巡らさなければなりません。わたしたちの塵にさえも注いでくださる神のご厚意に注意しましょう。聖なる従順への賛歌を高らかに歌いましょう。人は〔師父〕の声に聞き従わなかったのですが、神は〔その〕祈りに従われたのです。

（1）シラ四五・一。（2）マタ二一・二一。（3）詩一七・四七。

第一五四章

十字架に対する崇敬、また、ある隠された秘義について

二〇三　終わりに、どのようにして、**主の十字架のほかに誇りとするものがあってはならない**[1]としていたかを語り、またそれを理解できる人が誰かいるでしょうか。与えられた人だけが知りうるのであり、与えられた人だけが体験し得るのでしょう。

たとえわたしたち自身のうちに、そのいくらかを知覚することができたとしても、日常的で安易な事柄にまみれた言葉は、これほどの驚異に満ちたことを表現するには足りないからです。恐らく、**言葉をもってしては表現し得ない**[2]ということから、〔フランシスコの〕肉の上に現されざるを得なかったのでしょう。

それ故、**言葉では力の及ばぬ**[3]所では、沈黙が語るのです。徴では力の及ばぬ所では、徴づけられたものが叫ぶからです。なぜこの**秘義が**聖者に**現れた**[4]のか、すべてにわたって明らかでないこと、これだけが人間の耳に届くものなのです。〔聖者〕によって示されたところから、将来、その理由と目的を引き出すことになるのです。自然、**律法と恵み**[5]とがそのことの証人となるものにこそ、真実があり、信仰にふさわしいものがあるのでしょう。

（1）ガラ六・一四。（2）コヘ一・八。（3）シラ四三・二九。
（4）Ｉテモ三・一六。（5）ヨハ一・一七。

貧しい婦人たちについて

第一五五章

どのように兄弟たちが彼女らに接するように望んでいたか

二〇四　天上の市民たちを増やすために、聖なる**霊の導きによって**(1)、例の物質的な聖堂を修復した後、その場所に、祝された師父が建てた、地上のものよりもはるかに高貴な**霊的な建物**(2)に関する出来事を沈黙に付して言及しないのはふさわしいことではないでしょう。それを耳にする者らに**恐怖を起こさせ**(3)、悲嘆を抱かせるような驚くべき形で、木の十字架からキリストが〔フランシスコ〕に語られたのは、やがて滅び倒壊する物の修復のためではありませんでした。かつて**聖なる霊があらかじめ語られた**ように(4)、その地には、天的な住まいの復興のために、**生きた石**(5)の磨き抜かれた集積として移植されることになる、聖なる処女《おとめ》たちの会が設立されるはずでした。その後、この地に、**至高の貧しさ**(6)を遵守し、**あらゆる徳に装われて**(7)、最高の完全性を目指す、キリストの処女《おとめ》たちが、世界のさまざまな地方から集まり始めたのでした。師父はやがて彼女らのもとに**体を運んで訪問すること**(8)を控えるようになったのですが、**聖なる霊において**(9)彼女らに対して配慮し続けていたのでした。至高の完徳を示す多くの証拠によって彼女たちが優れたものとされていること、**キリストのためにいかなる損失にも耐え**(10)、いかなる労苦をも厭《いと》わない覚悟ができていること、聖なる**戒めから逸れる**(11)ことを少しも欲していないことを聖者は確信すると、彼女たち、ならびに同じような生活のもとに貧しさを目指す他の〔婦人〕たちに、自分もその兄弟たちも、いつまでも援助と助言を提供することを堅く約束したのでした。生存中は、常に誠実にこの〔約束〕を果たし、その死が近づくと、兄弟たちとこれらの貧しき婦人たちを、**この代《よ》から**(12)導き出したのは**同じ唯一の霊**(13)であると言って、兄弟たちが常にそうするように、決して怠ることのないように命じたのでした。

二〇五　〔フランシスコ〕がごくまれにしか体を運んで、キリストの聖なるはしためたちを訪問しないことを、時として不思議に思う兄弟たちに言っていました。「親愛な〔兄弟たち〕よ、わたしが彼女たちを全く愛していないと思わないでください。キリストにおいて彼女らに対して愛情を抱くことが過ちだとすれば、彼女たちをキリストと結び合わせたことはもっと大きな〔過ち〕だったのではないでしょうか。確かに、彼女らに呼びかけなかったなら、何ら不正なことはしなかったと言えるでしょう。呼び出しておきながら、彼女らのことを考慮しないのは冷淡極まりないことです。でも、**わたしはあなた方に模範を示したのです。それは、わたしが行ったように、あなた方も行うためです。**(14) わたしは、誰かが自分の意のままに彼女らのもとを訪問するのを望みません。むしろ、意に反する人々、少なからず抵抗する人々こそが彼女たちの世話にふさわしいと見なすべきであるとわたしは命じます。そのような人々こそが**霊的な人々**(15)であり、長年にわたる然るべき生活によって試練を潜り抜けてきた人々だからです」。

(1) イザ六三・一四。(2) Iペト二・五。(3) Ⅱマカ一二・二三。(4) 使一・一六。(5) Iペト二・五。(6) Ⅱコリ八・二。(7) ユディ一〇・四。(8) Ⅱコリ一〇・一〇。(9) マタ三・一一。(10) フィリ一・二九。(11) 詩一一八・二一。(12) ガラ一・四。(13) Iコリ一二・一一。(14) ヨハ一三・一五。(15) ホセ九・七。

第一五六章

自由に隠棲修道院を訪問していた兄弟たちをどのように叱責したか

二〇六 あるとき、ある隠棲修道院で完徳を求める生活を送っている二人の娘を持つある兄弟が、聖者から譲り受けた質素な小さな贈り物を喜びのうちに、その〔修道院〕に持って行ってやりたいと言いました。すると、聖者は、ここにそれを紹介するのも憚《はばか》られる極めて厳しい言葉で叱責したのでした。そして、拒絶したものの、頑固に拒否しなかった別の〔兄弟〕を通して、贈り物を届けさせたのでした。

別の兄弟は、聖者の厳しく禁じているとは知らずに、ある冬のこと、思いやりの心から、ある隠棲修道院を訪れました。その後、このことが聖者の耳に入ると、凍りつく深い雪の中を裸で何マイルも歩くように、この〔兄弟〕に命じたのでした。

第一五七章

言葉よりも模範によって、貧しい婦人たちに行った説教について

二〇七　聖ダミアノ〔聖堂〕に滞在していたときのこと、娘たちに神のみ言葉を語り聞かせるようにと、代理の任にある〔兄弟〕から繰り返し懇願され続けた聖なる師父は、ついにその執拗さに根負けし承諾しました。気高い婦人たちが習慣どおりに、**神のみ言葉を聞く**ために[1]、一目でも師父を見ようとして集まると、〔師父は〕その**心が**常に留まっている**所**[2]である**天に向かって目を上げ**[3]、キリストに向かって祈り始めました。そして、灰を持って来てくれるよう頼み、自分の周りの床にその灰で円を描き、残りを自分の**頭の上に振りかけた**のでした[4]。灰の輪の中に沈黙したまま留まっていた祝された師父〔が語り始めるの〕を期待していましたので、少なからぬ驚きが彼女らの心のうちに生じてきました。聖者は、突然立ち上がると、彼女らの驚きをよそに、説教の代わりに「**ミゼレーレ・メイ・デウス**（神よ、わたしを憐れんでください）[5]」と〔詩編を〕唱えたのでした。唱え終えると、すぐさま外に飛び出たのでした。この無言の振る舞いのもつ力によって、神のはしためらの心は痛悔の念に溢れ、涙は滝のように溢れ出て、自らを罰するかのように、自らの手でその身を打ちたたいたのでした。〔師父は〕行為をもって、自分たちが**灰**にすぎないと見なすこと[6]を彼女らに教え、これ以外のいかなる自己省察も、その心に抱かぬように戒めたのでした。これが〔師父〕の聖なる婦人たちとの会話でした。彼女たちへの訪問は有益なものでしたが、やむをえない場合にだけ、それもごくまれなことでした。常に、**小鳥が目の前に仕掛けられた罠に用心するように**[7]、**キリストに仕える**[8]この〔婦人〕たちに奉仕すること、これがすべての兄弟たちに対する〔師父〕の願いでした。

（1）ヨハ八・四七。（2）マタ六・二一。（3）イザ五一・六。（4）Ⅰマカ三・四七。（5）詩五〇・一二。（6）創一八・二七、シラ一〇・九。（7）箴一・一七、詩六八・二三。（8）コロ三・二四。

兄弟たちの会則への賛辞

第一五八章

祝されたフランシスコの会則への賛辞、会則を携えていた兄弟について

二〇八 〔師父は〕共通の誓約と会則とを熱烈な愛をもって大切にしており、それに対して**熱意を抱いている**(1)〔兄弟〕たちに、特別な祝福を与えたのでした。自分たちにとって、それは**命の書**(2)、**救いの希望**(3)、福音の真髄、完全さへの道、楽園の鍵、**永遠の契約の締結**(4)であると言っていました。それがすべての兄弟によって所持され、すべての〔兄弟〕に知られ、どこにあっても、**憂いのときの慰めの言葉**(5)として、立てた誓いの記憶として**内なる人**(6)と共に語らい合うことを望んでいました。自分が行うはずの生活を思い起こさせるものとして常にこれを目の前に置き、それ以上に、これと共に死なねばならないと教えたのでした。

栄光の勝利の冠を得たのであるから、殉教者の列に加えられるべきであるとわたしたちは思っている、聖職者ではないある兄弟はこの教えを忘れることはありませんでした。〔この兄弟〕は、サラセン人によって殉教の場に引き出されると、その挙げた両手に会則を持ち、謙遜に地面にひざまずいて、その仲間の兄弟にこう言ったのでした。「いとも親愛なる兄弟よ、**威光**〔に満ちた方〕**の御目の前で**(7)、そしてあなたの前で、この聖なる会則に反してわたしが行ったすべての点で、わたしは罪ある身であることを告白いたします」。この短い告白が終わると剣が振りかざされて、殉教をもって生涯を終え、その後、**いろいろな徴と不思議な業によって**(8)知れ渡ったのでした。この〔兄弟〕はまだごく若い時に会に入ったので、会則の規定する断食にほとんど耐えられなかったのですが、それでも、幼いながらも肌の上に鉄鎧《てつよろい》を着けていたのでした。何と幸せな少年でしょう。幸せに〔修道生活を〕開始し、一層幸せにそれを完結したのです。

(1) ルカ六・一五。(2) シラ二四・三二、黙三・五。(3) Ⅰテサ五・八。(4) 創一七・一三。(5) 知八・九。(6) ロマ七・二二。(7) イザ三・八。(8) Ⅱコリ一二・一二。

第一五九章

会則を称賛する幻

二〇九　あるときのこと、いとも聖なる師父は、会則に関わる、天の託宣からなる幻を見ました。それは、会則の承認を巡って兄弟たちの間に議論が生じ、この問題のために聖者は大変心を痛めていたときのことでした。**夢の中で**[1]次のようなことが示されました。地面からごくごく小さなパン屑を拾い集めて、自分を取り囲んでいた多くの飢えた兄弟たちにこれを分配しなければならない自分の姿が見られました。しかし、あまりにも小さく塵のようなパン屑が指の間からこぼれ落ちるのを恐れて、その極めて小さなパン屑を分配することをためらっていると、**天上から叫び声が聞こえました**[2]。「フランシスコ、すべてのパン屑で一つのホスチア（ミサで用いられる薄い種なしパン）を作りなさい。そして、食べたい者たちに食べたいだけ分配しなさい」。そのとおりに行うと、敬虔な思いで受け取らなかった者たちや、受けた賜物を軽々しく取り扱った者たちには、たちまちのうちにレプラの極めて顕著な症状が現れたのでした。朝になって、**幻の神秘**[3]を理解できないことを嘆きつつ、これらのことをすべて仲間の兄弟たちに語りました。しかしそれから間もなく、夜を徹して**祈り続けている**[4]と、**天から次のような声が降ってきました**[5]。「フランシスコ。昨夜のパン屑は福音の言葉であり、ホスチアは会則、そしてレプラは不正である」。

実に、その当時の兄弟たちは、すべてにおいて、いとも容易に義務以上のことを行う心構えがあったので、自分たちが立てた誓いを厳しいとも困難なこととも思っていませんでした。まさしく、愛という突き棒が常により偉大なことへと駆り立てる所には、弛緩も怠慢も入り込む余地はないのです。

（１）マタ一・二〇。（２）ダニ六・二〇。（３）ダニ二・一九。
（４）トビ三・一一。（５）Ⅱペト一・一七―一八。

第一六〇章

体のことを心配することについて、どのように語ったか

二一〇　数えきれない労苦とさまざまな重い病気を押し通して、キリストの小径を辿って**足跡を記した**[1]、神の伝令フランシスコは、自分が完全に**開始した**ことをより完全に**成し遂げる**までは[2]、足を止めることはありませんでした。**疲労困憊し**[3]、体は完全にぼろぼろになっていましたが、自分が始めた完全を目指す行路から退くことなく、厳格な規律を緩めることを許しませんでした。その体は既に消耗しきっていましたが、良心の咎めなしに、ほんの少し控え目にすることもできませんでした。しかし、不本意ながら、その体力を越えた体の不調を塗り薬を用いて和らげなければならなくなったときのこと、適切な忠告を与えてくれると経験上知っていた兄弟に、ある日、心から尋ねました。「いとも親愛なる我が子よ、体に対する心遣いのことで、わたしの良心はしばしば苦情を申し立てているのだが、あなたはどう思いますか。病気を口実にあまりにも〔体を〕甘やかし、必要以上の塗り薬を施すのに熱心になっていないかと、〔良心は〕恐れているのです。長い病気に消耗し尽くし、あらゆる感覚の刺激も失せてしまったので、何を受けようとも喜ばしいと思うこともはやないのです」。

二一一　この〔弟〕子は、主から自分に授けられたと確信する言葉をもって、熱心に師父に答えました。「師父よ、よろしければ、わたしにお答えください。それが可能であったとき、あなたの体は熱心にあなたの命令に従いましたか」。〔師父は〕言いました。「我が子よ、〔体〕のために、**わたしは証言しよう**[4]。**すべてにおいて従順**だったのです[5]。何事においても労を惜しまず、向こう見ずと言ってよい[6]ほどに、すべての命令を実行したのです。**命令を遂行するこ**とができた間は、どんな労苦をも拒まず、どんな不便をも厭《いと》いませんでした。何の抵抗もせずに、**主キリストにわたしたちはお仕えする**[7]ということで、わたしと〔わたしの体〕とは完全に一致していたのです」。兄弟は言いました。「それでは、師父よ、あなたの寛大さはどこにあるのですか。慈愛と至高の思慮分別はどこにあるのですか。喜んで恩恵は受け入れておきながら、与えられるのを必要としているときに、功績に報いないということが、この**誠実な友**[8]への報いとしてふさわしいことでしょうか。体の助けなし

に、今まで、あなたの主キリストに、どのようなご奉仕を提供することがおできになれたのでしょうか。あなたご自身が認めておられるように、そのためにあらゆる危険に身をさらしたのではなかったでしょうか」。師父は答えました。「我が子よ、それは全く真実であると認めます」。弟子は言いました。「これほどの窮乏にある、これほど誠実な友を見捨てることが道理にかなうことでしょうか。この友は死に至るまであなたのために自らと自分のもの一切を差し出したのですよ。**あなたにはありえないことです**(9)。師父よ。苦しんでいる者の助けであり支えであるあなたが、**主のみ前にこのような罪を犯すことなど、あなたにはありえないことです**(10)」。〔師父は〕言いました。「**我が子よ、あなたも祝福されますように**(11)。あなたはいとも賢明にわたしの抱えていた難題を解決する薬を提供してくれました」。そして、快活に体に語りかけ始めました。「兄弟なる体よ、喜びなさい。**わたしを許してください**(12)。これからはあなたの指図に進んで従います。あなたの嘆きに進んで耳を傾けるようにします」。

しかし、既に死を目前にしていた哀れな体が、何かしら喜ぶことができたでしょうか。全身衰弱しきっていた体が、何を支えにし得たでしょうか。もはやフランシスコは**世に対して死んでおり、**〔フランシスコ〕**のうちにキリストが生きておられた**のです(13)。〔フランシスコ〕にとって、この世の楽しみは十字架でした。**キリストの十字架**(14)がその心のうちに根をおろしていたからです。それ故にこそ、その肉において聖痕が外的に輝き出たのです。精神のうちに内的に根が深々と繁茂していたからです。

(1) ヨシュ三・一三。(2) ルカ一四・三〇。(3) 士一六・一六。(4) ヨハ五・三二。(5) コロ三・二〇。(6) 士九・五四。(7) コロ三・二四。(8) シラ六・一四―一六。(9) 創一八・二五。(10) サム上二二・二三。(11) サム上二六・二五。(12) ヨブ七・一六。(13) ガラ二・一九―二〇、六・一四。(14) ガラ六・一四。

第一六一章

その病苦の代わりに何が主から約束されたか

二二三　このように、拷問のような責め苦に全身苛《さいな》まれていたのですから、それに耐え得る力が残っていたことは驚くべきことでした。しかもそれらの苦痛を「責め苦」という名前ではなく「姉妹」という名前で呼んでいました。それらの〔苦痛がその身に〕生じたことには多くの理由があったことには疑いの余地はありません。いと高き方は、彼を完全な勝利によって一層光栄ある者とされるために、ご自分の新兵に数々の苦難を課しただけでなく、退役間近の老兵にも勝利を得る機会をお与えになったのでした。ここにおいても、老齢の故に何一つとして緩慢に行ってはならず、病弱の故に何一つとして怠るようになってはならないという模範を、その跡に従う者らは有しているのです。この**涙の谷において**[1]、そのように**最後の一クァドランスを払うまで**[2]に、完全に浄化されなければならなかったことにも理由がないわけではないでしょう。それは彼が、自分のうちに焼却されるべきものを残していたなら、最高に浄化された者として、力強く天上に飛び立つことができるためでしょう。とはいえ、その数々の責め苦の最も重要な理由とは、〔師父〕自身がほかの人々について述べていたように、**それらを耐え忍ぶことで多くの報い**[3]がもたらされるからです。

二三　ある夜のこと、数々の病気がもたらす激しいさまざまな痛みのために、いつもよりも甚だしい苦しみを覚えると、心の内奥で自分を憐れみ始めました。しかし、その**敏捷な霊**[4]は、たとえ一**時なりとも**[5]、些細なことにおいても、肉の思いのままに肉に協調することがないよう、キリストに祈ることで、忍耐の盾を揺るぎなく保ったのでした[6]。しかし、このように**苦闘の中で**祈っていると、次のような譬えをもって、**永遠の命の約束が主から与えられた**のでした[7]。「**大地の基礎**[8]と世界の機構が、**値もつけられない**[9]高価な黄金でできているとしよう。そして、あなたが耐え忍んでいる激しい艱難の代償として、先に述べた**黄金にも比べられない**[10]、それどころか引き合いにその名も出せないほどの、大きな栄光の宝物が、あらゆる苦痛が消え去った後にあなたに与えられるとすれば、あなたは喜び、**しばしの間**[11]耐えていることを進んで耐え忍ぶのではなかろうか」。聖者は言いました。「もちろん喜びます。大いに喜びます」。主は言われました。「それ故、喜び躍りなさい。あなたの病気はわたしの国の手付けなのです。忍耐の功徳の故に、**安心し確信をもって**[12]、〔わたしの〕**国を相続する**[13]のを待っていなさい」。

これほど幸いな約束によって、祝された人〔フランシスコ〕はどれほどの歓喜にみちて喜んだか想像できるでしょうか。どれほどの忍耐のみならず愛をもって、肉体の苦痛を抱きしめていたか分かるでしょうか。今、〔師父〕自身、完全に分かっていますが、自分に語られた当初は、言葉に表すことのできないことでした。それで、ごくわずかな、できる限りのことを仲間の兄弟たちに語ったに過ぎなかったのでした。

この当時、『被造物の賛歌（太陽の賛歌）』を書き上げ、創造主を賛美するよう被造物を鼓舞したのでした。

（1）詩八三・七。（2）マタ五・二六。（3）詩一一八・一二。（4）マタ二六・四一。（5）Ⅱコリ七・八。（6）Ⅰコリ九・二五。（7）ヘブ一六・三六、ヨハ六・六九。（8）イザ四〇・一二。（9）詩四三・一三。（10）知七・九。（11）イザ二六・二〇。（12）知七・二三。（13）エフェ五・五。

聖なる師父の帰天について

第一六二章

最期に、どのように兄弟たちを激励し祝福したか

二一四　**人の最期に、その人の業は明るみに出される**(1)、と知恵ある者が言っていますが、それはこの聖者〔フランシスコ〕において栄えある形で完全に実現されたことをわたしたちは確認しました。〔聖者〕は**神の戒めの道を**快活な精神をもって**走り**(2)、あらゆる徳を階梯《かいてい》として通り抜け完成の極みにまで至り、打ち伸ばされる金属のようにさまざまな苦難という槌によって打たれ完成へと導かれ、**総仕上げの結末を見たのでした**(3)。死すべき生の誘惑を足蹴にし、何ものにも拘束されずに上を目指して昇っていたときこそ、その驚嘆すべき業はより一層の光彩を放ち、〔聖者が〕生き抜いたことはことごとく神聖なものであったことが**真理の判決をもって**(4)輝き出たのでした。**世のために生きること**を屈辱と見なし(5)、**終わりまで自分の**〔兄弟たち〕**を愛し**(6)、歌いつつ死を迎え入れたのでした。

その最期の日々が既に近づき、限りある光が後退し、永遠の光がそれに取って代わったとき、〔聖者〕には世と共通するものは何一つとしてない(7)という徳を模範をもって明らかにしたのでした。あらゆる苦痛に終わりを迎えさせる重い病に消耗しきった〔聖者〕は、まだ敵が怒りを燃やしうる最後の最後のときに至って、裸の〔敵〕と裸で格闘するために、裸の大地の上に裸にして自分を置いてくれるよう頼んだのでした。実に、恐れを知らぬ〔聖者〕は勝利を期待し、組み合わせた両手で、**義の冠**(8)を抱きしめていました。このように**地上に置かれ**(9)、粗末な粗布の衣服を剝ぎ取

られて、いつものように**顔を天へ掲げて**[10]、かの**栄光に**ひたすら**思いを寄せて**[11]、左手で右の脇腹の傷口が見えないように隠したのでした。そして兄弟たちに言いました。「わたしは、**わたしのことを成し遂げました**[12]。あなたたちのことは、**キリストが教えてくださいますように**[13]」。

二五　これを見て〔弟〕子たちは滝のように涙を流し、そして胸も張り裂けんばかりのため息を漏らして、大きな悲しみに沈んでおりました。しばらくして啜《すす》り泣きが静まると、世話役〔の兄弟〕は、聖者の望みを神からの霊感によって真に理解すると、直ちに立ち上がり、股引と一緒にトゥニカと小さな粗布の頭巾を手に取り、師父に言いました。「聖なる従順によって命じます。このトゥニカと股引は小さな頭巾と一緒に、わたしからあなたに貸したものであると理解してください。ですから、あなたがこれらのものに何の所有権を持っていないことを知ってください。これらのものを他人に与える権限を、わたしは完全にあなたから取り去ります」[15]。聖者は喜び、**心からの喜び**[14]に酔いしれました。**最後まで**気高い貧しさの姫君に対して忠誠を守ることができると分かったからです。まさしく、これらのすべてのことを行ったのは貧しさへの熱意によるものでした。そのため、最期にあたって、自分のものとして衣服を所持することを望まず、他人から借りたものであるように願ったのでした。粗布で作られた粗末な頭巾を頭に被っていたのは、目の治療を受けたときの傷を隠すためでしたが、そのためには、むしろ肌理《きめ》の細かい柔らかな羊毛の頭巾であった方がよかったでしょう。

二六　その後、聖者は**両手を天に差し伸べて**[16]、もはやあらゆる重荷から解放され、何の拘束もなしに、そのみもとに行かれることで、ご自分のキリストをほめたたえました。すべてにおいて、ご自分の神の**キリストを真に模倣する者**[17]であることを示すために、初めから愛していた兄弟であり子らでもあった者らを、**終わりまで愛し抜いた**のでした[18]。そこに居合わせたすべての兄弟たちを自分の傍らに呼び寄せ、自分の死に備えて**慰めの言葉**[19]で励まし、父としての愛情を込めて、神を愛するように一同を激励したのでした。忍耐と貧しさを遵守すること、他のあらゆる規範に先んじて聖なる福音を遵守することについて説き続けたのでした。すべての兄弟が〔師父〕を取り囲んでいたのですが、**彼らの上にその右手を差し伸ばし**、代理の任にあった兄弟から始めて、**一人ひとりの頭の上にその手を置いて**[20]、言いました。「さようなら、わたしのすべての子らよ、**主への畏れのうちに**[21]歩み、常に〔主〕のうちに留まり続けなさい。これから誘惑と艱難が迫ってきます。始めたことに留まり続ける人は幸いです。あなたたち皆を主の御恵みにお委ねして、わたしは主のもとへと急ぎます」。そして、そこに居合わせた〔兄弟たち〕、そして、**この世**のあらゆる所**で生活していた**[22]〔兄弟たち〕、そして、**代々の代の終わりまでに**[23]、彼らの**後に到来するであろう**[24]人々のすべてを祝福したのでした。

　そこに居合わせた者たちを通して、そこに居合わせなかった者たちにも公示したのですから、誰もこの祝福を自分の独占物と見なしてはなりません。他の所に書かれているように、何かしら特別のことを言おうとしているのではなく、職務に言及するものなのです。

（1）シラ二一・二七—二八。（2）詩一一八・三二。（3）詩一一八・九六。（4）詩一一〇・七。（5）ガラ二・二〇、六・一四。（6）ヨハ一三・一。（7）ヨハ一四・三〇、ガラ六・一四。（8）Ⅱテモ四・八。（9）ヨブ二〇・四。（10）ヨブ一一・一五。（11）使七・五五。（12）王上一九・二〇。（13）エフェ四・二一。（14）雅三・一一。（15）マタ一〇・二二。（16）代下六・一三。（17）Ⅰコリ四・一六。（18）ヨハ一三・一。（19）ゼカ一・一三。（20）創四八・一四—二二。（21）使九・三一。（22）Ⅱコリ一・一二。（23）ダニ七・一八。（24）ヨハ一・一五。

第一六三章

その死について、死を前にして行ったこと

二一七　このように兄弟たちがあまりの悲しさに涙にぬれ、慰めようがないほど嘆いていると、聖なる師父は自分のところへ**パンを持ってくるように**命じました[1]。それを**祝福し裂いて**[2]、その欠片を一人ひとりに食べるように分け与えました。更に、福音書を収めた写本を持ってくるように命じ、「**過越《すぎこし》の祭りの前**[3]」〔という言葉〕で始まる箇所からヨハネによる福音を自分のために読んでくれるように頼みました。主が**ご自分の弟子たちと共に**最後に執り行われた[4]、いとも聖なる晩餐を思い描いていたのです。この尊い追憶のうちに、兄弟たちに対して抱いていた愛情を示そうとして、このすべてを行ったのでした。

　次いで、仲間の兄弟たちの中でも特に愛していた兄弟たちに、自分と一緒にキリストを賛美するように願い、その帰天まで残されていたわずかな日々を、賛美のうちに過ごしたのでした。〔師父〕自身は、その力の限りを尽くして、次の詩編を唱え始めました。「**わたしは声を限りに主に叫び、わたしは声を限りに主に願います**[5]」云々と。また、か

つて〔師父〕自身が、神の愛をたたえるように励ますために作り上げた言葉を用いて、神を賛美するように、すべての被造物を招いたのでした。そして、すべてのものにとって恐ろしく厭《いと》わしい死さえも賛美へと鼓舞し、**喜び迎え**(6)、自分の客に加わるように招いて、「ようこそ、おいでくださいました、わたしの姉妹なる死よ」と言いました。医者に対してはこう言いました。「兄弟なる医者よ、勇気をもって、死が間近になったことを知らせください。死はわたしにとって命の戸口となるのですから」。兄弟たちに〔言いました〕。「最後の時が近づいたら、一昨日あなたたちが見たとおりに、わたしを裸にして地面の上に横たえて、そして、わたしが死んだ後も、人が急がずに一マイルの道のりを歩く間、そのままそこに安置しておいてください」。

時が来ました(7)。〔師父〕のうちに**キリストのすべての神秘**(8)は成就されて、至福のうちに神のみもとに飛び立っていったのでした。

(1) マタ一四・一七―一八。(2) マタ一四・一九。(3) ヨハ一三・一。(4) マタ二六・二〇。(5) 詩一四一・二。(6) 士一九・三。(7) ヨハ四・二一。(8) コロ四・三。

ある兄弟が、どのようにしてその帰天にあたって聖なる師父の魂を見たか

二七a 〔師父〕の弟子の一人で、かなり有名な一人の兄弟が、いとも聖なる師父の魂を見ました。それはまるで月ほどの大きさと太陽の輝きをもった**星のよう**(1)であり、**多くの水の上**(2)**を**よぎりながら、**白く輝く一片の雲**(3)に乗って、真っ直ぐに**天を目指して昇って行った**(4)のでした。

　それ故、**大勢の人々が馳せ集まって来て**(4)、**主の名を賛美し、ほめたたえた**(5)のでした。主がご自分の僕《しもべ》のうちに**示された**(6)**神の偉大なみ業**(7)を見ようとして、アシジの**町中の人々が群れをなして押し寄せ**、**全地方**〔の人々〕が駆けつけてきたのでした(8)。〔師父の弟〕子たちは偉大な師父を奪われたことを嘆き悲しみ、涙と嘆息をもって心からの敬愛の念を示していました。とはいえ、新しい奇跡が悲嘆を喜びに、哀悼の思いを歓喜へと変えたのでした。祝された師父の体はキリストの傷痕によって装われているのを見て取ったのでした。すなわち、〔師父〕の両手と両足の真ん中に、釘で刺し貫かれた傷口ではなく、〔師父〕の肉そのものから形成された釘そのものが、鉄のような暗黒色をとどめ、生来の肉と化し、その右の脇腹は血で真っ赤に染まっていたのです。〔師父〕の肌は生来黒かったのですが、驚くべき

輝きを放って、至福の復活という報償を保証していたのでした。更に、その肢体は、通常死体がそうであるのとは異なり硬直することなく、柔らかく弾力を保ち、幼児の〔肉体〕に類似したものへと変えられていたのでした。

（1）シラ五〇・六。（2）詩二八・三。（3）黙一四・一四。（4）ヨシュ八・二〇。（4）使二一・三〇。（5）ルカ二・二〇。（6）ルカ二・一五。（7）ルカ二・一一。（8）マタ八・三四、三・五。

第一六四章

兄弟アウグスティヌスが、その死の際して見た幻について

二八　そのころ、テッラ・ディ・ラヴォロの兄弟たちの奉仕者は兄弟アウグスティヌスでした。彼は死に瀕しており、既に長いこと口が利けなくなっていました。突然、**周りに立っていた人々に聞こえるように叫んで言いました**（1）。「わたしを待っていてください、父よ、待ってください、わたしも一緒に行きます」。兄弟たちは非常に驚き、誰に向かってそのように語りかけているのかと尋ねました。すると大胆に答えて言いました。「わたしたちの師父フランシスコが天に向かって去って行くのが、あなたたちには見えないのか」。たちまちのうちに、その聖なる魂は、その肉体から解き放されて、いとも聖なる師父の後について行ったのでした。

（1）使二三・四、ルカ九・三九。

第一六五章

帰天の後、どのようにして聖なる師父がある兄弟に現れたか

二九　同じ夜の同じ時刻に、ちょうどそのとき祈りに専心していた、称賛に値する生活を送っていた別の兄弟に、栄光に包まれた師父が深紅のダルマチカ（助祭の祭服）をまとい、無数の人々の群れを従えて現れました。その群れから離れた幾人かの人々が、その〔兄弟〕に言いました。「兄弟よ、**この方はキリストではありませんか**（1）」。すると〔兄弟〕は言いました。「**その方ご自身です**（2）」。ところが、他の人々が再び問いただして言いました。「この方は聖なるフランシスコではないのですか」。兄弟は同じように、〔フランシスコ〕であると答えました。まさしく、この兄弟にも、随行

した群れの人々全員の目にも、キリストと祝されたフランシスコとが同一人物であるかのように見えたのでした。

　正しく判断できる人々にとって、それは無謀なこととは判断されないでしょう。**神と結ばれる者は、神と一つの霊となる**[3]のであり、**神ご自身がすべてにおいてすべてとなる**[4]はずだからです。

　ついに、祝された師父は驚嘆すべき群れを伴って、非常に魅惑に溢れた所に到着しました。そこは全く清浄な**水によって潤され**[5]、あらゆる草々が青々と生い茂り、花々は美しく咲き誇り、木々はあらゆる種類の美味な実を実らせていました。そこにまた、驚くほどに壮大でひときわ美しい宮殿が建っており、天の新しい住人となった〔師父〕は軽やかな足取りでそこに入っていきました。そこに多くの兄弟を見いだし、非常に美しく装われた食卓の上にはさまざまな美味な御馳走が並べられており、〔兄弟たち〕と共に楽しく食事を始めたのでした。

(1) ヨハ七・二六。(2) マタ二六・四八。(3) Iコリ六・一七。
(4) Iコリ一二・六。(5) エゼ三一・一四。

第一六六章

聖なる師父の帰天についてのアシジの司教が見た幻

三〇　アシジの司教は、そのとき、巡礼の目的で聖ミカエルの聖堂へ出かけていました。そこからの帰路、ベネヴェントで接待を受けていたとき、祝された師父フランシスコは、その帰天の夜、**幻のうちに**[1]現れて、〔司教〕に言いました。「ご覧ください、父上、**世を去って**、わたしは**キリストのもとに行きます**[2]」。**朝起きると**[3]、司教は見たことを同行の人々に話し、書記を呼び寄せて、帰天の日と時刻とを記録させました。そのために〔司教は〕大いに悲しみ、涙を流して、自分にとって優れた父〔であった師父〕の死を嘆いたのでした。こうして**自分の場所に戻る**[4]と、事の次第を逐一語り、自分に与えられた賜物の故に、受けた恵みのために、限りない**感謝を主にささげた**[5]のでした。

(1) 創一五・一。(2) ヨハ一六・二八。(3) 創二四・五四。
(4) マタ二・一二。(5) 使二七・三五。

聖なるフランシスコの列聖と、その〔遺体〕の移動について

三〇a　**主イエスのみ名によって**。[1]　アーメン。〔主〕の受肉の年から一二二六年、十月の四日、先に述べた、キリストに極めて完全に結ばれたときから二十年を迎えたとき、使徒たちの生き方と**足跡に従った**[2]使徒的な人フランシスコは、死すべき生の足枷《あしかせ》から解き放たれて、至福のうちにキリストのもとへと移動したのでした。そしてアシジの町に埋葬されましたが、多くのさまざまな不思議な業と奇跡によって各地を興奮の渦に巻き込み始めました。こうして、短い日時のうちに世界の多くの人々が、新しい代《よ》に対する驚嘆へと突き動かされたのでした。さまざまな地方で多くの奇跡による新しい光が輝きわたり、〔フランシスコ〕の功徳によって病苦から解放されたことを喜ぶ人々が群がり集まってきたので、当時、すべての枢機卿と他の多くの高位聖職者と共に、ペルージアに滞在しておられた教皇グレゴリオ陛下は、〔フランシスコ〕の列聖に関する審議を開始されたのでした。その結果は皆が一致し、皆が同一のことを述べたのでした。主がご自分の僕《しもべ》を通して行われた奇跡が読み上げられ、承認され、最高の賛辞をもって、祝された師父の生涯と行状が称賛されたのでした。

このいとも荘厳な儀式に招かれた人々は、まず、**地の君主たち**[3]でした。定められた日に、一団となった多くの高位聖職者は、数え切れない人々の大群と祝された教皇と共にアシジの町に入り、そこで聖者に対して大きな敬意を払うために、その列聖の式を執り行ったのでした。

この荘厳な儀式のために準備された式場に一同が到着すると、まず初めに、グレゴリオ教皇が**民全体に**[4]説教し、愛情に満ちた言葉で**神の偉大なみ業**[5]を告げ知らせたのでした。そしていとも気高い言葉をもって聖なる師父フランシスコをほめたたえ、その清らかな生涯についてお話しになると、その涙を抑えることができなかったのでした。説教が終わると、**両手を天に差し伸ばして**[6]、声高らかにグレゴリオ教皇は宣言しました。

（三〇aはただ一つの写本のみに収録されている。その写本はここで中断している）

（1）Ⅰコリ六・一一。（2）Ⅰペト二・二一。（3）詩一四八・一一。（4）ヘブ九・一九。（5）シラ一八・五。（6）Ⅱマカ三・二〇。

第一六七章

三二　ご覧ください、祝されたわたしたちの師父よ、単純さの限りを尽くして、あなたの偉大なる功績をいくらかなりとも賛美するよう努め、あなたの聖性の数えきれない諸々の徳の中から、ごくわずかなものを、あなたの栄光のために述べ伝えようと努めました。わたしたちの言葉があなたの卓越した輝きを多大に失わせてしまったことは存じております。偉大な完全性にまで達した偉大な業を語るのにはあまりにもふさわしくないことが分かったからです。あなたにも、またこれを読む方々にもお願いいたします。わたしどもの払った熱意に思いを寄せ、驚嘆すべき生涯の到達点は人間の筆をはるかに越えていることを喜んでくださいますように。

諸聖人の中でも卓越した方よ、あなたの**霊の炎**[1]を自らのうちに燃え立たせ、あるいはほかの人々のうちに掻き立てることが誰にできましょうか。あなたから神へと絶えることなく流れ続けた名状し難い愛情を産み出すことが誰にできましょうか。甘美な喜びとなるあなたの思い出をここに書き記しましたのは、わたしどもがまだ生きているうちに、たどたどしい表現ではあれ、ほかの人々に語り伝えようとしてのことです。

かつて飢えておられたあなたは、今や、**良い小麦で養われておられます**[2]。これまで渇いておられたあなたは、今や、**喜びの流れから飲んでおられます**[3]。しかし、**あなたの子らを忘れてしまわれるほどに**[4]、あなたが**神の家の豊かさに酔いしれておられる**[5]とはわたしどもは思っておりません。あなたが飲んでおられるそのお方が、**わたしどもを覚えていてくださる**からです[6]。

それ故、気高い師父よ、**あなたの香油の香りの後を駆けていけますように、わたしどもをあなたのもとへ引き寄せてください**[7]。お気づきのとおり、わたしどもは無為によって生ぬるく、怠惰によって無気力で、不熱心から半分死んだようになっているからです。**小さな群れ**[8]はあなたにつき従ってはいますが、足跡を見失いがちです。わたしどもの病み、かすんだ目は、あなたの完全性が放つ光に耐えられないのです。諸々の完全性の鏡、模範よ、**初めのように、わたしどもの日々を新たにしてください**[9]。同じ誓約によってあなたと等しくされた者らが、その生活においては類似していない者となることがありませんように。

三二　ここで、わたしどもは**永遠の威光**(10)〔を備えた方〕の慈悲を前にひれ伏して、キリストの下僕《しもべ》、わたしどもの奉仕者、あなたの聖なる謙遜の後継者、真の貧しさの競争者のために謙虚に祈りをおささげします。この〔兄弟〕はあなたの**キリストへの愛**(11)の故に熱い愛情をもって、あなたの**羊たちへの**細やかな**配慮に専念しております**(13)。聖なる方、この〔兄弟〕が、常にあなたの足跡を追い求めつつ、**あなたが到達された栄光**(14)**と称賛**(15)とを永久に獲得することができるよう励まし、支えてくださいますよう、お願いいたします。

三三　また、いとも慈しみ深い師父よ、今、そして以前にも、敬虔な思いをもって、あなたへの賛辞を書き記した、あなたの子のために心からの思いを込めてお願いいたします。その〔あなたの子〕自身が、わたしどもと共に、この小さな作品をあなたにおささげし、献呈いたします。〔あなたの〕功績に応ずるものではありませんが、力の及ぶ限り、敬愛の念を込めて編纂したものです。慈しみ深く、この〔あなたの子〕をすべての**悪から**守り、**解放してください**(16)。聖なる善行を重ね、あなたの祈りによって、諸聖人の交わりに永久に加わることができますように。

三四　師父よ、あなたのすべての子らを思い起こしてください。複雑に絡まった危険にさらされている〔あなたの子ら〕が、あなたの**み跡に従う**(17)とはいえ、どれほど遅れをとっているかを、いとも聖なる方であるあなたはよくご存じです。抵抗することができるように力をお与えてください。光り輝くことができるように清めてください。楽しむことができるように喜びをお与えください。**恵みと祈りの霊が彼らの上に注がれる**(18)ようにしてください。〔あなたの子らが〕あなたが持っておられた真の謙遜を持つためです。あなたが固守した貧しさを保ち続けるためです。あなたが常に愛しておられた**十字架につけられたキリスト**(19)に対する愛に満たされるためです。〔キリスト〕は御父と聖霊と共に**代々限りなく生き、支配しておられます。アーメン**(20)。

(1) イザ四・四。(2) 詩八〇・一七。(3) 詩三五・九。(4) ホセ四・六。(5) 詩三六・九。(6) 詩一一三・一二。(7) 雅一・三。(8) ルカ一二・三二。(9) 哀五・一一。(10) 詩七一・一九。(11) ロマ八・三五。(12) 創四六・三一。(14) Ⅱテモ四・六。(15) フィリ一・一一。(16) マタ六・一三。(17) 創三三・一四。(18) ゼカ一二・一〇。(19) Ⅰコリ一・二三。(20) 黙一一・一五。

聖ボナヴェントゥラ

『聖フランシスコの大伝記』

Legenda Major Sancti Francisci

序文

ここに、祝されたフランシスコの生涯への序文が始まる

一　**わたしたちの救い主である神の恵みが、この終わりの日に、**神の僕《しもべ》フランシスコのうちに、真に謙虚で聖なる貧しさの友であるすべての人に対して現れました。その人々とはフランシスコのうちに神の満ち溢れる憐れみを崇め、その模範によって教えられ、**不信心と現世的な欲望を完全に捨てて、**キリストと一致して生活し、たゆまぬ願いをもって、**祝福に満ちた希望**を渇き求めている人々です[1]。

いと高き神は、真に**小さく貧しく、心打ち砕かれた者**であったフランシスコを、惜しみない慈しみをもって**顧みられました**[2]。その慈しみによって神は窮乏のうちにあったフランシスコを世俗の生活の**塵の中から立ち上がらせた**だけではなく、福音的完成の実践者、指導者、先触れとされ、**光について証しすることで、**信じる人々の心に光と**平和の道を主のために整える**ために、信じる人々の光として立てられました[3]。

まさしくフランシスコは**雲間に輝く明けの明星**[4]のように、輝かしい生涯と教えによって光を放ち、**闇と死の陰に座している人々**[5]を、その輝きによって光へと導き、**きらめく雲に照り映える虹**[6]のように、自らのうちに主の**契約の徴**[7]を体現し、**平和**と救いの**福音を**人々に宣**べ伝えました**[8]。

真の**平和の使者**[9]であったフランシスコは、先駆者〔洗礼者ヨハネ〕に倣うものとして、**荒れ野に**いと高き貧しさの**道を整え**[10]、言葉のみならず模範をもって**悔い改めを宣べ伝えるために**[11]、神によって定められていました。

まず第一に、天からの恵みの賜物によって守られ、次いで不屈の諸徳の功徳によって豊かにされ、預言の霊に満たされたフランシスコは、天使の務めをも委ねられ、全身、〔愛に燃える天使〕セラフィムの火に燃え上がったのでした。そして、霊的に高い位にある者として、**火の車**[12]に乗って天に上げられていきました。その生涯の歩みによってはっきりと示されているように、**エリヤの霊と力をもって**[13]来たことは理性的に証明されうるのです。

それ故、**花婿の**もう一人の**友**[14]、使徒であり福音記者でもあるヨハネの真実の予言において、生ける神の刻印を持って日の昇る方角から上ってくる天使に似たものとして提示されるのも理由のないことではありません。黙示の中でヨ

ハネは述べています、**第六の封印**[15]が開かれるにあたって、**わたしは、もう一人の天使が生ける神の刻印を持って、太陽の出る方角から上って来るのを見た**[16]、と。

二　キリストにとっては愛すべき、わたしたちにとっては模倣すべき、世にとっては驚嘆すべきこの神の使者がフランシスコであったことは、彼に見られる卓越した聖性の高みに注目すれば、疑いのない確信をもって断言できることです。その聖性によって、人々の間で生きていたときから天使の清らかさに倣う者であり、キリストに全面的に従おうとする人々にとって模範となっておりました。

このことを敬虔な信仰心で確信することができるのは、**嘆くこと、泣くこと、髪をそり、粗布をまとうこと**[17]を教え、**嘆き悲しむ人々の額に十字架**という悔い改めの印である**タウ（T）の印をつけ**[18]、十字架にかたどられた衣服をまとうよう勧める務めを帯びていたことからだけではありません。生ける神の似姿、すなわち、**十字架につけられたキリスト**[19]の刻印という、争う余地のない真実の証拠によっても確認されるのです。その刻印は、自然の力や天賦《てんぷ》の技巧によってではなく、**生ける神の霊**[20]の驚嘆すべき力によってフランシスコの体に刻まれたのでした。

三　これほど尊く、あらゆる点で模倣するに値する人の生涯を描くのに、わたしはふさわしくなく、不十分であると自覚しています。兄弟たちの熱心な勧めがなかったなら、また総集会が満場一致でわたしを駆り立てなかったなら、更に聖なる師父に対してわたしが抱かずにはいられない敬愛の念がわたしを突き動かさなかったなら、このようなことを試みることは決してなかったでしょう。今でもよく覚えているのですが、子供のころ、わたしは聖なる師父〔フランシスコ〕の祈りと功《いさお》しによって死の淵から救われたのです。ですから、人々の前で聖なる師父をほめたたえず黙っているなら、恩知らずと責められるのではないかと恐れずにはいられません。この仕事を引き受けることになったのはおもに、神がわたしに体と魂の命を保たせてくださっているのは聖なる師父のおかげであると知っており、聖なる師父の徳をわたし自身が体験しているからです。この聖なる師父の生涯の徳と行いと言葉とを、忘れられたり散り散りになったりした断片に至るまで収集し、わたしには十分にはできないにせよ、この神の僕〔フランシスコ〕と共に生きた人々が死んだ後にも、**それらが失われることのないように**[21]したいと願っているのです。

四　後世の人々に伝えるにあたって、その生涯の真実を一層的確に、一層明らかに知るために、わたしはこの聖者が生まれ、生活し、帰天した場所を訪れ、まだ生存中の仲間の人々、とりわけ彼の聖性をよく知り、彼に従った人々の中でも特に傑出した人々から細心の注意を払って話を聞きました。その人々の誠実さは認められており、その徳も保証されていますので、信頼に値することには疑問の余地はありません。

この僕〔フランシスコ〕を通して恵み豊かに神が行われたことを述べるにあたって、凝った華麗な文体は用いないことにしました。飾り立てた表現よりも単純な表現のほうが読者に敬虔の念を起こさせるものだからです。混乱を避けるため、記述はかならずしも年代順には配列しませんでした。むしろ主題に則して配列し、適当と思われるときには、別々の時期に起きた同じような出来事を一つにまとめ、同じ時期に起きた出来事を別々にして述べたりしています。

五　さて、フランシスコの生涯、その発端、展開、終局は、次の十五の章に分けて語られます。

第　一　章　世俗の衣服を身に着けていたころの生き方について
第　二　章　神への完全な回心と、三つの聖堂の修復について
第　三　章　修道生活の創設と会則の認可について
第　四　章　聖人の指導のもとでの会の発展と先に認可された会則の再確認について
第　五　章　厳格な生活について、および被造物がどのように〔聖者〕に慰めを与えたか
第　六　章　謙虚さと従順について、聖者のささやかな願いを神が寛大にも聞き入れられたこと
第　七　章　貧しさへの愛、欠乏が奇跡的に満たされたことについて
第　八　章　愛のこもった敬虔さについて、また理性を欠く被造物がどれほど聖者に対して愛情深かったか
第　九　章　愛に対する熱意と殉教への憧れについて
第一〇章　祈りの熱心さとその効力について
第一一章　聖書の理解と預言の霊について
第一二章　説教の効果と癒しの恵みについて
第一三章　聖痕について
第一四章　その忍耐と死について
第一五章　列聖と遺体の移転について
最後に、その幸いなる死の後に行われた幾つかの奇跡について述べられます。

以上をもって序文は終わる

(1)テモ二・一一―一三。(2)イザ六六・二、ヨブ三六・二二。(3)ヨハ一・七、ルカ一・七六、七九。(4)シラ五〇・六。(5)ルカ一・七九。(6)シラ五〇・八。(7)創九・一三。(8)ロマ一〇・一五。(9)イザ三三・七。(10)イザ四〇・三、ルカ三・四。(11)ルカ二四・四七。(12)王下二・一一。(13)ルカ一・一七。(14)ヨハ三・二九。(15)黙六・一二。(16)黙七・二。(17)イザ二二・一二。(18)エゼ九・四。(19)Ⅰコリ二二。(20)Ⅱコリ三・三。(21)ヨハ六・一二。

第一章

世俗の衣服を身に着けていたころの聖なるフランシスコの生き方について

一　アシジの町に、フランシスコという**名の人がおりました**[1]。**この人は祝福のうちに記憶されています**[2]。それといいますのも、神が惜しみない愛をもって、**この人をあらかじめ甘美なる祝福のうちに置き**[3]、慈しみ深くも今生の危険から連れ出し、天の恵みの賜物をもって豊かに満たされたからです。

実に、若いとき、この人は**浅はかな人の子ら**[4]のうちにあって、浅はかに育てられました。いくらか読み書きを学んだ後、利益の多い商いの仕事に携わるようになりました。気ままな若者たちの間で、快楽に耽《ふけ》ってはいましたが、神からの助けに支えられて、破廉恥な肉欲からは免れていました。また、強欲な商人たちの間で、利益を追い求めてはいましたが、**金銭や財宝に希望を託すことはありませんでした**[5]。

若きフランシスコのうちには、神から与えられた、貧しい人々と**共苦共感する心が子供のころから育っており**[6]、この人の心を溢れんばかりに満たしていましたので、福音をただ聞くだけのものではなく、**求める者には誰にでも**[7]、特に神の愛を口にして求める者には誰にでも**与え**ようと決意していました。

ところが、いつもの習慣に反して、あるとき仕事の忙しさにまぎれて、神の愛のために施しを求める貧しい人を空手で帰してしまいました。それに気づくやいなや、その人の後を追いかけ、惜しみなく、たくさんの施しをし、以後、自分のできるときには、神の愛によって施しを求める人を決して拒否することはないと神に約束したのでした。そして死のときまで、忠実にこの約束を守り通し、神への愛と恵みを豊かに増し加えられるに値するものとなったのでした。実に、完全に**キリストを着る**[8]ようになった後に、世俗の衣服を身に着けていたころから、神の愛という言葉を聞くと、深く心を動かされずにはいられなかったと、語ったものでした。

その温和さは、洗練された作法、忍耐力、超人的ともいえる人づき合いのよさ、自分の能力を超えるほどの寛大さとあいまって、天与のすばらしい性質を備えた若者として彼をひときわ秀でたものとしておりました。これは、将来彼に注がれることになる神の祝福の豊かさを前もって示すものとも思われました。実際、神に導かれていると信じられていた、アシジ出身の単純素朴なある人などは、フランシスコが町を歩いているのに出会うと、マントを脱いで、その足もとに**服を敷き**(9)、彼は近い将来、偉大なことを成し遂げ、キリストを信じるすべての人から大いに尊敬されるようになるのだから、あらゆる敬意を受けるに値すると言っていたほどでした。

二　しかし、このころまでフランシスコは、自分に対する**神の計画**(10)を知りませんでした。そのため、父親の商売に伴う外的なことに引きつけられ、人間本性の起源における堕落によって低いものへと沈められがちで、天の事柄を観想することも学んではおらず、神の事柄を味わうことにも慣れていませんでした。ふりかかる**辛苦はそれを霊的に受けとめる者に洞察をもたらす**(11)ものですが、フランシスコの**上にも神のみ手が置かれ**(12)、**いと高き方の右の手の変化**(13)が彼の上に及び、長い病気が彼の肉体を衰弱させました。その結果、彼の魂は聖霊の塗油にふさわしく準備されたのでした。

体力が回復した後のこと、いつものように立派な衣服を身に着けて歩いていると、高貴な身分ではありますが貧しくみすぼらしい服装をした一人の騎士に出会いました。その騎士の貧しさに心を打たれたフランシスコは、直ちに着ていた服を脱いで、その騎士に着せたのでした。この時、フランシスコは、高貴な騎士の羞恥心を覆い隠すとともに、貧しい人の欠乏を満たすという二つの義務を一度に果したのでした。

三　次の夜、フランシスコがぐっすりと寝入っていると き、神の慈しみは、キリストの十字架の印を刻まれた、たくさんの武器を備えた広く大きな宮殿を示されました。それは、至高の王〔キリスト〕に対する愛の故に、貧しい騎士に示した憐れみが比類のない報いをもって報われるはずであることをあらかじめ示すためでした。そして、それが誰のものかフランシスコが尋ねると、彼と彼に従う騎士たちのものであるという、天からの答えを得たのでした。翌朝、目を覚ましたフランシスコは、神の神秘に分け入るという経験をそれまでもっておらず、目に見える姿形を通して目に見えない真実を観察するに至るすべを知らなかったので、尋常ではないこの幻は将来自分が受ける偉大な幸運の徴であると考えたのでした。こうして、いまだ神の計画に気づかぬまま、アプーリアの、ある高貴な伯爵の軍に加わる決心をし、幻が指し示していると思われた騎士としての栄誉を手に入れようと望んだのでした。

その後間もなく、旅に出たフランシスコが、すぐ隣の町に辿り着いたときのことです。夜中に、主が自分に親しく語りかけられるのを聞きました。「フランシスコ、お前に一層善いことをすることができるのは主君か、それとも僕《しもべ》か、富んでいる者か、それとも貧しい者か」。一層善いことをすることができるのは主君であり豊かな者です、とフランシスコが答えますと、直ちに問いかけられました。「ではなぜお前は僕に代えて主を捨て、貧しい人間に代えて豊かな神を捨てるのか」。「**主よ、わたしが何をすることをお望みですか**[14]」とフランシスコが答えますと、**主は彼に仰せになりました**。「**自分の土地に帰りなさい**[15]。お前が見た幻は、人間の計画ではなく、神の計画によってお前のうちに成し遂げられる霊的な成果をあらかじめ示すものだからである」。そこで**朝になると**[16]、恐れることなく、喜びのうちに急いでアシジに戻り、既にこのときから従順の模範となって、主のみ心〔が明かされるの〕を待ったのでした。

四　このときから、日常の商売の喧騒から遠ざかり、自分が何をなすべきかを、慈悲深い神が示してくださるに値するものとなるよう、敬虔に祈っておりました。しばしば祈る習慣がつくにしたがって、天のものを求める願望の炎が彼のうちに激しく燃え上がり、天の祖国への愛によって、既に、地上のすべてのものを**無に等しいものとして軽蔑する**[17]に至っていました。自分が**隠された宝**を発見したことに気づいており、賢い**商人**のように、**すべてのものを売り払って発見した真珠**を買い取ろうと願っていました[18]。ところが、どのようにしたらよいのかまだ分かりませんでした。霊的な商売は世を軽蔑することから始めなければならず、キリストの騎士になるには、自分自身に打ち勝つことから始めなければならないということだけは、自分の霊に示唆されていました。

五　こうしたある日のこと、アシジの町の下に広がる野原を馬に乗って進んでいると、レプラを患った人に出会いました。この人との予期せぬ出会いに、少なからぬ恐怖を感じました。しかしながら、既に心に抱いていた完全になろうという決心を思い起こし、**キリストの騎士**[19]になりたいのであれば、まず自分自身に打ち勝たなければならないことに思い至ると、馬から滑り降りると、口づけしようとその人に駆け寄ったのでした。何かを受け取ろうとするかのように、レプラを患った人が手を差し出しますと、口づけとともに、お金を与えました。それからまた馬に乗ると、辺りを見回しました。四方に広がる平野ははっきりと見通せたのですが、レプラを患った人の姿はどこにも見られませんでした。**驚きと喜びに満たされた**[20]〔フランシスコ〕は、敬虔に主への賛美の歌を歌い始めました。そして、これからは常により一層偉大なことを果たそうと決心したのでした。

　これ以後、〔フランシスコは〕悲嘆にくれるにふさわしい寂しい場所を探し求め、そこで**言葉に表せない呻《うめ》きをもって**[21]、絶えることなく祈り続けていました。長い、切実な祈りはついに聞き入れられるに値するものと、主が見なしてくださったのでした。

　そんなある日のこと、〔フランシスコは〕いつものように人目につかない場所で祈り、そのあまりの熱心さによって神に完全に心を奪われていました。そのとき、十字架につけられたかたちでキリスト・イエスが彼にお現れになったのでした。その光景に、彼の**魂は溶け**[22]、キリストの受難の記憶が彼の心の奥深い所に刻みつけられたのでした。そのため、このときから、キリストの十字架が心に浮かぶと、涙とため息を抑えることができなかったと、生涯の終わりに近づいたころ、フランシスコ自身が親しい人々に語っております。このことを通して、この神の人〔フランシスコ〕は、福音の次の言葉が自分に向けて語られていると理解したのでした。「**あなたはわたしについて来たいのなら、あなた自身を捨て、自分の十字架を背負って、わたしに従いなさい**[23]」。

六　このときから、貧しさに対する精神と謙遜の感性、そして非常に親密な敬愛の気持ちを身に着けるようになったのでした。それ以前は、レプラを患った人々と交わるどころか、遠くからその姿を見かけるだけでも、非常に恐れていたのですが、今では、敬愛のこもった好意、謙遜と人間的な親しみの念をもってレプラを患った人々に接したのでした。それは、預言の言葉によれば、**レプラを患った人のように**[24]軽蔑されるものとしてご自身をお示しになられた十字架につけられたキリストの故に、自分自身を完全に蔑視するためでした。実際、レプラを患った人々の住まいをたびたび訪れ、寛大に施しをし、共苦共感の念をもって彼らの手や口に口づけしたのでした。

物乞いをする貧しい人々に対しては、自分の持ち物だけでなく、自分自身をも差し出したいと願っていました。施すものが手もとにないときには、彼らに施しをするために着ている物を脱いだり、縫い目をほどいたり、切り裂いたりしたほどです。

尊敬と敬虔の念をもって貧しい司祭たちを援助し、ことに祭壇の装備のために援助しました。こうして、神聖な祭儀にあずかるとともに、祭儀に必要なものを援助していたのでした。

この時期に、篤い信仰心から〔フランシスコは〕使徒ペトロの墓所に巡礼しています。聖堂の入り口に大勢の貧しい人々が群がっているのを見て、一つには甘美な敬神の念に導かれ、一つには貧しさへの愛に駆られて、彼らの中でも最も乏しい人に着ていた衣服を与えました。自分はその人のぼろぼろの服をまとうと、それまで知らなかった霊的な喜びを感じつつ、その日一日、貧しい人々の中で過ごしました。これは、この世の栄光を軽蔑するためであり、徐々に上昇することで福音的完全性に到達するためでした。

肉体を抑制することに細心の注意を払っていましたが、それは内的に心にいだいていたキリストの十字架を、外的に、肉体の上にも担うためでした。神の人フランシスコは、世俗の衣服や生活から離れぬうちから、これらすべてのことを行っていたのでした。

(1) ヨブ一・一。(2) シラ四五・一。(3) 詩二〇・四。(4) 詩六一・一〇。(5) シラ三一・八。(6) ヨブ三一・一八。(7) ルカ六・三〇。(8) ガラ三・二七。(9) ルカ一九・三六。(10) ヨブ一五・八。(11) イザ二八・一九。(12) エゼ一・三。(13) 詩七六・一一。(14) 使九・六。(15) 創三二・九。(16) ヨハ一二・四。(17) 雅八・七。(18) マタ一三・四四―四六。(19) Ⅱテモ二・三。(20) Ⅱコリ七・四。(21) ロマ八・二六。(22) 雅五・六。(23) マタ一六・二四。(24) イザ五三・四。

第二章

神への完全な回心と、三つの聖堂の修復について

一　いと高き方の僕《しもべ》〔フランシスコ〕は、これらのことにおいてキリスト以外のいかなる師をも持たなかったので、〔キリストは〕甘美な恵みのうちに再び彼を訪れて、その慈しみ深さをお示しになりました。
ある日のこと、〔フランシスコが〕**黙想するために野原**

を歩いて[1]おりますと、非常に長い歳月を経て朽ちかけている聖ダミアノ聖堂の近くに出ました。〔聖〕霊に鼓舞され、祈るために中に入りました。十字架につけられた〔キリスト〕の像の前にひれ伏して祈っていますと、〔聖〕霊による大きな慰めに満たされました。涙の溢れた目で主の十字架を見つめていますと、彼に対して十字架から響く声[2]を肉体の耳で聞いたのでした。その声は、三度、こう言いました。「フランシスコ、行きなさい、あなたの見ているとおり、すっかり壊れているわたしの家を建て直しなさい」。

　フランシスコは震えおののきました。聖堂の中には彼一人しかいなかったからです。この驚くべき声を耳にしてびっくりしました。しかし、この神聖な呼びかけの力が心に染みとおっていくにしたがって、脱魂状態に陥りました。しばらくして我に返ると、従う準備にとりかかり、物質的な聖堂を修復せよという命令に取り組んだのでした。もっとも、この言葉が第一に意図したことは、聖霊が教えてくれたとおりに、また彼自身も後に兄弟たちに打ち明けたように、キリストがその御血をもって贖われた教会[3]に関するものでした。

　次に、彼は立ち上がると、十字架の印で身を固めると、売り物の布地を抱えると、フォリーニョと呼ばれる町に急いで出かけました。そこで持ってきた布地と、乗ってきた馬をも売り払うと、この幸いなる商人は代金を手に帰って行きました。アシジに戻ると、それを修復するようにとの命令を受けた聖堂に、敬虔な心で入り、そこの貧しい司祭に出会うと、ふさわしい敬意を示して挨拶し、聖堂の修理と貧しい人々のためにと、持ってきた金銭を差し出しました。そして、しばらくの間、一緒に置いてほしいと、謙虚に願いました。司祭はフランシスコをそこに置くことには同意しましたが、彼の両親への恐れから、金銭は受け取ろうとはしませんでした。真に金銭を蔑視する者〔となっていたフランシスコ〕は、金銭を窓枠の上に投げ出し、塵のように軽んずべきものと見なしたのでした。

二　さて、神の僕〔フランシスコ〕は前述の司祭のもとで**暮らしていました**[4]が、彼の父親はそれを知ると、大いに困惑し、その場所へ駆けつけました。しかし、〔フランシスコは〕キリストの新米の競技者にすぎませんでしたので、追って来る人々の脅しの言葉を聞き、彼らが近づく気配を感じ取ると、**怒りにかかずらわない**[5]よう欲し、とある秘密の洞穴に身を隠しました。数日の間、そこに隠れてすごし、涙の雨を流しつつ、**自分の魂を追い求める者たちの手から助け出してくださるよう**[6]、またご好意によって恵み深くも吹き込んでくださった敬虔な願望を成就させてくださいますようにと、主に絶え間なく祈っていたのでした。そうするうちに、溢れるような喜びに満たされた〔フランシスコ〕は、卑劣な臆病のかどで自分を責め始めました。そこで洞穴を後にすると、恐れを振り捨て、アシジの町へと道を進んで行きました。町の人々はむさくるしい姿と、以前とは違った心構えを見て取ると、常軌を逸してしまったと思い、**道端の汚物**(7)や石を投げつけ、狂気に陥り錯乱しているかのように大きな叫び声をもって彼を罵ったのでした。しかし、主の僕〔フランシスコ〕は、どんな侮辱にも平然と顔色ひとつ変えず、何も聞こえない人のように、一同の間を通って行ったのでした。このような叫び声を聞くと、父親は直ちに駆け寄って来ましたが、それは彼を助け出すためではなく、かえって痛めつけるためでした。何の憐れみもなしに、家に引きずり込むと、まず初めに言葉で、次いで鞭打ちと鎖で苦しめたのでした。しかし、これによってむしろ始めたことをやり遂げようと燃え立たせ、一層決心を強めただけでした。「**義のために迫害される人々は、幸いである、天の国はその人たちのものである**(8)」という福音の言葉を思い浮かべていたからです。

三 しばらくして、父親が国を出て〔外国に行くと〕、夫の仕打ちに同意せず、息子の不屈の信念を弱めることはできないと予測した母親は、鎖を解いて、外に出ることを許したのでした。〔フランシスコ〕は全能の神に感謝し、以前にいた所へと戻っていきました。

ところが、父親は帰ってきて、家に息子がいないのを知ると、声を荒げて妻を非難し、息子を連れ戻すことができないなら、せめてその地方から追い出してやろうと、息子のいる所へと急いで駆けつけたのでした。しかし、神によって強められたフランシスコは、怒り狂う父親の前に自ら姿を現すと、鎖も鞭打ちも何の役にも立たない、と屈託のない声で表明し、更にキリストのみ名のためなら、あらゆる不正をも喜んで耐え忍ぶ、と申し立てたのでした。息子を呼び戻すことはできないと見て取った父親は、気を取り直して金銭を取り戻すことにしました。そして、窓枠の上にその金を見いだすと、彼の怒りはいくらか和らぎ、金銭を手で握ることで貪欲の渇きもなだめられました。

四 それから、肉に従って歩む父親は、金銭を失って恵みを受けた息子を町の司教のもとに連れて行こうとしました。家族の財産を息子の手から取り上げ、息子が持っていたものをすべて取り返すためでした。真に貧しさを愛する者となっていた〔フランシスコ〕は進んでそれを果たすことを示し、ぐずぐずせず、何のためらいもなく司教の前に進み出ると、言葉を待たず、自分から話すこともせず、直ちに着ていた衣服を脱ぐと、それを父親に返したのです。すると、神の人〔フランシスコ〕は優雅な衣服の下、地肌の上にごわごわした粗布をつけていることが明らかになりました。そのうえ、〔聖〕霊による驚嘆すべき熱火に酔いしれて、股引まで脱ぎ捨て、すべての人の面前で一糸まとわぬ姿となったのでした。そして、父親に向かって言いました。「今まで、この地上で、あなたをお父さんと呼んできました。けれども今は、安心して、**『天におられるわたしたちの父よ』**(9)と言うことができます。わたしはすべての宝をこの方のもとに置き、希望をもってこの方に信頼しているからです」。これを目の当たりにし、神の人〔フランシスコ〕のうちに燃えている熱意に驚嘆した司教は、すぐに立ち上がると、涙ながらに〔フランシスコ〕を腕の中に抱き寄せ、自分の着ていたマントで覆い、体を覆うものを何か与えるように召し使いに命じました。もともと善良で敬虔な人だったのです。司教に仕えている農夫の貧しく、粗末な着物が持ってこられました。〔フランシスコは〕感謝のうちに、それを喜んで受け取ると、一片の石膏を拾い上げると、自分の手で、それをもってその着物に十字架の印を書きつけました。これによって、この衣が、十字架につけられ、裸同然の貧しい方のものであることを明らかにしたのです。こうして、いと高き王〔キリスト〕の僕は裸で残されました。それは、彼が愛した裸で十字架につけられた主に従うためでした。こうして、世の破滅から救い出す救いの木に自分の魂を委ねるよう、十字架によって護られたのでした。

五　そこで、世俗のさまざまな欲望の鎖から解き放たれ、この世を軽蔑する者〔となったフランシスコ〕は、町から離れ、平穏で何ものにも捉われない心で、孤独になることのできる隠れた場所を探し求めたのでした。ただ独りで沈黙のうちに、いと高き方の語りかけに耳を傾けるためです。

ところが、神の人フランシスコが、快活に、フランス語で主への賛美を歌いながら森をぬけて歩いていますと、強盗どもが隠れ場から彼に襲いかかってきました。獰猛な口調で彼らに、お前は誰だ、と尋ねられた神の人は、確信に満たされ、預言的な言葉で答えました。「わたしは**偉大な王**(10)の先触れです」。すると、〔強盗ども〕は彼を打ちのめすと、雪の積もった溝に投げ込んで言いました。「そこに寝ていろ、この田舎者の神の先触れめ」。彼らが行ってしまうと、〔フランシスコ〕は溝の中から飛び出して、大きな喜びでいっぱいになって、森中に響きわたる声で高らかに、万物の創造主への賛美を歌い始めたのでした。

六　近くのある隠棲修道院へやって来ると、物乞いのように施しを乞い、どこの誰とも分からない、蔑まれた者として施しを受けたのでした。そして、そこを出ると、グッビオに向かいました。そこには、前々から知っている友達がおり、彼を迎え入れてくれ、キリストの貧しく小さな者たちが着ているような粗末な短いトゥニカをくれました。

完全な謙遜を愛する人〔フランシスコ〕は、そこからレプラを患っている人々のもとに行き、彼らのもとにとどまり、神のために熱心に彼ら皆に仕えていました。彼らの足を洗い、潰瘍に包帯を巻き、傷口から膿《うみ》を出し、患部を拭き清めていました。実に、やがて福音の医師となるはずのこの人は、驚くべき敬虔さをもって、患者たちの膿《う》んだ傷口に口づけをするのでした。このため、主から大きな力を得て、精神的かつ肉体的な病を奇跡的に癒す驚嘆すべき力を発揮するようになったのでした。

やがて神の人〔フランシスコ〕の名声がより広く知られるようになってから起こった、たくさんの出来事の中から一つを紹介しましょう。

スポレトの伯爵領に、口と頬とが恐ろしい病に冒され蝕まれた人がいました。どんな治療を受けても回復することができませんでした。そこで、聖なる使徒たちの墓所を訪れ執り成しを求める巡礼に出かけました。その帰り道、この人は神の僕〔フランシスコ〕に出会いました。敬虔な気持ちにかられ、この人は〔フランシスコ〕の足跡に口づけをしようとしました。けれども謙遜な人〔フランシスコ〕はそれを許さず、自分の足に口づけしようとした人の口に口づけしたのでした。レプラを患っている人々の僕であるフランシスコが、驚嘆すべき敬愛の心をもって、その聖なる口でその人の恐ろしい傷口に触れますと、あらゆる症状が消え、たちまち病人は望んでいた健康を取り戻したのでした。慈しみ深い口づけに示された謙遜の深さと、驚くべき奇跡に示されたその力のすばらしさ、この二つのどちらをより一層称賛すべきか、わたしには分かりません。

七　いまやキリストの謙遜に根ざして、真に従順な人フランシスコは、聖ダミアノの聖堂を修復するようにという、十字架から課されたことを思い返し、真に従順な人〔であったフランシスコ〕は、物乞いをしてでも、この神の声に従おうと、アシジに戻りました。貧しく十字架につけられた方への愛のために、羞恥心をことごとく捨てて、以前には自分の富を見せびらかしていた人々の間で施しを乞い、断食のため弱った体で石を運んだのでした。

神の助けと、信心深い町の人々の協力によって、聖堂の修復を終えました。この仕事の後、怠惰のために体がなまってしまわないように、町から少し離れた所にある聖ペトロ聖堂の修復に着手しました。純粋で誠実な信仰によって、使徒たちの頭〔である聖ペトロ〕に対して特別の信心を持っていたからです。

八　この聖堂の修復を終えると、ポルチウンクラと呼ばれる場所に来ました。そこにはいとも祝された処女《おとめ》、神の母〔マリア〕に献げられた聖堂がありました。古い昔に建てられたのですが、今は見捨てられ、誰も世話する人はいませんでした。神の人〔フランシスコ〕は聖堂が見捨てられているのを見ると、世の女王〔聖マリア〕に対して抱いていた篤い信心にかられ、その修復のために、そこに留まり続けることにしました。昔から「天使たちの聖マリア」と呼ばれていた、この聖堂の名前に基づいて、天使たちがしばしばそこを訪れると考えた〔フランシスコ〕は、天使たちへの崇敬と、キリストの御母に対する特別な愛の故に、そこに住むことにしたのでした。

聖なる人〔フランシスコ〕は、世界の他の場所にまさって、この場所を愛していました。まさしく、ここで謙遜に第一歩を踏み出し、ここで徳を積み進歩を遂げ、ここで幸いな最期を遂げ、死の間際には、処女〔マリア〕に最も大切にされた場所として、ここを兄弟たちに託したのでした。

神に自らを奉献したある兄弟が、その回心の前に、この場所についての幻を見たことを述べておくのも役に立つでしょう。この聖堂を取り囲んで、**目の見えない**[11]大勢の人々が、顔を天に向けて、**ひざまずいている**[12]のを、この人は見たのです。その人たちは皆、**手を高く挙げて**[13]、涙ながらに**神に叫び**[14]、憐れみと光を請い求めていました。すると、天からまばゆい輝きが射してきて、一同の上に広がり、一人ひとりに光を授け、願い求めていた健康を回復させたのでした。

この場所こそ、神の啓示に駆り立てられ、聖フランシスコによって小さき兄弟たちの会が始められた場所なのです。すべてにおいてキリストの僕〔フランシスコ〕を導かれた神の摂理の命じられるところに従って、会を発足させ、福音を宣べ伝える前に、資材をもって三つの聖堂を建立したわけですが、それは、感覚によって知りうるものから知性によって知りうるものへと、より小さなものからより大きなものへと、秩序正しく段階を踏んで昇っていくためばかりではなく、その後彼が行うことになることを外的で感覚的な行動を通して神秘的な形であらかじめ示すためでもありました。

三つの建物が修復されたように、この聖なる人の導きのもとに、彼によって提示された〔生活〕様式、会則、そしてキリストの教えという三つの方法で教会は刷新されるはずでしたし、救われる人々から成る三つの軍隊が勝利を祝うことになるのです。それが実現されたことは、今、わたしたちが目にしているとおりです。

（1）創二四・六三。（2）Ⅱペト一・一七。（3）使二〇・二八。（4）マタ二五・五。（5）ロマ一二・一九。（6）詩三〇・一六、一〇八・三一。（7）王下二二・四三。（8）マタ五・一〇。（9）マタ六・九。（10）詩四七・三、マタ二七・四。（11）創一九・一一。（12）代下六・一三。（13）Ⅱマカ一四・三四。（14）詩五四・一七。

第三章

修道生活の創設と会則の認可について

一　神の母処女《おとめ》〔マリア〕の聖堂に留まっていたころ、その方の僕《しもべ》フランシスコは、**恵みと真理に満ちたみ言葉**[1]を身籠られた方に向かって、保護者となってくださるようにと、たえず哀願しておりました。そして、慈しみの御母の功徳によって、彼自身も福音の真理の霊を身籠り、出産したのでした。

ある日のこと、全精神を集中して使徒たちの〔祝日の〕ミサにあずかっているときのことです。福音が朗読されましたが、それはキリストが宣教に遣わすにあたって、福音的な生活様式、つまり、**帯の中に金も銀も貨幣も入れて行ってはならず、旅には袋も、二枚のトゥニカも、履き物も杖も持って行ってはならない**[2]〔という生活様式を〕弟子たちに伝授された箇所でした。これを聞き、理解し、記憶に刻みつけると、使徒たちの貧しさの友〔フランシスコ〕は、たちまち言い表し難い喜びに満たされて言いました。「これこそ、わたしが欲していたこと。これこそ、わたしが心の底から熱望していたことだ」。そして、直ちに**足から履き物を脱ぐ**[3]と、杖を脇に置き、財布と金銭を罵り、一枚の短いトゥニカで満足し、革帯を捨て、帯に代えて縄紐を用いたのでした。どのようにして聞いたことを実践するか、どのようにして、あらゆる点で、使徒たちに示された正しい生き方の規範に自分を合わせるかということに、心の思いのすべてを向けたのでした。

二　この聖なる霊感のもとに、神の人〔フランシスコ〕

は福音的完成を目指して走り始め、ほかの人々を悔い改めへと導き始めました。その話し方は空疎なものでも嘲笑の的になるものでもなく、**聖霊の力に満ちた**[4]ものでした。それは心の奥底にまで染みとおり、聞く人々を非常に驚かせました。そのすべての説教において、「**主があなた方に平和を与えくださいますように**[5]」と言って平和を告げ、説教の初めに人々に挨拶しておりました。後に〔フランシスコ〕自身が証言しているように、この挨拶は主からの啓示によって学んだものでした。こうして、預言の言葉のとおり、預言者たちの霊に鼓舞されて、平和を告げ、救いを宣べ伝え[6]、救いに導く忠告をもって、以前はキリストに逆らい、救いから遠く離れていた多くの人を、真の平和の絆によって一致させたのでした。

三　こうして、単純な教えと生き方という神の人〔フランシスコ〕の真理が多くの人に知れ渡るようになると、その模範に倣って悔い改めの生活を送ろうとして、**すべてを捨てて**[7]、生活も衣服も、この人と共にしようとする人々が出始めました。彼らの中で最初の人が尊敬すべきベルナルドでした。この人は、神の**召し出しにあずかる**[8]者となり、時間的にもまた聖性の特権においても、幸いなる師父の初子となるにふさわしい人でした。〔ベルナルド〕は、キリストの僕〔フランシスコ〕の聖性を確信すると、その模範に倣って、完全に世を棄てようと決心し、どのようにそれを実践したらよいのか、〔フランシスコ〕の助言を求めました。これを聞くと、神の僕〔フランシスコ〕は、最初の子供を宿したことで、聖霊の慰めに満たされて、「その助言は神に願わなければなりません」と答えたのでした。そこで、**夜が明けると**[9]、聖ニコラオ聖堂に行き、まず祈りをささげ準備しました。それから、三位一体の神を敬うフランシスコは、三つの証しによってベルナルドの聖なる計画が固められることを神に願って、三度、福音書を開きました。最初に開かれたのは次の箇所でした。「**もし完全になりたいのなら**、**行って**、**持ち物を**すべて**売り払い**、**貧しい人々に施しなさい**[10]」。第二は次の箇所でした。「**旅には何も持って行ってはならない**[11]」。そして第三は次の箇所でした。「**わたしについて来たい者は**、**自分を捨て**、**自分の十字架を背負って**、**わたしに従いなさい**[12]」。聖なる人〔フランシスコ〕は言いました。「これこそわたしたちの生活であり、会則です。そして、わたしたちの仲間に加わろうとするすべての人の〔生活であり会則です〕。さあ、**完全になりたいのなら**、**行きなさい**。そして、いま聞いたとおりのことを行いなさい」。

四　それから間もなく、同じ霊によって、更に五人の人が呼ばれ、フランシスコの息子たちの数は六人に達しました。そのうちの三人目が聖なる師父エジディオでした。この人は神に満たされた人で、栄えある名声にふさわしい人でした。この人は無学で純朴な人でしたが、神の僕〔フランシスコ〕がこの人について予言したとおりに、崇高な徳の実践で有名になり、至高なる観想の極みにまで挙げられました。この人は幾年にもわたって絶えることなく上昇するように努め、たびたび脱魂によって神に心を奪われていました。わたし自身もその様子を目撃したことがあります。まさしく、この人は人々の間にあって、人間というよりは、むしろ天使のような様子で生きていたのでした。

五　また、同じころ、実直な生活を送っていた、シルヴェストロという名前のアシジの町の司祭に、主から幻が示されました。その幻は黙って見すごしにできるものではありませんでした。実のところ、この人は人間的な見方から、フランシスコと兄弟たちの進んでいる道と生活様式に対して嫌悪の情を持っていたのでしたが、軽率な判断という危険に陥ることのないように、天からの恵みがこの人を訪れたのでした。この人は、夢の中で、アシジの町が一頭の**巨大な竜**(13)によってすっかり取り巻かれ、その大きさによって町の全域が破壊される危機に瀕しているのを見たのでした。その後、フランシスコの口から金の十字架が出てくるのを見ました。その頂は**天に達し**(14)、両腕は広く伸ばされ、世界の果てにまで届くかと思われました。この輝きに満ちた光景を前に、忌むべく、また恐るべき竜は遠くへと逃げ去ったのでした。三度にわたって、この幻が示されたことから、これが聖なる神託であると判断すると、この人はこの一部始終を神の人〔フランシスコ〕と兄弟たちに語り、その後ほどなく、世を捨て、非常な忍耐心をもってキリストの足跡に従いました。会の中でのこの人の生活ぶりは、世俗にあったときに見た幻の真正さを確認するものでした。

六　この幻について聞いたときも、神の人〔フランシスコ〕は人間的な栄誉に有頂天になることなく、このようなご好意のうちに神の善良さを改めて確認し、古くからの敵の狡猾さをはねつけ、キリストの十字架の栄光を宣べ伝えるという願いを一層強めたのでした。

ある日のこと、人里離れた寂しい場所で、**苦い思いをもって自分の過去の歳月を顧みて**(15)涙を流していると、聖霊の喜びに満たされて、〔フランシスコは〕すべての罪が完全に赦されたことを確信したのでした。そして、脱魂状態になり不思議な光に完全に包まれ、その心は広げられ、将来、自分と、兄弟たちとに起こることをはっきりと眺めたのでした。このことの後で兄弟たちのところに戻ると、こう言いました。「いとも親愛な者たちよ、**主によって力づけられ、主のうちにあって喜びなさい**[16]。あなた方の数が少ないからといって悲しんではなりません。わたしの単純さ、あるいはあなた方の単純さのために恐れることはありません。主がわたしに真実に示してくださったように、神はわたしたちの数を増大させ、その祝福の恵みによって数えきれない方法でわたしたちを拡大させてくださるでしょう」。

七　同じころ、もう一人の善良な人が修道生活に加わり、神の人〔フランシスコ〕の祝福された子供たちの数は七人となりました。そこで、敬虔な父親〔としてフランシスコ〕は息子たちを皆、自分のもとに呼び集め、神の国について、この世に対する軽蔑について、自分の意志を放棄することについて、肉体の苦行についてなど、たくさんのことを彼らに語り、彼らを世界の四方に派遣しようとしている自分の計画を打ち明けたのでした。実に、聖なる師父の、貧しく哀れな**不妊の女**のように見なされた単純さが既に**七人の子を産み**[17]、世界中の信者を悔い改めの悲嘆へと導き、主キリストのうちに生まれさせようと願っていたのでした。

やさしい父親〔としてフランシスコ〕は、子供たちに言いました。「さあ行きなさい、人々に平和を告げる者として。**罪の赦しを得させるために悔い改めを宣べ伝えなさい**[18]。苦難においては忍耐強く、祈りにおいては注意深く、仕事においては勤勉で、語るときには慎み深く、振る舞いは慎重に、好意に対しては感謝しなさい。なぜなら、これらのすべてのことに対して、永遠のみ国があなた方のために用意されているからです」。〔子供たちは〕神の僕〔フランシスコ〕の前の大地に謙遜にひれ伏し、喜びの心をもって聖なる従順の命令に受け入れたのでした。すると、〔フランシスコ〕は一人ひとりに向かって言いました。「**あなたの思いを主に委ねなさい。そうすれば主があなたを養ってくださいます**[19]」。これは、従順によって兄弟たちの誰かを送り出すとき、いつも口にしていた言葉です。

そのとき、**教える**よりも前に**実行すること**[20]で、ほかの〔兄弟たち〕に模範を示さなければならないと知っていましたので、残りの六人を世界の他の三つの方角へ向けて出発させ、十字架の形を作るようにしたうえで、〔フランシスコ〕自身も仲間の〔兄弟の〕一人と共に一つの方角へと出発したのでした。

ところが少し経つと、恵み深い父親〔であったフランシスコ〕はいとしい子供たちが傍らにいることを願いましたが、自分で彼らを一つに呼び集めることはできませんでしたので、イスラエルの散らされた者らを集める方を通して、そうなるように祈ったのでした。(21) すると間もなく、〔フランシスコ〕の願いに応えて、彼らも驚いたことに、思いもかけず、時を同じくして皆が戻ってきたのでした。それは人間的な呼びかけによるものではなく、神の慈しみのみ業によるものでした。

しかも、その間に、更に四人の実直な人々が仲間に加わり、〔兄弟たちの〕数は十二人にまで増えたのでした。

八　徐々に兄弟たちの数が増えてきたのを見て、キリストの僕〔フランシスコ〕は、自分と兄弟たちとのために、単純な言葉で生活様式を書き記しました。そこで、聖なる福音の遵守をその揺るぎない土台として据え、同じ生活様式を守る上で必要と思われる幾つかのことを書き加えました。書き上げたものが至高の祭司（教皇）によって認可されることを願って、神の導きのみに信頼して、素朴な仲間たちと共に使徒座の前に進み出ることを決心しました。この願いを高いところからご覧になった神は、神の人〔フランシスコ〕に次のような幻を示して、自分たちの単純な思いに恐れおののいている兄弟たちの心を強くされました。〔フランシスコは〕自分がどこかの道を歩いているのを見ました。その道の傍らには一本の非常に高い木がそびえ立っていました。その木に近づき、その下に立って、その高さに驚嘆しました。すると突然、神の力によって高く挙げられました。そのため、木の梢に達し、いともたやすくその先端を地面にまで曲げられるほどでした。この人は神に満たされ、この幻は権威ある使徒座の譲歩を予兆するものであると理解して、この心は喜びに満たされ、主のうちにあって兄弟たちを力づけ、彼らと共に旅路についたのでした。

九　さて、ローマの教皇庁に着き、至高の祭司の前に導かれると、〔フランシスコは〕自分の意図するところを説明し、先に述べた生活の規則が認可されることを謙遜に、また熱心に願ったのでした。キリストの代理者であるインノセント三世陛下は、その英知において聡明な方でしたが、神の人〔フランシスコ〕の単純な精神の驚嘆すべき純粋さと、目的に向かう決意の固さと熱さ、そして聖なる意志の燃えるような熱心さを見て取ると、その嘆願を承認しようとの思いにその心は傾きました。けれども、キリストの貧しく小さな人〔フランシスコ〕が求めていることは、ある枢機卿たちにとって新奇で人間の力を越えた困難なことと危ぶまれたことから、承認するのをためらっていました。枢機卿たちのうちに、サビーナの司教で、サン・パウロのヨハネ陛下という、尊敬すべき方がおられました。この方はあらゆる聖性を愛する方であり、キリストの貧者たちの後援者でもありました。この方が聖霊に鼓舞されて、教皇と兄弟〔である他の枢機卿〕たちに次のように言いました。「福音的な生活様式を認めてほしいと願っているというのに、この貧しい者の願いはあまりにも困難で新奇なこととわたしたちが拒否するとすれば、キリストの福音を侮辱することにならないか、注意してみる必要があります。なぜなら、この人の福音的完成を目指して生きようとする願いの中に、新奇で非理性的なもの、あるいは遵守するには不可能なものがあると言う人があれば、その人は福音の創始者であるキリストを冒瀆するという罪を犯すことになるからです」。この提言を聞くと、使徒ペトロの後継者〔である教皇〕はキリストの貧者〔フランシスコ〕のほうを向くと、こう言いました。「息子よ、あなたを通してご自分の意思を示してくださるよう、キリストに祈りなさい。もっと確実なことが分かったなら、あなたの敬虔な願いに、更に確実な形で認可を与えよう」。

九a（後代の挿入）〔さて、ローマの教皇庁に着き、〕至高の祭司の前に導かれたとき、キリストの代理者（教皇）はラテラノ宮殿におられ、鏡の間と呼ばれる部屋の中を歩き、深い瞑想にふけっておられ、キリストの僕〔フランシスコ〕のことを何も知らぬまま、腹を立てた様子で、追い払いました。〔フランシスコは〕謙遜に外に引き下がったのでしたが、その夜、次のような啓示が至高の祭司ご自身に神から下されました。〔教皇は〕自分の足の間に、一本の棕櫚《しゅろ》の木が生え出て、徐々に大きくなり、やがて見事な木となるのを見たのでした。この幻は何を示そうとしているのだろうかといぶかっていると、キリストの代理者（教皇）ご自身の心に神からの光が差し込み、この棕櫚の木は、前の日に、追い帰した貧者であることが示されました。翌朝、町中を探し、あの貧者を見つけ出すよう召し使いたちに命じました。ラテラノ宮殿に近い聖アントニオ施療院で〔フランシスコ〕を見いだすと、直ちに至高の祭司のみもとに伺候《しこう》するよう命じたのでした。（九の冒頭「至高の祭司の前に導かれると、〔フランシスコは〕自分の意図するところを説明し」と続く）

一〇　全能の神の僕〔フランシスコ〕は、祈りに完全に身をささげ、敬虔な祈願を通して、自分としては外面的に何を語るべきか、内面的には教皇が何を考えておられるかを知らされていました。そこで、〔フランシスコは〕神から教えられたままに金持ちの王の譬えを語りました。その王は喜びのうちに美しいが貧しい女性を娶《めと》り、何人もの子供ができました。子供たちは父親の王にそっくりで、そのため王の食卓で養われる資格を備えていました。〔フランシスコは〕これに自分の解釈を言い添えました。「永遠の王の子であり世継ぎでもある者たちは飢えで死ぬことを恐れてはなりません。彼らはキリストの似姿として、聖霊の力によって、貧しい母親から生まれました。そして彼らは、貧しさの精神によって貧しく小さい修道生活に産み落とされるのです。天の王がご自分に倣う者たちに**永遠のみ国**(22)を約束されたのであれば、ましてや**善人にも悪人にも**(23)等しく与えてくださるものを、彼らに与えてくださらないはずはありません」。キリストの代理者はこの譬えとその解釈に熱心に耳を傾けると、非常に驚き、間違いなくこの人のうちでキリストが語られたと認めたのでした。

そして〔教皇は〕、当時、天から示された幻が、この人によって成就されると、聖霊の働きかけによって確信したのでした。〔教皇の〕語られたところによると、夢の中で、**取るに足りない、人々に軽んじられている**(24)一人の貧しく小さな人が、崩れかけようとしているラテラノ大聖堂が崩れ落ちないように、その背に荷って支えているのを見たのでした。「まさしくこの人こそ、その行いと教えによってキリストの教会を支えてくれる人だ」と〔教皇は〕言われました。深い尊敬に満たされた〔教皇は〕、〔フランシスコ〕のすべての願いを聞き入れ、以後ずっと特別の愛をもってキリストの僕〔フランシスコ〕を愛したのでした。そして、懇願されたことを承認した後、更に多くのことをも承認すると約束されたのでした。〔教皇は〕会則を認可し、悔い改めを宣べ伝える使命を与え、神の僕〔フランシスコ〕の仲間となった司祭でないすべての兄弟たちに、自由に**神の言葉**(25)を宣べ伝えることができるように小さく丸い剃髪を行わさせたのでした。

(1) ヨハ一・一四。(2) マタ一〇・九―一〇。(3) 出三・五、マコ一・七。(4) ルカ四・一。(5) Ⅱテサ三・一六。(6) イザ五二・七。(7) ルカ五・一一、二八。(8) ヘブ三・一。(9) マタ二七・一。(10) マタ一九・二一。(11) ルカ九・三。(12) マタ一六・二四。(13) ダニ一四・二二。(14) 創二八・一二。(15) イザ三八・一五。(16) エフェ六・一〇、フィリ三・一。(17) サム上二・五、ガラ四・一九。(18) マコ一・四。(19) 詩五四・二三。(20) 使一・一。(21) 詩一四六・二。(22) Ⅱペト一・一一。(23) マタ五・四五。(24) イザ一六・一四、五三・三。(25) ルカ一一・二八。

第四章

フランシスコの指導のもとでの会の発展と先に認可された会則の追認について

一　天からの恵みと教皇の権威に信頼しきったフランシスコは、大きな確信に満ちてスポレトの谷に向かって急いで旅立ちました。その地でキリストの福音を**実践し教える**(1)ためでした。道々、自分たちが受け入れた会則をどのようにして誠実に守るべきか、どのようにして神のみ前であらゆる**聖性と義において**(2)進歩していくべきか、どのようにして自分自身を改善し、人々の模範となるべきか、仲間〔の兄弟〕たちと語り合い、長い話し合いを続けるうちに時は過ぎていきました。長い旅路に疲れ、空腹にもなったので、彼らは人気のない場所に足を止めました。必要な食べ物を手に入れるすべが全くないように思われたまさにその時、神の摂理が直ちに彼らを助けたのでした。というのは、突然、パンを手にした一人の人が現れ、キリストの貧しく小さな人々にそのパンを与えると、たちまち姿を消したのでした。その人がどこから来て、どこへ行ったのか誰にも分かりませんでした。このことから、貧しい兄弟たちは、神の人〔フランシスコ〕について行くかぎり、天からの助けにあずかると悟って、肉体のための食物によってよりも、物惜しみしない神の賜物によって、一層元気づけられたのでした。そして何よりも、神の慰めに満たされた〔兄弟たち〕は、窮乏や艱難によるいかなる圧迫を受けても、聖なる貧しさの約束に決して背くことはないと、固く決心し、それを取り消さないと断言したのでした。

二　たくさんの聖なる計画をもってスポレトの谷に着くと、人々の中で生活するべきか、それとも人里離れた所に退いて暮らすべきか相談し始めました。けれども、キリストの僕フランシスコは、自分自身の努力にも兄弟たちの努力にも信頼せず、このことについて神がお望みになることを熱心な祈りを通して尋ね求めたのでした。すると、天からの啓示というご託宣に照らされた〔フランシスコは〕、悪魔が奪い去ろうとしている多くの魂をキリストのもとへと連れ戻すために、自分は主によって遣わされたことを悟ったのでした。そこで、ただおひとりで**すべての人のために死ぬ**(3)ことをよしとされたお方の模範に倣って、自分ひとりのために生きるよりも、すべての人のために生きることを選んだのでした。

三　そこで、神の人〔フランシスコ〕は、他の仲間たちと一緒に、アシジの町近くの、とある見捨てられた家畜小屋に居を定めました。聖なる貧しさという〔生活〕様式に従って、快楽のパンよりも涙のパンで養われることに満足し、**多くの労苦と欠乏のうちに**(4)暮らしていました。

　そこで、〔兄弟たちは〕絶えざる祈りのうちに時を過ごしていましたが、言葉による祈りよりも念禱に励んでいました。というのは、定められた時課を唱えるための典礼の書物をまだ所持していなかったからです。しかし、それらの書物の代わりに、キリストの十字架について絶えず語り続ける師父〔フランシスコ〕の言葉と模範に教えられて、キリストの十字架という書物を、昼夜、絶えることなく見つめることで熟考していました。

　どう祈ったらよいのか教えてほしいと兄弟たちに頼まれると答えたのでした。「**祈る時にはパーテル・ノステル**（主の祈り）**を唱えなさい**(5)。また、『キリストよ、全世界にあるすべての聖堂において、あなたを礼拝し、あなたを賛美します。あなたは聖なる十字架によって世を贖ってくださったからです』と祈りなさい」。

　更にまた、すべての被造物において、すべての被造物を通して神を賛美すること、特別の尊敬の念をもって司祭たちを敬うこと、聖なるローマ教会が保持し教えているとおりに信仰の真理を堅く信じ、単純に信仰告白することを〔フランシスコは〕教えたのでした。〔兄弟たちは〕聖なる師父の教えを細かい点に至るまで守り、遠くからでも聖堂や十字架を見ると、教えられたとおりの言葉で祈りつつ、謙遜に〔大地に〕ひれ伏していました。

四　兄弟たちが前述の場所に住んでいたある土曜日のことでした。聖なる人〔フランシスコ〕は、いつもの習慣どおり、主日の朝早く、司教座聖堂で説教するために、アシジの町に出かけていました。その身を神に献げた人〔フランシスコ〕は、〔自分の〕子供たちから肉体的には離れて、司教座聖堂参事会員たちの庭にある納屋の中にいて、いつものように神への祈りのうちに夜を過ごしていました。すると、真夜中ごろのことでした。兄弟たちの幾人かは休んでおり、幾人かは祈り続けていたところへ、不思議に光り輝く**火の車**(6)が、家の戸口から入ってきて、家の中の**あちこちを**(7)三度駆け巡ったのでした。その〔火の車の〕上には太陽のようにも見える光り輝く球体があり、夜を照らしていました。**起きていた者たち**は驚きのあまり呆然とし、寝ていた者たちも目を覚まし**恐ろしさのあまり震えていました**(8)。彼らは体だけではなく心にまでその輝きを感じ、その不思議な光の力によってそれぞれの良心がお互いにあらわになったのでした。互いに心のうちをくまなく眺めるうちに、彼らは皆一致して、**体では離れていても霊ではそこに居合わせる**[9]聖なる師父が、天上の輝きによって光を放ち、超自然的な力によって炎のように燃え立つ、このようなイメージに変えられて、輝く車と火のうちに自分たちに主から示されたのだと悟ったのでした。それは、彼らが**真のイスラエル人**[10]として、神によって第二のエリヤ、霊的な人々にとっての**車**とも**御者**《ぎょしゃ》[11]ともされた〔フランシスコ〕の後に従うことができるためでした。フランシスコの祈りに応えて、これらの単純な人々の**目を開かせ**[12]、かつて**火の車と馬がエリシャを囲んで山に満ちているの**を見るために**召し使いたちの目を開かれた**[13]神は、彼らが**神の偉大なみ業**[14]を見るようにされたのだ、とまさしく信じなければなりません。

聖なる人〔フランシスコ〕は兄弟たちのもとに帰ると、彼らの良心の秘密を探り、そのすばらしい幻によって彼らを強め、会の発展について予言し始めたのでした。〔フランシスコが〕人間の理解を超えた多くの事柄を明らかにすると、兄弟たちは、ご自分の僕であるフランシスコの上に**主の霊が**これほどまでに満ち満ちた形で**留まられた**[15]ことを知り、〔フランシスコ〕の教えと生き方に従っていくことは彼らにとって安全極まりないことだと悟ったのでした。

五　この後、**小さな群れの**[16]牧者フランシスコは、天の恵みに先導されて、十二人の兄弟からなる小さな群れをポルチウンクラの聖マリア〔聖堂〕へと連れて行きました。それは、神の母の功《いさお》しによって小さき者らの会が発足したこの地で、聖母の助力のもとに成長することができるようにするためでした。

また、この地で福音の先触れとなった〔フランシスコ〕は、**人間の知恵による堪能な言葉をもってではなく**、〔聖〕**霊の力をもって**[17]**神の国を宣べ伝えつつ**[18]、**町や村を巡っていました**[19]。彼を見る人々の目には、別の世の人のように見えました。なぜなら、常に精神も顔も天に向けていた〔フランシスコ〕は、すべての人を上のほうへと引き寄せようと努めていたからです。その結果、キリストのぶどう畑は、芽を出し、主の香りを放ち、**甘美さと名誉と気品の花**を咲かせて、豊かな**実り**[20]をもたらし始めていたのでした。

六　〔フランシスコ〕の説教の熱意によって燃え立たせられた多くの人々が、神の人〔フランシスコ〕から受けた形態に従って、新しい規則によって悔い改めに専念するようになりました。この人々の生活様式を、キリストの僕〔フランシスコ〕は、「悔い改めの兄弟会」と名づけることに決めました。悔い改めの道は天を目指して努力するすべての人に共通のものですから、この態勢は聖職者も一般信徒も、未婚、既婚の男女すべてを受け入れるものです。これが神のみ前にどれほど価値のあるものであるかは、これに加わったある人々によって行われた数多くの奇跡によって知られるとおりです。

処女《おとめ》たちもまた、終生の独身へと引き寄せられていました。そのうちの一人が神に特別に愛された処女《おとめ》クララでした。彼女はそのような女性たちの最初の苗木であり、春に咲く白い花のように香りを放ち、ひときわ明るい星のように光り輝いていました。今、天においては栄光を受け、地上においては教会によってふさわしく崇敬されている〔クララ〕は、聖なる師父フランシスコのキリストにおける娘であり、貧しく気高い女性たちの母でもあります。

七　更に多くの人が献身の念に駆り立てられただけでなく、キリストの完全性への憧れに燃え立って、世俗の物事のあらゆる空しさを軽んじ、フランシスコの跡に従ったのでした。その数は日ごとに増し、またたく間に**地の果て**[20]にまで達するようになりました。

彼らにとってただ一つ財宝のように保守すべきものであった聖なる貧しさは、彼らを、あらゆる従順に対しては素早く、労苦に対してはたくましく、旅立ちに対しては常に備えられたものとしました。彼らは地上のものは何一つとして所有していなかったので、何ものにも愛着せず、失うことを恐れるものは何一つとしてありませんでした。どこにいても安全で、恐れによって揺らぐことなく、心配のために不安になることもありませんでした。心を乱すことなく生活し、何の不安もなく朝を迎え、一夜の宿を見つけることを期待していました。

世界のさまざまな所で、軽蔑すべきもの卑しいものであるかのように多くの罵詈雑言《ばりぞうごん》を浴びせられましたが、キリストの福音への愛が彼らを忍耐強いものとしました。そのため、彼らの聖性が認められ、現世的な栄誉をもって誉めそやされる場所よりも、肉体的に迫害を受けるような場所にいることを望んでいたほどでした。

物資に欠乏しているというそのこと自体が、満ち溢れる豊かさと彼らには思えたのでした。賢者の忠告のとおり、**大きなものに代わって、最も小さなもの**[21]が彼らを満足させていたからです。

さて、兄弟たちの何人かが〔キリスト〕信者でない人々の所に赴いたときのことです。一人のサラセン人が敬虔な思いにかられて、必要な物を買うようにと彼らに金銭を差し出しました。彼らが受け取るのを拒むと、その人は彼らが無一物であるのに気づいて、びっくりしました。しかし、神への愛の故に貧しい者となっており、金銭を所有しようとしないのだということを知ると、彼らに深くひきつけられ、自分に何か与えるものがあるかぎり、彼らのあらゆる**必要を満たそう**(22)と申し出たのでした。

おお、貧しさの計りしれない尊さよ。その驚くべき力によって、異国の粗暴な心はこのような感動的な同情へと変えられたのです。サラセン人がこれほどの尊敬をよせた気高い**真珠を**、キリスト者が**足で踏みにじる**(23)とすれば、それは恐ろしく、いとわしい冒瀆でありましょう。

八　このころ、十字架奉持者会の修道士の一人で、モリコという名前の人が、重い長患いにかかりアシジの近くの施療院で苦しんでいました。医師たちも見放すほどの病状でした。その人は神の人〔フランシスコ〕に哀願することにして、使いの者を通して、自分のために主のみ前で執り成してほしいと切に願ったのでした。祝された師父は寛大に願いを聞き入れると、祈りをささげた後、パン屑を手に取り、処女《おとめ》〔マリア〕の祭壇の前にともされていた灯明から油を取ると、それに混ぜて丸薬のように丸めると、次のように言って、兄弟たちの手を通して病人のもとに届けたのでした。「この薬をわたしたちの兄弟モリコのところに持っていきなさい。これによって、キリストの力が完全な健康を取り戻させるだけでなく、頑強な闘士とし、永遠にわたしたちの戦列に加えてくださるでしょう」。病人が、聖霊の導きのもとに調合されたこの薬を服用すると、直ちに病気は癒されました。その人は神によって心身ともにいそう強められたので、少しの後、聖なる人〔フランシスコ〕の修道生活に加わりましたが、ただ一枚の短いトゥニカを着ているだけで、その下には胴鎧《どうよろい》を肌に直《じか》に長い間着けており、生の食べ物だけ、つまり野草や野菜や果物といったものだけで満足し、長年にわたって、パンもぶどう酒も口にしませんでしたが、壮健で無病息災を保っていました。

九　キリストのいとも小さき者〔フランシスコ〕の諸々の徳の功績が増すにつれて、その名声の香りは周辺に広まり、聖なる師父を一目見ようとして大勢の人が世界のあらゆるところからやってきました。その中に、好奇心旺盛な世俗の詩歌の作者がいました。その詩歌のおかげで皇帝から冠を受け、詩歌の王とまで呼ばれていました。このような人物が、世俗のものを軽蔑する神の人〔フランシスコ〕を訪ねようと決心したのでした。〔その彼が、〕サン・セヴェリノの村の隠棲修道院で説教している〔フランシスコ〕を見いだしたのですが、その時、主のみ手がその人の上に置かれ、一本の剣は頭から足まで、もう一本の剣は胸を横切って一方の手から他方の手にまで伸びて、十字架の形に交差する非常に明るく輝く二本の剣によって、キリストの十字架について説教するフランシスコが印づけられているのを見たのでした。キリストの僕〔フランシスコ〕の顔を知らなくとも、このような偉大な奇跡によって指し示されたので、直ちに見分けることができたのでした。この幻に驚愕したその人は、即座に、行いを改める決意を固め始めました。あたかも〔フランシスコ〕の口から出る霊の剣によって刺し貫かれたかのように、その言葉の力によって良心を打たれ、世間的な名声をことごとく軽んじて、誓願をもって幸いなる師父と共に歩むことになったのでした。世俗の不穏な状態からキリストの平和へと完全に回心したのを見て、〔フランシスコ〕は彼を兄弟パチフィコと名づけました。後に、この〔兄弟〕はあらゆる聖性の面で成長を遂げ、〔管区の〕奉仕者としてフランスに赴く前に——その地で最初にその職務を果たしたのはこの〔兄弟〕でした——、フランシスコの額に大きなタウ（T）の字を見るという栄誉に浴したのでした。その字はさまざまな色彩を帯びて輝き、不思議な美しさをもって〔フランシスコ〕の顔を飾っていました。

聖なる人〔フランシスコ〕はこの徴を大きな愛情をこめて尊び、たびたび話題にし、自分が送る手紙に自分の手で〔この字を〕書き記していました。それはあたかも、誠を尽くしてキリスト・イエスに回心し、**呻《うめ》き悲しみ、悲しみ嘆く人々の額に、**預言者の言葉に基づいて**タウ（T）を印す**(24)ことだけが彼が熱中するすべてであるかのようでした。

10　時が経つにつれ兄弟たちの数が増したので、注意深い牧者〔でもあったフランシスコ〕は、ポルチウンクラの聖マリア〔聖堂〕での総集会に兄弟たちを呼び集め始めたのでした。それは、**貧しさの地において、**(25)神聖な**分配の測り綱によって、**(26)彼らの一人ひとりに従順の分け前を配分するためでした。必要な品物は絶対的に不足しており、時として五千人以上の大勢の兄弟たちが集っていましたが、神の慈しみに助けられて、十分な食物を得ることができ、身体の健康に恵まれ、そこには霊的な喜びが溢れていました。

〔フランシスコは〕管区の集会には物理的に出席することはできませんでしたが、統治に対する細心の配慮と、絶えざる祈り、そして効果的な祝福を通して霊的に参加していました。とはいえ、時には、神の驚くべき力によって、目に見える形で、そこに現れることもありました。

たとえば、今はキリストの栄えある証聖者となった優れた説教師アントニオが、アルルにおける集会で、「**ナザレのイエス、ユダヤ人の王**[27]」という十字架につけられた称号について、兄弟たちに説教していたときに、モナルドという名前の、徳の高さでよく知られていた一人の兄弟が、霊感によって、集会所の入り口のほうに目をやると、中空に挙げられ、十字架にかけられたように両手を広げつつも、兄弟たちを祝福している幸いなるフランシスコを、肉眼で見たのでした。兄弟たちの全員が、尋常ではない、非常に大きな、霊の慰めに満たされたのを感じたので、聖なる師父が実際に彼らのうちにいたことの証拠を〔聖〕霊が与えてくださったことは明らかでした。それだけではなく、後に、聖なる師父ご自身の言葉という外的な証拠によっても確かめられたのでした。

　次のことは信じてよいでしょう。全能の神の力が、かつて、聖なる司教アンブロジオを、栄えあるマルチノの埋葬に出席させ、その敬虔な参列によって敬虔な高位聖職者〔マルチノ〕を崇敬させたように、ご自分の僕フランシスコをも、ご自分の誠実な先触れアントニオの説教に臨在させたのでした。それは、その言葉、特に彼が担い、それに奉仕するものであったキリストの十字架についての言葉が真実であることを保証するためでした。

二　会が大きく広がり、かつて〔教皇〕インノセント陛下によって認可された生活様式を、その後継者ホノリオ〔教皇〕によって恒久的なものとして追認されることを考えていたとき、〔フランシスコ〕は次のような啓示によって神に勇気づけられたのでした。非常に小さなパン屑を地面から拾い集めて、自分の周りに立っている空腹の兄弟たちに分配しなければならないように見受けられました。パン屑はとても小さなものだったので、手からこぼれ落とさずに分配できるがどうか心配でした。すると一つの声が上から語りかけたのでした。「フランシスコ、全部のパン屑で一つのホスチア（ミサで用いられる薄い種なしパン）を作りなさい。そして、食べたいと願う者たちに与えなさい」。そのとおりにすると、それを敬虔の心をもって受け取らなかった者や、受け取った賜物を軽蔑した者は、たちまちレプラに感染し、その症状が現れたのでした。朝になって、聖者〔フランシスコ〕はこの一部始終を仲間たちに語り、この**幻の秘義**[28]を理解できないことを嘆いたのでした。ところが次の日のこと、徹夜して**祈り続けている**[29]と、次のような**天からとどろく声**[30]を聞いたのでした。「フランシスコ、昨夜のパン屑は福音の言葉、ホスチアは会則、レプラは不正である」。

追認してもらおうとしていた会則はあまりにもたくさんの福音の言葉の引用から成っていたので、示された幻の教えるままに、それをもっと簡潔な形に要約しようと思い、聖霊の導きによって、二人の仲間〔の兄弟〕と共にある山に登りました。そこで、パンと水だけで満足し、断食しながら、祈りにおいて神聖な霊が示してくださるところに従って、会則を書き取ってもらったのでした。山から降りると、保存するよう、その会則を自分の代理〔の兄弟〕に委ねたのでしたが、数日経つと、その代理〔の兄弟〕は、不注意から、その会則をなくしてしまったと言ってきたのでした。聖なる人〔フランシスコ〕は、再び人里離れた所に行き、即座に、前と同じものを書き上げたのでした。それはあたかも、神の口から〔それらの〕言葉を受けたかのようでした。そして、彼が望んでいたように、前述の教皇ホノリオ陛下によって、その在位八年目に、この会則の追認を得たのでした。

〔フランシスコは〕兄弟たちに、この会則の遵守を熱心に勧め、そこに書かれているものは何一つとして自分の努力によるものではなく、すべては神に啓示されるままに書き取らせたものであると繰り返し語っておりました。このことが神の証しによってより確かなものと確証されるために、その後、日ならずして、**わたしたちの主イエスの傷痕**〔聖痕〕(31)が**生ける神**(32)の指をもって〔フランシスコ〕の上に刻まれたのでした。〔この聖痕は〕会則を追認するとともにその起草者を推挙する、至高の祭司キリストの勅書のようなものでした。このことについては、〔師父の〕諸々の徳について語った後に、しかるべきところで記述されるはずです。

(1) 使一・一。(2) ルカ一・七五。(3) Ⅱコリ五・一五。
(4) Ⅱコリ一一・二七。(5) マタ五・九。(6) 王下二・一一。
(7) 王下二・一四。(8) ルカ二・八、マタ二八・四。(9) Ⅰコリ五・三。(10) ヨハ一・四七。(11) 王下二・一一、一二。
(12) ヨハ九・三二。(13) 王下六・一七。(14) シラ一八・五。
(15) イザ一一・二。(16) ルカ一二・三二。(17) Ⅰコリ二・四、一三。(18) ルカ九・六〇。(19) マタ九・三五。(20) シラ二四・二三。(20) 詩一八・五。(21) シラ二九・三〇。(22) 王上四・七。
(23) マタ七・六。(24) エゼ九・四。(25) 創四一・五二。(26) 詩七七・五四。(27) ヨハ一九・一九。(28) ダニ二・一九。
(29) トビ三・一一。(30) Ⅱペト一・一七。(31) ガラ六・一七。
(32) 黙七・二。

第五章

厳格な生活について、および被造物がどのように聖者に慰めを与えたか

一　神の人フランシスコは、多くの人が自分の模範によって燃える心をもってキリストの十字架を担うよう鼓舞されているのを見て、キリストの軍隊の良き指揮官として自分自身も、英雄的な徳の高みを通って、勝利の棕櫚《しゅろ》に到達しようと鼓舞されたのでした。使徒〔パウロ〕の次の言葉に注目しました。「**キリスト・イエスのものとなった人たちは、自分の肉を悪徳と欲情とともに十字架につけたのです**(1)」。自分の肉体に十字架の鎧《よろい》をまとうために、非常に厳しい修練によって感覚の欲求を規制していました。その結果、生命の維持に必要なものさえ十分に摂らないほどでした。肉体の必要を満たし、かつ感覚の傾きに屈しないことは難しいことであると、常々言っていました。そのため、健康なときには、調理した食物を摂ることをほとんど許さず、たまに摂るときには、料理に灰を混ぜるか、多くの場合は水で薄めるかして、風味を失わせていました。ぶどう酒を飲んだかということについては、焼けつくように喉が渇いているときにも、水さえほとんど十分に飲まなかったことを思えば、何を言う必要があるでしょう。よりすぐれた禁欲のさまざまな方法を発見し、日々、その実践によって進歩していきました。既に完全性の高みに達していたにもかかわらず、いつも新しく始めるかのように、肉体を痛めつけることで感覚の欲望を罰する新しい方法を試みていました。

福音の言葉〔を宣べ伝える〕ために外に出て行くときには、食物の点で、自分を受け入れてくれた人々に合わせていましたが、家に戻ると、禁欲からの厳しい節制を厳格に守っていました。このように、自分自身に対しては厳しく、隣人に対しては寛大でした。あらゆる点でキリストの福音に服従し、禁欲することだけでなく、食べるときにも、建徳の模範となっておりました。

しばしば、裸の大地が疲れた体を休める寝床であり、木切れや石を枕に、座ったまま眠ることがよくありました。一枚の貧しい小さなトゥニカを着けただけで、**寒さと裸のうちに**(2)主に仕えていたのでした。

二　ある時、そのような薄い着物で、どうして身を切るような冬の寒さに抵抗できるのか、と尋ねられると、〔フランシスコは〕霊に燃えて、次のように答えました。「天

の祖国に対する憧れの炎で内的に燃えていれば、わたしたちはたやすく外の寒さに耐えることができるでしょう」。〔フランシスコは〕柔らかい肌触りのよい着物を恐れ遠ざけ、粗いごわごわした着物を好んでいたのですが、彼によれば、それはそのことのために洗礼者ヨハネが〔主の〕口を通してほめたたえられた[3]からでした。自分に与えられたトゥニカが肌触りがよいと感じたときには、内側に細い紐を縫い付けたほどでした。それは、真理〔であるキリスト〕のみ言葉によれば、柔らかく肌触りのよい着物は貧しい人々の小屋にはなく、王宮にあるものだからである、と言っていました。また、悪霊どもは厳しさに遭うと恐れるが、心地よいもの柔らかいものによって誘惑しようと強く駆り立てられるものであることを、経験によって学んでもいたのでした。

そんなある夜のことでした。頭と目の痛みのために、習慣に反して、頭の下に羽毛の枕を置くことを許しました。すると、悪魔がその中に入り込み、明け方まで休むことができず、聖なる祈りに打ち込もうとする熱意をさまざまな方法で妨げられたのでした。そこで仲間の〔兄弟の〕一人を呼んで、枕を悪魔ごと修房の外に運び出してくれるように頼みました。ところが、その兄弟は、枕を持って修房から出ようとすると、手足から力が抜けて自由が利かなくなりました。このことを霊によって知った聖なる師父の声を聞いて初めて、以前の心と体の力を完全に取り戻したのでした。

三　鍛錬にあたっては厳しい**見張り番として自らを律し**[4]、魂と身体との双方の清浄さを保つことに最大の注意を払っていました。回心後間もないころには、冬になるとよく、氷のように冷たい水の満ちた水路に全身を浸していました。自分のうちに巣くった敵を完全に屈服させ、慎みという純白の衣を快楽の炎から守るためでした。霊的な人にとっては、肉体における寒さに耐えることのほうが、心のうちに、たとえかすかであっても肉の欲望の熱火を感じることよりもずっと耐えやすいものである、としばしば語っていました。

四　ある夜のこと、サルテアノの隠遁所の修房で祈りに没頭していたときのことです。古くからの敵が三度呼びかけました。「フランシスコ、フランシスコ、フランシスコ」。それに答えて、何の用かと尋ねますと、狡猾にも次のように言い添えたのでした。「**回心しさえすれば**[5]、神が赦さないような罪人は誰一人としていないのだ。だが、苛酷な悔い改めの業によって自らを殺してしまうような人は、永遠に憐れみを受けることはないだろう」。何とかして生ぬるい生活へと彼を連れ戻そうとしている敵の欺瞞《ぎまん》を、直ちに、神の人〔フランシスコ〕は**啓示によって知らされたのでした**[6]。そのことは次に起こったことから明らかでした。なぜなら、これにすぐ続いて、大きな肉の誘惑が彼を捉えたからです。**その息は石炭を燃え立たせる**[7]といわれる〔悪霊が〕あおったものでした。貞潔を愛する人〔フランシスコ〕は、それを予感すると、着ている物を脱いで、次のように言いながら、縄で自分を厳しく打ちすえ始めたのでした。「この兄弟なる驢馬《ろば》め。こうして鞭に服することこそ、お前の受けるべき扱いなのだ。トゥニカは敬神に奉仕するものであり、聖性の徴を表すものだ。欲情にかられた者にそれを盗む権利はない。**そっちのほうに行きたいのなら、行くがよい**[8]」。そのうえ更に、驚くべき熱意に、その霊は駆り立てられ、戸を開けて庭に出ると、哀れな裸の体を深い雪の中に投げ込みました。それから、雪を手にとって七つの雪だるまを作り始めました。それらを自分の前に置いて、外なる人に向かって語りかけたのでした。「見よ、この大きいのがお前の妻だ。この四つは二人の息子と二人の娘だ。残りの二つは、世話をしてもらうために雇った男女の奉公人だ。だから、皆に早く着物を着せてやるがよい。寒さで死んでしまうから。けれども、こんなに大勢の世話をするのが手に余ると思うなら、**ただひとりの主に仕えるがよい**[9]」。これには誘惑者も負けて引き下がり、聖なる人〔フランシスコ〕は勝利を収め、修房に戻ったのでした。自らを罰したことで外的には凍えていましたが、内的にはこうして情欲の熱火を消し去ったので、その後はこのようなことを感ずることは全くなくなったほどでした。

　ところが、このとき、**祈りに専念していた**[10]一人の兄弟が、**明るい月の光のもとで**[11]、この一部始終を見ていました。この〔兄弟〕が、その夜、このすべてを見ていたことを知ると、神の人〔フランシスコ〕は彼に誘惑の次第を解き明かし、自分が生きている間は、誰にもこのことを口外しないように命じたのでした。

五　肉の悪徳を克服し、肉の衝動を抑制しなければならないことを教えただけでなく、それによって死が魂に入りこむ外的諸感覚をも、細心の警戒をもって警護しなければならないことを〔フランシスコは〕教えたのでした。また、多くの人にとって破滅の機会となっている女性と親しく交わること、女性と会話すること、女性を眺めることを細心の注意を払って避けるように命じたのでした。この種のことを通して、弱い**精神は**粉砕され、強い精神もしばしば**弱**

められる(12)と主張していました。最大の試練をくぐり抜けた人たちでないかぎり、女性との交わりを持つ人が、女性によって汚染されないことは、聖書にあるように、**火の上を歩いて足の裏を火傷《やけど》しない**(13)ことと同じぐらい難しいと、述べていました。〔フランシスコ〕自身も、この種の空しいものを見ることのないように、目を逸らしていましたので、あるとき兄弟の一人に語ったように、女性の顔をほとんど見分けられないほどでした。制圧された肉の火花を再び燃え立たせたり、清浄な精神の輝きを汚すことのできる女性の姿態の映像を飲み込むことは安全ではないと思っていたからです。

救いのために必要であり世間体が許す範囲内における告白や短い訓戒以外の女性との会話は価値のないことであると言っていました。「聖なる悔悛《かいしゅん》もしくはより良い生活のための宗教的な助言を求めるとき以外に、女性との間にいかなる交わりを持つ必要があるというのですか。過大な自信から、わたしたちは敵に対する防御を忘れてしまいます。そして、悪魔は、人間の髪の毛一本でも自分のものだと主張できようものなら、たちまちそれを梁《はり》ほどにも大きくするでしょう」と言っていました。

六　さて、あらゆる悪い思いの巣ともいうべき怠惰から、全力を尽くして逃れるよう教えていました。反抗的であり、かつまた怠惰でもある肉を絶えざる訓練と有益な労働をもって抑制すべきことを、自らの模範をもって示したのでした。自分の肉体を兄弟なる驢馬《ろば》と呼んでいましたが、それは〔自分の肉体を〕難儀な苦役を課され、しばしば鞭打たれ、粗末な糧で養われるものと考えていたからでした。

また、怠け者で気まぐれな〔兄弟〕がほかの〔兄弟たち〕の労働によって食を得ようとするのを見ると、〔その兄弟を〕兄弟蠅《はえ》を呼ぶのがふさわしいと考えました。なぜなら、そのような〔兄弟〕は自分では何一つ良いことは行わず、〔ほかの兄弟たちが行った〕良いことを毒し、それによって自分を〔ほかの〕すべての〔兄弟〕にとって価値のない厭《いと》うべきものとするからです。

そのため、あるとき、次のように言ったのでした。「わたしの兄弟たちが働くこと、いつも勤勉であることをわたしは望んでいます。それは、怠惰によって、その心や舌が許されないことへとさ迷いこまないためです」。

兄弟たちが福音〔の勧める〕沈黙を守ることを望んでいました。それは、**裁きの日に、申し開きをしなければならないような余計な言葉**(14)を、いつも注意深く抑制するためです。そして、空しいおしゃべりにふけっている兄弟を見ると、厳しく叱りました。**死と生とは舌の力にかかっている**[15]といわれるのは、味覚のためというより、言葉のためだという事実からみても、謙遜な沈黙は清い心を守護するものであり、それ自身小さからぬ徳であることを話して聞かせたのでした。

七　〔フランシスコは〕兄弟たちに厳格な生活を送るよう力の限りに勧めはしましたが、**思いやりの心**[16]を持たず、分別という**塩味**[17]のきいたものでもない過度の厳しさは好みませんでした。ある夜のことでした、兄弟の一人が行き過ぎた断食のため飢えに苦しめられて、休むこともできませんでした。敬虔な牧者〔であったフランシスコ〕は自分の一匹の羊に危険が迫っているのを知って、その兄弟を呼び寄せると、彼にパンを差し出しました。そして、彼に恥ずかしい思いをさせないために、まず自分が食べ始めたうえで、彼に食べるようにやさしく勧めました。その兄弟は羞恥心に打ち勝って、食べ物を口に入れ、牧者〔フランシスコ〕の思慮深いへりくだりを通して、肉体の害を避け、建徳の上での小さからぬ模範を得たことで非常に喜びました。朝になると、神の人〔フランシスコ〕は兄弟たちを呼び集めると、夜中に起きたことを話して、次のような忠告を言い添えました。「兄弟たち、あなた方にとって、この模範で大切なことは食べ物ではなく、愛であるということです」。更に、肉が唆《そそのか》すものを諸徳へと導く御者《ぎょしゃ》とするのではなく、その聖なる生活によって完成の模範を示してキリストが教えてくださった慎重さに従うように教えたのでした。

八　人間は肉の弱さに取り巻かれているので、いかなる汚れにも染まることのないまでに完全に、十字架にかけられた汚れなき小羊〔キリスト〕に従うことはできません。ですから、完全な生活を求めて励む人々に、日々、涙の川で自らを清めるようにと、自らの模範をもって勧めたのでした。実に、既に体も心も驚くべき清さを獲得していましたが、それでもなお、絶えざる涙の大雨で精神の目を清めることをやめようとせず、そのために肉体の目が見えなくなることをもいといませんでした。絶えず涙を流していたことがもとで重い眼病を患い、肉眼の視力を失いたくなければ、涙を流すのは控えるよう医師から忠告されたとき、聖なる人〔フランシスコ〕は、こう答えました。「兄弟であるお医者さま、蝿と一緒に共有している光への愛のために、永遠の光の訪れを少しでも遮ってはなりません。なぜなら、光の賜物を受けるのは、体の故に精神が受けるのではなく、精神の故に体が受けるのだからです」。内的な目を洗い清める涙を抑えたり、精神の敬虔さを抑えたりするよりも、神を見るために、肉眼の視力を失うほうがよいと思っていたのでした。

九　あるとき、目の治療のために焼灼《しょうしゃく》療法を受けるようにと、医師たちに忠告され、兄弟たちにも強く勧められました。神の人〔フランシスコ〕は謙遜にこれに同意しましたが、それは、それが健康のためになると同時に、〔身体にとって〕苛酷なものであることが分かったからでした。そこで、手術をするために呼ばれた医師がやって来ました。〔医師は〕焼灼するための鉄の道具を火の中に置きました。キリストの僕〔フランシスコ〕は、恐怖に動揺した身体を励まし、友人に向かって話すかのように、火に向かって語りかけました。「わたしの兄弟なる火よ、〔あなたの〕美しさは他のものらが羨むもの。**いと高きお方は**あなたを強く、美しく、有益なものとして**創造されました**[18]。今この時、わたしに対して**慈悲深く**[19]、奥ゆかしくあってほしいのです。**あなたを創造された偉大なる主**[20]に、わたしが耐えることができるよう、やさしく焼いてくれるように、あなたの熱を和らげてくださるよう願いましょう」。祈り終えると、火によって灼熱した鉄の道具に十字架の印をし、恐れる様子もなく待機しました。鉄は、柔らかな肉のうちにシュウシュウという音を立てて突き刺さり、焼灼しながら耳から眉へと動かされていきました。火のもたらす苦痛がどれほどのものであったか、聖なる人〔フランシスコ〕自身が兄弟たちに語っています。「いと高きお方をほめたたえてください。あなたたちに本当のことを言います。わたしは火の熱さも、肉体の苦痛も全く感じなかったのです」。そして、医師のほうを振り向くと、「もし治療が十分でなかったなら、もう一度やってください」と言ったのでした。経験豊かな医師は、病んで弱々しい体にあっても、精神の力強さに驚嘆して、これは神の奇跡であると称賛して、言いました。「兄弟たちよ、**わたしは、今日、驚くべきことを見ました**[21]」。

〔フランシスコは〕驚くべき調和をもって肉は霊と、霊は神と一致するまでの清浄さを保っていましたので、被造物が自分の造り主に従い、特別な方法で、彼の意志と命令に服するようにと神が命じられたのでした。

一〇　また別のときのことです。神の僕〔フランシスコ〕はサン・ウルバノの隠遁所で重い病気で苦しんでいました。体が衰弱しているのを感じると、ぶどう酒を飲ませてくれるよう頼みました。ぶどう酒は全くなく、提供できないと知らされると、水を持ってきてくれるように頼みました。水が来ると、十字架の印をして、それを祝福しました。すると直ちに、純粋な水であったものが、最上のぶどう酒に変わったのでした。人里離れた貧しい場所では手に入れることのできないものが、聖なる人〔フランシスコ〕の清浄さによって得られたのでした。それを味わうと直ちにいともやすやすと健康を取り戻したのでした。こうして、飲み物と飲んだ人とが超自然的に新しくされましたが、味覚の新しさと健康の回復とは、二重の証拠として、〔フランシスコ〕が完全に**古い人を脱ぎ捨て、新しい人**[22]をまとっていることを立証したのでした。

二　被造物が神の僕〔フランシスコ〕の意のままに奉仕しただけでなく、創造主の摂理までもが、至る所で、彼の望みに合わせているかのようでした。あるときのことでした。〔フランシスコの〕体は多くの病に冒されて苦しんでいましたので、精神に喜びを生じさせるために、すこし音楽を聴きたいという望みを抱きました。しかし、それをかなえるためには人間の音楽家では不適当であると思われたので、聖なる人〔フランシスコ〕の願いをかなえるために天使たちが訪れたのでした。ある夜、徹夜で、主について思い巡らしていますと、突然、**快い調べ**[23]と美しい和音を奏でる竪琴の響きが聴こえてきました。誰の姿も見えませんでしたが、**なめらかな音の動きから**[24]、奏者が行きつ戻りつしていることが分かりました。**精神を神に向けたまま**[25]、〔フランシスコは〕優しく奏でられる曲の美しさを楽しみ、まるで別の世に連れ去られたかのような思いを味わったのでした。

このことは、近くにいた兄弟たちに知られずにはいませんでした。というのも、彼らは、〔フランシスコが〕非常にしばしば、並外れた慰めを伴った**主の訪れ**[26]に浴していることを、明らかな徴を通して察知していたからです。また〔フランシスコ〕もそれを完全に隠すことはできなかったからです。

三　またあるときのことでした。神の人〔フランシスコ〕は兄弟の一人と、宣教の旅の途中、ロンバルディアとマルカ・トレヴィゾとの間の、ポー川の畔《ほとり》を歩いていましたが、夜の闇が彼らを覆っていました。闇と、川と、湿地のため、道は非常に危険でした。同行〔の兄弟〕が聖なる人〔フランシスコ〕に言いました。「師父よ、差し迫った危険から救われるよう、祈ってください」。神の人〔フランシスコ〕は、絶大な確信をもって、答えました。「それが神の優しさにかなうものなら、暗い闇を追い払い、わたしたちに光の恵みをお与えくださることが、**神にはおできになります**[27]」。この言葉が終わるか終わらないうちに、見よ、彼らの周りに偉大な光が絶大な力を発揮して輝き始め、ほかの所は夜の闇に包まれていたにもかかわらず、その明るい光によって、彼らは道だけでなく、周りの多くのものを見ることができました。この光の導きによって、彼らは肉体的に導かれるとともに、霊的にも慰められたのでした。彼らは神への賛美の賛歌を歌いながら、かなり遠い所にあった宿に無事に到着しました。

　この人の得た驚くべき清さと、徳の高さを注意深く考えてみるがよいでしょう。この人が望んだだけで火はその熱を和らげ、水はその味を変え、天使の音楽がこの人に慰めをもたらし、神からの光が導いたのです。こうして、この世のすべての構成物が、聖なる人［フランシスコ］の聖化された感覚に奉仕するようになったのでした。

（1）ガラ五・二四。（2）Iコリ一一・二七。（3）マタ一一・七―九、ルカ七・二四―二六。（4）イザ二一・八。（5）エゼ三三・九。（6）ガラ一・一二。（7）ヨブ四一・一二。（8）イザ四〇・四、サム上三〇・一三。（9）マタ四・一〇。（10）Iコリ七・五。（11）ヨブ三一・一六。（12）エゼ二一・七。（13）箴六・二八。（14）マタ一二・三六。（15）箴一八・二二。（16）コロ三・一二。（17）コロ四・六。（18）シラ一・八、九。（19）創三三・一〇。（20）詩四七・二、申三二・六。（21）ルカ五・二六。（22）コロ三・九、一〇。（23）シラ四〇・二一。（24）エゼ一〇・三。（25）ヨブ三四・一四。（26）ルカ一・六八。（27）ルカ三・八。

第六章

謙虚さと従順、聖者のささやかな願いを神が寛大にも聞き入れられたことについて

一　すべての徳の保護者であり飾りでもある謙遜は、神の人［フランシスコ］を満ち溢れる豊かさをもって満たしていました。彼自身の自己評価では、罪人以外の何ものでもありませんでしたが、実際には、あらゆる聖性の輝かしい鏡でありました。キリストから学んだとおりに、**熟練した建築家のように**[1]、この土台の上に自らを築き上げようと努めていました。神の御子がいと高き御父の懐からわたしたちの卑しい状態にまで身を落とされたことはまさしく主であり師であるお方が、言葉と模範をもって謙遜を教えるためにほかならない、と常々語っておりました。それ故、いと高き師［キリスト］によって語られた「**人々の間で尊ばれるものは神には忌み嫌われるものである**[2]」という言葉を心に留めて、キリストの弟子として、自分自身の目にもほかの人々の目にも、自分を値打ちのないものとするよう

に努めていました。そして、次の言葉をしばしば口にしていました。「人は神のみ前にあるだけのものであって、それ以上の何ものでもありません」。そこで、世間的な評価によって得意になるのは愚かなことであると判断して、侮辱を受ければ喜び、称賛されれば悲しんだのでした。称賛の言葉よりも叱責の言葉を受けることを好んでいましたが、それは、称賛が堕落へと追いやるのに対して、叱責こそが自分を改めさせると知っていたからでした。そこで、人々が彼の聖性の功績をほめそやすとき、ちょうど反対の、彼を貶《おとし》める言葉を、自分の耳に注ぎ込んでくれるように兄弟の一人に命じたのでした。その兄弟が、いやいやながらも、彼を野卑で勘定高く、未熟で役立たずと言うとき、晴れ晴れとした心と顔をもって答えるのでした。「**主があなたを祝福してくださいますように**(3)。愛する子よ、あなたは全くの真実を語ったのだから。それこそ、ピエトロ・ベルナルドーネの倅《せがれ》が聞かなければならないことだからです」。

二 自分が軽蔑されるべき者であることをほかの人々に示すために、人々に向かって説教するときに、自分の欠点をあからさまにすることさえ躊躇しませんでした。あるとき、こういうこともありました。病気を患った「フランシスコ」は、健康を取り戻すために、苦行の厳しさを少々緩めました。体力を回復したとき、自分に対する心底からの軽蔑から、自らの肉体を辱めようとの思いに駆られて、次のように言ったのでした。「わたしが隠れて苦行をしていると人々は思っているのに、そのわたしが隠れて肉を食べているのは正しいことではない」。聖なる謙遜の思いに燃えて、〔フランシスコ〕はアシジの人々を町の広場に集めると、一緒に連れて行った多くの兄弟たちと共に、町で一番大きな聖堂の中へ荘厳に入っていきました。首に縄をかけられ、股引一つの裸になった自分を、すべての人の目の前で、犯罪人が罰を受けることになっている石の所まで引いて行くように命じたのでした。その石の上に登ると、厳しい寒さの中で、四日熱という高い熱に苦しみながらも、熱い思いをこめて説教し、自分は霊的な人間としてほめそやされるべきものではなく、むしろ肉的で貪欲な人間としてあらゆる人から軽蔑されてしかるべきものであると、聴衆のみなに断言しました。そこに集まった人々は、この偉大な光景を目にしてびっくりするとともに、彼の苦行の厳しさをよく知っていたので、その心は後悔の念に打たれたのでしたが、〔フランシスコの〕これほどの謙遜は模範とするというよりも驚嘆すべきものであると告白したのでした。確かに、この出来事は模範というよりも、預言者の神託のように、

徴であった(4)といったほうがふさわしいように見えるものの、キリストに従う者にとって、一時的な称賛のもたらす名声を軽視し、慢心からくる大言壮語を抑え、欺瞞《ぎまん》と偽善の虚偽を抑制すべきことを教え、完全な謙遜の模範となるものでした。

三　このようなことを数多く行っていましたので、外面的には**壊れた器のように**(5)なっていましたが、内面的には聖化の霊を所有していたのでした。破滅の機会ともなりかねない栄誉を明らかにしようとはせず、**主からの賜物**(6)を心の隠れた所に納めていました。人々に称賛されるときには、しばしば、次のような言葉を口にするのが常でした。「今でも息子や娘を持つことがわたしにもできるのです。安全であるかのように称賛しようとしないでください。終わりが確かではない者は誰一人称賛されるべきではないのです」。自分を称賛する人々に対してはこのように言い、自分自身に対しては、次のように言ったのでした。「フランシスコよ、いと高きお方がこれだけのものをお与えになったなら、盗賊であっても、お前よりももっと感謝することだろう」。また、兄弟たちにしばしば次のようにも言っていました。「罪人でさえできることをしたからといって、誰も不当な拍手をもって自分をほめそやしてはならない。断食したり、祈ったり、泣いたり、自分の肉体を痛めつけることは罪人にもできます。罪人にできないことはただ一つ。それは主に対して誠実であることです。だから、主の栄光を主にお返しし、誠実に主にお仕えし、わたしたちにお与えくださるものは何であれ主がお与えくださったものと認めることだけが、わたしたちの誉れでなければなりません」。

四　福音で示された商人のように、多くの方法で利益をあげ、現在の時のすべてを利益を得るために用いるようにして、上に立つよりも目下であること、命令するよりも従うことを望んだのでした。それ故、〔会〕全体の奉仕者の職務を辞退して、すべてにおいてその意志に従えるような世話役〔の兄弟〕を求めました。聖なる従順のもたらす実りは非常に豊かなので、その軛《くびき》のもとに首を置く者にとって、一時間といえども、利益をもたらすことなしに過ぎることはないと、たびたび述べたのでした。そこで、いつも一緒に旅する兄弟に対して、常に従順を約束するとともに、それを守ったのでした。あるとき、仲間〔の兄弟〕たちにこう語りました。「神の慈しみによってわたしに惜しみなく与えられた諸々の賜物の中でも、これにまさるものはありません。それは、たとえ一時間前に入会した修練者に対してでも、もし彼がわたしの世話役に定められたなら、最も古参の思慮分別に富んだ兄弟に対するように、わたしは彼に従うという恵みです。従う人は目上の者を人間と考えてはなりません。むしろ愛の故に従う者となられた方〔キリスト〕と考えなければなりません。上に立つ者が軽蔑すべき者であればあるほど、彼に従う者の謙遜は一層喜ばしいものとなるのです」。

あるとき、どのような人が真に従順な者であると判断したらよいのか問われると、その実例として死体との類似性を指摘したのでした。そして言いました。「死んだ体を取って、好きな所に置いてみなさい。動かされても抵抗しないし、置かれた場所のことで不平を言わないし、ほったらかしにしておいても抗議したりしません。玉座に座らされても、目を挙げもせず、下を向いたままです。貴い紫の衣を着せられても、肌の青白さが目立つだけです。これこそ真に従順な人です。なぜ動かされるのか自分で判断しません。どこに置かれようとも頓着しません。動かしてくれるよう強いることもありません。何らかの職務につけられても、いつもの謙遜さを保ち続けます。敬われれば敬われるほど、自分を価値のないものと見なすのです」。

五　あるとき、〔フランシスコ〕は仲間の〔兄弟の〕一人に次のように言いました。「今から述べるような状態にあるのでないかぎり、わたしは自分が小さき兄弟であるとは思わないでしょう。兄弟たちの長上として集会に出かけ、兄弟たちに向かって説教し、訓戒を述べるとします。それが終わると、わたしに反対して次のように言われたとしましょう。『お前は**無学だし**、雄弁でもないし、**無知で**単純な人だから、[7] わたしたちにはふさわしくない』。そしてついには、みんなに軽蔑され、侮辱の言葉をもって追放されるとしましょう。言っておきますが、顔色一つ変えず、同じ心の喜びと聖性への同じ決意をもって、それらの言葉を聞くのでなければ、わたしは決して小さき兄弟ではないことになります」。更に、こう言い添えたのでした。「長上職には失落の、称賛には転落の危険があります。だが、服従するものとしての謙遜には魂の益があります。その益を得るために時間は与えられているというのに、どうしてわたしたちは利益よりも危険のほうに注意を向けるのでしょうか」。

この理由のために、謙遜の理想であるフランシスコは、兄弟たちが「小さき者たち」と呼ばれ、会の長上たちが「奉仕者たち」と呼ばれることを望んだのでした。それは、彼が守ることを約束した福音の言葉をそのまま用いるためであり、彼の弟子たちがその名前そのものから、謙遜を学ぶために、謙遜なキリストの学び舎に来たのだということを学ぶためでもありました。まさしく、謙遜の師であるキリストが、完全な謙遜を示そうとして、次のように仰せになったのです。「**あなたたちの中で偉大な者となりたい人は、あなたたちみなに仕える者となり、あなたたちの中で一番上の者になりたい人は、あなたたちみなの奴隷となりなさい**[8]」。

小さき兄弟会の第一の保護者であり擁護者であったオスチアの枢機卿――この方は聖者が予告したとおり、後に至高の祭司職の栄誉に上げられ、グレゴリオ九世と呼ばれました――が、自分の兄弟たちが教会の顕職に上げられることをどう思うか尋ねたとき、こう答えました。「枢機卿陛下、わたしの兄弟たちは偉大な者になろうという思いを抱かぬように、より小さき者たちと呼ばれているのです。神の教会の中で、彼らが実を結ぶことを望まれるのでしたら、彼らが呼ばれているとおりの位置に留め、決して教会の顕職に上げることをお許しになりませんように」。

六 〔フランシスコは〕自分自身についても、自分に従うすべての人についても、名誉よりも謙遜を優先させていましたので、謙遜な者たちを愛される神は、彼こそが最も高い栄誉にふさわしいと判断されたのでした。このことは、徳と献身において抜きん出ていた一人の兄弟に示された天からの幻が明らかにしたとおりです。この兄弟が神の人〔フランシスコ〕に伴い、荒れ果てた聖堂で熱心に祈っていたときのことです。脱魂状態に陥った〔この兄弟〕は、天の多くの玉座の中に、宝石で飾られ、あらゆる栄誉に輝く、他の玉座にまさって壮麗な一つの玉座を見たのでした。ひときわ気高い玉座の輝きに驚愕した〔この兄弟〕は、誰がそれに座ることになっているのか、何としてでも知りたいという思いに囚われてしまいました。すると、次のように言う声を聞いたのでした。「この玉座は失墜してしまった者らのひとりのものであったが、今は謙遜なフランシスコのためにとっておかれているものだ」。ついに、忘我の祈りの状態から覚めると、いつものように幸いな人〔フランシスコ〕に従って、聖堂の外に出ました。道を進んでいく間、神について互いに語り合っていたのでしたが、自分に示された幻を忘れることのできなかったこの兄弟は、〔フランシスコが〕自分自身をどう思っているのか、巧みに聞き出したのでした。キリストの謙遜な僕〔フランシスコ〕は、彼にこう答えました。「わたしは自分を罪人の中でも最大の罪人と思っています」。これに反対して、健全な良心に従うなら、そのように言うことも思うこともできないと、この兄弟が言うと、〔フランシスコ〕はこう言い添えました。「もし極悪の犯罪人に対して、これほど大きな憐れみを注がれたなら、その人はわたしなどよりももっと深く感謝するはずだと、わたしは思っています」。このような驚くべき謙遜を耳にして、また、聖なる福音の証言によって、真に謙遜な者は栄光の高みへと上げられるが、高ぶる者はそこから投げ落とされることも知っていましたので、この兄弟は自分に示された幻が真実であると確信したのでした。

七　別のあるときのことです、〔フランシスコは〕マッサ地方のモンテ・カザーレの荒れ果てた聖堂で祈っていました。聖なる遺物がそこに残されていることが霊によって知らされました。既に長い間、当然払われてしかるべき名誉も受けることなく放置されていたことを思い悲しみを覚えた〔フランシスコ〕は、敬意を払って、しかるべき場所に運ぶよう兄弟たちに命じました。しかし、火急の用件で、〔フランシスコが〕彼らのもとを去ると、子供たちは父の命令を忘れて、従順の功徳をなおざりにしてしまったのでした。ある日のこと、彼らは聖なる〔聖体の〕秘義を祝うために、祭壇の覆いを取り除くと、驚いたことに、非常に美しく芳しい遺骨をそこに見いだしたのでした。彼らが目にした遺物は、人の手ではなく、神の力がそこに運んだものでした。少し経って、神に身を献げた人〔フランシスコ〕は、遺物について命じておいたことが果たされたかどうか、熱心に尋ね始めました。兄弟たちは謙虚に従順をなおざりにしたことを告白し、償いとともに赦しを与えられました。その後、聖なる人は言いました。「**わたしの神、主はほめたたえられますように**(9)。あなたたちが行わなければならないことを、主がご自分で行ってくださいました」。

神の摂理が塵にも等しいわたしたちにどれほど心を砕いておられるか、神の目に謙遜なフランシスコの徳がどれほどすぐれていたか、とくと考えてみるがよいでしょう。人が彼の命令に従わなかったとき、神ご自身が彼の望みに従われたのでした。

八　あるとき、〔フランシスコ〕はイモラにやって来ると、町の司教のもとに赴き、その快諾を得て、説教のために人々を集めることができるよう、謙遜に願いました。司教は厳しい声で答えました。「兄弟よ、わたしの民にはわたしが説教するだけで十分だ」。まことに謙遜な〔フランシスコ〕は、頭を下げ、外に出たのですが、一時間も経たぬうちに、また中に戻ってきました。司教は困惑して、今度は何を願うつもりか尋ねました。謙虚な声だけでなく、謙虚な心で答えました。「陛下、父が息子をある戸口から追い出したときには、別の戸口から帰って来なければならないものです」。この謙遜に負けて、司教は笑顔で彼を抱きしめて言いました。「これから後、あなたとあなたのすべての兄弟たちは、わたしの司教区で説教する許可を得たものとする。聖なる謙遜がこれを獲得したからである」。

九　あるとき、アレッツオの町全体が内乱によって揺れ動き、滅亡の危機に瀕していたとき、〔フランシスコ〕はたまたまそこに来合わせました。町の郊外でもてなしを受けていたのですが、町の上空で悪霊どもが大はしゃぎし、混乱した町の人々が互いに殺し合うよう焚きつけているのを見ました。この扇動的な空中の勢力〔すなわち悪霊ども〕を追い払うために、鳩のような謙遜の持ち主、兄弟シルヴェストロに次のように言って、彼を自分の先触れとして遣わしました。「町の門の前に行きなさい。そして、全能の神のみ名によって、従順の力をもって、悪霊どもに直ちに去るよう命じなさい」。真に謙遜な人〔シルヴェストロ〕は、師父の命令を実行するために急いで、主のみ顔の前で賛美を歌いつつ、町の門の前に赴くと、力強く叫び始めました。「全能の神のみ名と、その僕フランシスコの命令によって、ここから遠く立ち去れ。すべての悪霊どもよ」。町はたちまち平和を取り戻し、町の人々はみな大いなる平穏のうちに町の法規を改正したのでした。実に、町を包囲するかのように取り囲んでいた悪霊どもの狂暴な傲慢が追い払われると、貧しい人の知恵、すなわちフランシスコの謙遜がそこに入り、平和を取り戻させ、町を救ったのでした。まさしく、〔フランシスコは〕謙虚な従順という気高い徳によって、これらの反抗的で厚かましい霊を制する力を得ており、それによって、〔悪霊ども〕の狂暴な厚かましさを抑え、冷酷な暴力を撃退することができたのでした。

一〇　高慢な悪霊どもは、時として謙遜を守るために攻撃することを神の慈しみがお許しにならない限り、謙遜な人々の高い徳から逃げ出すものです。使徒パウロが自分自身について記している(10)とおりですし、フランシスコも体験によって証ししているとおりです。

サンタ・クローチェの枢機卿レオ陛下に、〔ローマの〕町にしばらく一緒に留まるように請われた〔フランシスコ〕は、尊敬の念と愛情から、その申し出を謙虚に受け入れたのでした。そして、最初の夜のことです。祈りをささげた後で休もうとすると、悪霊どもがキリストの兵士に襲いかかり、激しい攻撃を仕掛けてきました。〔悪霊ども〕は長いこと、ひどく彼を打ちすえ、ついに**半死半生の状態にして去って行きました**[11]。〔悪霊ども〕がいなくなると、仲間の〔兄弟の〕一人を呼び寄せました。そして、神の人〔フランシスコ〕は彼に事の次第を語って聞かせ、次のように言い添えたのでした。「兄弟よ、神の摂理がお許しにならない限り、悪霊どもには何一つとしてできない、とわたしは信じています。だから、〔悪霊どもが〕あれほど激しくわたしを攻撃したのは、偉い方々の館にわたしが留まっていることが良い模範になっていないからだと思います。貧しく卑しい場所に住んでいるわたしの兄弟たちは、わたしが枢機卿の所に滞在していると聞いたら、わたしが世俗的な事柄に巻き込まれ、名誉心で膨れ上がり、**快楽に溺れている**[12]と疑うかもしれません。それ故、人々に模範を示す立場にある者は、宮廷を避けて、謙虚な人々と貧しい所に謙虚に住むほうが好ましいとわたしは思います。それは、同じような状況を耐えることで、困苦欠乏に耐えている人々を力づけるためです」。こうして、夜が明けると、枢機卿のもとに行き、謙遜に許しを請うて、別れを告げたのでした。

二　聖なる人〔フランシスコ〕は、あらゆる悪の根源である傲慢とその最悪の申し子である不従順とを忌み嫌い、悔い改めという謙遜を熱心に迎え入れたのでした。

あるとき、従順の規則に反するあることを行った一人の兄弟が、正義に従う規律によって矯正されるために、〔フランシスコの〕前に連れてこられました。ところが、その兄弟が心から悔いているのを明らかな徴によって見て取った神の人〔フランシスコ〕は、謙遜への愛から、寛大に扱いたいとの思いに駆られました。しかし、安易な赦しがほかの兄弟たちにとって務めを疎かにするきっかけとなることのないように、兄弟の頭巾をとって火の中に投げ込むよう命じました。それによって不従順の罪がどれほど厳しい罰に値するかを示そうとしたのです。頭巾を火の中に投じてからしばらくして、それを火の中から取り出して、悔い改めている兄弟に返すように命じました。何と不思議なことでしょう。頭巾を火の中から取り出してみると、それには焦げた跡さえついていなかったのです。この一つの奇跡によって、聖なる人の徳と、悔い改めの謙遜の双方がみ心にかなうものであったことを神はお示しになったのでした。

ですから、フランシスコの謙遜は模範とするにふさわしいものなのです。それは地上においてさえ非常な名誉に値するものであり、その望みに神も耳を傾け、人の態度も変わり、その命令によって悪霊どもの大胆な振る舞いも退けられ、ささやかに願うだけで貪欲な炎も鎮められたのでした。実に、謙遜こそが、すべての人に対して敬意を示し、すべての人から名誉を受けるに値するものとして、それを有する人々を高く上げるものなのです。

(1) Ⅰコリ三・一〇。(2) ルカ一六・一五。(3) 民六・二四。(4) イザ二〇・三。(5) 詩三〇〔三一〕・一三。(6) 詩二六・一三。(7) 使四・一三。(8) マタ二〇・二六―二七。(9) 詩一七・四七。(10) Ⅱコリ一二・七。(11) ルカ一〇・三〇。(12) ルカ七・二五。

第七章

貧しさへの愛、欠乏が奇跡的に満たされたことについて

一　寛大にお与えくださる方からフランシスコが受けたさまざまな霊的な賜物《カリスマ》の中でも、特別の恵みとして与えられていたのは、いと高き貧しさへの愛によって、単純さという富において成長することでした。聖なる人〔フランシスコ〕は、神の御子の親しい友である貧しさが、今や、全世界のほとんどの人から見棄てられているのを見て、**永遠の愛をもって**[1]彼女を娶《めと》ろうと熱望したのでした。そして彼女のために、**父母を捨てる**だけでなく[2]、所有することのできたすべてのものを投げ捨てたのでした。彼が貧しさを渇望したほどに黄金を渇望した人は一人もおりませんし、彼が福音のこの真珠を守るために細心の注意を払ったほどに、宝物を守った人は一人もおりません。貧しさと全くそぐわないものを兄弟たちのうちに認めることほど彼を傷つけるものはありませんでした。実に、修道生活の初めから死に至るまで、贅沢品といえばトゥニカと貧弱な紐と股引で、それだけで十分満足していました。

　キリスト・イエスと御母との貧しさを涙ながらにしばしば心に思い浮かべ、**王の王**[3]、その御母である女王のうちにこれほど際立って輝いているのであるから、貧しさこそ諸々の徳の中の女王であると強調したのでした。ある集りの席で、どのような徳がキリストの友とするのかと、兄弟たちが問うたとき、自分の内心の秘密を打ち明けるかのように、次のように答えました。「兄弟たち、知っておいてください。貧しさこそが謙遜をかき立て、完全性の根となるものとして、救いへの特別の道なのです。その実りは豊かなのですが、隠れています。これこそ、福音のいう**畑に隠された宝**[4]であり、これを買うためにすべてを売り払うべ

きものであり、これに比べれば、売ることのできないどんなものでも軽蔑にしか値しません」。

二 「この〔貧しさ〕の高みへ到達したいと欲する人は誰しも、世間的な知恵だけでなく、学問に精通することをも何とかして放棄しなければなりません。このようなものを所有することを捨て去ることで、**主の力にあずかり**(5)、十字架につけられた方の腕に裸の自分を委ねることができるのです。誰しも、心の隠れた所に自分の意見を入れた宝箱を持っているなら、完全に世を捨てたとは言えないのです」。

貧しさについて話をするときはしばしば、兄弟たちに次の福音の言葉を引用して聞かせていました。「**狐には穴があり、空の鳥には巣がある。だが、人の子には枕する所もない**(6)」。このため、貧しい人のように、小さく貧しい家を建てるように、そしてそこに住むにしても、自分の家のようにではなく、**旅人や寄留者**(7)のように暮らすようにと兄弟たちに諭したのでした。他人の屋根の下に逗留《とうりゅう》し、祖国を渇望し、平和に旅することこそ**旅人の定め**(8)であると語っていました。

時として、自分のものとしている、あるいは華美であるという理由で福音的貧しさに反していると気づいたときには、兄弟たちが建てた家を壊すか、立ち退くように命じたのでした。

この〔貧しさ〕こそ自分の会の基礎であり、修道生活のすべての構成物はそれを第一の土台としているのであるから、それが堅く守られていれば安定しているが、それが危うくなれば土台から倒壊してしまうものであると、しばしば語っておりました。

三 啓示から学んだところにしたがって、〔フランシスコは〕聖なる修道生活に加わろうとする者は福音の次の言葉から始めるように教えていました。「**もし完全になりたいのなら、行って、持ち物をすべて売り、貧しい人々に与えなさい**(9)」。そこで、すべてを放棄し、何ものをも留保しない人でなければ、入会を認めませんでした。それは聖なる福音の言葉のためでしたが、秘蔵した宝箱が躓きとならないようにするためでした。

ですから、アンコーナのマルケでのことです。入会を申し出た人に、貧しい人たちの真の族長〔フランシスコ〕は次のように答えたのでした。「キリストの貧しい人々の群れに加わりたいのなら、この世の貧しい人々にあなたの〔持ち〕物を与えなさい」。これを聞くとその人はそこを去りました。だが、肉の愛に駆られて、自分の〔持ち〕物を肉親に与え、貧しい人々には何一つ与えませんでした。このことを伝え聞くと、聖なる人〔フランシスコ〕は厳しく咎め、次のように叱責したのでした。「兄弟蠅《はえ》よ、自分の道を行きなさい。まだ**自分の家も親族も捨て切って**いないのだから。[10] あなたは自分のものを親族に与えて、貧しい人々を欺いたのです。あなたは聖なる貧しい人々にふさわしくありません。あなたは肉をもって始めました。霊的な建物に破滅をもたらす土台を据えたのです」。この肉の人は、親族のもとに帰り、貧しい人々に施そうとしなかった自分のものを取り戻して、高潔な意図を簡単に捨ててしまったのでした。

四　またあるとき、ポルチウンクラの聖マリア〔聖堂〕でのことでした。そこを訪れていた兄弟たちの必要を満たすことができないまでに窮乏に陥っていました。神の人〔フランシスコ〕の代理の〔任にあった兄弟〕が〔フランシスコ〕のもとに来て、兄弟たちの困窮を訴え、**必要ができたときに**[11]兄弟たちが頼ることができるように、修練に入る人たちの資産のいくらかを蓄えておく許可を願ったのでした。天からの助言を欠いたことのない〔神の〕人は、次のように彼に答えました。「いとも親愛なる兄弟よ、いかなる人のためであれ、会則に反する不敬なことを犯すことのないようにしましょう。必要を満たすために、栄えある処女《おとめ》〔マリア〕の祭壇〔を覆う布〕をはぎ取るほうが、貧しさの誓願と福音の遵守に反することを何かしら行うよりも、あなたにとってずっとましです。祭壇が布で覆われてはいるものの、約束された我が子〔イエス〕の勧告がなおざりにされているよりも、ご自分〔に献げられた〕祭壇が布に覆われて装われることはなくても、聖なる福音の勧告が完全に遵守されることのほうを幸いなる処女《おとめ》〔マリア〕を喜ばれるはずです」。

五　あるとき、神の人〔フランシスコ〕は仲間の〔兄弟の〕一人とバリの近くのアプーリアを歩いていました。金貨でいっぱいに膨れ上がった、普通「フンダ」と呼ばれる大きな財布が道に落ちているのを見つけました。その財布を地面から拾い上げ、お金を貧しい人々に施すように、その同行の兄弟はキリストの貧者〔フランシスコ〕に執拗に勧めました。神の人〔フランシスコ〕は見つけた財布には悪魔の罠が仕掛けられていること、またほかの人のものを盗んで人に施すなどということは兄弟にとって功績というよりも罪深いことであると主張して、それを拒絶しました。そして、その場を去って、旅を続けたのでした。ところが、慈悲についての誤った考えに惑わされたその兄弟は納得せず、貧しい人たちの貧窮を和らげることに無関心であるといって、神の人〔フランシスコ〕を悩ませ続けたのでした。そしてついに温和な人〔フランシスコ〕は例の場所へ戻ることに同意しました。しかし、それは兄弟の望みを聞き入れたというよりも、悪魔の欺瞞《ぎまん》を暴くためでした。そこで、道を通りかかった一人の若者を伴い、その兄弟と共に「フンダ」のところにまで引き返すと、祈りをささげた後、それを拾い上げるよう同行〔の兄弟〕に命じました。その兄弟は、今ははやくも何かしら悪魔的な怪異が起きるのを予感して、恐れ、震えていました。しかし、聖なる従順のために、心の疑いを払いのけると、財布のほうへ手を伸ばしました。すると、一匹の大きな蛇が財布から飛び出してくると、たちまち財布もろとも消えてしまいました。このようにして、それが悪魔の欺瞞であったことが、その兄弟に対して明らかにされました。敵〔である悪魔〕の陰謀の狡猾さがあらわにされると、聖なる人〔フランシスコ〕は同行〔の兄弟〕に次のように言ったのでした。「兄弟よ、神の僕にとって金銭はまさしく悪魔や毒蛇にほかならないのです」。

六　このことの後、所用でシエナの町に赴いていた聖なる人に驚くべきことが起こったのでした。カンピリオとサン・クイリコの間の大きな平原で、背丈も年齢も外見も全くよく似た三人の大変貧しい女性に出会ったのでした。三人は新しい挨拶の言葉を贈って、こう言いました。「ようこそ、貧しさの姫君」。これを聞くと、真に貧しさを愛する〔フランシスコ〕は名状し難い喜びに満たされました。この女性たちが選んだ〔言葉〕こそ、心から彼が人々の間で交わしたい挨拶の言葉だったからでした。この女性たちはまたたく間に消えてしまいました。彼女たちの非常に似通った容姿、挨拶、現れ方と消え方の驚嘆すべき新しさについて思い巡らしていた仲間の兄弟たちは、これが聖なる人〔フランシスコ〕にかかわる何かしら神秘的な意味をもっているという結論を下したのも理に反することではありませんでした。

まさしく、全く同じような容姿をしており、普通とは違った挨拶をし、たちまち消えてしまった、この三人の非常に貧しい女性を通して示されたのは、福音的完徳、すなわち貞潔、従順、貧しさの美が、これほどまでに完全に等しい形で神の人〔フランシスコ〕において輝いているということでした。とはいえ、〔フランシスコ〕は母とも花嫁とも女王とも呼ぶのが常であった貧しさに特権を与え、特に尊んでいたのでした。

自分がほかのすべての人よりもより卑しいものであると

見なすことを彼女から学んだ〔フランシスコ〕は、〔貧しさ〕においてほかのすべての人よりも抜きんでることを望んでいたのでした。そのため、自分よりも貧しい身なりをしている人を見ると、直ちに自分を責めて、その人に倣おうと奮い立ったのでした。それは、貧しさにおける競争で、ほかの人に負けるのを恐れているかのようでした。

実際、あるとき道で非常に貧しい人に出会ったのですが、その人が裸に等しいのを見ると、心を打たれて、悲痛な声で仲間〔の兄弟〕に次のように語ったのでした。「この人の貧しさはわたしたちを大いに恥じ入らせます。なぜなら、その大きな富の故にわたしたちは貧しさを選んだのですが、この人のうちにはわたしたち以上にそれが輝き出ているからです」。

七　聖なる貧しさへの愛のために、全能の神の僕〔フランシスコ〕は、進んで差し出されたものよりも、戸口から戸口へと施しを求めて得たもののほうを一層喜んで用いていました。実際、地位の高い人々に招かれ、いつもより贅沢な食事を用意されて敬意を示されたときには、まず近所の家に行って幾片かのパンを施してもらい、それから初めて、困窮によって富んだものとなったうえで、食卓に着くのでした。

あるとき、オスチアの陛下〔司教〕に招かれたときもそうでした。この司教はキリストの貧者〔フランシスコ〕を特別の好意をもって支援しておられましたが、食事に招いた客が施しを求めて外に出て行ったことで、自分の面目が潰されたと不平を言いました。すると、神の僕〔フランシスコ〕は次のように答えたのでした。「我が陛下、より偉大な主を崇めることで、わたしは陛下に大いなる敬意を表明したのです。主は貧しさを好まれますが、キリストのためにすすんで施しを乞うまでの貧しさをことのほか好まれるのです。これこそ、**ご自分の貧しさによってわたしたちを富ませてくださるために貧しくなられた**[12]主イエスが持っておられ、また真に**霊において貧しい者として諸々の天の王国**[13]の王ならびに世継としてわたしたちを立ててられるときに主イエスが装われる王としての威厳だからです。陛下からお貸しいただいた偽りの富のために、この王としての威厳をわたしは一時たりとも失いたくないのです」。

八　ときとして、〔フランシスコ〕は、次のような言葉を用いて、兄弟たちに施しを乞うことを勧めていました。「行きなさい。この**終わりの時**[14]にあたって、小さき兄弟たちは世に遣わされているからです。それは、選ばれた者たちが、彼らと出会うことで、裁く方によって命じられていることを果たすようになるためです。というのも、次のいとも甘味な言葉を聞いているからです。『**これらのわたしの最も小さい兄弟の一人にしたのは、わたしにしてくれたのである**[15]』。それ故、正しい人々の報いについて真理の福音の教師〔イエス・キリスト〕がご自分の口をもってはっきりと表明された小さき兄弟という肩書のもとに物乞いをすることは喜ばしいことであると〔フランシスコは〕言っておりました。

　機会を得ると、特別な祝祭日に、「**人は天使たちのパンを食べる**[16]」という預言の言葉は貧しい人々のうちに成就されると言って、物乞いに出かけるのが常でした。神への愛の故に乞い求められ、幸いなる天使たちの促しによって、神への愛のために施され、聖なる貧しさが戸口から戸口へと集めてまわった食物こそ、まさしく天使のパンであると言っていました。

九　ある聖なる復活祭の日のことでした。ある隠遁所に籠っていたのでしたが、そこは人里から離れており、容易に物乞いすることはできませんでした。そこで、まさしく**その日にエマオへの道すがら**、**旅人の姿で弟子たちに現れた方**〔主イエス・キリスト〕のことを思い起こして[17]、旅人として、また貧しい者として兄弟たちに施しを乞うたのでした。それを謙遜に受け取ると、聖なる雄弁をもって、**旅人、寄留者として**[18]、また真のヘブライ人として、この世という砂漠を過ぎ越して、主の過越《すぎこし》、すなわち、**この世から御父のもとへ**[19]の移行を、霊の貧しさのうちに絶えず祝わなければならないと兄弟たちに教えたのでした。それというのも、施しを乞うにも、利益を求める欲求によるのではなく、霊の自由からそれを行っていたので、**貧しい者たちの父**[20]である神は彼に対して特別の配慮を払っておられるように見受けられたのでした。

一〇　あるとき、主の僕〔フランシスコ〕はノチェラにおいて重い病気にかかったことがありました。アシジの人々の敬虔な思いから送られた正式な使者たちによってアシジに連れ戻されました。キリストの僕〔フランシスコ〕を連れ戻そうとした人々は、サトリアノという小さな貧しい村に到着しました。空腹でもあり、食事の時間にもなったので、その村に出かけて行きましたが、売っているものは何もなく、手ぶらで帰ってきました。彼らに対して、聖なる人〔フランシスコ〕は次のように言ったのでした。「あなたたちが何も手に入れられなかったのは、**神に信頼する**[21]よりも、あなたたちの蠅のほうにより多く信頼したからです」。彼は硬貨を蠅と呼んでいたのです。そして言いました。「あなたたちが訪ねて回った家に戻りなさい。そして、代価として神の愛を差し出して、謙遜に施しを乞いなさい。誤った考えから、それを恥ずかしいことだとか卑しいことだとか思ってはなりません。なぜなら、罪を犯した後では、あの偉大なる施し主〔神〕は、恵み深い慈しみによって、ふさわしい者にもふさわしくない者にも、すべてのものを施しとして与えてくださるからです」。

騎士たちは気恥ずかしさを捨て、自発的に施しを乞い、金銭によるよりも神への愛の故により多くのものを手に入れて帰ってきました。神からの促しによって痛悔の念で心を打たれた、貧しい村人たちは自分の持っているものだけでなく、自分自身をも快く彼らに与えたのでした。こうして、金銭では和らげることのできなかった欠乏を、フランシスコの豊かな貧しさが満たすということが生じたのでした。

二 〔フランシスコ〕がリエティの近くの隠遁所で病気になり横になっていたときのこと、一人の医師が彼の世話をするためにたびたび訪れてくれました。しかし、キリストの貧者〔フランシスコ〕は医師の働きにふさわしい報酬を支払うことができませんでしたので、いとも寛大な神が貧者〔フランシスコ〕に代わって、その献身的な心遣いに対して次のような恵みをもって報いてくださいました。そのため、医師は、現世においても褒賞を受けずにいることはありませんでした。すなわち、その医師が全財産をつぎ込んで新築した家の壁にひびが入り、それが**天井から床にまで**[22]及んだため、家は崩壊の危機にさらされ、人間の技巧をもってしては、この危機は避けられそうもありませんでした。この医師は、聖なる人〔フランシスコ〕の功徳に全幅の信頼を寄せていましたので、彼の大いなる信仰によりすがって、神の人の手に触れたことのあるものを何でもよいから与えてくれるように、〔フランシスコ〕の仲間〔の兄弟たち〕に願ったのでした。熱心に何回も頼み込んで、〔フランシスコ〕の髪の毛をいくらか手に入れると、ある夜、それを壁の割れ目に入れておきました。翌朝、目を覚ますと、割れ目は完全にふさがっており、そこに入れておいた遺物を取り出すこともできず、割れ目の**跡を見いだす**[23]こともできないほどでした。こうして、神の僕〔フランシスコ〕の体が壊れようとしていた時に、注意深く面倒を見たこの〔医師〕は、自分の家の崩壊の危機を避けることができたのでした。

三 またある時のこと、神の人〔フランシスコ〕は隠遁所に籠って、心おきなく観想に専念したいと思ったのでしたが、体が弱っていたため、ある貧しい人の驢馬《ろば》に乗って出かけました。暑い夏のことでもあって、キリストの僕〔フランシスコ〕の後について山を登らなければならなかった、この〔驢馬の持ち主〕は険しく長い旅路にへとへとに疲れ、焼けつくような喉の渇きに体も弱り、切実な調子で聖者の後ろから叫び始めました。「ああ、今すぐ何か飲まなければ、わたしは渇きで死んでしまう」。神の人〔フランシスコ〕は直ちに驢馬から飛び降りると、地面にひざまずき、手のひらを天に差し伸べ、聞き入れられたと感じ取れるまで祈りをやめませんでした。祈り終わると、その人に言いました。「急いであの岩の所に行きなさい。そこに生ける水を見いだすでしょう。それは、今この時、慈しみ深くもキリストがあなたのために、飲むようにと岩から流れ出させてくださったものです」。ご自分の僕らのために、いともたやすくご自身を低くされる神のへりくだりは、何と驚嘆すべきことでしょう。祈る人の力によって、喉の渇いた人は岩からの水を飲み、固い固い岩から飲み物を得たのでした。その場所には、それ以前、水は流れていませんでしたし、それ以後も、注意深く探索されましたが、水は発見されませんでした。

一三　さて、ご自分の貧者〔フランシスコ〕の功《いさお》しのために、キリストがどのようにして海で食べ物を増やされたかは、しかるべき箇所で、後ほど記すことにします。ここでは、施しによって得たごくわずかな食物で、何日にもわたって、水夫たちを飢えと死の危機から救ったことを思い起こすだけで十分でしょう。このことから、全能の神の僕〔フランシスコ〕が、岩から水を流れ出させた点ではモーセ[24]に、食糧を増やした点ではエリシャ[25]に似ていることがはっきりと分かるでしょう。

それ故、キリストの貧しい人々から不信の念は遠くに去るがよい。フランシスコの貧しさが、助けを求めて彼のもとを訪れる人々の必要を驚くべき力をもって満たし、金銭も技巧も自然の力も及ばなかったときに、食物にも飲み物にも家屋にも事欠くことはなかったとすれば、神聖なる摂理によって通常の使用のためにすべての人に分け隔てなく与えられるものは、どれほどまさった価値をもつことでしょう。わたしは次のように言いたいのです。もしも乾いた岩が一人の貧しい人の言葉によって、もう一人の喉の渇いた人のために飲み水を豊かに溢れさせたとすれば、すべてのものの創始者のためにすべてを捨てた人々のために、万事において寛大にその願いを聞き入れられないことがどうしてありえましょうか。

(1) エレ三一・三。(2) 創二・二四、マコ一〇・七。(3) Iテモ六・一五。(4) マタ一三・四四。(5) 詩七〇・一六。(6) マタ八・二〇、ルカ九・五八。(7) Iペト二・一一。(8) 出一二・四九。(9) マタ一九・二一。(10) 創一二・一。(11) 詩一四四・一五。(12) IIコリ八・九。(13) マタ五・三。(14) Iヨハ・一八。(15) マタ二五・四〇。(16) 詩七七・二五。(17) ルカ二四・一三、一八。(18) Iペト二・一一。(19) ヨハ一三・一。(20) ヨブ二九・一六。(21) マタ二七・四三。(22) マタ二七・五一。(23) 知五・一〇。(24) 詩七七・一六、出一七・一—七。(25) 王下四・一—七。

第八章

愛のこもった敬虔さについて、また理性を欠く被造物がどれほど聖者に対して愛情深かったか

一　使徒〔パウロ〕のいうところの、**すべてのものに対して益となる真の敬虔さ**[1]が、フランシスコの心をすっかり満たし、その深みにまで浸透していましたので、神の人〔フランシスコ〕を完全にその支配下に置いていると思えるほどでした。この敬虔さは、敬神の念を通して〔フランシスコ〕を神のもとへと引き上げ、共苦共感を通してキリストへと変容させ、自己卑下を通して隣人へと向かわせ、個々のものとの普遍的な和解を通して〔フランシスコを〕無垢の状態に作り変えたのでした。

　この敬虔さを通して、愛情をもってすべてのものに引き寄せられたのですが、特に、キリスト・イエスの尊い御血によって贖われた〔人々の〕魂へと引き寄せられ、それらの魂が罪の汚れによって汚されているのを見ると、繊細な憐れみの情にかられ激しく嘆き悲しむのでした。それはまさに、日々キリストのうちにそれらの魂を産み出す母親のようでした。それはまた、〔フランシスコ〕が神のみ言葉の奉仕者を尊敬した主な理由でもありました。それらの魂の回心と愛情のこもった配慮を通して、**自分の死んだ兄弟、**すなわち罪人たちのために十字架につけられたキリストの**ために子孫を興し**[2]、愛情をこめて世話することで〔それらの魂を〕導くからです。

　このような憐れみの業は、あらゆる犠牲にまさって、憐れみ深い御父に受け入れられるものであると固く信じていました。特に、完全な愛の熱意に駆り立てられたものであり、それによって言葉によるよりも模範に、饒舌な説教によるよりも涙ながらの祈りによって行われる場合はなおさらのことです。

二　それで、その説教によって人々の魂の救いを求めるのではなく、自分の称賛を求める説教師、あるいは教えの真実によって築き上げたものを生活の悪によって破壊してしまう説教師を、真の敬虔さを欠く人を憐れむように憐れまなければならないと、語っていたのでした。このような説教師よりも、良い模範によって他の人々に善を行うよう呼びかける、単純で訥弁《とつべん》の兄弟のほうを尊ばなければならないとも語っていました。そして、「**不妊の女が多くの子供たちを産んだ**(3)」という言葉を次のように説明していました。「不妊の女とは、教会の中で子供を産む義務をもたない、貧しく小さな兄弟のことです。この兄弟は裁きの時に多くの子供たちを産むでしょう。なぜなら、今、ひそかな祈りによってキリストへと回心させている人々を、その時、裁き主はその兄弟の栄光と見なされるからです。『**多くの子供を持つ女は無力にされます**(4)』。今、あたかも自分の力によって多く子を儲《もう》けたかのように喜んでいる、空虚で饒舌な説教者は、その時、彼らのうちに自分のものは何一つないことを知るからです」。

三　ですから、〔フランシスコは〕人々の魂の救いを心からの敬虔さをもって切望し、熱烈な願いをもって望んでいましたので、世界の遠い地域で聖なる兄弟たちの香り高い名声によって、多くの人が真理の道へと導かれていることを耳にすると、自分の心は**いとも甘味な香りに満たされ、**(5)**高価な香油**(6)を塗られるようだと語っていました。そのような〔兄弟たちの〕話を聞くと、〔フランシスコは〕霊において喜び躍り、言葉と行いによって罪人たちをキリストの愛へと導いた兄弟たちの上に、**受けるに最も望ましい**(7)祝福を重ね重ね施すのでした。

　他方、悪行によって聖なる修道生活を傷つけた者は、彼の最も厳しい呪いを被ったのでした。〔フランシスコは〕こう言ったのです。「いとも聖なる主よ、この会の聖なる兄弟たちを通してあなたが建てられ、今も建て続けておられるものを、その悪い模範によって混乱させ破壊しようとする者たちが、あなたによって、そして天の宮廷全体、更にあなたの小さき者であるわたしによっても呪われますように」。

〔フランシスコ〕はしばしば弱い人々が躓かされるのをひどく悲しみ、神の慈しみ深い慰めに支えられなければ、憔悴し尽くすと思われるほどでした。

　あるとき、ある幾つかの悪い模範によって心をかき乱され、心痛のうちに子供たちのために憐れみ深い御父に祈りました。すると、次のような答えを主から得たのでした。

「貧しく惨めな人間よ、なぜ心をかき乱すのか。わたしがお前をわたしの会の牧者として立てたのは、保護者の中でも中心となるのがわたしであることを忘れさせるためだったとでもいうのか。単純な人間であるお前を〔牧者〕として立てたのは、お前のうちでわたしが行うことが、人間の努力ではなく、天からの恵みによるものであることが明らかにされるためである。**わたしが呼び出したのだ。わたしが守り養うであろう**[8]。ある者らが滑り落ちるなら、別の者らで補充するだろう。それらの者がまだ生まれていなければ、わたしは生まれさせることさえするだろう。この貧しく小さな会がいかにひどく揺れ動かされようとも、わたしの賜物によって常に安全に保たれるであろう」。

四　〔フランシスコ〕は敬虔と恵みの源に対する敵として、中傷という悪徳を蛇の咬《か》み傷のように忌み嫌っていました。そして、それは最も恐ろしい疫病であり、いとも慈しみ深い神への憎悪であると固く信じていました。なぜなら、中傷する人は**舌という剣**[9]で殺した魂の血で自らを養うものだからです。あるときのこと、ある兄弟が別の兄弟の評判を中傷するのを聞いた〔フランシスコ〕は、自分の代理〔の任にある兄弟〕を振り返って言いました。「さあ、急いで立って、立って。注意深く調べてください。そして、非難された兄弟が潔白であることが分かったなら、非難した兄弟を厳しく罰することで見せしめにしてください」。時としては、自分の兄弟の良い評判を剝奪した者はその会服をはぎ取られて当然であり、奪ったものを回復するために全力を尽くした後でなければ、**神に向かって目をあげる**[10]ことはできないと判断したのでした。彼はこう言っていました。「中傷する人々の不敬虔さは、盗人たちの不敬虔さよりもはるかに大きいのです。なぜなら、敬虔さを守ることで全うされるキリストの掟は、身体の福利よりも魂の福利を望むようにさせるものだからです」。

五　肉体上の苦痛をかかえて苦しんでいる人に対して、驚くほどの優しさをもってその苦しみを共にしていましたので、誰かが何かに欠乏していたり何かを必要としているのに気づくと、その敬虔な心のもつ優しさからキリストに訴えるのでした。実際、〔フランシスコには〕慈しみの心が生まれながら備わっていましたが、上から注がれたキリストの愛情によって、それは倍加されていたのでした。それ故、貧しい人々や弱っている人々を見ると、彼の霊魂は溶けてしまい、助けの手を差し伸べられない人々に対しては、その熱い思いをさし示したのでした。

あるときのこと、兄弟の一人が、都合の悪いときに施しを求めにきた貧しい人に対して厳しく応対したことがありました。敬虔な心で貧しい人々を愛する人〔フランシスコ〕はこれを聞くと、着物を脱いで裸になって、その貧しい人の足もとにひれ伏し、自分の過ちを告白し、祈りと赦しを請い求めるように、その兄弟に命じました。彼が謙遜にそれを実行すると、師父はやさしく言い添えたのでした。「兄弟よ、あなたが貧しい人を目にするとき、主と、主の貧しい御母の姿があなたの眼前に置かれているのです。同じように、弱っている人々のうちに、〔主がご自分のものとして〕受け取られたさまざまな弱さを考えるようにしなさい」。

最もキリスト教的であったこの貧者〔フランシスコ〕は、すべての貧しい人のうちにキリストの似姿を見ていたのでした。ですから、出会った貧しい人々に、自分に与えられた生活必需品さえも惜しまずに与えるだけでなく、彼ら自身の所有物であるかのように彼らに返さなければならないと考えていたのでした。

あるときのこと、一人の貧しい人がシエナから帰る〔フランシスコ〕に出会いました。そのとき〔フランシスコは〕病気でしたので、会服の上に短いマントを着ていました。その人の哀れな姿が彼の慈しみ溢れる目にとまると、同行の兄弟に言いました。「わたしたちは、この貧しい人にこのマントを返さなければなりません。なぜなら、これはこの人のものだからです。わたしたちよりももっと貧しい人を見つけるまで、わたしたちはそれを**借り物として持っていた**[11]だけなのです」。ところが、敬愛する師父にとってそれが必要であると考えた同行の兄弟は、頑固にそれに抵抗しました。〔フランシスコが〕他の人のことを慮って、自分のことをなおざりにするのを恐れたためでした。すると、〔フランシスコは〕言いました。「自分の持っている物を、わたしよりももっと必要としている人に与えないとしたら、偉大な施し主は、わたしを窃盗の罪で咎めるでしょう」。

それ故、肉体の必要を満たすために与えられたすべてのものに関して、自分よりもそれを必要とする人と出会ったなら、それを与える許可を施し主に求めるのが常でした。マントにしても、トゥニカにしても、書物にしても、更には祭壇の装備品でさえも、何一つ物惜しみすることはありませんでした。それが可能であれば、敬虔の念からくる義務を果たすためであれば、それを必要とする人々にあらゆるものを与えてしまいました。

道で重い荷物を担いでいる貧しい人に出会うと、〔フランシスコは〕しばしば、衰弱したその肩に、その荷物を担うのでした。

六　すべてのものの第一の起源に思いをはせることで、溢れるばかりの敬虔さに満たされた〔フランシスコは〕、どんなに小さなものであれ、すべての被造物を兄弟姉妹という名前をもって呼んでいました。それらの〔被造物〕が自分と同じ唯一の源を持っていると知っていたからです。しかしながら、キリストの愛情溢れる優しさの似姿を自然に映し出しており、しかも聖書が〔キリストの〕象徴として用いている被造物を、特別の愛をもって慈しんだのでした。殺されかけている小羊をたびたび買い取っていましたが、それは罪人たちの贖いのために**屠《ほふ》り場**[12]へと引かれていくことを望まれた、あのいとも柔和な小羊〔すなわちキリスト〕を思い起こしてのことでした。

あるときのこと、神の僕〔フランシスコ〕はグッビオ司教区の聖ヴェレクンド隠棲修道院の客としてそこに滞在していましたが、夜の間に、小さな羊が小さな仔羊を産みました。そこには狂暴な雌豚がいて、無垢の命を惜しむことなく、強欲なひと咬《か》みで〔この仔羊を〕殺してしまいました。これを聞くと、敬虔の念篤い師父〔フランシスコ〕は、驚くべき共苦共感に駆られて、また疵《きず》のない小羊〔キリスト〕を思い起こして、小さな仔羊の死を悼んで皆の前で次のように言いました。「ああ、何と悲しいことか、兄弟なる小さな仔羊よ。無垢の生き物であるお前は、人々にキリストを指し示すものだった。お前を殺したものは呪われるがよい。いかなる人も獣も、これを食べることのないように」。驚くべきことに、邪悪な豚はたちまち病気になり、三日間にわたって肉体上の罰によって償いをなした後、仕返しとなる死を遂げたのでした。〔その死骸は〕隠棲修道院の溝に投げ捨てられ、長い間、干からびた枯れ木のように打ち捨てられ、飢えた獣の餌にもならなかったのでした。

ですから、動物の残酷さがこれほど恐ろしい死によって罰せられるとすれば、人間の不敬が、最終的にどれほど重い罰を課されることになるのか注意を向けたらよいのです。また、神の僕〔フランシスコ〕の敬虔の念がどれほど驚くべき力をもち、溢れんばかりの優しさを持っていたのか、それは動物たちの本性までもが、それなりの方法で喝采するほどであったことを、敬虔な信者は熟考したらよいでしょう。

七　シエナの町の近くを旅しているときのことでした、〔フランシスコは〕牧場に羊の大きな群れがいるのに出会いました。いつものように、やさしく挨拶の言葉をかけると、草を食べるのをやめて、彼のもとにそろって駆け寄ってきて、頭をあげると、じっと彼を見つめたのでした。羊たちが彼に示した歓迎ぶりに、羊飼いたちも兄弟たちもびっくりして、群れの小羊だけでなく雄羊までもが常になく彼の周りを跳び回るのを眺めたのでした。

また別のときのこと、ポルチウンクラの聖マリア〔聖堂〕において、一匹の羊が神の人〔フランシスコ〕にささげられました。羊が本性的に備えている無垢と単純さへの愛の故に、喜んでそれを受け取りました。敬虔な人〔フランシスコ〕は、この小さな羊に心をこめて神を崇め、兄弟たちの誰にも害を加えてはならないと教えました。羊は、神の人〔フランシスコ〕の敬虔さに気づいたかのように、彼の教えを注意深く守ったのでした。兄弟たちが聖堂の歌隊席で賛美を歌っているのを聞くと、聖堂に入ってきて、誰からも教えられもしないのにひざまずき、小羊〔キリスト〕の御母である処女《おとめ》〔マリア〕の祭壇の前では、挨拶をするかのように、鳴き声を上げるのでした。更に、荘厳なミサの中で、いとも聖なるキリストの御体が高く掲げられるときには、羊は曲げた膝の上に頭を下げるのでした。それはあたかも、この敬虔な家畜がその不敬の故に不信心な人々を咎め、〔聖体の〕秘跡を敬うように信心深い人々を招いているかのようでした。

またあるとき、ローマで、〔フランシスコは〕いとも柔和な小羊〔キリスト〕に対する畏敬の念から、小さな仔羊を自分のもとに置いていました。ローマを去るにあたって、この仔羊をセッテソーリのヤコバという高貴な婦人に、その世話を委ねました。仔羊は、聖者から霊的なことについて訓練を受けたかのように、この高貴な婦人と共に聖堂に行き、離れがたく結ばれた仲間であるかのように恭しく彼女の傍らに立っていました。朝になって高貴な婦人が起きるのが遅れると、仔羊は起きて、角でそっと突いたり、鳴き声をあげたりして目を覚まさせ、頭をうなずかせたり、身振りをして聖堂に行くように促すのでした。このため、かつてはフランシスコの弟子であり、今や信心の師となったこの仔羊は、驚き愛すべきものとしてこの高貴な婦人に保護されたのでした。

八　またあるときのこと、グレッチオで、子兎が神の人〔フランシスコ〕にささげられました。〔その子兎が〕どこにでも好きな所へ行けるようにと、地面に放してやりました。ところが、優しい父〔フランシスコ〕に呼ばれると、走ってきて、その腕の中に飛び込むのでした。〔フランシスコのほうも〕暖かい愛情をもって〔子兎〕を愛撫してやり、母のような慈しみを示し、再び捕らえられることがないようにと優しく諭してから、放してやるのでした。けれども、何度地面に下ろしてやっても、〔子兎は〕逃げようとはせず、そのたびにいつも師父の腕の中に帰ってきました。それは、心の隠れた感覚によって、〔フランシスコ〕のやさしい気持ちを感じ取っているかのようでした。それでとうとう、師父の命令によって、人里離れた安全な場所まで兄弟たちが運んで行ったのでした。

同じように、ペルージアの湖の中の島で、一匹の兎が捕らえられて、神の人〔フランシスコ〕にささげられたことがありました。この兎は他の誰からも逃げるのですが、〔フランシスコ〕の手と懐にだけは、安全な家ででもあるかのように身を委ねるのでした。

リエティの湖からグレッチオの隠遁所に急いで戻る途中のことでした。一人の漁師が敬虔の念から、一羽の水鳥を〔フランシスコ〕にささげたことがありました。〔フランシスコは〕喜んでそれを受け取ると、手を開いて放してやろうとしましたが、〔水鳥は〕飛んで行こうとしませんでした。〔フランシスコは〕目を天に注ぎ、長い間、祈り続けていました。長い時間が過ぎて、あたかもどこか別の所にいたかのように、我に帰った〔フランシスコ〕は、もう一度、その小鳥に向かって、主を賛美するために飛んでいくように、やさしく命じました。こうして祝福と許しを得ると、身振りをもって喜びを表して、飛び去ったのでした。

この同じ湖で、同じように生きた大きな魚をささげられたことがありましたが、いつものように、兄弟と呼んで話しかけると、船のそばの水の中に戻してやりました。魚は、神の人〔フランシスコ〕の前で、水の中を泳ぎ戯れ、〔フランシスコ〕の愛に惹きつけられたかのように、彼の祝福と許しが与えられないうちは、決して舟から離れようとしませんでした。

九　またあるときのこと、〔フランシスコは〕兄弟の一人とヴェネツィアの沼地を歩いていましたが、葦の茂みの中で囀《さえず》っている鳥の大群に出会いました。それを見ると、仲間の兄弟に言いました。「姉妹である鳥たちが、自分たちの創造主を賛美しています。わたしたちも彼女たちの間に入っていって、賛美と時課の祈りを主にささげて歌いましょう」。二人が中に入っていっても、彼女たちは微動だにしませんでした。そして、彼女たちの囀り声のため、二人は時課の祈りを唱える互いの声を聞くことができませんでした。そこで、聖なる人〔フランシスコ〕は鳥たちに向かって言いました。「姉妹なる鳥たちよ、わたしたちが神にささげる時課の賛美を唱え終わるまで、歌うのをやめておくれ」。すると、直ちに彼女たちは静かになり、二人が時課の祈りと賛美を唱え終わって、神の聖者から歌う許しを得るまでは、沈黙し続けたのでした。神の人〔フランシスコ〕が彼女たちに歌う許しを与えるやいなや、再びいつものように歌い始めたのでした。

ポルチウンクラの聖マリア〔聖堂〕の、神の人〔フランシスコ〕の修房の傍らにある無花果《いちじく》の木に、いつも蟬《せみ》がとまって歌を歌っていました。主の僕〔フランシスコ〕は、取るに足りない生き物を通してでも、創造主のすばらしさを驚嘆せずにいられない人でしたので、この歌を聞くと、もっとたびたび聖なる賛美を歌わなければ、と促されるのでした。ある日、〔フランシスコ〕が蟬を呼ぶと、それはまるで神に教えられていたかのように、手の上に跳び乗ってきました。〔フランシスコ〕は蟬に言いました。「歌いなさい、わたしの姉妹である蟬よ、あなたの楽しげな歌でもって、創造主である主をたたえなさい」。蟬は直ちに命令に従って歌い始めました。そして、〔フランシスコ〕の命令によっていつもの場所に戻るまで、ずっと歌い続けたのでした。八日の間、蟬はそこに留まり、毎日命令に従ってやって来ては歌い、また戻っていきました。神の人〔フランシスコ〕は、しまいに仲間〔の兄弟〕たちに向かって言いました。「そろそろ姉妹である蟬に、どこかへ行ってもよいという許しを与えようではありませんか。彼女はその歌でもう十分にわたしたちを元気づけ、八日間にもわたって神を賛美するように励ましてくれたのですから」。許しを受けると、蟬はどこかへ行ったまま、二度とそこに姿を現しませんでした。まるで、〔フランシスコ〕の命令に、ほんの少しでも背くまいとしているかのようでした。

一〇　シエナで病床にあったときのことです、一人の高貴な身分の人から、捕らえたばかりの生きた雉《きじ》が送られてきました。この雉は聖なる人〔フランシスコ〕を一目見、その声を聞いたときから、たちまち深い愛情をもち、決して〔フランシスコ〕から離れようとしませんでした。何度も何度も、兄弟たちの家の外のぶどう畑の中に放して、飛んでいけるようにしてやったのですが、そのたびに、すぐに雉は師父のもとに帰ってきてしまい、その様子はまるで生まれたときから、〔フランシスコの手で〕育てられたかのようでした。やがて、その雉は、敬虔の念からしばしば神の僕〔フランシスコ〕のもとを訪れてきたある人に託されましたが、愛情深い師父〔フランシスコ〕の姿が見えないことで狼狽してしまったかのように、全く何も食べなくなってしまいました。そこでとうとう再び神の僕のもとに戻されましたが、彼の姿を見るやいなや嬉しそうな身振りをして、元気よく餌を食べ始めたのでした。

大天使ミカエルに敬意を表して四十日間の断食をするために、ラ・ヴェルナの隠遁所に赴いたときのことです。さまざまな種類の鳥たちが彼の部屋の周りに飛んできて、彼の到着を歓迎するかのように、嬉しそうな身振りで、歌を歌い合い、敬虔な師父〔フランシスコ〕に、まるでそこに滞在するよう招き、勧めているかのようでした。それを見ると、〔フランシスコは〕仲間の兄弟に言いました。「兄弟よ、分かりますか。わたしたちがここにしばらく逗留《とうりゅう》するのは神のみ旨なのです。姉妹である小鳥たちが、わたしたちが来たことをあんなに喜んでいるのですから」。

〔フランシスコが〕そこに滞在しているうちに、近くに巣を作っていた一羽の鷹《たか》が、友情による厚い交わりを覚えるようになりました。聖なる人〔フランシスコ〕が夜、聖務日課のために起きる習慣の時刻になると、必ずやってきて音を立てたり鳴いたりしました。このことは神の僕〔フランシスコ〕をたいそう喜ばせました。鷹が自分のために払ってくれた気遣いによって、眠気や怠け心がすっかり振り払われたからです。ところが、キリストの僕〔フランシスコ〕が病のためにいつもより元気のないときには、鷹は彼を思いやって、あまりにも早く起こすのを差し控えました。まるで**神に教えられた**[13]かのように、明け方ごろに、鐘に軽く触れるときのような声を立てたのでした。

さまざまな種類の鳥の喜びの声や鷹の歌には、確かに、神聖な予兆があったように思われます。それは、神を賛美する人、神を礼拝する人〔フランシスコ〕が観想の翼に乗って高く上げられ、セラフィムの示現によって高められるはずであることへの予兆でした。

二　グレッチオの隠遁所に逗留していたときのことです。その地の住民たちは多くの災難に悩まされていました。獰猛な狼の大群が動物ばかりか人間までも殺し、そのうえ毎年大粒の雹《ひょう》が降って畑やぶどう畑を荒らし尽していたのです。そこで、聖なる福音を触れ回る者〔であるフランシスコ〕は、悲惨な状況にある人々に説教し、次のように語りました。「全能の神の栄誉と賛美のために、わたしはあなた方に約束します。もしあなた方がわたしを信じ、あなた方自身を憐れみ、心からの告白を行い、**悔い改めにふさわしい実を結ぶ**[14]なら、この災害はすべて過ぎ去り、主があなた方を顧みてくださり、この世の財産を増やしてくださいます。もう一度あなた方に言います。それらの賜物に対する感謝の心を忘れたり、**吐き出した物に戻ったり**[15]すれば、再び災難は振りかかり、罰は二倍となり、一層大きな**怒りがあなた方の上にくだされる**[16]でしょう」。

この時から、人々は〔フランシスコ〕の勧めに従って悔い改めを行うと、災害はやみ、危険は去り、狼も雹もそれ以上**害をもたらすことはありませんでした**[17]。更に偉大なことには、近くの畑に雹が降って、グレッチオとの境界近くにまで及んでも、そこで止まるか、別の地域にそれていくのでした。

神の僕〔フランシスコ〕との約束を雹は守り、狼たちも守り、人々が約束に従って、神のいとも尊い掟に反することを不敬にも行わない限り、敬虔の念を取り戻した人々に対して、敬虔の掟に背いてもはや害を加えることはありませんでした。

ですから、この祝された人〔フランシスコ〕の敬虔の念に敬虔に応えなければなりません。その敬虔の念には驚くべき甘美さと力があり、獰猛なものさえも支配し、粗暴なものをも飼い慣らし、馴れたものを訓育し、堕落した人間に逆らっていた野生の獣を従順なものへと変えたほどのものでした。実に、これこそすべての被造物と連帯し、**すべてのものに対して、この世と来るべき世での命を約束する**[18]力を持つものでした。

（1）Ⅰテモ四・八。（2）申二五・五。（3）サム上二一・五。（4）サム上二・五。（5）出二九・一八。（6）ヨハ一二・三。（7）Ⅰテモ一・一五。（8）イザ四八・一八、黙三・一〇。（9）詩五六・五。（10）ルカ一八・一三。（11）ルカ六・三四。（12）イザ五三・七。（13）Ⅱテモ三・一七。（14）マタ三・八。（15）箴二六・一一。（16）ヨシュ二二・一八。（17）ダニ三・五〇。（18）Ⅰテモ四・八。

第九章

愛に対する熱意と殉教への憧れについて

一　花婿の友であるフランシスコを燃え立たせていた愛の炎を、**いったい誰がふさわしく語ることができるでしょう**[1]。あたかも赤く熱した木炭のように、神の愛の炎によって完全に飲み込まれているかのように見受けられました。実に、「主の愛」と聞くと、たちまち彼は奮い立たされ、感情を掻き立てられ、燃え上がるのでしたが、それはあたかも、外からの声という爪によって、内なる心の琴線をはじかれたかのようでした。施しに対する埋め合わせとして、〔主の愛〕という宝を提供することは高貴な贅沢であり、それを金銭よりも低く評価する人々は、最も愚かな人々であると言うのが常でした。神の愛という測り難い代価のみが、天の国を買い取るのにふさわしいものだからであり、わたしたちを大いに愛してくれた方の愛だけが、大いに愛されるべきだからです。

すべてのことによって神への愛へと駆り立てられた〔フランシスコ〕は、主の**み手の**あらゆる**み業に喜び躍り**(2)、それらの喜ばしい光景を通して命を与える動因ならびに原因〔である方〕へと昇っていくのでした。美しいものらのうちに最も美しい方を眺め、事物に刻まれた**痕跡**を通して、至るところで**愛する方につき従い**(3)、すべてのものを梯子《はしご》として、**完全に望ましい方**(4)を抱きしめるために、それらを通して、その方のもとへと昇っていきました。いまだかつて聞いたことのない敬虔な感情をもって、それぞれの被造物のうちに泉のように溢れ出る善を、さまざまなせせらぎのうちに泉の水を味わうように味わっていました。また、それらのものに神から与えられた力や働きの調和のうちに天の調和を感じ取り、預言者ダビデのように(5)、主を賛美するよう、それらのものらをやさしく鼓舞するのでした。

二　十字架につけられたイエス・キリストが、〔フランシスコ〕の精神の**うちにミルラの匂い袋のようにとどまっており**(6)、〔フランシスコは〕桁外れの愛の炎によって、この〔キリスト〕へと全面的に変容させられることを願っていました。この〔キリスト〕への特別の献身の徴として、〔フランシスコは〕公現の祝日から連続四十日間、つまりキリストが荒れ野に退いておられた期間、寂しい場所に退き、修房に閉じこもって、できる限り飲食を控え、断食し、絶えざる祈りと神への賛美とに専念したのでした。

このように熱烈な愛によって〔フランシスコは〕キリストへと引きつけられていたのですが、愛された方〔キリスト〕のほうも親しい愛をもって彼に報いられましたので、かつて仲間にひそかに打ち明けたように、あたかも軛《くびき》のように、常に救い主の現存を目の当たりにしていたのでした。骨の髄まで、主の御体〔聖体〕の秘跡に対する愛に燃えており、これほどの愛に満ちたへりくだり、へりくだった愛に対する驚きに圧倒されておりました。〔フランシスコは〕しばしば聖体を拝領し、その敬虔さは他の人々をも敬虔な気持ちにするほどでした。あたかも聖霊に酔いしれたかのように、汚れない小羊の甘美な味わいによって(7)、〔フランシスコは〕たびたび忘我の状態に陥ったのでした。

三　〔フランシスコは〕主イエスの御母を言葉では表せない愛をもって抱きしめていました。威光に満ちた主をわたしたちの兄弟としてくださったからであり、〔聖母〕を通してわたしたちは**憐れみを受けた**のだからです。[8] キリストに次いで〔聖母〕にことさらの信頼を寄せ、〔聖母〕を自分自身と自分の〔兄弟たち〕との弁護者とし、〔聖母〕への栄誉のために、使徒ペトロとパウロの祝日（六月二十九日）から被昇天の祝日（八月十五日）までの間、大いなる敬虔の念をこめて断食をしておりました。

神への橋渡しとなり、また選ばれた者らの魂を燃え立たせる驚嘆すべき火によって燃え立つみ使いである霊たちと解き難い愛の絆によって結ばれていましたので、〔天使たち〕への信心から、栄えある処女《おとめ》〔マリア〕の被昇天の祝日から**四十日間断食し**、[9] 絶えざる祈りのうちに過ごすのが〔フランシスコの〕常でした。すべての人の救いに対して抱いていた燃えるような熱意から、〔フランシスコは〕祝された大天使ミカエルに対して特別の愛をもって献身していましたが、それは多くの魂を神のもとに導くというこの天使の職務を思ってのことでした。

火の石[10]のようなすべての聖人たちを思い起こすことで、〔フランシスコは〕神化の炎によった再び燃え立せられていました。すべての使徒たち、中でも特にペトロとパウロとを、彼らが抱いていたキリストに対する熱烈な愛の故に非常に大きな崇敬の念をもって抱きしめていました。彼らへの尊敬と愛から、〔フランシスコは〕四十日間の特別の断食を主にささげていました。

キリストの貧者〔フランシスコ〕は、二枚の小銭[11]以外何一つ持っておりませんでした。〔その小銭とは〕惜しみない愛によって施すことのできる肉体と魂のことです。キリストへの愛のために、この二つを絶えずささげておりました。すなわち、厳しい断食によって肉体を、熱烈な願いによって精神を犠牲《いけにえ》としていつもいつもささげ、外の庭では**焼き尽くす献げ物**をささげ、内なる神殿では**薫香**《くんこう》を焚いていたのでした。[12]

四　愛へのたぐいまれなる献身は、〔フランシスコ〕を神的なものへと高くあげ、その結果、彼の愛情溢れるやさしさは、本性と恵みとを共にするものらへと広げられていきました。実に、彼の心の敬虔さは彼を他のすべての被造物の身内の者としていましたので、**キリストの愛**[13]が彼を、創造主の像にかたどって造られ、創始者の**御血によって贖われた者らにとって**[14]身内の者以上のものとされたとしても、驚くに値しません。〔キリスト〕が贖われた人々の魂を抱きしめないとすれば、自分はキリストの友ではないと彼は考えていたのでした。何も魂の救いより優先させてはならない、**神の御独り子**[15]が魂らのために十字架にかけられることをよしとされたことこそ、そのことの最高の証明であると言っておりました。そのためにこそ、〔フランシスコは〕労苦して祈り、疲れを忘れて宣教の旅をし、模範となるためにあらゆる手段を尽くしたのでした。

そこで、自分自身に対する度を越した厳しさを非難されるたびごとに、自分はほかの人々の模範として与えられているのであると答えたのでした。実に、彼の無垢の肉体は、自ら進んで霊に服しており、過失の故に鞭打たれる必要などなかったにもかかわらず、模範のために、罰と重荷とを〔肉体〕に課して、ほかの人々のために**険しい道をとり続けた**[16]のでした。実に、次のように語っていました。「**たとえわたしが人々と天使たちとの言葉を話しても、愛がなく、**身近な人々に諸徳の模範を示すことが**なければ、**それはほかの人のためにほとんどならず、**わたしにとっては無に等しい**[17]」。

五　愛の燃える火をもって、〔フランシスコは〕聖なる殉教者たちの栄えある勝利に倣おうとしていましたので、彼らに対する愛が消えることも勇気が弱まることもあり得ませんでした。そのため、**恐れを追い払う**[18]完全な愛に燃え立てられた〔フランシスコは〕、殉教の炎を通して自分自身を**生きたまま供え物**として主にささげたい[19]と憧れていました。それによって、わたしたちのために死んでくださったキリストにお返しをし、ほかの〔人々〕を神の愛へと呼び戻すためでした。

回心の六年後のこと、殉教への憧れに駆られ、〔フランシスコは〕サラセン人と他の〔キリストを〕信じていない人々にキリスト教信仰と悔い改めとを宣べ伝えるために、シリア地方へと渡って行こうと決心しました。その地を目指す船に乗り込んだのでしたが、逆風に煽《あお》られて、スラヴォニア地方の海岸に上陸するよう押し流されてしまいました。そこで、そこにしばらくの間逗留《とうりゅう》せざるをえなかったのでしたが、その時期に出航する船を見いだすことはできませんでした。自分の憧れが潰《つい》え去ろうとするのを見て、アンコーナに向かおうとしている船乗りたちに、神の愛によって自分を一緒に乗せて行ってくれるよう頼みました。ところが、費用を支払うことができないと知って、彼らは断固として拒絶しましたので、神の人〔フランシスコ〕は主の優しさに絶大の信頼を寄せて、仲間の〔兄弟〕と共にひそかに乗船したのでした。ご自分の貧者〔フランシスコ〕のために神から送られたと信じられております、ある人が必要な食料を携えてやって来ると、**神を畏れる**[20]一人の乗組員を呼び寄せると、このように言ったのでした。「これらをすべて、船に隠れている貧しい兄弟たちのために誠実に保管してください。そして、**必要な時になったなら**(21)、親しみのこもったやり方で、彼らに渡してください」。やがて、乗組員たちは風の力によって何日もの間どこにも上陸できなくなり、自分たちの食料を食べ尽くしてしまい、残ったのは、貧しいフランシスコに上から与えられた施しだけになってしまいました。その施しもごくわずかなものにすぎませんでしたが、神の力によってその量が増し、打ち続く嵐によって何日にもわたって海上に留まり、アンコーナに辿り着くまでの間、全員の必要を満たすに十分な量となったのでした。神の僕〔フランシスコ〕を通して死の危険を逃れたことを知った船乗りたちは、海の恐ろしい危険を知り尽くし、**深い淵の中で行われた主の驚くべきみ業**(22)を見てきた者として、常に神の友であり僕である人々に対して、ご自分を驚くべき愛に満ちた方として示される**全能の神**(23)に感謝をささげたのでした。

六　海岸を後にすると、その土地を歩き回り始め、救いの種を播き、豊かな収穫を刈り取ったのでした。しかしながら、殉教の実が〔フランシスコ〕の心を深く魅了していましたので、諸々の徳の功《いさお》しにまさって、キリストのための尊い死を願い続けていました。そこで、ミラマモリノとその民にキリストの福音を宣教するために、モロッコに向かいました。このようにして、熱く望んでいた〔殉教の〕棕櫚《しゅろ》の枝を獲得したいと願ったのでした。彼の願いは非常に強いものでしたので、身体は弱っていたのですが、旅の間中、目的を達したいと急ぐ心から、同行の兄弟の先頭を走るようにしていました。そのありさまは、聖霊に酔って、飛んでいるかのようでした。ところが、スペインにまで辿り着いたとき、彼に別のことをさせようとしておられた神の計画によって、非常に重い病気にかかってしまい、願っていたことを果たすことはできませんでした。したがって、自分の儲《もう》けた子供たちのために肉体における命がなお必要とされていると悟って、神の人〔フランシスコ〕は、自分にとって**死は益である**(24)と考えていたにもかかわらず、自分に委ねられた**羊を牧する**(25)ために帰途についたのでした。

七　しかし、愛の熱によって彼の霊は殉教へと駆り立てられていましたので、三位一体の信仰を広めるために自分の血を流すことを望んで、三度、異教徒の地へ旅立とうとしました。その回心後十三年目に、シリア地方を目指して出発し、多くの危険に絶えず身をさらしながら、バビロンのスルタンのいる所まで行こうと試みたのでした。当時、キリスト教徒とサラセン人との間で激しい戦争が行われており、両軍の陣営は野原の中の互いに向かい合った近い所に敷かれており、死の危険を冒さずには一方から他方へ行くことはできませんでした。更に、キリスト者の首を持ち帰った者にはビザンチンの金貨一枚を与えるという残酷な布告がスルタンによって発せられていました。しかし、キリストの大胆な騎士フランシスコは、自分の目的を果たすために、この旅をやり遂げようと決心しました。死にひるむことなく、むしろそれを願ってさえいました。祈りをささげた後、主に強められた[26]〔フランシスコ〕は、信頼をこめて、次の預言の言葉を歌ったのでした。「**たとえ死の陰の谷を歩んでも、わたしは災いを恐れない、あなたがわたしと共にいてくださるから**[27]」。

八　そこで、同行の兄弟として徳高く光に照らされた人であった兄弟イルミナートを連れて、〔フランシスコは〕旅に出たのでしたが、間もなく二匹の小羊に出会いました。それらを見て大いに喜んだ聖なる人〔フランシスコ〕は仲間〔の兄弟〕に言いました。「兄弟よ、**主に信頼しましょう**[28]。『**見よ、わたしはあなたたちを遣わすが、それはあたかも狼の中に羊を送り込むようなものだ**[29]』という福音の言葉がわたしたちにおいて成就しようしています」。更に彼らが進んでいきますと、サラセン人の歩哨が彼らに襲いかかり、狼が羊に素早く忍び寄るかのように、神の僕たちを乱暴に捕らえ、罵詈暴言をもって侮辱し、鞭をもって打ち叩き、鎖で縛って、残虐に荒々しく引き立てていったのでした。さまざまな虐待を受け、憔悴しきった二人を、とうとうスルタンのもとに引き出したのでした。これは聖なる摂理の計らいであり、神の人〔フランシスコ〕の望むところでもありました。誰によって、何のために、またどのようにして送り出され、どのようにしてそこまで辿り着いたのか、その支配者が彼らに問いただしますと、心に臆することなく、キリストの僕フランシスコは答えました。人によってではなく、いと高き神によって、彼とその民に、救いの道を示し、真理の福音を宣べ伝えるために、自分は遣わされたのである、と。堅固な心で、勇気ある精神、燃えるような精神をもって、前述のスルタンに対して、三位一体の神、すべての人の救い主であるイエス・キリストについて説いて聞かせたのでしたが、それはまさしく次の福音の言葉が、真に、彼のうちに成就されたと思わせるものがありました。「**あなた方のいかなる反対者たちも対抗できず反駁もできないような口と知恵とをわたしはあなた方に授けるであろう**[30]」。

スルタンは、神の人〔フランシスコ〕のうちに霊の驚嘆すべき熱意と力とを認めると、**喜んで耳を傾ける**[31]と、長期にわたって滞在してくれるように熱心に要請したのでした。ところが、天の神託によって照らしを受けたキリストの僕〔フランシスコ〕は、こう言ったのでした。「あなたが、あなたの民と一緒に、キリストへと改宗するのであれば、キリストへの愛の故に喜んでわたしはあなた方と共に留まりましょう。キリストへの信仰の故にムハンマドの慣習を捨てることをためらっておられるのでしたら、大きな火を焚くように命じてください。あなたの祭司たちと共に、わたしはその火の中に入り、どちらの信仰がより確かでより聖なるものであるかが明らかになるようにいたしましょう」。スルタンは答えました。「わたしの祭司たちの中の誰一人として、自分の信仰を守るために炎に我が身をさらしたり、いかなるたぐいのものであれ責め苦を耐え忍ぶ者などはいないと思う」。と言いますのは、権威の点でも年齢の上でも十分な一人の祭司が、フランシスコの言葉を聞くやいなや、彼の面前から逃げ出そうとしたのを見ていたからでした。〔スルタン〕に対して聖なる人〔フランシスコ〕は言いました。「わたしが無傷で火の中から出てきたなら、あなたがあなたの民と共にキリストを礼拝されるとわたしに約束してくだされば、わたしは一人で火の中に入りましょう。また、もしわたしが火に焼かれるようなことがあれば、それはわたしの罪のせいであるとお考えください。しかし、神の力がわたしを守ってくださるときには、**キリストこそ神の知恵、神の力であり、真の神**、すべての人の**救い主**である主であると、あなたは認めなければなりません」[32]。ところが、スルタンは、民の暴動が恐ろしいので、その提案は受け入れることはできないと答えました。その代わりに、たくさんの高価な贈り物を〔フランシスコ〕に与えようとしたのでしたが、地上の物ではなく、魂の救いを熱望していた神の人〔フランシスコ〕は、そのすべてを塵のようにはねつけたのでした。聖なる人〔フランシスコ〕がそのように地上のものを軽蔑するのを見て、スルタンは驚嘆の念に駆られ、彼に対してますます大きな尊敬の念を抱いたのでした。そして、キリスト教信仰に移ることは拒否し、というよりは敢えて移ろうとはしなかったのでしたが、先に述べた贈り物を受け入れて、スルタンの救いのためにキリスト教徒の貧しい人々に与えるか、教会に献金するかしてくれるように、敬虔な態度で頼んだのでした。しかし、金銭の重荷を逃れるため、またスルタンの心に真の信仰が根付いていないのを見て取ったこともあって、〔フランシスコは〕全くそれを受け取りませんでした。

九　この民を回心させることにおいて何の進展も見られず、初期の目的である殉教も果たせないのを見て、神の啓示に指示されて、信じる者たちの国へと帰ったのでした。

こうして、キリストの友〔フランシスコ〕は全力を尽くしてキリストのために死ぬことを求めたのでしたが、それを果たすことができないことが、神の慈しみと聖なる人の徳の功しによって、憐れみ深く、かつ明白に示されたのでした。これによって彼が望んだ殉教の功しが奪われたのでもありませんでしたし、将来特別の特典によって尊敬されることから免れたわけでもありませんでした。このように、神聖なる火は以前にもまして彼の心の中に燃え、後に、その肉体に流れ出てきたのでした。おお、何と幸せな人よ、その肉体は暴君の剣によって切り刻まれることはありませんでしたが、屠《ほふ》られる羊(33)との類似を帯びることになりました。おお、真に豊かに祝された人よ、その魂は迫害する者の剣によって奪われることはありませんでしたが、殉教の棕櫚の葉を失うことはなかったのでした。

(1) シラ一八・二。(2) 詩九一・五。(3) ヨブ二三・一一。(4) 雅五・一六、創二八・一二。(5) 詩一四八・一。(6) 雅一・一二。(7) Iペト一・一九。(8) Iペト二・一〇。(9) マタ四・二。(10) エゼ二八・一四。(11) マコ一二・四二。(12) 出三〇・二七、二八。(13) IIコリ五・一四。(14) 黙五・九。(15) ヨハ三・一八。(16) 詩一六・四。(17) IIコリ一三・一、三。(18) Iヨハ・一八。(19) ロマ一二・一。(20) ヨブ一・一。(21) シラ八・一二。(22) 詩一〇六・二四。(23) シラ五〇・一九。(24) フィリ一・二一。(25) ヨハ二一・一七。(26) 王上三〇・六。(27) 詩二二・四。(28) シラ一一・二二。(29) マタ一〇・一六。(30) ルカ二一・一五。(31) マコ六・一〇。(32) Iコリ一・二四、ヨハ一七・三、四・四二。(33) 黙五・一二。

第一〇章

祈りの熱心さとその効力について

一　キリストの僕フランシスコは、**肉体においては主から離れた旅人である**(1)と悟り、**キリストの愛**(2)によって、既に外的には地上の欲望に対して完全に無感覚になっていましたので、愛する方からの慰めを欠くことのないように、絶えず祈ることで(3)、〔自分の〕霊が常に神のみ前にあるように努めていました。既に天上の住まいにあって、天使たちと同じ住民になっており、肉という壁によってのみ隔てられていた**愛する方を**燃えるような憧憬をもって**尋ね求めて**

いました[4]ので、観想の人〔フランシスコ〕にとっては、祈りこそが慰めでした。あらゆることを行うにあたって、自分の努力に頼ることなく、天からの慈愛に信頼して、その熱心な祈りによって自分の**心配を**すべて神に**委ねていました**[5]ので、祈りこそがこの働き手〔フランシスコ〕を守るものでもありました。

修道者にとっては祈りの恵みこそ他のすべてにまさって望み求められるものでなければならないと確信をもって断言していました。祈りなしには誰も神への奉仕において功しをあげることはできないと信じていたのです。自分の兄弟たちを祈りへの熱意へと駆り立てるためにはあらゆる手段をも用いました。歩いていても座っていても、内にあっても外にあっても、働いていても休んでいても、祈りに集中していましたので、心と体だけでなく、働きと時間をも祈りにささげているように見受けられたのでした。

二　〔聖〕霊のいかなる訪れをもなおざりにして見すごすことのないように心がけていました。それが与えられたときには、主が許されるかぎり、〔聖〕霊の訪れに従い、与えられた甘美さを味わっていました。旅の途中で神聖なる霊の息吹を感じると、同行の兄弟たちを先に行かせて、自分はその場に止まって、新しい霊感を実りあるものとし、**いただいた恵みを無駄にしない**[6]ように心がけていました。たびたび観想の極みへと引き上げられ、自分自身を超えて奪い去られ、人間の理解を超えたことをも体験し、自分の周りで起こっていることが分からなくなることがありました。

さて、あるときのこと、ボルゴ・サン・セポルクロを通り抜けようとしていました。そこは人口の多い街でした。〔フランシスコは〕体が弱っていたため驢馬《ろば》に乗っていました。信心篤い人々が群れをなして彼に向かって殺到しました。〔フランシスコは〕彼らに触れられ、押され、抱きしめられ、あちらへこちらへと引っ張られていましたが、それらの一切を全く感じておらず、自分の周りで何が起きているのかさえも気づかず、あたかも生気を失った死体のように見受けられました。街からだいぶ離れ、群衆からも遠ざかった後、レプラを患った人々のための家に辿り着いたころになって、天上のことを観想する人〔フランシスコ〕は、どこか遠い所から帰ってきたかの様子で、気遣わしげに、いつボルゴに着くのだろうかと尋ねたのでした。実に、彼の精神は天上のすばらしいことに釘づけになっていたので、通り過ぎたさまざまな場所や時はもとより人々さえも気づかなかったのでした。このようなことがしばしば〔フランシスコに〕起こったことが、仲間〔の兄弟〕たちの数多くの体験によって確認されています。

三　熱望していた聖霊の現存は、それを呼び求める者らに、また世俗の騒音から遠ざかっていればいるほど、一層親しく与えられることを祈りのうちに〔フランシスコ〕は学んでいましたので、人里離れた場所を探し求め、夜、祈るために人里離れ打ち捨てられた聖堂に赴くことを常としていました。そのような場所で、祈りの熱意から彼を遠ざけ混乱させようとして、感覚的に戦いを挑んでくる悪霊どもとの恐ろしい戦いを耐え忍んだのでした。しかし、天上の武具で身を固めた〔フランシスコ〕は、敵からの攻撃が激しくなればなるほど、徳において一層強く、祈りにおいて一層熱心になり、信頼の心をもってキリストに向かって言うのでした。「**わたしを攻撃する不敬な者らの顔から、あなたの翼の陰にわたしを覆い隠してください**(7)」。そして、悪霊どもに対してはこう言うのでした。「邪悪な偽りに満ちた霊ども、わたしに対してしたいことは何でもするがよい。天の〔神がその〕み手をゆるめ、お前たちを放免しておられなければ、お前らは何もできないのだ。み手が与えようと決められたことはすべて、喜んで耐え忍ぶ用意がわたしにはできている」。高慢な悪霊どもは、このような精神の堅固さには耐えることができず、混乱して立ち去ったのでした。

四　神の人〔フランシスコ〕はただ独りで平和のうちに留まっていると、嘆きをもって林を満たし、涙を地面に降り注ぎ、拳《こぶし》で胸を打ち、もっとひそやかな秘密の隠れ場を見いだしたかのように、自分の主と語り合うのでした。彼はその場で裁き主に答え、その場で御父に嘆願し、その場で友〔キリスト〕と言葉を交わし合っていました。その場で、しばしば呻《うめ》き声をあげて罪人たちのために神聖なる慈しみを乞い求めたり、あたかも目の前にしているかのように主の受難を大きな声をあげて嘆き悲しんでいたりするのを、敬虔に見守っていた兄弟たちは耳にしたのでした。

その場で、夜中に、十字架の形に腕を拡げて祈っている姿が見られたのでしたが、その体全体は地面から浮き上がり、輝く雲のようなものに包まれていました。つまり、体の周りに見られた不思議な輝きは、彼の精神のうちに輝くすばらしい光を証明するものでした。

また、確かな証拠が明らかにしているように、その場で、神聖なる**知恵の知られざる隠された秘密**(8)が明かされたのですが、**キリストの愛が駆り立て**(9)、隣人たちのための益がそれを求めない限り、それらを外に言い広めようとはしませんでした。まさしく、次のように言っていたのです。「わずかな報酬のために限りなく貴いものを失うということになれば、与えてくださった方は、二度と与えまいという思いを起こされるでしょう」。

その祈りによってほとんど**別人に変えられていた**[10]のですが、私的な祈りから戻って来ると、〔人々の〕喝采の微風によって、外面に示しているものが内面において得た報い[11]を奪い去ることのないように、最大の努力を払って、ほかの人々と同じようであろうと努めていました。公の場で突然、主の訪れに浴するような時には、いつも傍らに立っている人々の間に何か障害となるものを置いて、花婿〔キリスト〕の親しい接触があからさまにならないようにしていました。兄弟たちの間で祈る時は、呟《つぶや》きも呻きも深いため息も、外から見えるいかなる動作も全く示しませんでしたが、それは秘密にしておくことを好んだためか、内面の奥深くに入り込み、神のうちに全面的に取り入れられていたためでした。しばしば親しい〔仲間〕たちにこのように言っていました。「神の僕が祈っているうちに、神聖なる訪れを受けたなら、次のように言わなければなりません。『主よ、罪人であるわたしにふさわしくない、このような慰めを、あなたは天から送ってくださいました。わたしはそれをあなたのご保護のもとにお委ねいたします。あなたの宝の盗人であるように感じるからです』。そして、祈りから戻った時には、新しい恵みは何一つ受けなかったかのように、小さく貧しい者、罪人のような様子をしていなければなりません」。

五 あるとき、神の人〔フランシスコ〕がポルチウンクラの〔自分の〕居所で祈っていると、たまたま、アシジの司教が、いつものように、彼を訪ねてきました。その居所に入ってくるやいなや、司教はやや強引にキリストの僕〔フランシスコ〕が祈っていた修房に近づき、扉を叩いた後、中に入ろうとして頭をのぞかせると、祈っている聖者の姿が目に入りました。〔司教は〕突然、**震えだし**[12]、手足はこわばり、声も出なくなり、たちまち神聖なる意志によって、乱暴に外へ押し出され、後ろ向きのまま遠くに投げ飛ばされてしまいました。〔司教は〕呆然として兄弟たちの所に急いで戻り、神によって再び語ることができるようにしていただくと、まず初めに最善を尽くして自分の過ちを告白したのでした。

またあるときのこと、ペルージアの司教区にある聖ユスティノ隠棲修道院の大修道院長が道でたまたまキリストの僕〔フランシスコ〕に出会ったことがありました。敬神の念篤い大修道院長は素早く馬から降りると、神の人〔フランシスコ〕に敬意を表し、魂の救いについて彼と語り合いました。楽しい会話を交わした後、別れるにあたって大修道院長はへりくだって、自分のために祈ってくれるよう願いました。神に愛された人〔フランシスコ〕は「喜んでお祈りいたします」と答えました。大修道院長が少し遠ざかると、誠実なフランシスコは仲間〔の兄弟〕に言いました。「兄弟よ、少し待っていてください。約束した義務を果たしたいのです」。〔フランシスコ〕が祈り始めると、大修道院長はたちまち、これまで感じたことのない常ならぬ暖かさと甘美さを**霊において感じた**[13]のでした。**我を忘れ**[14]、自分がことごとく神のうちに失われてしまうかのように感じられたのでした。しばらくそれは続きましたが、やがて我に返ると、聖フランシスコの祈りの力を認識したのでした。この時以来、〔大修道院長は小さき兄弟〕会に対する大きな愛によって常に燃えているようになり、この出来事を不思議な出来事として多くの人々に語り伝えたのでした。

六　聖なる人〔フランシスコ〕はいつも献身的に、また神への大いなる畏怖の念をもって時課の祈りを唱えていました。目と胃、脾臓と肝臓の病を患っていたにもかかわらず、詩編を唱えるとき、壁や背もたれに寄りかかろうとはせず、かえって、時課の間中、真っ直ぐに立ち、頭巾を被らず、目をさ迷わせず、音節を落とすことなく唱えていました。旅の途中にあるときも、正確な時間に歩くのやめ、雨が降っているからといって、この尊い聖なる習慣を怠ることはありませんでした。実に、こう言っていたのでした。「食物は肉体と一緒に虫の餌になってしまうにしても、肉体は静かに食物を摂るとすれば、魂は命の糧をどれほどの平和と静けさのうちに摂るべきでしょうか」。

祈りに専念すべきときに、空しい想像によって心がさ迷おうものなら、彼は重大な過ちを犯したと考えました。そのため、そのようなことが起こったなら、素早く償いを果たすために、告白を引き延ばすことはありませんでした。熱心にこのような習慣を守っていましたので、この種の「蝿《はえ》」に悩まされることはほとんどありませんでした。

ある四旬節のこと、少しの時間も無為に過ごすことのないように、小さな器を作ることに専念していました。三時課を唱えているとき、そのことを思い出して、少し心を散らしました。霊の熱意に動かされて、小さな器を火に投げ込むと、こう言ったのでした。「これを主に犠牲《いけにえ》としてささげよう。これは主に犠牲をささげる邪魔をしたのだから」。

神が目の前におられるかのように、精神と霊を集中して詩編を唱えていました。詩編の中で主という言葉が出てくると、その甘美さを味わうかのように、唇を舐めるのが見受けられました。

〔フランシスコ〕は、主のみ名を考えるときだけでなく、口にしたり書いたりするときにも、特別な尊敬の念をもって尊ぶことを望み、ある時、み名の書かれたどんな小さな紙切れでも、どこかでそれを見つけたなら拾って、清潔な場所に置いて、聖なる名前が書かれたものが足の下に踏みつけられることのないようにするよう、兄弟たちに説き勧めたほどでした。

イエスというみ名を口にしたり耳にしたりすると、内面的に喜びに満たされ、蜜のように甘い味わいが味覚を、調和のとれた音が聴覚を変えるように、外面的にも全く変えられるように見受けられました。

七 さて、死の三年前（一二二三年）のことでした。〔フランシスコは〕献身の念をかき立てるために、グレッチオの町で、できうる限り荘厳に幼子イエスの誕生の記念を祝うことを決めました。これが新奇なことと見なされないために、あらかじめ至高の祭司（教皇）に願い出て、許可を得ていました。そうした上で、飼い葉桶を用意させ、干し草をもってこさせ、牛と驢馬とをその場に連れてきてもらったのでした。兄弟たちが呼び集められ、人々もやって来て、彼らの声が森に響き渡り、その貴い夜はたくさんの明るい光と、よく響く調和のとれた澄んだ賛美の声によって輝かしくも荘厳な夜となりました。敬愛の心に満ち、涙に濡れ、喜びに溢れて、神の人〔フランシスコ〕は飼い葉桶の前に立っていました。飼い葉桶の上で荘厳ミサがささげられ、レビ人（すなわち神の奉仕者、助祭）としてフランシスコは聖なる福音を朗誦しました。次いで、周りに立っている人々に向かって、貧しい王〔キリスト〕の誕生について説教を行いましたが、その方の名前を呼ぼうとするときには、やさしい愛情に満たされて「ベツレヘムの幼子」と呼ぶのでした。

キリストへの愛の故に世俗の軍務を捨て、神の人〔フランシスコ〕と非常に親しい間柄にあった、徳の高い、誠実な騎士であった、グレッチオのヨハネ殿は、その飼い葉桶の中には、非常に美しい男の子が眠っており、祝された師父フランシスコが両腕でその子を抱き、眠りから覚まさせようとしたのを自分は見たと断言しております。

この献身の念篤い騎士の見たことを信頼しうるものにしているのは、この目撃者の聖性だけではなく、そこに表明された真実がそれを確証していますし、それに続いて生じた奇跡もそれを裏付けています。実に、フランシスコの模範は、それが世［の人々］によって考察されるようになると、キリストへの信仰において生ぬるいものとなっている人々の心をかき立てる力を持っています。人々が持ち帰った飼い葉桶の干し草は病気にかかった家畜を奇跡的に癒したり、他のさまざまな疫病を追い払うのに役に立ったのでした。こうして、神はあらゆる方法によって、ご自分の僕［フランシスコ］に栄誉をお与えになり、すばらしい奇跡という明らかな徴をもって、彼の聖なる祈りの効力をお示しになったのでした。

(1) Ⅱコリ五・六。(2) Ⅱコリ五・一四。(3) Ⅰテサ五・一七。(4) 雅三・一―二。(5) 詩五四・二三。(6) Ⅰコリ六・一。(7) 詩一六・八―九。(8) 詩五〇・八。(9) Ⅱコリ五・一四。(10) サム上一〇・六。(11) シラ二・八。(12) ヨブ二一・六。(13) ロマ八・五。(14) 使一一・五。

第一一章

聖書の理解と預言の霊について

一　さて、祈りに対する倦《う》むことのない熱意は、諸徳の絶えざる実践とあいまって、神の人［フランシスコ］をたぐいない精神の静穏へと導いたのでした。その結果、学問を通して身につけた聖書についての知識は持ってはいませんでしたが、永遠の光の輝きに照らされた彼の知性は、注目すべき明敏さをもって、聖書の**深みを探る**[1]ことができました。実に、あらゆる染みから清められた彼の天与の才能は、隠された諸々の神秘のうちへと入り込み、学者の学識では外側からしか触れえない所にも、愛する者の情熱は入り込むことができたのでした。

　聖なる書を読むときはいつも、ひとたび心に受け入れたことを、しっかりと記憶に刻みつけていました。絶えざる献身と情熱をもってしばしば嚙みしめていましたので、注意深い心が耳にしたことが、理解されずに空しいものとなることはなかったからです。

　ある時のこと、そのころ既に会に受け入れられていた、学問のある人々が聖書の研究に専念することをどう思うか兄弟たちに問われた［フランシスコ］は次のように答えたのでした。「［本を］読むよりも祈ることのほうが多かったキリストの模範に従って、勤勉に祈ることをおろそかにしない限り、また、何を語るべきかを学ぶために学問するだけでなく、学んだことを実践し、実践した後、ほかの人々にも同じようにするよう勧める限りにおいて、善いことだと思います。わたしの兄弟たちが福音の弟子となり、純粋な単純さを増すようなかたちで真理の知識において進歩してもらいたいと、わたしは願っています。それも、卓越した師ご自身が祝された口から出た言葉をもって結びつけられたように、**鳩の単純さと蛇の賢さ**(2)が引き離されないように願っています」。

二　シエナで、聖なる神学の博士であった一人の修道者から、理解するのが難しい問題について質問を受けたことがありました。〔フランシスコは〕神聖なる知恵の秘義を明晰な教えをもって明らかにしましたので、この学識豊かな人は全く言葉を失い、驚いて言いました。「まことに、この聖なる師父の神学は、純粋さと観想という翼をもって高くあげられたものであり、天かける鷲のようなものだ。ところが、わたしたちの学問は**地面の上を腹ばいになってうごめいている**(3)ようなものだ」。

まさに、〔フランシスコは〕**言葉では描かった**(4)のですが、知恵に満たされており、疑問とされている問題を解き明かし、**隠れた物事を明るみに出した**(5)のでした。聖なる人〔フランシスコ〕は聖書の理解を神から得ていた、と言っても怪しむ必要はないでしょう。キリストの完全な模倣によって、そこに書き記された真理を行為をもって実践し、聖なる霊の豊かな塗油によって、それらについての教師を心のうちに有していたからです。

三　また、預言の霊も〔フランシスコ〕のうちに輝いており、それによって未来を予見し、心の秘密も読み取っていました。そこにないものを、あたかもそこにあるかのように見ており、そこに居合わせない人々の所へも奇跡的に現れたこともありました。キリスト教徒の軍隊がダミエッタを包囲していたとき、神の人〔フランシスコ〕は武器によってではなく信仰によって武装して、そこに加わっていました。というのは、戦いの日に、キリスト教徒が戦いの準備を整えている、ということを聞くと、キリストの僕〔フランシスコ〕は深くため息をつくと、仲間の〔兄弟の〕一人に言いました。「もしこの戦いが行われたとすれば、それはキリスト教徒に有利に展開しないであろう、と主がわたしにお示しくださいました。だが、これをわたしが言ったとしても、愚か者と見なされるだけでしょう。とはいえ、黙っているのでは良心が許しません。では、どうしたらよいとあなたは思いますか」。その仲間〔の兄弟〕は答えました。「兄弟よ、**人々にどう判断されるかは**、あなたにとって**たいしたことではありません**(6)。愚か者と見なされるのは今始まったことではないからです。良心の荷を下ろし、**人々よりも神を恐れるべきです**」[7]。これを聞くと、キリストの先触れは小躍りし、キリスト教徒の所へ駆けていき、忠告し、戦いを禁じ、敗北を予言しました。ところが、真実を**物笑いの種とし**[8]、**心を頑なにし**[9]、退却しようとしませんでした。キリスト教徒の軍隊は前進し、合戦を挑み、戦ったのでしたが、全軍が敗走し、勝利ではなく恥辱を得ただけに終わったのでした。大きな殲滅を受けてキリスト教徒の数は激減し、およそ六千人が死んだり捕らえられたりしたのでした。このことからも、この貧しい人〔フランシスコ〕の知恵は軽視されるべきものではないことが十分明らかになりました。**時として、一人の義人の魂が、高い所から見張る七人の監視役にまさって、真実を告げることがある**[10]のです。

四 また別のときのことでした。海外から戻った後、説教をするためにチェラノに出向いたことがありました。すると、一人の騎士が、非常に熱心に、また謙虚に、〔フランシスコを〕昼食に招待したのでした。そこで、〔フランシスコ〕がその騎士の家を訪れますと、家族全体がこの貧しい客人の訪問に歓喜しました。さて、食べ物を口にする前に、いつもの習慣どおり、献身的な人〔フランシスコ〕は立ち上がって**目を天にあげ**[11]、神に祈りと賛美をささげたのでした。祈りが終わると、寛大な主人を脇に呼んで、ひそかに次のように語ったのでした。「ご覧ください。兄弟なるご主人、あなたの祈りに負けて、食事をするために、あなたのお宅にまいりました。今はとにかく、わたしの警告に急いで耳を傾けてください。なぜなら、ここではなく、別の所であなたは食事をすることになるからです。今すぐ、あなたの罪を告白し、真の悔い改めの悲しみをもって痛悔し、真実の告白をもって言い落とすことが一つもないようにしてください。主が、今日、あなたに報いてくださるでしょう。これほど献身的に、主の貧しい者たちを招いてくださったからです」。その人は直ちに聖者の言葉を受け入れて、聖者の仲間の〔兄弟の〕一人にすべての罪をあからさまに告白し、**家を整え**[12]、死を迎えるためにできることはすべて準備したのでした。そして、皆が食卓につき、ほかの人々が食事を始めると、主人は突然息を引き取り、神の人〔フランシスコ〕の言葉のとおり、急死したのでした。このように、**預言者を受け入れる人は預言者の報いを受ける**[13]という真理の言葉のとおり、客をもてなすという慈しみの業の報いを受けたのでした。この献身的な騎士は、聖なる人〔フランシスコ〕の預言的な警告によって、急死のための準備を整えて、悔い改めという武具で守られ、永遠の破滅を免れ、**永遠の幕屋**(14)に入ったのでした。

五　聖なる人〔フランシスコ〕が、リエティで病の床にあった時のことです。ゲデオンという名前の、身を持ち崩した世俗的な司教座参事会員が、重い病にかかり、床に伏していました。その人は〔フランシスコ〕のもとに運んでもらい、居合わせた人々と共に、涙ながらに、十字架の印をしてくれるよう願いました。〔フランシスコ〕はその人に答えました。「かつて、**神の裁き**(15)をも恐れずに、**肉の欲望**(16)に従って生きてきたあなたに、どうして十字架の印をすることができましょうか。だが、執り成しをする人々の敬虔な祈りの故に、主のみ名によってあなたに十字架の印をいたしましょう。けれども覚えておいてください。解放された後に**吐いた物**(17)へと再び戻るなら、あなたは前よりももっと苦しむことになります。忘恩の罪のために、**前よりも一層悪いもの**(18)となるからです」。その人の上に十字架の印がしるされるやいなや、体が麻痺して床に伏していたその人は、健康になって起き上がり、神への賛美の声をあげて、「わたしは解放された」と言ったのでした。しかし、その人の腰の骨が、枯れ枝を手で折るときのような音を立てて鳴ったのを、多くの人が耳にしました。そして、しばらく時が経つとともに、**神を忘れた**(19)この人は、体を再び不品行に渡してしまいました。ある夜のこと、この人が別の司教座聖堂参事会員の家で食事をし、そこに泊まっていたときのことです。突然、家の屋根が一同の上に崩れ落ちてきました。ほかの人々は死を避けることができたのですが、この惨めな人だけが逃げ出すことができず死んでしまいました。したがって、神の正しい裁きによって、**この人の最後の状態は前よりも一層悪いものとなったのでした**(20)。受けた罪の赦しについて感謝すべきであったのに、忘恩という罪によって神を軽んじたからです。繰り返し行われる罪業は二重に罪深いものなのです。

六　またあるときのこと、神に献身した高貴なある婦人が、自分の苦しみを説明して、助けを求めるために、聖者のもとにやって来ました。彼女の夫は非常に残酷な人で、彼女がキリストに仕えることに反対していたのです。神がその慈しみによって彼女の夫の心を和らげてくださるように、夫のために祈ってくれるようにと聖者に願ったのでした。これを聞くと、〔フランシスコ〕は彼女に言いました。「平和のうちに帰りなさい。間もなくあなたのご主人は、あなたの慰めとなることを、少しも疑うことなく希望を抱きなさい」。そして、次のように言い添えました。「神とわたしとに代わって、ご主人に伝えてください。今は慈しみの時ですが、やがて裁きの時が来ます、と」。祝福を受けた後、その婦人は帰り、夫に会うと、その言葉を伝えたのでした。すると、**聖霊が彼の上に降り**[21]、**温和に満ちて**[22]次のように答えるまでに、彼を古い人から新しい人へと変えたのでした。「妻よ、**一緒に主に仕え、わたしたちの魂を救うことにしよう**[23]」。こうして、聖なる妻の提案によって、彼らは何年にもわたって独身生活を送り、同じ日に、二人は主のみもとに旅立ったのでした。

確かに、神の人〔フランシスコ〕に宿る預言の霊の力には驚くべきものがありました。麻痺した肢体に力を回復させ、頑なな心に敬虔の念を起こさせたほどでした。清く澄みわたった彼の霊もまた驚くべきものでした。未来の出来事を予知し、良心の深みをも究めることができたほどで、それはまさにエリヤの二**倍の霊**[24]を受けたエリシャの再来のようでした。

七　また、シエナにいる友人に、彼の生涯の終わりのときに、どのようなことが起こるかを予告したことがありました。先に述べた、聖書についてかつて質問した例の学識ある人が、それを聞きつけて、その人に関して自分が耳にしたことを実際に〔フランシスコが〕語ったのかどうか疑問に思い、聖なる師父に問いただしたのでした。〔フランシスコは〕それらのことを語ったことを認めただけでなく、他人の未来について知りたがる人に預言して、その人自身の臨終の様子をも予告したのでした。このことを一層確かに彼の心に刻みつけるために、その人が生きている人には誰にも知らせたことのない、彼の良心の隠された懸念を奇跡的に明らかにしたうえで、健全な忠告によって、その重荷を取り除いてやったのでした。これらのすべてが真実であったことは、この修道者が、キリストの僕〔フランシスコ〕が予言したとおりの死に方をしたことで確認されたのでした。

八　アシジの兄弟レオナルドを伴って、海外から帰ってきたときのことでした。疲れ憔悴していたので、ごく短い間でしたが驢馬《ろば》に乗っていたことがありました。後ろからついてきた同行〔のレオナルド〕は、自分も少なからず疲れていたので、人間的な思いに駆られて、**心のうちにこう言い始めました**[25]。「あの人とわたしの両親は対等に付き合ったことはなかった。それなのに、彼は驢馬に乗って、わたしは驢馬を引いて歩いているとは」。**彼がこのように考えていると**[26]、聖なる人〔フランシスコ〕は突然驢馬から降りると、言いました。「兄弟よ、わたしが驢馬に乗り、あなたが徒歩で進むというのはふさわしくありません。なぜなら、この世であなたのほうがわたしよりも高貴で力もあるからです」。これを聞いた兄弟〔レオナルド〕は唖然とし、自分が考えていたことを見抜かれたことを悟って赤面したのでした。〔フランシスコ〕の足もとに身を投げ出し、涙ながらに、自分の考えていたことを表明し、赦しを願ったのでした。

九　神と、キリストの僕〔フランシスコ〕とに献身していた兄弟の一人は、しばしば心のうちで次のようなことを思いめぐらしていました。それは、聖なる人〔フランシスコ〕が親しい愛情をもって受け入れる人は天からの恵みにふさわしいものであるが、〔親しい交わりから〕排除された人は神に選ばれた者らの数には入れられない、というものでした。度重なるこのような思いの重荷に取りつかれて、神の人〔フランシスコ〕との親しい交わりを熱烈に求めていたのでしたが、その心の秘密は誰にも明かしませんでした。愛情深い師父〔フランシスコ〕はその人をやさしく自分のもとに呼び寄せ、次のように語ったのでした。「息子よ、いかなる思いによっても心を煩わさないようにしなさい。特別に親しい人々の中でも、わたしはあなたを最も親しい人と思っているのだから。わたしの親しい思いと愛の賜物を喜んであなたに与えましょう」。これを聞いて、その兄弟はびっくりし、以前にも増して〔フランシスコ〕に傾倒したのでした。その兄弟は聖なる人〔フランシスコ〕の愛によって成長しただけでなく、聖なる霊の恵みによって、一層大きな賜物で満たされたのでした。

さて、ラ・ヴェルナ山の上で修房に籠っていた時のことです。仲間の〔兄弟の〕一人が〔フランシスコ〕自身の手で書きつけた主のみ言葉を持っていたいという熱烈な思いを抱いていました。それによって、肉体ではなく霊を悩ます激しい誘惑から逃れることができる、少なくとも耐えやすくすることができると信じていたのでした。このような願いによって弱りはて、内的不安に取りつかれていました。というのは、羞恥心のあまり、あえてこのことを尊敬する師父〔フランシスコ〕に打ち明けることができなくなっていたからです。しかし、人が語らなかったことを、聖霊が彼に啓示したのでした。先に述べた兄弟に、〔フランシスコ〕はインクと紙とを持ってくるように命じました。その兄弟の願いに則して、自らの手で、主への賛美を書き記すと、終わりに自らの祝福を添えて、次のように言ったのでした。「あなたのために、この小さな紙を受け取りなさい。そして、死の日まで大切に持ち続けなさい」。その兄弟は願っていたその贈り物を受け取りました。すると、たちまち例のあらゆる誘惑は逃げ去ったのでした。書き記されたものは保存され、後にそれが奇跡を起こしたことから、フランシスコの力の証明となったのでした。

一〇　ある兄弟がいました。外から見る限り、彼は聖性の点で輝いており、その生活ぶりも際立っていましたが、全く孤立していました。時間のすべてを**祈りに費やし**[27]、厳格に**沈黙**を守るあまり、罪の告白さえも言葉ではなく身振りで行うほどでした。さて、ある時、聖なる師父〔フランシスコ〕がたまたまその所にやって来て、例の兄弟を見て、ほかの兄弟たちと彼について話をすることがありました。**皆が**彼のことを**大いにほめそやす**[28]のに対して、神の人〔フランシスコ〕は次のように答えました。「兄弟たちよ、放っておきなさい。悪魔が彼のうちで行っていることをほめるのはやめなさい。**本当のところを知りなさい**[29]。これは悪魔の誘惑であり、不正な欺瞞《ぎまん》なのです」。欺瞞の策略がこれほど多くの完全性の徴を装うのは不可能であると判断した兄弟たちは、**この言葉を受け入れようとはしませんでした**[30]。ところが、**何日も経たないうちに**[31]、例の兄弟は修道生活から離れ去ったことで、神の人〔フランシスコ〕が彼の心の秘密を見抜いた内的洞察の輝きは十分明らかになったのでした。

このようにして、**しっかりと立っていると見られる**[32]多くの人の破滅と、道を踏み外した多くの人のキリストへの回心を、不動の真実をもって予告した〔フランシスコは〕、観想を通して**永遠の光の鏡**[33]に近づいたように見られ、その驚くべき輝きによって、彼の精神の目は、身体的にそこにないものを、あたかも目の前にあるかのように眺めていたのでした。

一一　ある時のこと、〔フランシスコ〕の代理〔の任にあった兄弟〕が集会を開いている間、〔フランシスコ〕は修房で、兄弟たちと神との間の**調停者ならびに仲介者**[34]として、祈っていました。兄弟たちの一人が、適当な言い訳を隠れ蓑にして、従順の規律に服そうとしませんでした。聖なる人〔フランシスコ〕は霊のうちに、このことを見ると、兄弟たちの一人を呼び寄せると、次のように言いました。「兄弟よ、あの不従順な兄弟の背中の上に悪魔が乗って、その首を絞めているのがわたしには見えました。あのような御《ぎょ》者《しゃ》に駆られたあの兄弟は、従順の手綱を軽んじて、自分の衝動の鞭に服そうとしています。そこで、わたしがあの兄弟のために神に願うと、たちまち悪魔は混乱して逃げ去りました。だから、行って、あの兄弟に言ってください。一刻の猶予もなく、聖なる従順の軛《くびき》の下に首を置くように、と」。この使者を通して警告された兄弟は、直ちに神へと回心すると、謙遜に代理〔の任にあった兄弟〕の足もとに身を投げ出したのでした。

一二　またあるときのこと、二人の兄弟が、神の人〔フランシスコ〕に会って、長い間願っていた彼の祝福を受けたいと、遠くからグレッチオの隠遁所を訪れて来たことがありました。ところが、二人は〔隠遁所に〕やって来ましたが、〔フランシスコ〕を見いだすことができませんでした。共同の場を去って、修房に籠っていたからでした。彼らはがっかりして帰って行きました。すると、見よ、彼らは去って行こうとしていたのですが、彼らの到来も出発も人間的な感覚では知り得なかったはずなのに、〔フランシスコ〕はいつもの習慣に反して修房から出てくると、彼らに向かって叫び、彼らが望んでいたとおりに、十字架の印をもってキリストの名によって彼らを祝福したのでした。

一三　またあるとき、二人の兄弟がテッラ・ディ・ラヴォロからやって来ました。二人のうち年長の兄弟は若い兄弟に対して、少なからず躓きとなることを行いました。師父〔フランシスコ〕のもとに着くと、道中、仲間〔の兄弟〕が彼に対してどのように振る舞ったか、〔フランシスコ〕は若い兄弟に尋ねました。「もちろん、よかったです」と答えると、〔フランシスコ〕は言い添えました。「兄弟よ、謙遜にかこつけて嘘をつかないように気をつけない。わたしには分かっています。もう少し待ちなさい。そうすれば分かるでしょう」。この兄弟は、〔フランシスコが〕遠く離れたところで起こったことを霊によって知りえたことに、非常に驚いたのでした。その後**何日も経たないうちに**[35]、兄弟に対して躓きとなることを行った兄弟は、修道生活を軽蔑して、外に出て行ったのでした。彼は師父〔フランシスコ〕からの赦しも願わず、果たさなければならなかった矯正の規律も受け入れようとしなかったのでした。この一人の人の堕落のうちに、同時に二つのことが明らかにされています。すなわち、神聖なる裁きの公平さと預言の霊の炯眼《けいがん》です。

一四　そこに居合わせなかったにもかかわらず、**火の車**[36]に変身して兄弟たちに現れたことや、アルルでの集会に十字架の形のもとに現れたことを思い起こせば、〔フランシスコ〕が神の力によって、そこに居合わせない人々のもとに現れたことは、これまで述べたことからも明らかでしょう。

これは神聖なる摂理によって起きたことであると信じなければなりません。ですから、肉体的な出現をもっての現存によって、彼の霊がどれほど永遠の**知恵の**光のもとにあり、それに向かって開かれていたかが明らかに照らし出されるのです。その光は、**その清浄さの故に、あらゆる所に達し、すべての動きを超えて動きうるものであり、多くの国々を通して、聖なる魂のうちに広がって行き、その魂を神の友ならびに預言者とするものなのです**[37]。

実に、卓越した博士［である主］は、ご自分の神秘を**より単純な者ら、そしてより小さな者らに**[38]解き明かすのが常でした。これは、まず初めに預言者たちのなかでも卓越した者であったダビデにおいて、次いで使徒たちの筆頭であったペトロにおいて、そして最後にキリストの小さく貧しき者フランシスコにおいて明らかにされたとおりです。実に、この人々は単純で学識はありませんでしたが、聖なる霊の教えによって秀でた者となったのでした。一人は羊飼いです。エジプトから導き出された集会という**群れを牧する**[39]からです。もう一人は漁師です。多くの種類の信じる者らからなる教会という**網を満たす**[40]からです。最後は**商人**です。キリストのために、**すべてのものを売り払って施して**、福音的生き方という**真珠を買う**[41]からです。

(1) ヨブ二八・一一。(2) マタ一〇・一六。(3) 創三・一四。(4) Ⅱコリ一一・六。(5) ヨブ二八・一一。(6) Ⅰコリ四・三。(7) 使五・二九。(8) トビ三・四。(9) 出四・二一、ヨハ一二・四〇。(10) シラ三七・一八。(11) ヨハ一七・一。(12) イザ三八・一。(13) マタ一〇・四一。(14) ルカ一六・九。(15) シラ一七・二四。(16) ガラ五・一六。(17) 箴二六・一一。(18) マタ一二・四五。(19) 士三・七。(20) マタ一二・四五。(21) 使一〇・四四。(22) エフェ四・一。(23) ヨシュ二二・二七、創一九・一九。(24) 王下二・九。(25) ルカ一一・三八。(26) マタ一・二〇。(27) Ⅰコリ七・五。(28) ルカ四・一五。(29) マタ二二・一六。(30) 創二一・一一。(31) ルカ一五・一三。(32) Ⅰコリ一〇・一二。(33) 知七・二六。(34) 申五・五。(35) ルカ一五・一三。(36) 王下二・一一。(37) 知七・二四、二七。(38) マタ一一・二五。(39) ヨハ二一・一五。(40) マタ一三・四七、四八。(41) マタ一三・四四、四五。

第一二章

説教の効果と癒しの恵みについて

一　キリストの真に忠実な僕であり、仕える者であったフランシスコは、すべてのことを忠実に、また完全に行うために、聖なる霊の導きによって、自分の神に一層喜ばれると知った、幾つかの徳の実践に、集中的に努力するのが常でした。

このことで、あるとき、彼は一つの疑問をめぐって思い悩み、何日も祈った末に、親しい兄弟たちに決定を求めて相談したことがありました。フランシスコは尋ねました。「兄弟たち、何が望ましいと、あなた方は判断しますか。わたしは祈りに専念すべきでしょうか。それとも、説教して回るべきでしょうか。わたしは貧しく小さい者、単純な者であって、**話し方は素人で**、[1]話すことよりも、祈ることに多くの恵みを得ています。また、祈りのうちには益となるものがあり、恵みの上に恵みが積み重なっているように見えますが、説教においては、天から受けた諸々の賜物を分配するにすぎないように思われます。祈りにおいては、内なる愛情が浄化され、諸々の徳が強められることで、唯一の、真の、至高の善である方と一つになるのに対して、説教においては、霊的な足に塵がたまり、多くのことに気が散り、規律も緩みがちです。更に、祈りにおいて、わたしたちは神に語りかけ、神の言葉に耳を傾け、まるで天使のような生活を送っているかのように、天使たちの間に住んでいます。説教のときには、人々に向かって、人々の間で人間として生きることで、人間のことを考え、目で見て、語り、聞くために、わたしたちは多くの点で人々に合わせなければなりません。しかし、神のみ前で、これらすべての思いにまさるように思われる一つの反論があります。すなわち、至高の知恵である神の独り子である御子が、魂の救いのために、**御父の懐から**[2]降ってこられたことです。それは、ご自分の模範によって世を教え導き、救いの言葉を人々に語るためでした。この方はご自分の聖なる尊い御血によって人々を贖い、〔血による〕**洗いをもって清め**、[3]〔血の〕杯によって養い、わたしたちの救いのために自由に与えることができるようにと、ご自分のためには全く何一つとして取っておかれなかったのです。わたしたちは、至高の**山で**[4]と同様に、この方のうちにわたしたちが見た、**模範に従って**すべてを行わなければならないのですから、この静けさを中断して、働きに出ていくことのほうが、一層神に喜ばれるように思われるのです」。

何日にもわたって、兄弟たちとこれらの言葉を熟考し続けたのですが、キリストによりよく受け入れられるものとして、どちらを選ぶべきか、確信をもって感じ取ることができませんでした。**預言の霊**[5]を通して、不思議な事柄を理解していたのでしたが、この問題に関しては、自分で明快に解決することができなかったのです。しかし、神の摂理によって説教の功徳が天からの託宣によって明らかにされることで、キリストの僕〔フランシスコ〕の謙遜は保護されたのでした。

二　最高の教師から偉大なことを学んでいましたが、〔フランシスコ〕は真に小さな者として、小さな事柄について、自分より下の者に尋ねることを恥ずかしいと思うことはありませんでした。特別の熱意をもって、どのような方法で、どのようにしたら、より一層神に喜ばれるかたちで奉仕することができるか、探し求めるのが常でした。生きているかぎり、知恵ある人々からも単純な人々からも、完全な人々からも不完全な人々からも、若い人々からも年老いた人々からも、どうすれば完全性の極みに達することができるか尋ね求めることこそ、彼の最高の哲学（知恵への愛）、最高の願いだったのです。

そこで、〔フランシスコ〕は兄弟たちの中から二人を選ぶと、兄弟シルヴェストロのもとに送ったのでした。彼は、かつて〔フランシスコ〕の口から十字架が出るのを見た人であり、そのころ、アシジの上方の山の中で絶えざる祈りに専念していました。この疑問に関する神からの答えを尋ね、主の側からの答えを求めてもらうためでした。また、聖なる処女《おとめ》クララにも〔兄弟〕を遣わしました。彼女の規律のもとに生活している処女《おとめ》たちの中から、最も清純かつ単純な処女《おとめ》とこのことについて相談し、このことに関する**主のみ旨**(6)を尋ねるために、彼女自身で、また他の姉妹たちと一緒に祈ってもらうためでした。ところが全く不思議なことに、彼らに対する天からの霊の啓示によって、尊敬に値する司祭と神に身をささげた処女《おとめ》とは、キリストの先触れとして説教に出かけよ、という同じ結論に達したのでした。

〔二人の〕兄弟が戻ってきて、聞いてきたとおりに神のみ旨を伝えると、〔フランシスコ〕は直ちに立ちあがり、**帯を締め**(7)、一瞬のためらいも見せずに、旅に出たのでした。神からの命令を果たそうと、非常な熱意に燃えて、すばらしい速さで道を進んで行きました。それはあたかも、神の手が彼の上に置かれ(8)、天から新たなる力を注いでいるかのようでした。

三　さて、ベヴァーニャ近くまで来たとき、〔フランシスコ〕はいろいろな種類の鳥が大きな群れをなして集まっている場所を通りかかりました。神の聖者は鳥たちを見ると、小躍りしてその場所に走り寄り、あたかも理性が備わっているかのように鳥たちに挨拶したのでした。すると鳥たちはみな期待を込めて彼のほうに向きを変え、枝に止まっていたものらは、彼が近づいて行くと、頭を下げて、特別な仕方で彼に注意を向けたのでした。彼は鳥たちに近づくと、神の言葉に耳を傾けるようにと熱心に勧めました。そして、こう言ったのでした。「わたしの兄弟である鳥たちよ、あなた方はあなた方の創造主を賛美する大きな義務があります。そのお方はあなた方を羽毛で覆い、飛ぶために羽を備えてくださり、きれいな空気を与えてくださり、あなた方の気遣いなしに、あなた方を養ってくださいます」。このようなことを鳥たちに話していますと、鳥たちは驚くべき仕方で、自分たちの喜びを示し始め、首を伸ばし、翼を拡げ、嘴《くちばし》を開いて、注意深く彼を見つめるのでした。驚くほどに霊に燃え、鳥たちの真ん中に入って行き、トゥニカが鳥たちに触れたのですが、一羽もその場所から動こうとせず、神の人〔フランシスコ〕が十字架の印をし、祝福を与えて許可を与えるとはじめて、一斉に飛び立ったのでした。この一部始終を、道端で待っていた同行〔の兄弟たち〕が見ていました。純粋で単純な人〔フランシスコ〕は、彼らの所に戻ってくると、それまで鳥たちに説教をしなかった怠慢さを責め始めたのでした。

四　そこから更に、近くの地方を説教しながら進んでいくと、アルヴィアノという名の村に着きました。人々が集まってくると、静かにするよう呼びかけました。しかし、折からそこに巣を作っていた燕《つばめ》の騒がしい声のために、ほとんど聞き取ることができませんでした。そこで、みなが聞いている前で、神の人〔フランシスコ〕は、燕たちにこう話しかけたのでした。「わたしの姉妹である燕たちよ、これまであなた方は十分話してきたのだから、今度は、わたしの話す番です。**神のみ言葉をお聞きなさい**[9]。主の言葉を語り終えるまで、黙っていてください」。燕たちは理解できたかのように、直ちに黙り、説教がすっかり終わるまで、その場にじっとしていました。これを見ていた人々はみな、**驚きに満たされ、神をたたえたのでした**[10]。この奇跡の噂は至る所に広まり、聖者に対する崇敬と信仰への献身に火をつけたのでした。

五　パルマの町で、一人の優れた若い学生が、同僚と一緒に勤勉に勉学に打ち込んでいましたが、燕の騒々しい鳴き声に悩まされていました。そこで、彼は同僚に言い始めました。「この燕は、神の人フランシスコが説教なさろうとしたとき邪魔をして、静かにするよう命じられた燕たちの一羽に違いない」。そして燕のほうを振り返ると、確信をもって言いました。「神の僕フランシスコの名によって、お前に命ずる。わたしの所に来て、即座に黙りなさい」。その燕は、フランシスコの名前を聞くやいなや、神の人の訓育によって教えられたかのように、直ちに鳴きやみ、安全な隠れ場に入るかのように、学生の手の中に身を委ねたのでした。驚いた学生はすぐ燕を放してやりましたが、その後二度とその囀りを聞くことはありませんでした。

六 またあるとき、神の僕〔フランシスコ〕はガエタの海辺で説教をしていましたが、敬虔な思いのあまり群衆が押し寄せ[11]、彼に触ろうとしました。キリストの僕〔フランシスコ〕は人々のこのような拍手喝采に恐れをなし、岸辺に係留されていた小舟に独り飛び乗ったのでした。小舟は、あたかも理性を備え、自ら動くことができるかのように、漕ぎ手もなしに動きだし、みなが見つめ驚嘆している前を、岸から遠く離れていったのでした。そして、ある程度離れた深い所にまで来ると、聖なる人〔フランシスコ〕が岸辺で待っていた群衆に説教し終わるまで、波の上に静かに停泊し続けたのでした。説教を聞き、奇跡を目の当たりにし、祝福を受けた群衆が立ち去り、もはや彼を煩わせることがなくなると、小舟は独りでに岸辺へ戻ってきたのでした。

したがって、フランシスコの説教を軽んじることができるほど、頑固で不敬なものがありえたでしょうか。彼の驚嘆すべき力によって、理性を欠いたものらが規律を学んだだけでなく、無生物までもが、命があるかのように説教する〔フランシスコ〕に仕えたのです。

七 フランシスコがどこへ行こうとも、彼に**油を注ぎ、彼を遣わされた主の霊**[12]と、**神の力であり知恵であるキリスト**[13]が僕〔フランシスコ〕と共におられ、その言葉に健全な教えを満たされ、偉大な力による奇跡によって輝かしいものとされました。彼の言葉は心の奥底にまで浸透する燃える火のようであり、すべての人の精神を驚嘆の念で満たしました。その言葉は人間の技巧の優雅さを気取ることなく、神からの啓示の息吹をほとばしらせていたからです。

あるときのこと、オスチアの陛下〔すなわち枢機卿〕に勧められて、教皇と枢機卿方の前で説教することになりました。〔フランシスコ〕は入念に説教を作り上げ、暗記して、彼らの真ん中に立ちました。そして、有益な言葉を口にしようとした瞬間、頭の中が全く空白になり、何も言うことができなくなりました。真実の謙遜をもってこのことを語り、聖なる霊の恵みを乞い求め始めました。するとたちまち、彼の口から雄弁な言葉が流れ出し始めました。それは実に効果的で、そこに居合わせた高位の人々の精神を悔い改めへと導き、**語っているのは**〔フランシスコ〕ではなく、**主の霊**[14]であることは極めて明らかでした。

八 ほかの人々に言葉で勧めることを、まず自分自身が行動をもって実践していましたので、非難を恐れることなく、強い確信をもって真理を説いたのでした。ほかの人々の罪科にへつらうことはできず、きっぱりと指摘し、罪人たちの生き方を助長するようなことはできず、鋭い譴責《けんせき》をもって叱咤しました。彼は偉大な人々にも小さな人々にも、同じ首尾一貫したことを語り、少数の人にも大勢の人にも同じ霊の喜びをもって語ったのでした。

男女を問わずあらゆる年代の人がみな、天からこの世に与えられたこの新しい人を見、その言葉を聞こうと馳せ参じたのでした。〔フランシスコ〕のほうはさまざまな地方を巡り歩き、熱心に福音を宣べ伝えていました。**主は**〔彼と〕**共に働かれ、それに伴う徴をもってその言葉が真実であることを確認された**のでした[15]。

実に、主の名の力によって、真理の先触れであるフランシスコは、**悪霊どもを追い出し、病人を癒し**[16]、更に偉大なことには、その言葉の効力によって、頑なな人々の精神を悔い改めに向かうよう和らげると同時に、身体にも心にも健康を回復させたのでした。彼が行った奇跡のうちの幾つかを、例としてあげてみることにしましょう。

九　トスカネッラの町で、一人の騎士に迎えられ、暖かいもてなしを受けました。彼のひとり息子は生まれたときから足が不自由でした。父親の熱心な頼みに応えて、〔フランシスコ〕が両手で抱きあげると、たちまちその子は癒され、みなの見ている前で、体全体がしっかりとされ、**健康と力とを取り戻し**たその子は、直ちに立ち上がると、**歩いたり飛び上がったりして、神をたたえた**[17]のでした。

ナルニの町では、司教の求めに応じて、手足の自由のきかない麻痺の患者の頭から足の先までに、十字架の印をすることで、完全な健康体に戻してやったのでした。

リエティの司教区には、四年間にもわたる浮腫《むく》みのために、自分の脚をも見ることができない少年がいました。涙にくれる母親によって〔フランシスコ〕のもとに連れて来られましたが、聖なる人の聖なる手が触れるやいなや、浮腫みは引いたのでした。

オルテの町では、一人の少年が、体がひどく曲がって、頭が足に着くまでになっており、骨も何本か折れていました。両親の涙ながらの求めに応じて、〔フランシスコ〕が彼の上に十字架の印をすると、彼はたちまち癒され、体は真っ直ぐになりました。

一〇　グッビオの町には、手が萎えて不自由になり、手を使って何もできない婦人がいました。〔フランシスコ〕がその手の上に主の名によって十字架の印をすると、彼女は完全に癒されて、すぐに家に帰ると、シモンの姑のように[18]、その手で彼と貧しい人々のために食べ物を用意したのでした。

ベヴァーニャの村では、失明した少女の目に、三位一体の神の名によって唾《つば》を三度塗ることで、彼女の望んでいた光明を取り戻させたのでした。

ナルニの町の失明した婦人も、〔フランシスコ〕から十字架の印を受けると、望んでいた光明を取り戻しました。

ボローニャの少年は、片方の目が不透明な膜で覆われていて、何も見ることができず、どんな治療も役に立ちませんでした。神の僕〔フランシスコ〕によって頭から足の先まで十字架の印がなされると、完全に視力を取り戻したのでした。後に、彼は小さき兄弟たちの会に入会しましたが、前から健全だったほうの目よりも、見えなかった目のほうが、今ではよく見えるといつも言っていました。

サン・ジェミニの村で、神の僕〔フランシスコ〕は信仰篤いある人のもてなしを受けました。その人の妻は**悪霊にひどく苦しめられていました**。(19) 祈りをささげた後、従順の徳によって出ていくよう悪霊に命じました。神の力によって、悪霊は直ちに退散し、聖なる従順の力の前に、執拗な悪霊も歯が立たないことを証明したのでした。

チッタ・ディ・カステロにおいて、一人の婦人にとり憑いていた悪霊が、聖なる人〔フランシスコ〕によって従順の名のもとに命令を受けると、腹を立てて出て行き、とり憑かれていた婦人は精神も体も自由になったのでした。

二　一人の兄弟がひどい病気で苦しんでいました。多くの人が、それは自然の病気というよりも悪霊にとり憑かれた結果と見なしていました。というのは、彼はしばしば**引き倒され、口から泡を吹き**(20)、肢体を縮めたり伸ばしたりし、折ったり曲げたりし、更には固く硬直させたりするからでした。あるときなど、体全体を伸ばして硬直させ、頭と足とが水平な状態で宙に浮き、それからひどい勢いで床に落ちてきたこともありました。キリストの僕〔フランシスコ〕は、このように悲惨な癒し難い病にかかった〔兄弟〕に対する深い憐れみに突き動かされ、食べていたパンの一片を彼に送ったのでした。病人がこのパンを食べると、非常に強い力を取り戻し、それ以後二度と同じ病気に悩まされることはありませんでした。

アレッツオの地方で、一人の婦人が、数日間にもわたって陣痛に苦しみ、ほとんど死にかかっていました。この絶望的な状況の中で、彼女を助けることができるのは、もはや神の力だけでした。そこをたまたまキリストの僕〔フランシスコ〕が通りかかったのでした。彼は肉体の病のために馬に乗っていました。馬を持ち主に返すために村の中を進み、その婦人が苦しんでいる場所を通りました。その場に居合わせた人々は、聖なる人〔フランシスコ〕が乗っていた馬を見ると、その手綱を外し、それを婦人の上にのせました。手綱が彼女に触れるやいなや、すべての危険は遠ざかり、無事に子供を産むことができました。

チッタ・デラ・ピエヴェの人で、**信仰篤く神を畏れる**[21]一人の人が聖なる師父〔フランシスコ〕が腰に巻いていた帯紐を持っていました。その村の多くの男女がさまざまな病気に罹ると、彼は病人の家を訪れて、その帯紐を水に浸け、その水を飲むよう病人にさし出しました。このようにして、多くの人が癒されたのでした。

神の人〔フランシスコ〕が触れたパンを食べた病人は、神からの力の働きによって、速やかに健康を取り戻したのでした。

三　キリストの先触れ〔フランシスコ〕は、説教をするにあたって、これらの、またこの他の多くの奇跡によって輝かしい光を放っていましたので、人々は**主の使いが話している**[22]かのように、彼が語ることに注意を払っていました。

彼の徳における特別の功績、**預言の霊**[23]、奇跡の力、天から与えられた説教の託宣、理性を欠く被造物たちの従順、彼の言葉を聞くことによる心の力強い変化、人間の教えを超えた聖霊による導き、啓示によって与えられた至高の祭司（教皇）による説教の認可、更に同じキリストの代理者によって認可された、説教の方法が表明されている会則、あたかも証言のようにその肉体に刻まれた至高の王〔キリスト〕の徴、これらは、キリストの先触れであるフランシスコが、その役務において崇敬に値し、その教えにおいて正統なるものであり、聖性において賛嘆すべきものであることを、全世界に向かって疑いの余地なく証明する十全な証拠の品のようなものでした。そして、それをもって、真に神に遣わされた者として、キリストの福音を宣べ伝えたのでした。

(1) Ⅱコリ一一・六。(2) ヨハ一・一八。(3) エフェ五・二六。(4) 出二五・四〇。(5) 黙一九・一〇。(6) ルカ二一・四七。(7) ヨハ二一・七。(8) 王下三・一五。(9) エゼ六・三。(10) 使三・一〇、マタ九・八。(11) ルカ五・一。(12) イザ六一・一、ルカ四・一八。(13) Ⅰコリ一・二四。(14) 使六・一〇。(15) マコ一六・二〇。(16) マコ一六・一七、ルカ九・二。(17) 使三・七―八。(18) マタ八・一四―一五。(19) マタ一五・二二。(20) マコ九・一九。(21) 使一〇・二。(22) 士二・四。(23) 黙一九・一〇。

第一三章

聖痕について

一　天使のような人フランシスコにとって、倦《う》まず弛《たゆ》まず善を追求することは習慣のようなものとなっていました。そればかりでなく、**ヤコブの梯子《はしご》**の上の天上の霊たちのように、神のほうへと**昇る**か、隣人のほうへと**降る**かのいずれかでした[1]。実に、自分に与えられた時間を徳のために分割して用いることを賢明に学んでおり、一部分を隣人たちの益となるために費やし、他の部分を平穏な観想のもたらす法悦のためにささげていたのでした。そのため、時と場所の要請に応じて、ほかの人々の救いを配慮して自らをささげた後には、群衆の喧騒を離れて、静寂と孤独の隠れ場を探し、そこで心おきなく主に自らをささげ、人々との関わりの中で**付着したかもしれない塵を拭い去る**のでした[2]。

こうして、霊を天に返す二年前のこと、神の摂理に導かれて、さまざまな種類の労働の後、ラ・ヴェルナ山と呼ばれる**一際高い所**[3]に赴いたのでした。いつもの習慣に従って、大天使聖ミカエルの栄誉をたたえて四十日間の断食を始めますと、いつにも増して天の観想の甘美な溢れを豊かに体験し、いつもよりも強い天への憧れの炎に焼かれ、天の恵みの賜物をいつもより十分に味わったのでした。好奇心から**至上の威光を求めて、その栄光のために砕かれる結果に終わる**[4]もののようにしてではなく、神の喜びとされることを探り、最も大きな熱意を込めて、あらゆる点で神の望まれるところに一致することを求める**忠実で賢明な僕**[5]として、〔フランシスコは〕高くあげられていったのでした。

二　福音書を開きさえすれば、神が彼に求めておられること、ならびに彼が求めていることをキリストが示してくださるということが、神のお告げによって彼の精神に刻み込まれていました。そこで、敬神の念をこめて祈りをささげた後、祭壇から聖なる福音書を取ると、神に献身し聖なるものとされた仲間の兄弟の手で、聖なる三位一体の神の名のもとに三度開いてもらいました。三度福音書を開くたびに、きまって主の受難の箇所が目に入ったことから、神に満たされた人〔フランシスコ〕は、人生のさまざまな行動においてキリストに倣ってきたように、**この世から移動する**[6]前に、受難の苦しみと悲しみとにおいて主と一つにならなければならないことを悟ったのでした。これまでの生活のあまりの苛酷さの故に、また絶えず主の十字架を担って来たことの故に、彼の体はひどく弱っていたにもかかわらず、いささかも恐れることなく、以前にもまして力強く殉教を耐え抜こうと鼓舞されたのでした。善きイエスへの愛の消えることのない炎は煽《あお》られ、輝く炎となっており、その強い**愛は大水をもってしても消すことができない**ほどでした[7]。

三 彼の願望はセラフィムのような熱火によって、神のもとへと高くあげられており、甘味なる共苦共感によって、**このうえない愛**[8]から十字架につけられることを望まれた方へと変容されていたのでした。聖なる十字架称賛の祝日(九月十四日)も近いある朝のこと、山腹で祈っていると、火のように輝く六つの翼をもったセラフ(熾《し》天使)が天の高みから降りてくるのを〔フランシスコは〕見たのでした。セラフは素早く飛んで神の人〔フランシスコ〕の近くの空中の一点に止まると、翼の間に、**手足を**十字架の形に**伸ばし**、十字架につけられた人の姿が現れました。二**つの翼は頭の上のほうに**挙げられ、二つは**飛ぶために広げられ**、あとの**二つは体**全体**を覆っていました**[9]。これを見ると、〔フランシスコは〕全く呆然とさせられ、その心は悲しみと喜びの混じり合った気持ちに満たされたのでした。セラフの姿のもとにキリストに見つめられているというありがたい光景に喜ぶとともに、十字架につけられた姿に、共苦共感の悲しみという**剣によってその魂は刺し貫かれたのでした**[10]。〔フランシスコは〕この測り難い光景を見て、大変不思議に思いました。受難における弱さは霊であるセラフィムの不死性とは全く相容れないものであることを知っていたからです。やがて、主からの啓示によって、神の摂理が彼にこのような光景を示されたのはキリストを愛する者としての〔フランシスコ〕に、肉体における殉教によってではなく、精神を焼き尽くす火によって十字架につけられたキリストと同じ姿へと完全に変容されることをあらかじめ知らせるためであると悟ったのでした。その光景が消えたとき、〔フランシスコ〕の心には驚嘆すべき熱火が残り、肉体にはそれに劣らず驚嘆すべき印が刻まれていました。

たちまちのうちに、彼の手と足には、つい今しがた、十字架にかけられた人の手足に見たのと同じような釘の印が現れ始めたのでした。その手と足とは、真ん中を釘で刺されたように見えました。釘の頭は手の内側と足の甲に出て、先は反対側に出ていました。手と足の釘の頭は丸く、黒い色をしていました。先端は長方形で、金鎚で打ち返されたように曲がっており、肉の中から出て、向こう側に突き出ていました。右の脇腹にも、槍で刺し貫かれたような赤い傷ができて、そこから聖なる血がたびたび流れ出て、衣服や股引を濡らしたのでした。

四　キリストの僕〔フランシスコ〕は、このようにあからさまに肉体に刻まれた聖痕を親しい仲間たちに隠しておくことはできないと察知すると、主の秘密を公にすることを恐れ、自分が見たことを語るべきか、それとも黙っているべきか疑念の苦しみの内に投げ込まれたのでした。

そこで、兄弟たちの中から何人かの兄弟を呼び出して、遠回しの表現をもって、自分の疑念を彼らに打ち明け、助言を求めたのでした。兄弟たちの一人で、イルミナートという名前の、恵みに照らされた者が、〔フランシスコは〕何かしら驚愕させられる光景を見たのだと悟り、聖なる人に向かって言いました。「兄弟よ、神の秘密は時として、あなた一人のためばかりでなく、ほかの人々のためにも示されることを知らなければなりません。多くの人の利益のためにあなたがお受けになったものを隠すなら、**タラントンを隠したこと**(11)に対する咎めを受けることになるでしょう」。ほかの時でしたら、聖なる人〔フランシスコ〕はいつものように「**わたしの秘密はわたし自身のものだ**(12)」と答えたでしょう。しかし、この時は、〔イルミナート〕の言葉に動かされて、大いに恐れつつも、光景を詳細に説明し、更に付け加えて、彼に現れた方は幾つかのことを語られたが、それについては、生きている限り口外することはしないと言い添えたのでした。

したがって、奇跡的に彼に現れた十字架上のセラフが語ったことは、**秘めておくべきこと**で、それについて**語ることは人々には許されない**と信じるべきなのです(13)。

五　キリストの真実の愛が、〔キリストを〕愛する者をご自分の像へと変容させ(14)、孤独のうちに過ごす予定であった四十日が過ぎて、大天使ミカエルの祭日（九月二十九日）が来ると、天使のような人フランシスコは**山を下りました**が、職人の手によって**石の板**や木の板の上に刻まれたのではなく、生ける**神の指をもって**肉の肢体に写された十字架につけられた方の姿を帯びてのことでした(15)。**王の秘密は隠しておくのがよい**(16)のですから、王の秘密を知らされた人〔フランシスコ〕は、力の限り、聖なる印を隠していました。しかしながら、ご自分が行われた偉大なことを、ご自身の栄光のために啓示されるのは神のみ業ですから、ひそかにある印を刻まれた主ご自身が、それを通して、数々の奇跡をあからさまに示されたのでした。こうして、隠れてはいるが驚嘆すべき聖痕の力が、印の輝きによって明らかになったのでした。

六　リエティ地方に非常に深刻な疫病が発生し、牛や羊の命がことごとく奪われ、どんな治療法も手の施しようがありませんでした。ところが、**神を畏れる一人の人**[17]が、夜、幻を通して、次のような勧めを受けました。それは、急いで兄弟たちの隠遁所に赴き、ちょうどそのころそこに滞在していた神の僕フランシスコが手足を洗った水をもらい、すべての動物の上にそれを振りまくようにというものでした。そこで、その人は、朝起きると、隠遁所にやって来て、聖なる人の仲間〔の兄弟〕たちからひそかに洗い水をもらうと、疫病に罹った牛や羊にそれを振りかけたのでした。驚くべきことに、動物たちに振りかかるやいなや、たちまち、それまで弱って地面に横たわっていたものが、元の力を取り戻して、どこも悪い所がなかったかのように、牧場に走り出ていったのでした。こうして、聖なる傷に触れた水の奇跡的な力によって疫病はやみ、死に至る病は群れから去ったのでした。

七　聖なる人〔フランシスコ〕がラ・ヴェルナ山に滞在する以前、山はしばしば雲に覆われ、嵐によって収穫がだめになることがありました。けれども、あの祝福された示現以後、住民たちも驚いたことに、雹《ひょう》もぴたりとやみ、常ならぬ穏やかな空の表情は、彼への天からの光景と、そこで刻まれた聖痕の力が卓越したものであることを示したのでした。

冬の間、身体の弱さと道の悪さのため、〔フランシスコは〕ある貧しい人の持ち物である驢馬《ろば》に乗っていました。あるときのこと、雪が降り出し、夜になったこともあって、宿に着くことができなくなり、ひさしのように突き出た崖の下で一夜を過ごすことになりました。聖なる人〔フランシスコ〕は、その人が身動きしたり、寝返りを打ったり、呻《うめ》いたりぶつぶつ言ったりするのを耳にしました。薄い衣服しか身に着けておらず、身にしみる寒さで眠ることができなかったのでした。神聖なる愛の炎に燃えて、〔フランシスコは〕手を伸ばしてその人に触れました。驚くべきことが起こりました。**セラフィムの燃える炭火**[18]を帯びた彼の聖なる手が触れるとたちまち、寒さはすっかり去り、炉から吹きつける火のような風にあたったかのように、体の内も外も暖かくなったのでした。身も心も慰められたその人は、後に何度も語ったように、岩や雪の中にあったにもかかわらず、自分の寝床よりもぐっすりと、朝まで眠ることができたのでした。

こうして、確かな証拠によって、この聖なる印章は、セラフの行為を通して清め、照らし、燃やす方の力によって、彼の上に刻みつけられたものであることが確証されたのでした。この印章は、奇跡的な力によって、外的に、疫病を癒して健康を回復させ、晴れた空をつくりだし、身体に熱をもたらしました。彼の死後も、一層明白な奇跡をもって証明したのですが、それらのことについては別の箇所で記すことにしましょう。

八　〔フランシスコ〕自身は、**畑で見つけた宝**(19)を全力を尽くして隠そうとして、いつも手を覆い隠し、それ以後は必ず履き物を用いるようにしていたのですが、何人かの人に、手と足の聖痕を見られるのを防ぐことはできませんでした。

実際に、彼の生存中にも、多くの兄弟たちが見ました。彼らは特に秀でた聖性の故に全面的に信頼できる人々でしたが、それでも疑いを完全に拭うために、聖書の上に手を置いて誓った上で、事実そのとおりであり、自分たちはそれを見たと証言してくれました。

また、何人かの枢機卿方も、聖なる人〔フランシスコ〕との親しい交わりから、それを見たのでした。彼らは、彼の栄誉をたたえるために作った詩歌や賛歌や交唱をもって聖痕を賛美し、言葉や書いた物を通して、**真実を証言した**のでした(20)。

至高の祭司（教皇）アレクサンデル陛下も、多くの兄弟たち、そしてわたし自身を前にした、人々への説教の中で、聖者の生存中、この聖痕をご自分の目で目撃されたことを宣言されました。

五十人以上の兄弟たち、そし神に対していとも敬虔な処女《おとめ》クララと他の姉妹たち、ならびに数え切れないほどの信徒が、彼の死の際に、それを見たのでした。適当な箇所で述べるつもりですが、多くの人が敬虔な思いから聖痕に口づけし、証言を堅固なものとするために、自分たちの**手でそれに触れた**(21)のでした。

けれども、脇腹の傷は、〔フランシスコが〕注意深く隠していましたので、彼の生存中は、盗み見るほかは、誰も見たことはありませんでした。

常日頃熱心に彼の世話をしていた一人の兄弟は、敬虔さから計略を用いて、衣服の埃を払うために脱ぐように説得しました。よく見ると、傷がたしかに認められ、三本の指を当ててみて、目と手との両方で傷の大きさを確認したのでした。

当時、彼の代理の任にあった兄弟も、同じような計略を用いて、その傷を見ました。

彼の仲間であり、驚嘆すべき単純さの持ち主であった兄弟が、病気のために弱っていた〔フランシスコ〕の肩をもんでいるときに、頭巾の下に手を入れていて、偶然に傷に触れてしまい、激しい痛みをもたらしました。

そのため、以後、脇の下まで達する股引を作ってもらい、これを身につけて脇腹の傷を隠すようにしたのでした。

これを洗ったり、衣服の埃をときどき払ったりする兄弟たちも、それらに血痕が見られたことから、明らかな徴のもとに、聖なる傷が存在することを疑っていませんでした。そして後に、彼の死に際して、**顔の覆いなしに**(22)、多くの人々と共に、それを眺め、崇敬したのでした。

九 さあ今こそ、力強いキリストの兵士たちよ、決して征服されることのない指揮官〔キリスト〕ご自身の武器を手に取るがよい。それらによってはっきりと保護され、あらゆる敵に打ち勝つであろう。いと高き王〔キリスト〕の旗を掲げよ。神の軍勢に加わって戦うすべての者らは、それを仰ぎ見て勇気づけられるであろう。大祭司キリストの刻印を帯びよ。それによって、あなたの言葉と行いは、真正な、**非の打ちどころのないもの**(23)として、すべての人にふさわしく受け入れられるであろう。今や、あなたの体に帯びている**主イエスの焼き印**の故に、もはや**誰もあなたを悩ますものはいない**はずである(24)。それどころか、キリストのすべての僕が、あなたに対して敬虔な思いを寄せるであろう。**二人あるいは三人の証人によって**ではなく、群衆全体のおびただしい証人によって確証された、この最も確かな徴によって、あなたについての神の証言は、**圧倒的に確かなものとなった**(25)。信じない者らからは言い訳のヴェールが取り除かれ、信じる者らはこれらの印によって信仰を確かなものとし、希望に基づく信頼によって高められ、愛の火によって燃え立たせられる。

一〇 今や、あなたが見た最初の幻、すなわち、キリストの軍隊の将軍となり、十字架の印に輝く天の武器を身に帯びる、という幻は成就した(26)。今や、あなたの回心の初めにあたっての十字架につけられた方の幻は成就した。それは、精神的にあなたを共苦共感の悲しみの剣をもって刺し貫いた。キリストの至高の玉座であり秘められた贖罪の場でもある十字架から発せられた声を聞いたことは、あなたの聖なる言葉によって確認されたとおり、疑うことのできない真実と信じられるようになった。

今や、あなたの回心にあたって、兄弟シルヴェストロが不思議にもあなたの口から出るのを見た十字架の幻が成就した。また、聖なるパチフィコが見た、十字架の形をした剣があなたの胸を貫くという幻も成就した。十字架上に記された言葉について聖なるアントニオが説教している間に、天使のようなモナルドが見た、あなたが十字架の形をとって空中に挙げられているという幻も成就した。今は確かなこととして信じられ証言されている、これらのことは想像力の産み出したものではなく、天からの啓示であった。

今や、生涯の終わりに近づいたとき、あなたはセラフの崇高な似姿と、十字架につけられた方の謙遜な姿をあわせたものとして示された。それは、内的にはあなたを燃え立たせ、外的には印を帯びさせて、あなたが**朝日の昇るように現れ、生ける神の印を身に帯びた第二の天使**とするものであり(27)、それ以前の幻を確認するものであり、真理の証しを受けるものでもある。

あなたの人生のさまざまな段階で、あなた自身に、あるいはあなたに関するものとして奇跡的に示されたキリストの十字架の七つの示現を眺めてみるがよい。最初の六つは、第七に至る段階のようであり、第七のうちについにあなたは安らぎを見いだした。回心の初めにあたって、あなたに示され、あなたによって受け入れられたキリストの十字架は、生涯全般にわたって、あなたが絶えず担い続け、ほかの人々の模範ともなってきたが、ついに福音的完成の頂にまで到達したことを示している。それは、まことに明らかな証拠をもって示され、まことに信心深い人であれば、誰一人として、キリストの知恵が、あなたの肉体という塵に刻みつけられたこの証拠を否定することはできないであろう。まことに信ずる者であれば誰も、それを攻撃することはできず、まことに謙遜な人であれば誰も、それを取るに足りぬこととすることはできない。それはまことに神によって現されたものであり、完全に受け入れられるに値するものなのである。

(1)創二八・一二。(2)ルカ一〇・一一。(3)マタ一七・一。(4)箴二五・二七。(5)マタ二四・四五。(6)ヨハ一三・一。(7)雅八・六―七。(8)エフェ二・四。(9)イザ六・二。(10)ルカ二・三五。(11)マタ二五・二五。(12)イザ二四・一六。(13)Ⅱコリ一二・四。(14)Ⅱコリ三・一八。(15)マタ一七・九、出三一・一八。(16)トビ一二・七。(17)ヨブ一・一。(18)イザ六・六、七。(19)マタ一三・四四。(20)ヨハ一・七、五・三三。(21)Ⅰヨハ一・一。(22)Ⅱコリ三・一八。(23)テト二・八。(24)ガラ六・一七。(25)申一九・一五、詩九二・五。(26)ダニ九・二四、四・六。(27)黙七・二。

第一四章

忍耐と死について

一　今や身も心も、**キリストと共に十字架につけられた**(1)フランシスコは、神に対するセラフィムのような愛に燃えるだけでなく、十字架につけられたキリストと共に、大勢の人々の救いを渇き求めていました。

　足から突き出ていた釘のために、歩くこともできなくなっていましたので、半ば死にかけていた体を、**町や村を巡って**(2)運んでもらい、キリストの十字架を担うよう人々をかきたてたのでした。またしばしば兄弟たちに、次のように言っていました。「さあ、兄弟たちよ、今から主なる神に仕え始めましょう。わたしたちは今までほとんど進歩してこなかったのだから」。謙遜な初めのころに戻ろうという大きな願望に燃え、初めのころに行っていたレプラを患った人々を介護するために、労苦のために今やほとんど壊れかけた体を奴隷のように取り扱ったのでした。キリストを指導者と仰いで偉大なことを行おうとしており、肢体は衰弱しきっていましたが、新たな戦いによって敵を征服しようと、勇敢に、熱烈に希望していました。まさしく、愛の刺激がより偉大なことへと駆り立てるときには、怠惰や無為の入り込む余地はありません。彼において肉は霊と完全に調和し、進んで霊に従っていましたので、彼が完全な聖性に達しようと努めるときには、それに抵抗することはなかっただけでなく、むしろ先に立って走ろうとするほどでした。

二　すべからく徳というものは忍耐のうちに完成されていくものですから、神の人〔フランシスコ〕のうちに功徳の嵩《かさ》が増すにしたがって、彼はさまざまな病気に苦しむようになったのでした。それは非常に重いもので、鋭い痛みと苦しみのない所は体のどこにも見つからないほどでした。さまざまな、長期にわたる、絶えざる病のために、肉体は衰え果て、**骨と皮だけ**(3)のようなありさまになっていました。しかし、激しい体の痛みに苦しめられるときにも、それらを苦しみとは呼ばず、姉妹と呼んでいました。

　ある時、いつもよりも一層ひどく苦しんでいると、一人の純朴な兄弟がこう言いました。「兄弟よ、もっと穏やかに取り扱ってくださるよう、**主にお祈りなさい**(4)。主は、あまりにも重く、その**み手を**あなたの上に**置いておられる**(5)ように思われます」。この言葉を聞くと、聖なる人〔フランシスコ〕は断固として叫んで、こう言いました。「あなたの純朴さと潔白さを知っていなかったなら、これから先、あなたと一緒にいるのが嫌になってしまったでしょう。畏れ多くもあなたは、わたしに対する神の判断を非難するようなことをしたのですから」。

　長期にわたる重い病気のために、全く弱っていたにもかかわらず、地面に倒れ伏し、その勢いで、弱っていた骨を傷つけてしまいました。すると、大地に口づけしながら、こう言ったのでした。「主なる**神よ、**わたしのこれらの苦しみの故に、**あなたに感謝いたします**[6]。わたしの主よ、それがあなたのみ心なら、これを百倍にも強めてくださるようお願いいたします。**苦しみでわたしを打ち砕き、容赦されないことこそ**[7]、わたしに最もふさわしいことです。あなたの聖なるみ旨を行うことこそ、わたしにとって何にも替え難い慰めだからです」。こうして、もう一人のヨブを目にしているかのように、兄弟たちには思われました。肉の弱さが増すにつれて、霊の力が増していくように見えたからです。彼はずっと以前から自分の死の時を知っており、立ち去る日が近づいてくると、キリストによって明かされたところにしたがって、間もなく肉体の**幕屋を後にすること**[8]を兄弟たちに告げたのでした。

三　回心から二十年目に聖痕が刻みつけられた時から二年の間、天のエルサレムの建設に用いられる石のように多くの苦しみに満ちた病の発作の下で整えられ切り出され、柔軟な金属のように、多くの試練の下で、完璧な形へと矯め直された〔フランシスコ〕は、ポルチウンクラの聖マリア〔聖堂〕に運んでくれるよう願ったのでした。**恵みの霊**[9]を受けた場所で、**命の霊**[10]をお返しするためでした。そこに運ばれると、あらゆる病苦をもって終わりを告げようとしている最後の病の中にあって、真理そのものである方〔キリスト〕の模範に倣って、世とは何一つ共有していないことを示そうとして、霊の熱意に燃えて、裸でむき出しの大地の上に横たわったのでした。敵がなおも怒り狂うことのできる最期の時にあたって、裸の敵と裸で戦うことができるためでした。こうして、粗布で作った衣もはがれて、地面の上に横たわり、いつものように**天に向かって顔を挙げ**[11]、その**栄光へと**完全に**集中し**[12]、見られることのないようにと右脇腹の傷痕を左手で覆い隠していました。そして、兄弟たちに言いました。「**わたしは自分の使命を果たしました**[13]。キリストがあなたたちの使命を教えてくださいますように」。

四　驚嘆すべき共苦共感の槍に突き刺された、聖者の仲間たちは激しく泣きました。神の人〔フランシスコ〕が自分の世話役〔の兄弟〕と呼んでいた、彼らのうちの一人が、神からの霊感によって彼の願いを察して、紐と股引と共にトゥニカを手に取ると、それをキリストの貧しく小さな人〔フランシスコ〕に差し出して言いました。「物乞いする人に貸すかのように、わたしはこれをあなたにお貸しします。あなたは聖なる従順によってこれを受けなければなりません」。

聖者はこれを嬉しく思い、心の楽しさの故に喜んだのでした。貧しさの姫君に最後まで忠実であることができたと思ったからでした。そして、**両の手のひらを天に挙げて**[14]、彼のキリストの栄光をたたえました。あらゆる重荷から解き放たれ、身軽にキリストのもとに行こうとしていたからです。貧しさに対する熱意から、これらすべてのことを行ったのでした。ほかの人から借りるのでなければ、会服すら所有しようとはしなかったのでした。

まさに、貧しく、苦しみのうちに、裸で十字架にかけられた、十字架のキリストにあらゆる点でかたどられることを願っていました。それ故にこそ、その回心の初めの時に、裸で司教の前に立ったように、生涯の終わりにも、裸でこの世から出て行きたいと望んだのでした。付き添っている兄弟たちに、愛による従順によって、自分が死んだなら、ゆっくり一マイル歩くほどの間、裸のまま地面の上に横たえておいてほしいと命じたのでした。まことに、この人こそ真のキリスト者でした。生きている間は生けるキリストに、死にあたっては死に臨まれたキリストに、死んだ後は、死んだ後のキリストに倣うことで完全にキリストにかたどられるよう努め、似姿であることが明らかに示されるに値するものとされたのでした。

五　ついに、最期の時が近づくと、その場所にいるすべての兄弟を自分のもとに呼び集めてもらい、慰めの言葉をもって自分の死について彼らを慰め、父としての愛をもって神を愛するよう励ましたのでした。貧しさ、忍耐、そして聖なるローマ教会に対する忠誠を保守することについて言葉を尽くして語り、他の生活の規定よりも聖なる福音を優先するよう語ったのでした。すべての兄弟が彼を囲んで腰を下ろすと、両腕を十字架の形に交差して——というのは、この印を常に愛してきたので——彼らの上に**両手を差し伸ばす**[15]と、そこにいる兄弟はもとより、そこに居合わせなかったすべての兄弟たちを、十字架の名と力によって祝福したのでした。そして、こう付け加えました。「さようなら、すべての子らよ。主への畏れのうちに、常に**主への畏れのうちに留っていてください**[16]。**試練や苦難**[17]が間もなくやって来るでしょうが、始めたことを**守り抜く者**[18]は幸いです。わたしは神のみもとに急ぎます。あなたたち皆を神の恵みに委ねましょう」。

この優しい訓戒の言葉を語り終えると、いとも愛すべき神の人「フランシスコ」は福音書を持ってくるように命じ、ヨハネによる福音の「**過越**《すぎこし》**の祭りの前に**[19]」で始まる箇所を読んでくれるように頼んだのでした。そして、彼自身は力の続く限り、次の詩編を唱え続けていました。「**わたしは声を挙げて、主に呼び求める。声を挙げて主に願い求める**」。そして、「**正しい人々がわたしを待ち望んでいます、あなたがわたしに報いてくださるまで**[20]」という最後の行まで唱え終えました。

六 ついに、すべての秘義が彼のうちに実現し、いとも聖なる魂が肉体から解放され、神聖な光の深淵に吸い込まれるときがくると、幸いな人〔フランシスコ〕は、**主のうちにあって眠りに就いた**のでした[21]。

兄弟であり弟子であった人々の中の一人は、輝く星の形をとった、彼の幸いなる魂が、**多くの水の上を**[22]、**輝く雲に**[23]乗って上のほうへ、天に向かう道を真っ直ぐに昇って行くのを見ました。その魂は至高の聖性の輝きをもって光り輝き、豊饒な天の知恵と恵みに満たされ、それによって聖なる人は、光と平和の地に入るにふさわしいものとされ、そこでキリストと共に永遠に憩うことになります。

そのころ、テッラ・ディ・ラヴォロにおける兄弟たちの管区の奉仕者は兄弟アウグスティヌスでした。彼は聖なる、正しい人でしたが、死に瀕しており、既に長いこと口をきくことができませんでした。その彼が、**周りに立っている人々に、突然、叫んで言った**[24]のでした。「待ってください、師父よ。待ってください。わたしも一緒に行きます」。驚いた兄弟たちが、誰に向かって話しているのかと尋ねると、こう答えたのでした。「わたしたちの師父フランシスコがあなた方には見えないのか。師父は天に向かっておられます」。そして、直ちに彼の聖なる魂は肉体から離れ、いとも聖なる師父に従って行ったのでした。

そのとき、アシジの司教はガルガノ山にある聖ミカエルにささげられた小聖堂に巡礼のため出かけておりました。幸いなるフランシスコは、この世を去った日の夜、〔司教〕に現れて言いました。「ご覧ください。**わたしは世を去って、天にまいります**[25]」。翌朝、起きると、司教は連れの者たちに自分の見たことを話し、アシジに戻ると、注意深く皆に尋ね、幻の形で自分に現れたまさにその時、幸いなる師父〔フランシスコ〕がこの世を去ったことを確信をもって知ったのでした。

雲雀《ひばり》は光を愛し、夕暮れの闇を恐れる鳥ですが、聖なる人〔フランシスコ〕が世を去った時、夜が迫った夕暮れ時であったにもかかわらず大きな群れをなして飛んできて、家の屋根の上を、常にない嬉しそうな様子で長いこと旋回し、常々、神を賛美するよう彼らを招いた聖者の栄光の、喜ばしい確かな**証しとなった**のでした(26)。

(1) ガラ七・二。(2) ルカ八・一。(3) ヨブ一九・二〇、哀四・八。(4) シラ三八・九。(5) 詩三一・四。(6) ヨハ一一・四一。(7) ヨブ六・一〇。(8) Ⅱペト一・一四。(9) ヘブ一〇・二九。(10) 創六・一七。(11) ヨブ一一・一五。(12) 使七・五五。(13) 王下一九・二〇。(14) 代下六・一三。(15) 創四八・一四。(16) トビ二・一四。(17) シラ二七・六。(18) マタ一〇・二二。(19) ヨハ一三・一。(20) 詩一四一・二―八。(21) 使七・六〇。(22) 詩二八・三一。(23) 黙一四・一四。(24) 使二三・四、ルカ九・三九。(25) ヨハ一六・二八。(26) ヨハ一・七。

第一五章

列聖と遺体の移転について

一　いと高き方の僕であり友、小さき兄弟たちの会の創始者であり指導者、貧しさを実践し説く者、悔い改めの模範、真理の先触れ、聖性の鏡、すべての福音的完全さの模範であったフランシスコは、天からの恵みによってあらかじめ定められた、進歩の階段をいちばん低い所から登り始め、いちばん高い所にまで到達したのでした。

貧しさによって極めて豊かであり、へりくだりによっていとも高き者であり、自らを殺すことで生き生きとしており、純朴さによって聡明な者であり、あらゆる言動における誠実さによって際立っていた、この驚嘆すべき人物を、主は、その存命中から際立って有名な人とされましたが、死によって、比較するものがないほど、一層有名にされました。

この幸いな人〔フランシスコ〕がこの世から旅立ったとき、彼の聖なる霊は、**永遠の住まい**(1)に入るにあたって、**命の泉**(2)から心ゆくまで飲んで栄光を受け、肉体に刻まれた**将来の栄光**(3)の徴を残して行きました。そのため、彼のいとも聖なる肉体は、もろもろの情欲とともに十字架につけられ(4)、新しい被造物へと変えられ(5)、格別の特権によってキリストの受難の姿を帯び、全く先例のない奇跡によって復活をあらかじめ示しておりました。

二　彼の幸いなる肢体には神聖な力によって、奇跡的に彼の肉から作られた釘が認められました。その釘は深く肉に食い込んでおり、一方の側から押すと、すぐに反対側から突き出てきて、そのさまは、一本の固い筋でつながっているかのようでした。また、脇腹の傷もはっきりと見て取れましたが、それは彼の体に加えられたものでも、人間的な手段によって作られたものでもなく、救い主の脇腹の傷のようでした。それは、わたしたちの救い主、その方のうちに人類の贖いと再生の秘跡を生じさせたあの傷でした。釘は鉄のように黒い色をしており、脇腹の傷は赤く、肉の収縮によって丸い形に縮まっているため、非常に美しい薔《ば》薇《ら》の花のように見えました。彼の皮膚の残りの部分は生来、そしてまた病気のために、かつては黒っぽかったのですが、今はまぶしいほどに白く輝き、彼に与えられる第二の衣《ストラ》（すなわち、天上での栄光の体〔黙七・一三―一四参照〕）の美しさをあらかじめ示していました。

三　その肢体に触れてみると、実にしなやかで柔らかく、子供時代の柔らかさを取り戻したかのようであり、無垢の明白な徴で飾られていました。白く輝きわたる肉体に釘の黒い色が浮き出て、脇腹の傷は春の**薔薇のように**[6]赤く輝いていました。このように美しく、奇跡的ともいえる彩りに、これを目にした人々が喜び驚いたのも当然のことでした。息子たちはこのように愛に満ちた師父の死去を悼んで泣いていましたが、彼に刻まれた、いと高き王〔キリスト〕の印章に口づけすると、少なからぬ喜びに満たされたのでした。この先例のない奇跡は悲しみを喜びに変え、それを理解しようとする試みを驚愕へと駆り立てたのでした。その光景は、見る者すべてにとって、尋常ならざる、ひときわ際立ったものでしたので、彼らの信仰は固められ、愛は燃え上がりました。また、それを聞いた人々にとっては、驚きの原因となり、見たいという願いに駆り立てられたのでした。

四　祝された師父〔フランシスコ〕の死の知らせを聞き、奇跡の噂が広まると、人々はみな、自分の目でそれを見て、疑いを晴らそうとして、その場所に急いで集まってきました。アシジの町の人々の多くが聖痕を自分の目で見、自分の唇でそれに口づけするのを許されました。

そのうちの一人に、教養もあり思慮深い、ジロラモという騎士がおりました。この人は人によく知られた著名な人でしたが、この神聖な徴に疑問を抱き、トマスのように**信じられずにいました**[7]。兄弟たちやほかの人々の前で、彼は非常に熱心に、また大胆に、釘を動かし、自分の**手で**、聖者の両手、両足や脇腹に**触ってみた**のでした[8]。手で触ってキリストの傷の真正な徴を調べているうちに、彼自身とほかの人々の心に生じた疑念の傷をことごとく拭い去っていったのでした。その結果、後に、この人自身が、ほかの人々と共に、強い確信をもって知るに至った、この真実の確かな証人となり、福音書に手を置いて誓いながら証言したのでした。

五　師父〔フランシスコ〕の死に際して呼び集められた

兄弟であり息子でもある人々は、大勢の群衆と共に、キリストの気高い証聖者が世を去った、その夜を過ごしました。聖なる賛美の歌を歌っていたのでしたが、それは死者のための通夜というよりは、さながら天使たちが夜を徹して賛美の歌を歌っているかのようでした。**朝になると、**[9] **集まった群衆は木の枝を手に、**[10] たくさんの蠟燭《ろうそく》の明かりの中を、賛歌や聖歌を歌いながら、聖なる遺体をアシジの町へと運んでいきました。今は天にあって栄光に包まれている高貴な処女《おとめ》クララが、当時、処女《おとめ》たちと共に禁域の中で暮らしていた聖ダミアノ聖堂を通るとき、彼らは小休止し、聖なる処女《おとめ》たちが、天の真珠で飾られた聖なる体を眺め、口づけができるようしたのでした。喜びのうちに町に着くと、彼らは運んできた貴い宝物を聖ゲオルギオ聖堂に、最大の敬意を払って安置しました。そこは、彼が小さな子供として読み書きを習い、最初の説教を行った場所であり、ついには、最初の安息の場所となったのでした。

六　さて、いとも尊い師父〔フランシスコ〕は、主の受肉から一二二六年目の十月四日、土曜日の夜、この世の辛い船路を終え、主日に葬られました。

祝された人〔フランシスコ〕は、直ちに、神のみ顔から発する光を反射し、多くの偉大な奇跡によって光を放ち始めました。肉体のうちにあって生きていたときから、完全な義にかなう模範を通して行動の指針として世に知られていたその聖性の高さが、今、**キリストと共に治める**ようになって、[10] 神聖な力による奇跡を通して、信仰の確認として天から是認されたのでした。世界のさまざまな地域で、彼の栄光ある奇跡と、彼を通して得られた豊かな祝福は、多くの人をキリストへの献身に燃え立たせ、キリストの聖者〔フランシスコ〕への崇敬を掻き立てたのでした。神の僕フランシスコを通して、神が行われたすばらしい事柄は、言葉をもって称賛を博し、事実によって証明されて、ついには至高の祭司（教皇）グレゴリオ九世陛下の耳にまで達したのでした。

七　教会の牧者〔である教皇〕は、死後に行われた奇跡について聞いたためだけではなく、生存中に、**自分の目で見、手で触れた**[11]さまざまな体験によって、フランシスコの驚嘆すべき聖性については十分確信していましたので、天においてフランシスコが主から栄光を受けていることについては少しも疑いませんでした。キリストの代理者であった〔教皇〕は、キリストと一致して行動するために、祈りのうちに考察した後、〔フランシスコ〕があらゆる崇敬に値することを宣言することで、地上において彼に栄光を帰する決心をしたのでした。いとも聖なるこの人の栄光を全世界に向けて明らかなものとするために、既に知られている奇跡を記録し、ふさわしい証人によって承認されたものとなるよう、このことについて、あまり好意的ではないと見受けられた枢機卿方によって審議されるよう図ったのでした。それらの資料は注意深く調査され、全員によって承認されました。彼の兄弟たちと、当時、教皇庁にいた高位聖職者たち全員の一致した助言と同意のもとに、〔教皇〕は〔フランシスコを〕列聖することを布告しました。そして、主の受肉の一二二八年目の七月十六日、主日に、アシジの町を自ら訪れ、祝された師父〔フランシスコ〕を聖人たちの目録に書き入れたのでした。その時の偉大で荘厳な儀式については、ここではとうてい書き切れません。

八　主の〔受肉の〕一二三〇年目に、兄弟たちが総集会のためにアシジに集まったとき、神に献げ尽くした〔フランシスコ〕の遺体は、彼の栄誉を記念して建設された大聖堂へと移されました。五月二十五日のことでした。

いと高き王〔キリスト〕の印章が記された神聖な宝物が運ばれていく間に、〔フランシスコ〕がその方の似姿となっていた方〔キリスト〕は、数多くの奇跡を行われるように取り図られ、彼の救いの香りによって、信じる人々が愛をもって**キリストに従って走るよう引き寄せられた**のでした[12]。それは、生きているうちから神に喜ばれる者であり、神に愛された者を、エノクのように[13]、観想の恵みによって楽園へと移し、エリヤのように、熱烈な愛によって、**火の車に乗って**[14]、天へと運び去られるのはまことにふさわしいことでした。その幸いなる骨もまた**己が安らぎの地にあって**、今や、永遠の春の庭園の**天上の花々の間で**香り高い奇跡の芽を萌え出でさせたことも[15]、まことにふさわしいことでした。

九　この祝された人〔フランシスコ〕は、生きている間、驚嘆すべき徳の徴によって輝いていたのと同じように、世を去った時から現在に至るまで、世界のさまざまな地域において、彼に栄光を与える神聖な力による著しい奇跡によって光を放っています。目や耳の不自由な人、口のきけない人、足の不自由な人、水腫に苦しむ人、麻痺した人、悪霊にとり憑かれた人、レプラを患った人、難破した人、捕虜になった人たちがみな、この人の功徳によって癒しをもたらされ、あらゆる病、欠乏、そして危険から助け出されました。多くの死者が奇跡的に命を取り戻し、**ご自分の聖者を高められる**[16]、**いと高きお方の力**[17]のすばらしさが信じる人々に明らかにされたのでした。いと高き〔神〕に**栄誉**

と栄光が代々限りなくありますように。[18] アーメン。

ここに、祝されたフランシスコの生涯は終わる

（1）コヘ一二・五。（2）詩三五・一〇。（3）ロマ八・一八。（4）ガラ五・二四。（5）Ⅱコリ五・一七。（6）シラ五〇・八。（7）ヨハ二〇・二七。（8）Ⅰヨハ一・一。（9）ヨハ二一・四。（10）使二・六、ヨハ一二・一三、マタ二一・八。（10）黙二〇・四。（11）Ⅰヨハ一・一。（12）雅一・三。（13）創五・二四。（14）王下二・一一。（15）シラ五〇・八、四六・一四。（16）詩四・四。（17）ルカ一・三五。（18）ロマ一六・二七。

（第二部「聖フランシスコの死後に行われた幾つかの奇跡」は省略する）

聖ボナヴェントゥラ

『聖フランシスコの小伝記』

Legenda Minor Sancti Francisci

ここに祝されたフランシスコの生涯の短い記述は始まる

第一章

回心

第一読誦

この終わりの日に、神の僕《しもべ》フランシスコを通して、**わたしたちの救い主である神の恵みが現れました**[1]。**慈愛と光に満ちた御父**[2]は、甘美な祝福を惜しみなく注いで、〔フランシスコ〕を導かれたのです。〔フランシスコ〕の生涯を通してはっきりと現されたように、世俗の暗闇から光へと連れ出されただけでなく、彼の徳の完全さと優れた功績によって世に知られる者とされました。更に、〔フランシスコ〕に示された十字架の栄えある神秘によって、彼を際立った者として示されたのです。

スポレトの谷間地方の町アシジに生まれ、最初は**母親によってヨハネと名づけられました**[3]が、その後、父親によってフランシスコと名づけられました。父親がつけた名前で通しましたが、母親がつけた名前の意味を捨てたわけではありませんでした。若い頃は、無節操な若者たちの間で浅はかなことに耽《ふけ》っておりましたが、読み書きを少し学んだ後、富をもたらす商売の世界に入っていきました。しかし、神の助けに守られて、気ままな若者たちの間にあっても、肉欲をみたす放蕩に走ることも、強欲な商人たちの間にあっても、**金銭や財宝に期待をかける**[4]こともありませんでした。

第二読誦

若いフランシスコの心の奥底には、穏やかさと温かさとともに、貧しい人々に対する惜しみない同情が神によって刻み込まれていました。それは子供の頃から成長し、ついに彼の心は惜しみない寛大さで満たされ、その頃から既に、福音の言葉を聞き流すことなく、乞い求めるすべての人、特に、神の愛を口にして乞い求める人には寛大に施していました。若く華やかなときですら、それが可能なことであれば、主の愛のために〔といって〕願い求める人々に対して、決してそれを拒まないという、神への堅い誓約を立てていました。死に至るまで、このような気高い誓約を守ることをやめませんでしたので、神への愛と恩恵において満ち溢れる豊かさにまで到達したのでした。その心には神の愛の小さな炎が絶えず燃え盛っていましたが、まだこの世の慮りに巻き込まれた若者として、天からの語りかけという神秘については無知でした。それも、主のみ手が彼の上に臨むときまでのことでした。外面では、長く重い病によって懲らしめられたのですが、内面では、聖霊の塗油に照らされていたのです。

第三読誦

肉体に力が回復し、精神状態も良いほうに転じた後、高貴な生まれではあったものの身なりは貧しい騎士に、思いもかけず出会いました。気高くはあるが貧しい王、キリストを思い起こし、その勇士に対する同情に駆られ、新しくあつらえたばかりの立派な衣服を脱いで、裸になって、その人に着せてやりました。

　さて、次の日の夜、眠っていたときのことです。あの兵士に対する燃えるような愛を起こさせた方は、ご自分にふさわしい啓示によって、十字架の印を刻まれた武器を備えた華麗な大広間を示しました。そして、キリストの十字架を旗印として常に身に着けているなら、目にしているものはみな彼と彼の兵士たちのものになることを約束し断言したのでした。

　このときから、街での商売から身を退き、嘆き悲しむにふさわしい人里離れた場所を捜していました。そのような場所で、言葉には表せない呻《うめ》きをもって嘆き悲しみ、完全への小路を主が示してくださるように長く熱心に祈った後、その願いは聞き届けられたのでした。

第四読誦

　そのように日々を送っていたある日、人里離れて祈っているときのことでした。十字架につけられた姿でキリスト・イエスが彼に現れ、次の福音の言葉を告げられたのでした。「**わたしについて来たい者は、自分を捨て、自分の十字架を背負って、わたしに従いなさい**[5]」。するとたちまち〔フランシスコ〕の内面で、愛の炎が燃え盛るとともに、苦しみを共にすることへの渇望に満たされたのでした。目の前に示された幻を見つめることで彼の魂は溶け、キリストの受難への追憶が彼の心の奥底に刻みつけられました。その結果、彼の心の目は内的に結びつけられたかのように、十字架につけられた主の傷痕から引き離せなくなり、外面では直ちに嘆きの涙を止めることができないほどでした。

　こうして、キリスト・イエスへの愛のために、**自分の家の財産はみな**無に等しいと見なして**侮蔑し**[6]、**隠された宝**、**高価な真珠**の輝きを発見した[7]かのように感じていました。

これらのものを手に入れたいという熱い望みに駆られて、自分の持っているすべてのものを放棄し、神の商いの仕方によって、世俗の商いから福音的な商いへと代わる決意を固めたのでした。

第五読誦

ある日、瞑想するために野原に出かけたときのことです。だいぶ前から倒壊の危機に瀕していた聖ダミアノ聖堂の傍らを歩いておりますと、聖霊に鼓舞され、この祈りの家に入っていきました。十字架につけられたキリスト像の前にひれ伏し、祈っておりますと、得も言われぬ甘美な慰めに満たされました。涙に濡れた目で主の十字架を見つめますと、不思議なことに肉体の耳をもって、その十字架からの声を聞いたのです。三回、このように語りました。「フランシスコよ、行って、お前が見ているように、全く崩壊しようとしているわたしの家を建て直しなさい」。思いがけないこの声の驚くべき勧めに、神の人〔フランシスコ〕は、初めはびっくりしましたが、やがて喜びと賛嘆に満たされ、我に返ると、母なる教会という家を建て直せという命令を果たすために、直ちに立ち上がったのでした。この言葉が第一に意図したことは、キリストがその尊い御血と引き換えに手に入れられた教会のことでした。それは聖霊が彼に教えてくださり、後に彼自身も親しい人々に打ち明けたとおりです。

第六読誦

その後直ちに、できる限りのすべてのものを処分し、キリストへの愛のために、先に述べた聖堂の貧しい司祭に金銭を、その聖堂の修復のため、そして貧しい人々のために用いるよう提供しました。そして、しばらくの間、彼のもとに留まることを許してくれるよう、へりくだって願いました。そこに滞在することは受け入れられましたが、両親に対する恐れから金銭を受け取ることは拒否されました。もはや金銭を心から軽蔑するようになっていた〔フランシスコ〕は、一山ほどの金貨を窓枠の上に投げ出し、塵によう に軽んじるべきものと見なしたのでした。

ところが、このことを聞いて父親が腹を立て、彼に対して激怒していることを知ると、幾日もの間、誰にも知られていない洞穴に身を隠し、断食し、祈り、涙を流していました。やがて霊的な喜びに満たされ**高い所からの力に覆われて**(8)、信頼をもって外に出て、しっかりとした足取りで町に入っていきました。顔は薄汚れており、精神状態が変わっている彼の姿を見た若者たちは、そのことから彼は気がふれたと思い、愚か者にするように彼に道端の泥を投げかけ、やかましい声で彼を嘲笑しました。しかし、神の僕は全く動揺することなく、侮辱に顔色を変えることもなく、何も聞こえないかのように通り過ぎていったのでした。

第七読誦

これらすべてのことで、〔フランシスコ〕の父親は怒り狂い、不平を述べ立て、生来の同情心を忘れてしまったかのように見なし、家に引きずり帰った息子を鞭で叩き鎖で縛りつけてしまいました。折檻《せっかん》によってその肉体を痛めつけることで、その心をこの世の快楽へと引き戻そうとしてのことでした。しかしながら、この主の僕がどんなに苛酷なことでもキリストのために嬉々として耐え忍ぶのを経験を通して知り、昔に戻すことはできないことをはっきりと認識すると、町の司教のもとに一緒に行き、司教の手のもとで父親の全財産を受け継ぐ権利を放棄するよう強要したのでした。主の僕はそれ以上のことを行おうと決意しており、司教の前に立つやいなや、ぐずぐずしたりためらったりせず、自ら語ることも言葉を返すこともせず、着ていた物をすべて脱ぎ捨て、周りに立っている人々の前で股引までも脱いでしまいました。聖霊に酔いしれていたフランシスコは、わたしたちのために裸で十字架につけられた方への愛によって、裸であることを少しも恐ろしいとは感じませんでした。

第八読誦

この地上の欲求の枷《かせ》から解放されて、この世に何の価値も覚えないフランシスコは町を後にしたのでした。林の中を、何ものにも捕らわれず心も軽やかにガリアの言葉で主への賛美を歌っていますと、盗賊に出会いました。偉大な王〔キリスト〕の先触れは恐ろしいとも思わず、賛美を歌うのをやめませんでした。ほとんど何もつけておらず何も持たないこの旅人は、使徒たちのように、**苦難のうちにあっても喜びに満ち溢れていました**[9]。

それから、完全にへりくだることを愛したこの人は、レプラを患った人々に奉仕することに専念しました。人々に見捨てられ惨めな状態にあった人々への奉仕を自らの枷としているこの間に、人に教えるより前に、自らこの世を完全に軽んじることを学んだのでした。実際のところ、かつては他のどのような人々よりもレプラを患った人々を恐れていたのでしたが、彼に注がれた多大な恵みによって、謙虚な心で彼らへの奉仕に取り組み、彼らの足を洗い、潰瘍のできたところに包帯を巻き、腐り爛《ただ》れた部分を取り除き、膿《うみ》を拭っていました。前代未聞の溢れんばかりの熱意から、潰瘍となった傷口に口づけするため身をかがめていましたが、恥辱にまみれるために**その唇を埃まみれにする**ことで、(10) 肉の驕りを霊**の法則に効果的に服従させる**ためであり(11)、彼のうちにあって敵対していたものが征服されるや、平穏に自らを律することを得たのでした。

第九読誦

こうして、〔フランシスコ〕はキリストのへりくだりにしっかりと根ざすとともに、貧しさの故に豊かなものとされました。全く何一つとして所有していませんでしたが、十字架から与えられた指示に従って、熱心に聖堂の修復に取りかかり始めたのでした。断食によって肉体は消耗しておりましたが、重い石を背負って運び、かつて贅沢に暮らしていたときに交わっていた人々からも施しによる援助を願うことさえ厭《いと》いませんでした。この神の人〔フランシスコ〕のうちに輝かしい徳を今や認め始めた信仰篤い人々の献身的な支えによって、聖ダミアノ聖堂だけでなく、荒廃し見捨てられていた使徒たちの第一人者〔聖ペトロ〕と、栄えある処女《おとめ》〔聖マリア〕にそれぞれ献げられた聖堂をも修復しました。これは、後に彼を通して主が霊的に成就しようとされていたことを、外面的に感覚で捉えられる働きをもって神秘的に前もって示すものでした。実に、この聖なる方ご自身に導かれて修復した三つの建物のように、キリストの教会は形態と規律と教えという面で三重に修復されなければならなかったのです。また、十字架から〔フランシスコ〕に語りかけた声が、神の家を修復せよという命令を三度繰り返したことは、これに先んじた徴でもあり、今や、彼によって創設された三つの会（男子の「小さき兄弟会」と、クララと姉妹たちの会、結婚した男女のための「悔い改めの会」）によって、それが成就されたことをわたしたちは知っております。

（1）テト二・一一。（2）Ⅱコリ一・三、ヤコ一・一七。（3）ルカ一・六〇。（4）シラ三二・八。（5）マタ一六・二四。（6）雅八・七。（7）マタ一三・四四―四六。（8）ルカ二四・四九。（9）Ⅱコリ七・四。（10）哀三・二九―三〇。（11）ロマ八・二。

第二章

修道生活の創設と宣教の効果

第一読誦

　こうして三つの聖堂〔を修復するという〕仕事が終わりますと、処女《おとめ》〔マリア〕に献げられた聖堂の傍らに居を構え、そこに留まりました。わたしたちの救いの代価〔すなわち御子イエス〕を〔この世に〕もたらした方〔御母マリア〕の祈りと功徳によって、神から彼に注がれた福音的な真理の霊によって、完全への道を見いだすという恵みに浴したのでした。

　そのようなある日のこと、荘厳なミサの中で福音が朗読されました。そこでは、宣教のために遣わされる弟子たちに対して、生活上の規範が述べられていました。「**帯の中に金貨も銀貨も銅貨も入れて行ってはならない。旅には袋も二枚のトゥニカも、履き物も杖も持って行ってはならない**[1]」。このような言葉を耳にするやいなや、キリストの霊の力によって塗油され、覆い包まれ、知識と意向だけでなく、生活と着る物によっても、そこに述べられた生活形態へと変容させられたのでした。直ちに履き物を脱ぎ捨て、杖を捨て、金銭も財布も投げ出しました。一枚のトゥニカで満足し、革帯をはずし、紐を帯の代わりに用いました。そして、どのように聞いた言葉を実践するか、使徒たちに与えられた正しく生きるための規定をあらゆる点で自分に適応させるかということに、心の思いのすべてを傾けたのでした。

第二読誦

　まさしくキリストの霊の炎のように燃え立つ力によって、くまなく燃え立たされた〔フランシスコ〕は、もう一人のエリヤであるかのように、真理〔であるキリスト〕を模倣する者となり始めました。また、ある人々を完全な正義へと導き始めるとともに、ある人々を悔い改めへと招き始めたのでした。彼の話しぶりは内容の乏しいものでも嘲笑をかうようなものでもなく、聖霊の力に満たされており、心の奥底に染みとおるものでした。そのため、聞いている人々を大きな驚きへと誘い込み、その力強い効果は強情な人々の心をも和らげました。その生活ぶりとともに、飾り気のない教えの真理によって、彼の気高く聖なる心持ちは多くの人々に知られるようになり、彼の模範によって悔い改めを実践しようという思いに駆られ始め、すべてを捨てて、彼と同じ着物を身につけ、同じ生活を送って彼の仲間となりました。この謙虚な人〔フランシスコ〕は、このような人々が「小さき兄弟」と呼ばれるよう決定したのでした。

第三読誦

神からの召し出しに応えて〔彼のもとに集まった〕兄弟が六名になると、彼らの敬虔な師父であり牧者〔であったフランシスコ〕は、人里離れた寂しい場所をたまたま見つけると、若者としてそれまでの日々が過ちを免れたものではなかったことを思い、激しい心の痛みのうちに嘆き悲しみ、自分自身と、**キリストにおいて彼が儲《もう》けた**[2]子供たちのために赦しと恵みを願い求めました。非常に大きな喜びが彼のうちに沸き起こり、それまでのすべての過失が、いわば**最後の一クァドランス**[3]に至るまで、赦されたことを確信しました。その後、上に引き上げられ、生き生きとさせる光のうちに全身を包み込まれた〔フランシスコ〕は、自分自身と兄弟たちにこれから起こることをはっきりと知ったのでした。後に彼自身が**小さな群れ**[4]を力づけるために打ち明けたように、神の慈しみによって、この会は近い将来大きく広がるはずであることを予告したのでした。

その後、幾日も経たないうちに、ほかの人々も彼のもとに集まってきて、その数は十二人に増えました。主の僕〔フランシスコ〕はこの純朴な群れと共に、使徒座の前に進み出ようと決心しました。主によって彼に示され、短い言葉で書き記した生活の規範が至聖なる〔ペトロの〕座の全権をもって承認されることをへりくだり熱心に懇願するためでした。

第四読誦

こうして、この計画に沿って、フランシスコと伴侶たちは至高の祭司（教皇）インノセント三世陛下のみ前に進み出ました。ところが彼よりも先に、その栄えある慈しみによって、**神の力、神の知恵であるキリスト**[5]が、幻を通して、ご自分の代理者〔である教皇〕のもとを訪れておられたのです。この貧しく小さな懇願者の願いを好意をもって聞き入れ、寛大に承認するよう勧告なさるためでした。ローマ教皇ご自身は、夢の中で、崩壊寸前の状態にあるラテラノ大聖堂を、一人の貧しく小さく、貧相で、何のとりえもないような人が、その肩で担い、倒れないよう支えているのを見たのでした。こうして、賢明な祭司長は、ご自分の前に控える、神のこの僕のうちに、純朴な心からくる清浄さ、この世の蔑視、貧しさへの愛、その完全な計画を実行しようとする強い意志、人々の魂を思う熱意、聖なる意志に対する燃え立つ炎を認めると、次のように仰せられました。「まさしくこの人こそ、行動と教えによってキリストの教会を支えるはずの人だ」。こうして、このときから、教皇はこの人に特別の信頼を寄せ、彼のすべての願いを聞き入れ、会則を認可し、悔い改めを宣べ伝えることを委任し、そのとき求められたすべてのことを了承し、将来、もっと多くのことを快く了承することを約束したのでした。

第五読誦

そこで、上からの恵みと、至高の祭司〔である教皇〕の権威によって確信を得たフランシスコは、大きな信頼をもってスポレトの谷間を目指して旅路を急ぎました。心のうちに思い描き、誓約によって専心することを誓った福音的完全という真理を具体的な行動をもって実践し、言葉を通して教えるためでした。

そして、仲間〔の兄弟〕たちの間で、人々の間で暮らすべきか、それとも人里離れた所に赴くべきか、という疑問が生じたときのことです。熱心な祈りによって、神がお喜びになることを神に尋ね求めました。上からの啓示の言葉に照らされた〔フランシスコ〕は、悪魔が奪い去ろうとしている人々の魂を、キリストのために取り戻すために自分は派遣されていることを悟ったのでした。そのため、自分のために独りで生きるよりも、すべての人のために生きることを選ぶべきであると決意し、アシジの町の近くにあった使われなくなっていた家畜小屋に向かいました。そこで、厳しい修道生活のあらゆる面で、兄弟たちと共に、聖なる貧しさという規範に則して生活し、いつでもどこでも人々に神のみ言葉を宣べ伝えるためでした。

こうして、福音の先触れとなった〔フランシスコ〕は、町や村を巡り歩き、**人の知恵に教えられた言葉によるのではなく、霊の力によって**[6]神のみ国を告げ知らせていました。彼が語るべきことは、あらかじめ啓示によって主から教えられておりましたし、**語る言葉が真実であることは、それに伴う徴によってはっきり示されていました**[7]。

第六読誦

あるとき、いつものように子供〔である兄弟〕たちから独り離れて徹夜で祈り続けておりました。真夜中ごろのことです。ある兄弟たちは休んでおり、ある兄弟たちは祈っていました。不思議な輝きを放ち火のように燃え立つ戦車が兄弟たちの住まいの戸口から入ってきました。その上には、太陽のようなかたちをした、ひときわ輝かしい火の玉が乗っており、小さな住まいの中を三回駆け回りました。この驚くべき、輝かしい光景に、徹夜していた兄弟たちは呆然とし、寝ていた兄弟たちも飛び起きて唖然としていました。驚くべき光の力によって、それぞれの良心がむき出しにされ、一同、肉体だけでなく心にも光明を感じたのでした。そして一同そろって、それぞれの心のうちに見ているように、主が聖なる師父フランシスコをこのような姿に変容させて自分たちに示してくださったことを悟ったのでした。つまり、〔フランシスコ〕が、**イスラエルの戦車、そしてイスラエルの騎兵**[8]として、**エリヤの霊と力をもった**[9]霊的な軍隊の指揮官とされたことが示されたのでした。聖なる人〔フランシスコ〕は兄弟たちのもとに戻ると、天から彼らに示された幻のことで彼らを力づけ、彼らの良心の秘密を探り、将来を予告し、奇跡をもって輝きを放ち始めたのでした。このようにして、彼の教えと生き方に従うことはすべての人に最高の安全をもたらすほどに溢れんばかりに、エリヤの二倍の霊が彼の上に憩うていることが明らかにされたのでした。

第七読誦

その当時、アシジに近い病院にモリコという名前の十字架奉持者会の修道者がおりました。この人は重い病に冒され、長い間苦しんでおり、もはや死も間近に迫っていると思われていました。神の人〔フランシスコ〕に使いを送り、自分のために神に執り成してくれるよう、謙遜に、そして熱心に懇願いたしました。敬虔な人〔フランシスコ〕は親切にそれを聞き入れ、まず祈りをささげ、パンの屑を取ると、処女《おとめ》〔マリア〕の祭壇の前にともされていた灯明から油を取り、パン屑に混ぜ、丸薬のようなものを作り、兄弟の手を通して、病人に送りましたが、そのとき次のように言いました。「この薬をわたしたちの兄弟モリコのもとに届けなさい。これによって、キリストの力が健康を完全に回復させるだけでなく、強い戦士とされて、末永くわたしたちの戦列に加わるでしょう」。聖霊の計らいによって調合されたこの解毒剤をこの病人が服用すると、たちまち健康を回復し、精神的にも肉体的にも活力を取り戻しました。その後間もなくして、聖なる人〔フランシスコ〕の修道生活に加わりましたが、この人は長い間胴鎧《どうよろい》を肌に直《じか》に着けており、生のままの食べ物で満足し、ぶどう酒は口にせず、調理した食べ物も摂りませんでした。

第八読誦

当時、アシジの町にシルヴェストロという名前の司祭がおりました。この人は、生活ぶりは正直で、鳩のように純真な人でした。その地方一帯が巨大な竜に包囲される夢を見ました。その竜の恐ろしく身震いするような姿に、世界のさまざまな地方に破滅が迫っているように思われました。その後、フランシスコの口から光り輝く黄金の十字架が出てくるのをこの人は見ました。その先端は天に達し、その両腕は長く広げられ、世界の果てにまで広げられているかのように思われました。この輝かしい光景は、あの恐ろしくぞっとする竜をはるか彼方にまで逃走させてしまったのでした。この情景が、三回も示されたことで、栄光の十字架を旗印として掲げることで、邪悪な竜の力を粉砕し、教えと生活の双方の輝かしい真理をもって信じる人々の心を照らすよう主によってフランシスコは定められたことを、この敬虔で、神への献身の念篤い人は悟ったのでした。神の人〔フランシスコ〕と兄弟たちに、このことを順を追って語った後、ほどなくして、世俗を棄て、会におけるその生き方が、世俗にあったとき与えられた幻が正真正銘のものであったことを証しするほどの堅忍をもって、祝された師父の模範に倣ってキリストのみ跡に従ったのでした。

第九読誦

パチフィコという名前の兄弟は、まだ世俗の生活を送っていたとき、サン・セヴェリノという村で神の僕〔フランシスコ〕に出会いました。そのとき、神の僕は隠棲修道院で説教をしているところでした。主のみ手が自分の上に伸ばされ[10]、あたかも十字架の印のように、非常に輝かしい二振りの剣が交差して〔フランシスコ〕の上に現れるのを見ました。その一振りは頭から足へ、もう一振りは胸の上を通って一方の手から他方の手へと向けられて交差していました。彼は〔フランシスコの〕顔を見たことはありませんでしたが、示されたこのような徴のおかげでたちまち〔フランシスコと〕分かり、全く呆然となり、その言葉の力強さに心を打たれ、恐れおののいたのでした。それはあたかも〔フランシスコ〕の口から出た霊的な剣によって刺し貫かれたかのようでした。こうして、世俗の栄誉を侮蔑し、誓約を立て祝された師父〔フランシスコの会〕に加わったのでした。その後、この〔兄弟〕は修道生活のあらゆる聖性において成長を遂げ、フランスの奉仕者となる前に——実際、この地で最初に管区の奉仕職を果たしたのはこの〔兄弟〕でした——、フランシスコの額に大きな**タウ**（T）の徴を見る恵みに浴しました[11]。その徴はさまざまな色彩で輝き、〔フランシスコ〕の顔を不思議な美しさをもって装っていたのでした。

神の人〔フランシスコ〕は大きな愛情をもってこの徴を尊重し、しばしばこれについて雄弁に語り、何か行動を起こすにあたっては初めにこの徴を行っていました。また、愛に駆られて送った手紙には、自らの手でこの文字を書き記していました。それはあたかも、預言者の言葉に従って、キリスト・イエスへと心から回心した**嘆き悲しんでいる人々の額にタウ**〔の印〕[12]**を**付けることが、その願いのすべてであるかのようでした。

（1）マタ一〇・九—一〇。（2）Iコリ四・一五。（3）マタ五・二六。（4）ルカ一二・三三。（5）Iコリ一・二四。（6）Iコリ二・一三。（7）マコ一六・二〇。（8）王下二・一二。（9）ルカ一・一七。（10）エゼ一・三。（11）エゼ九・四。（12）同前。

第三章

特典として与えられた諸徳

第一読誦

十字架につけられたイエスに従う者として抜きん出ていた神の人フランシスコは、その回心の初めから、苛酷な生き方によって**悪徳とともに肉を十字架につけており**[1]、また厳しい節制を生活の規範とすることで肉体の欲求からの衝動を抑制しており、体力を維持するために必要なものをかろうじて摂るような状態でした。実際、健康な状態にあったときは、煮炊きした食べ物はごくまれにしか口にせず、時たま口にするとすれば、灰を混ぜて苦くするか、できる限り水で薄めて全く味気のないものとしていました。飲み物を摂ることを厳しく制限しており、**精神を知恵の光に向けるために、ぶどう酒を一切口にしませんでした**[2]。この飲み物のことでわたしたちが気づいたことは、激しい渇きに見舞われたとき、冷たい水を飲んで、かろうじて渇きを癒やしていたことです。しばしば剝き出しの大地に疲れた体を横たえて休み、石か木が枕でした。着ている物は簡単なもので、しわくちゃで、粗い生地のものでした。不快で粗末なものを用いることが邪悪な敵を逃げ出させ、柔らかく快適なものを用いることはより強い誘惑へと駆り立てるものであると、経験によってはっきりと学んでいたからです。

第二読誦

自分を監視する[3]という点では徹底しており、細心の注意を払っていました。**土の器に納められた**非常に貴重な宝[4]、つまり貞潔を守ることにひときわ配慮しており、〔心身〕両面における完全極まりない清浄さによって、聖性の誉れのうちに、それを保持しようと努めていました。このため、その回心の初めの頃、冬の厳しい寒さの中、激しく燃え立つ思いをもって、氷や雪に覆われた水溜まりにしばしば身を投じたのでした。自分の内にいる敵を完全に屈服させ、肉欲の炎から無垢の白く輝く衣を守るためでした。このような訓練を通して、その五感において貞潔の美が輝きを放ち始めたのです。肉はもはや完全に征服され、**目と契約を結んでいる**[5]かのように思われるほどでした。肉体的な快楽へと駆り立てるような光景から完全に遠ざかっていただけでなく、好奇心から空しいことを見つめることも全くありませんでした。

第三読誦

事実、既に心と体の清浄さを有しており、ある点では聖化の頂にまで近づいておりましたが、天上の輝きが放つ清浄さを熱望し、肉体の光〔つまり眼〕を失うことをたいしたこととも思わず、涙の雨によって精神の目を浄めることをやめませんでした。絶えず泣いていることで、その両眼が重い病に冒されましたが、そのとき、肉眼の視力を失うのを避けたいのなら、泣くことを控えなさいと医師は忠告しましたが、全く聞き入れませんでした。献身の思いを抑えて、神を見ることができるようになるため、内なる目を清めてくれる涙を流すのを控えるよりは、肉眼の視力を失ったほうがましであると言っておりました。

涙に濡れ、天上の喜びに精神も顔貌《がんぼう》も澄みきっていた〔フランシスコ〕は神に自らを献げ尽くした人でした。清く澄んだ良心の輝きの故に喜びの油をたっぷりと塗られておりました。そのため、絶えず**神のうちにあって正気を失っており**[6]、**神のみ手のあらゆるみ業によって喜び躍っているほどでした**[7]。

第四読誦

あらゆる徳を護り装う謙虚さが、当然、この神の人を満たしておりました。そのため、特典として与えられた諸々の徳が多種多様にこの人のうちに輝きを放っていたのですが、小さき兄弟たちの中でも最も小さき者と見なしていたこの人のうちでは〔この徳が〕特別優位を占めていると思われるほどでした。〔フランシスコは〕自分を罪人の中でも最も罪深い者であると告白しており、その自己評価によれば、土で作られた卑しい器以外の何ものでもなかったのですが、実際のところは、多種多様な徳と恵みの装いによって輝きを放ち、聖なることのために用いるようにより分けられた、聖化のために選ばれた器だったのです。自分の目にも、ほかの人々の目にも自分は価値のないものと見なされるよう最大の努力を払っておりましたので、隠れた過誤を公に言い表し、〔恵みを〕与えてくださる方〔つまり神〕のさまざまな賜物を胸の奥底に隠すように努めていました。破滅の機会ともなりかねない称賛に身をさらすことのないためでした。完全な謙虚さ、へりくだりのうちに「**正しいことをすべて行う**[8]」ために、上位の優れた人々だけでなく、下位の劣った人々に対しても服従するように努めていました。たとえ純朴な人であったとしても、旅に同行〔する兄弟〕にも従順を約束するのが常でした。こうして、上位の者として権威をもって命令することはなく、自分に服する人々に対してさえ、謙虚さ、へりくだりの念から奉仕する者、仕える僕として服従していたのでした。

第五読誦

キリストに完全に従う〔フランシスコ〕は**永遠の愛をもって**[9]、聖なるへりくだり、謙虚さに伴うものである徹底した貧しさと契りを結ぶよう熱心に努めました。そのために、彼女のために父母のもとを離れただけでなく、持つことのできたありとあらゆるものをも放棄したのでした。何人《なんぴと》も、この人が貧しさに対して抱いていた熱烈な思い以上のものを黄金に寄せることはないでしょうし、この人の福音の**真珠**[10]に寄せた以上の配慮をもって宝を守ることはないでしょう。修道生活の初めから死に至るまで、この人の贅沢といえば一枚のトゥニカと一本の腰紐、そして一枚の股引であり、欠乏こそが誇りとすべきものであり、困窮こそが喜びとすべきものでした。実際、誰かしらが自分よりも貧しい身なりをしているのを見ると、厳しく自分を責め立て、似たような身なりに変えたのでした。それはまるで、貧しさの恋敵と競争しているかのようであり、その人の霊的な気高さに負けるのを恐れているかのようでした。まさしく、永遠の遺産の手付けとしてこの貧しさをあらゆるはかないものらよりも大切にし、偽りの富を一時的に与えられた封土以外の何ものでもないと見なし、膨大な富よりも貧しさを愛し、貧しさの点で他の誰よりも抜きん出ているよう望んでいました。この人は、すべての人よりも自分を賤しいものと見なすことを貧しさから学んだのでした。

第六読誦

至高の貧しさに対する愛によって、神の人〔フランシスコ〕は聖なる純朴さのうちに成長し、豊かな富に恵まれたものとなっていきましたので、世俗にあって自分のものを何一つ所有していませんでしたが、この世界の創始者のうちにあって、あらゆる善いものを所有しているかのようでした。鳩の眼差し、つまり、純真な意図をもって、そして純粋な観察眼をもってすべてを至高の創造主と関連づけ、すべてのもののうちに、それをお造りになった方を認め、愛し、賛美していました。慈しみを豊かに受けていたことで、神のうちにあってすべてを、すべてのものにおいて神を所有しているほどになっていました。すべてのものの第一の源泉を考えることで、たとえ取るに足りないものであろうとも、一つの〔同じ〕源から一緒に発出したものであるかのように、すべての被造物を兄弟姉妹と呼んでおりました。本性的な類似によってキリストの愛情溢れる寛大さを表しているもの、聖書の中でその象徴として用いられているものはことのほか親しみを込め優しく抱きしめていました。注ぎ込まれた超自然的な力によって、猛々しい動物の本性までもが、この人に対しては優しい態度へと変わるほどでした。しかも、感覚を欠いたものらでさえもこの人の指示には服しました。それはまさに、この純朴で正しい(11)聖なる人が既に無垢の状態へと作り直されていたかのようでした。

第七読誦

敬神の念からくる優しさが、慈しみの泉から溢れんばかりの豊かさをもって、神の僕〔フランシスコ〕のうちに流れ込んでいました。それは、悲惨な状態にある人々の不幸を軽くするために、母親の愛情を抱いているかのようでした。〔フランシスコ〕は生来慈悲深い人でしたが、それは彼に注がれたキリストの愛情によって倍にされていたからです。ですから、病んでいる人々、貧しい人々に接すると、彼の心は溶けてしまい、手を差し伸べ、その思いを伝えずにはいられませんでした。誰かが必要としているもの、無くて困っているものに気づくと、愛情のこもった心の優しさから、キリストのことを思い起こしていました。すべての貧しい人々のうちにキリストの姿を重ねて見ていましたので、生活に必要なものが手もとにあれば、出会った貧しい人々に、それらを快く与えただけでなく、彼らのものであるかのように、それらを彼らに返さなければならないものであると見なしていたのです。マントもトゥニカも、本も、そして祭壇で用いる一切の物でさえも、何一つとして物惜しみしませんでしたので、完全な敬神の務めを果たすかのように、必要としている人々に、それらのすべてを与え、**自分自身すら使い果たしたい**と願っていました。[12]

第八読誦

愛の火の炉から湧き出る兄弟たちの救いに対する熱い思いは、**鋭い両刃の剣**[13]、**燃える剣**[14]のようにフランシスコの心の奥底まで刺し貫いていました。その結果、この人は、競争心に熱く燃えるとともに、共苦共感の苦痛にまみれ、全身が燃え立っているかのように見受けられました。キリスト・イエスの尊い血によって贖われた人々の魂が罪の汚れにまみれているのに気づいたときには、悲しみからくる驚くべき心痛に打ちのめされていました。繊細な慈しみの念に駆られ激しく泣き悲しんでいましたが、母親のように、彼らを日々子供としてキリストにおいて産んでいるかのようでした。このために、祈りにおいて格闘し、説教に奔走し、模範を示すことに徹していました。キリストが贖われた人々の魂を愛し守らない限り、自分はキリストの友ではないと考えていたのです。このためにこそ、その肉は既に進んで霊に服していましたので無垢なものとなっており、罪科の故に鞭打たれる必要はありませんでしたが、模範を示すために、罰と苦行を肉に課し続けたのでした。ほかの人々のために**厳しい道**[15]を歩み続けましたが、それはほかの人々の救いのために、**ご自分の命**〔魂〕**を死に引き渡された**[16]方の跡に完全につき従うためでした。

第九読誦

花婿〔キリスト〕の友〔フランシスコ〕を神に導いた完全な愛の炎に〔周りの〕人が気づいたのは、特に次のことからです。〔フランシスコは〕殉教の炎に燃えて**生ける犠《いけ》牲《にえ》**[17]として自らを主に献げることを願い続けていたのです。事実、三回も、このために〔キリストを〕信じていない人々の住んでいる地方へ旅立とうとしましたが、二回は神の摂理によって阻止されました。しかしながら、三回目には、主に導かれて、多くの侮辱にさらされ、鎖に繋がれ、鞭打たれ、数え切れない労苦の後、バビロンのスルタンの前にまで連れて行かれました。**霊と力**の効果的な**証明**[18]をもってイエスを宣べ伝えましたので、スルタンさえもが驚嘆し、神のみ旨によって温和な態度に変わり、好意をもって彼の言葉に耳を傾けたのでした。そして、〔フランシスコ〕のうちに霊の熱火、平常心、この世での生の軽視、神の言葉の効能を見て取ると、大きな栄誉を払うに値する人物であるとの確信をもって彼に接し始めました。そして、高価な贈り物を差し出し、自分のもとに末永く滞在するよう熱心に申し出たのでした。自分自身もこの世も、心底軽んじるこの人は、すべての献げ物を汚物のように見なして顧みず、自分の意図したことを達成するために、誠実にできる限りのことをしたにもかかわらず、それがかなえられないことに気づくと、〔神の〕啓示に促されて、〔キリストを〕信じる人々の住む地方へと戻ってきたのでした。このように、キリストの友として、〔キリスト〕のために死ぬことを力の限り求めたのでしたが、全くかなえられませんでした。しかし、それは殉教を願うに値しないということではなく、将来、格別の特典によって〔殉教の印が〕しるされることになっていたからです。

（1）ガラ五・二四。（2）コヘ二・三。（3）イザ二一・八。（4）Ⅱコリ四・七。（5）ヨブ三一・一。（6）Ⅱコリ五・一三。（7）申一四・二九、詩九一・五。（8）マタ三・一三。（9）エレ三一・三。（10）マタ一三・四五。（11）ヨブ二・三。（12）Ⅱコリ一二・一五。（13）黙一・一六。（14）創三・二四。（15）詩一七・四。（16）イザ五三・一二。（17）ロマ一二・一。（18）Ⅰコリ二・四。

第四章

祈りへの熱意と預言の霊

第一読誦

キリストの僕《しもべ》〔フランシスコ〕は、**肉体によって主から離れてさ迷っている**[1]と感じており、キリストへの愛によって、地上のものに対する願望によって動かされることは全くなくなっていましたので、愛する方からの慰めなしにいることのないように、**絶えず祈る**[2]ことで、神のみ前にあるように自分の霊を提示するよう努めていました。歩いていても座していても、内にあっても外にあっても、働いていても休んでいても、精神力をもって祈りに集中していましたので、心と体のみならず、行動も時間も祈りにささげているように見受けられたのでした。たびたび自分自身を超えて上に奪い去られるまでに、過度の献身の念によって浮遊状態にさせられ、人間の理解を超えたことを体験していましたが、自分の身に何が生じているのかは全く気づかなかったのでした。

第二読誦

非常に静穏に霊的な慰めの注賦《ちゆうふ》を受けていましたので、夜中に、祈るため人里離れた所や見捨てられた聖堂に出かけていました。そこで、熱心に祈っている彼を攪乱させようと躍起になる悪霊どもとの、手と手で拳闘するかのような、恐ろしい格闘を体験していました。熱烈な祈りの不屈の力によって悪霊どもが退散すると、神の人〔フランシスコ〕は、ただ独りで、平静にそこに留まり続け、秘密の隠れ場を手に入れたかのように、森を呻《うめ》き声で満たし、大地に涙を撒き散らし、手で胸を叩き続けたのでした。あるときは審判者に答え、あるときは御父に懇願し、あるときは花婿〔であるキリスト〕と遊び戯れ、あるときは友と楽しく語り合っていました。両腕を十字架の横木のように伸ばし、全身は大地から引き上げられ、光り輝く雲に包まれて、夜中に祈っているのが見受けられました。不思議な輝きと体の浮揚は、精神のうちにおいて驚くべき照らしと浮揚が起きていることを証しするものでした。

第三読誦

このような脱自の体験という超自然的な力によって、確かな証人たちによって確認されているように、神の知恵の神秘的で隠された事柄が知らされていました。しかし、兄弟の救いに関する熱意に駆られるか、あるいは天からの啓示に促されて口にするとき以外は、それらのことを他の人にもらすことはありませんでした。絶えざる徳の鍛錬とともに疲れを知らない祈りへの熱意は、神の人〔フランシスコ〕を、非常に深い心の平穏さへと導いたのでした。ですから、人間の学識に基づく研究によって聖書に精通していたわけではありませんでしたが、永遠の光の輝きに照らされて、知性の澄んだ明晰さをもって聖書の深みを究めていたほどでした。満ち溢れる恵みによって預言の多様な霊までもが〔フランシスコ〕には宿っておりました。その驚くべき力によって、神の人〔フランシスコ〕は、あるときはそこにはいない離れた所にいる人々のもとに現れたり、はるか遠くにいる人々の様子を知っていたり、人々の心の秘密を見抜いていたり、将来の出来事を予言したりしました。数多くの事例によってその事実は確認されておりますが、それらのうちから幾つかを次に書き記すことにします。

第四読誦

あるときのことです。今では秀でたキリストの証聖者でありますが、当時は優れた説教者でありました聖なる人アントニオが、アルルでの兄弟たちの管区集会において、「ナザレのイエス、ユダヤ人の王」という十字架に掲げられた称号について、蜜の流れるような雄弁をもって説教したことがありました。神の人フランシスコは、そのときはるか遠くにいましたが、集会室の入り口近くの空中に浮いた姿で現れたのでした。十字架の横木のように伸ばされた手で兄弟たちを祝福し、あらゆるたぐいの慰めによって兄弟たちの心を満たしたのでした。その驚くべき出現は天の力によって与えられたものであると、兄弟たちは心の内で確信したことを、何人もの兄弟たちが証言しております。更に、そのことは祝された師父に隠されてはおりませんでしたので、そのこと自体が、師父〔フランシスコ〕の心が永遠の知恵の光に対していかに開かれていたかを明らかにしています。実に、永遠の知恵は**どんな動きよりも軽やかで、純粋さ故にどこにでも染み込み、聖なる魂のうちに移り住み、神の友と預言者を育成する**(3)ものなのです。

第五読誦

慣例に従って、ポルチンクラの聖マリア〔聖堂〕で兄弟たちが集会を開いていたときのことです。兄弟の一人が、あることを口実にし、それを隠れ蓑にして規律に従おうとしていませんでした。聖なる人〔フランシスコ〕は、そのとき、**兄弟たちと神との間の**仲介者、調停者(4)として自分の修房で祈っていたのですが、霊においてこれを見たのでした。兄弟の一人を自分のもとに呼ぶと、言いました。「兄弟よ、あの不従順な兄弟の背中に悪魔が乗って、その首をきつく絞めているのを見ました。あのような御者《ぎよしや》に強制されたあの兄弟は従順という手綱を放棄し、悪魔の鞭に追い立てられています。だから、あの兄弟のところに行って、一刻も猶予することなく、聖なる従順の軛《くびき》に服しなさい、と言ってください。あの兄弟のために祈ると、たちまち、悪魔は混乱に陥り逃げ去ったのですから」。使いの者を通して戒められたその兄弟は、痛悔の霊を抱き、真理の光を感じて、聖なる人〔フランシスコ〕の代理の〔兄弟〕の前にひれ伏して、自分の罪を認めて、赦しを願いました。規律を受け入れ、それを担い、それ以後は、すべての点で謙虚に従ったのでした。

第六読誦

さて、ラ・ヴェルナ山で修房に籠っていたときのことでした。同行した〔兄弟たちの〕一人が、〔フランシスコ〕自身の手で書き記された主のみ言葉を持っていたいという熱烈な願望に捕らえられていました。〔この兄弟は〕肉にではなく霊に対する強烈な誘惑にさいなまれており、〔フランシスコの手で書かれた主のみ言葉を持って〕いれば、〔誘惑〕から抜け出すことができる、あるいは容易に耐え抜くことができると考えていました。この願望に捕らえられ衰弱し、ひそかに煩悶していました。謙虚で、慎み深く、純朴だったので、羞恥心に勝てず、尊ぶべき師父〔フランシスコ〕にそれを大胆に打ち明けることができなかったからです。しかし、人が語らなかったことを、〔聖〕**霊が明らかに示してくださいました。**(5) こうして、〔フランシスコ〕はその兄弟にインクと紙を持ってくるように命じると、その兄弟の願望どおりに、主への賛美を自らの手で書き記し、自分の祝福の言葉を書き添え、書いたものをその〔兄弟〕に惜しげもなく与えたのでした。すると、たちまちあの誘惑はことごとく消え去りました。後代まで保存されたこの書き付けは多くの人の健康を回復させたことから、書き記した小さな紙片にそれほどの効力が残されている、それを書いた人の功徳が神のみ前でどれほど偉大なものであるかがすべての人に明らかになったのでした。

第七読誦

またあるとき、神に対して献身的な、ある高貴な婦人が深い信頼をもって聖なる人〔フランシスコ〕のもとに来て、彼女に対して非常に冷酷で、彼女がキリストに仕えることを阻止する夫のために神に執り成してくれるよう、恵みが注がれて夫の頑なな心が和らぐようにと、熱心に懇願しました。それを聞くと、敬虔で聖なる人〔フランシスコ〕は、聖なる言葉をもって彼女を力づけ、彼女の願った慰めが間もなく与えられることを保証し、最後に、神と自分に代わって、今は慈しみの時であるが、これから後、公正の時が来ることを、夫に告げるよう命じたのでした。その婦人は、主の僕〔フランシスコ〕が自分に対して語った言葉を信じ、祝福を受けた後、急いで家に帰ると、走り寄ってきた夫に、先に述べた言葉を語り、何の疑いもなく、約束が成就するのを待ちました。ところが、その言葉が夫の耳に達するやいなや、恵みの霊が彼の上に降り、たちまちその心は和らげられました。こうして、そのときから、敬神の念篤い妻が自由に神に仕えることを許すとともに、妻と共に主に仕えるために自分自身を差し出したのでした。聖なる妻に勧められて、何年間も、貞潔を守って生活し、同じ日に、妻は朝、夫は夕べに主のもとに召されたのでした。

まさしく妻の死は**朝の献げ物**、夫の死は**夕べの献げ物**のようでした[6]。

第八読誦

主の下僕〔フランシスコ〕がリエティで病に伏していたときのことです。ゲデオンという名の司教座聖堂参事会員が重い病に罹りました。この人は好色漢で世俗的な人でした。寝台に横たわったまま、〔フランシスコ〕のもとに運んでもらうと、周りの人々と共に、涙ながらに、十字架の印をしてくれるよう乞い求めました。すると、〔フランシスコ〕は次のように答えたのでした。「これまであなたは肉の欲に従って生きてきて、神の裁きを恐れませんでした。ですから、あなたの願いのためではなく、執り成しをする人々の敬虔な祈りに免じて、あなたに十字架の印をしるすことにしましょう。だから、これからはこれだけは覚えておいてください。もし、いったん自由になっておりながら、嘔吐物に再び立ち返るなら、もっと大きな苦しみを背負うことになります」。こうして、頭から足まで十字架の印をしますと、その人の腰の骨が、乾いた木材を手で砕くような音がし、それを周りのすべての人が耳にしました。身動きできずに横たわっていたその人は、たちまち、癒やされて起き上がると、神を賛美して言いました。「わたしは自由にされた」。ところが、あまり時も経たずに、その人は神を忘れ、体を淫らな行為に引き渡してしまいました。そしてある晩、ある参事会員の接待によって夕食をとり、その夜はそこに泊まりました。突然、その家の屋根が皆の上に崩れてきて、ほかの人たちは死を免れたのですが、その人だけが死んでしまいました。この一つの出来事から、義に対する神の熱意は忘恩の輩に対してどれほど厳格なものであるか、またフランシスコを満たしていた預言の霊がどれほど確かで偽りのないものであったかが明らかにされたのでした。

第九読誦

あるとき、海外から帰った後のことでした。〔フランシスコは〕説教をしようとしてチェラノに出かけました。ある騎士が熱烈な思いをこめ懇願して食事に招待し、あたかも招待を受けるよう強制するかのようでした。さて、食物を口にする前に、敬神の念篤い人〔フランシスコ〕はいつものとおり心のうちで神に祈りと賛美をささげますと、死の審判がこの人に間近に迫っているのを霊において見たのでした。精神は高く挙げられ、目は天を仰ぎ見て立ちつくしていました。そして祈り終わると、寛大に招待してくれたその人を隅に呼び寄せて、彼に死が近づいていることを告げ、罪を告白し、できる限り善いことを行うように勧めたのでした。その人は直ちに祝された人〔フランシスコ〕の言葉を受け入れると、〔フランシスコ〕の同行〔の兄弟〕にすべての罪を告白すると、家を整理し、神の慈しみに委ね、死を受け入れるためにできる限りの準備をしました。こうして、ほかの人々が体に元気を回復させる〔食物〕を摂っている間に、健康で力に満ちている思われた騎士は、神の人〔フランシスコ〕の言葉通り一瞬にして息を引き取りました。突然の死に襲われたのでしたが、〔フランシスコ〕の預言の霊のおかげで悔い改めという盾であらかじめ武装していましたので、永久の断罪を逃れ、福音の約束どおりに永遠の幕屋へ入ることができたのでした。

（1）Ⅱコリ五・六。（2）Ⅰペト二・一一。（3）知七・二四—二七。（4）申五・五。（5）Ⅰコリ二・一〇。（6）民二八・八、二三。

第五章

被造物の従順と神のへりくだり

第一読誦

まさしく、〔フランシスコ〕に油を注いだ神の霊と、**神の力、神の知恵であるキリスト**[1]ご自身が僕フランシスコと共におられました。その力と恵みによって、不確実なことや隠されたことが〔フランシスコ〕に明らかにされただけでなく、この世界の諸元素までもが〔フランシスコ〕に従うといったことが起きたのでした。

あるときのこと、目の病のために焼き鏝《ごて》をあてるという治療を受けるよう、医者たちに勧告され、兄弟たちにも切実に説き勧められたことがありました。神の人〔フランシスコ〕はそれを謙虚に承諾しました。それが肉体の病の治療法であるということだけでなく、徳を実践する機会ともなるものだったからでした。火に焼かれ灼熱した鉄の鏝を目にして肉体の感覚は、本性的な恐怖に震えおののいたのでしたが、聖なる人〔フランシスコ〕は兄弟のように火に話しかけ始めました。その灼熱を快く耐えることができるよう、熱火を加減してくれるよう、創造主の名と力によって命じたのでした。灼熱してパチパチとはぜる鉄の鏝が柔らかな肉体にあてられ、耳から眉へと焼き進められましたが、神に満たされた人〔フランシスコ〕は、霊において喜び躍って兄弟たちに言いました。「いと高き方を賛美しなさい。本当のことを打ち明けるのですが、火の熱は激しいものではありませんでしたし、肉体の苦痛もわたしを悩ますことはなかったからです」。

第二読誦

サン・ウルバノの隠遁所で、神の僕〔フランシスコ〕が重い病気で苦しんでいたときのことでした。体の力が衰弱していることを感じた〔フランシスコ〕は、一杯のぶどう酒を求めました。ぶどう酒は全くないので、与えることができないとの答えを得ると、水を持ってきてくれるように頼み、水が持ってこられると、十字架の印をして、それを祝福しました。それまでただの水だったものが、たちまち最高のぶどう酒となりました。こうして、そのような人里離れた貧しい所では手に入らないものを、聖なる人〔フランシスコ〕の清浄さが獲得したのでした。それを飲むと、いともたやすく健康を回復し、一杯のぶどう酒を求めたのは、味覚を楽しむだけではなく、健康のために、物惜しみなく賜物を与えてくださる方によって引き起こされたものであったことが明らかになったのでした。

第三読誦

あるときのこと、気兼ねなく観想に没頭するために、人里離れたある場所に行きたいと思いました。衰弱していたので、ある貧しい人の驢馬《ろば》に乗せられていくことになりました。それは夏のことでしたが、神の僕〔フランシスコ〕に同行したその人は、山々を越えて進んだことで、険しい長い道のりに疲れ果て、燃えるような喉の渇きに弱りきって、突然わめき始め、何かしら少しでも飲まなければ、死んでしまう、と言ったのでした。直ちに、神の人〔フランシスコ〕は驢馬から降りると、地面にひざまずき、両手を天に掲げると、聞き入れられたと分かるまで、祈りをやめませんでした。ついに祈り終わると、その人に言いました。「あの岩のところに、急いで行きなさい。そこに水のせせらぎを見いだすでしょう。それは、今この時、あなたが飲むために、キリストが慈しみ深く岩から湧き出させてくださったものです」。喉の渇いたその人は、指し示された場所へと走っていき、祈った人の力によって岩から湧き出た水を飲み、その人が飲むために、いとも堅固な岩から神によって用意された飲み物を飲み干したのでした。

第四読誦

あるときのこと、神の僕〔フランシスコ〕はガエタの海辺で説教しておりました。強い傾倒のあまり殺到する群集の喝采を避けようとして、浜辺に引き揚げられていた小舟にただ独り飛び乗りました。すると、その小舟は、あたかも自らのうちにある動力によって舵取りされているかのように、そこに居合わせたすべての人が見守り驚嘆するなかを、漕ぎ手もいないのに、岸辺から遠くへと発進したのでした。そして、ある程度〔岸から〕離れた深みにまで遠ざかると、波間に静かに留まりました。その間も、群集は岸辺で待っていました。これは神の人〔フランシスコ〕にとって説教するのに好都合でした。説教を聞き、奇跡を目にし、願った祝福を受けた後、群集は去っていきました。すると、誰の指示でもなく、天からの指示に従って、舟は岸に着いたのでした。**被造物は創造主に仕える**(2)かのように、何の抵抗もなく、創造主を完全に礼拝する人〔フランシスコ〕に自らを委ね、何らためらうことなく服従したのでした。

第五読誦

グレッチオの隠遁所に滞在していたときのことです。その地の人々はさまざまな凶事に悩まされていました。毎年の嵐によって雹《ひょう》が小麦畑やぶどう畑を荒らし、獰猛な狼の群れが動物だけでなく人間をも殺害していたからです。全能の主の僕〔フランシスコ〕は不幸なその人々に心から同情して、公の場で説教し、まず〔罪を〕告白して、悔い改めにふさわしい実りをもたらそうと努めるなら、それらの災難はすべて消滅すると約束し保証したのでした。その激励に応えて悔い改めを実行すると、まさしくそのとき、災難の元は消え、災厄は去り、狼も雹も災いをもたらすことはなくなりました。もっとすばらしいことは、近隣の土地の人々の畑を雹が吹き抜けることがあっても、この地の人々の地境に近づくと、そこで吹きやめるか他の方向に逸れてしまうことでした。

第六読誦

またあるときのことです。神の人〔フランシスコ〕は説教のためスポレトの谷間を巡り歩いていました。ベヴァーニャに近づきますと、さまざまな種類の鳥が非常にたくさん集まっているところに行きあたりました。愛情のこもった目でそれらの鳥を見つめていると、主の霊が注ぎ込まれ、その場所に素早く走り寄ると、鳥たちに心から挨拶し、細心の注意を払って神のみ言葉を聞くために、沈黙するよう命じたのでした。神が被造物に対して与えてくださるさまざまな慈しみと、小鳥たちも神にささげなければならない賛美について語っていると、鳥たちは不思議な仕草をし始めたのです。首を伸ばし、翼を広げ、嘴《くちばし》を開き、〔フランシスコ〕の言葉のもつ驚くべき力を汲み取ろうとしているかのように、その言葉に注意深く耳を傾けていたのでした。まさしく、神に満たされていた人〔フランシスコ〕は理性を欠いた被造物に対してさえも人間的な愛情をもって誠実に接したのでした。そのため、それらの鳥たちのほうも驚くべきかたちで〔フランシスコの言葉〕に耳を傾け、その教えに注意を向け、その指示に従い、手を伸ばすと、少しも恐れずにその周りに群がり、何の苦もなく〔フランシスコ〕の周りに留まり続けたのでした。

第七読誦

さて、殉教の栄冠を手にするために海の向こうに渡ることを試みていたときのことです。海の嵐に妨げられ、それを成就することはできませんでした。それというのも、すべてのものの舵をとっておられる方の栄えある予見があってのことでした。その結果、〔フランシスコ〕と共に他の大勢の人が死の危険を免れて、〔フランシスコ〕のために深い〔海〕で行われた驚嘆すべきみ業が明らかにされたのでした。スラヴォニアからイタリアに戻ろうとして、全く賃金も払うことなく何の貯えもなしに、一艘の船に乗り込んだときのことです。キリストの貧しく小さな者〔フランシスコ〕のために神から遣わされた人が、必要な食料を携えて、その船に乗っていました。その人は神を畏れる一人の船員を呼び寄せると、何も持っていない人々に適時に提供するよう〔自分の持ち物を〕託しました。暴風のため船員たちはどこにも船を陸づけすることはできず、持参した食料を食べ尽くしてしまいました。残っていたのは、先の人から祝された人〔フランシスコ〕のために託された喜捨の一部のごくわずかなものだけでした。それは、〔フランシスコ〕の祈りと功徳によって、また天からの力のおかげで、海の嵐が続いている間、数日にわたって増加し続け、望みどおりアンコーナの港に辿り着くまで、すべての人の必要を完全に満たしたのでした。

第八読誦

またあるときのこと、神の人〔フランシスコ〕は宣教のために、ロンバルディアとトレヴィゾのマルケの間を同行の兄弟と共に旅をしていましたが、ポー川のほとりで夜になり暗闇に包まれてしまいました。川の流れ、沼地、そして闇のために旅路は多くの大きな危険にさらされていました。これほどの苦境にあって天からの助けを求めてくれるよう、同行の兄弟にせきたてられて、神の人〔フランシスコ〕は大きな確信をもって答えました。「神は力のある方です。み心にかなうものなら、夜の暗闇を追い払って、ありがたい光でわたしたちを照らしてくださるでしょう」。何と不思議なことでしょう。その言葉が終わらないうちに、天からの力によって大きな光が彼らの周りを照らし始めたのでした。こうして、他の所は夜の闇に包まれていたのですが、明るい光のおかげで彼らには進む道が見えただけでなく、川の向こう岸のさまざまなことまでも見ることができたのでした。

第九読誦

夜の濃厚な闇の中を天からの光の輝きが彼らの前を進んだというそのことからも、真っ直ぐな小道を命の光に従って進む人々は、死の闇に包まれることはありえないことが明らかにされたのでした。まさしく、このような光の驚くべき輝きによって身体的に導かれるとともに、霊的にも慰められて、かなりの距離の旅路を、賛歌を歌い神を賛美しつつ宿泊地にまで辿り着いたのでした。

おお、何と優れた驚くべき人でしょう。この人に対して火さえその熱を和らげ、水さえその味を変え、岩さえも杯を溢れさせて飲み物を提供し、命のないものらでさえ〔この人に〕熱心に仕え、獰猛な獣さえ飼い馴らされたもののようになり、理性をもたない動物までもが〔この人の言葉に〕熱心に耳を傾けるのです。まさしく、すべてのものの〔上におられる〕主ご自身が惜しみない寛大さをもってこの人の願いを聞き入れ、惜しみなく食べ物を用意し、光によって道を照らしてくださるほどですから、あらゆる被造物が聖性の極みにある人としてこの人に仕え、すべてのものの創造主ご自身までもが〔この人の前ではご自身を〕低くされるほどなのです。

(1) Iコリ一・二四。(2) 知一六・二四。

第六章
聖痕

第一読誦

キリストの誠実な僕であり奉仕者であったフランシスコは、霊を天に返す二年前のこと、ラ・ヴェルナ山と呼ばれる峻険な場所でただ独り、大天使ミカエルに敬意を表して、四十日間の断食を始めました。天の観想の甘美さがいつにもまして豊かに注がれ、天への憧れの激しい炎に燃え焦がされた〔フランシスコ〕は、天からの賜物が豊かに注ぎ込まれるのを感じ始めました。このように愛に燃えるセラフィム（熾《し》天使）のような炎と燃え立つ憧れによって神のもとへと高く挙げられていき、愛情溢れる共苦共感によって、**限りない愛**[1]によって十字架につけられることを引き受けられた方〔キリスト〕へと変容されていったのでした。聖なる十字架称賛の祝日（九月十四日）が近づいたある朝、山腹で祈っていますと、火と見紛《みまご》うほどに輝く六枚の翼をもったセラフィムのようなものが天の高みから降ってくるのを見たのでした。セラフィムのようなものは空中を素早く飛び進み、神の人〔フランシスコ〕のいるところに近づいてきました。現れた〔セラフィムのようなもの〕は翼をもっているだけでなく、十字架につけられた姿をしており、両手と両足は引き伸ばされ十字架に釘づけにされていました。翼は驚くべき様相を呈しており、二枚は頭上に掲げられ、二枚は飛ぶために広げられ、残りの二枚は全身を包むように覆っていました。

第二読誦

これを見た〔フランシスコ〕は激しい驚きに打ちのめされ、その心は悲しみと喜びとが混ざり合ったもので突き刺されました。このような驚くべきかたちで、だが親しみのこもったかたちで恵み深くもキリストが自分に現れてくださったことに言い知れぬ喜びがこみ上げるとともに、十字架に釘づけにされたその痛ましい光景に、共苦共感からくる悲嘆の**剣によって魂は刺し貫かれた**[2]のでした。外的に現れてくださった方が内的に教えてくださったことで、受難における弱さはセラフィム（熾天使）の不滅の霊的特性とは相容れないものではあるが、このような光景を彼の眼前に示すことで、肉体の殉教によってではなく、精神に燃え盛る〔愛の〕炎によって、キリストの友〔であるフランシスコ〕その人が、十字架につけられたキリスト・イエスに類似した姿へと全く変容されるはずであることを前もって知らされたのでした。ですから、ひそかな、そして親しい会話の後、この示現は消えましたが、セラフィムのような熱火によって内的に〔フランシスコ〕の精神を燃え立たせ、外的には十字架につけられた方にかたどられた似姿を肉体に刻みつけたのでした。それはあたかも火の溶かす力があってはじめて蠟《ろう》に捺印されるようなものでした。

第三読誦

直ちに、その両手、両足に釘の形をしたものが現れ始めました。それらの釘の頭は両手の内側と両足の甲の部分に現れ、先端は反対側に突き抜けていました。両手両足に現れた釘の頭は丸く真っ黒で、釘の長い先端は打ち返されて丸くなっており、肉を貫き、肉から突き出ていました。両足の突き抜け打ち返された釘の先端は著しく突き出ており、足の裏を軽く地面につけることもできないほどで、打ち返され環のように曲げ返され釘の先端の部分に簡単に手の指を通すことができました。これは自分の目で見た人々から直《じか》に聞いたことです。右の脇腹は、槍で刺し貫かれたかのように、赤い傷口が現れ、そこからしばしば聖なる血が流れ出て、トゥニカや股引を血まみれにしていたほどでした。ですから、その後、たまたま、それらを洗うことのあった仲間の兄弟たちは、疑いもなく主の僕〔フランシスコ〕には両手両足と同じように、脇腹にも十字架につけられた方の似姿を刻み込まれたことに気づいたのでした。

第四読誦

神に満たされた人〔フランシスコ〕は、これほどまでにあからさまに肉体に刻みつけられた聖痕を親しい兄弟たちに隠しておくことはできないと悟りました。とはいえ、主の秘跡を公にすることを恐れてもいましたので、自分が見たことを語るべきか、それとも黙っているべきか迷い、大きな苦悶のうちに投げ込まれました。だが、良心の駆り立てに強いられて、大きな恐れをもちつつも、特に親しい何人かの兄弟たちに示現の次第の一部始終を公表したのでした。自分に現れた方が、生きている限り、決して誰にも明かしてはならないことを語られたことも言い添えました。

こうして、キリストへの真実の愛が愛する人を〔キリストと〕**同じ姿へと変容させた**(3)後、人里離れたこの山で過ごすとかつて定めた四十日が満ちて、大天使ミカエルの祭日（九月二十九日）がやってきますと、天使のような人フランシスコは、石の板の上や木の板の上に職人の手で刻み込まれたのではなく、**生ける神の指によって**(4)肉体の諸部分に刻み込まれた十字架につけられた方〔キリスト〕の姿を身に負って、山を降りたのでした。

第五読誦

その後、謙虚で聖なる人〔フランシスコ〕は、この聖なる徴をまことに注意深く隠そうとしたのでしたが、ご自分の栄光のために、それらを通して目に見える不思議なみ業を示されることを主はお望みになられたのでした。そのため、それらの隠された力は明らかな徴を通してあらわにされ、輝く星のようにこの世の暗い闇のうちに光を放ったのでした。この聖なる人がラ・ヴェルナ山に留まっているころには、あたり一帯は、その山から立ち上る黒い雲に覆われ、激しい雹を伴う嵐が収穫に打撃を与えるのが常でした。ところが、あの幸いなる示現の後には、住人たちも驚き喜びに包まれたことに、通例となっていた雹が降ることはなくなったのでした。通常よりひときわ清く澄みわたった天の様相そのものが、あの天からの示現のすばらしさと、そこで刻み込まれた傷痕の力を明らかにしたのでした。

第六読誦

また、その当時、リエティ地方では、ほとんどすべての牛や羊が治療法のない病気に罹ったのではないかと思われるほどに、非常に強力な疫病が牛や羊を襲っていました。神を畏れる一人の人が、ある夜のこと、そのとき祝された師父〔フランシスコ〕が滞在していた兄弟たちの隠遁所に急いで行き、その手足を洗った水を同行の兄弟たちから貰い受け、病気に罹った動物たちに振りかけるなら、疫病は完全にやむだろうと、幻に促されました。その人が細心の注意を払ってそのとおりに行うと、その聖なる傷口に触れた水に神が力を与えられたので、その水が振りかけられたり、その一滴が触れただけで、家畜の群れは疫病による打撃を撥ね返して、かつての力を回復し、それまで悪いところはなかったかのように、動物たちは牧場へと駆け出して行ったのでした。

第七読誦

更に、救いをもたらすその手が触れるだけで病人にすばらしい健康を回復させ、麻痺して感覚のなくなった体の部分に生き生きとした感覚を回復させるほどの力をその手は備えていました。それらのすべてのうちでも優れていたことは、致命傷を負った人に無傷の命を取り戻させたことでした。

その数多くの不思議な出来事の中から二つのことを選んで手短に述べたいと思います。レリダにヨハネという名前の人がおり、祝されたフランシスコに対する信心をもっていました。ある晩遅く、ひどい傷を負わされ、翌日までもつまいと思われていました。ところが、いとも聖なる師父〔フランシスコ〕が奇跡的にその人に現れて、その聖なる手で傷に触れたのでした。すると、ちょうどそのとき完全に健康な状態に回復され、その結果、不思議にも十字架をしるされた〔フランシスコ〕こそあらゆる尊敬を受けるに値するものであると、この地方一帯は宣言したのでした。見ず知らずでもない人が重傷を負っていたのに、瞬時にして、全く無傷であったかのように喜んでいるのを見て、驚嘆せずにいられる人がいるでしょうか。感謝せずに、これを思い起こせる人がいるでしょうか。信仰心をもっている人で、献身的な愛情なしに、これほど敬虔で、力強く、輝かしい奇跡を思い巡らせる人がいるでしょうか。

第八読誦

アプーリアのポテンツァという町に、ロジェロという名前の聖職者がおりました。彼は、祝された師父〔フランシスコ〕の聖痕は無益なことである考えていました。突然、手袋をしていた左手に、弩《いしゆみ》から打たれた矢で射抜かれたような傷を負ったのです。しかも、手袋は全く無傷だったのです。三日間、激しい痛みと苦しみに責めさいなまれました。痛悔の念をもって、聖なるフランシスコに呼びかけ、栄えある聖痕によって助けてくれるよう懇願したのでした。すると直ちに、受けた傷痕すら全く残っていないほどに、完全に健康を回復したのでした。このことから、〔フランシスコ〕の聖なる徴は、傷を負わせ、癒やしをもたらし、頑なな心を打ち砕き、悔い改める者を癒やされる方の権能によって刻みつけられ、その方の力が授けられていることが明らかにされたのでした。

第九読誦

この祝された人〔フランシスコ〕は、この唯一無比の特典によってしるしづけられるにふさわしいものであることが明らかにされたのでした。公にも私的にも、そのあらゆる熱意は主の十字架に集中していたからです。その驚くべき温和さ温順さ、峻厳な生き方、徹底した謙虚さ、敏捷な従順、並外れた貧しさ、非の打ちどころのない貞潔、苛酷なまでの痛悔、溢れ出る涙、心の底からの情愛、〔キリストに〕倣う熱意、殉教への憧れ、際立った愛、そしてキリストに似たものとする特典として与えられた徳の数々。キリストに似たものとし、その聖痕のための備えとなったこれらの事柄のほかに、何か〔フランシスコ〕において際立ったものがあったでしょうか。この故にこそ、回心のときから、その全生涯はキリストの十字架の秘義によって装われていたのであり、ついには崇高なセラフ（熾天使）と謙虚な十字架につけられた方を目にして、火のような神の力によって、目にしている姿のかたどりへと完全に変容されたのでした。このことは〔聖痕〕を目撃し、手で触れ、口づけした人々が証言していることであり、その人々は、誓ったうえで、そのとおりであり、自分たちがそれを目撃したことを誓約し、多くの確かな事実によって確かなものとして証しています。

（1）エフェ二・四。（2）ルカ二一・三五。（3）Ⅱコリ三・一八。
（4）出三一・一八。

第七章

死去

第一読誦

既に肉体においても霊においてもキリストと共に十字架につけられていた神の人〔フランシスコ〕は、セラフィムのような愛の炎によって神のほうへと高く引き上げられていましたが、〔人々の〕魂に対する激しい渇望に刺し貫かれており、十字架につけられた主と共に、救われねばならないすべての人の救いを渇き求めていました。両足から突き出た釘のために歩くことができませんでしたが、死につつある肉体を運んでもらい町や村を巡っていました。それはまさに**太陽の昇る方角から昇ってくるもうひとりの天使**[1]のようであり、神の僕たちの心に神への愛の炎を掻き立て、彼らの足を平和の道へと向かわせ、その額に生ける神の徴を刻みつけるためでした。切実な思いで、初めのころのへりくだりに立ち返ろうと燃え立っていましたので、初めのころのようにレプラを患った人々に奉仕し、労苦のためにもはや衰弱しきった肉体を初めのころの奴隷の状態へと引き戻そうとしていました。

第二読誦

〔フランシスコは〕キリストに導かれ、偉大なことを行おうとしていました。五体は衰弱しきっていましたが、霊は力強く燃え上がっており、新たな戦いによって敵に対して勝利を収めることを希望していました。功徳というものはみな完全な忍耐によって完成されるものですから、まさに功徳の積み重なりがますます増大するために、キリストの貧しくいとも小さき者〔フランシスコ〕はさまざまな病によって苦しみ始めました。それも不快な苦痛は全身におよび、**ただ皮だけが骨を覆っている**かのように、[2] もはや肉は衰え果てるほどに激しいものでした。肉体の激しい痛みに苦しんでいるときでも、責め苛《さいな》むその苦しみを「責め苦」とは言わず、それらは自分の「姉妹」であると言っていました。それらを喜んで耐え忍ぶことで主に賛美と感謝をささげていましたので、喜びに満ち、しかも謙虚に〔神に〕栄光を帰すその姿にパウロの姿を見ているかのように、また泰然とした精神の強さにもう一人のヨブを見ているかのように、彼の介護にあたっていた兄弟たちには思われたほどでした。

第三読誦

〔フランシスコは〕自分の死の時をはるか以前から予知しておりましたので、その日が間近に迫ると、キリストによって示されていたかのように、間もなく**肉体という幕屋を後にする**[3]ことを、兄弟たちに告げたのでした。こうして、聖痕を刻まれてから二年後、つまり回心から二十年目に、ポルチウンクラの聖マリア〔聖堂〕に運んでくれるよう頼みました。神の母、処女《おとめ》〔マリア〕を通して完全性と恵みの霊を宿したその場所で、負債を死に返済し、永遠の報いという褒賞に近づくためでした。先に述べた場所に運ばれますと、真理〔であるキリスト〕の模範に倣って、この世と共有するものは何一つないことを示すために、あらゆる苦しみが一挙に襲いかかるほどに、その病は重いものでしたが、全くの裸にさせて、全くむき出しの大地に自分を横たえさせたのでした。それは、まだ敵が苛立《いらだ》ちうる、この臨終のときにあたって、裸で裸〔の敵〕と戦うためでした。このように大地と塵の上に横たわった裸の闘技者〔フランシスコ〕は、人に見られないように左手で右の脇腹の傷を覆い隠し、いつものように穏やかに澄んだ顔で天を仰ぎ、その栄光にあらゆる注意を向けて、あらゆるものから解き放たれ、自由に、いと高き方のもとに移り行くことができることで、いと高き方を崇めたたえ始めたのでした。

第四読誦

ついに移行〔すなわち死去〕の時が迫ると、その場に居合わせたすべての兄弟たちを、自分の周りに呼び寄せてもらうと、自分の死に備えるよう慰めの言葉をもって諭し、父としての愛情をこめて神を愛するよう兄弟たちを励ましたのでした。貧しさと平和を保つことを、自分から相続する遺産として残し与え、永遠のものを目指して、この世のもたらす危険に対する備えを固めるよう熱心に勧め、十字架のイエスのみ跡に完全につき従わなければならないことを、言葉の限りを尽くして語ったのでした。貧しい人々の族長を囲んで子供たちは腰を下ろしていましたが、〔フランシスコ〕の目は既にかすんでいました。老齢のためではありません。涙のためです。失明し死を目前にした聖なる人〔フランシスコ〕は、十字架のかたちに両腕を交差させて兄弟たちの上に両手を差し伸ばしました。この徴を常々好んでいたのです。そして、そこに居合わせた兄弟たち、居合わせなかった兄弟たちの皆を、十字架の名とその力をもって祝福したのでした。

第五読誦

その後、ヨハネによる福音書を、「**過越《すぎこし》の祭りの前のことである**[4]」というところから読んでくれるよう願いました。それは、〔扉を〕叩く愛する方の声をそこから聞き取るためでした。この〔愛する〕方から〔フランシスコ〕を隔てていたのは、いまや肉体という壁だけでした。ついに、あらゆる秘義が〔フランシスコ〕のうちに成就されると、祈り詩編を唱えつつ祝された人〔フランシスコ〕は主のうちにあって眠りにつき、肉体から解かれたそのいとも聖なる魂は永遠の輝きの淵に飲み込まれたのでした。

まさしくそのとき、兄弟でもあり弟子でもあった人たちの一人で、その聖性の故によく知られていた人は、その祝された魂が、ひときわ輝かしい星のかたちで、〔天上の〕あまたの水の上を真っ白な小さな雲に運ばれ、真っ直ぐな進路をとって天へと昇っていくのを見たのでした。このようにして、清く澄んだ良心の故に輝き、ひときわ優れた功徳の故にきらめくその魂は、豊かに溢れるあまたの恵みと神の似姿とするあまたの徳とによって上へと運ばれていきました。それは、天上の光と栄光の現れを瞬時も引き延ばすことはできないほどのものだったのでした。

第六読誦

そのときのテッラ・ディ・ラヴォロの兄弟たちの奉仕者はアウグスティヌスという名前の、神に愛された人でしたが、臨終の時を迎えていました。既に長い間、話す力も失っていました。ところが、周りに立っていた人々に聞こえるように、突然、叫んで言ったのです。「わたしを待っていてください。師父よ、待っていてください。ご覧ください。今すぐ、わたしも一緒に参ります」。これを〔聞いて〕驚き、誰に対してそのように話しているのか尋ねた兄弟たちに、祝されたフランシスコが天に昇っていくのを見たのだと答えたのでした。そして、このように言うと、たちまちその人も幸せのうちに眠りについたのでした。

まさしく同じ時のことです。アシジの司教は、ガルガノ山の聖ミカエルの小聖堂に行っておりました。祝されたフランシスコが、ちょうどその移行の時に、喜びに包まれて〔その司教〕に現れ、世を去り、歓喜のうちに天に移行することを告げたのでした。翌朝、起きると、同行した人々に、見たことを語り、アシジに戻り、精確に取り調べてみますと、幻のうちに告げ知らせた、まさしくその時に、祝された師父〔フランシスコ〕はこの世の生から〔あの世の生へと〕移っていったことを確信したのでした。

第七読誦

この人は優れた聖性によって抜きん出て輝いていましたが、その移行の後〔すなわち死後〕も、多くの不思議な奇跡によって、計り知れない天上の富を明らかにしてくださいました。〔フランシスコ〕の名前、その功徳に訴えることで、神の全能の力は目の見えない人々に視力を、耳の聞こえない人々に聴力を、口のきけない人に言葉を、足の不自由な人々に歩く力を、感覚の麻痺した人々に感覚を回復させ、更に体が硬直した人々、萎縮した人々、体の一部を失った人々をさえ健全な体に回復させ、牢獄に閉じ込められていた人々を力強く救い出し、難船した人々を安全な港へと導き、難産で苦しんでいる人々には安産が恵まれ、肉体を占拠していた悪霊どもはそこから追い出され、更には出血症の人々やレプラを患った人々さえもが健全な体を、致命傷を負った人々さえもが無傷の健康体を取り戻しましたが、それらすべてのなかでも最も偉大なことは死んだ人々が生き返ったことでした。

第八読誦

地上のさまざまな地域において、〔フランシスコ〕を通してもたらされる神の恩恵は数知れずやむことはありませんでした。それは、以上のことを書き記したわたし自身も、体験が証ししているように、我が身において是認するものです。実に、わたしがまだ幼い少年であったときのことです。重病にかかったわたしのために、母が祝された師父フランシスコに誓いを立てて願ってくれたことで、わたしは死の淵から助け出され、命を取り戻し健康を回復することができたのでした。そのときのことを今でも活き活きと記憶しておりますので、これほどの恩恵を黙秘して、恩知らずとの辱めをこうむることのないよう、今ここで、わたしは告白し証言いたします。

ですから、祝された師父よ、貧弱で、十分それに応えるものではありませんが、あなたの功徳と恩恵に対する感謝をお受けください。そして、〔わたしたちの〕願いを聞き入れてくださったように、祈りをもって、わたしたちの過ちをお赦しください。あなたに対して誠実に献身する人々を現今の悪から助け出し、永遠の幸せに導いてくださいますように。

第九読誦

ですから、ここまで書き続けてきたすべての事柄を要約する結びの言葉で本書を締めくくることにしましょう。ここまで読み通した人は誰であれ、この最後の省察を熟考してください。つまり、驚嘆すべきかたちでなされた祝された師父フランシスコの回心、神のみ言葉のもつ効力、卓越した諸徳という特典、聖書の理解を伴った預言の霊、理性を欠いた被造物の従順、聖痕を刻まれたこと、この世から天への栄えある移行。以上の七つの証言はあらゆる時代の人々に対してはっきりと示し、証しています、キリストの栄えある先触れとして、〔フランシスコ〕が**生ける神の刻印を自らのうちに持っており**(5)、真正なる役務と教え、そして驚嘆すべき聖性の故に尊敬するに値することを。そのためにこそ、**エジプトを脱出する**(6)人々は安心して〔フランシスコ〕につき従うことができるのです。キリストの十字架という杖によって海は分かれ、荒れ野を通って進み、死というヨルダン川を渡って、十字架そのものの驚嘆すべき力によって、生けるものたちに約束された地に入ることができるからです。祝された師父フランシスコの執り成しによって、わたしたちの救い主であり導き手であるイエスがそこに導いてくださるのです。完全なる三位一体の神の交わりのうちに、御父と聖霊と共に〔主イエス〕に、すべての称賛、栄誉と栄光が代々にありますように。アーメン。

聖なるフランシスコの生涯の短い記述はここに終わる

（1）黙七・二。（2）ヨブ一九・二〇。（3）Ⅰペト一・一四。
（4）ヨハ一三・一。（5）黙七・二。（6）出一二・一七。

『完全の鏡』

Speculum perfectionis

〔注　記〕

この作品は、祝されたフランシスコの伴侶〔の兄弟〕たちによって、さまざまな場所で書かれ、書き留められるようにされた古い幾つかの〔記録〕から、朗読のために編纂された。特記すべきは、祝されたフランシスコは三つの会則を作成したことである。すなわち、インノセント教皇によって勅書なしに認可されたもの、その後、より簡略な別のものを作成したが、これは紛失した。その後、ホノリオ教皇によって勅書をもって認可されたものと同じ〔会則〕を作成した。この会則に関しては、以下に記されているように、祝されたフランシスコの意志に反して、多くの〔管区の〕奉仕者たちによって多くの〔事柄〕が削除された。

ここに、小さき兄弟の在り方の完全の鏡が始まる

第一章

一　祝されたフランシスコは、自分が作成した第二の会則が紛失した後、キリストの教えのままに書き留めさせ、別の会則を作成するために、アシジの兄弟レオとボローニャの兄弟ボニゾと共に、ある山に登りました[1]。ところが、大勢の〔管区の〕奉仕者たちが一緒になって、祝されたフランシスコの代理の任にあった兄弟エリヤのもとに集まって、彼に言いました。「兄弟フランシスコは新しい会則を作成していると聞きました。それはわたしたちが守ることができないほどに厳しいものになるのではないかと、わたしたちは恐れています。ですから、あなたが彼のもとに行って、彼が自分とわたしたちのために作成しようとしている、そのような会則に拘束されるのをわたしたちは望んでいないと彼に伝えてください」。兄弟エリヤは、祝されたフランシスコから叱責されることを恐れて、行きたくないと彼らに答えました。彼らに行くように強要されると、彼らと一緒でなければ、自分は行かないと言いました。こうして、全員そろって出かけたのでした。兄弟エリヤは祝されたフランシスコが居た場所に近づくと、兄弟エリヤは〔フランシスコ〕に呼びかけました。それに応え、先に述べた奉仕者たちを見ると、祝されたフランシスコは言いました。「その兄弟たちは何を望んでいるのですか」。兄弟エリヤは言いました。「〔この兄弟たち〕は、あなたが新しい

会則を作成していると聞いて、あまりにも厳しい〔会則〕をあなたが作成するのではないかと恐れて、あなたのために作成しても、彼らのためにではないと言って、その〔会則〕に拘束されるのを望まないと言い、抗議している奉仕者たちです」。すると、祝されたフランシスコはその顔を天に向けて、次のようにキリストに語りかけました。「主よ、彼らはわたしを信じていないと、わたしがあなたに申し上げたのは良くなかったのでしょうか」。すると空中で、〔それに〕答えるキリストの声を、みなが聞いたのでした。「フランシスコよ、会則の中に〔記されることは〕何一つとしてあなたによるものではなく、そこにあるものはことごとくわたしのものである。文字通りに、文字通りに、文字通りに、傍注を付さずに、傍注を付さずに、傍注を付さずに会則が守られることをわたしは望んでいる」。そして、言い添えられました。「人間の弱さがどれほどのことをなしうるかを知っているが故に、それ相応の助けを提供しようとわたしは欲している。それ故、その〔会則〕を守りたくない者たちは会から出るがよい」。すると、祝されたフランシスコはその兄弟たちに向き直って、彼らに言いました。「聞きましたか。聞きましたか。あなた方にもう一度言い直す必要はありませんね」。すると、奉仕者たちは自分が罪を犯したことを告白しつつ、恐れおののきつつ帰っていきました。

（1）出二四・一八。

第二章

貧しさの完全について

二　まず第一に、初めから終わりまで貧しさを遵守することに関して抱いていた自分の意志と意図とを、祝されたフランシスコはどのように表明したか

マルケの兄弟リッチェリオは高貴な家柄でしたが、その聖性はそれにもまして気高いものでした。この〔兄弟〕を祝されたフランシスコは大きな愛情をもって愛していました。ある日のこと、アシジの司教の館にいた祝されたフランシスコを訪ね、修道生活の在り方と会則の遵守について〔フランシスコ〕といろいろ話している間に、特に次のことを尋ねました。「師父よ、わたしにお教えください。兄弟たちを持ち始めたとき初めに持っておられた意図と、今持っておられ、また死の日まで持ち続けようとされている

意図を。そうすれば、最初と最後のあなたの意図と意志とをわたしは確証することができます。たとえ、たくさんの書物を所有し、また所有することができる、わたしども聖職者である兄弟たちが、修道生活とはこうである、と言うようなことがあろうとも〔確証することができるでしょう〕」。祝されたフランシスコは言いました。「兄弟よ、あなたに言っておきます。わたしの最初の、そして最後の意図と意志とはこれです。兄弟たちがわたしを信じるのであれば、わたしたちの会則がわたしたちに許しているように、兄弟たちの誰一人として、帯と股引を添えた一着の衣服しか所持しないことです」。

しかし、「ではなぜ祝されたフランシスコは、兄弟リッチェリオに語ったように、その生存中に、兄弟たちがこのように厳しい貧しさを遵守するようにしなかったのか、なぜそのような遵守を命じなかったのか」と、もしある兄弟が言いたいのであれば、**彼と共にいたわたしたちは**、(1)〔フランシスコ〕の口から聞いたとおりに次のように答えます。というのは、〔フランシスコ〕自身が兄弟たちにこのこと、そして他の多くのことを語ったのですし、会則の中にも書き記させているからです。〔この会則は〕絶えざる祈りと瞑想をもって、修道生活に役立つようにと主に願い求めたものであり、それが完全に主のみ旨に則したものであることを断言しています。ところが、それを兄弟たちに提示した後のこと、〔フランシスコ〕の死後に修道生活に入ってきた、当時のことを知らない〔兄弟たち〕には、**厳しく負い難いもの**(2)と思われたのです。自らと兄弟たちの間に不和が生じることを大変恐れていたので、〔兄弟たち〕と衝突することを望まず、心ならずも彼らの意志に自らを合わせて、主のみ前で自らの非を告白していたのでした。しかし、兄弟たちの益となるように〔フランシスコ〕の**口に置かれた**、〔主〕の**み言葉が空しく**主のもとに**戻ることのない**ように(3)、自らにおいてそれを成就させるよう望み、それによって主からの報いに寄り頼んだのでした。そして、最終的には、そこに〔フランシスコ〕の霊は安らぎを見いだし、慰めを得たのでした。

(1) Ⅱペト一・一八。(2) マタ二三・四。(3) イザ五五・一一。

三　許可を得て書物を所持したいと願った奉仕者にどのように答えたか、またどのようにして奉仕者たちは、〔フランシスコ〕が知らぬうちに、会則から福音が禁じている章句を削除したか

祝されたフランシスコが海外の地から戻ってきたある日のこと、ある奉仕者が貧しさに関する章句について〔フランシスコ〕と語り合っていました。その〔兄弟〕は、〔フランシスコ〕の意志と理解、特に、聖なる福音で、あることを禁じている章句、つまり「**旅には、何も携えてはならない**。云々」[1]という言葉が会則の中に書き記された理由を知りたいと願っていました。祝されたフランシスコは答えました。「わたしの理解はこうです。兄弟たちは、会則が言っているとおり、帯と股引、そして必要に迫られた人は履き物と、一着の衣服のほかは何も所持してはなりません」。すると、その奉仕者は〔フランシスコ〕に言いました。「わたしは、五十ポンド以上の値のする多数の書物を所有していますが、どうしたらよいでしょうか」。この人がこう言ったのは、祝されたフランシスコが貧しさに関する章句を厳格に解釈しているのを知っていて、多くの書物を所有していることで良心の呵責を覚えていたので、〔フランシスコ〕の同意のもとに、それら〔の書物〕を所有していたかったからでした。祝されたフランシスコは言いました。「わたしは、わたしたちが誓約した聖なる福音への誓約とわたし自身の良心に反して歩むことを望みませんし、それはしてはならないこと、わたしにはできないことです」。

これを聞いて、奉仕者は**悲しくなりました**[2]。祝されたフランシスコはその〔兄弟〕が当惑しているのを**見て**[3]、霊に激しく燃え立って、すべての兄弟の名代として、その〔兄弟〕に言いました。「あなたたちは人々から小さき兄弟たちと**見られ**、聖なる福音を遵守する者たちと**呼ばれたい**と願っていますが[4]、行いでは**財布**[5]を持ちたがっています」。

しかしながら、奉仕者たちは兄弟たちの会則に則して聖なる福音を遵守することが義務づけられていると知っていながら、それにもかかわらず、そうすることで福音の完全さの遵守に縛られることはないと考えて、会則から「旅には、何も携えてはならない。云々」と言われている章句を削除してしまったのでした。聖霊によってこのことを知った祝されたフランシスコは、このことの故に、ある兄弟たちの前で言ったのでした。「奉仕の任にある兄弟たちは神とわたしとを欺こうと思っているのでしょうか。自分たちが聖なる福音の完全さを遵守するよう義務づけられていることをすべての兄弟が知るようになるために、会則の最初と最後に、兄弟たちは、わたしたちの主イエス・キリストの聖なる福音を固く遵守することを義務づけられていると書き記されるようにわたしは願っています。主がわたしと彼らの救いのために、わたしの口に置いてくださったことを、わたしが彼らに告げ知らせたし、今も告げているからには、兄弟たちは常に申し開きできないことを、行動によって、わたしは神のみ前で、そして〔神〕のご協力のもとに、永遠に遵守することを提示したいと思います」。こうして、〔フランシスコ〕自身が、兄弟たちを持ち始めた初めの時から死の日に至るまで、聖なる福音全体を文字通りに遵守したのでした。

(1) ルカ九・三。(2) マタ一九・二一。(3) ルカ一八・二四。(4) マタ二三・五、七。(5) ヨハ一二・六。

四　許可を得て詩編書を所持したいと願った修練者について

あるときのこと、修練者のある兄弟が、うまくはないものの、詩編書を読むことを覚えたので、〔会〕全体の奉仕者から〔詩編書〕を所持する許可を得ました。しかし、祝されたフランシスコは自分の兄弟たちが学問や書物に熱中することを望んでいないと聞いていたので、祝されたフランシスコの許可なしに〔詩編書〕を所持することには抵抗がありました。それ故、この修練者の住んでいた所へ祝されたフランシスコが来たとき、修練者は言いました。「師父よ、詩編書を所持することは、わたしにとって大きな慰めです。〔会〕全体の奉仕者はわたしにそれを許可してくださいましたが、あなたの許可のもとにそれを所持したいとわたしは願っています」。祝されたフランシスコは答えました。「皇帝カルロ、ローランドとオリヴェリオ、そしてすべての廷臣と強健な勇士たちは、戦闘において有能で、多くの艱難辛苦をもって、死に至るまで不信仰の輩どもを追撃して、記憶に残る彼らに対する勝利を手に入れました。そして、最後に、この聖なる殉教者たちはキリストへの信仰の故に、戦場で死んだのです。ところが今や、彼らの行ったことを語ることだけで、人々の称賛と栄誉を得ようと欲する人々が大勢います。同じように、わたしたちの内にも、聖人たちが行ったことを朗誦し宣べ伝えることで栄誉と称賛を得ようと欲する〔兄弟たち〕が大勢います」。こうして、「大切なことは書物や学問ではなく、徳となる行為であるはずだ。**学問は**〔人を〕**高慢にし、愛は**〔人を〕**造り上げる**からである」[(1)]と言いたかったのです。

数日後のこと、祝されたフランシスコが火の傍らに座っていると、同じ修練者が再び詩編書について語りかけました。そこで、祝されたフランシスコは彼に言いました。

「詩編書を所持すると、聖務日課書が欲しくなり、所持したいと願うでしょう。聖務日課書を所持した後になると、偉い高位聖職者のように立派な椅子に座って、あなたの兄弟に『聖務日課書をわたしに持って来てくれ』と言うでしょう」。こう言うと、祝されたフランシスコは、霊の燃え盛る炎に駆られ、灰を一掴み取ると、自分の頭の上に載せて、頭を洗う人のように、自分の頭を丸くなで回しながら言いました。「わたしが聖務日課書である。わたしが聖務日課書である」。このようにして繰り返し何度も頭をなで回しました。例の兄弟は呆然となり恥じ入ったのでした。その後、祝されたフランシスコはその〔兄弟〕に言いました。「兄弟よ、わたしも同じように書物を所持しようという誘惑に駆られたことがありました。このことに関する主のみ旨を知りたくて、主の福音が記されている書物を手に取り、その書物を最初に開かれた箇所で、これに関するみ旨をわたしにお示しくださいと祈りました。祈りを終えて、書物の最初に開いた箇所で、聖なる福音の次の言葉にわたしは出会ったのでした。『**あなた方には神の国の秘義を悟る恵みが与えられているが、ほかの人たちには譬えで**〔語られる〕』(2)。そして言いました。「好んで学識を高めようとする人は大勢いるが、幸いなのは主なる神への愛の故に自らを**不妊のもの**(3)とする人です」。

さて数か月が過ぎて、祝されたフランシスコがポルチウンクラの聖マリアの地で、家屋（聖堂）の裏の修房の傍らにいるときのこと、先に述べた兄弟が、道端で、再び詩編書について語りかけました。祝されたフランシスコは彼に言いました。「行って、あなたの奉仕者があなたに言うとおりにしなさい」。これを聞くと、この兄弟は自分が来た所へと、道を戻り始めました。ところが、祝されたフランシスコは留まったまま、自分があの兄弟に言ったことを思い巡らし始め、直ちにその〔兄弟の〕後ろから呼びかけて言いました。「兄弟よ、待ってください、待ってください」。そして、その〔兄弟の〕ところまで行くと、言いました。「兄弟よ、わたしと一緒に引き返して、詩編書に関して『あなたの奉仕者があなたに言うとおりにしなさい』とわたしがあなたに言った場所を指し示してください」。そして、その場所まで引き返すと、祝されたフランシスコはその兄弟の前にひざまずいて言いました。「メア・クルパ（わたしの過ちです）、兄弟よ、メア・クルパ。誰であれ小さき兄弟でありたい人は、会則が許しているように、縄帯と股引、そして明らかな必要に迫られた者は履き物と一着のトゥニカ以外、所持してはならないからです」。

こうして、この問題に関して助言を得るために〔フランシスコ〕のもとを訪ねてくる兄弟には誰に対しても、このように答えていました。それ故にこそ、しばしばこう言っていたのです。「人は知識を有せば有するほど行動に現れるものであり、敬虔で善い説教師であればあるほど行動によって示されるものです。どれほどの**木かはその実によって分かる**ものだからです[4]」。

（1）Ⅰコリ八・一。（2）ルカ八・一〇。（3）イザ四九・二一、五四・一。（4）マタ一二・三三、ルカ六・四四。

五　書物と寝台と家屋と調度品において守るべき貧しさについて

いとも祝された師父は、書物のうちに〔物質的な〕価値ではなく**主の証し**[1]を、美しさではなく〔人を〕造り上げるものを探し求めるように兄弟たちに教えていました。**共有のものとして**[2]ごく少数の〔書物〕を所持すること、また是非とも必要とする兄弟たちのためにそれらを備えておくことを望んでいました。寝床と寝台もひどく貧しいかぎりのもので、藁《わら》の上に襤褸《ぼろ》切れ寸前の粗末な布切れが敷いてあるだけで新婚の閨《ねや》のように見なされました。特に、自分の兄弟たちが貧しく質素な住居、石造りではなく木材を用いた修房を作るよう教え、それらを粗末な佇《たたず》まいに建て上げることを望んでいました。家屋が豪奢であることを嫌っただけでなく、調度品が多いことも、それらが贅沢で凝ったものであることも恐れていました。食卓にしても、食器類にしても、世俗的なものは一切好まず、すべてが貧しさを歌い上げ、すべてが旅の途上ならびに追放の身であることを歌い上げるものであるよう〔望んでいました〕。

（1）詩一八・八。（2）使二・四四、四・三二。

六　兄弟たちの家と呼ばれていたことから、どのようにしてすべての兄弟をそこから立ち退かせたか

ボローニャを通って旅をしていたときのこと、その〔町〕に兄弟たちの家が新しく構築されたと聞きました。〔フランシスコ〕は、その家が兄弟たちの家と呼ばれていると聞くやいなや、方向転換し、〔ボローニャの〕町から出て、直ちに全員が撤退し、以後そこには誰も住んではならないと厳しく命じたのでした。それ故、オスチアの司教

でロンバルディアの〔教皇〕使節であったウゴリノ陛下が、先に述べた家はご自分のものであると公に宣言されるまで、すべて〔の兄弟〕が撤去し、病気の〔兄弟たち〕までもが留まれず、ほかの〔兄弟たち〕と共に撤退させられたのでした。そのとき病気であったが、その家から撤退しなければならなかった兄弟が、**これらのことについて証しをし、これを書き記してくれました**(1)。

(1) ヨハ二一・二四、IIIヨハ一二。

七　アシジの人々がポルチウンクラの聖マリア〔聖堂〕の傍らに建てた家を、どのようにして破壊することを望んだか

毎年、ポルチウンクラの聖マリア〔聖堂〕の傍らで開催されていた総集会の時期が近づいたとき、兄弟たちが日ごとに増加していること、どんな年も全員がそこに集まること、しかし壁は小枝と泥からできた、藁《わら》で覆われた一つの小さな修房しかなかったことを考慮したアシジの人々は、自分たちで協議して、祝されたフランシスコの同意なしに、しかもその不在中に、わずか数日のうちに、大急ぎで献身的に、その場所に石と石灰とで大きな家屋を建設したのでした。祝されたフランシスコはある管区から戻って、集会にやって来ると、そこに建設されたその家屋に大変驚き、また、その場所に滞在していた、そしてこれから滞在するであろうほかの兄弟たちに、その家屋が、似たような大きな家屋を建てさせるきっかけになることを恐れました。そして、その場所が常にほかのすべての場所の規範ならびに模範であることを欲していたので、集会が終わる前に、その家屋の**屋根に上り**(1)、兄弟たちにも〔屋根に〕上るよう命じると、その兄弟たちと一緒に、その家屋を覆っていた屋根の瓦石を地面に投げ落とし始めました。土台までその〔家屋〕を破壊しようとしたのです。

兄弟たちの集会を見ようとして集まっていた大勢の部外者のために、その場を警護するためにそこに居合わせたアシジの兵士たちが、祝されたフランシスコとほかの兄弟たちとがその家屋を**破壊し尽くそうとしている**(2)のを見ると、直ちに〔フランシスコ〕のもとに行き、言いました。「兄弟よ、この家屋はアシジの自治体のものです。われわれはその自治体を代表してここにいます。ですから、あなたがわれわれの家屋を破壊することを禁じます」。これを聞くと祝されたフランシスコは彼らに言いました。「では、あ

なた方の家屋であれば、わたしは手を触れようとは思いません』。そして、直ちにほかの兄弟たちと一緒にそこから降りたのでした。それ故、このときから、アシジの町の人々は、町の権能を保持する者は誰であれ、この〔家屋〕を修繕しなければならないと決定したのでした。そして、どんな年にも、長い間にわたって、この条例は守られたのでした。

（1）ルカ五・一九。（2）エレ五・一〇。

八　聖務日課を唱えるための小さな家屋をそこに建てようとした、自分の代理〔の任にある兄弟〕をどのようにして叱責したか

別のあるときのこと、祝されたフランシスコの代理〔の任にあった兄弟〕は、兄弟たちがそこで休み、それぞれ時課〔の祈り〕を唱えることができるための、小さな家屋をそこに建て始めました。というのは、大勢の兄弟たちがその地にやって来たのですが、兄弟たちが休んだり聖務日課を唱えたりする場所を持っていなかったからです。実に、会のすべての兄弟がそこに群がり集まっており、そこ以外には会に受け入れられる場所はなかったのでした。家屋がほぼ完成したとき、祝されたフランシスコはその地に戻ってきて、自分の修房に留まっていると、労働している人々の騒音が聞こえてきました。仲間の〔兄弟の〕一人を呼び寄せると、あの兄弟たちは何の仕事をしているのか尋ねました。その仲間〔の兄弟〕はすべてをありのままに語りました。直ちに、自分の代理〔の任にある兄弟〕を呼び寄せさせると、彼に言いました。「兄弟よ、この地は修道生活全体の規範ならびに模範なのです。ですから、わたしがまず望むことは、この地の兄弟たちは、神である主への愛のために、艱難と不便とを耐え忍ぶことであり、この地にやって来たほかの兄弟たちが、貧しさの良い模範を自分の地に戻って報告することであり、その〔兄弟たち〕が全き安らぎを得たことで、『会の第一の地であるポルチウンクラの聖マリアの地にはこれこれしかじかの建物があった。われわれも自分たちの地に立派な建物を建ててもよいのだ』と言って、ほかの〔地の兄弟たち〕が自分たちの地に建物を建てる模範を体得することではありません」。

九　快適な修房に留まること、あるいは〔その修房が〕自分のものと言われることを好まなかったこと

非常に霊的で、祝されたフランシスコと大変親しかった一人の兄弟が、滞在していた隠遁所から少し離れた所に修房を作ることにしました。祝されたフランシスコがそこにやって来たとき、祈りのために使えるようにと〔考えてのことでした〕。さて、その場所に祝されたフランシスコがやって来たときのことです。その兄弟は〔フランシスコ〕を修房に連れて行きました。すると、祝されたフランシスコは言いました。「この修房は綺麗すぎます」。実は、それは斧《おの》と鉈《なた》で削った木材で作られただけのものでした。「もしここにわたしが滞在することを望むなら、内も外もシダと木の小枝からなる一枚の覆いで作ってもらいたい」。まさしく、家屋や修房が貧しいものであればあるほど、好んでそこに滞在していました。その兄弟がそのようにすると、祝されたフランシスコはそこに数日の間滞在しました。ところが、ある日のこと、その修房から出ている間に一人の兄弟がそれを見に来て、その後、祝されたフランシスコがいる所に向かいました。その〔兄弟〕を見ると、祝されたフランシスコは尋ねました。「兄弟よ、どこから来たのですか」。彼は答えました。「あなたの修房から来ました」。すると、祝されたフランシスコは言いました。「あれがわたしのものであるとあなたが言ったからには、これからは別の誰かが使うことになるでしょう。わたしではありません」。

　さて、〔フランシスコ〕**と共にいたわたしたちは**[1]、次の言葉を口にするのをしばしば聞いていました。「**狐には穴があり、空の鳥には巣がある。しかし、人の子には頭を休める所もない**[2]」。また、こうも言っていました。「主は牢獄〔荒れ野〕に留まり、そこで**四十日四十夜**祈り、**断食しておられた**とき[3]、そこに修房も家屋もお作りにならず、山の岩陰で過ごされたのです」。それ故、〔主〕の模範に倣って、自分のものと言われる家屋や修房を所持することも、作らせることも決して望まなかったのでした。確かに、かつてはまれに「行って、あの修房を用意しておいてください」と兄弟たちに言ったこともありましたが、その後は、「**思い煩ってはならない**[4]云々」という福音の言葉の故に、その〔修房〕に留まることを欲しなかったのでした。こうして、死が迫ったとき、遺言の中に、よりよく貧しさと謙遜を遵守するために、兄弟たちの修房と家屋はすべて木材と泥で作られたものであるようにと書くよう願ったのでした。

（1）Ⅱペト一・一八。（2）ルカ九・五八。（3）マタ四・二。
（4）ルカ一二・二二。

一〇　祝されたフランシスコの意図に則して、町の中で土地を手に入れ、そこに〔家屋〕を建てる方法について

ある時、目の病のためにシエナに滞在していたときのこと、〔家屋を〕建てるための土地を兄弟たちに寄贈したボナヴェントゥラ殿が言いました。「師父よ、この場所をどう思われますか」。祝されたフランシスコは答えました。「兄弟たちが〔家屋〕を建てるための土地はどのようなものでなければならないか言ってほしいのですか」。「師父よ、そうして欲しいのです」。〔その人は〕答えました。「師父よ、そうして欲しいのです」。するとき、祝されたフランシスコは言いました。「兄弟たちが、まだ〔住む〕所を所持していない町に行って、〔住む〕所を建て、庭と必要なすべての物を所持することができるほどの土地を寄贈したいと思う人と出会ったときに、最初に考えなければならないことは、すべてにおいてわたしたちが提示しようと努めている聖なる貧しさと良い模範を考慮した上で、どれほどの土地があれば十分か、ということです」。

このように語ったのは、家屋であれ聖堂であれ庭であれ、使用される他の諸々の物であれ、貧しさの範囲を超えず、独占権をもっていかなる土地も所有することを決して望んでおらず、常に**旅人ならびに寄留者として**[1]、その地に滞在することを欲していたからでした。

それ故、兄弟たちが大勢一緒に一つの所に集まって暮らすことを望んでいませんでした。大勢集まると、貧しさを遵守するのが難しくなるからでした。すべてにおいて貧しさを徹底的に守ること、これが、その回心の初めから最期まで〔フランシスコ〕の意図したことでした。

「それ故、兄弟たちにとって必要な土地を工面するときには、その町の司教のもとに赴き、申し上げなければなりません。『陛下、これこれの人がこれこれの土地を、神への愛とご自分の魂の救いのために、そこにわたしどもが〔住む〕所を建てることができるようにと、わたしどもに寄贈したいと申し出られています。そこで、まず〔陛下〕のもとに馳せ参じました。〔陛下〕に委ねられた羊の群れ全体の魂の、またわたしどもと、この地に滞在することになりますわたしどもの兄弟たちの父君ならびに主君であられるからです。それ故、神と陛下との祝福のもとに、この地に〔住む所を〕建てたいと願っております』」。このように〔フランシスコが〕言ったのは、兄弟たちがそうしようと願っていた魂の実りは、人々を手に入れようとして〔聖職者たち〕と不和になるよりも、〔聖職者たち〕と人々とを

手に入れることで、聖職者たちとの平和のうちにより豊かな成果をもたらすものだからです。そして、言いました。「主は、ご自分への信仰の助け手として、また聖なる教会の高位聖職者方と聖職者の方々の助け手として、わたしどもを呼び出されました。ですから、できうる限り、常にこの方々を愛し、尊敬し、尊ばなければなりません。名前のとおりに、模範と行いによっても、この代《よ》のいかなる人々よりも謙遜な者らでなければならないから、小さき兄弟たちと呼ばれているのです。わたしの回心の初めから、主はアシジの司教の**口に**ご自分の**言葉を置いてくださいました**[2]。キリストへの奉仕においてわたしに助言を与え、強めてくださるためでした。そのためにこそ、高位聖職者方のうちに他の多くの優れたことをわたしは思い巡らし、司教である方々だけでなく、貧しく哀れな司祭の方々をも愛し敬い、わたしの主君を見なそうと欲しているのです。

次いで、司教から祝福を得たなら、出かけていき、〔住まいを〕建てるために寄贈された土地の周りに大きな溝を掘り、聖なる貧しさと謙遜の徴として、壁の代わりに手ごろな垣根を作りなさい。その後、善行に励み怠惰を避けるために、その時々にそこで祈りかつ労働することができるように、泥と木材で貧しく質素な家屋と幾つかの修房を作るようにしなさい。聖堂もまた小さなものを作るようにしなさい。人々へ説教するという理由、あるいは他のことを口実にして、大きな聖堂を作ることがないようにしなければなりません。というのは、説教のために別の聖堂に出向いて行くことは、もっと大きな謙遜ならびにより優れた模範となるからです。時として、高位聖職者方や聖職者の方々、修道者や世俗の人々が〔兄弟たち〕の所に来るとすれば、〔兄弟たち〕の貧しく質素な家屋、修房、そして小さな聖堂がその方々に説教することになり、言葉によるよりも、それによってこの方々は啓発されることになるでしょう」。

そして、言いました。「あまりにもしばしば、兄弟たちは大きな建物を作るようになり、わたしたちの聖なる貧しさを無に帰し、隣人に対して悪い模範と不平不満の原因となります。より善い、あるいはより聖なる場所である、あるいは人々が集まり易いという理由から、欲望と貪欲に流されて、その場所と建物を放棄したり、それを壊して、より大きな豪壮な別の〔建物〕を作ることがあります。そのことが、その場所で寄進してくれた人々や、それを見たほかの人々を躓かせ、大いに混乱させることになります。それ故、自分たちの誓約に反することを行い、ほかの人々に悪い模範を示すよりも、兄弟たちは、自分たちの誓約を遵守し、隣人に対して良い模範を示しつつ、小さな貧しく質素な建物を作るほうがずっと良いのです。時としては、〔周囲が〕裕福な雰囲気の土地になったということで、貧しく質素な住処を放棄するとしても、躓きを起こすことは少ないでしょう」。

（1）Iペト二・一二。（2）出四・一五、イザ五一・一六。

二　兄弟たちが自分たちのために貧しく質素な土地と建物を作ることに、特に、高位聖職者や学者たちが反対したこと

祝されたフランシスコは、聖なる貧しさと謙遜の徴として、兄弟たちの聖堂は小さく、〔兄弟たち〕の家屋も木材と泥とだけで作られるように決定したとき、ポルチウンクラの聖マリアの地で、特に木材と泥から家屋を建設して、刷新に着手しようと望みました。それは、この地が、会全体の最初の、そして最も重要な地であり、現在の、そして将来の兄弟たちすべてにとって永遠に記念となるべき所であったからでした。ところが、ここに居合わせたある兄弟たちは反対して、幾つかの管区では木材は石よりもはるかに高価であるので、それらの〔管区〕にとって木材と泥で家屋が作られるのは善いこととは思われないと言いました。しかし、祝されたフランシスコは、彼らに同意しようとはしませんでした。特に、死が間近になり、病気が重くなっていたからでもありました。それで、そのとき、遺言の中に次のように書き記させたのでした。「それが聖なる貧しさにふさわしくなく、寄留者ならびに旅人として常にそこに宿るのでなければ、聖堂であれ住居であれ他のすべてのものであれ、これを自分たちのために決して建設せず、受け取りもしないように、兄弟たちは警戒しなければなりません」。

だが、〔フランシスコ〕**と共にいたわたしたちは**[1]、会則と他のすべての書き物を書き記したとき、会則と他の書き物の中に書き記させた多くのことに、多くの兄弟たち、特にわたしたちの〔仲間の〕高位聖職者や知恵ある者たちが反対したことを**証しいたします**[2]。それらは、今日、非常に有益であり、修道生活全体にとって必要なものでした。しかし、〔フランシスコ〕は躓きを非常に恐れて、意に反して、兄弟たちの意志に自らを服させたのでした。とはいえ、次のような言葉をしばしば口にしていました。「あの兄弟た

ちは災いである。意に反して、わたしは彼らの意志に服したとはいえ、修道生活全体に大いに有益で必要であったので、神のみ旨によるものとわたしが確信していることについて、わたしに反対したのです」。

それ故、わたしたち仲間の〔兄弟たち〕にはしばしばこう言っていたのです。「多くの祈りと瞑想という多大な労苦をもって、現在と将来のわたしたちの修道生活全体の益となるように、その憐れみを通して神からいただいたものら、それがみ旨に沿ったものであると〔神〕ご自身からの確証を得たものらについて、ある兄弟たちは自分の学識と偽りの神意という権威を振りかざして、わたしに反対し、『これらは保持し、遵守すべきであるが、これらは違う』と言って、それらを無効にしてしまったこと、これこそわたしの悲しみ、わたしの痛みです」。

（1）Ⅱペト一・一八。（2）ヨハ二一・二四。

三　必要以上に施しを受け、あるいは用いることは窃盗に等しいと叱責したこと

祝されたフランシスコは、次の言葉を繰り返し兄弟たちに語っていました。「必要以上に施しを受けたり、用いたりすることで、わたしは略奪者になったことはありませんでした。常に、必要とするよりも少なめに受けていました。ほかの貧しい人々がそれぞれの取り分をだまし取られることのないためです。逆のことをすれば、強盗になってしまうからです」。

三　兄弟たちは共有であれ私有であれ何も所有しようとしてはならないことを、どのようにキリストは〔フランシスコ〕に語ったか

共有のものとして何がしかのものを〔所持することを〕兄弟たちに許してほしい、それによって多くの〔集団〕は寄り頼むものを所持することができると、奉仕の任にある兄弟たちが説得しようとしたとき、祝されたフランシスコは祈りのうちにキリストに呼びかけ、これについての助言を求めました。即座に〔キリスト〕は答えて、こう言いました。「私有であれ、**共有**であれ、**すべてのものを**[1]わたしは奪い去りたい。どんなに大きくなろうとも、常にこの家族の世話をするつもりでいる。**わたしに希望を置く**限り[2]、常にわたしはこれを愛し養うであろう」。

（1）使二・四四、四・三二。（2）詩二一・五。

一四　金銭への呪詛《じゅそ》について、また金銭に触れた兄弟を、どのようにして罰したか

キリストの真の友であり模倣者であったフランシスコは、**世に属するもの**（1）はすべて軽蔑し、すべてにまさって金銭を呪い、悪魔であるかのように〔金銭〕を遠ざけるように、常に言葉と模範をもって兄弟たちを教え導いていました。愛する価値からみて金銭は糞尿に等しいというのが、〔フランシスコ〕から兄弟たちに与えられた才覚でした。

それ故、ある日、次のようなことが起きました。ある世俗の人がポルチウンクラの聖マリア聖堂に祈るために入り、奉納という名目で金銭を十字架の傍らに置いていきました。その人が去った後、ある兄弟が何の気なしにそれを摑むと、窓枠の上に投げ置きました。このことが祝されたフランシスコに告げられると、例の兄弟は、捕まえられると思って、直ちに許しを求めて駆けていき、地面に身を投げ出すと、鞭打たれるのを待ちました。聖者はこの〔兄弟〕を咎め、金銭に触れたことを非常に厳しく叱責しました。そして、口でその金銭を窓枠から咥《くわ》えあげ、庭の外へ運び出して、自分の口でそれを驢馬《ろば》の糞の上に置くようにと命じたのでした。この兄弟が喜んで命じられたことを成し遂げると、すべてを見ていた者ら、そして聞いた者らは大きな恐怖に捉えられ、このときからますます、驢馬の糞に等しいものとして金銭を軽蔑したのでした。新しいたくさんの模範によって、日ごとに、〔金銭〕に対する徹底した軽蔑は鼓舞されていったのでした。

（1）Ｉコリ七・三一。

一五　柔らかな多くのトゥニカを持つことを避けること、欠乏に耐えることについて

高き所からの力によって装われていた（1）この人〔フランシスコ〕は、外から体を覆う被服によるよりも、神の火によって内的に暖められていました。会の中で、三枚もの衣を重ね着している者ら、必要でもないのに柔らかい衣服を着用する者らをひどく嫌っていました。彼は、理性ではなく欲望が招き寄せる必要性は**霊の消滅**（2）の徴であると断じていました。そして、こう言っていました。「生ぬるい霊によって徐々に恵みにも冷却が起こり、**肉と血とが自分のも**

のを確保しようとする[3]のは必然です」。また、こう言っていました。「魂が霊的な楽しみを欠くとき、肉は自分のものへと向き直る以外に何が残るでしょう。そうなると、動物的な欲求が必要性の口実を紡ぎ出し、肉の思いが良心を手引きすることになります。わたしの兄弟に真に必要なものがあったとしても、それが直ちに満たされるように急ぐなら、報いとして何を受けるのでしょうか。報いを受ける機会に巡り合っても、自分の気に入らなかったことを入念に証明してしまったのです。窮乏に辛抱強く耐えないなら、**エジプトに戻る**しかないのです[4]」。

結局、兄弟たちが二着以上のトゥニカを所持することを望まなかったのですが、布切れを縫い合わせて繕うことは許したのでした。上等な衣服には恐れおののかなければならないと言っていましたし、逆のことを行う〔兄弟たち〕を厳しく叱りつけ、自分の模範をもってそのような〔兄弟たち〕を狼狽させるために、常にごわごわした袋地の布で上から自分のトゥニカを繕っていました。それ故、死に際しても、埋葬するトゥニカが袋地の布で繕われた物であるように命じたのでした。とはいえ、病気あるいは他の必要に迫られた兄弟たちには、別の柔らかいトゥニカを肌の上に着用することを許しましたが、外に着る衣服としてはごわごわした質素なものが保たれました。非常に大きな悲しみを込めて言っていました。「貧しい父親の息子たちが、ただ色を変えただけで、深紅の（高価な）布地の服を恥ずかしげもなくまとうまでに、厳しさは緩和され、生ぬるさが幅を利かせるようになるでしょう」。

（1）ルカ二四・四九。（2）Ⅰテサ五・一九。（3）マタ一六・一七、フィリ二・二一。（4）出一六・二―三。

一六　ほかの兄弟たちが無くて困っている物によって、自分の体を労《いたわ》ることを望まなかったこと

祝されたフランシスコがリエティに向かい合ったサン・エレウテリオの隠遁所に滞在していたときのこと、厳しい寒さのために、自分のトゥニカと仲間の〔兄弟の〕トゥニカとの内側を何がしかの端切れで裏打ちしました。一着のトゥニカ、つまり通常着用しているもの以外は所持していなかったからです。それでも、その体はごくわずかでしたが楽になり始めました。それから少し経って、祈りから戻ってくると、非常に嬉しそうに仲間の〔兄弟〕に言いました。「わたしは兄弟たちみなの規範であり模範であらね

ばなりません。裏打ちしたトゥニカはわたしの体のためには必要であるかもしれないが、これと同じものを必要としているが、持っていなかったり、持つことができないわたしのほかの兄弟たちのことを考えなければなりません。ですから、わたしが同じ欠乏に耐えるなら、わたしのことを見て、彼らも辛抱強く耐え忍ぶことができるのではないでしょうか」。

兄弟たちに良い模範を示すために、また〔兄弟たち〕が一層辛抱強くそれぞれの欠乏に耐えられるようにと、必要とするどれほどのものを自分の体に与えなかったかは、〔フランシスコ〕と共にいたわたしたちは、言葉をもってしても、また文書をもってしても説明し尽くすことはできません。実に、兄弟たちの数が増し始めた後、兄弟たちが行わなければならないこと、避けなければならないことを言葉よりもむしろ行為をもって教えることを至高の最重要な課題としていたのでした。

一七　自分よりも貧しい人を見ると恥ずかしく思っていたこと

ある貧しく惨めな人と出会ったときのことでした。その貧しさを思い巡らして、仲間の〔兄弟〕に言いました。「あの人の貧しさは、わたしたちに恥ずかしい思いを呼び覚まし、わたしたちの貧しさを強く咎めました。わたしよりも貧しい人に出会うことはわたしにとって大変恥ずかしいことです。なぜなら、聖なる貧しさをわたしの姫君、霊的かつ物体的なわたしの快楽ならびに富として選んだのであり、神と人々の前で、わたしが貧しさを誓約した、その声は世界中にとどろいているからです」。

一八　恥ずかしがっていた最初の兄弟たちを、どのように教え諭して施しへと送り出したか

祝されたフランシスコは、兄弟たちを持ち始めたとき、彼らの回心について、また主が善い団体を与えてくださったことで大変喜び、彼らに施しを求めに行くよう言うことができないほどに彼らを愛し敬っていました。何よりも、〔施しを求めに〕行くのを恥ずかしく思っていると〔フランシスコ〕の目に映ったからです。それで、彼らの恥ずかしさに対して寛大に処して、一人で施しを求めに出かけていました。

〔フランシスコは〕世俗にいたときには甘やかされた人

であったし、生来虚弱でもあり、過度の断食と苦行によって衰弱していたことから、憔悴しきっていました。これほどの労苦を自分一人で担うのはできないこと、また〔施しを求めること〕を恥ずかしく思っているとはいえ、彼らも同じことのために召し出されたこと、そしてまた「われわれも施しを求めに出かけよう」と言うまでの識別を持つほどの理解には至っていないことを考えて、彼らに言いました。「いとも親愛なる兄弟たち、わたしの可愛い息子たちよ、施しを求めに行くのを恥ずかしく思ってはなりません。**わたしたちの主がわたしたちのために**この世において**貧しい者となられ**(1)、その模範に倣って、わたしたちは真実極まりない貧しさの道を選んだのだからです。実に、これこそが、主イエス・キリストがわたしたちのために、またその模範に倣っていとも聖なる貧しさのうちに生きたいと願うすべての人のために獲得し残してくださったわたしたちの遺産なのです(2)。まことにわたしはあなた方に言います。この代《よ》の身分の高い人々、知恵ある人々の中から多くの人がこの共同体にやって来て、施しを求めに行くことを大いなる栄誉ならびに恩恵と見なすでしょう。ですから、信頼と喜びの思いをもって、神の祝福とともに施しを求めに行きなさい。一文銭を元手に百デナリオン儲《もう》けた人以上に、心から進んで喜びをもって、あなた方は施しを求めに行かなければなりません。『天にも地にもこれに比べられるものは何一つとしてない、主なる神の愛によって、わたしどもに施しをしてください』と言いつつ、あなた方は施しを乞う人々に神の愛を提供するのだからです」。

しかし、当時はまだ兄弟たちは少なく、**二人ずつ送り出す**(3)ことはできなかったので、一人ずつ別々に町や村へと送り出しました。手に入れた施しをもって帰ってくると、一人ひとり祝されたフランシスコに、自分が受け取った施しを提示しました。そして、互いに言い合いました。「あなたよりもわたしのほうがたくさんの施しを得ましたよ」。彼らがこれほど陽気で快活であるのを見て、これには祝されたフランシスコも喜んでいました。このときから、誰もが心から進んで施しを求めに行く許可を願い出たのでした。

(1) Ⅱコリ八・九。(2) ロマ八・一七。(3) ルカ一〇・一。

一九　兄弟たちが明日のために備え思い煩うのを望まなかったこと

同じころのこと、祝されたフランシスコと当時一緒にいた兄弟たちは、聖なる福音の様式に従って〔フランシスコ〕もその兄弟たちも生きるようにと主が〔フランシスコ〕に啓示された日から、すべてにおいて、すべてにわたって、聖なる福音を文字通りに遵守していました。そこで、習慣に従って、翌日食べるために兄弟たちに提供しなければならないので、豆を温水に浸して調理をしていた兄弟に、それを禁じました。「**明日のことを思い煩ってはならない**(1)」という聖なる福音の言葉を遵守するためでした。こうして、その兄弟は、兄弟たちが食べることになっている日の朝課が終わるまで、柔らかくするために〔豆を温水に〕浸すのを延ばしたのでした。このために、長い間、多くの地の多くの兄弟たちがこれを遵守していました。特に町に住んでいる者らは、一日のために自分たちに必要なもの以上のものを施しとして手にすることも受け取ることも欲しませんでした。

（1）マタ六・三四。

二〇　奉仕者（総会長）が来ていたので、主の降誕の祝日に、贅沢で豪華な食卓を準備した兄弟たちを、言葉と模範をもって非難したこと

リエティの兄弟たちの所で〔フランシスコ〕と共に、主の降誕の祝日を祝うために、兄弟たちの奉仕者が祝されたフランシスコのもとを訪ねてきました。奉仕者〔の訪問〕と祝日という理由で、兄弟たちは少々豪華な食卓を準備し、降誕の祝日ということで、美しく真っ白なテーブルクロスとガラスの食器を並べました。食事のために修房から降りてきた祝されたフランシスコは、〔地面から〕高く設えられ、豪華に準備された食卓を見ました。すると直ちにひそかにその場を離れ、その日そこを訪れていた貧しい人の帽子と杖とを手にしました。そして、仲間の〔兄弟の〕一人を小さな声で呼び寄せると、家の中の兄弟たちに気づかれないように、戸口から外に出ました。仲間の〔兄弟〕は戸口の内側に留まっていました。その間に、兄弟たちは食事を始めました。祝されたフランシスコは、食事の時間に出てこないときには、自分を待たないように兄弟たちに命じていたからです。しばらくの間、外に立っていましたが、戸口を叩くと、あの兄弟が直ちに戸を開きました。背中に帽子を、手には杖を持って入ってくると、貧しい旅人のように、兄弟たちが食事をしている家の戸口に行き、叫んで言いました。「主なる神の愛のため、この貧しく病気の旅人に施しをしてください」。奉仕者と他の兄弟たちは直ちに彼だ

と分かり、奉仕者は彼に答えました。「兄弟よ、わたしたちもまた貧しい者らです。わたしたちは大勢で、持っている物もわたしたちに必要な施し物にすぎません。でも、あなたが口にされた神の愛によって家にお入りなさい、主がわたしたちにお与えくださった施しのうちからあなたに差し上げましょう」。

そして、中に入り、兄弟たちの食卓の前に立つと、奉仕者は自分が食べていた食物の一部を与え、パンも同様にしました。謙遜にそれを受け取ると、食卓に着いている兄弟たちの前の、火の傍らの地面に座りました。そして、嘆息しつつ、兄弟たちに言いました。「贅沢で豪華に準備された食卓を見たとき、日ごとに、戸ごとに、施しを乞いに出かけていく、貧しい修道者たちの食卓ではないとわたしは考えました。いとも親愛な方々よ、わたしたちはほかの修道者たち以上にキリストの謙遜と貧しさという模範に従っていかねばなりません。そのためにわたしたちは召し出され、神と人々の前でそれを誓約したのだからです。ですから、小さき兄弟にふさわしく座っていると思われたいのです。主とほかの諸聖人方の祝日は、魂を天から引き離させる豪奢さや見栄えよりも、聖なる方々が天を手に入れることになった窮乏と貧しさをもってこそ祝われるものだからです」。これによって兄弟たちは恥ずかしくなりました。〔フランシスコ〕が純粋な真理を語ったことが分かったからです。このように地面に座り、このように聖なる仕方で誠実に自分たちを矯正し指導しようとしているのに気づいて、彼らのうちの何人かは激しく泣き始めたのでした。このように謙遜に誠意をもって食事を摂るならば、世俗の人々を教え導くことになるし、貧しい人が誰か訪れてくるか、兄弟たちに招かれるとしても、貧しい人は地面に、兄弟たちは高い所に〔座る〕のではなく、〔兄弟たち〕の傍らに等しく座ることができると兄弟たちを諭したのでした。

三　どのようにしてオスチアの陛下が、集会の時に泣き、兄弟たちの貧しさに啓発されたか

後に教皇グレゴリオ〔九世〕となられる、オスチアの陛下がポルチウンクラの聖マリアでの兄弟たちの集会に立ち寄られたときのこと、兄弟たちの宿舎を見ようと、大勢の騎士と聖職者と共に家の中に入られました。兄弟たちが地面に直《じか》に横になっており、ごくわずかな藁《わら》と、粗末な上掛けの布切れがすべてで、枕もなく、ほかは敷物も何一つ持っていないのを見て、みなの前で激しく泣き始め、言い

ました。「ご覧なさい、兄弟たちはここで寝ているのです。贅沢に物を使い放題にしているわれわれは何と哀れなことか。**われわれはいったいどうなるのだろうか**」[1]。こうして、〔陛下〕ご自身も他のご一同も大いに啓発されたのでした。また、そこでは食卓は一切見かけませんでした。兄弟たちは地面の上で食事を摂っていたからです。祝されたフランシスコが生きている間は、すべての兄弟が自分の所では地面の上で食事を摂っていたのでした。

（1）マタ一九・二七。

三　金銭では手に入れることができなかった必要なものを、兵士たちがどのようにして、祝されたフランシスコの助言に従って、戸ごとに施しを求めることで手に入れたか

祝されたフランシスコがノチェラの町の上に位置するバニャーラの居所に滞在していたとき、水腫を患って、その足がひどく浮腫《むく》み始め、非常に重い病状を呈していました。それを聞いたアシジの人々は、〔フランシスコ〕をアシジに連れ戻そうとして、あわてて兵士たちをその地に送りました。その地で亡くなり、他の〔町の〕人々が〔フランシスコ〕のいとも聖なる遺体を保有することになるのを恐れてのことでした。〔フランシスコ〕を連れ戻す途中で、食事を摂るために、アシジ近郊のある村で休憩することになりました。祝されたフランシスコは、快く喜んで迎えてくれた、ある貧しい人の家で休んでいました。兵士たちは必要な物を買うために村中を回りましたが、手に入れられず、祝されたフランシスコのもとに戻ってきて、冗談めかして言いました。「兄弟たち、あなた方の受けた施しから、わたしたちに分けてもらわなければならないようです。買う物を何一つとして手に入れられなかったからです」。すると、霊の熱い火に燃えて、祝されたフランシスコは言いました。「あなた方が手に入れられなかったのは、**神に**ではなく、あなた方の蠅《はえ》、つまり銀貨に**寄り頼んだ**からです[1]。買うために探し求めて行った家々に戻って、恥ずかしさを捨てて、主なる神の愛によって施しを乞い求めなさい。そうすれば、聖霊の息吹によって、溢れんばかりにあなた方に与えられるでしょう」。そこで、祝されたフランシスコが言ったとおりに、出かけていき、施しを乞い求めました。すると、施しを乞うた人々から、喜んで溢れんばかりに与えられたたくさんの物を手に入れたのでした。このことが奇

跡的に自分たちの身に生じたことに気づいた〔兵士たち〕は、**主を賛美しながら、大きな喜びのうちに**祝されたフランシスコのもとに戻ったのでした[2]。

　このように、主なる神の愛によって施しを乞い求めることは、神からみてもこの世からみても非常に高貴な崇高なことであると、祝されたフランシスコは見なしていました。天の御父は人間に役立つようにとすべてのものを創造され、〔人が〕罪〔を犯した〕後は、ご自分の愛する御子への愛の故に、施しの名のもとに、ふさわしい者らにもふさわしくない者らにも無償で〔すべてのものは〕与えてくださったからです。自分の気前の良さと度量の広さを示そうとして、「わずか一デナリオンの価値の貨幣をわたしに与えてくれる人には誰にでも、千マルカの黄金を与えましょう」と言って回る人以上に、神の僕《しもべ》は心から進んで嬉々として、主なる神の愛によって施しを乞い求めなければならないと言っていました。神の僕は施しを乞うことで、施しを乞うた人々に神の愛を提供するのです。天と地にあるすべてのものも何一つとして、この〔愛〕に匹敵するものはないのです。

　こうして、兄弟たちが大勢になる前にも、また大勢になった後でも、宣教しながら世を巡っているとき、その人のもとで食事と宿を摂るように、誰かに招待された折には、それが身分の高い人であれ豊かな人であれ、常に、その人の家に行く前に、食事の時間に施しを乞いに出かけていました。兄弟たちの良い模範となるため、貧しさの姫君への敬意のためでした。たびたび、自分を招待してくれた人に言っていました。「わたしの王としての威厳と遺産、そしてわたしと小さき兄弟たちの誓約を放棄したくありません。戸ごとに施しを乞いに行くことがそれです」。ときとして、自分を招待してくれた人と一緒に出かけて、祝されたフランシスコが受け取った施しを、その人が貰い受けて、〔フランシスコ〕への尊敬の念からそれを遺物として保管していたのです。**これを書いている筆者自身がたびたびそれを見ており、それらについて証しをいたします**[3]。

（1）マタ二七・四三。（2）ルカ二四・五二。（3）ヨハ二一・二四。

三　どのようにして枢機卿の食卓に着く前に施しを乞いに出かけたか、またそれについての注目すべき理由を説明したか

あるとき、祝されたフランシスコは、後に教皇グレゴリオ〔九世〕となられたオスチアの〔枢機卿〕陛下を訪ねて行きました。食事の時間になり、戸ごとに施しを乞うためにひそかに抜け出して戻ってくると、既に大勢の騎士たちと高貴な人々と共にオスチアの陛下は食卓に着いておられました。祝されたフランシスコは近づくと、手に入れた施し物を枢機卿の前の食卓の上に置くと、〔枢機卿〕の脇の食卓の席に着きました。〔枢機卿〕は常に祝されたフランシスコがご自分の脇に座るのを望まれていたからです。施しを乞いに出かけたこと、〔施し物〕を食卓の上に置いたことで、枢機卿はいささか恥ずかしく思われましたが、食卓に着いている方々の手前、そのときは何も言われませんでした。食べ始めて間もなく、祝されたフランシスコは施し物を取り上げると、騎士や枢機卿陛下付きの聖職者の方々の誰彼に、主なる神の名によって、少しずつ分け与えたのでした。みなが頭巾や束帯を差し出して、大きな敬意と敬虔な思いをもって受け取り、ある人々は食し、ある人々は〔フランシスコ〕に対する敬虔な思いのために保管したのでした。この人々の敬虔な思いの故に、特にその施し物が小麦のパンではなかったことの故に、枢機卿陛下は大いに喜ばれました。

食事の後、祝されたフランシスコを伴って、ご自分の部屋に入られると、腕を挙げて、一方ならぬ喜びと感激をもって祝されたフランシスコを抱擁して言いました。「純朴な我が兄弟よ。いったいどうして、今日は、わたしに恥ずかしい思いをさせたのですか。あなたの兄弟たちの家でもある、わたしの家に来ていながら、施しを乞いに出かけるとは」。祝されたフランシスコは答えました。「陛下、むしろわたしは陛下に対して大きな栄誉をおささげしたはずです。臣下の者は自分の義務を果たし、自分の主君への従順を示すときこそ、自分の主君にとっては栄誉となるはずだからです」。更に言いました。「わたしは陛下の貧しい者らの**規範ならびに模範であらねばなりません**[1]。特に、兄弟たちのこの修道生活において、兄弟たちは名前だけでなく行動によっても、今もまたこれからも小さき者らであらねばならないと、わたしは存じているからです。〔小さき者らは〕主なる神の愛と、すべてにおいて自分たちを**教え導いてくださる聖霊の塗油**[2]の故に、全き謙遜と服従、自分の兄弟たちへの奉仕へと自らを低くへりくだらせなければなりません。しかしながら、〔兄弟たち〕の中には、羞恥心のために、あるいは悪い習慣の故に妨げられて、自らをへりくだらせること、施しを求めて出かけるまでに身をかがめること、そして他の奉仕の業を行うことを拒絶する者ら、拒絶するであろう者らが、今もおりますし、これからもいることでしょう。このためにこそ、わたしは、この代《よ》において、また来るべき代において、神の前で**弁解の余地はない**[3]ことを、〔この〕修道生活に入っている者らと入るであろう者らに行動で教えなければならないのです。わたしどもの主君であられ使徒〔の代理者〕であられる陛下、そしてこの代において重要で富んでおられる他の方々のもとにこうしてわたしはおり、皆さま方は主なる神の愛の故に、多大な敬意をもって陛下のお宅にわたしを迎え入れてくださったばかりか、ここまでわたしを招き入れてくださいましたが、施しを乞いに出かけることを恥ずかしがりたくはありません。むしろ、あのお方の至高の卓越性と王としての威光と栄誉のために、神のみ前でしっかりと保持していたいと願っております。あのお方はすべてのものの主であられましたが、わたしどものためにすべてのものに仕える者となられることを望まれ、その威光のうちにあって**富んでおられ**栄光に輝いておられましたが、**わたしどもの人間性のうちにあって**貧しい者、卑しい者として来られたのです[4]。

　ですから、さまざまな料理で溢れんばかりに整えられた陛下の、そして他の殿さま方の食卓に座っているよりは、兄弟たちの貧しく質素な食卓に座り、主なる神の愛によって戸ごとに貰い受けてきた貧しく質素な施し物を目の前にしているほうが、わたしの魂と体にとっては大きな慰めであることを、今いる兄弟たち、これから来る兄弟たちに知ってほしいのです。まさしく、施し物のパンは神への賛美と愛が聖なるものとする聖なるパンです。なぜなら、兄弟が施しを乞いに出かけるとき、まず初めに『主なる**神が賛美され、ほめたたえられますように**[5]』と言わなければならず、その後、『主なる神の愛によって、わたしどもに施しをしてくださいませ』と言わなければならないからです」。祝されたフランシスコがこのような言葉で語ったことによって、枢機卿は大いに啓発されて言いました。「我が子よ、あなたの目に善いと映ることを行いなさい。**主があなたと共におられ**[6]、あなたは〔主〕と共にあるのだから」。

　実に、たびたび語っていたとおり、兄弟は施しを乞いに行かずに長い間過ごしてはならず、大きな功徳のために恥じることなく、再び出かけていくこと、これが祝されたフランシスコの望みでした。兄弟がこの代《よ》においてより気高く偉大な者となろうとも、施しを乞いに出かけ、当時兄弟たちが行っていた他の奉仕の業を行うときにこそ、より大きな喜びと啓蒙をもたらすことになるのです。

（1）フィリ三・一七、Ⅱテサ三・九、Ⅰペト五・三。（2）Ⅰヨハ二・二七。（3）ロマ一・二〇。（4）Ⅱコリ八・九、フィリ二・五―八、詩一三五・二三。（5）ルカ二四・五三。（6）ルカ一・二八。

二四　祈りもせず働きもせず、専ら食べていた兄弟について

修道生活の初めの頃、兄弟たちはアシジに近いリヴォ・トルトに滞在していましたが、彼らの中の一人は、ほんの少ししか祈らず、働かず、施しを乞いに行こうとせず、専ら食べていました。このことを思い巡らした祝されたフランシスコは、聖霊によって、彼が肉的な人間であることを知りました。そこで、言いました。「兄弟蠅《はえ》よ、あなたの道を行きなさい。あなたの兄弟たちの労働の実りを食べることを欲するが、神の業に関しては怠惰でいたいのですから。何も運んで来ず、働かずに、善良な蜜蜂たちの労働と蓄えの成果を食べている、怠惰で子を産むこともない雄蜂のようだ」。この人は自分の道へと出て行きましたが、肉的な人間でしたので、憐れみを乞うことなく、憐れみを得ることもありませんでした。

二五　神を賛美しつつ、施し物を持って歩いてくる貧しい〔兄弟〕を、どのようにして熱い思いで出迎えたか

別のあるときのこと、祝されたフランシスコはポルチウンクラの聖マリア〔聖堂〕の傍らに滞在していました。貧しく、非常に霊的な〔兄弟〕が施し物を持ってアシジから戻るため道を進んできましたが、歩きながら大きな喜びに、高らかに神を賛美していました。聖マリア聖堂に近づくと、祝されたフランシスコはそれを耳にしました。すると直ちに激しく燃えるような熱い思いと喜びに包まれ、その〔兄弟〕のもとに駆け寄り、道で出会うと、施し物の入った頭《ず》陀袋《だぶくろ》を担っていた肩に喜びを込めて口づけし、彼の肩から頭陀袋を受け取ると自分の肩に担いました。こうして、その〔頭陀袋〕を兄弟たちの家まで運ぶと、兄弟たちの前で言いました。「このように、わたしの兄弟は出かけて、施し物を持って、楽しみと喜びに包まれ神を賛美しながら戻ってくることを、わたしは願っています」。

二六　兄弟たちが小さき者らと呼ばれるように、また平和と救いを告げ知らせねばならないことを主から啓示されたこと

あるとき、祝されたフランシスコは言いました。「小さき兄弟たちの修行と生活は、この**終わりの時**[1]に、神の御子が天の御父に願われた**小さい群れ**[2]にあるのです。〔御子は〕こう仰せになりました。「父よ、この終わりの時のために、一つの新しい謙遜な民をお作りになり、わたしにお与えくださいますように。その民は、謙遜と貧しさにおいて、これまでの他のすべての者らとは異なっており、ただわたしだけを有することで満足するでしょう」。すると、御父は愛する御子に仰せになりました。「我が子よ、あなたが願ったことは実現した」。それで、神の御子が御父に願われた貧しく謙遜な民であるが故にこそ、兄弟たちが小さき者らと呼ばれることを主が望まれ、自分に啓示してくださったのであると、祝されたフランシスコは言っていたのです。この民について、神の御子ご自身が福音の中で仰せになっています。「**恐れることはない、小さな群れよ、あなた方の父は、あなた方にみ国を与えるのを喜びとされる**[3]」。そしてまた、「**これらのわたしの**小さき**兄弟たちの**一**人にしたことは、わたしにしたのである**[4]」。このことをすべての貧しい霊的な人々に関わることと主は解しておられたのですが、特別に、ご自分の教会のうちに将来生ずることになる小さき兄弟たちの修道生活を予告されたのでした。それ故、小さき兄弟たちの修道生活と呼ばれなければならないと祝されたフランシスコに啓示されたとおりに、教皇インノセント三世陛下の前に携えて行った第一の会則の中に、そのように書き記させたのでした。〔この会則を教皇陛下は〕承認し認可し、その後、枢機卿会議で全員に通告されたのでした。

同じように、兄弟たちが口にすべき挨拶の言葉も主は〔フランシスコ〕に啓示してくださいました。「挨拶の言葉として『**主があなたに平和を与えてくださいますように**[5]』とわたしは言わなければならないことを、主はわたしに啓示してくださいました」と言って、遺言の中に書き記させたとおりです。こうして、修道生活の初めの頃、最初の十二人の中の誰か一人と一緒に旅をしているときには、道や畑で見かけた男性にも女性にも、「主があなた方に平和を与えてくださいますように」という言葉で挨拶していました。それまで、人々はどのような修道者たちからもこのような挨拶の言葉を聞いたことがなかったので、多くの人が驚いていました。実際、「お前さん方の**その挨拶で何を**言おうとしているのか[6]」と不機嫌に言う人々もいました。このことで恥ずかしい思いをしたその兄弟は、祝されたフランシスコに言いました。「別の挨拶の言葉を用いることをお許しください」。すると祝されたフランシスコは言いました。「その人たちの言うままにしておきなさい。**神のことを悟ることができない**のだからです(7)。しかし、恥ずかしがってはなりません。いつか、この世の高貴な方々や権威ある方々がこの挨拶の故にあなたとほかの兄弟たちに敬意を表するようになるからです。生き方においても言葉においてもこれまでのすべての人と異なった独特の、一つの新しい小さな民、唯一のいと高き栄光に輝くお方ご自身がそれを持つことで満足される民を持とうと主が望まれたのであれば、そのようなことはたいしたことではありません」。

(1) Iヨハ二・一八。(2) ルカ一一・三二。(3) ルカ一二・三二。(4) マタ二五・四〇。(5) 民六・二六、Ⅱテサ三・一六。(6) ルカ一・二九。(7) マタ一六・二三、Iコリ二・一四。

第　三　章

隣人に対する愛と共苦共感、そして思いやりについて

二七　どのようにして飢えで死にそうな兄弟と共に食べることで自らへりくだり、その後、思慮分別をもって生活するよう兄弟たちを諭したか

祝されたフランシスコが兄弟たちを持ち始め、アシジに近いリヴォ・トルトに彼らと共に滞在していたころのこと、ある夜、兄弟たちがみな休んでいるとき、真夜中近くに、兄弟の一人が叫んで言いました。「死にそうだ。死にそうだ」。びっくりし、恐ろしくなって、兄弟たちはみな目を覚ましてしまいました。祝されたフランシスコは起き上がって言いました。「起きなさい、兄弟たち、明かりをつけなさい」。明かりがともると、言いました。「『死にそうだ』と言ったのは誰ですか」。その兄弟は答えました。「わたしです」。すると、彼に言いました。「どうしたのですか、兄弟よ。なぜ死にそうなのですか」。その〔兄弟〕は言いました。「飢えで死にそうなのです」。すると、祝されたフランシスコは直ちに食物を持ってこさせると、愛と思慮分別に富んだ人として、一人で食べて恥ずかしい思いをしないようにと、その〔兄弟〕と一緒に食べました。そして、〔フランシスコ〕の意志によって、ほかの兄弟たちも同様に食べたのでした。実に、この兄弟もほかの〔兄弟たち〕もみな、主に立ち返って日も浅く、限度を超えて自分の肉体を痛めつけていたのでした。食べ終わると、祝されたフ

ランシスコはほかの兄弟たちに言いました。「わたしの兄弟たちよ、あなた方に言っておきます。それぞれ自分の天性を考えなければなりません。あなた方のうちのある人は、ほかの人よりも少しの食べ物で〔体を〕維持することができるにしても、もっと多くの食べ物を必要とする人がそのような人の真似をしようと努めることをわたしは望みません。むしろ、自分の天性を考えて、霊に奉仕するのに足りるように、必要な物を自分の肉体に与えなければなりません。過度の飲食は肉体にも魂にも害となるように、度を過ごした節制にもわたしたちは気をつけなければなりません。『**わたしが望むのは犠牲《いけにえ》ではなく憐れみである**(1)』と主も仰せになっておられるからです」。また、言いました。「いとも親愛なる兄弟たちよ、わたしがこのこと、つまり、わたしの兄弟への愛の故に、その〔兄弟〕と一緒に同じようにわたしたちが食べたのは、一人で食べて恥ずかしい思いをさせないためであり、大きな必然性と愛とがわたしを強いてそうさせたのです。しかし、あなた方に言っておきます。これ以上、このようなことはしたくありません。修道生活にふさわしいことでも誠実なことでもないからです。むしろ、わたしたちの貧しさに則して、誰しも自分の肉体が必要とするとおりに、〔肉体〕を満足させることを、わたしは望みますし、またあなた方に命じます」。

実に、最初の兄弟たち、そして彼らの後に続いてやって来たほかの〔兄弟たち〕は、長い間、飲食の節制、**徹夜**、**寒さ**、粗末な衣服、手仕事の**労苦**(2)によって過度に自分の肉体を痛めつけていたのです。肌の上に直《じか》に鉄製の帯や鎖《くさり》帷子《かたびら》やごわごわした粗布を身に着けていました。このため、これが兄弟たちが病気になる原因にもなりうるし、実際に短い期間のうちに何人かが病気になっていたことを考え、聖なる師父は、ある集会の時に、肌の上に直にトゥニカ以外の物を身に着けることを禁じたのでした。〔フランシスコ〕**と共にいたわたしたちは**、このことについて**証しすることができます**(3)。その全生涯を通じて、兄弟たちのことに関して思慮分別に富み穏和でしたが、それは、兄弟たちが食べ物や他の物事において、いかなる時も、わたしたちの修道生活の貧しさと善行から少しでも逸脱することのないためでした。そして、いとも聖なる師父自身は、その回心の初めからその生涯の終わりまで、生来虚弱で、世俗にあっては快楽抜きには生きることができなかったにもかかわらず、自分の肉体に対して非常に苛酷だったのでした。それ故、あるときのこと、食べ物と他のすべての事柄において貧しさと善行に関して、兄弟たちがあまりにも度を超えていることを考え、ある兄弟たちに行った説教の中で、すべての兄弟に宛てて言ったのでした。「わたしの体にはもっと主食となるようなものが必要だと、兄弟たちに思ってほしくありません。わたしはすべての兄弟の規範かつ模範でなければならないのですから、わずかな貧しく質素な食物を摂り、それで満足していますし、他のすべてのことでも貧しさに沿ってそれを用い、贅沢や快楽は徹底的に嫌悪したいのです」。

（1）ホセ六・六、マタ九・一三、一二・七。（2）Ⅱコリ一一・二七。（3）Ⅰペト一・一八。

二八　どのようにして一緒にぶどうを食べて病気の兄弟に対する思いやりを示したか

別のときのこと、祝されたフランシスコは同じ場所におりましたが、修道生活においては古参の、霊的に深いが、病気がちで虚弱な兄弟がそこにおりました。彼のことを考えると、祝されたフランシスコは彼に対する同情の念を禁じ得ませんでした。当時は、健康な兄弟も病弱な兄弟も嬉々として徹底的に貧しくあることを受け入れていたので、病気になっても医者に診てもらおうとも、休養を取ろうともしませんでした。むしろ逆に、体に悪いことを喜んで取り入れていました。そこで、祝されたフランシスコは自らに語りかけました。「もしこの兄弟が、朝が明けたらすぐに、よく熟れたぶどうを食べれば、体にきっといいはずだ」。そして、考えたとおりに行いました。ある日の朝早く、起きるとすぐに、ひそかに、その兄弟を呼び寄せました。そして、居所の傍らにあったぶどう畑に連れて行きました。食べごろのぶどうの房をつけたぶどうの木を選ぶと、その兄弟の共に、その木の傍らに座り、その兄弟が一人で食べて恥ずかしい思いをしないように、自ら房から実を摘まんで食べ始めました。食べ終わると、その兄弟は元気になり、一緒に主を賛美しました。このため、この兄弟はその全生涯を通じて、いとも聖なる師父が自分に示し、また行ってくれた、その慈しみと愛情に満ちた行為を忘れず、大きな尊敬の念と涙を流しながら、しばしば、これを兄弟たちに語り聞かせたのでした。

二九　どのようにして、仲間の兄弟の一人と共に、貧しく哀れな老婆に着せるために、着物を脱いで裸になったか

チェラノで、ある冬のこと、祝されたフランシスコは、兄弟たちの友人が貸してくれたマントのような丈の長い衣服を身に着けていました。一人の老婆がやって来ると、施しを乞いました。直ちに首から衣服を外すと、ほかの人の物であったにもかかわらず、貧しい老婆に与えて言いました。「さあ行って、自分のトゥニカに仕立てなさい。あなたにとっても必要なのですから」。恐れからか嬉しさからか、わたしには分かりませんが、老婆はびっくりしつつも微笑み、〔フランシスコ〕の両手から衣服を受け取ると、ぐずぐずして、取り返される危険を恐れて、走って駆け去ると、鋏《はさみ》で衣服を裁ち裂きました。ところが、トゥニカのためにはその衣服では十分でないことが分かったので、聖なる師父の最初の寛大さに寄りすがり、あの衣服ではトゥニカのためには足りなかったと訴えました。聖者は、同じような衣服を肩にかけていた仲間の兄弟に目を向けると、言いました。「この貧しくかわいそうな〔お婆さん〕の言ったことを聞きましたか。神の愛によって寒さに耐えましょう。トゥニカが仕立てあがるように、その衣服を、この貧しくかわいそうな〔お婆さん〕にあげなさい」。仲間の兄弟も、〔フランシスコ〕が与えたように、直ちに与えたのでした。こうして、貧しく哀れな〔老婆〕が着ることができるように、二人とも裸のまま残されたのでした。

三〇　もっと必要としている人にマントを与えないことは窃盗にあたると考えていたこと

あるとき、シエナから戻る途中で、貧しい人に出会ったので、仲間の兄弟に言いました。「この貧しい人に、この人のマントを返さなければなりません。わたしたちよりももっと貧しい人に出会うまで、借り物として受けたのですから」。敬虔な師父のためにもっと必要であると考えて、仲間の兄弟は、自分のことをなおざりにして、ほかの人に与えることに強く反対しました。すると、聖者は言いました。「わたしは**盗人**になりたくないのです[1]。もっと必要としている人に、その人の物を与えないなら、窃盗として訴えられてしまうでしょう」。こうして敬虔な師父はマントを貧しい人に譲与したのでした。

（1）ヨハ一二・六。

三一　どのようにして条件つきで貧しい人に新しいマントを与えたか

コルトナのチェレでのこと、祝されたフランシスコは新しいマントを身に着けていましたが、それは兄弟たちが苦労して〔フランシスコ〕のために手に入れたものでした。〔兄弟たちの〕居所に貧しい人が来て、妻が死んで、貧しく哀れな家族が取り残されたことを泣きながら訴えました。聖者はその人に同情して言いました。「高い値段で買い取ってくれる人以外には誰にも渡さないという条件で、このマントをあなたに差し上げます」。これを聞いた兄弟たちは、その貧しい人からそのマントを取り戻そうとして、その人に駆け寄りました。しかし、その貧しい人は、聖なる師父の顔つきに**勇気づけられ**[1]、両手でしっかりと握りしめて、自分の物を守ろうとしました。最終的に、兄弟たちは、高価な代価を貧しい人に支払うことで、ようやくマントを取り戻すことができたのでした。

（1）代下一七・六。

三三　どのようにして、祝されたフランシスコの施しの力によって、ある貧しい人が自分の主人から受けた不正を許したか

ペルージア近郊のコッレでのこと、祝されたフランシスコは、世俗にいたころから知っている、貧しい人に出会ったので、「兄弟、いかがですか」とその人に声をかけました。するとその人は、怒りに燃えて、自分の主人に対する悪口を並べ立て始め、言いました。「わたしの主人のせいだ。主が〔主人〕を呪ってくださいますように。わたしには悪いことのほか何もない。〔主人〕がわたしのものをみんな奪ってしまったのだから」。祝されたフランシスコは、この人が致命的な怒りに凝り固まっているのを見て取ると、その魂を憐れんで言いました。「兄弟よ、神の愛によって、あなたの主人を許してあげなさい。そうすれば、**あなたの魂を救うことになり**[1]、奪った物をあなたに返してくれることにもなるでしょう。さもないと、あなたの持ち物を失うばかりか、**あなたの魂**までも**失う**ことになります」[2]。すると、その人は言いました。「まず奪った物をわたしに返してくれない限り、決して許すことはできません」。そこで、祝されたフランシスコは言いました。「ご覧なさい。このマントをあなたに差し上げます。主なる神の愛によって、あなたの主人を許してあげるよう、あなたにお願いします」。するとたちまち、その人の心は和らぎ、この親切な申し出に動かされて、不正を許したのでした。

（1）エス四・一三。（2）ルカ九・二四。

三　自分と同じように目を患っていた貧しい哀れな女性に、どのようにしてマントを譲ったか

マキローネの貧しく哀れな女性が、目の病のためにリエティにやって来ました。医者が祝されたフランシスコのもとに来て言いました。「兄弟、目を患った女性がわたしの所に来ましたが、非常に貧しいので、費用はわたしが持たなければなりません」。これを聞くとたちまち**彼女に対する憐れみの念に駆られて**[1]、兄弟たちの一人で、自分の〔居所の〕世話役の兄弟を呼び寄せると、言いました。「世話役の兄弟よ、わたしたちはほかの人の物を返さなければなりません」。その〔兄弟〕は言いました。「兄弟よ、そのほかの人の物とは何ですか」。〔フランシスコ〕は言いました。「このマントです。これはあの貧しいかわいそうな病気の女性から借り受けたものです。わたしたちは返さなければなりません」。世話役の兄弟は言いました。「兄弟よ、あなたが善いと思われることをなさってください」。すると、祝されたフランシスコは嬉々として、親しくしていた霊的な人を呼び寄せると、その人に言いました。「このマントを取って、十二個のパンを添えて、医者があなたに示す、目を患った貧しくかわいそうな女性の所に行って、その人に言ってください。『あなたがこのマントを貸した貧しい人が、お借りしたマントのお礼としてあなたに差し上げるものです。**あなたの物を受け取ってください**[2]』。こうして、その人は出かけて行って、祝されたフランシスコが告げたことをすべて、その女性に告げました。ところが、その女性はからかわれていると思い、恐れと恥ずかしさのうちに言いました。「**平和に行かせてください**[3]。**何を仰っているのか、わたしには分かりません**[4]」。しかし、その人はマントと十二個のパンとを彼女の両手に置きました。その女性は、真剣に語っているのだと考え、恐れと敬意をもって、喜び主をたたえつつ、それを受け取りました。そして、取り返されるのを恐れて、夜中にこっそりと起き上がると、喜びのうちに自分の家へと帰っていきました。祝されたフランシスコは、そこに滞在している間、毎日、〔医者〕に経費を支払うように世話役の兄弟に命じていたのでした。

〔フランシスコ〕と共にいたわたしどもは、次のように証言いたします。〔フランシスコ〕は自分の兄弟たちに対してだけでなく、健康であれ病気の人であれ他の貧しい人々に対しても、深い愛と敬意をもって接し、多大な配慮

と労苦の末に兄弟たちが手に入れた、〔フランシスコ〕の体に必要な物を、たとえそれが自分に是非とも必要な物であったとしても、自分の手もとに置くことなく、わたしどもが狼狽しないように、わたしどものことを気にしながら、内的にも外的にも嬉々として、貧しい人々に与えていました。そして、このために〔兄弟〕全体に対する奉仕者と〔フランシスコの住む居所の〕世話役の兄弟は、自分たちの許可なしに、自分のトゥニカをいかなる兄弟にも与えてはならないと〔フランシスコ〕に命じたのでした。というのは、尊敬の念から兄弟たちが〔着ている〕トゥニカをねだると、直ちに彼らに与えていたからです。ある時などは、〔トゥニカ〕を二つに割いて、一方は与え、他方を自分のために取って置いたのでした。一着のトゥニカしか所持していなかったからです。

（1）ルカ七・一三。（2）マタ二〇・一四。（3）サム上二〇・一三。（4）マタ二六・七〇。

三四　どのようにして、神の愛によってトゥニカを欲しがった兄弟たちにそれを与えたか

さて、ある時のこと、説教をしながら、ある地方を巡っていると、フランス人の二人の兄弟と出会いました。二人は〔フランシスコ〕自身に出会ったことで非常に慰められ、ついには神の愛によって〔着ていた〕トゥニカを〔フランシスコ〕にねだりました。〔フランシスコ〕は神の愛と聞くやいなや、トゥニカを脱いで、二人に与えてしまい、しばらくの間、裸のままでした。実に、神の愛が口にされ、紐帯であれトゥニカであれ他の何物であれ願われると、誰に対しても決して拒むことはありませんでした。とはいえ、何かを願うためにいたずらに神の愛という言葉を兄弟たちが敢えて口にすることは、耐えがたいことであり、しばしば兄弟たちを叱っていました。まさしく、こう言っていたのです。「神の愛はいとも気高く、いとも貴いものであるから、必要に迫られたとき、それもごくまれに、しかも多大な尊敬の念をもってでなければ口にしてはなりません」。ところで、先の〔二人の〕兄弟の一人が自分のトゥニカを脱いで、〔フランシスコ〕に差し出しました。

同じように、トゥニカやその一部を誰かに与えたときには、大きな困窮や艱難にさらされることになりました。というのは、代わりの物を素早く手に入れることも、用意してもらうこともできず、特に裏表を布切れで繕った、粗末

極まりないトゥニカをいつも身に着けていたいと願っていたからでした。新しい布地で作られたトゥニカを身に着けることは決して、あるいはごくまれにしかなく、むしろ兄弟の誰かから、着古したそのトゥニカを貰い受けていました。

また時としては、一人の兄弟からそのトゥニカの一部を、また別の兄弟からは別の一部を貰い受けたこともありました。さまざまな病、そして胃と脾臓からくる悪寒のために、新しい布地で内側を繕うことも時にはありました。このようにして衣服において貧しさを保ち、主のもとに移動する年まで、それを守り通したのでした。死去の数日前からは、水腫が全身に及んだことと、それまでずっと抱えていた他の多くの病気のために、昼夜の別なくトゥニカを替える必要から、兄弟たちは多数のトゥニカを用意したのでした。

三五　どのようにして貧しい人に自分のトゥニカの一部をこっそり与えようとし、世話役の兄弟はそれを禁じたか

あるとき、一人の貧しい人が、祝されたフランシスコが住んでいた所へやって来て、神の愛によって、布地の断片を兄弟たちにねだりました。これを聞いていた祝されたフランシスコは、ある兄弟に言いました。「家中探しなさい。何か布切れか切れ端を見つけることができたら、あの貧しい人にあげなさい」。その兄弟は家中を探し回って、見つけることができなかったと言いました。**その貧しい人を手ぶらで**[1]帰したくなかったので、世話役の兄弟の手前、禁じられることのないように、祝されたフランシスコは小刀を手に取ると、こっそりと出ていき、人目につかない所に座ると、裏地を縫いつけてあった自分のトゥニカの一部を、こっそりその貧しい人に与えようとして、切り取り始めました。しかし、世話役の兄弟はそれに気づくと、直ちに〔フランシスコ〕のもとに行き、与えることを禁じました。何よりも、その時は非常に寒く、〔フランシスコ〕自身病んでおり、激しい悪寒に苦しんでいたからでした。それでも、祝されたフランシスコは言いました。「この切れ端をあの人に差し上げるのを望まないのであれば、あなた自身が何か別の切れ端を貧しい兄弟に差し上げなければなりません」。そこで兄弟たちは、祝されたフランシスコに強いられて、自分たちの衣服の一部をこの貧しい人に差し出したのでした。

説教してこの世を巡る時には徒歩か、病気を患うように

なってからは驢馬《ろば》を、どうしても必要な時に限って馬を用いていました。そうでなければ馬に乗るのを望まず、〔馬に乗ったのは〕死去の前のごくわずかな期間でした。また、兄弟の誰かが〔フランシスコ〕のためにマントを調達しても、その人のほうがもっと必要としていると、彼の霊が証言したならば、道で出会ったり、訪ねてきた貧しく哀れな人にそれを与えることができないのなら、決して受け取ろうとはしませんでした。

（1）シラ二九・一二。

三六　どのようにしてエジディオを兄弟として迎え入れる前に、そのマントを貧しい人に与えるように言ったか

修道生活を始めたころ、そのとき擁していた、二人の兄弟と一緒にリヴォ・トルトに滞在していました。そのとき、三番目の兄弟となったエジディオという名の人が、自分の命を得ようとして、世俗を出て、〔フランシスコ〕のもとにやって来ました。こうしてそこに数日滞在していたとき、〔エジディオ〕は世俗にいたときにまとっていた衣服を身に着けていました。たまたま、ある貧しい人がその所にやって来て、祝されたフランシスコに施しを求めました。祝されたフランシスコはエジディオのほうに向き直ると、言いました。「あなたのマントを貧しい兄弟に差し上げなさい」。彼は喜んで直ちに自分の背中から〔マント〕を取ると、貧しい人に差し出しました。そのとき、主が直ちに彼の心に新しい恵みを注がれたことが分かりました。**嬉々として**マントを貧しい人に**差し出した**からです[1]。こうして、祝されたフランシスコによって受け入れられた〔エジディオ〕は、至高の完全性を目指して、常に力強く進んでいきました。

（1）Ⅱコリ九・七。

三七　貧しい人のことを悪く思った兄弟に課した償いについて

祝されたフランシスコが説教するために、ロッカ・ブリチオに近い、兄弟たちの居所に赴いたときのこと、説教をすることになっていたちょうどその日に、貧しい病気の人が〔フランシスコ〕の所にやって来ました。その人にいたく同情した〔フランシスコ〕は、その人の貧しさと病気に

ついて仲間の兄弟たちに語り始めました。すると、仲間の兄弟の一人が言いました。「兄弟、この人はひどく貧しく見えますが、この地方一帯で、この人以上に欲深い人はいないとの評判です」。祝されたフランシスコに咎められた〔その兄弟〕は直ちに自分の過ちを告白しました。祝されたフランシスコは言いました。「わたしがあなたに命ずる償いを果たしますか」。彼は答えました。「喜んでいたします」。すると、言いました。「行って、トゥニカを脱いで、貧しい人の**足もとに**裸で**ひれ伏し**(1)、その人を誹謗して罪を犯したことを告白して、自分のために祈ってくれるように頼みなさい」。〔その兄弟は〕出かけていって、祝されたフランシスコが自分に言ったことをすべて実行しました。それが終わると、立ち上がって、トゥニカを着て、祝されたフランシスコのもとに戻りました。すると、祝されたフランシスコは言いました。「あの人に対して罪を犯したことがどのようにして、キリストに対して〔罪を犯した〕ことになるのか知りたいのですか。貧しい人を見たときには、その〔貧しいという〕名の由来する方、つまりキリストを思い巡らさなければなりません。この方はわたしたちの貧しさと病とを受け取られたのですから。あの人の病と貧しさはわたしたちにとって鏡のようなものです。この〔鏡〕を通して、敬虔な思いで、わたしたちの主イエス・キリストの病と貧しさとを眺め、思い巡らさなければなりません。主はわたしたちの救いのために、それをご自分の体で担われたのです」。

(1) マタ一五・三〇。

三六 二人の兄弟の貧しい母親に与えさせた新約聖書について

別のときのこと、ポルチウンクラの聖マリアに滞在していると、修道生活を送っている二人の息子を持つ、貧しく哀れな老婆がやって来て、祝されたフランシスコに施しを乞いました。直ちに、祝されたフランシスコは、当時、〔兄弟〕全体の奉仕者であった兄弟ペトロ・カタニオに言いました。「わたしたちのこのお母さんに、何か差し上げることができますか」。実に、兄弟の誰かの母親は自分の、そして兄弟全員の母親であると言っていたのです。兄弟ペトロは答えて言いました。「家には差し上げることのできる物は何一つありません。その体を養うことのできるような物を施しとして願っているようだからです。ただし、朝課に朗読するための新約聖書がただ一冊聖堂にあるだけです」。この当時、兄弟たちは聖務日課書も詩編書も多く持っていなかったのです。すると、祝されたフランシスコは言いました。「わたしたちの新約聖書をお母さんに差し上げなさい。売って、必要な物に替えられるでしょう。わたしたちがそれで朗読するよりも、主〔キリスト〕も祝された処女《おとめ》〔マリア〕さまもきっとお喜びになるとわたしは思います」。こうして、それを差し出したのでした。

〔フランシスコ〕については、「**憐れみの念はわたしの母の胎から出《い》で、わたしと共に成長した**[1]」と、祝されたヨブについて書き記されていることを、そのまま語り、また書き記すことができます。〔フランシスコ〕の兄弟たちや貧しい人々に寄せる愛と敬虔な思いについては、ほかの人々から知らされたことだけでなく、**わたしたちの目で見た**[2]ことも含めて、書き記し語ることは、〔フランシスコ〕**と共にいたわたしども**[3]にとっても非常に難しく、非常に膨大なものになってしまうでしょう。

(1) ヨブ三一・一八。(2) Ⅰヨハ一・一。(3) Ⅱペト一・一八。

第四章

〔フランシスコ〕自身とその兄弟たちにおける謙遜と従順の完全について

三九 まず第一に、どのようにして長上職から退き、兄弟ペトロ・カタニオを〔兄弟〕全体の奉仕者として立てたか

聖なる謙遜の徳を固持するために、その回心の後、数年が経つと、ある集会の席で、全兄弟を前にして長上職から退いて、言いました。「これからはあなた方にとって、わたしは死んだ〔ものと思ってください〕」。ここに兄弟ペトロ・カタニオがいます。わたしも、あなた方もみな彼に従いましょう」。そして、彼の前で地にひれ伏すと、彼への従順と尊敬とを誓ったのでした。それ故、兄弟たちはみな泣き出し、そのあまりの悲しみは大きな呻《うめ》き声となりました。自分たちがまるで父親を失った孤児のように思われたからでした。祝された師父は立ち上がり、**目を天に上げ**[1]腕を組み合わせると言いました。「主よ、これまであなたがわたしにお委ねになった家族をあなたにお委ねいたします。

いとも甘美なる主よ、あなたもご存じの病弱のため、もはや、この〔家族〕を世話することがわたしにはできませんので、奉仕者たちに託します。彼らの怠慢や悪い模範、あるいは冷酷な矯正のために兄弟の誰かが滅びに至るようなことがあれば、主よ、**裁きの日に**、彼らはあなたのみ前で**弁明しなければなりません**[2]」。こうして、このときから死に至るまで、服従する者として留まり、すべてにおいて他の〔兄弟〕たちの誰よりも謙遜な者でありました。

（1）イザ五一・六。（2）マタ一二・三六。

四〇 どのようにして、特定の同行者を持つことを望まず、同行者を辞退したか

別のときのこと、自分に誰も同行することのないようにと願って、自分の代理〔の任にある兄弟〕に言いました。「わたしが特定の同行者を伴っているかのような特権を持った特別の人物であると思われたくありません。主がお示しくださるままに、兄弟たち〔の誰か〕がある所からある所までわたしに同行してください」。そして、言い添えました。「道案内としてたった一匹の子犬以外何も持たずに旅している目の見えない人を見かけました。わたしはその人よりもまさっていると思われたくありません」。まさに、あらゆる特典と傲慢と見なされることを忌避し、自分**のうちにキリストの力が宿ることこそ**[1]が常に〔フランシスコ〕の栄光だったのでした。

（1）Ⅱコリ一二・九。

四一 悪い長上たちのために長上職を放棄したこと

あるとき、どうして兄弟たちを世話することを放棄して、〔兄弟たち〕はもはや自分には何の関わりもないかのように、ほかの〔兄弟たちの〕手に渡したのかと、ある兄弟が尋ねると、次のように答えました。「我が子よ、わたしはできうる限りの力をもって兄弟たちを愛しています。〔兄弟たちが〕わたしの**足跡を辿ってくれる**なら[1]、当然もっとわたしは愛するでしょうし、〔兄弟たち〕とは関わりのない者となるようなことはしません。ところが、〔兄弟たち〕を別の〔道〕へと導き、昔の人々の模範を提示し、わたしの忠告を意に介さない一部の長上たちがいるのです。しかし、彼らが今、どのように行っているかは、終わり〔の

時〕に明らかになるでしょう」。その後しばらくして、病気がひどく悪化したとき、**霊に突き動かされて**[2]、粗末な寝床で身を起こすと、叫んで言いました。「わたしの修道生活とわたしの兄弟たちとを**わたしの手から奪う**[3]この者らは何者か。総集会に行ったら、わたしの意志がどんなものか彼らにはっきり示してやろう」。

（1）Iペト二・二一。（2）詩四七・八。（3）ヨハ一〇・二八。

四二　病人のために謙遜に肉を手に入れたこと、また彼らに謙遜で忍耐強くあるよう忠告したこと

町の人々の集まる場所に出て、病気の兄弟のために肉を手に入れることを、祝されたフランシスコは恥ずかしいこととは思いませんでした。しかしながら、病弱な〔兄弟たち〕は、たとえすべての点で十分に満たされないとしても、忍耐をもって欠乏に耐え、不平で騒ぎ立てることのないように忠告していました。そこで、第一の会則には、次のように書き記させたのでした。「わたしの病気の兄弟たちにお願いします。自分の病気のために腹を立てたり、主に対して、また兄弟たちに対して不平を言ったり、心配のあまり必要以上に薬を求めず、魂の敵である容易に死ぬはずの肉体を甘やかすことを望んだりせず、むしろ神がそうあるように望まれるままであるように願って、すべてにおいて感謝するように。実に、主は、永遠の命へはあらかじめお定めになった者らを鞭と病気という棘《とげ》をもって教え諭されるのです。〔主〕ご自身が仰せになっておられるとおりです。『**わたしは愛する者らを責め懲らしめる**[1]』」。

（1）黙三・一九。

四三　それぞれの兄弟たちが教会の高位聖職者となることを望むか否かを枢機卿に共に問われたときの、祝されたフランシスコとドミニコの謙遜な答えについて

ローマの町で、天空に輝く**二つの光るもの**[1]、すなわち祝されたフランシスコと祝されたドミニコとが、後に至高の祭司（教皇）となったオスチアの〔司教〕陛下の前に共に参内し、代わる代わる神について甘美に語ったときのこと、オスチアの陛下が二人に仰せになりました。「初代の教会においては司牧者も高位聖職者も貧しい人々で、功名心ではなく愛に燃えた人々であった。それ故、なぜわれわれは

あなた方の兄弟たちの中から、教話と模範によって他のすべての人にまさる司教と高位聖職者とを選び出さないのだろうか」。答えるにあたって、〔二人の〕聖者の間には謙遜と尊敬による譲り合いがあり、互いに先になろうとはせず後になろうとし合い、答えるのを譲り合ったのでした。しかし、ついに先に答えないということでフランシスコの謙遜が勝ち、先に答えることで謙遜に従うということではドミニコが勝ったのでした。こうして、祝されたドミニコが答えて言いました。「陛下、わたしの兄弟たちは、もしそれによって〔名が〕知られることを望むのであれば、**良い地位**[2]に既に就けさせていただいたでしょう。わたしといたしましては、栄誉の別の鏡を得ようとすることを、可能な限り、許すつもりはありません」。すると、祝されたフランシスコは、前述の陛下の前に身をかがめて言いました。「陛下、わたしの兄弟たちは、敢えて**より大きな者らとなる**[3]まいとして、より小さな者らと呼ばれております。〔兄弟たち〕のこの呼び名が低い所に留まり、キリストの謙遜の足跡を模倣するよう〔兄弟たち〕に教えているのです。これによって**聖人方のみ前で**[4]、他の方々以上に高められることになるのです。〔兄弟たちが〕神の教会における実りとなることをお望みでしたなら、〔兄弟たち〕を彼らが呼ばれている名前の状態に留め置いてくださいませ。そして、もしも高い所に登ろうとしましたら、低い所に乱暴に引き摺り下ろして、いかなる高い地位にも登ることをお許しになりませんように」。

〔二人の〕聖者の答えはこのようなものでした。それが終わると、両者の答えにいたく啓発されて、オスチアの陛下は大きな感謝を神におささげしたのでした。二人はそろって退出したのでしたが、祝されたドミニコは祝されたフランシスコに、その身に着けていた縄帯を自分に譲ってくれるよう願いました。〔ドミニコが〕愛から申し出たように、祝されたフランシスコは謙遜から辞退しました。しかしながら、その申し出の幸いなる敬虔さが勝ち、祝されたドミニコは愛の強引な力によって祝されたフランシスコの縄帯を受け取り、トゥニカの下に締め、以後、敬虔の念をもって身に着けていました。こうして一方は自分の手を他方の手の内に置き、両者は互いに抱擁を交わして信頼を深めたのでした。聖なるドミニコは聖なるフランシスコに言いました。「兄弟フランシスコよ、あなたの修道生活とわたしの〔修道生活〕とが一つのものとなり、わたしたちが一つの同じ様式で教会の中で生きていけたらと望みます」。ついに、互いに別れるにあたって、祝されたドミニコはその場に居合わせた大勢の人に言いました。「**まことにあなた方に言います**[5]。すべての修道者は、この聖なる人フランシスコを模倣しなければなりません。この人の聖性の完全さはそれほどのものなのです」。

（1）創一・一四。（2）Ⅰテモ三・一三。（3）マタ二〇・二七。
（4）知三・一三。（5）ルカ四・二五。

四四　謙遜の土台として、すべての兄弟がレプラを患っている人々に奉仕することを望んだこと

祝されたフランシスコは回心の初めから、**主が共に働いてくださったので**[1]、**賢明な建築家のように堅固な岩の上に**、すなわち神の御子の最高の謙遜と貧しさの上に自分自身を**据えたのでした**[2]。そして、最高の謙遜の故に、その修道生活を小さき兄弟たちの〔会〕と呼びました。それ故、修道生活の初めから、レプラを患っている人々に奉仕するために、その人々の施療院に兄弟たちが留まり、そこを聖なる謙遜の土台とすることを望んでいました。身分の上下〔を問わず〕人々が〔修道〕会にやって来るようになると、彼らに告げた事柄の中でも、彼らはレプラを患っている人々に謙遜に奉仕し、その人々の家に留まらねばならないと告げられたのでした。第一の会則に含まれているとおりです。「聖なる貧しさのほかには何一つ天の下で持つことを望まぬように。この〔貧しさ〕を通して、この代《よ》においては肉体と霊との糧をもって主によって養われ、将来においては天上の遺産を得ることになるのです」。このように、自分自身と他の〔兄弟たち〕のために、最高の謙遜と貧しさという土台の上に自らを据えたのでした。たとえ神の教会において偉大な高位聖職者となったとしても、教会の中だけでなく、兄弟たちの間でも見捨てられたものであることを望み、また選んだからです。〔フランシスコ〕の考え、ならびに願望によれば、このように見捨てられることこそ、神と人々の前では最も高く挙げられることであったのです。

（1）マコ一六・二〇。（2）Ⅰコリ三・一〇。

四五　その善い言葉と行為のすべてにおいて栄光と誉れはただ神のみに帰されることを願っていたこと

町の広場でテルニの人々に説教をしていたときのこと、説教が終わると、思慮分別にも霊的にも富んだ人であった、

その町の司教が直ちに立ち上がり、人々に言いました。「主は、ご自分の教会を植え付け育まれた、その初めから、言葉と模範によって〔教会〕を飾る聖なる人々によって〔教会〕を常に輝かしいものとしてくださいました。そして今、この**終わりの時**に[1]、この貧しく哀れな、何の取り柄もない、無学な人であるフランシスコによって〔教会〕を輝かしいものとしてくださいました。このことのために、主を愛し尊び、罪を警戒するように努めなければなりません。他の**すべての国においては、このようなことは行われなかった**のです[2]」。これらの言葉を言い終えると、説教をしていた場から降りると、司教座聖堂に入っていかれました。祝されたフランシスコは〔司教〕に近づくと、その前に身をかがめて、その**足もとにひれ伏して**[3]言いました。「司教陛下、わたしは真理において申し上げます。今日、〔陛下〕がわたしになさった以上に、この代において、わたしに名誉を与えてくださった方は一人もおりません。ほかの人々は『これは聖なる人である』と言って、創造主にではなく、わたしに栄光と聖性を帰そうとするのです。ところが、思慮分別に富まれた陛下は、卑しいものから尊いものを切り離されました[4]」。

実に、祝されたフランシスコは聖者と言われたり称賛されたりしたときには、次のような言葉をもって、それに答えていたのです。「今でもまだ、息子や娘たちを持つことはありえないほどに、わたしは安全ではないのです。いつの日か、主がわたしに賜ったご自分の宝物をわたしから取り上げられたなら、肉体と魂とのほかに一体何がわたしに残されるのでしょうか。そんなものは不信仰な者たちでさえ持っています。それよりも、主がわたしに賜ったほどの善いことを盗人や不信仰な人々にお与えになったなら、それらの人々のほうがわたしよりもずっと主に対して忠実な人になったはずです。木の板に描かれた主や祝された処女《おとめ》〔マリア〕の画像のうちに主と祝された処女ご自身が敬われ、木の板とか画像とかには何一つ帰されるものはないように、神の僕《しもべ》も神の画像のようなものなのです。その慈しみの故に、その〔画像〕のうちに神〔ご自身〕が敬われるのであって、〔神の僕〕その人には何一つ帰されてはならないのです。神のみ前には、木の板も画像もごく小さなもの、いえ、全く無に等しいのですから。ですから、栄誉と栄光はただ神にのみ帰さねばなりません。この世の惨めさのうちに生きている限り、〔神の僕〕たるものにはただ辱めと艱難こそ〔ふさわしいのです〕」。

(1) Iヨハ二・一八。(2) 詩一四七・二〇。(3) 使一〇・二五。
(4) エレ一五・一九。

四六 死に至るまで、仲間の〔兄弟たち〕の中の一人を自分の世話役にあたる者として有し、服従のもとに生きることを望んだこと

死に至るまで、完全な謙遜と服従のうちに留まり続けることを望んでいたので、死に先立つだいぶ前から、〔兄弟〕全体の奉仕者に言いました。「わたしの仲間の〔兄弟の〕一人を、あなたの代理としてわたしの上にいただき、あなたの代理であるその〔兄弟〕に従いたいと思います。従順のもたらす益の故に、生においても死においても、常にあなたにわたしと共にいてほしいのです」。この時から死に至るまで、仲間の〔兄弟の〕一人を世話役として有し、〔兄弟〕全体の奉仕者の代理として〔その兄弟〕に従ったのでした。あるとき、仲間〔の兄弟〕たちに言いました。「主はさまざまな恵みの一つとしてこの恵みをわたしに与えてくださいました。それは、もし世話役として、わたしのために指名されたのであれば、たとえ今日修道生活に入ったばかりの新参者にも、この生活ならびに修道〔会〕の最初の者、古参の者であるかのように細心の注意を払ってわたしは従います。服従する者は自分の長上を人間としてではなく神として考えなければならず、〔神〕の愛の故に、〔長上〕に服従するのです」。その後、こう言いました。「もしわたしが望みさえしたなら、世界中で臣下からこれほど恐れられる長上は誰もいないほどに、主はわたしが兄弟たちから恐れられるようにもされたでしょう。しかし、修道〔会〕においてより小さな者として、すべてにおいて満足することを望むという、この恵みを主ご自身がわたしに与えてくださったのです」。

〔フランシスコ〕**と共にいたわたしどもは**、[1] **わたしども自身の目でこれを目にした**のです。[2] それは〔フランシスコ〕自身が証言しているとおりです。ある兄弟が自分の必要としていることで〔フランシスコ〕に不満を抱いたり、人が混乱させられるのが常であるような言葉が自分に発せられたときには、直ちに祈りに向かい、戻って来ても、そのことについて思い起こそうとはせず、「誰それがわたしに対して不満である」とか「誰それはわたしにこれこれの言葉を言った」といったようなことは決して口にしませんでした。このようにして堅忍を保ち続け、死が近づけば近づくほどに、どのようにしたらあらゆる謙遜と貧しさの限

りにおいて、諸々の徳の完成のうちに生きかつ死ぬことができるか、ますます細心の注意を払って思い巡らしていたのでした。

（1）Ⅱペト一・一八。（2）Ⅰヨハ一・一。

四七　〔フランシスコ〕自身が伝授した従順の完全な方法について

いとも聖なる師父は兄弟たちに言っていました。「いとも親愛なる兄弟たち、言葉が発せられたら直ちに命令を実行しなさい。あなたたちに言われたことが繰り返されるのを待ってはなりません。不可能な理由を何一つとして言い立てたり、命令の適不適を判断してもなりません。たとえわたしが能力以上のことをあなたたちに命じるとしても、聖なる従順には力が欠けるということはないからです」。

四八　どのようにして完全な従順を死体になぞらえたか

あるときのこと、仲間〔の兄弟〕たちと座っていると、ため息をつきながら言いました。「長上に従う修道者が世界中にほとんどいないとは」。直ちに、仲間〔の兄弟〕たちは言いました。「師父よ、完全で至高の従順とはどのようなものか、わたしどもに仰ってください」。すると、それに答えて、真の完全な従順を死体の姿になぞらえて、次のように描写しました。「死体を取り上げ、あなたの気に入った所に置いてみなさい。動かされても抵抗せず、場所のことで不平も言わず、放り投げられても叫びもしないのを目にするはずです。玉座にあって高く挙げられても、高い所ではなく最も低い所を見つめ、深紅の衣に包まれようものなら二倍に青ざめます。これこそ真に従順な者です。なぜ動かされるのか考量しませんし、どこに置かれようと気にしません。動かしてくれるよう迫ることもありません。高い職務に就けられようとも常に変わらず謙遜を保ちます。ほめたたえられればたたえられるほど自分はふさわしくないと見なします」。無条件に何気なく発せられたことも、頼み事とではなく聖なる従順と名づけていました。他方で、至高の従順とは血肉[1]に全く関わるものではなく、神の霊の働きかけのもとに、隣人を得るため、あるいは殉教への憧れのために、信仰を持たない人々のもとに赴くことであると信じていました。これを求めることこそ神に受け入れられる最高のものと考えていたのです。

(1) マタ一六・一七。

四九 あまりにも性急に従順によって命ずること、ならびに従順によって命じられたことに従わないことが危険であること

祝された師父は、従順によって命じるのはまれなことであり、最初から振りかざすものではなく、最後に行使されるべきものと考えていました。「性急に刀に手を掛けてはならない」とも言っていました。一方では、従順によって命じられたことに迅速に従わない者は、遅らせる必然的な理由もないのだから、**神を恐れず人を敬わない**[1]者であると言っていました。

無分別に命令を発する者の手にある命令する権威は、凶暴な男の手にある剣以外の何ものでもないことは、これ以上ない真実ではないでしょうか。他方、従順をなおざりにし軽視する修道者以上に絶望的なものが何かあるでしょうか。

(1) ルカ一八・四。

五〇 自由に説教できる特権を得ようとして執拗に迫った兄弟たちに、どのように答えたか

ある兄弟たちが祝されたフランシスコに言いました。「師父よ、時として、司教方が説教するのをわたしどもに許さず、わたしどもが神の言葉を告げ知らせることができるようになるまで、数日間、何もせずに一つの所に留め置かれていることをご存じですか。これについての特権を教皇陛下から手に入れたほうが良いのではないでしょうか。そうすれば〔人々の〕**魂の救い**[1]にもなります」。彼らに答えて、厳しい叱責をもって言いました。「あなたたち小さき兄弟たちは神のみ旨が分かっていないし、神が望まれるように、わたしが全世界を回心させることを許そうとしないのです。わたしの望んでいるのはこれです。まず初めに、聖なる謙遜と尊敬によって、高位聖職者方を回心させることです。このお方たちは、わたしどもの聖なる生活と、あのお方たちに対する心からの尊敬を見ることで、あなたたちが人々に説教し回心へと導くことを願い求めることでしょう。それが、あなたたちを高慢へと導くあなたたちの特権以上に、人々を説教へと呼び寄せるようになるのです。あなたたちが**あらゆる貪欲**[2]から遠ざかり、その権利を教会

に取り戻させるように人々を導くなら、あの方々のほうからご自分の〔教区〕の人々の告白を聴いてくれるように、あなたたちに願うでしょう。これはあなたたちが心配する必要のないことですが。人々が回心しさえすれば、聴罪司祭はすぐに見つかるのですから。わたしがわたしのために望むのは主からのこの特権であって、すべての人に敬意を示し、聖なる会則への従順を通して、言葉よりも模範をもってあらゆる人を回心させることのほかは、人からのいかなる特権も決して持ちたいとは思いません」。

（1）Ｉペト一・九。（2）ルカ一二・一五。

五一　誰かが誰かを混乱に陥れたときには、その場で互いに和解を図る方法について

小さき兄弟たちは、この**終わりの時**(1)に、諸々の罪の闇に覆われた人々に光の模範を示すために、主から遣わされた者らであると〔フランシスコは〕断言していました。世界中に散らばった聖なる兄弟たちの**偉大な業を耳にする**(2)と、**いとも甘美な香り**(3)に満たされ、**高価な香油**(4)の力に塗油されると言っていました。あるときのこと、キプロス島出身の高貴な人の面前で、ある兄弟が別の兄弟に侮辱の言葉を放ちました。それによって自分の兄弟がかなり傷ついたことに気づくと、直ちに、自分を罰しようとして、驢馬《ろば》の糞を取ると、口に押し込み噛み砕きながら言いました。「わたしの兄弟に対して怒りの毒を放った舌は糞を食らうがよい」。これを見ていた例の〔キプロス出身の〕人は驚き唖然としつつも非常に啓発されて帰っていきました。

このようにして、すべての兄弟たちは、彼らのうちの誰かが侮辱や混乱に陥れる言葉をほかの〔兄弟〕に放った時には、直ちに**地にひれ伏して**(5)、混乱に陥れられた兄弟の足に口づけし、謙遜に許しを請い求める習慣を守り続けていました。聖なる師父は、自分の子供たちが自ら進んで聖性の模範を実践していることを聞き喜び躍り、**言葉もしくは行いによって**(6)罪人たちをキリストの愛へと連れ戻した兄弟たちを、**全面的に受け入れて熱烈な**祝福をもってたたえた(7)のでした。〔人々の〕魂に対する熱意に完全に満ち満ちていた〔フランシスコ〕は、自分の子供たちが自分の完全な似姿となって、それに応えてくれることを願っていたのでした。

（1）ユダ一八。（2）使二・一一。（3）出二九・一八。（4）マ

タ二六・七。（5）Ⅱマカ一〇・四。（6）コロ三・一七。（7）Ⅰテモ一・一五。

五二　兄弟たちの忘恩と高慢について、どのようにしてキリストは、祝されたフランシスコの伴侶であった兄弟レオに嘆かれたか

あるときのこと、主イエス・キリストは祝されたフランシスコの伴侶であった兄弟レオに仰せになりました。「兄弟レオよ、兄弟たちのことで、わたしは悲しんでいる」。兄弟レオは答えました。「主よ、なぜなのでしょうか」。すると、主は仰せになりました。「三つのためである。お前も知っているとおり、**種蒔きもせず、刈り入れもしないのに**[1]、彼らに寛大に溢れんばかりに授けた、わたしの恩恵に気づかずにいるからである。**一日中**、彼らは不平を言い、**何もせずにいる**からである[2]。そして、しばしば互いに怒りへと駆り立て合い、愛へと立ち返らず、受けた侮辱を許さないからである」。

（1）ルカ一二・二四。（2）マタ二〇・六。

五三　聖書の言葉について質問する説教者会（ドミニコ会）の学者に、どのように謙遜にかつ真摯に答えたか

シエナに滞在していたときのこと、説教者会（ドミニコ会）の聖なる学（神学）の博士が訪ねてきました。その人は謙遜で霊的にも豊かな人でした。祝されたフランシスコと共に主のみ言葉について語らい合っていたとき、その教師は、「**不敬な人に、**その不敬な点を**告げ知らせなければ、**その人の**魂**〔についての責任〕**をお前の手から求める**[1]」というエゼキエルの言葉について質問しました。その人はこう言ったのでした。「善き父よ、死の罪に陥っている人を、わたしはたくさん知っていますが、その人たちにそれぞれの不敬な点を告げ知らせていません。彼らの魂〔の責任〕がわたしの手から求められるのでしょうか」。祝されたフランシスコは、自分は無知蒙昧であると謙遜に言い、それ故、聖書の意味について答えるよりも、むしろ質問しているその人から教えられるほうが自分には有益であると答えました。すると、例の謙遜な教師は言い添えました。「兄弟よ、わたしは何人もの賢明な人々から、この言葉の説明を聞きました。しかし、この言葉に関するあなたの解釈を是非とも受けたいのです」。そこで、祝されたフランシス

コは言いました。「言葉を総体的な意味で理解しなければならないとすると、わたしはこれを次のような〔意味で〕取ります。神の僕《しもべ》というものは、模範の**光**(2)と聖なる言葉を放つ舌とをもって、すべての不敬な人を叱咤するほどに、自らのうちの命と聖性とによって自らを燃え立たせ、輝かせなければなりません。こうして、その人の命の輝きとその人の名声の香りがすべての人にそれぞれの不正を告げ知らせることになる、とわたしは言いたいのです」。こうして、この学者は大いに啓発され、帰るにあたって、祝されたフランシスコの仲間〔の兄弟〕たちに言いました。「わたしの兄弟たちよ、この人の神学は、純粋さと観想とに裏打ちされたもので、**天かける鷲**(3)のようです。それに対して、わたしどもの知識は腹で地を這っているようなものです」。

(1) エゼ三・一八。(2) マタ五・一六。(3) ヨブ九・二六。

五四　聖職者との間で保つべき謙遜と平和について

祝されたフランシスコは、自分の子供たちが**すべての人と平和を保持すること**(1)、あらゆる**小さな人々**(2)に自らを差し出すことを願っていましたが、特に聖職者に対しては謙遜であるように言葉で教え、模範をもって示していました。実に、こう言っていました。「〔人々の〕魂の救いのために、聖職者方をお助けするために、わたしたちは遣わされたのです。あの方々に至らぬところがあれば、わたしたちが補うためです。誰であれ**褒賞**を得るのは権威に基づくのではなく**労苦に基づいて**のことです(3)。兄弟たち、知っておいてください。最も神のお気に召すことは〔人々の〕魂を得ることです。わたしたちはこれを、聖職者方の不和よりも、平和をもってこそよりよく実行することができるのです。この方々が人々の救いの妨げとなっているとしても、**復讐は神のもの**であり(4)、〔神〕ご自身が〔ふさわしい〕時に**報いてくださいます**(5)。ですから、高位聖職者の方々に従いなさい。間違っても、あなたたちの側から邪悪な嫉妬心を起こすことのないように。あなたたちが**平和の子ら**であれば(6)、聖職者方と人々とを得るでしょう。聖職者方と争いを起こして、ただ人々だけを得るよりも、こちらのほうが**神に受け入れていただける**のです(7)」。そして言いました。「〔聖職者方〕の失敗を覆い隠しなさい。この方々の多くの欠陥を補って差し上げなさい。これを行うことで、より謙遜なものとなりなさい」。

（1）ロマ一二・一八。（2）マタ一八・三―四。（3）ルカ一〇・六。（4）申三二・三五。（5）ロマ一二・一九。（6）ルカ一〇・六。（7）Ｉペト二・五。

五五 どのようにして天使たちの聖マリア聖堂を謙遜に譲り受け、兄弟たちが常にそこに居住し謙遜に生活することを望んだか

祝されたフランシスコは、主が兄弟たちの**数を増やそう**としておられるの[1]を知って、〔兄弟たち〕に言いました。「いとも親愛なる兄弟たち、わたしの子らよ、主がわたしたちの数を増やそうとしておられるのが分かりました。そこで、司教さま、あるいは聖ルフィーノの聖堂参事会員、または聖ベネディクト会の大修道院長から、兄弟たちが時課の祈りを唱えることのできる聖堂を譲り受け、その傍らで兄弟たちが休んだり手仕事のできる泥と小枝で作られた小さくて質素極まりない家をただ所持することは善いことであり、〔わたしたちの〕修道生活のためにもなると思われます。この場所は兄弟たちのためにふさわしくなく十分でもありません。主が〔兄弟たち〕を増やされた後には、特にそうです。ここでは兄弟たちが時課の祈りを唱えることができる聖堂もわたしたちは所持していないからです。また兄弟の誰かが亡くなっても、ここではふさわしく埋葬することもできませんし、在俗の聖職者たちの聖堂に〔埋葬する〕わけにもいきません」。**この言葉は**兄弟たち**全員に受け入れられました**[2]。そこで、アシジの司教のもとに赴き、〔司教〕の前で上述の言葉を申し上げました。司教は言いました。「兄弟よ、あなたたちに与えることのできる聖堂を一つも持っていないのだ」。参事会員たちも同じことを答えました。そこで、スバシオ山の聖ベネディクト会の大修道院長のもとに赴き、その方の前で、同じ言葉を申し上げました。大修道院長は敬虔な思いに動かされ、配下の隠修士たちと会合を開き、神のみ旨と恵みの働きかけもあって、祝されたフランシスコと兄弟たちに、自分たちの所持していた聖堂の中でも小さく質素極まりないポルチウンクラの聖マリア聖堂を譲ってくれたのでした。そして、大修道院長は祝されたフランシスコに言いました。「ご覧なさい、兄弟よ。わたしたちはあなたの願いを聞き入れました。もし主があなたたちのこの会を大きなものにしてくださったなら、この地があなた方全員の頭《かしら》（枢要の地）となることをわたしたちは願っています」。

この言葉は祝されたフランシスコにも兄弟たちにも気に

入りました。祝されたフランシスコは兄弟たちに譲られた場所について非常に喜びました。特に、キリストの御母が聖堂の名前であったためであり、ごく小さく質素極まりない聖堂であったためであり、ポルチウンクラと呼ばれていたためでもありました。実に、〔ポルチウンクラという名前〕に、貧しい小さき兄弟たちの母ならびに頭となるはずであることがあらかじめ示されていたのでした。まさしく、ポルチウンクラと呼ばれていたのは、この地区が昔からポルチウンクラ（「小さな部分」の意味）と言われていたからなのです。そこで、祝されたフランシスコは言っていました。「このために、主は兄弟たちに別の聖堂が譲られることを望まれなかったのであり、最初の兄弟たちが新しい聖堂を建立したり、これ以外の聖堂を所持したりすることを望まれなかったのです。小さき兄弟たちが到来することで、預言が成就されたからです」。貧しく粗末で崩壊寸前でしたが、長い間、アシジの町の人々ならびにこの地区の全員がこの聖堂に対して最大の敬意を払ってきたのであり、今日に至るまで、日ごとに増しているのです。直ちに、兄弟たちは滞在するためにその地に赴きましたが、主は日ごとに兄弟たちの数を増やしてくださり、〔兄弟たち〕の名声の香りは、スポレトの谷間全域を経て、世界のあらゆる地域へと驚くべき勢いで広まったのでした。今も言われるように、古い昔、天使たちの聖マリアと呼ばれていたのは、その地で、天使たちの歌声がしばしば聞かれたからなのです。

大修道院長と隠修士たちはその〔聖堂〕を祝されたフランシスコと兄弟たちに無償で譲ったのでしたが、優秀で経験に富んだ指導者であった祝されたフランシスコは、自分の家、すなわち自分の修道生活を、堅固な岩の上、すなわち最大限の貧しさの上に建てることを望んでいました[3]ので、上述の大修道院長と隠修士たちに、より大いなる謙遜と貧しさの徴として、ラスケ（うぐい）と呼ばれる小魚で一杯の小さな籠を、毎年、送ったのでした。それは、兄弟たちがいかなる土地も自分たちの物として所有せず、誰かの所有権の下にない土地には滞在しないようにして、兄弟たちがいかなる形であれ売ったり譲ったりする権利を持つことのないようにするためでした。兄弟たちが、毎年、小魚を隠修士たちに届けるときには、自らの意志でこれを行っている祝されたフランシスコの謙虚さに応えて、〔隠修士たち〕は油の満ちた壺を一つ〔兄弟たち〕に与え返したのでした。

祝されたフランシスコ**と共にいたわたしどもは**[4]、この〔聖堂〕について、はっきりとした言葉でもって語られたことを**証言いたします**[5]。それは、この場で主がお示しになったたくさんの特典のために、祝された処女《おとめ》〔マリア〕が愛しておられる世界中の他のすべての聖堂の中でも、この聖堂を限りない愛を込めて愛しておられたことが、この場で、〔フランシスコ〕に啓示されたことです。それ故に、この時から常に、この〔聖堂〕に対して最大の尊敬と献身の念を抱き、そのため兄弟たちも常にこの思い出を心に刻みつけていました。そして、死に際して、すべての兄弟がそうするように、遺言の中に書き記させたのでした。実に、死の間際に、〔兄弟〕全体の奉仕者と他の兄弟たちを前にして言いました。「古参のわたしたちの兄弟たちも行っていたことですが、ポルチウンクラの聖マリアの地が、兄弟たちによって常に最大の献身と尊敬の念とをもって所持されることを、遺言の中で兄弟たちに命じ、書き残したいと願っています。まさしく、この地はキリストと栄えある処女《おとめ》〔マリア〕によって聖なるもの、特別に愛され、特別に選ばれた地ではありますが、その聖性は絶えざる祈りと**沈黙**をもって昼夜保たれていました。沈黙の刻限が過ぎた後でも、話をするときには、神への賛美と、〔人々の〕**魂の救い**[6]に関することのみを、最大の献身の念と誠意をもって語っていました。これはまれにしか起こりませんでしたが、たまたま誰かが**無益で余計な言葉を語り**始める[7]と、直ちに別の兄弟に叱責されました。〔古参の兄弟たちは〕**度重なる断食や徹夜、寒さと裸、手仕事**によって[7]、自分の肉体を痛めつけていました。怠惰を避けるために、しばしば貧しい人々の畑で彼らの手助けをし、その後、神の愛によって彼らにパンを与えていました。このような、また他のさまざまな徳によって、この場を聖化し、聖性のうちに自分自身を保守していたのでした。しかし、これまで以上に、兄弟たちならびに世俗の人々がこの地に集うようになった後には、兄弟たちさえもがますます祈りにも徳となる行いにも冷えてきて、これまで以上に余計な言葉やこの代《よ》の新奇な事柄をしまりなく口にするようになったことで、これまで保たれてきたように、またわたしが望んでいるように、この地は尊敬と献身の念をもって所持されていないのです」。

　祝されたフランシスコはこの言葉を語った後、直ちに熱い思いを込めて、次のように言って話を終えたのでした。「ですから、この地が常に〔兄弟〕全体の奉仕者かつ僕《しもべ》の権能の下に置かれることを望みます。そうすることで、この地の善良で聖なる家族のために大きな配慮と心配りをすることができるようにするためです。修道〔会〕全体の中で、優秀な聖なる、そして誠実な兄弟たちの中から、聖務日課をよりよく唱えることのできる聖職者が選ばれれば、世俗の人々のみならずほかの兄弟たちも敬虔な思いをもって快く、その人々を見つめ耳を傾けるでしょう。この人々に奉仕するために、聖なる、思慮分別のある、謙遜で誠実な人々が聖職者ではない兄弟たちから選ばれねばなりません。〔兄弟〕全体の奉仕者と彼に奉仕する兄弟たちのほかは、何人《なんぴと》も、いかなる兄弟もこの地に入らないように、わたしは望みます。その人々も、自分に奉仕する兄弟のほかは、また自分たちを訪ねてきた奉仕者とのほかは、誰とも話を交わしてはなりません。また同様に、〔聖職者たち〕に奉仕する聖職者でない兄弟たちも余計な言葉やこの代《よ》の新しい出来事、彼らの魂にとって有益ではない一切のことを彼らに語りかけないように、わたしは望みます。このため、何人《なんぴと》もこの地に入らないように特にわたしは望みます。それは、〔この地に滞在する兄弟たちが〕それぞれの清浄さと聖性とをよりよく保つためであり、この地においてこれ以上何も行われず、無益なことが何一つ話されることのなく、この地全体が主への賛美と賛歌のうちに清く聖なるものとして保たれるためです。これらの兄弟たちの誰かが主のもとに帰ったなら、彼の代わりに、どこの地に居ようと、別の聖なる兄弟が〔兄弟〕全体の奉仕者によって派遣されることを望みます。あるとき、他の兄弟たちが清浄さと誠実さとから逸脱してしまうとしても、この地が祝福されたものであり、修道生活全体の鏡であり良い模範であり、**神の玉座**と祝された処女《おとめ》**のみ前に常に燃え輝く燭台**(8)であり続けることを望みます。これによって、主がすべての兄弟たちの過ちと咎とを赦し、ご自分の小さな苗床である、この修道生活を常に保ち守ってくださいますように」。

(1)使六・七。(2)ヨシュ二二・三三、使六・六。(3)マタ七・二四。(4)Ⅱペト一・一八。(5)ヨハ一二・二四、Ⅲヨハ一二。(6)Ⅰペト一・九。(7)マタ一二・三六。(7)Ⅱコリ一一・二七。(8)レビ二四・四、黙七・一五、四・五。

五六　聖堂を掃除することで示した聖堂に対する心からの敬意について

あるときのこと、ポルチウンクラの聖マリアの傍らに滞在していましたが、そのころはまだ兄弟たちの数はごく少数でした。祝されたフランシスコは、悔い改めるように人々に告げ知らせ説教しながら、アシジの町の近郊の村々と聖堂を巡っていましたが、汚れた聖堂を掃除するための箒《ほうき》を携えていました。というのは、祝されたフランシスコは、自分が望んでいるように聖堂がきれいにされていないのを見ると非常に悲しんだからであり、そうするといつも、説教を終えると、世俗の人々に聞こえないように、少し離れた場所に聖職者たちを全員集めて、〔人々の〕魂の救いについて、また特に聖堂と祭壇、そして神の秘義〔秘跡と祭儀〕を祝うために用いるすべてのものをきれいに保つよう細心の注意を払うように説教していました。

五七 謙遜に聖堂を掃除している〔フランシスコ〕を見て、〔修道〕会に入り、聖なる兄弟となった農夫について

アシジの町の近郊のある村の聖堂に出かけたときのこと、謙遜にその聖堂を掃除しきれいにし始めました。その噂は**村中に知れ渡りました**(1)。人々は〔フランシスコ〕に会うのを楽しみにしていましたが、それ以上に〔フランシスコ〕についての話を聞くのを楽しみにしていたのでした。この噂を耳にした、ヨハネという名前の驚くほどに純朴な農夫は、自分の畑を耕していましたが、直ちに〔フランシスコ〕のもとに行き、謙遜に、また敬虔な態度で聖堂を掃除しているのを見ると、言いました。「兄弟、箒をください。あなたのお手伝いをしたいのです」。〔フランシスコ〕の手から箒を受け取ると、残りの部分を掃除しました。そして、二人は一緒に座ると、〔ヨハネ〕は祝されたフランシスコに言いました。「兄弟、わたしはこれまでずっと神に仕えたいという望みを抱いていましたが、特にあなたとあなたの兄弟たちの噂を聞いてから特にそうでした。でも、どのようにしてあなたのもとに行ったらいいのか分かりませんでした。ですから、わたしがあなたに会うのが、主のみ心にかなった今、あなたの望まれることを何でもしようと思います」。祝されたフランシスコは、その熱意を思い、主において喜び躍りました。特に、当時はまだ兄弟たちも少なく、彼の純朴さと清浄さの故に、善い修道者になるに違いないと思われたからでした。そこで、〔ヨハネ〕に言いました。「兄弟、わたしたちの生活と共同体に加わりたいのなら、争いごとにならずに、あなたが持っている物をすべて手放しなさい、そして聖なる福音の勧告に従って、**貧しい人々に与えなさい**(2)。それができるわたしの兄弟たちはみな、同じことをしたからです」。それを聞くと、直ちに、牛たちを放牧していた畑に出かけると、それらを解き放つと、一頭を祝されたフランシスコの前に連れてくると言いました。「兄弟、これまで長い歳月、わたしの父と家族の

全員に奉仕してきました。わたしが相続できるのはこのごくわずかなものですが、わたしの取り分として、この牛を受け取っていただき、あなたが良いと思われるままに、貧しい人々に与えていただきたいのです」。

彼の両親と、また小さかった兄弟たちは、彼が自分たちを見捨てようとしているのを見て、みなが家から出てきて激しく泣き、悲痛な叫び声を上げ始めました。それは祝されたフランシスコの心を動かしました。大家族であり悲惨な状態にあったからでした。そこで、祝されたフランシスコは言いました。「わたしたち全員のために食事を用意してください。みんなで一緒に食べましょう。泣かないでくださいい。みなさんを幸せにしてあげますから」。直ちに、家族の皆は食事を準備し、大きな喜びのうちにみなが一緒に食べました。食事が終わると、祝されたフランシスコは言いました。「あなた方のこの息子さんは、神にお仕えしたいと願っています。このことで嘆き悲しんではなりません。むしろ大いに喜んでください。神のみ前のみならず、この代《よ》〔の人々〕のもとでも、大きな誉れと、肉と魂における益をあなた方にもたらします。神があなた方の肉親によって誉れをお受けになるからであり、わたしどもの兄弟が皆、あなた方の息子となり兄弟となるからです。〔この息子さんは〕神の被造物であり、自分の創造主にお仕えしたいと願っており、この方にお仕えすることは支配することですから、わたしはこの人をあなた方にお返しすることはできませんし、してはならないことです。かえって〔息子さん〕のことで慰めを得てください。〔息子さんは〕福音に従って、ほかの貧しい人々に与えなければならないのですが、〔息子さんは〕自分の物としてこの牛を、貧しい方々であるあなた方のものとして差し上げたいと思います」。祝されたフランシスコのこの言葉にみなが慰められ、〔家族は〕非常に貧しかったので、自分たちのもとに戻された牛のことで非常に喜んだのでした。

祝されたフランシスコは、自分のうちに、またほかの人々のうちに見られる純粋で聖なる単純さを大きな喜びとしていましたので、早速、彼に修道生活の衣服を着せ、自分の伴侶として謙遜に彼を同行させたのでした。彼は、祝されたフランシスコが行うことはすべて自分も行おうと思うまでに単純な人でした。そこで、どこかの聖堂、あるいはどこかの場所で、祝されたフランシスコが祈るために立ち上がると、そのすべての行動と所作とを自分も完璧に実行しようとして、〔フランシスコ〕を見ていようと努め、祝されたフランシスコがひざまずいたり、**両手を天に上げ**

たり(3)、唾《つば》を吐いたり、咳《せき》をしたり、嘆息したりすると、同じように彼もそれらのすべてを行うほどでした。これに気づくと、祝されたフランシスコは、大変喜びつつも、それまでの単純さをやめさせようとし始めました。すると、彼はこう答えたのです。「兄弟、わたしはあなたが行うことはすべて行うと約束しました。ですから、すべてにおいて、わたしはあなたと同じでなければならないのです」。これには驚嘆し、それほどまでの純粋さと単純さを目の当たりにして、祝されたフランシスコは心から喜んだのでした。その後、この〔兄弟〕は、祝されたフランシスコも、ほかのすべての兄弟たちもその完全さに心底感嘆するまでに、あらゆる徳において、また善行において進歩していったのでした。そして間もなく、諸徳において聖なる完全さのうちに亡くなりました。それ故、その後、祝されたフランシスコは、精神のみならず体においても大きな喜びを現しつつ、兄弟たちの間でこの〔兄弟〕について語る時には、兄弟ヨハネではなく聖なるヨハネと呼んでいました。

（1）ルカ四・一四。（2）マタ一九・二一。（3）申三二・四〇。

五八　その人に恥ずかしい思いをさせたということで、どのようにしてレプラを患っている人と一つの器で食べることで、自らを罰したか

祝されたフランシスコがポルチウンクラの聖マリア聖堂に戻ってくると、レプラを患っている潰瘍だらけの人と一緒にいる兄弟単純なヤコブに出会いました。実は、この〔兄弟〕に、祝されたフランシスコはこの患者とほかのすべての患者とを託していました。〔この兄弟が〕彼らの医師のようであり、快く彼らの傷口に触れ、浄め、〔包帯を〕替え、看護していたからでした。この当時、兄弟たちはレプラ患者の施療院に滞在していました。そこで、祝されたフランシスコは咎め立てるかのように兄弟ヤコブに言いました。「キリストの兄弟たちをこのように連れ出してはなりません。あなたにとっても、この人々にとってもふさわしいことではないからです」。実は、〔フランシスコ〕自身この人々に奉仕したかったのですが、重い病状の人々を施療院の外に連れ出そうとは思っていませんでした。人々はそうすることを極度に恐れていたからです。ところが、兄弟ヤコブは全く単純な人でしたから、兄弟たちと出かけるように、彼らと一緒に施療院から聖マリア聖堂まで出かけていたのでした。ところで、祝されたフランシスコはレプ

ラを患った人々をキリストの兄弟たちと呼んでいました。

これらの言葉を口にすると、即座に、祝されたフランシスコは自らを責め立てました。兄弟ヤコブに対して行った咎め立ての故に、そのレプラを患った人に恥ずかしい思いをさせたと思ったのです。そこで、神とレプラを患っている人とに対して償いをしようと思い、当時、〔兄弟〕全体の奉仕者であった兄弟ペトロ・カタニオに自分の咎を告げて言いました。「この過ちのために行うようわたしが選んだ償いに同意して、絶対にわたしに反対しないでくださ い」。「兄弟、あなたの気のすむように行いなさい」と答えました。兄弟ペトロは、そのためにしばしば思い悩んでいたのですが、敢えて〔フランシスコ〕に反対することができないほどに〔フランシスコ〕を敬い畏れていたのでした。するると、祝されたフランシスコは言いました。「これがわたしの償いです。キリストの兄弟と一緒に一つの器から食べます」。そこで、レプラを患っている人とほかの兄弟たちと一緒に祝されたフランシスコが食卓の前に座ると、祝されたフランシスコとレプラを患っている人との間に一つの器が置かれました。このレプラを患っている人は全身に恐ろしげな潰瘍ができ、特にその指は硬直し血まみれでしたので、その指で器から一口分を取ろうとして器の中に入れるたびごとに、指から血と膿《うみ》とが流れ出るほどでした。これを見て、兄弟ペトロとほかの兄弟たちは、聖なる師父への畏怖と尊敬に圧倒され、何一つ口にすることができませんでした。

これを見た者が、これを書き記し、これらについての証言をしているのです[1]。

(1) ヨハ一九・三五、二一・二四。

五九 どのようにして謙遜な言葉をもって悪霊どもを退散させたか

ある時のこと、祝されたフランシスコはスポレトの谷間のトレヴィ村の近郊のボヴァラの聖ペトロ聖堂に出かけましたが、兄弟パチフィコが同行しました。この〔兄弟〕は世俗にいたころは詩歌の王者と呼ばれており、高貴で宮廷仕込みの歌唱の達人でした。その聖堂は荒廃していました。そこで、祝されたフランシスコは兄弟パチフィコに言いました。「わたしは独りで今晩、ここに留まりたいので、あなたはレプラを患っている人々の施療院に戻りなさい。明日の早朝、わたしのところに戻ってきてください」。そこに独りで残り、終課〔の祈り〕とほかのさまざまな祈りを唱え終えると、横になって眠ろうとしましたが、できませんでした。〔フランシスコ〕の霊は恐れを感じ、体は震え、悪霊どもが躍動するのを感じ始めました。即座に、聖堂から出ると、自分の身に〔十字架の〕印を記しながら、言いました。「全能の神の名によってお前たちに言う。悪霊どもよ。主イエス・キリストによってお前たちに与えられたものとして、わたしの体にどんな攻撃でも仕掛けるがよい。あらゆることを耐え忍ぶ用意ができている。わたしにとって最大の敵はわたしの体なのだから。**わたしに刃向かうもの**、わたしの最悪の敵に代わって、**わたしに復讐するがよい**[1]」。すると直ちに、躍動はやみ、〔フランシスコ〕は横になった元の場所に戻ると、平和のうちに眠ったのでした。

（1）ルカ一八・三。

六〇 ルチフェルの席が謙遜なフランシスコに留保されているのを見聞きした、兄弟パチフィコの見た幻について

朝になると、兄弟パチフィコは〔フランシスコ〕のもとに戻りました。祝されたフランシスコは、そのとき、祈りのうちに祭壇の前に立っていました。兄弟パチフィコは十字架につけられた方の前で同じように祈りながら、歌隊席の外で〔フランシスコ〕を待っていました。祈り始めると、高く挙げられ、天上へと引き上げられました[1]——**体のうちにあってか体の外でかは**神だけがご存じです[1]——、そして天に多くの座があるのを見ました。それらの〔座〕の中にほかのものらよりも秀でた、すべてにまさって栄えある、輝かしい、**あらゆる種類の宝石で飾られた**[2]一つの座を見ました。その美しさに驚嘆しつつも、その座が誰のものなのか**自らに問いかけ始めました**[3]。すると直ちに、次のように**語りかける声を聞きました**[3]。「この座はかつてルチフェルのものであった。彼に代わって謙遜なフランシスコが座ることになるであろう」。我に返ると、祝されたフランシスコが外に出てきて彼の傍らに立っていました。即座に、この兄弟は〔フランシスコ〕の**足もとにひれ伏し**[4]、両腕を十字架のように組み交わして、〔フランシスコ〕が天上のあの座に既に座っているかのように考えつつ、言いました。「師父よ、わたしをお許しください。そしてわたしを憐れみ、わたしの数々の罪を赦してくださるように主にお祈りください」。両手を伸ばすと、祝されたフランシスコは彼を立ち上がらせましたが、即座に、彼が祈りのうちに何か

を**見たと悟った**のでした[5]。実に、〔この兄弟は〕全く変わってしまったように見え、肉のうちに生きている者ではなく、既に天において支配している者であるかのように祝されたフランシスコに話しかけたからです。その後、その幻を祝されたフランシスコに語りたくなかったので、〔兄弟パチフィコ〕は、自分に関わる言葉を長々と話し始め、他の事柄に紛れて〔フランシスコ〕に言いました。「兄弟、ご自分をどう思っておられるのですか」。祝されたフランシスコは答えて言いました。「この世に誰一人としていないほどに大きな罪人だと思っています」。すると直ちに、兄弟パチフィコの魂に語りかけられました。「この〔答えの〕うちに、あなたが見た**幻が真実である**[6]と悟ることができよう。ルチフェルが高慢の故にあの座から投げ出されたように、その謙遜の故にフランシスコはあの〔座〕へと**挙げられ**[7]座るに値するものとされるのである」。

(1) IIコリ一二・二―三。(2) 黙二一・一九。(3) ダニ四・一六。(3) 使九・四。(4) 使一〇・二五。(5) ルカ一・二二。(6) ダニ八・二六。(7) ルカ一・五二。

六二　どのようにして、人々の前で首に縄を巻かれて引きずられるようにさせたか

あるときのこと、重い病気からある程度回復すると、たとえわずかであっても食べ物を口にしたことで、その病気の間に自分を甘やかしたと感じていました。ある日、起き上がると、まだ四日熱は治まっていなかったのですが、アシジの町の人々を説教のために広場に集めさせました。説教が終わると、自分が戻って来るまで誰一人帰らないようにと申し伝えました。そして、聖ルフィーノ司教座聖堂に、大勢の兄弟たちと、かつてその聖堂の参事会員であり、最初の〔兄弟〕全体の奉仕者に祝されたフランシスコによって選ばれた兄弟ペトロ・カタニオと一緒に入ると、兄弟ペトロに従順によって命じ、自分が命じることは何であれ反対してはならないと言いました。兄弟ペトロは答えて言いました。「兄弟、あなたの気にいること以外何も、わたしにも、あなたにも行うことはできませんし、するつもりもありません」。すると、祝されたフランシスコはトゥニカを脱ぐと、自分の首を縄で括《くく》り付け、裸のまま、人々の前に、先ほど説教した場所まで引いていくように〔兄弟ペトロ〕に命じました。そして、ほかの兄弟たちには、灰で一杯な器を手に持って、先ほど説教した場所へと登っていき、その場所に自分が引かれてきたなら、自分の顔に灰を投げつけるようにと命じました。しかしながら、彼らは、〔フ

ランシスコ〕に寄せるあまりの同情と敬虔な思いのために、これに関しては〔フランシスコ〕に従いませんでした。しかし、兄弟ペトロは〔フランシスコ〕の首に巻き付けた縄を手にすると、命じられたとおりに、自分の後ろに〔フランシスコ〕を引いていきました。〔兄弟ペトロ〕自身は激しく泣いていましたし、ほかの兄弟たちも大きな共苦と悲哀の涙を流し続けていました。

　裸のまま、人々の前を、先に説教した場所まで引いてこられると、〔フランシスコ〕は言いました。「みなさんと、わたしの模範に倣って、世俗を棄てて、修道〔の道〕と兄弟たちの生活に入ったすべての人は、わたしが聖なる人間であると信じておられます。しかし、神とあなた方にわたしは告白いたします。この病気を患っている間に、わたしは肉と肉で作ったスープを食べてしまいました」。ほとんどすべての人が、〔フランシスコ〕に対する深い敬虔な思いと同情から泣き始めました。特に、それが冬の寒い時期であり、まだ四日熱から回復しきっていなかったことによります。人々は自分の胸を叩きつつ、自責の念に駆られて言いました。「この聖者は、自分の体にとって正当で明らかに必要なことのために自らを恥じて責めておられる。この方の生き方が聖なるものであることをわたしたちは知っているし、キリストへと立ち返った当初から、ご自分の体に課した厳しい断食と苦行の故に、もはや死んだような体をもって生きておられることもわたしたちは知っている。だとすれば、惨めなわたしたちはどうしたらよいのだろう。全生涯を通じて、わたしたちは**肉の望むところに**[1]従って生きてきたのだ」。

（1）エフェ二・三。

六二　自分の肉体が受け入れた慰安がみなに知られることを望んだこと

同じように別のあるとき、ある隠遁所で、聖マルチノの四旬節（主の降誕準備の断食節）に、豚の脂身で調理した食べ物を食べたことがありました。患っていた病気にとって、他の油は良くなかったからでした。その四旬節が終わると、大勢の人に説教するときに、説教の最初の言葉として次のように言いました。「深い敬虔な思いをもって、あなた方はわたしのところに来られました。わたしを聖なる人間と信じてのことです。しかし、神とあなた方に告白いたします。この四旬節の間に、わたしは豚の脂身で調理された物を食べました」。

ほとんどいつものことですが、誰か世間の人のところで食事をしたり、患っている病気のために肉体の慰安となるものを何かしら兄弟たちが用意したときには、直ちに、家の中や家の外で、それを知らない兄弟たちや世間の人々の前で、「わたしは何々を食べました」と公言していました。主にとって明らかなことを、人々に隠しておきたくなかったのです。同様に、どこであれ、また修道者や世間の人々の誰かしらの前で、自分の霊が高慢とか虚栄とか何らかの悪徳へと動かされたときには、即座に、その人々の前で、あからさまに何ら包み隠さずに告白していました。それ故、あるとき、仲間〔の兄弟〕たちに言いました。「荒れ地であれ別の場所であれ、わたしの滞在しているところでは、すべての人がわたしを見ているかのように生活したいのです。たとえ、わたしは聖なる人間であると思われていようと、聖なる人間にふさわしい生き方をしないなら、わたしは偽善者になります」。こうして、あるとき、脾臓と胃との病気と寒さのために、世話役の任にあった仲間の〔兄弟の〕一人が、〔フランシスコ〕のトゥニカの裏側の脾臓と胃のある辺りに狐の毛皮の切れ端を裏打ちしようとしました。その年は非常に寒かったからです。すると、祝されたフランシスコは答えました。「わたしのトゥニカの下に狐の毛皮を当てたいのなら、トゥニカの上、外側にも毛皮の切れ端を縫い付けてください。そうすれば、それによってわたしが内側に狐の毛皮を付けていることをすべての人が知ることになるでしょう」。そして、そのようにさせたのですが、大変必要であったにもかかわらず、たまにしかそれを身に着けませんでした。

六三　どのようにして施しを与えることで抱いた虚栄について、即座に自分を責めたか

アシジの町を歩いていたときのこと、貧しく哀れな老婆が神の愛によって施しを乞い求めました。〔フランシスコは〕直ちに背中に羽織っていたマントを与えました。間髪を入れず直ちに、自分の後についてきていた人々の前で、虚栄心を抱いたことを告白したのでした。

〔フランシスコ〕と生活を**共にしたわたしどもは**(1)、彼の至高の謙遜について他の多くの似たような模範を**見聞きしました**(2)が、とても言葉をもって語ることも書き残すこともできません。とはいえ、祝されたフランシスコが抱いていた何よりも優先し最高に努力したことは、神のみ前に偽善

者ではあるまい、ということでした。患っていた病気のためにしばしば手加減する必要があったのですが、兄弟たちと他の人々とに対して自分は良い模範を示さなければならないと考えていました。それ故、あらゆる欠乏を辛抱強く耐え忍び、すべての人から不平不満の材料を取り除いたのでした。

（1）Ⅱペト一・一八。（2）Ⅰヨハ一・一。

六四　どのようにして自らのうちに完全な謙遜の姿を描き出したか

集会の時期が近づいたとき、祝されたフランシスコは仲間〔の兄弟〕に言いました。「あなたに語る状態にわたしがなっていないなら、わたしは小さき兄弟であるとは思われません。兄弟たちは、大きな敬意と尊敬を払って、集会にわたしを招いてくれ、〔兄弟たち〕の敬虔な思いに動かされて、一緒にわたしも集会に出かけます。集まった〔兄弟たち〕は神の言葉を告げるように、彼らの中で説教をするようにわたしに願います。立ち上がると、**聖霊が**わたしに**教えてくださった**とおりに(1)、わたしは説教をします。そして、説教が終わると、すべて〔の兄弟〕がわたしに反対して叫びます。『あなたが**われわれを支配するのをわれわれは望まない**(2)。言うべきことを語らないからだ。あなたはあまりにも単純すぎるし無学な愚か者だ。こんなに単純で見下げ果てた長上をわれわれの上に置くのはわれわれにとって恥ずかしいことである。だから、これからはあなたをわれわれの長上と呼ぶことはできない』。こうして、非難と侮辱を浴びせてわたしを放り出します。〔兄弟たちが〕わたしを軽んじて、わたしが〔兄弟たちの〕長上であることを望まず、恥ずかしい思いで、わたしを放り出すときにも、〔兄弟たちが〕わたしを敬い尊んでくれるときと同じように、どちらの場合にも彼らの進歩と役に立っていると思って同じように喜ばなければ、わたしは小さき兄弟であるとは見なせないでしょう。〔兄弟たちの〕成長と敬虔さの故に、彼らがわたしをほめたたえ敬意を払ってくれるとき、わたしが喜ぶとすれば、わたしの魂にとってこれ以上の危険はありえません。むしろ、〔兄弟たち〕がわたしを非難するときこそ、わたしの魂の成長と救いのために喜びに喜び躍らなければなりません。それこそが魂にとって確実に益となるものなのだからです」。

（1）ルカ一二・一二。（2）ルカ一九・一四。

六五　どのようにして、ほかの兄弟たちを派遣するのと同じように〔自分も〕遠隔の地に謙遜に出かけることを望んだか、また兄弟たちが謙遜に敬虔の念をもって世界中を旅することを、どのように教えたか

多くの兄弟たちが海を越えたそれぞれの管区へと派遣されて集会が終わると、祝されたフランシスコは数人の兄弟たちと残ることになり、彼らに言いました。「親愛なる兄弟たちよ、わたしはすべての兄弟たちの規範であり模範でなければなりません。それで、労苦と羞恥、飢えと渇き、そして他のさまざまな欠乏に耐えるために遠隔の管区へと兄弟たちを派遣したとすれば、同じようにわたしもどこか遠隔の管区に出かけるのが正当なことであり、聖なる謙遜が求めることでもあります。わたしも同じことを耐え忍んでいると聞くことで、兄弟たちはもっと辛抱強くさまざまな妨害に耐えることでしょう。ですから、行って、主に祈ってください。より一層の主への賛美と〔人々の〕魂の成長、そしてわたしどもの修道生活の良い模範となるため、主がわたしのために一つの管区を選んでくださいますように」。どこかの管区に出かけたいときには、まず初めに、どこがより一層お気に召された場所であるか、主が行くべき場所へとその心を向けてくださるように〔自ら〕主に祈り、また祈るために兄弟たちを送りだすのが、いとも聖なる師父の習慣でした。そこで、兄弟たちは祈るために出ていき、祈り終わり、戻って来ると、即座に〔フランシスコ〕は喜びのうちに彼らに言いました。「わたしたちの主イエス・キリストと、その御母である栄えある処女《おとめ》〔マリア〕、そしてすべての聖人方の名によって、わたしはフランスの管区を選びます。そこにはカトリック信者の民がおり、特にほかのカトリック信者の民々の中でもキリストの御体（聖体）に対する大きな崇敬を示しているからです。これはわたしにとって大きな喜びであり、それ故、いとも大きな喜びのうちに、その人々と一緒に暮らせるでしょう」。

実に、祝されたフランシスコはキリストの御体に対して絶大なる崇敬と敬虔な思いを抱いていましたので、兄弟たちは、滞在するそれぞれの管区で、〔御体〕に対して細心の注意と配慮を払うように、またキリストの御体をふさわしい適切な場所に安置するように聖職者と司祭たちに勧め、彼らがなおざりにするなら、兄弟たちがそれを行うように、

会則の中に書き記されるのを望んだほどでした。また、兄弟たちはどこであれ、主のみ名ならびにそれによって主の御体へと変えられる言葉とが、ふさわしくも適切でもない所に置かれているのを見いだしたなら、その言葉そのものにおいて主を敬いつつ、自分の手でそれらを集めて、丁重に取り扱うことを、会則に書き入れることを望んでいました。兄弟たちがこれを命令として取り扱うのはふさわしくないと奉仕者（会の長上）たちが考えたために、会則の中には書き入れられませんでしたが、遺言書と他の書き物のうちに、これらについての自分の意志を兄弟たちに書き残すことを望んだのでした。ある時には、主の御体がふさわしく安置されていないのを見いだしたなら、その容器に敬いを込めて収めるために、美しくてきれいな容器を持たせて、兄弟たちをあまねく世界のそれぞれの管区に派遣することを望んだのでした。また、適切で清潔なホスチア（ミサで用いられる薄い種なしパン）を作るための適切で美しい鉄製の道具を持たせて、兄弟たちをあらゆる管区へと派遣することをも望んだのでした。

　さて、祝されたフランシスコは自分に同行することを望んだ兄弟たちを選ぶと、彼らに言いました。「主のみ名によって、**二人ずつ**[1]、謙遜に、また誠実に旅を続けなさい。明け方から三時課までは厳しく沈黙のうちに、**あなた方の心の内で**主に祈りつつ[2]、**無益な**空しい**言葉があなた方の間で発せられる**ことのないように[3]。たとえ歩いているときでも、隠遁所か修房にいるかのように、あなた方の会話は謙遜で誠実なものでなければなりません。わたしたちはどこにいようとも、どこを歩いていようとも、わたしたちと共に常に修房を携えているのです。兄弟である肉体はわたしたちの修房、魂はその中で主に祈り、主について瞑想するために、そこに滞在する隠遁者なのです。もし魂がその修房の中で静寂のうちに留まっていないなら、手で作られた修房は修道者にとって何の役にも立たないでしょう」。フィレンツェに辿り着くと、そこで、後に教皇グレゴリオとなられる、オスチアの司教ウゴリノ陛下と出会いました。祝されたフランシスコからフランスに行こうとしていると聞いた〔陛下〕は、行くことを禁じて仰せになりました。「兄弟よ、あなたが〔アルプスの〕山々を越えて出かけるのをわたしは望みません。ローマの教皇庁には、あなたの修道生活の益となることを阻止しようと図っている高位聖職者が大勢いるからです。あなたがこの地区周辺に留まりさえすれば、わたしと、あなたの修道生活を愛している他の枢機卿方は喜んで〔会〕を保護しますし、援助するつもりです」。祝されたフランシスコは申し上げました。「陛下、ほかの兄弟たちを遠隔の管区へ派遣しておきながら、わたしはこの周辺の管区に残って、彼らが主のために耐え忍ぶ**さまざまな艱難にあずから**ずにいるのは[4]、わたしにとって非常に恥ずかしいことなのです」。司教陛下は、彼を咎めるかのように申されました。「飢えで死んだり、他のさまざまな艱難に耐えるために、なぜ、兄弟たちを遠方に派遣したのですか」。祝されたフランシスコは、大きな熱意と**預言の霊**[5]をもって答えました。「陛下、この近辺の地区だけのために、主は兄弟たちを派遣されたと、陛下はお考えですか。真実をもって陛下に申し上げます。この世界のすべての人の魂の成長と救いのために、主は兄弟たちをお選びになり、派遣されたのです。〔キリスト〕信者の地だけでなく、〔キリスト〕信者のいない地でも、〔兄弟たちが〕受け入れられ、多くの魂を得ることになるでしょう」。オスチアの司教陛下はこの言葉に感嘆し、〔フランシスコが〕真実を語っていると認められました。こうして、〔フランシスコ〕がフランスに行くことはお許しになりませんでしたが、祝されたフランシスコはほかの大勢の兄弟たちと共に兄弟パチフィコをその地に派遣しました。〔フランシスコ〕自身はスポレトの谷間に戻ったのでした。

（1）マコ六・七、ルカ一〇・一。（2）コロ三・一六。（3）マタ一二・三六、エフェ五・一三。（4）黙一・九。（5）黙一九・一〇。

六六　どのようにして謙遜と愛とをもって盗賊たちの魂を救うよう兄弟たちを教え諭したか

ボルゴ・サン・セプルクロの上にある隠遁所に、森の中に隠れて、通りかかる人々を襲っていた盗賊たちがしばしばパンを求めてやって来ました。彼らに施しを与えるのは良くないことだと、ある兄弟たちは言っていましたが、ほかの〔兄弟たち〕は、悔い改めるように勧めつつ、同情から〔パンを〕与えていました。そうこうしているうちに、祝されたフランシスコがその居所にやって来ました。そこで、彼らに施しを与えるのは善いことか否か、兄弟たちは尋ねました。祝されたフランシスコは言いました。「これからわたしがあなた方に言うとおりにするなら、あなた方はあの人たちの魂を手に入れると、**わたしは主において確信しています**[1]。上等なパンと上等なぶどう酒をもって出かけていき、あの人たちが籠っている森まで行って、叫んで言いなさい。『兄弟なる盗賊たちよ、わたしたちのところに来てください。わたしたちは兄弟なのであり、あなた方のために上等なパンと上等なぶどう酒を持ってきましたから』。すぐに出てくるでしょう。あなた方は地面に敷物を広げ、その上にパンとぶどう酒を並べて、あの人たちが食べ終わるまで、謙遜に、そして喜びをもって給仕しなさい。食事が終わったら、主の言葉を語り、最後に、神の愛によって、この最初のお願いを彼らにお願いしなさい。そのお願いとは、誰かを痛めつけたり、どんな人に対しても悪いことを行ったりしないと、あなた方に約束することです。一度にすべてを願い求めるなら、聞き入れてもらえないでしょう。〔でもこの願いであれば、〕あなた方の謙遜と愛の故に、直ちに、あなた方に約束するでしょう。そして、後日、善い約束の故に、パンとぶどう酒と一緒に卵とチーズを持っていき、食べ終わるまで給仕しなさい。食事が終わったら言いなさい。「飢えで死にそうになりながら、さまざまな逆境に耐えながら、どうして一**日中ここにいる**(2)のですか。どうして思いと行いをもってこれほどの悪事を働くのですか。主に立ち返らない限り、そのためにあなた方の魂は滅びてしまうというのに。主に仕えるほうがずっと善いのです。〔主〕ご自身が、この代《よ》において、あなた方の肉体に必要なものを授けてくださり、ついには、**あなた方の魂を救ってくださるでしょう**』(3)。すると、あなた方が彼らに示した、あなた方の謙遜と愛の故に、彼らが立ち返るように、主は彼らを鼓舞されるでしょう」。

そこで、兄弟たちが、祝されたフランシスコが自分たちに語ったことをすべて行うと、盗賊たちは、神の恵みと憐れみによって、兄弟たちが謙遜に願ったことを、一言一言、文字通りに、すべてを聞き入れ守ったのでした。彼らに対する兄弟たちの謙遜と家族のような親密さによって、彼らは謙遜に兄弟たちに奉仕し始め、隠遁所にまで自ら肩に材木を背負って来るようになりました。そしてついには、彼らのうちの何人かは修道生活に入り、ほかの者らは、**自分の罪を告白して**(4)、犯した〔罪の〕償いを行い、これからは**自分の手で働いて**(5)生活し、これまでのようなことは決して行わないことを欲していると兄弟たちの手の内で約束したのでした。

（1）詩一〇・一二。（2）マタ二〇・六。（3）ヤコ一・二一。
（4）マタ三・六。（5）エフェ四・二八、Ｉコリ四・一二。

六七　どのようにして悪霊どもの懲罰によって、枢機卿方と一緒に〔暮らす〕よりも、貧しく惨めでみすぼらしい

所に留まることを主は喜ばれると知ったか

　あるときのこと、祝されたフランシスコはオスチア〔の司教〕陛下を訪ねるためにローマに赴きました。この方と共に数日過ごしている間に、祝されたフランシスコを非常に重んじておられた枢機卿レオ陛下のもとに伺いました。それは冬のことで、寒さと風と雨のために、歩くのに全くふさわしくない時期でした。そこで〔レオ枢機卿は〕、ご自分の家で毎日食事をしている他の貧しい人々と一緒に、一人の貧しい者として食事を提供するから、ご自分と一緒に数日の間留まるようにと願い出られました。こう申されたのは、教皇陛下や枢機卿方でさえ、〔フランシスコ〕を聖者として最高の敬虔の念と尊敬をもって歓迎されたとはいえ、祝されたフランシスコはどこにおいても一人の貧しい哀れな者として迎えられることを常に願っているのを知っておられたからでした。そして、言い添えられました。「あなたが望まれるなら、祈ったり食べたりできる、格好の離れ家を提供しましょう」。すると、最初の十二人の兄弟の一人で、そのとき、この枢機卿のもとに滞在していた兄弟アンジェロ・タンクレディが祝されたフランシスコに言いました。「兄弟、ここには〔母屋から〕離れた非常に広々とした塔があります。隠遁所にいるようにそこに滞在できるでしょう」。祝されたフランシスコはそれを見ると大変気に入り、枢機卿陛下のもとに戻って言いました。「陛下、恐らく、幾日か、陛下のもとに置いていただくことになりましょう」。枢機卿陛下は非常に喜びました。そこで、兄弟アンジェロは出かけて行って、祝されたフランシスコと同行の〔兄弟の〕ために塔の中に**場所を準備しました**[1]。そして、祝されたフランシスコは、枢機卿のもとに滞在中、そこから降りてきたくなかったので、また誰かが自分のもとに入ってくるのも望まなかったので、兄弟アンジェロが〔フランシスコ〕と同行〔の兄弟〕のために毎日食事を運ぶと約束し手配しました。

　祝されたフランシスコは同行の〔兄弟〕と共にそこに行きましたが、最初の夜、そこで眠ろうとすると、悪霊どもがやって来て、〔フランシスコ〕を鞭で激しく打ち叩いたのでした。同行の〔兄弟〕を呼び寄せると言いました。「兄弟、悪霊どもがわたしを鞭で激しく打ち叩きました。ですから、わたしの傍らにいてください。ここに独りでいるのは怖いのです」。そして、その夜は、同行の〔兄弟〕が〔フランシスコ〕の傍らに留まりました。祝されたフランシスコは、熱に苦しむ人のように、全身震わせていました。一晩中、二人は眠らずにいました。祝されたフランシスコは、再び、同行の〔兄弟〕に言いました。「なぜ、悪霊どもはわたしを鞭で罰したのだろう。なぜ、わたしに危害を加える**権能が**主から〔悪霊ども〕に**与えられた**のだろう」(2)。そして、言いました。「悪霊どもはわたしたちの主の番兵なのだ。罪を犯した者を罰する権能が番兵を遣わすように、主はご自分の番兵たち、つまりこの役目によって〔主に〕仕えている悪霊どもを通して、**愛しておられる者を矯正し鞭打たれるのだ**(3)。完全な修道者であっても知らず知らずに、たびたび罪を犯すものだ。自分の罪に気づかないから、悪魔によって鞭打たれるのだ。〔鞭打ち〕にさらされることで、内と外とを細心の注意を払って観察し、思い巡らすためなのだ。主は慈しみ深い愛をもって愛しておられる者らを、この世に生きている間、罰せずに放って置かれることはないのだから。**神の憐れみ**と恵み**のおかげで**(4)、わたしは、告白と償いによって矯正しなかったようなことを犯した覚えはない。その憐れみによって、すべてのことにおいて、それがご自分のお気に召すか、あるいはお気に召さないかを、祈りのうちにはっきりとわたしが知ることができる、という賜物を主はわたしにくださった。今、ご自分の番兵を通してわたしを鞭打たれるということがありうるとすれば、枢機卿陛下が快くわたしに慈しみを施してくださり、この慰安がわたしの肉体に必要であったとしても、飢えとさまざまな艱難に耐えるために世界中に出かけて行っている兄弟たち、また隠遁所や貧しく粗末な家屋に留まっているほかの兄弟たちが、枢機卿陛下のもとにわたしが滞在していると聞いたなら、『われわれはこんなに多くの逆境に耐えているのに、自分は慰めを得ている』と言って、わたしに対して不平不満を言う機会を与えかねない。わたしは〔兄弟たち〕に良い模範を提供するように常に努めている。そのためにこそ、わたしは〔兄弟たち〕に与えられたのだから。別の所にいるよりも、〔兄弟たち〕の間にあって、貧しく粗末な所に留まっているときこそ兄弟たちの〔徳を〕高める役に立つし、またわたしも同じ艱難を耐えていると聞くときこそ、より辛抱強くそれぞれの艱難に耐えることができるのだ」。

すべてにおいて常に良い模範を示し、自分に対する不平不満の機会をほかの兄弟たちから取り除くことこそ、わたしどもの師父の最大の、そして一貫した課題だったのです。それ故、死の日まで〔フランシスコ〕と共にいたわたしどものように、健康なときにも病気のときにも、どれほど大きな、そしてどれほど多くの〔艱難〕に耐えていたかを兄弟たちが知ったならば、それらについて読んだり思い起こしたりするたびごとに、涙をこらえることはできないでしょうし、忍耐と喜びをもって、あらゆる艱難と欠乏に耐えることでしょう。それ故、夜が明けるやいなや、祝されたフランシスコは塔から降りると、枢機卿陛下のもとに行き、自分に起きたこと、そして同行の〔兄弟〕と共に耐え忍んだことをすべて語り、はっきりと申し上げたのでした。「人々はわたしを聖なる人間と考えていますが、ご覧ください、悪霊どもはわたしを獄舎から追い出したのです」。枢機卿陛下は〔フランシスコ〕と共にいることで非常に喜んでいましたが、聖者であると知っており尊敬していましたので、その後はそこに滞在したくないという〔フランシスコ〕に反対しようとはしませんでした。こうして、祝されたフランシスコは、別れを告げると、リエティに近いフォンテ・コロンボの隠遁所へ戻って行きました。

（1）ヨハ一四・二。（2）黙九・三、一三・五―七。（3）箴三・一二、ヘブ一二・六。（4）ロマ一二・一。

六八　どのようにして、謙遜の道ではなく、知識と学問の道へと進もうとする兄弟たちを叱責したか、また会の最初の状態からの変革と復帰を予言したか

五千人の兄弟が集まっていたものの、そこには莚《むしろ》で作られた住居以外なかったので莚の集会と呼ばれた、ポルチウンクラの聖マリアでの総集会に祝されたフランシスコが参加していたときのこと、知識と学識のあるかなり大勢の兄弟たちが、そのときそこに来ておられたオスチア〔の枢機卿〕陛下のもとに行って、言いました。「陛下、知恵ある兄弟たちの忠告に従い、たまには彼らに任せるように、兄弟フランシスコを説得していただけませんでしょうか」。そして、それぞれこのように生活するように規定し教示していると、祝されたベネディクト、アウグスティヌス、ベルナルドの会則を並べ立てました。枢機卿は忠告のつもりで、そのすべてをそのまま祝されたフランシスコに伝えました。すると、祝されたフランシスコは一言も応えずに、〔枢機卿の〕手を取ると、集会に集まった兄弟たちのところへと導きました。そして、熱意と聖霊の力をもって兄弟たちに次のように語りました。「わたしの兄弟たち、わたしの兄弟たちよ、単純さと謙遜の道を通して神はわたしをお呼びになりました。そしてその道を、わたしと、わたしに信頼し、わたしを模倣しようと望む人々とのために、真

実のものとしてわたしにお示しくださいました。ですから、聖ベネディクトであれ聖アウグスティヌスであれ聖ベルナルドであれ、慈しみ深く主によってわたしに示され、与えられたものとは別の誰かの会則も道も生活様式も、わたしの前で挙げ立ててほしくありません。また、この世において、わたしが新たなる**愚か者**(1)であることを望んでおられると主はわたしに語られ、あの学識を通してではなく、別の道を通してわたしたちを導くことを望まれたのでした。あなた方の知識と学識を通して神はあなた方を混乱へと導かれるでしょう。しかし、わたしは主の番兵に信頼します。彼らを通して主はあなた方を罰せられるでしょう。たとえあなた方が望まないとしても、あなた方への非難とともに、ついにはあなた方の状態に戻ることでしょう」。枢機卿は大変驚かれ、何一つお答えになりませんでした。兄弟たちもみな非常に恐れたのでした。

(1) Iコリ三・一八。

六九 どのようにして学識が会の崩壊のきっかけになると予知し予言したか、またどのようにして仲間の〔兄弟の〕一人に、説教学に傾倒することを禁じたか

祝された師父は、徳をなおざりにして、〔人を〕**増長させる学識**(1)が追求されるようなこと、特に、誰であれ**初めに召し出された、その召命に**(2)踏み留まろうとしないようなことがあると非常に悲しんでいました。実に、こう言っていました。「学識への欲求に翻弄されているわたしの兄弟たちは、試練（裁き）の日に、自分の両手が空であるのを見いだすでしょう。むしろ諸々の徳によって自分を強めることを望みます。そうすれば、**試練の時**(3)が来たとき、**苦境のうちにも主が共にいてくださるでしょう**(4)。**試練が来るでしょう**(5)。その時には、何の役にも立たない書物は窓から納戸に投げ込まれるでしょう」。

このように言ったのは、聖書の朗読を快く思わなかったからではなく、学ばなければという不必要な慮りから、すべての〔兄弟〕を引きずり出すためでした。学識への欲求で小賢しくあるよりも、愛によって善良であることを〔兄弟たちに〕願っていたのです。それが生起するはるか以前に予感し、〔人を〕増長させる学識が崩壊のきっかけになるであろうことを予知していたのでした。それ故、その死後にも、あまりにも説教学に傾倒した仲間の〔兄弟たちの〕一人に現れて、非難し、禁止し、謙遜と単純さの道を歩むことに努めるように命じたのでした。

(1) Ⅰコリ八・一。(2) Ⅰコリ七・二〇。(3) 詩三六・三九。
(4) 代下一五・四。(5) 詩二一・一二、箴一・二七。

七〇 将来の試練の時に入会する者らは祝福され、試練にさらされるであろう者らは先輩たちよりも優れたものとなるであろうこと

祝されたフランシスコは言っていました。「悪い兄弟たちの悪い模範によって、神に愛されたこの修道生活が、人前に出るのが恥ずかしくなるほどに悪評にさらされる**時が来るでしょう**(1)。しかし、その時、会の衣服を得るために来る人々は、ひたすら聖霊の働きに導かれており、その人たちには血肉によるいかなる汚れも認められず、真に**主に祝福されるでしょう**(2)。聖人たちを燃え立たせて働かせた**愛が冷えてしまっている**(3)ので、彼らには功徳となるような働きは見られないでしょうし、むしろ非常に多くの試練が襲いかかるでしょう。しかし、このとき、試練にさらされているのを**見いだされる人たち**(4)は、先輩たちよりも優れたものとされるでしょう。

だが、災いなのは、修道生活の外見と見てくれだけで互いに称賛し合い、自分の知識と学識とに信頼し、何もしないでいるのを見いだされる人々です。つまり、この人々は諸々の徳となる行為、十字架と悔い改めの道、誓約によって純粋かつ単純に遵守に努めるはずの福音の遵守に励まないのです。このような人々は、選ばれた人々を試みるために主によって許される試練にしっかりと耐えることができないのです。しかし、**試みられて承認された人々は命の冠を受けるでしょう**(5)。非難する者らの悪意がこの人々を訓練するのは、この〔冠〕のためなのです。

(1) エゼ七・一二。(2) マタ一六・一七。(3) マタ二四・一二。
(4) マタ二四・四六。(5) ヤコ一・一二。

七一 その当時、会の中に起きていた逸脱をなぜ正さないのか尋ねた仲間〔の兄弟〕に、どのように答えたか

あるとき、祝されたフランシスコの伴侶の一人が言いました。「師父よ、多くの者らが考えていることをお話しするのをお許しください」。そして、言いました。「ご存じのように、昔は、神の恵みによって、修道生活全体が完全な純粋さのうちに溌剌《はつらつ》としていました。すべての兄弟たちが熱い熱意と細心の注意を払って、あらゆる点で聖なる貧し

さを遵守していました。わずかな貧しく粗末な建物と家具、わずかな貧しく粗末な書物と衣服、そしてそれらと同様に、その他のあらゆる目に留まるものらにおいても、わたしどもの誓約と召命、そしてすべての人への良い模範に属するすべてを細心の注意を払って守ることで意志も熱意も一つになっていました。こうして、神と隣人への愛において一致した、真に使徒的で福音的な人々でした。ところが今は、ごくわずかな時の経過のうちに、この純粋さと完全さが非常に異なったものに変質し始めました。多くの者が兄弟の数が増大したためであると言い、それを口実にして、それ故、これを兄弟たちが遵守するのは不可能だと言うほどです。これまでの方法よりももっと当世風の方法によるほうが人々は教化され敬神への思いへと立ち返ると考えるほどに、またわたしどもの修道生活の根源であり基礎である聖なる単純と貧しさの道を全く顧みることなく軽んじて、そうするほうがもっと誠実に生きることができると考えるほどに、多くの兄弟が盲目になってしまいました。このことを考えますと、これはあなたのお気に召さないことであると強く確信しているのですが、あなたのお気に召さないのなら、なぜ耐え忍んで、それを正そうとされないのか、わたしどもには不思議でなりません」。

祝されたフランシスコは答えて言いました。「兄弟よ、主があなたをお赦しになりますように。あなたはわたしに反対し逆らおうとし、わたしの職務には属していないことにわたしを巻き込もうとしているからです。確かに、わたしが兄弟たちの長上職に就いていたときまでは、〔兄弟たち〕は自分の召命と誓約に留まっていました。回心の当初から、わたしは常に病気を抱えていましたが、彼らに対するごくささやかな気遣いをこめた模範と説教にわたしは満足してきました。しかし、その後、主が兄弟たちの**数を増大させ**[1]、霊の生ぬるさと力不足の故に、それを通って歩んできた正しく安全な**道から逸脱し**始め[2]、死へと導く広々とした道を歩み、自分の召命と誓約、そして良い模範に注意を向けないようになり、わたしの説教と訓戒と、彼らに一貫して提示してきたわたしの模範にもかかわらず、歩み始めた危険な**死に至る道**[3]から離れようと欲しないことをわたしは考えました。そしてそれ故、修道生活の長上職と統率を主と〔会の〕奉仕者たちに委ねることにしました。そこで、兄弟たちの長上職を辞するとき、わたしの病気のために〔兄弟たちの〕世話をすることができないと、総集会の席で兄弟たちの前で申し開きをしたのですが、兄弟たちがわたしの意向に沿って歩むことを望むのであれば、〔兄弟たち〕自身の慰めと益のために、わたしの死の日まで、〔兄弟たちが〕わたしのほかの奉仕者を持つことを、わたしは望みませんでした。忠実かつ善良に従う者が自分の長上の意向を理解し、守るときには、長上は〔配下の者〕についてあまり心配する必要はないものなのです。〔兄弟たち〕の益とわたしの益の故に、兄弟たちの善良さを喜びとする限り、たとえわたしが病気で床に横たわっているにしても、彼らを満足させるのをわたしは怠ることになりません。なぜなら、わたしの職務、つまり長上職とは、霊的なものだからです。つまり、諸々の悪徳を抑圧すること、霊的にそれらを叱咤し、矯正することです。説教と訓戒と模範をもって叱咤し矯正することがわたしにできないとしても、この代《よ》の権威者のように、罰し鞭打つ刑吏にはなりたくありません。この代においても来世においても罰するための神の番兵である、目に見えない敵が、神の掟と自分の約束した誓願に背いた者らに復讐する役を担い、彼ら自身への非難と恥辱をもって、この代の人々から非難されるようにし、自分の誓約と召命へと引き返されることになると、わたしは主に信頼しているのです。とはいえ、死の日まで、少なくとも模範と善行をもって、主がわたしにお示しくださった道を通って歩むように兄弟たちを教え導くことを、わたしはやめるつもりはありません。その〔道〕は、彼らは主のみ前で**申し開きできません**し[4]、わたしも神のみ前でこれ以上彼らのために**弁解する**[5]つもりはないまでに、これまで模範と言葉をもって〔兄弟たち〕に教え提示してきたものなのです。

（1）使六・七。（2）申三一・二九。（3）マタ七・一三。（4）ロマ一・二〇。（5）マタ一二・三六、ルカ一六・二。

七一b　祝されたフランシスコの伴侶であり聴罪司祭でもあった兄弟レオが、祝されたフランシスコ自身の口から直接聞いて、オフィダの兄弟コンラドに宛てて書き記した言葉。この兄弟コンラドはアシジに近い聖ダミアノ〔聖堂〕に滞在していた

聖なるフランシスコは天使たちの聖マリア聖堂の〔祭壇の〕後陣で、祈りのうちに両手を高くかかげて立っていました。襲いかかってくるはずの多くの艱難に備えて、人々に憐れみを注いでくださるようにキリストに対して叫び声をあげていました。すると、主は仰せになりました。「フランシスコよ、キリスト者の民に憐れみを注ぐよう望むの

であれば、わたしのためにこれを行いなさい。それは、あなたの会を創設された当初の状態に保ち続けることである。なぜなら、全世界でこれ以外はわたしのために残らないのだから。あなたとあなたの会への愛の故に、いかなる艱難も世界に襲いかかることはないと、わたしはあなたに約束する。しかし、あなたに言っておく。もし〔兄弟たちが〕、わたしが彼らを置いた道から逸れるようなことが起き、彼らに対して沸き起こる怒りを、わたしに呼び起こさせるのなら、悪霊どもを呼び寄せ、望むままにすべての権能を〔悪霊ども〕に与えるだろう。〔悪霊どもは〕、森の中以外では何人《なんぴと》もあなたの〔会の〕衣服を身に着けることができないほどの衝突を〔兄弟たち〕と世界との間に起こさせるだろう。世界があなたの会への信頼を失うときには、もはや光は残らないだろう。**世の光**として[1]、わたしは彼らを置いたのだから」。聖なるフランシスコは言いました。「森に住むことになるわたしの兄弟たちはどのように生きるのでしょうか」。キリストは仰せになりました。「**砂漠でマンナをもって**イスラエルの子らを**養った**ように[2]、わたしが彼らを養うだろう。彼らはそうするほどに善良だから。そして、そのとき、会が設立され開始された当初の状態に彼らは戻るであろう」。

（1）マタ五・一四。（2）ヨハ六・三一。

七三　別の人々の知識と説教によって回心したと思われた〔人々の〕魂は、謙遜で単純な兄弟たちの祈りと涙によって回心させられていたこと

いとも聖なるフランシスコは、兄弟たちが知識や書物に夢中になることを望まず、聖なる謙遜の上に土台を据え、純粋な単純さ、聖なる祈り、貧しさの姫君に倣うように望んでいました。実に、聖なる最初の兄弟たちはそれらによって自らを啓発していたのでした。自分の救いとほかの人々の啓発のための安全な道はこれだけであると言っていました。その方を模倣するようにわたしたちを招かれたキリストが、この〔道〕だけをわたしたちに示し、言葉と同様に模範をもって教えてくださったからです。祝されたフランシスコは、将来のことを見通し、聖霊によって知っていたので、たびたび兄弟たちに言っていました。「多くの兄弟が、ほかの人々を啓発するということをきっかけにして、自分の召命、すなわち、聖なる謙遜、聖なる単純さ、祈り、敬虔な思い、わたしたちの姫君貧しさを放棄するでしょう。〔聖〕書の理解の故に、敬虔な思いに満ち、愛に

燃え立ち、神を認識することで照らされたと思い込むものの、内的には冷え切っており空っぽであり続けるということが起きるでしょう。こうして、かつての召命に戻ることはできなくなるでしょう。自分の**召命**[1]に則して生きる時間を、空しく偽りの労苦のうちに失ってしまうからです。**持っていると思われるものまで彼らから取り上げられること**[2]を、わたしは恐れています。彼らに与えられたもの、すなわち自分の召命を保持し、模倣することを彼らはなおざりにしてしまったからです。

そして言っていました。「そのすべての労苦とすべての配慮を知識の修得に注いで、自分の聖なる召命を放棄して、精神も肉体も謙遜と祈りの道から外に迷い出てしまった兄弟が大勢います。その人々は、人々に説教をして、何人かが啓発されたり、悔い改めへと向かったと知ると、ほかの人の働きと成果を我が物にして自慢するのです。むしろ彼らは、自分の断罪と予審とを説教した〔すなわち、あらかじめ語った〕のであって、そこで真理に沿った働きは何一つとしてなく、彼らを通して主がそのようにして実りを収穫されるための道具に過ぎなかったのです。自分の知識と説教によって啓発され、悔い改めへと向かったと彼らが信じている人々を、聖なる、貧しい、謙遜で単純な兄弟たちの祈りと涙によって主が啓発し、立ち返らされたのです。そして、聖なる兄弟たちは、多くの場合、そのことを知らないのです。このように、それを知らないが故に高慢になることもないというのは、神のみ旨なのです。このような兄弟たちこそ、わたしの円卓の騎士であり、熱心に祈りと瞑想とに専念するために、人里離れた荒れ地に隠れて、自分とほかの人々の罪を悼み悲しみ、単純に生活し、謙遜に言葉を交わしており、この人々の聖性は神に知られてはいるものの、ときとしては兄弟たちにも人々にも知られていないのです。これらの人々の魂が天使によって主のみ前に導かれるとき、主は、彼らの**労働の成果と報酬**[3]、つまりその模範と祈りと涙によって救われた多くの〔人々の〕魂を彼らにお示しになって、仰せになります。『愛するわたしの子らよ、見るがよい、これほどのこんなに多くの魂が、あなたたちの祈りと涙と模範によって救われたのだ。**わずかなものに忠実であったのだから、多くのものの上にあなたたちを立てよう**[4]。ほかの者らは自分の知識と学識の言葉をもって説教し働いたが、あなたたちの功徳によって、わたしが救いの成果をもたらしたのである。それ故、彼らの労働の報酬ならびにあなたたちの功徳の成果はあなたたちが受けるがよい。それは永遠の**国**であり、あなたたちの謙遜と単純さ、そして祈りと涙という**激しい力によって**、それをあなたたちが**奪い取った**のである』[5]。

このように、この人々は**自分の束を携えて**[6]、つまり、自分の聖なる謙遜と単純の成果と功徳とを携えて、歓喜し喜び躍りながら、**主の喜びへと入っていく**でしょう[7]。ところが、知ることと、ほかの人々に救いの道を示すことにしか心を配らず、自分のためには何一つ実行しなかった人々は、ただただ狼狽と恥辱と悲嘆の束を抱えて、裸で空っぽの状態で**キリストの裁きの座の前**[8]に立つでしょう。そのとき、わたしたちの召命である聖なる謙遜と単純さ、そして聖なる祈りと貧しさの真実が称揚され、栄えあるものとされ、ほめたたえられるでしょう。**知識の風に**〔煽《あお》られ〕**思い上がった**[9]人々は、その真実は虚偽であると言い、真実〔の道〕を歩む人々を冷酷に迫害するまでに盲目となり、自分の生き方と自分の知恵による空しい言葉をもって、この真実に刃向かうでしょう。そのとき、それによって彼らが歩み、それをもって真理であると主張し、それによって多くの人を盲目の落とし穴に[10]先導した彼らの見解の誤りと虚偽とが、悲嘆と狼狽と恥辱のうちに終焉を迎えるでしょう。そして、その人々は自分たちの闇に包まれた見解とともに、闇の霊どもと共に**外の暗闇のうちに**[11]沈められるでしょう」。

それ故、祝されたフランシスコはしばしば、**不妊の女が多くの子を産み、多くの息子を持つ女が病み衰えるまで**[12]という言葉について次のように言っていたのです。「不妊の女とは、単純で謙遜で貧しく〔人に〕侮られ、軽んじられ、何の取り柄もないとされる善良な修道者です。この人々は聖なる祈りと徳の業とによって、絶えずほかの人々を啓発し、悲痛な**呻《うめ》きをもって産み出す**のです」[13]。この言葉を非常にしばしば〔会の〕奉仕者たちとほかの兄弟たちの前で、また特に総集会において語っていました。

(1) Ⅰコリ七・二〇。(2) マタ二五・二九。(3) 知一〇・七。(4) マタ二五・二一。(5) マタ一一・一二。(6) 詩一二五・六。(7) マタ二五・二一。(8) Ⅱコリ五・一〇。(9) Ⅰコリ八・一。(10) マタ一五・一四。(11) マタ二五・三〇。(12) サム上二・五。(13) ガラ四・一九、ロマ八・二六。

七三　長上たちならびに説教者たちは祈りと謙遜の業に励まなければならないと願い、また教えていたこと

キリストの忠実な僕《しもべ》であり完璧に〔キリストを〕模倣する者であったフランシスコは、特別に聖なる謙遜の徳によってキリストへと自分が変容させられることを自覚して

いましたので、他の諸々の徳にまさって謙遜をほかの兄弟たちに期待し、〔謙遜〕を愛し、渇望し、獲得し、保持するように絶えず〔兄弟たち〕を言葉と模範をもって熱心に鼓舞していました。特に、〔会の〕奉仕者たちと説教者たちに勧告し、謙遜の業の実践へと導いていました。実に、長上職や説教の準備を口実に、良い模範と自分自身とほかの〔人々の〕魂の益となるために、ほかの兄弟たちのように、聖なる敬虔な祈り、施しを乞いに出かけること、ときとして**自らの手で働くこと**[1]、他の謙遜の業を行うことを放棄してはならないと言っておりました。また、こうも言っていました。「〔長上に〕従う兄弟たちは、自分たちの奉仕者や説教者たちが、進んで祈りに専念し、謙遜の業と一見つまらない事柄に喜んで取り組むのを見るとき大いに啓発されるものです。これなしには、狼狽も先入見も非難もなしに、ほかの兄弟たちに勧告することはできません。まさしく、キリストの模範に倣って、教える前にまず実行し、**実行することと教えること**[2]が同時でなければなりません」。

（1）Ⅰテサ四・一一、エフェ四・二八。（2）使一・一。

七四 自らを辱めるために、いつ自分が神の僕であり、いつそうでなかったか知ることを、どのようにして兄弟たちに教えたか

あるとき、祝されたフランシスコは大勢の兄弟たちを呼び集めて言いました。「いつわたしは〔主〕の僕《しもべ》であり、いつそうではないかお示しくださいますように、主に願いました。というのは、わたしは〔主〕の僕である以外の何ものでもありたくないからです。いとも慈しみ深い主ご自身が、ご寛大にもわたしに答えてくださいました。『あなたが聖なることを思い巡らし、それを語り実行するとき、あなたは真にわたしの僕であると知るがよい』。それで、兄弟たち、わたしはあなたたちを呼び、あなたたちにこれを知らせたのです。それは、すべてにおいて、またかつて口にした何かのことで、わたしが不忠実であるとあなたたちに思われる時、あなたたちの前でわたしが恥ずかしい思いをすることができるためです」。

七五 兄弟たちは、時折、自らの手で働くことを確かに願っていたこと

どんな仕事であれ、快く謙遜に取り組まない生ぬるい

人々は、即座に、**主の口から吐き出される**(1)と言っていました。怠惰な者は誰も〔フランシスコ〕の前に出ることはできませんでした。直ちに、辛辣な叱責を浴びることになったからです。あらゆる完全さの模範であった〔フランシスコ〕自身は、謙遜に**自らの手で働いており**(2)、時間という最高の賜物を浪費するのを決して許しませんでした。実に、こう言っていました。「すべての兄弟が働くこと、謙遜に善い業に励むことを望んでいます。それは、わたしたちが人々の負担にならないためであり、心も舌も怠惰にさ迷うことのないためです。何も働くことを知らない人は学びなさい」。しかしながら、労働の収益と報酬は働いた人のものではなく、世話役〔の兄弟〕と家族の判断に委ねなければならないと言っていました。

（1）黙三・一六。（2）Iテサ四・一一。

第五章

会則の遵守と修道生活全体に対する熱意

七六 まず第一に、どのようにして会則〔遵守〕の誓約を称賛し、兄弟たちがそれを知り、それについて語り、それをもって死ぬことを望んでいたか

聖なる福音を完璧に遵守することに熱中した〔フランシスコ〕は、福音の完全な遵守にほかならない、わたしたちの会則〔の遵守〕が日常的に誓約されることを熱く燃える思いをもって願っていました。そして、今いる、またかつていた〔兄弟たち〕で真に〔会則の遵守〕に熱中した人々に特別の祝福を与えたのでした。そして、自分に倣う人々に対して、わたしたちの誓約は**命の書**(1)、**救いの希望**(2)、栄光の手付け、福音の精髄、十字架の道、完全の状態、楽園の鍵、**永遠の契約の締結**(3)であると言っていました。この〔会則〕がすべての人に保持され、すべての人によって書き写されることを望み、兄弟たちが倦怠に対処する談話の中でしばしばこれについて語り合い、宣言した誓約を思い起こすために**内なる人間**(4)とこれについてしばしば談話するように願っていました。実践すべき、また規則正しく遵守すべき生活の想起と記念のために、常に目の前に〔会則〕を置いておくように教え、更には、兄弟たちは〔会則〕とともに死ななければならないと望み、かつ教えていました。

（1）黙三・五、二一・二七。（2）Iテサ五・八。（3）創一七・

七。(4) エフェ三・一六、ロマ七・二二。

七七　会則を両手に握りしめて殉教した聖なる修道士について

それ故、いとも祝されたフランシスコのこの聖なる実例と教訓を忘れることのなかった、聖職者ではなかった一人の兄弟、疑いもなく殉教者たちの歌隊のうちに迎え入れられたとわたしたちは信じている、その兄弟は、殉教への熱意から〔キリストを〕信じていない人々のもとに赴き、サラセン人によってついに殉教を遂げることになりましたが、両手で会則を握りしめ、謙遜にひざまずくと、同行〔の兄弟〕に言いました。「いとも親愛なる兄弟よ、この会則に反してわたしが行ったことのすべてについて、神の**威光に満ちた眼差しのもとに**[1]、そしてあなたの前で、わたしは咎あるものであることを告白します」。この短い告白の後、剣が振り下ろされ、それによって命を終えて、殉教の冠を手に入れたのでした。彼はごく若い時に会に入ったので、会則〔に定められた〕大斎《だいさい》（断食）を実行することがなかなかできなかったのですが、幼い少年でありながらも肌に直《じか》に鎖帷子《くさりかたびら》を身に着けていました。幸せに始めた幸せな少年は、より一層幸せに〔生涯を〕終えたのでした。

(1) イザ三・八。

七八　修道生活が常に教会の保護と矯正のもとにあることを望んだこと

祝されたフランシスコは言っていました。「わたしは出かけて行って、聖なるローマ教会に小さき兄弟たちの修道生活を委ねようと思う。その権能の**笏**《しゃく》[1]で悪意ある者らは恐れさせられ、神の子らは、どこにあっても、永遠の救いの増加を満喫して喜ぶでしょう。子らはそこに自分の母の甘美な恩恵を再確認して、特別な敬虔な思いをもって〔母〕の尊い足跡を抱きしめるでしょう。〔母なる教会〕の保護のもとに会に**悪い者が入り込む**[2]ことも、恐れ知らずにも**ベリアルの息子**[3]が**主のぶどう畑**[4]を〔荒らし〕回ることもないでしょう。聖なる母ご自身がわたしたちの貧しさの栄光を妬ましく思われ、謙遜という先触れが高慢の暗雲によって闇に囲まれるのを決してお許しにならないでしょう。わたしたちのうちの**愛と平和の絆を守ってくださり**[5]、仲違いする者たちを厳しい検閲のもとに咎め、福音的な貧しさの聖なる遵守はこの〔母〕のみ前で絶えず花盛りとなり、善い名声と聖なる生活から放たれる善い香りが一時《いっとき》でも絶えることはお許しにならないでしょう」。

（1）詩四四・七。（2）王上五・四。（3）サム上二五・一七。
（4）イザ五・七。（5）コロ三・一四、エフェ四・三。

七九　主が修道〔会〕に授け、それを祝されたフランシスコに告げられた四つの特権

祝されたフランシスコは、次の四つを主から授けられ、天使を通して知らされたと言っていました。その四つとは、小さき兄弟たちの修道生活と誓約とは裁きの日まで衰えることはないこと、故意に修道生活を迫害する者は何人《なんぴと》も長生きすることはないこと、悪意を抱いた悪い人間は誰一人として会の中で生きることはできないし、〔会〕に長く留まることもできないこと、心から会を愛した者は誰であれ、たとえそれが罪人であったとしても、ついには憐れみを得ることになることです。

八〇　〔兄弟〕全体の奉仕者とその協力者たちに必要であると語った資質について

修道生活において完全性を保守するために抱いていた熱意には並々ならぬものがありましたが、会則〔遵守〕の誓約で完全であることはそれ以上に思われました。自分の死後、修道生活全体の統治と、神の助けのもとで、それを完全に維持するには誰で足りるかとしばしば思い巡らしていましたが、適当な者を誰一人見いだすことができませんでした。そこで、その生涯の終わりが近づいたとき、ある兄弟が言いました。「師父よ、間もなく、あなたは主のもとに移るでしょうが、あなたに従ってきたこの家族は**涙の谷間**(1)に残されるでしょう。ですから、もしご存じなら、会の中で、あなたの精神は安らぎ、〔兄弟〕全体の奉仕者の重責を担うにふさわしいと思われる人をわたしたちにお示しください」。祝されたフランシスコは答えて、嘆息しつつ、次の言葉を口にしたのでした。「我が子よ、これほど大きく多様な軍団の引率者、これほど大きく広がった羊の群れの牧者としてふさわしい者をわたしは誰一人として思い浮かびません。しかし、この家族の引率者ならびに牧者であるためにはどのようなものでなければならないかを体現した一人の人物をあなた方のために描いてみましょう」。

そして続けました。「この人物は、その生き方において謹厳で、思慮分別に富み、その名声で誉れ高く、依怙贔屓《えこひいき》したり、不和を引き起こすことのないためにも、個人的な好き嫌いに動かされない人でなければなりません。また祈りの熱烈な愛好者でなければなりません。それは、自分の魂のために必要な時間と自分の群れのために必要な時間とを区別するためでもあります。まず何よりも早朝に、いとも聖なるミサの犠牲《いけにえ》をささげて、その場で、長い個人的な祈りをもって、自分自身と群れとを熱い思いを込めて神のご保護に委ねなければなりません。祈りの後に、〔兄弟たち〕みなの真ん中に立ち、みなの苦情を聞き、みなに答え、愛と忍耐と惜しみない心をもってみなを見守らなければなりません。**人を差別する人**(2)であってはなりません。単純な者らや学識のない者らを知恵ある者らや学識ある者らより軽んじることのないためです。知識の賜物を賜った人であれば、それ以上に日頃の立ち居振る舞いにおいて、敬虔の念と単純さ、忍耐と謙遜を目に見えるものとして示さなければなりません。自分自身の内にもほかの〔兄弟たち〕の内にも諸々の徳を燃え立たせ、それらを実践することで、言葉よりも模範をもってほかの〔兄弟たち〕を〔徳の実践〕へと駆り立てることで、絶えず自らを訓練しなければなりません。わたしたちの誓約と完全さとを何にもまして腐敗させる金銭を嫌悪する者でなければなりません。そして、すべての〔兄弟〕が見習うべき模範ならびに頭《かしら》として、決して金儲《もう》けに夢中になってはなりません。自分自身のためには衣服と〔聖務日課のための〕小さな書物があれば十分で、ペンと書き板の入った文箱と印鑑はほかの〔兄弟たち〕のためのものです。書物の蒐集家《しゅうしゅうか》や本を読むのに熱中する人でなければ、優先すべき職務から引き離されることもないでしょう。艱難の時の最後の拠り所であるからには、打ち砕かれた〔兄弟たち〕を慈しみ深く慰める者でなければなりません。その人のもとに健康を回復するための薬がないとすれば、病気の〔兄弟たちの〕うちで絶望という病が力を増すことになるでしょう。頑固な〔兄弟たち〕を穏健な者へと変えるためには、自分自身を投げ捨てなければなりません。魂を得るためには自分の権威を緩和しなければなりません。

会から逃げ出そうとする者らに対しては、**失われた羊らに対する**(3)ように、内心からの慈しみを注ぎ、決して彼らに憐れみを拒んではなりません。場合によって退けることができないほどに強力な誘惑であることもありうるし、より深い深淵を抜け出すために、彼がそのような体験をすることを主ご自身がお許しになったのかも知れないからです。キリストの代理者として〔会全体の奉仕者〕は、すべての〔兄弟〕から献身と尊敬の念をもって尊ばれ、彼の必要とわたしたちの状態が求めることに応じて、すべての点で、全くの善意をもって、すべての〔兄弟〕から〔敬意が〕払われることをわたしは望みます。とはいえ、〔その兄弟は〕名誉にほくそ笑んだり、侮辱よりも喝采を喜んだりしてはなりません。名誉によって、その人の生き方は善いものへと変わることはないからです。特別で上等な食物が必要となったときには、こっそりと隠れた所でではなく、みなの見ている所で摂りなさい。自分の病気や虚弱さのために、〔同じようなものを〕摂らなければならないときに、ほかの〔兄弟たち〕に恥ずかしい思いをさせないためです。また、この人には、良心の秘密を識別し、隠された内奥から真実を掘り起こすという特別な役務があります。細心の注意を払った調査から明らかになり始めるまで、あらゆる告発はまずは疑ってかからねばなりません。おしゃべりな輩には耳を傾けず、非難や告発においては特におしゃべりな輩は疑ってかからねばならず、簡単に信じてはなりません。栄誉を得たいという欲求から正義と公正の毅然とした在り方を少しでも損なったり、緩和したりしてはなりません。とはいえ、過度の厳格さの故に誰かの魂を殺してしまうことなく、過度の寛大さの故に怠惰を増大させても、安易に許すことで規律が緩むようなことがあってはなりません。そうすれば、この人はすべての〔兄弟〕から恐れられるとともに、恐れている人たち自身から愛されることになります。長上職は栄誉であるよりも重荷であると常に考え自覚していなければなりません。

ですから、正直さを備え、快楽に対しては厳格で、困難にあっても勇壮で、敬虔で、過ちを犯した〔兄弟たち〕には共苦の思いをもって接し、すべての〔兄弟〕に対して同じ思いを抱いている伴侶を、この人は持つようにわたしは願います。この人たちは、肉体にとって最低限必要な物のほかは何一つ自分の労苦の見返りとして求めず、神への賛美、会の成長、自分自身の魂への報い、そしてすべての兄弟たちの完全な救いのほかは何一つ求めてはなりません。すべての〔兄弟〕に対して等しく親切で、自分たちのもとに集まったすべての〔兄弟〕を聖なる喜びをもって迎え入れ、自分自身において会則〔の遵守〕の誓約に則した福音の遵守の規範と模範とを、純粋に単純に、すべての〔兄弟〕に示さなければなりません」。

そして言いました。「このような人がこの修道〔会〕の

〔兄弟〕全体の奉仕者でなければならず、このような伴侶たちを擁していなければならないのです」。

（1）詩八三・七。（2）使一〇・三四。（3）マタ一〇・六。

八二　完全さから逸脱した兄弟たちのために懊悩《おうのう》していたとき、どのように主は語られたか

修道生活の完全さに対して一貫して抱いていた測り難い熱意の故に、そこに何かしら不完全なものを見たり聞いたりすると、当然ながら、〔フランシスコ〕の内には悲しみが生じました。ある兄弟たちが修道生活において悪い模範を与えたとか、兄弟たちがその誓約の至高の頂から逸脱し始めているといったことを知り始めると、**その心の内は激しい痛みに傷つき**(1)、あるとき、祈りのうちで主に言いました。「主よ、あなたがわたしにお与えくださった家族をお返しいたします」。すると直ちに、主は仰せになりました。「おお、単純で無学で小さき者よ、わたしに話すがよい。兄弟が誰か修道生活から離れて行くとき、わたしがあなたに示した**道を**兄弟たちが**歩まなくなるとき**(2)、なぜそれほどまでに悲しむのか。わたしに答えるがよい。この兄弟たちの修道生活を**植えつけた**(3)のは誰か。一人の人間を悔い改めへと立ち返らせたのは誰か。そこに留まり続ける力を与えるのは誰か。**わたしではないのか**(4)。学があり口が達者な人間なので、わたしの**家族**の上にあなたを**わたしは選んだ**のではない(5)。あなたにしても、真の兄弟たち、そしてわたしがあなたに与えた会則を真に遵守する者たちにしても、知識と雄弁の道を歩むのをわたしは望まない。単純で**無学な**(6)**あなたをわたしは選んだ**(7)。わたしがわたしの群れを**眠りもせずに見守るであろう**と(8)、あなたも、そしてほかの人々も知るようになるためである。**わたしはあなたを印章として彼らの上に捺《お》した**(9)。あなたのうちでわたしが行う働きを、彼らがあなたのうちで行わなければならないからである。実に、わたしがあなたに**示した道を歩む**(10)人々はわたしを所**有し、更に多く所有することになろう**(11)。だが、別の道を歩むことを欲する者らは、**持っていると思われるものまで取り去られるであろう**(12)。それ故、あなたに言う。ほかの〔人の〕ことで悲しんではならない。むしろ、自分のなすべきことを行いなさい。自分の働くべきことを働きなさい。**永遠の愛のうちに**(13)、兄弟たちの修道生活をわたしは植えつけたからである。それ故、知るがよい。兄弟たちのうちの誰かが**嘔吐物に戻って**(14)、修道生活の外で死んだとしても、そ

の人に代わって、**冠**[15]を得ることになる別の〔人〕をわたしは修道生活へと送り込むつもりでおり、生まれないとしても、わたしがその人を生まれさせるであろうほどにわたしはこの〔修道生活〕を愛しているのである。また兄弟たちの生活と修道〔会〕とを**わたしが心から愛している**[16]ことをあなたが知るために、修道生活全体で三人の兄弟しか残らなかったとしても、わたしの修道生活は存在するであろうし、わたしが永遠にそれを見捨てることはない」。これらのことを聞くと、〔フランシスコ〕の霊魂は不思議なほどに慰められたのでした。

　修道生活が完全であるように非常に大きな熱意を注いでいたので、悪い模範や混乱を引き起こすような何かしら不完全なことが兄弟の誰かによってなされたと聞くと、非常に心を痛め、全く安らぐことができなかったのでしたが、このように主から慰められた後は、**わたしは誓い、主の正義を守ると決めた**[17]という詩編の言葉を思い起こし、言い添えました。「わたしと、わたしに倣うことを望んだ者らに、主ご自身が与えてくださった会則をわたしは守ると決めました。すべての兄弟たち自身も、わたしと同様に、そのように義務づけられたのです。ですから、わたしの病気と他の妥当な理由のために、兄弟たちへの職務からわたしが離れた後は、修道生活のために祈ることと、兄弟たちに**良い模範**[18]を示すこと以外は、わたしを束縛するものは何もありません。このことを主からわたしは授かったのであり、病気が逃げ口上にならないのであるからには、わたしが修道生活のためにできる最大の援助は、御自らそれを統治し保ち保護してくださる主に、毎日、祈りをささげることであると心底承知しています。そのため、兄弟の誰かがわたしの悪い模範によって滅びるようなことがあれば、その〔兄弟〕のために主に**申し開きをする**[19]義務があると思っています。これが主と兄弟たちに対してのわたしの義務なのです」。以上の言葉を、自分の心を鎮めるために、自らのうちで語り聞かせ、また談話の中で兄弟たちに語り、更に集会でもしばしば披露したのでした。それで、あるとき、ある兄弟が、会の統治に介入すべきであると言ったとき、それに答えて、次のように言ったのでした。「兄弟たちは自分の会則を所持しており、それを守ると誓ったのです。わたしを口実にすることができないように、〔兄弟たち〕の長上としてわたしをお立てになることが主のみ心にかなった後、〔兄弟たち〕の前で、同じようにそれを遵守することをわたしも誓いました。ですから、ここから何をなすべきか、何を避けるべきか兄弟たちは知っているのですから、行いによって〔兄弟たち〕を教える以外に何も残っていません。このためにこそ、生きている間も、死後も、わたしは〔兄弟たち〕に与えられているのです」。

（1）創六・六。（2）王上八・三六。（3）エレ二・二一。（4）出四・一一。（5）イザ四五・九、マタ二四・四五。（6）使四・一三。（7）イザ四一・九。（8）エレ三一・二八。（9）ハガ二・二四。（10）王上八・三六。（11）ヨハ一〇・一〇。（12）マタ二五・二九。（13）エレ三一・三。（14）箴二六・一一、Ⅱペト二・二二。（15）黙三・一一。（16）ホセ一四・五。（17）詩一一八・一〇六。（18）テト二・七。（19）マタ一二・三六、ルカ一六・二。

八三　ポルチウンクラの聖マリアの土地に対して抱いていた特別の情熱について、またその地での無用な言葉に反対して作られた規定について

〔自分たちの〕修道生活全体の頭《かしら》ならびに母として、天使たちの聖マリアの聖なる土地においてはあらゆる点で完全な生活と会話が保たれるようにするために、会の他のさまざまな土地にもまして、特別の情熱と格別の愛着を、生存中、常に抱いていました。そのために、この土地があらゆる土地にとって、謙遜と貧しさとあらゆる福音的完全さの規範ならびに模範であることを意図し願っていました。そして、ここに滞在する兄弟たちは、会則の完全な遵守を目指してなすべきことと避けるべきことのすべてにおいて、ほかの兄弟たちよりも常に慎重で細心の注意を払う者らでなければならないと考えていました。

そこであるとき、特に修道者にとっては、**諸悪の根源**[1]である**怠惰**[2]を避けるために、どんな日であれ、食事の後に、直ちに兄弟たちがみな、自分と一緒に何らかの仕事をしなければならないと定めました。食事の後に人が往々にして費やしがちな、**無益で無用な言葉**[3]によって祈りの時間に得た善いものを全く、あるいはその一部を失うことのないためでした。更に、次のような規定を定め、固く遵守するように命じました。兄弟たちの誰かが、兄弟たちと一緒に歩いたり仕事をしているときに、何かしら無用な言葉を口にしたなら、即座にパーテル・ノステル（主の祈り）を一度、その前後に神への賛美を添えて唱えなければならない。自分で気づいた場合には、犯した過ちを自ら咎めたうえで、自分の魂のために、上述のように、主への賛美とともにパーテル・ノステルを唱える。しかし、ほかの兄弟によって先に咎められた場合には、自分をたしなめてくれた兄弟の魂のために、上述のように唱えなければならない。とこ

ろが、咎められたのに自己弁護して、パーテル・ノステルを唱えようとしない場合には、彼をたしなめた兄弟の魂のために、同じようにしてパーテル・ノステルを二度唱えなければならない。自分自身、あるいはほかの〔兄弟〕の証言によって、無用な言葉を口にしたことが事実であると確定した場合には、祈りの前後に神への賛美を添えて、周りのすべての兄弟に聞こえるように、また知られるように、大きな声で唱えなければならない。〔周りの〕兄弟たちは、その兄弟が唱えている間、黙って聞いている。ところが、兄弟が無用な言葉を口にするのを聞いていながら、黙っていて、彼をたしなめない場合には、その兄弟が、〔無益な言葉を〕口にした兄弟の魂のために、同じように、神への賛美とともにパーテル・ノステルを一度唱えなければならない。また、誰であれ兄弟が、修房や家屋やどこかの居所に入って、そこに兄弟もしくは兄弟たちを見かけたなら、直ちに、敬虔の念を込めて、主をたたえ賛美しなければならない。この主への賛美は、いとも聖なる師父が常に唱えるのを習慣としていたもので、この同じ賛美を細心の注意を払って敬虔な思いで唱えるように、いとも熱い思いと願いを込めて、ほかの兄弟たちに教え、奨励していたものです。

（1）Ⅰテモ六・一〇。（2）シラ二三・二八。（3）マタ一二・三六。

八三　どのようにして、この土地から決して離れないように、兄弟たちに勧告したか

祝されたフランシスコは、**地上のあらゆる座**[1]に**天の国**[2]が存在することに気づいていましたし、すべての場所において神に選ばれた者らに神の恵みが与えられうると信じていましたが、ポルチウンクラの聖マリアの土地は、豊饒な恵みに満たされ、天上の霊たちがしばしば訪れる土地であることを体験していました。そこでしばしば兄弟たちに言っていました。「気をつけてください。わたしの子らよ。この土地を決して放棄してはなりません。仮に一方から追い出されたとしても、他方から再び入ってきなさい。**この聖なる土地**[3]はキリストと、その御母である処女《おとめ》〔マリア〕の住まいだからです。ここで、いと高き方が、ごくわずかであったわたしたちを増やしてくださいました。ここで、ご自分の貧しい者らの魂を、ご自分の英知の光で照らしてくださいました。ここで、ご自分の愛の火で、わたしたちの望みを燃え立たせてくださいました。ここで、敬虔な心で

祈る者は、願いをかなえていただけるでしょうし、侮辱する者は厳しく罰せられるでしょう。それ故、わたしの子らよ、あらゆる尊敬と栄誉を込めて、この土地をいともふさわしく所持しなさい。まさしく神の**住まい**[4]であり、〔神〕ご自身と、その御母によって特別に愛された所だからです。そしてここで、**あなたたちの心を尽くして、歓喜と賛美の声を挙げて**、聖霊との一致のうちに、父である神と、その御子、主イエス・キリストを**賛美しなさい**[5]」。

（1）エレ三四・一三。（2）マタ五・三。（3）創二八・一六、エゼ四二・一三。（4）王上八・三〇。（5）詩四一・五、一三五・二、二六。

八四　主がポルチウンクラの聖マリアの地で行われた特典について

この地は、聖なる諸々の地の中でも聖なる地、
大いなる栄誉にふさわしくも値すると見なさるる。
幸いなる異名、更に幸いなるその名、
今や、この名称は賜物の予兆と定めらるる。
天使たちの尊厳がこの地を光をもって取り囲む。
この地は、賛美の声が響いて夜を明かすが習い。
壊滅した後、フランシスコが復興せし、
師父自らが修復した三つの〔聖堂〕の一つ。
粗布に肢体を服させしとき、師父はこの地を選びぬ。
この地で肉体を抑制し、精神に服させし。
この神殿の中で、小さき者らの会は生まれいずる。
男たちの群れが師父の模範に従う間に、
神の花嫁クララ、ここで最初に髪を断ちおろせし、
この世の栄華を投げうって、キリストに従いて。
こうして生まれしは、兄弟たちと貴き女性たちの光。
聖なる母は、彼らによって、
世界を復旧したキリストを産み出せり。
この地は、古き世の広き道を狭め、
呼ばれた群れのうちに徳を広げし。
会則が練り固められ、聖なる貧しさは再生す。
虚栄は打倒され、真ん中に再び十字架が掲げられた。
フランシスコは掻き乱され、傷つけらるる度ごとに、
この地で平安を得て、その精神は新たな力を得る。
この地は、疑いを抱く者によって真実を証しされ、
師父自身が願うことはことごとく与えらるる。

第六章

兄弟たちが完全であることに対する情熱について

八五　まず第一に、どのように完全な兄弟の姿を描写したか

いとも祝された師父は、〔兄弟たち〕が完全であることに対して彼が抱いていた燃え上がる愛と炎のような情熱を通して、聖なる兄弟たちのうちに、確かに〔自分が〕変容されているのを目の当たりにして、善良な小さき兄弟はどのような状態ならびに徳によって装われていなければならないか、しばしば自らのうちで思い巡らしていました。そして、次のように言っていました。善良な小さき兄弟は、正しく聖なる兄弟たちの生き方と状況とを有する人です。すなわち、兄弟ベルナルドの信仰。この〔兄弟〕は貧しさへの愛とともにいとも完璧に〔信仰〕を有していました。兄弟レオの単純さと清浄さ。この〔兄弟〕は真にいとも聖なる清浄さの持ち主でした。兄弟アンジェロの礼儀正しさ。この〔兄弟〕は会に入った最初の騎士であり、あらゆる点での礼儀正しさと物惜しみのない心で装われていました。兄弟マッセオの美しく敬虔な言葉遣いを備えた魅力的な風貌と生来の感性。兄弟エジディオが完成の極みに至るまで備えていた観想における精神の高揚。兄弟ルフィーノの力強く絶えざる祈り。この〔兄弟〕は常に**絶え間なく祈っており**[1]、眠っているときも仕事をしているときにも、その精神は主と共にありました。兄弟ジネプロの忍耐。この〔兄弟〕は忍耐において完全な状態にまで達していましたが、それは絶えず眼前に据えていた自己の卑しさの完全な認識と十字架の道を通ってキリストに倣うという至高の願望によることでした。ラウデスの兄弟ヨハネの身体的かつ霊的な剛毅。この〔兄弟〕は、その当時、体力においてはすべての人にまさっていました。兄弟ロジェリオの愛。この〔兄弟〕の生活と振る舞いは愛の情熱によるものでした。兄弟ルチドの警戒心。この〔兄弟〕の警戒心は最高のものであり、一か月も同じ場所に留まることをも望まず、ある場所に留まるのが心地よくなろうものなら、直ちにそこから離れ、「**わたしたちはこの**〔地上〕に**住まいを持ってはならない。天にこそ**〔持たねばならない〕[2]」と言っていました。

（1）Iテサ五・一七。（2）ヘブ一三・一四。

八六　兄弟たちに品位を教えるために、どのように淫らな眼差しを描写したか

兄弟たちの間に〔それがあるのを〕愛し熱望した他の諸徳のうちで、聖なる謙遜という土台に次いで特に品位の美しさと清浄さとを愛していました。それ故、兄弟たちが清浄な眼差しを有するよう教えようとして、次のような譬えを用いて淫らな眼差しを描写するのが常でした。「敬虔で有能な王が二人の使者を相次いで王妃のもとに遣わしました。第一の者が帰ってくると、〔王妃の〕言葉を文字通りに報告し、王妃については何も語りませんでした。その**目は賢者のごとくに頭にある**かのように(1)、〔その眼差しが〕王妃に注がれることは少しもありませんでした。別の者が戻ってくると、ごくわずかに〔王妃の〕言葉を伝えた後、王妃の美しさについて長々と物語ったのでした。『陛下、まことにわたしは美しい女性を目にしました。あの方を我が物とする人は何と幸いなことでしょう』と言いました。すると、王は言いました。『**不届きな僕《しもべ》よ**(2)。お前はわたしの妻に淫らな眼差しを注いだか。目にしたものをひそかに手に入れようと願ったことは明らかである』。そこで、第一の者を呼び戻すように命じ、彼に言った。『お前は王妃をどう思ったのか』。すると、『我が陛下、最高であられるとわたしには思われます。快く、忍耐深く、お聞きくださいましたから』と彼は賢明に答えました。そこで、王は言いました。『目を引くような美しい所はなかったのか』。彼は答えました。『我が陛下、ご覧になるのは陛下のなさることで、わたしの務めはお言葉をお伝えすることです』。王〔の口〕から次の言葉が発せられました。『お前は貞潔な目を持っている。より一層貞潔な体をもって、わたしの部屋に入るがよい。そしてわたしと喜びを共にせよ。だが、淫らなこの男は家の外に投げ出せ。わたしの寝室を汚させないためだ』」。

こうして、言いました。「キリストの花嫁を見つめるのを恐れない者が誰かいるだろうか」。

(1) コヘ二・一四。(2) マタ一八・三二。

八七　兄弟たちが完全性を保守するために、遺された三つの言葉について

あるときのこと、胃の病のための吐血に襲われ、朝になるまで夜通し血を吐き続けるほどの重い症状に陥りました。

仲間〔の兄弟〕たちは、あまりの衰弱と苦痛から、今にも死ぬのではないかと思い、大いに悲しみ、涙を流しつつ言いました。「師父よ、あなたなしにわたしたちはどうしたらよいのでしょう。なぜ、わたしたちを**みなし児として残していかれる**のですか[1]。あなたは常にわたしたちにとって父親であり母親であり、キリストのうちにわたしたちを儲《もう》け**産み出して**くださいます[2]。あなたはわたしたちにとって指揮官であり牧者であり、教師であり、矯正してくれる方でした。言葉よりも模範をもってわたしたちを教え正してくださいます。ですから、牧者なしにわたしたち羊[3]は、**父親**[4]なしにわたしたちみなし児は、指導者なしに粗野で単純な人間であるわたしたちはどこに行ったらよいのでしょう。貧しさの栄光、単純さの賛美、わたしたち取るに足りぬ者らの誉れであるあなたを探し求めて、わたしたちはどこに行ったらよいのでしょう。今でも目の見えないわたしたちに、誰が真理の道を示してくれるのでしょう。わたしたちに語る口、忠告する舌はどこにあるのでしょう。わたしたちを十字架の道へと導き、福音的な完全さへとわたしたちを力づけるための燃え盛る霊はどこにあるのでしょう。**わたしたちの瞳の光**[5]であるあなたのもとへとわたしたちが走り寄るために、またわたしたちの魂を慰める方であるあなたを探し出すために、あなたはどこにおられるのですか。ご覧ください、師父よ。ご覧ください、あなたは死にかけておられます。ご覧ください、これほどに心細いわたしたちをあなたは見捨て、これほど悲しみ苦しんでいるわたしたちを置き去りにしようとしておられます。ご覧ください、この日を。涙と苦しみの日、絶望と悲しみの日が迫っているのです。ご覧ください、あなたがわたしたちと共におられた常にも増して厭《いと》うべきこの日。わたしたちはこの日を見るのを恐れていました。考えることさえできませんでした。しかし、驚くに値しません。なぜなら、あなたの命はわたしたちにとって光であり続けたのですし、あなたの言葉は絶えず十字架の道、福音的完全、いとも甘美なる十字架につけられた方への愛と模倣へとわたしたちを導く燃えて輝く松明《たいまつ》だったからです。ですから、師父よ、あなたがキリストのうちにお産みになった、あなたの息子たちであるわたしたちとほかの兄弟たちをせめて祝福してください。あなたの兄弟たちが常に記念として保持することのできる、あなたの意志を思い起こすことのできるものを何かわたしたちのために遺してください。『わたしたちの師父は、死にあたって、この言葉をご自分の兄弟たち、ならびに息子たちに遺された』と言うことができますように」。

するといとも慈しみ深い師父は、父親としての眼差しを息子たちに注いで言いました。「ピエトロの兄弟ベネディクトをわたしのもとに呼び寄せてください」。この兄弟は聖なる思慮深い司祭であり、病床に伏していた祝されたフランシスコのためにミサをささげたことのある人でした。というのも、〔フランシスコ〕は病気の時でも、できる限り、常にミサにあずかりたいと願っていたからです。その〔兄弟〕がやって来ると言いました。「〔今現在〕修道〔会〕にいるわたしの兄弟たち、またこれから代《よ》の終わりまでに来るわたしのすべての兄弟たちに対するわたしの祝福を書き記してください。病気による衰弱と苦痛のために、よく話すことができないので、次の三つの言葉で、今現在の、また将来のすべての兄弟に対するわたしの意志と願望とを簡略に表したいと思います。それは、わたしの祝福と遺言とを記念する徴として、わたしが〔兄弟たちを〕愛したように、そして今も愛しているように、常に互いに愛し合うこと、わたしたちの尊い姫君貧しさを常に愛し遵守すること、聖なる母なる教会の長上ならびに聖職者方に信頼し服従するものであり続けることです」。このように、わたしたちの師父は、兄弟たちの集会において、集会の終わりに、修道〔会〕に今現在いる兄弟たち、そしてこれから来るであろう兄弟たちのすべてを祝福し赦しを与えるのが慣例でしたし、集会以外のときにも、熱い愛の火をもって、これと同じことをたびたび行っていました。その一方で、悪い模範となることを恐れ、注意するように兄弟たちに警告し、悪い模範によって兄弟たちの修道生活と会に対する人々の躓きとなるようなすべての兄弟を厳しく咎め立てていました。善良で聖なる兄弟たちがそのことで恥ずかしい思いをし、非常に傷つくことになるからです。

（1）ヨハ一四・一八。（2）ガラ四・一九。（3）ユディ一一・一五。（4）マタ九・三六。（5）トビ一〇・四。

八六 キリストが行われたように、パンの欠片をそれぞれに与えて、死の間際に兄弟たちに示した愛について

ある夜のこと、祝されたフランシスコは、その夜は憩うことも眠ることもできないほどに、病気から来る苦痛に苛《さいな》まれました。明け方になると、苦痛はいくらか治まったので、その所に居合わせたすべての兄弟を呼び寄せさせました。〔兄弟たち〕が彼の前に座ると、彼らがすべての兄弟たちを代表しているかのように考え、見渡しました。そし

て、それぞれの**頭の上に右手を置いて、**[1] **現にそこにいる**〔兄弟たち〕**とそこに居合わせなかった**[2]〔兄弟たち〕、更に代《よ》の終わりまでに会にやって来る〔兄弟たち〕のみなを祝福しました。死を前にして、自分のすべての兄弟たち、息子たちに会うことができないことを悲しんでいるかのようにも見受けられました。自分の死にあたって、生涯をかけて完全に模倣してきた、自分の主であり師である方を模倣することを望み、パンを持って来るように命じると、それを**取って祝福して、**[3] 多くの欠片に裂き分けさせました。なぜなら、あまりの衰弱で〔自分でパンを〕裂くことができなかったからです。そして、それを受け取ると、それぞれすべて食べ尽くすように命じつつ、兄弟の一人ひとりに一切れずつ与えました。

　こうして、主がご自分の死を前にして、ご自分の愛の徴として、週の五日目（木曜日）に使徒たちと食事を共にされることを望まれたように、〔主〕を完璧に模倣した祝されたフランシスコは自分の兄弟たちに愛の同じ徴を示すことを望んだのでした。師父がキリストに似たものとなるためにこれを行うことを望んだのは、後に、それが週の五日目であったかどうか尋ねたことからも明らかです。また、別の機会に、週の五日目であると思っていたと自ら語ってもいました。ところが、そこにいた兄弟の一人は、自分〔に与えられた〕パンの一部を保存していました。そして、祝されたフランシスコの死後、大勢の病人が、その〔パンの欠片〕を口にすると即座にそれぞれの病気から解放されたのでした。

（1）創四八・一七。（2）申二九・一五。（3）マタ二六・二六。

八九　自分の病気のために兄弟たちが苦難にさらされるのではないかと、どのように恐れていたか

　自分の抱えていたさまざまな病気の苦痛のために、休むこともできなかったので、兄弟たちがそれが原因で大きな動揺にさらされ、自分のために疲れ切っているように思っていました。これまで自分の肉体よりも兄弟たちの魂を大切にしてきたので、その大変な労苦をきっかけにして、耐えられなくなることで、神に対して不平不満を並べ立てることにはなるまいかと恐れ始めました。そこで、あるとき、敬虔な思いと同情を込めて仲間〔の兄弟〕たちに言いました。「いとも親愛なる兄弟たち、わたしの子らよ、わたしの病気のために労苦するのを嫌がらないでください。ご自

分の僕《しもべ》であるわたしに代わって主が、この代《よ》において、また来るべき〔代〕において、あなた方の働きのあらゆる実りをあなた方に報いてくださるからです。わたしの病気への心遣いのために今は行うことのできないことがあるでしょう。あなた方自身のために労苦した以上の大きな報いを得ることになるでしょう。わたしを助けてくれる人は修道生活全体と兄弟たちの命を助けることになるからです。まさしく、あなた方はわたしに対して、『わたしたちはあなたのために出費しました、あなたに代わって主がわたしたちの債務者になってくださるでしょう』と言うことができるのです」。

聖なる師父がこのように語ったのは、弱気になる〔兄弟たち〕の霊を力づけ支えたいと願ってのことでした。それというのも、〔兄弟たち〕の魂が完全であるために並々ならぬ熱情を抱いていたからでした。時として、その労苦の故に、「これほどの労苦を背負っているのだから、わたしたちは祈ることができない」と言って、嫌悪感を抱き、いらいらするようになり、取るに足りぬ労苦の大きな成果を失うという誘惑にさらされるのではないかと恐れていたのでした。

九〇　どのようにして聖なるクララの姉妹たちを激励したか

祝されたフランシスコは被造物による主への賛歌（太陽の賛歌）を作った後、貧しい高貴な女性たちを慰め啓発するために旋律を付した聖なる詩歌を作りました。彼女たちが自分の病気のためにひどく心を痛めていると知ったためです。自ら彼女らのもとを訪れることができなかったので、それらの詩歌を仲間〔の兄弟〕たちの手で届けました。それらの詩歌によって彼女たちに自分の意志を、すなわち、どのようにして謙遜に生き、また振る舞うべきか、そして愛のうちに和合しているべきかを明らかにしたかったのでした。実に、彼女たちの回心と聖なる生活ぶりは兄弟たちの修道生活の誉れであるだけでなく、教会全体にとっても多大な啓発をもたらしていると思っていたのです。彼女たちの回心の初めから、厳格な貧しく質素極まりない生活を送っていることを知っていたので、敬虔な思いと共苦共感をもって常に彼女たちを鼓舞していました。それ故、主が聖なる愛、聖なる貧しさ、そして聖なる従順へとさまざまな地方から彼女たちを一つにお集めになったように、それらのうちに常に生き、そして死ななければならないことを、それらの詩歌によって彼女たちに乞い求めたのでした。また、特に彼女たちを激励したことは、主が彼女たちに与えてくださった施し物を、歓喜と感謝を込めて、なおかつ控え目にそれぞれの肉体のために摂取すること、そして何よりも大切なのは、健康な〔姉妹たち〕は病気の姉妹たちのために耐え忍んだ労苦において、病気の〔姉妹たち〕は自分の抱える病気において忍耐強くあることでした。

第七章

キリストの受難に対して絶えず抱いていた燃え立つ愛と共苦共感について

九一　まず第一に、キリストの受難への愛ゆえに、自分の病気を気にかけなかったこと

キリストの苦痛と受難に対する祝されたフランシスコの燃え立つ愛と共苦共感は非常に大きなものであり、日々、その受難のために内的にも外的にも自らその痛みを味わっており、自分の病気は全く気にもしませんでした。それ故、死の日に至るまでの長い間、胃と肝臓と脾臓の病のため大きな苦しみを抱え、海外から戻った後には目に絶え間ない大きな痛みを抱えていたのでしたが、治療しようとの思いは全くなく、何の心遣いもしようとはしませんでした。そこで、〔フランシスコが〕自分の体に対してこれまで常に苛酷であったし、今もそうであること、特に、今では視力が失せ始めていること、また治療することを望まないことを見て、オスチアの〔司教〕陛下は深い敬虔な思いと同情を込めて〔フランシスコ〕に忠告して言いました。「兄弟よ、あなたのしていることは善くないことです。治療しようとしないのですから。あなたの命と健康は兄弟たちのためにも、世間の人々のためにも、また教会全体にとっても非常に大切なものです。あなたの兄弟たちが病気になろうものなら、その人たちに対してあなたはいつも優しく同情心に溢れていたではありませんか。これほど緊急のときに、自分に対して冷酷であってはなりません。それ故、わたしはあなたに命じます。治療と援助を受けなければなりません」。

いとも聖なる師父自身は、神の御子の謙遜と足跡から絶えず絶大なる甘美さを引き出していましたので、肉体の苦痛も甘美なものとして常に摂取していたのでした。

九二　どのようにしてキリストの受難を大声で嘆き悲しみながら旅していったか

その回心の後間もない、あるときのこと、ポルチウンクラの聖マリア聖堂からあまり離れていない道を独りで歩いていましたが、大きな声で嘆き悲しみ呻《うめ》きながら進んでいきました。ある霊的な人が彼に出会いましたが、病気のために何らかの苦痛を抱えているのではないかと心配して言いました。「兄弟、どうしたのですか」。すると答えました。「わたしの主のご受難を嘆き悲しんで、全世界を巡って回らなければならないのです。少しも恥ずかしくありません」。その人も〔フランシスコ〕と一緒に悲しみ激しく泣き始めました。この人をわたしどもは知っていますし、その人自身からこのことを教えてもらいました。この人は、祝されたフランシスコとその仲間のわたしどもに対して多くの励ましと慈しみを示してくれたものです。

九三　どのようにしてキリストへの涙と共苦共感に代えて、時として喜びの様子を見せたか

キリストへの愛と共苦共感に酔いしれた祝されたフランシスコは、時として、次のようなことを行っていました。霊の甘美な旋律が自らのうちから湧き上がり、しばしばガリアの言葉が音声として外にほとばしり出ました。その耳が微かに捉えた神の囁《ささや》きの脈動(1)がガリアの言葉となって歓呼のうちに漏れ溢れたのでした。ときには、地面から小枝を拾い上げると、一本を左の腕に載せ、別の一本を弓のように右の手で持って、ヴィオラか他の楽器を奏でるような仕草をしていました。その身振りは天性の演奏家のようで、ガリアの言葉で主イエス・キリストをほめ歌っていたのでした。しかし、この歌舞もやがて涙のうちに終わり、この歓喜はキリストの受難への共苦共感のうちに溶け込んでいきました。涙を流しつつ絶え間なく嘆きの声を漏らし、呻き声を挙げつつ、手にしている物のことも忘れ去って、天へと引き上げられていたのでした。

(1) ヨブ四・一二。

第八章

祈りと聖務日課への熱意、自らと他の人々のうちに霊的な喜びを保ち続けることへの熱意について

九四　まず第一に、祈りと聖務日課について

これまでの所で述べたように、長年にわたって、さまざまな病気に苦しめられていたのですが、祈りと聖務日課に対しては深い敬意の念と敬虔とを抱いており、祈る時、また定められた時課の務めを果たす時には、壁や背もたれに寄りかかることは決してありませんでした。常に頭巾を外した頭で真っ直ぐに立っていました。ときにはひざまずくこともありましたが、それは日中も夜間もその大半を祈りに費やしていたからでした。また、徒歩で世間を巡り回っているときにも、時課の祈りを唱えようと思うときには、足を止めていました。病気のために馬に乗っていたとしても、聖務日課を唱えるためには、常に馬から降りていました。ある時のこと、激しく強い雨が降っており、〔フランシスコ〕は病気のためにどうしても馬に乗らなければなりませんでした。全身ずぶ濡れになっていたのですが、時課の祈りを唱えようと思ったときには、馬から降りて、降り注ぐ雨の中、道に立ち続け、あたかも聖堂か修房にいるかのように、篤い敬虔の念と敬意を込めて聖務日課を唱えたのでした。そして、仲間〔の兄弟〕に言いました。「平和と安寧のうちに肉体は自分の糧を食したいと願うとしても、肉体そのものは蛆虫の糧となるにすぎないとすれば、どれほどの平和と安寧、どれほどの敬意と敬虔の念をもって、魂は神ご自身である自分の糧を受け入れねばならないことか」。

九五　どのようにして、自らと他の人々のうちにおける内的かつ外的な霊的喜びを常に大切にしていたか

祝されたフランシスコが常に抱き続けた至高の、そして最優先の願いは、祈りと聖務日課以外のときにも絶えず内的かつ外的な霊的喜びを持ち続けることでした。そして、このことは〔自分と〕同じように兄弟たちのうちにおいても大切にしていたことでした。そのため、悲しそうな表情や不機嫌な表情を目にすると、その〔兄弟たち〕をしばしば諫《いさ》めていたほどでした。こうも言っていました。「神の僕《しもべ》は、内的かつ外的な霊的喜びを持ち、保ち続けるように努めなければなりません。この〔喜び〕は清浄な心から湧きいで、敬虔な祈りを通して修得され、悪霊どももこれを損なうことは決してできません。彼らは言います、『神の僕は逆境にあっても順境にあっても喜びを抱いているから、奴につけ入る隙も見いだせないし、危害を加えることもできない』。だが、清い祈りと他の徳となるような行いから生ずる敬虔な思いと喜びとを消し去ったり、少しでも阻止

することができたときには、悪霊どもは喜び躍るのです。もしも悪魔が神の僕のうちに自分の入り込む隙を手に入れることができたとして、聖なる行い、痛悔、告白、償いの力によって、できうる限り早急に、それを拭い去り破壊するほどに賢明でも思慮分別に富んでいなかったなら、瞬く間に、一本の毛髪から一本の梁《はり》を作り上げ、ますます力を発揮することになります。ですから、わたしの兄弟たちよ、この霊的な喜びは、清浄な心と澄み切った絶え間ない祈りから生じるのですから、何よりもまず、この二つを手に入れ保持するように努めなければなりません。わたしのうちに、そしてあなた方のうちに、この喜びを見いだし感じ取ることこそ、心の底からわたしが願い大切にしていることなのです。そうすればあなた方は内的にも外的にも隣人を啓発することができ、**敵**[1]を恥じ入らせることができるでしょう。敵とその手先どもにとっては悲しみが、わたしたちにとっては**常に主において喜びに喜ぶ**[2]ことこそふさわしいことなのです」。

（1）マタ一三・三九。（2）フィリ四・四。

九六 悲しそうな面持ちをした仲間〔の兄弟〕をどのように叱責したか、何によって悲しみと喜びが分かるか

祝されたフランシスコは言っていました。「悪霊どもは、主がわたしに与えてくださったさまざまな恩恵のことでわたしを妬んでいることを知っていますし、また、直接わたしに危害を加えることができないので、わたしの仲間〔の兄弟〕たちを通してわたしに危害を加えようと熱中し待ち受けていることも知っていますし、見てもいます。しかし、直接わたし自身にも、わたしの仲間〔の兄弟〕たちを通しても、わたしに危害を加えることができないと、大混乱に陥るのです。実際に、わたしが誘惑にさらされたり、気分が滅入っているとき、わたしの仲間〔の兄弟〕たちの喜びを思い描くと、直ちに、その〔兄弟〕の喜びをきっかけにして、誘惑や沈んだ気持ちから内的かつ外的な喜びへと引き戻されるのです」。このため、師父自身が、外面に悲しみをさらけだしている〔兄弟たち〕を厳しく叱責していました。あるとき、悲しそうな面持ちをした仲間〔の兄弟〕たちの一人を叱責して言いました。「自分の犯した過ちから来る痛みと悲しみを、なぜ面に現すのですか。この悲しみはあなたと神との間であなたが抱くものです。御憐れみによって、あなたをお赦しくださり、罪の故に失ってし

まった**救いの喜びを**あなたの魂に**返してくださるように**(1)神に祈りなさい。わたしとほかの〔兄弟たち〕の前では、常に喜びを抱いているように努めなさい。自分の兄弟、またほかの人の前で、悲しみや苦悩の面持ちを示すのは神の僕《しもべ》にふさわしいことではないからです」。

あらゆる面での良識と礼儀正しさを重んじていた、わたしたちの師父が、この喜びが高笑いを通して示されること、ましてや空虚な言葉で示されることを望んでいたなどと考えても思ってもなりません。それによって現されるのは霊的な喜びではなく、むしろ虚飾と愚弄だからです。神の僕に見られる高笑いと**無益な言葉**(2)とをことのほか嫌っていました。自分自身が高笑いすることを望まなかっただけでなく、高笑いするきっかけをほかの人たちに与えることすら望みませんでした。それ故、訓戒の言葉の中で、神の僕の喜びはどのようなものであるべきかをはっきりと提示したのでした。まさしく、こう述べています。「主のいとも聖なるみ言葉とみ業のほかには楽しみも喜びも見いださない修道者、またそれらによって喜びと歓喜のうちに神の愛へと人々を招く修道者は幸いです」。また、「無益な空しい言葉を楽しみ、それらによって人々を高笑いへと招く修道者は災いです」。それ故、顔に現れた喜びを通して、心から進んで**あらゆる善**(3)を実行するために、精神も肉体も準備され備えられていること、そして熱意と配慮とを汲み取っていました。時として、善い行動そのものよりも、このような熱意と心構えによって、ほかの人々は〔善へと〕駆り立てられるものだからです。実際に、行動は、それがいかに善いものであっても、心から進んで熱心になされていると見受けられなければ、善へと駆り立てるよりも、むしろ倦怠感を催させるものなのです。それ故、あらゆる善に対する精神の無気力と準備のなさ、肉体のやる気のなさを現す悲しみが顔に現れることを望まなかったのです。顔貌《がんぼう》にも肉体のすべての部分と五感にも、重々しさと落ち着きとが自分にもほかの〔兄弟〕たちにも認められることを大切にしており、できうる限り言葉と模範をもってほかの〔兄弟〕たちをそこへと導いていました。このような重々しい振る舞いと思慮分別とが悪魔の矢に対する最強の城壁であり**盾**であること(4)、魂を殺そうと執拗につけ狙い燃え立っている非常に強力な敵たちの中にあって、この城壁と盾という保護なしには魂は裸の兵士に等しいと経験によって知っていたのでした。

（1）詩五〇・一四。（2）マタ一二・三六。（3）テト三・一。

（4）詩九〇・五―六。

九七　祈りに差し障りのないように肉体の要求を満たすことを、どのようにして兄弟たちに教えたか

いとも聖なる師父は、魂のために肉体は造られ、霊的な働きのために肉体の行動はあることを思い巡らし理解して、次のように言っていました。「神の僕《しもべ》は、食べるときも眠るときも、他の肉体の要求を果たすときも、思慮分別をもって自分の肉体を満たしてやらねばなりません。そうすれば、『わたしの要求を満たしてくれないから、真っ直ぐに立つことも、祈り続けることも、艱難のうちにも喜びを見いだすことも、ほかのさまざまな善い業を行うこともできない』と言って、兄弟なる肉体が不平不満を言うことはないでしょう。しかし、神の僕が思慮分別をもって、十分に善く誠実に肉体を満たしてやっているにもかかわらず、兄弟なる肉体が祈りや徹夜や他の善行において無頓着で怠惰で惰眠をむさぼるようであれば、性悪で怠惰な家畜のように懲らしめなければなりません。食べることは欲するものの、働こうとも荷物を背負おうともしないからです。ところが、健康なときであれ病気のときであれ、困窮と欠乏から、兄弟なる肉体が必要とするものを得ることができないときには、謙遜に、また正直に、神の愛によって兄弟または長上に乞い願いなさい。しかし、与えてもらえなければ、主の愛によって忍耐をもって耐え忍ばさせなさい。〔主ご自身〕**耐え忍ばれ、慰めてくれる人を見いだせなかった**のです[1]。忍耐をもって耐えるこの欠乏は、殉教に代わるものと主によって見なされるでしょう。そして、自分のなすべきこと、すなわち、謙遜に自分の必要な物を乞い願ったのだから、たとえそのために肉体が重い病気に罹ったとしても、罪は免れるでしょう。

（1）詩六八・二一。

第九章

主がお許しになった幾つかの試練について

九八　まず第一に、頭の下に置いた枕の中に、どのようにして悪霊が忍び込んだか

祝されたフランシスコがグレッチオの隠遁所で、祈りのために、大きな修房の後ろの一番奥の修房に籠っていたと

きのこと、ある夜、まだ早い時刻に、自分のすぐ傍らで休んでいた仲間の〔兄弟の〕一人に呼びかけました。その仲間〔の兄弟〕は起き上がると、祝されたフランシスコがいた修房の入り口に行きました。すると、聖者は言いました。「兄弟よ、今夜は眠ることができません。かといって、祈るために真っ直ぐに立つこともできません。頭と両脚にひどい震えが走るのです。毒麦の混ざったパンを食べたかのように思われます」。仲間〔の兄弟〕が同情に満ちた言葉をかけると、祝されたフランシスコは言いました。「頭にあてているこの枕の中に悪魔が入り込んでいるように、わたしには思われます」。実のところ、世俗から抜け出した後、羽毛の布団の上に横たわろうとはせず、羽毛の枕も決して用いていませんでした。目の病のために、〔聖者の〕意志に反して、兄弟たちがその枕を用いるように強いたのでした。そこで、その〔枕〕をその仲間〔の兄弟〕のほうに投げ捨てました。仲間〔の兄弟〕は右の手でそれを受け取ると、それを左の肩に載せました。そしてその修房の入り口から離れましたが、たちまちものが言えなくなり、その〔枕〕を放り出すことも両腕を動かすこともできなくなり、その場に立ちすくみ、その場から全く動けなくなり何の意識も失せてしまいました。しばらくの間、そのようにして立ったままでいましたが、神の恵みによって、祝されたフランシスコが呼びかけると、直ちに意識が戻り(1)、枕を背中の後ろへ落とすことができました。

祝されたフランシスコのもとに戻ると、自分の身に起きたことをすべて語りました。すると聖者は言いました。「昨晩、終課を唱えていると、悪魔が修房にやって来るのを感じました。その悪魔が非常に狡猾なのが分かっていました。わたしの魂に危害を加えることができないので、眠ることも祈るために真っ直ぐに立っていることもできないように、またそれによってわたしの心の敬虔な思いと喜びとを阻止し、病気のことで不平不満を口にさせようとして、肉体が必要としていることを阻止しようとしたのです」。

（1）ルカ一五・一七。

九九　二年以上続いた、深刻な試練について

〔ポルチウンクラの〕聖マリアの居所に滞在していたときのこと、その魂の進歩となる、霊における非常に深刻な試練を課せられました。その〔試練〕によって精神的にも肉体的にも憔悴しきっていたので、たびたび兄弟たちの集

いから遠ざかっていました。衰弱した姿をいつものように〔兄弟たち〕にさらすことはできなかったからです。それにもかかわらず、食べ物と飲み物、そして言葉を断つことで厳しく自らを懲らしめていました。絶えることなく祈り続け、溢れんばかりに涙を流し続けていたので、これほど大きな試練に耐える支えとなりうるものを主は〔フランシスコ〕に送ってくださったのでした。二年以上もこのような苦難が続いたある日のこと、聖マリア聖堂で祈っていると、霊において、次の福音の言葉が語りかけられました。「**もし一粒の芥子種《からしだね》ほどの信仰があるなら、**あの**山に向かって、別の所へ移れと言えば、そうなるであろう**(1)」。即座に、聖なるフランシスコは答えました。「主よ、あの山とは何のことですか」。するとこういう答えが返ってきました。「この山とはお前の試練のことである」。祝されたフランシスコは言いました。「では、仰せのとおり、**わたしになりますように**(2)」。すると直ちに、何の試練も全くなかったかのように見えたほどに、完全に解放されたのでした。

　同じように、聖なるラ・ヴェルナ山でも、主の傷痕をその身に受けたころ、いつものように憔悴した姿をさらすことができないほどに、悪霊どもからの大きな試練と艱難とを受けたのでした。同行の〔兄弟〕に言いました。「悪霊どもがどれほど大きな、どれほど多くの艱難と苦痛をわたしに加えているか、兄弟たちが知ったなら、わたしに対して同情の思いと憐れみに駆り立てられない〔兄弟〕は一人もいないことでしょう」。

（1）マタ一七・一九。（2）ルカ一・三八。

一〇〇　鼠《ねずみ》どもによる試練にさらされていたとき、主に慰められ、み国が保証されたことについて

　死去の二年前のこと、〔フランシスコは〕聖ダミアノ〔聖堂〕の傍らの莚《むしろ》で作られた修房におり、目の病にひどく苦しめられていました。それは、五十日以上も日中の光も火の明かりも見ることができないほどでした。その苦痛と功徳とを増すために、たくさんの鼠がその修房に集まるのを、神はお許しになったのでした。昼となく夜となく、それらの〔鼠ども〕は〔フランシスコ〕の上を走り回り、その周りを駆け回り、祈ることも休むこともさせませんでした。食事を摂る時には、食卓の上によじ登り、威嚇していました。そこで、〔フランシスコ〕自身も仲間〔の兄弟〕たちも、

それが悪魔による試練であるとはっきりと分かりました。

それ故、祝されたフランシスコはあまりの苦痛に責め苛《さいな》まれるのを覚え、自己憐憫《れんびん》に駆られて、心の内で言いました。「主よ、**わたしを助けに**〔来てください〕、わたしの病を**顧みて**[1]、辛抱強くそれに耐えることができるようにしてください」。すると直ちに、霊のうちに次のように語りかけられました。「兄弟よ、答えてほしい。あなたのこれらの病と艱難に代えて、地上のあらゆる黄金にまさる純金、あらゆる宝石にまさる宝石、あらゆる香水にまさるバルサム香水といった偉大で高価な宝物があなたに与えられるとすれば、この偉大な宝物に比較するものは何一つとしてないこれらのすべてを有するとすれば、あなたは非常に喜ぶのではないだろうか」。祝されたフランシスコは答えました。「主よ、その宝物は偉大で高価で、非常に好ましく望ましいものです」。すると、**再び**自分に語りかけるのを**聞きました**[2]。「では、兄弟よ、喜びなさい。あなたの病と艱難の故に歓呼の声を挙げなさい。そして、これからは安心して、既にわたしの国にいるかのように振る舞いなさい」。そして、翌朝、起き上がると仲間〔の兄弟〕たちに言いました。「もしも皇帝が、自分の僕《しもべ》の一人に、国土全体を与えるとすれば、その僕は大いに喜ぶのではないだろうか」。そして、言い添えました。「わたしは自分の病気と艱難との故に大いに喜ばなければならない。また、**主のうちにあって力づけられ**[3]、**御父である神**と、その御独り子である主イエス・キリスト、そして聖霊**に常に感謝しなければなりません**[4]。主から大きな恵みをわたしは賜ったからです。取るに足りぬ僕《しもべ》であるわたしに、肉において生きているうちから既にご自分の国を〔お与えくださると〕保証してくださったのです。ですから、〔主〕を賛美するため、わたしたちの慰めのため、そして隣人を啓発するために、主の被造物についての新しい賛歌を作りたいと思います。日ごとに、わたしたちはそれらの〔被造物の〕お世話になっており、それらなしにわたしたちは生きることができず、それらによって人類は創造主を傷つけるようなことをしてしまったからです。これほどの恵みとこれほどの賜物にもかかわらず、わたしたちは依然として忘恩の輩で、創造主であり、すべての善の与え主である主を、わたしたちはふさわしく賛美していないのです」。

そして、座って、しばらく瞑想を始めました。その後、言いました。「いと高き、全能の善き主よ」云々と。そして、これに曲を付けて、これを唱え歌うように仲間〔の兄弟〕たちに伝授したのでした。〔フランシスコ〕の霊は大きな慰めと甘美さとのうちにありましたので、兄弟パチフィコのもとにこれを送るように望みました。この〔兄弟〕は世俗にいたころは詩歌の王者と呼ばれており、高貴で宮廷仕込みの歌唱の達人でしたので、善良で霊的な幾人かの兄弟を彼のもとに送って、〔兄弟パチフィコ〕と一緒に、この主への賛歌を宣べ伝え、歌いながら世界中を巡り回ることを欲していたのでした。その望みを次のように語ったのでした。それらの〔兄弟〕たちの中でより良く説教のできる者が、まず初めに人々に説教し、説教の後で、主の吟遊楽人のように、全員で、主への賛美を歌うように。そして、賛歌を〔歌い〕終えたら、説教者が人々に次のように語るよう望んでいました。「わたしたちは神の吟遊楽人です。これらに対するお返しとして、皆さんからいただきたいものがあります。心から悔い改めていただきたいのです」。そして、〔フランシスコは兄弟たちに〕言いました。「神の僕《しもべ》であるということは、人々の心を高め、霊的な喜びへと駆り立てなければならない〔神の〕吟遊楽人にほかならないのではありませんか」。その救いのために神の民に与えられた小さき兄弟たちについて、特にこのことを語っていたのでした。

（1）詩七〇・一二。（2）黙一〇・八。（3）Ⅱコリ一二・九。（4）エフェ六・一〇。

第一〇章

預言の霊について

一〇　まず第一に、被造物について作り、彼らの前で仲間〔の兄弟〕たちに歌わせた賛歌の力によって、アシジの司教と長官との間に平和が回復することを、どのようにして予言したか

祝されたフランシスコが「兄弟なる太陽の賛歌」と呼んでいた、被造物についての上述の賛歌を作り上げた後、アシジの町の司教と長官との間に大きな不和が生ずるという事態になりました。その結果、司教が長官を破門に付すと、長官のほうも、〔司教〕に何を売っても何を買ってもならず、いかなる契約を交わしてもならないという布告を発したのでした。祝されたフランシスコは、これを耳にしたとき、大変重い病気を患っていたのでしたが、彼ら二人に対する憐れみの念に駆られました。和解のために介入する人が誰

一人いなかったからです。そして、仲間〔の兄弟〕たちに言いました。「司教と長官とが互いに憎み合っており、誰一人として和解のために介入しないということは、神の僕《しもべ》であるわたしたちにとって大変恥ずべきことです」。これをきっかけにして、直ちに上述の賛歌に次の一節を付け加えたのでした。

「賛美されますように、我が主よ、
あなたの愛の故に許す人々、
そして、病と艱難とを耐え忍ぶ人々によって。
幸いなこと、平和のうちに耐え忍ぶ人々、
いと高き方よ、
その人々にはあなたから冠が授けられます」。

その後、仲間の〔兄弟の〕一人を呼び寄せると、言いました。「長官のところに行き、わたしに代わって言ってください。町の高官の方々、そして同行することのできる他の方々と一緒に司教館においでくださるように」。その兄弟が出ていくと、別の二人の仲間〔の兄弟〕に言いました。「行って、司教と長官と、二人と共にいる他の方々の前で、兄弟なる太陽の賛歌を歌ってください。**わたしは主に信頼しています**(1)。〔主〕ご自身が直ちにその方々の心を謙虚にしてくださり、かつての愛情と友情へと立ち返らせてくださると」。

こうして、司教館の中庭に全員が集まると、あの二人の兄弟が立ち上がり、その一人が言いました。「祝されたフランシスコは、病のうちにあって、自分の主を賛美するため、また隣人を啓発するために、被造物による主への賛歌を作りました。〔フランシスコ〕自身が、篤い敬虔な思いをもって、皆さんに聞いていただきたいと願っています」。こうして、〔賛歌〕を唱え、歌い始めました。たちまちのうちに、長官は立ち上がり、両手両腕を組み合わせ、あたかも主の福音〔の言葉〕のように篤い敬虔の思いを込めて、更には激しく涙を流しながら熱心に耳を傾けていました。祝されたフランシスコに対して大きな信頼と尊敬の念を抱いていたのでした。主への賛歌が終わると、長官は皆を前にして言いました。「はっきりと皆さんに断言します。司教陛下をわたしの主君として戴きたいと思います、〔思うだけでなく〕そうしなければなりません。そして、陛下に限らず、ほかの誰であれ、たとえわたしの肉親の者、わたしの息子が殺されようとも、わたしは許します」。こう言うと、司教の**足もとにひれ伏す**と(2)、言いました。「ご覧ください。わたしたちの主イエス・キリストと、その僕《しもべ》祝されたフランシスコの愛によって、陛下のお気のすむままに、何なりと償いを果たす覚悟ができております」。司教のほうは、両手で〔長官〕を抱きあげ立ち上がらせると、言いました。「わたしの職務からして、謙虚であることこそわたしにふさわしいのですが、生来、短気に走りやすいのです。あなたにお許し願わねばなりません」。こうして、大きな寛容と愛情を込めて、二人は互いに抱擁し、口づけを交わしたのでした。

このように文字通り、二人の和解について祝されたフランシスコが予言したことが成就したのを見て、兄弟たちは驚嘆するとともに喜んだのでした。そして、そこに居合わせた他の人々は皆、これを大きな奇跡と見なし、その功績を祝されたフランシスコに帰したのでした。これほど速やかに主が二人に訪れ、何の言葉もあげつらうことなしに、これほど大きな不和と衝突から、これほど大きな和解へと立ち返ったからでした。祝されたフランシスコと共にいたわたしどもは証しいたします[3]。何かについて「こうである」とか「こうなるだろう」と言ったときは、必ず文字通りそのようになったのでした。わたしどもが見た多くの偉大なそれらのことを書き記したり語ったりするとすれば膨大なものになってしまうでしょう。

(1) 詩一〇・二。(2) マタ一五・三〇。(3) IIペト一・一八、ヨハ二一・二四。

一〇一　沈黙を口実に、〔罪を〕告白しようとしなかった兄弟の転落をどのように予言したか

外見的な振る舞いでは誠実で聖なる〔兄弟〕がいました。彼は昼も夜も祈りに専念しているように見受けられ、また絶えることなく沈黙を遵守し、司祭に〔罪を〕告白するときでさえ、言葉ではなく、身振りで告白するほどでした。神への愛においても献身的で燃え上がっていると思われており、兄弟たちと座っているときも、決してしゃべることなく、善い言葉を耳にして内的にも外的にも大いに喜んでいるようで、そのためにしばしばほかの兄弟たちを敬神へと導いていました。ところが、このように振る舞い続けるうちに数年が経ったとき、たまたま祝されたフランシスコが、その〔兄弟〕がいた所にやって来ました。兄弟たちから彼の振る舞いを聞くと、〔フランシスコは〕言いました。「はっきりと知りなさい、それは悪魔の誘惑です。告白しようとしないのですから」。そうこうしているうちに、〔兄弟〕全体の奉仕者が祝されたフランシスコを訪ねて、その

所にやって来て、祝されたフランシスコの前でその〔兄弟〕をほめそやし始めました。すると、祝されたフランシスコは彼に言いました。「兄弟、わたしを信じてください。邪悪な霊に誘われており、あの兄弟自身も欺かれているのです」。〔兄弟〕全体の奉仕者は言いました。「あれほどの聖性の徴と働きを持っている人がそのようでありうるとは、信じ難いことですし、わたしには不思議に思えます」。すると、祝されたフランシスコは言いました。「少なくとも週に一回か二回、告白するように言って、彼を試してみなさい。もし、あなたの言うことを聞き入れないようであれば、わたしがあなたに言ったことが真実であると分かるでしょう」。そこで、〔兄弟〕全体の奉仕者はその兄弟に言いました。「兄弟、週に少なくとも一回か二回、必ず告白するように、わたしは望みます」。その〔兄弟〕は自分の口に指を置いて、頭を振り、沈黙への愛によって、それを行うことはできないということを、身振りで示しました。〔兄弟全体の〕奉仕者は彼が躓くのを恐れて、その場を去らせました。ところが、**幾日も経たないうちに**[1]、その兄弟は、自分の意志によって、会から出て行き、世俗の服をまとって、世俗に戻って行きました。

　ところが、ある日のこと、祝されたフランシスコの仲間の二人〔の兄弟〕がある道を辿って歩いていると、非常に貧しい放浪者のように、ただ独りで歩いている、あの男に出会ったのでした。いたく同情して彼らは言いました。「おお、可哀そうに。あなたの誠実で聖なる振る舞いはどこに行ってしまったのですか。かつてはあなたの兄弟たちに話そうとも、自分のことを現そうともしなかったのに。今では**神を認めない**[2]人間のように世をさ迷い歩いているとは」。すると、世俗の人々がよくするように、しばしば、自分の信仰にかけて誓いながら、語りかけてきたのでした。〔二人の兄弟〕は言いました。「哀れな人、世間の人たちがするように、どうしてあなたの信仰にかけて誓うのですか。**無益な言葉**[3]だけでなく、善い〔言葉〕に対してさえも沈黙を守り通していたのに」。こうして、そのまま去っていかせました。しばらくしてから、その男は死にました。この哀れな男が兄弟たちの間で聖者とほめそやされていたとき、祝されたフランシスコがこの男について予言したことが文字通り真実であったことを知って、わたしどもは非常に驚いたのでした。

（1）ルカ一五・一三。（2）Iテサ四・五。（3）マタ一二・三六。

一〇三　会に受け入れられるために、祝されたフランシスコの前で泣き叫んだ人について

祝されたフランシスコの許可なしには、誰一人として会に受け入れられなかった当時のこと、ルッカの高貴な人の息子が、会に入ることを希望する他の大勢の人々と一緒に祝されたフランシスコを訪ねてきました。その時、〔フランシスコ〕は病気のため、アシジの司教の館におりました。彼らは皆、祝されたフランシスコの前に出ると、この〔ルッカの高貴な人の息子〕は〔フランシスコ〕の前に身をかがめると、自分を受け入れてくれるように願って、激しく泣き叫び始めました。祝されたフランシスコは、その人を**一瞥する**[1]と、言いました。「哀れな、肉的な人間よ、なぜ**聖霊とわたしとを欺くのか**[2]。あなたが泣き叫ぶのは肉によるもので、霊によるものではない」。これらの言葉を言い終わるやいなや、その人の親近の者らが彼を捕らえて連れ戻そうとして、馬で館の外に到着しました。その人は、馬のいななきを耳にすると、窓越しに眺め、自分の近親の者らを見ると、直ちに彼らのもとに降りて行って、祝されたフランシスコが予言したように、彼らと一緒に世俗に戻って行ったのでした。

(1) 使一三・九。(2) 使五・三。

一〇四　祝されたフランシスコが原因で、ぶどうの房を摘み取られた司祭のぶどう畑について

リエティに近い聖ファビアノ聖堂の傍らに、祝されたフランシスコは目の病のために、そこの貧しい質素な司祭と共に滞在していました。当時、教皇ホノリオ陛下も教皇庁全体を引き連れてその町におられました。そこで、大勢の枢機卿や、ほかの高位聖職者方が、〔フランシスコ〕に対して抱いていた敬虔な思いの故に、毎日のように、祝されたフランシスコのもとを訪れていました。その聖堂は、祝されたフランシスコが滞在していた家屋の傍らに小さなぶどう畑を備えていました。彼を訪ねてきた人々は皆、その家屋に入るために、ぶどう畑を通らねばなりませんでした。特に、その時はぶどうの実も熟し、その場所も非常に心地よかったこともあって、ぶどう畑は踏み荒らされ、ぶどうの房もすっかり摘み取られてしまいました。そのため、この司祭は不平を並べ立て始め言いました。「確かに小さなぶどう畑だが、わたしに必要なだけのぶどう酒を賄うことができた。ところが見てくれ。今年はすっかり駄目に

なってしまった」。それを耳にした祝されたフランシスコは、その〔司祭〕を呼び寄せてもらうと言いました。「陛下、これ以上嘆かないでください。わたしどもには何もできませんが、**主に信頼してください**[1]。ご自分の僕《しもべ》であるわたしのために、あなたの損害を完全にあなたに取り戻してくださることがおできになるからです。わたしにお教えください。一番実りの良かった時に、あなたのぶどう畑からどれほどの樽のぶどう酒がとれたのですか」。司祭は答えました。「師父よ、十三樽です」。祝されたフランシスコは言いました。「もう悲しまないでください。このことのために誰にも乱暴な言葉は口になさらないでください。主と、わたしの言葉とに信頼してください。もし二十樽のぶどう酒よりも少ないようなことがあれば、わたしがあなたに補って差し上げます」。

それ以後、司祭は沈黙し、落ち着きを取り戻しました。ぶどうの収穫の時が来ると、神の摂理によって、そのぶどう畑から二十樽を下回らないぶどう酒を得たのでした。司祭も、これを聞いた人々も大変驚いて、畑一杯のぶどうの房からでも、二十樽のぶどう酒を得ることはできなかったのに、と言い合っていました。〔フランシスコ〕と共にいたわたしどもはこのことについても、また予言したすべてのことが必ず文字通りに成就したことを証しします。

（1）詩一〇・二。

一〇五 〔フランシスコ〕の説教を邪魔したペルージアの兵士たちについて

祝されたフランシスコがペルージアの広場で、そこに集まった大勢の人々に説教していたときのこと、ペルージアの兵士たちが馬に乗って広場を駆け回り始め、武器をとって遊んで説教の邪魔をしたのでした。その場にいた人々が非難したのですが、それでもやめませんでした。そこで、祝されたフランシスコは彼らのほうに向き直ると、霊に燃えて言いました。「主がご自分の僕《しもべ》であるわたしを通してあなた方に告げることに**耳を傾け、理解しなさい**[1]。『こいつはアシジの野郎だ』などと言ってはなりません」。このように言ったのは、ペルージアの人々とアシジの人々との間には古くからの敵対心があったし、今もあるからです。そして、彼らに言いました。「**主は**あなた方を、あなた方の周りにいるすべての人々の**上に高く挙げられました**[2]。それ故、神に対してのみならず、あなた方の周りにいる人々に対しても自ら謙遜に振る舞って、彼らに増して、あなた方の創造主を認めなければなりません。それなのに、あなた方の**心を高慢へと膨れ上がらせ**(3)、あなた方の周りの人々を食いものにし、その多くを殺戮しているのです。ですから、わたしはあなた方に言います。速やかに神に立ち返って、あなた方が犯した過ちを償わなければ、何一つ罰することなく見逃されることのない主が、あなた方を互いに敵対させることで、ずっと大きな復讐と罰と屈辱とをあなた方にお与えになるでしょう。暴動や内紛が起き、あなた方の周りの人々があなた方に課すこともできないような大きな艱難を被ることになるでしょう」。

このように祝されたフランシスコは、説教する際に、人々の悪習に対して黙していることは決してなく、すべてをあからさまに厳しく非難していました。主が大きな恵みをお与えになっていたので、〔フランシスコ〕に会ったり、その話を聞いた人は皆、身分や状況に関わりなく、〔フランシスコ〕が持っていた主の豊かな恵みの故に、〔フランシスコ〕を恐れ敬っていました。そして、〔フランシスコ〕によってどれほど厳しく叱責されても、その言葉に啓発されて主に立ち返るか、良心の呵責を感じるのが常でした。

神がお許しになったので、数日後のこと、兵士たちと人々との間に衝突が生じるという事態になりました。その結果、人々は兵士たちを町から追い出してしまいました。その兵士たちは、教会が彼らを支持したこともあって、人々の畑やぶどう園や果樹を踏み荒らし、できうる限りのあらゆる悪行を人々に対して行いました。人々も兵士たちのあらゆる財産に対して同じように行いました。こうして、祝されたフランシスコの言葉のとおり、人々も兵士たちも罰せられたのでした。

（1）申三二・一二。（2）詩二六・六。（3）申一七・二〇、エゼ二八・二、五。

一〇六　ある兄弟の隠された試練と艱難とを、どのようにして予見したか

ある非常に霊的で、祝されたフランシスコとも親しかった兄弟が、長い間、悪魔のひどい誘惑に苦しんであり、絶望のどん底に沈められたかのようでした。たびたび〔罪を〕告白しなければならないことで、毎日、心を掻き乱され、そのためますます節制と徹夜と涙とさまざまな苦行をもって自分を痛めつけていました。そのような折、神の摂

理によって、祝されたフランシスコがその所にやって来ました。ある日、その兄弟が祝されたフランシスコと一緒に歩いていると、祝されたフランシスコは聖霊によって、その〔兄弟の〕艱難と試練とを知りました。彼に同行していた別の兄弟から少し身を退き、悩んでいる〔兄弟〕に身を寄せると、言いました。「いとも親愛なる兄弟よ、これからはそのような悪魔の誘惑を告白する義務はないと思ってください。そして、恐れてはなりません。そのような〔誘惑は〕あなたの魂に何一つ危害を加えることはないからです。わたしの許可のもとに、そのような〔誘惑〕に悩まされるたびに、七回パーテル・ノステル（主の祈り）を唱えなさい」。その兄弟は、そのことでひどく苦しい思いをしていたので、それらを告白する義務はないという〔フランシスコ〕の言葉に非常に喜んだのでした。しかし、告白した司祭たちだけが知っていたことを、祝されたフランシスコが知っていたことで大変驚いたのでした。このようにして、神の恵みと祝されたフランシスコの功徳によって、たちまちのうちに例の艱難から解放され、それからは大いなる平和と静寂のうちに過ごしたのでした。それは、この兄弟を心配することなく告白〔の束縛〕から解き放とうと聖者が望んだことによるものです。

一〇七　兄弟ベルナルドについて予言したことについて、またどのようにして語られたとおりにすべてが成就されたか

死が近づいたころ、〔フランシスコ〕のために上等な食事が用意されました。〔フランシスコ〕は自分にとって最初の兄弟であった兄弟ベルナルドのことを思い起こし、仲間〔の兄弟〕たちに言いました。「この食事は兄弟ベルナルドのためにちょうど良い」。そして、直ちに〔ベルナルド〕を自分のもとに呼び寄せさせました。〔ベルナルド〕はやって来ると、祝されたフランシスコが横になっていた寝床の傍らに座りました。兄弟ベルナルドは言いました。「師父よ、お願いがあります。わたしを祝福し、わたしへの愛情を示してください。父としての愛情をわたしに示してくだされば、神ご自身も、またすべての兄弟も、もっとわたしを愛してくれると思うからです」。祝されたフランシスコは〔ベルナルド〕を見ることができませんでした。数日前から、視力を失っていたからでした。**右手を伸ばして**、第三番目の兄弟であった兄弟エジディオの**頭の上に置きました**[1]。彼の傍らに座っていたベルナルドの頭の上に置いていると思っていました。しかし、直ちに、聖霊によっ

て気づいて、言いました。「これはわたしの兄弟ベルナルドの頭ではない」。そこで、兄弟ベルナルドがもっと近づくと、祝されたフランシスコはその頭の上に手を置いて祝福して、仲間の〔兄弟たちの〕一人に言いました。「わたしがあなたに言うとおりに書いてください。主がわたしに与えてくださった最初の兄弟が兄弟ベルナルドでした。この〔兄弟〕が、まず第一に、自分のすべての財産を貧しい人々に分け与えて、聖なる福音の完成をいとも完璧に始め、成就したのです。このため、そして他の多くの特性のために、修道〔会〕全体のどの兄弟よりも〔ベルナルド〕を愛さずにはいられないのです。それ故、誰が〔兄弟〕全体の奉仕者になったとしても、彼はわたしと同じように〔兄弟ベルナルド〕を愛し、敬うように、わたしは望み、できうる限りの力をもって命じます。修道〔会〕全体の奉仕者たちとすべての兄弟は、〔兄弟ベルナルド〕をわたしの代理として大切にしてください」。この〔言葉〕によって、兄弟ベルナルドもほかの兄弟たちも大いに慰められました。祝されたフランシスコは兄弟ベルナルドの至高の完全さを考えて、何人かの兄弟たちの前で彼について予言して言いました。「あなた方に言っておきます。彼の鍛錬のために、強力で非常に狡猾な悪霊どもによって、彼を大きな艱難と試練とに投げ込むことが兄弟ベルナルドに与えられるでしょう。しかし、憐れみ深い主は、その〔生涯の〕終わり近くに、あらゆる艱難と試練とを取り除いてくださり、その霊と肉体とを大きな平和と慰めのうちに置いてくださいます。それを見る兄弟たちは深く感動し、大きな奇跡と見なすでしょう。〔霊と肉体という〕双方の人のこのような安らぎと慰めのうちに、彼は主のもとへと移行していくでしょう」。

これらのことがすべて兄弟ベルナルドの身に文字通り成就したことには、祝されたフランシスコからこれを聞いていた兄弟たち皆、大いに驚かずにはいられませんでした。兄弟ベルナルドは、死の病にあっても、霊の大きな平和と慰めのうちにあり、横になろうとしませんでした。横になるとしても、座った格好で寄りかかり、眠気や何か別の考え事によって神についての瞑想が妨げられることのないように、気を散らすような思いがいささかも頭に浮かぶことのないようにしていました。時として、そのようなことが起きると、直ちに起き上がって、自らを責めて言いました。「何ということか。どうしてこんなことをわたしは考えたのだろう」。薬も一切受けつけようとせず、差し出す人に「わたしの邪魔をしないでください」と言っていました。

そして、一層自由に、かつ平安に死ぬことができるように、医師であった一人の兄弟の手に、自分の肉体上の面倒をみてくれるように託して言いました。「食べたり飲んだりすることで心を煩わせたくありません。あなたにお任せします。あなたが与えてくれれば食べましょう。与えてくださらなくても、わたしは願いません」。衰弱が激しくなり始めてからは、死の時まで、常に傍らに司祭がいてくれることを願い、良心を咎めるようなことが何か精神に浮かぼうものなら、直ちに告白していました。死後、その肉体は白く柔らかくなり、微笑んでいるかのように見え、生きていたときよりも死んだときのほうが一層美しくかったのです。生きているよりも死んでしまった〔ベルナルド〕を見て、皆はむしろ喜んでいたのでした。まさしく、微笑みの聖者と見受けられたのでした。

(1) 創四八・一四。

一〇八 自分に会いたがっていた祝されたクララに、死の間際に、どのように伝え、死後それが成就したか

祝されたフランシスコが帰天するその週のこと、アシジの聖ダミアノの貧しい姉妹たちの最初の苗木であり、福音の完全さを遵守する点で祝されたフランシスコの競争者であった貴いクララは、当時、二人とも重い病を患っていたので、自分のほうが先に死ぬのを恐れて、激しく泣き悲しみ、どんな慰めも受け入れられずにいました。神に次ぐ自分の唯一の父、慰め主であり教師であり、神の恵みのうちに自分を最初に据えてくれた人物である祝されたフランシスコに、死の前に会うことはできないと思っていたからでした。そこで、ある兄弟を通して祝されたフランシスコにそのことを伝えました。それを聞いた聖者は、父親としての愛情をもって彼女を特別に愛していたので、彼女に対する親愛の念に動かされました。しかし、彼女が願っていること、つまり自分と会うことはかない得ないと考え、彼女とそのすべての姉妹たちを慰めるために、手紙によって自分の祝福を彼女に書き送り、自分の訓戒に反して、また神の御子の掟と勧告に反して、何か行ったことがあれば、そのあらゆる過ちから彼女を解き放したのでした。そして、悲しみをことごとく取り去るために、彼女が遣わした兄弟に、聖霊によって、次のように語ったのでした。「行きなさい、そして貴いクララに言いなさい。あらゆる悲しみと嘆きを捨て去るように。間もなく、わたしを目にすること

はできなくなるからです。しかし、はっきりと知っておくように。死ぬ前に、彼女自身も、そして彼女のすべての姉妹たちもわたしを見て、わたしによって大いに慰められるでしょう」。

その後まもなく、ある夜、祝されたフランシスコが帰天すると、翌朝には、アシジの町のすべての人々と聖職者たちがやって来て、死去した場所から、その聖なる遺体を賛歌と賛美のうちに、それぞれ**木の枝**(1)を手にして運び上げました。こうして、神のみ旨によって、祝されたフランシスコを通して、ご自分の娘たち、はしためたちを慰めるために、主が仰せになった言葉が成就されるように、聖ダミアノ〔聖堂〕へと〔遺体〕を運んでいったのでした。そして、それを通して聖体を拝領し、神のみ言葉を聞くことが習いとなっている鉄製の格子窓が外されると、兄弟たちは聖なる遺体を担架から持ち上げると、貴いクララとその姉妹たちがそれによって慰められるまでの間、窓際で〔遺体〕を両腕で支え続けていたのでした。彼女たちは悲しみに心を痛め、涙に暮れていたのでしたが、このようにして師父の慰めと励ましとを目の当たりにすることができたのでした。

（1）マタ二一・八。

一〇九　死後自分の遺体が尊ばれることをどのように予言したか

病気のためにアシジの司教館で横になっていた、ある日のこと、ある霊的な兄弟が、冗談のように笑いながら言いました。「あなたのぼろぼろ服の全部を、いくらで主にお売りするつもりですか。今はぼろぼろの服をまとった、あなたの貧相なこの体は、多くの天蓋と絹の布で覆われるでしょう」。そのとき、〔フランシスコは〕ぼろぼろで継ぎはぎだらけの頭巾とぼろぼろの衣服とを身に着けていたのでした。すると、祝されたフランシスコは答えて、燃え盛る霊の喜びをもって言いました。「あなたは真実を語っています。わたしの主への賛美と栄光のために、そのとおりになるからです」。これは〔フランシスコ〕自身というよりも〔フランシスコ〕を通して、聖霊が語られたのです。

第一一章

〔フランシスコ〕自身にかかわる、また外的な事柄における神の摂理について

一一〇　まず第一に、医師と共に貧しい食卓についていた兄

弟たちに、どのように主は配慮されたか

祝されたフランシスコがリエティに近いフォンテ・コロンボの隠遁所にいたときのこと、ある日、目の病のために、ある眼科の医師が〔フランシスコ〕を訪ねてきました。この〔医師〕はそこにある期間滞在し続けた後、帰ろうとすると、祝されたフランシスコは仲間の〔兄弟〕たちの一人に言いました。「行って、最高の食事をお医者様に差し上げてください」。その仲間〔の兄弟〕は答えて言いました。「師父よ、恥ずかしながら申し上げます。〔お医者様〕を食事にお誘いするのは恥ずかしいほど、目下、わたしどもは貧しいのです」。祝されたフランシスコは仲間〔の兄弟〕たちに言いました。「**信仰の薄い者らよ**[1]、これ以上わたしたちに言わせないでください」。すると、医師は祝されたフランシスコに言いました。「兄弟、兄弟の皆さんはこれほどに貧しいのですから、喜んで皆さんと一緒にわたしは食事をしたいと思います」。

この医師は大変裕福でした。祝されたフランシスコと仲間〔の兄弟〕たちはしばしば食事に招待したのですが、これまで決してそこで食事をしようとはしませんでした。

そこで、兄弟たちは行って、食卓を準備しました。自分たちのために用意しておいたわずかなパンとぶどう酒とほんの少しの油とを恥ずかしく思いつつ食卓に並べました。貧しく質素な食卓に座って、食べ始めた時のことです、居所の戸が叩かれました。兄弟たちの一人が立ち上がって出て行き戸口を開きました。すると何と、美味しそうなパンと魚、海老入りのパイ、蜂蜜、もぎ立てのぶどうがいっぱい入った大きな籠を持った女性が立っていました。それらのものは、そこから七マイルほど離れた城の女主人が祝されたフランシスコに贈ったものでした。それらを目にして兄弟たちと医師とは非常に驚くとともに大変喜び、祝されたフランシスコの聖性を思い巡らし、すべてを〔フランシスコ〕の功徳と見なしたのでした。すると、医師が兄弟たちに言いました。「わたしの兄弟たち、あなた方もそうですが、わたしたちはこの方の聖性をふさわしく認識していなかったようです」。

（1）マタ一四・三一。

二一　病気の際に所望した魚について

アシジの司教の館で、重い病気で伏していたある時のこと、兄弟たちが何か食べたい物はないか尋ねると、こう答えました。「何も食べたいとは思わない。ただ、スクワロと呼ばれる魚があれば、少しは食べられるかもしれない」。こう言うやいなや、上手に調理された三尾の大きなスクワロと海老入りのパイとが入った籠を持った人がやって来ました。聖なる師父は喜んでそれを食べました。それはリエティの奉仕者、兄弟ジェラルドが〔師父〕に贈ったものでした。兄弟たちは神の摂理に驚嘆し、主を賛美したのでした。冬であったこともあり、アシジでは手に入れることができないものを、主はご自分の僕《しもべ》のために調達されたからです。

二三　死の間際に所望した食べ物と衣服について

最後の病気を患い、つまり**死の病に罹って**(1)、天使たちの聖マリアの居所にいた、ある日のこと、仲間〔の兄弟〕たちを呼び寄せて言いました。「あなた方も知っているとおり、セッテソーリのヤコバ夫人はわたしとわたしたちの修道〔会〕にとって誰にもまして誠実で献身的な方でしたし、今もそうです。ですから、わたしの状況をお知らせすれば、ご厚意とご配慮を示してくださると思います。そこで特別に、灰色の修道服をわたしに贈ってくださるように、またその服と一緒に、〔ローマ〕の町でたびたびもてなしてくださったお菓子を贈ってくださるようにお願いしてください」。その菓子をローマの人々はモスタッチョリと呼んでおり、アーモンドと砂糖などで作られていました。この夫人は霊的に深い人で、ローマ全体でもひときわ気高く裕福な家系に属する寡婦でした。この女性は、祝されたフランシスコの功徳と説教によって、主から多大な恵みを賜っており、キリストの愛と甘美さの故に涙と敬虔の念に満たされており、かつてのマグダラ〔のマリア〕を思わせる人でした。

そこで、〔兄弟たちは〕聖者が語ったとおりに手紙を書き上げ、一人の兄弟は、上述の夫人に手紙を携えていく兄弟を探しに行きました。すると、突然、居所の戸を叩く音がしました。一人の兄弟が戸口を開くと、何とそこにヤコバ夫人が立っていたのです。夫人は、祝されたフランシスコを訪れるために大急ぎで駆けつけてきたのでした。夫人を見知っていた兄弟が急いで祝されたフランシスコのところに行き、どのようにしてヤコバ夫人が御子息と他の大勢の人を引き連れて、〔フランシスコ〕を訪ねてローマからやって来たか、大きな喜びのうちに〔フランシスコ〕に告げました。そして言いました。「師父よ、どういたしましょうか。〔夫人〕をお入れして、あなたのもとにお連れしてよろしいでしょうか」。このように言ったのは、祝されたフランシスコの意志で、この地に対する大きな誠意と敬意の故に、いかなる女性もこの禁域に入ってはならないと、この地について定められていたからです。すると、祝されたフランシスコは言いました。「この夫人に関しては、この規定を厳守するべきではない。あの方の信仰と敬虔の念があの長い道のりを経てここまで来させたのだから」。

　こうして、〔ヤコバ〕夫人自身が祝されたフランシスコのもとへと導かれたのでしたが、〔フランシスコ〕を前に涙を流し続けたのでした。そして、驚いたことに、トゥニカの代わりとなる死に装束、つまり灰色の衣服と、手紙の中に認められていたすべての物を、あたかもその手紙を受け取ったかのように、携えていたのでした。そして、上述の夫人は兄弟たちに言いました。「わたしの兄弟方、わたしが祈っておりますと、霊のうちに次のように語りかけられました。『行きなさい、あなたの師父フランシスコを訪れなさい。急ぎなさい、ぐずぐずしていてはなりません。遅くなろうものなら、生きているうちに会えなくなるからです。トゥニカに代わるこれこれの衣服、あなたが作るこれこれのお菓子とを携えて行きなさい。また、灯明のための大きく上等な蜜蝋《みつろう》と、抹香とを携えて行きなさい』」。これは、抹香を除くと、手紙の中で贈ってくれるようにしたためられていたものでした。これはあたかも、その誕生の日に、ご自分の御子を礼拝するために、**贈り物を**もって行くように**王たちに**[2]霊において示唆した方が、その死の日に、否、真の誕生の日にあたって、ご自分のいとも愛する僕《しもべ》を敬うために贈り物を携えて行くように、高貴で聖なるかの夫人に霊において示唆したかのようでした。

　こうして、〔ヤコバ〕夫人は、聖なる師父が食べたいと望んだお菓子を用意したのでしたが、〔フランシスコ〕はほんの少ししか食べませんでした。衰弱し続け死が近づいていたからでした。死後、そのいとも聖なる遺体の前にともすたくさんの蠟燭《ろうそく》も作らせました。兄弟たちは、葬るときに着せるトゥニカを、〔持参された〕布地で作りました。〔フランシスコ〕自身は、いとも聖なる謙遜と貧しさの姫君への徴と模範として、**粗布をその**〔トゥニカ〕の**上に付ける**[3]ように兄弟たちに命じたのでした。ヤコバ夫人が来た、その週のうちに、いとも聖なるわたしたちの師父は主のもとへと移行していきました。

（1）王下一三・一四。（2）詩七一・一〇、マタ二・一一。
（3）ヨブ一六・一六。

第一二章

被造物への愛と被造物らの愛について

一三　まず第一に、その姿が修道者のようであったことから、ラウダと呼ばれる小鳥に対して特別に抱いていた愛について

神の愛にことごとく吸い込まれていた、祝されたフランシスコは、もはや諸々の徳によって完全に装われた自分の魂のうちのみならず、あらゆる被造物のうちにも神の愛を見事に識別していました。それ故、諸々の被造物に対して心の底から溢れ出る特別の愛情を注いでいましたが、何かしら神に関わること、あるいは何かしら修道生活に関わることを体現している被造物には特別の思いを寄せていました。それで、あらゆる小鳥たちの中でも、特にラウダ（「賛美」あるいは「賛歌」を意味し、雲雀の一種）と呼ばれる小鳥を愛し、次のように言っていました。「姉妹ラウダは修道者のように頭巾を被っており、謙遜な小鳥です。何かしら穀粒を見いだそうとして、好んで道端を歩き、汚物の中に見つけようものなら、それを摘まみ出して、食べるからです。地上の物から目を背け、**その国籍は天にあり**[1]、その関心は常に神を賛美することにある善良な修道者のように、飛び交いながらいとも甘美に主を賛美します。その衣服、つまり翼は地面を思わせ、優雅で色鮮やかな衣服をまとわず、安価で土色をした、他のものに比べて見劣りするものを身に着けるよう、修道者の模範となっています」。このようにこの小鳥たちを見なしていたので、〔フランシスコは〕心底からこの小鳥たちを愛していました。それ故、その死の時にあたって、〔フランシスコ〕に対する愛情の徴をこの小鳥たちが示したのは、主のみ心にかなうことでした。土曜日の夕暮れ、〔フランシスコが〕主のもとに移行した夜の前日の晩課の後、ラウダと言われるこの種の小鳥の大群が〔フランシスコが〕横になっていた家屋の屋根の上に飛来してきて、屋根の周りを環を作って飛び巡り、甘美に賛歌を歌いながら主を賛美しているように見受けられたのでした。

（1）フィリ三・二〇。

二四　主の降誕にあたって鳥や牛や驢馬《ろば》や貧しい人々が良く面倒見てもらえるような特別の法律を作るよう皇帝に働きかけようとしたこと

祝されたフランシスコ**と共におり**、これを書き記している**わたしどもは**、〔フランシスコ〕がたびたび次のように言うのを聞いたことを**証言いたします**。[1]「もし皇帝と話をすることができれば、神とわたしの愛によって、特別の法律を作ってくれるよう説得し懇願しようと思います。それは、何人《なんぴと》も姉妹〔である小鳥の〕ラウダを捕まえても殺してもならない、また何かしら悪さをしてはならない、というものです。また同じように、あらゆる町の権威者たち、村や集落の支配者たちは、毎年、主の降誕の日に、姉妹ラウダや他の小鳥たちがこれほど偉大な日に食べ物を得ることができるように、町や村の外の道筋に小麦や他の穀物をまき散らすように人々を強要するように、というものです。また、これほど偉大な夜に、いとも聖なる処女《おとめ》マリアが牛と驢馬の間の**飼い葉桶の中にお寝かせした**[2]神の御子への尊敬のために、牛と驢馬を持っている人は誰であれ、その年の収穫のうちから最高の物を〔牛と驢馬〕に提供するように努める、というものです。また同じように、この偉大な日には、すべての貧しい人が裕福な人々からの上等な食べ物で満たされなければならない、というものです」。

実に、祝されたフランシスコは、主の他のさまざまな祭日の中でも、主の降誕〔の祭日〕に対してひときわ大きな尊敬を払っていて、「**主がわたしたちのためにお生まれになった**[3]後に、わたしたちは救われるはずだったのです」と言っていました。それ故、これほど偉大な日に、すべてのキリスト者は主において喜び躍り、わたしたちのためにご自身をお与えくださった[4]方の愛のために、すべての貧しい人のみならず、すべての動物にも小鳥たちにもふんだんに分かち与えられなければならないのです。

（1）Ⅱペト一・一八。（2）ルカ二・七。（3）イザ九・六、ルカ二・一一。（4）テト二・一四。

二五　焼灼《しょうしゃく》治療がなされたときの、火の愛と従順について

オスチアの〔司教〕陛下と〔兄弟〕全体の奉仕者兄弟エリヤによって従順の名のもとに受けるように強いられた目の病の治療のために、リエティに近いフォンテ・コロンボの隠遁所にやって来たときのこと、ある日、医師が〔フラ

ンシスコ〕のもとに訪ねてきました。彼は病状を考えた上で、顎《あご》から一層病状の重い片方の目の眉の部分まで焼灼治療を施したいと祝されたフランシスコに言ったのでした。しかし、祝されたフランシスコは、兄弟エリヤが来なければ、その治療を始めることを望みませんでした。医師が治療を始めるときには自分が立ち会いたいと〔兄弟エリヤが〕言っていたからでもあり、また極めて深刻な事態にいたり、自分自身についても不安を抱えていたので、〔兄弟〕全体の奉仕者〔エリヤ〕がすべてを解決してくれることを願っていたのでした。それ故、〔エリヤ〕を待っていたのでしたが、抱えていた多くの問題に妨げられて来ることができませんでしたので、望んでいたことを行うことを医師に許しました。焼灼するための鉄鏝《てつごて》が火にあてられると、祝されたフランシスコは怖じ気づくのを恐れ、自分の霊を鼓舞しようとして、火に語りかけました。「他の被造物の中でも気高く有益な、わたしの兄弟なる火よ、今この時、わたしに優しくしてください。わたしはかつてあなたを愛しましたし、あなたをお造りになった方の愛によって、今も愛しています。ですから、わたしたちをお造りになった、わたしたちの造り主にお願いいたします。わたしが耐えることができるように、あなたの熱火を和らげてくださいますように」。そして、祈り終わると、火に十字架の印をしたのでした。

その時、〔フランシスコ〕**と共にいたわたしどもは**[1]皆、〔フランシスコ〕に対する愛情と共苦のために、ただ医師一人を残して、その場から**逃げ出してしまいました**[2]。焼灼治療が終わって、わたしどもが〔フランシスコ〕のもとに戻ると、わたしどもにこう言いました。「何と臆病で**信仰の薄い人々よ**[3]。なぜ逃げ出したのですか。あなた方に本当のことを言いますが、火による苦痛も熱さも何も感じませんでした。もし十分に焼灼できなかったのなら、もう一度もっと焼灼してもらいましょう」。すると、医師は非常に驚いて言いました。「わたしの兄弟たち、あなた方に言いますが、これほどの病人で衰弱しているこの方だけでなく、非常に強健などんな人でさえ、これほど大きな焼灼治療には耐えられないものです。ところが、この方は微動だにせず、苦痛の様子を一切示しませんでした」。耳たぶから眉にかけてのすべての血管が焼灼されねばならなかったのでしたが、何の効果もありませんでした。同じように、別の医師が灼熱の鉄鏝を両耳に突き刺したのでしたが、**何の効果もありませんでした**[4]。

このように、火や他の被造物が〔フランシスコ〕に聞き従い、〔フランシスコ〕を敬ったとしても驚くにあたりません。〔フランシスコ〕と共にいたわたしどもがしばしば目にしていたとおり、〔フランシスコ〕その人は〔被造物〕に大きな愛情を注ぎ大きな喜びとしていたのです。〔被造物〕が大切に取り扱われないのを見ることを望まないまでに、その霊は〔被造物〕に対する大きな愛情と共苦共感とを抱いていたのでした。あたかも理性を備えているかのように、内的かつ外的な喜びをもって〔被造物〕に語りかけていました。それ故、そのような折に、しばしば神へと心を奪われていました。

(1) Ⅱペト一・一八。(2) マコ一四・五〇。(3) マタ八・二六。
(4) 代下二八・二一。

二六 自分の股引を燃やそうとした火を消そうとせず、また消すことを許さなかったこと

　どちらかというと低いものと感覚のないものと見なされているすべての被造物の中でも、その美しさと有益さの故に、特別に火に惹かれていました。そのため、その職務の邪魔をしようとは決してしませんでした。あるときのこと、火の傍らに座っていると、気づかないうちに、火が膝のあたりで麻布の衣服というか股引を燃やし始めました。火の熱さを感じてはいましたが、自ら消そうとはしませんでした。ところが、仲間〔の兄弟〕の一人が〔フランシスコ〕の衣服が燃えているのに気づいて、火を消そうとして走り寄りました。すると、〔フランシスコ〕はそれを止めて言いました。「いとも親愛なる兄弟よ、兄弟なる火に悪さをしないでください」。こうして、決して〔火〕を消させようとはしませんでした。そこで、その〔兄弟〕は、世話役の兄弟のもとに急いで駆けつけ、彼を祝されたフランシスコのもとに連れて行きました。彼は、祝されたフランシスコの意志に反して、即座に火を消したのでした。

　これほど大きな敬愛の念を火に対して抱いていましたので、火であれ松明《たいまつ》であれ蠟燭《ろうそく》であれ決して消そうとはしませんでした。これは普通に行われることですが、兄弟が火とか**くすぶっている**[1]木片を、ここからあそこへ放り投げることを望まず、それをお造りになった方への尊敬のために、それを地面に優しく置くように願っていたのでした。

(1) イザ四二・三、マタ一二・二〇。

二七　毛皮が火に焼かれることを許さなかったことから、二度と毛皮を身に掛けようとはしなかったこと

ラ・ヴェルナ山で四旬節を過ごしていたときのこと、ある日、同行〔の兄弟〕が食事の時間に、いつも食事をしていた修房に火の用意をしました。火がつくと、〔フランシスコ〕が祈っていた別の修房に行き、祝されたフランシスコのために、その日の福音〔の箇所〕を朗読するためにミサ典礼書を携えてきました。というのは、ミサにあずかることのできなかったときは、食事の前にいつも、その日、ミサの中で朗読される福音〔の箇所〕を傾聴したいと願っていたからです。ところが、食事のために火をつけていた修房に戻ってみると、火の炎が修房の天上にまで達しており、〔修房〕を燃やし尽くそうとしていました。同行〔の兄弟〕はできる限りの力を振るって、火を消そうとし始めたのでしたが、一人ではできませんでした。ところが、祝されたフランシスコは手助けしようとはせず、寝るときに掛けるために使用していた毛皮を取り上げると、それを持って森の中に入っていきました。その修房からだいぶ離れたところに滞在していた兄弟たちが、修房が燃えているのに気づいて、直ちに駆けつけてきて火を消し止めました。

その後、祝されたフランシスコは食事のために戻ってくると、食事の後、同行〔の兄弟〕に言いました。「わたしの貪欲のために、兄弟なる火がこの〔毛皮〕を食べ尽くすのをわたしは望まなかったのだから、これからはこの毛皮を身に掛けることはやめましょう」。

二八　水や岩や樹木や花々に対して抱いていた特別の愛について

火の次に、水を特別に愛していました。それを通して、それらによって魂の汚れが洗い流される聖なる悔い改めと艱難が象徴されるからであり、魂の最初の洗浄は洗礼の水を通してなされるからです。そのため、手を洗うときには、地面に流れ落ちた水が足で踏みにじられないような場所を選んでいました。また、岩の上を歩かなければならないときは、大きな畏怖と敬意、そして**ペトラ**と言われる方〔キリスト〕[1]への愛をもって歩いていました。それ故、「**わたしを岩の上に高く挙げてくださいました**[2]」という詩編〔の言葉〕を言うときには、大きな尊敬と敬虔な思いを込めて「岩の足もとの下でわたしを高く挙げてくださいました」と言っていました。また、火を焚くために薪を作ったり準

備する兄弟に、十字架の木の上でわたしたちの救いを成し遂げることを望まれた方への愛によって、決して木を根元から切り倒さず、どこか一部が損なわれることなく残るような形で切るようにと言っていました。同じように、庭を造る兄弟には、庭全体に食用の野菜だけを植えるのではなく、**野の花、谷間の百合**と言われる方〔キリスト〕[3]への愛によって、それぞれの時季に兄弟なる花々を咲かせる野生の草々が生えるような場所を残しておくように言っていました。庭造りをする兄弟は、美しい花々を咲かせるあらゆる種類の植物、あらゆる種類の良い香りを放つ植物をそこに植えて、常に庭の一角を美しい花園にしておかなければならないと、言っていました。それは、それぞれの時季に、それらの野草と花々とを見るすべての人を、神への賛美へと誘うためです。実に、すべての被造物は、こう言い、こう叫んでいるのです。「人よ、神はあなたのためにわたしをお作りになったのです」。

〔フランシスコ〕と共にいたわたしどもは、すべての被造物において内的も外的にも大きな喜びに満たされているのを見てきましたが、それらに触れたり目にしたりするとき、その霊は地上にではなく天上にあるかのように見受けられました。被造物のうちに見いだした、そして見いだし続けた数多くの慰めの故に、その死去の少し前に、それを聞く人々の心を神への賛美へと駆り立て、またご自分の被造物において主ご自身が人々を通してほめたたえられるようにと、被造物らによる主への賛歌を作り上げたのでした。

（1） Iコリ一〇・四。（2） 詩六〇・三。（3） 雅二・一。

一一九　どのようにして他の被造物にまさって太陽と火とを重んじたか

理性を備えていない〔他の〕被造物すべてにまさって、太陽と火とを特別の愛情をもって愛していました。実際、このように言っていました。「朝には太陽が昇ると、人はわたしたちの役に立つようにと〔太陽〕を造ってくださった神を賛美しなければなりません。日中、わたしたちの目は〔太陽〕によって明るく照らされるからです。夕べとなり、夜となると、人は誰しも、それによって夜中でもわたしたちの目が明るく照らされる兄弟なる火を通して神を賛美しなければなりません。わたしたちの目は盲目のようなものなのですが、これらの二人のわたしたちの兄弟を通して主がわたしたちの目を照らしてくださるのです。ですから、わたしたちが日ごとに用いている、特にこの〔二人の兄弟〕、そして他の諸々の被造物について創造主であるお方をわたしたちは賛美しなければなりません」。

そして、〔フランシスコ〕自身、死の日に至るまで、これを行っていました。病状がますます悪化してきた時にも、かつて諸々の被造物について作った主への賛歌を自ら歌い始め、その後、仲間〔の兄弟〕たちに歌い続けさせていました。それは、主への賛美に思いを寄せることで、激しく痛む病気とその苦痛とを忘れられるかのようでした。太陽は他の諸々の被造物よりも美しいと考え、またそう言っていたこと、また何よりも神になぞらえることができたこと、聖書の中で主ご自身が**正義の太陽**と呼ばれていること(1)から、主の諸々の被造物について作った賛歌にその名を冠して、主が〔フランシスコ〕にご自分のみ国を保証されたときに、それを「兄弟なる太陽の賛歌」と呼んだのでした。

(1) マラ四・二。

一二〇　主がそのみ国を保証された時に作った被造物についての賛歌はこれである

いと高き、全能の善き主よ、
賛美と栄光と誉れとすべての祝福は、
　ただあなたのもの。
それらはみな、あなたにこそふさわしく
人は誰もふさわしくあなたを語ることはできません。

賛美されますように、わたしの主よ、
　あなたがお造りになったあらゆるもの
特に、貴き兄弟である太陽によって、
この兄弟は真昼の光、この兄弟によって、
　あなたはわたしどもを照らしてくださいます。
この兄弟は美しく、大きな輝きをもって光り輝き、
あなたのお姿を帯びています、いと高き方よ。

賛美されますように、わたしの主よ、
　姉妹である月と星とによって、
あなたはそれらを清く貴く美しいものとして
　大空にお造りになりました。

賛美されますように、わたしの主よ、
　兄弟である風によって、

また、大気と雲と晴天とすべての季節によって、
これを通して、あなたはすべての造られたものらに
　支えを与えてくださいます。

賛美されますように、わたしの主よ、
　姉妹である水によって、
この姉妹はいとも有益で謙遜で貴く清らかなもの。

賛美されますように、わたしの主よ、
　兄弟である火によって、
この兄弟によって、あなたは夜を照らしてくださり、
この兄弟は美しく心地よく、いとも逞《たくま》しく力強いもの。

賛美されますように、わたしの主よ、
　姉妹であり、わたしたちの母である大地によって、
大地はわたしたちを支え、育み、
さまざまな果実を実らせ、
　花々と千草によって色鮮やかに装います。

賛美されますように、わたしの主よ、
　あなたへの愛の故に人を赦し、

病と艱難とを耐える者らによって。
平和のうちに耐え忍ぶ者らは何と幸いなことでしょう。
いと高き方よ、
　この人々はあなたから冠を戴くことでしょう。

賛美されますように、わたしの主よ、
　姉妹であるわたしたちの肉体の死によって、
この姉妹から、生きとし生ける者は誰一人として
　逃れることはできません。
死に至る罪のうちに死ぬ者は何と不幸なことでしょう。
あなたのいとも聖なるみ旨のうちに
　自らを見いだす者は何と幸いなことでしょう、
第二の死はこの人々に
　何の危害を加えることができません。
賛美し、ほめたたえ、感謝せよ、わたしの主を、
謙遜の限りを尽くして主に仕えよ。

第一三章

死と、死が間近に迫ったことを確実に知ったときに示した喜びについて

三　まず第一に、示された大きな喜びを咎めた兄弟エリヤに、どのように答えたか

祝されたフランシスコが、アシジの司教館で病床に伏していたときのこと、**主のみ手が**いつもより**重くのしかかっている**(1)ように見受けられたので、アシジの人々は、夜中に死去しようものなら、その聖なる遺体を兄弟たちが担いで、どこか別の町に運び去ってしまうのではないかと恐れ、夜ごとに、館の外壁を周って人々から保護することに決定しました。いとも聖なる師父自身は、絶え間なく襲いかかる激しい苦痛に意気消沈することのないように、自らの霊を慰めるために、日中、しばしば仲間〔の兄弟〕たちに主への賛歌を歌ってもらっていました。夜中もそうしていたのは、自分のために館の外で警戒している人々を啓発し慰めるためでした。

祝されたフランシスコがこれほど重い病にあっても主において力づけられ喜んでいるのを見て、兄弟エリヤは言いました。「いとも親愛なる兄弟よ、あなたが病のうちにあってもあなた自身と仲間〔の兄弟〕たちに示す喜びによって、わたしは大変慰められ啓発されています。しかし、この町の人々はあなたを聖者と崇めているのですが、それはあなたの不治のこの病のために間もなく亡くなるものと固く信じているからです。昼となく夜となく、このように賛歌が歌われるのを聞いて、『死が間近なこの人は、どうしてこのように喜びを示すのだろうか』、『死について思い巡らさなければならないのではないか』と言い合うかもしれません」。祝されたフランシスコは言いました。「あなたがフォリーニョで幻を見て、わたしは後、二年しか生きていることしかできないと、あなたに告げられたことをわたしに話してくれた時のことを覚えていますか。わたしたちの心に**すべての善を生じさせ**(2)、ご自分を信じる者らの**口に載せてくださる**(3)神の恵みによって、あなたがあの幻を見る前から、わたしは昼も夜もしばしば自分の最期を思い巡らしていました。しかし、あの幻をあなたが見た時からは、より一層、毎日、死の日のことを注意深く思い巡らすようになったのです」。そして直ちに、霊において熱く燃えて言いました。「兄弟、わたしが**主において喜ぶ**のを(4)、**病弱**

のうちにあっても[5]主への賛美に〔喜ぶ〕のを許してください。聖霊の恵みに支えられて、わたしはわたしの神と一致し一つに結ばれているからです。〔神〕の御憐れみによって、いと高きお方ご自身のうちにあって、わたしは喜びに浸ることができるのです」。

（1）サム上五・六。（2）ヨハ一四・二六。（3）イザ五九・二一。
（4）フィリ四・四。（5）Ⅱコリ一二・九。

一三　どのように誘導して、自分が後どれほど生きることができるか医師に言わせたか

そのころのこと、同じ〔アシジの司教の〕館に、祝されたフランシスコととても親しかったボヌス・ヨハネという名の、アレッツォ出身の医師が訪ねて来ました。すると、祝されたフランシスコは尋ねて言いました。「フィニアテ、わたしのこの水腫という病をどう思われますか」。その人の固有の名前を呼ぼうとしなかったのは、「**神おひとりのほかに善い者はひとりもいない**」[1]と仰せになった主への尊敬のために、誰をも善い《ボヌス》という名前で呼びたくなかったからです。同じように、「**地上で、あなた方は父と呼ばれても、教師と呼ばれてもならない**」[2]云々と仰せになった主への尊敬のために、誰をも父とも教師とも呼ぼうとはしませんでした。

すると医師は言いました。「兄弟、神の恵みによって、あなたは良くなるでしょう」。祝されたフランシスコは再び言いました。「わたしに本当のことを話してください。あなたはどう思われるのですか。心配しないでください。神の恵みによって、死を恐れるほど、わたしは小心ではありません。聖霊の恵みに支えられて、生も死も同じように受け入れることができるほどに、わたしはわたしの主と一つに結ばれています」。そこで、医師ははっきりと言いました。「師父よ、わたしどもの診断によれば、あなたの病気は不治の病であり、九月の末か十月の四日には、あなたは亡くなるでしょう」。すると、祝されたフランシスコは、病床に横たわりつつも、最大の敬虔の念と敬意を込めて、主のほうへと両手を差し伸ばして、精神と肉体における大きな喜びをもって言いました。「ようこそおいでくださいました、わたしの姉妹である死よ」。

（1）ルカ一八・一九。（2）マタ二三・九―一〇。

一三　死が間近であると聞くと即座に、かつて作った賛歌を自分のために歌わせたこと

その後、ある兄弟が〔フランシスコ〕に言いました。「師父よ、あなたの生涯と生き方はあなたの兄弟たちだけではなく、教会全体にとっても光であり鏡です。そして、あなたの死も同じことになるでしょう。あなたの死はあなたの兄弟たちとほかの多くの人にとって悲しみと苦痛の原因となるでしょうが、あなた自身にとっては慰めと永遠の喜びとなるでしょう。実に、大きな労苦から最高の安息へと、多くの苦悩と艱難から永遠の平和へと、あなたが常に愛し完璧に守ってきた現世での貧しさから真の果て知らぬ豊かさへと、現世でのこの死から永久の命へと移行され、この代《よ》において燃え立つ愛と憧れとをもってあなたが愛した、あなたの神である主をそこで**顔と顔とを合わせるように**[1]ご覧になるでしょう」。こう言うと、はっきりと〔フランシスコ〕に言いました。「師父よ、あなたははっきりとご存じです。主が天からご自分の医薬を送ってくださらない限り、あなたの病気は癒すすべなく、これからごくわずかしか生きられません。医師たちが既に言われたとおりです。わたしがこれを申し上げるのは、あなたの霊をお慰めしたいからです。常に主において内的にも外的にも喜ばれ、あなたを訪ねてくるあなたの兄弟たちやほかの人々が、**主においで常に喜んでおられる**[2]あなたに出会いますように。そして、あなたの生涯と生き方が常にそうであったように、またこれからもそうであるように、〔あなたの死〕を目撃した人々、それを聞いたほかの人々によって、あなたの死後、あなたの死は永遠に記念すべきものとなりますように」。

すると、祝されたフランシスコは、いつもよりも深刻な痛みに苦しんでいたのですが、これらの言葉によって、精神に新たなる喜びが注ぎ込まれたかのように感じられ、姉妹である死が間近に接近していると聞いて、燃え上がる霊をもって主を賛美して、〔その兄弟〕に言いました。「では、間もなくわたしは死ななければならないことが、わたしの主のみ心であれば、わたしのもとに兄弟アンジェロと兄弟レオを呼んでください。姉妹である死について歌ってほしいのです」。悲しみと苦痛に満ちた、二人の兄弟が〔フランシスコ〕の前に来ると、聖者自身が作った、兄弟である太陽と他の諸々の被造物の主への賛歌を大粒の涙を流しながら歌いました。そして、この賛歌の最後の一節の前に、姉妹である死についての数行を加えて、言いました。

賛美されますように、わたしの主よ、
　わたしたちの姉妹である肉体の死によって、
この姉妹から、生きとし生ける者は誰一人として
　逃れることはできません。
死に至る罪のうちに死ぬ者は何と不幸なことでしょう。
あなたのいとも聖なるみ旨のうちに
　自らを見いだす者は何と幸いなことでしょう、
第二の死はこの人々に
　何の危害を加えることができません。

（1）創三二・三〇。（2）フィリ四・四。

二四　死を迎えるために聖マリア〔聖堂〕へと運ばれる時、どのようにアシジの町を祝福したか

　既に、聖霊によるとともに、医師の診断によっても死が間近なことを確信した、いとも聖なる師父〔フランシスコ〕は、まだ上述の〔アシジの司教の〕館に滞在していたとき、刻一刻と病状は重くなり体力も衰えていくのを感じると、ポルチウンクラの聖マリア〔聖堂〕へと病床のまま運んでもらうことにしました。魂の光と命とを修得し始めた地であるその地で肉体の命を終えようとしてのことでした。〔フランシスコ〕を運んでいる人々が、アシジから聖マリア〔聖堂〕に向かう道の中間にある施療院に辿り着いたとき、〔フランシスコ〕は自分を運んでいる人々に寝床を地面に下ろしてくれるように言いました。長く重症の目の病のために、もはやほとんど見ることはできなかったのですが、顔がアシジの町のほうへ向かうように病床を向けてもらいました。

　そして、寝床の上で少し身を起こすと、その町を祝福して言いました。「主よ、わたしの思いますには、かつてこの町は邪《よこしま》な人々の土地であり住処でした。ところが今は、わたしが見ていますように、あなたの溢れんばかりの御憐れみによって、あなたのみ心にかなった時から、この〔町〕において、**多大なあなたの慈しみの業**[1]を特別にお示しくださいました。ただひとえにあなたの善性の故に、ご自分のためにこの〔町〕をお選びになりました。その結果、本当にあなたを知り、**あなたのみ名に栄光を帰し**[2]、良い評判、聖なる生活、真の教え、そして福音的完全性の香りをキリスト者の民に指し示す人々の土地ならびに住まいとなりました。それ故、お願いいたします。主イエス・キリスト、憐れみに満ちた父よ、わたしどもの忘恩を顧みること

なく、この〔町〕であなたがお示しくださった、あなたの満ち溢れる慈愛の業の数々を常に思い起こしてください。常に、真にあなたを認め、**代々《よよ》の代々に至るまでほめたたえられ**栄光極まりないあなたのみ名をほめたたえる人々の土地ならびに住まいでありますように。**アーメン**[3]」。

この言葉を言い終わると、聖マリア〔聖堂〕へと運ばれていきました。そして、そこで四十年の生涯、二十年の完全な悔い改めを完結し、主の年の一二二六年目の十月の四日に、**心を尽くし**、**精神を尽くし**、**魂を尽くし**、力を尽くして、激しく強く燃え立つ憧れをもって、また愛情の限りを尽くして**愛し**[4]、そのみ跡に完全につき従い、力の限りそのみ後を走り抜き、ついにはいとも栄えあるかたちでその方のもとに辿り着いた主イエス・キリストのもとへと移って行ったのでした。〔主イエス・キリスト〕は御父と聖霊と共に代々の代々に至るまで生き治めておられます。アーメン。

（1）詩五〇・三。（2）ロマ一・二五。（3）フィリ四・二〇。
（4）マタ二二・三七。

この〔鏡の〕うちに、自分の召命と誓約の完成を十分はっきりと見て取ることができる。あらゆる賛美、あらゆる栄光が神である御父と御子と聖霊にありますように。アレルヤ、アレルヤ、アレルヤ。いとも栄えある処女《おとめ》マリアに誉れと感謝。アレルヤ、アレルヤ、アレルヤ。いとも祝された、その僕《しもべ》フランシスコに誉れと称賛。アレルヤ、アーメン。

小さき兄弟の在り方の完全の鏡はここに終わる。

『聖フランシスコの小さき花』

I fioretti di san Francesco

第一章

十字架につけられたわたしたちの主イエス・キリストと
その御母処女《おとめ》マリアのみ名によって。
本書には、キリストの栄えある貧者、
聖なるフランシスコさまと、
何人かのその聖なる伴侶〔の兄弟〕たちの
幾つかの小さき花と奇跡と敬虔な模範が
収められている。
イエス・キリストに賛美。アーメン。

まず第一に考えなければならないことは、栄えある聖なるフランシスコさまは、その生涯のすべての言行において、祝されたキリストに似たものとされていたことです。キリストがその宣教活動の初めに、この世のあらゆる物事を無に等しきものと見なし、貧しさと他の徳において、ご自分に従うようにと十二人の使徒をお選びになったように、聖なるフランシスコもまた、会の設立の初めに、いと高き貧しさを所有する十二人の伴侶を選んだのでした。また、十二人の使徒の一人でイスカリオテのユダと呼ばれた者が、使徒職を棄て、キリストを引き渡して、首を吊って死んだように、(1) 聖なるフランシスコの十二人の伴侶の一人で兄弟ジョヴァンニ・デラ・カペッラ（カペラのヨハネ）と呼ばれた者も、〔会を〕棄て、ついには自ら首を吊って死んだのでした。このことは、誰一人として神の恵みのうちに最後まで確実に堅忍しうるものではないことを考えると、選ばれた者らにとって大きな模範であるとともに謙遜と畏怖との題材ともなるものです。また、この聖なる使徒たちが全世界にとって、聖性と謙遜の点で驚嘆すべき人々であり、聖霊に満たされていたように、聖なるフランシスコの聖なる伴侶たちも、使徒たちの時代以後、この世はこれほど驚嘆すべき聖なる人々を持つことはなかったほどに聖性に満ちた人々でした。それ故、彼らの一人は、聖パウロのように第三の天にまで引き上げられました。(2) これは兄弟エジディオでした。彼らの一人、兄弟フィリポ・ルンゴは、預言者イザヤのように、天使によって、燃える炭火でその唇を触れられたのでした。(3) 彼らの一人、それは兄弟シルヴェストロでしたが、この人は、モーセが行ったように、友人が友人に語るように、神と語らいました。(4) 別の一人は、秀でた知性によって、鷲のように、つまり福音記者ヨハネのように、神の知恵の光に達するまで舞い上がりました。(5) これはいとも謙遜な兄弟ベルナルドでした。この人はその深みまで極めて聖書を解釈しました。彼らの一人は、この世に生きているうちに、神によって聖なるものとされ、天において〔聖者の〕列に加えられました。これは、アシジの高貴な人物、兄弟ルフィーノでした。このように皆がそれぞれ聖性の特別の徴を帯びていました。それはこれから明らかになることでしょう。

(1) マタ二七・五、使一・一八。(2) IIコリ一一・二一―四。
(3) イザ六・六―七。(4) 出三・一以下。(5) エゼ一・一〇。

第二章

聖なるフランシスコの最初の伴侶、クインタヴァレの兄弟ベルナルドについて

聖なるフランシスコの最初の伴侶は、アシジの兄弟ベルナルドでした。この人は、次のような次第で回心しました。そのころ、フランシスコはまだ世俗の服をまとっていましたが、既にこの世を無に等しいものと見なし、すべてを取るに足らぬものとして捨てて、悔い改めのために我が身を懲らしめていました。ところが、多くの人には愚か者と見なされ、常軌を逸した者として嘲笑され、石や泥を投げつけられ、親族や見ず知らずの人々からも追い払われていました。しかし、〔フランシスコ〕はあらゆる侮辱と嘲笑を耳や口が利けない者のように辛抱強く耐え忍んでいました。アシジのベルナルドさまは、町でもひときわ高貴で、裕福で、思慮深い方でしたが、このように徹底してこの世を無に等しいものと見なしていること、侮辱に対しての偉大な忍耐、既に二年にもわたって、あらゆる人からの嫌悪と軽蔑に常に平然と辛抱強く耐え忍んでいることで、聖なるフランシスコについて慎重に考え始めました。思い巡らし始めた上で、こう自らに言いました。「あのフランシスコが神の大きな恵みに浴していないなど絶対にありえないことだ」。そこで、ある晩、〔フランシスコ〕を夕食を共にして一泊するよう招待しました。聖なるフランシスコはそれを受け入れ、夕食を共にし、宿泊しました。

そのとき、ベルナルドさまは、〔フランシスコ〕の聖性を見極めようと心に決めていました。そこで、自分自身の部屋にもう一つ寝台を用意させ、一晩中、灯火をつけておくようにさせました。聖なるフランシスコは、自分の聖性を隠すために、その部屋に入るやいなや寝台に横たわり、寝ているかのように見せかけました。しばらくしてから、

ベルナルドさまも同じように、寝台に横たわると、非常に深い眠りに入っているかのように、いびきをかき始めました。そこで、聖なるフランシスコは、ベルナルドさまは本当に眠ってしまったと思って、眠りもせぬうちに寝床から起き出して、目と両手を天に上げて祈り始めました。深く熱い敬虔な思いをもって言いました。「わたしの神、わたしの神」。こう言い、激しく涙を流しながら、朝課の時刻まで繰り返し言い続けたのでした。「わたしの神、わたしの神」。ほかには何も〔口にしませんでした〕。神の威光の崇高さ、滅びようとしているこの世へとへりくだり降りてこられるのをよしとされたこと、ご自分の貧しく哀れなフランシスコを通して、彼自身と他の人々の魂の救いのための手段を提供するよう計らわれたことを観想し感嘆しつつ、聖なるフランシスコはこの言葉を口にしていたのでした。もう一方で、聖霊の、言い換えれば預言の霊に照らされて、自分と自分の会を介して、神が行われるはずのことを予見し、自分の無力さと徳のなさを思い巡らしつつ、神に叫び祈っていたのです。それなしには弱い人間には何一つ行うことのできない、神の慈しみと全能の力が補い、助け、自分ではできないことを成就してくださいますように、と。ベルナルドさまは、灯火の明かりを通して聖なるフランシスコのいとも敬虔な言行を目にして、〔フランシスコ〕が口にした言葉を真剣に考えるうちに、自分の生き方を変えることを聖霊によって示され鼓舞されたのでした。

そこで朝になると、聖なるフランシスコを呼び寄せると言いました。「兄弟フランシスコ、わたしは、この世を捨てて、あなたがわたしにお命じになるままに、あなたに従う覚悟が完全にできています」。これを聞くと、聖なるフランシスコは霊において喜び言いました。「ベルナルドさま、あなたが口にされたことはあまりにも重大で容易ならざることです。ですから、わたしたちの主イエス・キリストに助言をお願いしたいと思います。このことについて〔主〕のみ旨をわたしたちにお示しくださり、実行するためにわたしたちはどうしたらよいのかお教えくださいますように、お祈りいたしましょう。それにはまず、立派な司祭がおられる司教館に一緒に参り、ミサをささげていただき、三時課まで祈り続けましょう。それから、ミサ典礼書を三回開いて、わたしたちが選ぶことをお望みになる道をお示しくださるように神に祈りましょう」。それは大いにお気に召したと、ベルナルドさまはお答えになりました。そこで〔二人は家を〕出ると、司教館に向かいました。そして、ミサにあずかり、三時課まで熱心に祈りに専念した後、聖なるフランシスコの願いに応じて、司祭はミサ典礼書を手に取り、いとも聖なる十字架の印をすると、わたしたちの主イエス・キリストの名を口にしつつ、三回開きました。最初に開かれた所では、完全への道を問うた若者にキリストが福音において仰せになった言葉に出会いました。「**もし完全になりたいのなら、行って、あなたの持っている物を売り、貧しい人々に与え、わたしに従いなさい**[1]」。次に開いた所では、宣教に遣わされた時に、キリストが使徒たちに仰せになった言葉に出会いました。「**旅には、何も携えてはならない。杖も袋も履き物も金も**[2]」。この〔言葉を〕通して、生きていく上での希望は神にお任せしなければならないこと、聖なる福音を宣べ伝えるという意志のみを抱けば足りることをお教えになろうとされたのでした。三回目に開いた所では、キリストが仰せになった次の言葉に出会いました。「**わたしの後に従いたい者は、自分を捨て、自分の十字架を担って、わたしに従いなさい**[3]」。そこで、聖なるフランシスコはベルナルドさまに言いました。「ご覧なさい。これがキリストがわたしたちに与えてくださった助言です。行って、あなたがお聞きになったことを実行しなさい。わたしたちの主イエス・キリストは賛美されますように。〔主は〕ご自分の福音的な生き方をわたしたちにお示しくださいました」。これを聞くと、ベルナルドさまは出て行き、持っておられたもの――大変なお金持ちでした――を売り、大変な喜びようで、すべての物を貧しい人々、やもめ、孤児、囚われ人たち、隠棲修道院や施療院に分け与えました。このすべてのことにおいて、聖なるフランシスコは誠実に思慮深く彼を助けたのでした。

聖なるフランシスコがあまりにも多くのお金を貧しい人々に与えており、また与えさせているのを見ていた一人、シルヴェストロさまという名の方が貪欲に取りつかれて聖なるフランシスコに言いました。「聖堂を修復するためにわたしから買った石の代金をわたしにすっかり払ってくれていません。今、そんなにお金を持っているのですから、わたしに払ってください」。聖なるフランシスコは、その貪欲さに驚きつつも、聖なる福音を遵守する者として、その人と言い争いたくなかったので、ベルナルドさまの懐に両手を入れ、両手をお金で一杯にすると、もっと欲しければ、もっと差し上げましょう、と言いながらシルヴェストロさまの懐にそれを差し入れたのでした。シルヴェストロさまはそれに満足して、そこを後にして家に帰りました。その晩、その日自分が行ったことを思い直してみて、自分の貪欲さに気づくと、ベルナルドさまの熱意と聖なるフランシスコの聖性を思い巡らしたのでした。次の晩と、それに続く二晩にわたって、神から次のような幻が与えられたのでした。それは、聖なるフランシスコの口から黄金の十字架が出て、その頂は天に達し、両腕は西と東の果てにまで伸びている、というものでした。この幻によって、この方も自分の持っていた物を神のために施して、小さき兄弟の一人となったのでした。会においては聖性と恵みに満たされ、友人同士がするように、神と語らっていました。これは聖なるフランシスコがたびたび証言していたとおりですし、これからまた明らかにすることになるでしょう。

ベルナルドさまも同じように神の恵みに満たされ、しばしば観想のさ中で神に引き寄せられていました。聖なるフランシスコは、この方についてあらゆる尊敬に値する人、この方がこの会の土台を据えたと言っていました。というのも、この世を捨てて、何物をも自分のために取って置かずに、すべての物をキリストの貧しい人々に与え、十字架につけられた方の両腕に、裸となって自らをささげることで、福音的な貧しさを実践した最初の人がこの方だったからです。

〔十字架につけられた方〕が代々《よよ》の代々に至るまでたたえられますように。アーメン。

（1）マタ一九・二一。（2）ルカ九・三。（3）マタ一六・二四。

第三章

聖なるフランシスコが兄弟ベルナルドに対して抱いた悪い思いの故に、どのようにして兄弟ベルナルドに命じて、三度、自分の喉と口との上を足で踏み歩かせたか

十字架につけられた方の、いとも敬虔な僕《しもべ》である聖なるフランシスコさまは、あまりにも厳しい悔い改めのため、絶えず涙を流し続け、盲人のようになり、ほとんど目は見えないありさまでした。そんなある日のこと、いつもいた場所から出て、兄弟ベルナルドのいた場所に出かけて行きました。神について彼と一緒に語り合おうとしてのことでした。その場所に着いてみると、森の中で祈っており、〔神へと〕完全に〔心を〕高め、神と結ばれているのに出くわしました。そこで、聖なるフランシスコは森の中に入っていき、呼びかけて言いました。「出てきて、この目の見えない者に話しかけてください」。兄弟ベルナルドは何一つ答えませんでした。偉大な観想の人の常として、心を奪われ、神へと引き上げられていたからです。この〔兄

弟〕が神と語り合うという特別の恵みに浴していたことは、聖なるフランシスコがたびたび証言していたとおりなのですが、この〔兄弟〕と話し合うのを強く望んだのでした。しばらく間をおいてから、同じようにして、二度、三度と呼びかけました。いずれのときも兄弟ベルナルドには聞こえず、そのため何も答えず、〔フランシスコ〕のもとに出て行きもしませんでした。そこで、聖なるフランシスコは、少々落胆してその場を離れましたが、三回呼ばれても兄弟ベルナルドが自分のもとに出てこなかったことを不審に思い、内心悲しんでいました。

聖なるフランシスコは、このように考えながら立ち去ったのですが、その場から少し離れると、同行〔の兄弟〕に言いました。「ここで待っていてください」。そこから少し離れた淋しい場所へと入っていき、祈りに専念しました。なぜ兄弟ベルナルドが自分に答えてくれなかったのか、お知らせくださるよう神に願ったのです。そうしていると、神から一つの声が届き、こう仰せになりました。「おお、何と貧しく哀れな人間であることか。なぜ、そんなに心を煩わせるのか。被造物のために、人は神を放っておいてよいというのか。お前が呼びかけたとき、兄弟ベルナルドはわたしと結ばれていたのだ。そのため、お前のもとに行けなかったし、答えられなかったのだ。それ故、あの者がお前に答えることができなかったことで驚いてはならない。お前の言葉が何一つ聞こえないまでに、あの者は自分を離脱していたのだから」。神からこの答えを得た聖なるフランシスコは、直ちに、自分が彼に対して抱いた思いを謙遜に謝罪するために、大急ぎで兄弟ベルナルドのもとに戻ったのでした。

〔フランシスコが〕自分のほうに来るのを目にすると、兄弟ベルナルドは自分のほうから迎えに出て、その足もとに身を投げ出しました。すると、聖なるフランシスコは彼を立ち上がらせると、大いなる謙遜をもって、自分が彼に対して抱いた思いと動揺、そのことについて神がどのようにお答えになったかを語りました。そして、次のような言葉で結びました。「聖なる従順によって、わたしはあなたに命じます。わたしが命じることを、あなたは行わなければなりません」。兄弟ベルナルドは、聖なるフランシスコがいつものように何かしら法外なことを命じるのではないかと恐れ、誠実な方法で、そのような従順から逃れたいと思いました。そこで、次のように答えました。「あなたへの従順を果たすつもりです。ただし、わたしがあなたに命じることをあなたが行われるのであれば」。聖なるフランシスコが約束したので、兄弟ベルナルドは言いました。「では、仰ってください、師父よ。わたしが何をすることをお望みですか」。すると、聖なるフランシスコは言いました。「わたしは聖なる従順によってあなたに命じます。わたしの邪推と慢心を罰するためです。ここで、わたしは地面に仰向けに横たわりますから、片方の足でわたしの喉を、もう片方の足でわたしの口を踏みつけて、わたしを辱め罵りながら、三度、わたしを横切ってください。特に、こう言ってください。『ここに寝てるがいい、ピエトロ・ベルナルドーネの粗野な小倅《こせがれ》め。全く惨め極まりない被造物のくせに、これほど思い上がるとは』」。

　これを聞いた兄弟ベルナルドは、そのようなことをするのは大変辛いことでしたが、聖なる従順のため、できうる限り手加減して、聖なるフランシスコが自分に命じたことを実行しました。それが終わると、聖なるフランシスコが言いました。「では、わたしが行うようにあなたが望んでいることを、わたしに命じてください。あなたに従順を約束したのですから」。兄弟ベルナルドは言いました。「聖なる従順によって、わたしはあなたに命じます。わたしたちが一緒にいる限り、いつでも、わたしの過ちを厳しく咎め正さなければなりません」。これには、聖なるフランシスコも非常に驚かされました。〔フランシスコ〕その人が彼に対して大きな尊敬を寄せており、非難すべきことなど何一つとして見いだせないほどの聖性を兄弟ベルナルドは有していたからでした。ところが、それ以後、聖なるフランシスコは〔兄弟ベルナルド〕と長らく一緒にいないように気をつけていました。先の従順〔の約束〕のために、彼を正すような言葉を口にするようなことのないためでした。それほどまで、この〔兄弟の〕聖性を知り尽くしていたのです。とはいえ、彼に会いたくなったり、神について彼と語り合いたいときでさえも、できうる限り素早く別れて立ち去るようにしていました。また、聖なる師父フランシスコが愛と尊敬と謙遜をこめて自分の最初の可愛い息子である兄弟ベルナルドと語らっているのを目にするのは、敬神の念を〔養うのに〕非常に有益なことでした。

　イエス・キリストと貧しく小さなフランシスコに賛美と栄光。アーメン。

第四章

どのようにスポレトの谷間の居所の世話役であった兄弟エリヤに神のみ使いが問いかけ、なぜ兄弟エリヤは高慢な態度でそれに応え、〔天使は〕そこを去り、聖ヤコブ〔聖堂〕への道に向かい、そこで兄弟ベルナルドと出会い、この物語を語ったか

会が設立された初めの、まだ兄弟たちの数も少なく、決まった住居もなかったころのこと、聖なるフランシスコはその信心から、ガリシアの聖ヤコブ〔聖堂〕（サンチャゴ・デ・コンポステラ）に出かけました。何人かの兄弟が同行しましたが、その中の一人に兄弟ベルナルドもおりました。一行が道を進んでいくと、ある場所で、貧しく哀れな病人に出会いました。その人に同情して〔フランシスコ〕は兄弟ベルナルドに言いました。「我が子よ、この病人の看護のために、あなたにここに残ってもらいたい」。兄弟ベルナルドは謙遜にひざまずき、頭を垂れると、聖なる師父への従順を受け入れ、その場所に留まりました。そして、聖なるフランシスコはほかの同行〔の兄弟〕たちと一緒に聖ヤコブ〔聖堂〕へと向かいました。そこに到着して、聖ヤコブの聖堂で、一晩、祈りのうちに過ごしていると、神から聖なるフランシスコに、彼は世界中の多くの土地を受け取るはずであること、それ故、その会は大きくなり大勢の兄弟たち〔の会〕へと成長するはずであると啓示されました。この啓示によって、聖なるフランシスコは、この地方で幾つかの地所を手に入れるようになったのでした。聖なるフランシスコは最初の道を通って戻ってくると、兄弟ベルナルドと、その人のために彼を残し、今では完全に回復した病人とに出会いました。そこで、聖なるフランシスコは兄弟ベルナルドに、翌年、聖ヤコブ〔聖堂〕に行く許しを与えたのでした。

　このようにして、聖なるフランシスコはスポレトの谷間に戻りました。〔フランシスコ〕と兄弟マッセオと兄弟エリヤ、そして他の何人か〔の兄弟たち〕は人里離れた場所に滞在していました。これら〔の兄弟たちは〕みな聖なるフランシスコの祈りの邪魔をしたり、心を掻き乱させたりしないように大変気遣っていました。そのようにしていたのは、彼らが〔フランシスコ〕に深い尊敬の念を抱いていたからでもありますが、その祈りの中で神が偉大なことを啓示されていることを知ってもいたからです。あるときのこと、聖なるフランシスコが森の中で祈っていると、旅姿の、立派な若者が住居の門前にやって来て、とてもせわし

なく強く、しかも長い間、扉を叩きました。兄弟たちは、そのような尋常ではない扉の叩き方に大変驚きました。兄弟マッセオが出て行って、扉を開くと、その若者に言いました。「我が子よ、あなたはどこから来られたのですか。このように風変わりな扉の叩き方をするからには、ここには、これまで来られたことがないようですね」。若者は答えました。「どのように叩いたらよいのでしょう」。兄弟マッセオは言いました。「一度ずつゆっくりと三回叩きなさい。そして、兄弟がパーテル・ノステル（主の祈り）を一度唱えてから、あなたのところに来るまで待つのです。それだけの時が経っても、〔誰も出て〕来なければ、もう一度叩きなさい」。若者は答えました。「わたしは非常に急いでいます。それであのように強く叩きました。これからわたしには長い旅が待っています。わたしは兄弟フランシスコと話をするために来ました。でも、今は森の中で観想中のようです。お邪魔をしたくありません。どうか行って、兄弟エリヤを呼んでいただけませんか。一つ質問したいことがあります。この方は大変賢明であると聞いておりますので」。兄弟マッセオは行って、その若者のところに行くようにと兄弟エリヤに言いました。兄弟エリヤは憤慨し、行こうとしませんでした。兄弟マッセオはどうしたらいいのか分かりませんでした。もし、〔兄弟エリヤ〕は来ることができません、と言えば嘘をつくことなります。腹を立てており、来たくないのです、と言えば、悪い模範を示すことになります。

こうして、兄弟マッセオが〔戸口に〕戻るのをためらっていると、若者は、最初の時のように、もう一度、扉を叩きました。しばらくして兄弟マッセオは戸口に戻ると、若者に言いました。「わたしがお教えした叩き方を、あなたは守りませんでした」。若者は答えました。「兄弟エリヤはわたしのところに来たくないのです。では、兄弟フランシスコのところに行って、お話をするために、わたしが来ていると伝えてください。わたしはお祈りの邪魔をしたくないので、兄弟エリヤをわたしのところに遣わすように言ってください」。こうして、兄弟マッセオは、森の中で顔を天に向けて祈っている聖なるフランシスコのところに行き、若者の伝言と兄弟エリヤの返答とをすべて〔フランシスコ〕に語りました。この若者は人間の姿を取った神のみ使いでした。聖なるフランシスコは、その場から動かず、顔を下げることもなく、兄弟マッセオに言いました。「兄弟エリヤのところに行って、従順によって、直ちにその若者のところに行くように言いなさい」。

聖なるフランシスコの従順〔による指示〕を聞くと、兄弟エリヤはひどく立腹しつつも、戸口に行くと、荒々しく騒々しく扉を開くと、若者に言いました。「お前の望みは何か」。若者は答えました。「お気をつけください。兄弟。そのように腹を立ててはなりません。怒りは心を掻き乱し、真実を識別できないようにしてしまいます」。兄弟エリヤは言いました。「言うがよい。わたしに何をして欲しいのか」。若者は答えました。「あなたにお尋ねしたいのです。キリストがお弟子の方々に仰せられたとおり、自分の前に差し出された物を食べることは聖なる福音を遵守する者らに許されているのでしょうか。もう一つ、お尋ねします。福音の自由に反することを何かしら提示することは何人《なんびと》にも許されていないのでしょうか」。兄弟エリヤは尊大な態度で答えました。「そのことは良く知っている。だが、お前には答えたくない。さっさと自分の仕事に戻るがよい」。若者は言いました。「この質問には、わたしのほうがあなたよりも良く答えることができます」。すると、兄弟エリヤはますます腹を立て、猛々しく扉を閉めると、そこから立ち去りました。そして、その質問について思い巡らし始め、内心で考えあぐねていました。解答を出すことができなかったのです。この兄弟は会の代理の任にありましたが、福音から逸脱し、聖なるフランシスコの会則からも逸脱したことを命じ、規則として定めたことがあったのです。それは、会の兄弟は誰であれ肉を食べてはならない、というものでした。ですから、この質問は明らかに〔兄弟エリヤ〕に向けられたものでした。それについて自分では解明できないこと、若者の控え目な態度、そして自分よりもうまくこの質問に答えることができると言ったことを思い巡らして、この質問について若者に尋ねるために、戸口に戻ると、扉を開きましたが、〔若者は〕既に去った後でした。兄弟エリヤの傲慢さが天使と話をするにはふさわしくなかったからです。この出来事の後、ほとんどすべてのことを神から啓示されていた聖なるフランシスコは、森から戻ると、兄弟エリヤを強く、大きな声で叱って言いました。「傲慢な兄弟エリヤよ、あなたは悪いことをしました。わたしたちを教え導くために来られた聖なる天使たちを追い返してしまったのです。わたしはあなたに言っておきます。あなたの傲慢さが、あなたにこの会の外で最期を迎えさせることになるのではないかと、わたしは恐れているのです」。聖なるフランシスコが予言したようなことが彼の身に起こり、〔兄弟エリヤは〕会の外で亡くなったのでした。

この天使が立ち去った同じ日の同じ時刻に、その天使は全く同じ姿で、兄弟ベルナルドに現れました。彼は聖ヤコブ〔聖堂〕から戻るところで、大きな川の岸辺にいました。彼の地方の言葉で挨拶して、〔天使は〕言いました。「善い兄弟よ、神があなたに平和を与えてくださいますように」。善い兄弟ベルナルドは非常に驚いて、若者の美しさ、自分の祖国の言葉、その平和の挨拶、笑みを浮かべた表情を思い巡らして、尋ねました。「立派なお若い方、どこから来られたのですか」。天使は答えました。「聖なるフランシスコが籠っているあの住まいから来ました。あの方とお話しするために出かけたのですが、できませんでした。あの方は森の中で神に関わることを観想しておられ、わたしはそのお邪魔をしたくなかったのです。その住まいには兄弟マッセオと兄弟エジディオ、そして兄弟エリヤも籠っておられました。兄弟マッセオは、兄弟のように扉を叩く方法を教えてくださいました。しかし、兄弟エリヤは、わたしがお尋ねした質問に答えようとしてくれませんでした。その後、後悔して、わたしに聞こうとし、わたしに会おうとされましたが、できませんでした」。

このような言葉を口にした後、天使は兄弟ベルナルドに尋ねました。「どうして向こう岸に渡らないのですか」。兄弟ベルナルドは答えました。「水が深そうなので、危険ではないか恐れているのです」。天使は言いました。「ご一緒に渡りましょう。疑ってはなりません」。そして、片手を取ると、瞬く間に、川の向こう岸へと連れて行ったのでした。そこで、兄弟ベルナルドはその〔若者〕が神のみ使いであると分かって、深い敬意と大きな喜びをもって、声高らかに言いました。「おお、神の祝福されたみ使いよ、あなたのお名前をお教えください」。天使は答えました。「なぜ、わたしの名前を尋ねるのですか。それは言語に絶するものです」。こう言うと、天使は姿を消して、残された兄弟ベルナルドは大きな慰めに満たされ、旅路を喜びのうちに歩きとおしたのでした。天使が自分に現れた日と時刻とはしっかりと頭に刻み込みました。そして、聖なるフランシスコと、先に述べた仲間〔の兄弟〕たちがいた所に辿り着くと、事の次第をすべて彼らに語ったのでした。同じ天使が、その日、その時刻に、彼らと彼とに現れたことを知ったのでした。そして、神に感謝いたしました。

イエス・キリストと貧しく小さなフランシスコに賛美。アーメン。

第五章

どのようにして、アシジの聖なる兄弟ベルナルドは聖なるフランシスコによってボローニャに派遣され、そこで住まいを手に入れたか

聖なるフランシスコとその伴侶たちは、心と行いをもって十字架を担い、言葉でキリストの十字架を宣べ伝えるために、神によって召し出され選ばれていましたので、その衣服でも、厳しい生活ぶりでも、その言行と働きぶりでも十字架につけられた人々のように見受けられ、事実そのとおりでした。それ故、この世の栄誉や尊敬、空しい称賛よりも、キリストへの愛のために辱めと罵詈雑言《ばりぞうごん》とを耐えることを望んでいました。そのため、侮辱されることを喜び、誉めそやされることを悲しんでいたのです。こうして、**旅人や寄留者のように**(1)世界中を巡り歩き、十字架につけられたキリストのほかは何も携えることはありませんでした。彼らは真のぶどうの木、すなわちキリストに属する〔枝〕でしたから、大きな立派な多くの実をみのらせました。それこそ神によって彼らが勝ち取った魂です。

修道生活の初めのころ、聖なるフランシスコが兄弟ベルナルドをボローニャに派遣したことがありました。それは、神が与えてくださった恵みによって、その地でも神によって実りをもたらすためでした。兄弟ベルナルドは、いとも聖なる十字架の印をすると、聖なる従順によって旅立ち、ボローニャに到着しました。古びた粗末な衣服を見た子供たちは、変人にするように、彼をさんざん嘲り、罵詈雑言を浴びせました。兄弟ベルナルドはキリストへの愛のために、それらのすべてを辛抱強く、また朗らかに耐え忍びました。その上、更にぼろぼろにされるためにいそいそと町の広場に出向きました。そこに座っていると、大勢の子供と大人たちが彼の周りを取り囲み、その頭巾を前や後ろから引っ張ったり、塵を浴びせたり、石を投げたり、あちらこちらへ押し転がしたりしたのでした。兄弟ベルナルドは常に変わらず、忍耐強く、笑みを浮かべて、一言も不平を漏らさず、平然としていました。何日もの間、同じ場所に戻ってくると、同じような扱いを耐え忍び続けました。

忍耐は完全の業であり徳の徴でもありますから、聡明な法律の学者の一人が、これほど何日にもわたって、どんな侮辱にもどんな罵詈雑言にも少しも立腹しない兄弟ベルナルドの意志の堅固さと徳とを目の当たりにし、思い巡らして、心の中で呟《つぶや》きました。「この人が聖者でないはずはあ

りえない」。そこで、彼に近づいて尋ねました。「あなたは何者なのですか。何のためにここに来られたのですか」。するど、兄弟ベルナルドは、答える代わりに、手を懐に入れると、聖なるフランシスコの会則を取り出すと、それを読むようにと、その人に渡しました。その人はそれを読むと、その至高極まりない完全性に思い至り、大変な驚きと感激に捉えられ、同僚たちに向き直って言いました。「まさしく、これこそわたしが今まで聞いた中でも最高の修道生活の在り方だ。この方とお仲間の方々はこの世で最も聖なる方々なのだから、この方に罵詈雑言を浴びせるなどとは最高に重い罪を犯すことだ。この方は神と友人であられるのだから、最高に敬わなければならないお方なのだ」。そして、兄弟ベルナルドに言いました。「神にふさわしくお仕えすることのできる場所を手に入れたいとお望みなら、魂の救いのために、わたしが喜んで差し上げます」。兄弟ベルナルドは答えました。「殿下、これはわたしどもの主イエス・キリストがあなたに示唆されたことと信じます。ですから、キリストのみ栄えのために、あなたのお申し出をわたしは喜んでお受けいたします」。そこで、その法学者は大きな喜びと愛とをもって、兄弟ベルナルドを自分の家に案内すると、約束した住まいを提供し、自分の出費ですべてを調達し、用意したのでした。そして、このときから、この人は兄弟ベルナルドとその仲間〔の兄弟〕たちの父となり特別の保護者となったのでした。

兄弟ベルナルドは、その聖なる振る舞いによって、人々から大変尊敬されるようになり、彼に触れたり、目にするだけで幸せと思われるほどでした。しかし、彼はキリストと謙遜なフランシスコの真の弟子として、この世の栄誉が自分の魂の平和と救いの妨げになるのではないかとの恐れを抱き、その地から立ち去り、聖なるフランシスコのもとに戻ると、次のように言いました。「師父よ、ボローニャの町に住まいを手に入れることができました。そこに滞在し、そこを維持する兄弟たちを送ってください。しかし、わたしはあの地でこれ以上得るものはありません。むしろ、わたしに向けられたあまりの栄誉を考えますと、得たものよりも失ったもののほうが多いのではないかと恐れています」。こうして、兄弟ベルナルドを通して神が成し遂げられたことを逐一聞くと聖なるフランシスコは、このようにして十字架の貧しく小さな弟子たちを増やしてくださることで神に感謝しました。そして、ボローニャとロンバルディアとに仲間〔の兄弟〕たちを派遣したのでした。

イエス・キリストと貧しく小さなフランシスコに賛美。

アーメン。

（1）Ⅰペト二・一一。

第六章

どのようにして聖なるフランシスコは兄弟ベルナルドを祝福し、自分がこの世を去った後に、自分の代理の任に就くようにしたか

兄弟ベルナルドはすばらしい聖性を有していたので、聖なるフランシスコは大変尊敬し、しばしば称賛していました。ある日のこと、聖なるフランシスコが祈りに専心していますと、兄弟ベルナルドは神の許しのもとに、悪霊どもによる多くの、そしてさまざまな苛酷な戦いを耐え忍ばなければならないことが、神から啓示されました。それ故、聖なるフランシスコは彼を我が子のように愛していましたので、兄弟ベルナルドを大変哀れに思い、幾日にもわたって涙を流しつつ祈り続け、悪魔との戦いで彼に勝利を与えてくださるように、彼のために神に願い、イエス・キリストに彼を託したのでした。このように聖なるフランシスコが祈りに専心していますと、ある日のこと、神が答えてくださいました。「フランシスコよ、恐れてはならない。兄弟ベルナルドが戦わなければならない試練のすべては、徳の鍛錬と功徳の栄冠のために神によって許されたものであり、最終的には、すべての敵に対して勝利を収めることになっている。彼は天の国の宴にあずかる者らの一人だからである」。このお答えに、聖なるフランシスコは大変喜び、神に感謝しました。そして、この時から、ますます大きな愛と尊敬とをこの〔兄弟〕に抱き続けたのでした。

そして、〔フランシスコ〕が生きていた間だけでなく、死の際にも同様でした。聖なるフランシスコは死が近づいたとき、聖なる族長ヤコブのように(1)、敬虔な息子たちが愛する父との別れを嘆き悲しみ、涙を流しつつ自分の周りに立っているのを見て、問いかけました。「わたしの最初の子はどこにいるのか。我が子よ、わたしの傍らに来なさい。死ぬ前に、わたしはあなたの魂を祝福したいのだ」。すると、兄弟ベルナルドは――そのとき会の代理の任にあった――兄弟エリヤにそっと言いました。「父よ、聖者の右手のほうに行ってください。あなたを祝福されるでしょうから」。兄弟エリヤが右手のほうに行くと、あまりに涙を流し過ぎて、ほとんど視力を失っていた聖なるフランシスコは、右手を兄弟エリヤの頭の上に置くと言いました。「こ

れは、最初の子兄弟ベルナルドの頭ではない」。そこで、兄弟ベルナルドが〔フランシスコ〕の左手のほうに行くと、聖なるフランシスコは自分の両腕を十字に交差させると、右手を兄弟ベルナルドの頭の上に置き、左手を兄弟エリヤの頭の上に置くと言いました。「兄弟ベルナルドよ、わたしたちの主イエス・キリストの御父が、キリストにおいてあらゆる霊と天上との祝福をもって、あなたを祝福してくださいますように。福音的な貧しさのうちにキリストに従うことで、福音の模範を提示するために選ばれた、聖なる会の最初の子だからです。それ故に、キリストへの愛のために、あなたは自分の持ち物をことごとく進んで貧しい人々に分け与えただけでなく、この会において甘美なる犠《いけ》牲《にえ》として自分自身を神におささげしたのでした。ですから、わたしたちの主イエス・キリストからの、そしてその貧しの小さな僕《しもべ》であるわたしからの永遠の祝福をもって、歩むときも、立っているときも、起きているときも、眠っているときも、生きているときも、死のときにも、あなたが祝福されますように。また、あなたを祝福する者は祝福され、あなたを呪う者が罰せられずにおかれることがありませんように。あなたが兄弟たちの中心となり、あなたの命令することにみなが従順に従うように。あなたの望みのままに誰であれこの会に受け入れる権能をあなたは持っており、兄弟の誰一人としてあなたに対する支配権を持つことなく、あなたの望みのままに、どこにでも行き、どこにでも滞在することができます」。

聖なるフランシスコの死後、兄弟たちは尊敬すべき父として兄弟ベルナルドを愛し敬いました。彼の死が近づくと、大勢な兄弟が世界のさまざまな地方から彼のもとにやって来ました。その中には、〔天使の〕位階に属するかのように神聖な兄弟エジディオもいました。〔この兄弟〕は兄弟ベルナルドを見ると、大きな喜びのうちに言いました。「スルスム・コルダ（心を上に）、兄弟ベルナルド、スルスム・コルダ」。聖なる兄弟ベルナルドはひそかに兄弟の一人に、兄弟エジディオのために観想にふさわしい場所を用意するように言いつけ、そのとおりになされました。兄弟ベルナルドは死の時が近づくと、身を起こさせてもらい、前にいる兄弟たちに言いました。「いとも親愛なる兄弟たちよ、あなた方に多くのことを語ろうとは思いません。ただ、わたしが過ごしてきた、またあなた方が過ごしている修道生活の在り方をよくよく考えなければなりません。わたしは今、その時を迎えていますが、あなた方もいずれ迎えることになります。わたしの魂にあるのはこのことです。

この世に等しい千の世界に代えても、わたしたちの主イエス・キリストの以外の別の主に仕えようとは思いません。これまでにわたしが犯したすべての罪を心から悔やみ、わたしの主イエス・キリストとあなた方に告白します。わたしのいとも親愛なる兄弟たちよ、お願いします、互いに愛し合ってください」。このような言葉、そして他のすばらしい勧めの言葉を口にした後、床に横たわると、その顔は輝きを放ち、ことのほか喜ばしげでした。その前にいた人々はみな非常に驚きました。このような喜びのうちに、そのいとも聖なる魂は、栄光の冠を戴き、この世の生から天使たちの祝された生へと移って行ったのでした。

　イエス・キリストと貧しく小さなフランシスコに賛美。アーメン。

（1）創四九章。

第七章

どのようにして聖なるフランシスコが、ペルージアの湖の島で四旬節を過ごし、半分のパン以外は何も食することなしに、四十日四十夜断食したか

真のキリストの僕《しもべ》である聖なるフランシスコは幾つかの点で、人々の救いのために、この世に与えられた、もう一人のキリストのようでした。御父である神は、多くの言行において、〔フランシスコを〕ご自分の愛する御子イエス・キリストにかたどられた者、似た者とされることを望まれ、それを十二人の伴侶という貴い集いにおいて、また聖なる傷痕という驚くべき神秘において、聖なる四旬節を通して続けられた断食においても、わたしたちにお示しになられました。その〔四旬節の断食〕とは次のように行われたものです。

　ある時のこと、聖なるフランシスコはカーニバル（四旬節直前に民間で行われる謝肉祭）にあたってペルージアの湖（トラジメノ湖）の岸辺の、彼に心酔する人の家で一夜を過ごしていましたが、その年の四旬節を湖の一つの島で過ごすようにとの神から霊感を受けたのでした。そのため、自分に心酔するその人

にキリストへの愛のため、灰の〔水曜〕日（この日から四旬節は始まる）の夜に、誰にも知られないように、湖の誰も住んでいない一つの島へ小舟で連れて行ってくれるよう頼みました。その人は、聖なるフランシスコに対して抱いていた偉大な敬意のために、即座に、その頼みごとを聞き入れ、その島へと連れて行きました。聖なるフランシスコは小さな二つのパン以外は何も携えて行きませんでした。島に着き、その友人が家に戻ろうとすると、聖なるフランシスコは、自分がここにいることを誰にも明かさないように、そして（最後の晩餐を祝う）聖なる木曜日までは自分のところに来ないようにと頼みました。こうして、その人はそこを去り、聖なるフランシスコはただ独りそこに残りました。

そこには雨露をしのぎうる建物は何一つなかったので、まるで獣の巣窟か狩猟小屋のように茨や灌木《かんぼく》がびっしりと生い茂った藪《やぶ》の中に入っていきました。そのようなその場所で祈りに専心し、天上の事柄の観想にふけったのでした。そして、ただ小さなパンの半分を別にすると、何も食べもせず飲みもせずに四旬節の間中そこに籠っていました。例の〔フランシスコ〕に心酔する人によれば、聖木曜日に〔フランシスコ〕のもとに戻ってみると、二つのパンのうち一つは手つかずのまま、もう一つは半分になっているのを見いだしたのでした。なくなった半分は、四十日四十夜、どんな食べ物をも何一つ口にされなかった祝福されたキリストの断食に敬意を払って、聖なるフランシスコが食べたものと信じたのでした。このように、パンの半分をもって、虚栄の害毒を我が身から追い出し、キリストの模範に倣って、四十日四十夜、断食したのでした。

この後、聖なるフランシスコがこのように驚嘆すべき禁欲の業を行ったこの地において、その功徳の故に、神は多くの奇跡を行われました。そのことによって、人々はその〔島〕に家を建て住み始めたのでした。そして、あまり時を経ぬうちに、大きく立派な村になりました。そこにはまた、兄弟たちの住まいもあり、島の地と呼ばれています。その村に住む男女は、聖なるフランシスコがここで述べた四旬節を過ごした場所に対して今でも尊敬と敬意の念とを抱いております。

イエス・キリストと貧しく小さなフランシスコに賛美。アーメン。

第八章

どのようにして聖なるフランシスコは、兄弟レオと道を歩みながら、完全な喜びとはいかなるものか説明したか

ある時、聖なるフランシスコは兄弟レオと共に、ペルージアから〔ポルチウンクラの〕サンタ・マリア・デリ・アンジェリ（天使たちの聖マリア）へと向かっていました。時は冬のことであり、厳しい寒さが〔フランシスコ〕をひどく苦しめていました。少し前を歩いていた兄弟レオに呼びかけて、次のように言いました。「兄弟レオよ、小さき兄弟たちが地上のあらゆる所で、聖性と立派な修徳の偉大な模範を示したとしても、そこには完全な喜びはないことを書き記し、心に深く留めておきなさい」。そして、少し先に進んでから、聖なるフランシスコは再び〔レオ〕に呼びかけました。「おお、兄弟レオよ、小さき兄弟の一人が目の見えない人に光を与え、体の麻痺した人々を癒し、悪霊どもを追い出し、耳の不自由な人々を聞こえるようにし、片足の不自由な人々を歩けるようにし、口のきけない人々を話せるようにし、更に偉大なことに、死んで四日も経った人を生き返らせたとしても、そこには完全な喜びはないと書き記しなさい」。少し歩き進んで、聖なるフランシスコは大声で叫びました。「おお、兄弟レオよ、たとえ小さき兄弟の一人がすべての言語、すべての学識、聖書全体に精通していても、また預言することができ、未来のことだけでなく、人々の良心の秘密をも明らかにすることができるとしても、そこには完全な喜びはないと書き記しなさい」。また少し先に進むと、聖なるフランシスコは、また大声で呼びかけました。「おお、兄弟レオよ、神の仔羊よ。たとえ小さき兄弟の一人が天使の言葉を話し、星の運行、薬草の効能を知り、地上の宝がことごとく開示され、鳥と魚、あらゆる動物、岩と水の効能を知り尽くしたとしても、そこには完全な喜びはないと書き記しなさい」。また少し歩むと、聖なるフランシスコは、大きな声で叫びました。「おお、兄弟レオよ、たとえ小さき兄弟の一人が上手に説教をすることができ、信仰のない人々をみなキリストへの信仰へと立ち返らせたとしても、そこには完全な喜びはないと書き記しなさい」。

二マイルほども、このように話が続いたので、兄弟レオは非常に驚いて、〔フランシスコ〕に問いかけて言いました。「師父よ、神のみ名によって、お願いいたします。完全な

喜びはどこにあるのか、わたしにお教えください」。すると、聖なるフランシスコは答えて言いました。「このように雨に濡れ、寒さに凍え、泥にまみれ、飢えに苦しみながらサンタ・マリア・デリ・アンジェリにわたしたちは辿り着き、そこの住まいの門を叩くと、腹を立てながら門番が出てきて言います。『お前らは何者だ』。そこで、わたしたちは言います。『わたしどもはあなた方の兄弟の二人です』。すると、彼は言います。『お前たちは本当のことを言っていない。二人のならず者に違いない。うろつき回って世間を騙して、貧しい人々への施しを奪っている奴らだ。さっさと失せやがれ』。こうして、わたしたちに〔門を〕開けてくれません。雪と雨の中、寒さと飢えに苦しみながら、夜中までわたしたちは外に放っておかれます。それでも、それほどの罵詈雑言《ばりぞうごん》、それほどの冷酷さ、これほどの不当な取り扱いにも、取り乱すことなく、その人に対して不平を口にせず、辛抱強く耐え忍び、この門番はわたしたちのことを本当によく知っており、神がわたしたちにこう言うように仕向けられたのだと謙遜に思うなら、おお、兄弟レオよ、ここにこそ完全な喜びがあると書き記しなさい。そしてまた、根気強く叩き続けるとします。〔門番〕は逆上して外に出てきて、うるさいろくでなしのようにわたしたちを乱暴な言葉と平手打ちをもって追い払い、言うでしょう。『ここから出て行け。汚らわしい盗人《ぬすっと》どもめ。施療院にでも行くがよい。お前たちはここでは食べることも泊まることもできやしないのだから』。それでも、わたしたちは辛抱強く、むしろ喜びと大きな愛をもってこれを耐え忍ぶなら、おお、兄弟レオよ、ここにこそ完全な喜びがあると書き記しなさい。そしてなお、飢えと寒さと夜が更けるのに迫られて、〔門を〕叩き続け、呼びかけ続け、大粒の涙を流しつつ、神の愛によって、門を開けて、中に入れてくれるように懇願すると、あの〔門番〕はますます憤慨して、言うでしょう。『うるさいろくでなしどもめ、お前たちにふさわしい取扱いをしてやろう』。そして、節くれだった棍棒《こんぼう》を手にして外に出てくると、わたしたちの頭巾を摑んで地面に投げ倒し、雪の中を転がし回り、例の棍棒で散々打ちのめすでしょう。それでも、祝福されたキリストの苦痛を思い起こしつつ、これら一切を、〔キリスト〕への愛のためにわたしたちが耐え忍ばなければならないものとして、辛抱強く、喜びをもって耐え忍ぶなら、おお、兄弟レオよ、ここにこそ完全な喜びがあると書き記しなさい。兄弟レオよ、この〔話の〕結びを聞きなさい。キリストがご自分の友人たちに授けてくださる、聖霊のすべての恵みと賜物にまさるのは、キリストへの愛のために心から進んで自分自身に打ち勝ち、苦痛と罵詈雑言と恥辱、不便といったものを耐え忍ぶことです。神からのほかの一切の賜物をわたしたちは誇りとすることができないからです。ですから、使徒〔パウロ〕は言うのです。「**あなたが持っているもので、神からいただかなかったものが何かありますか。〔神〕からいただいたのなら、なぜ、自分で持っているものであるかのように誇るのですか**(1)」。しかし、艱難と苦難という十字架において、わたしたちは誇ることができます。使徒〔パウロ〕も言っています。「**わたしは、わたしたちの主イエス・キリストの十字架のほかは何も誇りとしようとは望みません**(2)」。

イエス・キリストと貧しく小さなフランシスコに賛美。アーメン。

（1）Ⅰコリ四・七。（2）ガラ六・一四。

第九章

どのようにして、聖なるフランシスコは兄弟レオに答え方を教えたのに、〔レオ〕はフランシスコの望みとは逆のことしか答えられなかったか

会の初めの、あるときのこと、聖なるフランシスコは兄弟レオと共に聖務日課を唱えるための本を所持していない住まいに滞在していました。朝課を唱える時刻になったので、聖なるフランシスコは兄弟レオに言いました。「いとも親愛なる兄弟よ、わたしたちは朝課を唱えることができるための聖務日課書を持っていません。しかし、神を賛美してこの時間を過ごしたいので、わたしが何か言いますから、あなたはわたしが教えたとおりに答えてください。わたしがあなたに教える言葉を勝手に変えないように気をつけてください。わたしはこう言います。『おお、兄弟フランシスコよ、この代《よ》において、お前はこんなに多くの悪を行い、こんなにも多くの罪を犯した。だから、地獄こそお前にふさわしい』。兄弟レオよ、あなたはこう答えなさい。『そのとおり、お前には地獄の底こそふさわしい』」。すると、兄弟レオは鳩の単純さをもって答えました。「師父よ、

喜んでそういたします。神の名によってお始めください」。こうして、聖なるフランシスコは語り始めました。「おお、兄弟フランシスコよ、この代《よ》において、お前はこんなに多くの悪を行い、こんなにも多くの罪を犯した。だから、地獄こそお前にふさわしい」。すると、兄弟レオは答えました。「神はあなたを通してたくさんの善いことを行われるでしょう。ですから、あなたは楽園に行かれるでしょう」。聖なるフランシスコは言いました。「兄弟レオよ、そのように言うのではない。『兄弟フランシスコよ、お前は神に逆らってたくさんの不正なことを行った。神に呪われることこそお前にふさわしいことだ』とわたしが言ったら、あなたはこう答えなさい。『まさしく、お前は呪われた者らのうちにあることこそふさわしいことだ』」。すると、兄弟レオは答えました。「師父よ、喜んでそういたします」。

こうして、聖なるフランシスコは涙に溢れ、ため息をつき、胸を叩きつつ、大きな声で言いました。「おお、天と地の主であるわたしの〔主〕よ。わたしはあなたに逆らって、たくさんの不正とたくさんの罪とを犯しました。それ故、わたしはあなたに呪われるのがふさわしい者です」。兄弟レオは答えました。「おお、兄弟フランシスコよ、神はあなたを、祝福された者らの中でも特に祝福された者となさるでしょう」。聖なるフランシスコは、兄弟レオが自分が命じたこととは反対のことを答えるのを不思議に思い、彼を咎めて言いました。「なぜ、わたしが教えたとおりに、あなたは答えないのですか。わたしがあなたに教えるとおりに答えるよう、聖なる従順によって命じます。わたしはこう言います。『おお、邪悪な小童《こわっぱ》の兄弟フランシスコよ、神がお前は憐れんでくださるとでも思っているのか。お前は、**憐れみの御父、あらゆる慰めの神**(1)に背いて、これほど多くの罪を犯したのだから、憐れみにあずかるなど、お前には全くふさわしくないことだ』。仔羊である兄弟レオよ、あなたはこう答えなさい。『どんな方法をもってしても、お前は御憐れみに値しない』」。しかし、その後、聖なるフランシスコが「おお、邪悪な小童の兄弟フランシスコよ」云々と言うと、兄弟レオは答えました。「その御憐れみは、あなたの罪を無限に超える、御父である神があなたに大きな憐れみを注がれるでしょう。それ以上に、たくさんの恵みにもあずからせてくださるでしょう」。この答えに聖なるフランシスコはいささか憤慨したものの、困惑を抑えて、兄弟レオに言いました。「なぜ、従順に反する高慢な態度をとるのですか。こんなにたびたび、わたしがあなたに教えたのとは反対のことを答えるのはどうしてですか」。兄弟レオは非常に謙遜に、また敬虔の念をもって答えました。「我が師父よ、神がご存じです。毎回、あなたがわたしに命じられたように答えようとの思いが心に生じたのですが、わたしが思うようにではなく、ご自分が望まれるように、わたしが語るよう神がわたしにおさせになったのです」。これには聖なるフランシスコも驚き、兄弟レオに言いました。「あなたにお願いします。今度こそ、親愛の情をもって、わたしが言ったとおりに答えてください」。兄弟レオは答えました。「神の名にかけて、今度こそ、あなたのお望みのとおりに確かにお答えいたします」。そこで、聖なるフランシスコは涙ながらに言いました。「おお、邪悪な小童の兄弟フランシスコよ、神がお前を憐れんでくださるとでも思っているのか」。兄弟レオは答えました。「大きな恵みをも神からいただくでしょう。その上、あなたを高く挙げ、永遠の誉れのうちに置かれるでしょう。**自らへりくだる者は高く挙げられる**からです。(2) 別のことを言うことはわたしにはできません。神がわたしの口を通して話しておられるからです」。とめどなく涙を流しつつ、大きな霊的な慰めのうちに、このような謙遜の競い合いを夜が明けるまで続けたのでした。

イエス・キリストと貧しく小さなフランシスコに賛美。アーメン。

（1）Ⅱコリ一・三。（2）ルカ一四・一一。

第一〇章

どのようにして、〔冗談めかして兄弟マッセオが聖なるフランシスコに、全世界が彼に追従するようになると語り、それに対して、世を恥じ入らせるためであり、神の恵みによることである、なぜなら自分は世界中で最も取るに足りぬ者だからであると答えたか

あるときのこと、聖なるフランシスコは、マリニャーノの兄弟マッセオとポルチウンクラの住まいに滞在していました。この兄弟は、偉大な聖性を備えた人で、思慮分別に富み、神と語り合うという恵みに浴していました。このことのため、聖なるフランシスコはこの〔兄弟〕を大変愛していました。ある日のこと、聖なるフランシスコが祈りを終えて森の中から戻って、森の端に達すると、その兄弟マッセオが待ち受けており、〔フランシスコ〕がどれほど謙遜か試そうとして、冗談めかして言いました。「どうしてまたあなたに、どうしてまたあなたに、どうしてまたあ

なたに」。聖なるフランシスコは答えました。「一体全体、あなたは何を言いたいのですか」。兄弟マッセオは言いました。「わたしが言いたいのは、どうしてまた世界中の人があなたの後について行き、また誰もがあなたに会いたがり、あなたの話を聞きたがり、あなたに従いたいと思うのか、ということです。あなたは立派な体格をしているわけでも、偉大な学識を修めたわけでも、高貴な身分でもないのに。どうしてまた、世界中の人があなたの後につき従おうとするのですか」。

これを聞いた聖なるフランシスコは、霊において喜び、顔を天に向けて、長い間、心を神に奪われたまま立ち続けていました。その後、我に返ると、ひざまずき、神を賛美し、感謝をささげました。そして、熱く燃え立つ霊をもって、兄弟マッセオに向き直ると言いました。「どうしてわたしなのか知りたいのですか。どうしてわたしなのか知りたいのですか。どうして世界中の人がわたしの後につき従うのか知りたいのですか。これをわたしに賜ったのはいと高き神の御目によることです。〔神の御目〕はあらゆる所で正しい人々と罪人たちとを見つめておられます。ところが、このいとも聖なる御目は、罪人たちの中で、わたし以上に惨めで、取るに足りず、大きな罪を犯している者を見いだされなかったのです。神が行おうとなさっている驚くべきみ業を行われるにあたって、これ以上惨めな被造物を地上に見いだされなかったのです。その故、この世の気高さ、偉大さ、力強さ、美しさ、知恵深さといったものを恥じ入らせるために、わたしをお選びになったのです。あらゆる徳とあらゆる善とは〔神〕からのものであり、被造物によるものではないこと、いかなる人も〔神〕のみ前で自らを誇ることはできないことを知り、誇る者は**主において誇る**ためです[1]。すべての誉れと栄光は永遠に〔主〕のものなのです」。熱のこもった、このような謙遜な答えに兄弟マッセオは愕然とし、聖なるフランシスコが真に謙遜の上に立っていることを確信したのでした。

キリストと貧しく小さなフランシスコに賛美。アーメン。

(1) エレ九・二二、Iコリ一・三一。

第一一章

どのようにして聖なるフランシスコは兄弟マッセオを何度もぐるぐる回転させ、その後、シエナに向かったか

ある日のこと、聖なるフランシスコは兄弟マッセオと共に旅をしていました。この兄弟マッセオは少し前を歩いていました。やがて三叉路に出くわしました。そこからはフィレンツェ、シエナ、アレッツォへと行くことができました。兄弟マッセオは言いました。「師父よ、わたしたちはどの道を行ったらよいのでしょうか」。聖なるフランシスコは答えました。「神がお望みになる〔道〕を」。兄弟マッセオは言いました。「神のみ旨を、どうしたら知ることができるのでしょうか」。聖なるフランシスコは答えました。「わたしがあなたに示す徴によって〔分かります〕。聖なる従順の功徳によってあなたに命じます。この三叉路の、今、あなたが足を置いているその場所で、小さな子供たちがするように、ぐるぐる、ぐるぐる回りなさい。わたしがやめるように言うまで、回転するのをやめてはなりません」。そこで兄弟マッセオはぐるぐる回転し始めました。あまりに早く回転したので、このように回転するときによく起こるように、眩暈《めまい》に襲われ、何度も地面に倒れ伏しました。しかし、聖なるフランシスコはやめるように言いませんでした。立ち上がって、忠実に従順を守るよう望みました。ついに、強く回転していると、聖なるフランシスコは言いました。「止まりなさい、動いてはなりません」。彼が止まると、聖なるフランシスコは尋ねました。「あなたの顔はどちらのほうに向いていますか」。兄弟マッセオは答えました。「シエナのほうです」。聖なるフランシスコは言いました。「わたしたちが歩んでいくのを神がお望みになっておられる道はこちらです」。

その道を歩きながら、兄弟マッセオは、小さな子供のように、往来する世間の人々の前で聖なるフランシスコが自分にさせたことを、大変不思議に思っていました。とはいえ、尊敬の念から、聖なる師父には何の一言も口にしませんでした。

シエナの町に近づくと、町の人々は聖者が来ると聞いて、迎えに出てきて、敬虔の念から、〔フランシスコ〕と同行〔の兄弟〕とを司教館まで担ぎ上げていきました。〔二人とも〕足を地面につけることはありませんでした。ちょうどその時、シエナのある人々は互いに争っており、既に死者

が二人出ていました。〔争いの〕現場に着くと、聖なるフランシスコは、みなが平和と心からの謙遜と和合を取り戻すように、敬虔の念と、いとも聖なる思いを込めて、人々に説教をしました。このことを通して、聖なるフランシスコが行った聖なる働きを聞いたシエナの司教は、〔フランシスコ〕を館に招待すると、その日、そしてその夜まで、いとも大きな敬意を払って歓待したのでした。翌朝、自分の働きにおいて自分の栄誉ではなく、神の栄光を求める、真に謙遜な人である聖なるフランシスコは、同行〔の兄弟〕と共に早々に起き出すと、司教の知らぬ間に立ち去ったのでした。

　このことについて、兄弟マッセオは道を歩きながら心のなかで呟《つぶや》いていました。「この立派な人がなさったことはいったい何だろう。小さな子供のように、わたしをぐるぐる回転させ、あれだけ敬意を払ってくれた司教には、一言も気の利いたことを言うでもなく、お礼も言わないとは」。兄弟マッセオには、聖なるフランシスコの振る舞いは大変に不躾《ぶしつけ》なものに思われたのでした。しかし、その後、神からの霊感によって、我に返って、自らの過ちを認めて、心のなかでこう言いました。「兄弟マッセオよ、神の働きに対してとやかく言うとは、お前は何と傲慢なことか。お前の出過ぎた傲慢の故に、地獄こそお前にふさわしいのだ。なぜなら、昨日一日に、兄弟フランシスコがなさったことこそ聖なるみ業であり、神のみ使いがなさったとしても、あれほど驚嘆すべきものにはならなかったであろう。だから、たとえあの方が、お前自身に向かって石を投げつけよ、と命じられたとしても、お前はそれを実行しなければならず、従順でなければならない。この道中の間、この方が行われることは神の働きに由来することなのだから。それは結果として起きたことからも明らかではないか。もしも、互いに争っていた人々を和解させなかったなら、もう既に始まっていたように、多くの体が短刀で切り刻まれて死んでいただけでなく、悪魔が多くの魂を地獄に引きずっていったことだろう。それ故、明らかに神のみ旨によるものであることについてぶつぶつ呟くとは、お前は何と愚か極まりなく傲慢なことか」。

　前を歩きながら兄弟マッセオは心のなかで呟いていた、これらのことをみな、神は聖なるフランシスコに啓示なさいました。そこで、聖なるフランシスコは彼に近づいて、このように言いました。「今、あなたが考えていることは大切にしまっておきなさい。それは善いもので有益で、神に示唆されたものです。しかし、その前にあなたがぶつぶつ呟いたことは目先の利かない、空しい、傲慢なもので、悪霊によってあなたの魂に吹き込まれたものです」。それで、兄弟マッセオは、聖なるフランシスコが自分の心の秘密を知っていることをはっきりと知るとともに、神の知恵の霊が、そのすべての言行において、聖なる師父を導いておられることを確実に認識したのでした。

イエス・キリストと貧しく小さなフランシスコに賛美。アーメン。

第一二章

どのようにして聖なるフランシスコは兄弟マッセオを門番と施しと調理の職務に就かせ、その後、ほかの兄弟たちの要望によってそれらから外したか

聖なるフランシスコは、神が兄弟マッセオにお与えになった多くの賜物と恵みによって彼が虚栄によって高ぶることなく、謙遜の徳によって徳から徳へとそれらの〔賜物と恵み〕を増大させるように、兄弟マッセオの謙遜を深めようと願っていました。あるときのこと、真に聖なる、最初の伴侶たちと共に人里離れた場所に滞在していました。その中に、この兄弟マッセオもいました。ある日、ほかの伴侶たちの前で、兄弟マッセオに言いました。「おお、兄弟マッセオよ、これらのあなたの伴侶〔の兄弟〕たちはみな、観想と祈りの恵みを授かっています。しかし、あなたは人々を満足させるために神の言葉を宣べ伝える恵みを授かっています。そこで、この人たちが観想に専念できるように、あなたに門番と施しと調理の職務を引き受けてもらいたいと思います。ほかの兄弟たちが食事をしている間、あなたはこの住まいの門の外で食事をしてください。そうすれば、この住まいを訪ねてきた人々が門を叩く前に、神のすばらしい言葉を少々語ることで、あなたはその人たちを満足させることができますし、あなた以外の誰かが外に出る必要もなくなります。聖なる従順の功徳によって、これを行いなさい」。

すると、兄弟マッセオは頭巾を外し、頭を下げて、〔命令を〕謙遜に受け入れると、それから幾日にもわたって、門番と施しと調理の職務を果たし、この従順〔の命令〕を実行したのでした。

ところが、神に照らされた人々として、伴侶〔の兄弟〕たちは、兄弟マッセオが自分たちと同じように、否、それ以上に偉大な完全な人であるのに、その住まいの重責のすべてを自分たちではなく、彼一人が担っていることを考え、

心に大きな呵責を感じ始めました。このため、彼らはみな同じ願いに突き動かされて、聖なる師父のもとに出向いて、それらの職務を自分たちにも割り当ててくれるようにと懇願しました。兄弟マッセオがそれほど多くの労役を担っていることに、彼らの良心はどうにも耐えられなかったからでした。

　これを聞いた聖なるフランシスコは、彼らの申し出を受け入れ、彼らの願いを聞き入りました。そして、兄弟マッセオを呼び寄せると言いました。「兄弟マッセオよ、あなたの伴侶〔の兄弟〕たちは、わたしがあなたに与えた職務を自分たちに分けてほしいと願っています。それ故、それらの職務を分担させようと思います」。兄弟マッセオは深い謙遜と忍耐をもって言いました。「師父よ、わたしに課されたことは、すべてであれ一部であれ、すべて神から課されたことと思っています」。

　こうして、聖なるフランシスコは彼らの愛と兄弟マッセオの謙遜とを見て、彼らに対して、聖なる謙遜についてのすばらしく偉大な説教を行い、わたしたちへの神から賜物と恵みが多くなればなるほど、わたしたちはますます謙遜にならなければならないと説いたのでした。それ故、謙遜なしには、いかなる徳も神に受け入れていただけないのです。説教が終わると、いとも大いなる愛を込めて、職務を分け与えたのでした。

　イエス・キリストと貧しく小さなフランシスコに賛美。アーメン。

第一三章

どのようにして聖なるフランシスコと兄弟マッセオが、施されたパンを泉の脇にあった岩の上に置き、聖なるフランシスコは貧しさを大いに賛美したか。また、神と聖ペトロと聖パウロに聖なる貧しさに対する愛を与えてくれるように願い、どのようにして聖ペトロと聖パウロが現れたか

　キリストの驚嘆すべき僕《しもべ》であり、〔キリストに〕つき従った者、つまり聖なるフランシスコさまは、すべてのことにおいてキリストと完全に同化するために、〔キリストが〕ご自分の行かれることになっているすべての地、すべての町に、ご自分の弟子たちを二**人ずつ派遣された**(1)と福音が述べているとおりに、キリストの模範に従って、十二人の伴侶を集めると、説教するために二人ずつ全世界に派遣したのでした。真の従順の模範を示すために、**自分が教えたことを自分自身で、まず初めに実行しました**(2)。世界のさまざ

まな地方を伴侶〔の兄弟〕たちに指定すると、〔フランシスコ〕自身は、同行者として兄弟マッセオを伴って、フランス地方に向かう道を選びました。ある日のこと、ある村に辿り着きましたが、〔二人は〕かなり空腹であったので、会則に従って、神の愛のためにパンを施してもらうために出かけました。聖なるフランシスコは一つの街道沿いに、兄弟マッセオは別の街道沿いに進んでいきました。ところが、聖なるフランシスコは体格は小さく、かなり貧相な姿をしていましたので、彼を知らない人々から、全く取るに足りぬ、貧しく哀れな輩と見なされ、数口にも満たない、干からびたパンの端切れを幾つか手にしただけでした。それに対して、兄弟マッセオは大きく立派な体格の人でしたから、パンを丸ごと幾つかと、かなり大きな切れ端とを施されたのでした。

これらのものを受け取ると、それを食べるために村外れのある場所で落ち合いました。その場所には澄んだ泉があり、その傍らには大きくて立派な岩がありました。その〔岩の〕上に、それぞれ自分が手に入れた施し物をすべて置きました。聖なるフランシスコは、兄弟マッセオのパンの切れ端のほうが自分のものよりも大きく立派なのを見ると、大きな喜びを示して、こう言いました。「おお、兄弟マッセオよ、わたしたちはこんなに大きな宝物に値しない者たちです」。そして、この言葉を何度も繰り返しました。兄弟マッセオは答えました。「師父よ、どうして宝物と言うことができるのですか。こんなにも貧しく、必要なものにも事欠いていますのに。ここにはテーブルクロスもナイフもまな板も皿もなければ、家屋も食卓もなければ、給仕も召し使いもいません」。聖なるフランシスコは言いました。「まさしくそれこそ、わたしが大きな宝物と見なすものなのです。ここには人間の才覚による道具類は一切ありません。ここにあるのは神の摂理によるものばかりです。物乞いをして得たパン、岩の食卓、こんなに澄んできれいな泉のうちにはっきりと見て取れます。それ故、これほど貴い聖なる貧しさというこの宝物、そしてそれを給仕してくださる神を、心を尽くして愛することができるように、わたしは願っているのです」。この言葉を言い終わると、祈りをささげ、それらのパンの切れ端と水とで肉体のための糧を摂ると、フランスへの旅を続けるために立ち上がったのでした。

そして、ある聖堂に辿り着くと、聖なるフランシスコは同行〔の兄弟〕に言いました。「この聖堂に入って、お祈りしましょう」。聖なるフランシスコは祭壇の後ろにまわると、そこで祈りに専心しました。その祈りのうちに、神の訪問を受け、あまりにも激しい熱気に包まれ、聖なる貧しさへの愛にその魂は激しく燃え上がったのでした。このように燃え立つまま同行〔の兄弟〕のもとに来ると言いました。「ああ、ああ、ああ、兄弟マッセオよ、あなた自身をわたしに与えてください」。このように三回言いましたが、その三回目のとき、聖なるフランシスコは息を吹きかけて兄弟マッセオを空中に舞い上げ、長い槍ほど前方へ吹き飛ばしました。これには兄弟マッセオも呆然自失の状態に陥りました。後に、聖なるフランシスコによって息で吹き上げられ飛ばされたとき、自分の生涯でまたと感じたことのないような魂の甘美さと聖霊の慰めとを感じたと、ほかの仲間〔の兄弟〕たちに語ったのでした。

このことの後、聖なるフランシスコは言いました。「わたしのいとも親愛なる伴侶よ、聖ペトロと聖パウロのもとに赴き、わたしたちがいとも聖なる貧しさの計り知れない宝を所有することができるよう教えてくださるように、また援助してくださるようにお祈りしましょう。わたしたちは自分たちの粗末極まりない器にそれを収めておくに値しないほど、この宝は非常に貴く神聖なものだからです。これによって地上の移ろいゆくすべてのものは踏みにじられ、これによってあらゆる妨げは魂の前から取り払われ、その結果、魂は全く自由なものとして永遠の神と結ばれることができるほどにすばらしい、天上の徳なのです。これはまた、まだ地上にあるうちに、天において天使たちとの交わりを持つことを可能にするすばらしい徳でもあります。これはまた、十字架の上にまでキリストに同行し、キリストと共に葬られ、キリストと共に復活し、キリストと共に天に昇ったのです。これはまた、ご自分を愛する魂に、この世の生の間から、天を飛翔する軽やかさを授けてくださいます。まさしくこの〔聖なる貧しさ〕は真の謙遜と愛という武具でしっかりと身を守っているからなのです。ですから、この福音の真珠〔である貧しさ〕を完全に愛した方々である、キリストのいとも聖なる使徒の方々に祈りましょう、そのいとも聖なる御憐れみによって、わたしたちがいとも貴く、いとも愛すべき、福音的な貧しさを真に愛する者、遵守する者、そして謙遜な弟子にふさわしい者となれるような恵みが、わたしたちの主イエス・キリストから与えられますように」。

このように話しているうちにローマに辿り着き、聖ペトロ聖堂に入りました。聖なるフランシスコは聖堂の片隅で、兄弟マッセオは別の〔片隅〕で祈りに専心しました。たくさんの涙を流しつつ、敬虔な思いで、長い間、祈り続けていると、いとも聖なる使徒聖ペトロと聖パウロが大きな輝きのうちに聖なるフランシスコに現れて言いました。「あなたは、キリストと聖なる使徒たちが遵守したことを遵守することを求め、願っているので、わたしたちの主イエス・キリストは、あなたの祈りが聞き入れられたこと、あなたとあなたにつき従う者たちに、いとも完全なまでに、いとも聖なる貧しさという宝が授けられることを伝えるために、あなたのもとにわたしたちを遣わされました。更にまた、〔主からの伝言を〕あなたに伝えます。あなたの模範に倣って、この願いを完全に追い求める者は誰であれ、永遠の命の至福に確実にあずかるでしょう。そして、あなたも、あなたにつき従う人々もまた神から祝福されるでしょう」。この言葉を語った後、慰めに満たされた聖なるフランシスコを残して、〔二人は〕姿を消したのでした。〔フランシスコ〕は祈りから立ち上がると、同行〔の兄弟〕のもとに戻ると、神から何かしら啓示されたかどうか尋ねました。彼はなかったと答えました。そこで、聖なるフランシスコは、どのようにして聖なる使徒たちが自分に現れたか、そして自分に啓示されたことを語ったのでした。これによって、それぞれ喜びに満たされ、フランスに行くことをやめて、スポレトの谷間に帰ることを決意したのでした。

イエス・キリストと貧しく小さなフランシスコに賛美。アーメン。

（1）マコ六・七。（2）使一・一。

第一四章

どのようにして、聖なるフランシスコと兄弟たちが神について語らっていると、彼らの真ん中に神がお現れになったか

修道生活の初めのころのこと、ある住まいで、聖なるフランシスコは仲間〔の兄弟〕たちとキリストについて語り合うために集まっていました。〔フランシスコ〕は霊に燃え立って、彼らの一人に、その口を開き、聖霊が鼓吹するままに、神について語るよう、神の名によって命じました。その兄弟は命じられたとおり実行し、神について見事に話しました。ところが、聖なるフランシスコは沈黙するよう命じました。そして、別の兄弟に同じように命じました。この〔兄弟〕が細やかに神について語るのを聞くと、聖な

るフランシスコは同じように彼に沈黙するよう命じました。そして、三番目の〔兄弟〕に神について語るよう命じました。この〔兄弟〕も神の隠された事柄について深遠に語り始めました。別の二人と同じように、この人も聖霊によって語っていると聖なるフランシスコは確信しました。そして、そのことは明らかな徴と実例によって明らかにされました。彼らがこのように話しているところに、祝福されたキリストが非常に立派な若者の姿で、彼らの真ん中に立たれ、大きな恵みと甘美さで皆を満たし祝福されたのでした。皆は脱魂の状態に陥り、死人のように地に倒れ、この世のことは何も感じずにいました。しばらくして、我に返ると、聖なるフランシスコは皆に言いました。「いとも親愛なるわたしの兄弟たちよ、神に感謝いたしましょう。〔神〕は単純な者たちの口を通して、神の知恵の宝庫を開き示してくださることをお望みになりました。神は口の利けない人々の口をお開きになり、単純な者の舌をいとも賢明に話すことができるようになさる方だからです」。

イエス・キリストと貧しく小さなフランシスコに賛美。アーメン。

第一五章

どのようにして聖なるクララが、サンタ・マリア・デリ・アンジェリで、聖なるフランシスコとその伴侶の兄弟たちと一緒に食事をしたか

聖なるフランシスコは、アシジに滞在していた折、聖なる教えを伝授するために、しばしば聖なるクララを訪れていました。〔クララ〕のほうは、一度、〔フランシスコ〕と一緒に食事をしたいという熱い思いを抱いており、たびたび、それを願っていましたが、〔フランシスコ〕は決してこの慰めを与えようとはしませんでした。さて、聖なるクララのこの願いを知った仲間〔の兄弟〕たちは聖なるフランシスコに言いました。「師父よ、この頑なさは神の愛に沿うものではないようにわたしどもには思われます。姉妹クララは非常に聖なる処女《おとめ》であり、神に愛された方です。あなたと一緒に食事をしたいという、ほんの小さなことを聞き入れられないとは。特に、あの方は、あなたの説教によってこの世の富と栄華とをお捨てになったことをお考えください。まことに、これよりももっと大きな恩恵を、あの方がお求めになったとしても、お断りにならず、あなた

の霊的な苗木の願いをかなえてあげるべきではありませんか」。そこで、聖なるフランシスコは答えました。「あなた方は、わたしがそれを聞き入れるべきであると思うのですか」。仲間〔の兄弟〕たちは答えました。「師父よ、そのとおりです。この恩恵と慰めとをあの方にお与えになるのはふさわしいことです」。そこで、聖なるフランシスコは言いました。「あなた方がそう思うのなら、わたしもそうだと思います。でも、あの方をより一層お慰めするために、その食事はサンタ・マリア・デリ・アンジェリでしたいと思います。あの方は長い間、サン・ダミアノ〔聖ダミアノ〕に籠っておられますから、髪を切り落として、イエス・キリストの花嫁となったサンタ・マリアのあの場所をご覧になったら、お喜びになるに違いありません。では、あそこで、神の名によって、ご一緒に食事することにしましょう」。

　こうして、定められた日が来ると、聖なるクララは、同行の一人の姉妹と共に、聖なるフランシスコの仲間〔の兄弟〕たちに伴われて、隠棲修道院を出ると、サンタ・マリア・デリ・アンジェリにやって来ました。かつて自分が髪を切り落としヴェールを戴いた、〔聖マリア〕に献げられた祭壇の前で処女《おとめ》マリアに敬虔な思いを込めて挨拶しました。予定された時間まで、〔兄弟たちは彼女を〕その場所を案内して回りました。その間に、聖なるフランシスコは、いつもそうするように、地面の上に直《じか》に食事を準備させました。食事の時間になると、聖なるフランシスコと聖なるクララは、聖なるフランシスコの仲間の一人と、そして聖なるクララの同行〔の姉妹〕と一緒に座ることになりました。そして、ほかのすべての仲間〔の兄弟〕たちも謙遜に食卓を囲みました。最初の料理が出ると、聖なるフランシスコは神について、それはそれは甘美に、気高く、見事に話し始めました。すると、神の恵みが一同の上に溢れんばかりに降り注がれ、みな神へと〔魂を〕奪われてしまったのでした。

　このように一同が目と手とを天に挙げて、我を忘れた状態にあったとき、アシジとベットーナ、そしてその周辺の地域の人々は、サンタ・マリア・デリ・アンジェリ〔聖堂〕と〔兄弟たちの〕住まいと、住まいを取り巻く森全体が激しく炎上しているのを目撃し、聖堂も住まいも森もみな一緒に大きな火に包まれているように思われたのでした。このため、アシジの人々は、何もかもが燃えているものと思って、火を消すために大急ぎで駆け下ってきました。ところが、その場に着いてみると、何一つ燃えているものは見つからず、中に入ってみると、聖なるフランシスコが、聖なるクララと、仲間〔の兄弟〕たちの全員と共に、観想によって、神に〔魂を〕奪われて、質素な食卓を囲んで座っているのを見たのでした。そこで、人々はそれが物質的な火ではなく、神の火であり、その火によってこれらの聖なる兄弟たちと聖なる隠棲修道女たちの魂が燃え上がっていることを明らかに示すために、神はこの神の火を不思議なかたちでお現しになったとはっきりと悟ったのでした。それで、人々は心に大きな慰めを抱き、聖なる啓発を受けて帰って行ったのでした。

その後だいぶ経って、聖なるフランシスコと聖なるクララは、ほかの兄弟たちと一緒に我に返りましたが、霊的な糧によって十分に満たされたと感じていましたので、物質的な糧に心を掛けることはほとんどありませんでした。こうして祝福された食事がすむと、聖なるクララは、たいそうな人々に伴われてサン・ダミアノに戻って行きました。その姿を見た姉妹たちは非常に喜びました。聖なる〔クララ〕の〔肉親の〕妹である姉妹アグネスをフィレンツェのモンティチェリ隠棲修道院を管理するために女子大修道院長として派遣したように、聖なるフランシスコが〔クララ〕を別の隠棲修道院の管理のために派遣するのではないかと恐れていたからでした。また聖なるフランシスコは、あるとき、聖なるクララにこう言ったことがありました。「準備をしていてください。必要があれば、わたしはあなたを別の所に派遣しますから」。聖なる謙遜の小さな娘として答えました。「師父よ、あなたがわたしを派遣されるどんな所にでも出かける準備はいつでもできております」。それ故、姉妹たちは〔クララ〕が戻ってきたのを見て大変喜んだのでした。この時から、聖なるクララは大きな慰めのうちに留まり続けたのでした。

イエス・キリストと貧しく小さなフランシスコに賛美。

アーメン。

第一六章

どのようにして聖なるフランシスコは、多くの人々を回心へと導くために説教をするべきか、聖なるクララと聖なる兄弟シルヴェストロから助言を得、また第三会を作り、小鳥に説教し、燕を静かにさせたか

キリストの謙遜な僕《しもべ》である聖なるフランシスコは、その回心の後しばらくすると、大勢の仲間が集まって来て、会に受け入れられました。しかし、彼自身は大いに思い悩み、

何をするべきか大きな疑念のうちにありました。つまり、ただひたすら祈りに専念すべきか、あるいは時として説教をすべきなのか、特にこの点について、神のみ旨を知りたいとひたすら願っていました。ところが、彼が抱いていた聖なる謙遜は、自分の〔思いに〕よることも、自分の祈りによることも許さなかったので、ほかの人の祈りによることにしました。そこで、兄弟マッセオを呼ぶと、こう言いました。「姉妹クララのところへ行って、わたしからの〔言伝《ことづて》〕として伝えてください。わたしは宣教に専念すべきか、ただひたすら祈りに専念すべきか、どちらがよりみ旨にかなっているのかお示しくださるように、何人かの霊的に深い姉妹たちと神に祈ってください、と。そして、その後、兄弟シルヴェストロのもとに行き、同じことを伝えてください」。この方は、世俗におられたとき、聖なるフランシスコの口から、高さは天にまで及び、両幅は地の果てにまで達する黄金の十字架が出ているのを見た、あのシルヴェストロさまです。この兄弟シルヴェストロは敬神の念でも聖性においても非常に優れていましたので、この方が神に求め懇願することは聞き入れられ、非常にしばしば神と言葉を交わしていたほどでした。そのため、聖なるフランシスコもこの方に大変な信頼を寄せていました。

兄弟マッセオは、聖なるフランシスコの指示に従って、まず初めに聖なるクララのもとを訪れ、その後、兄弟シルヴェストロのもとに行きました。〔兄弟シルヴェストロ〕は、言伝を受け取ると、即座に祈りに没頭し、祈りのうちに神からの答えを得て、兄弟マッセオのもとに戻って来て言いました。「神はこう仰せられました。あなたは聖なるフランシスコにこう伝えてください。神は〔フランシスコ〕自身のために彼を今の状態へと召し出されたのではなく、多くの魂を実りへと導き、彼を通して多くの人が救われるためです」。この答えを得ると、兄弟マッセオは、神からどのような答えを得たか知るために、聖なるクララのもとに戻りました。すると、彼女自身もまた仲間〔の姉妹〕たちも全く同じ答えを神から得たと言いました。そして、それは兄弟シルヴェストロの答えと同じものでした。

これを携えて兄弟マッセオは聖なるフランシスコのもとに戻りました。聖なるフランシスコはいとも大いなる愛情を込めて彼を迎え入れ、その足を洗い、彼のために食事を準備しました。彼が食べ終わると、聖なるフランシスコは、兄弟マッセオを森の中に呼び寄せて、そこで彼の前にひざまずき、頭巾を外して、両腕を十字の形に組んで、問いかけました。「わたしの主イエス・キリストはわたしが何をすることをお望みですか」。兄弟マッセオは答えました。「兄弟シルヴェストロにも、姉妹クララと他の姉妹たちにも、キリストはご自分の意志を示して、お答えになりました。それは、あなたが宣教のために世界中に出て行くことです。なぜなら、〔主〕があなたをお選びになったのはあなただけのためではなく、ほかの人々の救いのためでもあるからです」。すると、聖なるフランシスコは、この答えを聞いて、それによってキリストのみ旨が分かると、いとも大いなる熱情をもって立ち上がると、言いました。「行きましょう、神のみ名によって」。そして、兄弟マッセオと兄弟アンジェロという聖なる人々を同行者として選んだのでした。

霊に燃えて、街道も道筋も全く無頓着に歩いていきましたが、カンナラと呼ばれる村に辿り着きました。聖なるフランシスコは、突き動かされるようにして説教を始めたのですが、自分の話が終わるまで静かにしているよう、まず燕《つばめ》たちに命じました。すると燕たちはそれに従ったのでした。そこで大変熱のこもった説教をしたので、その村の男たちも女たちもこぞって、敬神のために、彼の後につき従い、村を捨てようとしました。しかし、聖なるフランシスコはそれを許さず、彼らに言いました。「そんなに急いではなりません。ここから離れてもなりません。あなた方の魂の救いのために、あなた方がなすべきことを規定しましょう」。こうして、このときから、万人のための普遍的な救いのために第三会を作ることを考えたのでした。このようにして、人々に大きな慰めと悔い改めのための良き準備をさせるとそこを去り、カンナラとベヴァーニャの途中まで辿り着きました。

このような燃える思いをもって道を進みながら、ふと目を挙げると、道端の木々に無数のさまざまな小鳥が群れをなして止まっているのを目にしました。これには聖なるフランシスコもびっくりして、同行〔の兄弟〕たちに言いました。「道のここで待っていてください。わたしの小さな姉妹である小鳥たちに説教してきます」。そして、野原に入っていくと、地面にいた小鳥たちに説教し始めました。すると直ちに、木々の上にいた小鳥たちもみな一斉に飛び降りてきてじっとしており、聖なるフランシスコが説教を終えるまで、そして祝福を与えるまでは飛び去ろうとはしませんでした。兄弟マッセオがマッサの兄弟ヤコブに語ったところによれば、聖なるフランシスコが小鳥たちの間を歩き回り、マントが触れても、一羽も動こうとはしなかったのでした。

　聖なるフランシスコの説教の内容は次のようなものでした。「わたしの小さな姉妹たちである小鳥たちよ、あなた方はあなた方の創造主である神に大変お世話になっています。いつも、どこにいても、〔神〕を賛美しなければなりません。どこにでも飛んで行ける自由をあなた方にお与えくださったからです。二重に、三重に着物をまとわせてくださり、あなた方の一族がこの世界から絶えることのないようにノアの箱船にあなた方の種《しゅ》を確保してくださいました。また、あなた方に割り当てられた空気という元素に〔あなた方は〕お世話になっているのです。その上更に、あなた方は**種《たね》を蒔きもせず刈り入れもしないのに、あなた方を養ってくださり**[1]、あなた方が飲むために川や泉を、あなた方の隠れ場として山や谷間を、あなた方の巣を作るために高い木々をお与えになったのです。あなた方は紡ぐことも縫うこともできないのに、あなた方とあなた方の子供たちに着る物を与えてくださいます。ですから、これほどの賜物をあなた方に与えてくださるほどに、あなた方の創造主はあなた方を愛してくださっているのです。わたしの小さな姉妹たちよ、ご恩を忘れる罪を犯さないように注意しなさい。常に、神を賛美するように努めなさい」。

　聖なるフランシスコがこれらの言葉を語っている間、それらのすべての小鳥たちは嘴《くちばし》を開け、首を伸ばし、翼を広げ、恭しげに地面に着くまでに頭を下げて、動作と鳴き声をもって、聖なる師父が自分たちに非常に大きな喜びを与えてくれたことを示したのでした。聖なるフランシスコも、それら〔の小鳥たち〕と一緒に喜び楽しみ、〔小鳥たちの〕おびただしい数と、いとも美しいさまざまな種類と、その関心の示し方と、人なつこさに感嘆しました。これらのことを通して〔フランシスコ〕は敬虔の念を込めて創造主を賛美したのでした。ついに、説教が終わると、聖なるフランシスコは〔小鳥たち〕に対して十字架の印をして、飛び立つことを許しました。するとそれらすべての小鳥たちは、すばらしい囀《さえず》りで歌いながら空中に舞い上がると、聖なるフランシスコが自分たちにした十字架の形に〔従って〕四つの組に分かれ、一つの組は東に、別の組は西に、また別の組は南に、そして第四の組は北へと、それぞれが隊形を組んで、すばらしい歌を歌いながら去って行ったのでした。キリストの十字架の旗手である聖なるフランシスコが〔小鳥たちに〕説教し、〔小鳥たち〕の上に十字架の印をし、その〔十字架の形〕に従って〔小鳥たち〕は世界の四つの方向へと分かれて行ったように、聖なるフランシスコによって新たにされたキリストの十字架の説教もまた、〔フランシスコ〕によって、またその兄弟たちによってあまねく世界にもたらされること、この兄弟たちもまた、小鳥たちのように、この世においては自分の所有物は何一つ所持することなく、その命と生活とをただひたすら神の摂理に委ねることが、これによって示されたのでした。

イエス・キリストと貧しく小さなフランシスコに賛美。アーメン。

（1）マタ六・二六。

第一七章

どのようにして、夜中に祈っているとき、聖なるフランシスコがキリストと処女マリアとほかの多くの聖人方と話しているのを見た少年が卒倒したか

聖なるフランシスコの生存中のこと、非常に純粋で無垢の少年が会に受け入れられました。小さな住まいで生活していたのですが、そこには〔寝具のようなものは〕何もなかったので、兄弟たちは地面に直《じか》に眠っていました。あるとき、聖なるフランシスコがこの住まいを訪ねて来ました。夜、終課を終えると、いつもそうしているように、ほかの兄弟たちが眠っている間に、祈るために起き出すことができるように、〔フランシスコは〕眠りに就きました。先に述べた少年は、その聖性を知ることができるように、また特に夜中に起き上がって何をするのか知りたいと思って、こっそりと観察しようと心に決めていました。そのため、眠気に邪魔されないように、この少年は聖なるフランシスコの横に寝ると、〔フランシスコ〕が起き上がったらすぐ分かるように、自分の帯紐を聖なるフランシスコの帯紐に結びつけたのでした。このことに聖なるフランシスコは全く気がつきませんでした。夜になって間もなく、ほかの兄弟たちがみな眠りに就くと、〔フランシスコ〕は起き上がると、自分の帯紐が結びつけられているのに気づき、そっと解きました。そのため、少年はそれに気づきませんでした。聖なるフランシスコはただ独り、住まいの近くにあった森の中に入っていくと、そこにあった小さな修房に入り、祈りに没頭しました。

その後しばらくして、少年は目を覚まし、帯紐が解かれており、聖なるフランシスコがいないのに気づき、起き上がると、〔フランシスコ〕を探しに行きました。森へと通じる戸口が開いているのを見つけ、聖なるフランシスコはそちらに行ったものと思って、森に入っていきました。聖

なるフランシスコが祈っている場所に近づくと、大きな話し声が聞こえ始めました。聞こえてきたものを見て確かめようともっと近づくと、聖なるフランシスコを取り囲むいともまばゆい光が見えました。その〔光の〕なかに、キリストと処女《おとめ》マリア、聖なる洗礼者ヨハネと福音記者〔ヨハネ〕、そして天使たちの大群を見たのでした。この方々が聖なるフランシスコと話を交わされていたのです。これを見聞きした少年は気を失って地面に倒れました。やがて、この聖なる不思議な示現は終わり、聖なるフランシスコは住まいへと戻ろうとして、死者のように道に横たわっている少年に気づきました。憐れみと同情に駆られて〔少年〕を抱え上げると、善い羊飼いが仔羊にするように、両腕で抱きしめて連れ帰ったのでした。

〔少年〕があの幻を見たことを彼から聞いて、それを知ると、自分が生きている間は、決して誰にも話してはならないと命じたのでした。その後、この少年は、神の恵みと、聖なるフランシスコへの敬虔な思いのもとに成長し、会において重要な人材となりました。聖なるフランシスコの死後、彼はほかの兄弟たちに例の幻を打ち明けたのでした。

イエス・キリストと貧しく小さなフランシスコに賛美。アーメン。

第一八章

聖なるフランシスコがサンタ・マリア・デリ・アンジェリで開催した、五千人以上の兄弟が参加した、驚嘆すべき集会について

あるときのこと、キリストの忠実な僕《しもべ》である聖なるフランシスコはサンタ・マリア・デリ・アンジェリで総集会を開催しました。この集会には五千人以上の兄弟が集まりました。これには、説教者の兄弟たちの会の頭であり土台でもあった聖なるドミニコも来ていました。彼は、その時、ローマからボローニャへ行くところで、サンタ・マリア・デリ・アンジェリの平野で聖なるフランシスコが開催する集会のことを聞いて、自分の会の七人の兄弟と共にそれを見るためにやって来たのでした。また、この集会には、聖なるフランシスコに大変心酔する一人の枢機卿で、〔フランシスコが〕かつて、この方は将来教皇になるに違いないと予言し、実際にそのとおりになった方も、当時、〔教皇〕庁のあったペルージアから、アシジへと熱心に出向いてこられ、しかも、毎日、聖なるフランシスコと兄弟たちに会うために出かけて来られ、時にはミサをおささげになり、

時には集会において兄弟たちに説教をなさいました。この方は、この聖なる集いを訪問される折には、大きな喜びと敬虔な思いを抱かれたのでした。サンタ・マリア〔聖堂〕の周りの平野に、兄弟たちが、ここに四十人、あそこに百人、更にあそこに八十人と、それぞれ群れになって座り、祈りのうちに、涙を流しつつ、愛の業を実践しつつ、神について語ることに皆がひたすら専念しているのを目にしたのでした。しかもそれでいて非常に静かで、慎み深く、騒音も足音も全く聞こえず、これほど大勢の人が一つに秩序づけられているのに大変驚き、感動に涙し、深い敬虔な思いをもって言われました。「まさにこれこそ、神の騎士たちの陣営であり軍隊である」。実際、これほど大勢の人の中で誰一人としてうわさ話や冗談を口にする者はなく、兄弟たちが群れになって集まっているところではどこでも、祈るか、聖務日課を唱えるか、自分の、あるいは恩人たちの罪を嘆き悲しむか、魂の救いについて論じ合っていたのでした。この平野には、それぞれの管区の兄弟たちに応じた各組のために、莚《むしろ》やござで〔作られた〕仮小屋がありました。そのため、この集会は莚の集会とかござの集会とか呼ばれました。〔兄弟たち〕は地面に直《じか》に、あるいはごくわずかな藁《わら》の上で寝ており、石か木の切れ端を枕としていました。これが原因で、〔兄弟たち〕のことを聞いたり見たりした人々の間で、彼らに対する敬意は高まり、彼らの聖性についての噂も大いに広まったので、当時ペルージアにあった教皇庁から、またスポレトの谷間にあったさまざまな地域から、大勢の伯爵や男爵や騎士、そして他の高貴な人々と大勢の庶民たち、更には枢機卿や司教や大修道院長や聖職者の方々が、この世がこれまで見たこともない、聖なる壮大な、それでいて謙虚な集会を見るために、そして何よりも、これほどすばらしい分捕り品をこの世から奪い取り、真の牧者であるイエス・キリストの足跡に従うこのように美しく敬虔な群れを集めた、この聖なる人々の頭である聖なる師父を見るためにやって来たのでした。

こうして、全員が総集会に集まったところで、すべての〔兄弟たち〕の聖なる師父であり、〔兄弟〕全体の奉仕者でもあった聖なるフランシスコは、燃え立つ霊をもって、神のみ言葉を告げ、大きな声で、聖霊が彼に語らせることを、説教しました。説教の主題は、次のような言葉で提示されました。「わたしの小さな子供たちよ、わたしたちは大きなことを神に約束しました。わたしたちが〔神〕に約束したことを遵守するなら、もっともっと大きなことが神からわたしたちに約束されています。わたしたちに約束されたことを確信をもって待ち望みましょう。この世の快楽は束の間で、それに続く罰は永遠です。この世の生における苦しみは取るに足りず、あの世の生の栄光は限りがありません」。この言葉に基づいて、すべての兄弟たちを力づけ、聖にして母なる教会への従順と尊敬へと、また兄弟愛へと、すべての人のために神に祈ること、この世での逆境に耐え忍ぶこと、順調なときにも節制を、天使の清浄さと貞潔を保つこと、神と人々と自分の良心との間に一致と平和を維持すること、聖なる貧しさを愛し遵守することへと導いたのでした。そして、こう言いました。「聖なる従順の功徳において、ここに集まったあなた方みなに、わたしは命じます。あなた方の誰一人として、食べたり飲んだりすること、あるいは体に必要なことを思い煩ってはなりません。ただひたすら神に祈ること神を賛美することだけに専念しなさい。あなた方の体に必要なことは〔神に〕お任せしなさい。この方があなた方のことを特別に配慮してくださるからです」。そこにいたすべて〔兄弟たち〕は喜びの心として、朗らかな顔をもってこの命令を受け入れたのでした。こうして、聖なるフランシスコの説教が終わると、一同は祈りに没頭したのでした。

これらのすべてに立ち会っていた聖なるドミニコは、聖なるフランシスコのこの命令にすっかり仰天し、体に必要なことについて何の配慮も憂慮もせずに、これほど大勢の人をどのようにして維持することができるのか想像もできず、思慮に欠けていると考えたのでした。〔牧者たちの〕頭である第一の牧者、祝福されたキリストは、ご自分の羊たちのことをどれほど心にかけておられるか、また特にご自分の貧しい者たちを特別に愛しておられることをお示しになろうとされて、早速、ペルージア、スポレト、フォリーニョ、スペッロ、そしてアシジとその周辺の土地の人々に、この聖なる集会のために食べ物と飲み物とを携えて行こうという思いを吹き込まれたのでした。するとたちまちのうちに、先に述べた土地から人々が驢馬《ろば》や馬や荷車に載せて、パンとぶどう酒、そら豆やチーズ、そのほかの食べるにふさわしいものを、キリストの貧者たちに必要に応えるだけのものを運んできたのでした。このほかにも、テーブルクロスや壺や皿やコップといった器類も、これほど大勢の人が用いるに足るだけのものを持ってきました。より多くの物を持ってくることができた人、より心細やかに奉仕することができた人は自分を幸せ者と思っていたので、騎士たちや男爵たち、そしてほかの高貴な方々も、見物のために来ていたのでしたが、深い謙遜と敬虔な思いで、率先して奉仕したほどでした。これらのことを通して、聖なるドミニコは、これを見たことで神の摂理が彼らのうちに働いていることを悟り、聖なるフランシスコの命令を思慮を欠くものと間違って判断したことを謙遜に認め、〔フランシスコ〕の前に出てひざまずき、自分の過ちを謙遜に告白して、言い添えました。「神はまことにこの聖なる貧しく小さな人々のために英知に満ちた配慮を注がれておられます。わたしはそれが分かりませんでした。これから、わたしは聖なる、福音的な貧しさを遵守することを約束いたします。わたしの会にありながら、自己の所有を主張する、わたしの会の兄弟たちはみな、神によって呪われるでしょう」。このようにして、聖なるドミニコは、いとも聖なるフランシスコの信仰と、これほど偉大で秩序だった団体の従順と貧しさと、神の摂理とあらゆるたぐいの善いものが満ち溢れている様に大いに啓発されたのでした。

また、この同じ集会において、多くの兄弟が肉体に〔苦行用の〕胸当てや鉄の環を着けており、そのために多くの者が病気になり、命を落とす者も少なくないこと、そしてその多くが祈りの妨げになっていることが、聖なるフランシスコに告げられました。すると、思慮分別に富んだ父として、聖なるフランシスコは、胸当てもしくは鉄の環を身に着けている者は誰であれ、それを外して、自分の前に置くように、従順によって命じました。そのようになされました。すると、腕や胴体に着けていた五百以上の胸当てと、それを上回る鉄の環が並べ立てられ、うず高い山をなしたほどでした。聖なるフランシスコはそれらをすべてそこに残しておかせました。

そして、集会が終わると、聖なるフランシスコはすべての兄弟たちを善へと進むように励まし力づけ、罪を犯すことなく、邪《よこしま》なこの世から逃れるように教え導き、神と自分自身の祝福をもって、〔すべての兄弟たち〕をそれぞれの管区へと送り出しました。みなは霊的な喜びに慰められていました。

イエス・キリストと貧しく小さなフランシスコに賛美。アーメン。

第一九章

どのようにして、聖なるフランシスコがその家で祈っていたとき、彼のもとを訪れた大勢の人によって摘み取られ踏み荒らされた、リエティの司祭のぶどう畑から、聖なるフランシスコが約束していたとおりに、奇跡的に例年以上のぶどう酒ができたか。またどのようにして、逝去の後、楽園に行くことを神が聖なるフランシスコに啓示されたか

あるときのこと、聖なるフランシスコは非常に重い目の病を患っていたので、会の保護者でもあった枢機卿ウゴリノさまは、〔フランシスコに対して〕抱いておられた大きなご厚意から、リエティに行くように〔フランシスコ〕に手紙を書き送られました。〔リエティ〕にとても優秀な眼科医がいたからです。そこで、枢機卿からの手紙を受け取った聖なるフランシスコは、まず非常に敬虔なキリストの花嫁である聖なるクララがいた、サン・ダミアノに出向きました。彼女に何がしかの慰めを与えた後、枢機卿のもとに赴くためでした。聖なるフランシスコがそこに着いた翌晩のこと、目の病が悪化して、ほとんど光が見えなくなりました。旅に出ることができなくなったので、そこで、ゆっくり休むことができるようにと、聖なるクララは葦で小さな庵《いおり》を作りました。ところが、聖なるフランシスコは、病気の苦痛のため、またすさまじく騒ぎまわる鼠《ねずみ》の大群のために、日中も夜の間も、全く休むことができませんでした。この苦痛と艱難を耐え忍んでいたのですが、これは自分の罪に対する神の鞭であると考えるようになり、納得したのでした。そこで、心と唇をもって神に感謝し始め、大きな叫び声を挙げ、言いました。「主よ、わたしの神よ、わたしにはこれが、これ以上のもっと悪いことがふさわしいのです。主よ、わたしのイエス・キリスト、善い羊飼いよ、あなたは、さまざまな肉体の苦痛と苦悩にあっても、わたしたち罪人にあなたの御憐れみを示してくださいました。あなたの仔羊であるわたしに、恵みと力をお授けください。どんな病気や苦痛や苦悩によっても、決してわたしがあなたから離れることがありませんように」。このように祈ると、天から一つの声が降ってきて、こう言いました。「フランシスコよ、わたしに答えるがよい。大地のすべてが黄金であり、すべての海と泉と川がバルサムの香油であり、すべての山と丘と小石が高価な宝石であったとしよう。大地よりも黄金が、水よりもバルサムの香油が、山や小石

よりも高価な宝石が優るように、これらのすべてに優る高貴な宝をお前は見いだし、この病気に代えて、その高貴な宝がお前に与えられるとすれば、お前は満足するのではないか、大いに喜ぶのではないか」。聖なるフランシスコは答えました。「主よ、それほど高貴な宝にわたしは値しません」。すると、神の声は仰せになりました。「フランシスコよ、喜ぶがよい。これこそ永遠の命の宝、これこそわたしがお前のために今まで取って置いたもの、今から、これをお前は身に帯びることになる。この病気と苦痛はこの幸いなる宝を保証する徴である」。そこで、このように栄えある約束に大いに喜び、聖なるフランシスコは同行〔の兄弟〕を呼び寄せて言いました。「枢機卿のもとに行きましょう」。そして、まず聖なるクララを聖なる言葉をもって慰めると、謙遜に別れを告げると、リエティに向かって旅立ったのでした。

さて、その〔町〕に近づくと、大勢の人々が〔フランシスコを一目見ようと〕迎えに出てきていたので、町に入ることを望まず、町から二マイルほど離れた所にあった聖堂に向かいました。〔フランシスコ〕がその聖堂にいると知った町の人々は、彼を一目見ようと押し寄せてきたのでした。そのため、聖堂の脇にあったぶどう畑は踏み荒らされ、ぶどうの房もすっかり摘み取られてしまいました。そこで、司祭は内心がっかりして、聖なるフランシスコを聖堂に迎え入れたことを後悔したのでした。司祭の思いは神によって聖なるフランシスコに示されました。そこで、〔司祭〕を自分のもとに呼んでもらうと言いました。「いとも親愛なる父よ、最も豊作だった年で、どれほどの樽のぶどう酒がこのぶどう畑から取れますか」。十二樽、と答えました。聖なるフランシスコは言いました。「父よ、どうかお願いいたします。もう数日の間、わたしがこちらに滞在するのを忍耐をもってお許しください。ここでゆっくりと休むことができるからです。そして、神への愛と、貧しく小さなわたしへの愛のために、あなたのぶどう畑のぶどうの房をみなが摘み取るのを許してやってください。わたしの主イエス・キリストに代わって、あなたにお約束いたします。今年は二十樽分の収穫をもたらすでしょう」。そこに滞在中、聖なるフランシスコがこのように行ったのは、そこを訪れた人々の魂が大きな実りを結ぶのを目にしたためであり、彼らの多くは神の愛に酔いしれて帰途につき、この世を捨てるに至ったからでもありました。司祭は、聖なるフランシスコの約束を信頼して、〔フランシスコ〕のもとに来る人々にぶどう畑を開放したのでした。何と驚くべきことでしょう。ぶどう畑はすっかり踏み荒らされ、摘み取られてしまいました。そこには幾つかの貧弱な房が残っていただけでした。収穫の時が来て、司祭はその貧弱な房を摘み取って、桶に入れて、搾りました。すると、聖なるフランシスコの約束のとおり、二十樽の最高のぶどう酒がとれたのでした。この奇跡のうちに次のことを明らかに汲み取ることができます。ぶどうの房をもぎ取られたぶどうの木が、聖なるフランシスコの功徳によって溢れるほどのぶどう酒をもたらしたように、罪によって徳の実りを結ばなくなっていたキリスト者たちも、聖なるフランシスコの功徳と教えによって、しばしば、悔い改めの善い実を豊かに結ぶということです。

イエス・キリストと貧しく小さなフランシスコに賛美。アーメン。

第二〇章

会服を脱いで会から出ることを決意するほどにマントを嫌悪した若い兄弟が見た非常に美しい幻について

一人の高貴な家柄の繊細な若者が聖なるフランシスコの会にやって来ました。数日後のこと、この若者は悪霊の唆《そそのか》しによって、みすぼらしさ極みない頭陀袋《ずだぶくろ》をまとっているかと思われるほどに、自分が身に着けていた会服に嫌悪感を抱き始めました。袖はおぞましく、頭巾にも嫌気がさし、丈の長さもざらざらした肌触りも耐え難く思われました。修道生活への嫌気も増大してきて、ついに、会服を脱いで世俗に戻ろうと決心するに至りました。

〔その若者は〕師匠が教え込んだ習慣に従って、キリストの〔聖〕体が納められている修院の祭壇の前を通るときには必ず深い尊敬の念をもってひざまずき、頭巾を脱いで、両腕を十字に組んで頭を垂れるという習慣が既に身に着いていました。彼が会を出て、去って行こうと決めていた夜、たまたま修院の祭壇の前を通らなければならず、いつもの習慣でひざまずき、敬礼しました。すると突然、脱魂状態に陥り、不思議な幻が神によって示されました。彼が見たのは、自分の目の前を二人ずつ行列をなして進んでいく聖人たちの大群でした。彼らは高価な布地で作られた非常に美しい衣服をまとい、その顔も手も太陽のように輝き、歌を歌いながら、天使たちの音楽のなかを進んでいきました。この聖人たちの中に、ほかのすべての人にまさってひときわ高貴な装いで飾られた二人の人がいました。この二人は、その前に立って見つめる人が非常に大きな驚きに捉えられるほどの輝きに包まれていました。また、この行列の終わりのほうに、ほかの人々よりも美しく装われた、新参の騎士と思われる栄光に輝く人物がおりました。

この幻を見た若者はすっかり仰天し、この行列が何を言おうとしているのか分からずにいましたが、問いかける勇気もなく、その甘美さにただただ見とれていました。しかしながら、行列全体が通り過ぎてしまおうとしたとき、この若者は勇気を奮い起こして、最後の人々のところに走り寄ると、恐る恐る尋ねて言いました。「おお、いとも親愛なる方々、どうぞお教えください。よろしければお答えくださいますか。このように驚くべき方々はどのようなお方たちなのでしょうか。これほどまでに尊い行列はどのような行列なのでしょうか」。彼らは答えました。「小さな我が子よ、知るがよい。わたしたちはみな小さき兄弟たちです。わたしたちは、今、〔天の〕楽園の栄光から来たところです」。〔若者〕は尋ねました。「ほかの方々よりもひときわ輝いているお二人はどなたでしょう」。

彼らは答えました。「お二人は聖なるフランシスコと聖なるアントニオです。そして、大いなる栄誉を受けているとあなたに見えた最後の者は、つい最近亡くなった聖なる兄弟です。この〔兄弟〕は、誘惑に対して勇敢に戦い、最後まで耐え忍んだので、楽園の栄光への凱旋の行列をもって迎えているところなのです。わたしたちがまとっているこのように美しくしなやかなこの衣服は、修道生活を送るにあたって忍耐をもってわたしたちがまとっていたざらざらした肌触りのトゥニカに代えて、神から戴いたものです。そして、あなたがわたしたちのうちに見た栄光の輝きは、わたしたちが最後まで守り通した、謙遜と忍耐の故に、聖なる貧しさと従順と愛の故に、神から戴いたものです。だから、小さな我が子よ、これほど実り豊かな修道生活の頭陀袋を身に着けるのを厭《いと》うてはなりません。キリストへの愛のために、聖なるフランシスコの頭陀袋をまとって、この世を軽んじて、肉体を懲らしめ、悪霊に対して勇敢に戦うなら、あなたも同じように、わたしたちと一緒に、栄光に輝く衣服を戴くことになるでしょう」。この言葉が終わると、若者は我に返りました。そして、この幻に力づけられ、あらゆる誘惑を退けたのでした。世話役の兄弟と他の兄弟たちの前で自分の過ちを告白しました。そして、このときから厳しい悔い改めと、粗末でごわごわした会服をむしろ憧れ求め、大いなる聖性のうちに、会においてその生涯を終えたのでした。

イエス・キリストと貧しく小さなフランシスコに賛美。アーメン。

第二一章

グッビオの非常に獰猛な狼を回心させたときに、聖なるフランシスコが行ったいとも聖なる奇跡について

聖なるフランシスコがグッビオの町に滞在していたときのこと、グッビオの郊外に非常に大きく恐ろしく獰猛な狼が現れました。この〔狼〕は動物たちだけでなく、人間にまでも襲いかかったのでした。そのため、町の人々はみな大きな恐怖に捕らわれていました。しばしば町にまで現れたからです。そこで、まるで戦いに行くかのように、町の外に出るときにはみな武装して出かけていました。そこまでしても、たった一人でこの〔狼〕に遭遇したときには、防ぎようがありませんでした。こうして、この狼に対する恐怖心から、誰一人として町の外へ敢えて出ることはなくなってしまいました。

このことによる、その地の人々の苦しみに同情した聖なるフランシスコは、町の人々がこぞってそのようなことはしないように引き止めたにもかかわらず、この狼のもとへと〔町の〕外へ出かけて行こうとしました。そして、いとも聖なる十字架の印をすると、神に全幅の信頼を寄せて、同行〔の兄弟〕たちと共に、町の外に出て行きました。ほかの者らはこれ以上先に行くのをためらったのですが、聖なるフランシスコは、狼のいた所まで歩み続けました。この奇跡を見ようとして出てきた町の人々が見ている前で、例の狼が、口を大きく開けて、聖なるフランシスコを目指して近づいてきました。聖なるフランシスコは〔狼〕に近づいていき、いとも聖なる十字架の印を〔狼〕にすると、自分のほうへ呼び寄せて言いました。「ここに来なさい、兄弟である狼よ、キリストに代わって、わたしはあなたに命じます。わたしに対しても、またほかの誰に対しても悪を行ってはなりません」。何と、語るも驚嘆すべきことでしょう。聖なるフランシスコが十字架の印をするやいなや、恐ろしい狼は口を閉ざして、走り回るのをやめました。そして、〔再び〕命令されると、仔羊のようにおとなしく近づいてきて、聖なるフランシスコの足もとに身を横たえたのでした。聖なるフランシスコはこのように語りかけました。「兄弟である狼よ、お前はこの地方一帯でとんでもない危害をおよぼしてきた。神の許しもなしに、神の被造物

を殺したり食べたりして、大変な悪をしてきたのだ。それもただ単に野の獣を殺したり食らったりしたに留まらず、神の似姿として作られた人間さえも殺してきたのだ。このことの故に、お前は、極悪の盗賊や殺人者のように絞首刑に値するのだ。あらゆる人々がお前に対してわめき立て、悪口を言い立てている。この地方一帯がことごとくお前の敵なのだ。だが、兄弟である狼よ、わたしはお前とこの人々との間に平和が結ばれることを願っている。そこで、これからはもはやお前は人々に危害を加えてはならない。そうすれば、この人々も、お前のこれまでの悪行を許してくれるだろうし、これからは、人々も犬たちもお前を迫害することはないだろう」。このように語り終えると、狼は、体と尻尾と耳を動かし、頭を垂れて、聖なるフランシスコが言ったことに同意し、それを遵守する意志を表したのでした。そこで、聖なるフランシスコは言いました。「兄弟である狼よ、この平和を結び保っていきたいと思っているようだから、わたしはお前に約束しよう。お前が生きている限り、この地方の人々に絶えることなく必要な物をお前に提供してもらうことにする。そうすれば、もはやお前は飢えに苦しむことはない。飢えのために、お前が悪行のすべてを行ってきたことを、わたしはよく知っているのだ。さて、お前がこの恩恵を受け入れたからには、兄弟である狼よ、これからはどんな人にも動物にも危害を加えることはないと、わたしに約束してほしいのだ。お前は、これを約束するかね」。すると、狼は、頭を垂れることで、約束したことの明らかな徴を示したのでした。そこで、聖なるフランシスコは言いました。「兄弟である狼よ、わたし自身が確信を持てるように、この約束の保証のようなものをわたしに与えてほしいのだが」。そして、聖なるフランシスコが、その保証を受け取るために手を伸ばすと、狼は前足を挙げて、聖なるフランシスコの手の上におとなしくそっと置いて、信頼できるという徴を与えたのでした。

そこで、聖なるフランシスコは言いました。「兄弟である狼よ、イエス・キリストの名によって命じます。わたしと一緒に来なさい。何ら疑うこともためらうこともありません。この平和を神の名において確かなものとするために行きましょう」。すると、狼は、まるでおとなしい仔羊でもあるかのように、従順に〔フランシスコ〕と共に歩き始めました。これを見た町の人々はすっかり仰天してしまいました。そして、この知らせは瞬く間に町中に伝えられました。そのため、男も女も、大人も子供も、老人も若者も皆がこぞって、聖なるフランシスコと一緒にいる狼を見ようと広場に押し寄せてきました。町中の人々がそこに集まると、聖なるフランシスコは立ち上がり、その人々に説教をしました。ほかにもいろいろ話したのですが、特に力を入れたのは、神がこのような災いをお許しになったのは罪が原因であること、罰せられた者たちに対して永遠に燃え続ける地獄の炎は、肉体しか殺すことのできない狼の凶暴さよりもはるかに危険極まりないことでした。そして、こう言ったのでした。「たった一匹のちっぽけな獣の口がこんなにも大勢の人々を恐れと不安に陥れたのであれば、どれほど地獄の口を恐れねばならないことでしょう。ですから、いとも親愛なる方々、神に立ち返りなさい、あなた方の罪にふさわしい悔い改めを行いなさい。そうすれば、神は、この世にあっては狼から、来るべき時には地獄の火からあなた方を解放してくださるでしょう」。説教が終わると、聖なるフランシスコは言いました。「わたしの兄弟たちよ、聞いてください。あなた方の前にいる兄弟である狼は、わたしに約束し、保証しました。あなた方と平和を保ち、これからは決して誰にも何の危害も加えません。ですから、あなた方は必要な物を、毎日、この〔兄弟〕に与えると約束してください。この〔兄弟である狼〕が平和の協定を固く遵守することは、このわたしが保証します」。すると人々はみな一斉に、これからずっと食物を提供すると約束しました。聖なるフランシスコは、皆の前で、狼に言いました。「兄弟である狼よ、平和の協定を遵守することをこの人々に約束しなさい。どんな人にも、どんな動物にも、いかなる被造物にも害を加えないかい」。すると、狼は膝をかがめ、頭を垂れて、尻尾と目つき、そして体全体をもって穏和な所作を示して、協定を完全に遵守する意志を人々に明らかにしたのでした。聖なるフランシスコは言いました。「兄弟である狼よ、門の外でこの約束の保証をわたしに与えてくれたように、すべての人々の前で、わたしとの約束と、わたしがあなたのために行った保証を裏切らないという約束の保証をわたしに与えてほしいのだよ」。すると、狼は前足を上げると、聖なるフランシスコの手の上にそれを置いたのでした。この所作と、これまで述べてきたすべての事柄によって、すべての人々のうちに大きな喜びと驚嘆が湧きあがりました。それは聖者への敬意のためであり、新たな奇跡のためであり、狼との平和のためでもありました。皆が天に向かって叫び声を挙げ始め、「フランシスコ」の功徳によって残酷な獣の口から解放されたことで、自分たちのもとに聖なるフランシスコを遣わしてくださった神を賛美しほめたたえたのでした。

その後、この狼は二年間グッビオの町で生きていて、家畜のようにおとなしく家から家へと回っていき、誰に対しても悪行をすることなく、誰からも虐待されることもなく、町の人々に親切に養ってもらい、町や家を回って歩くときに、犬が吠え立てることもありませんでした。ついに、二年の後、兄弟である狼は老衰のために死ぬと、町の人々は大変悲しみました。そのようにおとなしく町のなかを歩いているのを見ると、聖なるフランシスコの徳と聖性をひときわ思い起こされたからでした。

イエス・キリストと貧しく小さなフランシスコに賛美。アーメン。

第二二章

どのようにして聖なるフランシスコが野生の雉鳩を飼い慣らしたか

一人の若者が多くの雉鳩《きじばと》を捕らえ、売りに出かけました。聖なるフランシスコがこの若者と出会いました。おとなしい動物に対して特別の愛情を抱いていたので、憐れみに満ちた目でそれらの雉鳩を見ると、〔フランシスコは〕若者に言いました。「善良な若者よ、どうかお願いします。聖書の中で純潔で謙遜で誠実な魂になぞらえられている、このように無垢な小鳥たちをわたしに譲ってください。これらを殺してしまうような残忍な人々の手に渡らないように」。すると直ちに、この〔若者〕は神に鼓舞されて、すべてを聖なるフランシスコに与えたのでした。〔フランシスコは〕それらを懐に抱え込むと、やさしく語りかけ始めました。「おお、わたしの小さな姉妹、単純で無垢で純潔な雉鳩たちよ、どうして、あなた方は捕まったりしたのですか。ご覧なさい。わたしはあなた方を死から救い出して、巣を作ってあげたいのです。わたしたちの創造主の命令どおりに、あなた方が子供を作って数を増やすように」。

聖なるフランシスコは出て行って、〔雉鳩たち〕全部のために巣を作ってやりました。〔雉鳩たちは〕それを使い、卵を産み、兄弟たちの前で育て始めました。まるでずっと〔兄弟たち〕に育てられた雌鶏のように、すっかり飼い慣らされて聖なるフランシスコと兄弟たちと一緒に住み着いたのでした。そして、聖なるフランシスコが祝福して、飛び立つ許しを与えるまでは、決して飛び立ちませんでした。

これらの〔雉鳩〕を与えてくれた若者に、聖なるフランシスコは言いました。「我が子よ、あなたはこの会に入り、イエス・キリストに惜しみない心でお仕えするようになるでしょう」。そのとおりになり、この若者は兄弟の一人となり、大いなる聖性をもって、この会の中で生きたのでした。

イエス・キリストと貧しく小さなフランシスコに賛美。

アーメン。

第二三章

どのようにして、聖なるフランシスコは、
悪霊によって罪に陥った兄弟を解放したか

あるときのこと、聖なるフランシスコがポルチウンクラの住居で祈っていると、神の啓示によって、その住居全体が大軍勢のように悪霊どもによって取り囲まれ、攻撃にさらされているのを見ました。しかしながら、〔悪霊ども〕の誰一人として住居の中に入ることができませんでした。そこにいた兄弟たちがあまりにも聖性に長けていたので、悪霊どもは中に入ることができなかったのでした。ところが、このように忍耐強く待っているうちに、兄弟たちの一人が別の兄弟に対して腹を立てて、どのようにしたら相手を非難し、報復することができるか心の内に考えるようになりました。この〔兄弟〕がこうした悪い思いを抱くに至ったことで、入り口が開いてしまい、悪霊が入ってきて、その兄弟の首にとりついてしまいました。慈愛に満ち、思慮分別に長け、自分の羊の群れに常に目を注いでいる牧者〔であるフランシスコ〕は、自分の仔羊を貪《むさぼ》り食おうとして狼が入り込んだのを見て、直ちに、その兄弟を自分のもとに呼び寄せ、隣人に対して抱き、それによって敵の手に自分を引き渡してしまった憎しみの毒をさらけださなければならないと命じたのでした。聖なる師父にすっかり見通されていることに恐れを抱いたその〔兄弟〕は、あらゆる毒をさらけだして語り、自分の過ちを認めると、謙遜に憐れみとともに償いを求めたのでした。こうして、罪が赦され、償いを言い渡されると、直ちに、聖なるフランシスコの前から悪霊は退散しました。善い羊飼いの善行によって、残忍な獣の手からこのようにして解放された兄弟は、神に感謝し、矯正され教化された者として聖なる牧者の羊の群れに立ち返り、その後は、偉大な聖性のうちに生きたのでした。

イエス・キリストと貧しく小さなフランシスコに賛美。

アーメン。

第二四章

どのようにして、聖なるフランシスコは、バビロンのスルタンと、自分を罪に陥れようとした娼婦を回心させたか

あるときのこと、聖なるフランシスコはキリストへの信仰の熱意と殉教への憧れに駆られて、いとも聖なる十二人の仲間〔の兄弟〕たちと共に海を渡って、バビロンのスルタンのもとに赴くことを決意しました。サラセンのある地方に辿り着きましたが、そこからの街道はことごとく残酷な人々によって警護されており、キリスト教徒は誰一人として、生きてそこを通り進むことはできませんでした。神のみ心によって、〔一行は〕死を免れましたが、捕らえられ、殴打され、縛り上げられてスルタンの前に引き出されました。〔スルタン〕を前にして、聖なるフランシスコは、聖霊に導かれるままに、その信仰のためなら火の中に入ることも辞さない覚悟で、キリストへの信仰を神々しく説教しました。このため、その信仰の揺るぎないこと、全く貧しかったにもかかわらず、いかなる贈り物も受け取らぬほどに、この世〔の富〕を軽んじていることが見て取れること、また同様に〔フランシスコ〕のうちに殉教への熱意が見て取れたことから、スルタンは〔フランシスコ〕に対して深い敬意を抱き始めたのでした。このときから、スルタンは自ら進んで耳を傾けるようになり、しばしば自分のもとを訪れるように願ったのでした。そして〔フランシスコ〕と仲間〔の兄弟〕たちに、どこであれ気に入った所で説教することができるという許可を寛大にも与えたのでした。更に、それがあれば何人も害を加えることはできない証明書までも与えたのでした。

このように寛大な許可を得たことで、聖なるフランシスコは選り抜きの仲間〔の兄弟〕たちを二人ずつ、キリストへの信仰を宣べ伝えるためにサラセン人のさまざまな地方へと派遣しました。そして、自分自身も〔仲間の兄弟たちの〕一人と共に一つの地方を選んで、現地に到着すると、一休みするために一軒の宿屋に入りました。そこには肉体はとても美しいのですが、魂は汚れきった女性がいました。この忌まわしい女性は聖なるフランシスコを罪へと誘ったのでした。聖なるフランシスコが「よろしい、寝床へ行きましょう」と言うと、彼女は〔フランシスコ〕を部屋へと連れて行きました。すると聖なるフランシスコは言いました。「わたしと一緒にいらっしゃい。あなたを最高にすば

らしい寝台にお連れしましょう」。そして、その家の中でも最も勢いよく火が燃えている所へと彼女を連れて行くと、霊の燃えるままに、着物を脱いで裸になると、真っ赤に燃え上がったその火の上に身を横たえると、裸になって、火花のはぜる美しい寝台に自分と一緒に横たわるよう誘ったのでした。このようにして聖なるフランシスコは快活な様子で長い間そうしていましたが、火は少しも火傷《やけど》をさせることも焼き焦がすこともありませんでした。このような奇跡によって、この女性は震えあがり、心のうちに痛悔の念を抱き、罪と悪意を悔い改めただけでなく、完全にキリストへの信仰に立ち返り、偉大なる聖性の人となったのでした。この女性を通して、その地方の多くの〔人の〕魂が救われることになりました。

しかし、この地方では、もうこれ以上実りをもたらすことはできないと見て取るとともに、神の啓示によって、仲間〔の兄弟〕たち全員と共に、〔キリストを〕信じる人々のもとに戻ることを決意しました。そして、全員を集めると、全員そろってスルタンのもとに戻り、いとまごいを願いました。するとスルタンは言いました。「兄弟フランシスコよ、わたしは心から喜んでキリストへの信仰へと立ち返りたいと思っている。だが、今、それをすることには恐れを抱いている。なぜなら、もし、この〔国の〕人々がそれを知ったなら、直ちに、あなたの仲間全員と一緒にあなたとわたしとを殺すであろう。まだまだ多くの善いことを行うことがあなたにはできるし、このわたしにも果たさなければならない重大な多くの事柄が控えている。今ここで、あなたとわたしの死を招き寄せたくはない。だが、どうしたらわたしは救われることができるか教えてほしい。あなたがわたしに課すことは何でも行う覚悟である」。すると、聖なるフランシスコは言いました。「陛下、今は、わたしは陛下のもとを去ります。しかし、祖国に戻り、神の恵みによって天に上りましたなら、わたしの死後、神のみ心のままに、二人のわたしの兄弟を陛下のもとにお送りいたしましょう。この二人を通して、あなたはキリストの聖なる洗礼をお受けになり、救われるでしょう。このように、わたしの主イエス・キリストはわたしに啓示してくださいました。それまでの間に、あらゆる妨げからご自身を解き放ち、神の恵みがあなたに降るときに、信仰と敬神とに備えができているようにしてください」。〔スルタンは〕そのように約束するとともに、それを実行したのでした。

これを終えると、聖なるフランシスコは、聖なる仲間〔の兄弟〕たちの尊敬すべき一団と共に帰国しました。そして、数年後、聖なるフランシスコは肉体の死によって魂を神にお返ししました。他方、スルタンは病床に伏し、聖なるフランシスコの約束〔の実現〕を待ち望み、幾つかの街道に見張りを立たせて、聖なるフランシスコの会服を着けた二人の兄弟の姿を見かけたなら、直ちに自分のもとに連れて来るように命じたのでした。ちょうどその時、聖なるフランシスコが二人の兄弟に現れて、即座に、スルタンのもとに赴き、自分が〔スルタン〕に約束したとおりに、救いをもたらすよう命じたのでした。二人の兄弟は直ちに行動に移し、海を渡り、見張りによってスルタンのもとに連れていかれました。彼らを目にして、スルタンは大いに喜んで言いました。「今こそはっきりと分かった。神の啓示によって聖なるフランシスコがわたしに約束したとおりに、わたしの救いのために神はご自分の僕《しもべ》たちをわたしのもとに遣わしてくださった」。こうして、彼らによってキリストへの信仰の手ほどきを受け、聖なる洗礼を受けて、キリストのうちに再生すると、患っていた病のうちに亡くなりました。こうして、聖なるフランシスコの功徳と祈りによって、その魂は救われたのでした。

イエス・キリストと貧しく小さなフランシスコに賛美。アーメン。

第二五章

どのようにして聖なるフランシスコが、レプラを患っている人の肉体と魂とを奇跡的に癒し、その魂が天に赴くにあたって〔フランシスコ〕に何と語ったか

キリストの真の弟子であった聖なるフランシスコさまは、この惨めな〔世の〕命を生きている間、そのすべての力を尽くして、完全な師であるキリストに従おうと専念していました。そのため、神の働きかけによって、彼が肉体を癒すと同時に、神がその人の魂を癒されるということがしばしば起きていました。これはキリストについて言われているのと同様のことです。〔フランシスコは〕自分自身でレプラを患っている人々に進んで奉仕していただけでなく、自分の会の兄弟たちが、この世のどこに行こうとどこにいようと、キリストの愛の故に、レプラを患っている人々に奉仕するように命じていました。〔キリストは〕わたしたちのためにご自分がレプラ患者と見なされることを望まれたのでした。あるとき、このようなことがありました。当時、聖なるフランシスコが滞在していた住居の傍らにあった施療所で、兄弟たちはレプラを患っている人々に奉仕し

ていました。患者の中に、短気で手に負えない傲岸なレプラ患者がいて、その人は悪霊にとり憑かれていると皆は思っていましたが、まさにそのとおりでした。この人は、誰であれ自分に奉仕してくれる人に対して恥知らずにも暴言を吐き散らし暴力を振るい、もっと悪いことには、祝されたキリストといとも聖なる御母処女《おとめ》マリアに対しても恥ずかしげもなく冒瀆の言葉を投げかけたのでした。このため、この人に奉仕できる人、あるいは奉仕したいと望む人は一人もいなくなってしまいました。兄弟たちは自分に加えられた侮辱や屈辱であれば、忍耐の功徳を積むために、忍耐深く耐え忍ぶよう努めたのでしたが、キリストとその御母に対するものとなると、彼らの良心は全く耐え忍ぶことができなかったのでした。こうして一同、このレプラ患者を見限ることに決めました。しかし、当時、すぐ傍らに滞在していた聖なるフランシスコに事の次第を説明するまでは、それを実行しようとは思いませんでした。

この説明を聞くと、聖なるフランシスコはその皆に嫌われたレプラ患者のもとに自ら赴き、彼に近づいて、挨拶の言葉を口にしました。「神があなたに平和を与えてくださいますように、わたしのいとも親愛なる兄弟よ」。レプラ患者は答えました。「いったいどんな平和を神から戴けるというのか。わたしから平和とあらゆる善を奪い取って、膿《う》み爛《ただ》れひどい臭いを放つようにしてくれたというのに」。聖なるフランシスコは言いました。「我が子よ、忍耐してください。この世において神からわたしたちに与えられる病は魂の救いのためなのです。辛抱強く耐え忍ばれるなら、〔肉体の病〕は大きな功徳となるものなのです」。病人は答えました。「昼も夜もわたしを痛めつける、この絶え間ない苦痛を、いったいどうしたら辛抱強く耐え忍べるというのか。それに、自分の病気のためにわたしは苦しんでいるだけではない。あなたがわたしに送った兄弟たちがもっと悪いことをわたしにしているのだ。なぜなら、彼らはわたしに奉仕してくれるが、本当に必要な奉仕をしてくれないのだから」。このとき、聖なるフランシスコは、このレプラ患者が邪悪な霊にとり憑かれていることを啓示によって知ると、〔その場から〕去って、祈りに専心し、この人のために敬虔の念をもって神にお願いしたのでした。

祈りを終えると、その人のもとに戻って言いました。「我が子よ、あなたへの奉仕をわたしにさせてください。ほかの〔兄弟たち〕では満足できないようですから」。病人は言いました。「ああ、けっこうだ。だが、ほかの連中以上に、あなたに何ができるというのかね」。聖なるフランシスコは答えました。「あなたが望むことを、わたしはいたしましょう」。レプラ患者は言いました。「では、この〔体〕全体を洗ってほしい。わたしはひどく臭くて、自分自身それに耐えられないのだから」。

そこで、聖なるフランシスコは、直ちに、良い香りを放つ薬草を大量に入れた水を温めさせると、その人を裸にして、一人の兄弟にお湯を掛けさせながら、自分の両手で洗い始めました。すると、神の奇跡によって、聖なるフランシスコがその聖なる両手で触れた所からレプラは消えてゆき、全く健康な肉体に戻ったのでした。そして、肉体が癒され始めるとともに、魂も癒され始めました。すると、レプラ患者は自分が癒され始めたのを目にして、大いなる痛悔の思いを抱き、自分の罪を悔い改め始め、激しく泣き始めたのでした。こうして、水で洗われることで外側から体がレプラから浄められるうちに、痛悔と涙によって魂は内側から罪から浄められたのでした。

肉体も魂も完全に癒されたその人は、謙遜に自分の過ちを認めて、涙ながらに大きな声で言いました。「何とわたしは災いなことか。わたしが兄弟たちに行ったり口にした屈辱と侮辱の故に、また神に対してわたしが行った耐え難い行為や冒瀆の故に、地獄こそわたしにふさわしいのだ」。そして、十五日間にわたって、自分の罪を激しく嘆き悲しみ、神の憐れみを求め続け、一切を司祭に告白したのでした。聖なるフランシスコは、自分の両手を通して神が働かれた、これほどにも明らかな奇跡を目にすると、神に感謝しつつ、その場を離れて、はるか遠くの地に旅立ちました。謙遜の故に、〔この世の〕あらゆる誉れを避け、そのすべての働きにおいて、自分のではなく、ただ神の誉れと栄光を求めたかったからでした。

その後、神のみ心のままに、肉体も魂も癒されたレプラを患っていた人は、悔い改めのための十五日間の後、別の病に侵されました。教会の秘跡によって身を固めて、聖なる死を遂げました。その魂は、楽園に赴くにあたって、祈りのために森に籠っていた聖なるフランシスコのもとに、空中に、現れて言いました。「わたしが分かりますか」。聖なるフランシスコは言いました。「あなたはどなたですか」。「祝されたキリストがあなたの功徳の故に癒してくださった、あのレプラを患っていた者です。今日、わたしは永遠の命に入ります。そのため、わたしは神とあなたに感謝いたしております。あなたの魂と体が祝福されますように。あなたの言葉と働きが祝福されますように。この世において、あなたによって多くの〔人の〕魂が救われるからです。

あなたとあなたの会がこの世のさまざまな地方で結ばせた聖なる実りのために、聖なるみ使いたちや聖人たちが神に感謝しない日が一日たりともないことをお知りください。ですから、勇気をもって、神に感謝してください。神の祝福がいつまでもありますように」。この言葉を言い終わると、天に昇って行きました。聖なるフランシスコは大きな慰めのうちに残されたのでした。

イエス・キリストと貧しく小さなフランシスコに賛美。アーメン。

第二六章

どのようにして聖なるフランシスコは殺戮を繰り返す三人の強盗を回心させて兄弟としたか、いとも聖なる兄弟となったその中の一人が見たいとも貴い幻について

あるときのこと、聖なるフランシスコはボルゴ・サン・セポルクロ近辺を巡っているとき、モンテ・カザーレと呼ばれる村にさしかかると、高貴な身分の華奢な若者が近づいてきて言いました。「師父よ、わたしは心底あなたの兄弟の一人になることを望んでいます」。聖なるフランシスコは答えました。「我が子よ、あなたはあまりにも若く華奢であるし高貴な身分でもあります。恐らく、わたしたちの貧しさと苛酷さとに耐えられないでしょう」。すると、〔若者〕は言いました。「師父よ、あなた方はわたしのような人間ではないとでもおっしゃるのですか。あなた方が耐えておられるように、わたしにもキリストの恵みによってできるでしょう」。この答えに聖なるフランシスコは大変喜びました。そこで、〔その若者〕を祝福すると、早速、会に受け入れ、兄弟アンジェロという名を授けました。この若者はその立ち居振る舞いは非常に立派であったので、間もなく、聖なるフランシスコはモンテ・カザーレの住居の世話役に据えました。

そのころ、この地方では、悪名高い三人の強盗が出没しており、この地方で多くの悪行を重ねていました。ある日、彼らは先に述べた兄弟たちの所にやって来ると、世話役の兄弟アンジェロに食べ物を与えてくれるよう願いました。すると、世話役〔のアンジェロ〕は、厳しく叱りつけて、次のように答えました。「お前たち、残虐で人殺しの強盗たちめ。お前たちは恥知らずにもほかの人々の労苦の成果を奪い取っている。更に加えて、厚かましくも恥ずかしげもなく、神の僕《しもべ》たちに贈られた施し物を貪《むさぼ》り食おうとしている。大地がお前たちを養うに全く値しない者どもだ。お

前たちは人々に対しても、お前たちをお造りになった神に対しても尊敬というものを全く持っていないのだ。お前たちの仕事をしに行くがよい。ここには二度と姿を現すな」。これには彼らも狼狽し、大いに憤慨しつつ立ち去りました。

　さて、そこに聖なるフランシスコが、同行の〔兄弟〕と二人で貰い受けた一袋のパンとぶどう酒の小瓶とをもって、外から帰って来ました。世話役〔のアンジェロ〕は、〔強盗ども〕を追い払った次第を〔フランシスコ〕に報告しました。聖なるフランシスコは、残酷に振る舞ったと強い口調で彼を叱りつけて言いました。「冷酷に非難されるよりも、やさしくされることでより容易に〔罪人たちは〕神に立ち返るものです。ですから、わたしたちの主イエス・キリストも、わたしたちが遵守すると約束した福音の中で、**健康な人は医者を必要とせず、**〔**医者を必要とするのは**〕**病人であると**、またご自分が来られたのは**義人ではなく、罪人を悔い改めに呼び寄せるためである**と言っておられます[1]。そして、しばしば〔罪人たち〕と**食事を共にしておられます**[2]。ですから、あなたは愛に反すること、キリストの聖なる福音に反することを行ったのですから、聖なる従順によって、わたしはあなたに命じます。直ちに、わたしが受け取ったこの一袋のパンとぶどう酒の小瓶とを持って、山々や谷を越えて見いだすまで、注意深くあの人たちの後を追いかけなさい。〔見つけ出したなら〕わたしに代わって、このパンとこのぶどう酒をすべて、あの人たちの前に差し出しなさい。そして、あの人たちの前にひざまずいて、謙遜にあなたの冷酷による過ちを告白し、わたしに代わって、これからはもう悪いことはせず、神を畏れ、隣人に危害を加えないように願いなさい。あの人たちがそうしてくれるなら、わたしも、あの人たちが必要とするとき、食べたり飲んだりするものを絶えずあの人たちに提供することを約束します。あの人たちにこのことを告げたなら、謙遜にここに戻ってきなさい」。世話役〔のアンジェロ〕が聖なるフランシスコの命令を実行するために出かけている間、〔フランシスコ〕は祈りに専念し、強盗たちの心を和らげて、悔い改めへと立ち返るよう神に願っていました。

　従順な世話役〔のアンジェロ〕は〔強盗たちの〕もとに辿り着くと、パンとぶどう酒を差し出して、聖なるフランシスコが自分に課したことをすべて行い告げ知らせました。すると、強盗たちは聖なるフランシスコの施し物を食べているうちに、神のみ心のままに、一斉に言い始めました。「惨めで卑劣な俺たちは何と災いなことか。地獄ではどんな厳しい罰が俺たちを待ち受けていることか。隣人たちから強奪しただけでなく、乱暴を働き、傷つけ、殺してしまったではないか。俺たちがやってきたことはこんなにも極悪非道なことなのに、全く良心の痛みを感じることなく神への恐れすら抱かなかったのだ。さあ、どうだ。俺たちの所に来た、あの聖なる兄弟は。正当にも俺たちの悪行に対して口にしたごくわずかな言葉のために、謙遜にも俺たちに対して自分の過ちを告白し、なおかつ、パンとぶどう酒を届けてくれたうえに、聖なる師父の寛大な約束まで伝えてくれたのだ。あの方々こそまことに、神の楽園に値する、神の聖なる兄弟たちだ。俺たちは永遠の滅びの子らであって、地獄の罰こそ俺たちにふさわしいのだ。しかも、毎日、俺たちの滅びを増し加えているありさまだ。これまで犯してきた諸々の罪の故に、神の憐れみに立ち戻ることができるものやら分からないありさまだ」。彼らの一人がこのような、あるいはこれに類した言葉を口にすると、ほかの二人は言いました。「本当に、お前の言うとおりだ。だが、俺たちはどうしたらいいのだろう」。最初の男が言いました。「聖なるフランシスコのところに行こう。俺たち罪人でも、神の憐れみのもとに立ち戻ることができるという希望を俺たちに与えてくれたなら、命じられたことをしようではないか。そうすれば、地獄の罰から俺たちの魂を解き放つことができるだろう」。

この申し出はほかの〔二人〕にも気に入りました。こうして、三人はみな同意して、聖なるフランシスコのもとに急いで赴いて言いました。「師父よ、わたしたちが犯した多くの非道な罪の故に、わたしたちは神の憐れみに立ち戻ることができるとは思えません。でも、神がわたしたちを御憐れみのうちに受け入れてくださるという希望をほんのわずかでも与えてくだされば、あなたが仰せられることは何でも行う覚悟ができていますし、あなたとご一緒に悔い改めを行います」。すると聖なるフランシスコは愛情深く惜しみない心で彼らを受け入れて、多くの実例をもって彼らを力づけ、神の憐れみにしっかりと信頼させ、彼らのために神から〔憐れみ〕を得ることをはっきりと約束し、神の憐れみは限りないものであることを彼らに明らかにして言いました。「福音によれば、もしわたしたちが限りなく罪を犯したとしても、神の憐れみはわたしたちの罪よりもはるかに大きなものです。また聖なる使徒パウロも言っています。『**祝されたキリストは罪人たちを贖うためにこの世に来られた**』[3]」。このような言葉、更にこれに類似した言葉によって、三人の強盗は悪霊とその業から決別し、聖なるフランシスコは彼らを会に受け入れ、彼らは厳しい悔い改めを行い始めました。そして、彼らのうち二人は、回心の後、しばらく生き、楽園に赴きました。

しかし、三番目の〔男〕は生き永らえ、自分の犯した諸々の罪を思い起こし、悔い改めに専念していました。十五年間、ほかの兄弟たちと一緒に行う共通の四十日間〔の断食〕のほかに、一年間を通して毎週三日間はパンと水とを断っていました。また、いつも裸足で、たった一枚のトゥニカを着用しただけで、〔聖務日課の〕朝課の後に眠ることはありませんでした。

その間に、聖なるフランシスコはこの〔世での〕惨めな生を終えました。例の〔男〕は長い年月に渡って、厳しい悔い改めの業を続けていましたが、ある夜のこと、朝課の後、ひどい眠気の誘惑に襲われ、眠気に全く抵抗できず、いつものように眠らずにいることができませんでした。ついに、眠りに抵抗することも祈ることもできずに、眠るために寝台に横たわりました。頭を置いた途端に、脱魂状態に陥り、霊において、非常に高い山の上に連れていかれました。そこには非常に深い断崖絶壁があり、そのあちこちに先の尖った、粉々になった岩石が転がっており、谷底からはぎざぎざの岩が突き出ていました。そのため、その断崖絶壁は見るも恐ろしい光景でした。すると、この兄弟をそこに連れてきた天使が強く押したので、断崖を転げ落ちて行きました。この〔兄弟〕は岩と岩との間、小石と小石の間を跳ね返りぶつかりながら、ついにその断崖絶壁の底にまで辿り着きました。体はすっかりばらばらになり粉々になるかと思われました。そんな惨めなありさまで地面に横たわっていると、そこに連れてきた〔天使〕が言いました。「立て、まだまだこれからお前は大旅行をしなければならないのだ」。兄弟は答えました。「わたしにはあなたは全く無思慮で残酷な人に思えます。落っこちて死ぬのではないかと思われるまでに、粉々になっているというのに、立て、とおっしゃるとは」。すると、天使は彼に近づき、彼に触れると、五体をすっかり接《つ》ぎ合わされて、完全に癒されました。そして、先が尖り刃物のような岩と茨と棘《とげ》のある木で満ちた大きな平野を示すと、裸足でこの平野を横切って向こうの端まで走っていかなければならないと言いました。向こうの端には、火の燃え盛った竈《かまど》があり、そこに入らなければならないというのです。

激しい苦痛と労苦の末に、兄弟がその平野を渡り終わると、天使は言いました。「この竈の中に入りなさい。あなたはどうしてもそうしなければなりません」。〔兄弟は〕答えました。「ああ、あなたは何と残酷な道案内なのでしょう。この苦痛に満ちた平野を通ってきて死ぬほどに疲れ切っているのが分かるはずなのに、休む間も与えずに、燃え盛るこの竈に入れとは」。彼が中を覗くと、竈の中には鉄の二叉《ふたまた》を手に持った大勢の悪霊どもが見えました。入るのをためらっていると、この二叉を使って、たちまちのうちに中に追い入れてしまいました。竈の中に入って、見回してみると、かつて相棒であった一人の男が見えました。その男は全身燃え上がっていました。この〔兄弟〕はその男に尋ねました。「おお、運の悪い相棒よ、いったいどうしてこんなところに来たのだ」。すると、その男は答えました。「もう少し先に進んでみるがいい。お前の相棒でもあった、俺の女房がいるはずだ。俺たちの罰の理由をあいつがお前に話すだろうよ」。兄弟が更に進んでいくと、全身火に焼かれて、火に包まれた穀物用の升の中に押し込められた例の相棒であった女の姿が見えてきました。彼女に尋ねました。「おお、運の悪い哀れな相棒よ、いったいどうしてこんなにも残酷な刑罰を受けることになったのだ」。すると彼女は答えました。「聖なるフランシスコが前もって予言しておられた、ひどい飢饉のときに、わたしの亭主とわたしは、升で計って売っていた小麦と穀物とを誤魔化したのさ。それで、こんな升の中に閉じ込められて焼かれているのさ」。

この言葉が終わると、兄弟を連れてきた天使は、彼を竈の外に押し出すと、言いました。「これから進んでいかなければならない恐ろしい旅の準備をするがよい」。悲痛の声を挙げて言いました。「おお、何と冷酷な案内人でしょう。わたしに何の同情もしてくださらないとは。この竈の中でわたしは全身焼け爛《ただ》れているのがお分かりのはずなのに、危険で恐ろしい旅に連れ出そうとなさるのですか」。すると、天使は彼に触れて、頑健で健康な〔体に〕してくれました。その後、一つの橋へと連れて行きました。その〔橋〕は大きな危険を覚悟せずには渡れそうもありませんでした。非常に細く狭くて、ひどく滑りやすく、両側に手すりもついていませんでした。その下を河が流れていましたが、それは蛇や龍や蠍《さそり》が溢れており、ひどい悪臭を放っていました。天使は彼に言いました。「この橋を渡りなさい。どうしても渡りきらなければなりません」。〔兄弟〕は答えました。「あの危険な河に落ちることなしに、どうしてわたしにこれを渡ることができましょう」。天使は言いました。「わたしの後ろに来なさい。そして、わたしが足を置いた所をしっかり見て、そこにあなたの足を置きなさい。そうすれば無事に渡れます」。この兄弟は、教えられたとおりに、天使の後ろを渡っていき、なんとか橋の真ん中に辿り着きました。こうして〔橋の〕真ん中に立っていると、天使は道から飛び立って、彼を残して、橋からはるかかなたに聳《そび》え立つ高い山の上へと去ってしまいました。この〔兄弟〕は天使が飛び立った地点をしげしげと見つめていましたが、道案内なしに取り残され、下を見下ろすと、あの恐ろしい生き物どもが水から頭を出して、口を開いて、彼が落ちてきたら呑み込もうと待ち構えているのが見えました。何をしたらいいのか何と言ったらいいのか分からず、後ろに引き返すことも前に進むこともできずに、全く震えあがっていました。

こうして、これほどの艱難のうちにあってようやく、神のほかにはどこにも避けどころはないことに気がつき、身をかがめ、橋を抱きしめて、心を尽くし涙ながらに、そのいとも聖なる御憐れみによって救い出してくださるよう神に自らを委ねたのでした。祈り終わると、翼が生え始めているのに気づきました。大きな喜びのうちに、橋の向こうの天使が飛んでいった所まで、飛ぶことができるほどに〔翼〕が成長するのを待ちました。だが、しばらくすると、この橋を渡ってしまいたいという強い思いに駆られて、飛び立ちました。しかし、翼は十分に成長していなかったので、橋の上に転落し、羽は抜け落ちてしまいました。そこで、また初めからやり直し、橋を抱きしめると、前のときのように神に自らを委ねました。祈り終わると、再び翼が生えてくるのを感じました。しかし、最初のときのように、〔翼〕が完全に成長するまで待ちきれずに、しばらくの間は飛びあがっていましたが、再び橋に転落してしまい、羽も抜け落ちてしまいました。このことを通して、あまりにも性急に飛ぼうと焦ったことから転落したのだと分かり、自らに言い聞かせ始めました。「三度目に翼が生えてきたなら、今度こそ、転落することなく飛ぶことができるように大きくなるまでしっかりと待とう」。このように考えていると、三度目に、翼が生えてきたのが分かりました。十分に大きくなるまで長い間待ちました。一回目、二回目、三回目と翼が生え揃うのを待つ間、百五十年、もしくはそれ以上経ったように思われました。しかし、ついに、この三回目に、力の限りを尽くして飛び立ち、天使が飛び去って行った所まで飛んでいきました。

その中に天使が入って行った宮殿の扉を叩くと、門番が尋ねました。「ここまでやって来た、お前さんは何者か」。彼は答えました。「わたしは小さき兄弟です」。門番は言いました。「しばらく待ってほしい。お前さんをご存じかどうか、聖なるフランシスコをここにお連れしようと思う」。聖なるフランシスコを〔探しに門番が〕行くと、この〔兄弟〕はこの宮殿のすばらしい壁面を見回し始めました。それはそれはすばらしい壁で明るく光り輝き、中で行われている聖者たちの合唱が透けて見えるほどに透き通っていました。それに見とれて呆然としていると、聖なるフランシスコと聖なるベルナルドと聖なるエジディオが、そして聖なるフランシスコの後ろには、その生き方に従った、数えきれないと思われるほど大勢の聖なる男女が出てきたのでした。聖なるフランシスコは傍らに来ると、門番に言いました。「入れてやってください。確かにわたしの兄弟の一人です」。

〔この兄弟は〕中に入るやいなや、大きな慰めと甘美さを覚え、これまで体験した艱難をすっかり忘れてしまい、まるでなかったかのように思えたほどでした。聖なるフランシスコは彼を中へ導き入れて、たくさんのすばらしいことを示した後、彼に言いました。「我が子よ、あなたはあの世界に戻り、七日間そこで過ごさなければなりません。深い敬虔の念をもって熱心に準備をしなさい。七日の後、わたしがあなたを迎えに行きます。そのとき、祝された者たちのこの地に、わたしと共にあなたは来ることになります」。

聖なるフランシスコはいとも美しい星に飾られたすばらしいマントをまとっていました。その五つの傷痕〔聖痕〕はまるで五つの非常に美しい星のようで、その輝きで宮殿全体を照らしているかのように輝きを放っていました。また、兄弟ベルナルドも非常に美しい星の冠を頭に戴き、兄弟エジディオもすばらしい光に装われていました。また、ほかの多くの聖なる兄弟たちのなかには、この世にあったとき見たことのない兄弟たちがいるのに気づきました。しかし、聖なるフランシスコに命じられて、気の進まぬまま、この世へと戻ってきたのでした。目を覚まし、我に返って、感覚を取り戻すと、兄弟たちは〔聖務日課の〕一時課〔を告げる〕鐘を鳴らしていました。ですから、彼には長い歳月に思われたのでしたが、朝課から一時課までの間に体験したことだったのでした。世話役〔の兄弟〕にこの幻の一部始終を報告すると、七日の間発熱して、八日目に、約束のとおり、非常に大勢の栄えある聖者と共に聖なるフランシスコが彼を迎えに来て、その魂を祝された者らの国、永遠の命へと導いていったのでした。

イエス・キリストと貧しく小さなフランシスコに賛美。アーメン。

（1）マタ九・一二―一三。（2）マタ九・一一。（3）Ｉテモ一・一五。

第二七章

どのようにして聖なるフランシスコはボローニャで二人の学生を回心させて兄弟としたか、またその一人を大きな誘惑から抜け出させたこと

あるときのこと、聖なるフランシスコがボローニャの町にやって来ると、町中の人々がこぞって彼を見ようと駆け寄って来ました。大変な群衆、大勢の人々が集まってきたので、広場に辿り着くのもままならぬありさまでした。広場は大勢の男女と学生たちとで溢れかえっていましたので、聖なるフランシスコは、真ん中の一段と高い所に立って、聖霊に導かれるままに説教を始めました。人間が語っているというよりも天使が語っているかのように思われるほどに、すばらしい説教でしたので、その崇高な言葉はまるで鋭い矢でもあるかのように聞く人々の心を刺し貫き、その説教の間に、非常に大勢の男女が悔い改めへと立ち返ったのでした。その人々の中に、マルケ・アンコーナ出身の高貴な家系の二人の学生がいました。一人はペレグリノ、もう一人はリニエロという名前でした。神に鼓舞され、この説教によって心を打たれたこの二人は、聖なるフランシスコのもとに赴き、この世を完全に捨て、〔フランシスコ〕の兄弟になりたいという願いを告げました。すると、聖なるフランシスコは、彼らが神から遣わされたこと、また会の中で聖なる生活を送るはずであることを啓示によって知り、更に彼らの燃え上がる熱意を鑑みて、二人を受け入れようと決め、言いました。「ペレグリノ、あなたは会の中で謙遜の道を歩みなさい。兄弟リニエロ、あなたは兄弟たちに仕えなさい」。そして、そのとおりになりました。兄弟ペリグリノは学識に富み法律に造詣が深かったのですが、聖職者として歩むことを望まず、信徒の身分に留まりました。その謙遜によって徳の上で完全な域にまで達し、聖なるフランシスコの初子《ういご》であった兄弟ベルナルトが彼はこの世で最も完全な兄弟の一人であると言ったほどでした。ついに、兄弟ペレグリノは徳に満ちてこの〔世の〕生から祝された〔あの世の〕生へと移って行きましたが、死の前にも後にも多くの奇跡が行われました。兄弟リニエロのほうは、献身的に誠実に兄弟たちに仕え、大きな聖性と謙遜のうちに生涯を送りました。聖なるフランシスコとも大変親しく接するようになり、聖なるフランシスコも多くの秘め

事を彼に打ち明けました。マルケ・アンコーナの〔兄弟たちの〕奉仕者となりましたが、長い間、思慮深く、大きな平穏のうちに過ごしていました。

　ところがしばらくして、神はその魂が非常に大きな誘惑にさらされるのをお許しになりました。そのため、苦しみ悩み、断食をもって、鞭打ちによって、涙と祈りをもって、昼夜、激しく我が身を痛みつけていましたが、この誘惑を追い払うことはできず、かえってしばしば大きな絶望に陥り、そのために神に見捨てられたと見なしたほどでした。このような絶望のうちにあって、最後の手段として、聖なるフランシスコのもとに行くことを決意しました。そして、このように考えたのでした。「もし聖なるフランシスコが優しい表情を示して、いつものとおりに親しみを表してくれるなら、神はまだわたしに対して愛情を抱いていてくださると信じよう。もしそうでなければ、それこそ、わたしが神から見捨てられた証拠に違いない」。こうして、彼は旅立ち、聖なるフランシスコのもとに行きました。

　当時、〔フランシスコ〕は、重い病気に罹って、アシジの司教の館におりました。神はこの兄弟を襲っている誘惑と絶望の次第、そして彼の決意と到来とをことごとく〔フランシスコ〕にお示しになりました。直ちに、聖なるフランシスコは兄弟レオと兄弟マッセオを呼び寄せて言いました。「すぐさま、わたしのいとも愛する子である兄弟リニエロを迎えに行ってください。そして、わたしの代わりに彼を抱きしめ、挨拶の言葉を述べ、この世に存在するすべての兄弟たちのなかでも、わたしは特別に彼を愛している、と言ってください」。〔二人〕は出かけて行き、途中で兄弟リニエロに出会うと、彼を抱きしめ、聖なるフランシスコが自分たちに命じた言葉を彼に告げたのでした。こうして、彼の魂は我を忘れるほどに大きな慰めと甘美さとに満たされ、心を尽くして神に感謝し、歩みを続けて、聖なるフランシスコが病のために伏していた所に辿り着きました。聖なるフランシスコは非常に重い病に罹っていたのですが、兄弟リニエロが到着したと聞くやいなや、起き上がり、彼を出迎え、いともやさしく彼を抱きしめて言いました。「いとも愛する我が子、兄弟リニエロよ、この世に存在するすべての兄弟たちのなかでも、特別にわたしはあなたを愛しています」。こう言うと、彼の額にいとも聖なる十字架の印をして、そこに接吻してから言いました。「愛する我が子よ、この誘惑は、あなたが大きな功徳を積むために、神がお許しになったものです。もしあなたがこれ以上の功徳を望まないのであれば、〔誘惑は〕なくなるでしょう」。

何と不思議なことでしょう。聖なるフランシスコがこの言葉を口にするやいなや、たちまちのうちに、それは、これまでの人生で全く感じなかったかのように、あらゆる誘惑が彼から立ち去り、深い慰めに包まれたのでした。

イエス・キリストと貧しく小さなフランシスコに賛美。アーメン。

第二八章

〔聖務日課の〕朝課から九時課まで忘我の状態にあった兄弟ベルナルドが体験した脱魂について

キリストへの愛の故に、この世を捨てて福音的な貧しさ〔に徹した〕人々に対して、神がどれほどすばらしい恵みをしばしばお与えになったかは、クインタヴァレの兄弟ベルナルドによく表れています。この〔兄弟〕は聖なるフランシスコの会服を身に着けて以来、天上の事柄を観想している間に、非常にしばしば、神に〔心を〕奪われていました。中でも、あるときのこと、聖堂でミサにあずかっており、その思いをことごとく神に集中させていると、観想のうちに呑み込まれ、忘我の状態に陥り、キリストの御体〔聖体〕が奉挙《ほうきょ》されたのにも全く気づかず、そこに居合わせた兄弟たちのように、ひざまずくことも頭巾を脱ぐこともせずに、まばたきもせず、一点を見つめて、〔聖務日課の〕朝課から九時課まで、感覚を失ったかのように立ち続けていました。九時課の後で、我に返ると、感嘆の声を挙げながら、住居のなかを歩き回っていました。「おお、兄弟たち、おお、兄弟たち、おお、兄弟たちよ。黄金に溢れた非常に美しい宮殿が約束されたなら、それほど気高い宝を手に入れるために、汚物に満ちた堆肥の入った頭陀袋《ずだぶくろ》を喜んで担がないような、偉大で高貴な人はこの国にはいないのではなかろうか」。

神を愛する者らに約束された、この天上の宝へと、兄弟ベルナルドはその心をすっかり高めていたので、十五年間にわたって、その心も顔もひたすら天に向けられ続けていました。その間、食卓に着いて飢えを満たそうとはせず、たとえ食事を摂ることがあったとしても、前に置かれた物をほんの少し食べたにすぎませんでした。単に食事を摂らなかったからと言って、完全な断食にはならない、真の断食とは口にとって美味しいものを断つことである、と言っていました。これに加えて、知性の明晰さと輝きをも備えていましたので、高名な聖職者たちまでもが、聖書の難解な箇所や非常に難解な問題の解決のために、この〔兄弟〕を訪ねて来ました。彼はあらゆる難問をいとも明快に解き明かしたのでした。

その思いは地上の事柄から完全に解き放たれていましたので、この〔兄弟〕は燕《つばめ》のように、観想によって高いところを飛行していました。それ故、あるときは二十日間、あるときは三十日間にわたって、天上の事柄の観想というとも高き山の頂に留まり続けたのでした。このことのために兄弟エジディオは、燕のように飛行しながら我が身を養うという、兄弟ベルナルドに与えられた賜物はほかのどんな人にも与えられていないと、この人について語っていました。この人が神から賜った、この優れた恵みの故に、聖なるフランシスコは、昼夜、心からの喜びをもってしばしば彼と話し合っていました。そのため、森の中で夜通し神に〔心を〕奪われている二人を見かけることがたびたびありました。二人ともそれぞれ神と語り合っていたのでした。

イエス・キリストと貧しく小さなフランシスコに賛美。アーメン。

第二九章

どのようにして悪霊が十字架にかけられた方の姿をとって兄弟ルフィーノにしばしば現れ、彼は永遠の命へと選ばれていないのであるから、彼が行っている善行は無駄になると言ったか。神の啓示によって、それを知った聖なるフランシスコが、彼が信じ込んでいた間違いを兄弟ルフィーノに認識させたことについて

兄弟ルフィーノは、アシジのひときわ高貴な家柄の一人で、聖なるフランシスコの伴侶で、偉大な聖性の人でしたが、あるとき、〔救いか滅びかの〕予定に関して、悪霊による激しい攻撃と誘惑を魂に受けました。このため、彼は全く陰鬱になり悲嘆にくれていました。というのは、彼は断罪されたのであり、永遠の命に予定された者らの内にはなく、会の中で彼が行ってきたことは無駄であると、悪霊は彼の心に吹き込んだからでした。来る日も来る日もこの誘惑は続いたのですが、恥ずかしさのために、聖なるフランシスコに打ち明けられずにいましたが、いつもどおり祈りと断食はやめませんでした。このため、敵は悲痛の上に更に悲痛を増し加え始め、内的な戦いに加えて、偽りの示

現をもって外的にも攻撃してきたのでした。

そこで、あるときのこと、十字架にかけられた方の姿をとって現れて言いました。「おお、兄弟ルフィーノ、いったいどうして悔い改めの業と祈りとをもって自分の身を痛めつけるのか。そんなことをしても、お前は永遠の命に予定された者になれるわけでもないのに。わたしを信じるがよい。わたしが選んだ者、予定した者を知っているのはわたしなのだから。ピエトロ・ベルナルドーネの小倅《こせがれ》が、お前に反対のことを言ったとしても、信じてはならない。この問題について、あの〔小倅〕に質問してもならない。奴もほかの連中も知らないのだ。ただ神の愛する息子であるわたし以外には。だから、わたしを信じるがよい。確実に、断罪された者らの数にお前は入っている。お前の師匠のピエトロ・ベルナルドーネの小倅も、あいつの親父も断罪されたのだ。あいつに従う連中は誰しも騙されているのだ」。この言葉が語られると、兄弟ルフィーノは闇の支配者によって暗く閉ざされ始め、それまで抱いていた聖なるフランシスコに対する信頼も愛も全く失せてしまい、これについて何も〔フランシスコ〕に言うまいと決心したのでした。

ところが、兄弟ルフィーノが聖なる師父に語らなかったこのことを、聖霊が啓示してくださいました。そこで、聖霊によって、この兄弟の大きな危機を知った聖なるフランシスコは、彼のために兄弟マッセオを遣わしました。兄弟ルフィーノは彼を激しく非難して答えました。「兄弟フランシスコとわたしに何のかかわりがあるのだ」。神の知恵に満たされていた兄弟マッセオは、悪霊の欺瞞《ぎまん》に気づいて言いました。「おお、兄弟ルフィーノよ、あなたは知らないのですか。兄弟フランシスコは神の使いの一人のような方ですし、この方はこの世の多くの〔人の〕魂に光をもたらし、わたしたちもこの方によって神の恵みを得たではありませんか。ですから、何としてでも、あなたはわたしと一緒にあの方の所に行ってほしいのです。あなたが悪霊に欺かれているのは、わたしには明らかなのですから」。こう言われると、兄弟ルフィーノは立ち上がって、聖なるフランシスコのもとに赴きました。

聖なるフランシスコは遠くから〔兄弟ルフィーノの〕来るのを見ると、叫び始めました。「おお、兄弟ルフィーノ、悪い子よ。あなたはいったい誰を信じたのか」。兄弟ルフィーノが〔フランシスコ〕のもとに辿り着くと、〔フランシスコはルフィーノが〕悪霊から内的に、かつ外的に受けた誘惑のすべてを逐一語り、彼に現れたのがキリストではなく悪霊であったこと、その唆《そそのか》しには決して同意してはならないことをはっきりと証明したのでした。〔そして言いました。〕「しかし、これからまた悪霊が『お前は断罪された』と言って来るときには、こう答えてやりなさい。『口を開けるがよい。そこで糞をしてやる』。あなたがそのように奴に答えるやいなや、奴はたちまち逃げ出すから、そいつがキリストではなく悪霊であることの、これが証拠となるだろう。あらゆる善に対して心を頑なにさせたことからも、奴が悪霊であったことがあなたには分かるはずです。これが奴の常套手段なのです。信じる人の心を頑なにすることなく、和らげてくださるキリストは祝福されますように。預言者の口を通して仰せになっているとおりです。『**わたしはあなた方から石の心を取り去って、肉の心を与える**(1)』と」。すると、兄弟ルフィーノは、兄弟フランシスコが自分の受けた誘惑のすべてを逐一自分に語ったことが分かり、その言葉によって痛悔の念を抱き、激しく涙を流し始め、聖なるフランシスコを崇め、自分の受けた誘惑を隠そうとした過ちを謙遜に認めたのでした。こうして、聖なる師父の訓戒の言葉に慰められ力づけられて、より善いほうへと変えられたのでした。そして、最後に聖なるフランシスコは言いました。「我が子よ、行きなさい。そして告白し、いつもの祈りに対する熱意を手放してはなりません。この誘惑があなたにとってきっと大きな益となり慰めとなることが分かるでしょう。それも近いうちに証明されるでしょう」。

兄弟ルフィーノは森の中の自分の修房に戻り、祈りのうちに激しく涙を流していると、外面的な現れにすぎませんが、キリストを装って敵がやって来て、言いました。「おお、兄弟ルフィーノよ、ピエトロ・ベルナルドーネの小倅を信じてはならない、涙と祈りによって自分を痛みつけてはならない、お前は断罪されたのだからとお前に言ったはずではないか。死んだ後、お前は断罪されるのだから、生きている間に自分を痛みつけて何の足しになるというのか」。即座に、兄弟ルフィーノは答えました。「口を開けるがいい。そこに糞をしてやる」。これには悪霊もすっかり憤慨して、大きな嵐を巻き起こし、そこがその麓《ふもと》であったスバシオ山を揺るがしてたちまち去っていきました。その後も長らく、下に転がり落ちる岩石の落下は続き、一緒になって転げ落ちる岩石の衝撃は凄まじく、谷間中を恐ろしい火花と、それが醸《かも》し出す騒音で満たしました。聖なるフランシスコも仲間〔の兄弟〕たちと一緒に、この新奇な出来事を見るために、大変驚きながら住居の外に出たほどでした。このときの広大な瓦礫《がれき》が今もなお残っています。こうして、兄弟ルフィーノはそれが悪霊であって、自分が欺かれていたことにはっきりと気づいたのでした。改めて聖なるフランシスコのもとに戻ると、地面に身を伏して、自分の罪を認めたのでした。聖なるフランシスコは優しい言葉で彼を励まし、深い慰めのうちに修房へと送り返したのでした。

〔兄弟ルフィーノが〕深い敬虔な思いを込めて祈りに専念していると、キリストが現れて、神の愛をもって彼の魂を燃え上がらせて仰せになりました。「我が子よ、兄弟フランシスコを信じたのは善いことをしたのだ。あなたを悲しませたのは悪霊だったのだから。わたしはあなたの師キリストである。それを確かなものとするために、証拠となるものを与える。あなたはこれから生きている間中、いかなる悲しみも落胆も味わうことはない」。こう仰せになると、大きな喜びと霊の安らぎと精神の高揚のうちに彼を残して、キリストは去って行かれました。彼は夜通し、神の内に浸り脱魂状態にありました。

それからは、自分の救いについての確信と恵みによって強められて、全く別人のように変えられました。ほかの人が放っておくと、昼も夜も、祈りのうちに天上のことを観想し続けるありさまでした。そこで、兄弟ルフィーノはこの世にいるうちからキリストによって列聖されたと、聖なるフランシスコは言い、彼の前でなければ、まだ地上に生きていたにもかかわらず、聖ルフィーノと呼ぶこともためらいませんでした。

イエス・キリストと貧しく小さなフランシスコに賛美。アーメン。

（1）エゼ三六・二六。

第三〇章

聖なるフランシスコと兄弟ルフィーノがアシジで行った美しい説教について、そのとき二人は裸で説教したこと

ここに述べた兄弟ルフィーノは絶えざる観想によって、神に浸りきっており、感覚を失い言葉も口にできないかと思われるまでに、ごくまれにしか話をすることなく、説教するための恵みも大胆さも弁舌も有していませんでした。それにもかかわらず、あるとき、聖なるフランシスコはアシジに行って、神の鼓舞するままに人々に説教するように彼に命じました。それに対して、兄弟ルフィーノは答えま

した。「尊い師父よ、お願いいたします。どうかわたしにお許しをくださり、わたしを送らないでください。あなたもご存じのとおり、わたしには説教する恵みは与えられておりませんし、わたしは単純で無学な者なのですから」。すると聖なるフランシスコは言いました。「即座に従わなかったのだから、聖なる従順によって命じます。生まれたままの裸になって股引だけで、アシジに行って、聖堂に入って、裸のままで人々に説教しなさい」。この命令に従って、兄弟ルフィーノは裸になって、アシジに行き、聖堂に入りました。祭壇に敬意を表すると、説教壇に昇り、説教し始めました。これを見て子供たちも大人たちも嘲《あざ》笑《わら》って言い始めました。「見るがいい、この連中は悔い改めの業に熱中しすぎて、常軌を逸し分別を失いやがった」。

その間に、聖なるフランシスコは、アシジでもひときわ高貴な家系の出身である兄弟ルフィーノが即座に従順を実行したこと、自分が苛酷な命令を課したことを思い返しているうちに、自分を厳しく責め立て始めて言いました。「いったいいつから、お前はこんなに傲慢になったのか。ピエトロ・ベルナルドーネの小倅《こせがれ》、取るに足らぬちっぽけな人間のくせに、アシジでもひときわ高貴な家系の兄弟ルフィーノに、まるで常軌を逸したかのように、裸で人々に説教するように命じるとは。神にかけて、ほかの人々に命じたことを、お前自身がやってみたらいいのだ」。そして直ちに、霊に燃えて、服を脱いで、同じように裸になると、自分と兄弟ルフィーノの会服を持った兄弟レオを伴って、アシジへと出かけました。これを見たアシジの人々は、悔い改めの業をし過ぎたために〔フランシスコ〕も兄弟ルフィーノも気がふれたと考えて、同じように嘲笑したのでした。聖なるフランシスコは兄弟ルフィーノが説教していた聖堂に入りました。〔ルフィーノは〕このように語っていたのでした。「いとも親愛なる皆さん、地獄を免れたいのであれば、この世から逃れ、罪を避けてください。天に入りたいのであれば、神と隣人を愛して、神の掟を守ってください。天国を手に入れたいのであれば、悔い改めてください」。それが終わると、聖なるフランシスコが説教壇に昇り、裸のままで、この世を蔑むこと、聖なる悔い改めについて、進んで実践する貧しさについて、天の国を憧れ求めることについて、わたしたちの主イエス・キリストが受難において裸であり、辱めを受けられたことについて、それは見事に説教し始めたのでした。説教を聞いていた大勢の男女はみな、驚くべき敬虔な思いと、心からの痛悔の念によって激しく涙を流し始めました。ただその場だけでなく、アシジ〔の町〕中が、この日、キリストの受難〔の嘆き〕に満ち溢れ、そのようなことはこれまでなかったほどのことでした。

聖なるフランシスコと兄弟ルフィーノの言行によって人々が啓発され慰められると、聖なるフランシスコは兄弟ルフィーノに服を着けさせ、自分も服を着ると、自分を軽んじることで自らに打ち勝ち、また良い模範を通してキリストの羊の群れを教え導き、この世がどれほどまで軽蔑すべきものであるかを明らかにするという恵みを与えてくださった神を賛美し、ほめたたえながら、ポルチウンクラの居所へと戻って行きました。そして、この日、人々の彼らに対する敬虔の念は増し加わり、彼らの会服の端に触れることができた人は幸いな者であると見なすほどになったのでした。

イエス・キリストと貧しく小さなフランシスコに賛美。アーメン。

第三一章

どのようにして聖なるフランシスコはすべての兄弟たちの良心の秘密を逐一知っていたか

わたしたちの主イエス・キリストが福音の中で、「**わたしはわたしの羊たちを知っており、わたしの羊たちもわたしを知っている**(1)」と仰せになっているように、祝された師父、聖なるフランシスコも、善い羊飼いとして、神の啓示によって、自分の仲間〔の兄弟〕たちの勲功と徳とをことごとく知っており、また彼らの欠点をも知っていました。そのために、高慢な者らを謙遜な者とし、謙遜な者らを高く挙げ、悪徳を譴責《けんせき》し、徳を賛美するというように、すべて〔の兄弟〕に最高の良薬を提供することができました。そのことは、ごく初期の家族に対して〔フランシスコ〕に与えられていた驚くべき啓示のうちに読み取ることができるでしょう。

そのような中に次のようなことがありました。あるときのこと、聖なるフランシスコは先ほど述べた〔初期の〕家族と一緒に、ある所で、神について語り合っていました。

この語り合いの場に、兄弟ルフィーノは加わっておらず、森の中で観想に浸っていました。この語り合いが進む中、兄弟ルフィーノは森から出てきて、彼らのいた場所の近くを通り過ぎました。すると、聖なるフランシスコは〔兄弟ルフィーノ〕を見て、ほかの仲間〔の兄弟〕たちのほうを向いて尋ねて言いました。「神がこの世に有しておられる魂の中で、最も聖なる魂は誰〔の魂〕だとあなた方は思うか、言ってみてください」。彼らは答えて、〔フランシスコ〕のものであると思うと言いました。

するとと聖なるフランシスコは言いました。「いとも親愛なる兄弟たちよ、わたしはと言えば、神がこの世で有しておられる、最も取るに足りぬ、卑しい人間にすぎません。今、森の中から出てきた、あの兄弟ルフィーノを見ませんでしたか。あの人の魂はこの世で最も聖なる三つの魂の一つであると、神はわたしに啓示してくださいました。ですから、確信をもってあなた方に言います。生きている〔今〕から、聖ルフィーノと呼ぶことをわたしはためらいません。あの人の魂は恵みのうちに強められ聖なるものとされ、わたしたちの主イエス・キリストによって天において列聖されることになっているからです」。しかし、聖なるフランシスコは兄弟ルフィーノの前では、決してこの言葉を口にしませんでした。

同じように、聖なるフランシスコが兄弟たちの欠点をも知っていたことは、兄弟エリヤがしばしばその高慢の故に叱責されていたことからも明らかに分かります。また、兄弟ジョヴァンニ・デラ・カペッラの場合は、自分で自分の首を縛りつけることになると予言しました。彼がその不従順を指摘し正されているとき、悪霊が彼の首を絞めつけていたからでした。また、ほかの多くの兄弟たちについても、キリストの啓示によって、その隠された欠点も徳もはっきりと知っていたのでした。

イエス・キリストと貧しく小さなフランシスコに賛美。アーメン。

（1）ヨハ一〇・一四。

第三二章

どのようにして兄弟マッセオが、聖なる謙遜の徳をキリストから賜ったか

聖なるフランシスコの初めの仲間〔の兄弟〕たちは、力の限りを尽くして、地上の事柄に関しては貧しい者らであ

り、それによってこそ天上の永遠の真の豊かさに到達することができる徳に関しては豊かな者らであることに没頭していました。

ある日のこと、みなが集まって、共に神について語り合っていると、彼らの一人が次のような実例を語りました。「神の大変親しい友となった人がいました。その人は活動生活でも観想生活でも大きな恵みに浴していましたが、それとともに自分を最大の罪人と見なすまでの人並み優れた謙遜にも恵まれていました。その謙遜がその人を聖化し、恵みによって強め、神からの力と賜物のうちに絶えずその人を成長させ、その人を罪に陥らせることは決してありませんでした」。謙遜のこれほどまでのすばらしさを聞き、それが永遠の命の宝であると悟った兄弟マッセオは、謙遜というこの徳に対する愛と願望とによって燃え立ち始めました。激しく燃え立つ表情で天を仰ぎ見、自分の魂のうちにこの徳が完全に宿るまでは、この世において決して喜ぶまいと固く決意し、誓いを立てたのでした。そしてそれ以来、修房にほとんど籠りきって、断食、徹夜、祈りに浸りきって、この徳を賜るよう神のみ前で涙を流し続けたのでした。この〔徳〕なしには自分は地獄にふさわしいものであると見なし、話に聞いた神の友とされたあの人は、それほどまでにこの〔徳〕を与えられていたと考えたのでした。

多くの日々にわたって、これを願望し続けていたある日のこと、兄弟マッセオは森の中に入っていきました。霊の燃えるままに、涙にくれながら、ため息をつき、嘆きながら、〔森〕のなかを歩き回り、燃え立つ願望をもって神聖なこの徳を神に願い求めました。すると、神は謙遜で心打ち砕かれた者らの祈りを快く聞き入れてくださる方でありますから、兄弟マッセオがそのようにしていると、天から声が降ってきて、「兄弟マッセオ、兄弟マッセオ」と二度、彼に呼びかけられました。彼は霊によって、それがキリストの声であると悟り、答えました。「わたしの主よ」。するとキリストは仰せになりました。「あなたが求めているこの恵みを得るために、あなたは何を与えてくれるというのか」。兄弟マッセオは答えました。「主よ、わたしの頭にあるこの両目を差し上げたいと思います」。するとキリストは仰せになりました。「わたしの望みは、その恵みも両方の目をもあなたが所有することだ」。こう言うと、その声は消え失せました。残された兄弟マッセオは願い求めていた謙遜の徳という恵みと、神からの光に満たされ、このときから常に喜びのうちに留まり続けました。祈っているときにしばしば、まるで鳩のように「クゥ、クゥ、クゥ」とくぐもった声で、形に表せない喜びを示していました。楽しげな表情で、喜びに溢れる心で観想に浸っていました。これに加えて、いとも謙遜な者となったことで、この世のすべての人の中でより小さな者と自分を見なしていました。

ファレローネの兄弟ヤコブに、どうして喜びの調子を変えないのかと尋ねられると、一つのことのうちにあらゆる善を見いだしたときには調子を変える必要はないと、大きな喜びをもって答えたのでした。

イエス・キリストと貧しく小さなフランシスコに賛美。アーメン。

第三三章

どのようにして聖なるクララが、教皇の命令によって、食卓のパンを祝福したか、またそれによってすべてのパンに十字架の印が現れたこと

キリストの十字架のいとも敬虔な弟子、聖なるフランシスコさまの貴い苗木である聖なるクララは偉大な聖性に満ちており、司教や枢機卿の方々のみならず、教皇までもが彼女に会い、彼女と話をしたいと心から熱望するほどでしたし、しばしば親しく訪れていました。

そのようなあるときのこと、聖なる師父（教皇）が天上のこと、神に関わる事柄を彼女が語るのを聞くために、隠棲修道院を訪ねて来られました。みなが一緒になって語らい合っているうちに、聖なるクララは、聖なる師父に祝福してもらうために、食卓を準備させ、その上にパンを並べるよう手配しました。霊に導かれた語らい合いが終わると、聖なるクララは大いなる敬意を込めてひざまずくと、食卓の上に置かれたパンを祝福してくださるようにと願いました。聖なる師父はお答えになりました。「いとも信仰篤い姉妹クララよ、わたしはあなたにこのパンを祝福してほしいのです。あなたがあなたのすべてをおささげしたキリストの聖なる十字架の印を、あなたがこれらの［パンの］上にしるしなさい」。すると、聖なるクララは言いました。「いとも聖なる師父よ、どうぞお許しください。キリストの代理者のみ前で、取るに足らぬ卑しい端女《はしため》のわたくしがおこがましくもそのような祝福をいたしますれば、あまりにも大きな非難を被るのは必定でございます」。すると、教皇はお答えになられました。「それがおこがましいと非難されるのであれば、従順の功徳にかけて、聖なる従順によって、わたしはあなたに命じます。このパンの上にいとも聖なる十字架の印をしるしなさい。神の名によって祝福

しなさい」。

そこで、従順の真の娘であった聖なるクララは、キリストのいとも聖なる十字架の印をもって深い敬虔な思いを込めて、それらのパンを祝福しました。何と不思議なことでしょう。たちまちのうちに、それらのすべてのパンの上に、非常に美しく浮き上がった十字架の印が現れたのでした。そこで、それらのパンの一部はそこで食べられたのですが、残りは奇跡の記念として保存されました。聖なる師父は、奇跡をご覧になり、そのパンを手にお取りになると、神に感謝して、聖なるクララを祝福された後、そこを去られました。

その当時、この隠棲修道院には、聖なるクララの母親である姉妹オルトゥラナと〔クララ〕の〔肉親の〕妹である姉妹アグネスが住んでいました。二人とも、聖なるクララと共に、徳と聖霊に満たされており、ほかにも多くの聖なる隠棲修道女たちが共に〔住んでおりました〕。聖なるフランシスコは彼女たちのもとに多くの病人を送りました。彼女たちは、祈りといとも聖なる十字架の印をもってそれらのすべての人に健康を回復させたのでした。

イエス・キリストと貧しく小さなフランシスコに賛美。アーメン。

第三四章

どのようにしてフランスの聖なるルイ王が、聖なる兄弟エジディオに会うために旅人の装いのもとにペルージアに赴いたか

フランスの聖なるルイ王は、世界中の聖地を訪れるための巡礼の旅に出た折のこと、聖なるフランシスコの初めの仲間〔の兄弟〕の一人であった兄弟エジディオの聖性に関する絶大な評判を耳にし、何はともあれ、彼に親しく会いに行こうと心に定め決意しました。そのため、当時、兄弟エジディオが滞在していたペルージアに出かけました。

兄弟たちの住居の戸口に辿り着くと、ごく少数の同行の者と一緒に、貧しい名もない旅人のように熱心の限りを尽くして兄弟エジディオ〔に合わせてほしいと〕願いましたが、願い出た者が何者であるかは一切門番には言いませんでした。そこで、門番は兄弟エジディオのもとに行き、会いたいと願っている旅人が戸口にいると告げました。〔兄弟エジディオ〕は神からのお示しを受け、霊において、それがフランスの王であると啓示されて、直ちに燃える思いをもって修房を飛び出すと、戸口に急ぎました。そして、

何一つ問いただすことなく、二人はそれまで顔を合わせたことは全くなかったにもかかわらず、大きな敬意を払いつつ二人とも同時にひざまずき、抱き合い、大きな親しみを込めて口づけを交わしあったのでした。それはまるで、ずっと以前から互いに強い友情によって結ばれていたかのようでした。その間、二人とも一言も言葉を発することはありませんでした。ただ、沈黙のうちにも深い親愛の情の徴をもって互いに抱き合っていたのでした。二人は長い間、言葉を交わすことなく、このようにしていましたが、やがて別れて立ち去りました。聖なるルイは旅を続け、兄弟エジディオは修房に戻りました。

王が立ち去った後、仲間の兄弟の一人が、兄弟エジディオとあれほどに親しく抱き合っていた人は誰だったのか尋ねました。すると、フランスのルイ王で、兄弟エジディオに合いに来られたのだと答えたのでした。これを聞いて、この〔兄弟〕は他の兄弟たちに、兄弟エジディオが〔ルイ王〕と言葉を交わさなかったことは大変残念なことだと言うと、彼らも非常に残念がって言いました。「おお、兄弟エジディオよ、どうしてそんなにご無礼なことをしたのですか。あなたに会い、何か善い言葉を聞くためにフランスから来られた、すばらしい王様に対して、何一つ言葉をかけなかったとは」。兄弟エジディオは答えました。「おお、いとも親愛なる兄弟たちよ、そのように驚かないでください。確かに、あの方はわたしに対して、わたしもあの方に対して言葉を口にしませんでした。しかし、あのように互いに抱き合うやいなや、神の知恵の光があの方の心をわたしに、わたしの心をあの方に明らかに示してくださいました。こうして神の働きによって、お互いの心が分かったのです。ですから、わたしがあの方に言いたいことも、あの方がわたしに言いたいことも、口にして話しあう以上に、よく分かり合え、大きな慰めを得たのでした。わたしたちが心に感じていたことを口からの言葉によって表現したとしても、人間の言葉の欠陥の故に、神の隠された神秘をはっきりと表現することはできません。ですから、慰めよりも不満が残るだけなのです。しかし、王様は驚くほどの慰めに満ちて立ち去られたのは確かであると分かってください」。

イエス・キリストと貧しく小さなフランシスコに賛美。アーメン。

第三五章

どのようにして病気であった聖なるクララが、〔主の〕降誕の徹夜祭の夜、奇跡によって聖なるフランシスコの聖堂に運ばれ、そこで聖務日課にあずかったか

あるときのこと、聖なるクララは大変重い病気を患っており、ほかの隠棲修道女たちと一緒に聖務日課を唱えるために聖堂に行くことができませんでした。キリストの降誕の祭日がやって来て、ほかの〔姉妹たちは〕みな、〔聖務日課の〕朝課に出かけて行きました。〔聖なるクララ〕は、ほかの〔姉妹〕たちと一緒に行くことができず、霊的な慰めにあずかることもできないことに満たされぬ思いで、独り病床に伏していました。ところが、彼女の花婿であるイエス・キリストは、そのように慰めもなしに独りにしておくのを望まれず、奇跡によって、聖なるフランシスコの聖堂へと彼女を運び、朝課の聖務日課と、その夜のミサ、そして聖体拝領にまでもあずからせたうえで、寝台へと連れ戻されたのでした。

サン・ダミアノ〔聖堂〕での聖務日課が終わって、隠棲修道女たちは聖なるクララのもとに戻り、言いました。

「わたしどもの母君である姉妹クララ、この聖なる夜、わたしどもはどれほど大きな慰めを得たことでしょう。貴方《あなた》がわたしたちとご一緒でしたら、どれほど神様もお喜びになったことでしょう」。すると、聖なるクララは答えました。「祝されたわたしどもの主イエス・キリストに感謝と賛美をおささげします。わたしの姉妹たち、いとも愛する娘たちよ、この聖なる偉大な夜の荘厳な儀式のすべてに、魂の大きな慰めをもって、わたしもあずかっていました。わたしの師父である聖なるフランシスコのご配慮と、わたしたちの主イエス・キリストの御恵みによって、貴いわたしの師父である聖なるフランシスコの聖堂にわたしは臨席して、わたしの肉体と心の目をもって、そこで行われた聖務日課のすべてとオルガンの奏でる音とを聞き、いとも聖なる〔主の御体〕まで拝領したのです。ですから、わたしに与えられたこれほどの御恵みを喜び、神に感謝してください」。

イエス・キリストと貧しく小さなフランシスコに賛美。

アーメン。

第三六章

どのようにして聖なるフランシスコは兄弟レオに、彼が見た美しい幻について説明したか

あるときのこと、聖なるフランシスコは重い病気を患っていて、兄弟レオが介護していました。この兄弟レオが、聖なるフランシスコの傍らで祈っていると、忘我のうちに〔魂を〕奪われ、霊のうちに、非常に大きく、幅広く、流れの激しい河のほとりに連れていかれました。〔その河を〕渡る人を眺めて立っていると、何人かの兄弟たちが重い荷物を背負って、この河に入っていくのを見ました。彼らはたちまちのうちに、河の激しい流れに足をさらわれ溺れてしまいました。そのうちの幾人かは河の三分の一ほどまで、幾人かは河の半ばまで、幾人かは向こう岸の近くまで辿り着いたのですが、みな河の激しい流れと彼らが背負っていた重い荷物のために、ついには倒れて溺れ死んでしまいました。これを見ていた兄弟レオは彼らのために非常に心を痛めたのでした。このようにしてそこに立ち続けていますと、瞬く間に非常に大勢の兄弟たちがやって来ました。彼らは何の荷物もなく、重荷となるようなものは何一つ持たず、聖なる貧しさに光り輝いていました。この〔兄弟たち〕はこの河に入ると、何の危険もなしに渡っていきました。これを見届けると、兄弟レオは我に返りました。

するとそのとき、聖なるフランシスコは霊において、兄弟レオが何かしら幻を見たことに気づいて、彼を自分のもとに呼び寄せると、彼が見たことについて尋ねました。兄弟レオが自分の見た幻のすべてを逐一語ると、聖なるフランシスコは言いました。「あなたが見たのは真実のことです。大きな河はこの世のことです。その河で溺れた兄弟たちは、福音的な誓約、特に、いと高き貧しさに従おうとしなかった人たちです。何の危険もなしに渡り切った人たちは、この世において地上のもの、肉に関わるものは何一つ求めもせず所持もせず、生活ぶりも衣服の点で控え目な人で、十字架の上で裸でおられたキリストに従うことで満たされており、キリストといとも聖なる従順の重荷と甘美な軛《くびき》を喜んで、心から進んで担う兄弟たちです。この〔兄弟たち〕は易々と、この地上の生から永遠の生へと移っていくのです」。

イエス・キリストと貧しく小さなフランシスコに賛美。

アーメン。

第三七章

どのようにして祝されたイエス・キリストが、聖なるフランシスコの祈りに応えて、裕福で高貴な騎士を回心させ、兄弟としたか。この人は聖なるフランシスコを非常に尊敬し、丁重にもてなした人だったこと

キリストの僕《しもべ》聖なるフランシスコは、ある晩遅く、非常に高貴で、力を備えた人の家に辿り着き、この人から一夜の宿を借り受けました。〔フランシスコ〕と同行〔の兄弟〕は、まるで天使でもあるかのように、非常に丁重に敬意をもってもてなされました。このため、聖なるフランシスコはこの人に対して大きな愛を抱きました。家に入ると、この人は〔フランシスコ〕を親しい友のように抱きしめて接吻し、謙遜に〔フランシスコの〕足を洗い、拭い、口づけし、大きな火を起こして、たくさんのご馳走の並んだ食卓を用意し、二人が食事している間中、喜んでこまめに給仕するさまを見たからでした。聖なるフランシスコと同行〔の兄弟〕が食事を終えると、この高貴な人は言いました。「ご覧ください。わたしの師父よ。わたしはわたし自身とわたしの持ち物とをあなたに差し上げます。トゥニカとかマントとかほかの何かが御入り用のときは、お買い求めください。わたくしがお支払いいたします。ご覧ください。あなたが必要とされるものはすべて、わたくしがご用意して差し上げます。神の御恵みによって、わたくしにはそれができます。地上のあらゆる富によってわたくしが裕福であるのも、神の愛のおかげです。神がわたくしに与えてくださったすべての富を神の貧しい方々に喜んでご用立てしたいのです」。

この人のこれほどの親切な心と豊かな愛情、物惜しみない申し出を見て取った聖なるフランシスコは、この人に対して大きな愛情を抱き、この人のもとを去ると、道を歩きながら同行〔の兄弟〕に言いました。「まことにこの高貴な人は、わたしたちの修道生活のためにも共同体のためにもすばらしい人になるでしょう。この人はこれほどまでに神に対する感謝と親しみに溢れ、隣人と貧しい人々に対してこれほどまでに愛情豊かで親切なのですから。いとも親愛なる兄弟よ、知っておいてください。親切な心は神に固有なものなのです。神はその親切なみ心から、**正しい人々にも不正な人々にも太陽を昇らせ雨を降らせてくださいます**[1]。親切な心は愛の姉妹であり、憎しみを消し去り、愛を

保持させます。この善い人のうちにこれほど大きな神の徳を見いだしたからには、是非とも仲間の一人になってほしいものです。ですから、いつかある日、あの人のもとに戻りたいと思います。恐らく、神があの人の心に触れて、わたしたちの仲間に加わって神にお仕えしたいという思いを起こしてくださるでしょう。このために祈りましょう。あの人の心にそのような望みを起こさせ、実行へと移す恵みを与えてくださいますように」。何と不思議なことでしょう。聖なるフランシスコがこのような祈りをささげた、ほんの数日後、神は、この高貴な人の心にそのような望みを起こされたのでした。すると、聖なるフランシスコは同行〔の兄弟〕に言いました。「わたしの兄弟よ、行きましょう、あの親切な人のところへ。地上のものに対して示した親切な心をもって、自分自身をささげて、わたしたちの仲間になると、神においてわたしは確信しています」。こうして、二人は出かけて行きました。

その人の家の近くまで来ると、聖なるフランシスコは同行〔の兄弟〕に言いました。「少しここで待っていてください。まずは神にお祈りしたいので。わたしたちの旅が幸運をもたらしますように、またこの世から引き離したいとわたしたちが考えている、あの気高い獲物を、そのいとも聖なる御受難の功徳によって、貧しく小さく弱いわたしたちに賜ることがキリストのみ心にかないますように」。こう言うと、祈りに専念しましたが、その場所はあの親切な人にもよく見える所でした。すると、神のみ心のままに、その人も辺りを見回しているうちに、聖なるフランシスコがキリストのみ前で深い敬虔な思いを込めて祈っているのが目に入りました。〔キリスト〕は非常にはっきりとした姿をとって、〔フランシスコ〕の祈っている間、彼の前に立っておられました。また、その間、聖なるフランシスコの体は地上からかなり高く浮き上げられているのが認められました。このことによって、この人は神と触れ合い、この世を捨てるよう鼓舞されたのでした。直ちに、自分の屋敷から飛び出すと、霊を燃え立たせて、聖なるフランシスコのもとへと走っていき、立って祈っている〔フランシスコ〕のもとに辿り着きました。その足もとにひざまずくと、熱意の限りを尽くして敬虔に、自分を受け入れて、一緒に悔い改めの業をさせてくださいと願ったのでした。すると、聖なるフランシスコは、自分の祈りが神に聞き入れられたこと、また自分が強く望んでいたことを、あの気高い人が大きな熱意をもって願っていることに気づいて、霊を燃え立たせ、喜びをもって立ち上がると、腕に抱きしめると口づけし、このようなすばらしい騎士を自分の共同体に加えてくださったことを深い敬虔の念を込めて神に感謝しました。この気高い人は聖なるフランシスコに言いました。「わたしの師父よ、わたしに何をするようにお命じになりますか。ご覧ください。あなたのご命令のままに、わたしが持っている物をことごとく貧しい人々に与え、あなたと共にキリストに従い、地上のすべてのものを捨て去る覚悟ができています」。

聖なるフランシスコの助言に従って、そのとおりのことが行われました。自分のものを貧しい人々に分け与えて、会に入り、深い悔い改め、聖なる生活、誠実な生き方のうちに生涯を送ったのでした。

イエス・キリストと貧しく小さなフランシスコに賛美。アーメン。

（1）マタ五・四五。

第三八章

どのようにして聖なるフランシスコは、兄弟エリヤが断罪され、会の外で死ぬはずのことを霊において知ったか、またなぜ、兄弟エリヤの祈りに応えて、彼のためにキリストにささげた祈りが聞き入れられたか

あるときのこと、聖なるフランシスコと兄弟エリヤは、〔兄弟たちである〕家族と一緒に、ある住居に滞在していましたが、兄弟エリヤは断罪され、会から離れ去って、ついには会の外で死ぬはずであると神から聖なるフランシスコに啓示がありました。このことのために、聖なるフランシスコは〔エリヤ〕に対して大変な不快感を覚え、彼と言葉を交わすことも顔を合わすこともしませんでした。たまたまあるとき、兄弟エリヤが自分のほうに来るのに気づくと、道を替えて、彼と会うことのないように、別の所に向かいました。やがて、兄弟エリヤも、聖なるフランシスコが自分を嫌っていることに気づき理解し始めました。そこで、その理由を知りたいと思って、話をするために聖なるフランシスコに近寄りました。聖なるフランシスコが避けようとしたので、兄弟エリヤは丁重に、しかし力いっぱい、

引き止めると、自分と交わるのも、話すのも避ける理由をどうか知らせてくれるようにと慎重に願い始めました。するると聖なるフランシスコは彼に答えました。「その理由はこうです。あなたはあなたの罪のために会から離れ去り、会の外で死ぬと神からわたしに啓示されました。また、あなたは断罪されるとも、神はわたしに啓示なさいました」。これ聞くと、兄弟エリヤは次のように言いました。「尊いわたしの師父よ、キリストの愛の故に、わたしはあなたにお願いいたします。そのことのために、どうぞわたしを嫌ったり、あなたのもとから追い払わないでください。キリストの模範に倣って、善い羊飼いとして、あなたが助けてくださらなければ滅びてしまう仔羊を見つけだして受け入れてやってください。そして、わたしのために神に祈り、できるものなら、わたしの断罪の判決が取り消されますように。罪人が自分の罪から立ち返るなら、神はその判決を変更されると書かれております。わたしはあなたの祈りに絶大の信頼を寄せています。たとえ、わたしが地獄の真ん中におりましても、あなたがわたしのために神に祈ってくだされば、何がしかの涼しさを感じることでしょう。ですから、改めてお願いいたします。罪人であるわたしのために神にお執り成しくださいませ。罪人を救うために来られた〔神〕が、その御憐れみのうちにわたしを受け入れてくださいますように」。深い敬虔な思いと涙とをもって、兄弟エリヤはこのように言ったのでした。すると、慈しみ深い父親として聖なるフランシスコは、彼のために神に祈ることを約束し、実際にそうしたのでした。

そして、深い敬虔の念をもって〔エリヤ〕のために神に祈っていると、最終的には〔エリヤ〕の魂は断罪されることはないという兄弟エリヤの断罪の判決の撤回についての〔フランシスコ〕の祈りは神に聞き入れられましたが、〔エリヤ〕は会を出て、会の外で死ねことは確かであることを啓示によって知ったのでした。そして、そのとおりになりました。というのも、シチリアの王フェデリーゴ（フリードリッヒ）が教会に対して謀反を起こし、王と王を支援し助言した者らが教皇によって破門されたとき、この世で最も賢明な者らの一人と見なされていた兄弟エリヤは、フェデリーゴ王に請われて、王の側近となり、教会に反逆する者となり、会から離れ去ったのでした。このことによって、彼は教皇から破門され、聖なるフランシスコの会服を剥奪されたのでした。

このようにして破門されたのでしたが、重い病気に罹りました。彼が病気のことを聞いた彼の〔肉親の〕兄弟であるが会に留まっており、善良で誠実な生き方を保っていた聖職者ではない兄弟が彼に会いに行き、話の中で次のように言いました。「いとも親愛なるわたしの兄弟よ、あなたが破門されて、会の外にいて、このようにして亡くなることは、わたしにとって非常に悲しいことです。わたしがあなたをこのような危機から引き出すことのできる手段か方法をあなたが知っているなら、喜んでわたしの全力を尽くします」。兄弟エリヤは答えました。「わたしの兄弟よ、あなたが教皇の所に行って、その教えに倣ってわたしがこの世を捨てることになった〔神〕の僕《しもべ》である聖なるフランシスコと神への愛の故に、その破門からわたしを解き放ち、修道生活の会服をわたしに返していただけるようお願いする以外に方法はないでしょう」。彼のこの兄弟は、彼の救いのために喜んで尽力すると言いました。そして、彼のもとを去ると、聖なる教皇の膝もとに赴き、キリストとその僕である聖なるフランシスコへの愛の故に、自分の兄弟のために恩恵を賜るように、謙遜に願いました。すると、神のみ心にかない、戻って、兄弟エリヤがまだ生きていたなら、ご自分に代わって破門を解き、会服を返すことに教皇は同意されました。こうして、その〔兄弟〕は喜んで出発し、大急ぎで兄弟エリヤのもとに戻ると、生きてはいましたが、死の瀬戸際にありました。破門から解き放ち、会服を着せてやると、兄弟エリヤはこの世の生から去りました。その魂は聖なるフランシスコの功徳と祈りによって救われました。その祈りに兄弟エリヤは絶大な希望を寄せていたのでした。

イエス・キリストと貧しく小さなフランシスコに賛美。アーメン。

第三九章

小さき兄弟パドアの聖なるアントニオが、枢機卿会議で行った驚くべき説教について

聖霊の驚嘆すべき器であったパドアの聖なるアントニオさまは、聖なるフランシスコの選り抜きの弟子であり伴侶の一人で、聖なるフランシスコはこの方を自分の司教と呼んでいました。あるとき、この方は枢機卿会議で教皇と枢機卿方を前にして説教をすることになりました。この枢機卿会議には、ギリシア、ラテン、フランス、ドイツ、スラブ、イングランドといったさまざまな国の人々が参列しており、ほかにも世界のさまざまな言語を話す人々がいました。聖霊に燃え立たされた〔アントニオ〕は、とても効果

的に、敬虔の念篤く、精緻に、甘美に、明確に、そして理解し易く神の言葉を語りました。枢機卿会議に参列していた方々はみなさまざまな異なった言語を話す方々でしたが、その方々それぞれの言語で〔アントニオは〕語ったかのように、その言葉をはっきりと明瞭に聞き取ったのでした。一同は呆然として、聖霊の力によってあらゆる言語で話したという、聖霊降臨のときに使徒たちに起こった古《いにしえ》の奇跡が新たに行われたかのように思われました。

そして、互いに驚嘆のうちに言い合いました。「説教しているあの人物はスペイン出身ではないのか。いったいどうしてわれわれはみな、われわれの故郷のわれわれの言葉で、彼が語るのを聞いているのだろう」。同じように教皇も、その言葉の深遠さを思い巡らし驚嘆して言いました。「まことにこの人は契約の櫃《ひつ》、聖書の宝庫である」。

イエス・キリストと貧しく小さなフランシスコに賛美。アーメン。

第四〇章

リミニにいた聖なるアントニオが海の魚に説教したとき、神が行われた奇跡について

祝されたキリストは、いとも幸いなる僕《しもべ》である聖なるアントニオさまの偉大な聖性、そしてその説教ならびにその聖なる教えをどのような敬虔な心をもって聞くべきであるかを明らかに示そうと望まれ、あるとき、理性のない生き物を用いて、つまりこの場合は魚を用いて、不信仰な異端者たちの愚かさを打破されました。それは昔、旧約聖書の中で、**驢馬《ろば》の口を通してバラム**の無知を打破されたようなものでした(1)。あるとき、聖なるアントニオはリミニにおりました。その町には異端者たちが大勢おりました。彼らを真の信仰の光、真理の道へと連れ戻したいと願って、何日にもわたって、彼らに説教をし、キリストへの信仰と聖書について論争しました。しかし、彼らはその聖なる話を聞こうとしなかっただけでなく、心を頑なにし、片意地を張って耳を傾けようとしませんでした。そんなある日、聖なるアントニオは神からの霊感を受けて海に近い河口の岸辺に出かけて行き、海と河との狭間の岸辺に立ち、まるで

説教するかのように、神の名によって、魚たちに話し始めました。「海の魚、河の魚たちよ、不信仰な異端者たちが聞くことを拒んでいますので、あなたたちが神の言葉を聞いてください」。このように言うと、直ちに、大きな魚、小さな魚、中くらいの魚の大群が岸辺の〔アントニオ〕のもとに集まって来ました。それはこれまで、その河でも海でも見たことのないほどの大きな群れでした。それらのすべてが頭を水の外に出して、すべてが聖なるアントニオの顔を一心に見つめ、すべてがそれはそれは大きな平穏と温和に包まれ整然としていました。しかも、岸辺に最も近い所には一番小さい魚たちが、その後ろには中くらいの魚たちが、そしてその後ろの、かなり深い所には、大きな魚が控えていました。

魚たちがこのように秩序正しく平然と並び終わったところで、聖なるアントニオは荘厳に説教を始め、次のように言いました。「わたしの兄弟である魚たちよ、あなたたちは自分たちのできる限りの力をもって創造主に感謝しなければなりません。そのお方は、あなたたちの住処としてこれほどに貴い要素〔すなわち水〕を与えてくださいました。好みのままに、淡水も塩水もありますし、嵐を逃れる隠れ家もたくさん備えられています。更に、清く透き通った要素を与えられているだけでなく、それによって生きていくことができるための糧をも与えられているのです。ですから、あなたたちの親切で慈しみ深い創造主は、あなたたちをお造りになったとき、**産めよ、増えよと命じられ**、あなたたちに祝福をも与えてくださいました(2)。そして、**大洪水のときには**、他のすべての生き物が死に絶えたのに、神はあなたたちだけを罰することなく生き残されました(3)。また、どこでも好きな所に行けるように鰭《ひれ》を与えてくださいました。神の命令によって、あなたたちは**預言者ヨナを救い、三日後に陸地に安全無事に投げ出す**ように託されました(4)。貧しい者として払うものを持っておられなかった、わたしたちの主イエス・キリストにあなたたちは**税金**〔のための貨幣〕を提供しました(5)。復活の前にも後にも、特別の神秘によって、あなたたちは永遠の王イエス・キリストの**糧となった**のでした(6)。これらすべてのことの故に、あなたたちは大いに神を賛美し感謝をささげなければなりません。ほかの被造物以上にあなたたちにはたくさんのすばらしい恩恵が与えられているのですから」。このような、そしてこれに類した、聖なるアントニオの言葉と教訓に、魚たちは口をパクパク開け、頭を垂れ、自分たちのできる方法をもって、あれやこれやの敬意の徴によって神を賛美し始め生き物たちのほうが神の言葉に耳を傾けるのですから」。

〔神を〕ほめたたえ、不信仰な人々よりも理性を持たないように。水に棲む魚たちが異端に陥った人々にまさって燃え、大きな声で言いました。「永遠の神は賛美されます主である神に対する大きな敬意を見て、霊のうちに喜びにたのでした。すると、聖なるアントニオは、魚たちの創造

この奇跡に、町の人々は駆けつけてき始めたのですが、それらの中には先に述べた異端者たちもおりました。彼らはこれほどまでに驚くべき明らかな奇跡を目にして心を打たれ、その説教を聞くために、聖なるアントニオの足もとにひれ伏したのでした。すると、聖なるアントニオはカトリックの信仰について説教し始め、それも堂々と説教したので、これらのすべての異端者たちは回心して、キリストへの真の信仰へと立ち返り、信仰を持っていた人々はみな非常に大きな喜びによって力づけられ、信仰を一層確かなものとしたのでした。それが終わると、聖なるアントニオは魚たちを神への賛美のうちに立ち去らせました。〔魚たちは〕みな、人々と同じように、喜びをすばらしい形で表しながら去っていきました。その後も、聖なるアントニオはリミニに長らく滞在して、説教し、魂の豊かな霊的な収穫を得たのでした。

イエス・キリストと貧しく小さなフランシスコに賛美。アーメン。

(1) 民二三・二一—三五。(2) 創一・二〇—二二。(3) 創六・七。(4) ヨナ二・一—二。(5) マタ一七・二七。(6) マタ一五・三二—三七、ルカ二四・四一—四三、ヨハ二一・一—一四。

第四一章

どのようにして尊い兄弟シモンが、大きな誘惑のために会から去ろうとしていた兄弟をその誘惑から解放したか

会の初めのころ、まだ聖なるフランシスコが生きていたころのこと、アシジの一人の若者が会に入って来ました。その名を兄弟シモンといい、神はこの〔兄弟〕に多くの恵み、観想と精神の高揚の賜物を与え、それらによって装われたので、長年この〔兄弟〕と一緒にいた〔兄弟〕たちから、わたしが聞いたところによれば、その生涯は聖性の鏡であったといいます。修房の外でこの〔兄弟〕を見るのはごくまれなことで、たまに兄弟たちと共にいることがあったとしても、いつも神について語っていました。この〔兄弟〕は文法を学んだことはなかったのですが、それにもか

かわらず、神について、またキリストの愛について、奥深く高尚に語り、この言葉は超自然的な言葉と見まがうばかりでした。ところで、ある晩のこと、マッサの兄弟ヤコブと神について語るために森の中に入っていくと、神の愛について非常に甘美に語り、二人は一晩中語り明かしてしまい、朝になっても、ほんの一時しか経っていなかったように思われたのでした。これは、後に兄弟ヤコブがわたしに語ってくれたことです。この兄弟シモンは、霊における心地よさと甘美さのうちに神の照らしと愛に満ちた神の訪れにしばしば浴していましたが、到来の気配を感じると、寝床の上に横になりました。聖霊の平穏をもたらす心地よさは魂の安らぎのみならず体の安らぎを彼に求めたからでした。そのような神の訪れに浴するときには、多くの場合、神のうちにあって恍惚となっており、肉体的な事柄に関しては全く何も感じないようになっていました。そんなあるときのこと、この〔兄弟は〕神のうちにあって恍惚となっており、この世のことには何も感じず、内面では神の愛によって燃え上がり、肉体の感覚をもって外のことを一切感じないでいると、一人の兄弟が、それが本当にそのとおりなのか実際に試してみようとしてやって来て、燃え上がった炭火をとって、それを彼の剥き出しの足の上に置いたのでした。兄弟シモンは何も感じず、その足の上にも何の反応も現れず、炭火は長い間そこに置かれたままでしたので、ついに〔それを置いた兄弟〕自身の手で消されることになりました。この兄弟シモンが食卓に着くときには、肉体の糧を摂る前に、神について語って、霊的な糧を自分自身に、そして〔兄弟たちに〕分かち与えたのでした。

あるときのこと、この〔兄弟の〕敬虔な思いのこもった話によって、サン・セヴェリノの一人の若者が回心へと導かれました。この〔若者〕はこの代《よ》にあって全く軽薄で世俗にまみれ、家系は高貴な家柄で、肉体的には非常に華奢な若者でした。この若者を会に受け入れるにあたって、兄弟シモンは彼が世俗で身に着けていた衣服を自分のもとに保管しておきました。この〔若者〕は兄弟シモンと一緒に暮らし、修道生活において遵守すべきことを〔兄弟シモン〕から学んでいました。ところが、善いことであれば何でも邪魔する悪霊が、この〔若者の〕うちに強力な衝動を生じさせ、肉の誘惑を燃え立たせました。それは何としても抵抗できないようなものでした。このため、〔若者〕は兄弟シモンのもとに行き言いました。「世俗にいたとき身に着けていた衣服を返してください。これ以上、肉の誘惑を耐え忍ぶことはできませんので」。すると兄弟シモンは彼に対する大きな同情を抱いて言いました。「我が子よ、わたしと一緒にしばらくここに座っていなさい」。そして、神について話し始めると、誘惑はことごとく消え去りました。けれども、しばらくすると誘惑は戻ってきて、〔若者が〕衣服を求めると、兄弟シモンは神について話すことで〔誘惑〕を撃退したのでした。

　このようなことが何度も起こりました。そしてついに、ある晩のこと、これまでなかったほどの強い〔肉〕の誘惑が〔若者〕に襲いかかり、この世の何をもってしても抵抗できないありさまで、兄弟シモンのもとに行くと、ここにもうこれ以上留まることはできないので、自分の世俗の衣服をすっかり返してくれるよう求めました。すると兄弟シモンは、これまでも行ってきたとおりに、自分の傍らに座らせると、神について語りました。若者は意気消沈と悲しみのため兄弟シモンの懐に頭を垂れていました。兄弟シモンは、この〔若者〕に寄せる大きな同情の念から、目を天に上げると、彼のために敬虔の念を尽くして神に祈りました。すると忘我の状態になり、神に聞き入れられて、我に返りました。若者は、これまで全く感じたことがないまでに、〔肉〕の誘惑から完全に解放されたのを感じたのでした。

　そればかりでなく、誘惑の炎は聖霊の炎へと変えられたのでした。燃え盛る炭火、つまり兄弟シモンに近づいたことで、神と隣人に対して燃え上がるものとなったのでした。そのため、あるとき、一人の悪人が逮捕され、両目を剔《く》り抜かれることになったと知ると、この〔若者〕は、同情の念に駆られて、大胆にも開廷中の裁判官のもとに赴き、大粒の涙を流しつつ敬虔な念に満ちた祈りをもって、自分の片方の目を剔り抜き、両眼を失ってしまうことのないように、悪人の片方の目を剔り抜くように願ったのでした。裁判官と法廷は、この兄弟の愛の熱烈さを認めると、いずれにも〔何もせずに〕釈放したのでした。

　ある日のこと、以上で述べてきた兄弟シモンは森の中で祈りに浸っており、魂に大きな慰めを感じていました。すると、烏《からす》の群れが大きな声で叫んで、〔兄弟シモン〕を悩まし始めました。そこで、イエス・キリストの名によって、立ち去って二度と戻ってきてはならないと命じました。すると、その烏たちは立ち去っていき、それ以降、その〔森〕でも、その地方一帯でも姿を見かけることも鳴き声を聞くこともありませんでした。この奇跡は、この出来事が起きた場所のあったフェルモのクストディア（管理区）全体でよく知られています。

　イエス・キリストと貧しく小さなフランシスコに賛美。

アーメン。

第四二章

兄弟ベンティヴォリャ、モンティチェリの兄弟ペトロ、オフィダの兄弟コンラドの聖なる兄弟たちを通して神が行われた奇跡について、またどのようにして兄弟ベンティヴォリャはごく短い時間のうちにレプラ患者を十五マイルも運んだか、聖ミカエルが別の〔兄弟〕に語ったこと、処女《おとめ》マリアが別の〔兄弟〕に現れて、彼の腕に幼児〔イエス〕を委ねたこと

マルケ・アンコーナ管区は、かつて満天の星のように聖なる、模範とすべき兄弟たちによって美しく彩られていました。彼らは天の輝きのように聖なるフランシスコの会を照らし美しく彩っており、また模範と教えをもって、この世を〔照らしていました〕。それらの〔兄弟〕たちの中でもまず第一に挙げられるのが、兄弟ルチド・アンティコでした。この〔兄弟〕は〔その名のとおり〕まさしく聖性によって輝き、神の愛によって燃え立っていました。この〔兄弟〕の弁舌は聖霊に導かれており、説教において驚くべき成果を収めていました。

次はサン・セヴェリノの兄弟ベンティヴォリャでした。この〔兄弟〕は森の中で祈っているときに空中に高く浮かび挙げられているのを、サン・セヴェリノの兄弟マッセオによって目撃されました。この奇跡によって、当時、主任司祭であった敬虔な兄弟マッセオは、主任司祭職を辞めて、小さき兄弟となったのでした。生存中も死後も多くの奇跡が起きたほどに大きな聖性の人で、その遺体はムッロに眠っています。先に述べた兄弟ベンティヴォリャは、あるとき、トラヴェ・ボナンティに独りで籠り、一人のレプラ患者の介護と奉仕にあたっていましたが、高位聖職者の命令によって、そこを後にして、十五マイルも離れた別の所に行くことになりました。この〔兄弟〕はレプラ患者を見捨てることを望まず、大きな愛に燃え立って、彼を抱き起こすと自分の肩に背負うと、明け方から太陽が昇るまでの間に、モンテ・サンチノの呼ばれる自分が派遣された所までの十五マイルの全行程を運んだのでした。この行程は、たとえ鷲であったとしても、これほど短い間に飛び切ることはできないものであり、神によるこの奇跡に、この地方一帯はすっかり仰天したのでした。

更に次はモンティチェリの兄弟ペトロでした。この〔兄弟〕は、その前で祈っていた聖堂の十字架にかけられた方

（キリスト）の足もとまで、五、六尺も体が地上から浮き上がっているのを、ウルビノの兄弟セルヴァディオ――当時、アンコナの旧住居の世話役でした――によって目撃されました。この兄弟ペトロは、あるとき、大きな信心を抱いていた大天使聖ミカエルの〔祝日〕（九月二十九日）〔前の〕四十日間断食を行い、この四十日の最後の日に、聖堂で祈っていました。そのとき、彼の聖性の証拠を見つけようとの思いに駆られた一人の若い兄弟が主祭壇の後ろに隠れており、〔兄弟ペトロ〕が大天使聖ミカエルと話すのを聞いたのでした。その会話は次のようなものでした。聖ミカエルが言いました。「兄弟ペトロよ、あなたはわたしのために誠心誠意精進し、さまざまな手段を用いて自分の肉体を痛めつけてきた。そこで、わたしはあなたを慰めに来た。あなたが望む恵みは何であれ求めなさい。わたしはあなたのために神から手に入れてあげよう」。兄弟ペトロは答えました。「天の軍勢のいとも聖なる統率者、いとも誠実な神の愛に燃えるお方、魂の慈しみ深い保護者よ、わたしはこの御恵みをあなたにお願いいたします。それは、わたしの罪の赦しを神からいただいてくださることです」。聖ミカエルは答えました。「別の恵みを願いなさい。それはいとも容易くあなたのために手に入れてあげられるのだから」。しかし、兄弟ペトロはほかに何一つとして願わなかったので、大天使はこのように結びました。「あなたがわたしに対して抱いている信頼と信心の故に、あなたが願ったその恵みと、それ以上のものをあなたのために手に入れてあげよう」。長い間続いた二人の間の語らいはこうして終わり、深い慰めに満たされた〔兄弟ペトロ〕を残して、大天使聖ミカエルは去っていったのでした。

この兄弟ペトロの時代に、オフィダの聖なる兄弟コンラドがおりました。この〔兄弟〕は、アンコーナのクストディア（管理区）のフォラーノの住居に〔修道〕家族と一緒に住んでいました。この兄弟コンラドは、ある日、神について観想するために森の中に入っていきました。兄弟ペトロは、彼に何が起こるか見届けようとして、ひそかに彼の後をついて行きました。すると、兄弟コンラドは祈りに専念し、大きな愛をもって深い敬虔な思いを込めて処女《おとめ》マリアに願い始めました。それは、お浄めの日（現在の「主の奉献の祝日」[1]）に、祝された救い主**イエスを腕に抱いた聖なるシメオン**が感じた甘美さの幾らかで自分も感じることができるという恵みを、祝された幼い御子からいただいてほしいというものでした。この祈りがささげられると、慈しみ溢れる処女《おとめ》マリアはそれをお聞き入れになられました。いとも壮大な光に包まれて、祝された幼い御子を腕に抱いて天の女王がお現れになり、兄弟コンラドに近寄られると、その腕に祝された幼い御子をお渡しになりました。〔兄弟コンラドは御子〕を受け取ると、深い敬虔な思いで腕に抱き、口づけし、胸に抱きしめ、神の愛と名状し難い慰めのうちに身も心も浸されたのでした。隠れてすべてを見ていた兄弟ペトロも同じように、いとも大きな甘美さと慰めを魂に覚えたのでした。処女《おとめ》マリアが兄弟コンラドのもとから立ち去られると、兄弟ペトロは、彼から見とがめられないように、急いで住居に戻りました。しかし、兄弟コンラドが喜びに満ち楽しげに戻ってくると、兄弟ペトロは言いました。「おお、天上の人、今日、あなたは大きな慰めを得ましたね」。兄弟コンラドは言いました。「あなたは何のことを言っているのですか、兄弟ペトロ。わたしが何をいただいたか、あなたは知っているというのですか」。兄弟ペトロは言いました。「よく知っています、知っていますとも。祝された幼い御子を抱いて処女《おとめ》マリアがあなたのもとを訪れになられたことを」。すると、真に謙遜な者として神の恵みを秘密にしておきたかった兄弟コンラドは、誰にもそのことを話さないようにと頼んだのでした。このときから、二人の間には大きな愛が生まれ、すべてのことにおいて二人は一つの心、一つの魂であるかのように思われました。

この兄弟コンラドは、シローロの住居にいたあるときのこと、悪霊にとり憑かれた一人の女性を祈りによって救ったことがありました。一晩中、彼女のために祈り、彼女の母親にもその姿を見せましたが、朝になると、人々に見られ、誉めそやされることのないように逃げ去ったのでした。

イエス・キリストと貧しく小さなフランシスコに賛美。アーメン。

（1）ルカ二・二五―三二。

第四三章

どのようにしてオフィダの兄弟コンラドは、ほかの兄弟たちを悩ませていた若い兄弟を回心させたか。またどのようにして、この若い兄弟は死に際して、兄弟コンラドに現れて、自分のために祈ってくれるように願ったか。またどのようにして、〔この若い兄弟は兄弟コンラド〕の祈りによって煉獄での非常に重い苦難から解放されたか

先に述べたオフィダの兄弟コンラドは、聖なるフランシスコの会則と福音的な貧しさを驚くまでに実践した人で、

その修道生活においても、また神のみ前でのその功徳においても優れており、生存中も死後も、多くの奇跡をもってキリストによって栄えあるものと認められたほどでした。

　そのような〔奇跡〕の一つに、オフィダの住居にたまたま滞在していたときのことがあります。そこの兄弟たちは、神の愛と慈悲によって、その住居にいる一人の若者を宥《なだ》めすかしてくれるように願いました。その〔若者〕はあまりにも幼稚で、けじめがつかず、ふしだらであり、聖務日課もほかの修道生活において守るべき事柄も全くと言っていいほど気にかけず、〔修道〕家族の老いも若きもみな混乱させられていたのでした。そこで、兄弟コンラドはこの若者に対する同情と、ほかの兄弟たちの願いによって、この若者を離れた所に呼び寄せると、燃える愛をもって、説得力のある敬虔な言葉をもって彼を教え諭したのでした。神の恵みの働きによって、〔若者〕はたちまちのうちに幼稚な振る舞いから老練な振る舞いへと変わり、とても従順で、寛大で、気配りの利く、献身的で、また非常に穏和で、奉仕の精神に富み、何ごとにおいても徳を積むのに熱心な者となりました。これまで家族全体がこの〔若者〕のために混乱させられていたのでしたが、みながみな彼に満足し、慰められ、深く彼を愛するようになったのでした。

　ところが、神のみ心のままに、その回心の数日の後、この若者は亡くなり、周りの兄弟たちは非常に悲しみました。そして、その死の数日後のこと、この修院の祭壇の前で敬虔な思いを込めて祈っていた兄弟コンラドに、その魂が現れて、父親に対するように恭しく挨拶しました。兄弟コンラドは尋ねました。「あなたはどなたですか」。「わたしは数日前に死んだ若い兄弟の魂です」との答えがありました。兄弟コンラドは言いました。「いとも愛する我が子よ、何があったのですか」。〔その魂は〕答えました。「いとも親愛なる師父よ、神の恵みと貴方《あなた》の教えのおかげでうまくいっています。断罪されてはいませんが、十分に浄める時間がなかった、わたしが犯した幾つかの罪のために、煉獄での非常に重い苦痛を耐え忍んでいます。師父よ、どうぞお願いいたします。わたしが生きていましたとき、慈悲の心からわたしをお助けくださったように、わたしのためにパーテル・ノステル（主の祈り）を何度か唱えることで、み心に適うのであれば、苦痛のうちにあるわたしをお助けください。貴方の祈りは神のみ前で力あるものだからです」。すると、兄弟コンラドは慈しみ深くその願いを聞き入れて、レクイエム・エテルナム（死者のための詩編）とともにパーテル・ノステルを一度唱えました。〔若者の〕魂は言いました。「おお、聖なる師父よ、感じられます、何とすばらしく、何とさわやかなことでしょう。どうかお願いいたします。もう一度、唱えてください」。兄弟コンラドはもう一度唱えました。唱え終わると魂は言いました。「聖なる師父よ、貴方がわたしのためにお祈りになると、わたしは軽やかになったように感じられます。ですから、どうぞお願いいたします。わたしのために祈るのをやめないでください」。すると、兄弟コンラドは、この魂が自分の祈りによって大いに助けられているのが分かり、彼のために百回パーテル・ノステルを唱え、唱え終わると、その魂は言いました。「いとも親愛なる師父よ、貴方がわたしに示してくださいました愛の故に、神に代わって、貴方に感謝いたします。貴方のお祈りのおかげで、わたしはあらゆる苦痛から解放され、天の国に参ります」。このように言うと、その魂は立ち去りました。兄弟コンラドは、ほかの兄弟たちに喜びと励ましをもたらすために、この幻を逐一語って聞かせたのでした。

イエス・キリストと貧しく小さなフランシスコに賛美。アーメン。

第四四章

どのようにしてキリストの御母と福音記者聖ヨハネと聖なるフランシスコが兄弟コンラドに現れ、そのうちの誰がキリストの受難の痛みを一番強く感じたかを彼に語ったか

先に述べた兄弟コンラドと兄弟ペトロ——この二人はマルケ管区の二つの輝く星であり天上の人でした——が一緒にアンコーナのクストディア（管理区）のフォラーノの住居に滞在していたときのこと、この二人のうちには同じ一つの心と同じ一つの魂があると思われるまでに、互いに強い愛と慈愛とで結ばれていたので、神の御憐れみによって与えられた慰めはすべて、愛のうちに、互いに打ち明け合わなければならないという契約を交わしたのでした。

この契約を共に交わした後、ある日、兄弟ペトロは祈りのうちに、深い敬虔な思いをもってキリストの受難を思い巡らしていました。キリストのいとも祝された御母と、いとも愛された弟子である福音記者ヨハネと、聖なるフランシスコとが、十字架の足もとに描かれ、心からの苦痛をもってキリストと共に十字架につけられているのを思い巡

らしているうちに、〔キリスト〕をお産みになられた御母と、その胸元に憩うた弟子〔のヨハネ〕と、キリストと共に十字架につけられた聖なるフランシスコのうちでいったい誰がキリストの受難の苦痛を一番強く感じたのか知りたいという思いが沸き起こってきました。この敬虔な思いに浸っていると、福音記者聖ヨハネと聖なるフランシスコと共に、処女《おとめ》マリアが彼に現れました。〔ヨハネもフランシスコも〕幸福の栄光に輝く気高い衣服をまとっていましたが、聖なるフランシスコのほうが聖ヨハネよりも一層美しい衣服をまとっているように思われました。兄弟ペトロがこの幻に呆然としていると、聖ヨハネが彼を力づけて言いました。「いとも愛する兄弟よ、恐れることはない。あなたを慰め、あなたの疑問を解くためにわたしたちは来たのだから。知りなさい。キリストの御母とわたしは、他のあらゆる被造物にまさってキリストの受難に心を痛めました。しかし、わたしたちの後に、聖なるフランシスコが、ほかの誰よりも偉大な悲しみを担ったのです。それ故、あのように大きな栄光のうちにある〔フランシスコ〕をあなたは見ているのです」。兄弟ペトロは尋ねました。「キリストのいとも聖なる使徒よ、聖なるフランシスコの衣服があなたのものより一層美しく見えるのはどうしてでしょうか」。聖ヨハネは答えました。「その理由はこうです。彼がこの世にあったとき、わたしのものよりもずっと貧粗な衣服をまとっていたからです」。この言葉を口にすると、聖ヨハネは手に持っていた輝かしい衣服を兄弟ペトロに与えて、言いました。「この衣服を受け取りなさい。これはあなたに与えるために持ってきたものです」。聖ヨハネがその衣服を自分に着せようとするので、兄弟ペトロは呆然となって地面に倒れてしまい、叫び始めました。「兄弟コンラド、いとも愛する兄弟コンラド、早くわたしを助けて。早く来て、このすばらしい光景をご覧なさい」。この叫びとともに、この聖なる幻は消えていきました。その後、兄弟コンラドがやって来ると、そのすべてを逐一語って聞かせ、二人は神に感謝したのでした。

イエス・キリストと貧しく小さなフランシスコに賛美。アーメン。

第四五章

ペンナの聖なる兄弟ヨハネの回心と生涯、奇跡と死について

ペンナの兄弟ヨハネは、マルケの地区において、まだ世

俗にあって幼い子供であったとき、ある夜、非常に美しい幼い子供が現れて、彼に呼びかけて言いました。「ヨハネよ、サン・ステファノに行きなさい。そこでわたしの兄弟の一人が説教をしています。その教えと、あなたが耳にしたその言葉とを信じなさい。彼を遣わしたのはわたしだからです。その後、あなたは壮大な旅に出なければなりませんが、やがてわたしのもとに来るでしょう」。そこで、この〔少年〕は直ちに起き上がると、その魂のうちに大きな変化が生じているのを感じました。そして、サン・ステファノに行ってみると、説教を聞くために集まった大勢の男女の群れに出くわしました。説教をすることになっていたのは、兄弟フィリポという名前の一人の兄弟で、マルケ・アンコーナに最初に来た兄弟たちの一人でした。そのころは、マルケにはごくわずかな〔兄弟たちの〕住居があっただけでした。この兄弟フィリポは説教するために〔壇〕上に上ると、深い敬虔な思いを込めて、人間の知恵による言葉ではなく、キリストの聖なる霊の力によって説教し、永遠の命の国について告げたのでした。説教が終わると、先に述べた幼い子供は、この兄弟フィリポのもとに行くと、言いました。「師父よ、もしわたしを会に受け入れてくださるお気持ちがあれば、心から進んで悔い改めの業を行い、わたしたちの主イエス・キリストに従います」。兄弟フィリポはこの幼い少年のうちに驚くほどの無垢と、神に仕えたいという意志が備わっているのを見て、彼に言いました。「これこれの日に、レカナティのわたしのもとに来なさい。受け入れてあげましょう」。その場所で管区の集会が開催されることになっていました。非常に純粋だった、この幼い少年は、これは自分に示された啓示のいうところの、自分がしなければならない壮大な旅であり、その後、楽園に行くものと思っていました。直ちに会に受け入れられるものと信じて、そのように行いました。こうして、出かけて行って、受け入れられたのでしたが、自分の考えがその場で実現するものではないと分かりました。集会で、〔管区の〕奉仕者が、プロヴァンスの管区に行くことを希望する者には誰であれ、聖なる従順の功徳によって、許可を与えると言いました。そこへ行きたいという大きな願望が彼に生じました。自分が楽園に行く前にしなければならない壮大な旅とはこのことだと心の内に思ったのでした。しかし、それを口にするのは恥ずかしくて、自分を会に受け入れてくれた、先に述べた兄弟フィリポに相談し、プロヴァンスの管区に行くという恵みを自分のために得てくれるように心から願いました。すると、兄弟フィリポは彼の純真さと聖なる意向を見て取ると、彼のためにその許可を手に入れてくれました。こうして、兄弟ヨハネは、この旅が終わったなら、すぐにでも楽園に行けるという思いを抱いて、大きな喜びのうちに旅立ったのでした。ところが、神のみ心のままに、この希望と憧れを持ちつつも、二十五年間も、この管区で過ごすことになり、非常に誠実で聖性に富み模範的な生活を送って、絶えず徳と、神と人々からの恵みのうちに前進し、兄弟たちからも世間の人々からも深く愛されたのでした。

ある日のこと、自分の憧れが満たされず、この世における自分の旅路があまりにも引き延ばされていることを嘆きつつ、涙にくれながら、敬虔な思いを込めて兄弟ヨハネは祈っていました。すると、祝されたキリストが現れ、その姿を見たその魂はすっかりとろけてしまいました。するとキリストは仰せになりました。「我が子、兄弟ヨハネよ、あなたが望んでいることをわたしに願い求めなさい」。彼は答えました。「わたしの主よ、あなたのほかに、わたしが願い求めるものは何一つございません。ほかのことは何一つとしてわたしは欲しくありません。ただ、一つのことだけお願いいたします。わたしのすべての罪をお赦しくださること、わたしがもっと必要とするときに、もう一度、お目にかかる恵みをお与えくださることです」。キリストは仰せになりました。「あなたの祈りは聞き入れられた」。こう仰せになると、完全な慰めを得た兄弟ヨハネを残して、去って行かれました。

そうこうするうちに、マルケの兄弟たちは彼の聖性の噂を聞きつけ、マルケに戻るよう彼に従順をもって命じるようにと、猛烈に〔会〕全体の奉仕者に働きかけました。〔兄弟ヨハネ〕はこの従順〔による命令〕を喜んで受け入れました。この旅が終わったなら、キリストの約束のとおり、天に行くことができるはずだと思いつつ、旅立ったのでした。しかし、マルケの管区に戻ってから三十年間も生き続けましたが、親類縁者で彼のことを知る者は一人もいませんでした。彼は、神の御憐れみによって約束が実現することを毎日待ち望んでいました。この間に、何度も、思慮分別をもって世話役の任に就き、神は彼を通して多くの奇跡を行われました。

神から彼に与えられた他の多くの賜物の中でも、特に預言の霊に恵まれていました。あるときのこと、彼が外出している間に、修練者の一人が悪霊の攻撃を受け、激しい誘惑にさらされ、ついに誘惑に負けて、兄弟ヨハネが外出から戻ってきたなら直ちに、会から出て行こうと自らのうちで決意したのでした。預言の霊によって、この誘惑と決意とを知った兄弟ヨハネは、直ちに家に戻ると、その修練者を自分のもとに呼び寄せて、告白してほしいと言いました。しかし、彼が告白する前に、神が自分に啓示してくださったままに、その誘惑のすべてを逐一、彼に語って聞かせて、次のように結びました。「我が子よ、あなたはわたしを待っていて、わたしの祝福なしには出て行こうとしなかったので、神はあなたに次のような恵みをくださいました。あなたは決して会から出ることはないでしょう。神の恵みのうちに会の中で生涯を終えるでしょう」。すると、その修練者は善い意志のうちにしっかりと立つようになり、会に留まり、聖なる兄弟の一人となったのでした。これらのことはみな、〔兄弟ヨハネ自身が〕わたし、兄弟ウゴリノに語ってくれたことです。

この兄弟ヨハネは快活で、なおかつ安らかな魂を備えた人で、めったにしゃべらず、敬神の念篤い偉大な祈りの人で、特に〔聖務日課の〕朝課の後は決して修房に戻らず、日が明けるまで祈りのうちに聖堂に留まっていました。ある夜のこと、朝課の後、祈っていると、神のみ使いが現れて言いました。「兄弟ヨハネ、あなたが長い間待ち望んでいた、あなたの旅は終わりを迎えました。神に代わってあなたに告げます。あなたの欲する恵みを願い求めなさい。更にあなたに告げ知らせます。あなたは煉獄での一日か、この世での七日間の苦痛か、どちらかあなたの欲するほうを選びなさい」。兄弟ヨハネが、この世での七日間の苦痛のほうを選ぶと、たちまちのうちに、さまざまな病を患うことになりました。大変な高熱に悩まされ、両手両足には痛風が、脇腹には苦痛が生じ、ほかにも多くの激痛が襲ったのでした。これらにもまして悲惨だったのは、彼がこれまでに行ったり考えたりして犯したすべての罪を書き記した一枚の大きな紙に手に持った悪霊が彼の前に立って、次のように言ったことでした。「思いと言葉と行動をもってお前が犯した、これらの罪のために、お前は地獄の底で罰を受けるのだ」。これまでに行った善いことを何一つ思い起こせず、会にいたことも、会から離れなかったことも全く思い起こすことができず、悪霊が告げたように、自分は断罪されたと思い込んでしまったのでした。こうして、具合はどうかと尋ねられると、こう答えたのでした。「最悪だ、わたしは断罪されたのだから」。この様子を見て、兄弟たちは一人の年老いた兄弟のもとに人を遣わしました。その〔兄弟〕はモンテ・ルビアノの兄弟マッセオという名前で、聖なる人で、この兄弟ヨハネとは非常に親しい間柄でした。この兄弟マッセオは、ちょうど艱難の七日目に〔兄弟ヨハネ〕のもとにやって来ると、挨拶の言葉を述べて具合はどうか尋ねました。自分は断罪されたのだから最悪だ、と彼は答えました。そこで兄弟マッセオは言いました。「あなたは覚えていないのですか。しばしばわたしに告白したではありませんか。そのたびに、わたしはあなたのすべての罪を完全に赦したではありませんか。この聖なる会で、長い歳月、絶えず神にお仕えしてきたことも覚えていないのですか。それ以上に、神の御憐れみはこの世のすべての罪を凌駕し、わたしたちの救い主、祝されたキリストはわたしたちを贖うために無限の代価を払ってくださったことを覚えていないのですか。だから、確かな希望を持ちなさい。絶対にあなたは救われるのですから」。こう言い終わるとともに、浄めの期間は成就され、誘惑は消え去って、慰めが訪れました。

大きな喜びのうちに兄弟ヨハネは兄弟マッセオに言いました。「あなたはたいそうお疲れでしょうし、夜も更けましたので、どうぞ引き上げて、お休みください」。兄弟マッセオは去りたくはなかったのですが、彼が執拗に勧めるので、彼のもとを離れて、休みに行きました。兄弟ヨハネは、介護の兄弟のほかは、たった独りに残されました。兄弟ヨハネが最も必要としているときに、もう一度、お現れになるという約束のとおり、祝されたキリストが非常に大きな輝きといとも妙なる香りに包まれて現れ、あらゆる病から完全に癒してくださいました。そこで、兄弟ヨハネは両手を合わせると、現世の惨めな生での長い長い旅路を最高の結末で終わることを神に感謝し、キリストのみ手に委ね、魂を神にお返しして、この死すべき命から永遠の命へと祝されたキリストと共に移って行ったのでした。この〔キリスト〕こそ、彼がこれほどまでの長い間、憧れ求め、お会いすることを待ち望んでいた方でした。この兄弟ヨハネは、ペンナ・ディ・サン・ジョヴァンニ（ヨハネ）の地に憩うています。

イエス・キリストと貧しく小さなフランシスコに賛美。アーメン。

第四六章

どのようにして兄弟パチフィコが、祈りのうちに、兄弟ウミレの魂が天に昇るのを見たか

ここに述べているマルケの管区には、聖なるフランシスス

コの死後、二人の〔肉親の〕兄弟が会に入っていました。一人は兄弟ウミレという名前で、もう一人はパチフィコという名前でした。二人は共に偉大な聖性の人で完成の域に達していた人でした。一人、つまり兄弟ウミレはソフィアノの地で暮らし、そこで亡くなりました。もう一人のほうは、そこからだいぶ離れた別の所で、〔修道〕家族と一緒に暮らしていました。神のみ心によって、ある日のこと、兄弟パチフィコが人里離れた所で祈っていると、我を忘れ法悦の状態のうちに、兄弟ウミレの魂が誰に制止されることも妨げられることもなく、真っ直ぐに天に昇って行くのを見ました。それはまさしく、その〔魂〕が肉体から離れて行く瞬間でした。

その後、多くの年月を経て、残された、この兄弟パチフィコは、兄弟ウミレが息を引き取ったソフィアノの地で〔修道〕家族と一緒に暮らしていました。この時、兄弟たちは、ブルンフォルテの領主たちの要請によって、その地から別の地に移ることになりました。そのため、そのほかのものらとともに、その地で亡くなった聖なる兄弟たちの遺物も移動することになりました。そして、兄弟ウミレの墓所に来ると、彼の〔肉親の〕兄弟パチフィコは、彼の骨を拾い上げて、上等なぶどう酒で洗って、白い布にくるみ、深い敬意と敬虔な思いを込めて口づけし涙を流したのでした。ほかの兄弟たちは、これにびっくりし、良い模範になるとは思えませんでした。彼が偉大な聖性の人であったにしても、感情的で世間的な愛によって、自分の〔肉親の〕兄弟のために泣いており、兄弟ウミレに劣らず聖なる人たちであったほかの兄弟たちの〔遺骨〕に対してふさわしく尊敬を払う以上に、自分の〔肉親の〕遺骨に対して敬意を払っていると思われたからでした。

兄弟パチフィコは兄弟たちの意地の悪い邪推に気づいて、彼らの不満を解消させようとして、謙遜に言いました。「いとも親愛なるわたしの兄弟のみなさん、ほかの〔兄弟たちの遺骨〕にはしなかったことを、わたしの〔肉親の〕兄弟の遺骨に対して行ったことで、どうか驚かないでください。神は賛美されますように。みなさんが思っているように、肉親の愛によって、わたしはこのようなことをしたのではありません。わたしがこのように振る舞ったのは、わたしの兄弟がこの世の生から去っていくとき、わたしは、ここから遠くの人里離れた所で祈っていましたが、彼の魂が真っ直ぐに天に昇って行くのを見たのです。それ故、彼の遺骨は聖なるものであり、いつの日か楽園にあることになるはずであると、わたしは確信しているのです。もし神が、ほかの兄弟たちに関してもこれほどの確信をお与えくださるなら、同じ敬意をほかの〔兄弟たちの〕遺骨に対しても払うつもりです」。これによって、彼の聖なる敬虔な意図を知った兄弟たちは、彼に大いに啓発され、これほどの驚くべきことを自分たちの聖なる兄弟たちに行ってくださる神を賛美したのでした。

イエス・キリストと貧しく小さなフランシスコに賛美。アーメン。

第四七章

病気のときに、霊薬の入った三つの壺を持ってキリストの御母が現れた聖なる兄弟について

先にその名を挙げたソフィアノの地に、かつて、その姿は神々しく、しばしば忘我の状態にある、偉大な聖性と恵みで知られた一人の小さき兄弟がおりました。あるときのこと、この兄弟はひときわ際立った観想の恵みに浴していたので、彼が神のうちにあって全く我を忘れ、高く挙げられていると、さまざまな種類の小鳥たちがやって来て、彼の肩や頭の上、そして両腕と両手のうちに親しげにとまって、それはそれは見事に囀《さえず》ったのでした。この〔兄弟〕は孤独を非常に愛し、めったにしゃべることもなく、たまたま何かを尋ねられたときには、まるで人間であるよりも天使であるかと思われるように、親切で賢明な言葉で答えたのでした。この〔兄弟〕は偉大な祈りと観想の人でしたから、兄弟たちは彼に対して大きな敬意を払っていました。

この兄弟がその徳に満ちた生涯を終えるにあたって、神の計らいによって、死に至る病を患いました。何も摂取することはできず、肉体のための医薬は何一つ受け入れようとせず、天の医師である祝されたイエス・キリストと、その祝された御母に全幅の信頼を寄せていました。この〔信頼〕のため、神の慈しみによって、奇跡的なご訪問と癒しに浴することになったのでした。そのようなあるとき、病床にあって、心を尽くし敬虔な思いを込めて死に備えていると、キリストの御母、いとも栄えある処女《おとめ》マリアが、大勢の天使たちと聖なる処女《おとめ》たちを伴って、驚くべき輝きに包まれてお現れになり、その寝床に近づかれました。そのお姿を目にして、彼は魂にも肉体にも非常に大きな慰めと喜びを覚え、その御功徳によって、惨めな肉の牢獄から引き出してくださるように、その愛する御子に祈ってくださるようにと、〔聖母〕に謙遜に祈り始めました。多くの涙

を流しつつ、このように祈り続けていると、処女《おとめ》マリアは、彼の名前を呼んで、お答えになりました。「我が子よ、疑ってはなりません。あなたの願いは聞き入れられました。あなたがこの世の命から離れ去る前に、少々、あなたを力づけるために、わたしは参りました」。

処女《おとめ》マリアの傍らには三人の聖なる処女《おとめ》がおり、名状し難い香りを放つ甘美な霊薬の入った三つの壺を手にしていました。栄えある処女《おとめ》〔マリア〕がそれらの壺の一つを取って、栓をお開けになると、家中が香りに満たされました。この霊薬を一匙《ひとさじ》取ると、病人にお与えになりました。それを口にするやいなや、病人は、その魂が肉体のうちに留まっていることができないと思われるほどの慰めと甘美さとを感じました。そこで、彼は言い始めました。「もう十分です。おお、いとも聖なる御母、祝された処女《おとめ》、全人類を癒し救ってくださる祝されたお方。もう十分です。これほどの甘美さにわたしはこれ以上耐えられません」。しかし、慈しみ深く物惜しみなさらない御母は、この霊薬をすくって病人に与え続けられ、壺が空になるまで病人の口に運ばれたのでした。そして、最初の壺が空になると、祝された処女《おとめ》は第二の壺を取り、病人に与えるために、そこに匙をお入れになりました。そのため〔病人は〕苦情を言うかのように、甘えて言ったのでした。「おお、いとも幸いなる神の御母、最初の壺の香りと甘美さでわたしの魂はとろけてしまいそうです。それなのに、どうして二番目の〔壺の霊薬〕に耐えられましょうか。どうかお願いいたします、すべての聖人とすべての天使にまさって祝された方、もうこれ以上お与えにならないでください」。栄えある高貴な女性（聖母マリア）はお答えになりました。「我が子よ、この第二の〔壺の〕ものをほんの少し味わってご覧なさい」。そして、少しお与えになって、仰せになりました。「我が子よ、今日はこれで十分でしょう。我が子よ、あなたは十分力がつきました。あなたが絶えず憧れ、探し求めてきた、わたしの愛する息子の国にあなたを連れて行くために、すぐにもう一度わたしは参ります」。

このように仰せになると、別れの言葉を告げて、去っていかれました。残された〔この兄弟は〕この混合薬の甘美さによって大いに慰められ力づけられたのでした。肉体のための糧は何一つ口にすることがなかったにもかかわらず、満ち満ちて力強く数日間生き延びました。数日後、兄弟たちと喜びのうちに言葉を交わしているうちに、大きな喜びと歓喜のうちに、この惨めな生から去っていきました。

イエス・キリストと貧しく小さなフランシスコに賛美。

アーメン。

第四八章

どのようにして、マッサの兄弟ヤコブが幻のうちに、一本の木の幻のうちに全世界のすべての小さき兄弟を見たか、またそれぞれの徳と功績と悪徳とを知ったか

マッサの兄弟ヤコブは偉大な聖性の人で、神はこの兄弟にご自分の秘密の扉をお開きになり、聖書と将来の事柄に関する完全な知識と理解をお与えになりました。その聖性は、アシジの兄弟エジディオとモンティノの兄弟マルコ、そして兄弟ジネプロと兄弟ルチドが彼について、神のもとでこの兄弟ヤコブにまさる者は世界中で誰一人としていない、と言っていたほどでした。

わたし自身、この兄弟に会いたいという熱い思いを抱いていました。というのは、わたしが兄弟エジディオの伴侶であった兄弟ヨハネに、霊に関わる幾つかの事柄について説明してほしいと願ったとき、彼はわたしに次のように言ったからでした。「もし霊的生活について善い教えを得たいのであれば、マッサの兄弟ヤコブと話してみたらよいでしょう。兄弟エジディオもあの〔兄弟〕から教えを受けたいと願っていたほどだし、あの人の言葉には付け加えたり削ったりするものは何一つありません。その言葉は聖霊の言葉そのもので、わたしが会いたいと願っている人は、ほかに地上にはいません」。この兄弟ヤコブは、パルマの兄弟ヨハネが〔会全体の〕奉仕職にあった初めのころ、あるとき祈っていると、神に心を奪われ、三日間、脱魂状態にあり、あらゆる肉体の感覚を失って、無感覚な状態にありました。兄弟たちは死んだのではないかと疑ったほどでした。この脱魂状態のうちに、わたしたちの会がいかにあるべきか、また将来どのようなことが起きるのかを神から啓示されたのでした。このことを聞いたことで、この〔兄弟〕に会って話を聞きたいというわたしの思いはますます強いものとなりました。

そして、神のみ心によって、この〔兄弟〕と話をする機会を得たので、わたしは次のように願いました。「あなたについてわたしが耳にしていることが本当でしたら、どうぞお願いします、わたしにまで隠そうとしないでください。わたしの聞いたところによれば、三日間死んだようになっておられたとき、神はあなたに他の幾つかのことともに、このわたしたちの会の中でどのようなことが起こることになっているかを啓示されたとのことです。このことを話し

てくれたのは、あなたが従順〔の命〕によってそれを打ち明けた、マルケ〔管区〕の奉仕者である兄弟マタイです」。するると、兄弟マタイが語ったことは本当であると、兄弟ヤコブは、大いにへりくだりつつも認めたのでした。

その語ったこととは、つまり、マルケ〔管区〕の奉仕者である兄弟マタイが語ったこととは、次のようなものでした。「わたしたちの会の中で将来起こることを神から啓示された兄弟ヤコブを知っています。マッサの兄弟ヤコブがわたしに明かし話してくれたところによると、〔地上にある〕戦闘中の教会の状態について神から啓示された後、幻のうちに美しく非常に大きな一本の木を見たとのことです。その木の根は黄金で、その果実は人間で、その人たちはみな小さき兄弟たちでした。その主要な枝は、会の管区の数に応じて枝分かれしており、それぞれの枝には、その枝に相当する管区のうちに在籍する人数だけの実をつけていました。こうして、会とそれぞれの管区のすべての兄弟たちの数と、彼らの名前、年齢、状態、主要な役職、品性、そして全員の恵みと過失とを知ったのでした。この木の真ん中の枝の一番高い所にパルマの兄弟ヨハネが見えました。この真ん中の枝の周りを取り囲む枝の先端にはすべての管区の奉仕者たちがいました。この後、非常に大きく真っ白な玉座にキリストが座っておられるのが見えました。キリストは聖なるフランシスコをお呼びになると、命の霊に満たされた杯をお渡しになり、次のように命じて仰せになりました。『行きなさい、あなたの兄弟たちを訪ねなさい。そして、命の霊のこの杯を彼らに飲ませなさい。サタンの霊が彼らに逆らって立ち上がり、攻撃しようとしている。彼らの多くが倒れ、二度と立ち上がることができないであろう』。

そして、キリストは同行する二人の天使を聖なるフランシスコにお授けになりました。こうして、聖なるフランシスコは、兄弟たちに命の杯を手渡すために出かけ、まず初めに兄弟ヨハネに手渡しました。それを受け取ると、急いで、しかも敬虔の念をもってすべてを飲み干しました。するとたちまち太陽のように全身光り輝き始めました。彼の後、聖なるフランシスコは〔杯〕を次々にすべての〔兄弟たち〕に手渡しました。ふさわしい敬意と敬虔な思いをもって〔杯〕を受け取り飲み干す者はごくわずかでしたが、その〔兄弟たち〕はたちまち太陽のように輝きを放ち始めました。こぼしたり、敬虔な思いをもって受け取らなかった者たちは、黒く闇に包まれ、見るも恐ろしい姿に変わってしまいました。一部を飲み、一部をこぼした者たちは、飲んだりこぼしたりした量に応じて、それぞれ一部は輝いているものの一部は薄暗いものになりました。

しかし、ほかのすべての〔兄弟〕にまさって、先に述べた兄弟ヨハネは光り輝いていました。命の杯を完全に飲み干したからです。このために彼は、神の無限の光の深みまで見極め尽くすことができ、先に述べた木に逆らって立ち上がり、その枝々を揺さぶり動揺させるはずの災厄と騒乱とを知ったのでした。そのことのために、この兄弟ヨハネは、それまでそこにいた枝の先端を離れて、あらゆる枝の下に降りて、木の幹の根元に身を隠して、物思いに浸っていました。すると、杯の一部を飲み一部はこぼしてしまった兄弟ボナヴェントゥラが、兄弟ヨハネがそこから降りた、あの枝の、あの場所へと登っていきました。そして、その場所に立つと、両手の爪は剃刀《かみそり》のように鋭利で尖った鉄の爪と化したのでした。すると、登りついた場所から移動し、猛々しさと憤激をもって、あの兄弟ヨハネをめがけて、彼を傷つけようとして飛びかかったのでした。

これを目にすると兄弟ヨハネは大きな叫び声を挙げて、玉座に座っておられたキリストに寄り頼みました。するとキリストは、この叫びに応えて、聖なるフランシスコを呼び寄せると、鋭利な火打石を授けて、仰せになりました。

『この石を持って行きなさい。そして、兄弟ヨハネを傷つけようとしている、兄弟ボナヴェントゥラの爪を切りなさい。そうすれば危害を加えることはできない』。そこで、聖なるフランシスコは出かけて行き、キリストが自分にお命じになったことを実行しました。これが終わると、激しい風による騒乱が生じ、木を激しく揺さぶり、兄弟たちは地面に振り落とされました。最初に振り落とされたのは、命の霊に満たされた杯をすっかりこぼしてしまった者たちで、悪霊どもによって暗闇と苦痛の待ち受ける地に連れていかれました。あの兄弟ヨハネは、杯をすっかり飲み干したほかの〔兄弟〕たちと一緒に、命と永遠の光と至福の輝きに満ちた地へと天使たちによって移されたのでした。

この幻を見た、先に述べた兄弟ヤコブは、そこにいたそれぞれの人々の名前も状況も身分も含めて、自分が見たことを些細な点に至るまで明瞭に見届け識別したのでした。その木に対して生じた騒乱は、それが倒れ、風が運び去るまで続きました。そして騒乱が治まると直ちに、黄金であったこの木の根元から、これまた黄金の別の木が生え出て、黄金の葉と花と果実を茂らせたのでした。この木について、この木の生長のさま、その根の深さ、美しさと香りと力については、今は、それを語るよりは沈黙に付しておいたほうがよいでしょう」。
イエス・キリストと貧しく小さなフランシスコに賛美。
アーメン。

第四九章

どのようにしてキリストがラ・ヴェルナの兄弟ヨハネに現れたか

ソロモンの言うところによれば**「父の光栄」**である(1)、聖なるフランシスコの子らで、賢明で聖なる兄弟たちの中に、わたしたちの時代に、マルケの管区における、フェルモの尊く聖なる兄弟ヨハネがおります。この〔兄弟〕は長い間、ラ・ヴェルナの聖なる地に籠っており、その地でこの世の生から旅立ちましたので、ラ・ヴェルナの兄弟ヨハネと呼ばれています。この〔兄弟〕は優れた生き方をし、偉大な聖性の人でした。この兄弟ヨハネは、まだ世俗にいた幼いころから、心の底から魂と肉体とを清浄に保つ悔い改めの道を憧れ求めていました。そこで、まだ小さな幼い子供であったのに、鎖で編んだ胴着と鉄の腰帯とを肌に着け、厳しい禁欲を実践していました。特に、その生き方は輝かしいものであったフェルモの聖ペトロ〔司教座聖堂〕の参事会員たちと共に生活していたときには、肉体の快楽を遠ざけ、非常に厳しい禁欲によって肉体を痛めつけていました。ところが、これに対して仲間〔の参事会員〕たちは強く反対して、彼から苦行具を取り上げ、さまざまな形で禁欲の邪魔をするので、神からの霊感によって、この世と〔この世の〕愛するものとを捨てて、十字架につけられた聖なるフランシスコの会服をまとって、十字架につけられた方〔キリスト〕のみ腕のうちに自分のすべてをささげようと考えました。そして、それを実行しました。

こうして、幼い子供として会に受け入れられ、修練者たちの指導者の世話に託されたのですが、ますます霊的にも敬虔さにも成長し、指導者が神について語るのを聞いているうちに、火の傍らに置かれた蠟《ろう》のように、その心はすっかりとろけてしまったほどでした。このように恵みのあまりの甘美さによって、その心は神の愛に燃え上がり、そのような甘美さに耐えてじっとしていることができず、立ち上がると、霊に酔ったかのように、あるときは庭を、あるときは森の中を、あるときは聖堂を、霊の炎と躍動が駆り立てるままに走り回ったのでした。そして、時が経つにつれ、神の恵みはこの天使のような人を絶えず徳から徳へと成長させ、天上の賜物と神による高揚と脱魂のうちに、時には、その心はケルビムの輝きにまで、時にはセラフィムの礼拝にまで、時には祝された人々の喜びにまで、ときにはキリストの愛に満ちた法外の抱擁にまで高められたのでした。それは単に内的に霊的に味わわれただけでなく、肉体的にも味わわれ、外的な徴によって面《おもて》にも表れたのでした。特に、あるとき、神の愛の炎が彼の心をあまりにも過度なまでに燃え上がらせたので、三年もの間、その炎は彼のうちに燃え続けたこともありました。この間、彼は驚くほどの慰めと神の訪れを受け、しばしば神に心を奪われておりました。端的に言うと、この間、キリストの愛に燃え立たされ、焼き尽くされたかのように思われたのでした。このことは、ラ・ヴェルナの聖なる山でのことでした。

　しかし、神はご自分の愛する子供たちに対して特別の配慮をなさいますので、さまざまな時に応じて、あるときには慰め、あるときには艱難、あるときには幸運、あるときには逆境を送り込まれます。謙遜のうちに留まり続けるため、あるいは天上の事柄に対する憧れを更に燃え立たせるためには、彼らに何が必要かご存じだからです。神が善しと思《おぼ》し召されるままに、三年間の後、この兄弟ヨハネから神の愛の光も炎も取り上げられて、あらゆる霊的な慰めも奪われてしまいました。このため、兄弟ヨハネは神からの明かりも愛もなしに、全く慰めもなく、嘆き、悲しみに沈んでいました。このため、苦悩にあえぎ、森の中に分け入って、あちらこちらを駆け巡り、声を挙げ、涙にくれ、ため息をつきつつ、自分のもとから姿を隠し、自分のもとから立ち去ってしまった方、この方の現存なしには、彼の魂は憩いも安らぎも見いだせない、彼の魂が愛する花婿の名を呼び求めたのでした。しかし、どこにも、また何としても甘美なるイエスを再び見いだすことはできず、彼がかつて慣れ親しんでいたキリストの愛のいとも甘美な霊的な味わいをもう一度取り戻すことはできませんでした。このような艱難は長い日々にわたって続きました。その間、この〔兄弟〕は涙を流したため息をつきつつ、自分の魂の愛する花婿を御慈しみによってお返しくださるように神に祈り続けたのでした。

　そしてついに、その忍耐は十分に試みられ、その願望の火は掻き立てられたと神がお認めになるときが来ました。ある日、兄弟ヨハネは悲しみに沈み艱難に耐えつつ、いつもの森の中に入っていき、疲れ果てて、ブナの木の根元にもたれて座り込み、涙に濡れた顔で天を仰ぎ見ていました。すると突然、兄弟ヨハネが今しがた通ってきた小径を通って彼のもとにイエス・キリストが姿をお現しになりましたが、一言も仰せになりませんでした。兄弟ヨハネはその姿に目を留め、その方がキリストであると気づくと、即座に、その足もとに身を投げ出して、とめどなく涙を流しつつ、いとも謙遜に申し上げました。「わたしをお救いください。わたしの主よ。心からわたしがお愛し申し上げます救い主である、貴方《あなた》なしには、わたしは暗闇と涙のうちに留まるほかございません。いとも温和な小羊であられる貴方なしには、わたしは不安と苦痛と恐れのうちに留まるほかありません。いと高き神のいとし子であられる貴方なしには、困惑と恥辱のうちに留まるほかありません。貴方なしには、わたしはあらゆる善いものを奪い取られ、目を見えないありさまです。貴方こそ〔人々の〕魂の真の光、イエス・キリストであられます。貴方なしには、わたしは滅び去り断罪されてしまいます。貴方こそ〔人々の〕魂の命、〔人々の〕命の命だからです。貴方なしに、わたしは実を結ぶことはできず、枯れてしまいます。貴方こそがあらゆる賜物とあらゆる恵みの源であられるからです。貴方なしには、わたしにはいかなる慰めもありません。貴方こそがわたしたちの贖い、愛、憧れ、慰め力づけるパン、天使たちの心とすべての聖なる人々の心を喜ばせるぶどう酒、イエスであられるからです。いとも栄えある師よ、いとも慈しみ豊かな牧者よ、わたしを照らしてください。貴方の小さな仔羊なのですから。至らぬものではございますが、わたしは貴方の小さな仔羊なのですから」。

しかし、その愛と功徳とをより大きなものとするために、聖なる人々の憧れ求めることを聞き入れることを神は引き延ばしなさいますので、祝されたキリストは彼の願いを聞き入れることなく、彼に何一つ話しかけることもなく、先ほどの小径を通って立ち去られました。すると、兄弟ヨハネは立ち上がると、その後ろに駆け寄り、足もとに身を投げ出して、聖なる執拗さをもってお引き止めし、敬虔な思いのこもった涙を流しつつ、お願いして申し上げました。「おお、いとも甘美なイエス・キリスト、苦悩のうちにあるわたしを憐れんでください。貴方の限りない御憐れみによって、貴方の救いの真実によって、わたしの願いをお聞き入れください。貴方のみ顔と御眼差しを向けて、わたしに喜びをお返しください。貴方の御憐れみは全地に満ち溢れているのですから」。それでも、キリストは立ち去られ、何一つ仰せにならず、いかなる慰めもお与えになりませんでした。それは、小さな幼児が乳を欲しがるときの母親のようでした。泣きながら後ろを追ってこさせることで、もっともっと欲しがらせるようにするのです。

そこで、兄弟ヨハネはなおも思いと願いの限りを尽くしてキリストを追いかけ、ついに追いつくと、祝されたキリストは彼のほうを振り向かれ、喜びとやさしさに溢れたみ顔をもって彼を見つめ、いとも聖なるいとも慈しみに満ちたみ腕を広げて、いともやさしく彼を抱きしめられたのでした。両腕をお開きになったとき、兄弟ヨハネは救い主のいとも聖なる胸から輝かしい光が出てくるのを見ました。その光は森じゅうを照らすとともに、彼の魂と肉体の中を輝かしく照らしたのでした。

そこで、兄弟ヨハネはキリストの足もとにひざまずきました。すると、祝されたイエスは、マグダラのマリアのときのように、口づけできるように、その片方の足を彼のほうにいとも優しく差し出されました。真にもう一人のマグダラのマリアであるかのように、多くの涙で〔その足を〕濡らし、敬虔な思いを込めて言いました。「わたしの主よ、どうかお願いいたします。わたしの〔諸々の〕罪に御目を留めないでください。むしろ、貴方のいとも聖なる受難によって、またいとも聖にして尊い御血を流されたことによって、貴方の愛の御恵みのうちに、わたしの魂を甦らせてください。わたしたちが心を尽くして、愛情の限りを尽くして貴方をお愛しすること、これこそが貴方のご命令でありますが、この御命令は、貴方の御助けなしには、誰一人として実行することはできないからです。ですから、どうかわたしをお助けください。いとも愛すべき神の御子よ、わたしの心を尽くして、わたしの力を尽くして、貴方をお愛しすることができますように」。

このように兄弟ヨハネがキリストの足もとで申し上げていると、〔キリスト〕に聞き入れられて、最初の恵みが与えられました。それは、神の愛の炎によって完全に新しくされ、慰めを得たと感じたことでした。神の恵みの賜物が自分のうちに戻ったと悟ると、祝されたキリストに感謝し、敬虔な思いをもってその両足に口づけし始めました。その後、み顔を仰ぎ見ようとして起き上がると、口づけするようにと、イエスはそのいとも聖なる両手を開いて差し伸ばされたので、兄弟ヨハネは口づけしました。そして、イエスの胸に近寄り寄り添って抱きしめ口づけしました。すると、同じように、イエスも彼を抱きしめて口づけをなさいました。こうして抱きしめ口づけている間、兄弟ヨハネは、世界中のあらゆる種類の香料、また香りを放つものをことごとく集めても、その香りに比べれば悪臭にすぎないと思われる、すばらしい神聖な香りを感じたのでした。その香りによって、兄弟ヨハネは我を忘れ、慰められ、光を受け、その後何か月もの間、その香りは彼の魂のうちに留まり続けたのでした。
このときから、救い主の聖なる胸にある神の知恵の泉から渇きを癒した〔兄弟ヨハネ〕の口からは、驚くべきこの世ならぬ言葉が発せられ、それを耳にした人々の心に変化をもたらし、魂には大きな実を結ばせたのでした。また、キリストの祝された足が踏まれた、森の中の小径と、それを取り囲む一帯には、それから後かなり長い時が経っても行ってみるたびに、そのときの香りと輝きとを兄弟ヨハネは感じていたのでした。

その後、兄弟ヨハネは我に返り、キリストの御体をもっての出現も消え去りましたが、その魂において照らされて、〔キリスト〕の神性の深い淵に浸り続けていたので、人々の間での学問を通して教育された人ではなかったのでしたが、神聖な三位一体についての深淵で細緻極まりない諸問題と聖書の広大な秘義とを驚くほど明快に解明し説明したのでした。そしてしばしば、教皇と枢機卿方、王と諸侯、学者と博士たちの前で語ることがありましたが、彼の語る高遠な言葉と深遠な見解にみな大きな驚きに捕らえられたのでした。

イエス・キリストと貧しく小さなフランシスコに賛美。アーメン。

（1）箴一〇・一。

第五〇章

どのようにしてラ・ヴェルナの兄弟ヨハネが、死者の日にミサをささげている間に、多くの〔人の〕魂が煉獄から解放されるのを見たか

あるときのこと、先に述べた兄弟ヨハネが、教会の定めのとおり、諸聖人の〔祝日〕の翌日（十一月二日）に死者の魂のためにミサをささげるにあたって、愛の思いを込めて、また共苦共感の思いを込めて、この至高なる秘跡をささげていました。この〔秘跡〕は、この効果の故に、わたしたちが彼らのためにできる他のいかなる善行にもまして死者の魂が憧れ求めているものです。その兄弟愛と敬虔な思いのもたらす甘美さ故に、〔兄弟ヨハネ〕はその身が溶けていくかのように思われました。このことのため、そのミサにおいて、敬虔の念を込めて、キリストの御体を掲げ、御父である神にささげ、魂らを贖うために十字架にかけられた、その祝されたいとし子イエス・キリストの愛によって、その方〔御子〕によって造られ贖われた死者の魂が煉獄の刑罰から、み心であれば解放されますようにと願いました。

すると直ちに、まるで燃え盛る溶鉱炉から吹き出す火の粉のように、無限とも思える魂が煉獄から出て、キリストの受難の功徳によって天へと昇って行くのを見たのでした。毎日、生ける者らのために、そして死せる者らのために、このいとも聖なるホスチア（ミサで用いられる薄い種なしパン）のうちにあってささげられる〔キリスト〕は、代々《よよ》の代々に至るまで礼拝されるにふさわしい方。

イエス・キリストと貧しく小さなフランシスコに賛美。アーメン。

第五一章

ファレローネの聖なる兄弟ヤコブについて、またどのようにして、死後、ラ・ヴェルナの兄弟ヨハネに現れたか

そのころ、偉大な聖性の人であったファレローネの兄弟ヤコブは、フェルモのクストディア（管理区）にあったモリャーノの居所で重い病を患っていました。当時、マッサの居所に滞在していたラ・ヴェルナの兄弟ヨハネは、その病のことを聞きました。自分の大切な父親のように彼を愛していましたので、彼のために祈りに専念し、それが彼の魂のために益となるのであれば、肉体の健康を兄弟ヤコブに取り戻させてくださるようにと、心からの祈りをもって敬虔の念を込めて神に願いました。この敬虔な祈りの最中に、法悦状態のうちに我を忘れ、森の中にあった自分の修房の上の空中に、天使たちと聖者らの大きな軍勢を見ました。〔その軍勢〕は大きな輝きを放ち、あたり一帯はくまなく光り輝いていました。その天使たちの中に、彼のために祈っていた病を患っている兄弟ヤコブが、真っ白に輝きわたる衣服をまとって立っているのが見えました。彼らの中には、あまたの栄光に包まれ、キリストの聖なる傷痕に装われた祝された師父聖なるフランシスコも見えました。更に、聖なる兄弟ルチド、モンテ・ルビアノの聖なる古参の兄弟マタイ、そしてこの地上の生においては会うことも知ることもなかった他の大勢の兄弟が見えました。このようにして兄弟ヨハネが大きな喜びのうちにこの聖者たちの祝された群れを眺めていると、この病んでいる兄弟の魂の救いは確かなこと、この病で死ななければならないが、直ぐにではないが、死後、楽園に行くことになっていること、とはいえ、少しの間、煉獄で浄められる必要があるということが彼に啓示されたのでした。この啓示によって、兄弟ヨハネは、肉体の死は何ら恐れるに足りぬと思うまでに、

〔兄弟の〕魂の救いの故に大いに喜び、霊の大いなる甘美さに駆られ、自らのうちに〔兄弟ヤコブ〕を呼び出して言いました。「兄弟ヤコブ、わたしの優しい父よ。兄弟ヤコブ、わたしの優しい父よ。兄弟ヤコブ、神のいとも忠実な僕《しもべ》であり友よ。兄弟ヤコブ、天使たちの伴侶、祝された者らの仲間よ」。このようにして、この確信と喜びのうちに我に返ると、直ちに、その居所から旅立って、兄弟ヤコブに会うためにモリャーノに出かけたのでした。

出会ってみると、ほとんど話すことができないほど重病な状態でしたが、神の啓示によって得た確信に基づいて、肉体の死と魂の救いと栄光とを告げ知らせました。この〔知らせ〕に兄弟ヤコブは心から、そして顔一面に大きな喜びを表して、自分のところへ善い知らせを届けてくれた〔兄弟ヨハネ〕に大きな喜びと満面の笑みをもって感謝し、敬虔な思いを込めて、その身を委ねたのでした。そこで、兄弟ヨハネは、死んだ後、自分のもとに戻ってきて、その状態を話してくれるように、親しみを込めて願いました。兄弟ヤコブは、それが神のみ心であれば、そのようにすることを約束しました。そのように言い終わり、〔この世を〕去る時が近づくと、兄弟ヤコブは敬虔の念を込めて、「**イン・パーチェ・イン・イディプスム・ドルミアム・エト・レクイエスカム**」、すなわち、「平和のうちに、永遠の命のうちに、わたしは眠り、憩おう」という詩編の句(1)を唱え始めました。この句を唱え終えると、喜びと歓喜の表情でこの世の生から去っていきました。

そして、埋葬がすむと、兄弟ヨハネはマッサの居所に戻り、自分のもとに戻ってくると兄弟ヤコブが約束した日を待っていました。その日、彼が祈っていると、大勢の天使と聖者らを率いてキリストがお現れになりましたが、その中に兄弟ヤコブはいませんでした。非常に驚き、敬虔な思いを込めてキリストに〔兄弟ヤコブを〕ご配慮くださるようお願いいたしました。すると翌日のこと、兄弟ヨハネが森の中で祈っていると、栄光に輝き嬉々とした表情で兄弟ヤコブが天使たちに伴われて現れました。そこで兄弟ヨハネは言いました。「おお、いとも親愛なる父よ、どうしてわたしに約束された日に戻っていらっしゃらなかったのですか」。兄弟ヤコブは答えました。「わたしにはもう少し浄める必要があったのです。しかし、キリストがあなたにお現れになり、あなたがわたしのために執り成してくれたまさにあの時、キリストはあなたの執り成しをお聞き入れになり、あらゆる刑罰からわたしを解放してくださったのです。その時、聖職に就いていない、聖なる兄弟、マッサの兄弟ヤコブに姿を現しました。彼はミサに奉仕しており、聖別されたホスチアを見ていました。司祭がそれを高く掲げると、それは生き生きとした美しい小さな幼児の姿へと変わったのでした。そこでわたしは彼に言いました。『今日、わたしはこの小さな幼児と共に永遠の命の国に行きます。この〔幼児〕なしには、誰一人としてそこに行くことはできないのです』」。この言葉を言い終わると、兄弟ヤコブは去っていき、天使たちの祝された群れと共に天に昇っていきました。兄弟ヨハネは大きな慰めのうちに残されたのでした。

このファレローネの兄弟ヤコブは、七月の聖なる使徒ヤコブの祝日（七月二十五日）の前晩に亡くなり、先に述べたモリャーノの居所に葬られました。その地で、彼の功徳の故に、善なる神は、彼の死後、たくさんの奇跡を行われたのでした。

イエス・キリストと貧しく小さなフランシスコに賛美。アーメン。

（1）詩四・九。

第五二章

聖なる三位一体の神の秩序をことごとく悟った、ラ・ヴェルナの兄弟ヨハネの見た幻について

先に述べたラ・ヴェルナの兄弟ヨハネは、世俗的で一過性の、あらゆる楽しみと慰めとを完全に捨て去って、自分の楽しみと希望のすべてをひたすら神のうちに置いていましたので、善なる神も彼にすばらしい慰めと啓示を、特にキリストの荘厳な祝日にお与えになりました。そこで、キリストの降誕の荘厳な祝日が近づいたある日のこと、イエスの甘美な人間性について神からの慰めが、その日に確実に与えられると期待していました。聖霊は彼の精神に、その〔愛〕のため〔キリスト〕はわたしたちの人間性を受け取られるまでに自らへりくだられた、キリストの愛に対する非常に大きく測り知れない愛と情熱とをお注ぎになりました。そのため、まさしく魂は肉体から切り離され、溶鉱炉のように燃え上がっているかのように思われるほどでした。その激しい熱気には耐えることができず、苦しみ悶え、憔悴しきってしまい、大きな叫び声を上げていました。聖

霊の凄まじい働きかけのため、愛のあまりにも激しい熱情のため、叫び出すのを抑えることができなかったからです。途方もなく激しい熱情に駆り立てられているこの時には、自分の救いに対する強い確信も訪れたのでした。そのため、この瞬間に死ななければならないとしても、煉獄を経る必要はないと思われたほどでした。この愛は六か月にわたって彼のうちに留まり続けましたが、途方もない情熱のほうは途絶えることがなかったというのではなく、一日のうち数時間訪れるだけでした。

　またこのとき、そしてこれ以後も、神のすばらしい訪れと慰めを受けたのでした。しばしば脱魂状態に陥っていました。このことを最初に書き記した兄弟は、それを目撃しています。そのようなことの一つに、ある晩、神のもとに引き上げられ脱魂状態に陥ったときのことがあります。そのとき、すべての被造物、天にあるものと地にあるもの、それらすべてのものの完全な状態、はっきりと区別された位階と秩序を創造主である〔神〕のうちに見たのでした。またそのとき、どのようにして造られたすべてのものが自分の創造主である神を映し出しているか、どのようにして神はすべての被造物の上に、中に、外側に、そして傍らにおられるかをはっきりと悟ったのでした。更にまた、三つのペルソナにおける唯一の神、唯一の神における三つのペルソナ、御父への従順の故に神のいとし子が受肉なさる測り知れない愛について悟ったのでした。そして最後に、魂が神のもとに赴くことができ、永遠の命を得ることのできる道は、魂にとっての**道、真理、命**である祝されたキリスト[1]という道のほかにはいかなる道もないことを、この幻によって悟ったのでした。

　イエス・キリストと貧しく小さなフランシスコに賛美。アーメン。

（1）ヨハ一四・六。

第五三章

どのようにしてラ・ヴェルナの兄弟ヨハネは、ミサの最中に、死んだように倒れたか

　その場に居合わせた兄弟たちが語ってくれたところによれば、あるときのこと、モリャーノの先に述べた居所において、先に述べた兄弟ヨハネに驚くべきことが起きたそうです。聖ラウレンチオ〔の祝日〕（八月十日）後の八日間が終わった最初の晩、聖母の被昇天祭（八月十五日）後の八日間の最

中に、この〔兄弟〕がほかの兄弟たちと一緒に聖堂で〔聖務日課の〕朝課を唱え終わると、神の恵みの塗油が突然に彼の上に生じたので、キリストの受難を観想し、その朝彼がささげることになっていたミサを敬虔な思いの限りを尽くして執行するための準備をするために急いで庭に出ました。そして、キリストの御体への聖別の言葉、つまり「ホック・エスト・コルプス・メウム（これはわたしの体である）」という言葉を観想し、それによってご自身の貴い御血をもってわたしたちを贖ってくださっただけでなく、魂の糧としてご自分のいとも貴い御体と御血とをわたしたちのために残すことをお望みになられた、キリストの限りない愛を思い巡らしていると、甘美なるイエスの愛が彼のうちにあまりにも激しく燃え上がり、その甘美さを増し始めたので、そのあまりの甘美さに魂は耐えることができなくなり、叫び声を上げずにはいられなくなりました。そして、霊に酔ったかのように、心の内で「ホック・エスト・コルプス・メウム」と途絶えることなく唱え続けたのでした。この言葉を唱えていると、処女《おとめ》マリアと天使の大群を伴われた祝されたキリストが目に見えるように思われたのでした。そして、この〔言葉〕を唱えているうちに、この至高の秘跡の深く至高な秘義について聖霊によって教示されたのでした。

夜が明けると、霊のこの熱情と激しい息遣いのうちに、この〔言葉〕を唱えながら聖堂に入りました。彼は誰も見ても聞いてもいないと思っていたのでしたが、歌隊席で一人の兄弟が祈っており、彼が一部始終を見聞きしていたのでした。満ち溢れる神の恵みのために、この激しい熱情を自らのうちに抑え込んでおくことができず、大きな叫びをあげ、その状態がしばらく続きました。ミサをささげる時間が来たので、準備をするために祭壇に昇り、ミサを始めました。〔ミサが〕進むにつれて、キリストの愛、敬虔な念から生ずる熱情はますます燃え上がり、それに伴って、名状し難い神の〔臨在〕が意識されたのでした。それは彼自身も、後に言葉で言い表そうとしてもできないたぐいのものでした。その熱情と神の〔臨在の〕意識が高まって、ミサを途中で中断しなければならなくなるのではないかという恐れのため、大変な混乱に陥ってしまい、そのままミサを続けるべきか、それともしばらく待つべきか、どちらをとったらよいのか分からなくなってしまいました。しかし、前にも似たような体験をしており、そのときはミサを途中で中断しなくてもいいように、主がその熱情を鎮めてくださいました。そこで今回も、そのようにすることができるであろうと〔主に〕信頼して、大きな恐れを抱きつつも、ミサを続けたのでした。そして、聖母の叙唱の箇所にまで来ると、神からの照明と神の愛の恵みに満ちた甘美さがますます強くなり、「クイ・プリディエ・クアム（〔主〕は〔受難の〕前日）」と唱える所に来ると、そのあまりの心地よさと甘美さにもはや耐えることができないばかりになりました。そしてついに、聖別を行う段に至ると、ホスチア（ミサで用いられる薄い種なしパン）の上に前半の言葉、すなわち「ホック・エスト・エニム（実に、これは……である）」という言葉を唱えると、何としてもそれ以上先に進むことができなくなり、この同じ言葉、すなわち「ホック・エスト・エニム」をひたすら繰り返したのでした。それ以上先に進むことができなくなった理由は、大勢の天使を率いたキリストの臨在を感じ、目にして、その威光は耐え難いものであったからでした。後半の言葉、すなわち「コルプス・メウム（わたしの体）」を彼が口にしない限り、キリストはホスチアのうちにお入りにならず、ホスチアはキリストの体に実体変化しないことも分かっていたからでした。そのため、この懸念と苦悶に陥り、それ以上先に進まないでいたので、世話役〔の兄弟〕とほかの兄弟たち、そしてミサにあずかるために聖堂に来ていた世俗の多くの人々は祭壇に近づいて、兄弟ヨハネの言動を目にし、それを思い巡らして、驚愕したのでした。彼らの内の多くは敬虔な思いに打たれ涙を流していました。そしてついに、長い時間を経た後、それは神のみ心にかなったときでもありましたが、兄弟ヨハネは大きな声で、「コルプス・メウム」と唱えました。するとたちまちのうちに、パンの形色は消え失せて、受肉し栄光を受けられた、祝されたイエス・キリストがホスチアのうちにお現れになり、ご自分のへりくだりと愛とをお示しになりました。〔そのへりくだりと愛の故にこそ〕、処女《おとめ》マリアのうちに受肉され、ホスチアを聖別するときに、毎日、司祭の手のうちにお降りになられるのです。このため、彼は観想の甘美さのうちにますます高く挙げられたのでした。そして、聖別されたホスチアと杯とを高く掲げた後、忘我の境地に至り、魂は肉体の感覚から遊離して、その肉体は後ろに倒れ、もし世話役〔の兄弟〕が支えなかったなら、地面に仰向けに倒れてしまったことでしょう。それで、聖堂の中にいた兄弟たちと、世俗の男女の人々が駆け寄って、死んだようになった彼を祭具室へと運んだのでした。その肉体は死体のように冷たくなっており、両手の指は、ほとんど伸ばすことも動かすこともできないまでに硬直していました。このような状態で、半死半生の状態、というか脱魂状態で、〔聖務日課の〕三時課まで横たわっていたのでした。これは夏のことでした。

実は、このわたしもその場に居合わせたのでしたが、神が彼に対してどのようなことを行われたのか知りたいという激しい思いに駆られて、彼が我に帰るやいなや、彼のもとに赴き、神の愛の故に、そのすべてをわたしに語ってくれるように願いました。すると、彼はわたしに大きな信頼を寄せてくれていましたので、すべてを詳細に語ってくれました。わたしに語ってくれた事柄の中に次のようなこともありました。キリストの御体と御血とを思い巡らしていると、そしてそれより前から、彼の心は溶けて柔らかくなった蠟《ろう》のように流動的になっており、彼の肉体は骨がなくなったかのように思われ、両腕を挙げることもできず、ホスチアの上にも杯の上にも十字架の印をすることもできないほどであったというのです。また、司祭に〔叙階〕される前に、ミサの最中に気を失うはずであると神から啓示されていたものの、それまで何度もミサをささげていたが、そのようなことは起きなかったので、その啓示は神からのものではなかったと思っていたとも、わたしに語ってくれました。とはいうものの、先に述べたことが起こった、聖母被昇天祭の五年前に、この被昇天の祝日のころに起こるであろうと、再び、神から啓示されていたというのです。しかし、その後、この啓示のことはすっかり忘れていたとのことでした。

イエス・キリストと貧しく小さなフランシスコに賛美。アーメン。

付録

兄弟エリヤ『聖なるフランシスコの帰天についての回状』

グレゴリオ九世『アシジのフランシスコの列聖に関する勅書』

Epistola Encyclica de Transitu Sancti Francisci /
Bulla “Mira circa nos”

兄弟エリヤ

聖なるフランシスコの帰天についての回状

1　キリストにおける愛する兄弟、フランスに居住する兄弟たちの奉仕者であるグレゴリオ兄と、貴兄の、そしてわたしどもの兄弟ご一同の皆さまに、罪人である兄弟エリヤよりご挨拶申し上げます。

2　**言葉を発するよりも前にため息がこぼれます**。しかし、それも故ないことではありません。**わたしの嗚咽《おえつ》はまるで洪水の水のように溢れ出ています**。(1)わたしを怯えさせる恐怖がわたしに襲いかかり、皆さま方にも襲いかかってきたからです。わたしを痛みつけることが起きたのであり、皆さま方にも起きたからです。〔わたしどもを〕**慰めてくれる方がわたしどもから遠く離れてしまわれました**。(2)わたしどもを**仔羊のように腕に抱いて**(3)運んでくださる方が**はるか遠くの地へと旅立たれました**。(4)**神と人々に愛された方**、(5)**ヤコブに命の律法と規律とを教えてくださった方**、(6)**イスラエルに平和の契約を授けてくださった方**(7)がいとも輝かしい住まいへと迎え入れられたのです。そのお方のためには大いに喜ぶべきことであることは確かですが、そのお方を失って、**暗闇に包まれ**、(8)**死の陰に覆われた**(9)わたしどもにとっては嘆き悲しむべきことです。このことは〔わたしども〕一同にとって多大な損害でありますが、わたしにとってはひときわ大きな危機でございます。暗闇の真っただ中(10)にわたしは置き去りにされ、さまざまな心配事に囲まれ、数知れない苦痛に責め苛《さいな》まれているからです。それ故、お願い申し上げます。兄弟の皆さま、わたしと一緒に泣き悲しんでください。わたしは大いに嘆き悲しんでおり、皆さまと共に嘆き悲しんでいるからです。わたしどもは**父親のいない孤児になった**のであり、(11)**わたしどもの瞳の光**は消え失せてしまったのです。(12)

3　真に、まさしく真に、わたしどもの兄弟であり父でもあったフランシスコの存在は、わたしども**傍らにいた者たち**にとってだけではなく、誓約と生き方によって、わたしたちからは**遠く離れていた者たち**にとっても(13)**光でありました**。(14)まさしく、彼らの**歩みを平和の道へと導く**ために、**暗闇のうちに**あった者らと**死の陰に座していた者らを照らす**、(15)**真の光から輝き出た光でした**。(16)まさしく真の真昼の光のごときものとしてそれを行いました。**高きところから射**

し染める**暁の太陽**[17]である方がこの方の心を輝かせ、ご自分の愛の火をもってこの方の意志に火をつけたのでした。この方は**神の国を宣べ伝え**[18]、**父親たちの心を子供たちのほうへと**、賢慮に欠けた人々を義《ただ》しい人々の賢慮へと**立ち返らせ**、あまねく全世界において新しい**民を主のために用意したのでした**[19]。この方の**名前は遠い島々にまで知れ渡り**[20]、この方の**驚くべき業に地はあまねく驚嘆した**のでした[21]。

4　それ故、子らであり兄弟でもある方々よ、法外な悲しみに陥らないでください。**孤児たちの父**[22]である**神は、ご自分の聖なる慰めをもって**、わたしどもを**慰めてくださる**からです[23]。兄弟の皆さん、もし泣くのであれば、この方のためではなく、**あなた方自身のために泣いてください**[24]。「**人生の半ばに、わたしどもは死に引き渡される**[25]」ものだからです。しかし、この方は**死から命へと移られた**のです[26]。喜んでください。この方は、もう一人の**ヤコブ**のように[27]、**わたしどもから取り上げられる前に**[28]、ご自分のすべての子らを祝福され、わたしどもの誰かが実際に、あるいは思いによって、この方に対して犯したあらゆる罪過をお赦しになったのです。

5　以上のことを申し上げた上で、**大きな喜び**[29]、新しい奇跡を皆さんにお伝えします。神の御子、すなわち主キリストただおひとりの場合を除いて、このような**徴はいまだかつて聞いたことがありません**[30]。死の少し前に、わたしどもの兄弟、そして父である方は十字架につけられたような姿となられたのです。まさしく**キリストの傷痕**そのものである五つの傷を**その体に帯びた**のです[31]。その両手と両足には釘による傷口のようなものがあり、表と裏側の両方を貫き、傷痕を留めており、黒い釘の形まで見て取れました。しかも、その脇腹には槍による傷口が現れ、しばしば血が滴っていました。

6　あのお方の霊がまだ肉体のうちにあって生きておられた間は、**あのお方には人の目を惹きつけるようなものはなく、むしろその容貌は人に蔑まれるようなもの**で[32]、その満身創痍で体中に痛みを抱えておられました。死んだ人の体がそうなるのが常であるように、その筋肉はこわばり、肢体は硬直していました。ところが、亡くなった後には、**その容貌は非常に美しく**[33]、驚くべき輝きによって光を放っており、見る人々を心地よくさせたのでした。それまで硬直していたその肢体は非常にしなやかになり、場所によっては幼児の肢体と見まがうまでに柔軟になったのでした。

7　ですから、兄弟の皆さま、**天の神を賛美し、すべての人の前で〔神〕をほめたたえてください。その御慈しみ**

をわたしどもに施してくださったからです[34]。わたしどもの父であり兄弟であるフランシスコをしっかりと**記憶に刻んでください**。人々の前でこの方を**偉大なものとされ、天使たちの前でこの方を栄えあるものとされた**〔神〕への**賛美と栄光のために**[35]。あのお方のために祈ってください。かつてあのお方ご自身がわたしども願っておられたように。そして、あのお方に祈ってください。神があのお方と共にわたしどもをご自分の聖なる恵みにあずかるものとしてくださいますように。アーメン。

8　十月のノーネ（第七の日）前の四日、主日の前晩の第一の刻に、わたしどもの父であり兄弟であるフランシスコはキリストのもとへと移って行かれました。それ故、いとも親愛なる兄弟の皆さま、この手紙が皆さま方のもとに届きましたなら、かつて自分たちの偉大な指導者であったモーセとアロンを失って悼み悲しんだ[36]イスラエルの民の**歩みに従って**[37]偉大な父を失ったことで、涙の道が〔わたしともども〕皆さんを待ち受けていることでしょう。

9　フランシスコと共に喜ぶことこそ敬虔なことではありますが、フランシスコを偲んで泣くこともまた敬虔なことであります。確かに、フランシスコと共に喜ぶことは敬虔なことです。亡くなったのではないからです。天の市場へと出かけたのです。**金銭の詰まった袋を携えて、満月になるまで帰ってきません**[38]。フランシスコを偲んで泣くことは敬虔なことです。**アロンのように**[39]、出入りするものとして[40]、わたしどものもとに、**ご自分の宝庫から新しく、また古い**〔宝〕**を携えてきて**[41]、**あらゆるたぐいの艱難のうちにあるわたしどもを慰めてくださる方**[42]**がわたしどもの中から奪い去られた**[43]のだからです。今や、わたしどもは**父親のない孤児**[44]と呼ばれるのです。しかし、「**貧しい者はあなたに委ねられ、あなたは孤児の助け手となられる**」[45]と記されているのですから、いとも親愛なる兄弟の皆さま、熱心に祈りましょう。アダム**の子らの谷で粘土で作られた小さな甕が砕かれた**[46]のですから、かの至高の陶工であるお方が、別の尊ぶに値する〔器〕を作り直してくださいますように。その〔器〕**がわたしどもの**大きな一族の上に立ち、真の**マカバイ**として先頭に立ってわたしどもを**戦闘へと**率いて行ってくれますように[47]。

10　**死んだ者らのために祈ることは余計なこと**ではないのですから[48]、あの方の魂のために**主に祈ってください**[49]。司祭である方々はそれぞれミサを三回、聖職者である方々はそれぞれ詩編書を、聖職者でない兄弟たちはパーテル・ノステル（主の祈り）を五回唱えてください。聖職者の方々は共同で徹夜の祈りを荘厳に唱えてください。アーメン。

罪人なる兄弟エリヤ

(1)ヨブ三・二四、二五。(2)哀一・一六。(3)ホセ一一・三。(4)マタ二一・三三、ルカ一九・一二。(5)シラ四五・一。(6)シラ四五・六。(7)シラ四五・二四。(8)シラ二三・二六。(9)詩四三・二〇。(10)申五・三。(11)哀五・三。(12)詩三七・一一。(13)エフェ二・一七。(14)詩一一一・四。(15)ルカ一・七九。(16)ヨハ一・八—九。(17)ルカ一・七八。(18)マコ一・一四—一五。(19)ルカ一・一七。(20)シラ四七・一七。(21)詩一三八・一四、創一三・九。(22)詩六七・六。(23)Ⅱコリ七・六—七。(24)ルカ二三・二八。(25)詩六・六。(26)ヨハ五・二四。(27)創四九・一—三二。(28)王下二・九。(29)ルカ二・一〇。(30)ヨハ九・三二。(31)ガラ六・一七、ヨハ二〇・二五。(32)イザ五三・二—三、四—五。(33)サム上一六・一二、一七・四二。(34)トビ一二・六。(35)フィリ一・一四、ユディ一三・二五、詩九〇・一五、ルカ一二・八九。(36)民二〇・三〇、申三四・五—八。(37)創三三・一四。(38)箴七・一九—二〇。(39)ヘブ五・四。(40)サム上一八・一六。(41)マタ一三・五二。(42)Ⅱコリ一・四。(43)Ⅰコリ五・二。(44)哀五・三。(45)詩一〇・一四。(46)エレ一九・一—一一。(47)Ⅰマカ六・二九—三〇、四・二一。(48)Ⅱマカ一二・四四。(49)詩五・四。

グレゴリオ九世

アシジのフランシスコの列聖に関する勅書（ミラ・チルカ・ノス）

司教グレゴリオ、神の僕《しもべ》らの僕より、わたしどもの尊敬する兄弟方である大司教の方々と司教の方々に、またわたしどもの愛する子息である大修道院長の方々、主席司祭の方々、助祭長の方々、そして教会の他の長上職にある方々へ、ご挨拶と使徒的祝福〔をお送りいたします〕。

1 **わたしどもに対する**神の**御憐れみの計らいの何と驚くべきものか、その慈愛の思いは何と測り難いものか、奴隷を贖うために御子をお渡しくださるとは**。[1]　慈しみの賜物をお見捨てにならず、**その右の手でお植えになったぶどう畑**[2]を絶えざる配慮をもってお守りくださいます。2 これを入念に耕作される方は、鍬《くわ》と、**シャムガルがそれをもって六百人のペリシテ人を打ち殺した鋤《すき》**[3]をもって**茨と薊《あざみ》**[4]とを取り除く作業をする者らを、**十一の刻**[5]にも遣わしてくださいました。3 こうして繁茂しすぎた小枝は刈り込まれ、深く根を下ろしていない若芽と横枝は除去されて、甘美で美味な実りをもたらすことになります。4 忍耐という圧搾器によって浄化された〔果実〕は永遠の貯蔵庫へと運ばれます。ところが火災によるように、[6]不敬虔が蔓延し、**多くの人の愛が冷える**と、地上の快楽という毒薬に侵されたペリシテ人に降りかかったように、取り囲む壁が崩壊することになるでしょう。[7]

5 さて、十一の刻に、洪水の**水をもって大地を破壊し、粗末な木によって義人を導かれた**主[8]は、**罪を犯した者らの笏《しゃく》を正しい者らの領地に残そうとされず**、[9]　6 ご自分の僕《しもべ》、祝されたフランシスコをお立てになりました。〔この人は主〕**のみ心にかなった人**であり、[10]富んだ者らの思いからすれば取るに足らぬ松明《たいまつ》ではあるが、定められた時のために備えられたもの、それを〔主は〕ご自分のぶどう畑に遣わされたのでした。7 それによって茨と藪《やぶ》を取り除き、攻撃するペリシテ人を一掃した後、祖国を照らし、熱心な激励をもって神と和解するよう促すためでした。

8 友の呼びかけの声を〔心の〕内に聞いたこの人は、ためらうことなく立ち上がり、もう一人のサムソンのように、神の恵みに導かれて、媚びへつらうこの世の桎梏《しっこく》を打ち砕き、燃え盛る霊に満たされて、**驢馬の顎骨《あごぼね》**を摑み取ると、[11]　9 **人間の知恵による説得力ある言葉**に彩られ装われ

たのではなく、[12]**強いものを恥じ入らせるために、この世の**
弱いものをお選びになる[13]神の力に強められた、単純な言葉
をもって宣べ伝えることで、千人どころか数千人のペリシ
テ人を打ち滅ぼしたのでしたが、それは**山々に触れて煙を**
吐かせられる[14]方のなさったことであります。10 また、こ
の人はかつては肉の魅惑に隷属していた者らを〔聖〕霊に
服するように連れ戻しました。11 これらの者らは諸々の
悪徳の故に死んでいたのでしたが、今や自分のために生き
るのではなく、神のために生きるものとなったのです。彼
らの最も邪悪な部分が滅びたからです。彼らのために、あ
の同じ顎骨から大量の水が流れ出し、罪に陥った者ら、汚
れに染まった者ら、渇ききった者らを生き返らせ、洗い清
め、豊饒なものとするのです。**永遠の命へと湧き出る**この
〔水[15]〕**は銀貨なしに、何らかの代価もなしに買い求めるこ**
とができます[16]。12 ここから流れ出る小川は遠くにまで、
また広々と流れ行き、その枝を海にまで若枝を川にまで伸
ばしたぶどうの木[17]を潤しています。
13 更に、わたしどもの父アブラハムの足跡に倣って、
その精神において、**郷土と親族、そして父の家からも出て、**
神からの霊感によって**主がお示しになった地へと出かけて**
行ったのでした[18]。14 より迅速に**天からの召し出しに褒賞**
を目指して[19]走り、いとも容易く**狭い門を通って入ることが**
できるように[20]、地上の財産という重荷を放棄したのでした。
15 **豊かであられたがわたしどものために貧しくなられた**
方[21]**にかたどられたものと自らをなして、**〔財産〕[22]**を貧しい**
人々に分かち与えました。こうして**その義が代々《よよ》に至るま**
で留まるものとなるためです[23]。16 **自分に示された山々の**
一つである、示現の山[24]、つまり信仰の極地へと近づき、**エ**
フタが一人娘を焼き尽くす献げ物として主にささげたよう
に[25]、往々にして欺いてきた自分の肉を愛の火の上に供えた
のでした。その〔肉体〕は**飢えと渇きと、寒さと裸、度重**
なる徹夜と断食によって痛めつけられていました[26]。17 **悪**
習と欲望とともに〔その肉〕**は十字架につけられていまし**
たので[27]、「**生きているのは、もはやわたしではなく、キリ**
ストこそわたしのうちに生きておられる[28]」と使徒〔パウ
ロ〕と共に言うことができたのです。18 まさしく、もは
や自分のためには生きておらず、これからは**わたしどもが**
もはや罪の奴隷として仕えることのないように[29]、**わたしど**
もの罪のために死に、わたしどもを義とするために復活さ
れた[30]キリストのために生きていたからです。19 諸々の悪
徳を根こそぎにし、世と肉と空中の勢力〔すなわち悪霊ど
も〕に対する戦いに雄々しく立ち向かい、**招待された者ら**

が盛大な晩餐に参加するのを阻止する**妻と畑と牛**をきっぱりと捨て去り、[31] **ヤコブ**と共に、主が命じられると立ち上がったのでした。[32] 20 〔聖〕霊の七重の恵みを受け、八つの福音的至福に伴われ、神ご自身が彼のために用意された**べテル**〔すなわち〕**神の家へと**、神秘的な形で詩編集の中に収められている諸徳の十五の階段を伝って**登って行った**のでした。[33] 21 **そこに**主のための心の**祭壇を築く**[34]と、まもなく天使の仲間となることになっていたこの人は、天使たちの手を通して主のみ前にもたらされることになる、敬虔の念のこもった祈りの薫香《くんこう》をその上に献げたのでした。

22 しかしながら、自分一人の益を求めて、ただ独りで**ラケル**の抱擁に包まれて、すなわち美しくはあるが不妊の観想に浸って、山の上に留まることを欲することなく、**レア**の禁じられた寝室へと下りてきて、[35] 命の牧場を探し求めるために、荒れ地の奥へと、**双子が生まれた**ことで[36]豊饒なものとなった群れを率いて行きました。23 それは、天上の甘美なマンナが世俗の喧騒から離れた者らに生気をもたらしてくれるその地で、**多くの涙を流しつつ種子を蒔き、喜びのうちに永遠の穀物蔵へと束を携えていく**ためでした。[37] こうして、この人は〔神〕の**民の君主たちと共に並ばされ**、[38] **義の冠を戴く**[39]ことになっていたのでした。24 この人は**自分のことは全く求めず、キリストのことだけを求め**、[40] 勤勉な蜂のように〔キリスト〕に仕え、雲間の明けの明星のように、**定めの日々の満月のように、そして神の教会の中で光を放つ太陽のように**、[41] その手に**松明とラッパ**を握っていました。[42] 25 それは、光り輝く数々の行動という模範によってしいたげられた人々を恵みに引き寄せ、厳しい叱責によって震えおののかせることで、恥知らずな者らを罪深い逸脱から連れ戻すためでした。26 このようにして、愛徳に駆られて、処女《おとめ》の胎に宿っておられたときから、その主権をもって全世界を掌中に収めておられた方〔すなわちキリスト〕に助けられて、教会の見解を軽んじて離れて行った**ミディアン人の陣営**へと大胆に突撃したのでした。[43] 27 **自分の屋敷を守る武装した強い輩の武具を奪い取って、その輩が保有していた分捕り品を分け**、[44] **囚われ人を捕虜としてイエス・キリストに服従するように引き連れて行った**のでした。[45]

28 したがって、この地上にいる間に三重の敵に打ち勝って、**力ずくで天の国に入り**、**激しく責め立てて**〔天の国〕**を奪い取ったのでした**。[46] その生涯を通してあまたの栄光に輝く戦いの後、世を完全に征服して、幸せに主のもとへと移って行き、**知識の点では無知なる者、学識の点では**

無学な者(47)が知識に秀でた多くの者らの前に進み出たのでした。

29 これほど聖なる、これほど力強く輝かしい、この人の生涯は、それ自体で凱旋の教会のうちに場を占めるに十分なものであります。30 しかしながら、ただ表面を見るにすぎない戦闘の〔教会〕は、自分の審理権に属さない事柄に関して、たとえそれがその生涯がこれほどに尊敬するに値する人々に関してであれ、敢えて自分の権威を行使して詮議を下してはなりません。時として、**サタンの使いは光の使いのように自分を見せかけるもの**だからです。(48) 31 しかしながら、全能の、憐れみ深い神は、その御賜物によって、かくもふさわしく称賛すべきまでに奉仕した先に述べましたキリストの下僕《しもべ》が、**升の下の灯火**のように隠され続けているのをお許しにならず、**家の中にいる人**々が慰めの光に浴するように、**燭台の上に置く**ことをお望みになられ、(49) 32 その生涯がみ心にかなったものであること、その思い出は戦闘の教会によって尊敬されるべきものであることを多くの輝かしい奇跡によって明らかにしてくださいました。

33 わたしどもがまだもっと下級の役務に据えられていたときに、わたしどもとの間に生じた非常に親しい関係の故に、この人の生涯が輝かしいものであるというはっきりとした事実を十分承知しておりましたし、多くの信頼のおける証人を通して、この人を介してなされた数多くの奇跡の煌《きら》めきに関して十分に信頼することができたこともあって、34 神の御憐れみによって、わたしどもは確信するに至りました。わたしどもと〔わたしどもの〕群れとはこの人のご厚意によって助けられることを信じるとともに、地上において親しい関係を有していた、この人を天における保護者として有するに至ったのです。35 わたしどもの兄弟〔である枢機卿〕の方々の助言と賛同を得て、尊敬すべき人物としてこの人を聖人方の目録に記入することをわたしどもは決定いたしました。36 十月のノーネ〔第七の日〕前の四日、すなわち肉体という獄舎から解き放たれて天の国へと到達した日を、この人の〔天上での〕誕生の日として、全教会によって敬虔かつ荘厳に祝うことをここに定めるものです。

37 それ故、皆々さま方に、主においてお願いし、奨励し、激励申し上げます。この使徒的文書をもって皆さま方に通達いたしましたように、先に述べた日に、この人を思い起こしつつ、心を込めて神への賛美をささげ、この人のご加護を謙遜に願いますように。38 この人の執り成しと功徳によって、〔神の〕御助けのもとに、わたしどもがこの人と共にあることができるようになるためです。代々《よよ》の代に至るまで〔神が〕賛美されますように。アーメン。

わたしどもの教皇即位の二年目の八月朔日より十四日前（現行暦の一二二八年七月十九日）、ペルージアに於いて

（1）復活徹夜祭の復活賛歌「エクスルテット」からの引用。（2）詩七九・一六。（3）士三・三一。（4）創三・一八。（5）マタ二〇・九。（6）マタ二四・一二。（7）士一六・二三—三〇。（8）知一〇・四。（9）詩一二五・三。（10）サム上一三・一四。（11）士一五・一五。（12）Ⅰコリ二・四。（13）Ⅰコリ一・二七。（14）詩一〇三・三二。（15）ヨハ四・一四。（16）イザ五五・一。（17）詩七九・一二。（18）創一二・一。（19）フィリ三・一四。（20）マタ七・一三。（21）Ⅱコリ八・九。（22）ロマ八・二九。（23）詩一一一・九。（24）創二二・二。（25）士一一・三五。（26）Ⅱコリ一一・二七。（27）ガラ五・二四。（28）ガラ二・二〇。（29）ロマ六・六。（30）ロマ四・二五。（31）ルカ一四・一五—二〇。（32）創三五・一—一五。（33）士一・一二。（34）創三五・七。（35）創二九—三〇章。（36）雅四・二、六・五。（37）詩一二五・五—六。（38）詩一二一・八。（39）Ⅱテモ四・八。（40）フィリ二・二一。（41）シラ五〇・六—七。（42）士七・一三—二二。（43）士七・一三—二二。（44）ルカ一一・二一—二二。（45）エフェ四・八。（46）マタ一一・一二。（47）グレゴリウス一世『対話』二・序・一。（48）Ⅱコリ一一・一四。（49）マタ五・一五。

解説

総　説

フランシスコの存命中から会の中にある種の緊張があった。最初のころの兄弟たちの素朴さは失われつつあり、対照的にアルプス以北の、特に聖職者を中心とした兄弟たちの存在感が強まってきた。聖職者中心となってくる傾向は、『一二二一年の会則』の第三章で文字の読める信徒の兄弟が詩編を唱える、すなわち聖務日課を唱えることができることを示しているにもかかわらず、『一二二三年の会則』の同じ章で、聖職者の兄弟だけが聖務日課を唱えることができるとしたことからも明らかである。

フランシスコはこのような聖職者の兄弟たちの台頭に対して、最初のころの兄弟たちの在り方をはっきりと残すために『遺言』を書いたが、一二二六年の十月の彼の死後、混乱はより顕在化してきた。一二二八年になるとアルプス以北の兄弟たちはパリに神学院を建てる決定をしたり、あるいはイングランドのオックスフォードに神学院を建て、ロバート・グロッサテスタを教師として招いたりしている。

このような状況の中で、教皇グレゴリオ九世は一二二八年七月十六日に出したフランシスコの列聖のための回勅『ミラ・チルカ・ノス』で、フランシスコを偉大な改革者とし、特にその説教を取り上げることで、フランシスコ会を教会改革の道具とし、更には異端に対する闘士にしようとする。

教皇の依頼によって列聖を記念して書かれたチェラノのトマスの『聖フランシスコの生涯』では、教皇の意図を反映し、司牧的・使徒的活動が悔い改めの奨励や手仕事のようなものよりも強調されている。

チェラノのトマスは、聖人となったフランシスコを典礼の中で祝うために朝課での朗読用におそらくは一二三〇年代の初めに『歌隊席用の伝記』を書き、またパリの神学院にいたシュパイアーのユリアヌスは『韻文による聖務日課』を書いている。彼はトマスの『聖フランシスコの生涯』に従いながらも、パリという当時の知的中心都市で学ぶ兄弟たちのために『聖フランシスコの生涯』を書いている。

一二三〇年代の初めには教区司祭のアブランシュのアンリがトマスの『生涯』に基づいて韻文による『生涯』を書き、また教皇庁の公証人であったヨハネ（ジョヴァンニ）も現在では失われてしまった『夜明けの星のように』という題名の伝記を書いている。

一二三〇年代の終わりころから四〇年代にかけて、次第にトマスの『生涯』についての不満が兄弟たちや周囲の人々から出てきた結果、フランシスコの青年時代や回心してまもない状況に関する証言を集めた『会の発祥もしくは創設』やいわゆる『三人の伴侶による伝記』(最初の一七章まで)が書かれることになる。また、一二四一年八月二十二日にグレゴリオ九世が死去すると、彼の命によって書かれた『聖フランシスコの生涯』に対する批判が高まり、一二四四年ジェノヴァで開かれた総集会で総長イエシのクレシェンティオは、フランシスコを知っているすべての者に対して、個人的な証言を自分のもとに届けるように決定した。

翌一二四五年十一月十四日に教皇インノセント四世は回勅『オルディネム・ヴェストルム』を出した。フランシスコの『一二二三年の会則』の注解であるこの回勅は、貧しさを緩和したことで知られている。この回勅が出されると、フランシスコと共にいた伴侶たちは特に彼の晩年の姿を示す証言をまとめた。ルフィーノ、アンジェロ、そしてレオの手によるこの証言集が、現在では『三人の伴侶による伝記』の冒頭に添えられている手紙とともに、総長のもとに送られた。彼らの証言は『アシジの編纂文書』として知られるものの中に含まれていると考えられている。

クレシェンティオの命によって集められた証言はすべてチェラノのトマスに委ねられた。トマスはおよそ二十年前に自分が書き上げた『生涯』に代わるものとしてではなく、『生涯』に欠けているものを補うものとして一二四七年に『魂の憧れの記録』をまとめた――これまで使用されていた『第一伝記』や『第二伝記』という呼称は適切でない。しかし、この作品にはフランシスコの奇跡がほとんど触れられていないため、トマスは『奇跡の書』を書いた。この『奇跡の書』は『記録』から独立した作品なのか、あるいは『記録』を補うために書かれたのかは、いまだに開かれた問いである。

一二四〇年代に書かれた『伝記』類は上述したものだけではなく、『アナレクタ・フランチェスカーナ』の第一〇巻に公刊されているように多数の作品があり、更に二〇一五年一月にフランスの歴史家ジャック・ダラランが公表したチェラノのトマスの「未発見の伝記」に続く「伝記」がこれからも発見されるかもしれない。

これまで見てきたように、フランシスコの「伝記」がこれほど多数書かれてきた背景には、人間フランシスコの記憶を後代に伝えようとする努力があった。それは一つには、教皇グレゴリオ九世により、「教会改革者」として示されたフランシスコのイメージに対して、実際に生きた彼のイメージを示そうとしたものということができる。このような会の内部における問題に平行して、フランシスコの存命中から問題になっていた教区司祭との対立が一二五〇年代に入ると深刻になってきた。特に、一二四七年に総長に選ばれたパルマのヨハネに対するヨアキム主義の嫌疑はフランシスコ会に対する格好の攻撃理由となった。一二五五年にフランシスコ会士ボルゴ・サン・ドニーノのジェラルドが書いた『永遠の福音入門』がヨアキム主義の嫌疑により断罪されると、教区司祭の攻撃は激しさを増し、一二四七年総長ヨハネは辞職し、パリ大学教授のボナヴェントゥラが総長に選ばれた。

ボナヴェントゥラはこのような状況の中で、まず教区司祭に対してフランシスコ会士たちの生活を正当化し、また会内に対しては結束を固めるために統一的なフランシスコのイメージを確立する必要性に迫られた。ボナヴェントゥラは一二六〇年ナルボンヌの総集会において、いわゆる『会憲』を発表した。これは、フランシスコが『遺言』の中で、「会則に傍注を付けないで」と言っていることからの明らかな逸脱であるが、会を一つにまとめる上で大いに役立つことになる。また、この総集会はボナヴェントゥラにフランシスコの新しい伝記を書くように命じた。

この時までに書かれたフランシスコの「伝記」は彼の多様なイメージを会の中に広げていたが、それ故に会の一致のためには大きな障害になっていた。このため、一二六三年のピサの総集会で承認されたボナヴェントゥラのいわゆる『大伝記』は、その三年後のパリ総集会で会の唯一の公認「伝記」となり、これ以前の「伝記」類はすべて破棄することが命じられた。ただし、パリ総集会での命令は完成された「伝記」にのみ適応されたので、証言集類は残ることになる。

優れた神学者であったボナヴェントゥラの『大伝記』は単なる「伝記」ではなく、フランシスコを非歴史化し、六つのしるしを持つ天使、あるいは「もう一人のキリスト」とした神学書である。歴史上の人間であるフランシスコの多様なイメージが失われることになり、後にウベルティーノ・ダ・カザーレやアンジェロ・クラレーノにより非難されることにもなる。また、ここではエリヤがはっきりとフランシスコに対立する兄弟として描かれ、会内における聖職者の兄弟の、信徒の兄弟に対する勝利が決定的となる。『大伝記』が会の唯一・正統な伝記となったため、それまで朝課の朗読用に使われていたチェラノのトマスの『歌隊席用の伝記』が使用できなくなった。ボナヴェントゥラはそのためいわゆる『小伝記』を書く。この『小伝記』はこれまであまり重要視されてこなかったが、『大伝記』の中で省略されたフランシスコの最初の名「ヨハネ」を記すことで、その後の兄弟たちの記憶の中にその名をとどめさせた。また、この『小伝記』とシュパイアーのユリアヌスの『韻文による聖務日課』は典礼の中で繰り返し使用されたため、兄弟たちのフランシスコのイメージを形作るのに大きく貢献した。

一二七六年にパドアで開かれた総集会は、先行する伝記の破棄を決定したパリ総集会の命令を破棄した。この直後あたりから激しくなる論争（スピリチュアリ論争）の中で、『大伝記』を補うものとして、また創立者の経験を読み直す目的として『アシジの編纂文書』、『アヴィニヨンの編纂文書』、『ウプサラの編纂文書』や『完全の鏡』や『小さき花』のもととなる『聖フランシスコとその伴侶たちの言行録』などが作成された。また、現行の『三人の伴侶による伝記』もこの時期に完成された。

『小さき花』は『聖フランシスコとその伴侶たちの言行録』というラテン語資料の部分的な俗語訳である。この作品は俗語で書かれていること、また兄弟たちの単純な生活が生き生きと描かれていることもあり、既に一五〇〇年の初めには印刷され、広く流布するようになる。実際、十九世紀の半ばまで、この作品のフランシスコのイメージが支配していた。

チェラノのトマス
『聖フランシスコの生涯』

チェラノのトマス（一一八五／一一九〇―一二六〇年没）は、アブルッツォのチェラノの貴族の家庭に生まれている。ラテン語の文章力、及び聖人伝に精通していることから修道院で教育を受けた可能性は大いにある。彼がいつフランシスコたちの運動に加わったかはっきりとしないが、年代記者ジアノのヨルダヌスによれば、一二二一年のドイツへの宣教団に加わっている。フランシスコが亡くなったとき、トマスがアシジにいなかった可能性は大きいが、列聖式の細かい点について記していることから、列聖式には参列していたと考えられる。

トマスはフランシスコの列聖後、「誉れに輝く教皇グレゴリオ陛下のご命令のもとに」新しい聖人の伝記を執筆するように依頼された（序文一）。彼自身の経歴から分かるように、彼はほとんどフランシスコとの接点がなかった。そのため、彼は「信頼できる人」からの証言を利用した。ただし、後述するように、いわゆるフランシスコの伴侶と言われる人々は証言をしなかったようである。

トマスは「序文」の中で、この「伝記」を三部に分けて書いていると述べる。第一部は、フランシスコの存命中の奇跡に触れながら、年代順に誕生から一二二四年までを扱う。第二部はフランシスコの晩年の二年間、第三部は奇跡集と列聖式を描いている。

トマスはフランシスコの青年時代をアウグスティヌスの『告白録』に従って描いている。つまり、回心前の生活を堕落に満ちたものとすることで、回心のすばらしさをより一層強調することである。このため、フランシスコの青年時代、および家族、特に父親には好意的な表現が少ない。このことが後に『会の発祥もしくは創設』や『三人の伴侶による伝記』が書かれる理由の一つとなる。

トマスは教皇庁の考えに従って、フランシスコを教会の改革者として位置づけている。フランシスコと彼に従う者の集まりである「小さき兄弟会」は教会の中での特別な使命、特に説教による使命のために招かれていたことを述べ（一二三）、グレゴリオの列聖のための勅書の意図を繰り返している。

しかし、トマスは教皇庁の意向に従った説教の使命、教会改革の使命だけを描くのではなく、フランシスコが「神の国を告げ知らせ、平和を宣べ伝え」（三六）と平和の説教という形で、その使命を具体化していることも物語っている。

教皇が小さき兄弟会を教会の改革者と位置づけたためもあるだろうが、たとえば『遺言』の中に現れているような晩年のフランシスコの会に対する幾つかの戸惑いは書かれていない。しかし、「今のところ、この生活を始めたばかりのわたしたちには、食べるに大変甘く美味しい果物が与えられています。しかし、やがて甘くも美味しくもないものが与えられるようになるでしょう。そして最後には、苦味に満ちたものが与えられるでしょう」（二八）とあるように、会の将来に対する批判的な見方にきちんと触れている。ただ、トマスがフランシスコの晩年を詳しく書いていないことは、兄弟たちの不満の原因にもなったであろう。

この『生涯』は列聖記念という教会が与えるイメージを中心にして書かれているが、それでもフランシスコが単なる聖人伝の類型的な人物としてだけではなく、「小鳥への説教」や「グレッチオでの降誕祭」のような魅力的な逸話えてくれる作品であることは間違いない。
も描かれており、現代においてもインスピレーションを与えてくれる作品であることは間違いない。

『会の発祥もしくは創設』

『会の発祥もしくは創設』は、従来『無名のペルージア伝』と呼ばれていた。このタイトルから想像できるように作者不詳と考えられていたが、現在の研究によれば、著者を兄弟エジディオの伴侶であった兄弟ヨハネと考えることで本質的に一致している。彼は一九四六年八月十一日付の『三人の伴侶の手紙』の中でも「至聖なる師父兄弟エジディオの伴侶」と呼ばれ、フランシスコについての証言者として名前が挙げられている。

この作品は、一二四一年八月二十二日に死亡した教皇グレゴリオ九世が存命中の人物として描かれ、一二四〇年三月四日に亡くなった兄弟シルヴェストロが既に帰天していることを述べているので、一二四〇年三月四日から一二四一年八月二十二日の間に書かれたと考えられる。

この作品は、単なるフランシスコの聖人伝ではない。むしろ、最初の兄弟たちの集団からヨーロッパ中に広がった「会」への変化について語っている。第一章は最初の兄弟たちがやってくる以前のフランシスコの回心のさまざまな側面が描かれる。第二章から第六章で、インノセント三世との会見以前の最初の兄弟たちの集団の成立と苦難が述べられる。第七章から第一一章までで、教皇による会則の承認とウゴリノを保護者とするまで、更に総集会の構成と管区の形成が描かれる。最後の章では、フランシスコの死と栄光、更に有力者や有名な人の入会が示唆されている。

この作品は会の最初の歴史叙述と考えることができるものであるが、著者の語り口は、人生の秋に辿り着いた者が孫たちに自らの春の想い出を懐かしく語るようなものと感じられる。しかし、単なる懐古ではなく、プロローグに「読者と聴衆の教育のために」（二）と、あるいはエピローグで「わたしたちの親愛なる師父たちと兄弟たちについて書き記しましたことを、熱心に黙想し、正しく理解し、行いによって成し遂げるよう努めてください」（四八）とあるように、教育と励ましを目的としたものである。

ヨハネは会の歩みをより正確に記述することを意図しており、兄弟たちが迫害にあったことも隠さない（たとえば第五章）。しかし、彼は最初の兄弟たちの集団が次第に制度化していくことに注目している。特に、インノセント三世による口頭の承認とウゴリノが保護者になった時を会の発展の転機としてとらえ、それに伴い制度化が順調に進んでいったことを描く。

その一方で、著者はおそらくは意図的に幾つかの出来事を無視したり、矮小化している。たとえば、兄弟たちが最初にリヴォ・トルトにいたことに触れていない。あるいはレプラ患者との関わりや、手仕事に従事していたことも矮小化している。

この作品が書かれたのは一二三九年五月十五日の総長エリヤの解任の直後で、「会」を最初の理想の障害としてとらえる兄弟、あるいは理想の妥協・適応を自ら担った栄光あるものとしてとらえる兄弟たちの二つの傾向が存在していた時期である。著者は、この二つの傾向のいずれにもくみせず、最初の理想が順調に展開した「会」という立場をとっている。ここには、最初の兄弟たちが達成した成功とその意義深さを少なからず誇りに思っている叩き上げの人物の観点がうかがわれる。

『三人の伴侶による伝記』

本書は冒頭にある「三人の伴侶の手紙」からそのように呼ばれているが、「伝記」本体と「手紙」との関係は全くない。また、「伝記」は一章から一六章までと一七、一八章とに分けられ、作者と書かれた時代が異なる。つまり、一つの単一の作品ではない。最初の一六章まではおそらくは一二四〇年の半ば頃に成立し、残りの部分は十三世紀の終わりに成立したものと考えられる。

「三人の伴侶の手紙」は年代順の記述を意図していないが、この伝記は年代順の記述になっている。このことから「手紙」と「伝記」本体とは無関係であることがわかる。

最初の部分（一―一六章）はフランシスコの青年時代と回心を主に扱っている。この部分の著者は、アシジの町の地理的状況に詳しいこと、アシジの若者たちの習慣にも通じていること、都市の制度や市民法の用語に詳しいこと、しかし、聖人伝の書き方を踏襲していない、司教の役割に注意を払っていない、教会法の用語に不案内であることなどから、アシジの公証人とする考えが有力である。

内容は、一―二章がフランシスコの青年時代、三―八章が回心、八―一一章が最初の伴侶たちの加入と生活、一二―一六章が教皇による認可と制度化が扱われている。この一六章までの部分はチェラノのトマスが「記憶」を執筆する際の資料として彼のもとに送られた。おそらく一六章までの部分は完成された伝記としてではなく、おそらくは草稿の一つとして残ったのであろう。そのため、一二六六年の先行伝記破棄の規定の適用を受けず、文書館に保存されていたと思われる。七六年に六六年の破棄命令が取り消されると、文書館にこの草稿を見つけたある兄弟が、とりあえず最後の二章を付け加え、やはりそばに残されていたと思われる「手紙」を権威付けのために冒頭に持ってくることによって現行の『三人の伴侶による伝記』が完成したものと思われる。

フランシスコの青年時代は、非常に生き生きとした筆で書かれている。たとえば、「物好きから、非常に高価な布と最も粗末な布を縫い合わせて一つの服を作らせるような愚かなことも、時おりしていたのでした」(二)とか「〔仲間〕から呼ばれれば彼らの後について行きたいという思いに心が揺れ動くのが常であり、彼らとのつき合いに惹かれるあまり行儀悪く、しばしばほとんど食べていないのに食卓から立って飛び出ていき、両親を困惑させていた」(九)というような箇所はフランシスコやその家族のことをよく知っている人物ならではの叙述のように思える。また、フランシスコがアシジの司教のもとに助言を願いに赴き、司教とのよい関係を築いていることもはっきりと記されている(三五)。おそらく著者はトマスの『生涯』に不満を持っていたのだろう。彼はトマスが『生涯』の中で書かなかったことや誇張したことを補い、また修正するために筆を執ったのであろう。

一七―一八章の著者は、おそらくはアシジのサクロ・コンヴェント〔聖堂〕に住んでいた兄弟であろう。フランシスコの聖痕を疑う者(七〇)、サン・フランチェスコ聖堂が小さき兄弟会の「頭ならびに母」(七二)であること述べている。しかし、これとはっきりと対立して、ポルチウンクラを「頭ならびに母」(『完全の鏡』五五)と考えていた兄弟たちも存在していた。更に教皇庁からの特権にも言及している(七二)。

チェラノのトマス『魂の憧れの記録』

グレゴリオ九世が一二四一年八月二十二日に死去すると、彼の命によって書かれた『聖フランシスコの生涯』に対する不満が兄弟たちの中からはっきりと表明されてきた。そのため、一二四四年に開かれたジェノヴァ総集会で「〔会〕全体の奉仕者」イエシのクレシェンティオは、全兄弟たちに対して、フランシスコについての情報を提供するように依頼した。残念ながら、この「回状」は現存していない。彼のもとにはさまざまな資料が送られてきた。これらの資料の中で、特に重要なものは、フランシスコの伴侶とされるレオ、ルフィーノ、そしてアンジェロにより一二四六年八月十一日付で送られたものである。晩年のフランシスコと共にいた彼らは、トマスが最初の伝記を書く時には協力しなかった。フランシスコは『訓戒の言葉』六の中で次のように言っている。「諸聖人たちがそのわざを行い、わたしたちが単にそれを語るだけで栄光と誉れを受けようと望むことは、神の僕《しもべ》であるわたしたちにとって、きわめて恥ずかしいことだからです」。フランシスコは語ることよりも、模範を示すことを常に望んでいた。このため、伴侶たちは最初の伝記のために証言を残さなかったのであろう。

ではなぜ伴侶たちは証言を残すことになったのか。おそらくは教皇インノセント四世が一二四五年十一月十四日に出した勅書がその契機となったのであろう。この「勅書」（オルディネム・ヴェストルム）は、フランシスコの『会則』の注解であり、特に兄弟たちの貧しさを緩和するものであった。伴侶たちにとって、一二三九年のエリヤの解任後急速に進む会の変貌の流れの中で、この「勅書」は決定的に問題となるものであったのであろう。このため伴侶たちは晩年のフランシスコの姿を兄弟たちに残すことが自分たちの責任と考えたのだろう。

トマスは『記録』を二つに分ける。第一部は年代順の記述で、第二部に比べ非常に短い（全一七章と全一六一章）。第一部はフランシスコの青年時代と回心が中心で、『三人の伴侶による伝記』に多くを負っている。『生涯』との大きな違いは、特にフランシスコの両親についてで、『記録』では彼らの否定的な描写は訂正されている。しかし、父親のピエトロが頑固であるというような点は一致している。他方、トマスはフランシスコを洗礼者ヨハネ（三）、次いで、聖マルティノ（五）、最後に使徒パウロ（六）と比較している。このようにフランシスコを過去の使徒や聖人になぞらえることは『生涯』においても行われている。

第二部は、伴侶たちの証言などをもとにして作られた、いわば「完全の鏡」である。トマスは、「祝されたフランシスコは主の聖性の最も聖なる鏡であり、〔主〕の完全さの像であった」（二六）と述べ、兄弟たちの「眠りに浸っていた愛情」を再び生き生きとさせようとしている。つまり、会はフランシスコを忘れ、フランシスコの模範から離れてしまっていることをトマスは暗に指摘しているのである。フランシスコの模範は会の堕落に対する唯一の武器となる。そのため、さまざまな生活の領域にフランシスコの徳を対応させてくる。

第二部ではフランシスコの模範を時間軸で整理していない。しかし、その多くの場合、晩年にあたるものである。伴侶たちの証言は全部ではないが、ここに載せられている。そして、その中には、フランシスコの言葉や、「マキローネの貧しく目を病んでいる婦人」についてのエピソード（九二）のような重要なものがある。この『記録』は今一度兄弟たちにフランシスコの姿を示し、自分たちのアイデンティティを見つめることを促している。

聖ボナヴェントゥラ 『聖フランシスコの大伝記』

一二五〇年代のフランシスコ会は内外に問題を抱えていた。内にはサン・ダミアノの貧しい姉妹たちとの関係、ヨアキム主義の問題、外には司牧をめぐる教区司祭との争いがあった。また、伴侶たちの証言によりもたらされたフランシスコの多様なイメージも混乱をもたらしていた。このような状況の中で、一二五三年に新しく総長となったボナヴェントゥラは会の内外の困難に立ち向かわなければならなかった。彼が書いた、伝統的に『大伝記』と称されるものは、そのような困難に立ち向かう彼の回答であった。

ボナヴェントゥラは「序文」の中でフランシスコのイメージの本質的な特徴を挙げる。すなわち、フランシスコは歴史の最後の局面におけるキリストの現存のしるしとして示される。彼はまた、もう一人のエリヤであり、もう一人の洗礼者ヨハネであった。

ボナヴェントゥラはこの作品を三部構成にしている。誕生からホノリオ三世による会則の認可まで（一―四章）、徳と生活様式（五―一三章）、そして最晩年・帰天・列聖・遺体の移送（一四―一五章）である。最初と最後が年代順の記述、中心が物語集となっている。

この中心部分がもっとも特徴的な部分であり、ボナヴェントゥラは彼の三様の道になぞらえて、フランシスコが完全さへと向かう旅路を展開していると考えられる。すなわち、フランシスコは浄化の道（五―七章）を通り、照明の道（八―一〇章）を進み、最終的に一致の道（一一―一三章）で完成に達する。実際、ボナヴェントゥラは「序文」において、フランシスコの生涯を、「その発端、展開、終局」（五）と辿ることを述べている。つまり、ボナヴェントゥラは完成へのフランシスコの旅を重要なものとして示す。その典型的なものが、聖痕の場面である。ここでフランシスコは「ラ・ヴェルナ山と呼ばれる一際高いところに」赴く（一三・二）。そして、その高いところで、「十字架につけられたキリストと同じ姿へと完全に変容され」（一三・三）、「キリストの真実の愛が、〔キリストを〕愛する者をご自分の像へと変容させ」（一三・五）、旅は完成する。このようにして、フランシスコは「もう一人のキリスト」となる。しかし、このような叙述はフランシスコを抽象的な観念の塊にしてしまい、現実に生きた人間フランシスコのイメージを損なうものとなってしまうことにもなった。

これはまた会に関してもそうであり、会が順調に発展していること、あるいは一致していることを示すために、最初のころの兄弟たちの集団との対比はほとんど消えてしまう。ボナヴェントゥラはトマスと異なり、役職に就くことを望む名誉心に燃えた兄弟たちに対するフランシスコの批判を省いている。また、会の中の対立を示す時に、兄弟エリヤに罪を転嫁している。また、フランシスコが兄弟たちに奉仕を命じたサン・ダミアノの貧しい姉妹たちとの関係も、当時問題となっていたために、ボナヴェントゥラはほとんど沈黙している。

『大伝記』は、教会における司牧活動のために招かれていた会を描いている。フランシスコはこのような奉仕職に身をささげるように招かれ（一一・一）、教会はそれを委任した（一一・一一）。フランシスコは司教座聖堂や隠棲修道院でも説教をする（四・四、九）。説教の任務が会の主要な任務になり、始めのころの信徒の兄弟からなる兄弟たちの集団の単純さは失われ、聖職者を中心とする会への変貌を『大伝記』は宣言している。

聖ボナヴェントゥラ
『聖フランシスコの小伝記』

ボナヴェントゥラは『大伝記』と同じ時期に典礼で使用するための伝記を書き、それは伝統的に『小伝記』と呼ばれている。聖人の祝日には「朝課」（現在の読書課）の中で、その日の聖人の伝記が読誦される。当時のフランシスコ会の典礼では、朝課は三つの夜課に分かれ、それぞれの中で三回の「読誦」が行われる。また、フランシスコの祝日や聖痕の祝日のような場合、当日だけでなく八日間連続して行われる。このため、この『小伝記』はそれぞれ九つの読誦を持つ全七章から成立している。

この全七章の中で、フランシスコの回心（第一章）、修道生活の創設と宣教の効果（第二章）、特典として与えられた諸徳（第三章）、祈りへの熱意と預言の霊（第四章）、被造物の従順と神のへりくだり（第五章）、聖痕（第六章）、そして死去（第七章）が描かれている。

『小伝記』は『大伝記』の多くの部分を削除して成立しているが、補うものもある。その重要なものは、フランシスコの最初の洗礼名は「ヨハネ」で、『大伝記』では削除されているが、『小伝記』では記載されている（一・一）。『大伝記』以後、それ以前の伝記は兄弟たちに読まれることがなかったので、『小伝記』の中でのこの情報が伝えられた。

また、「聖痕」の記述に新しいことを付け加えている。聖痕が、「両足の突き抜け打ち返された釘の先端は著しく突き出ており、足の裏を軽く地面につけることもできないほどで、打ち返され環のように曲げ返され釘の先端の部分に簡単に手の指を通すことができました」（六・三）と「手の指を通すことができる」ほどの大きさであることを示す箇所である。

『完全の鏡』

この作品は、現代のフランシスカン研究の祖とも言えるフランスのポール・サバティエが一八九八年に発見したものである。彼はこの作品を伴侶であるレオによって一二二七年に書かれた最古の「伝記」と考えた。そして、これはウゴリノを始めとする教皇庁や兄弟エリヤの影響のない、本当のフランシスコ像を示すものと考えた。しかし、この一二二七という数字は写本の筆記者の写し間違いであり、実際は一三一八年の作品であり、幾つかの部分を除いて兄弟レオのものではないということで、現代の研究者の意見は一致している。

この『完全の鏡』の編集者は、本原典資料集には掲載されていないが『アシジの編纂文書』という一三一〇年から一三一二年の前半に成立した文書集から素材をとっている。『完全の鏡』を構成する一二四の物語のうち一一五が『アシジの編纂文書』に見られる。そして、基本的に後者の資料を忠実に使用している。

小さき兄弟会は十三世紀の終わりから、貧しさをめぐって争いが起きていた。『会則』を厳格に遵守し、貧しさを生きようとするものは一般に「スピリチュアリ」と呼ばれた。本作品の編集者もこの派に属していたと考えられる。

まず、『三人の伴侶による伝記』の一七、一八章の作者がサン・フランチェスコ聖堂を「頭ならびに母」と考えていたのと異なり、『完全の鏡』の編集者はポルチウンクラを「貧しい小さき兄弟たちの母ならびに頭」(五五)としている。

更にこの編集者は、第一章で『会則』ははっきりとキリストから与えられたことを示し、更にキリストの言葉に従って「文字通りに、文字通りに、傍注を付さずに、傍注を付さずに、傍注を付さずに会則を」守らなければならないことを強調する。その後の一二章を通して、フランシスコが福音的完全に熱心に向かい、キリストの完全な模倣者であることを示す。フランシスコはキリストの完全な模倣者として、「もう一人のキリスト」であることを『完全の鏡』は何度も示す(一四、七二、七三、八七、八八)。そして、フランシスコが「もう一人のキリスト」であるならば、『会則』は「もう一つの福音」となる。「聖なる福音を完璧に遵守することに熱中した〔フランシスコ〕は、福音の完全な遵守にほかならない、わたしたちの会則〔の遵守〕が日常的に誓約されることを熱く燃える思いをもって願っていました」(七六)と記されている。つまり、福音のように『会則』も冒さざるものとなる。

これを読む者はフランシスコが「小さき兄弟の在り方の完全の鏡」であることを知り、「自分の召命と誓約の完成」(結末)を見ることができる。

『聖フランシスコの小さき花』

『聖フランシスコの小さき花』は『祝されたフランシスコと伴侶たちの言行録』(『アクトゥス』)という一三二七年から一三三七年の間に、マルケ地方のスピリチュアリ派の影響を受けていると考えられる兄弟モンテジョルジョのウゴリノ・ボニスカンビが書いたラテン語作品の一部を俗語訳したものである。俗語訳した兄弟が誰であるかは不明であるが、翻訳の完成は一三九六年よりも前であることは確実である。

『小さき花』は既に一五〇〇年の初めに印刷本ができ、以後多くの版ができ、流布する。実際、十九世紀半ばころまで一般の人々のフランシスコのイメージのもととなった。『小さき花』に霊感を受け、フランツ・リストの『小鳥に説教するアシジの聖フランシスコ』やグスタフ・マーラーの『魚に説教するパドヴァの聖アントニオ』が生み出されたことを思い起こして欲しい。

この作品は、フランシスコをキリストと一致させるだけでなく、最初の伴侶たちを十二使徒と一致させている。トマスは『生涯』の中で、フランシスコと十一人の兄弟が会則の認可を求めにローマへ行ったことを書いている（三二）。つまり、トマスはフランシスコを含めて十二使徒になぞらえているが、『小さき花』でははっきりとフランシスコというキリストに率いられる十二人の使徒である兄弟という形になっている。既にフランシスコが「もう一人のキリスト」であることは疑いのないことになっていた。

そのため、キリストに一致することと従うことはこの作品のテーマとなっている。特に、十字架につけられたキリストになぞらえられているフランシスコは「十字架につけられた方の、いとも敬虔な僕」（三）であり、「キリストと共に十字架につけられ」（四四）、また「キリストの十字架の旗手」（一六）であった。伴侶たちは「十字架の貧しく小さな弟子」（五）であり、「心と行いをもって十字架を担い、言葉でキリストの十字架を宣べ伝える」（五）使徒であった。兄弟ベルナルドは「十字架につけられた方の両腕に、裸となって自らをささげ」た（二）。フランシスコの小さな苗木であるクララは「キリストの十字架のいとも敬虔な弟子」（三三）とされている。

このように、「十字架につけられたキリスト」に従う、あるいは一致することがこの作品の重要なテーマになっている。

また、この作品で、兄弟エリヤが完全に否定的に描かれているにしても、ボナヴェントゥラの『大伝記』以降、周辺的な役割しか演じていなかったクララの役割が再び増してくる（一五、一六、一九、三三、三五参照）。『会則』の遵守を求めるフランシスコ会のオブセルヴァンテス運動とクララの会則の復活を求めるクララ会のオブセルヴァンテス運動との関係をここに見ることができるであろう。

この作品にはスピリトゥアリ派の影響を受けたエピソードもあるが、そうでないものもある。しかし、何よりも「十字架の上で裸でおられたキリストに従うことで満たされており、キリストといとも聖なる従順の重荷と甘美な軛を喜んで、心から進んで担う」（三六）ことを読者に促すものである。

付　録

兄弟エリヤ

『聖なるフランシスコの帰天についての回状』

聖フランシスコの帰天に関する兄弟エリヤの回状は一六二〇年に初めて公刊された。

エリヤがフランシスコの帰天について回状を書いたことは、フランシスコの「伝記」類には全く証言がないが、エリヤと同時代の年代記者ジアノのヨルダヌスはその年代記の中で、エリヤがフランシスコの帰天後動揺している兄弟たちを慰め、またその聖痕について知らせる手紙を書いたことを述べている。

エリヤはそれぞれの管区に当ててフランシスコの死を告知する手紙を書いた。この『回状』はフランスの「奉仕者」兄弟グレゴリオ宛になっているが、一通の手紙ではなく、二通の手紙及びさまざまなテキストを一つにまとめたものと考えられる。回状の7の最後に「アーメン」という言葉があることがそれを示唆している。しかし、誰によって、いつ、どのようにして一つのテキストにまとめられたかは分からない。

現行のテキストは聖書の言葉を豊富に使用し、そこに示されるイメージをフランシスコに重ね合わせている。

「神と人々に愛された方、ヤコブに命の律法と規律とを教えてくださった方、イスラエルに平和の契約を授けてくださった方」（2）とあるこの箇所はモーセを称えるシラ書からの引用である。

「まさしく、彼らの歩みを平和の道へと導くために、暗闇のうちにあった者らと死の陰に座していた者らを照らす、真の光から輝き出た光でした。まさしく真の真昼の光のごときものとしてそれを行いました。高きところから射し染める暁の太陽である方がこの方の心を輝かせ、ご自分の愛の火をもってこの方の意志に火をつけたのでした。この方は神の国を宣べ伝え、父親たちの心を子供たちのほうへと、賢慮に欠けた人々を義しい人々の賢慮へと立ち返らせ、あまねく全世界において新しい民を主のために用意したのでした」（3）とあるこの箇所は新しいエリヤと同一視される洗礼者ヨハネに関わる福音書からの引用（ヨハ一・八―九、ルカ一・七八、マコ一・一四―一五、ルカ一・一七）である。つまり、ここでフランシスコは新しいモーセ、新しいエリヤ、新しい洗礼者ヨハネと示されているのである。

また、この『回状』にはフランシスコの聖痕についての描写があるが、これはエリヤの手によるものではないだろう。また、チェラノのトマスの『生涯』とも異なるところがある。おそらくはトマスの『生涯』より後にまとめられたこの『回状』で偽作者がなぜトマスと異なった描写をした理由はよく分からない。

この「回状」は実際一二五〇年代の初めころに偽造されたものであるが、しかし、聖痕の告知や「兄弟で父」とするフランシスコへの心情のような点は信頼できるもののように思われる。

グレゴリオ九世

『アシジのフランシスコの列聖に関する勅書（ミラ・チルカ・ノス）』

この勅書は、教皇グレゴリオ九世により一二二八年七月十九日にペルージアで出されたフランシスコの列聖を宣言するものである。この勅書の中で教皇は旧約聖書の人物になぞらえてフランシスコの聖性を説明している。

現代のわたしたちはフランシスコを小さく、貧しい者とイメージする。しかし、グレゴリオは六〇〇人のペリシテ人を撃ち殺したシャムガルを最初にあげ（2）、続いてサムソンにフランシスコをなぞらえている（8）。彼らが戦ったペリシテ人は十三世紀の教会にとって問題であったカタリ派などの異端、神聖ローマ皇帝、そしてイスラム教徒を指している。つまり、教皇にとって、フランシスコは教会の敵を倒す闘士のイメージであった。しかし、フランシスコの武器は「人間の知恵による説得力ある言葉に彩られ装われたのではなく、強いものを恥じ入らせるために、この世の弱いものをお選びになる神の力に強められた、単純な言葉をもって宣べ伝えることで、千人どころか数千人のペリシテ人を打ち滅ぼしたのでした」（9）とあるように、説教活動であった。つまり、教皇はフランシスコ会の説教活動に教会の守護を委ねるのである。

次に、グレゴリオはフランシスコをアブラハムとヤコブになぞらえる。すなわち、神の招きにこたえたフランシスコの召命を強調する。また、ヤコブによって彼の観想への召命が表され、それはヤコブの二人の妻であるラケルとレアのイメージにより強調される。ラケルが禁欲と観想の生活を示し、レアが奉仕や説教などの活動的生活を示すのは、アウグスティヌスや大教皇グレゴリオ一世以来の中世の伝統であった。それ故、グレゴリオは「ただ独りでラケルの抱擁に包まれて、すなわち美しくはあるが不妊の観想に浸って、山の上に留まることを欲することなく、レアの禁じられた寝室へと下りてきて、命の牧場を探し求めるために、荒れ地の奥へと、双子が生まれたことで豊饒なものとなった群れを率いて行きました」（22）と述べる。教皇はフランシスコのうちに、活動と観想の統合を見ている。

そして、グレゴリオはシラ書を引用して、「雲間の明けの明星のように、定めの日々の満月のように、そして神の教会の中で光を放つ太陽のように」（24）と述べる。この引用箇所は紀元前二二〇年から紀元前一九八年ころまでの間に大祭司であったオニアスの子シモンを称える文章である。ここでは明けの明星、満月、聖所の上に輝く太陽のイメージを用いて、神殿の刷新者を称えている。これを引用したグレゴリオの意図は明らかである。フランシスコを教会の刷新者、教会を建て直す者として見ているわけである。

　また、グレゴリオはこの中でフランシスコの聖痕については一切触れていない。トマスの『生涯』では聖痕が書かれているのだから、教皇庁はそれについて知っていたはずである。しかし、教皇庁は慎重にこれに触れることを避けたのであろう。

　グレゴリオはこの勅書をペルージアで発布した。この当時、教皇がその住居を変えることは珍しいことではない。しかし、この時、グレゴリオは神聖ローマ皇帝フリードリヒ二世の教皇領への攻撃によりローマから逃亡せざるを得なかった。教皇がフランシスコを教会の刷新者・改革者、そして闘士として列聖した背景には、教皇庁が置かれている時代状況があった。

伊能哲大

索　　引

人 名 索 引

マ行

ヤ行

ラ行

地名索引

索　引

人名索引

マ行

ヤ行

ラ行

事項索引

マ行

ヤ行・ラ行・ワ行

キリスト教古典叢書
アシジの聖フランシスコ伝記資料集

2015年11月30日　初版発行

訳・監修　フランシスコ会日本管区
発行者　渡部　満
発行所　株式会社　教文館
〒104-0061　東京都中央区銀座4-5-1　電話 03(3561)5549　FAX 03(5250)5107
URL　http://www.kyobunkwan.co.jp/publishing/
印刷所　株式会社平河工業社

配給元　日キ販　〒162-0814　東京都新宿区新小川町9-1
電話 03(3260)5670　FAX 03(3260)5637
ISBN 978-4-7642-1810-9　Printed in Japan